Wissenschaftliche Untersuchungen zum Neuen Testament · 2. Reihe

312

Guido Baltes

Hebräisches Evangelium und synoptische Überlieferung

Untersuchungen zum hebräischen Hintergrund der Evangelien

Mohr Siebeck

Guido Baltes, geboren 1968; Studium der evangelischen Theologie in Oberursel und Marburg; 1996 Ordination; 2003–2009 Auslandsdienst in Jerusalem; 2011 Promotion; Dozent für Neues Testament am Marburger Bibelseminar und Pfarrer i.E. in der ökumenischen Kommunität Christus-Treff (Marburg).

ISBN 978-3-16-150953-7
ISSN 0340-9570 (Wissenschaftliche Untersuchungen zum Neuen Testament, 2. Reihe)

Die Deutsche Nationalbibliothek verzeichnet diese Publikation in der Deutschen Nationalbibliographie; detaillierte bibliographische Daten sind im Internet über *http://dnb.d-nb.de* abrufbar.

Das Buch wurde von Gulde-Druck in Tübingen auf alterungsbeständiges Werkdruckpapier gedruckt und gebunden.

Für Malcolm Lowe

in Dankbarkeit

Vorwort

Das vorliegende Buch ist eine leicht überarbeitete Fassung meiner Dissertationsschrift, die im Februar 2011 von der Fakultät für Humanwissenschaften und Theologie der Technischen Universität Dortmund mit dem Prädikat *summa cum laude* angenommen wurde. Für den Druck habe ich weitere, nach Abgabe noch erschienene oder mir bekannt gewordene Literatur berücksichtigt. Auf Wunsch der Herausgeber habe ich außerdem die Ergebnisse der synoptischen Untersuchungen im zweiten Teil der Arbeit etwas pointierter formuliert und durch Skizzen ergänzt, wenn auch nicht ohne Zögern. Denn es handelt sich dabei zunächst nur um vorläufige Arbeitshypothesen, die in der ursprünglichen Fassung mit Bedacht sehr vorsichtig formuliert waren. Sie seien dem Leser daher zur wohlwollenden Prüfung und ausdrücklich auch zum Widerspruch anbefohlen.

Mein herzlicher Dank gilt an dieser Stelle in erster Linie meinem Doktorvater, Prof. Dr. Rainer Riesner, der dieses Projekt von Anfang an mit viel Wohlwollen und Mühe, sowie mit hilfreichen Rückmeldungen und inspirierenden Gedanken begleitet und betreut hat. Insbesondere die intensiven Doktorandenkolloquien, bei denen nicht nur akademisches Wissen, sondern auch Leben miteinander geteilt wurde, waren wichtige Meilensteine auf dem Weg, der sich immerhin über einen Zeitraum von fast sieben Jahren erstreckt hat. Geprägt wurden diese Jahre vor allem durch meine Tätigkeit in der Kommunität des Christus-Treff im Johanniter-Hospiz Jerusalem. Ich bin dankbar, dass mir neben dieser Tätigkeit immer wieder Zeit und Raum blieben, meine Forschungen voranzubringen und sie im Gespräch mit den vielen, so unterschiedlichen und zugleich inspirierenden, Partnern aus Kirchen und Synagogen, aus Akademie und Alltagswelt, aus arabischen und jüdischen Bereichen der Gesellschaft, deren Gast ich für diese wertvolle Zeit sein durfte, wachsen und gedeihen zu lassen.

Zu danken habe ich insbesondere Malcolm Lowe, einem Gelehrten und Liebhaber des Neuen Testaments und des Judentums, Pionier des jüdisch-christlichen Gesprächs, Künstler der Sprachen und des Denkens, und zugleich ein väterlicher Freund und Begleiter während meiner Jahre in Jerusalem. In seinen Arbeiten zur synoptischen Frage und zur wissenschaftlichen Methode fand ich viele überraschende und zugleich erfreuliche Übereinstimmungen mit meinen eigenen Beobachtungen und Ideen. Von ihm stammt auch der ursprüngliche Anstoß, diese in einem Promotionsvorhaben weiterzuverfolgen und zu Papier zu bringen. Er hat jeden Schritt der entstehenden Arbeit intensiv mit Anregungen und Kritik begleitet, und zugleich hat er mir, zusammen mit seiner Frau, Pfarrerin Dr. Petra Heldt, an vielen Stellen Türen und Wege zum Herzen Jerusalems eröffnet.

Danken möchte ich auch den vielen anderen Kollegen, Freunden und Lehrern in *Ecumenical Fraternity*, *Rainbow Club*, *Interreligious Coordinating Council* und anderen Studienkreisen, von deren Weisheit und Erfahrung ich in diesen Jahren viel lernen und profitieren konnte. Eine besondere Bereicherung waren die regelmäßigen Treffen der *Jerusalem School of Synoptic Research*, in denen Gelegenheit war, die Verbindung von hebräischer Sprache und synoptischer Forschung ganz praktisch in die Tat umzusetzen. Die inzwischen leider verstorbene Chana Safrai hat uns stets bereitwillig ihr Wohzimmer und zugleich eine Tür in die Welt der Rabbinen geöffnet. Randall Buth und David Bivin tragen jetzt diese Arbeit mit Vision und Sachverstand weiter. Ihnen gilt mein Dank, ebenso wie Brian Kvasnica, Yair Furstenberg, Dr. Serge Ruzer und Halvor Ronning, deren Anregungen viel zum Gedeihen und Gelingen der vorliegenden Untersuchung beigetragen haben. Ich danke zudem Frau Dipl.-Theol. Christiane Waschek und Herrn Vikar Jan-Daniel Setzer für ihre tatkräftige Unterstützung bei Literaturbeschaffung, Formatierung und Erstellung der Register.

Dass diese Arbeit nun zu einem guten Abschluss kommt, verdanke ich natürlich zunächst der bereits erwähnten großartigen Betreuung von Prof. Riesner, der auch das Erstgutachten verfasst hat, und zudem Prof. Dr. Thomas Pola, der nicht nur das Zweitgutachten erstellt hat, sondern auch weitere wertvolle Anregungen und Ergänzungen für die Druckfassung beigesteuert hat. Prof. Dr. Peter Wick war dankenswerter Weise bereit, die Prüfungskommision für die Disputation zu vervollständigen.

Für die Aufnahme in die zweite Reihe der *Wissenschaftlichen Untersuchungen zum Neuen Testament* bin ich dem Herausgeberkreis, insbesondere Herrn Prof. Dr. Jörg Frey, ebenso zu Dank verpflichtet wie dem Verlag Mohr Siebeck, insbesondere Herrn Dr. Henning Ziebritzki. Frau Tanja Idler danke ich für die freundliche Hilfe und unermüdliche Geduld bei der Herstellung und Korrektur der Druckvorlage.

Der wichtigste Dank steht, wie es sich gebührt, ganz am Ende. Er gilt zunächst meinen Eltern, ohne die weder mein persönlicher Werdegang, noch Studium und Promotion denkbar gewesen wären. Vor allem aber danke ich meiner Frau Steffi, die mein Leben bereichert, mich in all den Jahren, auch angesichts des oft sehr hohen Zeitaufwandes, treu und unermüdlich zur Weiterarbeit inspiriert und motiviert hat. Sie ist die Liebe meines Lebens und Gefährtin meines Glaubens. Vielen Dank!

Marburg, im September 2011 Guido Baltes

Inhaltsverzeichnis

Abkürzungsverzeichnis

Abkürzungen folgen Schwertner, *Abkürzungsverzeichnis: Theologische Realenzyklopädie, Sonderband*, Berlin/New York: Walter de Gruyter (2., überarbeitete und erweiterte Auflage) 1994 (=IATG^2). Zusätzlich werden verwendet: I Kg = 1. Könige; Klg = Klagelieder; Spr = Sprüche; Hld = Hoheslied; Prd = Prediger. Die Umschrift hebräischer Worte folgt den Richtlinien aus *Frankfurter Judaistische Beiträge* 2 (1974) 64–73. Die Umschrift hebräischer Autorennamen (z.B. Isaak, Isaac, Yitzchak) folgt der jeweils von den Autoren selbst gewählten Schreibweise. Titel hebräischer Quellenschriften werden, wo vorhanden, in der von den Herausgebern gewählten Schreibweise angegeben. Zu Zitierweise und verwendeten Standardausgaben vgl. die Hinweise im Literaturverzeichnis.

Einleitung

Nachrichten über ein „hebräisches Evangelium" reichen zurück bis in die älteste Zeit der Kirche. Bis in die Neuzeit hinein gehörte die Annahme eines solchen hebräischen Vorläufers der kanonischen Evangelien zum überlieferten Gemeingut.[1] Dabei wurde dieser Vorläufer traditionell als hebräische Urfassung des kanonischen Mt angesehen. Erstmals verknüpfte dann Hugo Grotius 1641 diese altkirchlichen Traditionen über ein hebräisches Evangelium auch mit Erwägungen zur synoptischen Frage:

> „So wie nämlich Markus eine, wenn ich nicht irre, hebräische Schrift des Matthäus benutzte, so hat wiederum derjenige, der mir der griechische Übersetzer des Matthäus zu sein scheint, seinerseits den griechischen Markus benutzt. Denn das, was Markus aus Matthäus übernahm, das gab jener meist mit denselben Worten wieder, außer da, wo er das, was bei Markus in hebräischer oder chaldäischer Sprechweise ausgedrückt war, angemessener in die Regeln griechischer Rede übertrug."[2]

Auch wenn diese Annahme in der Folgezeit zunächst keine weiteren Anhänger fand, bildete doch die Tradition vom hebräischen Evangelium die Grundlage vieler früher Ansätze zur Lösung der synoptischen Frage (siehe unten S. 166). Seit Mitte des 19. Jahrhunderts jedoch verschwindet der Bezug auf ein „hebräisches Evangelium" fast vollständig aus der Diskussion zur synoptischen Frage, wie auch ganz allgemein aus den Einleitungen zum Neuen Testament. Verschiedene, zeitgleich auftretende Faktoren haben dazu beigetragen:

1. Die bereits von Storr (1786) behauptete, dann von Wilke und Weiße (1838) ausführlich begründete und spätestens seit Holtzmann (1863) weitgehend akzeptierte Hypothese der Markuspriorität machte die Annahme eines hebräischen Vorläufers des Mt nicht nur unnötig, sondern sogar unwahrscheinlich.

2. Während noch im 18. Jahrhundert der semitische Charakter des neutestamentlichen Griechisch zum Nachweis eines hebräischen Originals ausreichte, machten die durch Papyrus- und Inschriftenfunde des 19. Jahrhun-

---

[1] Zweifel an dieser Überlieferung entstanden erstmals in der Reformationszeit, z.B. bei Erasmus und Cajetan, während Luther an der Tradition vom hebräischen Matthäus festhielt. Vgl. Zahn, *Einleitung*, 1906, II:275.

[2] Grotius, *Annotationes*, 1641, 8.

derts angestoßenen Arbeiten von Deissmann (1895)[3] und Moulton (1906)[4] zum *koine*-Griechischen die These von einem besonderen „Übersetzungsgriechisch“ oder „Judengriechisch“ des NT, oder gar einer „Sprache des Heiligen Geistes“, hinfällig.[5]

3. Angestoßen durch Abraham Geigers „Lehrbuch zur Sprache der Mischnah“ (1845) fand die Beurteilung des Hebräischen als einer toten „Kunstsprache“ weite Verbreitung und machte damit die Annahme eines hebräischen Evangeliums noch unwahrscheinlicher (siehe unten S. 86ff.).

4. Zeitgleich verlagerte sich, auch als Folge einer zunehmenden kritischen Unterscheidung zwischen literarischer Überlieferung und historischen Tatsachen, das Interesse von der Frage nach der Schriftsprache der Evangelien auf die Frage nach der „Muttersprache Jesu“, wie schon Widmannstadt (1555) das Aramäische genannt hatte und wie es nun von Meyer (1896) und Dalman (1898) ausführlicher untersucht wurde (siehe unten S. 15ff.).

5. Nicht ohne Einfluss auf die Frage nach dem hebräischen Hintergrund der Evangelien war sicher auch eine allgemeine geistesgeschichtliche Tendenz des 19. Jahrhunderts, die einer Antithese von Judentum und Christentum, von AT und NT, sowie damit auch von griechischer und hebräischer Sprache zumindest untergründig Vorschub leistete (siehe unten S. 151ff. und 194).

Während daher noch zu Beginn des 20. Jahrhunderts für einzelne Teile der Evangelienüberlieferung durchaus noch eine *aramäische* Vorgeschichte angenommen wird, ist insbesondere die Annahme einer *hebräischen* Vorgeschichte schon damals fast vollkommen aus der Diskussion verschwunden. In den meisten neueren Einleitungen wird die Frage nach der Relevanz der hebräischen Sprache für das Studium des Neuen Testaments, ebenso wie die Frage nach der möglichen semitischen Vorgeschichte der Evangelientradition, daher meist nur noch beiläufig verhandelt:

> „Mindestens ein Teil der Evangelienüberlieferung muss zunächst im semitischen Sprachmilieu tradiert worden sein. Dies geschah wohl in aramäischer Sprache, da das Hebräische damals nur noch im Kult gebräuchlich war. Neuere Versuche, den überdauernden Einfluss hebräischer religiöser Unterweisung zu belegen,[6] konnten nicht überzeugen. Diesen Sachverhalt müssen wir bei der Auslegung der synoptischen Texte mitbedenken. Die Evangelien sind als literarische Texte im griechischsprechenden Milieu entstanden. Sie können nicht als Übersetzungen aus dem Aramäischen betrachtet werden.“[7]

---

[3] Deissmann, *Bibelstudien*, 1895; Deissmann, *Licht*, 1908.

[4] Moulton/Turner, *Grammar*, 1906; Moulton/Milligan, *Vocabulary*, 1929.

[5] Reiser, *Sprache*, 2001, 34; Reiser, *Quellen*, 2005; Voelz, *Language*, 1984, 919–930.

[6] Als einziger (!) Beleg dient hier der Aufsatz von Emerton, *Vernacular Hebrew*, 1973.

[7] Pokorný/Heckel, *Einleitung*, 2007, 323, vgl. dazu auch die folgende Anmerkung.

Die altkirchliche Überlieferung vom „hebräischen Evangelium“ könnte daher, ebenso wie alle darauf aufbauenden Entwürfe zur Klärung der synoptischen Frage, als ‚erledigt‘ angesehen werden, hätten sich nicht wichtige Parameter sowohl der synoptischen als auch der linguistischen Forschung seit den Tagen Holtzmanns und Dalmans grundlegend verändert:

1. Die synoptische Frage ist heute wieder offener als noch am Ende des 20. Jahrhunderts. Die zunehmende Ausdifferenzierung der traditionellen Zweiquellenhypothese hat den überlieferten Konsens zunehmend ausgehöhlt. Zudem liegen alternative synoptische Modelle, etwa im Gefolge von Farrer und Farmer, inzwischen in detaillierter Durchführung vor und geben Anlass, Einzelfragen, aber auch Grundannahmen synoptischer Forschung einer neuen Prüfung zu unterziehen (siehe unten S. 5ff.).

2. Die Erforschung der hebräischen Sprachgeschichte ist seit Abraham Geiger erheblich fortgeschritten, und es gilt heute als erwiesen, dass in der Welt des ersten Jahrhunderts das Hebräische weder literarische Kunstsprache noch exklusive Gelehrtensprache war, sondern neben dem Aramäischen und dem Griechischen zu den lebendigen gesprochenen Sprachen Palästinas gehörte. Die Schriftfunde aus der Umgebung von Qumran zeigen zudem andauernde *literarische* Aktivität in hebräischer Sprache bis in die Bar Kochba-Periode hinein. Der neuere epigraphische Befund belegt außerdem auch den *umgangssprachlichen* Gebrauch des Hebräischen während dieser Periode (siehe unten S. 85 ff.). Die Entstehung einer Evangelienschrift in hebräischer Sprache liegt daher aus heutiger Sicht wieder im Bereich des historisch Plausiblen und kann daher nicht *a priori* ausgeschlossen werden.

3. Die soziolinguistische Forschung hat sich in den vergangenen 50 Jahren eingehend mit Phänomenen von Mehrsprachigkeit und Sprachkontakt beschäftigt. Die hier gewonnenen Erkenntnisse könnten, wenn sie für die Bibelwissenschaft fruchtbar gemacht werden, zu einer neuen und differenzierteren Bewertung der Funktion und Beziehung von griechischer, hebräischer und aramäischer Sprache in der Entstehungsphase der Evangelien beitragen. Die traditionelle Alternative zwischen „semitischen Quellen“ und „griechischen Originalschriften“ kann und muss deshalb durch komplexere Modelle ersetzt werden, in denen in jeder Phase der Überlieferung mit Anteilen aller drei Sprachen ebenso wie mit Phänomenen von Mehrsprachigkeit und sprachlicher Interferenz gerechnet werden muss (siehe dazu unten S. 70 ff.).

4. In der Bewertung des jüdischen Kontextes des Neuen Testaments ist in den vergangenen Jahrzehnten eine grundlegende Neuorientierung eingetreten. Wurde noch nach dem zweiten Weltkrieg vor allem die Differenz zum Judentum als Kriterium historischer Authentizität betont, steht heute die historisch plausible Einordnung Jesu in seinen jüdischen Kontext im

Mittelpunkt des Interesses. Dieser Perspektivwechsel hat nicht nur für die historische Jesusforschung, sondern auch für die redaktionsgeschichtliche Forschung insbesondere zum Matthäusevangelium wichtige Impulse erbracht. Im Bereich der *synoptischen Forschung* blieb jedoch der jüdische Kontext der Evangelien, sowohl in liguistischer wie in realienkundlicher Hinsicht, bisher weitgehend unbeachtet. Es ist jedoch nicht auszuschließen, dass sich auch hier, wie in der historischen und redaktionsgeschichtlichen Arbeit, durch Einbeziehung des jüdischen Kontextes neue Perspektiven ergeben (siehe unten S. 151 ff.).

5. Historisch-kritische Zugänge zur rabbinischen Literatur, aber auch die umfangreichen Textfunde aus Qumran ermöglichen dabei heute einen fundierteren, aber auch differenzierteren Umgang mit hebräischer Vergleichsliteratur zum Neuen Testament (siehe unten S. 229 ff.).

Diese vielfältig veränderten Parameter in der synoptischen, linguistischen und historischen Forschung bilden den *Forschungsanlass* für die vorliegende Untersuchung. Mehr als hundert Jahre nach den Epoche machenden Arbeiten von Holtzmann, Dalman und Schweitzer scheint es heute nicht nur möglich, sondern sogar notwendig, sich den altkirchlichen Traditionen vom „hebräischen Evangelium" erneut zuzuwenden, vor dem Hintergrund des gewandelten Forschungsstandes, mit Hilfe des heute vorhandenen differenzierteren Instrumentariums sowie mit der gebotenen methodischen Umsicht.[8]

Forschungsziel ist es, die Rückfrage nach einem möglichen hebräischen Sprachhintergrund der Evangelientradition methodisch zu begründen und sie für die neutestamentliche Exegese und die Arbeit am synoptischen Problem fruchtbar zu machen. Die Frage, ob dieser methodische Ansatz auch im Blick auf synoptische Frage zu neuen Erkenntnissen führt, ist zwar nicht mehr unmittelbares Forschungsziel dieser Untersuchung, gehört aber zu ihren weiterführenden *Implikationen*, ebenso wie die Frage nach einer möglichen Neubewertung der altkirchlichen Traditionen über ein hebräisches Evangelium, sowie die Frage nach dem Ertrag für ein tieferes Verständnis der Beziehungen zwischen Christentum und Judentum, und damit für den jüdisch-christlichen Dialog.

---

[8] Dabei ist der oben angeführten Aussage von Pokorný/Heckel in fast allen Punkten, außer dem darin enthaltenen Urteil über die hebräische Sprache, zuzustimmen. Gerade die Herkunft aus dem „semitischen Sprachmilieu" ist es jedoch, die der vorliegenden Untersuchung ihren Ansatzpunkt gibt. Denn die richtige Beobachtung, dass es sich bei den Evangelien nicht einfach um Übersetzungen handelt, macht ja die Rückfrage nach dem semitischen Sprachmilieu nicht *per se* überflüssig. Im Gegenteil, sie eröffnet erst die Frage danach, wann und wo der hier nachgezeichnete Übergang vom semitischen zum griechischen Milieu stattfand: ausschließlich in der Phase mündlicher Überlieferung oder auch vermittelt durch semitische schriftliche Quellen, die dann selbstverständlich nicht einfach „übersetzt", sondern dabei durchaus auch redaktionell verarbeitet wurden.

Kapitel 1

Veränderte Rahmenbedingungen für die Frage nach dem „hebräischen Evangelium"

Wie aus den einleitenden Bemerkungen zu Forschungsanlass und Forschungsziel deutlich wurde, will diese Untersuchung neuere Entwicklungen in drei Forschungsbereichen, nämlich dem der *synoptischen* Frage (nach dem literarischen Verhältnis der drei ersten Evangelien), der *linguistischen* Frage (nach dem semitischen Sprachhintergrund der Evangelien) und der *historischen* Frage (nach dem jüdischen Kontext der Evangelien), fruchtbar miteinander in Beziehung setzen. Ein ausführlicher Überblick über Geschichte, Entwicklung und Stand der Forschung in allen drei Bereichen würde den Rahmen dieser Untersuchung dabei überschreiten, er ist an verschiedenen anderen Orten bereits geschehen.[1] Hier soll es daher vor allem darum gehen, solche Aspekte der genannten Forschungsbereiche zu beleuchten, aus denen sich neue Anknüpfungspunkte in die jeweils anderen Bereiche hinein ergeben. Es sind dies (1.) für den Bereich der *synoptischen Frage* eine neue Offenheit für alternative Modelle neben der klassischen Form der Zweiquellenhypothese, (2.) für den Bereich der *linguistischen Frage* eine neue Offenheit für multilinguale Modelle eines neutestamentlichen Sprachhintergrundes sowie (3.) für den Bereich der *historischen Forschung* ein neues Interesse am jüdischen Entstehungskontext des Neuen Testaments.

1. Die neue Offenheit der synoptischen Frage

Unzweifelhaft herrscht, zumindest in der deutschsprachigen protestantischen Literatur, spätestens seit Beginn des 20. Jahrhunderts mit der „Zwei-

---

[1] Zur synoptischen Frage: TUCKETT, *Q*, 1996; FARMER, *State*, 1998; GOODACRE, *Synoptic problem*, 2001, sowie die Bibliographie von LONGSTAFF/THOMAS, *Synoptic Problem*, 1988. Zur linguistischen Frage: OTT, *Muttersprache*, 1967; FITZMYER, *Study*, 1975; CASEY, *Sources*, 1998, 1–72 für aramäische Zugänge. Hebräische Zugänge sind bisher m.W. nicht in einem Forschungsbericht zusammengestellt worden. Für die historische Frage: THEISSEN/WINTER, *Kriterienfrage*, 1997; THEISSEN/MERZ, *Lehrbuch*, 2001; CHILTON, *Progress*, 1999; MEIER, *Quest*, 1999; DUNN, *Jesus*, 2005; EVANS, *Progress*, 2006, sowie die Bibliographie von EVANS, *Bibliography*, 1996.

quellenhypothese" ein breiter Konsens hinsichtlich einer Antwort auf die synoptische Frage. Die Entstehungsphase dieser Hypothese hat im deutschen Sprachraum mit dem Werk Holtzmanns[2] einen vorläufigen Abschluss gefunden. Für die angelsächsische protestantische Welt bildet zwar erst das Werk Streeters[3] einen *terminus a quo*, in der katholischen Welt schließlich erst das Zweite Vatikanische Konzil, doch darf heute mit Recht behauptet werden, dass die Zweiquellenhypothese, in der einen oder anderen Variante, sich zumindest in Lehrbüchern und Kommentarwerken mehrheitlich als gängige Arbeitshypothese durchgesetzt hat. Im wissenschaftlichen Diskurs ist jedoch gerade in neuerer Zeit wieder eine wachsende Zahl alternativer Entwürfe zur synoptischen Frage zu verzeichnen, und auch die interne Ausdifferenzierung der Zweiquellenhypothese ist in einem Maße vorangeschritten, das es zunehmend schwieriger macht, noch von einer wirklich einheitlichen *communis opinio* zu sprechen. Gleichzeitig bleiben einige Aporien der synoptischen Forschung nach wie vor bestehen. Diese machen die Suche nach neuen oder ergänzenden methodischen Zugängen zur synoptischen Frage sowohl berechtigt als auch erforderlich.

1.1 Modifikationen und Variationen der Zweiquellenhypothese

Ganz unwidersprochen blieb die Zweiquellenhypothese seit ihren Anfängen zu keiner Zeit. So urteilt Zahn noch 1906:

> „Von Ergebnissen der bisherigen Evangelienforschung, welche allgemeine Anerkennung gefunden haben oder auf solche einen begründeten Anspruch erheben dürften, kann man nicht reden. (...) Heute kommentirt man Bücher, deren damalige Existenz, milde ausgedrückt, nur durch Vermutungen begründet werden kann."[4]

Die apodiktische Bestimmtheit, mit der noch nach dem zweiten Weltkrieg von einem „Ende" der quellenkritischen Arbeit[5] und von „gesicherten Ergebnissen"[6] gesprochen wurde, ist heute weitgehend wieder einer größeren Vorsicht in den Formulierungen gewichen. Sie dürfte inzwischen nur noch dort ungebrochen zu finden sein, wo man aus methodischen Gründen von einer ausführlichen Auseinandersetzung mit der Quellenfrage absieht, um sich stattdessen anderen, etwa redaktionsgeschichtlichen, strukturanalytischen oder narrativen Textzugängen zuzuwenden.[7] Wo man sich dennoch

---

[2] Holtzmann, *Evangelien*, 1863.

[3] Streeter, *Gospels*, 1924.

[4] Zahn, *Einleitung*, 1906, II:197–198.

[5] Vielhauer, *Problem*, 1955, 652.

[6] Marxsen, *Einleitung*, 1964, 106.

[7] Im Rahmen der vorliegenden Untersuchung wird jedoch immer wieder deutlich, dass auch Autoren, die der Zweiquellenhypothese im Grundsatz folgen, im Einzelfall immer wieder von dieser abweichen und auf Hilfskonstruktionen wie zusätzliche Quellen, mündliche Traditionen oder andere außersynoptische Überlieferungswege zurückgreifen.

weiterhin mit der Quellenfrage beschäftigt, herrscht hingegen heute eine derart variable Bandbreite von modifizierten „Zweiquellenhypothesen", dass man kaum noch von einem echten Konsens sprechen kann. Bereits 1918 erbrachte eine vergleichende Analyse der wichtigsten Rekonstruktionen der „Logienquelle", dass kein einziger Vers des Matthäusevangeliums allen siebzehn Versionen gemeinsam war.[8] Aber nicht nur die Zuweisung von Einzelmaterial an „Q" erweist sich als variabel, sondern auch die einheitliche Gestalt von Q selbst, was sich in der Annahme von zahlreichen Varianten (Q^1, Q^2, Q^3, Q^{mt}, Q^{lk} usw.) niederschlägt. Auch die Bestimmung des literarischen Charakters der postulierten Logienquelle variiert heute stärker als je zuvor: So ist zwischen Holtzmanns aramäischer Logiensammlung „Λ" (siehe unten S. 184) und dem nicht nur um Passionsgeschichte, Täufererzählung und andere narrative Elemente erweiterten, sondern auch in großen Teilen mit Mk überlappenden griechischen „Sayings Gospel Q" des internationalen Q-Projektes[9] kaum noch eine Identität auszumachen. Beide wiederum unterscheiden sich grundlegend von Caseys Definition für Q als „convenient label"[10] für eine ganze Anzahl verschiedenartiger Quellen, die den Evangelisten teils griechisch, teils aramäisch vorlagen. Im deutschen Sprachraum stellt zudem auch die deuteromarkinische These eine wichtige Modifikation der Zweiquellenhypothese dar.[11]

1.2 Alternative Hypothesen

Einige Modifikationen der traditionellen Zweiquellenhypothese haben deren Boden im Prinzip bereits verlassen, obwohl sie weiter an der Begrifflichkeit festhalten. Dazu gehört etwa die Annahme einer „markinischen Redaktion von Q"[12], die im Prinzip eine Wiederaufnahme der Urevangeliums-Hypothese darstellt: Mk, Mt und Lk greifen demnach, jeweils unabhängig

---

[8] Moffatt, *Introduction*, 1918, 197–202; vgl. Peabody/Cope, *One Gospel*, 2002, 3.

[9] Kloppenborg Verbin, *Excavating*, 2000; vgl. auch Robinson/Hoffmann, *Critical Edition*, 2000. Vgl. auch Hultgren, *Narrative Elements*, 2002, der für Q eine narrative Grundstruktur vermutet, die vom Beginn der Täufererzählung bis zum Ende der Passionsgeschichte reicht.

[10] Casey, *Aramaic Approach*, 2002, 2.

[11] Fuchs, *Spuren*, 2004–2007, und viele frühere Werke von Fuchs. Nach Fuchs, *Spuren 1*, 2004, 20, handelt es sich allerdings nicht nur um eine Modifikation, der Name „Zweiquellenhypothese" sollte vielmehr aufgegeben werden. Die Hypothese wird daher in Lehrbüchern meist in einer abgeschwächten Form als „Modifikation" rezipiert, vgl. Schnelle, *Einleitung*, 2002, 195. Vgl. dazu jedoch unten S. 313 Anm. 221.

[12] Brown, *Mark*, 1961; Brown, *Form of Q*, 1961; Lambrecht, *Markan Redaction*, 1992; Fleddermann, *Mark and Q*, 1995, 209–214; Fleddermann, *Q*, 2005, 180–183. Eine Kenntnis von Q hatte für Mk bereits Streeter, *Knowledge*, 1911, angenommen, sein Urteil jedoch später revidiert, vgl. Streeter, *Gospels*, 1924, 191. Gegen eine Abhängigkeit z.B. Tuckett, *Mark and Q*, 1993. Eine ausführliche Forschungsübersicht bei Laufen, *Doppelüberlieferungen*, 1980, 58–77.

voneinander, auf Q zurück, wobei die definierten Grenzen zwischen Mk und Q bei diesem Entwurf letztlich verschwinden. Ähnliches gilt für Entwürfe einer „Drei-Quellen-Theorie", die für Lukas einen Rückgriff nicht nur auf Q und Mk, sondern auch auf Mt annimmt.[13] Beide Modelle stellen die Existenz der Quelle „Q" als solche in Frage, da sie hinter die Bedingungen zurückgehen, die zuallererst zu deren Postulat führten: Die Unabhängigkeit des Lk von Mt und des Mk-Stoffs vom Q-Stoff.

Nicht zuletzt erhielten auch die zwei bedeutendsten grundsätzlichen Alternativen zur Zweiquellenhypothese in den letzten Jahren neue Aktualität: Sowohl Farmers Entwurf einer Matthäuspriorität[14] als auch Farrers Vorschlag einer Markuspriorität unter Verzicht auf „Q"[15] waren nach ihrem Erscheinen vor allem deshalb auf Kritik gestoßen, weil man die materiale Durchführung dieser Entwürfe angesichts der inzwischen vorherrschenden redaktionsgeschichtlichen Grundannahmen für unmöglich hielt.[16] Heute jedoch liegen mit den umfangreichen Werken Goulders[17] und der Farmer-Schule[18] materiale Durchführungen beider Konzepte vor, die zumindest deren innere Kohärenz erkennbar machen.

1.3 Komplexe historische Realitäten

Die zunehmende Ausdifferenzierung der traditionellen Zweiquellenhypothese und die gleichzeitige Existenz kohärenter, wenn auch sich widerspre-

[13] Price, *Theory*, 2001, ähnlich bereits Allen, *Matthew*, 1907, S. lx und Gundry, *Matthew*, 1982, 4–5. Weitere Literatur bei Burkett, *Gospel Sources*, 2004, 2.

[14] Farmer, *Synoptic Problem*, 1964. Die Bezeichnung „Griesbach-Hypothese" oder „Neo-Griesbach-Hypothese" wird von Farmers Schülern inzwischen abgelehnt, weil sie nicht nur „signifikante Unterschiede" zu Griesbach konstatieren, sondern zudem Griesbachs Hypothese auf ein früheres Werk von Henry Owen (1764) und sogar bis zu Augustinus zurückführen, der in *De consensu evangelistarum* 1.2 §3–4 (ed. Weihrich, *De consensu*, 1904, 4) zwar eine synoptische Abhängigkeit Mt-Mk-Lk andeutet, an späterer Stelle (4.10 §11, ed. Weihrich 407) jedoch seine Ansicht ausdrücklich revidiert im Sinne einer Reihenfolge Mt-Lk-Mk. Vgl. dazu Peabody/Cope, *One Gospel*, 2002, 17 und 54. Eine Erneuerung der These von einer Matthäuspriorität findet sich bereits früher bei Butler, *Originality*, 1951, sowie bei Parker, *Gospel*, 1954, in erweiterter und revidierter Form bei Parker, *Second Look*, 1981.

[15] Farrer, *Dispensing*, 1955.

[16] Zur verbreiteten Begründung der Zweiquellenhypothese durch die aus dieser Hypothese erst abgeleiteten redaktionsgeschichtlichen Annahmen vgl. die Anmerkungen zum Votum von Luz, *Matthäus I*, 1985, 28 (unten S. 202 Anm. 63).

[17] Goulder, *Luke I–II*, 1989, vgl. auch Goodacre, *Synoptic problem*, 2001, und Goodacre, *Monopoly*, 2000. Kritik bei Foster, *Q*, 2003.

[18] McNicol/Dungan, *Impasse*, 1996, und Peabody/Cope, *One Gospel*, 2002. Grundlegende Vorarbeiten dazu bei Orchard, *Matthew*, 1976, Peabody, *Secondary Redaction*, 1983, und Peabody, *Composer*, 1987. Kritische Entgegnungen bei Friedrichsen, *Observations* (ohne Datum), und Derrenbacker, *Review*, 1998, sowie eine Antwort darauf bei Farmer, *Response*, 1998.

chender Alternativmodelle, legt die Annahme oder zumindest die Möglichkeit einer komplexeren historischen Realität nahe, die durch keines der bestehenden Modelle vollständig abgedeckt wird. Dieser Tatsache haben verschiedene Theorien multipler Quellenschichten etwa von Boismard und Rolland Rechnung getragen (vgl. unten S. 210 und 217). Deren grundsätzliche historische Plausibilität wird von Vertretern anderer Hypothesen zwar meist eingeräumt, ihr Nutzen für die praktische Arbeit wird jedoch bestritten, da sie sich in ihrer Komplexität eines sicheren Nachweises entziehen. In neuerer Zeit hat Burkett einen neuen Entwurf einer solchen multiplen Quellentheorie vorgelegt.[19]

1.4 Die Rolle der mündlichen Tradition

In neuerer Zeit findet auch die „Traditionshypothese" wieder neuen Zuspruch, die von einer komplexen mündlichen Überlieferungsgeschichte ausgeht und weithin auf die Rekonstruktion schriftlicher Quellen verzichtet.[20] In der Literatur ist zudem in jüngster Zeit eine „Wiederkehr der Augenzeugen" auszumachen, also die erneute Frage nach der Bedeutung der *Tradenten* im Prozess der frühen mündlichen Evangelienüberlieferung.[21] Letztlich ist hier die Abgrenzung gegenüber der Annahme multipler Quellenschichten fließend: Denn in dem Maße, in dem die mündliche Tradition als eine fest geformte angenommen werden muss, nähert sie sich der Gestalt schriftlicher Überlieferungsstränge. Elemente der klassischen Traditionshypothese (1.4) und der komplexeren Mehrstufenmodelle (1.3) werden daher in der Rekonstruktion der Evangelientradition von Riesner[22] zu einem integrierten Gesamtbild miteinander verbunden.

1.5 Offene Fragen

Angesichts so vieler Lösungsansätze und Modelle kann die synoptische Frage heute kaum noch als endgültig beantwortet gelten. Im Gegenteil,

---

[19] Burkett, *Gospel Sources*, 2004. Ausführlicher siehe unten S. 523.

[20] Reicke, *Entstehungsverhältnisse*, 1984; Reicke, *Roots*, 1986; Wenham, *Redating*, 1991; Byrskog, *Story*, 2000; die Untersuchungen von Riesenfeld, *Tradition*, 1957; Gerhardsson, *Memory*, 1961; sowie Riesner, *Jesus*, 1980, waren schon vorher der Frage nach den Rahmenbedingungen mündlicher Evangelientradition im jüdischen Kontext nachgegangen, ohne jedoch damit die Existenz schriftlicher Quellen zu bestreiten. Baum, *Faktor*, 2008, hat neuerdings die historische Plausibilität solcher mündlicher Überlieferungsprozesse anhand von Analogien aus der antiken Literatur, der Experimentalpsychologie, der Oral Poetry-Forschung und dem rabbinischen Traditionswesen nachgewiesen. Vgl. auch Baum, *Urmatthäus*, 2001 und Baum, *Sources*, 2008.

[21] Vgl. Byrskog, *Jesus*, 1994, Byrskog, *Story*, 2000, Bauckham, *Eyewitnesses*, 2006, Hengel, *Lukasprolog*, 2007, und Riesner, *Augenzeugen*, 2007.

[22] Riesner, *Messianic Teacher*, 2011.

durch die Vielzahl konkurrierender Hypothesen ist sie heute wieder offener als noch am Beginn des 20. Jahrhunderts. Die ungelösten Fragen sind jedoch durch die fortschreitenden Forschungen deutlicher zum Vorschein getreten:

a) Argumente aus der Anordnung des Stoffes und aus der Perikopenfolge, wie sie vor allem am Anfang der synoptischen Forschung im Mittelpunkt standen,[23] treten heute zunehmend in den Hintergrund. Schon aus Gründen formaler Logik können sie den Erweis der einen oder anderen literarischen Abhängigkeit nicht erbringen.[24] Zudem hat sich heute die Einsicht durchgesetzt, dass die Anordnung des Stoffes in gleicher Weise auf literarische Vorlagen wie auf redaktionelle Entscheidungen der Autoren zurückgeführt werden kann. Die neueren Entwürfe der Farmer- und Farrer-Schüler haben gezeigt, dass sich für beide Hypothesen eine ebenso plausible Erklärung für die redaktionelle Anordnung des Stoffes in den Evangelien finden lässt wie für die Zweiquellenhypothese. Argumente aus der Anordnung des Stoffes sind also nicht nur nutzlos, sondern irreführend.

b) Argumente aus dem redaktionellen Stil oder der theologischen Intention der Autoren prägen daher heute die Diskussion zur synoptischen Frage. Hier stellt sich jedoch das Grundproblem einer zirkulären Argumentation: Denn die Identifikation von redaktionellen Eigenarten, spezifischem Vokabular oder theologischen Präferenzen kann ja immer erst Ergebnis einer zugrunde gelegten Quellenhypothese sein, also deren Begründung nicht liefern. Auch hier haben die neueren Entwürfe gezeigt, dass sich redaktionelle Eigenarten in allen gebotenen Hypothesen gleichermaßen aufzeigen lassen. Sie können also immer nur ergänzende Beweiskraft haben.

c) Das drängendste Problem für die vorherrschende Zweiquellenhypothese stellen nach wie vor die „*minor agreements*" dar. Der Versuch, den Umfang des Problems durch Fragmentierung der Beweislast zu mindern,[25] konnte auf Dauer nicht befriedigen. Die Annahme einer markinischen Abhängigkeit von „Q" (vgl. oben S. 7) stellt hingegen die Notwendigkeit der

---

[23] Z.B. bei Streeter, *Gospels*, 1924, 168–169. Ähnlich auch schon Wilke, *Urevangelist*, 1838, Weisse, *Geschichte*, 1838, und neuerdings Neville, *Marks Gospel*, 2002. Die grundlegende Arbeit von Lachmann, *De Ordine*, 1835, zur Anordnung des Erzählstoffes wurde später oft zu Unrecht für den Erweis einer Markuspriorität aus der Anordnung des Stoffes herangezogen. Lachmann selbst vertrat diese nicht, sondern eine Variante der Fragmentenhypothese.

[24] Lowe, *Demise*, 1982, hat aufgezeigt, dass eine Analyse der Stoffanordnung, unabhängig von inhaltlichen Faktoren, aus Gründen formaler Logik eher zugunsten einer direkten Abhängigkeit zweier Dokumente (also z.B. der Griesbach-Hypothese) als zugunsten einer indirekten Abhängigkeit (also z.B. der Zweiquellenhypothese) ausfallen muss.

[25] Streeter, *Gospels*, 1924, 293–331, versuchte als erster, die große Zahl der *minor agreements* durch eine Unterscheidung von zufälligen Übereinstimmungen, scheinbaren Übereinstimmungen, textlicher Korruption sowie angenommenen Markus-Q-Überschneidungen zu erklären. Ähnlich auch noch Neirynck, *Minor Agreements*, 1974.

„Q"-Hypothese prinzipiell in Frage. Die großen Alternativentwürfe bieten hingegen relativ einfache Lösungen für dieses Problem.[26] Innerhalb der Zweiquellenhypothese ist allein die Annahme eines „Deuteromarkus" eine in sich weithin kohärente Erklärung für das Phänomen, obwohl auch sie sich im Rahmen der vorliegenden Untersuchung an mindestens einer Stelle als nicht tragfähig erweist.[27]

d) Eine weitere offene Frage bleiben die redaktionellen Eigenarten des Mk: Während manche typisch markinischen Züge (stereotype Einleitung mit καὶ εὐθὺς, lexikalische Aramaismen, detaillierter Erzählstil) möglicherweise aufgrund unabhängiger Redaktion bei den beiden Seitenreferenten weggefallen sein könnten, ist dies bei anderen redaktionellen Eigenarten (wie etwa den doppelten Zeit- und Ortsangaben oder Phänomenen markinischer Konflation)[28] kaum wahrscheinlich zu machen.

e) Auch die sich ständig wandelnde und in der Literatur immer weniger eindeutige Gestalt von „Q" stellt ein bleibendes Problem für die synoptische Forschung dar, da die Bezeichnung „Q" heute kaum noch Auskunft

---

[26] In der Farmer- und Farrer-Schule erklären sich die Übereinstimmungen aus der direkten Abhängigkeit des Lk von Mt, in den mehrstufigen Theorien durch Abhängigkeiten von gemeinsamen Quellen.

[27] Vgl. dazu unten S. 313. Prinzipiell ist der von Fuchs immer wieder angeführte Begriff der „Verbesserung" als heuristisches Mittel in Frage zu stellen: Zwar geht der Grundsatz, dass die „unvollkommenste" Form der Überlieferung stets als die Ursprüngliche anzusehen sei, in der synoptischen Forschung zurück bis zu den Anfängen (vgl. z.B. die Kriterien der Ursprünglichkeit bei Eichhorn, unten S. 168; ähnlich Streeter, *Gospels*, 1924, 161). Seine Richtigkeit ist damit jedoch nicht erwiesen. Bereits Buchanan, *Griesbach Hypothesis*, 1974, hat anhand moderner und antiker Analogien darauf hingewiesen, dass bei Prozessen literarischer Überlieferung eher mit einem Verlust von Ausführlichkeit, innerer Konsistenz, kulturellen Nuancen und anderer literarischer Feinheiten zu rechnen ist: Dies zeige sich etwa im Umgang des Josephus mit seinen Quellen. Neuerdings hat auch Shuler, *Genre*, 1987, 86, auf das Phänomen der „Kreolisierung" im Kontext literarischer Überlieferung hingewiesen. Davies/Allison, *Matthew I*, 1988, 104, bemerken zu recht: „Still, Streeter failed to ask a fundamental question: Why is it inconcievable that Mark, the abbreviator of Matthew, had less of a command of Greek than his predecessor?" Das Urteil über stilistische „Verbesserung" bzw. „Verschlechterung" ist daher nicht nur sehr subjektiv, es hat auch wenig Aussagekraft. Das im Rahmen der vorliegenden Untersuchung vorgeschlagene Kriterium einer historischen (jüdischen) Kontextplausibilität versucht dieses subjektive Urteil durch ein empirisch überprüfbares Kriterium zu ergänzen. Dabei wird die Untersuchung einzelner *minor agreements* immer wieder mit Fuchs zusammentreffen in der Beobachtung, dass die synoptischen Varianten von Mt und Lk den Wortsinn einer Überlieferung „besser", konsistenter oder auch pointierter wiedergeben als Mk. Für Fuchs ist das meist ein Beleg für ihren sekundären Charakter. Die vorliegende Untersuchung wird aber zugleich zeigen, dass diese Überlieferungen bei Mt und Lk nicht nur „besser", sondern oft auch in einem jüdischen Kontext historisch plausibler sind, was eher dafür spricht, dass sie ein ursprünglicheres Stadium der Überlieferung „besser" bewahrt haben als Mk.

[28] Vgl. dazu unten S. 520, 533 und 577.

über die Identität der dahinter stehenden Quelle(n) gibt und damit mehr und mehr an Aussagekraft verliert. Manche heute postulierte Formen von Q gleichen eher dem traditionellen „Urevangelium" oder unzusammenhängenden „Diegesen", während andere dem Gehalt und dem Aufriss nach eher einer protolukanischen oder protomatthäischen Schrift ähneln. Es muss daher grundsätzlich über den Sinn einer weiteren Verwendung der Bezeichnung „Q" nachgedacht werden.[29]

1.6 Methodologische Reflexion

Die Vielzahl der beschriebenen Hypothesen erfordert zudem eine grundlegende methodologische Reflexion über den Umgang mit konkurrierenden Erklärungsmodellen zur synoptischen Frage. In seiner „Methodologie wissenschaftlicher Forschungsprogramme" hat Imre Lakatos 1974 die Möglichkeit des temporären Nebeneinanders solcher konkurrierender Forschungsprogramme begründet.

Eine wissenschaftliche Theorie (T) steht demnach nie isoliert da, sondern stets als Bestandteil einer Serie von aufeinander aufbauenden Theorien (T_1, T_2, T_3, T_n), also eines zusammenhängenden Forschungsprogramms. Innerhalb eines solchen Programms führen theoriefremde Beobachtungen und Anomalien grundsätzlich nicht zu einer Infragestellung des „harten Kerns" der jeweiligen Theorie (negative Heuristik), sondern zur Ausbildung neuer Aushilfshypothesen im äußeren Umfeld des „harten Kerns" (positive Heuristik), die dann einen „Schutzgürtel" um diesen Kern bilden. Ein solches Programm kann daher zweifelsfrei weder verifiziert noch falsifiziert werden. Statt jedoch einen revolutionären „Paradigmenwechsel" im Sinne Kuhns[30] an die Stelle von Verifikation oder Falsifikation zu setzen, schlägt Lakatos einen „verfeinerten Falsifikationismus" vor, demzufolge konkurrierende Forschungsprogramme durchaus längere Zeit nebeneinander existieren können. In dieser Zeit des Nebeneinanders haben sie Gelegenheit, ihre „explanatorische Kraft", d.h. die Fähigkeit, die vorhandenen Beobachtungen schlüssig zu erklären, sowie ihre „heuristische Kraft", d.h. die Fähigkeit, einen empirischen Erkenntniszuwachs hervorzubringen, zu erweisen:[31] Erfolgreiche Forschungsprogramme zeichnen sich dadurch aus, dass sie in der Lage sind, zu einer progressiven Problemverschiebung beizutragen. Degenerative Forschungsprogramme hingegen tun dies nicht oder nicht mehr. Dort, wo Kuhn von einem Paradigmenwechsel redet, sieht Lakatos einen Verlust an Anziehungskraft der degenerativen Forschungsprogramme zugunsten ihrer erfolgreicheren Konkurrenten.

---

[29] Vgl. dazu unten S. 594.

[30] KUHN, *Structure*, 1962.

[31] LAKATOS, *Methodology*, 1978, 69.

Betrachtet man die Geschichte der synoptischen Forschung unter wissenschaftstheoretischem Aspekt, so lässt sich erkennen, dass die frühen synoptischen Modelle noch im Zeitalter eines „klassischen Induktivismus" entstanden sind. In der Literatur dieser Periode herrscht die Sprache logischer Beweisführung und zweifelsfreier Evidenz vor.[32] Am Ende dieser Phase gilt die Zweiquellenhypothese als „erwiesen", andere Modelle als „widerlegt". Die Forschungsarbeit widmete sich von nun an nicht mehr der Infragestellung des „harten Kerns" der Zweiquellenhypothese, sondern der Erarbeitung neuer Hilfshypothesen für dessen „Schutzgürtel". Die Arbeiten von Farrer und Farmer sind dann, anders als ihre Vorgänger, vor allem durch einen falsifikatorischen Ansatz geprägt: Sie konzentrieren sich weniger auf einen zweifelsfreien „Erweis" ihrer eigenen These als auf die Widerlegung ihrer Gegner.[33] Ihre Schüler jedoch widmen sich heute wieder nur am Rande den methodischen Schwächen der Anderen und setzen diesen stattdessen, hier ganz im Sinne Kuhns, ein eigenes, „neues Paradigma"[34] entgegen, das darauf abzielt, im wissenschaftlichen Diskurs aufgrund innerer Evidenz eine hinreichende Mehrheit zu finden.

Wenn die vorliegende Untersuchung also von einer „neuen Offenheit" der synoptischen Frage ausgeht, dann anerkennt sie damit das Nebeneinander mehrerer konkurrierender „wissenschaftlicher Forschungsprogramme", die weder als eindeutig bewiesen noch als zweifelsfrei widerlegt gelten können. Dies bedeutet, dass hier zunächst keines der beschriebenen Modelle ausschließlich zugrunde gelegt werden soll, sondern sich erst in der konkreten Arbeit am Text jeweils erweisen wird, welches Modell für den vorliegenden Befund „explanatorische" oder „heuristische" Kraft entwickelt

---

[32] Besonders auffällig ist diese Terminologie bei Wilke, *Urevangelist*, 1838. Lowe, *Methods*, 2000, weist auf den bis heute verbreiteten Gebrauch kartesianischer Argumentation in verschiedenen Bereichen der neutestamentlichen Wissenschaft hin, etwa im Blick auf das „Unähnlichkeitskriterium" in der historischen Jesusforschung, auf „Authentizitätskriterien" in der Literarkritik, auf die Frage der „Septuagintismen" im Lukasevangelium, den Wert rabbinischer Quellen für die Evangelienliteratur, die Frage nach dem Gebrauch des Hebräischen und Aramäischen zur Zeit Jesu, die Zuverlässigkeit der Papiasnotizen, die Begründung der Markuspriorität sowie die methodischen Zugänge der „dritten Suche" nach dem historischen Jesus: „The quest for a certainty beyond all doubt was repudiated by natural science in the early eighteenth century and by classical philology about a century ago. [...] But it remains rampant, even dominant, in New Testament Studies. *Here the lost assurance of an ‚inerrant scripture' has been replaced by the self-defeating quest for inerrant scholarly conclusions*" (716).

[33] Bezeichnend ist Farrers Wortwahl: „The first hypothesis [scil. die Abhängigkeit des Lk von Mt] must be conclusively exploded before we obtain the right to consider the second [scil. die gemeinsame Abhängigkeit von Q] at all" Farrer, *Dispensing*, 1955, 56. Auch Farmers Werk widmet sich, ebenso wie der deutsche Beitrag von Stoldt, *Markushypothese*, 1977, vor allem den methodischen Schwachpunkten der Zweiquellenhypothese.

[34] Goulder, *Luke I*, 1989.

bzw. zu einer „progressiven Problemverschiebung“ beiträgt. Die herkömmliche Form der Zweiquellenhypothese stellt sich allerdings, im Licht der hier beschriebenen Aporien, bereits jetzt zunehmend als ein degeneratives Forschungsprogramm im Sinne Lakatos' dar, während andererseits keine der angeführten Alternativen und Varianten sich bisher in hinreichendem Maße erfolgreich als neues Forschungsprogramm in vergleichbar breitem Ausmaß etabliert hat.

1.7 Methodische Folgerungen

Angesichts der neuen Offenheit der synoptischen Frage und der beschriebenen methodologischen Prämissen ist es daher nicht Ziel der vorliegenden Untersuchung, das eine oder andere synoptische Modell zu verifizieren oder zu falsifizieren, oder auch ein neues Modell zu etablieren. Vielmehr will sie vor allem einen neuen methodischen *Zugang* für die synoptische Forschung anregen, bzw. einen traditionellen Zugang, methodisch verfeinert, neu ins Gespräch bringen: Nämlich die Rückfrage nach einem *möglichen hebräischen Sprachhintergrund* der Evangelientradition und dessen vergleichende Einbettung in den *Kontext hebräischer Literatur* sowie *jüdischen Glaubens und Denkens*. Diese Untersuchung wird daher auch nicht von übergreifenden Quellenhypothesen ausgehen, um diese auf die jeweiligen Texte anzuwenden, sondern wird umgekehrt bei der Analyse der Einzeltexte einsetzen und erst in einem zweiten Schritt von den Einzelbefunden auf größere überlieferungsgeschichtliche Zusammenhänge schließen. Neue Erkenntnisse zur synoptischen Frage, die durch einen solchen Zugang gewonnen werden, können die bestehenden Modelle nicht grundsätzlich in Frage stellen. Sie stellen vielmehr lediglich Datenmaterial dar, über dessen Integrationsfähigkeit in bestehende synoptische Hypothesen bzw. „Forschungsprogramme“ deren jeweilige Vertreter zu entscheiden haben.[35]

2. Die neue Offenheit der linguistischen Frage

Obwohl die altkirchlichen Zeugnisse im Blick auf das Matthäusevangelium durchgängig von der *hebräischen* Sprache reden, setzte sich im 18. und 19. Jahrhundert weitgehend die Überzeugung durch, dass eine semitische Vorgeschichte der Evangelientradition, wenn überhaupt, nur in *aramäischer* Sprache denkbar sei. Erst in der zweiten Hälfte des 20. Jahrhundert führten linguistische Forschung und neue Textfunde zu einer differenzierteren Sicht der komplexen sprachlichen Verhältnisse im Palästina des ersten Jahrhunderts. Hebräisch, Aramäisch und Griechisch, sowie (mit Einschrän-

---

[35] Vgl. Lowe, *Parable*, 1982, 262.

kungen) Latein bilden darin eine verknüpfte Sprachmatrix, die eher durch soziologische, kulturelle und psychologische Faktoren bestimmt ist als durch eine klar umrissene lineare Zeitfolge. Neben einem neuen Interesse an einem möglichen *aramäischen* Hintergrund der Evangelien eröffnet sich daher heute erneut die Möglichkeit, dass die altkirchliche Tradition tatsächlich eine *hebräische*, und nicht ausschließlich *aramäische* Vorgeschichte der Evangelienüberlieferung im Blick hatte. Eine erneute Sichtung des Quellenmaterials sowie der methodischen Voraussetzungen für die Entstehung des exklusiven aramäischen Modells erscheint daher angebracht.

2.1 Forschungen zum aramäischen Hintergrund der Evangelien

Einen ausführlichen Forschungsüberblick über die Frage nach dem aramäischen Hintergrund der Evangelien hat zuletzt Maurice Casey vorgelegt.[36] Angesichts des Umfangs und der Ausrichtung der vorliegenden Untersuchung erscheint es nicht nötig, diesen hier zu wiederholen. Dennoch soll auf einige Aspekte der Forschungsgeschichte hingewiesen werden, besonders da, wo diese für den Gegenstand der vorliegenden Untersuchung bedeutsam erscheinen.

2.1.1 Die Anfänge der aramaistischen Forschung

Die neuzeitliche Erforschung des aramäischen Hintergrunds der Evangelien war anfangs nicht durch ein Interesse an jüdischer Literatur motiviert. Es war vielmehr die Begegnung mit den aramäisch sprechenden Ostkirchen, die in der europäischen Forschung den Blick neu auf diese Sprache lenkte:[37] Im Jahr 1555 veröffentlichte Johann Albrecht Widmannstadt eine syrische Evangelienausgabe und charakterisierte deren Sprache als „Muttersprache Jesu Christi, durch seinen göttlichen Mund geheiligt und vom Evangelisten Johannes ‚hebräisch' genannt"[38]. Die gleiche Bezeichnung des Syrischen als „Sprache Christi" enthielten wenig später auch die „Grammatica syriaca sive chaldaica" des Georg Michael Amira[39] und die von Brian Walton herausgegebene mehrsprachige „Biblia Sacra Polyglotta"[40]. Damit war die Begrifflichkeit der folgenden Jahrhunderte geprägt.

---

[36] Casey, *Sources*, 1998, 1–72. Caseys oft negative Bewertung der vorangehenden Literatur ist zwar deutlich geprägt durch das für seine eigene Arbeit zentrale Motiv einer nicht-christologischen Deutung der בר (א)נש(א)-Terminologie, dennoch gibt seine Übersicht einen guten und aktuellen Einblick in die Literatur und die wichtigsten Fragestellungen. Einen kompakteren und weniger polemischen Überblick bietet Stuckenbruck, *Approach*, 1991.

[37] Vgl. Strothmann, *Anfänge*, 1971,

[38] Widmannstadt, *Liber*, 1555.

[39] Amira/Caetani, *Grammatica*, 1596.

[40] Walton, *Biblia Sacra*, 1655.

Zwar bleibt die Terminologie in der entstehenden kritischen Bibelwissenschaft zunächst noch unscharf: Martin Luther etwa sagt in seinen Tischreden: „Das Neue Testament ist, obs wohl griechisch geschrieben ist, voll von Ebraismis und hebräischer Art zu reden“[41] und setzt das Hebräische dabei nicht nur als literarische, sondern auch als gesprochene Sprache voraus.[42] Johannes Calvin weist in seinen Kommentaren wiederholt auf die *chaldäische* Sprache hin, die sich seit der babylonischen Gefangenschaft durchgesetzt habe, allerdings nicht ohne dann in seinen Worterklärungen trotzdem auf *hebräische* Begriffe zurückzugreifen.[43] Richard Simon zitiert in seinem textkritischen Grundlagenwerk die altkirchliche Tradition von einem *hebräischen* Matthäus, fügt aber hinzu: „en Ebreu, cést-à-dire, dans la langue que parloient alors les Juifs de Jerusalem, qu'on appeloit Ebraique & qui étoit Caldaïque ou Syriaque.“[44] John Lightfoot unterscheidet in seinen „Horae“ zwar zwischen der *syrischen* Sprache des palästinischen Judentums und der *chaldäischen* Sprache der Targume, schließt aber dann beide als Hintergrund für die Evangelientradition aus, da es „unangemessen gewesen wäre, das Evangelium in der Sprache der Juden zu schreiben, die, von allen Bewohnern der Erde, es am meisten verachtet und bekämpft haben“[45]. Johann Albrecht Bengel wiederum erwähnt zwar den *hebräischen* Charakter des neutestamentlichen Griechisch, betont aber wie Lightfoot, dass Matthäus sein Evangelium in griechischer Sprache geschrieben habe. Bengel hielt es allerdings für möglich, dass Matthäus dasselbe Evangelium sowohl auf Griechisch als auch auf Hebräisch niederschrieb, wobei ersteres keine Übersetzung des letzteren sei.[46] Gotthold Ephraim Lessing schließlich geht in seiner „Neuen Hypothese über die Evangelisten“ von einer vormatthäischen judenchristlichen Evangelienschrift aus,

---

[41] Martin Luthers Tischreden, ed. KROKER, WA Tr 1, 1912, 525.

[42] In seinem Sendbrief vom Dolmetschen, ed. BRENNER/HERRMANN, *WA 30.2*, 1909, 638–639, begründet er seine Übersetzung von χαῖρε, κεχαριτωμένη (Lk 1,28) mit einem Rückgriff auf die hebräische Wendung איש־חמדות (Dan 10,19) und fügt hinzu: „Ich denk mir, der Engel Gabriel habe mit Maria geredet wie er mit Daniel redet.“ Auch in seinem Kommentar zum Galaterbrief (zu Gal 1,5.6.8.15; 2,17; 3,14), ed. MEISSINGER, *WA 57*, 1939, 6–7.10.18 und 24, erklärt er wiederholt Redewendungen aus dem hebräischen Sprachgebrauch.

[43] Kommentar zu Joh 1,42, ed. BAUM/CUNITZ, *JCO 47*, 1892, 31. Zu Joh 19,13 (ebd., 412) merkt Calvin an: „Wenn der Evangelist sagt, der Name Gabbata sei hebräisch, dann meint er damit die chaldäische oder syrische Sprache“. Dennoch erklärt er anschließend Γαββαθα aus dem hebräischen גבה. Ähnlich auch zu Joh 19,17 (ebd., 413) und im Kommentar zu Mk 7,34, ed. BAUM/CUNITZ, *JCO 45*, 1891, 462.

[44] SIMON, *Histoire*, 1689, 47–48. Vgl auch S. 57–58.

[45] LIGHTFOOT, *Horae*, 1658, 15 (zu Mt 1,23). Ein ähnlicher Gedanke erscheint später auch bei Delitzsch, vgl. unten S. 184.

[46] BENGEL, *Gnomon*, 1773, XVII (Vorwort), 2 und 15.

„in derjenigen Sprache, in welcher allein sie ihre Urheber hatten aufsetzen können (...) in der hebräischen Sprache, oder in dem syrisch-chaldäischen Dialekte derselben".[47]

Gottlob Christian Storr bezeichnet die Sprache des ursprünglichen Matthäusevangeliums als *hebräisch*, und das, obwohl er bei seiner vorangehenden Beschreibung der altkirchlichen Tradition sorgsam zwischen hebräisch und syro-chaldäisch unterscheidet.[48] Johann Gottfried Eichhorn schließlich schwankt in seiner Schrift zur Urevangeliumshypothese zwischen den Begriffen *hebräisch* und *chaldäisch-syrisch*, bevorzugt aber sowohl in der Terminologie als auch in den Beispielen und Rekonstruktionen das *Hebräische* (vgl. unten S. 168).

2.1.2 Heinrich Friedrich Pfannkuche

Die erste systematische Untersuchung zur sprachlichen Situation im ersten Jahrhundert war die Abhandlung von Pfannkuche aus dem Jahr 1798.[49] Sie sollte für ein Jahrhundert die einzige bleiben und war damit für die entscheidende Formungsphase der synoptischen Forschung von prägendem Einfluss.[50] Pfannkuche beklagte in der Einleitung seines Werks nicht nur die „Unkunde der orientalischen Sprachen", die bei den Kirchenvätern zu beobachten sei, sondern auch das

„...bisherige regellose Verfahren der Interpreten, welches bald zu Hebraismen, die als solche dem N.T. ganz fremd sind, bald zu Alexandrinismen, die aus den LXX geflossen sein sollen, und aus den ihnen im A.T. correspondierenden hebräischen Ausdrücken, ohne allen Beweis für die Rechtmäßigkeit dieses Verfahrens erläutert wurden" [370].

Sein Ziel ist es daher, als hermeneutischen Grundsatz für die Auslegung des Neuen Testaments den Rückgang auf die „palästinische Landessprache" zu etablieren. Vorrangig geht es ihm dabei jedoch nicht um die Abgrenzung des Aramäischen gegenüber dem Hebräischen, sondern gegenüber dem Griechischen:[51] Kurz zuvor nämlich hatte Domenico Diodati die viel beachtete These aufgestellt, allein Griechisch sei die Landessprache Palästinas und auch die Sprache Jesu gewesen und die Rückfrage nach einem semitischen Hintergrund der Evangelien damit nicht nur überflüssig, sondern falsch.[52] Pfannkuches Leitgedanke ist dagegen die Idee von einer einheitlichen und allgemein verbreiteten jüdischen ‚Volks- oder National-

---

[47] Lessing, *Hypothese*, 1778, 55. Vgl. unten S. 167.

[48] Storr, *Zweck*, 1786, 360–361. Vgl. unten S. 167.

[49] Pfannkuche, *Landessprache*, 1798. Seitenzahlen im Folgenden in Klammern. Als Grundlage seiner Arbeit nennt Pfannkuche die Schrift des italienischen Orientalisten Giambernardo De Rossi, *Lingua*, 1772.

[50] Z.B. Wilke, *Urevangelist*, 1838, 149–150 und Zahn, *Einleitung*, 1906, I:1 Anm. 1.

[51] Dass das Hebräische nach dem babylonischen Exil vollständig durch das Aramäische verdrängt wurde, setzt Pfannkuche voraus, ohne einen ausführlichen Beweis anzutreten [379–381 und 474 Anm. 1].

sprache'. Diese Nationalsprache sei, „so lange die jüdische Nation in Palästina ihre politische Selbstständigkeit behauptete", das Hebräische gewesen [379]. Doch die „palästinischen Juden verloren mit ihrer politischen Unabhängigkeit auch die Selbständigkeit ihrer Sprache, welche sie bisher behauptet hatten; der babylonisch-aramäische Dialekt verdrängte den hebräischen und wurde nach und nach in Palästina die herrschende Volkssprache" [380–381]. Das Hebräische sei gleichwohl bei den „Gelehrten, welche sich mit der Auslegung der heil. Nationalschriften beschäftigten, ... als gelehrte Sprache" beibehalten worden [389]. Das Griechische jedoch habe im Volk kaum Fuß gefasst und sei, „wie heut zu Tage das Französische in Europa, nichts weiter, als eine neben der Landessprache herrschende Modesprache" geblieben [396].

Pfannkuches Werk bietet eine umfassende Analyse der literarischen Quellen und bezieht dabei nicht nur die antiken Schriftsteller, sondern auch die rabbinische Literatur sowie Inschriften- und Münzfunde ein. Die zentralen Fragen, die auch in der späteren Forschung eine Rolle spielen werden, sind hier bereits übersichtlich zusammengetragen. In ihrer Ausführlichkeit und Gelehrsamkeit sollte das Werk für das nächste Jahrhundert unübertroffen bleiben, und bildete so eine wichtige Grundlage für die weitere synoptische Forschung, soweit diese von einem semitischen Hintergrund der Evangelien ausging. Dennoch werden aus heutiger Sicht Schwächen in der Argumentation Pfannkuches deutlich. So unterscheidet er kaum zwischen den verschiedenen aramäischen Dialekten, sondern behauptet eine Identität von vorexilischem Reichsaramäisch [385] über das Palmyrenische und Altsyrische [400–402], über palästinische und babylonische Dialekte [453] bis zu den Targumim [420] sowie den halachischen und haggadischen Midraschim [433] und der Peschitta [401]. Eine weitere Schwäche ist die zentrale Stellung, die die Targume in Pfannkuches Argumentation einnehmen. Er geht davon aus, dass diese „wo nicht früher, doch wenigstens in diesem [scil. dem hasmonäischen] Zeitalter fast ganz in der Gestalt, und höchstwahrscheinlich in eben der Sprache, in welcher sie auf uns gekommen sind, existirten" [412 und 422–429]. Solche Ungenauigkeiten sollten in der Folgezeit korrigiert bzw. präzisiert werden. Eine andere methodische Vorentscheidung jedoch erwies sich als nachhaltiger in ihrer Wirkung: Es ist die Zuspitzung auf den Nachweis einer einzigen semitischen ‚Landessprache' im Gegenüber zum Griechischen. Diese Zuspitzung führt nämlich hier und auch später zu einer problematischen Unschärfe in der

[52] DIODATI, *De Christo*, 1767, vgl. PFANNKUCHE, *Landessprache*, 1798, 374. Dies sei auch die ursprüngliche Zielrichtung de Rossis gewesen, der mit seinem Werk auf Diodati antwortete [378]. Ob hier auch noch die, von Pfannkuche nicht erwähnte Kontroverse zwischen ‚Puristen' und ‚Hebraisten' des 17. Jahrhunderts nachklingt, ist unklar. Vgl. dazu DE JONGE, *Study*, 1981, 117–118 und VOELZ, *Language*, 1984, 897–900.

Unterscheidung zwischen dem Aramäischen und dem Hebräischen. So wird das Quellenmaterial auch da, wo es vom Gebrauch *hebräischer* Sprache zeugt, subsumiert unter die ‚palästinische Landessprache' und so als Beleg für den Gebrauch der *aramäischen* Sprache angeführt. So erwähnt Pfannkuche „Münzen mit ebräischen und aramäischen Legenden" aus vorgeblich makkabäischer Zeit, zitiert dann jedoch ausschließlich *hebräische* Münzinschriften, die zudem aus späteren Perioden stammen.[53] Er schließt:

„.. so dienen doch diese Münzen auf allen Fall zum Beweise, dass die aramäische Sprache als Landessprache in Palästina zu den Zeiten der Makkabäer geherrscht haben und die althebräische noch immer bekannt gewesen sein muss, da die Verfertiger dieser Münzen, ohne augenblicklich als Falsarii entlarvt zu werden, sich die Freiheit nicht nehmen durften, eine damals in Palästina ganz unbekannte Sprache auf Münzen ... zu gebrauchen" [408–409].

Hier wird deutlich, wie die zugrunde liegenden Prämissen die Bewertung des Quellenmaterials deutlich verzerren. Ähnliches geschieht, wenn Pfannkuche der Bemerkung des Josephus (Ant 20,264), man lerne im jüdischen Volk ungern die Sprache fremder Völker, halte aber diejenigen für weise, die mit den Heiligen Schriften vertraut seien, hinzufügt: „nach dem hebräischen Urtexte mit Zuziehung ... der in der Landessprache vorhandenen Targumim" [441]. Eben dies aber sagt Josephus ja hier nicht. Ob er in der Tat schriftliche Targume im Blick hatte oder überhaupt haben konnte, ist vielmehr aus heutiger Sicht sehr fraglich (vgl. unten S. 89ff). Für die kryptische Notiz des Origenes, die Makkabäerbücher trügen bei den Hebräern den Namen Σαρβεθσαρβαναιελ,[54] schlägt Pfannkuche eine eigene aramäische Konjektur vor, obwohl Origenes in seiner Aufzählung alle anderen biblischen Bücher mit ihrem hebräischen Titel anführt. Aus seiner eigenen aramäischen Konjektur schließt Pfannkuche dann:

„Schon diese aramäische Überschrift beweiset, daß unser griechische (sic!) Text der makkabäischen Geschichte nicht, wie man gewöhnlich annimmt, aus einem hebräischen, sondern aus einem aramäischen Grundtext, wie Tobias, Judith und andere Apokryphen geflossen seyn muß. Zwar sagt Hieronymus im Prolog galeat. Maccabaeorum primum librum *hebraicum* reperi, allein hier bedeutet Hebräisch, wie oft im NT, beym Josephus u.a. blos die palästinische Landessprache" [412].

Pfannkuche folgt hier, entsprechend seinen methodischen Voraussetzungen, einer *petitio principii*, die auch in der späteren Literatur immer wieder be-

[53] Pfannkuche führt die folgenden Inschriften an: „שמעון נשיא ישראל", „שקל ישראל", „שנת א' לגאולת ישראל", „שנת א' לחרות ישראל". Er geht dabei von einer damals allgemein akzeptierten Datierung der Münzen in hasmonäische Zeit aus. Für die Münzen des Typs „שנת א'" und „שקל ישראל" steht jedoch mittlerweile eine Datierung in die Zeit des jüdischen Krieges fest, und „שמעון נשיא ישראל" bezeichnet nicht den Hohepriester Simon, sondern Simon bar Kochba. Vgl. dazu unten S. 94.

[54] Eusebius, HE 6.25.2, ed. SCHWARTZ/MOMMSEN, *GCS 9*, 1903, 2:576.

gegnet: Weil davon ausgegangen werden muss, dass das Hebräische nicht mehr als lebendige Sprache existierte, muss mit dem Begriff ‚hebräisch' das Aramäische gemeint sein. Diese Bedeutungswandlung wiederum belegt dann die Verdrängung des Hebräischen durch das Aramäische. Die gleiche Unschärfe zeigt sich auch, wenn Pfannkuche neutestamentliche Toponyme „mit Beth, Caphar und En (עין)" als Beleg für die *aramäische* Landessprache anführt [420]. Dies mag als Abgrenzung gegenüber dem Griechischen zutreffend sein, als Unterscheidung zwischen aramäisch und hebräisch jedoch gerade nicht. Auch hier wird die Unschärfe also durch die besondere Stoßrichtung der Untersuchung bedingt, führt aber zu einer falschen Exklusivität des Aramäischen gegenüber dem Hebräischen.

Ein Grund für diese unnötige Engführung der Argumentation ist sicher auch in dem zeitgeschichtlich bedingten Ideal einer Einheit von Sprache und Nation zu suchen, durch das sich Pfannkuche einer aus heutiger Sicht nicht mehr zwingenden Selbstbeschränkung unterzieht: „Denn Behauptung der Nationalexistenz hält allemal mit der Behauptung der Nationalsprache gleichen Schritt" [406]. Dieses romantisch-nationalstaatliche Leitmotiv wird schon am Beginn seiner Untersuchung deutlich, wenn Pfannkuche die Existenz der hebräischen Sprache an die „Unabhängigkeit der jüdischen Nation" bindet [379]. Es setzt sich fort in Begriffen wie ‚Sprachrevolution' [381], ‚hebräischer Nationaldialekt' [386], ‚Reinigkeit' [393] und ‚Barbarismen' [389], dem ‚Entreißen der Nationalsprache' und ‚Vertilgung einer Volkssprache' [414], oder wenn der Gebrauch der griechischen Sprache als „unpatriotisch" bezeichnet und mit der Ausbreitung des Französischen im Europa des napoleonischen Zeitalters verglichen wird [404]. Es zeigt sich weiterhin auch da, wo Pfannkuche die Verwandtschaft zwischen hebräisch und aramäisch mit dem Beispiel deutscher Mundarten vergleicht und dann von der „semitischen Ursprache" spricht, „die Bewohner von Kappadocien und Pontus, die Assyrer, Babylonier, Aramäer, Hebräer, Phönizier und Araber zu einem großen Volk vereinigte" [381–382]. Die frühromantische Idee einer Einheit von Sprache und Volk trug offenbar dazu bei, dass Pfannkuche bei seiner Suche nach der *einen* ‚Volkssprache' Palästinas die Möglichkeit einer komplexen multinationalen und multilingualen Realität im Palästina des ersten Jahrhunderts nicht in Betracht zog, sondern einem starren monolingualen und diachronen Modell folgte, bei dem Volkssprachen sich zwar durch politische Umwälzungen und Kriege gegenseitig verdrängen und ablösen, nicht aber synchron nebeneinander existieren können. So verdienstvoll daher sein Beitrag zur Erforschung des aramäischen Sprachhintergrundes war, so unnötig war es aus heutiger Sicht, den Gebrauch der griechischen und der hebräischen Sprache kategorisch auszuschließen. In der Sprachwissenschaft ist diese Ausschließlichkeit inzwischen durch mehrsprachige Modelle abgelöst worden. In der theologischen Literatur jedoch ist das ausschließliche Modell Pfannkuches bis heute zu finden (siehe unten S. 146ff.).

Zwei weitere methodische Engführungen, die sich bereits bei Pfannkuche abzeichnen, sollen hier noch abschließend erwähnt werden, weil auch sie sich im weiteren Verlauf der Forschung immer wieder als problematisch erwiesen. Es ist zum Einen die polarisierende Gegenüberstellung von ‚Gelehrtensprache' und ‚Volkssprache', zum Zweiten die methodische Fixierung auf die „nicht reingriechischen Stellen" [370]. Die erstgenannte Unterscheidung verknüpft den Gebrauch der aramäischen Sprache *a priori* mit dem Attribut des „Ungebildeten". Dieser Gedanke findet sich in der exegetischen Literatur schon früher, wo der ‚rohe' und ‚ungebildete' Charakter des hebräischen (oder ‚syro-chaldäischen') Urevangeliums mit den späteren griechischen kanonischen Evangelien kontrastiert wird.[55] Pfannkuche greift diese Hypothesen auf und spricht von einem „aramäischen von ungelehrten Palästinern für ungelehrte Palästiner aufgesetzten Urevangelium" [374]. Anders als seine Vorgänger überträgt er aber diesen Grundsatz auch auf die Sprache, in der Jesus selbst lehrte: Nachdem er zuvor das Hebräische als reine ‚Gelehrtensprache' [398 und 441] charakterisiert hat, schließt er daraus für die Sprache Jesu:

> „Es ist eine unbestreitbare Thatsache, daß Jesus, dessen Wirkungskreis vorzüglich unter dem gemeinen, weniger, als die höhern Stände verbildeten, und ebendeshalb für reinere moralische Grundsätze empfänglichen Volke war, [...] sich in seinen Lehrvorträgen und bei andern Gelegenheiten der aramäischen Sprache bediente." [430]

Diese Qualifizierung der Zuhörerkreise Jesu und ihrer angenommenen Sprachen wird auch in späterer Literatur oft wiederholt.[56]
Ob sie jedoch den historischen und soziologischen Realitäten entspricht, ist fraglich. Weder ist eine durchgämgige Zugehörigkeit der Schriftgelehrten

---

[55] Vgl. das Urteil über die Autoren des Urevangeliums bei Lessing, *Hypothese*, 1778: „...blos schwachgläubige Judenchristen" (52); „da waren Nachrichten, die sich allein von Christi weiblicher Bekanntschaft herschrieben, und von welchen es zum Theil zweifelhaft war, ob sie den Wundermann, den sie so liebten, auch immer gehörig verstanden hatten" (63). Dagegen sei jedoch die griechische Fassung des Matthäus „in einer Sprache..., die so ziemlich die Sprache der ganzen cultivierten Welt war" (56). Eichhorn, *Evangelien*, 1794, nennt das hebräische Urevangelium die „Arbeit eines ungelehrten jüdischen Schriftstellers" (779). Die griechischen Evangelien jedoch, so Eichhorn, „entfernten sich ... von der gemeinen Volkssprache der Juden, in der sich ihre Vorurtheile und ihr Aberglaube so tief eingedrückt hatte", Eichhorn, *Einleitung Bd. I*, 1804, 457.

[56] Vgl. etwa Dalman, *Worte*, 1898, 9–10: „Von [Jesus], der das Evangelium den Armen predigen wollte und der Lehrweise der Schriftgelehrten fern- | stand, ist am wenigsten zu erwarten, dass er seine Rede mit dem überflüssigen und den Hörer verwirrenden Schmuck der hebräischen Form versehen hätte"; ähnlich Meyer, *Muttersprache*, 1896, 40.57.68–69; Zahn, *Einleitung*, 1906, II:268–269; Wellhausen, *Einleitung*, 1905, 39.

zu gehobeneren sozialen Schichten historisch belegt, noch ihre Distanz zur Bevölkerung. Die Quellen belegen eher das Gegenteil:

„...the insistence that Jesus taught in Aramaic serves claims that he identified with the ‚common people' against the ‚rabbinic establishment'. In historic fact, of course, many of the rabbis came precisely from the poorer strata. Also, they could hardly have assumed general leadership after the desaster of 70 had they not, as Josephus attests, been the group for which the common people had the highest regard."[57]

Schließlich ist auch die methodische Festlegung auf die „nicht reingriechischen Stellen" eine folgenreiche methodische Verengung. Pfannkuche folgte auch hier einem bereits von Eichhorn vorgegebenen Weg: Dieser hatte vornehmlich zwei Gründe für einen Rückgriff auf die hebräische Sprache angeführt: Mögliche Fehlübersetzungen des hebräischen Urtextes sowie Übersetzungsvarianten bei den Synoptikern [siehe unten S. 169]. Bereits hier zeichnet sich eine methodische Engführung ab, die die Frage nach einem semitischen Hintergrund der Evangelien auf lange Zeit geprägt hat: Die Beschränkung auf Fehlübersetzungen, mögliche Übersetzungsvarianten und ‚nicht Reingriechisches' wurde im weiteren Verlauf der Forschung noch um die Suche nach Wortspielen oder Spuren aramäischer Poesie erweitert. Durch diese methodische Vorentscheidung sollte der Blick jedoch für lange Zeit auf isolierte Sprachauffälligkeiten beschränkt bleiben, was einen systematischen Zugang zu zusammenhängenden Texteinheiten zunächst verhinderte. Die Rückfrage nach dem semitischen Original diente vor allem dazu, *unklare* Textstellen zu erhellen, oder aber den stichhaltigen *Nachweis* eines semitischen Hintergrundes zu führen. Die Möglichkeit, dass ein zugrunde liegender Text durch seinen Übersetzer bzw. einen Redaktor durchaus in eine idiomatische griechische Sprachform gebracht werden konnte, ja sogar die Wahrscheinlichkeit, dass dies als Normalfall angenommen werden muss, blieb so zunächst außer acht.

2.1.3 Arnold Meyer

Die nächste bedeutende Arbeit zum aramäischen Hintergrund des Neuen Testaments bildete im Jahr 1896 das Werk von Arnold Meyer über die „Muttersprache Jesu", die erste umfassende Monographie zum Thema.[58] Schon der Titel zeigt eine Verschiebung des Akzentes gegenüber Pfannkuche, auf den sich Meyer ausdrücklich beruft [23–25]: Meyer ging es weniger um die Frage nach der Ursprache der Evangelien als um die Sprache Jesu selbst: „Will man den historischen Jesus aus seiner Zeit heraus verstehen (...), so muss man ihn auch sprechen hören, wie er gesprochen hat" [5]. Für diese Aufgabe konnte er auf einige bedeutende Fortschritte in der ara-

---

[57] Lowe, *Methods*, 2000, 716. Vgl. Jos. Ant 13,288 und 298.

[58] Meyer, *Muttersprache*, 1896. Seitenzahlen im Folgenden in Klammern.

maistischen Forschung zurückgreifen: Kurz zuvor hatte Dalman seine Grammatik des jüdisch-palästinischen Aramäisch" (siehe unten S. 25) herausgegeben, mit der man sich nach Meyers Urteil „der Sprache Jesu zeitlich so weit genähert" habe, „als das mit unseren Mitteln überhaupt möglich ist"[28]. Die Entdeckung der altsyrischen Evangelienlektionare auf dem Sinai hatte zur gleichen Zeit das Interesse neu auf das christlich-palästinische Aramäisch gelenkt, das bisher nur aus der Peschitta bekannt war.[59] In diesen Texten sieht Meyer für „das Werk der Rück-|übersetzung ... einen Leitfaden, der uns nicht allzuweit wird in die Irre gehen lassen" [32–33 und 150–155]. Dass zur Zeit Jesu das Hebräische nicht mehr in Gebrauch war, oder allenfalls „nur Sprache der Gebildeten", eine „feierliche" Sprache für Schriftsteller im Gegensatz zum „volkstümlichen" Aramäischen, setzt Meyer als selbstverständlich voraus, ohne es weiter zu begründen [40]. Entsprechend sei auch mit allen Hinweisen auf „hebräische" Sprache bei Josephus, Philo und im Neuen Testament „weiter nichts (...), als die damalige Judensprache", also das Aramäische gemeint [42]. Freilich sei das Hebräische noch als „heilige Kirchen- (sic!), eventuell auch Schriftsprache" [42] in Gebeten, Segenssprüchen und in der Tempelliturgie gepflegt worden, „wie unsere Gelehrten sich auch antiker und mittelalterlicher lateinischen (sic!) Sprüche bedienen" [74]. Inwieweit es noch verstanden worden sei, sei jedoch fraglich [43]. Vor allem die Targumpraxis, die Meyer wie Pfannkuche in vorchristliche Jahrhunderte datierte, spreche dagegen. Hebräische Münzen und hebräische Schriften hingegen seien kein Zeugnis einer lebendigen Sprache. Zusammenfassend schließt Meyer:

> „Hiernach beschränkte sich die Kenntnis des Hebräischen beim gemeinen Mann, soweit er nicht schriftgelehrt war..., auf das gedächtnishafte Festhalten einiger Sprüche, Gebete und Psalmen: | im Übrigen vollzog sich sein häuslicher, bürgerlicher, rechtlicher und religiöser Verkehr in aramäischer Sprache." [46–47]

Was die Sprache Jesu angeht, betonte Meyer, wie auch schon Pfannkuche, zugleich mit dem Gegensatz von Aramäisch und Hebräisch auch den Gegensatz von Volksnähe und Gelehrsamkeit: „Jesus sieht nicht aus wie ein Schriftgelehrter, er war kein Theologe, sondern ein Volksmann" [57]. Seine Lehre verlange weder eine Kenntnis der hebräischen Bibel noch der apokalyptischen Literatur: Jesus war „kein Mensch des Buchstabens, sondern des lebendigen Geistes" [56–57]. Gleiches gelte auch für die Träger der Evangelienüberlieferung:

> „... das Nächstliegende ist, dass sie, wenn sie einmal zur Feder griffen, ebenfalls in der Volkssprache schrieben, da sie ja keine Gelehrten waren; und wenn man zweifeln kann,

---

[59] Cureton, *Gospels*, 1858; Bensly/Harris, *Four Gospels*, 1894; Wellhausen, *Evangelienpalimpsest*, 1895; vgl. Meyer, *Muttersprache*, 1896, 32–33. Eine neue synoptische Edition der altsyrischen Evangelientexte und der Peschitta, versehen mit ausführlicher Einleitung, jetzt bei Kiraz, *Comparative Edition*, 1996.

ob sie überhaupt hebräisch verstanden, so ist es im höchsten Grade unwahrscheinlich, dass sie gar ein hebräisches Buch schreiben konnten, wozu eine lang- | jährige Beschäftigung mit dieser Sprache gehört." [68–69]

Auch die Existenz aramäischer Quellen für die Evangelien sei daher fraglich. Vielmehr sei anzunehmen, dass die in Griechisch verfassten Evangelien auf eine mündliche aramäische Erzähltradition zurückgriffen [70].

Der Versuch einer Rückübersetzung ins Aramäische hat für Meyer einen doppelten Sinn: Zum einen diene er dem besseren Verständnis der Jesusworte und bringe so „manche verdeckte Schönheit ... wieder ans Licht", zum anderen belege es aber auch die historische und literarische Ursprünglichkeit einer Überlieferung, wenn deren aramäischer Charakter aufgezeigt werden könne [73]. Meyer führte diesen Ansatz anhand ausgewählter Beispiele durch, wobei er vor allem auf Parallelen aus jüdischer Literatur zurückgriff. Dazu rekonstruierte er wiederholt auch zusammenhängende aramäische Sätze, wodurch nicht nur für einzelne Worte und Begriffe, sondern für ganze Redewendungen und Gedankengänge ein Vergleich mit jüdischen Quellen ermöglicht wurde. Zudem konzentrierte sich Meyer weniger auf mögliche Fehlübersetzungen als vielmehr auf die Sinnerschließung des vorliegenden griechischen Textes. Beides stellte in methodischer Hinsicht einen wichtigen Fortschritt dar.

2.1.4 Theodor Zahn

Während bei Meyer eine deutliche Verlagerung des Augenmerks von literargeschichtlichen auf exegetische Fragen zu erkennen ist, fragte Theodor Zahn in seiner Einleitung in das Neue Testament noch einmal ausführlich nach möglichen schriftlichen Quellen.[60] Was die Frage nach Jesu Muttersprache angeht, gründete Zahn sich dabei auf die Arbeiten von Pfannkuche, Dalman und Meyer [I:8] und stellte fest: „Es ist nicht *Hebräisch*, auch nicht ein buntes Gemisch von Hebräisch und einer anderen Sprache, sondern ... *Aramäisch*" [I:2]. Aramäisch sei daher auch die ‚Ursprache des Evangeliums', in der dieses zunächst mündlich überliefert wurde. In seiner Einleitung zum Matthäusevangelium wandte sich Zahn dann auch der Frage nach schriftlichen aramäischen Quellen zu. Dabei setzte er bei den altkirchlichen Zeugnissen an, die er für zuverlässiger hielt als vor ihm Meyer und nach ihm Dalman. Dort sei mit dem Begriff „hebräisch" allerdings stets das Aramäische gemeint [II:275]. Zahn kommt zu dem Schluss:

„Das Mittel wäre allerdings übel gewählt gewesen, wenn Mt sich der hebr. Sprache im strengsten Sinn des Worts, der hl. Sprache des AT's oder des modernisirten Hebräisch der Rabbinen bedient hätte. Er hätte dann die Reden Jesu und die Gespräche, welche er mit

[60] ZAHN, *Einleitung*, 1906. Die erste Auflage erschien 1896. Seitenzahlen im Folgenden beziehen sich auf die überarbeitete zweite Auflage.

Freund und Feind geführt hat, aus der aramäischen Volkssprache, in der sie gehalten worden waren, in eine Gelehrtensprache übersetzt, von welcher der größte Teil des Volks, und zumal die Armen, denen das Ev in erster Linie gebracht werden sollte, nur sehr wenig verstanden. Man darf diese Annahme kurzer Hand als geschichtlich unmöglich ablehnen. Die Sprache, in der Mt schrieb, kann nur die Sprache Jesu, „die Ursprache des Ev" die aramäische Volkssprache Palästinas gewesen sein." [II:268–269]

Die Folgerungen, die Zahn aus diesen linguistischen Beobachtungen für die synoptische Frage zieht, sollen später zur Sprache kommen (unten S. 193ff.).

2.1.5 Gustaf Dalman

Dalmans Werk über die „Worte Jesu"[61] hatte schon insofern ein besonderes Gewicht, als ihm umfangreiche Arbeiten zu Grammatik und Quellen, Vokabular und Dialekten des Aramäischen voraus gingen, auf die auch schon Meyer und Zahn zurückgegriffen hatten.[62] Die bleibende Bedeutung Dalmans für die Forschung zum aramäischen Hintergrund des Neuen Testaments, insbesondere der Worte Jesu, angemessen zu würdigen, ist allerdings hier weder Raum noch Anlass.[63] Was den Gegenstand der vorliegenden Untersuchung angeht, zeigt sich auch bei Dalman die beschriebene Akzentverschiebung von der literarischen auf die historische und exegetische Frage. Als Zielrichtung seiner sprachlichen Forschungen formuliert Dalman, sie dienten vornehmlich „dem Interesse an der Sprache Jesu, welches die Grammatik wachrufen und fördern sollte"[64]. Hinter der Frage nach der Sprache Jesu tritt daher die Frage nach möglichen Überlieferungssprachen der schriftlichen Evangelien deutlich zurück. Was den Gebrauch des Hebräischen angeht, sieht Dalman zwar, anders als manche seiner Vorgänger, noch eine geringe Möglichkeit für den Gebrauch des Hebräischen in Gelehrtenkreisen und in gewissen Bereichen des häuslichen Gebets [8], schließt es aber als gesprochene Sprache, sowohl für Judäa als auch für Galiläa, kategorisch aus [6–7] und kommt zu dem Schluss, dass

---

[61] Dalman, *Worte*, 1898. Seitenzahlen im Folgenden in Klammern.

[62] Dalman, *Grammatik*, 1894; Dalman, *Dialektproben*, 1896; Dalman/Händler, *Handwörterbuch*, 1897.

[63] Für eine ausführliche Würdigung seines Werkes, aber auch eine kritische Auseinandersetzung mit den aus heutiger Sicht problematischen Aspekten christlicher judaistischer Forschung des 19. Jahrhunderts vgl. Männchen, *Dalman*, 1987, und Männchen, *Probleme*, 1992. Eine positive Würdigung bei Hengel/Deines, *Common Judaism*, 1995, 68–69. Für die Frage nach dem aramäischen Hintergrund nennt Casey, *Sources*, 1998, 16-19, vor allem zwei aus heutiger Sicht zu erkennende Schwachpunkte: Die Priorität der Targume bei der Identifizierung der ‚Muttersprache Jesu' sowie die Beschränkung auf einzelne ‚Begriffe' statt auf zusammenhängende Texte.

[64] Dalman, *Grammatik*, 1894, V.

„...Jesus in der aramäischen Sprache aufgewachsen ist, und dass er zu seinen Jüngern und zum Volke aramäisch hat reden müssen, um verstanden zu werden“ [9].

Als Beleg für den ausschließlichen Gebrauch des Aramäischen führt Dalman zum Teil die gleichen Gründe an wie vor ihm bereits Pfannkuche und Meyer, ergänzt aber weitere:

a) das ‚hohe Alter‘ der Targumsitte[65] und der schriftlichen Targume[66]
b) aramäische Namen und Begriffe bei Josephus[67]
c) den Gebrauch des Aramäischen im Tempel[68]
d) die aramäische Fastenrolle und das „Sendschreiben“ Gamaliels II [3]
e) den Gebrauch des Aramäischen in den jüdischen Rechtsurkunden[69]
f) den Übergang zur Quadratschrift
g) den künstlichen Charakter des mischnischen Hebräisch [5][70]
h) die Unschärfe des Begriffs „hebräisch“ in Josephus und NT[71]

Für den Bereich *literarischer* Tätigkeit zur Zeitenwende hält Dalman allerdings den Gebrauch des Hebräischen „mit derselben Ausschließlichkeit“ für möglich und führt zum Vergleich die jüdische Literatur in spanischem, deutschem und arabischem Umfeld an [10].[72] Für die neutestamentliche Zeit begründet Dalman die These von der Ausschließlichkeit hebräischer *literarischer* Tätigkeit mit Verweis auf die erhaltenen oder vermuteten Ori-

---

[65] Diese sei bereits in mMeg 4,5.7.11 und bBer 8a als „uralt“ vorausgesetzt [1]. Zur Frage von Alter und Funktion der Targume vgl. jedoch unten S. 89–92.

[66] Als Beleg dient der in bShab 115a, yShab 16,1/3 (15c), tShab 13,2 (Liebermann 2:57), Sof 5,16 und 15,2 (Higger 161 und 274, von Dalman als „Sof 5,15“ angeführt) überlieferte Fund eines Hiobtargums unter Gamaliel I [2]. Vgl. dazu jedoch unten S. 91.

[67] Φαρισαῖοι Jos. Ant 13,171 u.ö.; Χααναίαι (sic!) Jos. Ant 3,151 (dort χαναναίας); ἀραβάχην Jos. Ant 3,151 (Dalman liest χαναράβης); πάσχα Jos. Ant 2,313 u.ö.; ἀσαρθὰ Jos. Ant 3,252; φρουρέας Jos. Ant 11,295 (Dalman liest Φρουραία oder Φρουραί); σάββατα Jos. Ant 1,33 u.ö. [2]. Beispiele neutestamentlicher und alttestamentlicher Ortsnamen folgen auf Seite 6.

[68] Vgl. ySot 9,13/2–5 (24b), Jos. Ant 13,282 und mSheq 5,3; 6,5.

[69] Belege für aramäische Urkunden bei Dalman, *Grammatik*, 1894, 9f; Dalman, *Worte*, 1898, 4, nennt allerdings auch Bespiele für hebräische Urkunden: mGit 9,3.5 (Correns 144–146), mKet 9,1.5 (Krupp 59–61), und außerdem mKet 4,12 (Krupp 30), wo hebräische und aramäische Fassung derselben Urkunde nebeneinander überliefert sind, sowie die „Geschlechterrolle“, die yTaan 4,2/16 (68a) par. BerR 98,8 zu Gen 49,10 (Theodor/Albeck 3:1259) auf aramäisch, aber mYev 4,13 (Rengstorf 66) auf hebräisch zitiert wird – sofern dabei dasselbe Dokument im Blick ist. Vgl. dazu auch unten S. 95–109 und 142.

[70] Hierbei beruft sich Dalman auf Geiger, *Lehrbuch*, 1845, dazu vgl. unten S. 86ff.

[71] Jos. Ant 10,8; 12,36; 1,33.34; 3,252; Jos. Bell 6,96; 5,36; Joh 5,2; 19,13.17; 20,16; Apg 21,40; 22,2; 26,14; Apg 6,1 [5–6].

[72] Gerade diese Beispiele hätten ihn aber doch in eine andere Richtung führen müssen, denn aus den literarischen Zeugnissen der genannten Epochen wird ja gerade deutlich, wie jüdische Sprachkultur sich immer sowohl der üblichen Verkehrssprachen als auch der hebräischen Sprache bedient hat, und zwar sowohl im mündlichen als auch im schriftlichen Bereich.

ginalschriften zwischentestamentlicher Literatur.[73] Für die Evangelientradition jedoch komme eine hebräische Sprachform keinesfalls in Frage. Denn da Jesus aramäisch gelehrt hatte, habe von ihm auf aramäisch erzählt werden „müssen". Und anders als bei den aufgeführten hebräischen Schriften aus der zwischentestamentlichen Zeit sei hier nie die Schaffung von ‚Schrift' im Blick gewesen, so dass die Ehrfurcht vor dem bereits existierenden alttestamentlichen Kanon die Benutzung der hebräischen Sprache verboten habe [12]. Zudem deute die altkirchliche Überlieferung eher auf ein aramäisches denn auf ein hebräisches Evangelium, aber auch dessen Existenz sei nur eine „bisher ... noch nicht erwiesene Vermutung" [48].

Die von Dalman angemahnte deutlichere Unterscheidung von *Aramaismen* und *Hebraismen* ist ein wichtiger Beitrag zur Diskussion. Während jedoch die Aramaismen nach Dalmans Ansicht oft auf ein zugrunde liegendes semitisches Original zurückzuführen sind, hält er alle neutestamentlichen Hebraismen durchweg für ein künstliches literarisches Stilmittel griechisch schreibender Schriftsteller.[74] So kommt Dalman am Ende zu seinem Urteil, dass ein semitisches Urevangelium vermutlich nie existiert hat, weder in hebräischer noch in aramäischer Sprache. Die Quellen der Evangelien seien vielmehr ausschließlich griechisch verfasst. Eine bestimmte Annahme ihrer literarischen Beziehungen untereinander wollte Dalman jedoch seinen Untersuchungen nicht zugrunde legen. Einzige Berechtigung für eine Rückfrage nach dem aramäischen Sprachhintergrund sei das Interesse an der ursprünglichen Form der Worte Jesu und ihrer Bedeutung im Kontext jüdischen Glaubens und Denkens [56–59]. Solchen Worten wendet sich Dalman denn auch im materialen Teil zu, allerdings zunächst lediglich den ‚wichtigsten Begriffen' [59]. Die angekündigten Folgebände, in denen sich Dalman nach seiner Untersuchung der ‚wichtigsten Begriffen' auch mit weiteren Worten Jesu befassen wollte, konnte Dalman nicht mehr realisieren, vermutlich weil ihn der Wechsel ans Deutsche Evangelische Institut für Altertumskunde in Palästina schließlich zu anderen Forschungsfeldern führte. Für die weitere Forschung zum semitischen Hintergrund der Evan-

[73] „Erwiesen" sei dies für äthHen, AssMos, grBar, IV Esr und Test XII. Für alle anderen Pseudepigraphen sei es „wahrscheinlich, für 1Makk gewiss". Für Daniel sei zwar eine aramäische Grundschrift anzunehmen, die dann jedoch in ein hebräisches literarisches Werk inkorporiert worden sei. Judith „dürfe" in hebräisch abgefasst worden sein, lediglich für Tobit scheint Dalman eine aramäische Originalschrift „das Wahrscheinlichste" [10–12].

[74] Dalman scheint zunächst zwar auch mit echten Hebraismen zu rechnen [14], bezeichnet diese dann aber doch als künstlich und schließt: Der „von eigentlichen Hebraismen jeder Art gesäuberte Wortlaut wird somit die grösste Wahrscheinlichkeit haben, ursprünglich zu sein." [16]. Ähnlich sind auch seine Ausführungen zum hebraisierenden Charakter des Lk [30–32]. Zum Phänomen der (vermeintlich) künstlichen Septuagintismen vgl. jedoch unten S. 357.

gelien erwies sich Dalmans Arbeit, neben seinen fundierten und detaillierten Einzelbeiträgen materialer Art, vor allem in zweierlei Hinsicht als richtungweisend: Sie bekräftigte die Überzeugung von der Ausschließlichkeit des Aramäischen gegenüber dem Hebräischen, zumindest auf dem Feld des Neuen Testaments, und sie führte zudem zu einer weiteren Akzentverschiebung von der Frage nach den literarischen Quellen zur Frage nach Herkunft und Bedeutung vereinzelter Begriffe und Phrasen, vor allem der Worte Jesu.

2.1.6 Julius Wellhausen

In seinen Evangelienkommentaren und der sich anschließenden Einleitung bezieht Wellhausen ausführlich Untersuchungen zur aramäischen Sprache mit ein.[75] Während sich diese in den Kommentaren vor allem auf Worterklärungen, in geringem Maße auch auf Übersetzungsvarianten sowie Übersetzungs- und Lesefehler beziehen, legt Wellhausen in der Einleitung nachträglich eine systematische Analyse vor. Sein Interesse gilt dabei, im Gegensatz zu Dalman, weniger der Muttersprache Jesu als vielmehr der Sprache möglicher schriftlicher Quellen. Er setzt daher auch nicht, wie Dalman, bei einzelnen Begriffen an, sondern bei Grammatik, Syntax, Stilistik und Lexik.

Was die schriftlichen aramäischen Quellen angeht, folgt Wellhausen dem Modell der Zweiquellenhypothese, allerdings mit einer entscheidenden Variante: Er nimmt sowohl für das Evangelium des Markus als auch für die Quelle Q einen aramäischen Ursprung an [35.68; Mt:2]. Dabei geht er jedoch im Blick auf Q von multiplen, teilweise aramäischen und teilweise bereits ins griechische übersetzten, Quellen aus, die zudem auch in einer literarischen Beziehung untereinander standen [69; Mt:3]. Auch für Markus geht Wellhausen von mehreren Rezensionen aus, wobei er die Existenz eines „Urmarkus“ nicht ausschließt [57] und als Vorlage für Mt und Lk eine Art „Deuteromarkus“ vorauszusetzen scheint.[76] Gleichzeitig könnten beide jedoch auch noch die aramäische Vorlage des Mk gekannt haben, obwohl sie doch vornehmlich auf den griechischen (Deutero-) Markus zurückgrif-

[75] Wellhausen, *Markus*, 1904; Wellhausen, *Matthäus*, 1904; Wellhausen, *Lukas*, 1904. Wellhausen, *Einleitung*, 1905. Seitenzahlen aus der Einleitung im Folgenden in Klammern, Seitenzahlen aus den Evangelienkommentaren werden mit dem Zusatz Mk, Mt oder Lk versehen. In der zweiten Auflage seiner Einleitung, Wellhausen, *Einleitung*, 1911, hat Wellhausen die Kapitel über das Griechisch der Evangelien und die aramäische Grundlage der Evangelien in einem neu überarbeiteten Kapitel „Die Sprache der Evangelien“ zusammengefasst. Einige Ergebnisse der ersten Auflage werden dabei revidiert und vor allem die Auseinandersetzung mit der Literatur gesucht.

[76] „Folgt Mt dem Lc oder Lc dem Mt? Wahrscheinlich beide gemeinsam einer jüngeren Variation der Marcus-Erzählung, die in einer der mancherlei von Lc (1,1) benutzten evangelischen Schriften vorlag“ [Mk:143].

fen [57]. Im Vergleich von Mk und Q stelle sich eindeutig Mk als die ältere Quelle dar, zudem müsse für Q eine längere Phase der sekundären Fortbildung angenommen werden [84–85]. Dass für die ursprünglichen Quellen nur das Aramäische und nicht das Hebräische in Frage kommt, hält Wellhausen für entschieden, ohne weiter darauf einzugehen.[77] Deutlich grenzt er sich jedoch von Dalman ab, was die zu berücksichtigenden Dialekte des Aramäischen angeht: Dalman setze die geographischen Dialektunterschiede zu hoch ein,[78] gleichzeitig den Unterschied zwischen volkstümlicher und gelehrter Sprache zu gering [41]. Bei der Verwendung jüdischer Literatur sei daher im neutestamentlichen Bereich Zurückhaltung geboten:

> „... die uns erhaltene jüdisch-aramäische Literatur ist specifisch rabbinisch. Man darf diese Sprache nicht einfach zum Muster für die Volkssprache in Galiläa machen" [38].

Da die Abgrenzung vom rabbinischen Judentum für Wellhausens Werk charakteristisch ist (vgl. dazu unten S. 187ff), geht damit auch eine Polemik gegenüber dem Aramäisch der jüdischen Literatur und überhaupt dem Vergleich mit rabbinischer Literatur einher. Man dürfe nicht davon ausgehen, dass „die Pedanten schon zur Zeit Jesu, als sie noch nicht alles beherrschten" [39], die Sprache des Volkes geprägt hätten:

> „Die Rabbinen sind erst nach der Zerstörung Jerusalems Alleinherrscher geworden, als das Volk zu einer Sekte zusammengeschrumpft war" [41]

Auch Wellhausen gebraucht, wie vor ihm Pfannkuche und Meyer, das Motiv von einer ‚Volksferne' der Rabbinen: Es sei anzunehmen, „daß Jesus wie das Volk redete und nicht wie die Schriftgelehrten" [39]. Dieser Gegensatz, der bei Pfannkuche und Dalman noch zur Abwertung des Hebräischen gegenüber dem Aramäischen geführt hatte, dient bei Wellhausen zur Ablehnung der jüdischen aramäischen Literatur insgesamt gegenüber der christlichen. In seinen Werken finden sich daher auch vielfache Bezüge zur altsyrischen christlichen Literatur, solche zur jüdischen fehlen hingegen fast völlig. Selbst Herleitungen aus dem Arabischen sind häufiger. Allerdings räumt Wellhausen selbst rückblickend ein, er habe die rabbinischen Parallelen in seinen Evangelienkommentaren „ungebührlich vernachlässigt" [42]. Die antirabbinische Tendenz Wellhausens schlägt sich auch in seinen Urteilen zur synoptischen Frage nieder, wie später noch zu sehen sein wird (vgl. unten S. 187).

---

[77] „Ein nichtgriechischer Ausdruck kann an sich sehr oft ebensogut hebräisch wie aramäisch sein; aus allgemeinen Gründen wird er in der Regel als aramäisch anzusprechen sein..." [14, vgl. auch 34]. Die häufigen Bezüge zu Dalman, *Worte*, 1898, zeigen die Herkunft dieser Ansicht.

[78] Dies gelte sowohl für die Unterschiede zwischen Galiläa und Judäa als auch für die zwischen west- und ostaramäisch [41–42].

Trotz seines umfangreichen Rückgriffs auf die aramäische Sprache warnt Wellhausen, hierin mit Dalman eins, davor, vorschnell jeden ungriechischen Ausdruck auf eine semitische Vorlage zurückzuführen: Man müsse vielmehr auch mit allgemeinen semitischen Einflüssen auf das Griechisch der Verfasser rechnen. Außerdem seien auch künstliche Hebraismen als literarisches Stilmittel möglich.[79] Andersherum dürfe eine aramäische Vorlage nicht nur dort angenommen werden, wo sie durch Semitismen erkennbar sei. Auch hinter idiomatischem Griechisch könne durchaus eine semitische Vorlage stehen, auch wenn sie sich nicht erweisen lasse [14]. Wegweisend ist in jedem Fall Wellhausens Mahnung zu einer methodischen Vorsicht im Blick auf den semitischen Hintergrund der Evangelien, indem er den Blick von Konjekturen und Emendationen abwendet und stattdessen auf den Nutzen des linguistischen Zugangs für die Arbeit am synoptischen Vergleich verweist:

„Zu berichtigende Missverständnisse sind meist solche der Ausleger, nicht der Schriftsteller. Man muß bedenken, daß die evangelischen Schriftsteller der Zeit Jesu weit näher standen und weit besser aramäisch verstanden als wir, und daß sie den Sinn nicht leicht verfehlten, wenngleich sie ihn oft genug in unverständlichem Griechisch ausdrückten. Man hat sich namentlich zu hüten, durch Retroversion ganz neue sensationelle Aussagen zu gewinnen, die dem überlieferten griechischen Wortlaut ins Gesicht schlagen. Man hat nur selten, namentlich bei Discrepanzen von Parallelen des Matthäus und Lukas, Anlaß zu einer den Sinn wirklich ändernden Retroversion, und dann wird sie gesichert, wenn der Anstoß dadurch auf einfache Weise verschwindet. Solche Fälle sind indessen nicht dazu angetan, eine theologische Revolution herbeizuführen." [42]

2.1.7 Charles Cutler Torrey

Torreys Modell einer aramäischen Zweiquellenhypothese folgt im Prinzip den Spuren Wellhausens.[80] Allerdings ist sein Hauptziel, anders als bei Wellhausen, der „zweifelsfreie Nachweis" solcher schriftlicher Quellen, aramäisch *und* hebräisch [287–289]: So nimmt er ein aramäisches Markusevangelium (‚Vita') und eine aramäische Quelle Q (‚Teachings') als Grundlage für Mt und Lk an [306], dazu eine hebräische Quelle für das lk Sondergut und den ersten Teil der Apg [289 und 292]. Matthäus habe dann Mk und Q als erster miteinander verbunden, wobei Torrey auch hier, mit Verweis auf die kirchliche Tradition, zunächst eine *aramäische* Abfassung dieses Mt annimmt. Der *griechische* Übersetzer des Mt sei dann wiederum

---

[79] Nach Wellhausens Urteil sei solche „biblische Phraseologie" bei Mt und Lk häufig anzutreffen [16], während Markus davon frei sei [34].

[80] Torrey, *Translations*, 1912, Torrey, *Acts*, 1916, Torrey, *Fact and Fancy*, 1919, Torrey, *Aramaic Origin*, 1923, Torrey, *Four Gospels*, 1933, Torrey, *Translated Gospels*, 1936, Torrey, *Documents*, 1941, Torrey, *Aramaic*, 1942, Torrey, *Aramaic Period*, 1952/53; vgl. die Antworten von Montgomery, *Torrey*, 1934, und Barton, *Torrey*, 1935. Seitenzahlen im folgenden Text beziehen sich auf Torrey, *Translations*, 1912.

durch eine *griechische* Übersetzung des Mk beeinflusst gewesen [297–305]. Lukas habe schließlich bei der *griechischen* Konzeption seines Evangeliums Mk und Q in ihren *griechischen* Fassungen zugrunde gelegt, diese aber unter Heranziehung ihrer jeweiligen *aramäischen* Originale redigiert [294]. Das Mt habe Lukas ausschließlich in der *griechischen* Fassung verwendet, ihm aber insgesamt sekundären Wert zugemessen [301]. In späteren Werken hat Torrey die Annahme eines aramäischen Originals auch auf die Apostelgeschichte sowie das Johannesevangelium ausgedehnt.[81] Darin geht er nicht nur weit über das hinaus, was andere Forscher vor ihm über mögliche aramäische Quellen des Neuen Testaments angenommen hatten. Er blieb auch in der Folgezeit weithin allein mit seinen Annahmen. Methodisch gründet sich Torrey bei seinen Untersuchungen vor allem auf den Nachweis von Fehlübersetzungen, Übersetzungsvarianten, Strukturen hebräischer Poesie und auf „offensichtliche Häufungen" von semitischen Idiomen.[82] Nur selten unternimmt er zusammenhängende Rekonstruktionen größerer Textpassagen oder deren Überlieferungsgeschichte.[83] Auch die Unterscheidung zwischen Aramaismen und Hebraismen bleibt bei Torrey unscharf, da er, wie die meisten seiner Zeitgenossen, von einer rein aramäischen Sprachumgebung ausgeht. Nicht wenige seiner postulierten Aramaismen wären ebenso gut oder besser als Hebraismen zu erklären, weisen also lediglich auf einen allgemein semitischen Hintergrund der Evangelien hin. Obwohl also Torrey in seinen Untersuchungen sicherlich im Einzelfall interessante Beobachtungen und zutreffende Konjekturen gesammelt haben mag, bleibt sein weitreichender Gesamtentwurf der literarischen Quellen doch methodisch schwach begründet und hat in der Literatur auch wenig Zustimmung gefunden.

2.1.8 Charles Fox Burney

Ähnlich wie bereits zuvor Julius Wellhausen beschritt auch der Oxforder Alttestamentler und Semitist Charles Fox Burney den Weg von der alttestamentlichen hin zur neutestamentlichen Forschung. Sein erklärter Wunsch war es, damit die beiden biblischen Disziplinen enger zusammenzuführen, da sie einander viel zu geben hätten.

> „Old and New Testament Scholars were as a rule content to dwell too much in water-tight compartments, and (...) more systematic first-hand application of Semitic linguistic knowledge to the New Testament might be expected to shed light upon a variety of problems"[84]

---

[81] Torrey, *Aramaic Origin*, 1923.

[82] So etwa in der lk Kindheitsgeschichte [295] sowie in Lk 5,17 ff., Lk 19,1ff und dem Vaterunser in der lk Version Lk 11,2–4 [308–309].

[83] In seiner grundlegenden Untersuchung nur für das Vaterunser, dessen lukanische Form Torrey für ursprünglicher hält [309–310].

[84] Burney, *Aramaic Origin*, 1922, 3. Weitere Seitenzahlen im Folgenden in Klammern.

Da sein Interesse weniger den literarischen Quellentheorien als vielmehr den sprachlichen Formen galt, wandte Burney sich in einem ersten Werk dem Evangelium des Johannes zu, in dem er, deutlicher als in den synoptischen Evangelien, Spuren semitischen und speziell aramäischen Sprachstils zu erkennen glaubte [18]. Methodisch maß Burney dabei der Unterscheidung der verschiedenen Dialekte eine nachgeordnete Bedeutung zu, da er sich bei seinen Untersuchungen auf Sprachmerkmale beschränkte, „die allen Zweigen dieser Sprache gemeinsam sind" [27]. Diese Sprachmerkmale syntaktischer, grammatikalischer und lexikalischer Form stellte Burney im Hauptteil seiner Untersuchung zusammen, um dann auch ausführlich auf mögliche Fehlübersetzungen und den Gebrauch von Schriftzitaten im Johannesevangelium einzugehen. Burney kommt zu dem Schluss, dass das Joh in der Tat die Übersetzung eines aramäischen Originals darstelle, nicht ohne anzumerken, dass diese Theorie, sollte sie sich erhärten, eine „Revolution in der zeitgenössischen Johannesforschung" [126] bedeute, da sie auch Auswirkungen auf die Fragen nach Verfasserschaft, Herkunft und Datierung des vierten Evangeliums nach sich ziehe. Tatsächlich jedoch blieb diese Revolution aus, da Burneys Theorie auf wenig Resonanz stieß. Auch ein zweites, umfangreicheres Werk Burneys, in dem er sich poetischen Sprachformen in den Worten Jesu zuwandte,[85] konnte nicht überzeugen: Schon Burneys Analysen alttestamentlicher Poesie waren zum Teil fraglich, etwa in der Annahme moderner Reimschemata im biblischen Hebräisch. Diese auf eine zu rekonstruierende aramäische Sprachform der griechischen Jesusworte zu übertragen, und darin noch Kennzeichen von Reim und Rhythmus zu erkennen, musste ein weithin hypothetisches Unternehmen bleiben. Andere Merkmale, wie der *parallelismus membrorum*, sind zwar unverkennbar, ob sie jedoch zwingende Erweise einer semitischen Vorlage darstellen, ist fraglich.[86]

Burney mag also in seinen Schlüssen zu weit gegangen sein. In einigen seiner methodischen Ansätze jedoch hat er durchaus Grundlagen gelegt, die weiterführend waren. So kann man in seinem Bemühen, alttestamentliche und neutestamentliche Wissenschaft aus ihrer jeweiligen Isolation zu befreien und fruchtbar miteinander in Dialog zu bringen, eine damals sicher unzeitgemäße Stimme „biblischer Theologie" erkennen. Auch seine klare Unterscheidung zwischen Aramaismen und Hebraismen, sowie zwischen „Septuagintismen" und „Non-Septuagintismen" (freilich ohne Gebrauch dieser Begriffe) ist für seine Zeit ungewöhnlich präzise: So geht Burney ausführlich auf die καὶ ἐγένετο-Konstruktionen im lukanischen Doppelwerk ein, die von Dalman noch pauschal als Beleg für den künstlichen Charakter der lukanischen Hebraismen gewertet worden waren. Burney weist hinge-

---

[85] Burney, *Poetry*, 1925.

[86] Vgl. die Analyse bei Casey, *Sources*, 1998, 19–21.

gen darauf hin, dass Lukas zwar häufig biblische Phraseologie verwendet, aber an vielen Stellen, vor allem in der Apg, auch nicht-biblische Varianten derselben Konstruktion, die ihrerseits aus *koine*-griechischen Dokumenten bekannt sind. Burney versucht diesen Gegensatz durch eine mögliche biographische Wandlung des Verfassers zu erklären [12], merkt aber an, dass dieser Sachverhalt weiterer Untersuchung bedarf. Auch hier haben neuere Arbeiten Burneys Beobachtungen bestätigt und für die Quellenfrage fruchtbar gemacht (siehe unten S. 357). Zudem wird Burneys Urteil, auch das vierte Evangelium sei stärker als damals angenommen ein „Produkt palästinischen Denkens“[87], heute sicher wieder auf offenere Ohren stoßen als in seiner eigenen Zeit.

2.1.9 Matthew Black

Als nächster Meilenstein in der aramaistischen Forschung am Neuen Testament erwies sich das Werk von Matthew Black.[88] Black nennt seinerseits Wellhausen und Burney als seine wichtigsten Vorbilder [v], ohne diese jedoch deshalb von der grundsätzlichen Kritik auszuschließen, mit der er die gesamte bisherige Forschung auf diesem Feld bedenkt. Es sind vor allem drei Punkte, in denen Black seine Vorgänger kritisiert: Die Heranziehung des späten targumischen Aramäisch als primäre linguistische Grundlage, die fehlende Berücksichtigung abweichender Textüberlieferung (insbesondere des Codex Bezae), sowie die Überbewertung von Wortspielen und Fehlübersetzungen [5–12]. Im Blick auf die linguistische Textgrundlage fasst Black zusammen:

> „Recent Aramaic discoveries have (...) shown that Dalman has over-estimated the value of Targumic Aramaic for the Aramaic of the Gospel period, while his judgement of the worth of the language of the lesser known Targums and of Palestinian Syriac and Samaritan Aramaic has been practically reversed“ [18].

Bei den erwähnten Entdeckungen handelte es sich vor allem um die 1930 veröffentlichten Targume aus der Geniza von Kairo.[89] In diesen sah Black nicht nur eine Textgrundlage, die sich zeitlich und örtlich näher am galiläischen Aramäisch der Zeit Jesu befand, sondern auch einen Nachweis, dass auch die späteren palästinischen Fragmenten-Targume tatsächlich älteres und zuverlässiges Material enthielten, wenn man sie von Einflüssen des Onkelos bereinige [20–21].[90] Damit hatte sich die Textgrundlage für die Frage nach dem aramäischen Hintergrund grundsätzlich geändert. Jedoch

[87] Burney, *Poetry*, 1925, 126.

[88] Black, *Approach I*, 1946. Seitenzahlen im Folgenden in Klammern.

[89] Kahle, *Masoreten*, 1930, jetzt auch Klein, *Genizah Manuscripts*, 1986.

[90] Black datierte die Geniza-Fragmente noch in das erste Jahrhundert. Eine spätere Datierung ist jedoch wahrscheinlich. Vgl. unten S. 89ff.

hielt auch diese Änderung nicht lange vor: Schon ein Jahr nach der Veröffentlichung der ersten Auflage von Blacks Werk wurden die Texte vom Toten Meer entdeckt, deren aramäische Anteile wiederum eine völlig neue Textbasis für die aramaistische Forschung lieferten. Black ist auf diese Texte zwar in der dritten Auflage seines Werkes eingegangen.[91] Jedoch haben sie seine Untersuchungen kaum beeinflusst, zumal zum Zeitpunkt des Erscheinens erst wenige aramäische Fragmente und ein längerer Text, das Genesis-Apokryphon, publiziert waren, denen Black jedoch insgesamt nur einen geringen Wert zumaß. Als bedeutender wertete er hingegen den Fund des Targum Neofiti, aber auch hier lag ihm die endgültige Publikation[92] noch nicht vor, und Black wertete die ihm vorliegenden Informationen über den Text daher zunächst ganz allgemein als Bestätigung seiner bisherigen Ergebnisse.

Eine grundlegende Änderung im Blick auf die Bewertung der *hebräischen* Sprache räumte Black jedoch in der dritten Auflage seines Werkes ein: Hier sei die Frage durch die mehrheitlich hebräischen Textfunde von Qumran „neu eröffnet“. Zwar weist er die Annahmen von Segal und Birkeland, hebräisch sei die vorrangige Umgangssprache des ersten Jahrhunderts gewesen (vgl. unten S. 57 und 87), als „extrem“ zurück, schließt aber dann doch:

> „...there is nevertheless a case, certainly for a wider *literary* use if Hebrew in New Testament times. This much is certain from the Qumrân discoveries. It is also possible, however (as Professor Segal argues) that Hebrew did continue as a spoken tongue: it seems unlikely, however, that this was outside the circles of the learned or the educated, i.e., in learned Pharisaic, priestly, or Essene | circles. We must nevertheless allow possibly more than has been done before the use of Hebrew in addition to (or instead of) Aramaic by Jesus Himself, especially on solemn festive occasions; there is a high degree of probability that Jesus began his career as a Galilaean rabbi who would be well versed in the Scriptures, and able to compose (or converse) as freely in Hebrew as in Aramaic.“ [48–49]

Der Hauptteil in Blacks Arbeit wendet sich der systematischen Untersuchung syntaktischer, lexikalischer und poetischer Sprachmerkmale in den Evangelien und der Apostelgeschichte und deren möglicher Erklärung aus dem aramäischen Hintergrund zu. Zur Frage nach möglichen aramäischen Quellen äußert sich Black abschließend vorsichtig: Er geht zwar von einer „aramäischen Reden-Quelle oder Tradition“ aus, lässt aber offen, ob diese mündlich oder schriftlich zu denken sei [206]. Blacks Werk ist, obwohl in mancher Hinsicht inzwischen veraltet, bis heute ohne Zweifel der ausführlichste und nachhaltigste Beitrag zur Frage nach dem aramäischen Sprachhintergrund geblieben.[93]

---

[91] Black, *Approach III*, 1967, 35–49.

[92] Diez Macho, *Neophyti*, 1968–1979.

2.1.10 Joachim Jeremias

Joachim Jeremias hat sich der Frage nach einem möglichen semitischen Sprachhintergrund immer wieder in einzelnen Arbeiten zugewendet. Ein zusammenhängendes oder systematisches Werk zur Frage liegt von ihm jedoch nicht vor. Sein Interesse galt weniger dem Nachweis eines semitischen Hintergrundes, sondern, unter Annahme desselben, der exegetischen Erhellung einzelner Jesusworte oder Schriftstellen. In seiner „Theologie" hat Jeremias seine eigenen Positionen zum Thema knapp zusammengefasst, aber auch dort nur unter dem Gesichtspunkt der „Sprache Jesu".[94] Für die literarischen Überlieferungsprozesse geht Jeremias hingegen ausschließlich von griechischen Quellen aus [45–49]. Dennoch rechnet er damit, dass auch im synoptischen Vergleich der Rückgriff auf semitische Vorlagen hilfreich sein kann, da wo nämlich bereits in der mündlichen Überlieferungsphase „Gabelungen" stattgefunden haben [18]. Ausführlich hat er solche synoptischen Rekonstruktionen z.B. für die Abendmahlsworte und das Vaterunser vorgelegt.[95] In der Bewertung von Aramäisch und Hebräisch schließt Jeremias sich den bisher erwähnten Arbeiten an: Dass Aramäisch, und nur Aramäisch, die Sprache Jesu gewesen sein kann, hält er für ein Forschungsergebnis, das „nicht mehr angezweifelt werden kann" [15].[96] Besondere Beweiskraft haben dabei für ihn die aramäischen und hebräischen Worte im Munde Jesu. Hier führt er eine Liste von 26 aramäischen Jesusworten an, während seine Liste der hebräischen Worte sich auf nur ein einziges beschränkt.[97] Trotz seiner deutlichen Präferenz für das Aramäische hält Jeremias es aber für möglich, dass im Kontext von Gebet und Kultus, insbesondere in den von ihm ausführlich behandelten Überlieferungen vom

---

[93] Casey, *Sources*, 1998, 33, obwohl auch hier ein harter Kritiker, nennt es „the most learned and ingenious book on this subject, the only good one for fifty years and still the best fifty-two years later".

[94] Jeremias, *Theologie*, 1971, 14–45. Vgl. auch Jeremias, *Ipsissima Vox*, 1954.

[95] Jeremias, *Abendmahlsworte*, 1960, und Jeremias, *Vater-Unser*, 1962.

[96] Jeremias geht auf die Arbeiten von Birkeland, *Language*, 1954, und Grintz, *Hebrew*, 1960, in einer Anmerkung ein, hält diese jedoch schon durch die von ihm angeführten Liste von aramäischen und hebräischen Jesusworte für widerlegt.

[97] Methodisch bleibt hier [16–19] jedoch manches fraglich: So speist sich die Liste der aramäischen Worte nicht nur aus den Evangelien, sondern vor allem aus einem langen talmudischen Zitat (bShab 116b) sowie aus Hieronymus, Komm. zu Mt 6,11, ed. Hurst/Adriaen, *CChr.SL 77*, 1969, 37. Ferner werden alle Worte mit auslautendem a von Jeremias *a priori* als aramäisch identifiziert. Vgl. dazu aber unten S. 127ff. Auch der systematische Ausschluss hebräischer Worte [18] ist nicht schlüssig. Insgesamt ist eine Tendenz erkennbar, das Quellenmaterial zu einer einheitlichen Aussage zu zwingen, die es so nicht hergibt.

Abendmahl und Vaterunser, auch die hebräische Sprache in Gebrauch war [19].[98] Den heuristischen Wert der Rückfrage beschreibt er wie folgt:

„Die Feststellung, daß sich in den Worten Jesu ein aramäischer Hintergrund abzeichnet, ist von großer Bedeutung für die Frage nach der Zuverlässigkeit der Überlieferung; denn der sprachliche Befund führt uns in den Bereich der mündlichen aramäischen Überlieferung zurück und stellt uns vor die Aufgabe, die Worte Jesu nicht nur inhaltlich (wie schon so oft geschehen), sondern auch sprachlich-stilistisch mit der Redeweise des zeitgenössischen Judentums semitischer Sprache zu vergleichen“ [19].

2.1.11 Klaus Beyer

Gegen Anfang der 60er Jahre hatte sich in der neutestamentlichen Wissenschaft als Reaktion auf die sehr weit gehenden Theorien von Burney und Torrey eine gewisse Skepsis gegenüber allen Versuchen einer Rückfrage nach dem semitischen Hintergrund des Neuen Testaments eingestellt. Einen Ansatz, der zwischen den beiden Extremen einer völligen Ablehnung und einer zu weit gehenden Theoriebildung vermitteln sollte, legte Klaus Beyer im Jahr 1962 vor:

„...denn es ist in der Tat möglich, neutestamentliche Probleme unter Zuhilfenahme der semitischen Sprachen zu lösen, ohne unbeweisbare Voraussetzungen machen zu müssen.“[99]

In verschiedener Hinsicht hat Beyer sich daher darum bemüht, zu einer Versachlichung der Diskussion beizutragen und diese auf eine methodisch verantwortete Basis zu stellen. So wendet er sich, anders als viele seiner Vorgänger, nicht primär den lexikalischen Phänomenen zu, sondern der Syntax,

„...da der Satzbau dem Redenden weniger bewußt ist, als die Wortwahl, auch widerstandsfähiger gegen Sprachmischungen oder Stilverbesserungen und daher für unsere Fragen beweiskräftiger, wenn auch wesentlich schwieriger zu beschreiben.“ [9]

Weitere methodische Grundsätze Beyers dienen ebenso einer Versachlichung der Diskussion: So schlägt er angesichts der Frage nach den richtigen Dialekten vor, sich zunächst an „gemeinsemitischen“ sprachlichen Phänomen zu orientieren, also solchen, die in allen Dialekten grundlegend ähnlich sind. Nur bei solchen Fragen, bei denen es tatsächlich auffällige Unterschiede zwischen den Dialekten gebe, sei eine Annäherung an das galiläische Aramäisch aus den „umliegenden aramäischen Sprachen“ [9], insbesondere aus dem palästinischen Talmud und den haggadischen Midraschim, nötig [15]. Einen Rückgriff auf die Targume lehnt Beyer ab, da diese aufgrund ihres Übersetzungscharakters gerade für Fragen der Syntax

[98] Vgl. auch JEREMIAS, *Muttersprache*, 1959, zur Muttersprache des Evangelisten Matthäus: „Wie bei einem Palästinenser zu erwarten ist, war seine Muttersprache aramäisch, seine Gebetssprache hebräisch“.

[99] BEYER, *Syntax*, 1962, 8. Weitere Seitenzahlen im Folgenden in Klammern.

nicht brauchbar seien. Beyer schlägt zudem eine systematische Unterscheidung von Semitismen, Aramaismen, Hebraismen, (echten und künstlichen) Septuagintismen und Gräzismen vor und fügt zudem in seinem Register eine statistische Auswertung sowie eine qualitative Bewertung der jeweiligen Belege hinzu [11 und 296–299]. Obwohl solche statistischen Zugänge nur Annäherungswert haben können, wird deutlich, dass im Vergleich der synoptischen Evangelien ausgerechnet das in der Vergangenheit oft als besonders „semitisch" beschriebene Markusevangelium sowohl in der relativen Häufigkeit von Semitismen als auch im Verhältnis von Gräzismen zu Semitismen weit hinter seinen beiden Seitenreferenten zurückfällt.[100]

Man mag einzelnen Ergebnissen Beyers nicht zustimmen. Seine umfassende Darstellung der semitischen Syntax im Neuen Testament ist nichtsdestoweniger bis heute die umfassendste systematische Arbeit dieser Art geblieben und bleibt daher als Standardwerk für die Rückfrage nach dem semitischen Hintergrund unverzichtbar. Ähnlichen Fragen geht Beyer auch in einem kürzeren Beitrag zur Frage der Erkennbarkeit des semitischen Hintergrundes eines griechischen Textes nach. Hilfreich ist hier vor allem die Unterscheidung von vier Typen griechischer Texte aufgrund ihrer unterschiedlichen Beziehung zu semitischen Originalen:

„1. Der Text ist originalgriechisch. Hierher gehört auch die griechische Neufassung des ursprünglich aramäisch geschriebenen Bellum Iudaicum des Josephus.
2. Der Text ist originalgriechisch, aber ahmt die LXX nach. Das gilt etwa für die Apostelgeschichte.
3. Der Text ist originalgriechisch, wie zahlreiche Gräzismen zeigen. Jedoch lassen Semitismen erkennen, daß das Hebräische oder das Aramäische als gelehrte oder als Muttersprache im Hintergrund steht. Das ist der Fall beim Johannesevangelium und den Johannesbriefen.
4. Der Text oder seine Quellen sind aus dem Hebräischen oder dem Aramäischen übersetzt. Das gilt für einen Teil der alttestamentlichen Apokryphen und der Quellen der Synoptiker und der Apokalypse."[101]

Ein weiterer bedeutender Beitrag Beyers zur Frage nach dem aramäischen Hintergrund des Neuen Testamens, aber weit darüber hinausgehend, ist seine zweiteilige Textsammlung aramäischer Texte aus dem zweiten vorchristlichen bis zum siebten nachchristlichen Jahrhundert, verbunden mit einem Wörterbuch, einer Einleitung in Geschichte und Entwicklung der aramäischen Sprache und einer detaillierten Klassifizierung der aramäischen Dialekte.[102] Auch dieses Werk ist aus der Forschung zum aramäischen Hintergrund des Neuen Testaments nicht mehr wegzudenken. Was die Frage nach dem Verhältnis von Hebräisch und Aramäisch zur Zeit Jesu

[100] Häufigkeit: 2,69 pro Seite / 185% des Textes (Mt: 4,84 / 329%; Lk: 5,86 / 308%).
[101] Beyer, *Woran*, 1989, 31.
[102] Beyer, *Texte I*, 1984, und Beyer, *Texte II*, 2004.

angeht, hatte Beyer bereits seine „semitische Syntax“ mit dem programmatischen Satz begonnen:

„Zur Zeit Jesu sprach das Volk in Palästina aramäisch (...); daher muß alles, was im Neuen Testament auf sie zurückgeht, ursprünglich in der aramäischen Volkssprache formuliert gewesen sein. Bei den gelehrt-theologischen Partien des Neuen Testaments wird man dagegen eher mit einem hebräischen, kaum mit einem reichsaramäischen Original zu rechnen haben.“ [7]

Dieser Beurteilung der Sprachensituation ist Beyer auch in seiner Textsammlung treu geblieben, wenn auch zum Teil pointierter. So spricht Beyer vom „Aussterben“ des Hebräischen um 400 v. Chr. und kommt aufgrund dieser Annahme zu weitreichenden Schlüssen, die in der Literatur so kaum anderswo zu finden sind: Er rechnet mit der Existenz schriftlicher Targume bereits im 4. Jahrhundert v. Chr. und schließt dies vor allem aus der besonderen Textgestalt des Hiobfragments aus Qumran.[103] Aus der Tatsache, dass die meisten Qumrantexte in nachbiblischem Schrifthebräisch verfasst sind, schließt Beyer, dass dort hebräisch nicht gesprochen wurde. Unter den im Neuen Testament zitierten semitischen Wörtern findet er „keine eindeutig hebräischen“.[104] Zusammenfassend urteilt Beyer:

„Deshalb ist es unwahrscheinlich, daß das Hebräische in irgendeinem abgelegenen Gebiet bis zur Zeit Jesu gesprochen wurde. Ausgeschlossen ist aber, daß sich die Schriftgelehrten von dort ihre neuhebräische Schulsprache geholt hätten.“[105]

2.1.12 Joseph A. Fitzmyer

Joseph Fitzmyer ist, ähnlich wie Joachim Jeremias, in vielen seiner exegetischen Werke und Kommentare ausführlich auf den aramäischen Hintergrund des Neuen Testaments eingegangen.[106] Er hat aber auch einige systematische Beiträge zum Thema vorgelegt, in denen er wichtige Aspekte der Diskussion in knapper Form zusammenfasst.[107] In der Frage der Sprachensituation gehört Fitzmyer, wie auch Beyer, zu den Vertretern eines eher ausschließlich griechisch-aramäischen Ansatzes. Anders als Beyer geht er

[103] Beyer, *Texte I*, 1984, 273–274.

[104] Beyer, *Texte I*, 1984, 56–57. Er nennt zwar Ἰσκαριώθ und ἀμὴν, bezeichnet aber beide als für die Bevölkerung unverständliche „Fremdworte“. Dennoch ist die Formulierung „keine eindeutig hebräischen“ angesichts dieser Beispiele irreführend. Nicht erwähnt werden z.B. die hebräischen Lesarten des Kreuzeswortes Jesu sowie der Gebetsruf ἀλληλουϊά. Zu weiteren hebräischen Begriffen vgl. ausführlich unten S. 110ff.

[105] Beyer, *Texte I*, 1984, 58. Auch in den Anmerkungen bei Beyer, *Texte II*, 2004, 34–35 wird diese Ansicht noch einmal bestätigt.

[106] Vgl. die Sammelbände Fitzmyer, *Essays*, 1971, und Fitzmyer, *Aramaean*, 1979, zusammengefasst in Fitzmyer, *Background*, 1997, aber auch Fitzmyer, *Luke I*, 1981, und Fitzmyer, *Luke II*, 1985, Fitzmyer, *Methodology*, 1989, u.a.m.

[107] Hier vor allem zu nennen: Fitzmyer, *Languages*, 1970; Fitzmyer, *Study*, 1975; Fitzmyer, *Methodology*, 1989.

zwar davon aus, dass es noch vereinzelt hebräische Sprachinseln im Palästina des ersten Jahrhunderts gab,[108] räumt der hebräischen Sprache aber ansonsten ausschließlich kultische und akademische Funktion ein: Aramäisch hingegen habe als Umgangssprache vorgeherrscht, begleitet von einem weit verbreiteten Gebrauch des Griechischen.[109] Für die Frage nach dem semitischen Hintergrund des Neuen Testaments sei daher vor allem die aramäische Sprache heranzuziehen. Hier unterschiedet sich Fitzmyer jedoch von den meisten seiner Vorgänger, indem er das Aramäisch der Qumrantexte dem Aramäisch der palästinischen Targume, Talmude und Midraschim vorzieht.[110]

2.1.13 Frank Zimmermann

Das nächste monographische Werk zum aramäischen Hintergrund der Evangelientradition hat 1979 Frank Zimmermann vorgelegt. Er greift die Arbeiten Torreys auf, die er als „pioneer study“ auf diesem Feld beschreibt, während er alle übrigen Arbeiten vor und nach Torrey als „incomplete or fragmentized“ charakterisiert.[111] Zimmermanns Werk setzt sich kaum mit der zeitgenössischen Literatur oder den darin aufgeworfenen Fragen auseinander, die Einleitung ist knapp gehalten. Auf die Textfunde von Qumran geht Zimmermann (1979!) nicht ein. Was die oft behandelte Frage nach den möglichen Dialekten des Aramäischen angeht, bleibt er vage: Jesus und seine Jünger hätten zwar galiläisches Aramäisch gesprochen [17]. Die Überlieferung habe diese Worte aber schon früh auch in andere Dialekte übertragen, zunächst in das judäische Aramäisch und dann, mit der Ausbreitung nach Syrien, in ein „Proto-Syrisch“, das Zimmermann dem „ostaramäischen Komplex“ zurechnet [18–20]. Die Evangelien schließlich seien in einem „Nexus von Dialekten“ entstanden, der judäisches Aramäisch, jüdisches Ostaramäisch, babylonisch-talmudisches Aramäisch, vielleicht Mandäisch, einige Überreste von galiläischem Aramäisch, sowie Syrisch einschloß [23]. Schon im Verlauf dieser Dialekt-Wanderung sei es zu vielen Missverständnissen und Fehlübersetzungen gekommen, dann aber noch einmal durch die griechische Übersetzung. Diese ist bei Zimmermann nicht als eigenständige literarische Schöpfung, sondern als ungelernte Übersetzung vorgestellt:

> „The Aramaic Jewish Christians did not mind. They had the original. Unfortunately, translators were chosen who had a rich Greek vocabulary but who were not so familiar with Aramaic.“ [23]

---

[108] Fitzmyer, *Languages*, 1970, 29 und 46; vgl. unten S. 146.
[109] Fitzmyer, *Languages*, 1970, 46.
[110] Fitzmyer, *Study*, 1975, 8.
[111] Zimmermann, *Origin*, 1979, ix. Seitenzahlen im Folgenden in Klammern.

In der Durchführung seines Ansatzes behandelt Zimmermann die vier Evangelien getrennt voneinander. Damit liegt von vornherein ein Schwerpunkt auf der Suche nach „Belegen“ für einen aramäischen Hintergrund der einzelnen Evangelien, und nicht auf dessen Verwertung für den synoptischen Vergleich oder zur Rekonstruktion der Überlieferungsgeschichte. Es wird daher auch weniger mit Rekonstruktionen zusammenhängender Texte gearbeitet als mit einzelnen Worten und Begriffen, Fehlübersetzungen und Wortspielen. Zimmermann kommt so zu der bereits von Torrey aufgestellten These, dass allen vier Evangelien eine aramäische Vorlage zugrunde liegt, die sich auch am Text nachweisen lasse.[112] Als weiterführender Beitrag zur Forschung ist Zimmermanns Werk kaum zu werten, da er auf methodische und andere prinzipielle Fragen nicht ausführlich eingeht. Auch im Ergebnis kann es nicht überzeugen. Dennoch enthält die Arbeit, wie auch die vieler Vorgänger, im Einzelnen interessante Konjekturen und Beobachtungen, die für einen aramäischen Zugang zum Neuen Testament hinzugezogen werden können.

2.1.14 Günther Schwarz

Günther Schwarz, der bereits 1981 die deutsche Ausgabe von Matthew Blacks Werk besorgt hatte,[113] legte kurz darauf eine eigene Monographie zum Thema vor. Sein Interesse gilt, neben der Ergänzung und Vervollständigung der bereits vorliegenden Arbeiten, der Suche nach einer systematischen Methode zur „Emendation und Rückübersetzung“ von Evangelientexten.[114] In dieser Bezeichnung zeigt sich ein Schwerpunkt des Ansatzes, der auch schon im Vorwort erkennbar wird. Hier schreibt Schwarz:

> „Der (...) uns überlieferte Wortlaut ist (...) verändert und/oder entstellt worden: a) durch Hör-, Lese-, Schreib- und Übertragungsfehler, wie sie sich bei jeder Überlieferung und Übersetzung einstellen können; b) durch Fehldeutungen, Irrtümer und Mißverständnisse, wie sie speziell bei der Umsetzung der morgenländischen in die abendländische Geisteswelt und Lebensart unvermeidlich waren...“[V]

Das erkenntnisleitende Interesse von Schwarz liegt also vor allem darin, durch die Rückfrage nach dem aramäischen Hintergrund den überlieferten Text oder sein Verständnis kritisch zu hinterfragen und ggf. zu korrigieren. Dazu folgt Schwarz einem methodischen Dreischritt: In einer „Grundlegung“ versucht er zunächst erneut einen sicheren Nachweis der Existenz einer aramäischen Grundlage der Jesusworte zu führen. Schwarz beruft

---

[112] „Torrey's contributions principally, together with those of Wellhausen, Burney, Montgomery and Black, and some 200 examples of my own, should make the hypothesis of the Aramaic substrate irrefutable. There are now some 500 *pieces of evidence...*“ (S. 5, Hervorhebung von mir).

[113] Black, *Muttersprache*, 1982.

[114] Schwarz, *Jesus*, 1985, 158. Seitenzahlen im Folgenden in Klammern.

sich dabei zwar auf die Ergebnisse seiner Vorgänger, kommt aber zu einer weitaus exklusiveren Einschätzung der Sprachensituation als z.B. noch Black, der ja gerade in seiner dritten Auflage ausdrücklich von seiner ursprünglichen Position abgerückt war.[115] In einem zweiten Schritt wendet sich Schwarz unter dem Titel „Die Poesie Jesu" poetischen Stilmitteln in den Jesusworten zu: Parallelismen, Sprachrhythmik (ausdrücklich unterschieden von Metrik), Reimen und Wortspielen. Die Identifikation solcher Elemente wird dann im dritten Teil sehr weitgehend für die sprachliche Emendation und Rekonstruktion überlieferter Jesusworte verwendet. Ausführlicher, als dies bisher in der Regel der Fall war, wendet sich Schwarz längeren, zusammenhängenden Jesusworten zu und versucht deren ursprüngliche Textgestalt zu rekonstruieren. Dabei hilft ihm zuweilen auch der synoptische Vergleich. Im Regelfall jedoch sind es eher die zuvor erarbeiteten Prinzipien der „Poesie Jesu", die zu umfangreichen Textänderungen und Konjekturen führen. Schwarz lehnt es ausdrücklich ab, zunächst nach der naheliegenden Entsprechung des *überlieferten* griechischen Textes in der aramäischen Sprache zu suchen:

> „Möglich wäre das schon. Aber was käme dabei heraus? Nichts, was den Aufwand verlohnte: weil ja alle Fehler der griechischen Vorlagen mit rückübersetzt würden. Das Ergebnis entspräche dann etwa dem, was uns in der Peschitta vorliegt."[116]

Schwarz ändert also zunächst den griechischen Text, bis dieser den sprachlichen Regeln der Poesie entspricht. Danach sucht er nach aramäischen Entsprechungen des so geänderten Textes, um schließlich eine Textform zu finden, die „im Aramäischen sagbar ist" [299]. Diese Methodik wendet er auf 25 ausgewählte Textbeispiele an und kommt schließlich zu dem Ergebnis, dass „der griechische Text der Evangelien in hohem Maße korrekturbedürftig ist; (...) zweitens, daß er hinreichend sicher korrigiert werden kann; drittens, daß man dabei unmöglich auf Emendation und Rückübersetzung verzichten kann" [299].

In zwei weiteren Monographien hat Schwarz die so entworfene Methodik auf größere Textkomplexe angewandt, zunächst die „Menschensohn"-Problematik und anschließend die Judasüberlieferung.[117] Auch hier ergeben die Untersuchungen in beiden Fällen eine gründliche Revision und Korrek-

---

[115] „Kann es an dieser Tatsache ... noch irgendeinen berechtigten Zweifel geben?" [120]. Das Hebräische kommt für Schwarz daher lediglich als „lingua sacra" in Frage [1].

[116] SCHWARZ, *Judas*, 1988, 264. Diese Aussage ist jedoch unrichtig: Denn die Suche nach einem sprachlichen Äquivalent kann durchaus auch den Sinn des vorliegenden griechischen Textes erhellen, er kann zudem dessen Verortung innerhalb der aramäischen (oder hebräischen) jüdischen Literatur erleichtern und außerdem, im Falle des synoptischen Vergleichs, Aufschlüsse über die überlieferungsgeschichtlichen Zusammenhänge ermöglichen. Dies versucht die vorliegende Untersuchung zu zeigen.

[117] SCHWARZ, *Menschensohn*, 1986. und SCHWARZ, *Judas*, 1988.

tur überlieferter Vorstellungen: Was die Menschensohnworte angeht, unterscheidet Schwarz aufgrund seiner Methodik zwischen 25 „primären" und 12 „sekundären" Menschensohnworten, wobei sich alle Worte, in denen eine titulare Verwendung des Ausdrucks oder eine Ankündigung des „kommenden" Menschensohnes erkennbar ist, als sekundär erweisen.[118] Es liegt nahe, hier neben dem linguistisch-philologischen Interesse auch ein theologisches zu vermuten. Auch für die Judasüberlieferung kommt Schwarz zu einem theologisch gewichtigen Schluss: „Das Endergebnis (...) besteht darin, daß Judas von dem Vorwurf, ‚der Verräter Jesu' gewesen zu sein, freigesprochen werden muß."[119] Die hier erkennbare Linie hat Schwarz schließlich auch in einer Reihe populärwissenschaftlicher Veröffentlichungen fortgesetzt, in denen wiederholt die Unzuverlässigkeit der Evangelienüberlieferung mit den von Schwarz gebotenen Rekonstruktionen kontrastiert wird: „Fehler in der Bibel", „Die Bergpredigt – eine Fälschung?", „Das Jesus-Evangelium", „Worte des Rabbi Jeschu – eine Wiederherstellung" und „Wenn die Worte nicht stimmen – dreißig entstellte Evangelientexte wiederhergestellt"[120].

Zusammenfassend ist das Werk von Schwarz sicherlich als ein wichtiger und umfangreicher Beitrag zur Diskussion zu werten: Schwarz hat den Forschungsstand der 80er Jahre, zumal für den deutschsprachigen Bereich, übersichtlich zusammengefasst und durch zahlreiche eigene Beiträge ergänzt. Er hat zum ersten Mal Ansätze einer systematischen Methodik zur Erschließung des aramäischen Sprachhintergrundes vorgeschlagen und zur Diskussion gestellt.[121] Er hat diese Methodik auch anhand von ausgewählten Beispieltexten demonstriert. Zudem hat er am Rande seiner Arbeiten auch nützliche Arbeitshilfen geliefert, etwa das „Äquivalenz-Glossar" griechischer und aramäischer Vokabeln.[122] Fraglich ist, ob der Wortlaut der Evangelien tatsächlich in dem Umfang fehlerhaft und korrekturbedürftig ist, wie Schwarz es voraussetzt, und ob die Rückübersetzung ins Aramäische, die ja immer nur Konjektur bleiben kann, wirklich eine geeignete Methode darstellt, Sinn- und Bedeutungsänderungen des griechischen Textes in größerem Umfang zu rechtfertigen. Fraglich ist auch, ob der Zugang über Fehlübersetzungen und vermeintliche Missverständnisse die Frage nach dem semitischen Hintergrund der Evangelien nicht unnötig verzerrt. Schließlich kann auch die Ausschließlichkeit, mit der Schwarz die aramäische gegen die hebräische Sprache ausspielt, aus heutiger Sicht kaum mehr aufrecht erhalten werden.

---

118 Schwarz, *Menschensohn*, 1986, 325.

119 Schwarz, *Judas*, 1988, 237.

120 Schwarz, *Fehler*, 1990, Schwarz, *Bergpredigt*, 1991, Schwarz, *Evangelium*, 1993, Schwarz, *Rabbi*, 2003, und Schwarz, *Worte*, 1990.

121 Ausführlich in Schwarz, *Judas*, 1988, 263–308.

122 Schwarz, *Jesus*, 1985, 334–352.

2.1.15 Maurice Casey

Einen umfangreichen Versuch, die Frage nach dem aramäischen Hintergrund des Neuen Testaments insbesondere für die Arbeit am synoptischen Problem fruchtbar zu machen, hat zuletzt Maurice Casey vorgelegt.[123] Ansatzpunkt ist dabei für Casey das Interesse an den „Menschensohn"-Worten Jesu, mit denen er sich bereits 1979 in einer ausführlichen Monographie auseinandergesetzt hatte, und die bis heute das zentrale Thema seiner Arbeiten bildet.[124] Für Casey bildet der Sprachübergang der Jesus-Tradition vom aramäischen in den griechischen Sprachraum den entscheidenden Schlüssel zur Lösung des Menschensohn-Problems: So habe sich der historische Jesus des aramäischen Idiom בר (א)נש(א)א ausschließlich in generischem Sinne („der Mensch") bedient, wobei eine Selbstreferenz zum Sprecher („ich") dabei nicht ausgeschlossen war.[125] Erst die Übertragung des Idioms in das griechische ὁ υἱὸς τοῦ ἀνθρώπου gab den Evangelisten die Gelegenheit zu einer christologischen Deutung des Begriffs und zu einer Bezugnahme auf Daniel 7. Diese Grundannahme führt Casey zu einer quellenkritischen Scheidung zwischen „echten" und „unechten" Menschensohnworten, wobei solche mit christologischem Inhalt oder Bezug zu Daniel 7 als unecht ausgeschieden werden und nur solche mit generischem Inhalt als authentisch gelten.[126] Die christologische Deutung des aramäischen Idioms ist demnach eine Schöpfung der frühen griechisch-sprechenden Gemeinde.

Caseys Zugang zur Frage nach dem aramäischen Hintergrund, sowie seine Darstellung der Forschungsgeschichte und die Auswahl seiner Beispieltexte ist durch dieses theologische Interesse stark geprägt. Dennoch bietet er einen guten und aktuellen Überblick über den derzeitigen Stand der Diskussion,[127] sowie wichtige Fortschritte für die Methodik eines aramäischen Zugangs zur Evangelientradition: Dazu gehört zum Einen die Aufnahme von Erkenntnissen aus der linguistischen Forschung, speziell zu Fragen von Bilinguismus und Übersetzungsphänomenen.[128] Zum Zweiten führt Casey konsequent fort, was bereits in Ansätzen auch einige seiner Vorgänger begonnen hatten: Die Arbeit mit längeren, zusammenhängenden Texteinheiten. Hierdurch wird eine Fixierung auf isolierte lexikalische Phänomene wie Fehlübersetzungen, Wortspiele oder Übersetzungsvarianten überwun-

---

[123] Casey, *Sources*, 1998, und Casey, *Aramaic Approach*, 2002.

[124] Vgl. Casey, *Son of Man*, 1979, und Casey, *Solution*, 2007.

[125] Casey, *Solution*, 2007, 80.

[126] Casey, *Solution*, 2007, 316–317.

[127] Zur Forschung am aramäischen Hintergrund: Casey, *Sources*, 1998, 1–72; zur Forschung am hebräischen Hintergrund: Casey, *Sources*, 1998, 57–63 (hier werden allerdings nur Birkeland und Carmignac erwähnt); zur Frage nach Q: Casey, *Aramaic Approach*, 2002, 1–50; zur Menschensohnfrage: Casey, *Solution*, 2007, 1–55.

[128] Casey, *Sources*, 1998, 93–106.

den, und auch syntaktische und strukturelle Aspekte eines Textes können zur Geltung kommen. Schließlich ist auch der Vorschlag einer systematischen Methodik für den Zugang zu synoptischen Texten weiterführend, der die Fragen nach der Textauswahl, den zugrunde zu legenden Sprachen und Dialekten, die heranzuziehende Vergleichsliteratur sowie den Prozess einer kritisch verantworteten Rückübersetzung methodisch sorgsam reflektiert und transparent macht.[129]

Im Blick auf die Sprachensituation im Palästina des ersten Jahrhunderts teilt Casey die Ansicht von Fitzmyer, dass vor allem das Aramäische der Qumrantexte als primäre Quelle zur Rekonstruktion von Evangelientexten herangezogen werden sollte. Reiche das hier vorfindliche Material nicht aus, könne als nächstes auf den palästinischen Talmud, danach auf die syrischen Lektionare und schließlich auf „Aramaic of any period and dialect" zurückgegriffen werden.[130] Was die Hebräische Sprache angeht, teilt Casey die Skepsis Fitzmyers: Zwar rechnet er damit, dass sie zur Zeit des Neuen Testaments noch „bei einigen gläubigen und gelehrten Juden" in Gebrauch war, sowohl als lebendige Schriftsprache als auch als Sprache für gelehrte Debatten. Hebräisch als Erstsprache könne jedoch „für kaum jemanden außer schriftgelehrten Familien" angenommen werden.[131] Caseys Folgerungen zur synoptischen Frage sollen weiter unten zur Sprache kommen.

Zusammenfassend lässt sich im Blick auf die aramaistische Forschung zum Neuen Testament festhalten, dass die Frage nach aramäischen Quellen der synoptischen Überlieferung weit davon entfernt ist, ‚erledigt' zu sein. Im Gegenteil, eine zunehmende methodische Verfeinerung und eine verbreiterte Textbasis hat in den letzten Jahren zu einem neuen Interesse an der alten Frage geführt. Bevor auf die Implikationen dieser Forschungstendenzen für die vorliegende Untersuchung eingegangen wird, sollen jedoch zunächst auch hebraistische Zugänge zum Neuen Testament zur Sprache kommen.

2.2 Forschungen zum hebräischen Hintergrund der Evangelien

Noch im 17. Jahrhundert zeigt ein monumentales Werk wie das von Johannes Vorst,[132] dass trotz wachsenden Interesses an der aramäischen Sprache anfangs auch der hebräische Sprachhintergrund des Neuen Testamentes im Blick kritischer Forschung blieb: In zwei Bänden stellt Vorst einundreißig „Klassen" von Hebraismen zusammen, die in den Schriften des Neuen Testamentes zu finden seien, und belegt diese mit umfangreichen Textbeispielen. Durch die Arbeiten von Pfannkuche, Meyer, Dalman und Zahn jedoch

---

[129] Casey, *Sources*, 1998, 73–110 und Casey, *Aramaic Approach*, 2002, 51–63.
[130] Casey, *Sources*, 1998, 91–92.
[131] Casey, *Aramaic Approach*, 2002, 52–53.
[132] Vorst, *Hebraismis I*, 1658, und Vorst, *Hebraismis II*, 1665.

fand in der Folgezeit nahezu ausnahmslos die Annahme Verbreitung, für die Rückfrage nach dem semitischen Hintergrund der Evangelien sei *ausschließlich* die aramäische Sprache heranzuziehen, da nur diese zur Zeit Jesu noch in Gebrauch war. Vereinzelt jedoch wurde auch die Frage nach dem Einfluss des Hebräischen weiterhin gestellt:

2.2.1 Franz Delitzsch

Die Rolle des Alttestamentlers und Hebraisten Franz Delitzsch ist komplex und in vielerlei Hinsicht eigenständig gegenüber anderen Arbeiten seiner Zeit.[133] So geht Delitzsch zwar, wie die meisten seiner Zeitgenossen, davon aus, dass, obwohl auch das Hebräische zur Zeit Jesu noch weit verbreitet gewesen sei, das Aramäische die Muttersprache Jesu war[134] und auch die protomatthäische „Urschrift" des Evangeliums in aramäisch verfasst wurde.[135] Dennoch ist sein Zugang zu den Evangelien eher ein hebräischer als ein aramäischer: Schon in seinen frühen Ausführungen zu Aufbau und Inhalt des Matthäusevangeliums greift Delitzsch kaum auf die aramäische Sprache zurück, dafür um so ausführlicher auf das Hebräische des Alten Testamentes. Diese Tendenz verfestigt sich später im Zusammenhang mit Delitzschs Arbeiten an der hebräischen Ausgabe des Neuen Testamentes (siehe unten S. 226): Obwohl diese vor allem praktischen und missionarischen Zwecken dient, betont Delitzsch ausdrücklich auch ihre wissenschaftliche Bedeutung: Über den Versuch einer Rückübersetzung in das hebräische Idiom der tannaitischen Zeit erschließe sich nämlich, so Delitzsch, auch die Bedeutung des griechischen Textes neu,

> „...weil sie nicht bloß, wie die Übersetzung in andere Sprachen, gründliches Verständnis des Neuen Testamentes voraussetzt, sondern selber das Verständnis desselben fördert, indem sie ihn in die Sprache zurückdenkt, welche das Denken und den Gedankenausdruck der heiligen Schriftsteller trotz dem, dass sie griechisch schrieben, beherrschte. Der wissenschaftliche Gewinn, welchen die Uebersetzung der neutestamentlichen Schrift und insbesondere der paulinischen Briefe bringt, besteht vorzugsweise darin, dass sie die alt-

---

[133] Zur Person: Wagner, *Delitzsch*, 1978; Levenson, *Missionary Protestants*, 2002; Wiese, *Wissenschaft*, 1999, 89–130 und 305–335.

[134] Vgl. Delitzsch, *Volkssprache*, 1874, 201–202: „Die Sprache des Gottesdienstes im Tempel war ausschließlich hebräisch, die Sprache des Gottesdienstes in den Synagogen war mit Ausnahme einiger aramäischer Formeln und einiger den Hellenisten gemachten Konzessionen gleichfalls hebräisch, die Volkssprache aber | war ein provinziell palästinisches Aramäisch, welches *Sursi* genannt wurde. [... Jesus] sprach als ein Kind des Volkes und als ein Freund und Lehrer des Volkes das *palästinische Sursi*".

[135] Delitzsch, *Neue Untersuchungen*, 1853, bleibt hinsichtlich der Sprache der „Urschrift" in seiner Terminologie unscharf: Er spricht auf S. 41 und 50 von „hebräisch", auf S. 45 und 49–50 von „aramäisch", auf S. 111–112 von „hebräisch-aramäisch" und auf S. 112 von „Targum-Sprache". Zu Delitzschs Ansätzen einer synoptischen Theorie siehe unten S. 183.

testamentlichen, die rabbinischen und die hellenischen Bestandteile der urchristlichen Denk- und Darstellungsweise ans Licht stellt."[136]

So stehen bei Delitzsch also zwei unterschiedliche Ansätze gegeneinander: Im Blick auf die historische Entwicklung der Evangelientradition ist es der Weg von der aramäischen in die griechische Sprache, im Blick auf die Exegese der umgekehrte Weg von der griechischen zurück in die hebräische Sprache. Delitzsch ist bemüht, „hebräische Urschrift" und hebräische „Rückübersetzung" methodisch sorgsam auseinander zu halten.[137] Beide Ansätze ließen sich zu Delitzschs Zeiten kaum sinnvoll zueinander in Bezug setzen. So bleiben sie zunächst unverbunden nebeneinander stehen. In der Praxis jedoch greift Delitzsch für den Zugang zum Neuen Testament eher auf die hebräische Sprache zurück als auf die aramäische. Für Gustaf Dalman, dem Delitzsch am Ende seines Lebens die Weiterarbeit am hebräischen Neuen Testament anvertraute, war es eben diese Aufgabe, die ihn 1890 dazu bewog, zur Erhellung des neutestamentlichen Idioms endgültig von der hebräischen Sprache abzusehen und sich intensiv der Erforschung der aramäischen Sprache zuzuwenden.[138]

2.2.2 Alfred Resch

Einen anderen Weg beschritt wenig später Alfred Resch: In einer umfangreichen Untersuchung verband er in den Jahren 1893 bis 1897 quellenkritische und linguistische Studien zu den synoptischen Evangelien miteinander.[139] Ausgehend von der Frage nach außerkanonischen Parallelen zu den Evangelientexten (wozu er Agrapha, Apokryphen, patristische Zitate und Handschriftenvarianten zählte) fragte er nach den Ursachen für die breite Varianz der Evangelienüberlieferung in der kanonischen und außerkanonischen Literatur. Die Ursache fand er, neben der Annahme bewusster redaktioneller Tätigkeit, in der Annahme eines vorkanonischen hebräischen Evangeliums. Die hebräische (und nicht aramäische) Abfassung dieser Evangelienschrift behauptet Resch dabei ganz bewusst im Gegenüber zu den Arbeiten von de Rossi und Pfannkuche und den zeitgenössichen Arbeiten des Oxforder Neutestamentlers John Turner Marshall [86].[140] Anders

---

[136] Delitzsch, *Römerbrief*, 1870, 24.

[137] Delitzsch, *Übersetzung*, 1864, 19.

[138] Dalman, *Worte*, 1898, V.

[139] Resch, *Grundlegungen*, 1893; Resch, *Matthäus und Markus*, 1894; Resch, *Lukas*, 1895; Resch, *Johannes*, 1896; Resch, *Kindheitsevangelium*, 1897. Seitenzahlen in Klammern beziehen sich auf die Grundlegungen von 1893.

[140] Zu Pfannkuche vgl. oben S. 17 ff. Zu Marshall, vgl. Marshall, *Aramaic Gospel I*, 1891, Marshall, *Aramaic Gospel II*, 1891, Marshall, *Aramaic Gospel III*, 1892, Marshall, *Aramaic Gospel IV*, 1892–93, Marshall, *Reply*, 1893, Marshall, *Semitic Gospels*, 1896–97, die Antworten von Campbell, *Theory*, 1892–93, Allen, *Aramaic Gospel*, 1893,

als diese geht Resch von trilingualen Sprachverhältnissen im Palästina des ersten Jahrhunderts aus, wobei das Aramäische sowie das Hebräische („theilweise modernisiert") gleichwertig neben dem Griechischen angenommen werden [86–87]. Jesus selbst habe vermutlich, je nach Ort und Umstand, von allen drei Sprachen Gebrauch gemacht. Davon völlig unabhängig sei jedoch die Frage, in welcher Sprache ein mögliches vorkanonisches Evangelium abgefasst worden sei:

„Die Entscheidung dieser Frage hing wesentlich von dem Zweck ab, welchen der Schreiber sich vorsetzte. Wählte er das gelehrte hebräische Idiom, so gewann seine Schrift im Voraus einen esoterischen Charakter, der das frühzeitige Verschwinden derselben aus dem Gesichtskreise der altkatholischen Kirche am Besten erklären würde." [87]

Entscheiden lasse sich die Frage nach der ursprünglichen Sprache jedoch nicht anhand allgemeiner Erwägungen zur Sprachensituation. Resch weist hier auch besonders auf die Unsicherheiten bezüglich der Datierung der Targume hin, deren Sprachgestalt zu Unrecht als Grundlage für die Behauptung eines aramäischen Hintergrundes angeführt werde [105–106]. Ziehe man die innere Evidenz der Evangelien hinzu, dann spräche diese zwar nach Resch eher für einen hebräischen – nicht aramäischen – Charakter, aber auch „nicht genügend, um nach der einen oder anderen Seite ein endgiltiges Urtheil über die Ursprache des vorcanonischen Evangeliums zu motivieren" [92]. Erweisen könne sich die Plausibilität einer Annahme nur durch ihre Tragfähigkeit am Text, insbesondere aber in der Arbeit am synoptischen Vergleich:

„Immer wieder wird man dahin zurückgeworfen, dass das entscheidende Kriterium in der Untersuchung darüber zu suchen ist, welcher semitische Dialekt am besten sich eignet, um die in den Paralleltexten synoptischen Charakters vorhandenen Differenzen sprachlich zu erklären." [106]

In detaillierter Auseinandersetzung mit den Arbeiten Marshalls versucht Resch daher den Nachweis zu führen, dass der Rückgriff auf das Hebräische bei dieser Arbeit zu weit fruchtbareren Ergebnissen führe als der Rückgriff auf das Aramäisch der Targume: Insbesondere bemängelt er, dass Marshall viel zu oft Fehlübersetzungen oder Schreibfehler zur Erklärung synoptischer Varianten heranziehen müsse, wo stattdessen Übersetzungsvarianten aus einer gemeinsamen hebräischen Vorlage die plausiblere Erklärung liefern könnten, ohne dabei von einem verderbten Text ausgehen zu müssen [95 und 101]. Zudem habe Marshall selbst die Beobachtung ge-

---

Driver, *Aramaic Gospel*, 1893, Nestle, *Semitic*, 1896–97, sowie die Kritik von Dalman, *Worte*, 1898, 49 und Casey, *Sources*, 1998, 6–8. Resch betont jedoch, dass er zunächst unabhängig von Marshall zu ähnlichen Ergebnissen gekommen sei, und Marshall selbst in seiner ersten Arbeit (1890) zunächst noch zwischen aramäischer und hebräischer Sprache geschwankt habe [93].

macht, dass sich insbesondere die judäischen Traditionen in den Evangelien eines Rückgriffs auf das Aramäische völlig versperrten [106].[141] Noch schwerer jedoch wiege das Versäumnis Marshalls, auch quellenkritische Fragen hinreichend zu berücksichtigen. Denn sehr oft seien die vorliegenden Varianten eben nicht durch Übersetzungstätigkeit oder Schreibfehler, sondern durch bewusste redaktionelle Arbeit entstanden, und es bestehe die Gefahr, „die Grenze zwischen dem in die synoptischen Evangelien einge- | betteten Urtexte und den redaktionellen Zuthaten der späteren Bearbeiter zu verwischen“ [92–93]. Resch unterscheidet daher drei verschiedene Formen der Übersetzertätigkeit: Version (wörtliche Übersetzung), Recension (freie Übersetzung) und Redaktion (schriftstellerische Bearbeitung). Die Frage nach dem semitischen Hintergrund der Evangelien sei daher nur in enger Verbindung mit einer eingehenden Untersuchung auch der synoptischen Frage zu beantworten:

„Mit anderen Worten: es muss die Forschung nach dem hinter den Varianten liegenden semitischen Grundtexte mit einer sehr eindringenden Quellenanalyse der griechischen Paralleltexte Hand in Hand gehen“ [93].[142]

Auf die Folgerungen Reschs für die synoptische Frage soll weiter unten (S. 191) noch eingegangen werden. Im Blick auf die linguistische Frage kommt Resch in seiner Einleitung zu dem Ergebnis:

„Meinerseits habe ich bis jetzt keine Veranlassung, von der ... Voraussetzung einer hebräischen Grundschrift abzugehen. Dasselbe Idiom, welches Delitzsch, Dalman, Salkinson bei den Rückübersetzungen des Neuen Testaments ins Hebräische angewendet haben – ob etwas mehr dem biblischen Hebräisch genähert oder ob etwas mehr modernisiert, ist dabei eine untergeordnete Frage – bietet sich ohne Zweifel als das bequemste Mittel dar, um den semitischen Grundcharakter der den Evangelien zugrundeliegenden Quellenschrift zur Geltung zu bringen...“ [108].

Ausgehend von seinen Vorarbeiten zur linguistischen und synoptischen Frage, bilden umfangreiche Textstudien von über 1500 Seiten den eigentlichen Hauptteil der Arbeiten Reschs, in denen zu einzelnen Versen der synoptischen Evangelien die jeweiligen Parallelüberlieferungen der Seitenreferenten sowie anderer kanonischer und außerkanonischer Verfasser angeführt und auf ihren möglichen hebräischen Sprachhintergrund hin befragt werden. Für die Kindheitsberichte hat Resch später eine eigene Untersuchung vorgelegt, in der er auch hier eine gemeinsame hebräische Grundschrift annimmt, aus der Mt und Lk, aber auch Johannes und andere frühkirchliche Schriftsteller und schließlich auch die jüdische Polemik der תולדות ישו unabhängig voneinander geschöpft haben sollen.

---

[141] Vgl. Marshall, *Aramaic Gospel II*, 1891, 381.

[142] Resch hat dabei ganz ausdrücklich nicht nur die synoptischen Parallelen, sondern auch die außerkanonischen Parallelen und die Textvarianten der Handschriften im Blick.

Insgesamt enthalten die Arbeiten von Resch, auch wenn sie in der Folgezeit nur wenig Beachtung fanden, in vielen Punkten Ansätze, die heute wieder in der Forschung Verbreitung finden. Dazu gehört in erster Linie die Annahme eines dreisprachigen Entstehungskontextes, in dem griechisch, aramäisch und hebräisch gleichwertig neben einander stehen. Dazu gehört auch die sorgsame Unterscheidung von Übersetzung, Übertragung und redaktioneller Bearbeitung sowie die Forderung nach einer engen Verknüpfung von linguistischer und synoptischer Frage. Vor allem aber die umfangreichen Einzeluntersuchungen Reschs zu den einzelnen Textstellen bergen, sollte sich die Rückfrage nach einem hebräischen Sprachhintergrund als methodisch zulässig und tragfähig erweisen, für die Arbeit am synoptischen Vergleich wertvolles Material in sich, zumal was die synoptische Zusammenstellung der Handschriftenvarianten und der patristischen Zitate betrifft.

2.2.3 Charles Augustus Briggs

Charles A. Briggs wandte sich in zwei Aufsätzen der Frage nach dem hebräischen Hintergrund des Matthäusevangeliums bzw. der vormatthäischen Logienquelle zu.[143] Seiner Ansicht nach bezog sich das Zeugnis des Papias auf eine hebräische Redensammlung, die in der frühen Kirche unter dem Titel דברים kursierte [1897:394]. Diese Sammlung enthielt jedoch nach Briggs' Ansicht ausschließlich weisheitliche Sprüche Jesu, also weder narrative noch diskursive Elemente oder Gleichnisse [1897:394; 1904:192]. Bezüglich der Sprache dieser Quelle war Briggs noch in einer früheren Untersuchung von einer Abfassung in Aramäisch ausgegangen,[144] änderte aber seine Meinung aufgrund seiner ausführlichen Studien der betroffenen Texte [1897:396; 1904:192]. Während sich der Nachweis einer hebräischen Grundlage im ersten Artikel vor allem auf poetische Formen und Strukturen beschränkt (Distichon, Tristichon, Tetrastichon, Pentastichon) und nur vereinzelt auch hebräische Rückübersetzungen versucht werden, legt Briggs in seinem zweiten Artikel zum Thema eine Anzahl von hebräischen Rekonstruktionen solcher „Logia" vor. Ausgehend von diesen bewertet Briggs anschließend die Ursprünglichkeit der kanonischen Textformen und identifiziert redaktionelle Änderungen.[145] In der Frage, ob die דברים nur von

[143] Briggs, *Wisdom*, 1897; Briggs, *Logia*, 1904.

[144] Briggs, *Messiah*, 1893, 70.

[145] Zwischen den Varianten entscheidet Briggs nach den folgenden Kriterien: (1) Welche Lesart liegt an der Wurzel der verschiedenen Varianten und kann deren Herkunft erklären? (2) Welche Lesart ist die *lectio difficilior* und (3) Welche Lesart fügt sich am plausibelsten in den Kontext und den literarischen Stil des Autors und seiner Umwelt ein? Unterhalb dieser Ebene entscheiden poetische Formen wie Parallelismus, Symmetrie und Zeilenanzahl über die Ursprünglichkeit einer Lesart. Vgl. dazu Briggs, *Logia*, 1904, 192.

Mt und Lk genutzt wurden oder auch von Mk, hat Briggs seine Position mehrfach geändert.[146] Dieser Frage wendet er sich daher in seinem zweiten Artikel zu und untersucht eine Reihe von „Logia“ Jesu im Markusevangelium, für die er hebräische Vorlagen rekonstruiert. Er kommt zu dem Schluss, dass eine Reihe solcher Logia bereits ursprünglich zum hebräischen Markusevangelium gehörten und daher bei Mk besser bewahrt werden als bei seinen Seitenreferenten, die in diesen Fällen von Mk abhängig seien. Ein anderer Teil der Logia stamme hingegen aus den hebräischen „Logia“ des Mt und sei dem Mk erst durch eine spätere redaktionelle Hand hinzugefügt worden. Mk selbst habe also die Logia des Mt als solche weder gekannt noch verwendet.

2.2.4 Hermann-Joseph Cladder

Einen ähnlichen Ansatz wie Resch, in dem Beobachtungen zum semitischen Hintergrund der Evangelien mit Folgerungen für die synoptische Frage verbunden wurden, legte 1919 Hermann-Joseph Cladder vor.[147] Anders als Resch unterscheidet Cladder deutlich zwischen der Sprache des täglichen Lebens und der Sprache der Literatur [73]. Für die erstere nimmt Cladder das *Aramäische* an und begründet dies mit der von ihm für diese Zeit angenommenen Targumpraxis. Für den Bereich der Literatur verweist er auf die Textfunde aus der Kairoer Geniza als Beleg für eine *hebräische* literarische Tätigkeit in nachbiblischer Zeit [74] sowie auf mögliche hebräische Originale der Bücher I Makk, Jdt, Tob und Jub, sowie den frühen Ursprung der Pirke Avot [75]. Hingegen verweise einzig die Fastenrolle auf eine aramäische literarische Tätigkeit. Hinzu trete die tiefe Verwurzelung der urchristlichen Verkündigung in der (hebräischen) biblischen Überlieferung [69]. Für das Matthäusevangelium nimmt Cladder daher einen *hebräischen* Ursprung an [76].[148] Zwar räumt er ein, dass der kanonische Mt in *sprachlicher* Hinsicht dem üblichen Stil des koine-Griechischen zuzuordnen sei. Dies gelte jedoch nur für die Übersetzung. Das *literarische* Werk als solches jedoch sei der „hebräisch-jüdischen Literatur“ zuordnen [67]. Da es sich bei Cladders Arbeit um die Wiedergabe einer Vortragsreihe für Soldaten handelt, verzichtet er weitgehend auf linguistische Detailarbeit und beschränkt sich auf den allgemeinen Nachweis eines hebräischen

---

[146] Briggs geht von einer modifizierten Variante der Zweiquellenhypothese aus, in der neben den hebräischen „Logia“ ein hebräisches Markusevangelium steht. Dieses wurde dann zunächst ins Griechische übersetzt und dann noch durch einen Redaktor erweitert, vgl. BRIGGS, *Logia*, 1904, 191.

[147] CLADDER, *Evangelien*, 1919. Seitenzahlen im Folgenden in Klammern.

[148] Diese Annahme wird zwar eingangs durch die Ergänzung „... bzw. aramäischer, jedenfalls aber semitischer Sprache“ relativiert [51], aber bereits hier erscheint das Hebräische in Sperrdruck.

Sprachstils, den er z.B. im parataktischen Satzbau, in Stilfiguren wie dem *parallelismus membrorum*, in Responsionen, Inklusionen und Konkatenationen, aber auch in der nichtlinearen Anordnung des Stoffes erkennt [72]. Cladders Folgerungen für die synoptische Frage sollen weiter unten (S. 208) zur Sprache kommen. Seine Annahmen zur Bedeutung des Hebräischen als Überlieferungssprache der Evangelientradition wurden später von Paul Gächter in seinem Matthäuskommentar übernommen. Dieser bekräftigte die Schlüsse, die Cladder bereits aus den Textfunden von Kairo gezogen hatte, anhand der neueren Funde von Qumran.[149]

2.2.5 Georg Aicher

Der Nachweis hebräischer Wortspiele im Matthäusevangelium steht im Mittelpunkt eines kurzen Werkes von Georg Aicher.[150] Die Annahme eines hebräischen Sprachintergrundes für das Evangelium wird dabei vorausgesetzt und nicht weiter begründet. Die Kriterien für die Identifikation eines Wortspiels sind bei Aicher weit gefasst: So werden die Laute ב ,ו ,פ gleichlautend als B-Laut behandelt, entsprechend ד ,ת ,ט als T-Laut, כ ,ק und ג als K-Laut, alle Zischlaute als S-Laut und alle Kehllaute als lautlos gewertet. Hebräische Vokabeln und Radikale, die Aicher hinter griechischen Worten vermutet, werden so bestimmten Klangmotiven zugeordnet („bakal-Motiv", „kalat-Motiv", „aba-Motiv" etc.). Wo immer dann ein solches Motiv innerhalb eines Satzes mehrfach auftaucht, identifiziert Aicher ein „Wortspiel". Da auch sehr entfernte Anklänge durch die Zuordnung zu den „Motiven" als Wortspiel klassifiziert werden, enthält so nahezu jeder Satz des Evangeliums eines oder mehrere solcher Wortspiele. Aicher beschränkt sich dabei darauf, die Wortspiele aufzulisten, ohne sie inhaltlich auszuwerten. Aichers Studie bleibt daher methodisch sehr hypothetisch und inhaltlich ohne Ertrag.

2.2.6 Hubert Grimme

Einen methodisch fundierteren und auch systematischeren Zugang zum hebräischen Sprachhintergrund des Matthäus fordert der Altorientalist Hubert Grimme in einem zweiteiligen Aufsatz aus dem Jahr 1936.[151] Grimme, der sich zuvor vor allem mit althebräischer Epigraphik aus dem Sinai, einer Edition der Oden Salomos und einer metrisch gegliederten Textausgabe und Übertragung des Koran befasst hatte, wandte sich erst gegen Ende seines Lebens vor allem aus philologischem Interesse der sprachlichen Gestalt des Neuen Testaments zu. Ungewöhnlich differenziert ist dabei seine Dar-

---

[149] Gächter, *Matthäus*, 1963, 19.

[150] Aicher, *Wortspiele*, 1929.

[151] Grimme, *Urmatthäus*, 1936, 251. Weitere Seitenzahlen im Folgenden in Klammern.

stellung der Sprachensituation im Palästina des ersten Jahrhunderts, für die er ein gleichwertiges Nebeneinander von Hebräisch, Aramäisch und Griechisch voraussetzt, wobei ersteres vorrangig im religiösen und gelehrten Bereich, zweiteres als „Verkehrs- und Umgangssprache der Eingeborenen" und letzteres als Regierungs- und Verwaltungssprache zu denken sei. Jesus selbst, und auch seine Jünger, hätten sich vermutlich, je nach Situation und Zuhörerschaft, aller drei Sprachen bedient [245]. Was die Entstehung der schriftlichen Evangelientradition angeht, vermutet Grimme jedoch eher den Gebrauch der „neuhebräischen Sprache" [250]: Zwar sei das galiläische Aramäisch vermutlich die Muttersprache Jesu, jedoch habe dieser „Provinzialdialekt" nie die Bedeutung einer Schriftsprache gehabt und sei daher zur Verbreitung von Literatur nicht geeignet gewesen. Versuche, einen aramäischen Ursprung der Evangelien durch Aufweis vereinzelter Fehlübersetzungen, Wortspiele oder Sprachfiguren, die als Aramaismen zu erklären seien (Grimme nennt die Arbeiten von Dalman und Wellhausen), will er zum Nachweis eines aramäischen Ursprungs der Evangelien nicht gelten lassen: Diese seien ebenso gut aus dem Hebräischen erklärbar, zumal für die Zeit Jesu mit erheblichen Einflüssen des Aramäischen auf das Neuhebräische zu rechnen sei [246–247]. Die endgültige Entscheidung zwischen dem Aramäischen und dem Hebräischen will Grimme daher zunächst offen lassen. Stattdessen fordert er „neue kritische Verfahren", die den Nachweis eines solchen aramäischen bzw. hebräischen Hintergrunds anhand einer systematischen und methodisch begründeten Rückübersetzung des gesamten Mt, anstatt nur anhand einzelner Sprachauffälligkeiten, führen.

Den Ansatz zu einer solchen vollständigen Rückübersetzung sucht allerdings auch Grimme zunächst bei solchen Stellen, hinter denen er Lese- oder Übersetzungsfehler vermutet. Er wählt daher zur Veranschaulichung seines „neuen kritischen Verfahrens" zunächst ein Textbeispiel aus der Sendungsrede Jesu (Mt 10,41–42) sowie in einem zweiten Teil einzelne Verse aus dem restlichen Evangelium, die er in ihrer griechischen Fassung für unverständlich hält. Zur Aufhellung solcher unklarer Stellen könne sowohl auf einen vermuteten hebräischen Grundtext, aber auch auf Varianten der synoptischen Seitenreferenten zurückgegriffen werden. Grimme beschreibt dieses Verfahren als Mittelweg „zwischen Konjekturalkritik und einer mit Variantenvergleichung arbeitenden Textkritik" [248–250]. Eine solche Rekonstruktion könne zwar stets nur hypothetischen Charakter tragen, sie gewinne aber durch die Anwendung auf eine große Zahl von Stellen an Substanz. Daher könne auf diesem Weg „der Begriff des hebräischen Urmatthäus zur Realität werden". Die Tragfähigkeit dieser Methode könne daher letztlich nur durch eine vollständige Retroversion des Mt ins Hebräische erwiesen werden [251], ein Vorhaben, das Grimme sich zwar vornahm, zu dessen Durchführung er aber nicht mehr die Gelegenheit fand.

In der Durchführung seiner Methode geht Grimme sorgsam vor: Vers für Vers wird der Beispieltext zunächst in seinem griechischen Wortlaut untersucht und nach möglichen Entsprechungen im Hebräischen gesucht. Unklarheiten des griechischen Textes werden in den meisten Fällen durch die Mehrdeutigkeit eines zugrunde liegenden hebräischen Begriffes oder einer hebräischen Konstruktion erklärt, in wenigen Fällen auch durch Lese- oder Hörfehler. Synoptische Parallelen werden zum Verständnis herangezogen, wenn sie als Übersetzungsvariante erklärbar sind. Auf einen ausführlichen synoptischen Vergleich oder die Rekonstruktion literarischer Abhängigkeiten verzichtet Grimme jedoch ganz, da er davon ausgeht, dass es sich beim kanonischen Mt um eine literarisch einheitliche Komposition handelt, die nicht auf andere Quellen, sondern einzig auf den hebräischen Urmatthäus zurückgeht [246 und 252]. Auch der sprachliche Vergleich mit hebräischer Literatur bleibt auf die Klärung einzelner Worte und Begriffe begrenzt. Die Verwandtschaft ganzer Phrasen oder auch inhaltlicher Konzepte mit Parallelen in der rabbinischen oder biblischen Literatur bleibt weithin unberücksichtigt. Am Ende jedes Abschnittes steht jeweils eine vollständige Retroversion des griechischen Textes in eine angenommene hebräische Vorlage. Grimmes Arbeit ist, gerade durch den Versuch einer vollständigen Retroversion ganzer Textpassagen, ein wichtiger Beitrag für einen systematischen Zugang zum hebräischen Hintergrund der Evangelientradition. Die angestrebte Gründlichkeit und Vollständigkeit wird allerdings durch die methodische Konzentration auf „unklare Textstellen" und auf angenommene Übersetzungs- und Lesefehler behindert. Die Beschränkung auf die Klärung einzelner Worte und Begriffe und der Verzicht auf einen synoptischen Vergleich schmälern den Ertrag zusätzlich. Dennoch stellt Grimmes Ansatz einen wichtigen methodischen Schritt in Richtung eines ganzheitlicheren Zugangs zum hebräischen Hintergrund der Evangelien dar.

2.2.7 Harald Sahlin

Gegen Ende des zweiten Weltkriegs folgt Harald Sahlin einem ähnlich umfassenden methodischen Ansatz, allerdings wendet er sich dabei dem Lukasevangelium zu. Anders als Grimme beschränkt er sich nicht auf einzelne, unklare Textstellen, sondern beginnt mit einer systematischen Rekonstruktion der gesamten Kindheitsgeschichte. Sahlin vermutet hinter dem lukanischen Doppelwerk eine protolukanische Schrift, die ursprünglich auf hebräisch und aramäisch abgefasst worden sei. Die Kindheitsgeschichte sei dabei, weil anknüpfend an biblische Tradition, in hebräisch verfasst worden, während der Großteil des Evangeliums sowie die Apostelgeschichte in aramäisch fortgesetzt worden sei. Die Schnittstelle sieht Sahlin am Beginn der Täuferreden in Lk 3,7b, da hier nicht nur ein Übergang von Erzählung zu direkter Rede, sondern auch gleichzeitig der Übergang von der narrativhistorischen Vorgeschichte (in „heiliger Sprache") zur aktuellen Zeitgeschichte (in „Gegenwartssprache") geschehe.[152] Anknüpfungspunkt ist für Sahlin die Beobachtung einer „Doppelheit"[153] innerhalb des lukanischen Geschichtswerks, und zwar in dreifacher Hinsicht, sprachlich, literarisch und inhaltlich:

„Man findet, was die *Sprache* betrifft, einerseits ein beinahe klassisches Griechisch, wie im Eingang (Lk 1:1–4) oder in der Areopagrede des Paulus (AG 17:22–31), andererseits wiederum eine Sprache, die mit ihrem stark semitisierenden Charakter ein ganz unidiomatisches Griechisch ist, wie Lk 9:51ff., AG 5:1–11. Hinsichtlich des *literarischen* Stils findet man einerseits ein Stück durchaus alttestamentlichen Gepräges wie Lk 1:5–25, andererseits eine so charakteristisch hellenistische Schilderung wie die vom Schiffbruch AG 27. In ideologischer Hinsicht endlich begegnet ein echt jüdischer Hymnus wie das Magnificat (Lk 1:46–55), andererseits eine Probe hellenistischer Rhetorik wie die Rede des Tertullus, AG 24:2–8..." [1].

An den Arbeiten Torreys kritisiert Sahlin dessen Konzentration auf Fehlübersetzungen und Textemendationen, hält aber Torreys Rückgriff auf die aramäische Sprache für grundsätzlich richtig. Jedoch sei dieser mit seiner Charakterisierung der Evangelien als wörtliche Übersetzung eines aramäischen Originals zu weit gegangen: „der Ansatz war richtig, es ist aber notwendig, vorsichtiger und radikaler zugleich vorzugehen" [7]. Das lukanische Doppelwerk sei als solches keine Übersetzung, sondern eine griechisch verfasste Schrift, die sich einer hebräisch-aramäischen Grundschrift bediente. Autor des kanonischen Werkes sei möglicherweise der Arzt Lukas gewesen. Er habe die ursprüngliche Grundschrift in eine Apologie umgearbeitet, die im Prozess des Paulus Verwendung finden sollte [31–39;51; 56.]. Als Autor der protolukanischen Schrift vermutet Sahlin einen Juden oder Proselyten aus dem antiochenischen Raum. Sein Ziel sei es gewesen, in enger Anknüpfung an alttestamentliche Traditionen das Motiv von Verheißung und Erfüllung in der Geschichte Jesu aufzuzeigen und diesen als den Messias des jüdischen Gottesvolkes auszuweisen [58–61]. Methodisch sucht Sahlin seine Vermutungen durch eine zusammenhängende Rekonstruktion der protolukanischen Schrift zu erhärten. Diese Rekonstruktion bietet Sahlin, anders als Resch, jedoch zunächst nicht in hebräischer, sondern in deutscher Sprache. Ohnehin könne eine Rekonstruktion lediglich eine Annäherung sein und müsse immer bloße Arbeitshypothese bleiben.

[152] Eine Übersicht über Sahlins Thesen bei Sahlin, *Messias*, 1945, 57; ähnlich auch Sahlin, *Studien*, 1949, 26. Unhinterfragt lässt Sahlin dabei die für seine Zeit übliche Auffassung, dass als „Gegenwartssprache" allein das Aramäische in Frage komme: „..man kann ja nicht denken, dass Johannes das Volk auf *hebräisch* anredete." Die Wahl des Aramäischen basiert also nicht auf konkreten Beobachtungen am Text, sondern auf einer sprachgeschichtlichen Grundannahme.

[153] Sahlin, *Messias*, 1945, 1. Weitere Seitenzahlen im Folgenden in Klammern.

Dennoch erfülle sie einen wichtigen Zweck bei der Identifizierung literarischer Schichten:

„Naturgemäß kann eine derartige Textrekonstruktion nur mit allem Vorbehalt angeboten werden. Ich bin mir der Schwierigkeiten des Unternehmens in verschiedener Hinsicht völlig bewußt. Gleichwohl kann ein derartiger Versuch m.E. nicht als ausserhalb der Grenzen streng wissenschaftlicher Methode liegend angesehen werden. Eine Rekonstruktion nicht nur der grossen Umrisse, sondern auch der Einzelheiten ist in der Tat, allen Unsicherheitsmomenten zum Trotz, die ihr anhaften müssen, für den aufgestellten Zweck nötig. Die im Folgenden zu gebende Textrekonstruktion hat, wie schon erwähnt, den Charakter einer Arbeitshypothese; sie dürfte sich empfehlen, wenn es sich einerseits nachweisen lässt, dass der protolukanische Text, so wie er hier rekonstruiert werden soll, sich in jeder Hinsicht – sprachlich, literarisch, sachlich, theologisch – auch in den kleinsten Einzelheiten, als eine an sich annehmbare und in sich einheitliche literarische Schöpfung betrachten lässt; und andererseits, dass die „lukanischen Zusätze" sich, sprachlich wie sachlich, unschwer als von der hand (sic!) des Griechen Lukas stammend verstehen lassen." [62]

Sahlin geht also der Gefahr einer übermäßigen Konzentration auf sprachliche Einzelphänomene aus dem Weg, in dem er seine sprachlichen Beobachtungen in den Gesamtkontext zusammenhängender Texteinheiten stellt. In einem ausführlichen Kommentar zu seiner deutschen Rekonstruktion arbeitet er dann auch sprachliche Einzelbeobachtungen heraus, insbesondere durch Vergleiche mit frühjüdischer und rabbinischer Literatur. Im Zentrum des Interesses steht dabei nicht der Nachweis einer hebräischen Grundlage, sondern die Aufhellung des griechischen Textes durch Rückfrage nach seiner möglichen hebräischen Sprachform und deren Verankerung im Kontext jüdischen Schrifttums. Im Rahmen dieses Kontextes werden dann auch zusammenhängende Rekonstruktionen eines möglichen hebräischen Wortlautes geboten. Unglücklicherweise hat Sahlin, ähnlich wie auch Grimme, seine Untersuchungen nie mit der gleichen methodischen Gründlichkeit auch auf den Rest des lukanischen Doppelwerkes ausgedehnt, wie es ursprünglich sein Plan war [1]. In Anhängen seines Werkes „Der Messias und das Gottesvolk" geht er zwar auf einige Stellen der Apostelgeschichte ein, ohne jedoch detaillierte Textrekonstruktionen zu bieten. In einem späteren Werk wendet er sich dem dritten Kapitel des Lukasevangeliums zu und zeigt auch dort Spuren einer hebräisch-aramäischen protolukanischen Grundschrift auf.[154] Hier legt er zudem auch eine ausführlichere Begründung seiner protolukanischen Theorie aus der Analogie mit anderen griechisch redigierten Übersetzungswerken aus dem jüdisch-hellenistischen Raum, namentlich dem Buch Jesus Sirach, der Weisheit Salomos und dem slawischen Henoch vor. Für den Hauptteil des lukanischen Doppelwerkes hat Sahlin seine Theorie jedoch in der Folgezeit nicht weiter ausgeführt. Auch eine Verknüpfung seiner Beobachtungen zum hebräischen Hintergrund des

---

[154] SAHLIN, *Studien*, 1949.

Lukasevangeliums mit der synoptischen Frage lehnt Sahlin aus Gründen der methodischen Beschränkung ab:

„Wenn man also die Quellen des Lk festzustellen sucht, befindet man sich auf sehr unsicherem Boden. (...) Unter diesen Umständen dürfte es ziemlich unnötig sein, auch nur über die wichtigsten der vorgebrachten Quellentheorien eingehender zu berichten.“ [5]

Es ist also vor allem eine pragmatische Entscheidung, wenn Sahlin am Rande seiner Arbeiten von einer Priorität des Markusevangeliums ausgeht und daneben eine Q-Tradition annimmt, die jedoch seiner Ansicht nach „eher ein ziemlich fest umrissener Komplex mündlicher Überlieferung war, in etwas variierender Gestalt verbreitet.“ [5][155]

2.2.8 *Jehoshua M. Grintz*

In einem Aufsatz aus dem Jahr 1960 geht Jehoshua Grintz der grundsätzlichen Frage nach der Sprachensituation in Palästina nach und versucht den Nachweis zu erbringen, dass das Hebräische neben dem Aramäischen und Griechischen bis in das zweite nachchristliche Jahrhundert als lebendige Sprache in Gebrauch blieb. Sein Augenmerk gilt dabei nicht nur den neutestamentlichen Schriften, sondern auch Josephus und der rabbinischen Literatur. Da sich jedoch über die Hälfte des Artikels den Semitismen im Matthäusevangelium widmet, insbesondere solchen, für die sich ein hebräischer, nicht aber aramäischer Hintergrund plausibel machen lässt, gehört sein Fazit ebenfalls in diese Übersicht:

„Taking into account all the evidence adduced, one can assert that the original language behind the Gospel of Matthew was Hebrew: presumably a mixture of Biblical and Mishnaic, with an inclination to the former (...) as usual with sectarians who set their new writings on a level with those of the Law and the Prophets“[156]

Grintz widerlegte zudem die von vielen Forschern ungeprüft übernommene Behauptung, Josephus meine „aramäisch“, wenn er „hebräisch“ sage, anhand von Beispielen, in denen in der Tat nur das Hebräische gemeint sein könne.[157]

2.2.9 *Marie-Émile Boismard*

Der französische Dominikanerpater Marie-Émile Boismard ging in seinen Beiträgen zur synoptischen Frage und zur Vorgeschichte der Evangelien sowohl von hebräischen als auch von aramäischen Quellen, Vor- und Zwischenstufen der Evangelien aus. Jedoch werden linguistische Fragen von ihm kaum ausführlicher behandelt, und auch Vergleiche mit dem hebräi-

---

[155] Vgl. auch der Exkurs zu Mk 1,1–7 parr in Sahlin, *Studien*, 1949, 126–130.
[156] Grintz, *Hebrew*, 1960, 41.
[157] Vgl. die Liste unten S. 132 Anm. 470.

schen literarischen Kontext fehlen weithin. Boismards Augenmerk gilt vor allem den literar- und quellenkritischen Fragen. Daher sollen seine Arbeiten an späterer Stelle (S. 210ff.) ausführlicher zur Sprache kommen.

2.2.10 Harris Birkeland

Auch Harris Birkeland trägt in seiner Schrift „The Language of Jesus" Indizien für die Existenz des Hebräischen als gesprochene Sprache der Zeit Jesu zusammen.[158] Zwar folgt er Dalman und seinen Vorgängern in der Grundannahme, dass das klassische Hebräisch seit dem Exil weitgehend durch das Aramäische verdrängt wurde. Aber er geht der Frage nach, ob diese Verdrängung auch in allen sozialen Schichten, insbesondere in der Volkssprache („popular language" [12]) Niederschlag fand:

„There are several indications ... that the Aramaization of Palestine cannot have been so profound as suggested by western scholars" [16].

An zwei Punkten setzt Birkeland seine Kritik am vorherrschenden exklusiven aramäischen Modell an: Zum einen hinterfragt er den Aussagewert aramäischer *schriftlicher* Quellen und Inschriften als Indiz für gesprochene Sprache. Schriftliche Quellen seien stets nur ein Ausdrucksmittel gehobener Gesellschaftsschichten und formaler Kommunikation, in diesen Bereichen sei jedoch der Gebrauch des Aramäischen als Verkehrssprache ohnehin unbestritten.

„On the whole, the numerous Aramaic documents found in Egypt do not permit the conclusion that Aramaic was the spoken, popular language of that country. Nor do the Aramaic documents elsewhere in the Near East, dating from Persian and even Hellenistic times, permit any conclusions concerning the popular languages of the countries in question. | Aramaic was just an international literary language introduced by Darius I and surviving even in Hellenistic times beside Greek. Where no national literary language was found, people naturally used this language when they wrote, whatever this may have been. [...] For centuries Latin was the only literary language in most countries of Christian Europe. But nobody claims Latin as the popular language of these countries" [10–11].

Aussagen über gesprochene Sprachen können, so Birkeland, aufgrund der Schriftsprache literarischer Quellen nur bedingt gemacht werden. Andere Zugangswege seien hier nötig, etwa Aussagen über gesprochene Sprache innerhalb von literarischen Quellen, wie sie bei Josephus und im Neuen Testament zu finden seien (dazu siehe unten S. 133ff.). Der zweite Ansatzpunkt Birkelands sind die fortschreitenden Untersuchungen zur Sprachgeschichte des Hebräischen, insbesondere die Arbeiten von Moses Hirsch Segal [19].[159] Birkeland folgt Segal in der Beobachtung, dass das mischnische Hebräisch (MH) gegenüber dem biblischen Hebräisch (BH) eine eigene, le-

---

[158] BIRKELAND, *Language*, 1954. Seitenzahlen im Folgenden in Klammern.

[159] Zu Segal selbst siehe unten S. 87.

bendige Schriftsprache darstellt. Er geht aber über Segal hinaus, und nimmt damit auch Ergebnisse späterer Forschung zum mischnischen Hebräisch vorweg, indem er zwischen BH und MH eine Übergangsphase annimmt, in der das BH durch Elemente einer mündlichen Sprache, also eines gesprochenen Dialektes angereichert wurde, die sich später auch im MH niederschlagen. Die Existenz einer solchen Phase steht heute in der hebräischen Sprachforschung außer Frage. Beide Beobachtungen zusammen machen für Birkeland eine Neubewertung der Sprachensituation im Palästina der Zeitenwende notwendig. Historische Zeugnisse über die gesprochenen Sprachen aus Josephus, dem Neuen Testament und der rabbinischen Literatur führen ihn zu einer komplexen Gesamtschau dieser Sprachensituation: „The linguistic situation in the time of Jesus was ... extremely complicated" [17]: Klassisches Hebräisch sei weiterhin als traditionelle Schrift- und Literatursprache in Gebrauch gewesen, während das Aramäische sich nach und nach als Amts- und Verkehrssprache, aber auch als literarische Sprache durchsetzte. In weniger gebildeten Volksschichten jedoch habe sich das Hebräische, in einer gewandelten dialektalen Form, weiterhin gehalten, sei aber auch dort nach und nach durch die dominanten Sprachen der oberen Klassen, Griechisch und Aramäisch, verdrängt worden. Endgültig ausgestorben sei das gesprochene Hebräisch erst im zweiten Jahrhundert n. Chr. als Folge der Tempelzerstörung und des Bar Kochba-Aufstandes.

Was die Sprache Jesu angehe, habe dieser in einer solchen komplexen Sprachumgebung kaum nur eine einzige Sprache verwendet. Er sei sicherlich des biblischen Hebräisch mächtig gewesen, habe in gehobener Konversation „eine Sprache gesprochen, die sowohl vom biblischen Hebräisch als auch vom Aramäischen geprägt war", und er habe vermutlich auch Griechisch gesprochen. Zu den einfachen Leuten habe er aber in ihrem Dialekt, also in umgangssprachlichem Hebräisch geredet [39]. Zur Überlieferungssprache der Evangelientradition äußert sich Birkeland nur am Rande seiner Arbeit, da sein Augenmerk den gesprochenen Sprachen gilt. Er geht jedoch davon aus, dass die Jesusüberlieferung nach einer kurzen Phase mündlicher Überlieferung in dialektalem Hebräisch bereits bei der ersten Verschriftlichung übersetzt wurde, eventuell in nachbiblisches Hebräisch, vermutlich aber ins Aramäische oder, noch wahrscheinlicher, unmittelbar ins Griechische [39–40]. Birkelands Ansichten haben in der Fachwelt nur wenig Resonanz gefunden.[160] Insbesondere die Überzeugung, Jesus selbst habe vor allem Hebräisch gesprochen, konnte angesichts der

[160] Direkte Kritik bei Emerton, *Hebrew*, 1961; vgl. jedoch Emerton, *Vernacular Hebrew*, 1973, 19: „my [...] general judgement about the vernacular use of Hebrew is now closer to that of Rabinowitz than it was in 1961". Rabinowitz, *Be opened!*, 1962, hatte wie Birkeland das Hebräische als Umgangssprache vorausgesetzt.

herrschenden Meinung kaum auf Zustimmung stoßen. Aber selbst namhafte Vertreter der exklusiv aramäischen Hypothese haben angesichts der Thesen Birkelands eingeräumt, dass Jesus neben dem Aramäischen durchaus auch das Hebräische gebraucht haben könnte und vermutlich hat.[161] Ungeachtet aller berechtigter Kritik hat Birkeland in seiner Analyse der komplexen Sprachsituation Palästinas, insbesondere in der Berücksichtigung soziologischer Faktoren für Spracherhalt und Sprachwandel, viele Einsichten vorweggenommen, die erst in den darauf folgenden Jahrzehnten durch linguistische Forschungen zu Sprachkontakt, Bilinguismus und Diglossie bestätigt werden sollten (siehe unten S. 70ff). Unabhängig davon also, ob man seinen Folgerungen zum Gebrauch der einen oder anderen Sprache folgen möchte oder nicht, ist das komplexe Bild von einer multilingualen Gesellschaft, in der Sprachen nicht monolithisch nebeneinander oder gar nacheinander existieren, sondern sich gegenseitig beeinflussen und in verschieden starker Weise die unterschiedlichen Bereiche einer Gesellschaft durchdringen, aus heutiger Sicht kaum mehr in Frage zu stellen.

2.2.11 Robert Lindsey und David Flusser

Ein anderer Ansatz zur Frage nach einem hebräischen Hintergrund der Evangelien entstand nach dem zweiten Weltkrieg in Jerusalem. Hier war seit der Gründung des Staates Israel im Jahr 1948 ein neuer Brennpunkt für die Erforschung der hebräischen Sprache entstanden: Das Hebräische hatte zum ersten Mal seit der Zeit des zweiten Tempels wieder den Status einer Nationalsprache. An der 1925 gegründeten Hebräischen Universität war es nicht nur Forschungsgegenstand, sondern auch Unterrichtssprache. Die judaistische Forschung, die in Europa stets im Dienst und unter Aufsicht der theologischen Fakultäten gestanden hatte, konnte sich hier als selbstständige und unabhängige Disziplin entfalten. Auch durch die Schriftfunde von Qumran wurde Jerusalem zu einem neuem Zentrum des Studiums jüdischer Literatur und ihrer Beziehung zum NT.

Vor diesem Hintergrund unternahm Robert Lindsey, Pastor einer hebräischsprachigen Baptistengemeinde in Jerusalem, den Versuch, das griechische Markusevangelium, als das angeblich älteste und ursprünglichste, für seine Gemeindeglieder neu in die hebräische Sprache zu übersetzen.[162] Im Zuge dieser Übersetzungsarbeiten kamen ihm jedoch zunehmend Zweifel an der traditionellen These einer Markuspriorität, und er entwickelte ein eigenes Modell synoptischer Beziehungen, das in der Literatur unter der Bezeichnung einer „Lukas-Priorität" bekannt wurde. Dass diese Bezeichnung

---

[161] Fitzmyer, *Background*, 1997, 7; Black, *Approach III*, 1967, 48–49. Blacks Urteil im Wortlaut siehe oben S. 34.

[162] Lindsey, *Translation*, 1973. Das Buch erschien in erster Auflage 1969. Seitenzahlen im Folgenden beziehen sich jedoch auf die zweite, erweiterte Auflage von 1973.

irreführend ist, wird die ausführliche Behandlung der synoptischen Theorie Lindseys weiter unten (S. 211ff) zeigen.

Hier soll zunächst nur der linguistische Ansatz Lindseys beleuchtet werden: In seiner Methodik unterscheidet er sich, sicher auch aufgrund seiner ganz anderen Motivation, grundsätzlich von den meisten seiner Vorgänger: Von dem pragmatischen Versuch einer Übersetzung ins Hebräische herkommend, knüpft er nicht bei einzelnen Worten oder Phrasen an, sondern bei Grammatik und Syntax. Da es Lindsey nicht um den Nachweis eines semitischen Originals für einzelne Jesusworte ging, sondern um die Suche nach einer equivalenten Übersetzung zusammenhängender Texte, spielen Phänomene wie Fehlübersetzungen, Wortspiele oder andere Konjekturen bei Lindsey kaum eine Rolle. Von größerer Bedeutung ist für ihn die Frage, ob sich für einen Satz oder eine Phrase idiomatische Entsprechungen im Hebräischen finden lassen. Dazu dient nicht selten auch der Rückgriff auf rabbinische oder andere hebräische Literatur. Unterstützung bekam Lindsey bei seiner Arbeit durch den jüdischen Professor David Flusser, der zu dieser Zeit im „Department of Comparative Religion" an der Hebräischen Universität für den Bereich „Judentum des zweiten Tempels und frühes Christentum" verantwortlich war und dort erstmals eine eigenständige jüdische Forschung an neutestamentlichen Texten begründet hatte. Flusser lobte in einem Geleitwort zur ersten Ausgabe von Lindseys hebräischer Ausgabe des Markusevangeliums dessen Arbeiten als „decisive new clue to the understanding of the synoptic relationships and an equally important clue to the right approach to the Gospel of Mark" [1]. In einem eigenen Artikel empfahl er Lindseys Ansatz später einem größeren Publikum und unterstrich dabei noch einmal die methodische Relevanz der Rückfrage nach dem hebräischen Sprachhintergrund:

> „Wer nicht genügend über hebräische Sprachkenntnisse und Kenntnisse der jüdischen Bräuche zur Zeit Jesu verfügt, verfehlt unweigerlich den richtigen Forschungsansatz; insbesondere bewirkt diese Unkenntnis eine übertriebene Bevorzugung des Markusevangeliums. Zweifellos waren die ersten Quellen der Evangelien der jüdischen Lebensart und der hebräischen Sprache nahe, und jeder, der zu dieser ersten Form zurückgeht, nähert sich der realen Welt Jesu sowie der Sprache, die Jesus sprach oder in der über ihn erzählt wurde. Die Zwei-Quellen-Theorie wurde in letzter Zeit wiederholt aufgegriffen, meist jedoch, ohne dabei den philologischen Fragen und dem jüdischen Hintergrund der Berichte genügend Beachtung | zu schenken. Schon eine nur oberflächliche Untersuchung zeigt, daß Markus in seiner Sprache viel griechischer und volkstümlicher ist."[163]

Die enge Verwobenheit von linguistischem Ansatz, „jüdischer Lebensart" und synoptischer Frage, wie er für die Arbeiten Lindseys und Flussers charakteristisch ist, wird bereits hier deutlich. Dennoch soll erst weiter unten auf die damit verbundenen Ergebnisse zur synoptischen Frage eingegangen

[163] Flusser, *Beziehungen*, 1979, 4–5.

werden (vgl. unten S. 211). Hier soll lediglich abschließend noch ein problematischer Aspekt der Arbeiten Flussers und Lindseys erwähnt werden. Im obigen Zitat kündigt er sich bereits durch das scheinbar nebensächliche Wort „zweifellos" an: Für Flusser und Lindsey war der hebräische Sprachhintergrund der Evangelien so selbstverständlich, dass sie nie ernsthaft auf die Skepsis eingingen, die die übrige, vor allem durch Pfannkuche und Dalman geprägte, neutestamentliche Forschergemeinschaft gegenüber einem solchen hebräischen Paradigma hegte.[164] In der Konsequenz fanden daher zwar Flussers exegetische Arbeiten zum jüdischen Hintergrund der Evangelien in der Fachwelt großes Interesse,[165] seine Thesen zum hebräischen Sprachhintergrund sind hingegen nahezu ungehört verhallt. Diese Schwäche des Ansatzes von Flusser und Lindsey zu beheben, sollte eine Aufgabe sein, der sich erst ihre Schüler ausführlicher zuwenden würden.

2.2.12 Jean Carmignac

Etwa gleichzeitig mit Robert Lindsey wandte sich auch der französische Dominikaner Jean Carmignac einer hebräischen Rückübersetzung des Markusevangeliums zu. Sein Anlass war dabei ein anderer, jedoch ebenso pragmatischer: Carmignac, der vorher zunächst im Bereich des Alten Testaments und dann an der Publikation der Funde vom Toten Meer mitgearbeitet hatte, plante einen „Kommentar zum Neuen Testament aus den Texten von Qumran".[166] Um die hebräischen Texte besser mit dem Neuen Testament vergleichen zu können, zog Carmignac nicht nur verschiedene bereits vorhandene hebräische Ausgaben des Neuen Testaments hinzu,[167] sondern fertigte auch eigene an. Diese Rückübersetzungsarbeiten weckten in ihm den Anfangsverdacht, dass das Markusevangelium eine Übersetzung einer semitischen Grundlage sein müsse. Methodisch begründet er diesen Anfangsverdacht wenig später in seinen „Studies in the Hebrew Background of the Synoptic Gospels". Hier formuliert er auch das Verhältnis zwischen aramäischem und hebräischem Zugang zu den Evangelien:

„The precise question I am asking is not whether the original Semitic text was Aramaic or Hebrew, but whether the original text was Greek | or Semitic. If this text was in fact Semitic, the further question of whether it was in Hebrew or in Aramaic would not be of enor-

---

[164] Nur in Randbemerkungen und Fußnoten wird zuweilen auf die Arbeiten von GRINTZ, *Hebrew*, 1960, BIRKELAND, *Language*, 1954, und SEGAL, *Grammar*, 1927, verwiesen.

[165] Eine Bibliographie bis 1990 bei LOWE, *Bibliography*, 1990.

[166] CARMIGNAC, *Naissance*, 1984, 9. Dieser ist jedoch nie erschienen.

[167] Vgl. die später von ihm begonnene, aber nicht fortgeführte Reihe von kritischen Textausgaben hebräischer Neuer Testamente: CARMIGNAC, *Greenfield*, 1982, CARMIGNAC, *Iona I*, 1982, CARMIGNAC, *Iona II*, 1983, CARMIGNAC, *Delitzsch*, 1984, und CARMIGNAC, *SPCJ*, 1985.

mous importance. I begin the investigations from the standpoint of a Semitic original in Hebrew; I leave it for others to argue from a Semitic original in Aramaic."[168]

Die Merkmale für einen solchen hebräischen Sprachhintergrund teilt Carmignac in vier Kategorien ein: Fehlübersetzungen, Wortspiele, Lesefehler und synoptische Varianten. Für alle Kategorien führt er eine Reihe von Beispielen an. Weiterhin führt er die altkirchlichen Zeugnisse für einen „hebräischen Matthäus" auf und folgert daraus schließlich, dass die Evangelientradition auf eine Reihe von „handwritten Hebrew documents" zurückgehe, darunter eine Vorform des Markusevangeliums, hebräischer „Q"-Stoff sowie hebräische Vorlagen für das matthäische und lukanische Sondergut, insbesondere die Kindheitsgeschichten.[169] Weitere Studien, insbesondere zur hebräischen Sprachform des Vater-Unsers,[170] führten 1984 zur Veröffentlichung eines knappen Werkes zur Entstehung der Evangelien, in dem Carmignac eine „vorläufige Arbeitshypothese"[171] zum semitischen Hintergrund der Evangelien und zur synoptischen Frage vorlegte. Darin formulierte er neben einem forschungsgeschichtlichen Überblick über hebräische Ausgaben des Neuen Testaments seit dem 14. Jahrhundert sowie über hebräische und aramäische Forschung am Neuen Testament eine eigene Antwort auf die synoptische Frage (vgl. dazu unten S. 215).

Im ersten Teil des Werkes widmet er sich einer Übersicht über Phänomene neutestamentlicher Semitismen, unterschieden in semitische Lehnworte, „imitierende Semitismen" (Nachahmung von LXX-Stil), „gedankliche Semitismen" (z.B. „er hob an und sagte..."), Semitismen im Vokabular (z.B. „Königreich der Himmel"), semitische Syntax, semitischer Stil (z.B. *figura etymologica*), semitische Komposition (Wortspiele), Überlieferungs-Semitismen (Schreib- und Lesefehler) sowie Übersetzungs-Semitismen (Übersetzungsfehler und Übersetzungsvarianten). Im zweiten Teil zieht er aus diesen Beobachtungen Rückschlüsse auf die literarischen Beziehungen zwischen den Evangelien, um diese schließlich auch mit den altkirchlichen Überlieferungen zur Evangelientradition in Verbindung zu bringen. Auch in diesem Werk bevorzugt Carmignac die hebräische Sprache vor der aramäischen: Speziell das nachbiblische Hebräisch, wie es sich in den Texten von Qumran findet, könne für die Zeit des Neuen Testamentes als literarische Sprache vorausgesetzt werden,

„...un peu différent de l'hébreu biblique et assez différent de l'hebreu mishnique."[172]

---

[168] Carmignac, *Studies*, 1970, 65.

[169] Carmignac, *Studies*, 1970, 89.

[170] Carmignac, *Recherches*, 1969, zusammengefasst in Carmignac, *A l'Écoute*, 1971. Dazu auch die historische Übersicht über hebräische Fassungen des Vater-Unsers bei Carmignac, *Hebrew Translations*, 1978.

[171] Carmignac, *Naissance*, 1984, 14. Seitenzahlen im Folgenden in Klammern.

[172] Carmignac, *Naissance*, 1984, 10 und 95; ähnlich ders., *Recherches*, 1969, 52.

Zwar hält er auch eine aramäische Abfassung der ursprünglichen Quellen weiterhin für möglich, jedoch inzwischen für weniger wahrscheinlich. Die Bevorzugung des Aramäischen in der neuzeitlichen Forschung führt er auf den bleibenden Einfluss von Widmannstadt zurück, „durch dessen Brille" die meisten neuzeitlichen Forscher sowohl die altkirchlichen Zeugnisse als auch die neutestamentlichen Texte betrachtet hätten [11 und 76]. Letztlich sei diese Frage jedoch sekundär.

Carmignac macht in seiner Schrift immer wieder darauf aufmerksam, dass es sich lediglich um einen vorläufigen Entwurf handele. Seine Formulierungen sind daher vorsichtig und mit Bedacht gewählt. Jedoch kündigt er wiederholt ein größeres wissenschaftliches Werk an, dessen Fertigstellung kurz bevorstehe und in dem sowohl die Frage der Semitismen als auch Folgerungen für die synoptische Frage ausführlicher behandelt würden:

„...une étude technique, avec des listes complètes, des références bibliographiques, des discussions approfondies. Un tel travail est en chantier et, si Dieu le veut, il pourra dans un proche avenir présenter une démonstration encore plus convaincante..." [50]

„Mais cette hypothèse, qui a pris corps peu à peu tout au long de mon travail, ne pourra être considérée comme vraiment sérieuse qu'après la fin de ce travail. Je dois poursuivre mes rétroversions et mes comparaisons, avant de pouvoir la présenter vraiment comme une solution de Problême synoptique. Un gros ouvrage en plusieurs volumes est en préparation. Quand il sera publié, il se terminera par un examen de tous les arguments pour ou contre cette hypothèse" [57].

Unglücklicherweise verstarb Carmignac schon zwei Jahre später und konnte das angekündigte Werk nicht mehr fertigstellen.[173] So bleibt sein Beitrag nur ein Entwurf, der zwar interessante Ansätze enthält, aber methodisch und inhaltlich nur unzureichend begründet bleibt.[174] Ansätze und Grundlinien des geplanten ausführlichen Werkes sind aber bereits in der ausführli-

---

[173] Vgl. Kapera, *Carmignac*, 1993.

[174] Carmignacs Arbeiten riefen den umfangreichen Widerspruch von Pierre Grelot hervor, der diesen zunächst nur im Anhang eines Werkes anderer Zielrichtung äußerte, vgl. Grelot, *Évangiles*, 1984. Carmignac antwortete in der zweiten Auflage von „La Naissance des Évangiles Synoptiques" auf die von Grelot formulierten Einwände. Ausführlich bekräftigte Grelot dann seine Kritik erneut in Grelot, *Origine*, 1986. Seine Einwände sind dabei dreifacher Art: Aus fundamentaltheologischer Perspektive möchte Grelot, in der Linie des zweiten vatikanischen Konzils, die Suche nach frühen „apostolischen Quellen" grundsätzlich durch die Annahme einer mündlichen apostolischen Überlieferung („tradition fondatrice", 115) ersetzen und also, ähnlich wie Vaganay, alle drei Evangelien in ihrem Grundbestand auf eine gemeinsame Quelle zurückführen. Linguistisch stellt Grelot Carmignacs Annahme des Hebräischen als lebendige Sprache des ersten Jahrhunderts in Frage (13–20). Seine Argumentation bleibt in diesem Bereich aber knapp und apodiktisch und folgt im Wesentlichen den Annahmen von Beyer, *Texte I*, 1984, über die exklusive Vorherrschaft des Aramäischen. Detaillierter widmet sich Grelot den von Carmignac herausgearbeiteten verschiedenen Formen von Semitismen und stellt zu Recht (vgl. unten S. 222) deren „Beweischarakter" im Blick auf schriftliche Quellen in Frage (21–62).

chen Monographie über das Vater-Unser aus dem Jahr 1969 erkennbar.[175] Hier geht Carmignac nicht nur ausführlich auf Forschungsgeschichte und Diskussionsstand ein, sondern führt seinen Entwurf auch anhand intensiver Wort- und Sprachstudien, theologischer und exegetischer Untersuchungen sowie einem Vergleich mit Texten aus Qumran und der rabbinischen Tradition im Detail durch, um am Ende zu einer versuchsweisen Rekonstruktion einer hebräischen Vorlage des Vater-Unsers zu gelangen. Es wäre wünschenswert gewesen, diesen Ansatz auch im Blick auf weitere Bereiche der synoptischen Tradition angewandt zu sehen. Carmignacs Arbeiten zum hebräischen Sprachhintergrund des Markusevangeliums wurden jedoch neuerdings von Jean-Marie Van Cangh und Alphonse Toumpsin aufgegriffen und fortgeführt (vgl. unten S. 67).

2.2.13 Philippe Rolland

Philippe Rolland setzt in zahlreichen Arbeiten die Ansätze von Carmignac und Boismard fort. Wie Carmignac hält er eine aramäische Sprachform der frühen Überlieferung zwar für durchaus möglich, eine hebräische jedoch für wahrscheinlicher: Diese sei „langue liturgique à l'époque de Jésus, et langue dans laquelle ont été transmises jusqu'à notre époque les discussions des rabbins“:[176] Im Blick auf die Arbeiten von Dalman, Black, Burney, Vaganay und Carmignac, aber auch seine eigenen exegetischen Studien an Einzeltexten, kommt Rolland, was die Frage nach den Sprachen betrifft, später zu dem Ergebnis:

> „En ce qui me concerne, ma familiarité avec l'araméen n'est pas suffisante pour que je puisse me déterminer en toute sécurité. Certains exemples données par Carmignac m'ont paru vraiment démonstratifs. De plus, mes propres recherches m'ont amené à constater que certaines expressions sémitiques des évangiles sont employées en hébreu dans la littérature rabbinique, mais qu'on n'en a pas l'attestation dans la littérature de langue araméenne.“[177]

Rolland hat diesen sprachlichen Ansatz in vielen exegetischen Einzeluntersuchungen verfolgt. Seine Folgerungen für die synoptische Frage kommen ebenfalls weiter unten (S. 217ff) zur Sprache.

2.2.14 Hebraisierende Sonderüberlieferungen des Lukas

Einen besonders hebraisierenden und dem jüdischen Denken nahestehenden Charakter haben verschiedene Forscher innerhalb der lukanischen Sonderüberlieferung identifiziert: Die Arbeiten von Harald Sahlin wurden bereits erwähnt. Auch Adolf Schlatter, der einen „Neuen Erzähler“ neben

---

[175] Carmignac, *Recherches*, 1969.

[176] Rolland, *Premiers Évangiles*, 1984, 147. Vgl. Rolland, *L'arrière-fond*, 1984, 358.

[177] Rolland, *Origine*, 1994, 79.

Markus und Matthäus zu den drei Hauptquellen des Lukas zählt, findet bei diesem viele Spuren hebräischer Sprache und folgert: „Seine Sprache kennzeichnet ihn als Palästiner“.[178] Hebräische Rekonstruktionen beschränken sich bei Schlatter auf vereinzelte Worte und Phrasen, die jedoch durch umfangreiche Vergleiche aus der rabbinischen Literatur gestützt werden. Der hebraisierende Charakter des lukanischen *Sonderguts* im Speziellen ist in verschiedenen anderen Arbeiten untersucht worden: Die Existenz entsprechender Sonderquellen für das Lukasevangelium haben dabei, ähnlich wie Schlatter und Sahlin, auch Eduard Schweizer[179], Raymond Martin[180], Stephen Farris[181] sowie Rainer Riesner[182] vermutet. Riesner identifiziert dabei nicht nur sprachliche Merkmale einer solchen Sonderüberlieferung, sondern auch theologische und soziologische Eigenarten, die auf eine Herkunft des Stoffes aus einem ‚konservativ-jüdischen Milieu Jerusalems‘ schließen lassen, möglicherweise übermittelt durch Tradenten aus dem Umfeld der Familie Jesu. Auch die Studie von James R. Edwards, die das lukanische Sondergut mit den von Papias erwähnten hebräischen *logia* identifiziert, (vgl. unten S. 67 und S. 219), gehört hierher.

2.2.15 Die „Jerusalem School of Synoptic Research“

In der von Lindsey und Flusser ins Leben gerufenen „Jerusalem School of Synoptic Research“ haben sich seit 1985 Forscher zusammengeschlossen, die sich der Frage nach dem hebräischen und jüdischen Hintergrund der Evangelientradition verpflichtet fühlten und dabei die methodischen Ansätze von Lindsey und Flusser weiter verfolgten. Der Schwerpunkt der Arbeit lag dabei nicht auf einer speziellen Sicht des synoptischen Problems, sondern vor allem auf der Rückfrage nach den semitischen Wurzeln der Evangelientradition:

> „No two scholars ever share identical views on every question, and this is certainly true among the scholars of the Jerusalem School. [...] not all the School's members are wholly convinced of this conclusion [scil. Lindseys synoptischer Theorie]. However, it can safely be said that all members of the School understand the necessity of first translating the Greek text of the Gospels into Hebrew or Aramaic, and then examining that Semitic equivalent in its first-century cultural and linguistic context.“[183]

Mitglieder der „Jerusalem School“ arbeiten heute sowohl im akademischen als auch im populärwissenschaftlichen Bereich. Das Magazin „Jerusalem Perspective“, das von 1987 bis 1999 in gedruckter Form und seither als

---

[178] Schlatter, *Lukas*, 1931, 151.
[179] Schweizer, *Sonderquelle*, 1950.
[180] Martin, *Evidence*, 1974; Martin, *Syntax Criticism*, 1987.
[181] Farris, *Hymns*, 1985.
[182] Riesner, *Sonderüberlieferung*, 1993; vgl. auch Riesner, *Lokalkolorit*, 1999.
[183] Bivin, *Views*, 1990, 11.

elektronische Publikation erscheint, veröffentlicht Beiträge von Mitgliedern der „Jerusalem School" auf popularwissenschaftlichem Niveau.[184] Herausgeber David Bivin hat verschiedene Beiträge daraus in Taschenbüchern zusammengefasst.[185] Akademische Beiträge einzelner Mitglieder der „Jerusalem School" sind zudem in verschiedenen Fachzeitschriften erschienen. Eine erste umfangreiche wissenschaftliche Publikation der Gruppe ist der 2006 erschienene Sammelband „Jesus' last week".[186]

Zu den Arbeitsfeldern der „Jerusalem School" gehören, neben der Erforschung des jüdischen Kontextes der Evangelien, die Suche nach Spuren hebräischer Idiome, Vergleiche mit rabbinischer und anderer zeitgenössischer jüdischer Literatur, frühchristliche und frühjüdische Archäologie und die Frage nach dem historischen Jesus. Dabei haben die Mitglieder der Schule das methodische Instrumentarium Flussers und Lindseys zunehmend verfeinert und weiterentwickelt. Auch einigen methodischen Grundsatzfragen, die bei Lindsey und Flusser zwar vorausgesetzt, aber nie ausdrücklich angesprochen wurden, haben sich deren Kollegen und Schüler inzwischen zugewandt. So legten etwa Samuel Safrai, Professor für rabbinisches Judentum an der Hebräischen Universität, und der Linguist Randall Buth ausführlichere Untersuchungen der Sprachenverhältnisse zur Zeit Jesu vor.[187] Buth ging zudem Fragen der Unterscheidungskriterien zwischen aramäischem und hebräischem Sprachhintergrund nach.[188] Brad Young, inzwischen Professor für Neues Testament an der Oral Roberts University in Oklahoma, und Samuel Safrai haben sich ausführlicher den rabbinischen Parallelen und der Frage ihrer legitimen Verwendung für die neutestamentliche Exegese gewidmet.[189] So hat sich die „Jerusalem School" in den letzten Jahrzehnten zunehmend von einer anfänglich vor allem gemeindepädagogisch orientierten zu einer akademisch tätigen Forschergruppe entwickelt, die sich dem Ziel widmet, die Rückfrage nach dem hebräischen und jüdischen Hintergrund der Evangelientradition als ein methodisch fundier-

---

[184] http://www.jerusalemperspective.com (zitiert am 15.8.2011).

[185] BIVIN/BLIZZARD, *Difficult words*, 1983, und BIVIN, *New Light*, 2005.

[186] NOTLEY/TURNAGE, *Jesus' Last Week*, 2006. Ausführliche Kritik an den Ansätzen der „Jerusalem School" hat BROWN, *Recovering*, 1987, formuliert. Eine Entgegnung dazu bei BIVIN, *Recovering*, 1987.

[187] SAFRAI, *Spoken Languages*, 1991, und SAFRAI, *Literary Languages*, 1991; BUTH, *Language Use*, 1992; vgl. außerdem den ausführlichen Beitrag von LUND, *Language*, 1992–93.

[188] BUTH, *Anatomy*, 1990; BUTH, *Aramaic Glue*, 1990; BUTH, *Son of Man*, 1998; BUTH, *Aramaic Bible*, 2004; vgl. dazu die Kritik von POIRIER, *Qumran Targum*, 2004, und die Antwort von BUTH, *Absence*, 2004; BUTH, *Hebraic Approach*, 2006.

[189] YOUNG, *Jewish Parables*, 1989; YOUNG, *Jewish Theologian*, 1995; YOUNG, *Parables*, 1998; SAFRAI, *Talmudic Literature*, 1992–93; SAFRAI, *Hasidim*, 1994, sowie die von Safrai u.a. herausgegebenen „Compendia Rerum Iudaicarum ad Novum Testamentum" (SAFRAI ET AL. 1974, 1976, 1984, 2006).

tes wissenschaftliches Forschungsprogramm in die neutestamentliche Forschung einzubringen.

2.2.16 Jean-Marie Van Cangh und Alphonse Toumpsin

Jean Carmignacs Ansätze zu einer Rekonstruktion des hebräischen Hintergrundes der Evangelientradition bilden den Ausgangspunkt für eine vollständige und kommentierte hebräische Rückübersetzung des Markusevangeliums, die 2005 von Jean-Marie Van Cangh und Alphonse Toumpsin besorgt wurde.[190] Die Autoren gründen sich dabei vor allem auf die Arbeiten von Robert Lindsey und Jean Carmignac, gehen aber auch auf die Kritik von Pierre Grélot ein [7–9]. Im Blick auf die methodische Frage erklären sie deutlich, dass es sich bei ihrer Rekonstruktion nicht um den Versuch handelt, den tatsächlichen Text eines hebräischen Markusevangeliums zu rekonstruieren. Dies sei „a priori unmöglich" [8]. Vielmehr sei die Studie als eine „reine Stilübung" [4] zu verstehen, die dazu helfen könne, das semitische Substrat des griechischen Markusevangeliums zu studieren [8], das ja als solches von niemandem bestritten werde. Auch die Wahl der hebräischen Sprache wird als eine rein pragmatische Entscheidung begründet, nachdem die wichtigsten Argumente referiert wurden, die für ein hebräisches bzw. aramäisches Substrat sprechen: „Das Substrat der Evangelien ist semitisch, das ist der wichtige Punkt" [9]. Auf der Grundlage des aus Qumran bekannten nachbiblischen Hebräisch und unter Heranziehung der bereits von Carmignac teilweise herausgegebenen kritischen Ausgaben moderner hebräischer Übersetzungen wird so schließlich das gesamte Mk-Evangelium Vers für Vers ins Hebräische übertragen, wobei die einzelnen Übersetzungsentscheidungen ausführlich kommentiert werden. Methodisch ist dieses Werk sehr gründlich gearbeitet und verzichtet zudem auf unnötige Hypothesen. Für die Arbeit am synoptischen Problem leistet es allerdings nur einen bedingten Beitrag, da die Autoren sich bewusst und ausschließlich dem Mk zuwenden und daher keine synoptischen Vergleiche heranziehen. Entsprechend wird der griechische Wortlaut des Mk auch da wortgetreu ins Hebräische übertragen, wo die Seitenreferenten möglicherweise das semitische Substrat besser erkennen lassen.

2.2.17 James R. Edwards

Eine umfassende Untersuchung zur altkirchlichen Tradition eines hebräischen Evangeliums und zum semitischen Substrat der Evangelien hat neuerdings James R. Edwards vorgelegt. Aufgrund sprachlicher Beobachtungen am Text und einer Neubewertung der altkirchlichen Zeugnisse kommt er zu weitreichenden Folgerungen für die synoptische Frage, die weiter un-

---

[190] Van Cangh/Toumpsin, *Marc*, 2005. Seitenzahlen im Folgenden in Klammern.

ten (S. 219) besprochen werden sollen. Im Blick auf die Sprachenfrage geht Edwards davon aus, dass eine semitische Vorlage der Evangelientradition eher in der hebräischen als in der aramäischen Sprache zu suchen sei. Als Grund nennt er zunächst den Charakter der neutestamentlichen Semitismen, von denen zwar viele sowohl als Aramaismus als auch als Hebraismus erklärbar seien, einige jedoch ausschließlich als Hebraismen, während keiner ausschließlich als Aramaismus zu erklären sei.[191] Edwards zeichnet außerdem das Bild einer dreisprachigen jüdischen Gesellschaft im ersten Jahrhundert nach, in der das Hebräische die Funktion einer „normative language of Jewish religious literature" hatte und neben dem Aramäischen als literarische und als Umgangssprache verbreitet war [174]. Demzufolge gebe es keinen Grund, hinter dem Wort Ἑβραϊστί, wie es bei den Kirchenvätern, im NT und bei Josephus verwendet werde, etwas anderes zu vermuten als einen Hinweis auf die hebräische Sprache [175–182].

2.3 Methodische Folgerungen

Nach Durchsicht der wichtigsten Forschungen zum aramäischen und hebräischen Hintergrund der Evangelientradition können folgende Ergebnisse festgehalten werden:

a) Zeitgeschichtliche Faktoren und methodische Beschränkungen haben schon früh zur Herausbildung eines *exklusiven aramäischen Modells* geführt, obwohl viele der Grundannahmen jener Phase aus heutiger Sicht als überholt gelten müssen und die Textbasis hebräischer und aramäischer Literatur und Epigraphik sich seit Anfang des 20. Jahrhundert entscheidend verändert hat. (vgl. unten S. 92ff). Dennoch gab es zu jeder Zeit auch den Versuch, die hebräische Sprache für das Verständnis des Neuen Testaments und seiner literarischen Entstehung fruchtbar zu machen. Der aramäische Hintergrund fand dabei vor allem in der deutschen und angelsächsischen Forschung Beachtung, während sich, abgesehen von Delitzsch und Sahlin, vor allem französische und israelische Forscher dem hebräischen Hintergrund widmeten. Beide Bereiche der Forschung haben dabei fundierte Ergebnisse vorzuweisen und müssen sich nicht notwendigerweise ausschließen.

b) Durchgesetzt hat sich die Einsicht, dass die Evangelien in ihrer vorliegenden, kanonischen Form *keine direkten Übersetzungen* aus dem Aramäischen oder Hebräischen sind, wie es etwa Torrey und Burney, aber auch Zimmermann und Schwarz annehmen. Es handelt sich vielmehr um eigenständige griechische Schöpfungen mit erkennbarem literarischen Stil. Die Rede vom semitischen Hintergrund bezeichnet daher heute die Rückfrage nach möglichen semitischen Quellen und literarischen Vorstufen, aus denen

---

[191] Vgl. die Liste eindeutig hebräischer Semitismen unten S. 133 Anm. 471.

die Autoren der griechischen Evangelien geschöpft haben, aber auch mögliche sprachliche Interferenzen im Prozess mündlicher Überlieferung.

c) Ebenso durchgesetzt hat sich die Einsicht, dass ein *zweifelsfreier Nachweis* aramäischer oder hebräischer Quellen oder Originalschriften nicht Ziel einer Beschäftigung mit dem semitischen Hintergrund sein kann. Unabhängig davon, dass ein solcher Nachweis schon aus methodischen Gründen nicht möglich ist, wäre er auch für die weitere Forschung kaum von Nutzen: Ein semitischer Hintergrund des Neuen Testaments bedarf eines Nachweises nicht, er muss vielmehr als selbstverständlich vorausgesetzt werden, wenn man nicht zur Annahme Diodatis zurückkehren möchte, Jesus habe ausschließlich Griechisch gesprochen. Fraglich ist also nicht der semitische Hintergrund als solcher, sondern lediglich, wo und wann sich der Übergang vom semitischen in den griechischen Sprachraum vollzogen hat: Bereits in der mündlichen Weitergabe des Überlieferungsstoffes, im Prozess der Verschriftlichung oder erst nach der Niederschrift erster aramäischer bzw. hebräischer Quellen?

d) Der Gang der Forschung hat zudem gezeigt, dass eine einseitige Konzentration auf *lexikalische Einzelphänomene* wie Wortspiele, Übersetzungs- und Lesefehler, Reim oder Rhythmus eine unzulässige und zuweilen auch irreführende Einschränkung darstellt. Die Rückfrage nach einem semitischen Hintergrund muss sich immer auf ganze Texteinheiten beziehen, wobei auch Phänomene von Syntax, Grammatik und Idiom einbezogen werden müssen. Die Rekonstruktion vollständiger, zusammenhängender Textpassagen, wie sie etwa von Resch, Meyer, Grimme, Sahlin, Carmignac, Flusser, Lowe und Casey vorgelegt wurden, trägt dieser methodischen Notwendigkeit daher am besten Rechnung, wenn dabei berücksichtigt wird, dass solche Retroversionen immer hypothetischen Charakter tragen.

e) Die Einsicht, dass alle Rekonstruktionen einer semitischen Vorlage *nur hypothetischen Charakter* haben können, macht zudem die Stoßrichtung eines solchen Unterfangens deutlich: Es kann weder darum gehen, den genauen Wortlaut der Reden Jesu zu rekonstruieren (Dalman, Meyer), noch darum, einen „verbesserten Urtext" der griechischen Evangelien zu schaffen (Schwarz, Casey). Die Rückübersetzung kann vielmehr immer nur eine methodische Hilfe sein, das Wesen des vorliegenden *griechischen* Textes besser zu erfassen, seine Einordnung in den Kontext jüdischer Literatur zu erleichtern und vielleicht Spuren einer literarischen Entwicklung auszumachen. Primäres Ziel sollte es daher nicht sein, den Wortlaut oder Inhalt des griechischen Textes zu verändern, sondern diesen zu erhellen und den Prozess seiner Entstehung verständlich zu machen.

Werden diese Grundsätze, die sich im Laufe einer bewegten Forschungsgeschichte herausgebildet haben, beachtet, dann scheint die Frage nach einem semitischen Sprachhintergrund der Evangelien auch heute noch möglich und methodisch verantwortbar, ja sogar für die neutestamentliche Forschung unverzichtbar zu sein.

2.4 Forschungen zu Mehrsprachigkeit und Sprachkontakt

„Es gab eine Zeit, in der es für den Fortschritt der Forschung erforderlich war, jede Gemeinschaft als sprachlich in sich abgeschlossen und homogen anzusehen. Ob von dieser autarken Situation geglaubt wurde, sie sei ein gegebenes Faktum, oder ob sie nur ein als Arbeitshypothese dienendes Konzept war, braucht uns hier nicht zu kümmern, denn es war gewiß eine nützliche Annahme. Indem sie den Forscher in einer großen Anzahl von Fällen gegenüber der Komplexität der Wirklichkeit blind sein ließ, hat sie die Gelehrten ... in die Lage versetzt, eine Anzahl grundlegender Probleme klar herauszuarbeiten, für diese Probleme Lösungen zu bieten, die im Rahmen jener Hypothese durchaus stichhaltig sind ... Die Sprachwissenschaft wird von Zeit zu Zeit immer wieder einmal auf diese pragmatische Annahme zurückgreifen müssen. Im Augenblick werden wir jedoch die Tatsache zu betonen haben, daß eine sprachliche Gemeinschaft nie homogen und kaum je in sich abgeschlossen ist.“[192]

Mit diesen programmatischen Worten eröffnet der Linguist André Martinet sein Vorwort zu dem Epoche machenden Werk seines Schülers Uriel Weinreich über Phänomene des Sprachkontakts.

Mehrsprachigkeit, wie sie in der Welt des Neuen Testaments vermehrt vorzufinden ist, ist erst seit den 30er Jahren des letzten Jahrhunderts in das Blickfeld linguistischer Forschung gerückt. Mittlerweile jedoch liegt eine Fülle von Literatur vor, die dabei helfen kann, solche Phänomene besser zu verstehen und zu bewerten. In der neutestamentlichen Wissenschaft werden diese Ergebnisse bisher kaum wahrgenommen oder rezipiert, obwohl sie zu vielen Fragen, insbesondere was die sprachlichen Verhältnisse im Palästina des ersten Jahrhunderts betrifft, einen wertvollen Beitrag leisten könnten.[193] Ein verstärkter interdisziplinärer Dialog zwischen Theologie und Soziologie, neutestamentlicher Wissenschaft und Linguistik, wäre hier wünschenswert und anzustreben. Viele Engführungen und Schwierigkeiten der Vergangenheit könnten durch einen solchen Dialog überwunden werden, angefangen bei der Frage, ob die seit dem 18. Jahrhundert eingeführten Konzepte von „Nationalsprache“, „Muttersprache“, „Landessprache“ oder „Gelehrtensprache“ für die Sprachwelt des ersten Jahrhunderts überhaupt angemessen sind, über die Frage nach den empirischen Gesetzmäßigkeiten für

---

[192] André Martinet, Vorwort zu WEINREICH, *Sprachen*, 1976, 10.

[193] Eine Ausnahme stellt der Sammelband von PORTER, *Diglossia*, 2000, dar. Vgl. darin den Kommentar von WATT, *Diglossia*, 2000, 18: „Of approximately 3000 books on diglossia that have appeared in print during the past four decades, only a handful have applied the concept to the language situation of Palestine during the late second temple period.“; siehe auch ADAMS/JANSE, *Bilingualism*, 2002; CASEY, *Sources*, 1998, 93–107; HARVIAINEN, *Diglossia*, 1983.

den Einfluss einer Sprache auf die andere in mündlichen, aber auch schriftlichen Überlieferungsprozessen bis hin zu der grundsätzlichen Frage, ob der so oft versuchte Nachweis einer sprachlichen Eindimensionalität, sei es griechisch, hebräisch oder aramäisch, so überhaupt nötig oder möglich ist. Im Rahmen der vorliegenden Untersuchung kann ein solcher interdisziplinärer Dialog aus Gründen des Umfangs nur ansatzweise geschehen. Einige wichtige Erkenntnisse der Mehrsprachigkeitsforschung sollen hier jedoch zur Sprache gebracht werden, soweit sie die Materie der vorliegenden Untersuchung betreffen.

2.4.1 Bilinguismus

Im Jahr 1836 formulierte Wilhelm von Humboldt das herrschende Ideal einer Einheit von Sprache, Geist und Nation wie folgt:

> „Die Geisteseigentümlichkeit und die Sprachgestaltung eines Volkes stehen in solcher Innigkeit der Verschmelzung ineinander, daß, wenn die eine gegeben wäre, die andere müßte vollständig aus ihr abgeleitet werden können. Denn die Intellektualität und die Sprache gestatten nur einander gegenseitig zusagende Formen. Die Sprache ist gleichsam die äußerliche Erscheinung des Geistes der Völker; ihre Sprache ist ihr Geist, und ihr Geist ist ihre Sprache, man kann beide nie identisch genug sehen.“[194]

Die Mehrsprachigkeit eines Individuums oder auch einer Gesellschaft wurde daher bis in den Anfang des 20. Jahrhunderts vornehmlich als eine Abweichung von der Norm angesehen, als ein defizitärer Zustand, der nur durch unglückliche lebensgeschichtliche oder politische Umstände entsteht. Noch im Jahr 1960 warnt der deutsche Sprachwissenschaftler Leo Weisgerber vor den Gefahren der Mehrsprachigkeit, die eine „allgemeine Abwärtsentwicklung“ des Individuums mit sich bringe, bedingt durch eine Konfusion der Sprache und, damit einhergehend, eine Korruption der Sitten, der Sprachkraft und der „Exaktheit des Denkens und Handelns“.[195] In der neutestamentlichen Wissenschaft findet dieses Ideal einer monolingualen Wirklichkeit seinen deutlichsten Ausdruck etwa in der Suche nach der einen „palästinischen Landessprache“ oder auch der *einen* „Muttersprache Jesu“. Heute hat sich diese Sicht gewandelt, und Mehrsprachigkeit gilt in der Linguistik eher als ‚Normalfall‘ als der seltene Fall des Monolinguismus:

> „...for a large percentage of the peoples of the world, speaking more than one language is a natural way of life with a variety of factors determining which language will be spoken on any particular occasion. [...] Most of the nations of Europe are bilingual or even multilingual with two or more ethnic groups speaking different languages. This is also true for the countries of Africa, Latin America and Asia, as well as other places in the world.“[196]

---

[194] Humboldt, *Verschiedenheit*, 1836, 37.

[195] Weisgerber, *Vorteile*, 1966, 78.

„Mehrsprachigkeit ist weltweit der Normalfall, Zweisprachigkeit ist ein Grenzfall von Mehrsprachigkeit, Einsprachigkeit ein Sonderfall, gar eine Behinderung.“[197]

Definitionen für Bilinguismus reichen von einem sehr strikten Verständnis („native-like control of two languages“[198]) bis hin zu einer rein funktionalen Definition („als zweisprachig wird derjenige angesehen, der ohne weiteres von der einen in die andere Sprache umschalten kann, wenn die Situation es fordert“[199]). Ein typisches Beispiel für solchen Bilinguismus (bzw. in diesem Fall Trilinguismus) ist die in Apg 21–22 erzählte Szene. Hier wechselt Paulus, der Situation entsprechend, zunächst von der aramäischen in die griechische und dann in die hebräische Sprache (vgl. unten S. 134). Auch das Kreuzeswort Jesu (Mt 27,46), sollte es in seiner zweisprachigen Fassung ursprünglich sein, ist ein solches Beispiel (vgl. dazu unten S. 113). Ein Beispiel aus der rabbinischen Literatur sind die Gespräche von Simon ben Schetach mit Alexander Jannai (bBer 48a) und dem Griechen Thaddäus (bBer 19a). In beiden Fällen wird die Konversation zunächst in Aramäisch geführt. Sobald das Gesprächsthema jedoch auf Fragen des Gebets bzw. der Halacha wechselt, bedient sich Simon der hebräischen Sprache, und zwar nicht nur für das Gebet selbst, sondern auch für das Gespräch über Gebet. Alexander Jannai vollzieht denselben Sprachwechsel, wird also ebenfalls als mehrsprachig dargestellt. Auch eine andere im Talmud erzählte Begebenheit (bNed 66b) lässt Phänomene des Bilinguismus erkennen: Ein Jude aus Babylon kommt ins Land Israel, um eine jüdische Frau zu heiraten. Er spricht babylonisches Aramäisch und wird daher von seiner Frau regelmäßig missverstanden: Eines Tages bittet er sie (auf aramäisch), zwei Kürbisse herbeizubringen, aber sie bringt ihm statt dessen zwei Kerzen (בוציני = „Kerzen“, babylonisch auch für „junge Kürbisse“). Ärgerlich befiehlt der Mann seiner Frau (auf aramäisch), die Kerzen an den Türpfosten (רישא דבבא) zu zerschlagen. Sie geht hin und zerschlägt sie auf dem Kopf von Baba ben Buta. Dieser fragt sie (auf aramäisch): „Warum hast du das getan?“. Sie antwortet (auf hebräisch): „Mein Mann hat es mir so befohlen“. Daraufhin setzt Baba ben Buta das Gespräch mit ihr auf hebräisch fort. Die Frage nach dem historischen Anhalt dieser Erzählungen ist dabei zweitrangig, denn auch im Falle einer literarischen Fiktion sind die Traditionen ein Zeugnis dafür, dass Phänomene bilingualer Kommunikation den

[196] Hornby, *Bilingualism*, 1977, 1. Weitere Literatur zu Bilinguismus: Müller/Kupisch, *Mehrsprachigkeitsforschung*, 2006; Munske, *Deutsch*, 2004; Wolff, *Mehrsprachige Individuen*, 2006.

[197] Ammon/Mattheier, *Codeswitching*, 2004, VII.

[198] So die ursprüngliche Definition bei Bloomfield, *Language*, 1933, 56, der den Begriff in die Sprachforschung eingeführt hat.

[199] Oksaar, *Terminologie*, 1984, 852.

Überlieferungsträgern vertraut waren und für die Zeit des zweiten Tempels für möglich gehalten wurden.[200]

Ursachen für Bilinguismus können vielfältig sein: Kolonisierung,[201] die Situation binationaler Familien,[202] künstliche Zweisprachigkeit als Erziehungsmethode,[203] der Wunsch nach wissenschaftlicher oder künstlerischer Kooperation,[204] Migration,[205] oder auch einfach eine mehrsprachige Umgebung.[206] All diese möglichen Ursachen finden sich auch in der Umwelt des Neuen Testaments wieder. Es ist also hier mit einem hohen Maß an bilingualer oder multilingualer Kompetenz zu rechnen.

Das Phänomen des Bilinguismus kann dabei in Form und Intensität unterschiedlich ausgeprägt sein. So unterscheidet sich z.B. ‚koordinierte Zweisprachigkeit', bei der der Sprecher mit den beiden Sprachen auch zwei unterschiedliche Referenzsysteme verbindet, von ‚zusammengesetzter Zweisprachigkeit', bei der er lediglich zwei Sprachen für das gleiche Referenzsystem verwendet.[207] Der Unterschied wird relevant z.B. an der Frage, ob ein bilingualer Leser des Neuen Testaments mit den griechischen Worten λόγος oder μετανοία denselben Sinngehalt verbindet wie mit den hebräischen Entsprechungen דבר und תשובה, oder ob er sie, weil sie in griechischer Sprache formuliert sind, im Rahmen eines hellenistisch-griechischen semantischen Systems versteht.

Weitere Aspekte zur Differenzierung von Bilinguismus sind zudem:

a) die Funktion, die die jeweiligen Sprachen für den Sprecher erfüllen (familiäre Interaktion, literarische Arbeit, Behördengänge, reigiöse Praxis, Selbstgespräche, briefliche Kommunikation, berufliche Tätigkeit etc.)

---

[200] Zum Phänomen des Bilinguismus in der griechisch-römischen Welt und Belegen aus der Literatur vgl. Lowe, *Methods*, 2000, 713.

[201] Hornby, *Bilingualism*, 1977, 1, nennt die indianische Bevölkerung Nordamerikas, aber auch die Kolonisierung Palästinas durch Perser, Griechen und Römer gehört hierher.

[202] Vgl. die Beiträge von Stefanik, *Bilingualism*, 2006, und Pallay, *Zweisprachigkeit*, 2006, zum Phänomen des „intentionalen Bilinguismus", also der bewussten Erziehung zur Zweisprachigkeit.

[203] Im Unterschied zur binationalen Familie ist hier intentionaler Bilinguismus in einsprachigen Familien gemeint, etwa bei deutschen Familien im Ausland, die ihre Kinder auf die anderssprachige Umgebung vorbereiten wollen (vgl. die vorangehende Fußnote).

[204] Vgl. dazu Nies, *Europa*, 2005.

[205] Z.B. Immigranten in Deutschland oder den USA, die ihre Erstsprache beibehalten und sich Deutsch als Zweitsprache aneignen, vgl. Hornby, *Bilingualism*, 1977, 2; aber auch russlanddeutsche Einwanderer der älteren Generation, die das Deutsche als ihre ‚Muttersprache' ansehen, obwohl sie die ‚Zweitsprache' Russisch besser sprechen. Vgl. Riehl, *Sprachkontaktforschung*, 2004, 115–116. In der neutestamentlichen Zeit ist hier z.B. an Rückkehrer aus dem Exil zu denken, aber auch an Diasporajuden, die sich in Judäa ansiedeln (z.B. der Zypriot Barnabas oder Simon aus Kyrene).

[206] Vgl. dazu den folgenden Abschnitt über Diglossie.

[207] „Coordinate" und „compound bilingualism", vgl. Hornby, *Bilingualism*, 1977, 5.

b) die Häufigkeit und Anlass von Sprachwechseln (intentional oder unbewusst, innerhalb von Sätzen, situationsbezogen oder partnerbezogen etc.)
c) das Ausmaß des Bilinguismus (gleichwertige Verwendung beider Sprachen oder Dominanz einer Sprache über die andere), sowie
d) die Interferenz (sind beide Sprachen strikt voneinander getrennt oder beeinflussen sie sich gegenseitig?).[208]

Forschungen im Bereich des Bilinguismus können für die Frage nach dem hebräischen Sprachhintergrund des Neuen Testaments in verschiedener Hinsicht relevant werden: angefangen von der Frage, ob Jesus selbst aramäisch, hebräisch oder griechisch oder alle drei Sprachen verwendete, über die Frage, ob die Weitergabe der Evangelienüberlieferung in einer oder in mehreren Sprachen geschah, bis hin zur Frage, ob und inwieweit die Verfasser der Evangelien durch ihren eigenen möglicherweise bilingualen Hintergrund beeinflusst waren. So wäre eine Situation denkbar, in der ein Evangelist bei der griechischen Abfassung seines Evangeliums mit schriftlichen hebräischen Quellen arbeitet, wobei sein Griechisch dabei durch seinen eigenen bilingualen aramäischen Sprachhintergrund beeinflusst wird. In einem so entstehenden Text wären Einflüsse des Hebräischen und des Aramäischen erkennbar, aber auch idiomatisches Griechisch. Eine solche Konstellation könnte etwa dem Matthäusevangelium zugrunde liegen: Zwar ist es ohne Zweifel eine in griechischer Sprache verfasste Schrift, jedoch werden im Kerngehalt der Überlieferung Einflüsse einer möglichen hebräischen Quelle erkennbar, während in den redaktionellen Schichten auch typisch aramäische Idiome auftauchen.[209] Die von Fishman pointiert formulierte Frage nach der soziokulturellen und situativen Bedingtheit von Sprachwahl („Wer spricht welche Sprache mit wem und wann?“[210]) muss also auch der Suche nach den möglichen Sprachhintergründen des Neuen Testaments zugrunde gelegt werden.

2.4.2 Sprachkontakt

Der Begriff „Sprachkontakt“ wurde 1953 von Uriel Weinreich in die linguistische Forschung eingeführt.[211] Er unterscheidet sich vom Begriff der „Mehrsprachigkeit“, indem letzterer eher die Auswirkungen auf das mehrsprachige Individuum, ersterer jedoch die Auswirkungen auf die Sprachen als solche im Blick hat.[212] Sprachkontaktforschung fragt also nach den Beziehungen zwischen zwei Sprachen, nach Mustern der Beeinflussung und

[208] Lambeck, *Anmerkungen*, 1984, 26.
[209] Vgl. unten S. 288.
[210] Fishman, *Language*, 1965.
[211] Hier wird die deutsche Erstausgabe zitiert, Weinreich, *Sprachen*, 1976. Vgl. auch Appel/Muysken, *Language Contact*, 1987.
[212] Riehl, *Sprachkontaktforschung*, 2004, 11.

der gegenseitigen Durchdringung. Hierher gehören im Bereich der neutestamentlichen Forschung die Phänomene der Lehnworte, der aramäischen und hebräischen Worte im Neuen Testament, aber auch die Frage nach semitischen Idiomen im neutestamentlichen Griechisch. Auch der Einfluss des Aramäischen und, im Wortschatz, auch des Griechischen auf das entstehende mischnische Hebräisch sowie umgekehrt die Rolle von hebräischen Einflüssen auf die Herausbildung des westaramäischen Dialekts sind Fallbeispiele von Sprachkontakt.

Die anfänglich vor allem psycholinguistisch[213] ausgerichtete Sprachkontaktforschung hat sich später auch auf soziolinguistische Fragen ausgeweitet, also auf die Frage nach der gegenseitigen Beziehung von Sprachen in einer mehrsprachigen Gesellschaft. Gottfried Kolde hat solche Phänomene in zweisprachigen Städten der Schweiz untersucht und die Beziehungen zwischen den gesprochenen Sprachen (L1 und L2) und den jeweiligen Sprachgewohnheiten der Individuen (S1=Primärsprache, S2=Sekundärsprache) auf einer fließenden Skala schematisiert:[214]

L1	*L1 als S1+* *L2 als S2*	*L1+* *L2*	*L2 als S1+* *L1 als S2*	*L2*

Tabelle 1: Differenzierte Ebenen der Zweisprachigkeit nach Kolde (1981)

In einer mehrsprachigen Gesellschaft ist also weder grundsätzlich mit der Mehrsprachigkeit aller Individuen zu rechnen, noch mit klar abgegrenzten Verteilung der Sprachen auf einzelne Individuen. Vielmehr bringen mehrsprachige Gesellschaften eine graduelle Verteilung der Sprachkompetenz innerhalb ihrer Bevölkerung hervor. So gibt es in der Mitte der Skala einen geringen Anteil von echt zweisprachigen Individuen (etwa Kinder, die in einem zweisprachigen Elternhaus aufwachsen), und am Rande der Skala jeweils Anteile, die nur eine der beiden Sprachen sprechen. Dazwischen ist nach beiden Seiten hin mit Individuen zu rechnen, die eine Sprache als Primärsprache beherrschen und die zweite, in unterschiedlichem Maße, als Sekundärsprache sprachen (sei es aus beruflichen oder lebensgeschichtlichen Gründen oder weil sie z.B. für Behördengänge benötigt wird).[215] Eine

[213] Hierbei stehen Fragen des Sprachkontakts bei mehrsprachigen Individuen im Vordergrund: Was geht in einer Person vor, die mehrere Sprachen spricht und im Gebrauch der Sprache häufig wechselt? Wie werden die jeweils gebrauchten Sprachen dadurch beeinflusst?

[214] Kolde, *Sprachkontakte*, 1981.

[215] Hier unterscheidet man auch zwischen „balanced bilingualism“ (gleiche Kompetenz in beiden Sprachen) und „dominant bilingualism“ (überwiegende Kompetenz in einer der beiden Sprachen), vgl. Hornby, *Bilingualism*, 1977, 8 oder zwischen „ausgeglichener“ und „asymetrischer Kompetenz“ Ammon/Mattheier, *Codeswitching*, 2004, VIII.

ähnlich komplexe Situation muss vermutlich für das Nebeneinander von hebräischer und aramäischer Sprache im Palästina des ersten Jahrhunderts angenommen werden.

2.4.3 Diglossie

Der Begriff Diglossie wurde 1959 von Charles A. Ferguson eingeführt, um gesellschaftliche Situationen zu beschreiben, in denen mehrere Sprachen nebeneinander existieren.[216] Während der Begriff „Bilinguismus“ also das mehrsprachige Individuum im Blick hat und der Begriff „Sprachkontakt“ die davon betroffenen Sprachen, beschreibt „Diglossie“ den Zustand der von solcher Mehrsprachigkeit geprägten Gesellschaften. Ferguson bezog den Begriff dabei anfänglich lediglich auf solche Gesellschaften, in denen zwei miteinander verwandte Sprachen nebeneinander existieren, wobei die eine Sprache eine Hochsprache ist (high variety, H) und z.B. in Kirche, Politik, Zeitungen und Literatur verwendet wird, die andere eine Umgangssprache (low variety, L), die nur für persönliche Kommunikation und in alltäglichen Zusammenhängen Verwendung findet und daher keine schriftliche Form herausbildet.[217] Fishman[218] hat den Begriff der Diglossie 1967 ausgedehnt auf alle zwei- oder mehrsprachigen Gesellschaften, wobei die Bezeichnungen „H“ und „L“ in ihrer Bedeutung unklarer wurden: „H“ konnte nun eine Hochsprache bezeichnen, die in der jeweiligen Gesellschaft als klassische Sprache vorhanden war und daher mit deren Literatur, Geschichte und Identität eng verknüpft (z.B. das Hocharabische in Ägypten, Sanskrit in Indien). Es konnte aber auch eine fremde Hochsprache sein, die z.B. zu Zwecken der Kommunikation oder der Verwaltung eingeführt wurde (z.B. das Spanische in Südamerika, das Swahili in Ostafrika). Ebenso konnte L entweder ein mit der H-Varietät verwandter lokaler Dialekt sein (Schweizerdeutsch, arabische Umgangssprache), oder auch eine nicht verwandte Sprache, z.B. die traditionelle Sprache ethnischer oder religiöser Minoritäten. Im letzteren Fall wäre z.B. religiöse Identität eng mit der L-Sprache verbunden, während sie im oben erwähnten Fall einer klassischen H-Sprache eher an diese gebunden wäre. Für die Wechselbeziehungen zwischen Bilinguismus und Diglossie entwarf Fishman ein Ordnungsschema mit vier verschiedenen Szenarien (Tabelle 2).

Sektor 1 beschreibt hier Gesellschaften, in denen mehrere Sprachen nebeneinander existieren und eine Mehrheit der Bevölkerung beide Sprachen verwendet, wenn auch in verschiedenen Zusammenhängen. Dies gilt für das Verhältnis von Hochdeutsch und Schweizerdeutsch, aber z.B. auch für

---

[216] Ferguson, *Diglossia*, 1959.

[217] Beispiele sind dabei Hocharabisch/Ägyptisches Arabisch, Hochdeutsch/Schweizerdeutsch, Französisch/Kreol in Haiti sowie Katharevusa/Dimotiki in Griechenland.

[218] Fishman, *Diglossia*, 1967.

1. Diglossie mit Bilinguismus (z.B. Schweiz, aber auch Irland, Afrika)	2. Bilinguismus ohne Diglossie (z.B. USA, Deutschland)
3. Diglossie ohne Bilinguismus (z.B. Rußland, tendenziell auch Kanada)	4. Weder Diglossie noch Bilinguismus (vermutlich nicht existent)

Tabelle 2: Diglossie mit und ohne Bilinguismus (nach Fishman)

das Verhältnis der nicht verwandten Sprachen Englisch und Gaelisch in Irland, oder das Nebeneinander von Swahili/Englisch und Stammessprachen in Ostafrika.[219] Als Beispiel für Sektor 2 führt Fishman die USA an, wo Bilinguismus, vor allem unter Einwanderern, aber auch unter der indianischen Bevölkerung, zwar ein verbreitetes Phänomen ist, die Gesellschaft als ganze jedoch nicht diglott ist. Ähnliches kann für Deutschland behauptet werden. Sektor 3 beschreibt Gesellschaften, die zwar mehrsprachig sind, in denen jedoch die einzelnen Sprachgruppen so deutlich voneinander getrennt sind, dass Bilinguismus selten ist. Das war z.B. im russischen Zarenreich der Fall. Heute ist eine solche Situation nur mehr schwer anzutreffen. Jedoch zeigte eine Studie aus dem Jahr 1961, dass in Kanada etwa 65 Prozent der Bevölkerung ausschließlich englisch und etwa 20 Prozent ausschließlich französisch sprachen. Nur 12 Prozent waren tatsächlich bilingual, obwohl der Staat Kanada offiziell zweisprachig ist. Der vierte Sektor lässt sich, so Fishman, empirisch nicht nachweisen.

Versucht man diese Erkenntnisse auf die Realität der jüdischen Bevölkerung im Land Israel des ersten Jahrhunderts zu übertragen, dann stellen sich eine Reihe von Fragen: Zunächst fällt eine Zuordnung der Bezeichnungen „H“ und „L“ nicht leicht: Zwar trägt das Hebräische einige Züge einer H-Sprache (Klassische Literatur, religiöses Prestige, komplexere Grammatik), aber andererseits spielte es im öffentlichen Leben und in der Verwaltung eine untergeordnete Rolle und war, gegenüber dem im ganzen Orient verbreiteten Aramäischen, lediglich ein lokaler Dialekt, was es eher als L-Sprache charakterisiert. Das Aramäische wiederum trägt ebenfalls Merkmale einer H-Sprache (Amtssprache, Verkehrssprache, Sprache der Eliten, internationale Verbreitung). Andererseits wurde es gerade auch auf dem Lande gesprochen, und zwar auch im privaten Bereich, was wiederum Kennzeichen einer L-Sprache ist. Selbst innerhalb des Hebräischen kann für die Zeit des Zweiten Tempels eine Diglossie zwischen gesprochenem Hebräisch (MH) und literarischem Hebräisch (Qumran) festgestellt werden.[220] Daneben existierte zudem noch das Griechische als zweite H-Spra-

[219] Mkilifi, *Triglossia*, 1978.

[220] Smith, *Diglossia*, 2000, 38. Diese Herausbildung zweier unterschiedlicher Register des Hebräischen in der Zeit des zweiten Tempels ist dabei schon an sich ein deutlicher Beleg für den Charakter des Hebräischen als lebendige, gesprochene Sprache.

che, was die Situation noch komplexer macht.[221] Anders formuliert wäre zu fragen: Ist das Verhältnis von hebräischer und aramäischer Sprache eher nach dem Paradigma von Lateinisch und Deutsch im Mittelalter zu verstehen (Hebräisch als „Gelehrtensprache", Aramäisch als „Volkssprache"), oder nach dem Paradigma von Deutsch und Englisch in der Postmoderne (Hebräisch als „lokale Umgangssprache", Aramäisch als „kosmopolitane Verkehrssprache") oder sind noch andere Paradigmen denkbar? Ebenso unklar ist das Ausmaß des Bilinguismus bzw. Trilinguismus im Land Israel: Muss man davon ausgehen, dass ein Großteil der Bevölkerung hebräisch, aramäisch und griechisch sprach (Sektor 1), oder waren die aramäischsprachigen und hebräischsprachigen Bevölkerungsgruppen so deutlich voneinander getrennt, dass jede nur ihre jeweils eigene Sprache sprach, vielleicht stellenweise ergänzt durch das Griechische (Sektor 3)? Oder darf in der Tat überhaupt keine Diglossie-Situation von Hebräisch und Aramäisch vorausgesetzt werden, sondern nur die exklusive Dominanz der einen oder der anderen Sprache, verteilt auf bestimmte geographische Regionen wie Judäa oder Galiläa (Sektor 2)?

2.4.4 Umgangssprache, Verkehrssprache, Muttersprache, Dialekt

Methodische Umsicht ist im Lichte der Forschungen zu Diglossie und Bilinguismus auch bei Begriffen wie „Umgangssprache", „Verkehrssprache" oder „Muttersprache" geboten, die in der älteren Literatur oft synonym verwendet werden. So wird in der Linguistik unter „Verkehrssprache" (alternativ: Dachsprache oder Standardsprache) diejenige „sprachsoziologisch höherstehende Varietät" verstanden, „unter deren ‚Dach' verschiedene Nicht-Standard-Varietäten subsumiert werden können". Diese würde aber z.B. nicht der alltäglichen Kommunikation in der Familie oder im Beruf entsprechen. „Umgangssprache" dagegen ist meist eine dem Dialekt angenäherte Variante der Dachsprache.[222] Mit „Dialekt" wiederum kann, je nach Region, ganz Unterschiedliches gemeint sein, denn die Verwendung des Dialektes erfüllt in unterschiedlichen Kontexten sehr unterschiedliche Funktionen. Mattheier zeigt dies an der verschiedenen Konnotation von Dialekten im deutschen Sprachraum, die er in vier Typen aufteilt:[223]

---

[221] Watt, *Diglossia*, 2000, 26–30, referiert sieben unterschiedliche Modelle der Zuordnung für das Palästina des ersten Jahrhunderts aus der neueren Forschung. Für das Griechische und Lateinische schlägt Watt eine eigene Kategorie (T) vor, um die funktionale Spitze des Begriffs der Diglossie (scil. die Dualität von Hochsprache und Alltagssprache) nicht durch Neologismen wie „Triglossie" oder „Multiglossie" zu verwischen.

[222] Riehl, *Sprachkontaktforschung*, 2004, 117 und 122.

[223] Mattheier, *Pragmatik*, 1980.

I. Dialekt als Reliktsprache (z.B. im norddeutschen Raum)
II. Dialekt als Sozialymbol mit
  a) negativem Wert (z.B. in Hessen, Sachsen)
  b) positivem Wert (z.B. in Baden)
III. Dialekt als Hauptvarietät (z.B. in Bayern, Österreich und Schweiz)

Wenn also in der neutestamentlichen Forschung von einem hebräischen oder aramäischen Dialekt gesprochen wird, wäre damit die Frage verknüpft, mit welcher Art von Dialekt wir es hier zu tun haben und welche soziale oder kulturelle Konnotation damit verbunden wäre. Der Begriff „Muttersprache" schließlich sollte aus linguistischer Perspektive ganz vermieden werden, da er missverständlich ist. So kann er im Fall einer monolingualen Umgebung zwar mit der Erstsprache und der Umgangssprache identisch sein. In einer bilingualen Familie jedoch kann die „Muttersprache" eine ganz andere sein als die Umgebungssprache, und wiederum eine andere als die erlernte Erstsprache, die auch vom Vater stammen kann. Untersuchungen unter deutschen Auswanderern in Russland haben etwa gezeigt, dass dort das Deutsche auch dann als „Muttersprache" bezeichnet wird, wenn man es kaum versteht oder sprechen kann. In Irland wiederum bezeichnen viele das Englische als ihre „Muttersprache", obwohl sie es nicht als ihre ursprüngliche Landessprache ansehen.[224]

2.4.5 Interferenz, Entlehnung, Codeswitching

Verschiedene Phänomene der gegenseitigen Beeinflussung und Durchdringung von Sprachen sind im Zusammenhang mit Bilinguismus, Sprachkontakt und Diglossie zu beobachten: Eine direkte Beeinflussung der Sprache in Phonetik, Syntax oder Lexik wird als „Interferenz" bezeichnet, oder (wegen der negativen Konnotation des englischen „interference" = Störung) auch als „Transferenz".[225] Die punktuelle Verwendung einzelner Elemente aus einer fremden Sprache wird als „Entlehnung" bezeichnet, der Wechsel von Sprachen innerhalb der Konversation als *Codeswitching*.[226] Typische Beispiele von Transferenz und Entlehnung finden sich etwa in dem folgenden Satz einer russlanddeutschen Frau:

„Wir waren verschickt. Und er kam auf *otpusk* [=„Urlaub"].
Do is er gleich gelaufen in die Apteke."[227]

Transferenz zeigt sich hier in der Grammatik ("Wir waren verschickt" statt „Wir waren verschickt worden" oder „Wir wurden verschickt"), im Satz-

---

[224] Riehl, *Sprachkontaktforschung*, 2004, 12 und 153.
[225] Eine Übersicht über die Terminologie und Phänomene bei Tesch, *Interferenz*, 1978, und Riehl, *Sprachkontaktforschung*, 2004, 28–33.
[226] Ammon/Mattheier, *Codeswitching*, 2004; Auer, *Code-switching*, 1998.
[227] Beispiel bei Riehl, *Sprachkontaktforschung*, 2004, 20.

bau („is er gelaufen in die Apteke“ statt „ist er in die Apotheke gelaufen“) und in der Phonetik („do“ statt „da“[228]). Entlehnung zeigt sich in den Worten *„otpusk“* und „Apteke“, wobei gleichzeitig der Unterschied zwischen einer „ad-hoc-Entlehnung“ und einem „Lehnwort“ deutlich wird: Ersteres wird nur für den Moment aus dem Russischen entnommen, letzteres aus dem Griechischen, aber bereits Bestandteil des deutschen Wortschatzes geworden. Eine Mittelstellung zwischen Lehnwort und Entlehnung nimmt das „Fremdwort“ ein (z.B. „apodiktisch“ im Gegensatz zu „Apotheke“).

Im Neuen Testament sind Beispiele für Interferenz zahlreich, und sie sind der hauptsächliche Anhaltspunkt für die Annahme eines semitischen Sprachhintergrundes. Hierzu gehören Interferenzen in Wortschatz,[229] Semantik,[230] Grammatik und Syntax.[231] Daneben stehen auch Ad-hoc-Entlehnungen (ῥακά, Mt 5,22), Fremdwörter (κορβᾶν, Mk 7,11) und Lehnwörter (σάββατα, Mt 12,1, vgl. dazu unten S. 110ff.). Dass die Übergänge zwischen Entlehnung und Lehnwort oft fließend sind, zeigt das folgende Zitat einer deutsch-italienischen Frau:

> „Da hängen dann die *drogati* ’rum (–) äh, die Drogierten (–) oder wie sagt man auf Deutsch (– –) Drogenabhängige ...“[232]

In ähnlicher Weise sind im Griechischen oft Hybridformen zwischen idiomatischem Hebräisch/Aramäisch und idiomatischem Griechisch zu beobachten, wobei diese noch den Anklang des semitischen Originals behalten, aber grammatisch bereits in die neue Sprache überführt sind. Bei Josephus geschieht dieser Übergang, wie in dem oben zitierten deutsch-italienischen Beispiel, auch innerhalb von Sätzen.[233] Dabei stehen Transliteration bzw. gräzisierende Transliteration, wörtliche und idiomatische Übersetzung innerhalb desselben Satzes unmittelbar nebeneinander (vgl. Tabelle 3).

Von der Interferenz zu unterscheiden sind unbewusste oder bewusste Sprachwechsel, wie sie in mehrsprachigen Kommunikationssituationen häufig auftreten.[234] Solche Sprachwechsel können unbewusst geschehen, also als zufällige Versprecher, oder auch intentional. Im letzteren Fall re-

---

[228] Die Lautverschiebung ist hier nicht deutscher Dialekt, sondern ein typisches Zeichen für die aus dem russischen übernommene Eindunkelung des a, die z.B. auch auftritt, wenn nicht-bilinguale Russen deutsch als Fremdsprache sprechen.

[229] Hier ist neben den offensichtlichen Lehn- und Fremdworten auch an solche griechischen Begriffe zu denken, die erst aufgrund einer hebräischen oder aramäischen Entsprechung in den griechischen Wortschatz eingegangen sind, z.B. βασιλεία τῶν οὐρανῶν.

[230] So wandelt sich der Bedeutungsgehalt z.B. des griechischen Wortes νόμος im jüdischen Umfeld durch den Einfluss des hebräischen תורה.

[231] Vgl. Beyer, *Syntax*, 1962, und Blass/Debrunner, *Grammatik*, 1970, §4.

[232] Riehl, *Sprachkontaktforschung*, 2004, 46.

[233] Z.B. in Jos. Ant 2,313; 3,143.249.252; 10,70; 14,21; 18,29; 20,106.

[234] Riehl, *Sprachkontaktforschung*, 2004, 21–22; ausführlicher vgl. Ammon/Mattheier, *Codeswitching*, 2004; Milroy/Muysken, *One Speaker*, 1995.

Semitisches Substrat[235] (vgl. ‚drogati')	Gräzisierte Transliteration (vgl. ‚*die* drogati')	Wörtliche Übersetzung (vgl. ‚die Drogierten')	Idiomatische Übersetzung (vgl. ‚Drogenabhängige')
שבת	σάββατα (-σιν)	ἀνάπαυσις	ἡ ἑβδόμη ἡμέρα
פסח	πάσχα	ὑπερβάσια	ἑορτὴ ἀζύμων
עשרת	ἀσαρθὰ	πεντηκοστῇ	

Tabelle 3: Transliteration und Übersetzung semitischer Begriffe bei Josephus

det man von funktionalem Codeswitching, wofür es unterschiedlichste Gründe geben kann, sowohl psycholinguistische als auch soziolinguistische.[236] Gumperz unterscheidet z.B. verschiedene diskursstrategische Motive für einen Sprachwechsel:[237]

a) *referentiell* (z.B. bei Schwierigkeiten, in der eigenen Sprache das passende Wort zu finden)
b) *direktiv* (z.B. wenn ein dabeistehender Zuhörer durch die neue Sprache in die Kommunikation einbezogen wird)
c) *expressiv* (durch die Wiederholung eines Wortes in der anderen Sprache wird es besonders herausgehoben)
d) *metakommunikativ* (Während eines Gesprächs in einer dem Sprecher fremden Sprache kommentiert dieser sich selbst in seiner Erstsprache)
e) *poetisch* (z.B. bei Wortspielen oder Sprachwitzen)

Zu berücksichtigen ist auch die Unterschiedlichkeit von Situationen, innerhalb deren Codeswitching geschieht: So ist etwa die Sprachmischung bei Kindern, die in einem zweisprachigen Elternhaus aufwachsen, etwas anderes als die Sprachmischung im Rahmen mehrsprachig geprägter Gruppen (z.B. internationale Kongresse, multinationale Konzerne), und diese wieder etwas anderes als die Sprachmischung im Umfeld „funktionell rückläufiger" Minderheitensprachen.[238]

Im Neuen Testament finden sich verschiedene Beispiele für intentionales Codeswitching, sowohl auf der narrativen als auch auf der literarischen Ebene: In der Erzählung von der Rede des Paulus (Apg 21–22) wechselt dieser zweimal die Sprache, vermutlich aus diskursstrategischen Gründen (vgl. dazu unten S. 136). Auf der literarischen Ebene sind die eingestreuten Jesusworte in hebräischer bzw. aramäischer Sprache ein Fall von Code-

---

[235] Für das semitische Substrat des Josephus wird hier bewusst nicht, wie häufig, auf aramäische Begriffe zurückgegriffen, da die Endung auf -α vermutlich nicht auf einen aramäischen *status emphaticus*, sondern auf eine Konvention gräzisierender Transliteration hindeutet, die bereits in der LXX vorliegt. Vgl. dazu unten S. 127 und Abschnitt 2.5.9.

[236] Riehl, *Sprachkontaktforschung*, 2004, 23–27.

[237] Gumperz, *Strategies*, 1982.

[238] Schjerve, *Minderheitensprachen*, 2004.

switching. Lange Zeit wurden diese in der Forschung ausschließlich unter quellenkritischen oder traditionsgeschichtlichen Aspekten behandelt und als Nachweis für (oder gegen)[239] einen aramäischen Sprachhintergrund angeführt. Im Lichte der Forschung zum Codeswitching muss jedoch auch nach dem Motiv und der Funktion dieser literarischen Sprachwechsel gefragt werden: Warum werden hier, und gerade hier, Jesusworte in einer anderen Sprache überliefert und was soll dadurch erreicht werden? So wäre etwa für das ἐφφαθα (Mk 7,34) an einen *expressiven* Gebrauch (Dramatisierung des Momentes der Heilung) oder auch an einen poetischen Gebrauch (Lautmalerei, die das Öffnen der Ohren unterstreichen soll) zu denken. Für das zweisprachige Kreuzeswort (Mt 27,46) wären, auf der narrativen Ebene, *poetische* und *direktive* Motive möglich: Die hebräische Invokation ruft den überlieferten Bibeltext in Erinnerung, der Wechsel in die aramäische Sprache aktualisiert den Text und bezieht die umstehenden Zuhörer bewusst mit ein (vgl. dazu unten S. 113). Auch für den Ausspruch ταλιθα κουμ ist die Annahme eines Codeswitching möglich (siehe unten S. 111). Im oben genannten Gespräch zwischen einem babylonischen Juden und seiner palästinischen Frau (bNed 66b) hat das Codeswitching hingegen referentielle Funktion.

2.4.6 Substrat und Superstrat

Mit dem Begriff „Substrat" bezeichnet die Linguistik den Restbestand einer Sprache in einer anderen Sprache, von der sie überlagert wird.[240] Solche Phänomene entstehen durch Migration, Eroberung und Kolonisation. Von „Substrat" ist dabei nur dann die Rede, wenn die neue Sprache sich durchsetzt, jedoch Spuren der alten Sprache erhalten bleiben (z.B. die Überlagerung des Keltischen durch das Lateinische in Frankreich). Von „Superstrat" ist im Gegensatz dazu die Rede, wenn die alte Sprache erhalten bleibt, aber mit Elementen der neuen durchsetzt oder angereichert wird (z.B. die Anreicherung des Lateinischen durch fränkische Elemente in Frankreich, die das Lateinische jedoch nicht verdrängten). „Adstrat" wird schließlich die gegenseitige sprachliche Durchdringung benachbarter Sprachen genannt, wenn diese sich nicht gegenseitig überlagern oder verdrängen.

Im Blick auf die Überlagerung der ursprünglich semitischen Jesusüberlieferung (in mündlicher oder schriftlicher Form) durch das Griechische

---

[239] Für Birkeland, *Language*, 1954, 25, sind gerade die überlieferten aramäischen Jesusworte ein Indikator *gegen* das Aramäische als Sprache Jesu. Denn, so seine Argumentation, nur wenn der Gebrauch des Aramäischen bei Jesus außergewöhnlich war, habe es einen Grund gegeben, dies im Wortlaut zu überliefern. Ähnlich argumentieren Carmignac, *Recherches*, 1969, 36, Carmignac, *Studies*, 1970, 89 und Lowe, *Methods*, 2000, 713.

[240] Riehl, *Sprachkontaktforschung*, 2004, 171–172.

kann man also von einem semitischen Substrat sprechen. Im Blick auf das Verhältnis von Aramäisch und Hebräisch ist die Frage zu klären, über welchen Zeitraum hinweg man von Adstrat-Wirkungen sprechen kann (solange beide Sprachen noch gleichwertig nebeneinander existierten) und ab wann nur noch von einem hebräischen Substrat in der aramäischen Sprache geredet werden kann.[241]

2.4.7 Spracherhalt, Sprachwandel und Sprachtod

Für das bessere Verständnis der Beziehungen zwischen Aramäisch und Hebräisch sind außerdem die linguistischen Forschungen zu Spracherhalt, Sprachwandel und Sprachtod von Interesse. Das traditionelle Modell der neutestamentlichen Forschung ging davon aus, dass das Hebräische schon in der Zeit des babylonischen Exils oder kurz danach ausstarb und zur Zeit Jesu lediglich eine tote Schrift- und Gelehrtensprache war. Neuere Ansätze datieren den Sprachtod des Hebräischen als gesprochene Sprache erst im zweiten nachchristlichen Jahrhundert, während sie lediglich von einem Sprachwandel in der dazwischenliegenden Zeit ausgehen (vgl. unten S. 85ff.). Als hauptsächliche Gründe für Sprachverlust und Sprachwandel nennt Riehl Migration, Wanderung und Eroberung.[242] Faktoren für den langfristigen Erhalt einer Sprache in einer solchen Situation sind dabei:

a) die Charakteristik der umgebenden Kontaktsprachen: Handelt es sich um sogenannte „glottophage“ (sprachenfressende) Sprachen, also etwa das Englische in den USA, so ist ein Sprachverlust wahrscheinlicher als wenn die Kontaktsprache weder mit sozialem Prestige noch mit erweitertem Kommunikationspotential oder anderen Anreizen verbunden ist.

b) das Prestige der eigenen Sprache: Am Beispiel des Deutschen wird deutlich, wie wichtig das Prestige der Sprache für deren Erhalt ist: So galt das Deutsche zur Zeit der Auswanderungswellen nach Osteuropa als überlegene Sprache. Auch von der Umgebung wurde es als Kultursprache respektiert und blieb so in den verschiedenen Sprachinseln erhalten. Nach dem Zweiten Weltkrieg änderte sich dies, und die deutsche Sprache verlor an Ansehen. In der Folge setzte ein starker Sprachverlust innerhalb der deutschsprachigen Gruppen ein. Erst nach 1990, als das Deutsche als Chance für einen wirtschaftlichen Aufstieg angesehen wurde, stabilisierte sich sein Gebrauch in den deutschen Sprachinseln wieder zunehmend.[243]

c) die Größe der wandernden Sprachgemeinschaft: Einzelne Migranten verlieren ihre Sprache gewöhnlich im Verlauf von drei Generationen, wäh-

---

[241] Vgl. dazu Bar-Asher, *Mishnaic Hebrew*, 2006, 586–589.

[242] Riehl, *Sprachkontaktforschung*, 2004, 158–159. Der Unterschied zwischen kollektiver Migration (z.B. deutsche Kolonisation in Osteuropa) und Wanderung (z.B. Juden in Osteuropa) wird dabei nicht genau deutlich.

[243] Ebd., 163.

rend größere Sprachgruppen ihre Sprache über Jahrhunderte bewahren können, etwa die Deutschen in Osteuropa.

d) die Verbindung zwischen religiöser und sprachlicher Identität: Ist diese hoch, so wird der Spracherhalt gefördert, wie etwa bei den protestantischen Siebenbürger Sachsen im orthodoxen Rumänien.

„Noch stärker ist der Erhalt der Sprache, wenn die Sprache auch unmittelbar an die Religionsausübung geknüpft ist und die Sprache als die Sprache der Heiligen Schriften angesehen wird. Diese Kombination findet sich etwa bei den deutschsprachigen Mennonitengruppen in Kanada und Mexiko oder bei den Amischen in Pennsylvania“[244]

e) Auch die Heiratspolitik spielt eine wichtige Rolle. So ist der Spracherhalt bei Sprachgruppen, die nur untereinander heiraten („Endogamie“) weitaus größer als bei solchen, in denen es viele interethnische Ehen gibt („Exogamie“)

f) Institutionalisierung: Deutsche Vereine, deutsches Schriftgut (z.B. Zeitungen) und deutsche Schulen haben in deutschen Sprachinseln oft verstärkt zu einem Spracherhalt beigetragen. Fehlen solche Institutionen, dann müssen diese im fremdsprachlichen Bereich aufgesucht werden, was den Sprachkontakt und den Sprachwandel beschleunigt

g) Kontakt zum Mutterland: Sprachen bleiben auch dann in Minderheitensituationen erhalten, wenn es einen intensiven Kontakt zu derjenigen Region gibt, in der die Sprache noch lebendig ist. Dieser kann durch ständigen Neuzuzug weiterer Migranten aus dem Mutterland geschehen oder aber durch das gezielte Entsenden z.B. von Studenten auf Schulen und Universitäten im sprachlichen Mutterland.

Im Blick auf die Frage nach dem Erhalt oder dem Verlust der Hebräischen Sprache in der Zeit nach dem babylonischen Exil wird deutlich, dass alle drei Faktoren, die potentiell zu einem Sprachverlust führen können, hier gegeben sind: Eroberung, Wanderung und Migration. Gleichzeitig wird jedoch auch deutlich, dass eine ganze Reihe der entscheidenden Faktoren für den Spracherhalt ebenfalls gegeben waren: So waren weder das Griechische noch das Aramäische glottophage Sprachen. Das Hebräische genoss als Schriftsprache ein hohes Prestige, auch bei den Nachbarn. Die Migration betraf eine Gruppe von beträchtlicher Größe. Die Sprache war eng mit der Religionsausübung und den heiligen Schriften verbunden und war zugleich auch die Sprache des öffentlichen Rechts in den Zivilgerichten (בתי דין). Geheiratet wurde vornehmlich innerhalb der eigenen Glaubensgemeinschaft. Institutionen wie Synagogen und Schulen bildeten sich heraus, und eigenes hebräisches Schrifttum wurde produziert. Der intensive Kontakt zum Mutterland war für die judäische Bevölkerung ohnehin ge-

[244] Ebd., 159.

geben, für andere Gruppen z.B. durch die religiöse Wallfahrtspraxis und enge Handelsbeziehungen.

Aus linguistischer Sicht ist also ein Spracherhalt der hebräischen Sprache auch über mehrere Jahrhunderte hinweg nicht nur möglich, sondern sogar nach allen Regeln der linguistischen Forschung wahrscheinlich. Dass dieser Spracherhalt mit einem erheblichen Sprachwandel einherging (vgl. dazu unten S. 86ff.), ist selbstverständlich und hat vielleicht sogar erst zum Erhalt des Hebräischen beigetragen: So hat eine Studie von Schjerve am Beispiel einer „funktional rückläufigen Minderheitensprache“ (in diesem Fall das Sardische) nachgewiesen, dass gerade der vermehrt auftretende Sprachkontakt und häufiges Codeswitching zwar zu einer dauerhaften Veränderung der sardischen Sprache geführt, aber gerade dadurch deren Erhalt als lebendige Sprache erst ermöglicht haben.[245]

2.5 Hebräisch und Aramäisch zur Zeit des zweiten Tempels

Die Forschungen zum aramäischen Hintergrund der Evangelien haben zwar im Laufe des 20. Jahrhunderts eine fortlaufende inhaltliche Differenzierung und methodische Verfeinerung erfahren. Die Grundannahme jedoch, dass für die Rückfrage nach dem semitischen Hintergrund der Evangelien ausschließlich die aramäische Sprache herangezogen werden sollte, weil nur diese zur Zeit Jesu noch in Gebrauch war, wurde seit den Arbeiten von Pfannkuche, Dalman und Zahn kaum mehr grundsätzlich in Frage gestellt. Die oben referierten Forschungsansätze zum hebräischen Hintergrund der Evangelien sind daher in der Diskussion schon deswegen weitgehend auf Ablehnung gestoßen, weil sie bereits im Ansatz von falschen Voraussetzungen auszugehen schienen.

Mehr als zweihundert Jahre nach Pfannkuche und mehr als hundert Jahre nach Dalman haben sich jedoch einige der wichtigsten Voraussetzungen für ihre Annahmen grundlegend verändert, sei es durch die neuen Textfunde des zwanzigsten Jahrhunderts, durch differenziertere Methodik oder durch voranschreitende sprachgeschichtliche und linguistische Forschung.

> „The history of the inquiry into the Aramaic Background of the NT has ... brought with it a certain determinism which reveals a strange reluctance to sort out what is really valid from claims made in the past. When this is coupled with a reluctance to cope with newer aspects of the problem, then the call for a break with methods of the past can legitimally be raised.“[246]

Auf einige dieser problematischen Grundannahmen, die heute einer erneuten Prüfung bedürfen, soll daher im Folgenden eingegangen werden.

---

[245] Schjerve, *Minderheitensprachen*, 2004, 29.
[246] Fitzmyer, *Study*, 1975, 4.

2.5.1 Der Charakter des mischnischen Hebräisch

Das Interesse an einem möglichen hebräischen Sprachhintergrund hat im 19. Jahrhundert vor allem deshalb nachgelassen, weil das Hebräische weithin als „Gelehrtensprache" galt, die im Gegensatz zur „Volkssprache" des Aramäischen nicht allgemein verstanden wurde. Inwieweit hier auch außerwissenschaftliche Faktoren einen Einfluss hatten, etwa ein protestantischer Stolz auf die Überwindung des „volksfremden" katholischen Kirchenlateins durch Martin Luther oder auch ein romantisch-nationalistisches Grundverständnis von der Einheitlichkeit von Volk und Sprache, sei dahingestellt. Endgültig jedoch endete das Interesse an der hebräischen Sprache in der neutestamentlichen Wissenschaft mit Abraham Geigers These von der „Kunstsprache" des mischnischen Hebräisch.

Abraham Geiger zählte zu den führenden Persönlichkeiten der im Deutschland des 19. Jahrhunderts entstehenden jüdischen Reformbewegung. Das Programm dieser Bewegung, einerseits eine sprachliche und kulturelle Assimilierung an die deutsche Gesellschaft, anderseits eine kritische Distanz, wenn auch nicht gegenüber dem inhaltlichen Kernbestand jüdischer Überlieferung, so doch gegenüber dessen überlieferter Form, ist sicher nicht ohne Einfluss auf Geigers Haltung gegenüber dem mischnischen Hebräisch geblieben. Denn die Frage des Gebrauchs von hebräischer oder deutscher Sprache im Gottesdienst gehörte zu den Kernfragen der Reformbewegung.[247] Mit seinem „Lehr- und Lesebuch zur Sprache der Mischnah"[248] versuchte Geiger den Nachweis zu führen, dass schon zur Zeit des zweiten Tempels das Hebräische nicht mehr von Juden gesprochen wurde. Es habe sich vielmehr um eine rein literarische Kunstsprache gehandelt, die von den Herausgebern der Mischna unter Rückgriff auf das seit Jahrhunderten ausgestorbene biblische Hebräisch und unter bewusster Einflechtung aramäischer Elemente konstruiert worden sei. Dass seine These schon damals weniger als philologischer, sondern eher als konfessioneller Vorstoß verstanden wurde, zeigt die Tatsache, dass Widerspruch vor allem von Heinrich Graetz geäußert wurde, neben Samson Raphael Hirsch einem der wichtigsten Vertreter des (neo-)orthodoxen Judentums.[249] Ohne Zweifel kommt Geiger der Verdienst zu, die erste systematische Darstellung des mischnischen Hebräisch herausgegeben zu haben, auch wenn seiner These schon zu seinen Lebzeiten heftig widersprochen wurde und sie heute als endgültig widerlegt gilt. In der deutschsprachigen theologischen Literatur jedoch blieb Geigers Urteil bis heute prägend und führte in der neutesta-

---

[247] Vgl. die programmatischen Aussagen von GEIGER, *Gottesdienst*, 1868, 6, zur Beseitigung des Hebräischen aus dem jüdischen Gottesdienst der Neuzeit. Zu Geigers Reformprogramm vgl. auch HILL, *Science*, 2007, insbesondere 340–341.

[248] GEIGER, *Lehrbuch*, 1845.

[249] Vgl. KUTSCHER, *History*, 1982, 117.

mentlichen Wissenschaft zu einer dauerhaften Abwendung von der hebräischen Sprache.

Der zunächst konfessionelle Widerspruch gegen Geiger wurde 1908 durch einen Widerspruch aus philologischer Perspektive erhärtet: Moses Hirsch Segal, zu dieser Zeit Tutor für biblische und semitische Studien in Oxford, widersprach Geigers Thesen zunächst in einem kurzen Artikel.[250] Nach seinem Wechsel auf einer Professur an der neu entstandenen Hebräischen Universität in Jerusalem publizierte er 1927 eine hebräische Grammatik[251], die noch 1998 von Bar Asher als „still the most comprehensive grammar of Mishnaic Hebrew that exists"[252] charakterisiert wurde. Segal stellte als erster eine umfassende Liste von Sprachmerkmalen zusammen, die das mischnische Hebräisch vom biblischen Hebräisch unterscheiden. Tatsächlich ließ sich ein Teil dieser Merkmale, wie von Geiger behauptet, als Einfluss aus dem Aramäischen erklären. Ein anderer Teil jedoch erwies sich als genuines Merkmal ohne Parallele im Aramäischen. Darüber hinaus konnte Segal Entwicklungslinien aufzeigen, die vom frühbiblischen über das spätbiblische bis hin zum mischnischen Hebräisch reichen und so von einer organischen Sprachentwicklung zeugen.[253]

Die Schriftfunde vom Toten Meer lieferten 1947 nicht nur weitere Belege für die Richtigkeit der Beobachtungen Segals, sondern ergänzten sie auch in mehrfacher Hinsicht: Zwar zeigt die überwiegende Anzahl der sogenannten „Sektenschriften" eine sprachliche Entwicklungsstufe, die näher am biblischen als am mischnischen Hebräisch liegt und heute als „nachbiblisches Hebräisch" bezeichnet wird.[254] Sie überbrücken damit aber die zeitliche Lücke zwischen Bibel und Mischna und ergänzen so die Entwicklungslinien der hebräischen Sprache, die schon Segal beobachtet hatte. Zudem belegten die Funde hebräischer Fragmente des Ben Sira in Masada[255] und Qumran (2Q18=2QSir) den hebräischen Ursprung auch dieses Textes. Das bereits ein halbes Jahrhundert früher entdeckte mittelalterliche Manuskript des Ben Sira aus der Kairoer Geniza[256] war bis dahin noch vielfach als späte hebräische Übersetzung eines griechischen Originals betrachtet

[250] SEGAL, *Mishnaic Hebrew*, 1908–09.

[251] SEGAL, *Grammar*, 1927.

[252] BAR-ASHER, *Studies*, 1998, 39.

[253] So verwendet etwa das biblische Hebräisch אנכי und אני nebeneinander, in den Chronikbüchern deutet sich eine Tendenz an, אנכי durch אני zu ersetzen, und im mischnischen Hebräisch wird nur noch אני verwendet. Man müsste ein hohes Maß an historisch-kritischem Textverständnis bei den Herausgebern der Mischna voraussetzen, um anzunehmen, sie hätten dieses Sprachmerkmal selbständig aufgrund der Entwicklungslinien des biblischen Sprachgebrauchs konstruiert.

[254] Ausnahmen bilden die Kupferrolle 3Q15, das halachische Schreiben 4QMMT, sowie die dokumentarischen Texte aus der Umgebung von Qumran. Vgl. dazu unten S. 95ff.

[255] YADIN, *Ben Sira*, 1965, neue und überarbeitete Ausgabe YADIN, *Ben Sira*, 1999.

[256] SCHECHTER/TAYLOR, *Ben Sira*, 1899; SMEND, *Weisheit*, 1906; BEENTJES,*Ben Sira*, 1997.

worden. Durch die neuen Textfunde wurde die Textbasis für zwischentestamentliche Literatur in hebräischer Sprache nun also erheblich erweitert. Für die Charakterisierung des mischnischen Hebräisch war zudem die Veröffentlichung der „Bar Kochba-Briefe" 1960/1961 (vgl. unten S.107) von entscheidender Bedeutung: Denn diese lieferten einen ersten Beleg, dass das Hebräische noch am Anfang des zweiten Jahrhunderts nicht nur für literarische Zwecke, sondern auch für alltägliche Kommunikation Verwendung fand. Dalmans für seine Zeit typisches Urteil, es wäre im ersten Jahrhundert an die Abfassung eines Evangeliums in hebräischer Sprache nur dann zu denken gewesen, „wenn man beabsichtigt hätte, die Zahl der heiligen Schriften um eines (sic!) zu vermehren"[257] erwies sich angesichts dieser Briefe als unbegründet. Eine ganze Reihe von Briefen, Verträgen und anderen nichtliterarischen Textfunden aus der judäischen Wüste hat diese Beobachtung inzwischen weiter untermauert (vgl. unten S. 95–110).

Heute hat sich die Erforschung des mischnischen Hebräisch weiter ausdifferenziert: Kutscher[258] hat die Arbeiten Segals vor allem durch eine genauere methodische Unterscheidung zwischen dem Hebräisch der Mischna-Druckausgaben und dem der frühen Handschriften verfeinert, was zu einer noch deutlicheren Unterscheidung von biblischem und mischnischem Hebräisch geführt hat, da in den späteren Druckausgaben die Interferenz des biblischen Hebräisch wieder zunimmt. Auch die Unterscheidung zwischen tannaitischem Hebräisch („which crystallized while Mischnaic Hebrew was fully alive") und dem Hebräisch der Amoräer („which crystallized in the shadow of other spoken languages – in the West with Palestinian Aramaic and Greek, in the East with Babylonian Aramaic and Persian") ist hier zu nennen.[259] Der Einfluss des Aramäischen auf das mischnische Hebräisch wird zudem heute größer eingeschätzt als noch bei Segal.[260] Viele offene Fragen bestehen vor allem in der Bewertung der unterschiedlichen Mischna-Handschriften und ihrer Aussagekraft für die historische Entwicklung des mischnischen Hebräisch. Insgesamt jedoch steht der Charakter des mischnischen Hebräisch als literarischem Niederschlag einer bis ins 2. Jahrhundert n. Chr. hinein gesprochenen lebendigen Sprache („Mittelhebräisch", „proto-mischnisches Hebräisch") heute in der linguistischen Forschung außer Zweifel. Pointiert formuliert Nebe:

---

[257] Dalman, *Worte*, 1898, 12.

[258] Es zeigt sich, dass die Kopisten und Herausgeber späterer Ausgaben ihre Vorlagen an vielen Stellen nachträglich an biblischen Sprachgebrauch angeglichen haben. vgl. Kutscher, *History*, 1982, 119. Auch Bar-Asher, *Studies*, 1998, 16 nennt die Möglichkeit, dass Unterschiede zwischen „biblischem" und „mischnischem" Hebräisch zuweilen auf divergierende Handschriftentraditionen oder unterschiedliche Dialekte, und nicht auf eine lineare chronologische Entwicklung zurückzuführen sind.

[259] Bar-Asher, *Studies*, 1998, 29.

[260] Kutscher, *History*, 1982, 119.

„Entgegen A. Geiger und heutigen Hebraisten wie K. Beyer hat sich heute zurecht eine *opinio communis* durchgesetzt, die Bezeichnung ‚neuhebräisch' nur noch für das heutige moderne Hebräisch zu verwenden. Besonders seit M. H. Segal, E. Y. Kutscher und Ch. Rabin (um nur diese zu nennen) ist es heute auch *opinio communis*, das rabbinische Hebräisch als die Umgangssprache (koine) des 2. Tempels anzusehen, vor allem in Judäa gesprochen (‚the spoken Language of Judea'), bis zur Bar Kosiba-Zeit und bis zur Verlegung der jüdischen Zentren nach Galiläa, mit einem Höhepunkt während der hasmonäischen Dynastie, im Gegensatz zur Standard- und Literatursprache der Bibel."[261]

2.5.2 Alter und Funktion der Targume

Die Existenz aramäischer Targume war für die beginnende aramaistische Forschung ein Hauptindiz für die schon frühzeitige Verdrängung des Hebräischen durch das Aramäische. Bereits Pfannkuche geht davon aus, dass die Einführung der Targumlesung bereits „geraume Zeit vor Christi Geburt zum Besten der aus dem babylonischen Exil zurückgekehrten Juden" eingeführt worden sei,

„...denn das Althebräische war damals den Palästinern ebenso fremd, wie uns Deutschen die altdeutsche Sprache des 11. oder 12. Jahrhunderts, und es war daher unumgänglich nothwendig, daß für die Vorleser in den Synagogen und für die ungelehrten Juden überhaupt, welche die heil. Schriften ihrer Nation lesen wollten, Hilfsmittel in der Landessprache, deren sie sich bei der Lectüre des AT bedienen konnten, veranstaltet würden."[262]

Dieses Urteil wird von Dalman im Prinzip übernommen, auch wenn dieser die überlieferte Rückführung der Targumtradition auf die Zeit Esras für einen Irrtum hält. Für die Zeit Jesu nimmt aber auch er die Targumlesung im Gottesdienst als Regelfall an. Wie Pfannkuche geht auch Dalman davon aus, dass die Targume durch eine „zwingende Notwendigkeit" entstanden, da ohne sie „der hebräische Text von den Synagogenbesuchern nicht verstanden worden wäre".[263] Beide Grundannahmen, sowohl die frühe Datierung der Targume als auch ihre Funktion als notwendige Übersetzung eines ansonsten nicht verständlichen Textes, sind jedoch aus heutiger Sicht nicht mehr selbstverständlich. Was die Datierung der schriftlichen Targume angeht, herrscht breite Übereinstimmung, dass die von Dalman in die Zeit Jesu datierten Targume Onkelos und Jonatan eine viel spätere Textform repräsentieren.[264] Und auch die neu entdeckten palästinischen Targume, die

---

[261] Nebe, *Neologismen*, 2008, 245–246. Einen Überblick über den Stand der Diskussion und wichtige Felder der Forschung bietet Bar-Asher, *Studies*, 1998, und Bar-Asher, *Mishnaic Hebrew*, 2006. Neuere Grammatiken haben Perez Fernandez, *Grammar*, 1997, und Ridzewski, *Grammatik*, 1992, herausgegeben.

[262] Pfannkuche, *Landessprache*, 1798, 422.

[263] Dalman, *Worte*, 1898, 1–2.

[264] Kaufman, *Dating*, 1994, 122. Schon Dalman, *Worte III*, 1930, 371, revidiert sein ursprüngliches Urteil (*Worte*, 1898, ebd.) und führt nun vorzugsweise die aramäischen Stücke des palästinischen Targums und der Midraschim als Referenzpunkte an.

bei ihrer Erstveröffentlichung jeweils für sehr alt gehalten wurden, lassen sich heute kaum mehr früher als ins zweite nachchristliche Jahrhundert datieren, eher jedoch ins 3. oder. 4. Jahrhundert.[265] Hinweise auf einen älteren Ursprung der Targumpraxis müssen also außerhalb der erhaltenen Texte gesucht werden, zum Beispiel in der rabbinischen Literatur.

Die ältesten solcher literarischen Hinweise auf eine Übersetzungspraxis im Gottesdienst finden sich dabei in den Anweisungen der Mischna, die aus der Zeit nach dem Bar Kochba-Aufstand stammen.[266] Aus diesen wird deutlich, dass aramäische Lesungen zu dieser Zeit noch nicht auf einen fixierten Text, sondern auf mündliche Übersetzung gründeten. Ze'ev Safrai hat eine Reihe von rabbinischen Traditionen über liturgische Feiern zur Zeit des Zweiten Tempels[267] sowie die neutestamentlichen Zeugnisse über synagogale Versammlungen[268] untersucht und stellt darin durchgängig die Abwesenheit jeglicher Targumpraxis fest. Auch in zwei spätere Traditionen über Johanan ben Zakkai und Rabbi Akiba scheint deren Gebrauch des Targums erst nachträglich eingetragen worden zu sein.[269] Safrai schließt daraus auf eine Entstehungszeit der Targumpraxis in der Usha-Periode in der zweiten Hälfte des 2. Jh. n. Chr., bedingt durch die geographische Verschiebung des Zentrums jüdischen Lebens von Judäa nach Galiläa. Die Vorschrift aus dem Traktat Soferim, der zufolge die Übersetzung stattfindet, damit auch Frauen und Kinder die Lesung verstehen, reflektiere bereits diese spätere Phase.[270]

---

[265] Kaufman, *Dating*, 1994, 122 und Safrai, *Targums*, 2006, 252–256. Vgl. auch Fitzmyer, *Background*, 1997, 10, und Riesner, *Jesus*, 1988, 388–389. Anders immer noch Beyer, *Texte I*, 1984, 274, der aus der besonderen Sprachgestalt des Hiob-Fragments aus Qumran die Existenz schriftlicher Targume seit dem 3. oder 4. Jh. v. Chr. herleitet.

[266] mMeg 4,4–10, (Tetzner 122–134). Vgl. dazu Safrai, *Origins*, 1990, 189 und Safrai, *Targums*, 2006, 245; die Überlieferung aus yMeg 4,1/10 (74d) stammt nach Ansicht Safrais aus einer sekundären babylonischen Tradition. Außerdem beziehe sich gerade diese Tradition ja auf den Gebrauch griechischer Übersetzungen, wie durch den Bezug auf „Japhet" deutlich wird. Vgl. aber dazu Riesner, *Jesus*, 1988, 149.

[267] Die öffentliche Fastenzeremonie mTaan 2,1; die Lesung in der Synagoge während des Sukkot-Festes tSuk 2,10 (Liebermann 2:264–265) par ySuk 3,14/1 (54a) und bSuk 41b; die öffentliche Schriftlesung am letzten Tag des Sukkot-Festes mSot 7,7 par tSot 7,13–16 (Liebermann 3:195–196); die Lesung am Versöhnungstag mYom 7,1. Vgl. Safrai, *Origins*, 1990, 190–191.

[268] Lk 4,16–31; Apg 13,15.

[269] Demnach habe Johanan ben Zakkai nach ARN A 14,4 (Becker 146), unaufhörlich die Schrift, sowie Mischna, Talmud, *halachot* und *aggadot* sowie Tosefta gelesen. ARN B 28,14 (Becker 360) lässt die Tosefta unerwähnt, fügt jedoch hinzu: „...und Targum". Die Parallelen bSuk 28a und bBB 134a stützen jedoch die Fassung von ARN A. Ähnlich wird in ARN A 6,9 (Becker 80) von R. Akiba berichtet, er habe Tora gelernt, während ARN B 12,5 (Becker 339) auch hier „... und Targum" hinzufügt. Vgl. Safrai, *Origins*, 1990, 192.

[270] Sof 18,6 (Higger 317), vgl. Safrai, *Origins*, 1990, 192; Safrai, *Targums*, 2006, 246.

In ähnlicher Weise stellt Randall Buth angesichts der auffälligen Abwesenheit von Targumen in der Literatur von Qumran die Verbreitung einer Targumpraxis in der Zeit des zweiten Tempels in Frage:[271] Angesichts der Fülle aramäischer Texte in Qumran müsse die Tatsache verwundern, dass sich darunter lediglich zwei Fragmente eines Hiobtargums (11QtgJob, 4QtgJob) sowie ein aramäischer Abschnitt aus Lev 16 (4QtgLevitikus) fanden.

Während gerade die Existenz dieser Texte zuweilen als Indiz für eine frühe Datierung schriftlicher Targumpraxis insgesamt herangezogen wird,[272] müsse doch im Gegenteil gerade deren verschwindend geringe Anzahl und das Fehlen weiterer Targume in Qumran verwundern. Dass das Hiob-Targum zudem einen Sonderfall darstellt, ist unbestritten. Schon der verlängerte Hiob-Schluss der LXX erwähnt ausdrücklich eine aramäische Fassung des Buches.[273] Auch die alte und oft zitierte Tradition vom Fund eines Targums durch Rabbi Gamaliel den Älteren,[274] der einzige Hinweis auf ein schriftliches Targum vor der Zerstörung des Tempels, spricht ausschließlich von einem Targum zu Hiob. Und auch die sprachliche Gestalt des Hiobtargums aus Qumran deutet auf einen literarischen Sonderfall hin, der für diese Fragmente eine Herkunft nicht aus Palästina, sondern aus dem Osten nahelegt. 4QtgLevitikus hingegen lässt durch seine sprachliche Form eine Herkunft aus dem Umfeld der Qumrangemeinde vermuten, ist also eher eine ad-hoc Übersetzung als Teil eines auch anderswo gebräuchlichen schriftlichen Targums. Aus den Funden von Qumran kann also allenfalls auf die frühe Existenz eines schriftlichen Hiob-Targums geschlossen werden, aber kaum auf die Existenz einer verbreiteten Targumtradition im gottesdienstlichen Leben des Judentums oder gar auf die Existenz schriftlicher Targume für größere Teile der hebräischen Bibel. Vielmehr deutet gerade das weitgehende Fehlen weiterer Targume in Qumran eher darauf hin, dass Targume eben nicht, wie von Dalman angenommen, für das jüdische gottesdienstliche Leben „zwingend notwendig“ waren, sondern biblische Texte weithin noch im hebräischen Original gelesen und studiert wurden.[275]

Neben der Frage des Alters stellt sich jedoch auch die Frage nach der Funktion solcher schriftlicher Targume und einer möglichen Übersetzungspraxis im jüdischen Gottesdienst.[276] Neben der schlichten Notwendigkeit des Verstehens wäre hier auch an eine langsam zunehmende Mehrsprachigkeit der Synagogen-Gemeinden in einer kosmopolitischen Umgebung zu

---

[271] Buth, *Aramaic Bible*, 2004; vgl. dazu die Kritik von Poirier, *Qumran Targum*, 2004, und die Anwort von Buth, *Absence*, 2004.

[272] Fitzmyer, *Languages*, 1970, 42. Fitzmyer, *Background*, 1997, 7.

[273] οὗτος ἑρμηνεύεται ἐκ τῆς συριακῆς βίβλου (Hi 42,17 LXX).

[274] bShab 115a; yShab 16,1/3 (15c); tShab 13,2; Sof 5,16 und 15,2 (Higger 161.274).

[275] Einwände mit Hinweis auf den besonderen Charakter der Qumran-Gemeinde entkräften diese Beobachtung nicht, vgl. dazu Buth, *Absence*, 2004.

[276] Vgl. Safrai, *Targums*, 2006, 247–249.

denken. Schon ein geringer Anteil anderssprachiger Gottesdienstbesucher, etwa Migranten oder Proselyten, würde eine Übersetzung wichtiger Gottesdienstteile in eine verbreitete Verkehrssprache erklären, auch wenn ein Großteil der Gemeinde weiterhin der hebräischen Sprache mächtig wäre, sei es in der biblischen oder der gesprochenen Form.[277] Auch an die Rolle der Übersetzung als „paraphrasierende Erläuterung"[278] oder als Schutzmechanismus gegen Tendenzen zur Modernisierung des überlieferten Textes[279] ist zu denken. Die Existenz schriftlicher Übersetzungen von Bibeltexten oder anderer Literatur deutet also nicht notwendigerweise darauf hin, dass die ursprüngliche Sprache nicht mehr verstanden oder gesprochen wird. Der Grund für eine solche Übersetzung kann auch im Bedürfnis nach weiterer Verbreitung einer Schrift über Sprachgrenzen hinaus liegen.[280] Gerade der Fund der Hiob- und Levitikusfragmente in Qumran zeigt, dass aramäische Bibeltexte auch dort auf Interesse stießen, wo das Hebräische gut verstanden wurde.[281] Ein weiterer Grund für die Einführung von aramäischer Übersetzung könnte auch in einem Zugeständnis an dessen Prestige als kosmopolitane Amtssprache schon in früher Zeit liegen.[282] Sowohl das Alter als auch die Funktion der Targume bleiben also eine offene Frage, die weiterer Untersuchung bedarf. Dass eine mündliche Targumpraxis gerade in mehrsprachigen Umgebungen üblich war, kann man annehmen, auch wenn sichere Belege fehlen.[283] Als Beleg für die traditionelle These vom exklusiven Gebrauch des Aramäischen können die Targume jedoch heute keinesfalls mehr dienen.

2.5.3 Hebräische und aramäische Literatur

Indizien für den Gebrauch semitischer Sprachen zur Zeitenwende sind auch die in der Literatur dieser Zeit verwendeten Sprachen. Hier war jedoch zu Zeiten Pfannkuches und Dalmans die Textbasis noch sehr eingeschränkt: Die Apokryphen, Pseudepigraphen und andere jüdische Werke aus dieser Periode waren sämtlich in griechischer Sprache verfasst, auch wenn es

---

[277] Vergleichbar wäre diese Situation etwa mit der Praxis heutiger christlicher Gemeinden in Jerusalem, in denen neben der Hauptgottesdienstsprache (z.B. hebräisch oder arabisch) simultane Übersetzungen, etwa ins Englische oder Russische, für interessierte Besucher angeboten werden.

[278] RIESNER, *Jesus*, 1988, 150.

[279] TAL, *Raison*, 2001, 377.

[280] Auch hier liegt eine moderne Analogie nahe, denn die Existenz deutscher oder japanischer Ausgaben von „Harry Potter" deutet nicht notwendigerweise darauf hin, dass es für die englische Fassung keine Leserschaft mehr gäbe oder die englische Sprache gar ganz ausgestorben wäre.

[281] RIESNER, *Jesus*, 1988, 149.

[282] BUTH, *Language Use*, 1992, 303.

[283] RIESNER, *Jesus*, 1988, 149.

Nachrichten über hebräische (nicht jedoch aramäische) Vorlagen gab, insbesondere für das Buch Jesus Sirach, für Tobit und das erste Makkabäerbuch.[284] Im Blick auf aramäische oder hebräische Literatur stellte sich also die Zeit zwischen dem alttestamentlichen Kanon und der rabbinischen Literatur als ein Vakuum dar, das nur durch Rekonstruktion überbrückt werden konnte.[285] Solche Rekonstruktionen, etwa bei Pfannkuche, Zahn und Dalman, schlugen die Brücke von den aramäischen Stücken des Alten Testaments, die als die jüngsten galten, direkt zu den aramäischen Targumen, die ja noch in vorchristliche Zeit datiert wurden, und zur aramäischen Fastenrolle. Es war dieser Brückenschlag, der es nahe legte, auch für die Periode zwischen beiden Corpora ausschließlich mit aramäischer Literatur zu rechnen. Entsprechend wurden auch die Zeugnisse der Kirchenväter über „hebräische" Originalschriften auf das Aramäische hin gedeutet.[286]

Auf tatsächlich erhaltene aramäische Texte aus dieser Zeit konnten sich diese Annahmen jedoch zur Zeit von Pfannkuche, Meyer und Dalman noch nicht stützen. Barr und Fitzmyer räumen daher ein:

> „The position of Aramaic in our period was long a somewhat ironic one. The central importance of the language was universally recognized, and many scholars [...] supposed it to be the Semitic vernacular of Palestine to the virtual exclusion of Hebrew; yet actual texts in Aramaic from our period have until recently been very scanty."[287]

> „Between the final redaction of Daniel (ca. 165 B.C.), in which roughly six chapters are written in Aramaic, and the first rabbinical writings, *Mĕgillat Ta'anit*, dating from the end of the first Christian century, there had never been much evidence of the use of Aramaic in Palestine prior to the discovery of the Qumran scrolls and fragments."[288]

Die Situation änderte sich erst im Laufe des zwanzigsten Jahrhunderts durch die zahlreichen Schriftfunde, die aus eben dieser Periode stammen und damit neue Aufschlüsse über die tatsächlich verwendeten literarischen Sprachen der zwischentestamentlichen Zeit zuließen: Dies waren zunächst die Ben-Sira-Handschriften und die Damaskusschrift aus der Geniza von Kairo, die allerdings beide nicht auf ein *aramäisches*, sondern auf ein *hebräisches* Original zurückgingen (siehe oben S. 87). Es folgten die Textfunde aus Qumran, Masada und der judäischen Wüste, die ebenfalls zum weitaus überwiegenden Teil (ca. 80-85 Prozent) auf *hebräisch* verfaßt wa-

---

[284] Für Jesus Sirach fand sich dieser Hinweis im Prolog des Buches selbst (Sir 1,27) Für Tobit und das erste Makkabäerbuch bezeugt es Hieronymus in seinen Prologen zu Tobit und zum Buch Samuel, (*Biblia Sacra VIII*, 1950, 155–156 und *Biblia Sacra V*, 1950, 9. Auch Origenes erwähnt nach Auskunft des Eusebius eine hebräische Grundschrift des ersten Makkabäerbuchs (Eusebius HE 6.25.2, ed. Schwartz/Mommsen, *GCS 9*, 1903, 2:576).

[285] Kutscher, *History*, 1982, 87.

[286] Vgl. etwa Pfannkuche, *Landessprache*, 1798, 462.

[287] Barr, *Hebrew*, 1989, 91.

[288] Fitzmyer, *Languages*, 1970, 39.

ren .[289] Zwar lagen nun auch erstmals aramäische Originaltexte vor, jedoch bildeten diese im literarischen Bereich eine deutliche Minderheit.[290]

Die Textbasis aus der Periode der Zeitenwende, zumindest so weit sie uns erhalten ist, spricht also aus heutiger Sicht eindeutig für eine überwiegend *hebräische* literarische Tätigkeit. Natürlich ist zu bedenken, dass es sich bei den Schriften vom Toten Meer um einen Zufallsfund handelt und daher unsicher ist, inwieweit er repräsentativ ist für andere Teile des Landes, andere religiöse Gruppen oder andere soziale Schichten. Jedoch liegen uns außer diesen Funden kaum andere Texte vor: Die einzigen Beispiele semitischer Literatur, die nicht aus Qumran selbst stammen, sind Ben Sira und die Damaskusschrift. Auch sie wurden auf hebräisch verfasst. Zeugnisse aramäischer literarischer Tätigkeit außerhalb Qumrans wurden hingegen bisher nicht gefunden.

Für die rabbinische Literatur sind, nachdem das hohe Alter der Targume fraglich geworden ist, die Mischna und die tannaitischen Midraschim die ältesten literarischen Zeugnisse. In ihnen überwiegt ebenfalls das Hebräische weit gegenüber dem Aramäischen. Erst in den späteren Midraschim und in der Gemara nehmen die aramäischen Anteile deutlich zu, obwohl auch hier der hebräische Anteil meist überwiegt.[291] Selbst unter der wahrscheinlichen Annahme, dass hier nicht nur chronologische, sondern auch literarische und funktionale Faktoren eine Rolle spielen,[292] wäre es ein gezwungener Umgang mit den Quellen, wenn man weiterhin davon ausginge, nur die aramäischen Anteile der rabbinischen Literatur seien Zeugnis lebendiger Sprache, die hebräischen Anteile jedoch sämtlich Produkt künstlicher „Gelehrtensprache".[293] Die literarischen Zeugnisse aus der Zeit des zweiten Tempels, angefangen von Ben Sira, über die Texte von Qumran bis hin zur rabbinischen Literatur, belegen also einen deutlich überwiegenden Gebrauch des Hebräischen als Schrift- und Literatursprache in dieser Periode. Diese Bewertung mag durch zukünftige Textfunde wieder neu in Frage gestellt werden, sollte bis auf Weiteres als Status Quo gelten.

2.5.4 Hebräische und aramäische Münzen

Pfannkuche führte noch 1798 die von ihm als „makkabäisch" angenommenen, heute jedoch in die Zeit der jüdischen Revolten datierten Münzen mit hebräischer Inschrift als Beleg für den ausschließlichen Gebrauch des Ara-

---

[289] Dimant, *4Q127*, 1995, 805: 87 Prozent; Magness, *Archeology*, 2002, 33: 80 Prozent.

[290] Vgl die Textsammlungen von Beyer, *Texte I und II*, 1984 und 2004. Ein vollständiges Verzeichnis der aramäischen Textfunde in der judäischen Wüste bei Tov, *Lists*, 2002, 221–226.

[291] Vgl. Chomsky, *Jewish Vernacular*, 1951, 200; Lowe, *Methods*, 2000, 713.

[292] Neusner, *Taxonomy*, 1990.

[293] So noch Pfannkuche, *Landessprache*, 1798, 432.

mäischen in hasmonäischer Zeit an.[294] Mehr als zweihundert Jahre später haben wir ein detaillierteres Bild der jüdischen Münzprägung: Demnach tragen *alle* jüdischen Münzen, angefangen von der hasmonäischen und herodianischen Zeit über den ersten jüdischen Aufstand bis in die Zeit Bar Kochbas hinein, entweder hebräische oder griechische Inschriften. Die einzige Ausnahme bildet eine von Alexander Jannai (103–76 v.Chr.) im Jahr 78 v. Chr. in aramäischer Sprache geprägte Serie. Da Alexander Jannai jedoch noch kurz vorher auch hebräische Münzen hatte prägen lassen, ist diese Ausnahme wohl kaum Zeugnis eines umfassenden Sprachwandels, sondern eher auf tagespolitische Gründe zurückzuführen.[295]

2.5.5 Hebräische und aramäische Inschriften

Eine systematische Übersicht über den Gebrauch des Hebräischen und des Aramäischen in epigrafischen Zeugnissen gestaltet sich schwierig, da ein umfassender Katalog der Inschriften des Landes Israel bisher nicht existiert.[296] Das „Corpus Inscriptionum Judaicarum“ von Frey (CIJ) ist seit seinem Erscheinen 1952 nicht mehr revidiert worden und spiegelt daher den heutigen Kenntnisstand kaum annähernd wieder.[297] Ein neues Standardwerk, das „Corpus Inscriptionum Iudaeae et Palaestinae“ (CIIP) ist in Arbeit, jedoch ist hier bisher von neun geplanten Bänden lediglich ein erster Teilband erschienen.[298] Der Vergleich von 533 im CIJ zusammengestellten

---

[294] Pfannkuche, *Landessprache*, 1798, 408; vgl. oben S. 19.

[295] Naveh, *Sherd*, 1992, 23, geht davon aus, dass Alexander Jannai eine „nationalistische Symbolik“ vermeiden wollte. Vgl. auch Kindler, *Coins*, 2007, 49; Meshorer, *Coinage*, 1982, und Meshorer, *Addendum*, 1991. Beyer, *Texte I*, 1984, 329 schreibt zwar: „Die aramäische Sprache wurde offenbar gewählt, damit auch das Volk die Aufschrift lesen kann, denn Münzen dienen der Propaganda“. Er lässt jedoch den Umstand unerwähnt, dass alle anderen Münzen (auch von Jannai) in hebräisch geprägt wurden.

[296] Einführungen in den epigraphischen Befund bei Naveh, *Epigraphic Finds*, 1992, Naveh, *Sherd*, 1992, und Price/Misgav, *Jewish Inscriptions*, 2006. Einen Überblick über die griechischen Inschriften gibt Hengel, *Hellenization*, 1989 (dt. Hengel, *Problem*, 1996), vgl. dazu jedoch Feldman, *Hellenism*, 2002, und Feldman, *Influence*, 2006. Dieser Teil der Dissertation wurde für die Druckfassung gründlich überarbeitet und aktualisiert, da der erste Teilband des CIIP im März 2011 zur Verfügung stand. Die darin enthaltenen Inschriften waren jedoch, abgesehen von wenigen Ausnahmen, in der eingereichten Fassung bereits aufgrund von Einzelpublikationen berücksichtigt.

[297] Frey, *CIJ*, 1952, enthält die Inschriften aus Palästina. Inschriften aus dem westlichen und südlichen Mittelmeerraum sind gesammelt in Lifshitz/Frey, *CIJ*, 1975. Band 1 und große Teile von Band 2 des CIJ (abgesehen von Judäa/Palästina) sind inzwischen durch das dreibändige Werk „Inscriptiones Judaicae Orientis“ (IJO) abgelöst worden: Noy/Panayotov, *IJO I*, 2004, für Osteuropa, Ameling, *IJO II*, 2004, für Kleinasien und Noy/Bloedhorn, *IJO III*, 2004, für Syrien und Zypern.

[298] Cotton/Di Segni/Eck et al., *CIIP*, 2011. Band 1.2 und 2 sind für September 2011 angekündigt. Die Einleitung zu Band 1.1 gibt einen Überblick über den geplanten Umfang und die Systematik des Corpus. Aktuelle Informationen zum Fortgang finden sich

Inschriften mit den etwa 10000 projektierten Inschriften des CIIP[299] verdeutlicht den Umfang des Fortschritts, der auf dem Gebiet der epigraphischen Forschung in den letzten 50 Jahren gemacht wurde. Bis zum endgültigen Erscheinen des CIIP kann der Befund daher nur stichprobenartig anhand der wichtigsten inzwischen publizierten Teilcorpora und Einzelfunde bewertet werden. Diese sind in Tabelle 4 (S. 102) in einer statistischen Übersicht zusammengestellt. Die folgenden Corpora und Funde wurden dabei berücksichtigt:

a) CIJ: Der Katalog von Frey, obwohl veraltet, stellt noch immer die umfassendste Sammlung jüdischer Inschriften aus allen Bereichen des Landes Israel dar. Unter den 535 Inschriften (CIJ 882–1414)[300] heben sich dabei drei Gruppen besonders heraus: 178 Ossuarinschriften aus der Gegend um Jerusalem (CIJ 1210–1387), die mit einiger Sicherheit in die Zeit zwischen 25 v. Chr. und 70 n.Chr., sporadisch auch bis 135 n. Chr. datiert werden können;[301] 169 Inschriften aus der Nekropole von Beth She'arim (CIJ 993–1161), die zwischen dem späten 2. und dem 5. Jh. n.Chr. datiert werden; sowie 69 Inschriften aus der Nekropole von Jaffa (CIJ 892–960), die im späten 2. und im 3. Jh. n. Chr. in Gebrauch war. Von den restlichen 117 Inschriften sind 48 von Frey nicht datiert worden, einige weitere nur sehr vage.[302] Neben den 178 Ossuarinschriften hält Frey in insgesamt 14 weiteren Fällen eine Datierung ins erste vor- oder nachchristliche Jahrhundert für möglich.[303]

---

außerdem auf der Webseite des Projektes, http://www.phil-fak.uni-koeln.de/ciip.html (zitiert am 15.8.2011). Eine internetbasierte Datenbank der Inschriften aus Israel/Palästina wird zudem derzeit an der Brown University aufgebaut. Im Mai 2010 wurde eine erste Version mit ca. 1500 Inschriften zugänglich gemacht: http://www.stg.brown.edu/projects/Inscriptions/index.shtml (zitiert am 15.8.2011).

[299] Diese Zahl schließt allerdings auch alle nichtjüdischen Inschriften sowie die gesamte arabische Halbinsel bis zum Beginn der islamischen Eroberung mit ein.

[300] 533 Inschriften nach Freys eigener Zählung. Abweichende Zählungen und mathematische Unschärfen ergeben sich hier und im Folgenden aus verschiedenen Faktoren, unter anderem aus einer neuen Zuordnung mancher Inschriften: So sind CIJ 1393 a/b vermutlich als zwei getrennte Inschriften zu werten (jetzt CIIP 347 und 357), ebenso CIJ 1262 a/b (jetzt CIIP 106 und 108). CIJ 1246 besteht aus 4 veschiedenen Inschriften (jetzt CIIP 73–76), während CIJ 1215, 1217 und 1226 vermutlich Teile derselben Inschrift sind (jetzt CIIP 421). CIJ 1286 ist vermutlich eine neuzeitliche Fälschung, vgl. Hachlili, *Customs*, 2005, 175.

[301] Vgl. Hachlili, *Customs*, 2005, 521–522.

[302] So wird etwa CIJ 1399, eine Inschrift aus dem Untergeschoss der Al Aqsa-Moschee, eine mögliche Zeitspanne zwischen dem 1. Jahrhundert und dem Mittelalter angegeben. Paläographische Datierung wird im CIJ nicht angewandt.

[303] CIJ 891, 989, 1173, 1388 (CIIP 123), 1390 (CIIP 238), 1399, 1400 (CIIP 2), 1402 (CIIP 10), 1403, 1404 (CIIP 9), 1407 (CIIP 17), 1408, 1412 (CIIP 38) und 1413 (CIIP 39). Für CIJ 989, 1399 und 1403 wird von Frey allerdings ein jüngeres Datum für wahrscheinlicher gehalten. Für die Ossuarinschrift CIJ 1389 bietet Frey selbst zwar keine Da-

b) CIIP: Der bereits erwähnte erste Halbband des CIIP enthält nach Angaben der Herausgeber alle Inschriften aus Jerusalem und Umgebung, die vor das Jahr 70 n.Chr. datiert werden können.[304] Dabei handelt es sich vornehmlich um Begräbnis- und Ossuarinschriften (CIIP 11-608), sowie um Ostraka und Haushaltsgegenstände, etwa beschriftete Tongefäße, Gefäßständer aus Ton, Steingewichte u.ä. (CIIP 609-704). CIIP 1-10 bieten Inschriften aus dem öffentlichen Leben.[305]

c) Masada: Außerhalb von Jerusalem bilden die Funde von Masada derzeit das umfangreichste epigraphische Corpus. Die Ausgrabungsberichte enthalten insgesamt 941 Inschriften: 700 hebräische bzw. aramäische, 2 nabatäische, 105 lateinische, 101 griechische, 6 bilingual lateinisch-griechische sowie 27 nicht eindeutig als griechisch oder lateinisch identifizierbare. Die großen Zahlen täuschen allerdings, denn ein großer Teil der Inschriften (Masada 1–301) besteht aus Ostraka mit je nur einem Buchstaben, weitere 139 Ostraka (Masada 302–440) enthalten nur einen Namen oder eine Liste mit Namen. Ihr Wert für die Sprachenfrage ist daher ähnlich begrenzt wie der der Ossuarinschriften. Datieren läßt sich das lateinische Material zumeist in die Zeit Herodes des Großen, teilweise auch in die Zeit der römischen Belagerung 70–73 n. Chr. Die griechischen Inschriften stammen sowohl aus herodianischer Zeit als auch aus der Zeit des jüdischen Aufstandes, nur einige wenige werden in byzantinische Zeit datiert (Masada 742, 793 und 794). Die hebräischen und aramäischen Inschriften jedoch können ausnahmslos in die Zeit vor 73 n. Chr. datiert werden.[306]

d) Herodion: Hier wurden insgesamt 63 Inschriften und Ostraka gefunden, von denen 28 von den Herausgebern ins erste oder frühe zweite Jahrhundert datiert wurden.[307]

e) Beth She'arim: Ein Teil der Inschriftenfunde aus Beth She'arim wurde bereits von Frey publiziert (CIJ 993–1161). Während einer zweiten Ausgrabungsreihe 1953–1958 wurden jedoch weitere Höhlen und Inschriften

---

tierung, aber bereits Clermont-Ganneau, *Inscription*, 1895, den Frey als seine Quelle anführt, hatte eine Entstehungszeit um ca. 200 n.Chr. oder später angesetzt.

304 Darunter wurden auch alle nicht näher zu datierenden Ossuarinschriften gezählt.

305 Bedingt durch abweichende Zählungen werden in der statistischen Übersicht für das CIIP 707 statt 704 Inschriften gezählt. Vgl. dazu oben Anm. 300.

306 701 Inschriften in jüdischer Schrift (Masada 1–701) wurden von Yadin/Naveh, *Masada I*, 1989, publiziert, darunter auch Masada 514 und 515 mit nabatäischen Namen. Die griechischen und lateinischen Inschriften (Masada 721–951) wurden von Cotton/Geiger, *Masada II*, 1989, veröffentlicht. Ein zusätzliches, nicht klassifiziertes hebräisches oder aramäisches Fragment mit der Bezeichnung Mas 1p erscheint bei Tov, *Lists*, 2002, 226. Die literarischen Fragmente, herausgegeben von Talmon, *Masada VI*, 1999, sind wegen ihres nicht-dokumentarischen Charakters in die Statistik nicht mit aufgenommen.

307 Testa, *Herodion*, 1972. Sechs dieser Inschriften enthielten keinen Text, sondern lediglich Symbole.

entdeckt.[308] Die Anzahl der Inschriften in den abschließenden Ausgrabungsberichten betrug 290. Diese Funde sind, trotz ihrer relativ späten Entstehung (Ende 2. bis 5. Jh.), von besonderem Interesse, weil sich darunter ein hoher Anteil an Inschriften in mischnischem Hebräisch befand. Nach Ansicht der Herausgeber stammen diese vermutlich aus dem direkten Umfeld des Juda Ha-Nasi, aus einem „Kreis von Gelehrten und ihrer Familien, die auch in einer Zeit, in der die allgemeine Bevölkerung nur noch Aramäisch und Griechisch sprach, weiterhin fließend Hebräisch sprachen."[309]

f) Weitere Ossuarinschriften: Eine Reihe von Ossuarinschriften sind im ersten Teilband des CIIP nicht enthalten, weil sie entweder nicht aus Jerusalem und Umgebung stammen, ihre Datierung unsicher ist oder sie erst kürzlich entdeckt bzw. veröffentlicht wurden. Hierzu gehören eine Reihe von Ossuaren aus dem Katalog der israelischen Altertumsbehörde (CJO),[310] zwei Inschriften aus Horbat Kishor in der judäischen Schephela,[311] eine aus einer privaten Sammlung,[312] sowie die erst kürzlich veröffentlichten[313] Os-

---

[308] Mazar, *Beth She'arim I*, 1973; Schwabe/Lifshitz, *Beth She'arim II*, 1974; Avigad, *Beth She'arim III*, 1976.

[309] Avigad, *Beth She'arim III*, 1976, 131–132 (eigene Übersetzung).

[310] Rahmani, *Catalogue*, 1994. Der Katalog enthält 897 Ossuare mit insgesamt 235 Inschriften. Überschneidungen bestehen sowohl mit CIJ (34 Inschriften) als auch mit CIIP (214 Inschriften). Nicht in CIIP 1-704 enthalten sind CJO 130 (von Rahmani als möglicherweise moderne Fälschung klassifiziert), 282 (von Rahmani ins 3. Jh. datiert), 552 und 557 (Herkunft vermutlich aus El Jib), 678, 682 und 865 (Herkunft aus dem Kibbutz Lahav), 773, 777, 778, 782, 783, 787, 789, 793-796 und 800 (aus Jericho), 145 (aus Kfar Baruch), 425 (aus Qiryat Tiv'on). Für die statistische Auswertung des CJO hat mir David Bivin dankenswerter Weise eine von ihm erstellte Übersicht zur Verfügung gestellt, die ich erneut mit dem CJO als auch mit dem CIIP abgeglichen habe. Auch hier ergeben sich leichte Abweichungen in der Zählung, da z.B. CJO 84 und 86 in CIIP 456 als eine zusammengehörige Inschrift gezählt werden, während CIIP 33 und 41 Inschriften bieten, die von Rahmani (CJO 147 und 203) übersehen bzw. nicht erwähnt wurden.

[311] Zissu, *Horbat Kishor*, 2004. Hier wurden 16 Ossuare gefunden, darunter eins mit einer griechischen Inschrift (OHO) und eins mit einer hebräischen Inschrift (יודן שאול).

[312] Die von Yardeni, *Textbook*, 2000, A 233 und B 81, veröffentlichte Inschrift מריה בת יהוחנן findet sich nicht im CIIP, vermutlich aufgrund der unbekannten Herkunft.

[313] Baruch/Levi, *Ossuary of Alexa*, 2011, und Zissu, *Ossuary of Miriam*, 2011. Die zweizeilige Ossuarinschrift des Alexa, die 2010 in einem Nischengrab in Qiryat Shemuel (Jerusalem) gefunden wurde, lautet: a) אלכסא בר שלום ברת אלכסא b) ארור שיטלני ממקומי („Alexa Sohn der Salome, Tochter des Alexa // Verflucht sei, wer mich von meinem Ort entfernt"). Die ausgeprägte proto-mischnische Sprache der Inschrift läßt eine Herkunft aus einer gebildeten jerusalemer Familie vermuten. Zu beachten ist die Verwendung von „aramäischen" Patronymen innerhalb einer bewußt hebräisch gestalteten Inschrift, die belegt, dass aus den Patronymen allein die Sprache einer Inschrift nicht sicher geschlossen werden kann. Die Herkunft des zweiten Ossuars (Zissu, *Ossuary of Miriam*, 2011) ist unklar, da es aus illegalem Privatbesitz beschlagnahmt wurde. Eine Herkuft aus dem Elah-Tal wird jedoch vermutet. Die Inschrift lautet מרים ברת ישוע בר קיפא כהנמ מעזיה מבית אמרי („Miriam, Tochter des Yeshua, Sohn des Caiaphas, Priester [aus der Abteilung des]

suare von Alexa, Sohn der Salome und Miriam, Enkelin des Caiaphas. Insgesamt sind dies 31 zusätzliche Ossuarinschriften.[314]

g) Zehn weitere Inschriften, die nicht in den bisher erwähnten Corpora enthalten sind, sind die Funde von Qiryat Shmuel bei Tiberias, Khirbet el-Ein und Horbat Lavnin in der südlichen Shephela, Horbat Maon bei Hebron, Jatt, Khirbet Kharuf, Moza und Karm er-Ras,[315] außerdem eine bisher noch unveröffentlichte hebräische Sarkophaginschrift aus dem Norden Jerusalems.[316]

h) Neuere Textsammlungen und Wörterbücher: Die hebräischen und aramäischen Inschriften verschiedener neuerer Textsammlungen, sofern sie in die Zeit zwischen 100 v. Chr. und 150 n. Chr. zu datieren sind, sind vollständig in die Übersicht aufgenommen,[317] außerdem die epigraphischen Textgrundlagen der neuesten aramäischen und hebräischen Wörterbücher.[318] Zusätzlich zu den oben aufgezählten Corpora steuern diese Publikationen insgesamt 28 weitere Inschriften zur Statistik bei, von denen 17 als aramäisch[319] und 3 als hebräisch[320] identifziert werden können.[321] Die

---

Ma'aziah, aus Beth 'Imri"). Ein Zusammenhang mit dem sogenannten „Caiaphas-Grab" aus Jerusalem (CIIP 461–465) und der historischen Person des Hohepriesters Caiaphas ist zwar nicht zwingend, wird aber wohl zu Recht angenommen.

[314] Allgemeine Einführungen in Eigenart und Bedeutung der Ossuarfunde und -inschriften bei Hachlili, *Customs*, 2005, und Kloner/Zissu, *Necropolis*, 2007.

[315] Vitto, *Jewish Mausoleum*, 2007; Zissu, *Khirbat el-Ein*, 2005; Zissu, *Horbat Lavnin*, 2001; Amit/Ilan, *Ma'on*, 1990; Masarwa, *Jatt*, 2004; Batz, *Khirbat Kharuf*, 2004; Thiede/Lass, *Moza*, 2005; Yardenna, *Karm er-Ras*, 2008.

[316] Der Fund wurde am 6. Oktober 2008 in einer Pressemeldung des israelischen Außenministeriums (mit Fotos) bekannt gegeben, vgl. Israel Ministry of Foreign Affairs, *Excavations*, 2008. Die fragmentarische Inschrift lautet בן הכהן הגדול.

[317] Fitzmyer/Harrington, *Manual*, 1978, Beyer, *Texte I*, 1984, Beyer, *Texte II*, 2004, Yardeni, *Textbook*, 2000, Ridzewski, *Grammatik*, 1992.

[318] Sokoloff, *DJA*, 2003; Academy of the Hebrew Language, *Materials*, 1988, im Folgenden abgekürzt AHL; Clines, *Dictionary*, 1993–2007.

[319] 10 Ostraka ohne Herkunftsangabe (Yardeni A 191–198), davon 2 nicht klar klassifizierbar; hasmonäische Inschrift von Hyrkania (Fitzmyer/Harrington 37, Beyer I 4); Ostrakon aus Aroer, Ostjordanland (Yardeni A 212/Beyer yRO 1); drei Inschriften aus Ein Farah (Beyer ySW3-4); Inschrift auf Krughenkel aus Jeleme/Galiläa (Beyer gJL 1); Tafel aus Jericho (Beyer yJR 2a.b); aram. Höhleninschrift aus Wadi Garaba (Beyer yWG 1).

[320] „Bar Kochba-Gewicht" (Yardeni A 185); „Hosea Siegel" (AHL 232), vgl. Sukenik, *Stamp*, 1942; Grabinschrift קבר מנשה בן יני ("Grab des Manasse ben Jannai", AHL 424), vgl. Mazar, *Inscription*, 1954.

[321] Nicht eindeutig sind: eine Krugischrift aus Qumran (Yardeni A 219) und zwei Fragmente aus der judäischen Wüste (Yardeni A 57 und A 187, beide möglicherweise jetzt auch in DJD 39 aufgenommen?); die von Beyer als aramäisch klassifizierten Kruginschriften בלזם/בלזמה ("Balsam", Fitzmyer/Harrington 66, Beyer yXX) und קרבנ ("qorban", AHL 385, vgl. Mazar, *Excavations*, 1970, 55; möglicherweise identisch mit CIIP 8 / Beyer yJE 32?) können auch herbäisch sein; zwei Inschriften auf Steintafeln (Yardeni A 225/Beyer yXX1 und Yardeni A 226) enthalten lediglich ein aramäisches Patronym.

deutlich bessere Dokumentation des aramäischen Textmaterials in diesen Sammlungen hat an dieser Stelle allerdings einen leicht verzerrenden Einfluss auf die statistische Übersicht.[322]

i) Textfunde aus der judäischen Wüste: Die 564 nichtliterarischen Texte und Fragmente, die an verschiedenen Orten in der judäischen Wüste gefunden wurden, bilden einen eigenständigen Corpus und sind mittlerweile in der Reihe DJD vollständig veröffentlicht.[323] Es handelt sich hier zwar nicht um Inschriften im engeren Sinne, aber dennoch um epigraphisches Material aus der Zeit vor 135 n. Chr. Anders als die Inschriften, enthalten die Dokumente auch ausführlichere Texte, Briefe, Verträge und andere Urkunden. Ihr Gehalt, und damit ihr Wert für die linguistische Forschung, ist also erheblich höher, und sie sind daher auch in der Vergangenheit bereits Gegenstand intensiver Forschung gewesen. Insbesondere die starken Transferenzphänomene zwischen hebräischer und aramäischer Sprache, die aus den Dokumenten deutlich wird, geben interessante Aufschlüsse über Geschichte und Entwicklung beider Sprachen, die hier jedoch nicht ausführlich verfolgt werden können. Es bleibt daher bei einer rein statistischen, dabei naturgemäß vereinfachenden Auflistung der aramäischen und hebräischen Anteile. Gesondert aufgeführt werden innerhalb dieses Corpus die „Bar-Kochba-Briefe“ (vgl. unten S. 107) sowie die „Wirtschaftsdokumente“ (vgl. unten S. 108), die in einer neueren Untersuchung ausführlich im Blick auf die darin verwendeten Sprachen analysiert wurden.

---

[322] Allein 10 der 27 aramäischen Texte stammen aus einer einzigen Sammlung (Yardeni A 191-198) und können z.T. nur aufgrund ihrer Zugehörigkeit zu dieser Gruppe als aramäisch identifiziert werden, was bei den meisten Einzelfunden nicht möglich ist. Insgesamt sind jedoch die aramäischen epigraphischen Zeugnisse, vermutlich bedingt durch das in der Forschungsgeschichte vorherrschende größere Interesse am Aramäischen, wesentlich gründlicher und umfassender dokumentiert als die hebräischen: So liegen mit den Werken von Fitzmyer/Harrington und Beyer zwar zwei umfangreiche Textsammlungen aramäischer Texte vor, eine vergleichbare Sammlung hebräischer Texte fehlt jedoch. Auch das Wörterbuch von Sokoloff ist auf einem wesentlich aktuelleren Stand als die Textbasis der „Academy of the Hebrew Language“, die aus dem Jahr 1988 stammt und in den neueren Bänden des Wörterbuchs von Clines nur minimal erweitert wurde.

[323] Eine Übersicht bei Lange/Mittmann-Richert, *Annotated List*, 2002. In die statistische Übersicht wurden Kategorien 1.10–1.13, 3–5 und 7 aufgenommen, außerdem der halachische Brief 4QMMT. Letzterer wird zwar aus inhaltlichen Gründen in Kategorie 1.3.5. („religiöse Texte“) aufgeführt, hebt sich aber durch Sprache und Gattung von den übrigen religiösen Texten deutlich ab und gehört daher formal zu den nicht-literarischen Texten. Er ist daher auch in Kategorie 1.12 aufgeführt. Die Funde aus dem Wadi Daliyeh (Kategorie 2) wurden nicht aufgenommen, weil sie durchweg aus dem 4. und 5. vorchristlichen Jahrhundert stammen. Die Funde aus Masada (Kategorie 6) wurden ebenfalls nicht aufgenommen, da diese stattdessen aus dem offiziellen Ausgrabungsbericht (siehe Abschnitt c) entnommen wurden. Die Klassifikation der Sprachen innerhalb des DJD folgt der Übersicht von Tov, *Lists*, 2002, 221–226.

Insgesamt enthalten alle diese Veröffentlichungen 2801 Texte, darunter 607 Ossuarinschriften, 585 Ostraka, 732 andere Inschriften, 609 Dokumente (davon 41 Briefe) und 268 weitere nicht näher zu klassifizierende Fragmente. Die Übersicht in Tabelle 4 zeigt die Verteilung der verschiedenen Sprachen in diesen Inschriften und Dokumenten.[324]

Die Texte werden dabei in der Übersicht zunächst den folgenden übergreifenden sprachlichen Kategorien zugeordnet:

g = griechisch
l = lateinisch
j = hebräisch oder aramäisch („jüdische Schrift")[325]
s = sonstige[326]

[324] Die in der Tabelle verwendeten Kürzel sowie die Kriterien der sprachlichen Zuordnung werden im Folgenden ausführlicher erklärt. Im oberen Teil der Tabelle werden die Zahlen nach Fundort bzw. Veröffentlichung angeordnet. Dadurch ergeben sich einige Überschneidungen (195 Inschriften aus dem CIJ sind auch in CIIP enthalten, 160 Inschriften aus Beth She'arim sind auch in CIJ enthalten; einige Zeilen beschreiben Untergruppen einzelner Corpora). Zeile 13 entspricht also nicht der Summe der vorangehenden Zeilen, sondern der Summe aller darin enthaltenen Texte. Zeilen 1 und 3 bezeichnen die Gesamtzahlen für CIJ und CIIP, während in Zeile 2 und 4 jeweils nur diejenigen Inschriften gezählt wurden, die sich mit hoher Wahrscheinlichkeit in neutestamentliche Zeit datieren lassen. Ähnlich bezeichnet Reihe 14 eine Teilmenge von Reihe 13. Im unteren Teil der Tabelle werden die Zahlen aus Zeile 14 dann noch einmal nach Genre geordnet aufgeschlüsselt. Zu den „sonstigen" Genres in der letzten Zeile zählen 16 Fragmente mit biblischen Texten (15 in biblischem Hebräisch, 1 in Griechisch), 8 andere literarische Texte aus DJD (3 hebräische, 5 griechische) und 245 nicht näher zu klassifizierende Texte, hauptsächlich aus DJD, aber auch aus Masada (Mas 1p, 666, 669 und 673).

[325] Dieser Begriff wird in der jüdischen Epigraphik als Sammelbegriff zur Unterscheidung von althebräischer Schrift und Quadratschrift im Gegenüber zu griechischer und lateinischer Schrift verwendet. „Jüdische Schrift" wird zumeist für hebräische und aramäische Inschriften verwendet, kann aber auch für griechische und lateinische Namen und Begriffe gebraucht werden. Zur Definition des Begriffs vgl. Naveh, *Sherd*, 1992, 13.

[326] Aus Platzgründen sind die, statistisch kaum relevanten, insgesamt 84 anderssprachlichen Inschriften in einer Spalte zusammengefasst: 2 bilinguale griechisch-lateinische Papyri und 4 bilingual griechisch-lateinische "tituli picti" wurden in Masada gefunden (Masada 748–749, 924–927). 27 weitere Inschriften aus Masada sind nicht eindeutig als griechisch oder lateinisch zu identifizieren (Masada 915–923 und 928–945). 9 Inschriften sind in palmyrenischer Schrift verfasst (Beth She'arim 12, 17, 18, 83, 86, 94, 101, 132 und CJO 579/CIIP 79), 2 sind bilingual griechisch und palmyrenisch (Beth She'arim 126 und 130). 20 Texte, alle aus der judäischen Wüste, sind nabatäisch (4Q343, 5/6Ḥev 1–3,6,9,36,38,39, XḤev/Se 2–3, XḤev/Se Nab2–6, Mur 71 und Masada 514–515). Drei Inschriften sind vermutlich samaritanisch (CIJ 1168, 1187 und 1188), 2 bilingual griechisch und samaritanisch (CIJ 1167 und 1186). 5 späte Fragmente aus der judäischen Wüste (Mur 169–173) sind in arabisch verfasst. In 9 weiteren Fällen ist eine eindeutige Identifikation der Sprache nicht möglich (3 Ossuare aus Jerusalem: CIIP 383/CIJ 1364/ CJO 78, CIJ 1347 und 1349; 4 Inschriften aus Beth She'arim: CIJ 1103-1105 und 1120; 2 Fragmente aus der judäischen Wüste: Mur 53 und 54).

	Gesamt (monolingual)					Gesamt (bilingual)			„Jüdische Schrift" (aramäisch und/oder hebräisch)					
Corpora:	Σ	g	j	l	s	ga	gn	gh	a1	a2	n	h2	h1	ah
CIJ	535	249	206	–	22	6	37	15	38	33	77	26	25	7
CIJ (nur 100 v. – 150 n. Chr.)	202	67	115	–	3	4	9	4	11	21	51	20	8	4
CIIP	707	237	421	3	2	6	25	13	36	90	211	40	30	14
CIIP (nur 100 v. – 70 n. Chr.)	683	236	398	3	2	6	25	13	35	86	196	40	27	14
Masada	941	101	700	105	35	–	–	–	48	27	597	12	13	3
Herodion	57	41	15	–	–	–	1	–	2	–	7	–	5	1
Beth She'arim	290	201	52	–	14	1	15	7	3	2	23	4	18	2
Weitere Ossuarinschriften	31	11	16	–	–	4	–	–	2	4	7	1	1	1
Weitere Inschriften (andere)	37	5	30	–	1	–	1	–	16	1	9	–	4	–
DJD: nicht-literarische Texte	564	285	227	6	25	7	13	1	71	2	53	–	98	3
DJD: nur „Bar Kochba-Briefe"	27	3	24	–	–	–	–	–	9	–	–	–	15	–
DJD: nur „Wirtschaftstexte"	87	23	37	–	9	5	13	–	22	–	2	–	12	1
Gesamt	2801	953	1532	114	84	19	72	27	207	136	918	62	184	25
Gesamt (nur 100 v. –150 n.Chr.)	2282	646	1393	114	60	16	39	14	176	123	870	56	147	21
Genres (nur 100 v –150 n. Chr.):														
Ossuarinschriften	602	200	349	2	4	9	25	13	25	87	173	35	16	13
Ostraka	563	30	511	22	–	–	–	–	19	16	458	11	7	–
Andere Inschriften	254	67	158	7	21	–	1	–	25	18	87	9	17	2
Briefe	41	4	36	–	1	–	–	–	14	–	–	–	22	–
Dokumentarische Texte	553	164	261	83	25	6	13	1	85	2	134	1	33	6
Anderes (incl. Unklassifiziertes)	269	181	78	–	9	1	–	–	8	–	18	–	52	–

Tabelle 4: Hebräisch und Aramäisch in epigraphischen Zeugnissen

ga/gh = bilingual (griechisch-aramäisch bzw. griechisch-hebräisch)
gn = bilingual (nicht eindeutig, gr.-aram. oder gr.-hebr.)[327]

Zur genaueren Differenzierung werden dann die hebräischen und aramäischen Texte zusätzlich den folgenden Kategorien zugeordnet:

a1/a2 = primäre bzw. sekundäre aramäische Merkmale
h1/h2 = primäre bzw. sekundäre hebräische Merkmale
n = nicht eindeutig als hebräisch oder aramäisch identifizierbar
ah = bilingual aramäisch und hebräisch

Die Zuordnung der einzelnen Sprachen gestaltet sich dabei naturgemäß nicht immer einfach. So ist für die überwiegende Mehrheit der Inschriften in „jüdischer Schrift“ eine Zuordnung zur hebräischen oder aramäischen Sprache aufgrund der Kürze nicht möglich (= n). Nur in wenigen Fällen lässt sich die Sprache anhand von lexikalischen oder grammatikalischen Merkmalen eindeutig identifizieren (= a1 bzw. h1).[328] Häufiger, jedoch weniger zuverlässig, ist die Identifikation der Sprache anhand der Patronyme und der darin verwendeten Ausdrücke בר/בן, ברה/בת oder אתת/אשת: Hier ist verstärkt mit Transferenzphänomenen zu rechnen. So wird בר mehrfach in Verbindung mit hebräischen Eigennamen oder Titeln oder innerhalb von hebräischen Texten verwendet.[329]

In der Literatur werden solche Mischformen meist als aramäische Inschriften gewertet, in die hebräische Elemente lediglich aus religiösen oder

[327] Nur in einem Fall (CIJ 1373/CIIP 411) liegt eine trilinguale griechisch-hebräisch-aramäische Inschrift vor. Hier ist jedoch der aramäische Teil offensichtlich erst später hinzugefügt worden. Daher ist die Inschrift in der Übersicht als „gh“ klassifiziert.

[328] Selbst hier bleibt die sprachliche Zuordnung jedoch oft nur Konjektur, da auch hier die meisten Inschriften nur aus einem oder aus wenigen Worten bestehen. Eine sprachliche Zuordnung geschieht daher oft nur anhand von minimalen lexikalischen, grammatikalischen oder syntaktischen Merkmalen, wobei in vielen Fällen unsicher bleibt, ob es sich bei einzelnen Worten um Eigennamen oder Begriffe handelt (vgl. unten Anm. 342). Inschriften mit umfangreicherem Inhalt sind vor dem 2. Jahrhundert noch selten. Aus dem hier zusammengestellten Material sind es lediglich 9 aramäische und 4 hebräische Inschriften, die über Namens-, Titel- und Ortsbezeichnungen hinausgehen (Aramäisch: CIIP 460, 602, 605, 620, 623, Beyer ySW3-4; yWG1 und, “hochgradig hypothetisch”, Mas 674. Hebräisch: CIIP 10, 137 und 693 sowie das Ossuar des Alexa, vgl. oben S. 98 Anm. 313). Lediglich die dokumentarischen Texte aus der judäischen Wüste enthalten auch längere Texte aus der Zeit vor 100 n.Chr.

[329] In hebräischen Dokumenten: Mur 22, 29 und 30 sowie 4Q348. In hebräischen Inschriften: CIIP 188 (מתיה בר הקוה); CIIP 70 und 72 (חנניה בר יהונתן הנזיר und שלום אנתת חנניה בר הנזיר); CIJ 1308/CIIP 244 (יהודה הספר. יהודה בר אלעזר הספר); CJO 871/CIIP 534 (יהוחנה. יהוחנה ברת יהוחנן בר תפלוס הכהן הגדל) und CJO 893/CIIP 86 (יהוסף בר חנניה הספר); CIJ 994 (הקבר הזה שלרבי יצחק בר מקים שלום) und CIJ 1131 (אודה בן בר שלום, wahrscheinlich “Oda, Sohn des Bar-Shalom”) aus Beth She’arim. Masada 667 (אלעזר בר הספר) ist von den Herausgebern als Fälschung klassifiziert worden.

nationalistischen Gründen aufgenommen wurden.[330] Beyer etwa erklärt הנזיר ,הספר und הכהן הגדול als „religiöse Titel“ und deshalb die zugehörigen Inschriften für aramäisch.[331] Während allerdings הכהן הגדול zweifellos ein religiöser Titel ist, ist dies für הספר und הנזיר weit weniger selbstverständlich,[332] noch weniger für ähnliche hebräische Beinamen wie wie הצ׳יד („der Jäger“, CIJ 1285/CIIP 693), הנהותם (“der Bäcker“, Masada 429), החרש („der Künstler“, CIIP 173), תרפת הנשבה („der kriegsgefangene Arzt“?, CJO 80/CIIP 363), oder בנה („der Baumeister“, CJO 200/ CIIP 54). Eher profaner Natur ist außerdem die Inschrift מרים אתת העגל (Mirjam, die Frau von „dem Kalb“, CJO 821/CIIP 565), vermutlich ein Spottname.[333] Ganz eindeutig greift Beyers Erklärung nicht beim Ossuar des Alexa, vgl. oben S. 98 Anm. 313, die zweifellos hebräisch ist, obwohl sie ein Patronym mit בר verwendet. Gleiches gilt für die späteren hebräischen Inschriften aus Beth She'arim (CIJ 994 und 1131): Auch hier tragen Mitglieder einer Familie, die sich ganz offensichtlich bewusst für den Gebrauch des hebräischen entschieden hat, dennoch Namen mit aramäischem Patronym. Nahe liegender als die Erklärungen von Beyer und Kottsieper ist daher die Vermutung von Rahmani, dass בר in der Namensgebung auch in hebräischsprachigem Umfeld verbreitet war.[334] Vermutlich hatte בר in solchen Fällen seinen semantischen Gehalt verloren und ist zum festen Namensbestandteil geworden.[335] Das umgekehrte Phänomen jedenfalls, eine Verwendung von בן im Kontext aramäischer Inschriften, ist, abgesehen von einer Ausnahme,[336] nicht nachweisbar.

Inschriften mit בר-Patronymen dürfen daher nicht ohne weiteres als Aramäisch gewertet werden. In der statistischen Übersicht wird daher der Gebrauch von בר/בן, ברה/בת, oder אתת/אשת in Patronymen nur als „sekundäres Kennzeichen“ für hebräische bzw. aramäische Sprache gewertet (a2/h2), im Unterschied zu „primären Kennzeichen“ wie Grammatik oder Wortschatz. Neun Texte, in denen primäre hebräische Merkmale neben sekundären ara-

---

[330] Z.B. Kottsieper, *Yehudit*, 2007, 114; Beyer, *Texte I*, 1984, 58. Auch im CAL sind diese Texte als aramäisch aufgeführt.

[331] Beyer, *Texte*, 1984 und 2004, yJE 28, 29, 30, 39 und 44.

[332] Bei הספר handelt es sich vermutlich eher um den säkularen Beruf eines öffentlichen Schreibers, vgl. Hachlili, *Funerary Customs*, 2005, 215.

[333] Zum Phänomen solcher herabwürdigender Spitznamen vgl. Hachlili, *Funerary Customs*, 2005, 225.

[334] Rahmani, *Catalogue*, 1994, 201.

[335] Dies belegt in eindrücklicher Weise der Name מרתא בר פפיס (CJO 256/CIIP 505), ein weiblicher Name mit einem בר-Patronym. Ein vergleichbarer Fall könnte in dem Namen Σίμων Βαριωνα (Mt 16,17) vorliegen, wo בר mit einem hebräischen Ausdruck (יונה = Taube) steht.

[336] XḤev/Se 8, eine zweisprachige Urkunde mit dem hebräischen Text auf der Außen- und dem aramäischen Text auf der Innenseite. In der ersten Zeile des aramäischen Textes erscheint der hebräische Name שמעון בן כוסבה.

mäischen in derselben Inschrift stehen,[337] werden hier zu den zweisprachigen Texten (ah) gezählt, obwohl auch in diesen Fällen viel dafür spricht, dass lediglich ein aramäischer Name in eine ansonsten hebräische Inschrift eingefügt wurde.[338]

In einigen Fällen ist die Identifikation der Sprache in der Literatur umstritten. Hierbei spielen unterschiedliche Lesarten[339] oder unterschiedliche etymologische Herleitungen[340] eine Rolle, aber auch die Frage, ob aus dem Kontext eines Fundes auf die Sprache geschlossen werden darf.[341] Zudem ist in vielen Fällen unklar, ob einzelne Worte als sprachlich neutrale Eigennamen oder als hebräische bzw. aramäische Spitznamen gelesen werden müssen.[342] Die statistische Übersicht folgt hier, soweit vorhanden, der sprachlichen Zuordnung der jeweiligen Herausgeber.

Die statistische Auswertung der epigraphischen Zeugnisse macht deutlich, dass auch in diesem Bereich die drei Sprachen Griechisch, Aramäisch und Hebräisch fast gleichwertig nebeneinander stehen und nicht von einer echten Dominanz einer Sprache über die anderen geredet werden kann. Zwar überwiegt in den meisten Corpora das Aramäische zahlenmäßig leicht gegenüber dem Hebräischen (ausgenommen sind die Briefe). Die Unterschiede sind jedoch zu gering, um statistisch signifikant zu sein.[343]

---

[337] CIIP 70, 72, 86, 188, 244, 522, 534, 565 und das Ossuar des Alexa, vgl. oben S. 98 Anm. 313.

[338] Vgl. z.B. das Ossuar des Alexa, vgl. oben S. 98 Anm. 313, das in sehr ausgeprägtem proto-mischnischem Hebräisch beschriftet ist, in der Übersicht jedoch unter „ah“ erscheint.

[339] So liest NAVEH, *Inscriptions*, 2000, Ostrakon 20 aus der Davidsstadt (= CIIP 647) im offiziellen Ausgrabungsbericht hebräisch חנניה בן קורשא („Hanania aus Kursi“), YARDENI, *Textbook*, 2000, A 121, jedoch aramäisch סר רבה מן קודשא („the great/elder from the holiness?”).

[340] So gibt RAHMANI, *Catalogue*, 1994, für יהונתן קדרה (CJO 222/CIIP 51) eine aramäische („Jonatan the pot[-bellied]“) und eine hebräische Herleitung („Jonatan, the baker“).

[341] BEYER, *Texte II*, 2004, 341–342, klassifiziert בני אלעזר (CIJ 1357/CIIP 378) und בני חנן (CIJ 1360/CIIP 379) als aramäisch, weil sie sich in einem Familiengrab mit anderen aramäischen Inschriften fanden. Dass aber auch innerhalb von Familien Mehrsprachigkeit möglich war, zeigen die Gräber der Familie Kallon (CIJ 1350–1355/CIIP 366-372) und Goliath (CJO 782–803) sowie das Akeldama-Grab (CIIP 304-311).

[342] So erscheinen etwa גרידא (Masada 432), מלתא (Masada 438), צידא (Masada 440) פסולא (Masada 455) und קצבא (Masada 512) in aramäischen Wortlisten verschiedener Textbücher und Lexika, obwohl es sich auch um reine Eigennamen handeln könnte.

[343] Für die vorliegende Untersuchung sind die Zahlen im rechten unteren Bereich der Tabelle am aussagekräftigsten. Hier stehen z.B. 25 Ossuarinschriften mit primären aramäischen Merkmalen 16 hebräischen gegenüber (Aramäisch: CIIP 25, 54, 67, 73, 83, 85, 93, 225, 287, 306, 345, 359, 364, 375, 382, 434, 439, 450, 501, 530, 543, 567, 605, CJO 610 und 803 sowie das Ossuar der Caiaphas-Enkelin Miriam, vgl. oben S. 313. Hebräisch: CIIP 45, 68, 111, 145, 169, 173, 177, 190, 196, 259, 363, 455, 528, 564, CJO 552). Zählt man noch die 9 Fälle hinzu, in denen primäre hebräische Merkmale neben sekundären aramäischen stehen (vgl. oben S. 105 Anm. 337), ist die Zahl genau ausgeglichen.

Schon durch wenige weitere Inschriftenfunde könnte sich hier die Gewichtung umkehren. Keinesfalls kann die Annahme einer exklusiven Dominanz des Aramäischen aus diesem Befund heraus begründet werden. Bereits 1992 hatte Joseph Naveh im Blick auf die epigraphischen Zeugnisse aus der Zeit des zweiten Tempels (bis 135 n. Chr.) geschlossen:

„Die aramäische Sprache trat [im Laufe dieses Zeitraums] schrittweise an die Stelle des Hebräischen und wurde erst am Ende zur vorherrschenden Sprache. Hebräische Sprache und Schrift fanden vor allem in Angelegenheiten nationaler oder religiöser Bedeutung Verwendung, blieben aber auch im alltäglichen Bereich in Gebrauch. Dieses Bild, das aus den epigraphischen Zeugnissen erkennbar ist, passt zu dem Befund, der sich auch in den literarischen Quellen widerspiegelt. (...) Auch wenn die Juden ihren eigenen aramäischen Dialekt entwickelten, sprachen viele weiterhin hebräisch. Hebräisch hatte den Status einer Volkssprache: Es war die Sprache der Literatur und der Religion ebenso wie die Sprache, mit der man nationale Identität ausdrückte, etwa auf Münzen.“[344]

Die Textbasis der epigraphischen Zeugnisse hat sich seit diesem Votum Navehs deutlich erweitert, zumal die Mehrzahl der hier zusammengefassten Publikationen im Jahr 1992 noch nicht vorlag. Navehs Urteil ist jedoch durch die weiteren Funde weithin bestätigt worden. Der epigraphische Befund belegt allerdings nicht nur, *dass* die hebräische Sprache neben der aramäischen bis ins zweite Jahrhundert hinein in Gebrauch blieb. Er stellt darüber hinaus einige verbreitete Annahmen über Funktion und Stellenwert des Hebräischen in der jüdischen Gesellschaft in Frage: So überwiegt zwar das Hebräische in religiösen Kontexten,[345] ist aber keineswegs auf diese beschränkt.[346] Andererseits findet sich auch das Aramäische fast ebenso häu-

---

Unter den Ostraka stehen 19 mit primären aramäischen Merkmalen 7 mit primären hebräischen Merkmalen gegenüber, wobei hier allein 8 der aramäischen Ostraka aus der Sammlung von Yardeni stammen (vgl. dazu oben S. 100 Anm. 322. Aramäisch: CIIP 620, 621 und 623, Masada 420, 426, 432, 438 und 440, Herodion 55 und 56, Beyer yRO 1, Yardeni A 191-198. Hebräisch: CIIP 634, KhQ 1 und 2, Herodion 45 und 54, Masada 404 und 429). Von den übrigen Inschriften aus der Zeit vor 100 n.Chr. sind 25 als aramäisch und 17 als hebräisch klassifiziert (Aramäisch: CIIP 17, 55, 123, 392, 396, 460, 602, 616, 674, Beyer I 4, yXX1, ySW 3-4, gJL, yJR 2a.b, yWG1, Masada 504, 506, 507, 512, 544, 546, 552, 553, CIJ 989. Hebräisch: CIIP 5, 10, 12, 39, 135, 137, 138, 238, 393, 701-702, Masada 473, „Bar Kochba Weight“ Yardeni A69/B185, AHL 223 und 424, Herodion 13 sowie die Sarkophaginschrift בן הכהן הגדול.)

[344] Naveh, *Epigraphic Finds*, 1992, 301 und 305 (Übersetzung aus dem Hebräischen).

[345] Hierzu gehören die drei Inschriften, die einen Hohepriester erwähnen (CJO 871/CIIP 534, AHL 95/CIIP 701 sowie die Sarkophaginschrift בן הכהן הגדול), ferner der Name שמעון הכהן (CIJ 1317/CIIP 259), die קרבנ -Inschrift aus der Nähe des Tempelberges (AHL 385), das תמד -Siegel eines jüdischen Weinhändlers (AHL 223), die בית התקיעה -Inschrift von der Zinne des Tempelbergs (AHL 386/CIIP 5), die priesterlichen Rationen aus Masada (Masada 441–461) und der halachische Brief 4QMMT.

[346] CIJ 1394/CIIP 137 ist vermutlich eine Lohnliste. Die meisten Ossuarinschriften mit hebräischen Titeln und Spitznamen tragen keine religiöse Konnotation (vgl. oben S. 103). Gleiches gilt für die hebräischen Briefe und Urkunden aus der judäischen Wüste.

fig in religiösem und kultischem Zusammenhang.[347] Die Annahme eines Kontrastes zwischen aramäischer „Volkssprache" und hebräischer „Gelehrtensprache", wie er in der älteren Literatur immer wieder konstruiert wird,[348] oder gar die Bezeichnung des Hebräischen als „Kirchensprache"[349], erweist sich demnach als unzutreffend, ebenso wie die strenge Unterscheidung zwischen hebräischer Kult- und aramäischer Profansprache.

Gleiches gilt für die Annahme einer künstlichen bzw. verordneten Einführung des Hebräischen unter Bar Kochba. Gerade die Geschichte der Bar-Kochba-Briefe zeigt deutlich, wie schnell sich das fachliche Urteil durch nur wenige neue Funde wenden kann: Als J.T. Milik 1960 elf Briefe aus der Zeit des Bar-Kochba-Aufstands veröffentlichte (Mur 42–52), die ausnahmslos auf hebräisch verfasst waren, war dadurch für ihn „ohne jeden Zweifel" erwiesen, dass das Hebräische damals die vorherrschende Verkehrssprache gewesen sein müsse.[350] Im darauf folgenden Jahr entdeckte Y. Yadin jedoch sechzehn weitere „Bar-Kochba-Briefe", von denen neun auf aramäisch, vier auf hebräisch und zwei auf griechisch verfasst waren.[351] Aus der Tatsache, dass diese Briefe früher entstanden als Miliks hebräische Briefe, schloss Yadin, dass der ausschließliche Gebrauch des Hebräischen im Verlauf der Revolte aus ideologischen Gründen von Bar Kochba selbst angeordnet worden sein müsse.[352] Weitere Textfunde und eingehendere Untersuchungen des Materials haben jedoch inzwischen auch diese These widerlegt: Denn hebräische Briefe aus der Zeit des ersten Aufstands (und sogar aus der Zeit vor 66 n.Chr.) belegen, dass der profane Gebrauch des Hebräischen nicht erst auf ein Edikt des Bar Kochba zurückzuführen ist.[353]

---

[347] Vgl. die aramäischen Priestertitel auf Ossuarinschriften (CIJ 1221/CIIP 434, CIIP 25 und 530 sowie Zissu, *Ossuary of Miriam*, 2011), die Verwendung von קרבן in zwei aramäischen Inschriften (CIIP 17/CIJ 1407 und CIIP 287) und einer bilingual hebräisch-aramäischen Inschrift (CIIP 466), die Erwähnung eines Hohepriesters (כהנא רבא) in Masada 461, sowie möglicherweise eine Erwähnung des „Zweiten Zehntes" in Masada 671. Vgl. auch unten S. 140 Anm. 493.

[348] Pfannkuche, *Landessprache*, 1798, 430; Meyer, *Muttersprache*, 1896, 40 und 74; Zahn, *Einleitung*, 1906, I:17; Dalman, *Worte*, 1898, 9–10.

[349] Meyer, *Muttersprache*, 1896, 42.

[350] Milik, *Ten Years*, 1959, 130-131. Zusätzlich zu den Briefen führte Milik auch die Kupferrolle (3Q15) als Beleg für seine These an. Die Briefe wurden später in Milik, *DJD 2*, 1960, 155–169 veröffentlicht und unter der Bezeichnung Mur 42-52 katalogisiert.

[351] Yadin, *Letters*, 1961; Yadin, *Bar Kokhba*, 1963; Yadin/Lewis, *Documents I*, 1989; Yadin/Greenfield, *Documents II*, 2002, 2:277–348; Cotton/Yardeni, *DJD 27*, 1997. Diese Briefe wurden zunächst als „p.Yadin 49-64" publiziert, später jedoch in „5/6Ḥev 49-64" umbenannt. Für zwei weitere Briefe aus einer anderen Sammlung, XḤev/Se 30 und 67, wurde später eine Herkunft aus derselben Höhle angenommen. XḤev/Se 30, 5/6Ḥev 49-51 und 61 sind in hebräisch verfasst, 5/6Ḥev 53-58, 60 und 62-63 auf aramäisch, 5/6Ḥev 52 und 59 sowie XḤev/Se 67 auf griechisch.

[352] Yadin, *Bar Kokhba*, 1971, 181.

Auch eine Vorherrschaft der einen oder anderen Sprache in bestimmten geographischen Regionen lässt sich aus dem epigraphischen Befund nicht ableiten. Weithin wird in der Literatur davon ausgegangen, dass das Aramäische in Galiläa vorherrschend war, während das Hebräische, wenn überhaupt, vor allem in Judäa gesprochen wurde. Der epigraphische Befund stützt diese Annahme nicht, er deutet eher in die entgegengesetzte Richtung, wenn denn aus den kleinen Zahlen überhaupt Schlüsse gezogen werden dürfen: Von den 175 als aramäisch (a1) klassifizierten Texten aus der Zeit vor 135 n. Chr. stammt nur ein einziger aus Galiläa.[354] Aramäische Inschriften finden sich hier erst aus späteren Jahrhunderten. Allerdings stammen aus dieser späteren Zeit auch eine Reihe von hebräischen Inschriften aus Galiläa.[355] Geht man von den Herkunftsorten der in Ossuarinschriften genannten Personen aus, sind gerade solche Inschriften, die möglicherweise eine geographische Zuordnung zum Norden des Landes erlauben, ausnahmslos in *hebräisch* verfasst.[356] Umgekehrt erscheint der einzige *judäische* Ortsname (abgesehen von Jerusalem) ausgerechnet in einer ara-

[353] Die Untersuchung von Eshel, *Economic Documents*, 2006, verweist auf den mehrfachen Gebrauch des Hebräischen (neben dem Aramäischen) in Urkunden aus der Zeit vor 66 n. Chr. (4Q358, 6Q26, KhQ1, Mur 22, 29 und 30, vermutlich auch 4Q345), sowie während der beiden jüdischen Aufstände. Aus diesen Zeiten sind hingegen keine griechische Urkunden erhalten. Umgekehrt ist eine häufige Verwendung des Griechischen nach dem Ende des ersten Aufstandes zu beobachten, während das Hebräische in dieser Phase völlig fehlt. Eshel sieht darin eine Konsequenz der „geistlichen Umbrüche und der nationalen Krise" (258) nach der Zerstörung des zweiten Tempels und schließt auf eine enge Verbindung von nationaler und spiritueller Identität mit dem Gebrauch des Hebräischen, das folglich in der Zeit nach 70 vorübergehend, und schließlich nach 135 n. Chr. endgültig durch das Griechische und Aramäische verdrängt wurde.

[354] Es handelt sich um eine Kruginschrift aus Jeleme: חנניא שהר („Hananyah, der Zeuge oder Notar"), vgl. Beyer, *Texte I*, 1984, 234 (= gJL 1). Die aramäische Mosaik-Inschrift aus Sepphoris (CIJ 989) wird zwar von Frey zwischen das erste und vierte Jahrhundert datiert, eine Ansetzung am Ende dieses Zeitraums ist jedoch wahrscheinlicher. Eine von Aviam/Syon, *Ossilegium*, 2002, zusammengestellte Übersicht von 75 Ossuaren aus Galiläa zeigt, dass die Praxis des jüdischen Ossilegiums in Galiläa vermutlich erst nach der Zerstörung des Tempels durch judäische Flüchtlinge hier eingeführt wurde. Nur zwei der Ossuare waren mit einer Inschrift versehen, in beiden Fällen griechisch (Nr.20 = CJO 145 und Nr.18 = CJO 425). Bei einer dritten, von den Autoren als „hebräisch" bezeichneten Inschrift auf Ossuar Nr. 22 handelt es sich um einen Irrtum: Die Autoren beziehen sich auf eine von Bagatti, *Nazareth*, 1969, 247-248, erwähnte Begräbnisinschrift auf einer Säule aus Nazareth, die aber in keinem Zusammenhang mit den dort auf S. 247 erwähnten Ossuarfragmenten steht. Die Inschrift (= CIJ 988) wird von Bagatti in das 4.-6. Jh. datiert.

[355] Es handelt sich dabei um die 18 in Beth She'arim gefundenen Inschriften in deutlich ausgeprägtem mischnischem Hebräisch.

[356] הגלילי ("der Galiläer") erscheint 3x in Masada 404, Mur 52 und CIJ 1285/CIIP 693; הבשני (der "Beth-Sheaner", 3x in CIJ 1372–1374/CIIP 410-412), הגדריאן („der Gadarener"?) in Masada 420.

mäischen Inschrift.[357] Eine eindeutige Zuordnung der beiden Sprachen nach Judäa oder Galiläa ist also nur aufgrund des epigraphischen Befundes nicht möglich. Insbesondere die Beispiele bilingualer (hebräisch-aramäischer) und trilingualer (hebräisch-aramäisch-griechischer) Inschriftenfunde machen vielmehr deutlich, dass die verschiedenen Sprachen nicht getrennt voneinander in unterschiedlichen soziologischen, kulturellen oder geographischen Bereichen (Fitzmyer: „pockets") existierten, sondern alle drei Sprachen nebeneinander (und auch miteinander) in Verwendung waren, wobei zuweilen ganz bewusst eine Mehrsprachigkeit gesucht wurde.[358]

2.5.6 Vorläufige Zusammenfassung: Münzen, Inschriften und Dokumente

Eine Durchsicht des numismatischen, epigraphischen und papyrologischen Materials zeigt also, dass Hebräisch, Aramäisch und Griechisch im Land Israel bis ins frühe zweite Jahrhundert nahezu gleichmäßig nebeneinander Verwendung fanden, und das nicht nur im literarischen, sondern auch im dokumentarischen und alltäglichen Gebrauch. Bei den Münzen liegt die Evidenz dabei fast ausschließlich auf Seiten des Hebräischen, bei den Briefen überwiegt das Hebräische leicht, bei den Dokumenten und Inschriften schließlich überwiegt das Aramäische und noch mehr das Griechische, wobei das Hebräische offenbar in der Krise nach der Zerstörung des Tempels zeitweise völlig verdrängt wurde. Insgesamt lassen sich die verschiedenen Sprachen jedoch weder einem geographischen Muster noch einer klaren zeitlichen Abfolge eindeutig zuordnen. Vielmehr spricht der Befund für eine trilinguale Realität in allen Teilen des Landes und während der gesamten Zeit des zweiten Tempels. Die Verwendung der Sprachen scheint dabei wesentlich mehr durch soziolinguistische, situative, biographische und individuelle Faktoren bedingt zu sein als durch einheitliche Umgangs-, Volks- oder Amtssprachen. Grundsätzlich scheint dabei im wirtschaftlichen und administrativen Bereich das Aramäische häufiger Verwendung zu finden, während in Bereichen religiöser und nationaler Identität sowie im literarischen Bereich das Hebräische deutlich überwog.

Für die Frage nach den sprachlichen Ursprüngen der Evangelienüberlieferung, die eher religiöser Natur war und zudem dem literarischem Genre

---

[357] יהוד בר שבט מינ בת אלון („Yehud, Sohn des Shevat, aus Bet Alon"), CIJ 293/CIIP 43. Gemeint ist vermutlich Bet Allonim bei Hebron.

[358] So z.B. das trilinguale Familiengrab der „Kallon-Familie" in Katamon (CIJ 1350–1355/CIIP 366-372), die hebräisch-griechische Inschrift CIJ 1373/CIIP 411, die nachträglich noch aramäisch ergänzt wurde, ebenso wie die aramäisch überarbeiteten hebräischen Ostraka 458 und 460 aus Masada. Bewusst zweisprachig hebräisch-aramäische Inschriften finden sich in CIJ 1255/CIIP 237, CJO 200/CIIP 54, CIIP 446, in der zweisprachigen *qorban*-Inschrift aus Arnona (CIIP 466), sowie möglicherweise in einer Kruginschrift unbekannter Herkunft, BEYER, *Texte I*, 1984, 353 (= yXX). Zweisprachig verfasst wurde auch der Kaufvertrag XḤev/Se 8, vgl. TOV, *DJD 39*, 2002, 156.

zuzurechnen ist, scheint daher das Hebräische deutlich näher zu liegen als das Aramäische. Der Fehler eines neuen „Exklusivismus“, diesmal des Hebräischen, sollte jedoch vermieden werden. Vielmehr sollte Mehrsprachigkeit als Normalfall vorausgesetzt werden und mit Einflüssen des Hebräischen wie des Aramäischen gleicherweise gerechnet werden, wo bei je nach Genre, Inhalt und Kontext zuweilen die eine oder andere Sprache vorzuziehen sein wird.

2.5.7 Lexikalische Hebraismen und Aramaismen im Neuen Testament

Annahmen einer exklusiven Vorherrschaft des Aramäischen werden auch aus den im Neuen Testament erhaltenen lexikalischen Semitismen abgeleitet. Die hierzu zusammengestellten Listen variieren im Umfang je nach Urteil des Verfassers[359] und müssen erneut kritisch daraufhin überprüft werden, ob es sich im Einzelfall in der Tat um aramäische, und nicht möglicherweise auch hebräische Worte handelt:

„...the way in which claims are sometimes made for the Aramaic substratum of the sayings of Jesus, when the evidence is merely ‚Semitic‘ in general, or worse, still, derived from some other Semitic language, e.g. Hebrew, should no longer be countenanced.“[360]

„...many Semitisms can be classifieded as Aramaisms, only if Aramaic is the basic, if not the sole, Semitic influence upon a given writer or speaker. *But this is precisely what can no longer be assumed.*“[361]

Was Fitzmyer und Voelz über den unscharfen Gebrauch der Semitismen im Allgemeinen beklagen, ist zu einem gewissen Grad auch in der Bewertung der lexikalischen Semitismen zu beobachten: Als Beispiel sei hier nur die von Schwarz zusammengestellte Liste 30 aramäischer Worte im Text der Evangelien genannt, denen lediglich 2 hebräische gegenüber gestellt werden. Schwarz nennt diese Liste einen „sicheren Indizienbeweis dafür, (...) daß die Sprache, die Jesus vorwiegend sprach, das Aramäische sein muß.“[362] Bei näherer Betrachtung jedoch erweist sich die Gegenüberstellung als irreführend: Schwarz hat in seine Liste alle Worte aufgenommen, die aramäisch sein *können*, unabhängig davon, ob sie in gleicher Weise auch hebräisch sein *könnten*. Das gilt nicht nur für Begriffe, die in dieser Hinsicht ambivalent sind (z.B. בני), sondern selbst für solche, die er selbst

[359] Pfannkuche, *Landessprache*, 1798, 419–420 (Orts- und Personennamen) und 430 (Worte Jesu); Meyer, *Muttersprache*, 1896, 171; Zahn, *Einleitung*, 1906, I:9–15; Dalman, *Worte*, 1898, 2 (Volksklassen und Feste); 6–7 (Toponyme); 39–42 (Personennamen); 43–44 (Kreuzeswort Jesu); Jeremias, *Theologie*, 1971, 16–19; Rüger, *Aramäisch*, 1978; Schwarz, *Jesus*, 1985, 6.

[360] Fitzmyer, *Study*, 1975, 5.

[361] Voelz, *Language*, 1984, 923.

[362] Schwarz, *Jesus*, 1985, 6–7.

später ausdrücklich als hebräisch klassifiziert (z.B. μνᾶ).[363] Für 11 der 30 Begriffe ist die aramäische Herleitung zudem nur durch den α-Auslaut motiviert, den Schwarz durchgehend als aramäischen *status emphaticus* wiedergibt.[364] Weitere drei Worte setzt Schwarz in den *status emphaticus*, obwohl sie im Griechischen nicht auf -α oder -ας enden, sondern auf -ος bzw. -ον. Die „Liste" von 2 hebräischen Worten hingegen enthält nur solche Begriffe, die sich einer Herleitung aus dem Aramäischen völlig entziehen. Zudem fehlen jedoch einige hebräische Worte ganz.[365] Hier wird also das Datenmaterial deutlich dem vorausgesetzten Ergebnis angeglichen. Eine eingehende erneute Überprüfung des Materials ist daher dringend nötig, auch deswegen, weil erst seit wenigen Jahren die für eine solche Arbeit nötigen differenzierten und aktualisierten lexikalischen Hilfsmittel vorliegen, anhand derer geprüft werden kann, welcher Begriff zu welcher Zeit tatsächlich zum hebräischen bzw. aramäischen Wortschatz gehörte.[366] Eine solche systematische Durchsicht kann jedoch hier nicht geleistet werden, es soll daher nur exemplarisch auf einige Problemfelder hingewiesen werden, die die grundsätzliche Offenheit der Frage deutlich machen.

a) Jesusworte: Sieht man zunächst von einzelnen Begriffen ab, finden sich in der Evangelientradition drei semitische Sätze Jesu in griechischer Transliteration, einer davon ein Ein-Wort-Satz: ταλιθα κουμ, (Mk 5,41), ηλι ηλι λεμα σαβαχθανι (Mt 27,46) bzw. ελωι ελωι λεμα σαβαχθανι (Mk 15,34) sowie εφφαθα (Mk 7,34). Alle drei Sätze sind bei näherer Betrachtung nicht uneingeschränkt einem hebräischen oder aramäischen Hintergrund zuzuordnen.

ταλιθα κουμ[367] ist zwar eindeutig aramäischen Ursprungs, jedoch gilt dies streng genommen nur für die Anrede ταλιθα, während das Verb als solches aramäisch oder hebräisch sein kann. Sicher ist das Aramäische hier wahr-

---

[363] Sicherlich fällt das Urteil über hebräische oder aramäische Herleitungen im Einzelfall unterschiedlich aus. Im Fall von μνᾶ jedoch steht für Schwarz, *Jesus*, 1985, 24, selbst "außer Zweifel", dass beide Sprachen gleichermaßen möglich sind. Dennoch erscheint der Begriff nur in der Liste der 30 aramäischen Worte, jedoch nicht in der Liste der 2 hebräischen Worte. Ähnliches gilt für eine Reihe anderer Begriffe.

[364] Ähnlich auch Beyer, *Woran*, 1989, 31: „Sicher aramäisch sind: ... – alle wegen des angehängten aramäischen -ā." Vgl. dazu aber unten S. 127.

[365] Dazu zählen die hebräischen Lesarten des Kreuzeswortes Jesu sowie die Gebetsrufe ὡσαννά und ἀλληλουϊά.

[366] Für die aramäische Sprache sind dies Sokoloff, *DJPA*, 2002, Sokoloff, *DJBA*, 2002, und Sokoloff, *DJA*, 2003, für die hebräische Sprache Clines, *Dictionary*, 1993–2007. Hinzu treten die regelmäßig aktualisierten Online-Datenbanken des „Historical Dictionary of the Hebrew language" (http://hebrew-treasures.huji.ac.il/) und des „Comprehensive Aramaic Lexicon" (http://cal1.cn.huc.edu/), beide zitiert am 15.8.2011.

[367] So lesen ℵBL, mit der Variante ταλιθα κουμι in AD, sowie die lateinischen und syrischen Handschriften. Es handelt sich dabei wohl kaum um eine grammatikalische Variante (masc./fem.), sondern um eine Frage der Aussprache. Vgl. Zahn, *Einleitung*, 1906, I:9. Für die vorliegende Untersuchung ist der Unterschied nicht relevant.

scheinlicher, dennoch muss eingeräumt werden, dass gerade bei Anredeformeln verstärkt mit liguistischen Transferenzphänomenen zu rechnen ist, also die Anrede selbst einer anderen Sprache entstammt als der nachfolgende Satz.[368] So hört man etwa in den Straßen von Jerusalem heute nicht selten zweisprachige Formulierungen wie "how are you, *habibi?*" oder "*ima*, come here!".[369] Anrede- und Grußformeln sind besonders häufig Anlass für Codeswitching-Phänomene. Das zeigen nicht nur neuere Forschungen aus der Linguistik,[370] sondern z.B. auch die neutestamentlichen Anredeformen ῥαββί (15x), ῥαββουνί (Mk 10,51), αββα (Mk 14,36) und σατανᾶ (Mt 4,10; 16,23; Mk 8,33), die (auf literarischer Ebene) den gleichen Mechanismus eines intrasententiellen Codeswitiching widerspiegeln, in diesem Fall zwischen hebräisch/aramäisch und griechisch. In solchen Fällen enstammt für gewöhnlich die Grundstruktur des Satzes, also z.B. das Verb, der Matrixsprache, während Anreden, Eigennamen, Ortsbezeichnungen, Diskursmarker u.ä. eher aus der entlehnten Sprache übernommen werden.[371] Demnach könnte im Fall von ταλιθα κουμ die Matrixsprache (also das Verb) hebräisch sein, die eingebettete Sprache (also die Anrede) jedoch aramäisch.

Auch die Besonderheit der erzählten Sprechsituation ist hier zu berücksichtigen, denn es ist ausgerechnet ein Kind, zu dem Jesus hier spricht. Vielleicht soll also gerade das situativ Besondere der aramäischen Anrede betont werden, weil sie sich vom sonstigen Sprachgebrauch Jesu abhebt.[372] Schließlich ist auch die literarische Ursprünglichkeit des Satzes umstritten, vor allem angesichts des auffälligen *minor agreements* der beiden Seitenreferenten an dieser Stelle, bei denen der Satz jeweils fehlt. Es ist daher vermutet worden, dass der aramäische Satz ein von Markus redaktionell eingefügtes Stilmittel ist, vielleicht unter Rückgriff auf eine ähnliche Erzähltradition, die sich auch in Apg 9,40 (ταβιθά, ἀνάστηθι) niedergeschlagen hat,[373] oder als eine Art magische Formel.[374] Ohnehin ist die Häufung von lexikalischen Aramaismen bei Mk gerade da, wo sie bei seinen Seitenreferenten fehlt, ein ambivalentes Phänomen: In der Literatur wird sie oft als Beleg für die Ursprünglichkeit des Mk und eine aramäische Herkunft der

---

[368] Vgl. Mt 26,25; 26,49 par Mk 14,45; Mk 9,5; 11,21; 14,36; Joh 1,38.49; 4,31; 6,25.

[369] *habibi* = arabisch für „mein Lieber", *ima* = hebräisch bzw. aramäisch für „Mama".

[370] Androutsopoulos, *Sprachliche Kreuzungen*, 2003, 89; Androutsopoulos/Hinnenkamp, *Code-Switching*, 2001, 24–25.

[371] Riehl, *Sprachkontaktforschung*, 2004, 83; David/Wei, *Extent*, 2004, 5.

[372] So argumentieren Birkeland, *Language*, 1954, 25; Carmignac, *Recherches*, 1969, 36, Carmignac, *Studies*, 1970, 89 und Lowe, *Methods*, 2000, 713. Man muss dieser Argumentation nicht folgen. Sie ist aber in jedem Fall ein weiterer Beleg für die sprachliche Ambiguität des Satzes.

[373] Lindsey, *Translation*, 1973, 63.

[374] Peabody/Cope, *One Gospel*, 2002, 148; Pesch, *Markus I*, 1976, 310. Dies ist jedoch unwahrscheinlich angesichts der frühchristlichen Ablehnung jeglicher Form von Magie. Vgl. dazu auch Schwarz, *Jesus*, 1985, 41.

Evangelientradition angeführt. Auf der Grundlage der (Neo-)Griesbachhypothese jedoch sind gerade die narrativen Details, die Markus an vielen Stellen über seine Seitenreferenten hinaus enthält, Kennzeichen einer sekundären redaktionellen Schicht. Dazu gehört auch die Vorliebe des Mk für aramäische Eigennamen, Begriffe und Jesusworte an solchen Stellen, wo sie bei beiden Seitenreferenten fehlen.[375] So erweist sich Mk 5,41 insgesamt als ein ambivalentes Zeugnis für den Sprachgebrauch zur Zeit Jesu, obwohl es sicherlich deutlicher in Richtung des Aramäischen weist.

Was das Psalmwort Jesu am Kreuz angeht, ist der Befund ähnlich uneindeutig. Das wird schon durch die Komplexität der Handschriftenüberlieferung deutlich, die in den verschiedensten Varianten zwischen einer aramäischen, einer hebräischen und einer gemischten Fassung schwankt.[376] Die Annahme liegt näher, dass hier ein ursprünglich zweisprachiger Text nachträglich an die rein aramäische bzw. die rein hebräische Textform angeglichen wurde, als den umgekehrten Weg anzunehmen.[377] Zudem ist aus dem Gebrauch eines (hebräischen oder aramäischen) Schriftwortes nicht unmittelbar auf sonstige Sprachgewohnheiten zu schließen. Auch diese Belegstelle gibt also keine eindeutige Auskunft über die Sprachenfrage.

Das dritte Jesuswort, εφφαθα (Mk 7,34), gibt ebenfalls Fragen auf. Traditionell wird es als aramäische *Ethpa'al*-Form des Verbs פתח identifiziert. Tatsächlich jedoch müsste die korrekte Wiedergabe dieser Form im griechischen εθφαθθα o.ä. lauten. Die abweichende Form bei Markus wird daher entweder durch eine Angleichung des (vorgeblich) im Griechischen unaussprechlichen θφ-Lautes in φφ[378] oder aber durch eine Assimilation des aramäischen תפ-Lautes in ein dupliziertes פ erklärt.[379] Beide Erklärungen erweisen sich jedoch als problematisch: Eine Reihe von vergleichbaren Alliterationen aus LXX und NT zeigt, dass die Lautfolge θφ im Griechischen weder unaussprechlich noch unmöglich ist:[380] Von insgesamt vierzehn Belegen der Lautfolge im hebräischen Text des AT werden neun im Griechi-

---

375 Traditionell wurden solche Elemente auch auf den Einfluss der „petrinischen Predigt“ auf das Evangelium des Mk zurückgeführt.

376 So ist die zweisprachige Fassung ηλι ηλι λεμα σαβαχθανι (Mt 27,45 ADLWΘ 090 *f*1.13 und 𝔐; Mk 15,33 DΘ 059.565 und it) in ihrem vorderen Teil hebräisch, im hinteren aramäisch. Die Fassung ελωι ελωι λεμα σαβαχθανι (Mt 27,45 ℵB 33 co; Mk 15,33 in allen Ms außer DΘ 059.565 und it) durchgängig aramäisch gestaltet. Die Lesart ηλι ηλι λαμα ζαφθανι (Codex Bezae in Mt 27,45 und Mk 15,33) dagegen entspricht ganz dem hebräischen Wortlaut. Eine ausführliche Besprechung der weiteren Varianten bei Zahn, *Einleitung*, 1906, I:9–10.

377 So auch Zahn, *Einleitung*, 1906, I:10, Dalman, *Worte*, 1898, 43 und Jeremias, *Theologie*, 1971, 16. Schwarz, *Jesus*, 1985, 43, hält dagegen die ausschließlich aramäische Fassung für älter.

378 Torrey, *Four Gospels*, 1933, 262 und 250.

379 Dalman, *Grammatik*, 1894, 252–253; Schwarz, *Jesus*, 1985, 14–15.

380 Rabinowitz, *Be opened!*, 1962, 230.

schen mit θφ wiedergegeben,[381] drei werden durch Übersetzung statt Transliteration wiedergegeben,[382] eine vermeidet den Laut auf andere Weise[383] und in einem Fall fehlt eine Entsprechung im Griechischen.[384] Lediglich in einer Variante der vatikanischen Josua-Rezension wird der Laut tatsächlich durch Assimilation vermieden.[385] Auch im NT ist der θφ-Laut dreimal vertreten.[386] Was die zweite Vermutung einer Assimilation bereits im Aramäischen angeht, hat Rabinowitz das vorhandene aramäische Textmaterial ausführlich untersucht und gezeigt, dass sich die Existenz einer derartigen Lautverschiebung im *westlichen* Aramäisch nicht nachweisen lässt. Im Gegenteil, eine Fülle vergleichbarer Verbformen mit פ-Anlaut bilden *Ethpa'al* und *Ithpa'el* stets unter Erhalt des ת-Lauts.[387] Eine Herleitung aus dem Aramäischen ist daher zwar unter Umständen möglich, aber doch alles andere als nahe liegend.

Nahe liegender bleibt in der Tat die von Rabinowitz vorgeschlagene Herleitung aus dem Hebräischen, nämlich dem Imperativ Niphal von פתח, הִפָּתַח ("sei/werde geöffnet!"). Dass die Wiedergabe eines hebräischen הִ-Anlautes mit ε- nicht nur möglich, sondern sogar die Regel ist, zeigt die Transliterationspraxis der LXX: Von den sechs dort auftretenden Eigennamen mit הִ- Anlaut werden fünf im Griechischen mit ε-Anlaut wiedergegeben, der sechste Fall ist eine sehr freie Übertragung und daher nicht als Transliteration zu werten.[388] Hinzu kommt die hebräische Phrase וַיַּעֲשׂוּ הִלּוּלִים (Ri 9,27), die mit καὶ ἐποίησαν ελλουλιμ wiedergegeben wird. Daneben gibt es eine Reihe von entsprechenden Transliterationen für הֲ-Anlaut (Est 2,7), aber auch חִ- Anlaut,[389] sowie andere ח-Anlaute.[390] Sogar der ein-

---

[381] Βαιθφογωρ (Jos 13,20): Βαιθφαλεθ (Jos 15,27 A); Βαιθφασης (Jos 19,21 A), Θαγλαθφελλασαρ (II Kg 15,29;16,7;16,10); Θαγλαθφαλνασαρ (I Chr 5,6;5,26; II Chr 28,20)

[382] בית פעור = οἴκου Φογωρ (Dtn 3,29; 4,46; 34,6).

[383] צפנת פענח = Ψονθομφανηχ (Gen 41,45).

[384] בית פלט (Neh 11,26).

[385] Jos 15,27 Βαιφαλαδ statt Βαιθφαλεθ, Jos 19,12 .

[386] Βηθφαγὴ (Mt 21,1 parr).

[387] Rabinowitz, *Be opened!*, 1962, 236. Die inzwischen aufgetauchte Marginalie zu Gen 3,7 im Codex Neofiti (ואפתחו für ואיתפתחון), Diez Macho, *Neophyti*, 1968–1979, Bd. 1 S. 15, ändert daran grundsätzlich nichts. Sie belegt zwar, dass eine solche Konsonantenassimilation (in viel späterer Zeit) tatsächlich möglich war, aber doch zugleich nicht selbstverständlich, wie die Lesart im Haupttext zeigt. Die von Schwarz, *Jesus*, 1985, 14, angeführten Belege stammen dagegen alle aus dem östlichen Aramäisch. Es bleibt demnach dabei, dass eine Herleitung aus dem westlichen Aramäischen zwar nicht unmöglich, aber dennoch auch nicht naheliegend ist.

[388] בֶּן־הִלֵּל = υἱὸς Ελληλ (Ri 12,13.15); בֶן־הִנֹּם = υἱοῦ Εννομ (II Kg 23,10: Jer 7, 31); פִּי הַחִירֹת = στόμα Εἰρωθ (Num 33,7); einzige Ausnahme ist II Sam 23,20 (הִדַּי = Ουρι).

[389] Gen 10,17; II Kg 16,20 u.ö.; Esr 7,1; Dan 10,4; Jos 11,3; Ri 3,3.

[390] Num 21,26; Jos 13,5; Jos 19,25.28; Jos 19,14; Jos 13,15; Ri 9,28; Ruth 4,18; II Sam 23,26.29; I Kg 4,10; II Kg 23,33; II Chr 1,3.9; 2,9; 4,28; Neh 7,59.63; Neh 10,12. 26; Ps 41,7; 88,13; Am 6,2; 6,14; Jes 15,14.

gedunkelte חָ-Anlaut in geschlossener Silbe wird zweimal mit ε- wiedergegeben.[391] Die Wiedergabe des Endlautes auf תח- mit -θα wird zudem bestätigt durch die durchgängige griechische Transliteration des einzigen biblischen Eigennamens mit diesem Endlaut, יִפְתָּח, als Ιεφθα.[392] Εφφαθα ist demnach nicht nur eine mögliche, sondern sogar die reguläre und naheliegende Transliteration des hebräischen Niphals הִפָּתַח, während man für eine Herleitung aus dem Aramäischen eine unübliche und in der aramäischen Literatur kaum nachweisbare Lautverschiebung annehmen muss. In diesem Fall wiegen die Argumente für einen hebräischen Hintergrund also schwerer.

Zusammenfassend kann gesagt werden, dass der Befund bezüglich der überlieferten semitischen Jesusworte keineswegs so eindeutig ist, wie oft angenommen: ταλιθα κουμ (Mk 5,41) ist wahrscheinlich aramäisch, kann aber auch zweisprachig gelesen werden. Das Kreuzeswort (Mt 27,46; Mk 15,34) war wahrscheinlich ursprünglich zweisprachig, auch wenn rein aramäische und rein hebräische Varianten existieren. Εφφαθα (Mk 7,34) schließlich lässt sich problemlos aus dem Hebräischen, jedoch nur schwer aus dem Aramäischen herleiten.

b) Semitische Fremd- und Lehnworte: Unter den im Neuen Testament gebrauchten semitischen Begriffen nimmt ἀμὴν mit 102 Belegen einen herausragenden Platz ein. Die hebräische Herkunft des Wortes ist offensichtlich und unbestritten: Im biblischen Hebräisch erscheint אמן 32x, in den hebräischen Texten von Qumran ist die Frequenz mit 81 Belegen noch höher. Auch in der hebräischen rabbinischen Literatur bleibt das Wort in Gebrauch. Fraglich ist jedoch, ob es auch in der aramäischen Sprache zum genuinen Wortschatz gehörte: In den aramäischen Teilen des AT erscheint es nicht, ebenso wenig wie in den aramäischen Texten von Qumran, obwohl die Häufigkeit der Verwendung dort in den hebräischen Texten ja noch anstieg. Es ist also eher wahrscheinlich, dass אמן in der rabbinischen Literatur auch dort, wo es in aramäischen Kontexten erscheint, ein hebräisches Lehnwort ist.[393]

---

[391] חָגְלָה = Εγλα (Num 36,11); חָרְמָה = Ερμα (Dtn 1,44).

[392] Ohnehin ist es problematisch, die Aussprache einzelner Worte zur Zeit Jesu aus der späteren masoretischen Punktuation biblischer Texte zu erschließen. Die Transliterationen in der antiken griechischen Literatur sind hier oft die zuverlässigeren Zeugen.

[393] Die aramäische Form אמין fehlt bei Sokoloff, *DJA*, 2003, und Sokoloff, *DJPA*, 2002, ganz, bei Sokoloff, *DJBA*, 2002, werden nur drei Belegstellen aus Inschriften aramäischer Zauberschalen (Nr. 1, 30 und 58) angeführt. Abgesehen davon ist das Wort nach Sokoloff nur im Syrischen und Mandäischen nachzuweisen. Delitzsch, *Amen*, 1856, versucht den Unterschied zwischen der synoptischen Formel ἀμὴν λέγω ὑμῖν und der johanneischen Form ἀμὴν ἀμὴν durch einen Rückgriff auf eine Kombination von hebr. אמן und aramäisch אמר אנא (zusammengezogen zu אמינא) zu erklären. Diese sei von Matthäus übersetzt, von Johannes in Transliteration wiedergegeben worden. Allerdings ist diese Formel so im rabbinischen Schrifttum nicht nachzuweisen, und sie erklärt auch nicht, warum Johannes und Matthäus dieser Formel stets ein λέγω ὑμῖν hinzufügen.

Ähnliches gilt für die Gebetsrufe ὡσαννά (6x)[394] und ἀλληλουϊά (4x).[395] Beide sind unzweifelhaft biblisch-hebräischen Ursprungs. Die wenigen Beispiele einer Verwendung von הושענא in aramäischen Kontexten der rabbinischen Literatur[396] und die paraphrasierende Wiedergabe im Targum[397] zeigen deutlich, dass der Begriff dort ein hebräisches Fremdwort blieb und die ursprüngliche Bedeutung als Bitt- und Hilferuf im aramäischen Sprachkontext nicht mehr unmittelbar präsent war. Hingegen zeigt gerade die Verwendung des Hosianna-Rufes bei den Synoptikern, die hier noch in enger Anlehnung an Psalm 118 geschieht, dass die hebräische Bedeutung und Herkunft des Wortes dort bewusst ist.[398] Der Gebetsruf הללויה taucht in dieser Schreibweise nur im Targum und im Syrischen als hebräische ad-hoc-Entlehnung aus dem biblischen Hebräisch auf, während erst die Peschitta הלילויא verwendet. Der Gebetsruf μαράνα θά (I Kor 16,22) schließlich ist zwar eindeutig aramäisch, gerade er findet jedoch in der Evangelientradition keinen Niederschlag. Die Anredeform ῥαββί (15x) ist im Hebräischen wie im Aramäischen gleichermaßen möglich und gebräuchlich.[399] Gleiches gilt für ῥαββουνί (Mk 10,51; Joh 20,16), auch wenn hierbei unklar ist, ob

---

394 Mt 21,9 (2x); 21,15; Mk 11,9.10; Joh 12,13.

395 Apk 19,1–6 (4x).

396 WaR 37,2 zu Lev 27,2 (Margulies 4:867–868) verwendet den Begriff als Bezeichnung für den letzten Festtag des Laubhüttenfestes, während bSuk 31a, 33b, 37a und 46b das Festgebinde am Sukkot-Fest als „Hosanna" bezeichnen. Auch die unterschiedliche Schreibweise in den jüdischen und christlichen Texten (jüdisch-palästinisch, jüdisch-babylonisch und altsyrisch הושענא, Peschitta אושענא) spricht für eine langsame Lösung des Wortes von seiner ursprünglichen Bedeutung im Zuge der Übernahme in den aramäischen Wortschatz.

397 Ps 118,25: פרוק כדון = „erlöse jetzt"?

398 Vgl. Jeremias, *Muttersprache*, 1959, 274. Die Herkunft von ὡσαννά aus Ps 118,25 (117,25 LXX) ist in den Evangelien gerade angesichts der Kombination mit der Phrase εὐλογημένος ὁ ἐρχόμενος ἐν ὀνόματι κυρίου (Ps 118,26/ 117,26 LXX) deutlich. Dass dennoch auch hier in der Forschung schon früh, vermutlich aufgrund der altsyrischen Evangelienüberlieferung, eine Herleitung aus dem Aramäischen versucht wurde (aus אושענא = „rette uns"), zeigt erneut die Gefahr einer Zirkularität der Argumente auf diesem Gebiet. Vgl. dazu auch Delitzsch, *Hosianna-Ruf*, 1855, 656 und Zahn, *Einleitung*, 1906, I:14. Dalman, *Worte*, 1898, 273, schließt gerade aus der angehängten Dativform, dass es sich hier um eine „irrtümliche altkirchliche Grußformel" handele. Jeremias, *Muttersprache*, 1959, 273-274, bestreitet dies zwar, geht aber auch von einem Bedeutungswandel des Wortes „vom Hilferuf zum Jubelruf" vor 70 n.Chr. aus. Brunson, *Psalm 118*, 2003, 203-214, hat dagegen in einer ausführlichen Untersuchung des jüdischen und frühchristlichen Sprachgebrauchs nachgewiesen, dass weder die Annahme eines Bedeutungswandels noch die Annahme einer mangelnden Verständlichkeit des hebräischen Wortes einen Anhalt in den Quellen hat.

399 Dalman, *Jesus*, 1922, 12; Schwarz, *Jesus*, 1985, 28. Schwarz zählt es jedoch trotzdem zur Liste der aramäischen Worte, weil es „von den Redenden und Hörenden ... gänzlich als aramäisch empfunden wurde".

eine Form von רַבָּן oder רִבּוֹן[400] zugrunde liegt. Eine seltene Lesart des Fragmententargums, die genau der neutestamentlichen Vokalisation entspricht, deutet eher auf die zweite Möglichkeit.[401] Die Bezeichnung μεσσίας (Joh 4, 25) bzw. μεσσίαν (Joh 1,41) ist in der Endung bereits gräzisiert. Abgesehen davon ist die Herleitung aus dem Hebräischen ebenso gut möglich wie die aus dem Aramäischen[402]: in beiden Sprachen lautet die Grundform משיח.[403] Der Ausfall des ח-Lautes ist auch in der LXX häufig zu beobachten, obwohl auch eine Wiedergabe mit χ möglich wäre.[404] Auch die Lautverschiebung von *qames* nach ε ist in der LXX gebräuchlich.[405] Die Anrede αββα schließlich stammt zwar ursprünglich aus dem Aramäischen, ist aber von dort auch in die hebräische Sprache eingewandert und dort ebenfalls gebräuchlich.[406] Eindeutig aramäisch ist ῥακά (= ריקא, Mt 5,22). Zwar kennt auch das Hebräische den Begriff רֵק (Gen 41,19), jedoch nicht als Schimpfwort. Eindeutig hebräisch wiederum ist βεελζεβοὺλ (5x), das, wie auch der Kontext zeigt, als Transliteration von בעל־זבול zu deuten ist.[407] Auch das johanneische μάννα (Joh 6,31.49) stammt zweifellos aus dem biblischen He-

---

[400] Für רַבָּן muss angenommen werden, dass das lange *qames* in der Aussprache eingedunkelt ist, vgl. Zahn, *Einleitung*, 1906, I:13. Die Übersetzung διδάσκαλε in Joh 20,16 spräche für diese Herleitung. Die Herleitung von רִבּוֹן würde zwar das lange ου erklären, gleichzeitig aber die Schwierigkeit erbringen, dass ein *chireq* mit α wiedergegeben wird. Außerdem gehört dieser Ausdruck wohl in spätere Zeit, vgl. Zahn, *Einleitung*, 1906, I:13.

[401] TFrag zu Gen 44,18, ed. Klein, *Fragment Targums*, 1980, 64. Die Lesart zeigt zwar, dass die neutestamentliche Vokalisation möglich ist. Ob diese Lautverschiebung nur in der aramäischen oder auch in der hebräischen Sprache möglich war, kann aus der singulären Lesart jedoch nicht geschlossen werden.

[402] Dalman, *Worte*, 1898, 249, identifiziert es kommentarlos als aramäisch. In der Liste von Jeremias, *Theologie*, 1971, 16, fehlt es, weil es sich nicht im Munde Jesu findet. Warum es auch in der Liste von Schwarz, *Jesus*, 1985, 6, fehlt, ist unklar.

[403] Die Herleitung von einem aramäischen *status emphaticus* משיחא, die in der Literatur oft angeführt wird, ist nicht nur unnötig, sondern unwahrscheinlich: Μεσσίας bzw. Μεσσίαν steht im NT stets mit zusätzlichem definitem Artikel, gibt also an sich nur die indefinite Form wieder. Zum Gebrauch des a-Auslauts als Indikator für einen *status emphaticus* vgl. außerdem unten S. 127.

[404] Beispiele für den Wegfall Gen 2,13; 10,11.13.14; 17,19; 28,9; 36,38 u.ö.; mit χ Gen 24,15; 36,23; I Chr 21,20; 25,18 u.ö.

[405] Vgl. die Lautverschiebung in I Sam 6,8 (בָּאַרְגַּז zu βερσεχθαν); II Kg 6,8 (אַלְמֹנִי zu ελμωνι); I Chr 26,15 (הָאֲסֻפִּים zu εσεφιν); II Chr 3,16 (שַׁרְשְׁרוֹת zu σερσερωθ); (הַתַּנּוּרִים zu θεννουριμ); Ps 52,1 LXX (מָחֲלַת zu μαελεθ); Hi 37,12 (בְּתַחְבּוּלֹתָו zu θεεβουλαθω); Dan 8,13 Θ (לַפַּלְמוֹנִי zu φελμουνι); Dan 11,45 Θ (אַפַּדְנוֹ zu εφαδανω).

[406] Im NT erscheint die Anrede nur Mk 14,36 in einem Jesuswort, außerdem Röm 8,15 und Gal 4,6. Jeremias, *Abba*, 1954, 58, vermutet das Wort hinter allen „Vater"-Gebetsformeln Jesu. Dass die Anrede trotz ihrer aramäischen Herkunft als gebräuchliches Lehnwort auch ins Hebräische übergegangen war, zeigen die 54 Belege allein in der Mischna (mPea 2,4.6; mEr 6,2; mBes 2,6; mKet 2,10 u.ö.).

[407] Vgl. unten S. 360. Schwarz, *Jesus*, 1985, 6 und 10, sieht zwar den hebräischen Hintergrund, ordnet aber die erste Namenshälfte dennoch der Liste aramäischer Begriffe zu.

bräisch.[408] Einige neutestamentliche Begriffe sind keine Transliterationen im engeren Sinne, sondern bereits als Lehnworte in die griechische Sprache eingegangen:[409] Dazu zählen βάτος (= בת, Lk 16,6)[410] und σάκκος (hebr. שק, Mt 11,21 und Lk 10,13)[411], die beide dem Hebräischen entstammen. βύσσος (= בוץ, Lk 16,19), μνᾶ (= מנה, Lk 19,13–25), σάτον (= סאה, Mt 13,33 par. Lk 13,21) und κόρος (=כור, Lk 16,7) haben Entsprechungen im Hebräischen wie im Aramäischen, wobei letzteres im Hebräischen weitaus gebräuchlicher ist.[412] Auch κορβᾶν (=קורבן, Mk 7,11) bzw. die gräzisierte Form κορβανᾶς (Mt 27,6) sind gleichermaßen hebräisch wie auch aramäisch möglich.[413] Μαμωνᾶ (4x) wurde zwar immer wieder als typisch aramäisch bezeichnet, ist aber ebenfalls in beiden Sprachen gebräuchlich, wobei die hebräischen Belege früher sind.[414] Auch die Worte πάσχα (29x), σάββατα (68x), σατανᾶς (36x), und γέεννα (12x) stammen zwar aus dem semitischen Sprachraum, waren jedoch bereits als Lehnworte in die griechische Sprache übergegangen, was sich in der grammatikalischen Ausformung von Deklinationen niederschlägt. Für alle vier wird ebenfalls meist ein aramäischer Hintergrund *a priori* angenommen. Das mag zum einen an der allgemeinen Grundannahme einer Exklusivität der aramäischen Sprache liegen. Es wird aber auch, ähnlich wie bei vielen Toponymen, aus dem abschließenden a-Laut

---

[408] Im jüdisch-palästinischen Aramäisch ist das Wort unbekannt, vgl. SOKOLOFF, *DJPA*, 2002, 685; es taucht nur in den Targumen als Transliteration aus dem hebräischen und dann später im christlich-palästinischen Aramäisch auf, vgl. SOKOLOFF, *DJBA*, 2002, 313.

[409] Sie werden aber z.B. von SCHWARZ, *Jesus*, 1985, 6, in der Liste der aramäischen Begriffe aufgeführt und sollen daher hier auch genannt werden.

[410] Aramäische Belegstellen, wie sie z.B. bei SCHWARZ, *Jesus*, 1985, 9 und 21, angeführt werden, stammen ausschließlich aus den Targumim. Dort geben sie allerdings nur den hebräischen Text wieder, sind also nicht Beleg für eine eigenständigen Gebrauch im Aramäischen.

[411] Das aramäische Pendant סקא bzw. שקא ist im jüdisch-palästinischen Aramäisch nicht belegt, vgl. SOKOLOFF, *DJPA*, 2002, 387 und *DJBA*, 2002, 828. Das aramäische Fragment 4Q541 (=4QapocrLevi[a]? ar) 24 ii:2 ist zu schlecht erhalten, um hier in Betracht zu kommen (Von fünf Buchstaben fehlt einer ganz, die 4 übrigen sind rekonstruiert).

[412] Belege für כור sind im jüdisch-palästinischen Aramäisch selten und nur dreimal belegt: yPea 8,2/2 (20d), yBM 5,1 (10c) und RutR 5,12 zu Ruth 3,3 (ed. Wilna 10a). SOKOLOFF, *DJPA*, 2002, 254. Im Hebräischen ist das Wort weitaus gebräuchlicher (allein 46x in der Mischna).

[413] Es handelt sich Mt 27,6 nicht um den aramäischen *status emphaticus*, sondern um eine gräzisierte Form im Akkusativ. Ein lexikalischer Unterschied (κορβᾶν = Opfer, κορβανᾶς = Tempelschatz) liegt hier ebenfalls nicht vor. Vgl. SCHWARZ, *Jesus*, 1985, 18. Das Nebeneinander von קרבן in beiden Sprachen wird jetzt eindrücklich belegt durch die zweisprachige Inschrift von Arnona (CIIP 466).

[414] Aramäische Belege im Targum Neofiti zu Gen 34,23, bBer 61b, yBer 9,3/18 (13d) u.ö., hebräische Belege in Sir 31,8; 1QS VI:2; 1Q27 (=1QMyst) 1 ii:5; CD XIV:20 sowie 42x in der Mischna. Vgl. FITZMYER, *Study*, 1975, 12: „Here is an instance where we have to cease appealing to Aramaic for the explanation of the Greek μαμωνᾶ and resort merely to a common semitic background of the word."

geschlossen, der stets als ein Indikator für einen aramäischen *status emphaticus* gedeutet wird. Dass dieser Schluss nicht zutrifft, zeigt sich an diesen Beispielen ebenso wie an vielen Toponymen (siehe unten S. 127ff.): So wird auch der semitische Hintergrund für πάσχα ausschließlich im aramäischen *status emphaticus* פַּסְחָא gesucht. Tatsächlich erscheint das Wort πάσχα aber bereits in der LXX regelmäßig als Transliteration für das hebräische פֶּסַח.[415] Das kann auf eine schon in dieser Zeit einsetzende Aramaisierung hindeuten.[416] Es kann aber auch eine einfache Gräzisierung des Endlauts vorliegen, wie etwa in den anderen drei genannten Beispielen, in denen der α-Auslaut sogar deklinierbar ist. Unabhängig davon steht jedoch fest, dass πάσχα in der LXX ausschließlich für den *hebräischen* Begriff Verwendung findet. Das gleiche gilt für σάββατα. Der Auslaut auf -α ist auch hier nicht notwendigerweise ein aramäischer *status emphaticus* (aram. שַׁבְּתָא statt hebr. שַׁבָּת).[417] Im Gegenteil, sowohl die durchgängige Verwendung des Wortes in der LXX als Wiedergabe des hebräischen שַׁבָּת, als auch der im Griechischen zusätzlich gesetzte Artikel sprechen eher für eine Deutung als gräzisierte Form des hebräischen שַׁבָּת.[418] Dies zeigt sich um so deutlicher darin, dass die LXX auch die hebräische Singularform שַׁבָּת (und sogar den Singular שַׁבָּתוֹן in Ex 16,23) durch die griechische Form σάββατα wiedergibt (mit und ohne Artikel), während für den Plural שַׁבָּתוֹת stets die determinierte Form τὰ σάββατα steht.[419] Abgesehen davon bliebe selbst die „aramaisiserte" Form שַׁבְּתָא innerhalb der aramäischen Sprache ein *hebräisches* Fremdwort, denn der hebräischen Wurzel שבת entspricht im Aramäischen נוח. Im Targum bleibt daher z.B. in Gen 2,2–3 die etymologische Herleitung des Ruhetags völlig unklar:

וּבָרֵיךְ יוי יָת יוֹמָא שְׁבִיעָאָה וּקַדֵּישׁ יָתֵיה אֲרֵי בֵיהּ נָח מִכָּל עֲבִידְתֵיהּ דִבְרָא יוי לְמַעְבַּד׃	וַיְבָרֶךְ אֱלֹהִים אֶת־יוֹם הַשְּׁבִיעִי וַיְקַדֵּשׁ אֹתוֹ כִּי בוֹ שָׁבַת מִכָּל־מְלַאכְתּוֹ אֲשֶׁר־בָּרָא אֱלֹהִים לַעֲשׂוֹת׃
TO zu Gen 2,2–3	Gen 2,2–3 (MT)

Auch in σατανᾶς ist die gräzisierte Endung offensichtlich, und eine Herleitung aus dem Hebräischen[420] wie aus dem Aramäischen[421] ist gleicherma-

---

[415] 28x in der LXX, anders nur in II Chr 30–35 (φασεκ, 17x). Die Aussage von Jeremias, *Abendmahlsworte*, 1960, 9 und Jeremias, *Theologie*, 1971, 17, das hebräische פסח werde im Griechischen „ausnahmslos" φάσεκ/φάσεχ/φέσε transkribiert, ist unverständlich. Vielleicht hält Jeremias alle übrigen LXX-Transliterationen bereits für aramaisiert.

[416] So Zahn, *Einleitung*, 1906, I:12.

[417] So Zahn, *Einleitung*, 1906, I:12; Jeremias, *Theologie*, 1971, 17; Schwarz, *Jesus*, 1985, 32. Casey, *Sources*, 1998, 57–58. Zum auslautenden -a vgl. jedoch unten S. 127.

[418] So auch Blass/Debrunner, *Grammatik*, 1970, § 141,3.

[419] Nur in einem von 29 Fällen (II Chr 31,3) ohne Artikel.

[420] שטן (28x, davon 11x in Hi und 2x in Sach 3,1–2 השטן als Widersacher Gottes).

[421] TO und TJon סטן, Targum Hiob סטנא, Targum Ps סיטנא.

ßen möglich. In Qumran allerdings taucht der Begriff ausschließlich in den hebräischen Texten auf.[422] Dass die Endung auf -α kein Indikator für aramäische Sprache ist, wird schließlich auch an der Transliteration γέεννα deutlich, die aus dem biblischen Hebräisch stammt (גֵּיא־הִנֹּם)[423], von dort als *terminus technicus* ins mischnische Hebräisch übernommen wurde (גֵּהִנָּם, גֵּיהִנָּם, גֵּהִינָּם)[424], und dann in gleicher Form auch als hebräisches Lehnwort im Aramäischen Verwendung findet[425], also eben nicht mit a-Auslaut, sondern auch hier mit konsonantischer Endung. Die Schreibweise גיהנא dagegen erscheint erst in der syrischen Literatur und ist ihrerseits vermutlich eine Transliteration des neutestamentlichen γέεννα. Das Wort συκομορέα (Lk 19,4) schließlich gehört m.E. nicht in die Liste der Transliterationen oder Lehnworte.[426] Zusammenfassend ergibt sich eine Verteilung möglicher aramäischer und hebräischer Herleitungen entsprechend der Übersicht in Tabelle 5.

Die Übersicht macht deutlich, wie Anteile des hebräischen und aramäischen Hintergrundes in den Transliterationen und Lehnworten der Evangelien verteilt sind. Es zeigt sich, dass im Blick auf diese Daten kaum von einem eindeutigen Befund die Rede sein kann. Weder ein exklusiv aramäisches noch ein exklusiv hebräisches Modell wird diesem komplexen Befund gerecht. Allenfalls ist ein geringes Übermaß an hebräischen Einflüssen zu erkennen, der aber vor allem durch den großen Anteil religiöser Begrifflichkeit zu erklären ist. Ein Modell komplexer Mehrsprachigkeit mit Anteilen aus beiden Sprachen, je nach Thema und Situation, erklärt den Befund am besten.

c) Personen- und Ortsnamen. Der gleiche komplexe Befund zeigt sich auch in den Orts- und Personennamen, die sich in den Evangelien und der

---

[422] Eine Ausnahme bildet natürlich das Hiob-Targum, wo der Begriff als Übersetzung des hebräischen Originals auftaucht.

[423] So in Neh 11,30. In der LXX fehlt hier die Ortsangabe, vermutlich weil das Toponym hier bereits zum feststehenden Begriff wurde. Sonst verwendet das AT stets גֵּי בֶן־הִנֹּם (10x), wobei die Transliterationen variieren, aber stets nur הִנֹּם wiedergeben.

[424] mEd 2,10 (ed. Müller 31); mAv 1,5; 5,19.20 (ed. Marti/Beer 16; 148–150); tBer 6,7 (Rengstorf 1:43); tSan 13,3 (Zuckermandel 434); bEr 19a; bRHSh 17a; MekhY בחדש 9 zu Ex 20,15 (Horovitz/Rabin 236), u.ö.

[425] Vgl. Jastrow, *Dictionary*, 1903, 236. Der von Dalman, *Grammatik*, 1894, 183f. und Jeremias, *Theologie*, 1971, 17 als typisch aramäisch beschriebene Wegfall des Schlusskonsonanten ist auch in den hebr. Transliterationen der LXX häufig, vgl. unten S. 127.

[426] Gegen Schwarz, *Jesus*, 1985, 39. Es existiert offenbar ein etymologischer Zusammenhang zwischen dem griechischen Begriff und seinen semitischen Entsprechungen. In diesem Fall ist jedoch nicht anzunehmen, dass das griechische Wort hier eine semitische Entsprechung (etwa שיקמאה) wiederzugeben versucht. Sollte dem Text eine semitische Vorlage zugrundeliegen, wird sie eher gebräuchlichere Begriffe enthalten haben (z.B. hebr. שִׁקְמָה, aram. שִׁיקְמָא).

	hebräisch	eher hebräisch	nicht eindeutig	eher aramäisch	aramäisch
1. Jesusworte:					
ταλιθα κουμ				x	
ηλι ηλι λεμα σαβαχθανι			x		
εφφαθα		x			
2. Gebetsrufe:					
ἀμὴν	x				
ὡσαννά	x				
ἁλληλουϊά	x				
(μαράνα θά)					x
3. Anredeformen:					
ῥαββί			x		
ῥαββουνί			x		
μεσσίας			x		
αββα			x		
4. Sonstiges:					
βεελζεβοὺλ	x				
μάννα	x				
σάκκος	x				
βάτος	x				
κόρος		x			
γέεννα		x			
σάββατα		x			
μαμωνᾶ			x		
πάσχα			x		
σατανᾶς			x		
κορβᾶν			x		
βύσσος			x		
μνᾶ			x		
σάτον			x		
ῥακά					x

Tabelle 5: Lexikalische Semitismen im Neuen Testament

Apostelgeschichte finden.[427] Diese waren noch für Dalman ein entscheidender Beleg für die Vorherrschaft des Aramäischen sogar in Judäa:

„Auf zumindest vorwiegende Herrschaft des Aramäischen in *Judäa* lassen mit Sicherheit schliessen die Jerusalem und seiner Umgebung angehörenden Ortsbezeichnungen...“[428]

Jedoch trifft diese Beobachtung bei näherer Betrachtung nicht zu: Selbstverständlich würde eine rein statistische Erhebung der Orts- und Personennamen zunächst ein ganz erhebliches Übergewicht an *hebräischen* Namen aufweisen. Jedoch ist dieser Befund, für sich genommen, wenig aussagekräftig, da ein Großteil der verwendeten Namen aus dem biblischen Hebräisch stammen und daher in hebräisch- wie aramäischsprachigem Umfeld gleichermaßen Verwendung finden konnten. Zudem sind für viele der biblischen Namen die griechischen Transliterationen der LXX übernommen und sagen daher wenig über die Sprache ihrer Träger. Und schließlich muss gerade im Bereich der Ortsnamen mit ganz eigenen Regeln sprachlicher Interferenz gerechnet werden.[429] Dessen ungeachtet zeigt die häufige Frequenz biblischer Namen aber auch eine bleibende Vertrautheit mit dem hebräischen Bibeltext. Wäre diese nicht gegeben, wäre sicher schon früher eine weitgehendere Hellenisierung oder Aramaisierung des Namensregisters erfolgt. Lässt man daher die biblischen sowie die offensichtlich griechischen und lateinischen Namen außer Acht, so ergeben die restlichen semitischen Namen, ähnlich wie die Zitate und Lehnworte, und anders als von Dalman behauptet, ein sehr gemischtes Bild:

Ein eindeutig aramäischer Hintergrund lässt sich für die Namen Ἀκελδαμάχ, Καϊάφα, Μάρθα und Ταβιθά finden: Für Ἀκελδαμάχ wird die Herleitung vom aramäischen חקל דמא durch die griechische Erklärung (ἀγρὸς αἵματος Mt 27,8; χωρίον αἵματος Apg 1,19) bestätigt.[430] Für Καϊάφα ist die aramäische Herleitung von כיפא jetzt auch durch Ossuarfunde bestätigt.[431] Μάρθα

[427] Orts- und Personennamen aus den übrigen neutestamentlichen Schriften werden hier aus methodischen Gründen nicht berücksichtigt, da ihre geographische Streuung weit über das Gebiet Palästinas hinaus reicht. Natürlich steht außer Frage, dass sich auch außerhalb der Evangelien Kultur und Sprache Palästinas niedergeschlagen haben, ebenso wie sich auch innerhalb der Evangelien Einflüsse aus der Diaspora und aus dem Umfeld der jeweiligen Evangelisten finden können. Die Unterscheidung bleibt daher künstlich.

[428] Dalman, *Worte*, 1898, 6.

[429] Vgl. den Exkurs von Tesch, *Interferenz,* 1978, 136 zu Namensentlehnungen. Demnach geschieht gerade in diesem Bereich oft eine Abwägung zwischen der Wiedergabe des Klanges und des Bedeutungsgehalts, wie auch aus der Wiedergabe hebräischer Ortsnamen in der LXX deutlich wird. Bei der Auswertung der Ortsnamen ist also besondere methodische Vorsicht geboten.

[430] Man beachte die Wiedergabe des status emphaticus durch starkes -αχ (nicht nur -α).

[431] Vgl. die Inschriften aus dem „Caiaphas-Grab“, Cotton/Di Segni/Eck et al., *CIIP*, 2011 (CIIP 461-465) sowie das kürzlich veröffentlichte Ossuar der Caiaphas-Enkelin Miriam, vgl. oben S. 98 Anm. 313.

ist aramaisierte Form des hebräischen מרים.[432] Ταβιθά schließlich geht zuück auf das aramäische Wort תביא (hebräisch צבי), was auch durch die griechische Übersetzung mit Δορκάς (Apg 9, 36) bestätigt wird. Hinzu kommen die mit Βαρ- beginnenden Eigennamen Βαρθολομαῖος, Βαρναβᾶς, Βαρσαββᾶς, Βαραββᾶς und Βαριωνᾶ, obwohl hier bereits teilweise eine Kombination des aramäischen בר mit hebräischen Namensbestandteilen vorliegt: Die Vorsilbe בר war, wie bereist zu sehen war, in neutestamentlicher Zeit teilweise zu einem reinen Namensbestandteil geworden, der sowohl in Frauennamen als auch in Namen hebräischsprachiger Familien erscheint.[433]

Eher hebräischen Hintergrund haben hingegen die Namen Εμμανουηλ, Ζεβεδαίος, Χουζᾶ, Γεθσημανὶ, Ἰσκαριὼθ, Ναζαρέτ, und der Beiname ὁ Καναναῖος: Für Εμμανουηλ[434] und Χουζᾶ.[435] ist die Herkunft aus dem biblischen Hebräisch offensichtlich. Auch Ζεβεδαίος ist biblisch-hebräischer Herkunft (צבדיה bzw. צבדיהו, in der LXX mit Ζαβαδια, Ζαβαδιας, Ζαβδιας und Ζαβδια wiedergegeben). In der rabbinischen Literatur erscheint die Kurzform זַבְדַּי, die der neutestamentlichen Wiedergabe am nächsten steht.[436] Für Γεθσημανὶ ist eine Herleitung aus dem hebräischen גת שמנים („Ölpresse") wahrscheinlich, im aramäischen Wortschatz hingegen ist גת nicht belegt. Für Ἰσκαριὼθ sind wohl weder die Ableitungen aus dem Lateinischen (*sicarii*, „Messerstecher") noch aus dem aramäischen אִיסְקוֹרְטְיָא („Lederrock") oder אַסְכָּרָא („der Erstickte, Erhängte") nötig oder auch plausibel, da hebr. אִישׁ קְרִיּוֹת (vgl. Jos 15,15) viel näher liegt.[437] In dem Ortsnamen Ναζαρέτ (mit den Varianten Ναζαρά und Ναζαρέθ) könnte eine Anspielung auf den hebräischen Text von Jes 11,1 und 60,21 (נצר) bewusst angelegt sein, etwa wenn es sich um eine Siedlung von Rückkehrern aus dem Exil handelte, die mit der Wahl dieses Ortsnamens eine messianische Hoffnung ausdrückten. Einen solchen biblischen Hintergrund des Ortsnamens legt jedenfalls das Erfüllungszitat Mt 3,23 nahe, das in diesem Fall keine gewaltsame Umdeutung des biblischen Textes, sondern eine Anspielung auf die dem Ortsnamen zugrunde liegende Etymologie wäre. Ein Dorf mit dem Namen Kochaba, das später ebenfalls mit der judenchristlichen Gruppe der Nazoräer in Verbin-

---

432 ILAN, *Jewish Names*, 2002.

433 Vgl. oben S. 103.

434 Bereits die LXX gibt die hebräische Phrase עִמָּנוּ אֵל (Jes 7,14) nicht als Übersetzung, sondern als Transliteration, also als Eigennamen, wieder.

435 Vermutlich חוֹזַי (II Chr 33,19, dort aber nicht von LXX wiedergegeben).

436 Vgl. BILLERBECK, *Kommentar*, 1969, 1:188.

437 Vgl. BILLERBECK, *Kommentar*, 1969, 1:537. CANE, *Iscariot*, 1999, 44, wendet gegen eine hebräische Deutung ein, diese sei in einem ausschließlich aramäischen Kontext nicht erklärlich. BEYER, *Texte I*, 1984, 57, spricht dagegen von einer „Ausnahme", die aber gerade durch ihre griechische Transliteration verrate, dass sie der ausschließlich aramäischsprachigen Bevölkerung nicht mehr verständlich war: „Die Familie (...) des Verräters Jesu muss das hebräische (...) also aus religiösen oder politischen Gründen gewählt haben, was einen Anhalt für die Gründe des Verrats geben könnte."

dung gebracht wird, könnte in ähnlicher Weise in Anlehnung an Num 24,17 benannt worden sein. Noch Julius Africanus berichtet, dass zu seiner Zeit in den Dörfern Nazaret und Kochaba Blutsverwandte Jesu wohnten.[438] Ebenso ist eine Herleitung aus dem hebräischen Verb נצר („hüten, bewahren", נצרת also „Hüterin, Wächterin") möglich.[439] Aus einem vergleichbaren aramäischen Verb lässt sich der Ortsname jedoch nicht ableiten. Der Beiname ὁ Καναναῖος schließlich erscheint in Mk 3,18 und Mt 10,4, wird dort aber nicht weiter erklärt. Lukas übersetzt den Beinamen jedoch in Lk 6,14 mit Σίμωνα τὸν καλούμενον ζηλωτὴν, und auch in der rabbinischen Literatur erscheint der hebräische Begriff קַנָּאִי in der Tat als *terminus technicus* für religiöse Eiferer.[440] Für den Beinamen Βοανηργές[441] ist eine Herleitung aus

---

[438] Vgl. Pixner/Riesner, *Wege*, 1994, 163–164 und Riesner, *Nazaret*, 1995.

[439] Beyer, *Texte I*, 1984,113, und Dalman, *Grammatik*, 1894, 152. Es handelte sich dann um einen hebräischen Ortsnamen „in aramaisierender Aussprache" (Beyer). Auch hier ist ein biblischer Anklang denkbar, denn in Ps 25,10 wird den „Hütern seines Bundes und seiner Gebote" (נוצרי בריתו ועדתיו) Gottes besonderer Beistand verheißen. Eine ähnliche Begrifflichkeit wird in Sir 32,24 verwendet (נוצר תורה) und klingt auch in Jes 49,6 an (נצורי ישראל). Auch in Qumran enthalten alle 6 Belege des Wortes נצר eine Konnotation von Bundes- oder Gesetzestreue. Die Wahl des Ortsnamens könnte also intentional sein und mit einer entsprechenden Selbstbezeichnung der Einwohner נוצרים oder נוצרי בריתו geführt haben, die sich dann auch in der doppeldeutigen Bezeichnung Jesu als Ναζωραῖος widerspiegelt. Denn diese war ja gerade keine eigentümliche Bezeichnung Jesu, sondern ging später auch auf seine nicht aus Nazareth stammenden Jünger (Apg 24,5) über, bis der Begriff נוצרים schließlich vollends zum *terminus technicus* für „Christen" wurde. Beide Begriffe, der „Spross" und die „Hüter", könnten auch bewusst nebeneinander die Identität der Einwohner Nazareths geprägt haben.

[440] Z.B. mSan 9,6 (Krauß 260) und bAZ 36b (beide Male in quasi-offizieller Funktion bei der Verhaftung von Verbrechern im Kontext des Tempels); in der Verbindung קנאי בן קנאי als Charakterisierung einer Person (bSan 82b) oder noch ausführlicher in der Formel מעל בני ישראל כהן בן כהן קנאי בן קנאי, SifBam §131 zu Num 25,11 (Horovitz 173, dt. Kuhn 525). Die Formel erscheint WaR 33,4 zu Lev 25,14 (Margulies 4:762) auch in aramäischer Fassung. Auffällig ist die enge Verbindung zum Priestertum an allen diesen Stellen (vgl. unten S. 138). Das zweite ν in Καναναῖος könnte hier auf eine Gräzisierung des mischnisch-hebräischen Plural קנאין (so auch mSan 9,6) zurückgehen. Anders Rüger, *Sprache Jesu*, 1968, 118, der das zweite ν als eindeutigen Beleg für eine Herkunft vom aramäischen קנאן wertet. Zum problematischen Gebrauch der Endung -αῖος als Indikator für aramäische Sprache vgl. unten S. 126.

[441] Trotz der von Mk angebotenen Übersetzung υἱοὶ βροντῆς ist die Etymologie unklar. Die Herleitung aus dem aramäischen בני רגיז oder בני רגוז („Söhne des Zorns"), vgl. Billerbeck, *Kommentar*, 1969, 2:5, ist ebenso möglich wie aus dem hebräischen בני רגז (vgl. Hi 3,17.26; 14,1; 39,24; Hab 3,2) mit gleicher Bedeutung, aus בני רגזה („Söhne des Zitterns/Bebens", vgl. Ez 12,18) oder בני רעש (ebenfalls „Söhne des Bebens", vgl. Ez 3,12.13; 37,7; 38,19; Nah 3,2). Alle diese Konjekturen entsprechen allerdings nur entfernt der griechischen Wiedergabe mit υἱοὶ βροντῆς. Eine ungewöhnliche Lautverschiebung von בְּנֵי zu Βοανη muss zudem in allen diesen Fällen angenommen werden: Die LXX transkribiert Schwa mit α oder ο, jedoch nie mit οα. Billerbeck, *Kommentar*, 1969, 2:5, nennt als einzigen griechischen Beleg die Transliteration μοασαδα für מצדה bei Stra-

dem hebräischen und aramäischen gleichermaßen möglich, ebenso wie für die Ortsnamen Βηθσαϊδά,[442] Βηθφαγὴ,[443] Καφαρναοὺμ,[444] Μαγδαληνὴ,[445] Χοραζίν[446] und Σιλωαμ.[447] Für viele weitere Namen ist eine Herleitung unsicher oder ganz unklar.[448] Die Gruppenbezeichnungen Φαρισαῖοι und Σαδδουκαῖοι werden, vor allem wegen ihrer Endungen, ebenfalls oft auf aramäische Bezeichnungen zurückgeführt. So wird hinter Φαρισαῖοι die aramäische Pluralform פְּרִישַׁיָּא vermutet.[449] Eine solche Form ist jedoch aus dem Aramäischen unbekannt, wie überhaupt die Verwendung des Begriffes als Bezeichnung für eine Personengruppe. In der rabbinischen Literatur wird da-

---

bo Geogr. 16.2.44, ed. Radt, *Strabo*, 2005, Band 4:348. Der Text ist jedoch an dieser Stelle unsicher. Eine andere Möglichkeit der Herleitung bietet Buth, *Popular Etymology*, 1981: Demnach könnte der ursprünglich hebräische oder aramäische Name בני רעם im Hintergrund stehen, was in der Tat die wörtliche Entsprechung des griechischen υἱοὶ βροντῆς wäre. Die übliche Transliteration dafür wäre βανε ρεγεμ oder βονε ρεγεμ. Diese könnte dann im Zuge einer ‚Volksetymologie' durch ein sinn- und lautverwandtes Kompositum aus den griechischen Wurzeln βοάν (‚rufen, brüllen') und ἐργ- (‚wirken') ersetzt worden sein. Der semitische Name ‚Söhne des Donners' sei auf diese Weise durch einen griechischen Eigennamen mit dem Bedeutungsgehalt ‚Gebrüll-Macher', ‚Schreihälse' wiedergegeben worden. Tesch, *Interferenz*, 1978, 136, beschreibt dieses linguistische Phänomen einer ‚semantischen Transposition (Adideation)' bei der sprachlichen Übernahme exogener Eigennamen als Regelfall: „‚Verantwortlich für die Änderung des übernommenen fremden Eigennamens ist zunächst die Tendenz, den fremden Namen innersprachlich verständlich zu machen', indem er in Beziehung gesetzt wird zu ähnlichen gleichlautenden Appelativa". Ein antikes Beispiel für eine solche deutende Übertragung von Ortsnamen bietet z.B. Jos. Bell 6,438, wo Josephus den Ortsnamen Jerusalem (Ἱεροσόλυμα) durch den Bau des Heiligtums (τὸ ἱερὸν) in der Stadt Solyma (Σόλυμα) erklärt.

[442] Hebr. בית־ציד oder בית־צידה, aram. בית־צידא („Haus des Fischers" oder „Haus des Jägers", vielleicht einfach „Vorratshaus"). Zur irrtümlichen Deutung des α- Auslauts als Indikator für aramäische Sprache siehe unten S. 127.

[443] פג ("unreife Feigen"), erscheint nur einmal im biblischen Hebräisch in der Form פַּגֶּיהָ, aramäisch erst in der syrischen Literatur. Der Name בית פגי bzw. בית פאגי als Ortsname erscheint in hebräischen Kontexten mMen 11,2 (Cohn 153); tPes 8,8 (Liebermann 2:186); tMen 8,18; 11,1 (Zuckermandel 524.529); tMeil 1,5 (Zuckermandel 537); SifBam §151 zu Num 29,35 (Horovitz 196, dt. Kuhn 606); im babylonischen Talmud (28x) vor allem in aramäischen Kontexten, vgl. Billerbeck, *Kommentar*, 1969, 1:839.

[444] כפר ist hebräisch oder aramäisch, ναοὺμ ist Eigenname (נַחוּם).

[445] Für die mögliche Lautverschiebung in der Transliteration des hebräischen מִגְדָּל vgl. Jos 15,37 (מִגְדַּל־גָּד zu Μαγδαλγαδ).

[446] Die Etymologie des Wortes ist unklar. In bMen 58a wird (in hebräischem Kontext) ein Ort כרזיים erwähnt, der möglicherweise mit dem neutestamentlichen Ort identisch ist.

[447] Σιλωαμ ist schon in Jes 8,6 Transliteration des hebr. שִׁלֹחַ. Aram. eigentlich שִׁילוֹחָא, aber zuweilen auch in der hebr. Form שִׁלֹחַ.

[448] So z.B. Δαλμανουθά, Γεννησαρὲτ, vgl. Billerbeck, *Kommentar*, 1969, 1:184, sowie Κανὰ, Ναΐν, Αἰνὼν, Σαλείμ und einige Namen aus dem Stammbaum Jesu. Für Βηθανίᾳ ist die traditionelle Herleitung von בית היני (Haus der Datteln) vermutlich falsch, andere unsicher, vgl. Billerbeck, *Kommentar*, 1969, 1:855–856. Für Ἐμμαοῦς liest Codex Bezae

für stets nur die hebräische Form פְּרוּשִׁים bzw. פְּרוּשִׁין verwendet. Die Gefahr einer *petitio principii*, ausgehend von einem exklusiv aramäischen Modell, wird aus der folgenden Erklärung für diesen Befund deutlich:

> „Dieser auffällige Textbestand kann nur durch die Annahme erklärt werden, daß im Zuge einer sprachlichen Normierung פְּרִישׁ bzw. פְּרִישַׁיָּא in der Bdtg Φαρισαῖος durch das hbr Äquivalent ersetzt worden ist. Jedenfalls haben die Kirchenväter die aram Vorlage von Φαρισαῖος noch gekannt, denn sie beziehen sich regelmäßig auf den aram Ausdruck, wenn sie die Erscheinung des Pharisäismus erklären wollten. So sagt Orig Comm in Joh fr 34 zu 3,1 (p 510,5ff): ‚Phares bedeutet nämlich bei den Hebräern der Abgesonderte, da diese (sc. die Pharisäer) sich vom gesamten Volke der Juden absondern'".[450]

Auf die Verwendung der Begriffe für ‚hebräisch' und ‚aramäisch' in der Antike wird im Folgenden noch einzugehen sein. Für die Erklärung des Begriffs Φαρισαῖος dürfte der Rückgriff auf den hebräischen Hintergrund allerdings nahe liegender sein als die Annahme einer nachträglichen ‚Bereinigung' nicht bezeugter aramäischer Begriffe. Auch für den Begriff der Σαδδουκαῖοι gibt es ausschließlich in der hebräischen Sprache eine Entsprechung (צְדוּקִים bzw. צְדוּקִין). Abgesehen von der textlichen Bezeugung ist jedoch der Rückschluss von dem griechischen Auslaut -αῖοι auf die aramäische Pluralendung ◌ַיָּא־ grundsätzlich unzulässig. Es handelt sich um eine rein griechische Adjektivendung, die nichts über die dahinter liegende semitische Wortendung aussagt. Im Gegenteil, in der LXX entspricht die Endung -αῖοι in Eigennamen regelmäßig der hebräischen Endung ים (bei Volksnamen auch dem einfachen י):

τοὺς Ομμαίους (Gen 14,5)	הָאֵימִים
ἐκ χώρας Χαλδαίων (Gen 15,7)	מֵאוּר כַּשְׂדִּים
ὁ θεὸς τῶν Εβραίων (Ex 5,3)	אֱלֹהֵי הָעִבְרִים
τοῖς Μαδιηναίοις (Num 25,17)	אֶת־הַמִּדְיָנִים
ἀνὴρ Ιεμιναῖος (I Sam 4,12)	אִישׁ־בִּנְיָמִן
οἱ Ζιφαῖοι (I Sam 23,19)	זִפִים
οἱ Βηρωθαῖοι (II Sam 4,3)	הַבְּאֵרֹתִים
οἱ Ιουδαῖοι (Neh 4,6)	הַיְּהוּדִים

Viele weitere Beispiele existieren. Zuweilen wird die Endung auch ganz unvermittelt an ein hebräisches Wort angehängt, um dieses zu gräzisieren:

τὸν Χετταῖον (Gen 10,15)	חֵת
Ιδουμαίᾳ (Gen 36,16)	אֱדוֹם
οἱ Γεθθαῖοι (I Sam 5,8)	גַּת
Αχραθαῖος (Est 4,9)	הֲתָךְ
Μουχαιος (Est 1,16)	מוּמְכָן

ουλαμμαους, was auf eine Verbindung mit Gen 28,19 (בֵּית־אֵל וְאוּלָם לוּז, LXX Οἶκος θεοῦ καὶ Ουλαμλους) hindeuten könnte. Diese Herleitung stünde allerdings mit der traditionellen Lokalisierung von Emmaus/Nikopolis nahe dem heutigen Latrun in Konflikt.

[449] Z.B. Meyer, *ThWNT*, 1973, 12; Zahn, *Einleitung*, 1906, I:23.

[450] Meyer, *ThWNT*, 1973, 12–13.

Wäre die Endung tatsächlich ein Indikator für aramäische Sprache, dann müsste auch für Ἰουδαία, Γαλιλαία und Ἰτουραία (Lk 3,1), Ἀχαΐᾳ (Röm 15,26 u.ö.), Λασαία (Apg 27,8), Κυρηναῖα (Apg 13,1) u.a. ein aramäischer Sprachhintergrund angenommen werden.

Besonderes Gewicht für die Sprachenfrage schließlich haben die Ortsnamen Βηθεσδά bzw. Βηθζαθὰ, Γαββαθα und Γολγοθᾶ, da diese in Joh 5,2, Joh 19,13 und Joh 19,17 ausdrücklich als „hebräisch" (ἑβραϊστὶ) bezeichnet und dennoch in der Literatur meist aus dem Aramäischen hergeleitet werden.[451] Hieraus ergeben sich folgenreiche Rückschlüsse auf den Sprachgebrauch nicht nur des Johannes, sondern des gesamten Neuen Testaments. Wichtige Fragen in der Beurteilung dieser Namen sind:

a) Welche Sprache meint Johannes mit ἑβραϊστὶ?
b) Weist die Endung -α bzw. -θα auf einen (aramäischen) *status emphaticus*?
c) Welche (hebräische oder aramäische) Etymologie steht im Hintergrund?
d) Welche Textüberlieferung ist die Ursprüngliche?

Die erste Frage soll hier zunächst zurückgestellt werden. Sie kann nur in größerem Zusammenhang mit dem Wortgebrauch im übrigen Neuen Testament sowie anderer griechischer Literatur untersucht werden. Die zweite Frage ist jedoch in der Diskussion oft das entscheidende Argument für eine Identifikation aramäischer Sprache. Dieser Schluss vom Auslaut -α oder -θα auf einen aramäischen Hintergrund, wie er regelmäßig auch bei anderen auf -α auslautenden Begriffen gezogen wird,[452] ist jedoch ein methodischer Irrtum: Der griechische Auslaut auf -α ist vielmehr bereits in der LXX eine Folge von Gräzisierung semitischer Namen und Begriffe.[453] Das wird schon daran deutlich, dass er häufig deklinabel ist. In anderen Fällen dient er nur einer Vereinfachung der Aussprache.[454] Beispiele für deklinable und indeklinable α-Auslaute bietet die LXX in großer Anzahl. Diese haben *in den meisten Fällen* keine Entsprechung in einem hebräischen a-Laut:

Μαθουσαλα (Gen 4,18)	מְתוּשָׁאֵל
τὸν Σιδῶνα (Gen 10,15)	אֶת־צִידֹן

[451] BILLERBECK, *Kommentar*, 1969, 2:453.

[452] Z.B. BEYER, *Woran*, 1989, 31: „Sicher aramäisch sind: [...] – alle wegen des angehängten aramäischen -ā."

[453] Zusätzlich ist auch mit einem Einfluss des Aramäischen auf die griechischen Transkriptionen der Septuaginta zu rechnen. Daraus ist aber gerade nicht der Schluss zu ziehen, dass es sich um Transliterationen *aramäischer* Worte handelt. Es liegen vielmehr (möglicherweise) aramaisierte Transliterationen *hebräischer* Namen und Begriffe vor. Dieses Phänomen ist insbesondere für die Transliterationen des NT von Bedeutung, denn auch hier kann es sich entsprechend um hebräische Worte handeln, selbst wenn der a-Auslaut ein Indikator für eine Aramaisierung wäre. Die neutestamentlichen Autoren würden damit lediglich der Transliterationspraxis der LXX folgen.

[454] Im Griechischen sind streng genommen nur die Konsonanten ν, ρ und ς im Auslaut zulässig.

εἰς Γεραρα (Gen 10,19)	גְּרָרָה
Οδορρα (Gen 10,27)	הֲדוֹרָם
Θαρα (Gen 11,25)	תֶּרַח
Σοδομα (Gen 13,10)	סְדֹם
Σικιμα (Gen 48,22)	שְׁכֶם
Σοκχωθα (Ex 12,37)	סֻכֹּתָה
Σαβαθα (Num 34,24)	שִׁפְטָן
θαλάσση Χεναρα (Num 34,11)	יָם־כִּנֶּרֶת
Οζα (Num 34,26)	עַזָּן
Ασαρσουλα (Jos 15,28 A)	חֲצַר שׁוּעָל
Χαββα (Jos 15,40 A)	כַּבּוֹן
Σεκελα (Jos 19,5 A)	צִקְלַג
Γαλγαλοις (Jos 4,19)	גִּלְגָּל
Γαλγαλα (Jos 5,9)	גִּלְגָּל
Γωιμ τῆς Γαλιλαίας (Jos 12,23)	גּוֹיִם לְגִלְגָּל
Γαλγαλα (Jos 22,10)	גְּלִילוֹת

Viele weitere Beispiele wären hier zu nennen. Einen ähnlichen Befund zeigt eine Durchsicht der auf -θα auslautenden Eigennamen in der LXX. Auch hier gibt es viele solcher Bildungen, die keinen Anhalt im hebräischen Original haben und offenbar nur einer Gräzisierung dienen:

Ιεφθα (Jos 15,43 A)	יִפְתָּח
Σοκχωθα (Jos 13,27)	סֻכּוֹת
Θαμναθα (Jos 15,57)	תִּמְנָה
Εφραθα (Jos 18,23)	עָפְרָה
Βεηρωθα (Jos 18,25)	בְּאֵרוֹת
Ωμαθα (Jos 19,35)	חַמַּת
Σιλαθα (Jos 19,42)	יִתְלָה
Αλκαθα (Jos 19,44)	אֶלְתְּקֵה
Γεθθα (I Sam 5,8)	גַּת
Δεβλαθα (II Kg 23,33)	רִבְלָה

Auch hier gibt es eine Reihe weiterer Beispiele. Außerdem wird der hebräische Ausdruck וּבְתוֹדוֹת („mit Danksagung", Neh 12,27) in der LXX vermutlich als Ortsangabe missverstanden und mit ἐν θωδαθα wiedergegeben. In ähnlicher Weise wird בֵּין הַתָּאִים (Ez 40,7) unübersetzt als ἀνὰ μέσον τοῦ θαιηλαθα wiedergegeben. Ein aramäischer *status emphaticus* wird hingegen im NT und in der LXX mehrfach mit der Transliteration -χ wiedergegeben (Apg 1,18; Lk 3,26; Sir 50,27). Angesichts dieses Befundes gibt es keine Notwendigkeit, die Endungen der Worte Βηθζαθὰ, Γαββαθα und Γολγοθᾶ oder auch Βηθεσδά allein wegen ihres Auslauts auf eine aramäische Vorlage zurückzuführen.

Für Γολγοθᾶ, wo zumindest der semantische Hintergrund durch die griechische Übersetzung (κρανίου τόπος, Mt 27,33 und Joh 19,4) eindeutig ist, ist damit eine aramäische (גּוּלְגּוּלְתָּא) wie eine hebräische (גֻּלְגֹּלֶת) Herleitung gleichermaßen möglich, denn die Endung -θα wurde, wie gesehen, bevorzugt für die Transliteration einer hebräischen ת- Endung eingesetzt. Auch für die Bezeichnung Βηθεσδά, die in Joh 5,2 von einigen Handschriften[455] gelesen wird, ist die oft angeführte Annahme eines aramäischen Hintergrundes (בֵּית־חִסְדָּא, „Haus der Barmherzigkeit", vermutlich aufgrund der entsprechenden Wiedergabe in den altsyrischen Zeugen) nicht zwingend, da dieser sich nur durch den Auslaut auf -α vom gleichbedeutenden hebräischen (בֵּית־חֶסֶד) unterscheidet. Dieser Auslaut ist jedoch, wie bereits deutlich wurde, kein eindeutiges Kennzeichen eines aramäischen Hintergrundes sondern Folge der gräzisierenden Transliteration. Möglich wäre zudem auch eine Herkunft von hebr. בֵּית־אֶשֶׁד („Haus des sprudelnden Wassers")[456] oder hebr. בֵּית־אִסְטִיב („Säulenhalle", von griech. στοᾷ).[457] Ohnehin ist aber hier die Textüberlieferung unsicher, und als ursprünglichere Lesart wird heute die des Codex Sinaiticus (Βηθζαθὰ) angenommen.[458] Für diese Lesart ist die Etymologie unklarer, aber es gibt auch hier eine Reihe von Deutungsmöglichkeiten sowohl aus dem Hebräischen als auch aus dem Aramäischen.[459]

---

455 Βηθεσδα (ACΘ 078 $f^{1.13}$ 𝔐 f q sy$^{c.p.hmg}$); Βηθσαιδα (𝔓75 B W^{s} (Ψ) 0125 pc Tert vg sy^{h}), Βηδσαιδαν (𝔓66); Βελζεθα (D (a) r^{1}); Βηθζαθα (א (L) 33 it).

456 Vgl. Num 21,15. Jeremias, *Kupferrolle*, 1966, 363, hatte auf eine hebräische Ortsangabe בבית־אשדתין in der *editio princeps* der Kupferrolle (3Q15 11:12) hingewiesen. Die Dualform deutete Jeremias als Hinweis auf die auch archäologisch belegte architektonische Doppelstruktur des Teiches. Der Text ist an dieser Stelle allerdings unsicher. D. Wilmot und M. Wise (Parry 6:258) lesen stattdessen בבית אשוחין. Die neue, röntgengestützte Textausgabe von Brizemeure/Lacoudre/Puech, Rouleau, 2006, 200.203.215 liest בבית א/האשר(ו)חין („in the building of the two reservoirs") und sollte forthin als verbindlich angesehen werden (vgl. auch Ceulemanns, *Name*, 2008). Auch die so rekonstruierte Ortsangabe wird allerdings von den Herausgebern, u.a. aufgrund des Kontextes, mit einer hohen Wahrscheinlichkeit mit dem Doppelteich am Schafstor identifiziert.

457 Diese Herleitung wurde bereits von Delitzsch, *Bethesda*, 1856, 623, vorgeschlagen, vgl. auch Billerbeck, *Kommentar*, 1969, 2:453. In der hebräischen rabbinischen Literatur ist dieses Lehnwort häufig, vgl. Jastrow, *Dictionary*, 1903, 55 und 972, im palästinisch-jüdischen aramäisch ist es nur einmal belegt in yBB 2,3/1 (13b), vgl. Sokoloff, *DJPA*, 2002, 51. Für Delitzschs Deutung spricht der von ihm angeführte Umstand, dass Johannes an allen anderen Stellen, an denen er einen hebräischen Ortsnamen anführt, diesen stets in griechischer Übersetzung hinzufügt, was in Joh 5,1 durch πέντε στοὰς ἔχουσα ansatzweise geschehen sein könnte.

458 So NA27 und Metzger, *Commentary*, 1994, 178–179.

459 Z.B. von hebr. בֵּית־צְעָדָה (von der Bewegung des Windes in Bäumen II Sam 5,4 und I Chr 14,15, möglicherweise eine Anspielung auf die Bewegung des Wassers). Nach Jos. Bell 5,149.151.246. war Βεζαθὰ der Name der nordwestlichen Neustadt Jerusalems, in dem auch der in Joh 5,2 erwähnte Teich lag. Dieser Name könnte die Varianten Βηθζαθα und Βηθσαιδα hervorgebracht haben. Eine Herleitung von hebr./aram. בֵּית־זַיִת ist ebenfalls denkbar. Als allgemeine Bezeichnung für ein „Landhaus" (in einem Olivengarten) er-

Für Γαββαθα schließlich überwiegen die Hinweise auf einen hebräischen Hintergrund, während eine aramäische Herleitung sich ausschließlich auf den Endlaut -θα gründet, jedoch nicht aus den Quellen zu belegen ist.[460] Die verbreitete Ansicht, Johannes habe die Bezeichnung ἑβραϊστὶ für das Aramäische verwendet,[461] lässt sich also auf diese drei Ortsnamen nicht gründen. Dass auch ῥαββουνί nicht zwingend aus dem Aramäischen abzuleiten ist, wurde bereits oben (S. 116) deutlich. Die fünfte Verwendung des Wortes ἑβραϊστὶ bei Johannes, im Zusammenhang mit der dreisprachigen Kreuzesinschrift Joh 19,20, legt keine der beiden Sprachen ausdrücklich nahe. Argumente aus Verständlichkeit oder Funktion der Kreuzesinschrift können hier erst dann zum Tragen kommen, wenn die sprachliche Situation in Palästina durch andere Belege hinreichend geklärt ist.

Als Ergebnis der hier erfolgten Durchsicht der hebräischen und aramäischen Worte und Namen im Umfeld der Evangelien lässt sich festhalten, dass der Befund auch in diesem Bereich nicht so eindeutig ist, wie es in der Literatur oft vorausgesetzt wird. Eine erneute umfangreiche Untersuchung aller semitischen Ausdrücke im Neuen Testament und der zeitgenössischen griechischen Literatur vor dem Hintergrund einer trilingualen Sprachensituation wäre nötig, kann aber im Rahmen der vorliegenden Untersuchung nicht umfassend geleistet werden.

2.5.8 Nichtlexikalische Hebraismen und Aramaismen

Die im vorangehenden Absatz deutlich gewordene Notwendigkeit einer klareren Unterscheidung von spezifisch hebräischen und spezifisch aramäischen Semitismen gilt in gleicher Weise auch für Syntax, Semantik, Morphologie, Diktion und idiomatische Wendungen. Bereits Gustaf Dalman

---

scheint aram. בֵּית־זַיתָא in WaR 30,1 zu Lev 23,40 (Margulies 4:669). Als Ortsname ist hebr. בֵּית־זַיִת (in griechischer Transliteration) durch I Makk 7,19 (Βηθζαιθ) belegt. Damit kann jedoch dem Kontext nach nicht der nordwestliche Stadtteil Jerusalems gemeint sein, da Βηθζαιθ ausdrücklich als von Jerusalem entfernt beschrieben wird. Vermutlich ist hier daher eher das von Josephus in Ant 12,397 Βηρζηθὼ und Ant 12,422 Ζηθῶ genannte Dorf außerhalb von Jerusalem im Blick. Die Variante Βηθσαιδα wäre allerdings in keinem Fall eine übliche Transliteration בֵּית־זַיִת oder בֵּית־זַיתָא und daher vermutlich nur auf eine spätere Verwechslung oder Angleichung an den gleichlautenden galiläischen Ortsnamen (Joh 1,44 u.ö.) zurückzuführen.

[460] DALMAN, *Worte*, 1898, 6 leitet den Namen von aram. גַּבַּחְתָּא („Kahlheit am Vorderkopf“) ab. Die Existenz dieses Wortes ist jedoch nicht belegt. Nur im syrischen Dialekt erscheinen גַּבְחוּ bzw. גַּבְחוּתָא. Häufig bezeugt in der rabbinischen Literatur ist hingegen das hebräische גַּבַּחַת mit gleicher Bedeutung. BILLERBECK, *Kommentar*, 1969, 2:572, zieht den Ortsnamen גִּבְּתוֹן (Jos 19,44 u.ö.) heran, der in der rabbinischen Literatur gelegentlich als גַּבַּת erscheint. Denkbar ist auch eine Herleitung von hebr. גֶּבֶא („Teich, Zisterne“), gerade angesichts der traditionellen Lokalisierung des Ortes nahe dem hasmonäischen Wassersystem nordwestlich des Tempelberges.

[461] DALMAN, *Jesus*, 1922, 14; BILLERBECK, *Kommentar*, 1969, 2:453.

stellte im Abschluss seiner Zusammenstellung der 15 wichtigsten semitischen Sprachfiguren fest, dass zwei davon als spezifisch aramäisch und sechs als spezifisch hebräisch zu charakterisieren seien.[462] Er wertete allerdings nur die Aramaismen als „echt“, während die Hebraismen als künstliche Stilfigur des Lukas zu erklären seien.[463] Klaus Beyer (vgl. oben S. 36) hat mit seiner qualifizierten Unterscheidung unterschiedlicher Stufen von syntaktischen Aramaismen und Hebraismen mehr Klarheit in das Feld gebracht. Für bestimmte idiomatische Wendungen wie βασιλεία τῶν οὐρανῶν[464] oder σὰρξ καὶ αἷμα,[465] sowie für Wortspiele wie etwa mit den Namen Ἰησοῦς[466] und Πέτρος[467] ist allerdings ausschließlich ein hebräischer Sprach-

---

[462] Dalman, *Worte*, 1898, 29: „Reine Hebraismen sind: die mit πρόσωπον zusammenhängenden Wendungen, die Konstruktion ἐν τῷ mit dem Infinitiv, die Verstärkung des Zeitworts durch das entsprechende Hauptwort, und die Formeln καὶ ἐγένετο, ἐλάλησεν λέγων, ἀποκριθεὶς εἶπεν“.

[463] Vgl. dazu jedoch unten 357ff.

[464] Vgl. dazu unten S. 272.

[465] Vgl. unten S. 425 und Grintz, *Hebrew*, 1960, 36: „This expression is quite common in Mischnaic Hebrew … but altogether unknown in Aramaic or any other language“.

[466] In Mt 1,21 ist die Anspielung γὰρ σώσει τὸν λαὸν αὐτοῦ nur aus dem hebräischen ישע (aram. פרק) heraus zu erklären.

[467] Das Wortspiel in Mt 16,18 (σὺ εἶ Πέτρος, καὶ ἐπὶ ταύτῃ τῇ πέτρᾳ οἰκοδομήσω μου τὴν ἐκκλησίαν) ist weniger eindeutig: eine Herleitung aus einem aramäischen Jesuswort, aufbauend auf dem aramäischen Petrusnamen כיפא, müsste jedoch erklären, warum der griechische Autor den Namen mit Πέτρος, das folgende Substantiv jedoch mit πέτρᾳ (statt πέτρος) wiedergibt und damit das Wortspiel unnötig verdunkelt. Im Hebräischen sind jedoch sowohl der Name פיטרוס als auch das davon unterschiedene Lehnwort פטרא (Felsen) belegt, vgl. Jastrow, *Dictionary*, 1903, 1162. Zudem existiert in dem späten Midrasch Yalq בלק §766 zu Num 23,9 (Jerusalem 3:221) eine bemerkenswerte sachliche Parallele zu dem in Mt 16,18 vorliegenden Wortspiel: In einem Gleichnis wird beschrieben, wie Gott nach einem geeigneten Fundament für die Erschaffung der Welt sucht, das er schließlich in Abraham findet. Es folgt der Gottesspruch: מצאתי פטרא לבנות עליה וליסד את העולם, לכך קרא לאברהם צור („Hier habe ich einen Felsgrund (פטרא) gefunden, auf den ich bauen und die Welt gründen kann. Deshalb wurde Abraham Fels (צור) genannt.“ Der Schlussatz ist dabei eine Anspielung auf Jes 51,1–2. Selbst wenn aufgrund der späten Abfassung eine direkte Abhängigkeit von christlichen Traditionen angenommen würde, würde dies belegen, dass ein hebräisches Wortspiel hinter dem griechischen Text noch erkennbar war und auf Abraham übertragen werden konnte. Im Fall einer unabhängigen, älteren Herkunft der Auslegungstradition (wofür u.a. die hohe Dichte griechischer Lehnworte spricht) zeigt das Gleichnis eine analoge Verwendung des hebräischen Begriffs פטרא für die Verleihung eines „Ehrennamens“ an einen zuverlässigen Menschen. Auf die Parallele im Midrasch hat bereits Billerbeck, *Kommentar*, 1969, 1:733 hingewiesen. Luz, *Matthäus II*, 1990, 462 und Davies/Allison, *Matthew II*, 1991, 624, halten die Passage für eine späte, bewußt anti-petrinische Polemik. Vgl. dagegen jedoch Bockmuehl, *Peter*, 2010, 148-156, der hier eine unabhängige jüdische Auslegungstradition vermutet. Die Relevanz für die Sprachenfrage hat Bivin, *Petros*, 1994, richtig aufgezeigt. Bockmuehl (S. 155) mahnt demgegenüber zwar methodische Vorsicht an, schließt aber: „But the apparent possibility of a bilingual *Sitz im Leben* of *Petros* would shed interesting light on the criti-

hintergrund plausibel zu machen, ebenso wie für das Wortspiel mit den Begriffen „Sohn“ und Stein“[468] und für spezifische literarische Gattungen wie das Königsgleichnis.[469] Weitere Listen solcher deutlicher Hebraismen haben Grintz[470] und Edwards[471] zusammengestellt. Auch hier ist eine erneute Sichtung des Datenmaterials vor dem Hintergrund eines mehrsprachigen Paradigmas also notwendig und könnte neue Aufschlüsse über die Sprachensituation zur Zeit Jesu erbringen.

---

cal consensus that both Peter and Cephas are names that date from the very earliest period of the Jesus movement.“ Möglicherweise ist also der von Mt und Lk gebrauchte hebräische, und eben nicht der von Paulus verwendete aramäische Name des Apostels als ursprünglicher anzusehen. Die Aramaisierung des Namens wäre dann möglicherweise auf die Funktion des Aramäischen als *lingua franca* in der Diaspora (Antiochia?) zurückzuführen.

[468] Zu zwei möglichen neutestamentlichen Beispielen Mt 3,9/Lk 3,8 und Mt 21,38 und 43 vgl. unten S. 246 Anm. 41. Zu einem sicher belegten Fall bei Jos. Bell 5,269–272 vgl. unten S. 140.

[469] FLUSSER, *Gleichnisse*, 1981, 18, formuliert pointiert: „Es gibt nur hebräische, keine aramäischen Gleichnisse. Auch wenn ein Rabbi aramäisch spricht, wechselt er ins Hebräische über, wenn er ein Gleichnis erzählen will. Zwar finden sich in einzelnen Gleichnissen aramäische Brocken. Gelegentlich gleiten die Gleichnis-Helden wieder ins Aramäische zurück. Der Gleichnisrahmen aber bleibt immer hebräisch.“ ZIEGLER, *Königsgleichnisse*, 1903, hat 850 rabbinische Königsgleichnisse zusammengetragen, die ohne Ausnahme in hebräischer Sprache verfasst sind. Vgl. auch RÜGER, *Hilfsmittel*, 1990, 133; YOUNG, *Parables*, 1998, 31 und unten S. 424. THOMA/LAUER, *Gleichnisse*, 1986, 56-57, deuten den Befund dagegen anders: unter den von ihnen untersuchten 133 Gleichnissen der PesK fanden sich drei aramäische. In weiteren 36 Gleichnissen fanden sich außerdem aramäische Anteile, meistens in der wörtlichen Rede, zuweilen auch in der Anwendung. Daraus schließen sie, dass Gleichnisse ursprünglich auf aramäisch verfaßt wurden und erst aufgrund einer „Rennaissance“ des Hebräischen im 6. Jahrhundert n. Chr. nachträglich hebraisiert wurden. SNODGRASS, *Stories*, 2008, 54, geht zwar von einer trilingualen Sprachsituation aus, nimmt aber das Aramäische als wahrscheinlichere Sprache der Gleichnisse Jesu an, ohne dies näher zu begründen.

[470] GRINTZ, *Hebrew*, 1960, nennt: 1. Den Gebrauch des Begriffs „Israel“ als geographische und ethnische Bezeichnung (aramäisch יהודיא oder יהודאין, griechisch Ἰουδαῖοι oder Εβραῖοι, so auch bei Mt im Munde von Nichtjuden Mt 27,11.37; die Ausnahme Mt 28,15 hingegen gehe auf redaktionelle Hand zurück); 2. Den Gebrauch von ἐθνικός oder τὰ ἔθνη im Sinne des hebräischen Kollektivbegriffs גוי (aramäisch בר עממין oder pl. בני עממין); 3. Den Begriff χαναναῖος (Mt 15,22), der in der hebräischen Sprache (כנעני) eine sowohl die geographische Herkunft von der phönizischen Küste als auch die religiöse Unterscheidung ausdrückt, was im Aramäischen wie im Griechischen nur durch ausführlichere Umschreibung möglich ist (vgl. Mk 7,26: γυνὴ … Ἑλληνίς, Συροφοινίκισσα τῷ γένει); 4. σὰρξ καὶ αἶμα (s.o.); 5. βασιλεία τῶν οὐρανῶν (s.o.); 6. Der formelhafte Gebrauch von ὁ πατὴρ ὑμῶν ὁ ἐν τοῖς οὐρανοῖς (diese und ähnliche formelhaften Konstruktionen sind nur im Hebräischen entstanden, im Aramäischen bleibt die Verwendung von שמיין bzw. שמיא auf ad hoc-Formulierungen beschränkt, vgl. SOKOLOFF, *DJPA*, 2002, 557 und SOKO-

2.5.9 Antike Begriffe für hebräische und aramäische Sprache

Die verbreitete Ansicht, die Schriftsteller der Antike hätten zwischen Aramäisch und Hebräisch nicht genau unterschieden und daher auch da, wo sie den Begriff ἑβραϊστὶ oder verwandte Begriffe verwenden, stets die aramäische Sprache gemeint, bezieht sich nicht nur auf die bereits genannten Stellen im Johannesevangelium. Bereits Pfannkuche prägte 1798 die Ansicht, dass die Schriften des Neuen Testaments, aber auch Josephus, zwar den Begriff „hebräisch" verwendeten, damit jedoch durchweg das Aramäische meinten. Der Grund liege darin, dass

> „...die damaligen, sowie die späteren Juden sich häufig den alten Nationalnamen der Hebräer beylegten, [468] und eben daher auch die Benennung, welche die ausgestorbene Sprache ihrer Vorältern führte, auf ihre aramäische Sprache [...] übertrugen."[472]

Auch die „jüdischen Schriftsteller" hätten mit dem Begriff עברי den babylonisch-chaldäischen Dialekt bezeichnet.[473] Die Kirchenväter wiederum wären „bey ihrer Unkunde der orientalischen Sprachen und bey ihren dürftigen Elementarbegriffen von kritischer Methode"[474] nicht in der Lage gewe-

LOFF, *DJBA*, 2002, 1157); 7. τῇ ἐπιφωσκούσῃ εἰς μίαν σαββάτων (Mt 28,1), eine Formel, die so nur auf mischnisch-hebräischen Sprachgebrauch zurückgehen kann (אור לאחד בשבת). Eine aramäische Entsprechung würde hier nicht mit ל, sondern mit ד angeschlossen. Vgl. dazu auch BUTH, *Hebraic Approach*, 2006; 8. βασίλισσα νότου (Mt 12,42): Nur im hebräischen wurde der archaische Begriff für „Süden" (תימן) synonym für das Königreich Saba verwendet. Im jüdischen Aramäisch wird hier einfach mit דרומא übersetzt. 9. Für die Aoristform ἐκάθισαν nimmt Grintz einen Lesefehler des Übersetzers an (יָשְׁבוּ statt יֵשְׁבוּ), der so nur im Hebräischen möglich ist.

471 EDWARDS, *Hebrew Gospel*, 2009, gibt auf S. 131–141 zunächst eine Übersicht von 14 allgemeinen Semitismen und benennt dann auf S. 164-165 und 185 ausdrückliche „Hebraismen". Dazu gehören 1. die Formel καὶ ἐγένετο (vgl. dazu unten S. 350), 2. die Konstruktion ἐν τῷ mit dem Infinitiv, 3. das „apodotische καὶ" als Anschluss an einen vorausgehenden untergeordneten Satz, vgl. BEYER, Syntax, 1962, 66; 4. Formeln, die einen hebräischen absoluten Infinitiv wiederspiegeln, vgl. DAVILA, How Can We Tell, 2005, 43; 5. der spezifische Gebrauch von πρόσωπον. Für einige weitere charakteristische Wendungen seien aramäische Äquivalente zwar vorhanden, aber wesentlich seltener bezeugt als im Hebräischen: Etwa für die Formeln ἀνθ' ὧν und καὶ ἰδοὺ, den Gebrauch von εἰ als starke Verneinung, sowie den Gebrauch pleonastischer Personalpronomen und periphrastische Konstruktionen.

472 PFANNKUCHE, *Landessprache*, 1798, 467–468.

473 Anstelle eines Beleges verweist Pfannkuche hier auf Lightfoots Erklärungen zu Joh 5,2, vgl. LIGHTFOOT, *Horae*, 1671, 96–97. Dort führt Lightfoot jedoch lediglich zwei Randglossen zu bSan 21b und bShab 115a an, in denen der Begriff עברית mittels der Phrase מעבר הנהר, „jenseits des Flusses (Euphrat)" gedeutet wird (vgl. auch Jos 24,3 und BerR 42,8 zu Gen 14,1, Theodor/Albeck 1:414). Es handelt sich jedoch hier um eine verbreitete Volksetymologie des Wortes עברי, das sich auf die Herkunft des hebräischen Urvaters Abraham aus dem Zweistromland bezieht. Diese mag historischen Anhalt haben oder nicht, dient aber wohl kaum zur Erklärung des Sprachgebrauchs im ersten Jahrhundert.

474 PFANNKUCHE, *Landessprache*, 1798, 368.

sen, sich über die sprachlichen Verhältnisse dieser Zeit ein zutreffendes Bild zu machen. Diese Ansicht, die antiken Schriftsteller hätten zwischen Hebräisch und Aramäisch nicht unterschieden und mit dem Begriff „hebräisch“ durchgängig das Aramäische gemeint, wird in der Folgezeit regelmäßig wiederholt.[475]

Eine umfassende Prüfung auch dieser Annahme anhand des gesamten Quellenmaterials und unter Annahme einer komplexeren soziolinguistischen Wirklichkeit steht ebenfalls noch aus. Auch sie kann im Rahmen der vorliegenden Untersuchung nicht geleistet werden. Hier soll daher ebenfalls nur auf einige Aspckte hingewiesen werden, die die Offenheit der Frage deutlich machen: Der Befund im *Johannesevangelium* wurde bereits im vorhergehenden Abschnitt untersucht. Es war dort ein konsistenter Gebrauch des Begriffs ἑβραϊστὶ festzustellen: In drei Fällen bezog er sich auf Worte, die sowohl hebräischen als auch aramäischen Ursprungs sein können. In einem Fall war nur aus dem Hebräischen eine sinnvolle Herleitung möglich. Es ist also davon auszugehen, dass der Verfasser auch für die Kreuzesinschrift an eine Abfassung in Griechisch, Lateinisch und Hebräisch dachte. Ob er mit dieser Ansicht die historischen Verhältnisse zutreffend beschrieb, mag dabei dahingestellt bleiben. In der *Apostelgeschichte* erscheint die Phrase τῇ ἑβραΐδι διαλέκτω dreimal (Apg 21,40; 22,2; 26,14). Für die ersten beiden Stellen legt sich dabei aus dem narrativen Zusammenhang der Schluss nahe, dass die hebräische Sprache gemeint ist, und zwar in einem bewussten Kontrast zur aramäischen und griechischen Sprache: Eine eingehende Untersuchung des narrativen Gehalts von Apg 21 und 22 zeigt, dass hier insgesamt drei verschiedene Sprachen in Gebrauch sind:[476] Im Rahmen eines öffentlichen Tumultes wird Paulus von römischen Soldaten festgenommen und dem Oberst vorgeführt. Dieser unterhält sich zunächst einige Zeit mit Paulus „und fragte, wer er wäre und was er getan hätte“ (Apg 21,33). Wenige Verse später spricht Paulus dann den Oberst erneut an, und dieser antwortet erstaunt: „Kannst du Griechisch?“ (Apg 21,

---

[475] Eichhorn, *Einleitung Bd. I*, 1804, 12: „Hebräisch nannte man zur Zeit Jesus die Landessprache von Palästina (Apostelg. 21,40. 22,2) und diese war der chaldäische Dialekt, wie die im N.T. und im Josephus vorkommende (sic!) Worte beweisen“; Dalman, *Grammatik*, 1894, 1; Dalman, *Jesus*, 1922, 14; vgl. Dalman, *Worte*, 1898, 5: „Josephus hat zwar [...] Sprache und Schrift der ‚Syrer‘ von der ‚hebräischen‘ wohl zu unterscheiden gewußt. Trotzdem macht er zwischen hebräischen und aramäischen Wörtern keinen Unterschied.“; Zahn, *Einleitung*, 1906, I:18: „Das von den Juden Palästinas gesprochene Aramäisch wird ἑβραϊστὶ genannt Joh 5,2; 19,13.17 ... Auch Josephus nennt ohne Unterschied hebr. und aram. Formen hebräisch.“; vgl. auch Billerbeck, *Kommentar*, 1969, 2:442–453. Neuzeitlich ist diese Ansicht nicht: Bereits der Schriftsteller Nonnus (5. Jahrhundert) gab in seiner Paraphrase zu Joh 19,13.20.20 den Begriff ἑβραϊστὶ mit μῦθος σύρων (19,13), σύρων στόμα (19,17) und γλώσσῃ σύρων (19,20) wieder. Vgl. Scheindler, *Paraphrasis*, 1881, 202–203.

[476] Vgl. Poirier, *Narrative Role*, 2003.

37). Die Erzählung setzt demnach einen Sprachwechsel zwischen Vers 36 und 37 voraus, entweder vom Aramäischen zum Griechischen oder vom Hebräischen zum Griechischen. Der Wechsel zum Griechischen unterstreicht dabei für den Leser den Inhalt der Worte des Paulus, der sich hier dem Oberst als „jüdischer Mann aus Tarsus in Zilizien, Bürger einer namhaften Stadt“ (Apg 21,39) präsentiert. Im folgenden Vers wird nun jedoch ein weiterer Sprachwechsel eingeführt: „Da entstand eine große Stille, und er redete zu ihnen auf hebräisch“ (τῇ ἑβραΐδι διαλέκτω, Apg 21,40). Auch hier wird von einer erstaunten Reaktion der Zuhörer berichtet, die hier offenbar eine andere Sprache erwartet hatten: „Als sie aber hörten, dass er auf hebräisch zu ihnen redete, wurden sie noch stiller.“ (Apg 22,2). Der Verfasser will also erneut auf einen intentionalen Sprachwechsel hinweisen, der für den narrativen Verlauf der Erzählung wichtig ist: Die Überraschung der Zuhörer wird nur dann erklärlich, wenn der Leser auf diesen Wechsel aufmerksam gemacht werden soll. Die hier mit ἑβραΐδι διαλέκτω bezeichnete Sprache muss also eine dritte Sprache im Blick haben, die hier neu eingeführt wird. Wenn demnach in Apg 21,37 ein überraschender Wechsel ins Griechische und in Apg 21,40 ein ebenso überraschender Wechsel ins Hebräische vorausgesetzt ist, dann muss als „Normalsprache“ im Anfang der Erzählung das Aramäische vorausgesetzt werden.[477]

Auch dieser zweite intentionale Sprachwechsel dient dabei der Unterstreichung des Redeinhaltes: Paulus präsentiert sich dieses Mal als ein „jüdischer Mann, geboren in Tarsus in Zilizien, aufgewachsen aber in dieser Stadt und mit aller Sorgfalt unterwiesen im väterlichen Gesetz zu Füßen Gamaliels, und war ein Eiferer für Gott, wie ihr es heute alle seid.“ (Apg 22,3). Es gibt jedoch, auf der narrativen Ebene, noch einen weiteren Grund für den Sprachwechsel: Paulus will mit dem Volk reden, ohne dass der römische Oberst ihn versteht. Hätte er die aramäische Sprache gewählt, mittels der er sich zuvor auch mit dem Oberst verständigt hatte, hätte dieser seiner Rede folgen können.[478] Der Verfasser macht jedoch deutlich, dass er dies nicht konnte, sondern erst im Anschluss Paulus verhören lässt, „um zu erfahren, aus welchem Grund sie so gegen ihn schrien“ (Apg 22,24).

---

[477] Die umgekehrte Annahme, dass der Erzähler in Apg 21,40 einen Wechsel zum Aramäischen im Blick hatte und daher als „Normalsprache“ im Anfang der Erzählung das Hebräische voraussetzt, ist dagegen äußerst unwahrscheinlich.

[478] Eine interessante Parallele für diesen Vorgang findet sich in der Erzählung vom Martyrium der sieben Brüder unter Antiochus Epiphanes in IV Makk 8–12: Auch hier redet die herbeigerufene Mutter mit ihrem Sohn auf hebräisch (ἑβραΐδι φωνῇ, 12,7), um von den umstehenden Wachen und von Antiochus nicht verstanden zu werden. Auch Josephus berichtet in Ant 18,228–230 eine vergleichbare Begebenheit: Hier gebraucht der Bote Marysas die hebräische Sprache (γλώσσῃ τῇ ἑβραίων), um dem gefangenen Agrippa eine Botschaft zu überbringen, die dessen römischer Wächter nicht verstehen soll (vgl. unten S. 139).

Der Verfasser setzt demnach für Jerusalem dieselbe komplexe soziolinguistische Situation voraus, die auch aus den literarischen und epigraphischen Zeugnissen zu erkennen war: Aramäisch, Griechisch und Hebräisch werden je nach Sprechsituation, Anlass und Zuhörer gezielt eingesetzt, wobei auch intentionale Sprachwechsel inmitten einer Sprechsituation möglich waren. Unabhängig von der Frage, ob der Verfasser der Apostelgeschichte damit die Sprachensituation in Jerusalem historisch zutreffend beschreibt, muss hier demnach mit der Bezeichnung τῇ ἑβραΐδι διαλέκτῳ, zumindest von Seiten des Verfassers, tatsächlich die hebräische Sprache gemeint sein. Diese Beobachtung macht nun ihrerseits die Annahme wahrscheinlich, dass der gleiche Verfasser auch in Apg 26,14 bewusst die Bezeichnung τῇ ἑβραΐδι διαλέκτῳ verwendet, um auf den in der Situation unerwarteten Gebrauch der hebräischen Sprache hinzuweisen. Auch hier soll vielleicht impliziert werden, dass die Umstehenden dieser Sprache nicht mächtig waren und damit die Anrede Jesu nur für Paulus selbst zu verstehen war.[479] Die Tatsache, dass der Verfasser ausgerechnet hier auf ein Idiom klassischer griechischer Literatur[480] zurückgreift, um die vorausgesetzte hebräische Rede Jesu wiederzugeben, spricht dabei nicht gegen diese Annahme. Es wäre lediglich ein Zeichen schriftstellerischer Kunstfertigkeit, ein eventuell überliefertes oder hier narrativ vorausgesetztes hebräisches Idiom durch ein entsprechendes griechisches wiederzugeben, gerade auch durch ein „geflügeltes Wort" aus der Literatur. Auch der Verfasser der Apostelgeschichte verwendet den Begriff ἑβραΐδι διαλέκτῳ also konsistent, und es gibt keinen Anlass zu der Annahme, er habe mit dem Ausdruck an irgendeiner Stelle das Aramäische gemeint. Die einzige weitere Verwendung eines Begriffs für das „Hebräische" findet sich in der Offenbarung. Die dort als ἑβραϊστὶ bezeichneten Namen haben in beiden Fällen eindeutig hebräischen Sprachhintergrund: Ἀβαδδών (Apk 9,11) entstammt dem biblischen Hebräisch (אֲבַדּוֹן, Ps 88,12; Hi 26,6; 28,22; 31,12; Spr 15,11) und ist auch in der rabbinischen Literatur gebräuchlich. Ἁρμαγεδών (Apk 16,16) ist ebenfalls ausschließlich hebräisch herzuleiten (hebr. הַר־מְגִדּוֹ, aramäisch müsste es טוּר מְגִדּוֹ־ lauten). Die Begriffe ἑβραϊστὶ und ἑβραΐδι werden also im Neuen Testament durchgehend als Bezeichnung für die hebräische Sprache verwendet. Es besteht an keiner Stelle die Notwendigkeit, den Bedeutungsgehalt

[479] Diese Annahme würde auch den Umstand erklären, dass in den verschiedenen Versionen des paulinischen Berichtes die Anwesenden einmal zwar eine Stimme hörten, aber niemanden sahen, ein anderes Mal jedoch das Licht sahen, aber nicht die Stimme hörten, die mit ihm sprach. Wenn vorauszusetzen ist, dass sie des Hebräischen nicht mächtig waren, dann hörten sie demnach zwar (akustisch) die Stimme, aber hörten (verstanden) dennoch nicht, was diese sagte.

[480] Pindar, Pyth 2.95;, ed. WERNER, 1967, 126; Aeschylus, Agamemnon 1624, ed. ZIMMERMANN/WERNER, 2005, 314; Euripides, Bacchae 795, ed. DODDS, 1960, 33.

auf die aramäische Sprache auszuweiten. Im Gegenteil, an mehreren Stellen ist ein Rückgriff auf das Aramäische sogar ausgeschlossen.

Was die Werke des *Josephus* betrifft, findet sich dort ein ähnlich differenzierter, aber konsistenter Umgang mit den Begriffen: Wo immer Josephus von „hebräischer Sprache" schreibt, ist zweifelsfrei das Hebräische gemeint.[481] Wenn er allerdings von der „Sprache der Hebräer" schreibt, kann damit zuweilen das Hebräische, zuweilen auch das Aramäische gemeint sein, wobei Ersteres weitaus überwiegt: Anders als das Neue Testament verwendet Josephus neben Begriffen für die hebräische Sprache[482] auch solche für die aramäische.[483] Er kennt den Unterschied zwischen beiden und verwendet sie differenziert, wie aus seiner Wiedergabe der biblischen Erzählung vom assyrischen Rabschake (II Kg 18,26) deutlich wird: Josephus gibt Ant 10,8 das hebräische Wort אֲרָמִית wie auch die LXX mit συριστὶ wieder, das hebräische יְהוּדִית (LXX: ιουδαϊστί) jedoch mit ἑβραϊστὶ. Ausdrücklich unterscheidet er beide Sprachen auch in Ant 11,159: Hier erkennt Nehemia fremde Männer auf der Straße als Judäer, weil sie in hebräischer Sprache miteinander sprechen. Damit sind die einzigen Belege für den Gebrauch von ἑβραϊστὶ eindeutig als Referenz zur hebräischen Sprache identifiziert. Das gleiche gilt für das Wort ἑβραϊκός, das von Josephus nur zur Bezeichnung des biblischen Hebräisch verwendet wird.[484] Auch da, wo Josephus von der „Sprache der Hebräer" spricht, ist mehrheitlich, wenn auch nicht ausschließlich, das Hebräische gemeint: So sagt er, dass die „Hebräer" (ἑβραῖοι) die Engel über der Bundeslade χερουβεῖς nennen (Ant 3,137), die Mine κίγχαρες (Ant 3,144), das Jobeljahr ἰώβηλος (Ant 3,282), die Tempelgabe κορβὰν (Ap 1,167), sowie die Farbe Rot ἄδωμα (Ant 2,3). Die ersten drei Wor-

[481] ἑβραϊστὶ nur Ant 10,8 und Ant 11,159; ἑβραϊκός Ant 1,5; 9,208; 12,36.48; 18,345. Zum Sprachgebrauch des Josephus vgl. auch Grintz, *Hebrew*, 1960, sowie Nagel, *Hebräisch*, 2008, 223–224.

[482] Für ἑβραϊκός und ἑβραϊστὶ vgl. die vorangehende Fußnote; außerdem ἑβραΐζω (nur Bell 6,96); als Personenbezeichnung ἑβραῖος (319x), ἑβραΐδες (nur Ant 2,226).

[483] συριστί (nur Ant 10,8) ; Als geographische Bezeichnung συρία (309x), συριακός (nur Bell 1,157) Personenbezeichnung σύρος (124x) und σύριος (Ap 1,14.169–170; Ant 12,15). Ἀραμαῖοι erscheint nur Ant 1,144 als Bezeichnung für die Aramäer, wird dort aber gleich mit der Erklärung versehen: οὓς Ἕλληνες σύρους προσαγορεύουσιν. Daneben verwendet Josephus auch χαλδαία (Ant 1,152.154 als Herkunftsland Abrahams), χαλδαϊκός (4x , nur im Zusammenhang mit den Schriften des Berosus), χαλδαῖος (Ant 10,195–199.234 im Zusammenhang mit der Danielgeschichte und Ant 1,144 als Bezeichnung der zeitgenössischen Volksgruppe).

[484] Einzige Ausnahme ist Ant 18,345, wo der Begriff nicht unmittelbar für eine Sprache, sondern für kulturelle oder religiöse Sitte verwendet wird. Im Blick auf die drei anderen Belegstellen, an denen das Hebräische nicht generell als biblische Sprache, sondern speziell als die Sprache der überlieferten Gesetze und Gebräuche beschrieben wird, ist aber auch hier ein Bezug zu den hebräischen Schriften anzunehmen, in denen die hier beschriebene Sitte kodifiziert ist.

te stammen eindeutig aus dem Hebräischen, die letzten zwei sind in beiden Sprachen möglich.[485]

Die verbreitete Ansicht, Josephus unterscheide nicht genau zwischen Hebräisch und Aramäisch, gründet sich vor allem auf drei Belegstellen, an denen er seinem ansonsten konsistenten Sprachgebrauch untreu zu sein scheint: So gibt er die Namen jüdischer Festtage in der üblichen gräzisierten Form mit auslautendem -α wieder: σάββατα (Ant 1,33) und ἀσαρθὰ (Ant 3,252). Beide Formen werden seit Pfannkuche[486] immer wieder als eindeutig aramäisch identifiziert und von den definiten Formen שבתא bzw. עשרתא abgeleitet, ein Schluss, der weder notwendig noch überhaupt zulässig ist, wie bereits vorher deutlich wurde.[487] Zudem war selbst im aramäischen Sprachgebrauch der *status emphaticus* zur Benennung des Festes unüblich.[488] Und ohnehin blieb zumindest שבתא auch im Aramäischen ein *hebräisches* Fremdwort, wie ebenfalls bereits deutlich wurde (siehe oben S. 119). Aber selbst wenn es sich hier tatsächlich um aramäische Worte handeln sollte, bliebe Josephus dennoch in seinem Wortgebrauch konsistent. Denn er spricht an beiden Stellen ausdrücklich nicht von „hebräischer Sprache", sondern von der „Sprache der Hebräer". Dass die Hebräer sowohl hebräisch als auch aramäisch sprachen, ist jedoch unbestritten. Josephus hätte aber wohl kaum behaupten können, dass die „Syrer" oder die „Chaldäer" sich dieser Begriffe bedienten, da es sich um spezifisch jüdische Begriffe handelt.

Die dritte fragliche Stelle ist Ant 3,151, wo die priesterlichen Gewänder als χαναναίας bezeichnet werden. Hier jedoch macht Josephus keine Angabe, welcher Sprache der Begriff entstammt. Von der Etymologie her ist auch die-

[485] Eine Übersicht weiterer bei Josephus erscheinender semitischer Worte bei Pfannkuche, *Landessprache*, 1798, 459–461. Es handelt sich, neben den oben genannten und im folgenden noch zu erwähnenden Begriffen, um Transliterationen der babylonischen Monatsnamen Μαρσουάνῃ (=מרחשון, Ant 1,80), Σαβὰ (=אב, bei Pfannkuche fälschlich als Αββα), Ἄδαρ (Ant 4,327), Ἐξελέους (= כִּסְלֵו, Ant 12,248), den biblischen Ortsnamen Γαβὰθ Σαοὺλ (גִּבְעַת שָׁאוּל, Bell 5,51), die hebräischen Maßeinheiten εἶν (הִין, Ant 3,197 und 8,92) und ἐσσάρωνες (עִשָּׂרֹן, Ant 8,92, bei Pfannkuche fälschlich als אֵפֶר) bzw. ἀσσάρων (10x), χέθον (hebr. כּתּוֹן = „Leinen", Ant 3,153), der nabatäische Eigenname ἀγίρας (Bell 5,474) sowie der Pflanzenname σάκχαρον (Zuckerrohr), der sich erst später im Syrischen als שׁכר findet. Eine weitere Durchsicht hebräischer und aramäischer Begriffe bei Josephus bietet Grintz, *Hebrew*, 1960, 43–45.

[486] Pfannkuche, *Landessprache*, 1798, 460–461. Billerbeck, *Kommentar*, 1969, 2:452.

[487] Vgl. etwa Casey, *Sources*, 1998, 57–58. Zum auslautenden -a als Indikator für einen aramäischen *status emphaticus* vgl. oben S. 119 und 127. Man könnte hier noch den Begriff πάσχα anfügen (14x bei Josephus), auch wenn dieser weder als „hebräisch" bezeichnet wird noch ausdrücklich mit „Hebräern" in Verbindung gebracht wird.

[488] In Mischna und Tosefta erscheint das hebräische עשרת 61x, in den tannaitischen Midraschim 47x und in den beiden Talmuden über 200x, darunter auch oft als hebräisches Lehnwort im Aramäischen, die Form עשרתא hingegen nur 12x im babylonischen und 4x im Jerusalemer Talmud. Es ist kaum anzunehmen, dass Josephus ausgerechnet auf diese seltene Form zurückgreift, um den gewohnten Sprachgebrauch zu erklären.

ser Begriff unklar: Zwar wurde oft aus der Endung (-αίας) auf die nur im aramäischen mögliche Form כָּהֲנַיָּא („Priester") geschlossen. Dass dieser Schluss allein aus der Endung unzulässig ist, wurde bereits oben (S. 126) deutlich. Hier besteht allerdings noch eine zweite Schwierigkeit, denn das Wort bezieht sich in diesem Zusammenhang nicht auf die Priester, sondern entweder auf ihre Gewänder oder auf andere Tempeldiener.[489] χαναναίας ist also hier eine Adjektivform, die die Gewänder oder die ‚Anderen' als priesterlich charakterisiert. Lässt man die adjektivische Endung -αίας weg, so ist im Hintergrund ohne Schwierigkeit das hebräische Adjektiv כֹּהֲנִי („priesterlich") zu erkennen. Möglich wäre allerdings auch, dass hier, wie in Mt 10,4 und Mk 3,18 (Σίμων ὁ Καναναῖος) ein ganz anderes hebräisches Wort im Hintergrund steht, nämlich קַנָּאִי.[490] Dieses würde dann hier die Gewänder der priesterlichen Tempelwachen bezeichnen. In beiden Fällen jedoch ergibt sich für den Begriff ein plausibler hebräischer Hintergrund.

Ein eindeutig aramäisches Wort gebraucht Josephus, abgesehen von den Transliterationen babylonischer Monatsnamen, lediglich in Ant 3,156 (ἐμίαν = הֶמְיָנָא). Dieses wird aber von Josephus gerade nicht als „hebräisch" bezeichnet. Im Gegenteil, er weist ausdrücklich darauf hin, dass es sich dabei um eine „von den Babyloniern gelernte" Bezeichnung für den Gürtel des Hohepriesters handelt, das das entsprechende biblisch-hebräische Wort verdrängt habe. Diese Bemerkung kann zwar als Hinweis auf die Verdrängung des Hebräischen durch das Aramäische in persischer Zeit gedeutet werden, es kann jedoch ebenso auch ein Hinweis auf lexikalische Interferenz sein.[491]

Weitere Aufschlüsse über den Sprachgebrauch und Phänomene des Sprachkontakts lassen sich aus narrativen Zusammenhängen in den Werken des Josephus erschließen: So wird in der bereits genannten Episode von der Botschaft des Marysas (vgl. oben S. 135) berichtet, dieser habe in der „Sprache der Hebräer" (γλώσσῃ τῇ ἑβραίων, Ant 18,228) berichtet, damit er von der römischen Wache nicht verstanden wird. Sicher kann hier mit der „Sprache der Hebräer"

---

489 Der Text lautet: γίνονται δὲ καὶ τοῖς ἱερεῦσι στολαὶ πᾶσί τε τοῖς ἄλλοις οὓς χαναναίας καλοῦσι. Auch eine deutsche Übersetzung bleibt zweideutig: „Es gab aber auch Gewänder für die Priester und für alle Anderen, die als „kananaias" bezeichnet wurden". Die Bezeichnung kann sich hier auf die Gewänder oder die ‚Anderen' beziehen, aber kaum auf die Priester.

490 Vgl. oben S. 124. Der Begriff wurde, wie dort gesehen, für religiöse Eiferer verwendet, wobei diese meist in Zusammenhang mit dem Tempel oder mit priesterlichen Familien erwähnt werden. Möglicherweise waren sie also eine Art „religiöse Sittenpolizei", die im Dienste des Tempels für religiöse Ordnung sorgte, nach dem Vorbild des Pinehas (Num 25,11), auf den wiederholt Bezug genommen wird. Vielleicht steht diese Bezeichnung auch hinter der Selbstbezeichnung des Paulus, der sich im Blick auf seine Reise nach Damaskus als ζηλωτὴς bezeichnet und sich dabei auf die priesterliche Beauftragung beruft (Apg 22,3.5).

491 Als aramäisches Lehnwort im hebräischen Kontexten erscheint הֶמְיָין in mEr 10,15; (Nowack 98), mSuk 5,3 (Bornhäuser 144) u.ö.

auch das Aramäische gemeint sein,[492] jedoch legt die erzählte Situation etwas anderes nahe: Denn wenn es darum ging, dass die Botschaft von der römischen Wache nicht verstanden wurde, dann wäre die Wahl des Aramäischen zumindest riskant gewesen, denn diese verbreitete Verkehrssprache war einem Römer eher bekannt als der lokale Dialekt des Hebräischen. Die Untersuchung der Parallele in Apg 21,40 (vgl. oben S. 135) hat bereits gezeigt, dass dort in einer ähnlichen Situation tatsächlich das Hebräische, nicht das Aramäische, gewählt wurde.

Für die Rede des Josephus in Bell 6,96 gibt zwar die erzählte Situation keinen direkten Aufschluss über die gewählte Sprache. Hier kann das Aramäische ebenso gut im Hintergrund stehen wie das Hebräische. Nur das Wort ἑβραΐζων lässt, angesichts der anderweitig festzustellenden Konsistenz des Josephus im Gebrauch der Begriffe, auf das Hebräische schließen.[493] Einen eindeutigen Hinweis auf die hebräische Sprache liefert hingegen eine Episode in Bell 5,269–272: Hier berichtet Josephus, dass die jüdischen Wächter auf den Mauern Jerusalems die Einwohner der Stadt in ihrer „väterlichen Sprache" (τῇ πατρίῳ γλώσσῃ) mit den Worten „der Sohn kommt" vor heranfliegenden Wurfgeschossen der Römer warnten. Zugrunde liegt offenbar ein Wortspiel mit den ähnlich lautenden Sätzen אבן באה („ein Stein kommt!") und הבן בא („der Sohn kommt!"), eine Verwechslung, die so nur im Hebräischen möglich ist, da die aramäischen Entsprechungen אבנא אתה und ברא אתי kaum zu einer solchen Verwechslung führen könnten.[494]

Der Gebrauch der Begriffe bei Josephus ist also ebenfalls konsistent. Nirgendwo wird ein aramäisches Wort als „hebräisch" bezeichnet. Auffällig ist dabei, dass Josephus nicht nur allgemein von der „hebräischen" Sprache redet, sondern diese auch „unsere" Sprache nennt.[495] Er beschreibt mit diesem Ter-

---

[492] So z.B. bei Billerbeck, *Kommentar*, 1969, 2:452.

[493] Vgl. auch Grintz, *Hebrew*, 1960, 42–45, der ebenfalls den stringenten Sprachgebrauch des Josephus nachweist. Grintz weist zudem darauf hin, dass alle von Josephus verwendeten aramäischen – oder nur möglicherweise aramäischen – Worte aus dem Umfeld des Tempels stammen, wo in der Tat auch nach Auskunft anderer Quellen (mSheq 5,3 und 6,5) das Aramäische durchaus gebräuchlich war. Dieser Umstand, der dem verbreiteten Gegensatz zwischen hebräischer „Kultsprache" und aramäischer „Alltagssprache" entgegensteht, ist möglicherweise plausibler auf ein frühes, aber dauerhaftes Eindringen der aramäischen Verwaltungssprache in Ämter und Institutionen des öffentlichen Lebens, wie etwa den Tempelkult und die Hierokratie, zurückzuführen. Hier ist also eher zwischen Verwaltungs- und Gebetssprache zu unterscheiden als zwischen Alltags- und Kultsprache. Vgl. auch oben S. 107 Anm. 347.

[494] Vgl. Buth, *Hebraic Approach*, 2006, 305 und Dunn/Rogerson, *Commentary*, 2003, 1092. Zu möglichen vergleichbaren Wortspielen in Lk 3,8 par Mt 3,9 und Mt 21,38.43 vgl. unten S. 246 Anm. 41.

[495] Dabei sind jeweils hebräische, und nicht aramäische Worte im Blick: Ant 3,134 ἐρὼν für hebr. ארון (aram.: דאעי); Ant 3,159 μεεὶρ für hebr. מעיל (aram.: מרמצן).

minus also nicht nur eine tote Schriftsprache, sondern eine Sprache, die zu seiner Zeit von ihm selbst und von anderen gesprochen wurde.

Auch in den Werken des *Philo* wird der Begriff „hebräisch" konsistent verwendet. Er erscheint vornehmlich im narrativen Zusammenhang für das Volk der Hebräer und im linguistischen Zusammenhang für die Etymologie von hebräischen Eigennamen. Auch hier erscheinen wieder die Formen σάββατα (Abr 28) und πάσχα (Decal 159), wohingegen in SpecLeg 2,41 und 2,86 die Form σάββατον erscheint, was erneut den rein gräzisierenden Charakter des α-Auslautes belegt. Auch für Philo wird häufig angenommen, er unterscheide nicht zwischen Hebräisch und Aramäisch. Das werde etwa daran deutlich, dass er die hebräische Sprache als χαλδαϊκῇ bezeichne.[496] Doch dieser Schluss ist unzulässig: Zwar trifft es zu, dass der Begriff χαλδαϊκός bei *Josephus* als Synonym für das Syrische verwendet wird. Auf den Sprachgebrauch des *Philo* darf aber daraus nicht geschlossen werden. Bei diesem nämlich ist der Begriff konsistent im Blick auf das Volk der „Chaldäer" als Herkunftsvolk Abrahams verwendet, und daraus abgeleitet auch immer für die von Abraham herkommende althebräische Sprache.[497] Selbst Moses wird als ein „Chaldäer von Geburt" bezeichnet (VitMos 1,5). Den aramäischen Begriff מרן dagegen rechnet Philo ausdrücklich der Sprache der „Syrer" zu.[498] Dass er VitMos 2,224 das Wort πάσχα als χαλδαϊστὶ bezeichnet, kann angesichts des eindeutigen Befunds an allen anderen Stellen also gerade nicht als Ausnahme gewertet werden, sondern im Gegenteil als Beleg dafür, dass πάσχα, wie auch in der LXX, hier das biblisch-hebräische Wort פסח wiedergibt. Der Sprachgebrauch bei Philo ist also ebenfalls konsistent, und er hält, wie auch Johannes und Josephus, hebräische und aramäische Sprache deutlich auseinander.

In der *rabbinischen Literatur* wird schließlich der komplexe multilinguale Charakter der jüdischen Gesellschaft im Land Israel deutlich. Noch aus dem 3. Jh. wird etwa ein Diktum des Jonatan von Beth Guvrin überliefert:

---

496 VitMos 2,26. PFANNKUCHE, *Landessprache*, 1798, 424, schließt aus dieser Stelle auf die Existenz schriftlicher Targume zur Zeit Philos.

497 Die hebräische Sprache bezeichnet der Begriff Χαλδαϊστὶ Abr 99.201; VitMos 2,26–40; Praem 31.44; LegGai 4. In Abr 8.12 und Praem 14 transkribiert Philo den hebräischen Namen חנוך mit Ἐνὼς (LXX: Ενωχ) und übersetzt diesen, wohl aus dem aramäischen אנש abgeleitet, mit ἄνθρωπος. Durch diese offensichtlich interpretative Herleitung ist hier die Begrifflichkeit doppelt unscharf: Zum einen ist nicht klar, ob mit „chaldäisch" der hebräische Bibeltext, der hebräische Eigenname oder das zur Deutung herangezogene aramäische Wort bezeichnet wird (in Anbetracht des sonst konsistenten Gebrauchs bei Philo liegt ersteres nahe). Zudem ist hier nicht das Wort Χαλδαϊστὶ verwendet, das Philo sonst stets für die hebräische Sprache verwendet, sondern Χαλδαῖος, was bei ihm das chaldäische Volk im weiteren Sinne bezeichnet, das Hebräer wie auch heidnische Aramäer umfasst.

498 οὕτως δέ φασιλέγω τὸν κύριον ὀνομάζεσθαι παρὰ Σύροις (Flacc 39).

„Es gibt vier zweckdienliche Sprachen, die die Welt benutzt, und das sind folgende: Griechisch (לעז) für den Gesang, Lateinisch (רומי) für den Krieg, Aramäisch (סורסי) für das Klagen, und Hebräisch (עברי) für das Sprechen. Und manche sagen: Außerdem „Assyrisch“ (אשורי) für das Schreiben.“[499]

Tatsächlich ist schon die sprachliche Form des rabbinischen Schrifttums mit seinen ineinander verflochtenen hebräischen und aramäischen Anteilen und einer Fülle von griechischen, lateinischen, persischen und anderen Lehnwörtern ein beredtes Zeugnis für die Vielsprachigkeit, die in diesem Ausspruch zum Ausdruck kommt. Die Herausbildung der Targumtradition, unabhängig von der Frage nach ihrer genauen Datierung (vgl. oben S. 89), ist ein Ergebnis dieser polyglotten Realität.[500] Auch die präzisen Unterscheidungen zwischen לשון עברי und לשון ארמי,[501] zwischen לשון תורה und לשון בני אדם (z.B. bNed 49a), oder zwischen לשון תורה und לשון חכמים (bAZ 58b; bQid 70a) zeigen ein Gespür für sprachliche Nuancen und das Bemühen um den richtigen Gebrauch der richtigen Sprache in der richtigen Situation.[502] Dabei spielen auch geographische Faktoren eine Rolle, ebenso wie Unterschiede zwischen Land- und Stadtbevölkerung. So wird etwa ein Ehevertrag in mKet 4,12 in zwei Sprachen wiedergegeben: Für Judäa in

---

[499] ySot 7,2/3 (21c), Schäfer/Becker III:120; dt. Hüttenmeister, *ÜTY II/10*, 1987, 164.

[500] Die gleiche polyglotte Realität spiegelt sich wider in den Diskussionen über die angemessene Sprache von offiziellen Urkunden (mGit 9,8) die angemessene Sprache für die Rezitation des Schema ySot 7,1 (21b), für das Gebet (bSot 33a) und für die Lesung der Megilla mMeg 2,1, yMeg 2,1 (73a) und ySot 7,1 (21b).

[501] Z.B. TanB שמיני 7 zu Lev 10,8 (Buber 2:13, dt. Bietenhard 2:44): אמר ר' יהודה הלוי בר שלום בלשון עברי שמו יין, ובלשון ארמי שמו חמר („Rabbi Jehuda b. Schallum sagte: Sein Name ist auf hebräisch יין, aber in aramäischer Sprache heisst er חמר“).

[502] Für die Annahme, in der rabbinischen Literatur könne עברית auch das Aramäische bezeichnen, liefert Billerbeck, *Kommentar*, 1969, 2:447–448, lediglich zwei Belege: Zum einen werde in mGit 9,8 (Correns 152) und tBB 11,8 (Liebermann 4:168–169) davon geredet, dass Urkunden auf „hebräisch“ unterzeichnet würden. Damit könne jedoch nur das Aramäische gemeint sein, da Urkunden „regelmäßig aramäisch“ ausgefertigt worden seien. Dass hier eine falsche *petitio principii* vorliegt, wurde durch die hebräischen Urkundenfunde aus der judäischen Wüste erwiesen. Als zweiten Beleg führt Billerbeck bMeg 18a und bShab 115a an, wo עברית neben dem Elamitischen, Ägyptischen, Medischen und Griechischen in einer Reihe fremdsprachlicher Bibelübersetzungen angeführt wird. Dass hier nicht das Hebräische gemeint sein kann, ist offenkundig. Daher müsse, so Billerbeck, mit עברית das Aramäische gemeint sein. Dies ist allerdings angesichts des Kontextes und mangels weiterer Belege für einen solchen Sprachgebrauch unwahrscheinlich, zumal an anderer Stelle (Sof 1,7, ed. Higger 100) in einer ähnlichen Aufzählung עברית und ארמית als zwei unterschiedliche Sprachen nebeneinander stehen. Wahrscheinlicher ist es daher, dass hier entweder die althebräische *Schrift* im Blick ist, vgl. Grintz, *Hebrew*, 1960, 46, oder das „Iberische“, wie auch Billerbeck selbst [S. 447] vorschlägt. Möglich wäre auch, dass es sich um einen Schreibfehler handelt und ערבית („arabisch“) statt עברית zu lesen ist, was sich dann auch sinnvoller in die Reihe der hier zusammengestellten Fremdvölker einfügen würde.

Hebräisch, für Galiläa und Jerusalem in Aramäisch.[503] Auf die Rolle sozialer Unterschiede bei der Verwendung der Sprachen weist zudem die Überlieferung von Rav Juda Ha-Nasi, dessen Magd (vielleicht eine Migrantin aus Judäa?) in ihrer Konversation mit anderen einfachen Leuten Worte der hebräischen Sprache verwendete, deren genauer Bedeutungsgehalt den Gelehrten nicht mehr vertraut war (bMeg 18b und bRHSh 26b). Aber nicht nur Herkunft und soziale Stellung hatten offenbar Einfluss auf die Verwendung von Sprachen, sondern auch Sprechsituation und Thematik. Das zeigen etwa die bereits erwähnten Phänomene von Codeswitching in den Gesprächen des Simon ben Schetach und im Haus des babylonisch-palästinischen Ehepaars (vgl. oben S. 72).

Was das Verhältnis der hebräischen zu den aramäischen Stücken in der rabbinischen Literatur angeht,[504] gehen die Analysen weit auseinander: Die traditionelle Sicht ging davon aus, dass nur die aramäischen Anteile den tatsächlichen Sprachgebrauch der Autoren und Kompilatoren widerspiegeln, während die hebräischen Teile von ihnen künstlich eingefügt wurden, um an die biblische Überlieferung anzuknüpfen.[505] Ganz anders urteilt heute Jacob Neusner, der das Nebeneinander beider Sprachen nicht durch historische oder überlieferungsgeschichtliche Faktoren, sondern ausschließlich durch funktionale Aspekte begründet sieht: Die Sprachwechsel im babylonischen Talmud seien demnach nicht Schnittstellen verschiedener Überlieferungsschichten, sondern literarisches Stilmittel der Redaktoren, um Rechtssätze und Tatsachenbehauptungen (hebräisch) von Argumentationsketten und Kommentaren (aramäisch) zu trennen.[506] Konservativere Ansätze gehen davon aus, dass sich in der rabbinischen Literatur die allmähliche Veränderung der tatsächlichen sprachlichen Verhältnisse niedergeschlagen hat, wobei der Einfluss des Aramäischen bereits in vorchristlicher Zeit eingesetzt habe, bedingt durch Migration, geographische Diversität und multilinguale Kultur, Der endgültige Übergang vom Hebräischen zum Aramäischen sei jedoch erst mit den einschneidenden politischen und geographischen Veränderungen einher gegangen, denen das Judentum im zweiten nachchristlichen Jahrhundert ausgesetzt war.[507] Wenn also von R. Juda Ha-Nasi das Wort überliefert ist (bSot 49b und bBQ 82b–83a): „Was

---

[503] Buth, *Language Use*, 1992, 302, führt dies darauf zurück, dass in Judäa auf dem Land die hebräische Sprache gesprochen wurde, während im ‚kosmopolitanen' Jerusalem die offizielle Verwaltungssprache, das Aramäische, verwendet werden konnte.

[504] Während in der tannaitischen Zeit nahezu ausschließlich das Hebräische verwendet wird, stehen in der amoräischen Zeit aramäische und hebräische Anteile nebeneinander, wobei auch hier die hebräischen Anteile überwiegen. Vgl. Chomsky, *Jewish Vernacular*, 1951, 200.

[505] So z.B. Pfannkuche, *Landessprache*, 1798, 432.

[506] Neusner, *Taxonomy*, 1990.

[507] Safrai, *Literary Languages*, 1991, und Safrai, *Origins*, 1990, besonders 192; Buth, *Language Use*, 1992, 304–305; Bar-Asher, *Studies*, 1998, 12.

soll im Lande Israel die aramäische Sprache (לשון סורסי)? Entweder die heilige Sprache (לשון הקודש) oder die griechische Sprache (לשון יוונית)!", dann zeugt das zwar einerseits noch von der bevorzugten Stellung des Hebräischen, aber anderseits auch von einer sich bereits wandelnden Realität, in der das Aramäische das Hebräische zu verdrängen droht, diese Verdrängung aber noch als abwendbar betrachtet wird.

2.5.10 Altkirchliche Zeugnisse für ein „hebräisches Evangelium"

Auf den umfangreichen Komplex altkirchlicher Überlieferungen zur Existenz eines „hebräischen Evangeliums" kann im Rahmen dieser Untersuchung nicht eingehend eingegangen werden. Dennoch lässt er sich kaum von der hier verfolgten Fragestellung trennen: Denn die Rückfrage nach einem hebräischen Sprachhintergrund stützt sich nicht allein auf soziolinguistische Hypothesen, sondern eben auch auf eine breite literarische Tradition, der zufolge eine hebräische Evangelientradition in den ersten Jahrhunderten tatsächlich existierte: Die Notiz des Papias über mögliche hebräische Ursprünge der Evangelientradition[508] war deshalb zu Beginn der kritischen Forschung ein entscheidender Anhaltspunkt für die Annahme einer hebräischen Vorstufe der Evangelientradition.[509] Heute treffen die altkirchlichen Zeugnisse jedoch weithin auf Skepsis.[510] Im Rahmen einer umfassenden Erforschung des hebräischen Hintergrundes der Evangelientradition wäre also sowohl die inhaltliche Bedeutung als auch die historische Zuverlässigkeit der Papiasnotiz neu zu überprüfen, sowie die Frage der Abhängigkeit oder Eigenständigkeit der übrigen patristischen Zeugnisse von Papias.[511] Zu untersuchen wäre ebenfalls das Verhältnis der Papiasüberlieferung zu den altkirchlich bezeugten judenchristlichen Evangelien sowie deren Verhältnis zu den kanonischen Evangelien.

---

[508] Schon der Wortlaut der Notiz in Eusebius, HE 3.39.16 ed. SCHWARTZ/MOMMSEN, *GCS 9*, 1903, 1:292 sowie KÖRTNER/LEUTZSCH, *Papiasfragmente*, 1998, 58 (Ματθαιος μεν ουν Εβραιδι διαλεκτω τα λογια συνεταξατο, ηρμηνευσεν δ αυτα ως ην δυνατος εκαστος) gibt vielfachen Anlass zur Diskussion: Ist mit εβραιδι die hebräische oder die aramäische Sprache gemeint? Bezeichnet διαλεκτω eine Sprache oder den (semitischen) Schreibstil eines griechischen Autors? Sind die λογια Worte, Ereignisse, Überlieferungseinheiten oder gar eine zusammenhängende Evangelienschrift? Bezeichnet συνεταξατο die Tätigkeit des Sammelns, des Zusammenstellens oder lediglich der neuen Anordnung von vorhandenem Material? Ist mit ηρμηνευσεν eine Übersetzungs- oder Auslegungstätigkeit gemeint? Und sind mit dem Wort εκαστος die anderen Evangelisten, beliebige Leser oder Übersetzer in einem Gottesdienst gemeint?

[509] So bereits LESSING, *Hypothese*, 1778, 51; vgl. desweiteren die oben S. 15–68 und unten S. 166–194 referierte Literatur.

[510] Vgl. etwa die Untersuchung von NEPPER-CHRISTENSEN, *Matthäusevangelium*, 1958, aber auch die meisten Kommentare und Einleitungen zum Neuen Testament.

[511] Für eine zuversichtlichere Bewertung der Quellen vgl. neuerdings HILL, *Papias*, 2006, BAUM, *Urmatthäus*, 2001, BAUCKHAM, *Eyewitnesses*, 2006, EDWARDS, *Hebrew Gospel*, 2009, 1–118.

Ebenso deren inhaltlicher und textlicher Charakter, soweit er sich aus dem Zeugnis der Kirchenväter und aus erhaltenen Fragmenten rekonstruieren lässt.[512] Zu untersuchen wäre das Verhältnis der in Papyri und mittelalterlichen Handschriften möglicherweise erhaltenen Fragmente hebräischer Evangelientradition zu den altkirchlich bezeugten judenchristlichen Evangelien.[513] Zu untersuchen wäre außerdem die Verwendung der Begriffe „hebräisch" und „aramäisch" bei den Kirchenvätern vor dem Hintergrund des bis hierher beschriebenen Befundes zur linguistischen Frage.[514] Dies alles kann hier nicht geschehen. Sollte sich jedoch die altkirchliche Überlieferung aufgrund anderweitiger Forschung als zutreffend erweisen, würde dies die bisher gemachten Beobachtungen zum Gebrauch des Hebräischen als mögliche Schriftsprache einer frühen Evangelientradition zusätzlich stützen.

2.6 Zusammenfassung und Ausblick

Es kann im Rahmen der vorliegenden Untersuchung nicht darum gehen, die soziolinguistischen Rahmenbedingungen für die Entstehung des Neuen

---

[512] Grundlegend Klijn, *Jewish-Christian Gospel*, 1992, und Vielhauer/Strecker, *Judenchristliche Evangelien*, 1987; Skarsaune/Hvalvik, *Jewish Believers*, 2007; darin bes. Evans, *Gospel Traditions*, 2007. Eine kompakte Übersicht der patristischen Zeugnisse und Zitate aus den judenchristlichen Evangelien gibt Edwards, *Hebrew Gospel*, 2009, 263–291. In der frühen synoptischen Forschung wurde die Rolle dieser Evangelien z.T. intensiv diskutiert, wobei umstritten blieb, ob es sich um frühe Vorformen oder häretische Spätformen der kanonischen Evangelien handelte. Vgl. dazu außer der oben S. 15–68 und unten S. 166–194 referierten Literatur auch die forschungsgeschichtlich grundlegenden Titel von Gla, *Originalsprache*, 1887, (Hebräerevangelium als aramäische Vorstufe des Mt); Handmann, *Hebräerevangelium*, 1888, (Hebräerevangelium als zweite Quelle für Mt und Lk neben Mk); Hilgenfeld, *Hebräer-Evangelium*, 1889, (gegen Handmann, Abhängigkeit des Mt vom Hebräerevangelium, sowie des Mk von beiden); sowie aus neuerer Zeit Beatrice, *Gospel*, 2006, (Hebräerevangelium ein frühes aramäisches Matthäusevangelium, aus dem vor allem der „Q"-Stoff stammt) und Gregory, *Prior or Posterior*, 2005, (Ebionäerevangelium in Teilen ursprünglicher als Lk).

[513] Zum hebräischen Matthäusevangelium des Shem-Tob vgl. unten S. 228; zu den sogenannten „jüdischen Scholien" in mittelalterlichen Handschriften vgl. Frey, *Scholien*, 2003; zur judenchristlich geprägten koptischen Evangelienhandschrift aus der Sammlung Schøyen vgl. Schenke, *Matthäus-Evangelium*, 2001, Boismard, *Évangile*, 2003, und Boismard, *Étude*, 2003; das Evangelienfragment in Pap. Oxy. 840 wurde zwar von den ursprünglichen Herausgebern (Grenfell/Hunt, *Fragment*, 1908) als nicht judenchristlich klassifiziert, vgl. jedoch neuerdings Evans, *Jewish Versions*, 2003. Hierher gehört auch die Frage nach dem besonderen Charakter des Codex Bezae, dessen Textvarianten oft dem semitischen Sprachgebrauch nahe stehen. Eine (ältere) Forschungsübersicht bei Yoder, *Semitisms*, 1959.

[514] Nagel, *Hebräisch*, 2008, kommt in einer entsprechenden Untersuchung zu dem Urteil, dass auch die Kirchenväter zwischen beiden Begriffen klar unterschieden und daher die altkirchlichen Überlieferungen über ein „hebräisches Evangelium" in der Tat auf die hebräische Sprache zu beziehen seien.

Testamentes erschöpfend darzustellen. Eine erneute, umfassende und systematische Analyse des gesamten Quellenmaterials, einschließlich der umfangreichen erst im letzten Jahrhundert entdeckten Texte und Inschriften, sowie unter Berücksichtigung soziolinguistischer Deutungskategorien, ist hier erforderlich. Für den Fortgang der vorliegenden Untersuchung kann jedoch nach Durchsicht einiger wichtiger Aspekte der linguistischen Frage festgehalten werden, dass die sprachliche Situation im Palästina des ersten Jahrhunderts komplexer war als in der neutestamentlichen Forschung weithin angenommen. Hier müssen die neueren Erkenntnisse anderer Disziplinen wie der klassischen Philologie, der Archäologie und der Linguistik erst noch ausreichend rezipiert und integriert werden.

Die überwiegende Mehrheit der Autoren, die sich in den letzten Jahrzehnten der Frage nach den sprachlichen Verhältnissen gezielt zugewandt haben, stimmt heute darin überein, dass nur ein drei- bzw. viersprachiges Modell die soziolinguistische Realität des ersten Jahrhunderts hinreichend beschreiben kann: Hebräisch, Aramäisch, Griechisch und, mit Einschränkungen, Latein stehen hier nebeneinander bzw. sind miteinander und ineinander verflochten. Dabei werden nicht alle Sprachen von allen Teilen der Bevölkerung und in allen Teilen des Landes in gleicher Weise gesprochen, verstanden und verwendet. Die Verwendung wechselt vielmehr je nach Sprech- oder Kommunikationssituation, abhängig von geographischen, kulturellen, ethnischen, religiösen und individuellen Faktoren. Lediglich im Urteil über Ausmaß, Verbreitung und soziolinguistische Funktion der einzelnen Sprachen gehen die Urteile auseinander: Am einen Ende des Spektrums finden sich dabei Fitzmyer, Beyer, Schwartz, Casey, Poirier, Hengel und Kottsieper, die nach wie vor ein nahezu exklusives aramäisches Modell vertreten:

„...pockets of Palestinian Jews also used Hebrew [scil. neben den Hauptsprachen Aramäisch und Griechisch], even though its use was not widespread.“[515]

In der Mitte des Spektrums finden sich solche Modelle, in denen zwar von einem vorwiegenden Gebrauch des Aramäischen, aber dennoch auch von einem breiten Gebrauch des Hebräischen ausgegangen wird. Emerton, der noch 1961 die Existenz des Hebräischen als Umgangssprache bestritten hatte,[516] sprach sich später für einen vornehmlichen Gebrauch des Hebräischen in Judäa, jedoch des Aramäischen in Galiläa aus.[517] Auch Barr und Rabin werten die geographische Verbreitung der beiden Sprachen ähnlich:

---

[515] FITZMYER, *Languages*, 1970, 46. Vgl. BEYER, *Texte I*, 1984, 58; BEYER, *Texte II*, 2004, 34, dazu auch oben S. 38; SCHWARTZ, *Language*, 1995; CASEY, *Sources*, 1998, 79; POIRIER, *Linguistic Situation*, 2007; HENGEL, *Hellenization*, 1989, 8; HENGEL/SCHWEMER, *Judentum*, 2007, 382–386; KOTTSIEPER, *Yehudit*, 2007, 118.

[516] EMERTON, *Hebrew*, 1961, 200.

[517] EMERTON, *Vernacular Hebrew*, 1973, 21.

„...boundary lines are ... hard to draw; but most scholars seem to agree that Aramaic was strong in Galilee and the North generally, while the main concentrations of spoken Hebrew were in the Judean countryside; but no doubt there were pockets of Hebrew elsewhere, and a considerable representation of Aramaic even in the South."[518]

Eine Reihe von Forschern kommt zu ähnlichen, teilweise jedoch komplexeren Modellen einer geographisch, soziolinguistisch oder funktional ausdifferenzierten Mehrsprachigkeit.[519] Auch eine Mehrzahl der oben angeführten Archäologen und Handschriftenkundler (vgl. S. 94ff.) vertritt eine entsprechende Position. Der Linguist Moshe Bar Asher, dessen Studien sich weniger auf das gesprochene Hebräisch als auf das der Mischna konzentrieren, fasst den Stand der Diskussion aus sprachwissenschaftlicher Sicht wie folgt zusammen:

„Research has further shown that Hebrew was spoken in Palestine until roughly 200 CE. (...) Most scholars agree that MH originates in the language spoken in various regions of Palestine throughout the period of the Second Temple. (...) Whether a situation of bilingualism existed here is much debated. Some maintain that true bilingualism existed throughout Palestine, so that speakers could express themselves equally well in either He-

---

[518] Barr, *Hebrew*, 1989, 112.

[519] Watt, *Diglossia*, 2000, (vgl. oben S. 78), referiert sieben neuere Modelle einer Verteilung des Hebräischen und Aramäischen nach geographischen und soziolinguistischen Gesichtspunkten. Er selbst schlägt auf Grundlage der von Ferguson, *Diglossia*, 1959, und Fishman, *Diglossia*, 1967, vorgeschlagenen Kategorien und als Synthese der verschiedenen neueren Ansätze, das folgende Modell vor: Biblisches Hebräisch als H1, gesprochenes (also proto-mischnisches) Hebräisch als H2, judäisches Aramäisch als L1, galiläisches Aramäisch als L2, Griechisch als T1 und Latein als T2. Da er den Begriff der „Diglossie" streng auf den funktionalen Aspekt von Sprache (Hochsprache vs. Alltagssprache) beschränkt, schlägt er T als dritte, weder H noch L zuzuordnende Kategorie vor. Paulston, *Repertoire*, 2000, 89, schlägt ein flexibleres Modell vor und unterscheidet Acrolekte (Griechisch, Latein, Biblisches Hebräisch), Basilekte (Aramäisch, Arabisch, ungeschriebene Sprachen) und Mesolekte (z.B. mischnisches Hebräisch, gelehrtes Aramäisch u.a.). Spolsky, *Jewish Multilingualism*, 1985, 41, schlägt eine Klassifizierung nach Region und Gesellschaftsschicht vor: 1. Ländliches Judäa (Hebräisch); 2. Galiläa (Aramäisch, Hebräisch, Griechisch – in dieser Reihenfolge); 3. Küstenstädte (Griechisch, Aramäisch, Hebräisch); 4. Jerusalem, Oberschicht (Griechisch, Aramäisch, hebräisch); 5. Jerusalem, Unterschicht (Aramäisch, Hebräisch-Griechisch). Weniger differenzierte, aber ebenfalls nach geographischen, soziolinguistischen oder funtionalen Aspekten unterscheidende Annahmen eines gleichwertigen Nebeneinanders von Griechisch, Aramäisch und Hebräisch außerdem bei Gundry, *Language Milieu*, 1964, 408; Sevenster, *Greek*, 1968, 176 und 183; Rüger, *Sprache Jesu*, 1968; Barr, *Language*, 1970; Barr, *Hebrew*, 1989; Rabin, *Hebrew*, 1976; Wilcox, *Semitisms*, 1984; Riesner, *Jesus*, 1988, 382–392; Wise, *Languages*, 1992; Schniedewind, *Aramaic*, 2006, 148. Segert, *Languages*, 2002, geht zwar vom gleichwertigen Gebrauch beider Sprachen aus, konstruiert aber, wie viele Forscher des 19. Jh., einen stereotypen Gegensatz zwischen dem Aramäischen als „Volkssprache", die auch von Jesus nahezu ausschließlich verwendet worden sei, und Hebräisch als „Gelehrtensprache", die von Sadduzäern und Pharisäern vornehmlich verwendet worden sei.

brew or Aramaic. Others however believe that in certain areas only one of those two languages was spoken, although it would have been exposed to influence from the other."[520]

Am anderen Ende des Spektrums finden sich Autoren wie Chomsky, Birkeland, Milik, Grintz, Voelz, Safrai, Buth und Nebe[521]: Sie gehen davon aus, dass im Palästina des ersten Jahrhunderts *mehrheitlich* hebräisch gesprochen wurde, und zwar von den Gelehrten wie auch von der ungelernten Bevölkerung, während das Aramäische vor allem unter Migranten, aber auch als offizielle Verkehrs- und Verwaltungssprache Verwendung fand. Für Galiläa nehmen auch sie zwar einem verstärkten Einfluss des Aramäischen an, setzten hier jedoch ebenfalls das Hebräische als Sprache z.B. des Gebets und der Lehre voraus.

Im Jahr 1898 hatte Dalman konstatiert, es müsse

„...der Schluß gezogen werden, dass Jesus in der aramäischen Sprache aufgewachsen ist, und dass er zu seinen Jüngern und zum Volke aramäisch hat reden müssen, um verstanden zu werden. Von ihm, der das Evangelium den Armen predigen wollte und der Lehrweise der Schriftgelehrten fern-|stand, ist am wenigsten zu erwarten, dass er seine Rede mit dem überflüssigen und den Hörer verwirrenden Schmuck der hebräischen Form versehen hätte."[522]

Dem gegenüber stellt sich die Situation im Blick auf den heutigen Diskussionsstand der Literatur komplexer, im Blick auf das in diesem Abschnitt behandelte Quellenmaterial aber vermutlich auch zutreffender, wie folgt dar:

„From a sociolinguistic point of view the language used by Jesus could have been different in different social settings. His home language or mother language could have been one language, while that of his teaching could have been another, while that of his dealing with governmental authorities could have been yet another. The Gospels record Jesus speaking in various ways (parables, prayers, discussions of Jewish Law, sermons, casual conversation) and to various groups (His mother, the disciples, the masses, the Pharisees and scribes, a Samaritan woman, Pilate) in various localities (Galilee, the Decapolis, Samaria, Judaea). And even though he grew up in Nazareth we do not know what language was spoken in the home of His parents, or wether Joseph and Mary spoke the same language or dialect. His immediate family could have been Judean instead of long-time Galileans in view of the fact that Joseph had to go „to his own town" to register for the census (Luke 2:3–4), namely to Bethlehem of Judea, and the fact that Mary had a cousin of the priestly line who lived in the hill country of Judea (Luke 1:5,39). His family went to Jerusalem every year to celebrate Passover, so as a child Jesus was exposed to a wider langua-

---

[520] Bar-Asher, *Mishnaic Hebrew*, 2006, 568, 570, 586; Bar-Asher, *Studies*, 1998, 12.

[521] Chomsky, *Jewish Vernacular*, 1951; Birkeland, *Language*, 1954; Milik, *Ten Years*, 1959, 130; Grintz, *Hebrew*, 1960; Voelz, *Language*, 1984, 923, zitiert Milik zustimmend; Safrai, *Literary Languages*, 1991, und Safrai, *Spoken Languages*, 1991; Buth, *Language Use*, 1992; Nebe, *Neologismen*, 2008, 245-246.

[522] Dalman, *Worte*, 1898, 9–10.

ge geography than just the Galilee (Luke 2:41). The first time we find Jesus talking, he is a twelve-year-old posing questions to the sages in the temple in Jerusalem [...]"[523]

Vor diesem Hintergrund ist es denkbar und sogar wahrscheinlich, dass Jesus sich tatsächlich auch in seinem späteren Leben aller drei vorhandener Sprachen, je nach Erfordernis der Situation, bediente. Dass ein solcher eklektischer Gebrauch von Sprachen in einer mehrsprachigen Gesellschaft nicht nur möglich, sondern üblich ist, zeigen die Forschungen zu Diglossie, Sprachkontakt und Multilinguismus. Demnach könnte Jesus mit der einfachen Landbevölkerung in Judäa und Samaria, aber auch mit den Pharisäern und Schriftgelehrten in Jerusalem einen Dialekt des gesprochenen Hebräisch verwendet haben, bei Schriftlesungen und -zitaten auch biblisches Hebräisch. Mit Juden aus der östlichen Diaspora und mit aramäischsprachigen Juden in Galiläa könnte er einen lokalen Dialekt des Aramäischen gesprochen haben. In Gesprächen mit den römischen Autoritäten, aber auch mit Juden aus der westlichen Diaspora wäre hingegen das Griechische denkbar [ebd., 149]. Lund fasst zusammen:

„The issue of Hebrew versus Aramaic in the Galilee in the first century is far from settled. The thesis ... that the sayings of Jesus contained in the synoptic Gospels have a Hebrew background rather than an Aramaic one is as responsible in light of current general knowledge as the contrary opinion. We can only hope that future discoveries will shed more light on the linguistic situation among indigenous Jews of the Galilee in the first century." [ebd., 140]

2.7 Methodische Folgerungen und Einschränkungen

Ebenso wie im Blick auf die synoptische Frage, kann es auch hier angesichts der vielfältigen offenen Fragen aus dem Bereich der Linguistik in der vorliegenden Untersuchung nicht darum gehen, einen ausschließlich hebräischen oder ausschließlich aramäischen Sprachhintergrund oder gar entsprechende schriftliche Quellen für das Neue Testament zwingend nachweisen zu wollen. Dies ist in der Vergangenheit verschiedentlich versucht worden, jedoch bisher mit wenig Erfolg.

Ziel dieser Untersuchung ist daher nicht der Nachweis eines semitischen Hintergrundes der Evangelien. Vielmehr wird dieser als selbstverständlich und unstrittig vorausgesetzt. Dass Jesus selbst und sein unmittelbares Umfeld aramäisch und/oder hebräisch sprachen, ist in der Forschung nie ernsthaft in Frage gestellt worden. Umstritten ist lediglich die Frage, *in welcher Phase* der mündlichen oder schriftlichen Überlieferung der Übergang vom semitischen in den griechischen Sprachraum stattgefunden hat. Die vorliegende Untersuchung geht daher von einem offenen Modell aus, das eine semitische Sprachform auf allen Stufen der Überlieferung, angefangen von

---

[523] LUND, *Language*, 1992–93, 140.

der Verkündigung Jesu, über die Phase mündlicher Überlieferung bis hin in die Abfassung der ersten schriftlichen Quellen, für möglich, wenn auch nicht für beweisbar hält. Der mögliche Nutzen einer Rückfrage nach dem hebräischen Sprachhintergrund des Neuen Testaments ist an einen solchen Nachweis nicht gebunden.

Die Beschränkung auf die *hebräische* Sprache ist dabei zunächst eine rein methodische: Sie soll und kann in keiner Weise ein Urteil darüber antizipieren, ob dem entsprechenden Text eine hebräische oder eine aramäische Überlieferung oder Vorlage zugrunde liegt. Angesichts der Fülle von Literatur zum aramäischen Hintergrund des Neuen Testaments will sich diese Untersuchung aber ganz bewusst der Frage widmen, ob *neben* der Frage nach dem aramäischen Hintergrund *auch* die Frage nach dem hebräischen Hintergrund eine Berechtigung hat und von Nutzen ist. Dass an einzelnen Stellen *de facto* ein hebräischer Hintergrund für wahrscheinlicher gehalten wird als ein aramäischer, liegt an der Natur des jeweiligen Materials und mag an anderer Stelle gerade anders sein.

Dabei ist die Frage nach der von Jesus verwendeten Sprache für die vorliegende Untersuchung im Prinzip nur von sekundärer Bedeutung, da hier nach dem Hebräischen als mögliche *Überlieferungs- und Schriftsprache* der Evangelientradition gefragt werden soll, und nicht in erster Linie nach der Sprache Jesu. Andere Aspekte als die des gesprochenen Hebräisch kommen hierbei zum tragen. Insbesondere der Befund der literarischen Quellen, in denen das Hebräische weitaus überwiegt, macht die Wahl des Hebräischen für die Abfassung von Evangelienliteratur wahrscheinlicher als die des Aramäischen. Dennoch gilt auch hier das zusammenfassende Urteil von Lund, das als methodische Grundlage für die weitere Arbeit gelten soll.

Wenn die Sprachensituation in Palästina tatsächlich so komplex war, wie es die vorangehenden Beobachtungen nahe legen, dann muss die Frage nach hebräischen Wurzeln des Neuen Testaments als ebenso legitim gelten wie diejenige nach den aramäischen. Zudem ist im Blick auf die Evangelientradition zwischen verschiedenen Phasen der Überlieferung zu unterscheiden: Die Frage nach der ursprünglichen Sprache *einzelner Jesusworte* ist zu unterscheiden von der Frage nach der Sprache der *frühen mündlichen Jesusüberlieferung*. Diese wiederum ist zu unterscheiden von der Frage nach der möglichen Sprache einer frühen *literarischen Form* der Jesusüberlieferung. Die Untersuchungen des vorliegenden Kapitels haben gezeigt, dass zwar im mündlichen Bereich ein durchaus gleichwertiges Nebeneinander von Aramäisch und Hebräisch anzunehmen ist, vermutlich verbunden mit verbreiteten Phänomenen von Transferenz und Codeswitching. Für den Bereich literarischer Tätigkeit belegen die Quellen allerdings ein deutliches Übergewicht des Hebräischen. Dies gilt insbesondere für Bereiche von nationaler und religiöser Relevanz, wie sie in der Jesusüberlieferung zweifellos vorherrschend sind. Für die Frage nach einer literarischen Frühgestalt der Evangelien im semitischen Sprachraum, so eine solche denn existierte, liegt daher das Hebräische sogar näher als das Aramäische. Ob ein solcher Rückgriff auf das Hebräische sich auch als sinnvoll für die Arbeit am neutestamentlichen Text erweist, müssen die Detailstudien an ausgewählten synoptischen Perikopen im zweiten Teil dieser Untersuchung erweisen.

3. Die neue Frage nach dem jüdischen Kontext

Eng verbunden, und doch zu unterscheiden von der Frage nach dem hebräischen Sprachhintergrund, ist das neue Interesse am jüdischen Kontext der Evangelien, wie es seit dem Ende des zweiten Weltkriegs zu beobachten ist. Das Erschrecken über die Greuel der Schoah und die Einsicht, dass die christliche Kirche sich allzu weit von den jüdischen Wurzeln ihres Glaubens entfernt hatte, führte hier seit 1945 zu einer Neuorientierung. Die vorliegende Untersuchung will mit der Frage nach einem hebräischen Sprachhintergrund einen Beitrag zu dieser Neuorientierung leisten, indem sie über die hebräische Sprache auch einen Zugang zur jüdischen Literatur und zu jüdischem Glauben und Denken öffnet. Die neue Frage nach dem jüdischen Kontext der Evangelien gehört also, ebenso wie die neue Offenheit der synoptischen und der linguistischen Frage, mit zu den veränderten Rahmenbedingungen, die eine Rückfrage nach dem hebräischen Sprachhintergrund der Evangelien heute wieder als möglich und sogar als hilfreich erscheinen lässt.

3.1 Traditionelle Ansätze

Die Lektüre und das Verständnis der Evangelien war seit ihrer Entstehung unauflöslich verwoben mit dem jüdischen Kontext, in dem sie entstanden waren. So standen schon die Ausleger der alten Kirche vor der Herausforderung, ihre eigene Identität einerseits in Kontinuität mit den jüdischen Schriften des Alten und Neuen Testaments, andererseits aber auch in Abgrenzung gegenüber denjenigen Strömungen des Judentums, die sich in dieser Zeit als normativ herausbildeten, zu finden. Auch die neutestamentliche Wissenschaft schwankte stets zwischen den jüdischen und nicht-jüdischen Polen ihrer eigenen Identität, während sich an ihren Rändern entweder ‚judaisierende'[524] oder ‚anti-jüdische'[525] Tendenzen herausbilden konnten. Solche Tendenzen haben auch in der neuzeitlichen Bibelwissenschaft ihren Niederschlag gefunden.

3.1.1 ‚Antijüdische' Tendenzen in der kritischen Bibelwissenschaft

Für die beginnende neutestamentliche Forschung im Deutschland des späten 18. Jahrhunderts war die Abgrenzung des Evangeliums gegenüber seinem jüdischen Kontext ein wichtigeres Anliegen als die Suche nach Kontinuität. So stellt bereits Johann Gottfried Eichhorn die „Sprache und Vorstellungsart, welche (man) von einem aufgeklärten Apostel hätte erwarten mögen", der „jüdischen Weise" und den „Zeitideen des gemeinen ungebildeten Teils der jüdischen Nation" kontrastierend gegenüber.[526] Für ihn sind jüdische Elemente ein Fremdkörper innerhalb des Evangeliums, die die kritische Forschung erkennen und entfernen muss, um Jesus und seine Botschaft richtig zu verstehen. Ähnlich urteilt fünfzig Jahre später auch Ch. Hermann Weiße:

> „Christo ... einer absichtlichen Accommodation an jüdisches Gesetz und Herkommen zeihen, heißt, ihn geflissentlich unter die Geistesgröße herabzudrücken, in der ihn uns die beglaubigte Geschichte zeigt."[527]

Die hier in Ansätzen erkennbare anti-jüdische Tendenz ließe sich durch die Werke weiterer Autoren, darunter auch großer Gelehrter wie Wellhausen, Harnack und anderer hindurch verfolgen, was hier nicht weiter notwendig ist.[528] Jüdische Gelehrte wandten sich schon früh gegen solche Tendenzen,

---

[524] Der Begriff ist hier nicht im pejorativen Sinn verwendet, sondern beschreibt das Phänomen einer christlichen Selbstidentifizierung mit dem Judentum, das die bestehenden Grenzen jüdischer und christlicher Identität überschreitet, indem es Kernpunkte christlichen Glaubens aufgibt zugunsten einer engeren Identifikation mit dem jüdischen Glauben, ein Phänomen, das, angefangen von Gal 2, bis heute zu beobachten ist.

[525] Auch dieser Begriff ist mit vielerlei Bedeutung beladen und in der Diskussion keineswegs klar definiert. Ich nenne hier eine hilfreiche Definition von Tyson, *Anti-Judaism*, 1999, 218: „I take the term ‚anti-Judaism' to mean a specifically Christian, theologically driven attitude towards Jews, including concepts of divine rejection and punishment of Jews, as well as Christian supersessionism and triumphalism. [...] In scholarship on the Gospels, I understand anti-Judaism to be the tendency to stress negative aspects of Jewish religious life and thought in the first century and to neglect or de-emphasize more positive aspects". Zur Unterscheidung von „echten" und „eingebildeten" antijüdischen Tendenzen in den Evangelien vgl. Lowe, *Anti-Jewish Elements*, 1987.

[526] Eichhorn, *Einleitung Bd. I*, 1804, 411–412. Vgl. dazu unten S. 168ff.

[527] Weisse, *Geschichte*, 1838, 485. Vgl. dazu unten S. 178ff.

[528] Ausführlichere Analysen solcher Tendenzen z.B. bei Tyson, *Anti-Judaism*, 1999, und Theissen/Winter, *Kriterienfrage*, 1997, vgl dort S. 171 (Zitat unten S. 162), vgl. auch Deines, *Pharisäer*, 1997 und Deines, *Galiläa*, 2008. Sofern solche Tendenzen auch für die Herausbildung synoptischer Theorien eine Rolle spielten, werden sie unten S. 166ff. ausführlicher beleuchtet.

so etwa Solomon Schechter, der pointiert formulierte: „Higher Criticism – Higher Antisemitism".[529] Die Ursachen für das verstärkte Bedürfnis neutestamentlicher Wissenschaftler nach Abgrenzung vom Judentum sind dabei sicher vielfältig: Nur zum Teil lässt es sich aus dem traditionellen, theologisch motivierten Anti-Judaismus heraus erklären, denn die Motive von Gesetzlichkeit, Kleingeistigkeit, Institutionalismus und Zeremonialismus, die in dieser Phase in den Vordergrund rückten, gehörten nicht zu dessen traditionellem Repertoire. Die Ursachen müssen daher auch anderswo gesucht werden, etwa in der konfessionellen Polemik gegen die katholische Kirche als „neues Judentum"[530], im aufkeimenden Nationalismus, den Anfängen eines rassisch begründeten Antisemitismus und in der zunehmenden Assimilation großer Teile des westeuropäischen Judentums, die auf christlicher Seite eine deutlichere Abgrenzung zu erfordern schien.[531]

3.1.2 ‚Philosemitische' Tendenzen – und jüdische Kritik

Jedoch gab es auch ganz andere Tendenzen in der deutschen Forschung, die der hier beschriebenen Linie nicht folgten. Sie werden repräsentiert durch solche Forscher, die sich ernsthaft und ausführlich mit der jüdischen Literatur und dem jüdischen Denken auseinander setzten und auch den Dialog mit dem zeitgenössischen Judentum suchten. Dazu gehörten etwa die bereits genannten Franz Delitzsch und Gustav Dalman, aber auch Hermann Leberecht Strack, Paul Fiebig und Paul Billerbeck. Diese frühen Pioniere der christlichen judaistischen Forschung in Deutschland nahmen nicht selten ihre jüdischen Kollegen und überhaupt das Judentum gegen die verbreitete christliche Polemik in Schutz und betonten den jüdischen Charakter Jesu ebenso wie den des christlichen Glaubens. Führende Vertreter der jüdischen Wissenschaft und Gemeinde zollten ihnen für ihre Kenntnis der jüdischen Literatur und ihre Errungenschaften auf dem Gebiet der judaistischen Forschung ausdrücklich Respekt, auch wenn sie sich gleichzeitig gegen das damit verbundene Programm der christlichen Apologetik und der

---

[529] SCHECHTER, *Criticism*, 1903.

[530] Vgl. die Ausführungen von Bruno Bauer, unten S. 181ff., und die Beobachtung von RATZINGER, *Jesus*, 2007, 138 zu impliziten antijüdischen Tendenzen neuzeitlicher Bibelkritik: „[Jesu] Kritik am Judentum seiner Zeit sei die Kritik des freiheitlichen und vernünftig gesonnenen Menschen an einem verknöcherten Legalismus, der im Tiefsten Heuchelei bedeute und Religion zu einem knechtischen System von letztlich unvernünftigen Verpflichtungen erniedrige, das den Menschen an der Entfaltung seines Werkes und seiner Freiheit hindere. Dass dabei kein sehr erfreuliches Bild des Judentums entstehen konnte, versteht sich von selbst; die moderne Kritik – beginnend mit der Reformation – sah freilich so gesehen das ‚Jüdische' im Katholizismus wiedergekehrt.". Ähnlich THEISSEN/WINTER, *Kriterienfrage*, 1997, 171, vgl. auch hier das Zitat unten S. 162.

[531] ARNOLD/WEISBERG, *Centennial Review*, 2002, 449.

Judenmission verwehrten.[532] Aus heutiger Perspektive wird diesen Forschern allerdings nicht selten vorgeworfen, auch und gerade mit ihrer theologisch motivierten Aufarbeitung des jüdischen Quellenmaterials nicht immer nur zu einem besseren Verständnis des Judentums, sondern zum Teil auch zur Schaffung neuer Stereotype und Missverständnisse beigetragen zu haben.[533] Eine besondere Problematik der „christlichen Talmudgelehrsamkeit" lag außerdem in dem gesellschaftlich begründeten Machtgefälle zwischen Christentum und Judentum, das einen offenen wissenschaftlichen Dialog erschwerte, wenn nicht verhinderte.[534]

3.1.3 Extreme Konsequenzen antijüdischer Tendenz

Es war ausgerechnet Franz Delitzschs Sohn Friedrich, der die in der neutestamentlichen Forschung angelegten anti-jüdischen Tendenzen aufgriff und zu einer am Ende absurden Konsequenz brachte: Schon in seinen Epoche machenden „Babel und Bibel"-Vorlesungen in den Jahren 1902–1904 legte er ein umfangreiches Programm archäologischer, religionsgeschichtlicher und bibelwissenschaftlicher Neuorientierung vor, das sich am Leitmotiv einer Überlegenheit der universalen babylonischen gegenüber der partikularen jüdischen Religion orientierte.[535] Darin entwickelt er *in nuce* bereits die Idee eines vornehmlich durch babylonische Migranten (mit teilweise arischem Hintergrund) bevölkerten Galiläas, das in deutlichem religiösem Gegensatz zum jüdisch geprägten Judäa stand,[536] zusammen mit der Vorstellung eines arischen, weil aus Babylon stammenden Proselyten Jesus,

---

[532] Wiese, *Wissenschaft*, 1999, 89–130 und 305–335.

[533] Vgl. Tyson, *Anti-Judaism*, 1999, 223 und die dort angeführte Kritik von Sanders, sowie Wiese, *Wissenschaft*, 1999, 319–327; ähnlich auch Vermès, *Jesus*, 1993, 221. Ausführlicher Levenson, *Missionary Protestants*, 2002; vgl. aber auch Hengel/Deines, *Common Judaism*, 1995, 68–69.

[534] Wiese, *Wissenschaft*, 1999, 130.

[535] Dass sich dieses folgenreiche Programm vielleicht nur einem unglücklichen Umstand preußischer Außenpolitik verdankt, gehört dabei zu den tragischen Aspekten der Wissenschaftsgeschichte: Wäre nicht das Feld der Archäologie des Heiligen Landes bereits vornehmlich durch britische und französische Forscher besetzt gewesen, wodurch für die preußische Krone nur noch die Gebiete des alten Assyrien und Babylonien zur Verfügung standen, hätte sich vielleicht auch die deutsche Bibelwissenschaft in eine ganz andere Richtung entwickelt.

[536] Delitzsch, *Babel*, 1905, 11. Die Idee eines mehrheitlich heidnischen Galiläa, ausgehend von dem in Mt 4,15 verwendeten Begriff Γαλιλαία τῶν ἐθνῶν, gehört dabei zum Allgemeingut damaliger deutscher Forschung und hat sich zum Teil bis heute erhalten. Archäologische Zeugnisse ergeben jedoch inzwischen ein völlig anderes Bild. Vgl. dazu Safrai, *Cultural Nature*, 1990; Chancey, *Myth*, 2002; Chancey, *Galilee*, 2003; Freyne, *Galilee*, 2002; Freyne, *Galilee*, 2008; sowie der Sammelband von Claussen/Frey, *Archäologie Galiläas*, 2008. Darin insbesondere Deines, *Galiläa*, 2008, zu Tendenzen einer dogmatischen Instrumentalisierung Galiläas in der neueren Jesusforschung.

der bei seiner Geburt von babylonischen Weisen aufgesucht wird[537] und später ein Gleichnis vom barmherzigen Babylonier erzählt.[538] In seinem späteren Werk „Die große Täuschung" führt er diese Ansätze weiter und fordert zugleich die Abschaffung der hebräischen Bibel und ihre Ersetzung durch Schwaners „Germanenbibel".[539] Auch der später exilierte deutsche Kaiser schloss sich diesen Auffassungen an.[540]

Friedrich Delitzsch mochte mit seinen Ansichten eine Randerscheinung der theologischen Wissenschaft sein. Aber er ist dies ja nur als „Reflex seines Kontextes".[541] Für seine extremen Ansichten, die in seiner Zeit auf fruchtbaren Boden stießen, konnte er sich auf Parameter gründen, die ihm von solchen Forschern bereitgestellt wurden, die selbst entsprechende Auswüchse auch nicht entfernt im Sinn hatten: Bereits aus der Zeit Eichhorns stammte das Instrumentarium für die quellenkritische Unterscheidung von „jüdischen" und „jesuanischen" Anteilen in der Evangelienüberlieferung (vgl. unten S. 168ff). Von Wellhausen konnte Delitzsch den Gedanken einer Degeneration der israelitischen Religion entlehnen (vgl. unten S. 187ff), die Trennung von der hebräischen Bibel war bekanntlich auch ein Anliegen seines Zeitgenossen Adolf von Harnack[542], und in Walter Grundmann fand auch das Konstrukt eines „arischen Jesus" einen sehr namhaften Vertreter.[543] Bei Pfannkuche und Dalman schließlich fand Delitzsch auch die sprachtheoretischen Grundlagen für die Dominanz von (babylonisch-) aramäischer Kultur gegenüber einer im Grunde bereits ausgestorbenen Kultur hebräisch-jüdischer Gelehrsamkeit. So laufen aus den verschiedenen Bereichen neutestamentlicher Forschung feine, sicher oft nur unbewusste Linien hin zu einer absurden, aber folgenschweren Fehlentwicklung, die den vorläufigen tragischen Tiefpunkt antijüdischer Tendenz im Umgang mit dem Neuen Testament bildete.

---

[537] DELITZSCH, *Babel*, 1905, 48.

[538] DELITZSCH, *Babel*, 1905, 11 („Menschensohn" als „Babylonismus"), 23 (der „barmherzige Samariter" als „großzügiger Babylonier"), 36 und 48 (die babylonischen „Gottsucher" und der Stern von Bethlehem); vgl. auch ARNOLD/WEISBERG, *Centennial Review*, 2002, 448.

[539] DELITZSCH, *Täuschung I*, 1920, 94–95.

[540] ARNOLD/WEISBERG, *Centennial Review*, 2002, 449. Bereits 1902 hatte er der ersten „Bibel und Babel"-Vorlesung Delitzschs beigewohnt und diesen daraufhin 1903 in seinen Palast eingeladen, um diese noch einmal zu wiederholen. ARNOLD/WEISBERG, *Centennial Review*, 2002, 441.

[541] ARNOLD/WEISBERG, *Centennial Review*, 2002, 442.

[542] HARNACK, *Marcion*, 1921, 248f.

[543] GRUNDMANN, *Galiläer*, 1940; vgl. auch DEINES, *Galiläer*, 2007.

3.2 Neuanfänge nach 1945

Obwohl sich sowohl antjudaistische als auch philosemitische Tendenzen in der deutschen neutestamentlichen Wissenschaft bis in die Zeit des zweiten Weltkrieges hinein hielten,[544] erlebte das Interesse am jüdischen Kontext der Evangelien nach 1945 einen neuen Aufschwung. Verschiedene Faktoren haben dazu beigetragen: Zum einen die Einsicht, dass die Schrecken der nationalsozialistischen Zeit nicht erst 1933 begannen, sondern ihre tieferen Wurzeln in einer langen Geschichte eines Antijudaismus und Antisemtismus hatten, zu dem auch die christliche Kirche und nicht zuletzt die theologische Wissenschaft ihren Beitrag geleistet hatten. Ein zweiter Faktor war der Fund der Schriftrollen vom Toten Meer im Jahr 1947, die einen ganz neuen Einblick in die Welt des Judentums zur Zeit Jesu ermöglichten und damit auch ein neues Forschungsinteresse weckten. Zuletzt brachte auch der Aufbau einer eigenständigen judaistischen Wissenschaft im neu gegründeten Staat Israel, erstmals ohne die Einschränkung eines akademischen Minderheitenstatus, neuen Aufschwung in die Erforschung des Judentums.

Dies machte die Erträge dieser Forschung nicht *a priori* richtiger oder besser, trug aber in jedem Fall zu einer neuen Perspektive und einer erstarkten Identität judaistischer Forschung bei. Und schließlich hat auch der wachsende Einfluss amerikanischer Forschung im internationalen Gespräch den Zugang zum Judentum erleichtert, da dort auch nach dem zweiten Weltkrieg eine lebendige jüdische Gemeinde als Gesprächspartner existierte und daher ein fruchtbarerer Nährboden für einen akademischen christlich-jüdischen Diskurs gegeben war als in Europa.

3.2.1 Die neue Suche nach dem historischen Jesus

In der neutestamentlichen Wissenschaft gab Ernst Käsemann mit seinem Vortrag aus dem Jahr 1954[545] das Signal zur „neuen Suche" nach dem historischen Jesus. Käsemanns Lehrer Bultmann kann mit seinem Urteil, die Verkündigung des Juden Jesus gehöre nur zu den Vorbedingungen einer neutestamentlichen Theologie, aber nicht in diese hinein,[546] noch zum älteren Paradigma einer Trennung von Christentum und Judentum gerechnet werden. Zwar bestritt Bultmann nicht, wie Friedrich Delitzsch, die jüdische Identität Jesu. Aber dass eben diese Identität ihn nach Bultmanns Ansicht aus der neutestamentlichen Theologie ausschließt, zeugt von demselben

---

[544] Zum bleibenden Einfluss christlicher judaistischer Forschung auch in der ersten Hälfte des zwanzigsten Jahrhunderts vgl. das Urteil von HENGEL/DEINES, *Common Judaism*, 1995, 68–69.

[545] KÄSEMANN, *Problem*, 1954.

[546] BULTMANN, *Theologie*, 1984, 1.

Bedürfnis nach Abgrenzung vom Judentum, das in weiten Teilen der neutestamentlichen Wissenschaft seit dem 18. Jahrhundert zu beobachten war. Ansätze zu einer Überwindung dieser Trennung liefert Käsemann, indem er neben der Abgrenzung *auch* nach der historischen Kontinuität zwischen dem Juden Jesus und dem christlichen Glauben fragt. Dennoch bleibt auch für Käsemann eine methodische Notwendigkeit zur Abgrenzung gegenüber dem Judentum bestehen: Denn nur so lasse sich die historische Authentizität von Jesusworten erweisen, indem diese als weder aus dem Judentum heraus noch aus dem Glauben der späteren Gemeinde heraus erklärbar identifiziert werden. Der Sache nach entsprach dieses „doppelte Differenzkriterium“ immer noch dem Ansatz, der auch von Eichhorn bis zu Bultmann die Suche nach ursprünglicher Jesusüberlieferung bestimmt hatte.[547] So formulierte bereits Bultmann:

„Wo der Gegensatz zur jüdischen Moral und Frömmigkeit und die spezifisch eschatologische Stimmung, die das Charakteristikum der Verkündigung Jesu bilden, zum Ausdruck kommt, und wo sich andererseits keine spezifisch christlichen Züge finden, darf man am ehesten urteilen, ein echtes Gleichnis Jesu zu besitzen.“[548]

Festzuhalten ist, dass die Abgrenzung gegenüber dem jüdischen Kontext bei Käsemann, anders als bei vielen seiner Vorgänger, nur noch methodisch begründet ist: Sie dient hier nicht mehr einer grundsätzlichen theologischen Abgrenzung Jesu gegenüber dem Judentum, sondern lediglich als methodisches Kriterium für eine zweifelsfreie Sicherung von authentischem Material. Dennoch ist ein echter Paradigmenwechsel in der Bewertung des jüdischen Hintergrundes bei Käsemann wie auch bei anderen Vertretern der „neuen Suche“, die den methodischen Vorgaben Käsemanns folgten, noch nicht vollzogen.[549] Géza Vermès urteilt:

„Einige jüngere Bultmannschüler haben ihrerseits eingesehen, daß die historische Skepsis auf schwachen Füßen steht, und versucht, dieses Manko zu korrigieren. Ihre Berichtigungen lassen aber noch viel zu wünschen übrig. Die Hauptschwäche dieses Systems[550] liegt meiner Ansicht nach darin, daß es von Leuten entwickelt und praktiziert wurde, die nicht wirklich vertraut waren mit der Literatur, Kultur, Religion und vor allem dem Geist des nachbiblischen Judentums, aus dem Jesus und seine ersten Schüler erwuchsen. Es ist vielmehr die hellenistische Welt des frühen Christentums, in der Bultmann und seine Schüler zu Hause sind.“[551]

---

[547] Vgl. THEISSEN/WINTER, *Kriterienfrage*, 1997.

[548] BULTMANN, *Geschichte*, 1970, 222.

[549] Vgl. die Analyse des Werks von Conzelmann bei TYSON, *Anti-Judaism*, 1999, 237–250. SCOTT, *New Options*, 2000, 5: „The New Quest had a built-in contradiction at the heart“. Weitere Kritik an Käsemanns „Differenzkriterium“ bei THEISSEN/WINTER, *Kriterienfrage*, 1997, 171 und LOWE, *Methods*, 2000, 698–701 und 716; HOLMÉN, *Doubts*, 1999; HOLMÉN, *Quest*, 2001, 182; DU TOIT, *Der unähnliche Jesus*, 2002.

[550] D.h. die formkritische Methodik zur Sicherung historischer Jesusüberlieferung.

[551] VERMÈS, *Jesus*, 1993, 218.

Malcolm Lowe hat darüber hinaus auf die formal logische Widersprüchlichkeit des Differenzkriteriums hingewiesen. Demnach kann, was immer wir heute von der Lehre Jesu zu wissen meinen, jederzeit durch einen neuen Textfund als „unecht“ widerlegt werden, wenn etwa eine neue Schriftrolle vom Toten Meer oder eine frühchristliche Schrift dieselbe oder eine ähnliche Lehre enthält.

„Thus the ‚test of double dissimilarity‘ has the cartesian-like result that any addition to our information may add to our certainty that Jesus existed, but it can only substract to know anything about his teaching.“[552]

Da aber solche Neuentdeckungen prinzipiell immer möglich sind, beinhaltet das Kriterium als solches bereits die Voraussetzung, dass nichts von der Lehre Jesu zu wissen ist.

3.2.2 Jüdische Jesusforschung

Ein grundsätzlich anderer Umgang mit dem jüdischen Kontext findet sich in verschiedenen Untersuchungen jüdischer Forscher zur Person Jesu. Hier dominiert das Interesse an einer Identität Jesu mit seiner jüdischen Umwelt. Jüdische Forscher „reklamieren“ Jesus als einen der ihren, und betonen die Tatsache, dass er als Jude lebte, glaubte, dachte und starb.[553] Das Urteil über den historischen Jesus fällt dabei bei den verschiedenen Autoren unterschiedlich aus: Die grundsätzliche Skepsis der älteren Forschung, ob über Jesus überhaupt etwas Historisches zu sagen sei, teilen noch Samuel Sandmel[554] und Ernst Ludwig Ehrlich,[555] der davon ausgeht, man könne über Jesus kaum mehr wissen als dass er Jude gewesen sei und dass er am Kreuz gestorben sei.

Ausführlicher äußern sich David Flusser[556] und Schalom ben Chorin[557], die sowohl die neutestamentlichen Quellen als auch die rabbinische Literatur mit größerer historischer Zuversicht in ihre Frage nach dem historischen Jesus einbeziehen. Beide, obwohl unterschiedlich in ihrer Bewertung

---

[552] Lowe, *Methods*, 2000, 701. Lowe macht dies an einer neuzeitlichen Analogie deutlich: „Despite the many volumes of Hegel’s writings, for instance, it would be difficult to find any point in them that was rejected unanimously by all his philosophical contemporaries and by all subsequent Hegelians. But if there are any such points, *they are sure to be of marginal importance for his system.*“ (ebd., Hervorhebung hinzugefügt). Ähnlich auch Lowe, *New Testament*, 2007, 191.

[553] Natürlich gab es wertvolle jüdische Jesusforschung schon vor dem zweiten Weltkrieg. Erwähnt seien hier nur die Werke von Abraham Geiger, Leo Baeck, Joseph Klausner, und Claude G. Montefiore. Vgl. die Übersichten bei Homolka, *Jesus*, 2007, und Hagner, *Reclamation*, 1984.

[554] Sandmel, *Jesus*, 1965.

[555] Ehrlich, *Jesus*, 1976.

[556] Flusser, *Jesus*, 1999.

[557] Ben-Chorin, *Jesus*, 1967.

Jesu, sehen ihn in einer Reihe mit jüdischen Lehrern wie Hillel, Schammai oder Gamaliel und verstehen daher die rabbinische Literatur als Schlüssel zum Verständnis des Neuen Testaments und der Person Jesu. Enge Beziehungen zum Judentum essenischer Prägung sieht Flusser hingegen eher in den Überlieferungen der Jerusalemer Urgemeinde und des Paulus. Aus dem folgenden Kommentar Flussers wird dabei deutlich, wie sich die Bewertung des jüdischen Kontextes gegenüber früheren Ansätzen gewendet hat:

„Bei sehr vielen, die sich mit Jesus und seinen Worten befassen, gibt es eine Tendenz, Jesus gegen das Judentum seiner Zeit auszuspielen. Diese dualistische Neigung ist alt und verständlich. Wir müssen uns aber sehr energisch fragen, wie weit sie den Tatsachen entspricht. Vielen fällt es leicht, Jesus dem antiken Judentum gegenüber abzugrenzen und isoliert ins Licht zu setzen. Dies fliesst ihnen deshalb so leicht in die Feder und in die Predigtworte, weil sie die jüdischen Quellen nur oberflächlich kennen und deshalb tendenziös interpretieren. [...] In den letzten Jahrzehnten setzt sich im Bewußtsein mancher Christen die Erkenntnis durch, dass es nicht angeht, Jesus sein Judentum abzusprechen. Man beginnt zu begreifen, dass man Jesus, und nicht nur ihn, nur dann richtig verstehen kann, wenn man seine Verkündigung und seine Person anhand des jüdischen Materials zu verstehen lernt. Nur dann – so scheint es – kann die Christenheit genesen."[558]

Ein anderes Bild von Jesus entwirft Géza Vermès. Auch er sieht in der rabbinischen Literatur „immer noch die reichste Quelle für die Interpretation der ursprünglichen Botschaft und das wertvollste Hilfsmittel für die Suche nach dem historischen Jesus"[559], hält jedoch nicht die großen Lehrer, sondern die charismatischen „Gottesmänner" oder „Männer der Tat", wie etwa Hanina ben Dosa oder Honi den Kreiszieher, für die treffenderen Analogien zur Person Jesu. Einig ist er sich aber mit Flusser und anderen jüdischen Autoren über die zentrale Bedeutung des jüdischen Kontextes und der jüdischen Literatur für das Verständnis des Neuen Testaments und des historischen Jesus.

Jacob Neusner wiederum gelangt – auf anderen Wegen und mit anderen Motiven – in seinem Jesus-Buch[560] wieder zu der Position, die den Ausgangspunkt dieser Untersuchungen bildete: Die völlige Trennung von Judentum und Christentum. Für ihn gehört Jesus, so wie ihn die Evangelien darstellen, nicht ins Judentum hinein. Seine Lehren, soweit Neusner sie in Augenschein nimmt, widersprächen der jüdischen Tradition im Kern. So schließt Neusner seine fiktive literarische Begegnung mit Jesus mit einer Trennung der Wege: „So He walked His way, and I mine" [142]. Neusners Ablehnung Jesu ist dabei nicht polemisch, sondern respektvoll und freundschaftlich. Er sieht keinen Konflikt zwischen Judentum und Christentum, weil diese in seinen Augen keine Berührungspunkte haben:

[558] FLUSSER, *Gleichnisse*, 1981, 12.
[559] VERMÈS, *Jesus*, 1993, 228.
[560] NEUSNER, *Jesus*, 1993. Weitere Seitenzahlen im Folgenden in Klammern.

„Judaism and Christianity are entirely autonomous of one another; Christianity is not the ‚daughter religion‘, and there is no shared and ongoing ‚Judaeo-Christian tradition‘. [...] Judaism and Christianity do not intersect.“ [xvi]

Im Kanon der jüdischen Jesusforschung ist Neusner sicherlich keine repräsentative Stimme. Er mag jedoch mit seinem Buch dennoch ein treffendes Bild einer schweigenden jüdischen Mehrheit zeichnen, die sich eben nicht an der neuen Suche nach Jesus beteiligt und deren Interesse an Jesus geringer ist, als es uns die vielen jüdischen Beiträge zur Jesusforschung glauben lassen.

Neusners Buch berührt zudem eine zentrale Frage, die auch in der neueren jüdischen Jesusforschung immer häufiger laut wird: Wenn Jesus wirklich der „jüdischste der Juden“ (Klausner) war, wie kommt es dann, dass er nicht in den Kanon jüdischer Gelehrter integriert wurde und es schon so früh zu einer dauerhaften Trennung der Wege kam? Der Rabbiner Michael J. Cook wirft diese Frage auf und benennt verschiedene Mechanismen, meist traditionskritischer Art, mittels derer jüdische Forscher den „jüdischen“ Jesus von späteren christlichen Überlagerungen trennen. Er folgert:

„Jewish readers loosely apply form-critical methods that conveniently result in the very kind of Jesus they desire.“[561]

Es zeichnet sich ab, dass in Zukunft an die Seite der „Heimholung“ Jesu in seine jüdische Umwelt auch die Frage rücken muss, was ihn denn von anderen Lehrern seiner Zeit unterschied, wo Konflikt- und Reibungspunkte entstanden und wo die Ursachen für die spätere „Trennung der Wege“ liegen.[562] Außerdem müssen die Methoden der Quellen- und Formkritik auch weiterhin einer genauen Prüfung unterzogen werden.[563]

3.2.3 Die ‚dritte Suche‘ nach dem historischen Jesus

Impulse aus der „neuen Suche“ und der jüdischen Jesusforschung sind schließlich in der „dritten Suche“ nach dem historischen Jesus aufgenommen geworden. Die Bezeichnung „Third Quest“ wurde 1986 von N.T. Wright vorgeschlagen, um neue Ansätze der historischen Jesusforschung zu beschreiben:[564] Diese zeichnen sich, im Gegensatz zu älteren Ansätzen, durch ein mehr oder minder ausgeprägtes Zutrauen in die Möglichkeit eines historischen Zugangs zu Jesus aus, gepaart mit der Einsicht, dass die

---

[561] COOK, *Jewish Reflections*, 2000, 98.

[562] HOLMÉN, *Quest*, 2001, 182; zur „Trennung der Wege“ vgl. DUNN, *Partings*, 1991; DUNN, *Jews and Christians*, 1992; BECKER/REED, *Ways*, 2003.

[563] Weitere Literatur zur „jüdischen Jesusforschung“: BRUTEAU, *Jesus*, 2001; BODENDORFER, *Stimmen*, 1996; HARRINGTON, *Retrieving*, 2000.

[564] NEILL/WRIGHT, *Interpretation*, 1988, 379. Vgl. die neueren Übersichten bei MEIER, *Quest*, 1999; HOLMÉN, *Quest*, 2001, und EVANS, *Progress*, 2006.

Person Jesu nur aus seinem politischen, sozialen, kulturellen und religiösem Kontext heraus, insbesondere dem des antiken Judentums, dargestellt werden kann, und dass dabei die eschatologische Perspektive eine zentrale Kategorie zum Verständnis Jesu ist. Zu den frühen Vertretern der „dritten Suche" zählt Wright unter anderem Sanders, der für die Frage nach Jesus fordert:

„...it should situate Jesus believably in Judaism and yet explain why the movement he initiated by him eventually broke with Judaism."[565]

Es ist hier nicht der Raum, die verschiedenen Ansätze innerhalb der „dritten Suche" umfassend zu beschreiben. Die Varianz ist auch hier sehr breit. Wenn zudem solche Ansätze, die den engen Kriterien Wrights nicht mehr entsprechen, heute dem Begriff der „dritten Suche" subsumiert werden,[566] wird damit die Terminologie als solche fraglich. Im engeren Sinne sind die Arbeiten von Vermès,[567] Sanders,[568] Meyer[569] und Wright[570] klassische Beispiele der „dritten Suche". Der jüdische Kontext der Evangelien ist in diesen Arbeiten eine zentrale Deutungskategorie. Einig sind sich diese Autoren zudem in ihrer Kritik an Käsemanns „Differenzkriterium". Unterschiede bestehen jedoch in der Identifikation des zentralen hermeneutischen Schlüssels zum Verständnis Jesu.[571] Die Arbeiten von Crossan,[572] Meier,[573] und Borg[574] setzen zwar ebenfalls die jüdische Herkunft Jesu als selbstverständlich an, wie schon aus den Bezeichnungen Jesu als „peasant Jewish Cynic"[575] oder „marginal Jew"[576] deutlich wird. Jedoch spielt das jüdische religiöse Umfeld für ihr Verständnis Jesu nur eine zweitrangige Rolle. Wichtiger sind etwa für Crossan die hellenistisch-römischen Einflüsse in Galiläa, besonders der des Kynizismus,[577] sowie die sozio-ökonomischen Machtverhältnisse als Schlüssel zum Verständnis Jesu. Auch die für

---

565 Sanders, *Judaism*, 1985, S. 18, vgl. dazu auch Scott, *New Options*, 2000, 12: „Jesus is a Jew and should make sense as a Jew. But at the same time the seeds for the eventual break between Christianity and Judaism should be found in Jesus and not just in the early community". Ähnlich auch Skarsaune, *Shadow*, 2002, 139.

566 So etwa bei Meier, *Quest*, 1999, und Scott, *New Options*, 2000.

567 Vermès, *Jesus*, 1973, dt. Ausgabe Vermès, *Jesus*, 1993; Vermès, *Judaism*, 1983; Vermès, *Religion*, 1993; z.T. ergänzt durch Vermès, *Jewish Context*, 2003, und Vermès, *Gospel*, 2003.

568 Sanders, *Judaism*, 1985.

569 Meyer, *Aims*, 1979.

570 Wright, *People*, 1992, Wright, *Victory*, 1996, und Wright, *Ressurection*, 2003.

571 Für Vermès sind es die charismatischen „Männer der Tat", für Sanders die „Kritik am Tempel" und für Wright die „Rückkehr aus dem Exil/Rückkehr JHWS nach Zion".

572 Crossan, *Jesus*, 1991, dt. Ausgabe Crossan, *Jesus*, 1994.

573 Meier, *Marginal Jew*, 1991–2001.

574 Borg, *Jesus*, 1988, dt. Ausgabe Borg, *Jesus*, 1993.

575 Crossan, *Jesus*, 1991, 421.

576 Meier, *Marginal Jew*, 1991–2001.

Wrights Definition der „dritten Suche" zentrale Kategorie der eschatologischen Erwartung ist in diesen Entwürfen marginal. Borg spricht sogar von einem wachsenden Konsens innerhalb der „dritten Suche" über den nicht-eschatologischen Charakter der Botschaft Jesu.[578] Und schließlich stehen bei diesen Ansätzen auch die Kriterien historischer Authentizität denjenigen der „neuen Suche" näher als denen der „dritten Suche".[579] Wright hat daher für diese Arbeiten später den Begriff „Renewed New Quest" vorgeschlagen.[580] Auch im deutschsprachigen Bereich wird heute ein Paradigmenwechsel bei der Suche nach dem historischen Jesus gefordert. Gerd Theissen und Dagmar Winter haben in einer umfangreichen Monographie Herkunft und Geschichte des doppelten Differenzkriteriums untersucht und kommen zu dem Ergebnis, dass das Kriterium der Differenz gegenüber dem Judentum „von antijudaistischem und geschichtsphilosophischem Gedankengut geprägt ist":

> „Die Idee der großen, die Geschichte gestaltenden Persönlichkeit spielt hier ebenso eine Rolle wie protestantischer Konfessionalismus, der das Judentum mit römischem Traditionalismus gleichsetzt."[581]

Das Kriterium der Differenz müsse daher abgelöst werden durch ein Kriterium der „historischen Plausibilität" bzw. der „(jüdischen) Kontextplausibilität", das sich zunächst um eine Einordnung Jesu in seinen jüdischen Kontext bemüht, um dann, innerhalb dieses Kontextes, auch nach Individualität und Unterscheidendem fragen zu können.[582]

3.3 Methodische Folgerungen

Die Bedeutung des jüdischen Kontextes für das Verständnis der Evangelien hat sich seit den Anfängen der kritischen Bibelwissenschaft grundlegend

---

[577] Den von ihm anfangs sehr betonten Einfluss des Kynizismus hat Crossan später jedoch relativiert, vgl. EVANS, *Progress*, 2006, 7.

[578] BORG, *Orthodoxy*, 1987, 209, dagegen jedoch SCOTT, *New Options*, 2000, 20.

[579] Vgl. SCOTT, *New Options*, 2000, 22 und 26.

[580] WRIGHT, *Victory*, 1996, 35. Weitere Literatur zur „dritten Suche", zur „erneuerten neuen Suche" und zur jüdischen Jesusforschung: CHARLESWORTH, *Jesus' Jewishness*, 1991; CHILTON, *Jesus within Judaism*, 1995; CHILTON/EVANS, *Words*, 1999; CHILTON/EVANS, *Activities*, 2002; CHILTON/ EVANS, *Missing Jesus*, 2002; EFROYMSON, *Within Context*, 1993; FREDRIKSEN/REINHARTZ, *Anti-Judaism*, 2002; HOOKER/BARCLAY, *Jewish context*, 1996; LEE, *Galilean Jewishness*, 1988; MUSSNER, *Rahmen*, 1996; PRZYBYLSKI, *Setting*, 1986; SMIGA, *Pain*, 1992.

[581] THEISSEN/WINTER, *Kriterienfrage*, 1997, 171.

[582] THEISSEN/WINTER, *Kriterienfrage*, 1997, 206–217. AVEMARIE, Antikes *Judentum*, 2003, spricht von einer „Zentrifugalbewegung vom Neuen Testament in die Judaistik" (107) und mahnt das Studium des antiken Judentums, neben seiner Funktion als realienkundliche Hilfe und als „Schule des Respekts" (113) als Werkzeug der „neutestamentlichen Heuristik" (111) an.

gewandelt: Wo dieser anfangs weithin lediglich als negative Folie betrachtet wurde, gegen die sich das Christentum umso positiver abheben konnte, wird er heute nicht nur als zentraler Schlüssel zum Neuen Testament, sondern als unauflöslicher Bestandteil desselben gewertet. Unabhängig von den Unterschieden im Detail zwischen „jüdischer Heimholung", „dritter Suche" und „erneuerter neuer Suche" ist allen neueren Ansätzen gemein, dass sie Jesus und das Neue Testament in den Kontext des zeitgenössischen Judentums einbetten möchten. Dies auch und gerade dann, wenn anschließend nach inhärenten Gründen zur Trennung von Christentum und Judentum gefragt wird. Es kann ohne Frage von einem weitreichenden Paradigmenwechsel gesprochen werden, der aus der neueren Jesusforschung nicht mehr wegzudenken ist und bereits jetzt umfassende Auswirkungen auf neutestamentliche Exegese und christliche Predigt hat.

3.3.1 Die Einbeziehung der Quellenfrage in die „dritte Suche"

Um so erstaunlicher ist es, dass dieser Paradigmenwechel bisher fast ausschließlich auf die historischen und redaktionsgeschichtlichen Fragestellungen beschränkt blieb. In anderen Bereichen neutestamentlicher Forschung, insbesondere in der Frage nach den literarischen Quellen, hat sich dieser Paradigmenwechsel bisher kaum niedergeschlagen. In der Mehrzahl der hier untersuchten Arbeiten, jüdischer wie christlicher Herkunft, wird die Frage nach der Unterscheidung von Quellen kaum mehr gestellt. Das traditionelle Modell der Zweiquellenhypothese wird vielmehr in den meisten Fällen als selbstverständlich vorausgesetzt (unten S. 204ff). Das ist einerseits nachvollziehbar, denn im Blickfeld stehen vor allem historische und theologische Fragen, und es ist nur verständlich, wenn man sich in anderen Bereichen auf solche Erklärungsmodelle stützt, die in der Forschung die breiteste Zustimmung genießen.

3.3.2 Die kritische Prüfung etablierter Quellenmodelle

Die weitgehende Vernachlässigung der Quellenfrage hat jedoch auch problematische Aspekte, stammen doch diese etablierten Erklärungsmodelle mehrheitlich aus eben jener Epoche neutestamentlicher Forschung, von deren Grundannahmen und methodischen Fehlurteilen man sich durch den hier vollzogenen Paradigmenwechsel abzuwenden sucht: Das gängige Modell der Zweiquellenhypothese wurde von denselben Gelehrten entwickelt, denen aus heutiger Sicht entweder eine weitgehende Unkenntnis oder aber eine sehr verzerrte Wahrnehmung des jüdischen Entstehungskontextes des Neuen Testaments attestiert wird. Während jedoch ihr Urteil über die Person des historischen Jesus und die theologische Entwicklung des Neuen Testaments nicht selten rundweg abgelehnt und sogar ins Gegenteil gewendet wird, werden die Annahmen über dessen literarische Entstehung kaum je einer genaueren Prüfung unterzogen.

„This exemplifies a more general procedural mistake that has marred various attempts to investigate the ‚Jewishness of Jesus': Too often, familiar scholarly theories are taken for granted and the ‚Jewishness of Jesus' is introduced in order to fill in details. If the Jewishness of Jesus is to be taken seriously, one must be prepared to look at all those familiar theories afresh."[583]

Im folgenden Kapitel sollen daher ausgewählte Vertreter der frühen synoptischen Forschung unter der Perspektive neu beleuchtet werden, welchen Einfluss die Frage nach dem jüdischen Entstehungskontext und einem möglichen hebräischen Sprachhintergrund der Evangelien auf die Herausbildung der jeweiligen synoptischen Theorien hatte und welche theologischen und ideologischen Grundannahmen dabei eine Rolle spielten.

3.3.3 Eine literargeschichtliche Erweiterung der „dritten Suche"

In der Frage nach der mündlichen Überlieferung der Evangelientradition hat der beschriebene Paradigmenwechsel bereits früh seinen Niederschlag gefunden, insbesondere in den Arbeiten von Riesenfeld, Gerhardsson, Riesner, Baum u.a.[584], die die Frage nach der Überlieferungsgeschichte des Neuen Testaments, in Abgrenzung gegenüber der ‚klassischen' Formgeschichte,[585] durch Modelle und Analogien aus dem unmittelbaren jüdischen Kontext des Neuen Testaments beleuchten. Auch im Feld der redaktionsgeschichtlichen Arbeit sind Auswirkungen des neuen Paradigmas schon länger zu erkennen: Dabei stehen Arbeiten zum Verhältnis des Matthäusevangeliums zu seinem jüdischen Kontext naturgemäß im besonderen Blickfeld des Interesses.[586] Die Frage nach den literarischen Beziehungen zwischen den synoptischen Evangelien, gewissermaßen dem „missing link" zwischen mündlicher Überlieferung und Redaktionsgeschichte, ist jedoch weder in der jüdischen Jesusforschung noch in der „dritten Suche" bisher ausführ-

---

[583] LOWE, *Methods*, 2000, 716.

[584] RIESENFELD, *Tradition*, 1957; GERHARDSSON, *Memory*, 1961; RIESNER, *Jesus*, 1980; BAUM, *Faktor*, 2008.

[585] Hier waren vor allem die Arbeiten von DIBELIUS, *Formgeschichte*, 1933, und BULTMANN, *Geschichte*, 1921, prägend, die Analogien zur Überlieferungsgeschichte der Evangelien vor allem außerhalb der jüdischen Welt suchten. So nennt BULTMANN, *Geschichte*, 1921, 8, „Überlieferung von Sprichwörtern, Anekdoten und volkstümlichen Erzählungen (...) die Märchenliteratur, unter Umständen noch mehr das Volkslied". Aber auch in der „Geschichte der Jätaka-Sammlung des buddhistischen Kanons" findet er eine hilfreiche Analogie für die neutestamentliche Überlieferungsgeschichte.

[586] MCKNIGHT, *Loyal Critic*, 1993; SALDARINI, *Matthew's community*, 1994; SIM, *Gospel*, 1998; SALDARINI, *Reading Matthew*, 2001; VAHRENHORST, *Diskurs*, 2002; HAGNER, *Apostate*, 2003; DEINES, *Gerechtigkeit*, 2004; O'LEARY, *Judaization*, 2006; EWHERIDO, *Matthew's Gospel*, 2006.

lich aufgegriffen oder im Lichte des hier beschriebenen Paradigmenwechsels neu beleuchtet worden. Ebenso fehlt andersherum in der synoptischen Forschung weithin der Bezug auf den jüdischen Hintergrund, da hier vor allem mit linguistischem Instrumentarium gearbeitet wird. Einige Ansätze, die hier eine Ausnahme bilden, und in denen die Parameter der „dritten Suche". insbesondere die Frage nach dem jüdischen Kontext und dem semitischen Sprachhintergrund, für die Arbeit am synoptischen Problem fruchtbar gemacht werden, sollen jedoch im zweiten Teil des folgenden Kapitels vorgestellt werden.

Kapitel 2

Hebräische Sprache und synoptische Frage – Mögliche Wechselbeziehungen

Im vorangehenden Kapitel wurde deutlich, dass sowohl auf dem Gebiet der synoptischen Frage als auch auf dem Gebiet der linguistischen Frage heute viele Fragen wieder offener sind als noch vor wenigen Jahrzehnten. Zudem hat die Übersicht über Neuansätze in der Bewertung des jüdischen Kontextes der Evangelien gezeigt, dass eine erneute Sichtung nicht nur der Forschungsergebnisse vergangener Generationen, sondern ebenso deren Methodik und Prämissen nötig ist, insbesondere was die Bedeutung des jüdischen Kontextes für die synoptische Theoriebildung betrifft.

Im Folgenden soll daher zunächst (1.) ein erneuter Blick auf die Frühphase synoptischer Forschung geworfen werden, und zwar unter der besonderen Frage, welche Rolle der jüdische Kontext bzw. die hebräische Sprache für die Herausbildung synoptischer Theorien hatte. Anschließend soll (2.) beleuchtet werden, ob und wie eine Wechselwirkung zwischen synoptischer Frage und semitischem Sprachhintergrund in den gängigen Arbeiten zur synoptischen Frage und zum jüdischen Hintergrund der Evangelien stattfindet. Schließlich sollen (3.) neuere Ansätze vorgestellt werden, in denen eine solche Verknüpfung stattfindet. Zusammenfassend werden (4.) Grundlinien für einen hebräischen Zugang zur synoptischen Frage formuliert, die dann in den folgenden Kapiteln an einigen exemplarischen Perikopen angewandt und auf ihre Tragfähigkeit überprüft werden sollen.

1. Das „Hebräische Evangelium“ in der frühen synoptischen Forschung

In den altkirchlichen Antworten auf die synoptische Frage spielt die Überlieferung vom hebräischen Ursprung der Evangelientradition, obwohl stets als selbstverständlich vorausgesetzt, zunächst keine besondere Rolle. Zwar wird die zeitliche Abfolge der Evangelien und auch ihre gegenseitige Benutzung diskutiert, jedoch wird diese nicht mit der Frage nach dem hebräischen Ursprung verknüpft. Auch die Frage nach dem jüdischen Charakter der Evangelien stellte in dieser Phase kaum und blieb späteren Phasen der kritischen Bibelwissenschaft vorbehalten.

1.1 Hugo Grotius

Einer der Ersten neuzeitlichen Forscher, der die Frage nach dem hebräischen Sprachhintergrund ausdrücklich mit der Frage nach den literarischen Beziehungen der Evangelien verknüpfte, war Hugo Grotius (vgl. oben S. 1) im Jahr 1641. Seiner Ansicht nach stand der hebräische oder aramäische Matthäus am Anfang der Evangelientradition. Dieser sei dann von Markus bei der Abfassung seines Evangeliums zugrunde gelegt worden. Der Autor des griechischen Matthäus wiederum habe sowohl auf den hebräischen (Proto-)Matthäus als auch auf den griechischen Markus zurückgegriffen. Dieses Modell wird später, mit Variationen, im Grundsatz auch von Michaelis und Marsh übernommen.[1]

1.2 Gotthold Ephraim Lessing

In seiner kurzen Schrift „Neue Hypothese über die Evangelisten, als blos menschliche Schriftsteller betrachtet" legte Gotthold Ephraim Lessing einen eigenen Entwurf zur Erklärung der synoptischen Beziehungen vor.[2] Seiner Ansicht nach stand nicht ein hebräisches Matthäusevangelium, sondern ein hebräisches bzw. syro-chaldäisches „Nazarenerevangelium" am Anfang der Evangelientradition [55]. Alle späteren Evangelien, sowohl die kanonischen als auch die nichtkanonischen, gehen auf dieses zurück [63]. Dieses Evangelium wurde jedoch nicht von Matthäus verfasst, sondern von „schwachgläubigen Judenchristen" [52] aus dem Umfeld der Jerusalemer Urgemeinde. Erst später habe der Apostel Matthäus dieses hebräische Original dann ins Griechische übersetzt, und zwar so „treu und vorsichtig ..., daß man dem Original selbst seinen Namen gegeben" habe [61]. Lukas schöpfte ebenfalls aus dieser „hebräischen Urkunde", wobei er aber den Stoff anders anordnete und „in einer etwas bessern Sprache" übersetzte [68]. Markus verwendete eine kürzere Fassung derselben Quelle [68].

1.3 Gottlob Christian Storr

Von einer ursprünglichen hebräischen (oder aramäischen) Abfassung des Matthäus ging später auch Gottlob Christian Storr aus.[3] Jedoch sei dieser hebräische Matthäus, anders als von Grotius angenommen, erst nach dem

---

[1] MICHAELIS, *Einleitung II*, 1788, 997; MARSH, *Dissertation*, 1801, 194. Marsh nimmt neben dem auch von Grotius vorausgesetzten aramäischen Matthäus (א) eine weitere Redensammlung (ב) an, die nur Mt und Lk vorlag (202).

[2] LESSING, *Hypothese*, 1778, (Seitenzahlen im Folgenden in Klammern).

[3] STORR, *Zweck*, 1786, 285 und 290. (Seitenzahlen im Folgenden in Klammern).

griechischen Markus entstanden und durch dessen Existenz angeregt worden. Storr ist damit wohl der früheste Vertreter einer Markus-Priorität. Der Verfasser des hebräischen Matthäus habe den griechischen Markus gekannt und seinem Werk zugrunde gelegt, wobei er aber nicht nur übersetzte, sondern die Erzählung durch Beiträge aus eigener Kenntnis ergänzte [293]. Auch Lukas habe bei Abfassung seines Evangeliums den griechischen Markus vor Augen gehabt [274]. Der unbekannte griechische Übersetzer des Matthäus schließlich habe bei seiner Übersetzung sowohl auf Markus als auch auf Lukas zurückgegriffen [360]. Storrs Annahme, der hebräische Matthäus sei in Wirklichkeit eine erweiterte Übersetzung des griechischen Markus, ist der altkirchlichen Überlieferung völlig fremd. Sie findet auch in der späteren Diskussion keine Zustimmung mehr. Der einzige Grund für die Annahme einer Markus-Priorität liegt bei Storr in der Überzeugung, Markus könne unmöglich Stoff aus einer so viel umfangreicheren matthäischen Vorlage ausgelassen haben [289]. Gleiches gelte auch für die Annahme einer Abhängigkeit des Lukas von Markus [274].

1.4 Johann Gottfried Eichhorn

In seinem 1794 erschienenen Werk „Über die drey ersten Evangelien" legte Johann Gottfried Eichhorn einen Entwurf zur Lösung der synoptischen Frage vor, der in der Folge als „Urevangeliumshypothese" in die forschungsgeschichtliche Literatur einging. In seiner 1804 erschienenen „Einleitung" hat er diesen Entwurf noch einmal überarbeitet und erweitert.[4] Von Lessing übernimmt Eichhorn dabei die Idee einer frühen hebräischen (oder aramäischen) Quelle, die allen drei Evangelien zugrunde lag.[5] Von Storr übernimmt er andererseits die Grundannahme, dass diese ursprüngliche Quelle ihrem Wesen nach nicht dem Matthäus- sondern dem Markusevangelium entsprach. Für Eichhorn bildet ausschließlich die dreifache Tradition den Grundstock des von ihm rekonstruierten „Urevangeliums".[6] Dieses sei je-

---

[4] Eichhorn, *Evangelien*, 1794, und Eichhorn, *Einleitung Bd. I*, 1804 (Seitenzahlen im Folgenden in Klammern).

[5] In der Bezeichnung der Sprachen bleibt Eichhorn unklar. Er spricht von „hebräisch oder chaldäisch-syrisch" [1794:781.784.813], nennt das Aramäische aber auch einen „chaldäischen Dialekt" des Hebräischen [1804:12]. Bei der Behandlung der Täuferperikope arbeitet Eichhorn ausschließlich mit hebräischen Sprachbeispielen und erklärt auch die Unterschiede zwischen den Synoptikern „aus dem Gebrauch eines hebräischen Textes", fährt dann jedoch fort: „diese [Quelle] muß in chaldäisch-syrisch abgefaßt worden sein" [1794:817]. Überwiegend arbeitet Eichhorn jedoch mit der Bezeichnung „hebräisch" und mit hebräischen Textbeispielen.

[6] Eichhorn, *Evangelien*, 1794, 775. Hinzu tritt in manchen Fällen auch Stoff aus der zweifachen Tradition oder aus „Sondergut", wenn für dessen Auslassung bei den Seitenreferenten plausible Gründe geltend gemacht werden können. Für Eichhorn ist dabei, ebenso wie für Storr, stets der „kürzeste, unvollkommenste und mangelhafteste Bericht" als

doch schon früh durch mehrere Hände gegangen, wobei verschiedene Überarbeitungen und Erweiterungen entstanden, von Eichhorn später als Codex A–F bezeichnet [1794:790–792; 1804:353–356]. Darüber hinaus existierten schon früh griechische Übersetzungen des Urevangeliums und der Codices A–F, so genannte „Hilfsschriften", derer sich die Verfasser der kanonischen Evangelien bei der Übersetzung ihrer hebräischen Vorlagen bedienten [1794:784; 1804:353–356]. Neben diesen Ausgaben des Urevangeliums nimmt Eichhorn zudem noch weitere Quellen an, aus denen die drei Evangelisten ihr jeweiliges Sondergut schöpften. Alle diese Quellen waren ursprünglich in hebräischer Sprache verfasst.[7] Im Ergebnis gleicht der so rekonstruierte Weg der Überlieferung neueren Modellen multipler Quellenschichten, wie sie etwa bei Rolland und Burkett vorliegen (vgl. oben S. 8), allerdings mit dem Unterschied, dass die verschiedenen Quellen ganz usprünglich auf eine einzige zurückgehen:

a) Das „Urevangelium" ist dem Wesen nach ein Proto-Markus
b) Codex A ist ein um matthäisches Material erweiterter Proto-Markus
c) Codex B ist ein um lukanisches Material erweiterter Proto-Markus
d) Codex C ist der kanonische Markus, aus A und B zusammengestellt
e) Codex D ist eine Mk nicht bekannte Erweiterung des Proto-Markus[8]
f) Codex E ist der kanonische Matthäus, aus A und D zusammengestellt
g) Codex F ist der kanonische Lukas, aus B und D zusammengestellt

Der Rückgriff auf die hebräische Sprache liefert dabei für Eichhorn zunächst ganz vordergründig eine plausible Erklärung für Phänomene synoptischer Übereinstimmung und Differenz: Abweichungen im Wortlaut der Evangelisten werden als Übersetzungsvarianten eines hebräischen Originals erklärt, während wörtliche Übereinstimmungen aus der gemeinsamen Nutzung der griechischen „Hilfsschriften" begründet werden. Eine absichtliche Veränderung des griechischen Wortlauts durch redaktionelle Tätigkeit der Evangelisten lehnt Eichhorn hingegen als eine „elende Schulübung" ab [1794:782–783, vgl auch 843]. Auf einer tieferen Ebene dient die Annahme eines hebräischen Urevangeliums aber bei Eichhorn, ähnlich wie schon bei

ursprünglich anzusehen, während die „rundere, vollständigere und vollkommenere Darstellung" von ihm als sekundäre Bearbeitung identifiziert wird. Solche Spuren von ursprünglicher Überlieferung seien in allen drei synoptischen Evangelien zu finden [1794:789]. Zum problematischen Kriterium der „Verbesserung" vgl. jedoch oben S. 11.

[7] Eichhorn, *Evangelien*, 1794, 967–969, 978 und 993. Für das lk Sondergut gelte dies „...wenigstens zum Theil [...] obgleich die Beweise schwächer als anderwärts sind" [993].

[8] Codex D entspricht damit, in Begriffen heutiger Terminologie, einem „Deuteromarkus". Im Unterschied zu Fuchs verzichtet Eichhorn jedoch auf ein Nebeneinander von „Q" und „DtMk" da, alle *agreements* von Lk und Mt gegen Mk durch Codex D erklärt werden können. Bereits in seiner Schrift von 1794 hatte Eichhorn eine „andere schriftliche Quelle" postuliert, auf die Mt und Lk, aber nicht Mk zurückgegriffen hätten [967]. Das Material aus dieser anderen Quelle floss nach dieser erweiterten Erklärung jedoch nicht direkt, sondern vermittelt über eine erweiterte Mk-Fassung, Mt und Lk zu.

Lessing, auch einem anderen Zweck: Sie ermöglicht die kritische Scheidung von historischem und unhistorischem Material, von apostolischem und nichtapostolischem Gedankengut, sowie von jüdischen und nichtjüdischen Elementen innerhalb der Evangelientradition. Zusammenfassend formuliert Eichhorn den „Nutzen" seiner Urevangeliumshypothese wie folgt:

„Der würde ein wahrer Verräther der Religion werden, der im Eifer für die Sache der Tradition sich der Bemühung widersetzen wollte, die Evangelien auf ihre apostolischen Theile allein wieder zurückzubringen, und die späterhin bey ihrer Umarbeitung hinzugekommenen Zusätze und Vermehrungen wieder abzusondern. Er würde sich dem einzigen Mittel widersetzen, durch das man nicht blos scheinbare, sondern sehr gegründete Einwürfe gegen das Leben und die Thaten Jesus entfernen, und ihre Glaubwürdigkeit gegen denkende Zweifler retten kann. [...] Das sey jedem ächten Freund der Religion Jesus ferne! Durch diese Absonderung fallen ganze Bände von Zweifeln, womit man Jesus, sein Leben und seine Lehre bestürmt hat, in eine völlige Nichtigkeit hin." [1804:458–459]

Den Gegensatz zu den „apostolischen Teilen" bilden dabei für Eichhorn durchweg die „jüdischen Anteile" innerhalb der Evangelientradition. Diese werden als Verzerrung bzw. Verfälschung der Botschaft Jesu und der apostolischen Verkündigung dargestellt. Die kritische Scheidung der verschiedenen Überlieferungsschichten dient demnach vorrangig dazu, solche vermeintlich „jüdischen" Elemente zu identifizieren und aus der Evangelientradition auszuscheiden. Dazu wird die Überlieferung in vier Ebenen eingeteilt:

a) Die erste Ebene bildet die Verkündigung des historischen Jesus: „Ein gebohrner Jude hatte die neue Religion gestiftet...: aus dem Judenthum mußte daher die neue Religion, wenn sie haften sollte, herausgearbeitet werden... " [1804:1]. Jesus war also zwar seiner Herkunft nach Jude, wird aber als Stifter einer neuen Religion verstanden, die sich von vornherein vom Judentum abzusetzen versuchte.

b) Die zweite Ebene bildet das hebräische Urevangelium. Dessen Verfasser war ein „ungelehrter jüdischer Schriftsteller": Er war kein Apostel, sondern „einer seiner Gehülfen", dessen „Sprache und Vorstellungsart" nicht dem entsprach, was man von einem „aufgeklärten Apostel" erwarten würde. Er bleibe daher inhaltlich „den Zeitideen des gemeinen ungebildeten Theils der jüdischen Nation" verhaftet und sei auch sprachlich „an die niedere Volkssprache gewöhnt".

„...was gedacht, was gesagt, was erklärt wird, das wird auf jüdische Weise für Juden, gedacht, gesagt und erklärt." [1794:779]

Zu diesen jüdischen Vorstellungsweisen, die nicht apostolischen Ursprungs seien, zählen für Eichhorn vor allem die „messianischen Ideen", aber zum Beispiel auch der Glaube an dämonische Einwirkungen, der zwar zur „gewöhnlichen Volksvorstellung der Juden" gehöre, jedoch ohne dass „der denkende Theil der Nation an dieselbe wirklich glaubte [1804:411–412].

Auf dieser Ebene, die noch nicht apostolische Autorität hat, werde also die Verkündigung Jesu mit Elementen des jüdischen Volksglaubens in unzulässiger Weise vermischt.

„Denn die Sprache, in welcher das Urevangelium abgefaßt ist, sieht der Sprache nicht ähnlich, die ein Apostel gebraucht haben würde. Wie man aus Johannes sieht, entfernten sich die Apostel in ihren Darstellungen von der gemeinen Volkssprache der Juden, in der sich ihre Vorurtheile und ihr Aberglaube so tief eingedrückt hatte: das Urevangelium hingegen bedient sich eben so, wie die ihm beygefügten Bereicherungen dieser gemeinen Vorstellungen, woraus man wohl folgern darf: wie letztere von keinem Apostel waren, so waren es auch die ersteren nicht." (1804:457)

c) Auf einer dritten Ebene wurden die nicht-apostolischen Evangelienüberlieferungen, wie sie im hebräischen Urevangelium und in dessen Erweiterungen (A–F) vorlagen, von den Aposteln zu Evangelienschriften zusammengefasst. Den jüdischen Charakter ihrer Quellen übernahmen sie dabei in unterschiedlichem Maße: Während bei Johannes die „Sprache der Juden" ganz fehle, übernehme Matthäus viele Elemente aus dem Urevangelium unverändert, weil er es seinen Lesern zutraute, die „rohen und unbestimmten Ausdrücke" des Urevangeliums in „gebildete und bestimmte" umzusetzen:

„Matthäus, gleichfalls ein aufgeklärter Apostel, hätte zwar bei der Revision und der Umstellung des Urevangeliums den niedern Volksausdruck in den edlern und bestimmtern der oberen Stände umsetzen können; er that es aber nicht, weil es nicht nothwendig, sondern sogar überflüssig war." [1804:412]

Im Markusevangelium werde die Abhängigkeit vom Urevangelium besonders anschaulich durch den Umstand, dass Markus ausgerechnet die Wundererzählungen und Taten Jesu ausführlich schildere, aber seine Lehren kaum erwähne. Wäre Markus, wie es die altkirchliche Tradition will, von Matthäus und/oder Lukas abhängig, hätte er wohl kaum die Lehren weggelassen und die Wundergeschichten beibehalten:

„Für Heidenchristen (für welche doch Markus schrieb) waren die Reden Jesus, die seine Lehre auseiandersetzten, unstreitig das Wichtigste; weit wichtiger als Wunder, auf welche zwar die Juden großen Werth legten, die Heidenchristen aber gar keinen oder doch sehr geringen." [1804:382]

d) Auf der vierten Ebene erfuhren nun auch die apostolischen Evangelien weitere Überarbeitung und Erweiterung durch nicht-apostolische Hand. So unterschiedet Eichhorn zwischen dem „Apostel Matthäus" und dem „katholischen Matthäus", wie er den Endverfasser des Evangeliums bezeichnet [1804:434]. Auch hier ist es wieder der Einfluss des Judentums, der den Charakter der apostolischen Verkündigung verfälscht. In diesem Fall jedoch nicht durch die Primitivität des jüdischen Volksglaubens, sondern durch das bewusste Bemühen, „allen Wünschen der Juden-Christen

Genüge" zu tun [1794:973], ebenso wie das missionarische Bemühen um „Juden, welche man zum Christenthum bekehren" wollte [1804:423]:

„Die ursprüngliche Simplicität der christlichen Lehrer, die sich nur an die wesentlichen Stücke des Lebens Jesus und dann hauptsächlich an seine Religions-Lehren hielt, gieng bald verloren, und man sah nach dem Geist der jüdischen Kleinmeisterey, den die Juden mit dem Christenthum nicht ablegten, Nebendinge für hauptwichtig, und für erste Bedingungen des Christenthums an." [1794:973]

Zu den jüdischen Elementen, die in dieser Phase Eingang in die Evangelientradition stammten, zählt Eichhorn etwa die Reflexionszitate bei Matthäus, vor allem aber die Kindheitsgeschichten. Sie seien notwendig geworden, weil man „nicht mehr mit einem Religionsstifter, der seit seinem öffentlichen Auftritt gros und erhaben war, zufrieden" gewesen sei, sondern nach dem Erweis seiner königlichen Abstammung verlangt habe.[9] Gleiches gilt auch für die Engelerscheinungen bei Lukas,

„...die nicht in die wahre Geschichte gehören können, weil sie blos eine Hypothese jüdischer Theologie sind, mit der sie sich zu lösen und erklären suchte, was sie sonst nicht lösen und erklären konnte." [1804:410]

Aber auch kleinere redaktionelle Ergänzungen wie Einleitungsformeln,[10] Umstellungen,[11] Verkürzungen und Erweiterungen[12] oder auch chronologische Angaben[13] werden durch jüdischen bzw. „judenchristlichen" Einfluss in dieser vierten Phase der Evangelienüberlieferung erklärt.

---

[9] Eichhorn, *Evangelien*, 1794, 973–975; vgl. Eichhorn, *Einleitung Bd. I*, 1804, 423: „War aber die erste Generation, die ihm gleichzeitig gewesen war, abgestorben, so bedurfte es für Juden, welche man zum Christenthum bekehren wollte, allerdings eines sorgfältigen Beweises, daß Jesus ein Nachkomme Davids sei".

[10] Eichhorn, *Evangelien*, 1794, 946: „Wie kommt es, daß Lukas und Markus in dieser Uebergangsformel zu demselben Gleichniß [scil. Lk 13,8; Mk 4,30] übereinstimmend sind, und in der Darstellung des Gleichnisses selbst nicht? Es war überhaupt die Formel, mit der man unter Juden seine Gleichnisse anzufangen pflegte".

[11] Eichhorn, *Evangelien*, 1794, 795: „So haben Lukas (XVIII.20.) und Markus (X.19.) nach dem damals gewöhnlichen Formular in der Schule der Juden das sechste Gebot des Decalogus vor dem fünften gesetzt".

[12] Eichhorn, *Evangelien*, 1794, 796: „Nach der Gewohnheit der Juden, von einer Stelle, die sie zitiren, bald mehr bald weniger als zum Beweis nöthig ist, beyzubringen, schrieb man wohl auch von einem Sprichwort mehr hin, als man brauchte".

[13] Eichhorn erklärt z.B. die Zeitangaben in Mt 3,1 parr. so: Der „zu Grund liegende hebräische Entwurf" habe noch eine „rohe und unvollendete Gestalt" gehabt. Ihm folge Mk, da er keinen Grund hatte, dessen „kunstlose Gestalt" zu ändern. Mt bleibe ihm nahe, füge aber eine allgemeine Zeitangabe ein, um die Perikope mit dem Kindheitsevangelium zu verknüpfen. Das Hebräerevangelium füge dann eine Zeitangabe ein „wie sie Juden-Christen bedurften, nach der Regierung des Herodes und nach den Hohepriestern." Bei Lukas schließlich „ist sie ganz vollendet, und für Juden- und Heidenchristen durch die Erwähnung des Herodes, der römischen Kaiser, der Tetrarchen von Palästina, und der Hohenpriester gleich brauchbar gemacht." Eichhorn, *Evangelien*, 1794, 786–788.

Die Rückfrage nach dem hebräischen Evangelium erbringt also bei Eichhorn ein doppeltes Ergebnis: Zum Einen bestätigt sie das hohe Alter der Evangelientradition, das bis in die Zeit der Urgemeinde zurückreicht, und liefert zugleich eine plausible Erklärung für synoptische Differenzen und scheinbare Widersprüche. Sie sichert damit grundsätzlich den historischen Wert der Überlieferung. Zum Zweiten jedoch erlaubt sie auch die kritische Unterscheidung zwischen dem Kerngehalt dieser Überlieferung, wie er sich vor allem in der ersten und dritten Phase der Überlieferung findet, und wesensfremden Überwucherungen, die vor allem in der zweiten und vierten Phase in die Überlieferung eindringen. Dass das auf diese Weise kritisch gesicherte Evangelium von Eichhorn vor allem durch Begriffe wie „aufgeklärt", „edel" und „gebildet" beschrieben wird und gleichzeitig in deutlicher Abgrenzung zu jüdischem Glauben und Denken rekonstruiert wird, macht die zeitgeschichtliche Gebundenheit dieses Ansatzes deutlich.

1.5 Johann Jacob Griesbach

Bereits im Jahr 1794 hatte sich Johann Jacob Griesbach sowohl gegen Storrs Theorie einer Markuspriorität als auch gegen Eichhorns Theorie vom hebräischen Urevangelium gewendet.[14] Im Gegensatz zu diesen behauptete er, darin ebenfalls abweichend von der kirchlichen Tradition und im ausdrücklichen Widerspruch zu dieser,[15] eine Priorität des griechischen Matthäus in seiner vorliegenden kanonischen Form. Im Blick auf die Markuspriorität stellt er vor allem die Argumentation Storrs in Frage, nur das kürzeste Evangelium könne das älteste sein, weil die Evangelisten niemals Material weggelassen, sondern stets nur hinzugefügt hätten, und stellt zu Recht fest:

> „Es hängt voll und ganz von der Entscheidung des Autors ab, ob er es vorzieht, denjenigen, die vor ihm anderes geschrieben haben, etwas hinzuzufügen oder davon wegzulassen." [S. 88, eigene Übersetzung]

Im Blick auf Eichhorns These vom hebräischen Urevangelium führt Griesbach zwar keine Argumente an, die diese widerlegen. Er bestreitet jedoch deren Notwendigkeit, da sich die Diskrepanzen zwischen den Evangelien auch durch redaktionelle Tätigkeit der Evangelisten erklären ließen und daher der Rückgriff auf Übersetzungsvarianten zu ihrer Erklärung nicht nötig sei [90], ein Gedanke, den noch Eichhorn als „elende Schulübung" abgetan hatte. Allerdings ist Griesbachs Folgerung in ihrer Ausschließlichkeit ebenso wenig zwingend, denn auch ein Mit- und Nebeneinander von Überset-

---

[14] Griesbach, *Commentatio*, 1794; englischer Text bei Orchard, *Commentatio*, 1978.

[15] Griesbach bezeichnet Papias als „homo exiguae, ut omnes norunt, in rebus historicis auctoritatis" [84] und daher die altkirchlichen Traditionen zu seiner Person als „meris coniecturis" [86].

zungs- und Redaktionstätigkeit ist durchaus denkbar. Tatsächlich räumt Griesbach auch die Möglichkeit einer hebräischen Urschrift des Matthäus ein, lehnt diese jedoch aufgrund der Komplexität der zu vermutenden zusätzlichen Zwischenstufen literarischer Entwicklung, wie sie auch in Eichhorns späterem Werk deutlich wurden, ab [90]. In seiner Zusammenfassung lässt Griesbach jedoch insbesondere diesen Punkt weiter offen und bezeichnet die Annahme einer hebräischen Urschrift nur mehr als „unwahrscheinlich" [100]. Deutlich grenzt er sich jedoch erneut gegen die Ansicht ab, eine solche hebräische Vorlage könnte die Gestalt des von Eichhorn geforderten „Urevangeliums" gehabt, also lediglich aus den Stücken der dreifachen Tradition bestanden haben [101]. Ein hebräisches Evangelium, wenn es überhaupt existierte, wäre nach Griesbach nur in Form eines hebräischen (Proto-)Matthäus denkbar.

1.6 Ferdinand Christian Baur

Für die Vertreter der Tübinger Tendenzkritik, ihnen voran Ferdinand Christian Baur,[16] spielt die linguistische Frage eine untergeordnete Rolle, wiewohl die Existenz eines hebräischen Matthäusevangeliums aufgrund der kirchlichen Tradition als selbstverständlich vorausgesetzt wird. Zentral ist für die Tübinger Schule allerdings der jüdische Hintergrund der Evangelientradition: Er dient als entscheidende Bezugsgröße für die Entwicklung der synoptischen Theorie. Für Baur lassen sich Schriften des Neuen Testaments entsprechend ihrer theologischen Tendenz auf einem Koordinatensystem verorten, dessen Längsachse die diachrone Entwicklung vom Judentum hin zum Christentum darstellt, und dessen Querachse durch die synchronen theologischen Spannungen zwischen judenchristlichen und markionitischen Tendenzen gekennzeichnet ist. Anhand der in ihnen erkennbaren jüdischen bzw. judaisierenden Tendenzen lassen sich, so Baur, die Evangelien sowohl zeitlich als auch theologiegeschichtlich einander zuordnen. Am Anfang der Evangelientradition steht dabei für Baur das hebräische Matthäusevangelium, das mit dem altkirchlich bezeugten „Hebräerevangelium" gleichzusetzen sei [574]. Das Matthäusevangelium sei daher „in seinem Unterschied von den andern Evangelien (...) das am meisten judaisierende Evangelium" [607–608] und daher auch das ursprünglichste:

> „...es läßt sich der Natur der Sache nach nichts anderes erwarten, als daß das älteste unserer kanonischen Evangelien, das aus einem hebräischen Evangelium entstandene, auch noch am meisten alttestamentliche Elemente in sich hat, und ganz besonders die noch mit dem Judenthum verwachsene Seite des Christentums in sich darstellt." [613]

Bereits in diesem Evangelium zeige sich jedoch ein Nebeneinander von „jüdischem Partikularismus" und einem „anderen, freien Geist", der „über

[16] Baur, *Kritische Untersuchungen*, 1847.

die engen Grenzen des Judaismus" hinausstrebe [578]. Dieses Nebeneinander hält Baur für einen historischen Niederschlag der Verkündigung Jesu, während sein Schüler Schwegler zuvor noch verschiedene Bearbeitungsschichten für diese innere Spannung verantwortlich gemacht hatte.[17] Zu den jüdischen Elementen der ursprünglichen Verkündigung Jesu, die Baur ausdrücklich von späteren „judaistischen Tendenzen" des Christentums unterscheidet, zählt er dabei etwa das „Festhalten am mosaischen Gesetz" [609], den „nationalen jüdischen Partikularismus" [610] sowie die Betonung der Davidssohnschaft [610]. Das Matthäusevangelium zeige also den Ursprung des Christentums als eine

„...immanente Entwicklung aus dem Judentum, die aber als solche in sich schon das Princip einer über dasselbe hinausgehenden, und von ihm specifisch verschiedenen Form des religiösen Bewußtseyns in sich hat." [614]

Die „scheinbar disparaten Elemente des Matthäus-Evangeliums" seien daher „ein um so stärkerer Beweis seines ächten Grundcharakters", und es trage daher „unstreitig das Gepräge einer historisch-treuen Darstellung des Urchristenthums" [614–615]. Dieses hebräische Matthäusevangelium sei dann, so Baur, ins Griechische übersetzt und „auf verschiedene Weise modificirt" worden, so dass

„...unser Matthäus-Evangelium aus einem solchen Bildungsprozeß hervorgegangen ist, in welchem ihm zwar sein aus dem Hebräer-Evangelium stammender Inhalt als Grundlage blieb, derselbe aber auch in eine vom Hebräer-Evangelium mehr oder minder abweichende freiere Form verarbeitet wurde." [577]

Es könne daher nur mehr als das „relativ ursprünglichste und glaubwürdigste" [613] gelten, da es „in seiner jetzigen Form für uns selbst schon durch ein Medium hindurchgegangen ist, das wir nicht mehr zu durchschauen imstande sind" [620–621]. Apostolisch sei es in seiner jetzigen Form keinesfalls [619], die Endredaktion des Evangeliums datiert Baur in die Zeit nach Papias [582].

Das Matthäusevangelium wird also vor allem wegen seines jüdischen Charakters als ursprünglich bewertet. Auch im Blick auf das Lukas- und Markusevangelium bildet dann die jüdische bzw. antijüdische Tendenz das Grundmuster, nach dem literarische Beziehungen und Entstehungsverhältnisse bestimmt werden. Demnach entstand, als Antwort auf den jüdisch-partikularistischem Charakter des Matthäusevangeliums, zunächst ein durch paulinisch-universalistische Tendenz gekennzeichnetes protolukanisches Evangelium, das mit dem von Markion verwendeten zu identifizieren sei.[18] Der Verfasser dieses Evangeliums habe das Matthäusevangelium als einzige Quelle benutzt und sich davon in polemischer Weise absetzen wol-

---

[17] BAUR, *Kritische Untersuchungen*, 1847, 578–579, 609. Vgl. SCHWEGLER, *Zeitalter*, 1846, 248.

len [479]. Den Anlass für diese Polemik lieferte dabei nach Ansicht Baurs die wachsende ebionitische Bewegung, die sich auf das Matthäusevangelium und die darin noch enthaltenen jüdischen Elemente berief. Das heutige, kanonische Lukasevangelium sei hingegen eine sekundäre Bearbeitung dieser markionitischen Schrift, die ihr die polemische Spitze nehmen wollte und dafür gezielt „judaistische Stücke“ einarbeitete.[19]

Das Markusevangelium schließlich sei eine „aus den beiden andern Evangelien ausgezogene summarische Darstellung der evangelischen Geschichte“, die sich „vorzugsweise an das Thatsächliche halten“ wolle, und daher sowohl judaistische als auch antijudaistische Tendenzen bewusst weglasse [564–565]. Es gebe „durch seine Kürze, Unvollständigkeit und Unklarheit der Darstellung seinen sekundären, eine reichere Quelle voraussetzenden Ursprung zu erkennen“ [549]. Hier unterscheidet sich Baur deutlich von früheren Ansätzen der synoptischen Forschung, die, mit Ausnahme von Griesbach, gerade in der Kürze des Markusevangeliums ein Zeichen für dessen Ursprünglichkeit sahen.

Für Baur, und mit ihm für die gesamte Tübinger Tendenzkritik, spielte also die Identifikation des jüdischen Hintergrunds der Evangelien eine entscheidende Rolle für die Entwicklung der ihnen eigenen synoptischen Theorie: Die Auseinandersetzung des frühen Christentums mit dem Judentum und seine endgültige Loslösung von diesem, aber auch die inneren Streitigkeiten zwischen judenchristlichen und markionitischen Tendenzen sind die Parameter, nach denen Ursprünglichkeit und gegenseitige Abhängigkeit der synoptischen Evangelien beurteilt werden. Der hebräische Ursprung der Evangelientradition hingegen bleibt ohne weitere Bedeutung, da im Rahmen der Tendenzkritik vor allem mit inhaltlichen, nicht mit sprachlichen Beobachtungen gearbeitet wird. Allerdings markiert der Übergang vom hebräischen zum griechischen Matthäusevangelium für Baur zugleich auch die Trennlinie von der apostolischen zur nachapostolischen Phase der Evangelienüberlieferung, und insofern spielt der Sprachwechsel auch eine Rolle für die Beurteilung des historischen Werts der Überlieferung.

---

[18] Baur, *Kritische Untersuchungen*, 1847, 429–430 und 472. Den antijüdischen Charakter dieses Evangeliums sieht Baur dabei vor allem in den Gleichnissen des lukanischen Sonderguts: So seien die Erzählungen vom reichen Mann und armen Lazarus oder von Maria und Martha als Allegorien auf die Bevorzugung der (geistlich reichen, aber werkgerechten) Juden gegenüber den (geistlich armen, aber umkehrbereiten) Heiden zu deuten [443–447], und das Gleichnis vom ungerechten Verwalter als Polemik gegen „jüdische Vorstellungen von Lohn und Vergeltung“ [455]. Nach Baurs Deutung von Lk 14,24 werden die Juden aufgrund ihres Unglaubens von Gott verworfen [443, dort fälschlich als Lk 14,34 zitiert].

[19] Allen voran zählte dazu die Kindheitsgeschichte „mit allem, was die jüdische Phantasie aufbieten konnte“, die nur als „Concession“ an die Judaisten zu erklären sei. Aber auch in späteren Stücken des Evangeliums sei dieses „irenische Interesse“ immer wieder zu erkennen. [502, 522 und 516].

1.7 Christian Gottlob Wilke

Christian Gottlob Wilke gilt, zusammen mit seinem Zeitgenossen Christian Hermann Weiße, als eigentlicher Wegbereiter der modernen Zweiquellen-Hypothese. Streng genommen vertritt er jedoch eine Benutzungshypothese mit Markuspriorität, wie sie auch bereits von Storr vorgeschlagen wurde, allerdings ohne die Annahme eines eines hebräischen Matthäusevangeliums.[20] Lukas habe demnach ausschließlich den griechischen Markus benutzt, während Mt sowohl auf Lk als auch auf Mk zurückgriff. Die Frage nach einer hebräischen Phase der Evangelienüberlieferung bezeichnet Wilke als „fruchtlos durchlaufenes Gebiet" [161]. Das griechische Markusevangelium sei vielmehr unmittelbar aus der griechischen Predigt der Apostel hervorgegangen. Hebraismen und Aramaismen innerhalb der Evangelientradition seien aus der Muttersprache der Apostel zu erklären, die „sichern Datis zufolge, das aramäische, oder syrisch chaldäische" gewesen sei [143, mit Verweis auf Pfannkuche] und die auch ihre griechische Sprache geprägt habe. Der hebraisierende Charakter mancher Teile der Evangelientradition, den Wilke durchaus einräumt, zeuge nicht von einer Übersetzung, sondern lediglich „von der Abkunft dieser Schriften aus hebräischem Geiste, und von der Vertrautheit ihrer Verfasser mit dem Geiste der Alexandrinischen Uebersetzung des Alten Testaments" [145]. Sowohl die Annahme einer griechischen „Hilfsschrift" (Eichhorn) als auch die Möglichkeit, dass der griechische Übersetzer des hebräischen Matthäus auf den griechischen Markus zurückgegriffen habe (Grotius, Michaelis), weist Wilke als unnötig und irreführend zurück [401 und 408]. Übereinstimmungen wie auch Unterschiede zwischen den Synoptikern seien stattdessen allein aus dem griechischen Wortlaut der kanonischen Evangelien zu erklären. Die Frage nach einem hebräischen Sprachhintergrund spielt daher für Wilke keine Rolle für die synoptische Frage, und auch der jüdische Entstehungskontext der Evangelien spielt für seine Argumentation keine Rolle. Überhaupt richtet sich Wilkes Augenmerk kaum auf einzelne sprachliche oder inhaltliche Beobachtungen am Text, sondern vor allem auf die Makrostruktur der Evangelien, die Anlage ihres Stoffes und die Akoluthie ihrer Erzählung. Formulierungen wie „Ordnung und Verbindung der Stücke" [555], „chronologische Ordnung" [617], „innerliche Verbindung" [637], „Anlage der Relationen" [611], die „innern, logischen Verhältnisse" eines Textes [347], die „Flüchtigkeit" eines Verfassers [576], „ursprüngliches Gepräge" [24] oder historische „Wahrscheinlichkeit" [605] bestimmen den Sprachstil. Seine „Kriterien, ... das Ursprüngliche und Spätere, das mit dem Typus Gegebene und die Produktionen der Bearbeiter voneinander abzusondern", beschreibt Wilke wie folgt:

---

[20] Wilke, *Urevangelist*, 1838. Seitenzahlen im Folgenden in Klammern.

„Wir argumentirten ... aus der Abzweckung der Stücke, aus dem Verhältnisse ihrer Bestandtheile zueinander, aus der Konstruktion des Ganzen, und suchten danach zu bestimmen, was zum ursprünglichen Maaße und zum Ausdrucke desselben gehörte, und was nicht." [559]

1.8 Christian Hermann Weiße

Christian Hermann Weiße veröffentlichte seine Untersuchung zur synoptischen Frage im gleichen Jahr wie Wilke. Auch ihm geht es dabei vor allem um den Nachweis der „Originalität und Priorität des Marcusevangeliums" [Vorwort, S. V]. Anders als Wilke nimmt er aber keine direkte Abhängigkeit des Matthäus von Markus und Lukas an, sondern eine gemeinsame Abhängigkeit des Lukas und des Matthäus von Markus und einer aramäischen Spruchsammlung, die er mit den von Papias erwähnten λογία identifiziert:

„Diese Aufzeichnung erfolgte in hebräischer oder, wahrscheinlicher wohl, was wir öfter verwechselt finden, in aramäischer Sprache [...] derselben Sprache, in welcher der Herr gesprochen hatte. [...] So erwuchs aus den λογίοις das Evangelium, aus dem hebräischen Matthäus der griechische." [47–48]

Weiße wird deshalb zuweilen als Urheber der später so genannten Logienquelle „Q" bezeichnet. Jedoch hatte bereits Eichhorn eine derart gestaltete „andere Quelle" angenommen, die bei ihm in ähnlicher Weise neben das protomarkinische Urevangelium trat (siehe oben S. 169). Diese war bei ihm jedoch als Erweiterung des Urevangeliums gedacht, während sie bei Weiße vollständig von Mk unabhängig vorgestellt ist.

In der materialen Durchführung spielt die Annahme eines semitischen Sprachhintergrundes der Evangelien jedoch auch bei Weiße keine tragende Rolle. Linguistische Arbeit am Text bleibt weithin aus. Auch Weiße argumentiert vornehmlich aus der Anordnung des Stoffes und aus inhaltlichen Aspekten heraus. So trage das Evangelium des Markus in seiner Kürze „unverkennbar das Gepräge des geschichtlichen und nicht des Dichterischen oder Mythischen" [94], und seine „Unbeholfenheit und Schwerfälligkeit, aber auch frische Natürlichkeit" [67] sprächen für dessen Ursprünglichkeit. Bei Matthäus dagegen erscheine der Stoff zuweilen „unmotivirt, in unpassender Verbindung", was ihren sekundären Charakter erweise [86]. Auch Lukas zeige in der Anordnung seines Stoffes einen „flüchtigen Charakter", seine redaktionellen Einleitungen des Mk-Materials seien oftmals „aufs Geratewohl und aus der Luft gegriffen" [86] und daher kaum als ursprünglich anzusehen.

Mehr als bei Wilke tritt jedoch bei Weiße die Einordnung in den jüdischen Kontext in den Vordergrund. Sie dient wiederholt dazu, die Ursprünglichkeit des Markus zu erweisen. Denn nur bei diesem sei der Kontrast zwischen Jesus und dem Judentum noch deutlich erkennbar, während er bei Matthäus und Lukas oftmals abgeschwächt werde. Dies werde etwa deutlich aus den redaktionellen Überleitungen und Zwischenbemerkungen, mit denen Markus sein Material gestalte:

> „Durch sie [...] hat Marcus es erreicht, [...] von der Entstehung der Feindschaft der Pharisäer und Schriftgelehrten gegen ihn eine anschauliche Vorstellung zu erwecken [...] die anderen Synoptiker welche theils diese Bemerkungen, zugleich mit den besonderen Thatsachen, mechanisch von Marcus entlehnen [...] haben dies nicht in gleichem Maße vermocht." [70]

Im Blick auf das Ährenraufen am Sabbat (Mk 2,23–28 parr.) und die Heilung am Sabbat (Mk 3,1–6 parr.) begründet Weiße die Ursprünglichkeit des Mk damit, dass bei diesem die Souveränität Jesu über das jüdische Sabbatgebot am deutlichsten erkennbar sei:

> „Man hat in diese und ähnliche, in anderen Evangelien erzählte Ereignisse die Voraussetzung hineingetragen, Jesus habe einen Unterschied gemacht zwischen solchen Handlungen, die nach mosaischem Gesetz, und solchen, die erst nach skrupulöser Pharisäersitte am Sabbath zu verrichten untersagt war, – habe nur von diesen, aber nicht von jenen Verboten seine Jünger entbinden wollen. Von solcher Unterscheidung findet sich keine irgendwie sichere Spur in unsern Urkunden, und der Ausspruch, durch den sich Jesus ohne Umschweife zum Herrn über den Sabbath macht, sagt geradezu das Gegentheil. Deutlicher könnte das Bewußtsein von der Bedingtheit auch des mosaischen Instituts nicht ausgesprochen werden, als in den (dem Marcus eigenthümlichen | aber gewiß nicht willkürlich von ihm hinzugesetzten) Worten, daß der Sabbath um des Menschen willen, nicht der Mensch um des Sabbaths willen sei. Christo solches Bewußtsein absprechen, oder auch nur, ihn einer absichtlichen Accommodation an jüdisches Gesetz und Herkommen zeihen, heißt, ihn geflissentlich unter die Geistesgröße herabzudrücken, in der ihn uns die beglaubigte Geschichte zeigt." [484–485]

In welchem Maße hier (wie auch in anderen Werken der gleichen Epoche) mit antijüdischen Vorurteilen, aber gleichzeitig auch aus einer Unkenntnis der Quellen heraus gearbeitet wird, wird daraus deutlich, dass eben der markinische Satz, der hier von Weiße als deutlichster Kontrast zum „mosaischen Institut" und zur „skrupulösen Pharisäersitte" angeführt wird, sich so fast wörtlich auch in der rabbinischen Tradition wiederfindet.[21] Auch die Frage nach dem wiederkommenden Elia (Mk 9,11–13 par) sieht Weiße bei Mk in einer ursprünglicheren Fassung als bei Mt: Während sich Jesus bei Markus mit „erhabener Geistesfreiheit" von der „jüdischen Messias-Sage" löse, entstehe bei Matthäus der Eindruck, er sei, „gleich den Schriftgelehrten damaliger und auch jetziger Zeit, Pedant genug gewesen, an den messianischen Weissagungen des Alten Testamentes im äußerlichen und buchstäblichen Sinne festzuhalten". Man habe die wahre Bedeutung der Stelle

---

[21] לכם שבת מסורה ואין אתם מסורין לשבת („Der Sabbat ist euch überliefert und nicht ihr dem Sabbat"), MekhY שבתא zu Ex 31,14 (Horovitz/Rabin 341). Vgl. LOWE/FLUSSER, *Evidence*, 1983, 43 Anm. 44. Ausführlicher DOERING, *Schabbat*, 1999, und DOERING, *Much Ado*, 2008.

bei Mk bisher nur deshalb missverstanden, „weil man von dem Vorurtheile einer Abhängigkeit des Marcus von Matthäus ausging“ [546].

Der Kontrast zwischen Jesus und dem Judentum wird von Weiße auch an anderen Stellen immer wieder betont, jedoch nicht so ausdrücklich verbunden mit Schlussfolgerungen zur synoptischen Frage. So spricht er im Zusammenhang mit dem Messiasbegriff von den jüdischen Schriftgelehrten, die sich „aus einem Theile der alten Weissagungen, der ihrem Nationalstolz schmeichelte, mit engherzigem Buchstabenglauben ihre Messiastheorie gebildet hatten“. Demgegenüber habe sich Jesus „aus einem anderen, verborgenen Theile derselben mit freier Ueberschauung des Ganzen und theilweise ausdrücklicher Verwerfung des Einzelnen, im Geist und in der Wahrheit die seinige“ gebildet, „eine solche, in welcher das erhabenste Selbstgefühl unmittelbar in die höchste Selbstverleugnung überging“ [548]. Bezugnahmen auf das Gesetz hätten, so Weiße, bei Jesus vor allem polemische Gründe: „Mit gutem Gewissen konnte er daher jenen Versuchern auf den Boden des Gesetzes folgen, um sie aus dem Gesetz selbst zu Schanden zu machen“ [582–583]. Im Blick auf Jesu Umgang mit der Schrift spricht Weiße von einer „Liberalität des Gebrauchs“ [596], die nur symbolisch das aufgreife, was im Judentum fälschlicher Weise wörtlich verstanden wurde. So gelte von der endzeitlichen Rückkehr des Menschensohns: „So gewiß ein Weinstock keine Dornen trägt ... eben so gewiß ein Geist von solcher Größe, wie sich Jesus noch in der vorhergehende Rede bewährt hatte, nicht auf eine Einbildung der Art, dergleichen nur in einem kranken Hirn entsteht, verfallen kann“ [594]. Diese Vorstellung entstamme vielmehr aus dem „beschränktesten Aberglauben an die symbolische Rede eines phantastischen Buchs, welches Irrtum oder Betrug einem altberühmten Propheten [scil. Daniel] untergeschoben hatte“ [595].

Gleichzeitig fehlt jedoch da, wo eine Bezugnahme auf die jüdische Umgebung sich nahe legen würde, diese völlig. So wäre bei der Bewertung der synoptischen Überlieferungen vom letzten Abendmahl ein Bezug auf das jüdische Passa wohl angemessener als die von Weiße angeführten konfessionellen Erwägungen:

> „Die Lutherische Ansicht des Abendmahls hätte, möchten wir behaupten, recht verstanden, ein Interesse, den Bericht der zwei ersten Evangelisten, die Zwinglische, den Bericht des Paulus und des Lukas als den ursprünglicheren und historisch treueren gelten zu lassen.“ [607]

Zusammenfassend gilt für Weiße: Obwohl er, im Unterschied zu Wilke, eine aramäische Spruchquelle neben dem griechischen Mk annimt, spielt diese für seine synoptischen Überlegungen kaum eine Rolle. Der Schwerpunkt liegt auch hier auf dem Nachweis der Markuspriorität, die Annahme einer Spruchquelle ist eher eine notwendige Folgerung aus dieser. Der jüdische Entstehungskontext der Evangelientradition dient für Weiße vor allem als negative Folie, gegen die sich, vor allem im Markusevangelium, Jesus deutlich absetzt. Auch dies ist für Weiße, neben anderen Aspekten, ein Beleg für die Priorität des Markus.

1.9 Bruno Bauer

Die Werke von Wilke und Weiße sind vor allem durch die Arbeit von Bruno Bauer einer breiteren Öffentlichkeit bekannt geworden. In seiner „Kritik der Evangelien und Geschichte ihres Ursprungs“ baut dieser auf deren Ansätzen auf und führt dabei die These der Markuspriorität konsequent durch.[22] Über seine Vorgänger hinaus geht er dann schließlich mit seiner These, das Mk sei eine freie literarische Schöpfung, die nicht auf historischen Begebenheiten beruhe.

Auch Bauer gründet dabei, wie Wilke und Weiße, seine Untersuchung vor allem auf inhaltlichen und strukturellen Beobachtungen. Philologische Arbeit am Text fehlt auch bei ihm weithin. Insbesondere die Rückfrage nach hebräischen Vorstufen der Evangelientradition entfällt naturgemäß, wo das Mk als freie literarische Schöpfung verstanden wird. Umso bedeutsamer ist jedoch bei Bauer die Auseinandersetzung mit dem jüdischen Kontext. Die „Collision zwischen der neuen Freiheit und dem jüdischen Privilegium“ [1852:25] bildet für Bauer den eigentlichen Anlass und Kern des Markusevangeliums:

> „Wenn sich dann zeigt, dass nur in der Schrift des Marcus ... die Collision der neuen Freiheit mit der alten Satzung naturgemäß fortschreitet, sich steigert und die Ueberlegenheit der neuen Macht durch immer bedeutsamere Offenbarungen sich zum letzten Triumph vollendet – und wenn dann in den Schriften des Lukas und Matthäus nur entstellte Anklänge an diese Harmonie sich finden – ... dann steht es fest, daß die Geschichtsdarstellung des Lukas und Matthäus ein Werk voraussetzt, dessen einzelne Berichte nicht nur mit den Parallelen des Markusevangeliums wörtlich übereinstimmten, ... [sondern] das jetzige Markusevangelium war, wenn wir zunächst von einigen Bestandtheilen desselben absehen, die sich als spätere Interpolationen verrathen.“[23]

Im Markusevangelium sei, so Bauer, „bereits das Todesurtheil über das jüdische Volk enthalten“ , die „Feindseligkeit der privilegirten Classen“ und der „Bruch mit dem Judentum“ finde „nur in der Schrift des Marcus ihre ursprüngliche Erfüllung“ [1851:2,68.73–74]. Die „Urschrift, die uns Markus erhalten hat“, führe „den revolutionären Kampf mit der gesetzlichen

[22] Bauer, *Kritik der Evangelien I*, 1851. Seitenzahlen im Folgenden in Klammern.

[23] Bauer, *Kritik der Evangelien II*, 1851, 59. Bereits hier klingt an, dass Bauer zwischen dem kanonischen Markus und einem ursprünglichen Markus unterscheidet. Diese protomarkinische Schrift, nicht Markus selbst, habe Matthäus und Lukas als Vorlage gedient. Der Verfasser des kanonischen Markus schließlich habe nicht nur das Matthäus- und das Lukasevangelium, sondern auch das Johannesevangelium vor sich liegen gehabt. Vgl. auch S. 330.

Welt" durch und lasse diesen „im verdienten Sieg über die gesetzliche Welt endigen" [1851:3,329]. In ihr sei die „Neuheit und die Selbständigkeit des christlichen Geistes ... in seiner Reinheit erhalten" [1851:2,138]. Diese Ursprünglichkeit sei jedoch in den Evangelien des Matthäus und des Lukas regelmäßig überlagert und abgeschwächt. Die „Collision" zwischen Jesus und dem Judentum sei daher bei Ihnen nicht in gleicher Weise erkennbar: Während Markus nichts von einer davidischen Abstammung Jesu wisse, hätten Matthäus und Lukas diese durch ihre Kindheitsgeschichten „genealogisch bewiesen, juristisch durch einen Stammbaum gerechtfertigt" [1851:1,261]. Während bei Markus der Täufer „in der Wüste" auftritt, was dort lediglich theologischer Topos für den „erstorbenen Boden" des Judentums sei, werde daraus bei Lukas eine geographische Lokalisierung [1851,2:8]. Während Jesus bei Markus keinerlei messianische Erwartung erfülle, werde er erst durch Matthäus und Lukas zum jüdischen Messias stilisiert.[24] Was die Antithesen betreffe, so sei „der äußerste Gegensatz, in welchen alle diese Antithesen das christliche Gesetz zum mosaischen stellen wollen", von Matthäus regelmässig „geschwächt" und „abgeplattet" worden, weil dieser „an der Kühnheit dieses Gegensatzes Anstoß" genommen habe [1851:2,115 und 121].

Die zeitgeschichtliche Situation im Deutschland nach 1848, in die hinein Bauer sein Werk schrieb, wird deutlich in der Wahl der Begriffe, mit denen Bauer das Verhältnis von Markus zu seinen Seitenreferenten beschreibt. Für ihn gehört der Verfasser des Matthäus

„...zu jenen Männern, die eine welthistorische Revolution zu Ende führen, indem sie ihr wirklich *die alte Welt unterwerfen*. – zu jenen Ordnern, die der gewöhnlichen Vorstellung als Reactionäre gelten, weil sie den neuen geistigen Boden, den die revolutionäre Erschütterung gebildet hat, erst befestigen, indem sie auf ihm die neue Ordnung gründen ... Der *revolutionäre Angriff* auf das Alte, der Umsturz, der in jenen Abschnitten des Marcusevangeliums vollführt ist, ist nur das Werk Einer Epoche, führt endlich zur *ruhigen Reflexion* über die Bedeutung und den Gehalt der gestürzten Welt und zu Versuchen einer *neuen Gestaltung und Constituirung*. Die Männer, die die Versuche zur Vollendung bringen [scil. Mt und Lk], die endlich vollkommen gestalten, *besitzen noch die Kraft der Revolution*, ... aber sie treten bei alledem *apologetisch* auf und diese apologetische Wendung des Revolutionärs ist jenes Wort (Matth. 5,17)."

In seiner „Theologischen Erklärung der Evangelien", die er der „Kritik der Evangelien" folgen lässt, führt Bauer diese Gedanken weiter. Die antijüdische Motivation seines Ansatzes tritt dabei noch deutlicher hervor. Mit Blick auf Vertreter der Traditions- und Urevangeliumshypothesen spricht

---

[24] Vgl. Bauer, *Kritik der Evangelien II*, 1851, 31–32: „Welches kaum auszudenkende Unding wäre das, daß ein Mann, der ein neues Princip schuf, das Princip bereits fertig vorfand! Wäre das wirklich noch ein Held, dessen Wesen und Person in der Erwartung schon fertig dastand und der nur bloß aufzutreten brauchte, um die müßige Bemerkung zu machen, er sey es, den man erwartet habe? Das wäre kein Mann, sondern eine Larve".

Bauer von einer „metaphysischen Hohlheit, die im Judentum und Christentum dieselbe Idee wirken sieht" [1852:9]. Das Judentum sei der „persönliche Feind des Christentums", es habe seit jeher nach „Auflösung und Untergang des Christentums" gelechzt, diesen aber nicht selbst herbeiführen können. „Der Jude hat ätzende, aber keine auflösende Kraft", urteilt Bauer und sieht daher in den Vertretern der Traditions- und Urevangeliumshypothesen die eigentlichen Vollstrecker des jüdischen Sieges über das Christentum [1852:37–39]. Die Zweiquellenhypothese hingegen ermögliche es dem Kritiker, den Gegensatz zwischen Judentum und Christentum, wie er im Markusevangelium noch deutlich zu erkennen sei, kritisch herauszuarbeiten und damit die „Neuheit der christlichen Revolution" zu erweisen [1852:9], da nur dieses „in seiner Darstellung der Collision zwischen der neuen Freiheit und dem jüdischen Privilegium, in seiner lebhaft pulsierenden Darstellung vom Kampf und Sieg jener Freiheit ihr Leben offenbart" [1852:25].

1.10 Franz Delitzsch

Ganz anders urteilt wenig später Franz Delitzsch.[25] Er greift die altkirchliche Überlieferung vom hebräischen Matthäusevangelium auf, jedoch in einer ganz eigenen Variante: Aus philologischen Gründen lehnt er den Gedanken ab, der griechische Matthäus könne die Übersetzung einer hebräischen oder aramäischen Vorlage sein:

> „Die Zeit, wo man, selber unfähig einen hebr. Satz zu bauen, den Übersetzungscharakter des griech. Matthäus-Ev.'s aus Übersetzungsfehlern des Vf. nachweisen wollte, ist vorbei. Auch hier gilt die stark hebraisirende Ausdrucksweise jetzt nicht mehr als überzeugender Beweis für eine hebräische Urschrift." [12]

Auch die Identifikation das altkirchlich bezeugten Hebräer- oder Nazarenerevangeliums mit dem hebräischen Matthäus, wie sie in der synoptischen Forschung seiner Zeit üblich war, lehnt Delitzsch ab. Dieses sei vielmehr eine frühe Rückübersetzung des griechischen Matthäus ins Hebräische oder Aramäische:

> „...angenommen auch, dass es eine hebräische Urschrift des Matthäus gegeben habe, hat dieses Hebräerevangelium doch nichts mit dieser Urschrift zu schaffen."[26]

Dennoch hält Delitzsch die Existenz einer solchen hebräischen „Urschrift", wenn sie auch nicht mit dem späteren Hebräerevangelium identisch war, aufgrund der äußeren Bezeugung durch Papias und andere Notizen der Kirchenväter für wahrscheinlich [24]. Daraus ergebe sich ein paradoxer Befund, denn Mt habe zwar hebräisch geschrieben,

---

[25] Delitzsch, *Neue Untersuchungen*, 1853. Seitenzahlen im Folgenden in Klammern.

[26] Delitzsch, *Römerbrief*, 1870, 24.

„... und doch hat unser Matthäus-Ev. nicht das Aussehen einer Übersetzung – das sind die Gegensätze, die womöglich zu vermitteln sein werden.“[41]

Zur Erklärung dieses widersprüchlichen Befundes nimmt Delitzsch einen dreistufigen Überlieferungsprozess für das Matthäusevangelium an: An dessen Anfang stand die „hebräische Urschrift“, die Delitzsch aufgrund des Papias-Zeugnisses auf das Jahr 66 datiert [45]. Diese Urschrift „verlor sich im Verlaufe des ersten und beginnenden zweiten Jahrhunderts innerhalb der heimischen judenchristlichen Gemeinden“ [50].[27] Im Ausland jedoch trat an ihre Stelle das kanonische, griechische Matthäusevangelium, eine eigenständige literarische Schöpfung, die sich aber der „hebräischen Urschrift“ als Quelle bediente. Später wurde dieses griechische Evangelium dann von den sich mehr und mehr sektiererisch entwickelnden judenchristlichen Gemeinden wiederum ins Aramäische übersetzt und dabei auch teilweise inhaltlich überarbeitet. So entstand das „Hebräerevangelium“, von dem die Kirchenväter berichten [50].

1.11 Heinrich Julius Holtzmann

Einen vorläufigen Abschluss der Frühphase synoptischer Forschung in Deutschland bildet Heinrich Julius Holtzmanns Werk „Die synoptischen Evangelien“ aus dem Jahr 1863.[28] Für die Identifikation der beiden primären Quellen A und Λ, also einem Urmarkus und einer Logienquelle, wendet Holtzmann weithin ähnliche formale und inhaltliche Kriterien an wie seine Vorgänger. Als Zeichen von Ursprünglichkeit werden etwa „in Marcus eine noch unentwickelte, in den Späteren eine ausgebildetere Gestalt“ genannt, außerdem sprachliche Merkmale wie „Umständlichkeit“ gegenüber „abglättender Wendung“ oder „naturwüchsige Frische der Erzählung“ angeführt [68.69. 280.285]. Eine Notiz erscheint „bei Marcus offenbar abgerissen und unvermittelt“, und damit ursprünglich, an anderen Stellen erweist sich Markus hingegen durch „den anschaulicheren Bericht mit genauer Zeichnung der Situation“ als ursprünglich [69–70]. In der Zusammenfassung [99–102 und 137–141] überwiegt bei Holtzmann jedoch das Argument aus der Anordnung des Stoffes.

Die Frage nach dem hebräischen Sprachhintergrund der Evangelien beantwortet Holtzmann dabei differenziert. Die Annahme eines hebräischen

---

[27] Dass die kanonischen Evangelien sämtlich auf griechisch verfasst wurden, war für Delitzsch eine Tatsache heilsgeschichtlicher Tragweite. Vgl. Delitzsch, *Wissenschaft*, 1838, 10: „Das Neue Testament (...) ist in griechischer Sprache verzeichnet worden. Der heilige Geist bediente sich zur schriftlichen Überlieferung der neutestamentlichen Offenbarungen nicht der Sprache des abrahamitischen Volkes, sondern einer Sprache der Heiden, um dadurch zu zeigen, dass die Kirche des Neuen Testamentes nicht allein das alte Israel umfassen sollte, sondern auch das neue, aus den Heiden gesammelte“.

[28] Holtzmann, *Evangelien*, 1863, 15. Seitenzahlen im Folgenden in Klammern.

Urevangeliums wie auch eines hebräischen Matthäus bestreitet Holtzmann mit einer *petitio principii*: Die Unmöglichkeit des Ersteren sei „ohnehin schon entschieden durch den Nachweis der Quelle A“, und die Annahme, der kanonische Matthäus sei eine Übersetzung, „würde daher unser ganzes wohlbegründetes Resultat durchweg zerstören“ [270]. Die altkirchlichen Nachrichten über ein hebräisches Matthäusevangelium bezieht Holtzmann daher auf die Logienquelle Λ, für die er in der Tat eine aramäische Vorlage für möglich hält [264 und 270]. Auch für die griechische Quelle A weist Holtzmann jedoch mit vielen Textbeispielen einen hebraisierenden Sprachstil nach, der bei Mk oft noch zu erkennen, bei Mt und Lk jedoch geglättet werde. Darin sieht er ein Zeichen für die Ursprünglichkeit des zweiten Evangeliums [289]. Mt hingegen zeige kein „hervorragend hebräisches Colorit“ [294], und wo dies doch einmal der Fall sei, stamme es aus dessen Quellen oder aus der Besonderheit des Inhaltes, wie etwa in der Kindheitsgeschichte. Für Lukas wiederum stellt Holtzmann zwar ein „Ueberwiegen der Hebraismen ... gegenüber den beiden andern Synoptikern“ [332] fest, deutet dieses jedoch nicht als ein Zeichen von Ursprünglichkeit, sondern führt es teils auf eine lukanische Aufnahme von Hebraismen aus den Quellen A und Λ zurück, teils auf einen bewussten Stil des Lukas, der „etwas darauf hielt, seinem Bericht hebraisierende Formen zu geben“. Diese entlehne er jedoch größtenteils aus der LXX und bewege sich auch sonst „mit Vorliebe in der üblichen frommen Diction, der ‚Sprache Kanaans‘“ [334].

Die Bewertung des hebräischen Sprachhintergrundes stellt sich also bei Holtzmann differenzierter dar als bei den meisten seiner Vorgänger in der synoptischen Forschung. Jedoch wird deutlich, dass die Beobachtungen in diesem Feld den anderweitig und aufgrund anderer Kriterien getroffenen Vorentscheidungen über die Quellenlage nachgeordnet sind. So kann ein Hebraismus bei Mk ein Kennzeichen von Ursprünglichkeit sein, während er bei Mt und Lk als „den Quellen entnommen“ gilt oder als sekundäres Stilmittel bewertet wird. Die Frage nach dem hebräischen Hintergrund hat also auch bei Holtzmann keine primäre methodische Relevanz für den synoptischen Vergleich. Auch auf den jüdischen Entstehungskontext der Evangelien geht Holtzmann im Rahmen seiner synoptischen Untersuchungen an einzelnen Texten nicht weiter ein. Dies geschieht erst in seinen Schlussbemerkungen zu den „synoptischen Evangelien als Geschichtsquellen“ [359]. Grundmotiv ist dabei die Abgrenzung von der Tübinger Tendenzkritik und der Nachweis, dass die Evangelien nicht durch eine „judenchristliche“ oder „antijüdische“ Tendenz, sondern durch treue Wiedergabe historischer Überlieferungen geprägt seien. Holtzmann unterscheidet dabei, wie die meisten seiner Vorgänger, streng zwischen den Begriffen „jüdisch“ und „judenchristlich“. Während ersterer das Judentum im Gegenüber und in Abgrenzung zum Christentum bezeichnet, bezieht sich letzterer stets auf eine häretische Strömung des Christentums, wie sie etwa im Ebionitismus zu Tage trat. Der besondere Charakter des Matthäusevangeliums sei dabei nicht auf eine „judenchristliche" Tendenz, sondern auf historisch bewahrtes, ursprüngliches Material zurückzuführen:

„Es steht demnach fest, dass das erste Evangelium auf jeden Fall in einer sehr nahen und positiven Beziehung zum Judenthum steht. Daher enthält es so vieles, was als von speciell jüdischem Interesse von den übrigen Evangelisten ausgelassen wurde, weil es für das christliche Bewußtsein als solches keine Bedeutung mehr haben konnte. Das Evangelium setzt ein aus der nationalen und religiösen Einheit mit dem Judenthum noch nicht herausgetretenes, sondern noch innerhalb ihrer sich bewegendes Bewusstsein [...] voraus." [383]

Die jüdischen Elemente innerhalb des Matthäusevangeliums sind also hier ein Indiz für dessen Ursprünglichkeit. Holtzmann scheint demnach die Möglichkeit offen zu lassen, dass auch im Matthäusevangelium, trotz der grundsätzlichen Priorität von A und Λ, ursprünglichere Überlieferungen bewahrt sind, die von den Seitenreferenten „ausgelassen" wurden. Dass Matthäus jedoch selbst kein „Judenchrist" gewesen sei, werde dadurch deutlich, dass er neben die von ihm bewahrten jüdischen Tendenzen „so viel Antijüdisches, so viel Erklärungen gegen den Unglauben des herrschenden Judenthums" setze, dass der „Gegensatz, in welchen Jesus zum Judentum trat", geradezu als Hauptzweck seines Evangeliums anzusehen sei [381]: Der Verfasser versuche offenbar, „...durch die Art, in der er seine Quellen bearbeitet, dasjenige, was ihm selbst von judenchristlichem Gepräge noch anzukleben scheint, aufzuheben" [380].

Den Verfasser des Markusevangeliums beschreibt Holtzmann als „wahrscheinlich jüdischen Ursprungs", der „aber als Christ doch entschieden über das Judenthum hinausgewachsen" sei, und schließt eben daraus auf die Priorität des Mk vor Mt und Lk [385]. Denn hätte er sie gekannt, müsse es scheinen, als „hätte er, der Absicht seines ganzen Schriftstellerthums zuwider, alle universalistischen Züge, in denen Matthäus und Lucas über A hinausgehen, ausgelassen" [389]. Auch bei der Bewertung des Lukasevangeliums wendet Holtzmann sich vor allem gegen die Tübinger These vom „paulinischen" Evangelium mit „antijudaistischem Tendenzcharakter": Insbesondere lehnt Holtzmann die damit verbundene Annahme einer Abhängigkeit des Lk von Mt, bzw. einer bewussten Polemik des Ersteren gegenüber dem Letzteren, ab. Wohl zeige sich bei Lukas deutlich ein gewisser „Paulinismus", etwa in den Motiven vom begnadigten Sünder oder auch in einem größeren Universalismus [389–392]. Solche Tendenzen seien jedoch zweitrangig gegenüber dem eigentlichen Interesse des Evangeliums:

„Zunächst will jedes Evangelium Geschichte erzählen. Die dogmatische Etiquette, an der man die Bestimmung der Schriften erkennt, klebt blos oben auf." [401]

In diesem letzten Satz wird prägnant ein Leitmotiv des Holtzmannschen Ansatzes deutlich: Es geht ihm darum, den geschichtlichen Charakter der synoptischen Evangelien zu betonen, und dies insbesondere gegenüber der Tübinger Schule, die vor allem die dogmatische Tendenz der Evangelien im Blick hatte, und damit verbunden die „Ungeschichtlichkeit ihres Inhalts" [401]. Hieraus erklärt sich auch das Bemühen Holtzmanns, vor allem den historischen Charakter der Quellen A und Λ und deren hohes Alter in den Vordergrund zu stellen, während gleichzeitig die Frage nach ihrem jüdischen (oder nichtjüdischen) Charakter in den Hintergrund rückt und bei der eigentlichen Bewertung der Quellen im synoptischen Vergleich bewusst nicht als Kriterium herangezogen wird.

1.12 Julius Wellhausen

Wie bereits oben erwähnt, geht Julius Wellhausen von aramäischen Vorlagen sowohl für eine Reihe von Quellen, die er unter der Bezeichnung Q zusammenfasst, als auch für das Markusevangelium aus,[29] und unterscheidet sich darin von Holtzmann. In der materialen Durchführung beschränken sich seine Herleitungen aus dem Aramäischen allerdings vor allem auf Worterklärungen, zuweilen auch die Erhellung von synoptischen Übersetzungsvarianten. Für die literarkritische Arbeit am synoptischen Problem macht Wellhausen den semitischen Hintergrund nur am Rande fruchtbar. Gesichert ist die Priorität des Mk für Wellhausen nicht aufgrund linguistischer oder inhaltlicher Kriterien, sondern allein aufgrund der Perikopenanordnung [43]. Andere Beobachtungen treten somit nur ergänzend hinzu. Wellhausen warnt sogar ausdrücklich vor dem Versuch, die ursprüngliche Gestalt der Evangelienüberlieferung durch synoptischen Vergleich zu rekonstruieren [57]. In sprachlicher Hinsicht trägt für Wellhausen das Mk die deutlichsten semitischen Züge und sei demnach am ursprünglichsten,[30] während die zunehmende Gräzisierung bei Mt und Lk ein Zeichen für deren sekundären Charakter sei [15]. Dort, wo semitische Elemente bei Mt und Lk erscheinen, werden diese als „biblische Phraseologie" [16] bzw. „Rede nach Art der Rabbinen" [39] erklärt und damit ebenfalls als sekundär bewertet. Dass solche biblischen und rabbinischen Semitismen bei Mk fehlen, ist wiederum ein Erweis für dessen Ursprünglichkeit [41].

Auch inhaltlich dient das Gegenüber zum Judentum für Wellhausen als Indiz für die Markuspriorität. Die besondere und nicht unumstrittene Sicht des Judentums, die Wellhausen dabei seinen Überlegungen zugrunde legt, kann zwar im Rahmen der vorliegenden Untersuchung nicht ausführlich

---

[29] Vgl. oben S. 28. Seitenzahlen aus Wellhausen, *Einleitung*, 1905, in Klammern.

[30] Wellhausen, *Einleitung*, 1905, 15 und 41. Vgl. jedoch die statistische Analyse der Semitismen bei Beyer, *Syntax*, 1962, 296–299 (vgl. oben S. 37). Das in der frühen Forschung häufige Urteil eines besonders „semitischen Charakters" des Markusevangeliums gründet sich vermutlich lediglich auf die lexikalischen Aramaismen des Mk.

thematisiert werden.[31] Insofern sie aber für die Ausbildung von Wellhausens Urteilen zur synoptischen Frage von Bedeutung ist, soll sie auch hier kurz beleuchtet werden: Die Rolle des Judentums in Wellhausens „Einleitung" steht dabei in spiegelbildlichem Verhältnis zu dessen Rolle in Wellhausens alttestamentlichen Arbeiten: War es dort das nach-exilische Judentum, das durch Einführung des Gesetzes die alte, prophetische Religion Israels abtötete,[32] so ist es im Neuen Testament dasselbe Judentum, aus dem sich die christliche Religion vermöge des Evangeliums wieder zu befreien sucht. Im Geschichtsentwurf Wellhausens ist das Judentum ein Übergangsstadium zwischen dem Absterben der israelitischen Religion zur Zeit des Exils und seiner „Auferstehung" in der Botschaft Jesu [401]. Es ist nur ein „Notbau", ein „künstliches Produkt", „dem Wesen nach der altkatholischen Kirche nächstverwandt", ein „gewaltiger Rückschritt".[33] Das „Absterben" der israelitischen Religion ins Judentum hinein und seine „Auferstehung" aus dem Judentum heraus beschreibt Wellhausen mit parallelen Bildern:

> „Erkennt man an, daß der Kanon das Judentum vom alten Israel scheidet, so erkennt man auch an, daß die schriftliche Thora das Judentum vom alten Israel scheidet. Das Wasser, das in der Vergangenheit gequollen war, faßten die Epigonen in Zisternen." [Prolegomena, 409]

> „Für die Vergleichung ist am wichtigsten der scheinbar nur äußerliche Unterschied, daß die Quelle, die bei Markus eng eingefaßt ist, bei Matthäus und Lukas nach allen Seiten durchsickert. Er genügt zum Beweise der Priorität des Markus, auch vor Q." [84]

Der Gegensatz zwischen Judentum und Christentum tritt in Wellhausens Formulierungen immer wieder zu Tage: Das Evangelium des Lukas, vor allem dessen Sondergut, charakterisiert Wellhausen als „nicht palästinisch-jüdisch, sondern durchaus weitherzig und hellenistisch". Die jüdischen Züge des Matthäusevangeliums hingegen seien dadurch zu erklären, dass dieser die Jerusalemer Urgemeinde im Blick habe, „welche trotz allem am Judentum fest zu halten suchte". Und gerade darin unterscheide er sich von Markus [70–71]. Angelpunkt für den Gegensatz zwischen Judentum und Christentum ist für Wellhausen der Begriff der „Theokratie" bzw. des „Reiches Gottes". Diesen Begriffen widmet er sowohl in seinen „Prolegomena

---

[31] Bereits 1903 brachte Salomon Schechter den Vorwurf des Antijudaismus gegenüber der Position Wellhausens ins Spiel, vgl. Schechter, *Criticism*, 1903, 36. Ähnlich in neuerer Zeit auch Silberman, *Wellhausen*, 1982, 81, und Weinfeld, *Roots*, 1979; Smend, *Wellhausen*, 1982, verteidigt Wellhausen gegen den Vorwurf des Antijudaismus. Der Sache nach bestätigt zwar auch er die hier gemachten Beobachtungen, hält aber den Vorwurf dennoch für ungerechtfertigt, da Wellhausen aus seiner Zeit heraus verstanden werden müsse. Eine ausführliche und differenzierte Analyse auch bei Betz, *Wellhausen's Dictum*, 1991.

[32] Vgl. Wellhausen, *Prolegomena*, 1905, 399 und 402. Schon hier zeigt Wellhausen die Parallelen zum Neuen Testament auf: „... gerade wie Jesus im Evangelium Johannis".

[33] Wellhausen, *Prolegomena*, 1905, 419–421.

zur Geschichte Israels" als auch in der „Einleitung zu drei ersten Evangelien" das jeweilige Schlusskapitel. In der Geschichte Israels ist es die Einheit von „Reich Jahves" und „Reich Davids" in der idealisierten Sozialstruktur der vorexilischen Königszeit, die nach deren Untergang durch das „Kunstprodukt" der Hierokratie ersetzt wurde. Diese sei jedoch ein „gewaltiger Rückschritt" gewesen, ja letztlich ein „systematischer Rückfall ins Heidentum", denn: „Der Kultus ist das heidnische Element in der israelitischen Religion". Wellhausen schließt seine Darstellung der Geschichte Israels mit dem Urteil des Paulus, den er als „großen Patholog des Judentums" bezeichnet, und demzufolge der jüdische Kultus „ein totes Werk" war, „dem Herzen entfremdet" [Prolegomena, 413–423]. Die Umkehrung dieser degenerierten Entwicklung beschreibt Wellhausen dann im analog strukturierten Schlusskapitel seiner „Einleitung":

> „Eine Gemeinschaft bleibt das Reich Gottes darum doch. Ein Reich Davids ist es indessen nicht mehr; das Nationale, Politische, Heidenfeindliche ist abgefallen. Die Juden, die geborenen Söhne des Reiches, bleiben draußen, wenn sie weiter nichts sind als Juden. (...) | An Stelle der jüdischen Nation tritt also auch wieder eine feste und aus ihr verengerte Gemeinschaft, die der Jünger Jesu, die sich nach seinem Namen nennen, d.h. der Christen." [104–105]

Diese Position habe sich jedoch im Neuen Testament erst allmählich entwickelt. Jesus selbst, so Wellhausen, teilte mit seiner jüdischen Umwelt „den Glauben an das Jenseits, an die allgemeine Auferstehung, an das Gericht, an das Reich Gottes". Er sah jedoch das Reich Gottes nicht als das Reich Davids und den Messias auch nicht für einen Sohn und Nachfolger Davids an. „Darin unterschied er sich von den Juden und einigermaßen auch von den ältesten Christen". Das Wort Jesu über die Zerstörung des Tempels ist folglich für Wellhausen gerade deshalb „sicher authentisch", weil es nicht nur das Ende des Tempels, sondern die Vernichtung des jüdischen Gemeinwesens im Blick habe. Bereits in der Bearbeitung dieser Stelle durch Markus werde die Tendenz zur Erwartung eines zukünftigen Gottesreiches deutlich. „Bei Markus redet [Jesus] nur vom zukünftigen Reich; er sagt aber nicht, daß er es bringen werde und nennt es nicht s e i n Reich oder das Reich des Messias". Bei Matthäus werde dieses Reich bereits als in Jesus gegenwärtig dargestellt, um schließlich bei Lukas „inwendig in euch" zu sein: „Dann ist es zwar erst recht gegenwärtig, braucht kaum noch zu kommen, hat aber seinen eigentlichen Sitz in den Herzen und nicht in einer Organisation" [105–108].

Dieser Weg, der von Jesus über Markus zu Matthäus und Lukas führt, werde auch am Gebrauch des Begriffes „Evangelium" deutlich. „Dass Jesus selber schon vom Evangelium sollte geredet haben, ist unwahrscheinlich. Es ist vielmehr ... erst ein Missionsausdruck". Dem Judentum hingegen sei der Begriff völlig fremd. Bei Markus erscheine er noch als „Prolepse", stets nur auf die zukünftige Verkündigung des Evangeliums bezogen. Erst von Matthäus und Lukas sei er nachträglich in die Verkündigung Jesu zurückprojeziert worden [109–111]. Man müsse also Jesu „Absicht" von seiner „Wirkung" unterscheiden: Jesus selbst, so Wellhausen, war Jude, nicht Christ. Aber er habe doch das Gesetz anders ausgelegt als die Juden. Dies werde besonders im ältesten Evangelium deutlich: Jesus „meinte, sie erstickten das Gesetz mit ihren Zutaten", er „erschütterte die gleichmäßige Verbindlichkeit des Gesetzes", er „hob den Dekalog aus dem Ganzen heraus und reducirte seine Summe auf die Liebe zu Gott und dem Nächsten", er „verwarf" die Gesetze zur Ehescheidung, er „legte an die Statute einen übergeordneten Maßstab an". „Die gottseligen spezifisch jüdischen Exercitien, die weiter keine ratio haben, als daß sie befohlen waren und den Juden vom Menschen schieden, schätzte er gering" [113–115]. Dass Jesus bei Markus noch souverän über dem Gesetze stehe, sich dann jedoch bei Matthäus mit diesem auseinandersetze, ist für Wellhausen ein deutliches Zeichen für die Ursprünglichkeit des Markus. Man werde „durchaus an die alten Propheten erinnert" [113]:

> „Man kann sich nicht wundern, daß es den Juden so vorkam, als wollte er die Grund- | lagen ihrer Religion zerstören. Seine Absicht war das freilich nicht, er war nur zu den Juden gesandt und wollte innerhalb des Judentums bleiben (...). Der Schnitt erfolgte erst durch die Kreuzigung, und praktisch erst durch Paulus. Er lag aber in der Consequenz von Jesu eigener Lehre und seinem eigenen Verhalten. Man darf das Nichtjüdische in ihm, das Menschliche, für charakteristischer halten, als das Jüdische." [114]

Das „Evangelium" ist also für Wellhausen die notwendige Lösung des Christentums vom Judentum, die von Jesus noch nicht, aber dann doch von der christlichen Kirche zu Recht vollzogen wurde: Denn „ohne das Evangelium und ohne Paulus bleibt doch auch das Judentum an Jesus haften, an dem er festhielt, obwohl er ihm entwachsen war" [115].

Es wird deutlich, dass Wellhausens Sicht der synoptischen Beziehungen eng mit der ihm eigentümlichen Bewertung des Judentums verknüpft war. Die Wechselbeziehung zwischen seiner alttestamentlichen und neutestamentlichen Quellentheorien sind dabei offenkundig: Hier wie dort waren die ältesten Quellen (JE bzw. Mk) schlicht und narrativ. Hier wie dort wurde ein jüngerer Reden- und Lehrstoff (Dtn bzw. Q) von späteren, der religiösen Institution zugehörigen, Redaktoren (P bzw. Mt/Lk) nachträglich in den narrativen Rahmen der älteren Quelle eingefügt. Hier wie dort hat der jüngere Stoff die Gründung einer etablierten Religionsgemeinschaft im Blick, die der ältere Stoff noch nicht kannte. Hier wie dort ist die Idee des Gesetzes ebenso wie die Auseinandersetzung damit ein sekundäres Bedürfnis dieser Religionsgemeinschaft (des Judentums bzw. der Urgemeinde), die jedoch von dieser auf die Gründer (Moses bzw. Jesus) zurückprojeziert wird. Hier wie dort muss daher die traditionell überlieferte Chronologie der Quellen in ihrer Reihenfolge umgekehrt werden.[34]

1.13 Alfred Resch

Alfred Reschs Ansätze zum hebräischen Hintergrund der Evangelien wurden bereits oben (S. 46ff.) dargelegt.[35] Aus ihnen entwickelt Resch eine Synthese der altkirchlichen Überlieferung vom hebräischen Matthäus mit der Zweiquellenhypothese: Zwar gibt er Storr und den übrigen Vertretern einer Markuspriorität insofern recht, als die *Endredaktoren* des Mt und Lk tatsächlich den Mk verwendet hätten, Markus also vor den kanonischen Evangelien des Mt und Lk einzuordnen sei [10–11]. Jedoch sei ebenso deutlich, dass diese meist den zugrunde liegenden *Stoff* besser bewahrt hätten als Markus selbst [70 und 114]. Resch geht daher davon aus, dass allen drei Evangelien eine gemeinsame, vorkanonische Schrift zugrunde liege [62–70]. Diese, nicht das kanonische Matthäusevangelium, sei mit den von Papias erwähnten hebräischen „Logia" zu identifizieren [86].

Jedoch unterscheidet sich dieses vorkanonische Evangelium bei Resch deutlich vom „Urevangelium" Eichhorns: Zum Einen, weil es in hebräischer, und nicht aramäischer Sprache verfasst ist. Vor allem jedoch unterscheidet es sich durch Inhalt und Umfang: Denn anders als Eichhorn rekonstruiert Resch die vorkanonische Schrift nicht nur aus der dreifachen Überlieferung, sondern zusätzlich auch aus den bei Markus fehlenden Stücken zweifacher Tradition (also „Q-Stoff") und den Redestoffen des matthäischen Sondergutes [66]. Alles in allem handelt es sich also um eine protomatthäische Schrift in hebräischer Sprache, auch wenn Resch für diese den Begriff „Logiaquelle" beibehält [70]. Diese Schrift sei von den drei synoptischen Evangelisten ihren Evangelien zugrunde gelegt worden: Dabei habe Markus sie inhaltlich verkürzt, sprachlich jedoch oft paraphrasierend erweitert und insgesamt „seiner Pragmatik zu lieb manche Umstellungen und Umschaltungen der evangelischen Stoffe" vorgenommen [70]. Matthäus und Lukas schließlich hätten

> „...zu gleicher Zeit von ihren beiden Quellen, der Marcusquelle und der noch älteren Logiaquelle, beeinflußt ..., nicht selten den einfachen älteren Quellentext der complicierteren und mit manchen Details ausgeschmückten Darstellung des Marcus vorgezogen, ja manche Dicta Jesu auch aus beiden Quellen, einmal aus dem ursprünglichen Contexte, das andere Mal aus dem neugeschaffenen Contexte des Marcus, wiedergegeben und so die bekannten ‚Doubletten' erzeugt." [70]

---

[34] Vgl. DAHL, *Wellhausen*, 1982, 97: „Both Wellhausen himself and his critics observed the analogy between his Gospel criticism and his chronology for the sources in the Pentateuch."

[35] RESCH, *Grundlegungen*, 1893. Seitenzahlen im Folgenden in Klammern.

Dabei habe sich Matthäus in seiner Bearbeitung der Quellen deutlich stärker an Markus orientiert als Lukas [70], der sich stärker an die vorkanonische Schrift hielt und außerdem noch auf eine weitere Quelle Jerusalemer Herkunft zurückgriff [153]. Auch Matthäus habe noch eigenes Material verwendet, das sich jedoch hauptsächlich auf die narrativen Überlieferungen aus Mt 27 beschränke. Auch die Mehrzahl der Erfüllungszitate sei erst in dieser redaktionellen Phase eingearbeitet worden [153 und 115]. Resch geht davon aus, dass die ursprüngliche hebräische Schrift schon frühzeitig in griechischer Übersetzung vorlag, vermutlich sogar in zwei verschiedenen Rezensionen, wodurch viele wörtliche Übereinstimmungen auch im Griechischen zu erklären seien: Markus habe beide gekannt und benutzt, Mt nur eine davon. Lukas habe ebenfalls beide Versionen benutzt und den kanonischen Mt nicht gekannt. Insgesamt also seien im synoptischen Vergleich das erste und dritte Evangelium, wenngleich jünger, die zuverlässigeren Zeugen für die ursprüngliche Überlieferung, da Mk diese sehr frei bearbeitet habe. Dabei wechsele die Ursprünglichkeit zwar zwischen Mt und Lk, und auch bei Mk seien „urtextliche Bestandtheile ... noch zahlreich vorhanden" [113–115 und 134].[36] Dennoch hält Resch zusammenfassend fest:

> „Trotz solcher Ausnahmen liegt der hebraisierende Charakter auf Seite der von dem ersten Evangelisten benützten Version, welcher Umstand es | wahrscheinlich macht, dass dies die älteste Version des Urevangeliums gewesen ist." [116–117]

Resch knüpft seine Beobachtungen zur synoptischen Frage eng an seine Ausführungen zum hebraisierenden Charakter der Evangelien. Anhand ausführlicher Tabellen und Textvergleiche versucht er gegenseitige Abhängigkeiten, Übersetzungsvarianten und mögliche hebräische Vorlagen zu identifizieren. Dabei macht er jedoch deutlich, dass seine Arbeiten zunächst nur den Charakter einer Hypothese tragen, sie sich in der konkreten Arbeit an synoptischen Texten noch zu erweisen habe:

> „Es sind ja durchweg zunächst nur Proben, die angestellt werden können. Auch die von mir angestrebte Lösung bezeichne ich als einen Versuch, dem wirklichen Sachverhalt näher zu kommen. Davon bin ich aber überzeugt, dass jeder, welcher an der Erforschung der synoptischen Evangelien mit arbeiten will, zunächst allen Fleiss darauf wird verwenden müssen, um die Ursprache festzustellen, in welcher die Grundschrift der drei synoptischen Evangelien geschrieben gewesen ist und, soweit möglich, den semitischen Quellentext aufzusuchen, der den synoptischen Parallelen zu Grunde liegt." [107]

---

[36] Resch spricht von einer „paulinisch-lucanischen" Rezension, die sich auch in den Paulusbriefen widerspiegele, sowie einer stärker hebraisierenden Rezension, die vor allem im Mt erkennbar werde. Diese Unterscheidung steht der neuerdings von BURKETT, *Gospel Sources*, 2004, vorgeschlagenen Annahme von zwei protomarkinischen Überlieferungssträngen PMA und PMB nahe. Vgl. dazu ausführlicher unten S. 523.

Bei aller von ihm selbst geäußerten Vorsicht gegenüber seinen eigenen Lösungsvorschlägen hat Resch in jedem Fall eine wichtige methodische Spur gelegt, indem er die linguistische Frage erstmalig ausführlich mit der synoptischen verknüpfte: Er sah im „Zurückgehen auf den semitischen Urtext ein Haupt-Kriterion [...] bei quellenkritischer und textkritischer Untersuchung der Evangelienparallelen synoptischen Charakters" [94] und ging für die zukünftige Forschung am Neuen Testament davon aus, dass „der Werth der synoptischen Retroversion auch für die evangelische Quellenforschung wachsen und die Rückübersetzung ins Hebräische an Interesse gewinnen" [151] werde.

1.14 Bernhard Weiss, Theodor Zahn, Hermann Grosch

Zu ähnlichen Ergebnissen wie Resch kommen etwa zur gleichen Zeit auch Bernhard Weiss, auf den sich Resch ausdrücklich bezieht, und Theodor Zahn.[37] Beide gehen von der Existenz einer vorkanonischen, allerdings aramäischen, Quellenschrift aus, die sich weder, wie bei Eichhorn, auf die Stücke dreifacher Tradition noch, wie bei Holtzmann, auf die „Q-Stoffe" reduziert, sondern im Wesentlichen protomatthäische Züge trägt. Das bedeutet, sie enthält sowohl das Material der dreifachen als auch das der zweifachen Tradition, hat einen durchgehenden narrativen Rahmen und einen festen Aufbau. Sie wird daher daher auch von beiden mit dem „hebräischen Matthäus" der Überlieferung identifiziert.[38] Beide gehen davon aus, dass Markus sich dieser protomatthäischen Quelle bei Abfassung seines Evangeliums bedient habe. Das griechische Matthäusevangelium wiederum sei nicht, wie es die Tradition annehme, eine einfache Übersetzung des aramäischen Originals, sondern ein eigenständiges griechisches Werk, dessen Verfasser sich jedoch sowohl auf den aramäischen Matthäus (bzw. einer bereits vorhandenen griechischen Fassung desselben) als auch auf Markus, nach Zahns Ansicht zudem auch auf Lk gründe.[39] Weiss und Zahn

---

[37] WEISS, *Einleitung*, 1897, ZAHN, *Einleitung*, 1906. Vgl. RESCH, *Grundlegungen*, 1893, 69. Eine ausdrückliche Würdigung erhielt Weiss neuerdings wieder durch HULTGREN, *Narrative Elements*, 2002, 329.

[38] WEISS, *Einleitung*, 1897, 465–479, nennt sie „älteste Quelle" oder „apostolischen Matthäus" (496); ZAHN, *Einleitung*, 1906, II:324–331, den „aramäischen Matthäus".

[39] ZAHN, *Einleitung*, 1906, II:325: „Nach der Tradition ergibt sich aus der Zeitfolge der Entstehung der hier in Betracht kommenden Bücher (aram. Mt – Mr – griech. Mt.) als möglich und wahrscheinlich ein gegenseitiges Abhängigkeitsverhältnis zwischen unserem Mt und unserem Mr. Mr kann den aram. Mt benutzt haben, und der griech. Übersetzer des Mt kann den Mr benutzt haben. Ersteres Verhältnis müßte sich hauptsächlich in Spuren materialer Abhängigkeit, letzteres in Spuren formaler Abhängigkeit zeigen."; die Abhängigkeit von Lk erwähnt ZAHN, *Matthäus*, 1905, 19; WEISS, *Einleitung*, 1897, 477 und 513–514, geht von einer frühen griechischen Übersetzung aus, die von allen drei Synoptikern verwendet wurde.

gründen ihre Beobachtungen weniger als Resch auf linguistische Untersuchungen zum semitischen Hintergrund,[40] führen dafür aber eine Reihe anderer, inhaltlicher und formaler Gründe an. Im Rahmen der vorliegenden Untersuchung ist hier besonders Zahns Hinweis zu erwähnen, dass insbesondere der jüdische Charakter des Mt für dessen Priorität vor dem Mk spreche.[41] Den Ansichten von Weiss und Zahn schließt sich später auch Hermann Grosch an, der in einer ausführlichen Untersuchung versucht, den genauen Umfang des aramäischen Mt zu bestimmen. Demzufolge habe dieser über 90 Prozent des im kanonischen Mt erscheinenden Materials enthalten. Im Zuge der griechischen Übersetzung (die durch den Autor des aramäischen Mt selbst angefertigt wurde) seien dann einige Stücke durch direkten Einfluss des Mk sowie einige Stücke durch eigene redaktionelle Ergänzung des Mt hinzugekommen. Auch die Zusammenstellung des Redenstoffes zu größeren Blöcken sei erst im Zuge der griechischen Übersetzung geschehen.[42]

1.15 Zusammenfassung

Die exemplarische Durchsicht einiger wichtiger Vertreter der frühen synoptischen Forschung zeigt, dass sowohl die Frage nach dem semitischen Hintergrund als auch nach dem jüdischen Umfeld der Evangelientradition in dieser Phase stärker im Vordergrund standen als das heute der Fall ist, wenn auch von Fall zu Fall in unterschiedlichem Maße. Das Bild vom Judentum, das dabei zugrunde gelegt wird, ist jedoch in den meisten Fällen durch zeitbedingte Vorurteile getrübt, und es verzerrt daher auch die synoptischen Grundannahmen, die aus diesem Bild heraus entwickelt werden:

So werden etwa jüdische Elemente in den Evangelien häufig als Kennzeichen einer frühen, aber primitiven Stufe der Überlieferung angesehen. Bei Lessing und Eichhorn sind es ungebildete jüdische Autoren, die das Urevangelium verfassen, jedoch später von Aposteln korrigiert werden. Bei Baur und Wellhausen hat die jüdische Tendenz zwar bei Jesus selbst ihren Ursprung, wird aber im Laufe der Evangelientradition mehr und mehr überwunden. Weiße und Bauer leugnen die Existenz solcher jüdischen Züge in der Frühphase der Überlieferung ganz. In allen Fällen wird der jü-

[40] Zahn, *Einleitung*, 1906, II:330–331 geht jedoch näher auf die Frage der griechischen Schriftzitate bei Mk und Mt ein und sieht diese als besonders deutlichen Beleg für die von ihm postulierte wechselseitige Abhängigkeit: Die inhaltliche Form der Zitate lasse oft auf eine Priorität des (aramäischen) Mt schließen, der mit dem hebräischen Text seiner biblischen Zitate frei umgehe. Wo er hingegen von Mk anhängig sei, übernehme der griechische Mt dessen Sprachform auch in den Schriftzitaten.

[41] Zahn, *Einleitung*, 1906, II:326. Auch die katholische Bibelforschung des frühen 20. Jahrhunderts folgt der hier beschriebenen Linie eines „aramäischen Matthäus“ der, bei seiner griechischen Bearbeitung von Mk beeinflusst ist. Vgl. dazu unten S. 207ff.

[42] Grosch, *Umfang*, 1914. Eine Übersicht der Ergänzungen auf S. 118–119.

dische Charakter der Evangelientradition als etwas Defizitäres, dem Kern der Evangelienüberlieferung Fremdes, gewertet. Jüdische Elemente dienen aber auch als Indiz sekundärer Bearbeitung: Der Einfluss judenchristlicher Gruppierungen, judenmissionarische Motive der Verfasser, der reaktionäre Rückfall in die jüdische Tradition oder einfach Rücksichtnahme auf die jüdische Umgebung werden für eine dergestaltige „Re-Judaisierung" der Evangelientradition verantwortlich gemacht, wie sie vor allem bei Matthäus, aber auch in den Kindheitsgeschichten des Lukas identifiziert werden.

Die Verwendung des Begriffs „jüdisch" ist dabei deutlich von theologischen Urteilen der Zeit geprägt, wobei der Kontrast zum frühen Christentum stets im Vordergrund steht. So gilt eine Betonung des Gesetzes als „jüdisch", die Ablehnung oder Überwindung des Gesetzes als christlich. Das Judentum gilt als nationalistisch und heidenfeindlich, im Christentum gelten jüdische und heidnische Identität als überwunden. Als jüdisch gilt ein partikularistischer Erwählungsgedanke, wohingegen das Christentum den Universalismus verkörpert. Typisch jüdische Merkmale sieht man zudem auch im Wunder- und Dämonenglauben. Belege aus jüdischer Literatur fehlen dabei völlig. Aus heutiger Sicht müssen solche stereotypen Charakterisierungen des Judentums ebenso in Frage gestellt werden wie die Schlüsse, die daraus für die synoptische Forschung gezogen wurden.

Unklar bleibt auch der Begriff des „Judenchristentums". Für die Vertreter der frühen synoptischen Forschung beschreibt dieser Begriff eine häretische Bewegung, die von Anfang an im Gegensatz zum „normativen" Christentum steht und später in den Gruppierungen der Ebioniten und Nazarener ihren Niederschlag findet. Nur vor diesem Hintergrund ist etwa das Urteil Holtzmanns nachzuvollziehen, dem zufolge weder das Matthäusevangelium noch seine Quellen einen „judenchristlichen" Charakter trügen.[43] Aus heutiger Sicht jedoch ist dieser Begriff des Judenchristentums eine unzulässige Engführung: Dass das Christentum in seinen Anfängen ein jüdisches Christentum, oder richtiger noch ein christliches Judentum war, gehört heute zu den Grundeinsichten historischer Forschung. Der Gegensatz zwischen „judaistischen" und „paulinischen" Tendenzen in der frühen Kirche, der zwar in der Tübinger Schule auf die Spitze getrieben wurde, aber auch alle anderen Autoren des 19. Jahrhunderts prägt, ist insbesondere angesichts der neueren Paulusforschung absurd geworden. Ebenso fragwürdig müssen daher auch aus heutiger Sicht die synoptischen Grundannahmen sein, die sich auf ein solches Bild des Judenchristentums stützen.

Die Bedeutung, die der Einordnung in den vermeintlichen jüdischen Kontext zugemessen wird, variiert in den verschiedenen Ansätzen: Wäh-

[43] Aus dieser begrifflichen Engführung erklärt sich auch noch ein Werk wie das von Nepper-Christensen, *Matthäusevangelium*, 1958, das den ‚judenchristlichen' Charakter des Matthäusevangeliums in einer ausführlichen Untersuchung zu widerlegen sucht.

rend die Spannung zwischen jüdischer und antijüdischer Tendenz in den Entwürfen von Eichhorn, Baur, Bauer und Wellhausen eine zentrale und programmatische Rolle spielt, ist sie für Storr, Griesbach, Wilke und Weiss nahezu bedeutungslos. Eine Mittelstellung nehmen Weiße, Holtzmann und Zahn ein: In ihren Arbeiten ist das Verhältnis zum jüdischen Kontext zwar nicht zentral, unterstützt aber in Einzelbeobachtungen die auf anderem Wege gewonnenen Einsichten zur synoptischen Frage. Die linguistische Frage nach dem hebräischen oder aramäischen Sprachhintergrund der Evangelientradition steht in dieser Phase synoptischer Forschung deutlich im Hintergrund, auch wenn fast ausnahmslos von der Existenz aramäischer bzw. hebräischer Quellen ausgegangen wird. Ausführlich fragen lediglich die Arbeiten von Eichhorn, Delitzsch und Resch nach der sprachlichen Gestalt dieser Quellen, indem sie dem möglichen semitischen Hintergrund der Textgestalt auch in philologischen Einzeluntersuchungen nachgehen und dabei auch Beziehungen zur biblischen und rabbinischen Literatur aufzeigen. In den übrigen Werken dient die Annahme semitischer Quellen oder Grundschriften lediglich als allgemeines Erklärungsmodell synoptischer Differenzen, ohne dass diesen jedoch am Text nachgegangen wird. Im Vordergrund stehen, neben den erwähnten theologiegeschichtlichen Parametern, vor allem Argumente aus Anordnung und Umfang des Stoffes.

Es wäre falsch zu behaupten, dass die Entstehung der Zweiquellenhypothese in ihrer Frühphase *vornehmlich* durch aufkommende antijüdische Tendenzen motiviert gewesen wäre. Andere Faktoren, darunter auch außertheologische, standen deutlicher im Vordergrund.[44] Deutlich ist jedoch, dass eine verzerrte Sicht des Judentums und ein deutliches Bedürfnis zur Abgrenzung von Judentum und Christentum die Ergebnisse der synoptischen Forschung nachhaltig beeinflusst haben und einer ohnehin vorhandenen geistesgeschichtlichen Tendenz zumindest nicht entgegen standen:

„Many of these theories [scil. of Marcan priority] originated in times and places where Christian theologians assumed and emphasized the un-Jewishness of Jesus and his teaching. (...) Thus the thrust of „Käsemann's criterion" is that the teaching of Jesus is above all un-Jewish, and that firm credence is to be given only to what is un-Jewish in Jesus. As Mark's Gospel is the only New Testament book that disparages Jewish observance of the Torah, Marcan priority is an invaluable means of contrasting "Law and Gospel" to the former's detriment."[45]

---

[44] So haben Stoldt, *Markushypothese*, 1977, Reicke, *Strauss*, 1987, Peabody, *Linguistic Argument*, 1987, Reventlow, *Old Testament*, 1995, Peabody, *Holtzmann*, 1995, und Farmer, *State Interesse*, 1995, ausführliche Untersuchungen zu historischen, soziologischen, politischen und ideologischen Faktoren vorgelegt, die im Deutschland des 19. Jahrhunderts die Verbreitung der Zweiquellenhypothese begünstigten.

[45] Lowe, *Methods*, 2000, 716.

Dass hingegen vor allem solche Ansätze, die ein positiveres Bild vom Judentum zeichneten und die intensive Auseinandersetzung mit jüdischer Literatur und Sprache suchten (z.B. Delitzsch, Resch und Zahn) der Markuspriorität gegenüber skeptisch blieben, bestätigt diese Beobachtung. Auch für neuere Vertreter der Matthäuspriorität bleibt der Umgang mit dem jüdischen Charakter der Evangelien, wie er sich in der älteren Forschung zur Markuspriorität zeigt, daher fraglich:

> „On any hypothesis that posits Markan priority, why would one think that a less Jewish and less Palestinian form of the Jesus tradition was the source for a more Jewish and more Palestinian form of the same tradition unless one were convinced, on other grounds, that Mark was the earliest Gospel?“[46]

Zunächst jedoch sollte in der Geschichte der Forschung die Frage nach dem jüdischen Kontext in der synoptischen Forschung mehr und mehr in den Hintergrund treten. Synoptische Forschung, historische Jesusforschung und linguistische Forschung gingen in der ersten Hälfte des zwanzigsten Jahrhunderts weitgehend getrennte Wege.

2. Die Trennung der Wege

Gegen Anfang des 20. Jahrhunderts trennten sich die Wege von synoptischer Forschung und linguistischer Forschung zum jüdischen bzw. semitischem Hintergrund der Evangelien weitgehend. Dies hatte seinen Grund sicher zum einen in einer stärkeren Ausdifferenzierung der einzelnen Disziplinen und einer zunehmenden Spezialisierung. Das Ideal vom wissenschaftlichen Universalgelehrten wich in dieser Zeit mehr und mehr dem Modell des Spezialisten. Hinzu gesellte sich die Tatsache, dass man auf beiden Seiten die jeweils andere Frage für endgültig ‚erledigt‘ hielt.[47] So zeigt ein kurzer Blick in die wichtigsten Arbeiten beider Forschungszweige, dass diese den jeweils anderen kaum mehr wahrnehmen. Das heuristische Potential, das noch die erste Generation der synoptischen Forscher im jüdischen Hintergrund der Evangelien gesehen hatten, wenn auch zum Teil auf fragliche Weise, geriet dabei weitgehend in Vergessenheit, wohl auch weil positive Modelle fehlten.

---

[46] PEABODY/COPE, *One Gospel*, 2002, 15.

[47] Vgl. VIELHAUER, *Problem*, 1955, 652: „Die quellenkritische Arbeit an den Synoptikern hat ... mit der Zwei-Quellen-Theorie tatsächlich ihr Ende erreicht.“; unverändert bei VIELHAUER, *Geschichte*, 1975, 278.

2.1 Der jüdische Kontext in der synoptischen Forschung

Burnett H. Streeter, durch dessen Werk „The Four Gospels“ die Zweiquellenhypothese – in ihrer erweiterten Form als „Vierquellenhypothese“ – im englischen Sprachraum endgültig etabliert wurde, nennt unter den fünf Argumenten für eine Priorität des Markus weder den jüdischen Kontext der Evangelien noch einen potentiellen semitischen Sprachhintergrund. Lediglich in der Nennung von „roughness of style and grammar, and the preservation of Aramaic words“[48] als Indizien für eine Ursprünglichkeit des Mk klingen entsprechende Motive der älteren Forschung noch an. Vorherrschend sind jedoch bei Streeter Argumente aus Wortstatistik, Umfang und Anordnung der Stoffe. Jüdischer Charakter und hebräische Sprache spielen für Streeter allein im Zusammenhang mit der „Jerusalem-Tradition“ eine Rolle, zu der er sowohl die früheste, aramäische Überlieferungsschicht der Evangelientradition zählt als auch das matthäische Sondergut. Dieses sei charakterisiert durch eine „conspiciously Jewish atmosphere“, und gleichzeitig durch einen „distinctly anti-Gentile bias“. Sie entstamme vermutlich den „headquarters of the James party“ [231–232, vgl. auch 254–259]. Im Gegensatz dazu stehe die antiochenische Q-Tradition, wobei Q, anders als noch bei Holtzmann, als griechisches Dokument gedacht ist. Q entstamme der „(perhaps, freer) atmosphere of Galilee“ und erweise sich, etwa in der Geschichte vom römischen Centurio, als „charter of Gentile liberty“ [233]. Das kanonische Matthäusevangelium, das beide Traditionen vereine und zudem mit Mk zusammenführe, stelle demnach einen „petrinischen Kompromiss“ zwischen den judaisierenden und den libertinistischen Tendenzen innerhalb des frühen Christentums dar [511–516]. Hier folgt Streeter zwar noch den Grundlinien der Tübinger Schule, setzt sie jedoch chronologisch etwa 50–100 Jahre früher an. Die altkirchliche Tradition über ein hebräisches Evangelium des Matthäus hält Streeter für unzuverlässig, da alle Zeugnisse der Kirchenväter letztlich auf die Aussagen des Papias zurückzuführen seien. Dieser habe jedoch vermutlich nicht Mt, sondern Q im Blick gehabt [500–501, vgl. auch 19–22]. Streeter selbst räumt jedoch bereits in seiner Einleitung ein, dass er die Diskussion hierüber für mehr oder weniger abgeschlossen hält:

> „Volumes have been written on this enigmatic fragment. In this place all I can do is to state in a seemingly dogmatic way an hypothesis, which I believe to be original...“ [19][49]

Der erste neuere Gegenentwurf zur Zweiquellenhypothese, Austins Farrers Artikel „On Dispensing with Q“, kommt ebenfalls weithin ohne Bezüge zum jüdischen Kontext der Evangelien und ohne die Frage nach einem se-

---

[48] Streeter, *Gospels*, 1924, 152 und 164. Seitenzahlen im Folgenden in Klammern.

[49] Nur noch beiläufig bemerkt Streeter, Papias habe mit „hebräisch“ vermutlich das Aramäische gemeint: „... the existence of a hebrew (prob.=Aramaic) collection...“ [20].

mitischen Sprachhintergrund aus. Lediglich in der Bezeichnung des vermeintlichen „M“-Stoffes als „rabbinical“ und des vermeintlichen „Q“-Stoffes als „popular and nonrabbinic“ knüpft Farrer an entsprechende Motive aus der älteren Diskussion an,[50] bestreitet aber dann gerade die Annahme, dass beide Tendenzen auf verschiedene Quellen zurückgehen. Schon durch seine eigenwillige Übersetzung des Papiaszeugnisses macht Farrer seine Bewertung der altkirchlichen Überlieferung deutlich:

„‚Matthew arranged the revelations (λογια) in Jewish speech.‘ Had we not here, perhaps, a reference to the Aramaic original of Q? Our Gospel of St. Matthew was certainly not written by the Apostle whose name it bears, nor was it written in Aramaic. Perhaps, then, what St. Matthew really did compose was the Aramaic Q, and it was to this that the elder referred. Such was the suggestion. I do not propose to deal with it in this essay, partly because it has now been generally abandoned, and partly because I have written what I have to say about Papias's elder in the first chapter of my book called ‚A Study in St. Mark‘.“[51]

Die Möglichkeit eines semitischen Sprachhintergrundes bleibt daher bei Farrer unerwähnt, ebenso wie die Annahme zusätzlicher schriftlicher Quellen. Im Gegenteil, sein Beitrag dient gerade dem Nachweis, dass die Annahme solcher Quellen nicht nur unnötig, sondern unwahrscheinlich sei. Auch Argumente aus der jüdischen oder nichtjüdischen Identität der Verfasser weist Farrer ausdrücklich zurück. So sei etwa Lukas, obwohl nichtjüdischer Herkunft, dennoch durch jahrelangen Besuch jüdischer Synagogen geprägt. Und in seinem literarischen Stil orientiere er sich bewusst, je nach Inhalt, an Vorbildern aus der jüdischen oder griechischen Literatur.[52] Farrers Argumentation beschränkt sich daher ausschließlich auf stilistische und redaktionsgeschichtliche Aspekte.

Ähnlich verhält es sich mit der zweiten großen Alternative zur Zweiquellenhypothese, William R. Farmers „The Synoptic Problem“.[53] Auch hier spielen weder der jüdische Kontext noch ein möglicher semitischer Sprachhintergrund eine bedeutende Rolle. Im Gegenteil, auch Farmer will, unter Rückgriff auf das Werk Griesbachs, ausdrücklich den Nachweis führen, dass die Abhängigkeit der Evangelien untereinander allein aus dem kanonischen griechischen Text zu erweisen sei. Auch hier herrschen daher Argumente aus der Anordnung des Stoffes, aus Wortstatistik und aus literarischem Stil vor. Nur am Rand erscheint zuweilen auch der semitische Hintergrund der Evangelien als Indiz für Ursprünglichkeit:

„...the fact that in Luke Semitic parallelism is frequently broken, whereas in the parallel passages in Matthew it is frequently preserved, indicates that Luke has altered Matthew and not vice versa.“ [224]

---

[50] Farrer, *Dispensing*, 1955, 57.

[51] Farrer, *Dispensing*, 1955, 58; vgl. auch Farrer, *Mark*, 1951.

[52] Farrer, *Dispensing*, 1955, 70.

[53] Farmer, *Synoptic Problem*, 1964. Seitenzahlen im Folgenden in Klammern.

Ein ähnliches Argument führt Farmer auch im Blick auf die altkirchliche Tradition einer Matthäuspriorität an:

> „That is, if Luke had been written before Matthew and had been copied by Matthew, so that Matthew should then have been a later Judaized version of Luke, it would be unlikely for a unanimous tradition to have developed among the gentile Churches which gave pride of place to Matthew. It is historically more probable that attributing pride of place to the more Jewish Gospel reflects a reliable historical memory in the gentile Churches as to the true chronological relationship between these two Gospels." [225]

Auch in der Durchführung der redaktionsgeschichtlichen Analyse des Markus-Stoffes spielt der jüdische Kontext zuweilen eine Rolle, etwa wenn markinische Ergänzungen in Mk 7,1–23 aus dem „benefit for Gentile readers unaquainted with the practice of Palestinian Judaism" [243] erklärt werden oder wenn die Ursprünglichkeit der matthäischen Version des Scheidungswortes aus ihrer Nähe zur „Halakha of the School of Shammai" begründet wird [255]. Insgesamt bleiben solche Beobachtungen jedoch die Ausnahme und werden auch nicht näher mit Vergleichen aus der jüdischen Literatur belegt. Die Möglichkeit einer hebräischen oder aramäischen Vorgeschichte der Evangelien erwähnt Farmer hingegen ausschließlich in den forschungsgeschichtlichen Referaten zu Lessing, Eichhorn, Marsh und Herder. In seinem eigenen Entwurf geht er darauf nicht weiter ein.

Im Blick auf die Verwendung „aramäischer" Begriffe in den Evangelien betont Farmer, in Abgrenzung zu Streeter, die Unterscheidung zwischen unübersetzten und übersetzten aramäischen Begriffen. Während letztere eher auf eine Unverständlichkeit bei der Leserschaft schließen ließen und damit als bewusstes literarisches Stilmittel gelten können, deuteten erstere auf ein Umfeld hin, in dem aramäisch noch verstanden werde. Da der zweite Fall im Markusevangelium häufiger auftrete, der erste jedoch im Matthäusevangelium, spreche auch diese Beobachtung für eine Priorität des Mt [174]. Das Papiaszeugnis schließlich ist für Farmer kein Hinweis auf die Existenz einer hebräischen oder aramäischen Vorstufe des Evangeliums. Im Gegenteil, er hält eine solche Deutung des Zitats für „purely hypothetical" und „bold interpretation" [34 und 1], räumt aber auch ein, dass die Griesbachsche Lösung, und damit auch seine eigene, „hardly consonant" mit dem Zeugnis des Papias sei [8]. Die Schüler von Farrer und Farmer folgen jeweils der Linie ihrer Lehrer: So schließt Goulder die Rückfrage nach semitischen Quellen oder literarischen Vorstufen schon aus methodischen Gründen aus, da solche Annahmen prinzipiell nicht falsifizierbar seien:

> „What I am offering is the exposition of the simplest paradigm of all, (...) without any elastical hypothetical documents at all (...). So exposed a position, so readily falsifiable, is not thereby more probable than Boismard's, but it does deserve prior consideration."[54]

---

[54] Goulder, *Luke I*, 1989, 24. Seitenzahlen im Folgenden in Klammern. Zu Boismard vgl. unten S. 210.

Die Aussagen des Papias bezeichnet Goulder als „valueless" und „wishful thinking" [32]: Dieser habe sich die Idee einer ursprünglich hebräischen Überlieferung lediglich ausgedacht, um die Inkongruenzen der Evangelien erklären zu können. Am Ende steht das Urteil: „Papias is sand" [33]. Auf einen möglichen semitischen Sprachhintergrund des Lk geht Goulder nur kurz ein, indem er hebräische Sprachkenntnisse für Lukas ausschließt, jedoch Grundkenntnisse des Aramäischen bei ihm für möglich hält [116]. Lukas habe zudem einige Kenntnisse der jüdischen religiösen Tradition, die über reine Bibelkenntnis hinausgehen, jedoch seien viele Ungenauigkeiten auch ein Zeichen für „some distancing between the evangelist and Palestinian life" [117]. Diese Beobachtungen haben jedoch lediglich eine Relevanz für die Charakterisierung des Verfassers, jedoch nicht für eine literarische Vorgeschichte des Lk. Ausführlicher geht Goulder dann noch einmal im Rahmen seiner Erwägungen zum „Kalender der Synoptiker" [147] auf den möglichen jüdischen Hintergrund aller drei Evangelien ein: Demnach sei der Jahreszyklus der jüdischen Feste für die Anordnung des Stoffes in allen drei Evangelien bestimmend gewesen. Diese Beobachtungen bleiben jedoch ebenfalls ohne Auswirkungen auf die literargeschichtlichen Fragen.

Auch in neueren Werken der Farmer-Schule bleibt die Frage nach semitischer Sprache und jüdischem Kontext marginal. Im Vordergrund stehen auch hier Erwägungen zu Stoffanordnung, Wortstatistik und literarischem Interesse der Evangelisten. Die Zeugnisse des Papias und Irenäus werden, ähnlich wie schon bei Farmer, lediglich auf ihren Wert für die Reihenfolge der Evangelien, nicht aber für deren ursprüngliche Sprache, hin befragt.[55] In einem Punkt jedoch führen die Farmer-Schüler den jüdischen Hintergrund der Evangelien ausdrücklich in die Argumentation ein: So sei in vielen Perikopen zu beobachten, dass ein spezifisch „jüdischer Argumentationsstil", der bei Matthäus noch erkennbar sei, in den synoptischen Parallelen von Lk und Mk entweder verloren gegangen oder aber bewusst aufgebrochen sei. Dies deute auf eine Priorität des Matthäus hin:

„In many cases vestiges of key pieces of the Matthean structure remain in Mark and Luke, strongly suggesting that Luke and Mark were rewriting Matthew's Christian-Jewish work for a very different, largely Gentile audience. Either failing to grasp Matthew's argument or finding it irrelevant, they freely rearranged the material to suit the structure and purpose of their own gospels. The reverse is almost impossible! That Matthew could have found in the very different structures of Mk or Q just the right pieces to create his tightly structured argument, replete with details that reflect an intimate knowledge of Jewish tradition, is difficult to imagine. Although one might argue that Matthew was so fortunate in one or two cases, when the phenomenon occurs with regularity that line of reasoning becomes untenable." [45][56]

---

[55] Peabody/Cope, *One Gospel*, 2002, 46–53. Seitenzahlen im Folgenden in Klammern.

[56] Vgl. auch das bereits oben S. 197 zitierte Urteil Peabodys.

In der Durchführung bleiben jedoch ausführliche Untersuchungen in dieser Hinsicht, insbesondere linguistischer Art, selten und erscheinen nur dort, wo es offensichtlich um jüdische Gebräuche geht, etwa bei den Perikopen zur Sabbatfrage [109], zur Frage der Reinheit [172–173] oder bei Fragen der jüdischen Bestattungspraxis [325–326].

Insgesamt wird deutlich, dass sich im Verlauf des 20. Jahrhunderts die Forschung zur synoptischen Frage weithin von der Frage nach einem semitischen Hintergrund der Evangelien gelöst hat. Auch die Relevanz des jüdischen Entstehungskontextes für die synoptische Frage bleibt weithin unbeachtet. Synoptische Forschung konzentriert sich heute weitgehend auf Fragen der Stoffanordnung, der Wortstatistik und der angenommenen Theologie der Verfasser. Dieser Befund schlägt sich auch in den gängigen Einleitungen nieder, wo die Frage nach einem semitischen Ursprung der Evangelientradition meist nur in wenigen Worten verhandelt wird. Das Zeugnis des Papias wird weithin als mehrdeutig und unzuverlässig[57], zuweilen schlichtweg als Irrtum,[58] eingestuft. Es wird darauf hingewiesen, dass der griechische Mt keine *wörtliche Übersetzung* eines semitischen Originals sei[59]. Die These vom hebräischen oder aramäischen Ursprung des Matthäusevangeliums wird aufgrund der inzwischen etablierten Priorität des griechischen Mk heraus abgelehnt.[60] Dass sowohl Mk als auch Q in griechisch abgefasst wurden, ist in den gängigen Einleitungen nahezu unumstritten. Zuweilen wird jedoch ein möglicher Einfluss mündlicher aramäischer Überlieferung auf die griechisch abgefassten Evangelienschriften, sowie insbesondere auf Q, eingeräumt.[61] Auch schriftliche aramäische Fassungen für Teile von Q werden für möglich gehalten.[62] Für den synoptischen Vergleich werden diese jedoch nicht in Betracht gezogen. Insgesamt tritt das Interesse am semitischen Sprachhintergrund auch in den Einleitungen in den Hintergrund, und auch der jüdische Entstehungskontext der Evangelien wird für Urteile im synoptischen Vergleich, abgesehen von der Frage nach dem „judenchristlichen" Charakter des Matthäusevangeliums, nicht mehr thematisiert.[63]

---

[57] SCHNELLE, *Einleitung*, 2002, 263; VIELHAUER, *Geschichte*, 1975, 261.

[58] KÜMMEL, *Einleitung*, 1983, 27–28 und 91; LOHSE, *Entstehung*, 1991, 90.

[59] KÜMMEL, *Einleitung*, 1983, 29; SCHNELLE, *Einleitung*, 2002, 263; VIELHAUER, *Geschichte*, 1975, 261.

[60] SCHNELLE, *Einleitung*, 2002, 263; VIELHAUER, *Geschichte*, 1975, 261.

[61] KÜMMEL, *Einleitung*, 1983, 29–30; LOHSE, *Entstehung*, 1991, 86; SCHNELLE, *Einleitung*, 2002, 228 (für Teile von Q).

[62] VIELHAUER, *Geschichte*, 1975, 271 und 313.

[63] Vgl. das eingangs (Seite 2 Anm. 7) zitierte skeptische Votum von POKORNÝ/HECKEL. Repräsentativ Zu beachten ist allerdings, dass in der Diskussion die Argumente, die noch im 19. Jh. ausschlaggebend für die Entstehung der Markuspriorität waren, heute kaum mehr angeführt werden. Stattdessen ist die Berufung auf die Ergebnisse der neueren Redaktionsgeschichte, wie sie exemplarisch bei LUZ, *Matthäus I*, 1985, 28 geschieht, ver-

Einzig in der katholischen Bibelforschung, insbesondere im französischen Sprachraum, blieb die Frage nach einem aramäischen Hintergrund der Evangelientradition noch längere Zeit von größerer Bedeutung: Bedingt durch die Dekrete der päpstlichen Bibelkommission vom 19. Juni 1911 und vom 26. Juni 1912[64] waren die katholischen Gelehrten zunächst gehalten, prinzipiell an der Priorität eines hebräischen bzw. aramäischen Matthäusevangeliums festzuhalten und die Zweiquellenhypothese, zumindest in ihrer damaligen Gestalt, nicht zu übernehmen. Hier kam es daher zu einem kreativen Bemühen, den Spielraum dieser lehramtlichen Vorgaben zu nutzen, um die neueren Ergebnisse synoptischer Forschung mit der traditionellen kirchlichen Überlieferung in Einklang zu bringen.

Eine führende Rolle spielte hier schon früh der Dominikanerpater Marie-Joseph Lagrange, Begründer der École Biblique in Jerusalem: Nachdem er aufgrund seiner anfänglichen Offenheit gegenüber den Annahmen der Zweiquellenhypothese[65] zunächst selbst in die Kritik der Bibelkommission geraten war, der er selbst seit 1903 als beratendes Mitglied angehört hatte, wurde er 1912 für ein Jahr aus Jerusalem abberufen. Es kam jedoch nie zu lehramtlichen Sanktionen, und Lagranges Ansätze zur synoptischen Frage legten später den Grund zu einer Reihe verschiedener Lösungsansätze aus dem französischsprachigen katholischen Raum, in denen ein aramäisches (oder hebräisches) Evangelium eine wichtige Rolle behält, auch wenn die konkrete Umsetzung variiert.[66] Diese Linie katholischer Forschung setzte sich auch fort, nachdem die prinzipielle Ablehnung der Zweiquellenhypothese auch in der katholischen Kirche durch die Offenbarungskonstitution „Dei Verbum" von 1965 ein Ende fand. Während daher im französischen katholischen Sprachraum auch heute weiterhin ein reges Interesse an der Frage nach den aramäischen oder hebräischen Ursprüngen der Evangelientradition besteht, ist dieses im deutschen und englischen Sprachraum seit dem Zweiten Vatikanischen Konzil auch in der katholischen Forschung weitgehend geschwunden.

---

breitet: „Der Erfolg der Redaktionsgeschichte auf der Basis der Zweiquellenhypothese ist das wichtigste Argument gegen die ‚neuen' Hypothesen zur synoptischen Quellenlage". Da so jedoch eine Hypothese durch die aus ihr erst abgeleiteten Schlüsse begründet wird, liegt natürlich die Gefahr eines argumentativen Zirkels vor. Vgl. dazu auch unten S. 336 Anm. 280.

[64] Denzinger/Hünermann, *Enchiridion*, 2009, Nr. 3561–3578.

[65] Lagrange, *Sources*, 1896, 26; Lagrange, *Marc*, 1911, C–CX.

[66] Hier sind die Ansätze von Cerfaux, Vaganay, Boismard, Carmignac, Rolland und van Cangh zu nennen, die im späteren Verlauf der Untersuchung vorgestellt werden.

2.2 Die synoptische Frage in der Forschung zum jüdischen Kontext

In analoger Weise schwindet in den Forschungen zum jüdischen Kontext der Evangelien das Interesse an der synoptischen Frage. So nimmt bereits Dalman exemplarisch die methodische Selbstbeschränkung vieler späterer Arbeiten vorweg, auch wenn sie bei ihm noch als offene Aufgabe formuliert ist:

„Keine bestimmte Hypothese über die Entstehung und das gegenseitige Verhältnis der synoptischen Evangelien wird bei unserer Arbeit zur Grundlage gemacht werden können, ohne Resultate vorwegzunehmen, welche sich erst am Ende der Untersuchung möglicher Weise ergeben. [...] Es sollen ja auch nicht alle Fragen der Exegese und der Evangelienkritik hier endgültig gelöst werden, sondern nur vorzugsweise Materialen dargeboten und Gesichtspunkte aufgezeigt, welche sich bei Beachtung der aramäischen Urgestalt und im Blick auf die zeitgenössische Anschauungsweise ergeben. Der neutestamentlichen Wissenschaft bleibt die Aufgabe, das Dargebotene zur Bearbeitung ihrer Probleme zu verwenden und so erst seinem eigentlichen Ziele zuzuführen.“[67]

Ein generelles Desinteresse an literargeschichtlichen Detailfragen zeigen auch die meisten Vertreter der jüdischen Jesusforschung. Während Joseph Klausner seinerzeit noch ganze 165 Seiten seines Jesusbuches der Quellenfrage widmete,[68] begnügen sich heutige Autoren meist mit einem kurzen Hinweis auf etablierte Quellenhypothesen. Joseph Klausner folgte der von Holtzmann vorgeschlagenen Form der Zweiquellenhypothese, der zufolge ein aramäischer (Klausner fügt hinzu: „oder hebräischer“) Urmarkus und eine aramäische („oder hebräische“) Logiensammlung am Anfang der Evangelientradition standen [166]. Daneben findet er auch in Überlieferungen aus Talmud und Midrasch Hinweise auf das Leben Jesu, die er für historisch verwertbar hält [56–57]. Schalom ben Chorin hingegen bleibt in seinem Jesus-Buch bei der Charakterisierung der Quellen bereits sehr vage:

„Die Grundthese ist dabei, daß sozusagen unter der griechischen Decke der Evangelien sich eine hebräische Ur-Überlieferung aufzeigen läßt, denn Jesus und seine Jünger waren Juden, Ur-Juden und Nur-Juden.“[69]

Im Gegensatz zu Klausner zeigt sich jedoch bei Ben Chorin bereits der Einfluss der Formkritik und damit eine grundsätzliche Skepsis gegenüber der Historizität auch der ältesten Evangelienschichten:

„Aus Missionsschriften dieser Art können, so wird heute von vielen Kathedern gelehrt, keine geschichtlichen Bilder rekonstruiert werden. Die Elemente für ein derartiges Bild fehlen naturgemäß, da es nicht die Intention der neutestamentlichen Autoren war, einen historischen Bericht zu liefern.“ [8]

---

[67] Dalman, *Worte*, 1898, 59.

[68] Klausner, *Jesus*, 1934, 13–168. Seitenzahlen im Folgenden in Klammern.

[69] Ben-Chorin, *Jesus*, 1967, 231. Seitenzahlen im Folgenden in Klammern.

Ben Chorin verweist jedoch auf die Rolle der „Intuition“ [11] bei der Beurteilung der historischen Quellen und warnt vor einem „wissenschaftlichen Dogmatismus“, der „fasziniert auf den sogenannten Ur-Markus“ starre, Parallelüberlieferungen bei Mt und Lk, vor allem aber bei Johannes, jedoch ausklammere [194]. Er findet daher die ursprünglichste Überlieferung zuweilen auch bei Lukas oder bei Johannes [159 und 194]. Eine systematische Beschäftigung mit der Quellenfrage bleibt aber aus. Auch Samuel Sandmel beschränkt sich kurz zuvor auf eine kurze Fußnote, in der er seinen Zweifel an der Existenz von Q äußert und die Farrer-Hypothese als Alternative vorschlägt.[70] Géza Vermès spricht in der Einleitung seines Buches „Jesus der Jude“ nur kurz von einem „von Markus abgedeckten Grundevangelium“[71], auf das er sein Bild von Jesus zu gründen verspricht. In seinem neuesten Jesusbuch geht er dann ausführlicher, etwa eine halbe Seite lang, auf die synoptische Frage ein, beschränkt sich aber auch hier darauf, „mainstream scholarly opinion“ und „the classic solution, the ‚two-source-theory‘“ zu referieren.[72] Jacob Neusner weicht in seinem Jesus-Buch der synoptischen Frage ganz aus: „That is an issue confronting scholars. But I write as a religious Jew for believing Christians“.[73] Stattdessen beschränkt er sich in seiner Darstellung ausschließlich auf das Matthäusevangelium, „although I make no claim whatsoever about the historical veracity of what Matthew says“ [147]. Sein Vergleich zwischen den Evangelien ist eher persönlicher als literarkritischer Art:

> „Matthew's Jesus comes closest to an account of Jesus that a believing and practising Jew can grasp in terms of Judaism. [...] Mark's and Luke's Jesus, sharing much to be sure with Matthew, do not represent figures for whom the Jewish connection nourishes.“ [145]

In der Reihe jüdischer Forscher, die sich an der „neuen Suche“ nach dem historischen Jesus beteiligt haben, ist es einzig David Flusser, der sich ausführlich zur synoptischen Frage geäußert hat und eigenständige Positionen in diesem Bereich vorgelegt hat. Seine Arbeiten sollen daher noch ausführlich zur Sprache kommen (unten S. 211ff).

Auch unter den christlichen Vertretern der „dritten Suche“ findet sich eine auffällige Skepsis gegenüber dem Ertrag synoptischer Quellenforschung: Sanders widmet der Frage zwar eine ausführliche Untersuchung, kommt aber zu einem ambivalenten Ergebnis: Sowohl die Zweiquellenhypothese als auch die Annahme einer Matthäuspriorität hätten demnach ihre Vorzüge, da sie jeweils verschiedene Aspekte des Materials besser zu erklären vermögen. Am Ende steht jedoch das Urteil: „But, it seems to us,

---

[70] Sandmel, *Jesus*, 1965, 134.
[71] Vermès, *Jesus*, 1993, 5.
[72] Vermès, *Gospel*, 2003, xi und xii.
[73] Neusner, *Jesus*, 1993, 147. Seitenzahlen im Folgenden in Klammern.

they both break down".[74] Auch Wright verabschiedet sich schon in der Einleitung seines mehrbändigen Jesus-Werkes von der literarkritischen Frage:

„Source-, form- and redaction-criticism were the order of the day [scil. in der ersten Hälfte des vergangenen Jahrhunderts], and some wish they still were. (...) This world, however, has changed beyond all recognition in the last few years. The rise of postmodernist literary criticism (...) has made the essentially *modernist* disciplines of investigating the early community that handed on traditions, of trying to uncover complex literary sources, of unpicking what precisely the evangelists were doing with these sources – look decidedly passé. The new emphasis in gospel studies is not on the creative evangelist as much as on the text in itself."[75]

In Wrights ausführlichen Einleitungen zu den Evangelien des Lukas, Matthäus und Markus sucht man daher vergeblich nach Aussagen zu den literarischen Beziehungen.[76] Sehr offen bleiben auch Wrights Aussagen zur Zweiquellenhypothese:

„For fifty years, covering the middle of the present century, more or less all New Testament scholars believed that the main sources of Matthew and Luke were Mark and a lost document which may for convenience be called Q. The | hypothesis has declined in popularity over the past twenty years or so..." [435–436]

Auch im Blick auf Q fragt Wright, im Anschluß an einen Forschungsbericht zur Frage, „if indeed it ever really existed" [443]. Dominik Crossan scheint mit seiner „Stratigraphie" frühchristlicher Schriften zwar an quellenkritische Arbeit der Vergangenheit anzuknüpfen.[77] Bei näherem Hinsehen zeigt sich aber, dass seine Zuordnungen zu den einzelnen Strata nicht quellenkritischer Arbeit entspringen, sondern weithin unbegründet bleiben und nicht am Text erwiesen werden. Dies ist um so erstaunlicher, als viele seiner postulierten Quellen und Datierungen durchaus nicht dem wissenschaftlichen Konsens entsprechen. Was die kanonischen Evangelien angeht, bleibt jedoch auch Crossan im Rahmen der Zweiquellenhypothese. Gleiches gilt für John P. Meier:

„I accept the standard view in NT research today: (...) the two-source hypothesis, while not without its problems, is the most viable theory. It is also the one most used by the international community of scholars, hence it will be the hypothesis used here."[78]

Marcus Borg schließlich geht auf literarkritische Fragen gar nicht ein, sondern beschränkt sich auf eine kurze Erwähnung von formkritischer und re-

[74] SANDERS/DAVIES, *Studying*, 1989, 112.

[75] WRIGHT, *People*, 1992, 25. Seitenzahlen im Folgenden in Klammern.

[76] Wo es doch eine Aussage gibt, bleibt diese, vermutlich absichtlich, ambivalent: „...Luke clearly intends to write actual events (...). Whether or not he thus distorts Mark or the pre-Markan tradition is another question, depending of course on source-critical assumptions)..." [377].

[77] CROSSAN, *Jesus*, 1991, 428–434.

[78] MEIER, *Marginal Jew*, 1991–2001, Bd. 1 S. 43–44.

daktionsgeschichtlicher Arbeit[79] sowie die Nachricht, das Markusevangelium sei „still judged to the (sic!) earliest gospel by most scholars"[80]

Es wird deutlich, dass sich synoptische Frage und Rückfrage nach dem jüdischen und semitischen Kontext der Evangelien weithin voneinander gelöst haben. Dafür sind sicher vor allem Entscheidungen der Arbeitsökonomie ursächlich, ebenso wie die zunehmende Spezialisierung der Forschung in beiden Bereichen. Zu fragen ist jedoch, ob nicht, angesichts der umwälzenden Entwicklungen, die in beiden Bereichen im Laufe der letzten 50 Jahre stattgefunden haben, beide Forschungsfelder wieder neu ins Gespräch miteinander gebracht werden sollten. Denn es besteht sonst die offensichtliche Gefahr, dass in beiden Bereichen mit vermeintlich „akzeptierten" Ergebnissen aus dem jeweils anderen Bereich gearbeitet wird, obwohl diese inzwischen längst nicht mehr so akzeptiert sind, wie sie es noch in der Mitte des 20. Jahrhunderts waren. Vielleicht können gerade die neuen Impulse aus dem Bereich jüdischer Evangelienauslegung Bewegung in die weitgehend festgefahrene Diskussion zur synoptischen Frage bringen. Und vielleicht können umgekehrt alternative synoptische Modelle auch neue Aspekte für die „dritte Suche" nach dem historischen Jesus und für die Frage nach dem jüdischen Kontext der Evangelien beitragen. Im folgenden Kapitel sollen daher einige neuere Ansätze zur Verknüpfung beider Fragebereiche ausführlicher untersucht werden.

3. Das „Hebräische Evangelium" in neueren Ansätzen zur synoptischen Frage

3.1 Marie-Joseph Lagrange

Die Annahme eines „aramäischen Matthäus" behielt, wie bereits erwähnt, in der katholischen Forschung des frühen 20. Jahrhunderts einen wichtigen Stellenwert, weil sie im Grundsatz durch die Richtlinien der päpstlichen Bibelkommission vorgegeben war. Dass jedoch auch diese Richtlinien einen interpretativen Spielraum boten, zeigen die unterschiedlichen Modelle synoptischer Beziehungen, die sich hier mit der Zeit herausbilden sollten. Den grundlegenden Ansatz lieferten die Arbeiten von Marie-Joseph Lagrange, der zunächst, ähnlich wie Holtzmann, von einer Priorität des griechischen Mk ausging, ergänzt durch die Annahme einer zweiten Quelle, die mit der von Papias erwähnten aramäischen Redensammlung identifiziert wurde.[81] Der Einspruch der Bibelkommission führte zwar zu einer

[79] Borg, *Jesus*, 1988, 9.

[80] Borg, *Jesus*, 1988, 5.

[81] Lagrange, *Sources*, 1896, 26 und Lagrange, *Marc*, 1911, C–CX.

veränderten Definition dieser Redensammlung (sie wurde nun als ein vollständiges Evangelium angesehen, das bereits in Inhalt und Aufbau mit dem kanonischen Mt identisch war), die literarische Unabhängigkeit des Mk wurde jedoch weiterhin aufrecht erhalten. Die enge Verwandtschaft von Mt und Mk musste dann z.B. entweder durch eine fest geformte mündliche Überlieferung oder auch durch die Person des Petrus erklärt werden, dessen Jerusalemer Predigt im aramäischen Mt, dessen römische Predigt jedoch im griechischen Mk ihren Niederschlag fand.[82] Auf diese Weise entstand eine spezifisch katholische Variante der Zweiquellenhypothese, die eine Mittelposition zwischen der traditionellen Annahme einer Matthäuspriorität (in ihrer Reinform) und der Zweiquellenhypothese (in ihrer Reinform) einnahm: Zwar ging sie, wie letztere, grundsätzlich von einer literarischen Ursprünglichkeit des Mk und seiner Priorität gegenüber dem kanonischen Mt und Lk aus und nahm neben Mk eine zweite, ursprünglich aramäische Quelle an, aus der das Material der zweifachen Überlieferung stammte. Der Charakter dieser zweiten Quelle unterschied sich jedoch beträchtlich von dem der „Logienquelle", insofern es sich dabei um ein vollständiges Evangelium mit narrativem Rahmen handelte, dessen Grundgehalt zudem, wenn auch nur auf mündlichem Wege, einen prägenden Einfluss auch auf Mk hatte.

3.2 Hermann-Joseph Cladder

Von der Annahme einer mündlichen Abhängigkeit des Mk vom aramäischen Mt war der Schritt nicht mehr weit zur Hypothese einer direkten schriftlichen Abhängigkeit und damit zu einer modifizierten Fassung der traditionellen Annahme einer Matthäuspriorität, wie sie auf protestantischer Weise bereits von Grotius, Michaelis, Resch und Zahn angenommen wurde. Auf katholischer Seite wurde sie zuerst von Hermann Joseph Cladder (vgl. oben S. 50) formuliert, der zwar eine inhaltliche und strukturelle Priorität des hebräischen (!) Mt gegenüber Mk [32], jedoch andererseits auch eine sprachliche Abhängigkeit des griechischen Mt (und Lk) von Mk annahm [87, 101–102].[83]

---

[82] So z.B. LAGRANGE, *Matthieu*, 1923, XV–XIX und XLIII; WIKENHAUSER, *Einleitung*, 1953, 180–182; CAMERLYNCK, *Synopsis*, 1932; VOGELS, *Einleitung*, 1925; SCHMID, *Matthäus und Lukas*, 1930, ebenso in seinen Evangelienkommentaren und, in Antwort auf Vaganay, SCHMID, *Markus*, 1968. Die literarische Beziehung zwischen Mt und Lk sieht Lagrange allerdings, anders als die Zweiquellenhypothese, weder durch Mk noch durch den aramäischen Mt direkt vermittelt, sondern durch eine nicht näher definierte direkte Kenntnis der beiden voneinander. Vgl. LAGRANGE, *Luc*, 1927, LXXIII und LXXXV.

[83] CLADDER, *Evangelien*, 1919.

3.3 Lucien Cerfaux

Einen ähnlichen protomatthäischen Ansatz entwickelte der belgische Gelehrte Lucien Cerfaux in einer Reihe von Artikeln zur synoptischen Frage.[84] Hier tritt allerdings noch eine griechische Übersetzung an die Seite des aramäischen (Proto-)Matthäus. Mk habe sowohl auf den aramäischen als auch auf den griechischen Proto-Mt zurückgegriffen, Lk auf den griechischen Proto-Mt und den kanonischen Mk. Mt schließlich speise sich aus drei Quellen, nämlich sowohl aus dem aramäischen als auch dem griechischen Proto-Mt sowie aus dem kanonischen Mk. In der Frühphase der Überlieferung nimmt Cerfaux zudem eine fest geprägte mündliche Überlieferung sowie vereinzelte aramäische und griechische Schriftsammlungen an, die ihrerseits sowohl in den aramäischen Proto-Mt als auch direkt in dessen griechische Übersetzung eingeflossen seien.

3.4 Léon Vaganay

Einen Mittelweg zwischen diesem modifizierten protomatthäischen Ansatz und Lagranges modifizierter Zweiquellenhypothese schlägt Léon Vaganay ein:[85] Wie Cerfaux geht er von einer prinzipiellen Priorität des aramäischen Matthäus (M) und seiner griechischen Übersetzung (Mg) als Grundlage aller drei synoptischen Evangelien in ihrer kanonischen Form aus. Aus Mg stammt demnach auch ein großer Teil der zweifachen Tradition, die von Mt und Lk aufgenommen, von Mk jedoch ausgelassen wurde. Für einen Teil der zweifachen Tradition hält Vaganay jedoch die protomatthäische Hypothese für nicht tragfähig, vor allem, weil die Auslassung von wichtigem Stoff (z.B. der Bergpredigt) durch Mk schwer nachzuvollziehen sei. Daher setzt Vaganay für Teile der zweifachen Tradition eine zusätzliche aramäische Quelle (S) sowie deren griechische Übersetzung (Sg) an.

---

[84] Cerfaux, *A propos*, 1935; Cerfaux, *Encore*, 1938; Cerfaux, *Mission I/II*, 1951 und 1952.

[85] Vaganay, *Problème*, 1952; Vaganays Werk ist mit einer ausführlichen Einleitung von Cerfaux versehen und wird von diesem auch später als plausibel, wenn auch nicht zwingend, gewürdigt. Vgl. Cerfaux, *Problème*, 1954. Vaganays Ansatz erhielt einen sehr detaillierten Widerspruch von Levie, *Évangile*, 1954, der an einer prinzipiellen Unabhängigkeit der zwei Quellen (Markus und aramäischer Proto-Mt) festhalten möchte [843]. Gleichzeitig wird jedoch in der Abgrenzung Levies immer wieder deutlich, wie nahe sich beide Modelle im Grundsatz stehen, sobald man nicht von einer starren Reinform der Zweiquellenhypothese ausgeht [703], sondern von einer Modifikation im Sinne Lagranges, in der der Q-Stoff um erhebliche narrative Anteile erweitert wird [842–843], in der diese narrativen Anteile auch inhaltlich starke Überschneidungen mit Mk aufweisen, und in der außerdem eine fest geformte mündliche Tradition vorausgesetzt wird, von der sowohl Mk als auch die modifizierte Logienquelle abhängen [843]. Eine Entgegnung auf Vaganay aus dem deutschen Sprachraum bei Schmid, *Markus*, 1968.

3.5 Marie-Emile Boismard

Ansätze für ein komplexeres Modell der vorsynoptischen Evangelienüberlieferung legte im Jahr 1966 Marie-Emile Boismard vor:[86] Ausgehend von einer Analyse der Täuferperikope, unter Einbeziehung der außerkanonischen Parallelen im Ebionäer-Evangelium, entwickelte er ein kompliziertes Geflecht von vorsynoptischen Quellen, hebräisch und griechisch, aus dem sowohl die kanonischen Berichte als auch das Ebionäerevangelium hervorgingen.[87] In seiner Synopse aus dem Jahr 1972 stellte er dann eine ausgereifte Theorie vor, die von vier ursprünglichen Dokumenten (A, B, C und Q) ausgeht und, vermittelt über verschiedene untereinander abhängige Zwischenstadien (Mt-Intermédiaire, Mk-Intermédiaire, Proto-Lk), zu den drei kanonischen Evangelien führen.[88] Boismard gründet sich bei seinen Ausführungen wiederholt auf die Annahme von semitischen Vorformen der Evangelientradition, wobei er in seinen frühen Publikationen von hebräischen, später jedoch verstärkt von aramäischen Quellen spricht. Dabei dienen diese Rückgriffe jedoch hauptsächlich zur Erklärung von synoptischen Differenzen. Eine Einbeziehung des jüdischen Kontextes, etwa durch Vergleiche mit hebräischer oder aramäischer jüdischer Literatur, fehlt bei Boismard weithin.

Boismards Ansätze sind in der Literatur wiederholt als plausibel beurteilt, jedoch meist aufgrund ihrer Komplexität als unpraktikabel verworfen worden.[89] Die Annahme komplexer und vielfältiger Quellen, die in wechselseitigem Verhältnis zueinander standen und aus verschiedenem Sprachhintergrund stammen, ist zwar aus historischer Perspektive plausibel und sogar wahrscheinlich. Fraglich ist jedoch, ob es sich dabei genau um eben jene Quellen handelt, die Boismard herausgearbeitet hat, und welche Texte aus der synoptischen Tradition sich welcher Quelle zuweisen lassen. Für die zukünftige Arbeit am synoptischen Problem hat Boismard jedoch in jedem Fall eine Tür geöffnet: Diese besteht in seinem methodischen Grundansatz, synoptische Forschung am Einzeltext zu beginnen, und von daher Rückschlüsse auf literarische Abhängigkeiten zu ziehen, anstatt von übergeordneten Quellenhypothesen auszugehen und diese dem Text aufzuzwingen. Wenn ein solcher Ansatz am Ende zu komplexeren Quellenannahmen führt, dürfen diese nicht a priori abgelehnt werden, sondern müssen in die

---

[86] Boismard, *Ebionites*, 1966. Vgl. auch die Kritik von Neirynck, *Nouvelle Theorie*, 1968. Vgl. auch oben S. 56.

[87] Vgl. dazu die ausführliche Untersuchung der Perikope in Kapitel 3.

[88] Boismard, *Synopse II*, 1977, 15–59 und Boismard, *Synopse III*, 1977, 9–19. Zusammenfassungen bei Boismard, *Impasse*, 1980, und Rolland, *New Look*, 1999.

[89] Peabody/Cope, *One Gospel*, 2002, 12 und 14; Goulder, *Luke I*, 1989, 10–11; Schnelle, *Einleitung*, 2002, 217; Vielhauer, *Geschichte*, 1975, 278.

bestehenden synoptischen Theorien integriert werden und gegebenenfalls auch zu einer Modifikation überkommener Modelle führen.

3.6 Robert Lindsey und David Flusser

Bereits oben (S. 59f.) wurde auf die Beiträge von Robert Lindsey und David Flusser zum hebräischen Sprachhintergrund und jüdischen Kontext der Evangelien hingewiesen. Der Zugang über die hebräische Sprache führte zunächst bei Lindsey, dann auch bei Flusser zu einer intensiven Auseinandersetzung mit dem synoptischen Problem. Erkenntnisleitend war dabei die Frage: In welchem Text kommt das hebräische Idiom einer vermutlich ursprünglichen hebräischen Überlieferung am deutlichsten zum Vorschein, und wo ist es möglicherweise durch griechische Bearbeitung erkennbar verdunkelt? Entscheidend für Lindseys Urteile über die synoptischen Beziehungen ist also die Identifikation von Hebraismen und „Non-Hebraismen". Letztere findet er im Markusevangelium in wesentlich höherer Dichte als in den Paralleltexten bei Lk und Mt. Bei Mt wiederum fänden sie sich vor allem da, wo dieser sich von Mk abhängig erweise. Lindsey schließt daraus auf eine größere Ursprünglichkeit des Lukas und (in den von Mk unabhängigen Stücken) des Mt gegenüber Mk. Lindseys synoptische Theorie ist in der Literatur (und auch von ihm selbst) immer wieder mit der Bezeichnung „Lukas-Priorität" versehen worden, und schon daher sehr schnell auf Ablehnung im wissenschaftlichen Diskurs getroffen, da der redaktionelle Charakter des Lk unbestreitbar schien. Tatsächlich jedoch handelt es sich nicht um die Annahme einer Lukaspriorität, sondern um eine Variation der traditionellen Zweiquellenhypothese, in der Lukas zwar eine sekundäre, aber dennoch prominentere Rolle einnimmt:

Demnach gehen, in der ursprünglichen Fassung der Theorie,[90] alle drei Evangelien auf zwei Quellen zurück, nämlich eine narrative Grundschrift („Protonarrative", PN) und eine Redensammlung (Q). Lk habe für sein Evangelium beide Quellen verwendet. Mk habe vor allem PN verwendet, aber auch Lk hinzugezogen. Möglicherweise habe er auch Kenntnis von Q gehabt.[91] Mt schließlich verwende PN und Q, sei dabei aber stark von Mk beeinflusst. Eine „Lukas-Priorität" vertritt diese Theorie also nur insofern, als Lukas nach Ansicht Lindseys den ursprünglichen Wortlaut der Quellen PN und Q oftmals besser bewahrt hat als Mk und Mt, vor allem dort, wo Mt Mk verwendet habe. Damit steht Lindsey im Grunde der von Holtzmann abschließend vorgelegten Version der Zweiquellenhypothese sehr

[90] LINDSEY, *Translation*, 1969.

[91] LINDSEY, *Translation*, 1973, 44, stellt diese Möglichkeit durch eine nur gestrichelte Linie dar. Sie entspricht den Annahmen einer „markinischen Redaktion von Q", etwa bei LAMBRECHT, *Markan Redaction*, 1992.

nahe, in der ebenfalls ein Ur-Markus (A) allen drei Evangelien zugrunde liegt, der von Lk zuweilen besser bewahrt werde als von Mk.[92]

In späteren Arbeiten hat Lindsey sein synoptisches Modell noch weiter ausdifferenziert: So fügte er in der zweiten Ausgabe seiner Markus-Übersetzung eine gemeinsame griechische „Grundschrift" hinzu, aus der sowohl PN als auch Q entstanden seien. In der endgültigen Gestalt, wie sie etwa in seiner Autobiographie aus dem Jahr 1990 vorgestellt wird,[93] werden die einzelnen Überlieferungsphasen schließlich noch genauer charakterisiert: Am Anfang der Überlieferung habe demnach eine einfache hebräische Erzählung gestanden („Hebrew Story"), die schon bald ins Griechische übersetzt worden sei („Greek Story"). Entscheidend für die weitere Entwicklung sei dann jedoch eine Neuanordnung des Materials gewesen, bei der die narrativen Teile, die Redeteile und die Gleichnisse in jeweils eigenen Sammlungen zusammengestellt worden seien („Reorganized Scroll"). Die ursprünglichen Kontexte gingen dabei verloren. Auf einer weiteren Stufe entstand dann eine erste Rekonstruktion des Materials zu einer zusammenhängenden Erzählung („First Reconstruction"). Diese beiden zuletzt erwähnten Schriften dienten schließlich den drei synoptischen Evangelien als Quellen, wobei die „Reorganized Scroll" eine Verwandtschaft mit der traditionellen Quelle „Q" aufweist, die „First Reconstruction" wiederum mit dem traditionellen Ur-Markus bzw. der Holtzmannschen Quelle A. Die Zuordnung der drei Synoptiker zu den beiden Quellen entspricht dann wieder der ursprünglichen Fassung von 1969. David Flusser hat seine Übereinstimmung mit Lindsey nicht nur in dem oben zitierten Artikel,[94] sondern auch an anderer Stelle ausdrücklich betont,[95] dabei jedoch zunehmend auch eine eigene, gegenüber Lindsey geringfügig modifizierte Position formuliert, wie sie im nächsten Absatz deutlich wird.

In der neutestamentlichen Forschung sind die Arbeiten von Lindsey und Flusser zur synoptischen Frage kaum rezipiert worden. Dies ist um so erstaunlicher, als Flusser mit seinen Beiträgen zum jüdischen Hintergrund des Neuen Testamentes hoch geschätzt und weithin rezipiert worden ist, besonders auch in der deutschsprachigen Welt.[96] Es ist vermutlich, neben der schon oben erwähnten Problematik des hebräischen Paradigmas, die irreführende Bezeichnung als „Lukas-Priorität", die auch Lindsey in seinen Arbeiten immer wieder verwendet, die eine breitere Rezeption verhindert hat. Lindsey selbst wollte mit dieser Bezeichnung lediglich die Priorität des Lk *vis-à-vis* Mk bzw. Mt ausdrücken, unter der selbstverständlichen

[92] Zu diesem Urteil kommt auch Flusser in seinem Vorwort zu Lindseys hebräischem Markusevangelium: LINDSEY, *Translation*, 1973, 1.

[93] LINDSEY, *Jesus*, 1990.

[94] FLUSSER, *Beziehungen*, 1979.

[95] FLUSSER, *Jesus*, 1968, 11; *Gleichnisse*, 1981, 196; FLUSSER/NOTLEY, *Jesus*, 1997, 22.

[96] Vgl. FLUSSER, *Entdeckungen 1*, 1987; FLUSSER, *Entdeckungen 2*, 1999.

Voraussetzung, dass alle drei Evangelien von zwei älteren Quellen abhängig sind, die denen der klassischen Zweiquellenhypothese sehr ähnlich sind. Die wenigen kurzen Hinweise auf Lindsey und Flusser in der Einleitungsliteratur zeigen, dass diese Differenzierung kaum wahrgenommen wird.[97] Im Prinzip deckt sie sich aber mit der auch im Rahmen der Zweiquellenhypothese inzwischen gängigen Annahme, dass die „Q"-Traditionen oft ein höheres Alter aufweisen als der Markusstoff, und zudem Wortlaut und Struktur des Q-Stoffs bei Lk oft besser bewahrt ist als bei Mt.[98]

3.7 Malcolm Lowe und David Flusser

David Flusser hat seine Unterstützung für den von Lindsey vorgeschlagenen Zugang zur Evangelientradition über den hebräischen Sprachhintergrund zeitlebens aufrecht erhalten. Lindseys Hypothesen zur synoptischen Frage hat er jedoch nicht in gleicher Weise geteilt und sich von ihnen in dem Maße entfernt, in dem sie komplexere Gestalt annahmen. Schon in seinen frühen Kommentaren zu Lindseys Arbeiten äußert sich Flusser weniger detailliert über den Charakter und Beschaffenheit der vermuteten Quellen als Lindsey:

> „Of course I am not here arguing that the Gospel of Luke is universally more original than Mark, or, especially, than Matthew.[99] [...] All I am saying is that, as Lindsey contends, the Gospel of Luke has not been influenced by the redactic operation of Mark. Fortunately this quite certain fact, joined with the equally certain fact that Matthew has preserved many excellent texts, gives us the confidence to state that the historical accuracy of our Synoptic materials is on the whole much greater than modern scholarship has tended to assert."[100]

> „Das Matthäusevangelium ist eine Bearbeitung zweier Quellen; die eine lag auch Markus und Lukas vor, die andere ist das Markusevangelium selbst. Die erste Quelle, eine direkte Übersetzung aus dem Hebräischen, ist in allen drei Evangelien mehr oder weniger sichtbar. Lukas benutzte keine weitere Quelle."[101]

Die Frage nach Umfang und Inhalt dieser „ersten Quelle" ließ Flusser in seinen frühen Arbeiten offen. Ihr wandte sich jedoch Malcolm Lowe zu, ein Freund David Flussers:[102] Ausgehend von der Annahme einer hebräischen vorsynoptischen Quelle, in der die Arbeiten Lindseys, Boismards

---

[97] Vgl. z.B. Keener, *John*, 2003, 31.

[98] Robinson/Hoffmann, *Critical Edition*, 2000, xxxix und xlvii.

[99] Das behauptet allerdings auch Lindsey nicht. Flusser lässt jedoch bereits hier eine Präferenz für das Matthäusevangelium erkennen, die er später deutlicher äußern wird.

[100] David Flusser im Vorwort zu Lindsey, *Translation*, 1973, 7.

[101] Flusser, *Beziehungen*, 1979, 41.

[102] Lowe war zudem Schüler des analytischen Philosophen Alfred J. Ayer und Freund des oben (S. 12) erwähnten Imre Lakatos. In seine Arbeiten zum Neuen Testament fließen daher oft auch Einsichten aus der modernen Logik und Wissenschaftstheorie ein.

und Flussers übereinstimmten, untersuchte Lowe anhand einer Sequenz mehrerer Perikopen (Mt 21,10–22,14 parr. Mk 11,11–12,12; Lk 19,45–20,19; EvThom 64–66) die mögliche Gestalt einer solchen Quelle: Eine ursprünglicher, vorsynoptischer Erzählrahmen („Baptist Sequence"), die dem Stoff dieser Kapitel zugrunde liege, sei demnach im Matthäusevangelium der Struktur nach am besten erhalten, jedoch im Wortlaut stark redaktionell bearbeitet und durch größere Einschübe ergänzt worden. In den synoptischen Parallelen hingegen sei zwar der Wortlaut zum Teil besser erhalten, die Erzählfolge jedoch redaktionell verändert.

„This suggests that the sequence could simply have occured originally in a Proto-Matthew, upon which Mark, Luke and Thomas drew, and of which the extant Matthew is a revision. The revision would have been | influenced by Mark..."[103]

Die Revision der protomatthäischen Quelle sei dabei in zwei Phasen erfolgt: Zunächst in Form einer umfangreichen Bearbeitung, die durch direkten Einfluss des Markusevangeliums geprägt sei („M-Revisions"). Dann, und hierbei knüpft Lowe an ältere Arbeiten Flussers an,[104] in einer zweiten Überarbeitung, die dem Text an einigen wenigen Stellen einen pointiert antijüdischen Charakter verliehen habe, den dieser in den synoptischen Parallelen jeweils nicht erkennen lasse („AJ-Revisions"). In einer weiteren Arbeit stellten Malcolm Lowe und David Flusser später weitere Hinweise auf die Existenz einer solchen Quelle zusammen. Erstmals führten sie dabei den zugrunde liegenden methodischen Ansatz auch material aus, indem die Gestalt einer möglichen vorsynoptischen Quelle jeweils in zusammenhängenden griechischen und hebräischen Textrekonstruktionen dargestellt wurde. Anhand einiger beispielhafter Perikopen zeigt diese Arbeit den erkennbaren semitischen Charakter der synoptischen Tradition, aber auch die redaktionelle Arbeit aller drei Synoptiker auf. Als Ergebnis formulieren Lowe und Flusser einen neuen Lösungsansatz zur synoptischen Frage, der sich von den Arbeiten Lindseys deutlich unterscheidet:

„The combination of the conclusions of both co-authors yields a variant of the Griesbach Hypothesis in which a Proto-Matthew rather than the extant Matthew is taken to have been a source of both Luke and Mark. This kind of solution to the Synoptic Problem may also be termed a *modified Proto-Matthean Synoptic theory*, in that it presupposes not that

---

[103] Lowe, *Parable*, 1982, 260–261.

[104] Flusser, *Montages*, 1975; Flusser wendet sich hier der Frage zu, warum gerade das Matthäusevangelium, das von allen Synoptikern die deutlichsten jüdischen Züge trägt, an einigen Stellen auch die stärkste Polemik gegen das jüdische Volk enthält. Dabei ist weniger die Pharisäerpolemik Jesu im Blick als vielmehr Aussagen, die als eine grundsätzliche Verwerfung des Gottesvolkes verstanden werden könnten. Solche Aussagen jedoch fänden sich nur sehr vereinzelt, und seien durch linguistische Analyse und durch synoptischen Vergleich als sekundäre Zufügungen erkennbar, etwa in z.B. in Mt 21,43; Mt 23,32–36; Mt 8,11–12; Vgl. auch Flusser, *Verus Israel*, 1988, und Lowe, *Anti-Jewish Elements*, 1987.

the authors of the extant gospels all worked *independently* from the Proto-Matthew, but that ... at least some of these authors influenced some of the others."[105]

Flusser hat diese, gegenüber seinen frühen Arbeiten revidierte, Ansicht auch in der Neuausgabe seiner Jesus-Biographie bekräftigt.[106] Mit der Annahme einer semitisch geprägten Frühgestalt des Mt, aus der erst durch Kombination mit Mk das heutige, kanonische Mt entstand, greifen die beiden Autoren, ohne dies explizit anzumerken, auf einen sehr alten Lösungsansatz zurück, der bereits bei Grotius, Michaelis, Weiss, Resch und Zahn in ähnlicher Weise formuliert ist und neuerdings auch von Weißenborn[107] wieder ins Gespräch gebracht wurde. Dass ihre Arbeit dennoch in der synoptischen Forschung bisher kaum rezipiert wurde, mag auch hier an der unglücklichen und unzutreffenden Identifizierung mit der klassischen „Griesbach-Hypothese" liegen.[108] Auch die Selbstverständlichkeit, mit der ein hebräischer Sprachhintergrund der Evangelien angenommen wird, ohne dass der darin liegende Konflikt mit der *communis opinio* näher erwähnt wird,[109] mag dazu beigetragen haben, dass die Arbeiten von Lowe und Flusser in der Folgezeit nicht viel Beachtung fanden.

3.8 Jean Carmignac

In seinen ausführlichen Untersuchungen zum hebräischen Hintergrund des Vater-Unsers klammert Carmignac (siehe oben S. 61) die synoptische Frage bewusst aus, da die geringe Textbasis keine Rückschlüsse auf die literarischen Beziehungen der Evangelien zulasse.[110] Er begnügt sich daher mit einem allgemeinen Hinweis auf die Zweiquellenhypothese. Ausführlicher stellt er dann jedoch eigene Folgerungen für die synoptische Frage in seiner Schrift über die Entstehung der Evangelien vor: Am Anfang der Evangeli-

---

105 Lowe/Flusser, *Evidence*, 1983, 25.

106 Flusser/Notley, *Jesus*, 1997, 22. Angedeutet hat Flusser diese Ansicht bereits in Flusser, *Gleichnisse*, 1981, 197 mit der Beobachtung, dass Mt dort, wo er von Mk unabhängig ist, die hebräische Vorlage meist besser bewahrt als Lk.

107 Weissenborn, *Apostel*, 2004, 1:124.

108 So jedenfalls bei Keener, *John*, 2003, 31; Rolland, *Premiers Évangiles*, 1984, teilt zwar den methodischen Ansatz von Lowe und Flusser, weist ihre Schlussfolgerungen jedoch aufgrund einer von ihm missverstandlich in diesen Ansatz hineingelesenen Behauptung einer Lukas-Priorität zurück, die aber so nicht von Lowe und Flusser vertreten wird.

109 Anders als Lindsey verweisen Lowe und Flusser zumindest in einer Fußnote auf die entsprechende Diskussion in der Literatur und die Arbeiten von Ott, *Muttersprache*, 1967, und Grintz, *Hebrew*, 1960, und wählen auch in der Identifizierung des semitischen Sprachhintergrunds eine vorsichtigere Formulierung: „The Proto-Matthew was originally written in Hebrew (at least for the most part) rather than Aramaic. It remains to be determined which of the authors of the extant gospels worked from the original and which – if any – used some available literal translation." Lowe/Flusser, *Evidence*, 1983, 26.

110 Carmignac, *Recherches*, 1969, 361. Seitenzahlen im Folgenden in Klammern.

entradition hätten demnach ein hebräisches Markusevangelium (petrinischer Herkunft) und eine hebräische Redensammlung „Q“ (vielleicht matthäischer Herkunft) gestanden [54 und 72–73]. Auf einer zweiten Stufe sei dann durch redaktionelle Einarbeitung des hebräischen „Q-Stoffes“ in das hebräische Markusevangelium ein „erweiterter Markus“ entstanden [55]. Dabei bezieht sich Carmignac ausdrücklich auf die frühen Arbeiten von Albert Fuchs[111], wobei Carmignacs „Deuteromarkus“ noch in hebräischer Sprache gedacht ist. Eben darin sieht er auch den Grund, warum diese Quelle frühzeitig in Vergessenheit geriet. Der Autor des ersten Evangeliums habe sich nun dieses „erweiterten Markus“ bedient, allerdings „nicht als bloßer Kopist, sondern als echter Autor“ [56]. Er verwende den Markusstoff frei, gruppiere ihn neu und erweitere ihn durch eigene Traditionen sowie Schriftzitate. Auch dieses so entstandene Matthäusevangelium habe zunächst noch in hebräischer Sprache existiert. Erst Lukas habe als erster ein griechisches Evangelium verfasst. Zu den von ihm in Lk 1,1–4 erwähnten Vorlagen haben demnach der hebräische Markus, die hebräische „Redensammlung“, der hebräische „erweiterte Markus“. das hebräische Matthäusevangelium sowie eigene Sonderüberlieferungen gehört. Selbst des Hebräischen nicht mächtig, habe er sich eines Helfers bedient, der ihm wörtliche griechische Übersetzungen seiner Quellen anfertigte. Diese arbeitete Lukas zu einem eigenen Evangelium zusammen, dem er dabei jedoch durchgängig seinen eigenen literarischen Stil verlieh. In einem letzten Schritt seien dann auch der hebräische Markus und der hebräische Matthäus von unbekannten Übersetzern ins Griechische übertragen worden, wobei sich der Übersetzer des Matthäus dabei zuweilen an dem ihm vorliegenden Lukasevangelium orientiert habe [72]. Die Zeiträume für den so beschriebenen Entstehungsprozess der Evangelien setzt Carmignac relativ kurz an:

> „Kurz gesagt, als spätesten Zeitpunkt für das Markusevangelium (und die Redensammlung) kann man etwa das Jahr 50 ansetzen, etwa 55 für den „erweiterten Markus“, etwa 55–60 für Matthäus, zwischen 58 und 60 für Lukas. Aber frühere Zeitpunkte sind insgesamt wahrscheinlicher: Markus gegen 42, der „erweiterte Markus“ gegen 45, Matthäus (hebräisch) gegen 50, Lukas (griechisch) etwa gegen 50.“ [71, eigene Übersetzung]

Für die Übersetzung des Mk und Mt nimmt Carmignac, angelehnt an die altkirchliche Tradition von der Wirksamkeit von Petrus und Paulus in Rom, einen Zeitraum zwischen 60 und 64 n. Chr. an [71]. Wie bereits oben erwähnt, blieben diese Ansätze Carmignacs nur unvollständige Entwürfe, da sein vorzeitiger Tod ihm nicht mehr erlaubte, seine Annahmen in dem angekündigten ausführlichen Werk zum Thema am Text zu begründen. Carmignacs Antworten zur synoptischen Frage bleiben daher ebenso wie seine Arbeiten zum hebräischen Hintergrund der Evangelien ein Fragment.

---

[111] Fuchs, *Untersuchungen*, 1971, vgl. oben S. 7.

3.9 Philippe Rolland

Ausführlicher hat auf katholischer Seite Philippe Rolland den Zusammenhang von semitischem Sprachhintergrund und synoptischer Frage zueinander in Beziehung gesetzt. Er knüpft dabei ausdrücklich an die Arbeiten von Boismard, Carmignac und Lowe/Flusser an und führt diese fort.[112] Dabei bewegt er sich stets zwischen den beiden Polen der Zweiquellenhypothese und der komplexen Theorien Boismards: Während Rolland die Zweiquellenhypothese als „unzureichende"[113] Erklärung des Befundes ablehnt, erscheint ihm Boismards Modell zu hypothetisch, vor allem in der Annahme vieler „Zwischenstadien" und der Möglichkeit, diese eindeutig identifizieren zu können.[114]

Stattdessen setzt Rolland neben der traditionellen Quelle Q einen „hebräischen Matthäus" voraus, der, vermittelt über einen griechischen Proto-Mt und einen griechischen Proto-Lk, von Mt und Lk verwendet wurde. Mk wiederum habe sich auf Proto-Mt und Proto-Lk gegründet. Die so identifizierten Quellen, deren Bezeichnungen in den verschiedenen Werken Rollands schwanken,[115] werden dann auch mit anderen neutestamentlichen Schriften, vor allem den Paulus- und Pastoralbriefen, in literarische und theologiegeschichtliche Beziehung gesetzt. Die Plausibilität und Praktikabilität seiner Theorie hat Rolland anhand einer großen Anzahl von exegetischen Einzeluntersuchungen aufzuzeigen versucht[116] und sie damit als einen ernst zu nehmenden Beitrag zur Forschung am synoptischen Problem etabliert, der neuerdings auch von Burkett[117] wieder aufgegriffen und weiter verfeinert wurde.

---

[112] Rolland, *L'arrière-fond*, 1984, 358.

[113] Rolland, *Premiers Évangiles*, 1984, 36–58.

[114] Ebd., 232–244.

[115] Ebd., 180: „Évangile des Douze" (=hebr. Mt.), „Évangile helleniste" (=Proto-Mt, Antiochien), „Évangile paulinien" (=Proto-Lk, Ephesus oder Philippi), „Évangile des Craignant-Dieu" (=Q, Cäsaräa); Rolland, *Procès*, 1989, 11: „DO" (= hebr. Mt.), „PM" (=Proto-Mt) und „PL" (=Proto-Lk) Rolland, *Origine*, 1994, 36: „Matthieu Hébreu", „Évangile d'Antioche" (=Proto-Mt), „Évangile paulinien" (=Proto-Lk), „Évangile de Céesarée" (=Q).

[116] Grundlegend sind Rolland, *Premiers Évangiles*, 1984, Rolland, *Question*, 1989, und Rolland, *Origine*, 1994. Eine knappe englische Zusammenfassung bietet Rolland, *New Look*, 1999. Bibliographische Übersichten bei Houdry, *Naissance*, 1999, 7–8, Rolland, *Origine*, 1994, 4 und Rolland, *Présentation*, 1995, XII–XIII. Nicht erfasst sind dort viele Beiträge in der von Rolland herausgegebenen Schriftenreihe „Bulletin de Liaison sur l'Origine des Synoptiques", vgl. Rolland, *Bienvenue*, 1989.

[117] Burkett, *Gospel Sources*, 2004. Ausführlicher siehe unten S. 523.

3.10 Maurice Casey

Trotz der großen Überzahl an Arbeiten zum *aramäischen* Hintergrund der Evangelien in der neueren Forschung ist darin, anders als bei den Vertretern eines *hebräischen* Zugangs, kaum mehr auf die Frage schriftlicher Quellen eingegangen worden. Das Interesse galt meist der „Muttersprache Jesu" oder der Überlieferung einzelner Jesusworte, so dass die Frage nach schriftlichen Quellen in den Hintergrund geriet oder auch völlig abgelehnt wurde. Eine Ausnahme bildet hier Maurice Casey, der seine Studien zum aramäischen Hintergrund der Evangelien auch mit der Frage nach schriftlichen Quellen verbindet. Allerdings legt er keine eigene synoptische Theorie vor, sondern verbindet die Annahme aramäischer Quellen mit der klassischen Zweiquellenhypothese: Im Gegensatz zu den älteren Ansätzen geht Casey jedoch nicht davon aus, dass es sich bei den Evangelien in ihrer vorliegenden Form um Übersetzungen aus dem Aramäischen handelt. Er nimmt statt dessen nicht näher bestimmte aramäische Quellen an, auf die die Evangelisten zurückgriffen, als sie ihre Evangelien in griechischer Sprache verfassten. Für das Markusevangelium geht Casey dabei von fragmentarischen aramäischen Vorlagen für einzelne Teile des Evangeliums aus, deren Entstehung er nicht später als 40 n.Chr. ansetzt:

> „We have found substantial and decisive evidence that parts of Mark's Gospel are literal translations of written Aramaic sources. This follows from an argument of cumulative weight..."[118]

Für das „Q-Material" schlägt Casey ein Modell vor, dass er selbst als „more complex and rather chaotic"[119] beschreibt: Demnach sei „Q" lediglich ein „convenient label"[120] für eine Anzahl Dokumente teils griechischer und teils aramäischer Sprache, die in der frühen Gemeinde unabhängig voneinander in schriftlicher und mündlicher Form überliefert wurden. Diese haben den Evangelisten wiederum teils im Original, teils bereits in sekundären griechischen Übersetzungen vorgelegen. Quellenkritische Untersuchungen von Q-Material müssten daher mit allen Möglichkeiten rechnen: (1) Mit einer rein griechischen Vorlage, (2) mit einer gemeinsamen griechischen Vorlage, die ihrerseits auf ein aramäisches Original zurückgeht, oder (3) mit einer gemeinsamen aramäischen Vorlage.[121] Die Zuordnung von Texten zu einer griechischen oder aramäischen Vorlage wird dabei für Casey nicht nur durch linguistische, sondern auch durch inhaltliche Faktoren bestimmt: Entscheidend ist für ihn die doppelte Frage, ob sich für einen Text eine aramäische Vorlage sprachlich plausibel machen lässt und ob sich

---

[118] Casey, *Sources*, 1998, 254.
[119] Casey, *Aramaic Approach*, 2002, 187.
[120] Ebd., 2.
[121] Ebd., 189.

diese Vorlage auch historisch plausibel in einen jüdischen Kontext einordnen lässt. Ist beides der Fall, so ist für Casey mit authentischem aramäischen Material zu rechnen.

Entscheidender Indikator für die historische Kontextplausibilität bleibt dabei für Casey immer wieder die Unterscheidung zwischen nicht-christologischem (und demzufolge „jüdischem") und christologischem (und demzufolge „nicht-jüdischem") Gebrauch des Menschensohn-Begriffs.[122]

3.11 James R. Edwards

Auf eine Reihe von Arbeiten zum hebraisierenden Charakter des lukanischen Sonderguts ist bereits oben (S. 64) hingewiesen worden. Diese treten zumeist ergänzend an die Seite bestehender Erklärungsmodelle zur synoptischen Frage. Neuerdings hat nun aber James R. Edwards die Beobachtungen zum semitischen Charakter des lukanischen Sonderguts mit einer umfangreichen Neubewertung der altkirchlichen Zeugnisse und der synoptischen Frage verknüpft und ein neues Erklärungsmodell vorgeschlagen. Ausgehend von der Beobachtung, dass sich die neutestamentlichen Semitismen in auffälliger Häufung vor allem innerhalb des lukanischen Sonderguts finden [142], und dass außerdem die Zitate der Kirchenväter aus „hebräischen Evangelien" eher dem Lukas- als dem Matthäusevangelium gleichen [124], schlägt Edwards vor, die altkirchlichen Traditionen von einem hebräischen Evangelium nicht auf eine protomatthäische Schrift, sondern auf die hebräische Sonderüberlieferung des Lukas zu beziehen. Diese sei jedoch nicht nur eine Nebenquelle, sondern die hauptsächliche Grundlage des kanonischen Lk gewesen, in die Lukas seinen übrigen Stoff eingearbeitet habe [146]. Dieser restliche Stoff stamme zum einen aus dem kanonischen Mk, den Lk und Mt benutzten, zum anderen aus einer auf 177 Verse reduzierten „doppelten Überlieferung", für die Edwards jedoch die Bezeichnung „Q" ablehnt. Auch Mt schließlich habe neben Mk und der „doppelten Überlieferung" eigene Sonderquellen verwendet [262]. Er stelle jedoch insgesamt die jüngste Stufe der Evangelientradition dar. Dass díe Kirchenväter das „hebräische Evangelium" dem Matthäus zugeschrieben hätten, sei eine nachträgliche Ehrenbezeugung gegenüber dem Apostel, die vermutlich dadurch zu erklären sei, dass sowohl das frühe „hebräische Evangelium" als auch das spätere kanonische Matthäusevangelium sich an eine vornehmlich jüdische Leserschaft wandten und den Charakter eines „Evangeliums für die Juden" trugen [255].

---

[122] Casey, *Sources*, 1998, 255; Casey, *Aramaic Approach*, 2002, 135, 144–145, 181 und 184. Eine Ausnahme bildet lediglich die Behandlung von Mt 23.23–36/Lk 11,39–51, Casey, *Aramaic Approach*, 2002, 64–104.

3.12 Zusammenfassung und Ausblick

Vor dem Hintergrund einer „neuen Offenheit“ sowohl der synoptischen als auch der linguistischen Frage und im Zuge einer „dritten Suche“ nach dem historischen Jesus im Kontext des zeitgenössischen Judentums stellen die hier referierten Ansätze Wege dar, synoptische und linguistische Forschung miteinander ins Gespräch zu bringen. Insbesondere die Ansätze von Lindsey, Flusser, Lowe und Casey, die neben der linguistischen Frage auch den Kontext jüdischer Literatur als Kriterium für den synoptischen Vergleich heranziehen, sind dabei zusätzlich ein wichtiger Beitrag zur „dritten Suche“, indem sie die richtigen Ansätze dieser Suche auf den Bereich literarkritischer Forschung ausdehnen. Ob solche Ansätze eines semitischen Zugangs zur synoptischen Frage tragfähig sind, soll im zweiten Hauptteil dieser Untersuchung an ausgewählten Textbeispielen überprüft werden. Zunächst jedoch sollen Grundlinien eines solchen Ansatzes noch einmal unter methodischen Aspekten zusammengefasst werden.

4. Ein hebräischer Zugang zur synoptischen Frage – Grundlinien einer Methodik

Für die Frage nach einem aramäischen Hintergrund der Evangelien hat Maurice Casey eine „standard procedure for reconstruction of Aramaic sources from the witness of our Greek Gospels“[123] vorgeschlagen. Obwohl nicht alle Ergebnisse, zu denen Casey anhand seiner Methodik gelangt, überzeugen können,[124] fassen die von ihm vorgeschlagenen methodischen Schritte die wichtigsten methodischen Erkenntnisse und Verfeinerungen der vergangenen Jahrzehnte auf und bilden so eine hilfreiche Grundlage auch für eine Untersuchung eines möglichen hebräischen Hintergrunds. Die folgenden Grundlinien orientieren sich daher weithin an dem von Casey vorgeschlagenen Verfahren.

4.1 Textauswahl und Indikatoren für einen hebräischen Hintergrund

Die synoptische Überlieferung ist zu umfangreich und divers, als dass eine systematische Untersuchung des semitischen Substrats für den gesamten Evangelienstoff in absehbarer Zeit möglich oder zu erhoffen wäre.[125] Es ist

---

[123] Casey, *Sources*, 1998, 107, erweitert und modifiziert in Casey, *Aramaic Approach*, 2002, 60–63. Vgl. auch Fitzmyer, *Methodology*, 1989.

[124] Vgl. zu Casey oben S. 43 und S. 218.

[125] So blieben die Ansätze von Carmignac und Sahlin fragmentarisch, während sich Lowe/Flusser, Rolland und Casey bewusst auf ausgewählte Perikopen beschränkten. Resch hat zwar eine vollständige hebräische Rekonstruktion seines protomatthäischen

daher sinnvoll, bei exemplarischen Texten zu beginnen, und die daraus gewonnen Einsichten nach und nach auf weitere Texte auszuweiten. Es liegt nahe, dabei mit solchen Texten zu beginnen, die besondere Kennzeichen eines semitischen Hintergrundes aufweisen. Was solche Kennzeichen sind, ist jedoch in der Literatur umstritten: In der frühen Phase der Forschung hat man einen semitischen Hintergrund vor allem anhand von vermuteten Fehlübersetzungen, Lesefehlern, Übersetzungsvarianten und poetischen Formen nachzuweisen versucht.[126] Hier muss jedoch vieles Konjektur bleiben. Auch die Konzentration auf lexikalische Semitismen, vor allem in Mk, eignet sich kaum als Ansatzpunkt für die Frage nach einem semitischen Hintergrund, da es sich dabei ebenso gut um ein sekundäres redaktionelles Stilmittel handeln kann.[127] In neuerer Zeit sind daher vor allem syntaktische Merkmale als Kriterium zur Identifikation semitischer Quellen in den Mittelpunkt des Interesses gerückt.[128] Zudem wird nach verfeinerten Kriterien gesucht, zwischen übersetzungsbedingten Semitismen und solchen, die auf andersartige sprachliche Interferenz (Muttersprache und Zweitsprache des Autors bzw. Redaktors, künstliche und natürliche Septuagintismen) zurückzuführen sind, zu unterschieden.[129] Nur erstere können

---

Evangeliums vorgelegt, diese aber nicht durch umfassende Textanalysen, sondern nur durch punktuelle Beobachtungen belegt. Van Cangh und Toumpsin haben zwar eine vollständige und auch kommentierte Retroversion des Mk vorgelegt, dabei aber auf einen synoptischen Vergleich und die Frage nach Quellen verzichtet.

[126] Diese methodische Festlegung auf „ungriechische" Ausdrücke findet sich bereits bei Pfannkuche, *Landessprache*, 1798, 370, vgl. oben S. 21.

[127] So schließt etwa Wellhausen, *Einleitung*, 1905, 15, aufgrund der lexikalischen Semitismen bei Mk auf dessen größere Ursprünglichkeit. Auch Jeremias, *Ipsissima Vox*, 1954, geht vor allem auf lexikalische Semitismen ein. Ein statistischer Blick auf semitische Syntax (vgl. oben S. 37) belegt hingegen eine deutlich höhere Dichte von (syntaktischen) Semitismen bei Lk und Mt. Wellhausen, *Einleitung*, 1905, 34, wertet diese als „biblische Phraseologie" und damit als Indiz gegen die Ursprünglichkeit des Mt und Lk.

[128] Sparks, *Semitisms*, 1943; Sparks, *Observations*, 1952; Wilcox, *Semitisms*, 1965; Beyer, *Syntax*, 1962.

[129] Martin, *Evidence*, 1974, schlägt aufgrund eines statistischen Vergleichs von aus dem Semitischen übersetzten mit originalgriechischen Texten 17 Kriterien vor, die auf eine semitische Vorlage schließen lassen, und wendet diese in Martin, *Syntax Criticism*, 1987, auf die Evangelien an. Maloney, *Semitic Interference*, 1981, übernimmt Martins Kriterien, verändert und ergänzt sie jedoch leicht. Beyer, *Woran*, 1989, schlägt unabhängig von Martin eigene Kriterien vor, die aber nicht in gleicher Weise statistisch verifiziert sind. Davila, *How Can We Tell*, 2005, 29, bestätigt Martins Kriterien im Prinzip: „Any attempt to argue for Semitic originals of texts surviving in Greek must reckon with Martin's research". Er weist jedoch auf eine Reihe von Schwierigkeiten hin, die die Rekonstruktion unterliegender semitischer Orginale zusätzlich erschweren. Zu Grundlagen einer Methodik vgl. außerdem Moor, *Reconstruction*, 1988; Stuckenbruck, *Approach*, 1991; Fitzmyer, *Methodology*, 1989; zur Bewertung der Semitismen im NT außerdem Burrows, *Original Language*, 1930; Burrows, *Principles*, 1934; Smith, *Aramaic Studies*, 1958; Horton, *Reflections*, 1978; Wilcox, *Semitisms*, 1984; Charlesworth, *Semitisms*, 1986.

im engeren Sinne Indikator für die Existenz schriftlicher semitischer Quellen sein.

Für den Zweck der vorliegenden Untersuchung sind diese verschärften Kriterien jedoch nur von bedingter Relevanz. Es handelt sich um Kriterien, die dem *statistisch gesicherten* Nachweis *schriftlicher* semitischer Quellen dienen. Dieser jedoch ist hier nicht das Forschungsziel. Stünde dieser Nachweis im Mittelpunkt des Interesses, dann wären die Ergebnisse bereits hinlänglich bekannt: Es steht außer Zweifel, dass vor allem das lukanische Sondergut und die erste Hälfte der Apg den so beschriebenen Kriterien entsprächen, so dass hier semitisierende Quellen schon häufig angenommen wurden (vgl. oben S. 64). Die vorliegende Untersuchung geht jedoch einen anderen Weg: Sie versucht nicht, die Existenz semitischer Quellen mit *absoluten Kriterien* nachzuweisen, sondern fragt nach der *relativen Nähe* eines Textes zu hebräischer Sprache und jüdischem Denken, und zwar im *synoptischen Vergleich*. Im Mittelpunkt des Interesses steht also nicht die Frage: „Trägt ein bestimmter Text x zweifelsfreie Kennzeichen einer Übersetzung aus dem Hebräischen?“, sondern: „Steht Text x der hebräischen Sprache näher als seine synoptische Parallele in Text y oder Text z?“ Diese Verschiebung der Fragestellung hat weitreichende methodische Implikationen: Denn als Kennzeichen *größerer Nähe* zu hebräischer Sprache und jüdischem Denken können nicht nur syntaktische Merkmale, sondern auch Wortwahl, Redewendungen, inhaltliche Konzepte und literarische Formen dienen. Hier bilden die von Craig Evans[130] im Blick auf die targumische Literatur vorgeschlagenen Kriterien *diktionaler, thematischer und exegetischer Kohärenz* eine hilfreiche methodische Grundlage.

Dass es sich bei den synoptischen Evangelien nicht um reine Übersetzungen, sondern um eigenständige literarische Arbeiten handelt, steht heute außer Zweifel, auch wenn dies ein Urteil über die Existenz semitischer Quellen oder Überlieferungen in keiner Weise antizipiert. Im Gegenteil: Dass Quellen oder Überlieferungen nicht einfach übersetzt, sondern eigenständig redaktionell verarbeitet wurden, bedeutet auch, dass Spuren eines semitischen Sprachhintergrundes durch solche Verarbeitung verdeckt oder sogar beseitigt sein können. Selbst griechische Wendungen, deren Herkunft aus dem klassischen oder *koine*-Griechischen unzweifelhaft feststehen, können also durchaus auf hebräische Vorlagen zurückgehen. Lediglich der *Nachweis* einer solchen Herkunft ist dann nicht mehr möglich.[131] Im Blick auf den Satzbau kann etwa eine

[130] EVANS, *Approach*, 1998, xii–xvii, schlägt diese als Resummée aus drei Jahrzehnten aramaistischer Forschung seit dem Erscheinen von Blacks „Aramaic Approach“ vor.

[131] Sie kann sich jedoch aufgrund anderer Merkmale nahe legen: So ist etwa für die Gleichniseinleitung in Mt 18,23 durch die vielen rabbinischen Parallelen eine hebräische Formulierung wie לעשות חשבון wahrscheinlich zu machen, auch wenn diese durch das griechische Idiom συνᾶραι λόγον völlig in richtiger Weise dynamisch übersetzt wurde (vgl. unten S. 426). Analog wird etwa die deutsche Wendung „Zwei Dumme, ein Gedan-

Wortstellung, die dem Semitischen entspricht, durchaus auch im Griechischen korrekt sein. Nach den oben genannten engen Kriterien wäre aber eine solche semitische Wortstellung kein Indikator einer semitischen Vorlage. Der direkte Vergleich mit einem synoptischen Seitenreferenten jedoch, dessen Wortstellung dem Griechischen näher steht und möglicherweise im Semitischen unmöglich ist, kann in einem solchen Fall dennoch darauf hindeuten, dass der erste Text einer ursprünglich semitisch geprägten Überlieferung *näher* steht. Auch hier ist allerdings der *Nachweis* einer solchen semitischen Vorlage nicht möglich. Und schließlich muss auch mit Texten gerechnet werden, in denen die verschiedenen synoptischen Varianten unterschiedliche Aspekte einer ursprünglichen Überlieferung unterschiedlich gut bewahrt haben: So kann ein Text x durch semitische Syntax gekennzeichnet sein, aber in der Wortwahl griechische Redaktion verraten, während seine synoptische Parallele y das semitische Idiom besser bewahrt, es aber in griechische Syntax kleidet. Auch hier wäre der *Nachweis* einer semitischen Quelle in beiden Fällen nicht möglich, wohl aber wäre es wahrscheinlich, dass eine semitische Vorlage, *wenn* sie existierte, in der Syntax Variante x, in der Wortwahl jedoch Variante y nahe stünde.

Ein spezielles Problemfeld innerhalb der neutestamentlichen Semitismen stellen die Septuagintismen dar. Auch diese sind für den *Nachweis* semitischer Quellen unbrauchbar, aber deshalb kein Indiz *gegen* deren Existenz: Ein griechischer Autor kann seinen Text frei nach Vorlage der LXX gestaltet haben. Er kann aber auch eine hebräische Vorlage unter Zuhilfenahme der LXX ins Griechische übertragen haben. Dies gilt prinzipiell auch für Passagen, die keine unmittelbaren Zitate oder Anklänge aus der LXX enthalten: Auch hier kann ein bilingual geprägter Autor bei der Nutzung semitischer Quellen in seiner griechischen Wortwahl durch den Sprachstil der Septuaginta geprägt sein. Angesichts des Textumfangs der LXX und angesichts der Verbundenheit neutestamentlicher Autoren mit der biblischen Überlieferung besteht *a priori* eine hohe Wahrscheinlichkeit, dass hebraisierende Formulierungen des Neuen Testamentes in der LXX eine Entsprechung haben, ohne dass sie von dort bewusst oder unbewusst entlehnt worden sein müssen.[132] Von methodischer Be-

---

ke“ im Englischen richtiger Weise mit „Two great minds run on the same channel“ wiedergegeben. Aus der englischen Übersetzung führt jedoch, ohne Kenntnis des Idioms, kein direkter Weg zurück zur deutschen Vorlage. Im Neuen Testament finden wir ein ähnliches Beispiel in Apg 26,14, wo ein ausdrücklich als hebräisch bezeichnetes Jesuswort durch ein Idiom aus der klassischen griechischen Lyrik wiedergegeben wird, vgl. oben S. 136. Es wäre ein *non sequitur*, wenn aus dem offensichtlichen griechischen Idiom auf die Unmöglichkeit einer hebräischen Vorlage geschlossen wird.

[132] Jung, *Language*, 2004, 55–57, möchte den Begriff des „Semitismus“ eingrenzen auf „locutions in the NT which are un-Greek expressions and non-Septuagintalisms“. Eine derart eng gezogene Definition würde jedoch den größten Teil jedes beliebigen, aus einer semitischen Vorlage übersetzten Textes, als „Nicht-Semitismus“ definieren, was die Defi-

deutung für die vorliegende Untersuchung sind allerdings „Non-Septuagintismen“, also Formulierungen, in denen zwar Zitate oder Anklänge an biblische Texte oder an Idiome des biblischen Hebräisch zu erkennen sind, deren Wiedergabe im Griechischen aber gerade nicht der Wortwahl der LXX entspricht.[133] An solchen Stellen ist mit höherer Wahrscheinlichkeit ein unmittelbarer Rückgriff auf den hebräischen Bibeltext oder auf hebräische Vorlagen anzunehmen.[134]

Neben den natürlichen Septuagintismen, die sich durch Zitate oder Anklänge, aber auch durch unbewusste Interferenzphänomene ergeben, wird in der Literatur, insbesondere im Blick auf das Lk, von künstlichen Septuagintismen gesprochen. Dalman nennt als deutlichstes Beispiel die καὶ ἐγένετο-Konstruktionen im lukanischen Doppelwerk:

> „Wer Beweise für ein hebräisches Urevangelium sammeln wolle, hätte zuerst dies καὶ ἐγένετο nennen müssen.“[135]

Nach Dalman seien allerdings gerade die Septuagintismen des Lk ein deutlicher Beleg gegen die Existenz einer solchen hebräischen Vorlage. Denn der durchgängige Gebrauch der Phrase bei Lukas, sogar in den „Wir-Berichten“, für die eine semitische Grundlage weithin nicht angenommen werde, ebenso wie sein nahezu völliges Fehlen in Jesusworten, legten stattdessen die Vermutung nahe, dass es sich hier um ein künstliches Stilmittel des Lukas handele: „Solche Beobachtungen verbieten die Annahme eines hebräischen Originals, aus welchem die Redensart geflossen wäre“ (26). Ähnlich urteilen viele andere Autoren. Eine eingehendere Untersuchung des Phänomens (s. unten S. 357) zeigt jedoch, dass gerade der besondere Gebrauch des καὶ ἐγένετο bei Lukas den Gebrauch hebräischer Quellen durch Lk wahrscheinlich macht. Sicherlich muss damit gerechnet werden, dass neutestamentliche Autoren auch in

---

nition letztlich unbrauchbar macht. Vgl. Buth, *Hebraic Approach*, 2006, 301 und Lowe, *Methods*, 2000, 715.

[133] Es bleibt allerdings eine UNsicherheit, da die genaue Textgestalt der LXX in dieser Epoche z.T. noch nicht endgültig fixiert war.

[134] Hier ist insbesondere der komplexe Befund der Schriftzitate im Mt von Interesse: Diese entsprechen dort, wo sie Parallelen in Mk haben oder auf vorsynoptische Traditonen zurückgehen, weithin dem LXX-Text, ansonsten jedoch sind sie von LXX weithin unabhängig und weisen z.T. Nähe zu targumischen und midraschischen Traditionen auf. Dies deutet darauf hin, dass der Verfasser des griechischen Mt zwar selbständig auf hebräische und aramäische Bibeltexte und Auslegungen zurückgreifen konnte, dies aber nicht tat, wenn ihm in der Tradition bereits eine griechische Übersetzung (wie etwa die des Mk) vorlag. Vgl. dazu unten S. 294; außerdem Stendahl, *School*, 1954, 127 und 147; Luz, *Matthäus I*, 1985, 137–138.

[135] Dalman, *Worte*, 1898, 26. Vgl. auch ebd., 16 und 26–32, sowie oben S. 27; außerdem Holtzmann, *Evangelien*, 1863, 334, vgl. oben S. 185; Beyer, *Syntax*, 1962, 31, vgl. oben S. 37; Conzelmann, *Apostelgeschichte*, 1963, 3; Haenchen, *Apostelgeschichte*, 1956, 66. Ausführlich Sparks, *Semitisms*, 1943, und Sparks, *Observations*, 1952.

ihren redaktionellen Formulierungen selbständig auf die LXX zurückgriffen oder unbewusst durch Sprachformen der LXX geprägt waren. *A priori* jedoch spricht eine Nähe zur LXX weder für noch gegen die Existenz schriftlicher hebräischer Quellen.

Neben dem Einfluss von semitischen Quellen und Septuaginta muss auch mit Phänomenen nichtliterarischer Interferenz gerechnet werden. Ein griechischer Autor kann, unabhängig von vorhandenen hebräischen Quellen, bei seiner Arbeit durch semitische Sprachen beeinflusst werden: Dies gilt etwa für hebräische oder aramäische Muttersprachler, die griechische Dokumente verfassen oder bearbeiten. In einem solchen Fall muss mit Transferenz von der Primärsprache (S1) auf die Sekundärsprache (S2) gerechnet werden. Aber auch der Einfluss lokaler Varianzen, also etwa eines „jüdischen Griechisch" im palästinischen oder syrischen Raum, ist denkbar.[136]

Die Auswahl geeigneter Texte kann sich also nicht nur auf solche Texte beschränken, für die die Existenz hebräischer schriftlicher Vorlagen aufgrund statistisch gesicherter Sprachmerkmale nachweislich feststeht. Im Gegenteil, als Normalfall ist anzunehmen, dass ein griechischer Autor oder Redaktor seine semitischen Vorlagen, wenn er solche benutzte, durch dynamisch äquivalente Übersetzung in eine angemessene griechische Sprachform brachte. Auch für solche Texte darf und muss also nach dem möglichen Ursprung in der semitischen Sprachwelt gefragt werden.[137] Insbesondere der synoptische Vergleich kann hier helfen, Spuren semitischer Ursprünglichkeit auch in guten griechischen Texten zu identifizieren. Im allgemeinen jedoch ist die sprachliche und inhaltliche Nähe eines Textes zur jüdischen Sprach- und Denkwelt ein geeigneter Anknüpfungspunkt für die Frage nach semitischen Vorlagen.

In der vorliegenden Untersuchung sind zudem gezielt exemplarische Texte aus der zweifachen und der dreifachen Tradition, aus dem matthäischen Sondergut und aus dem Passionsbericht ausgewählt worden.

4.2 Linguistische Kontextplausibilität: Retroversion ins Hebräische

In einem nächsten Schritt wird für die einzelnen Phrasen eines Textes nach plausiblen hebräischen Entsprechungen gesucht. Dabei werden bewusst

[136] Auf eine aramäische Interferenz auf redaktioneller Ebene, möglicherweise durch einen Endredaktor mit aramäischem Sprachhintergrund deutet der Gebrauch des Partikel τότε bei Mt hin. Vgl. dazu unten S. 288.

[137] Vgl. dazu Buth/Kvasnica, *Temple-Authorities*, 2006, 56–57, sowie bereits die Unterscheidung von „Version", „Recension" und „Redaktion" bei Resch (oben S. 48), die Warnung vor einer Beschränkung auf „ungriechische" Texte bei Wellhausen (oben S. 30) sowie Beyers Differenzierung verschiedener Abstufungen eines semitischen Sprachhintergrunds (oben S. 37).

nicht nur einzelne Begriffe, sondern zusammenhängende Satzeinheiten durch eine, zunächst hypothetische, Retroversion ins Hebräische übertragen. Dieser Ansatz zusammenhängender Textrekonstruktionen, wie er bereits von Resch, Sahlin, Grimme, Lowe und Flusser vorgelegt wurde und neuerlich auch von Casey gefordert wird, verhindert dabei eine Fixierung auf vereinzelte lexikalische Phänomene und zwingt außerdem dazu, nicht nur den Kernbestand der Worte Jesu, sondern gerade auch redaktionelle Stücke, narrative Überleitungen und andere funktionale Textteile auf ihren hebräischen Hintergrund hin zu überprüfen. Eine solche Retroversion erhebt dabei nicht den Anspruch einer historisch zutreffenden Rekonstruktion vorhandener Quellen. Sie dient zunächst nur als *heuristisches Hilfsmittel*, um verschiedene synoptische Varianten miteinander und mit hebräischer Vergleichsliteratur in Beziehung setzen zu können.[138] Das gewählte Idiom kann dabei variieren: In erzählenden Texten legt sich der Rückgriff auf biblisches oder nachbiblisches Hebräisch nahe, während in lehrhaften Texten und wörtlicher Rede, sowie insbesondere bei den Gleichnissen, das mischnische Hebräisch geeigneter scheint.[139] Lokale Unterschiede zwischen galiläischem und judäischem Dialekt kommen hier weniger in Betracht, da nicht die Rekonstruktion von Jesusworten, sondern die spätere Phase der Verschriftlichung im Blickfeld ist. In dieser könnten die Autoren durch galiläische ebenso wie durch judäische Einflüsse geprägt gewesen sein.

Ausgangspunkt für eine Retroversion ins Hebräische können die vorhandenen modernen hebräischen Übersetzungen des Neuen Testaments sein.[140] In der vorliegenden Untersuchung wird für die Retroversionen vor allem

[138] Einen solchen „heuristischen Nutzen" räumt selbst Davila, *How Can We Tell*, 2005, 50, gegenüber Caseys Retroversionen ein, deren Nähe zu tatsächlichen Quellen er jedoch in Frage stellt.

[139] Resch, Sahlin und Carmignac wählen für ihre Retroversionen weithin biblisches und nachbiblisches Hebräisch. Lowe/Flusser weisen jedoch darauf hin, dass schon im griechischen Text zuweilen zwischen den erzählenden Stücken und den Anteilen wörtlicher Rede sprachliche Unterschiede zu beobachten seien, und geben diese durch einen Wechsel von nachbiblischem Hebräisch zu mischnischem Hebräisch wieder. Vgl. Lowe/Flusser, *Evidence*, 1983, 29 und 42 Anm. 32. Für die Gleichnisse gilt, dass in der rabbinischen Literatur die Gleichnisse des „älteren Typus" meist in mischnischem Hebräisch gehalten sind, während die späteren Gleichnisse verstärkt biblisches Hebräisch verwenden. Zur Unterscheidung zwischen „älterem" und „neuerem" Typus vgl. Flusser, *Gleichnisse*, 1981, 21–26. Alle hier von Flusser aufgeführten Gleichnisse „älteren Typs" verwenden mischnisches Hebräisch.

[140] Ausführliche Übersichten über die lange Reihe solcher Unternehmungen bei Delitzsch, *Römerbrief*, 1870, 24–29; Carmignac, *Hebrew Translations*, 1978; Lapide, *Hebräisch*, 1975. Kritische Editionen älterer Ausgaben bei Carmignac, *Iona I*, 1982, Carmignac, *Greenfield*, 1982, Carmignac, *Iona II*, 1983, Carmignac, *Delitzsch*, 1984, und Carmignac, *SPCJ*, 1985. Eine Durchsicht neuerer hebräischer Ausgaben des Neuen Testaments außerdem bei Nerel, *Flagship*, 2004.

auf den hebräischen Text zurückgegriffen, wie er von Delitzsch erarbeitet wurde.[141] Sein „Hebräisches Neues Testament“ muss auch heute noch als „Flaggschiff“[142] der hebräischen Rückübersetzungen gelten. Vor allem die methodische Entscheidung Delitzschs, bei seiner Übersetzung weder auf das neuzeitliche noch auf ein biblisch-hebräisches Idiom,[143] sondern auf ein für neutestamentliche Zeit anzunehmendes Hebräisch zurückzugreifen,[144] um damit „die rabbinischen und die hellenistischen Bestandteile der urchristlichen Denk- und Darstellungsweise ans Licht“[145] zu stellen, macht seine Arbeit für den Zweck der vorliegenden Untersuchung wertvoll. Gustav Dalman, dem Delitzsch vor seinem Tod die Herausgabe der 11. Auflage seines Neuen Testaments anvertraut hatte, fasste 1893 nicht ohne eigene Kritik die Grundsätze Delitzschs zusammen:

„Delitzsch hatte es als sein Princip bezeichnet, den Text so wiederzugeben, wie die neutestamentlichen Schriftsteller ihn hebräisch gedacht haben und hebräisch geschrieben haben würden. Aber selbst wenn man zugeben wollte – was dem Schreiber dieses nicht möglich ist – dass ein Teil der neutestamentlichen Schriftsteller wirklich hebräisch und nicht aramäisch gedacht hat, so bliebe es doch ein Ding der Unmöglichkeit, festzustellen, wie das zur Zeit Jesu und der Apostel geschriebene Hebräisch im Einzelnen beschaffen war. ... [Es] bleiben uns als nächststehende Zeugen nur das Danielbuch und die Mischna,

---

[141] Die erste Auflage erschien im Jahr 1877. Die zweite (1878) bis zehnte (1889) Auflage überarbeitete Delitzsch selbst, wobei er bis zur achten Auflage vornehmlich den Codex Sinaiticus zugrunde legte, ab der neunten jedoch auf Bitten der Herausgeber zum *textus receptus* zurückkehrte, vgl. Delitzsch, *Wort*, 1870, 31. Die elfte (1892) und zwölfte (1901) Auflage wurden von Dalman verantwortet, vgl. Dalman, *Delitzsch*, 1893, 231. Sie erschienen unverändert als 13. und 14. Auflage. Eine kritische Ausgabe der ersten zwölf Auflagen für die vier Evangelien besorgte Carmignac, *Delitzsch*, 1984. Dort auf S. xxvii eine Übersicht über alle Auflagen bis zur 14. Eine 15. Auflage (2000) bot den Text der 10. Auflage mit geringfügigen linguistischen Veränderungen. Im Jahr 2006 erschien dann als 16. Auflage ein gründlich revidierter Text, basierend auf der 8. Auflage, also der letzten vor dem Rückgang auf den textus receptus. Die Prinzipien dieser Revision sind eine möglichst große Treue zum Delitzsch-Text, wobei jedoch deutliche Anachronismen im Vokabular und komplexe syntaktische Strukturen geglättet wurden. Vgl. Nerel, *Flagship*, 2004. Zu Delitzschs eigenen Grundsätzen vgl außerdem Delitzsch, *Wissenschaft*, 1838, Delitzsch, *Übersetzung*, 1864, Delitzsch, *Übersetzung Fortsetzung*, 1865, Delitzsch, *Römerbrief*, 1870, und Delitzsch, *Wort*, 1870.

[142] Nerel, *Flagship*, 2004.

[143] Die Übersetzung der „London Society for the Promotion of Christianity among the Jews“ aus dem Jahr 1817 orientierte sich am neuzeitlichen Hebräisch, wie es sich in der jüdischen Literatur des 19. Jahrhunderts fand. Kritische Editionen beider Ausgaben jetzt bei Carmignac, *SPCJ*, 1985. Die von Isaac Edward Salkinson vorbereitete und nach seinem Tod (1883) im Jahr 1886 von Christian David Ginsburg herausgegebene Übersetzung hingegen orientierte sich ganz am klassischen biblischen Hebräisch, vgl. Salkinson/Ginsburg, *NT*, 1886.

[144] Delitzsch, *Wissenschaft*, 1838, 11–14; Delitzsch, *Römerbrief*, 1870, 24; Wagner, *Delitzsch*, 1978, 167–179.

[145] Delitzsch, *Römerbrief*, 1870, 24

die doch selbst drei oder vier Jahrhunderte auseinander liegen. Delitzsch hat nun gesucht, nach eigenem Ermessen aus dem Hebräischen aller Perioden seiner Geschichte bis zum Abschluss der Mischna einen Dialekt zu bilden, welcher sich eigne, das Gefäss der neutestamentlichen Gedankenwelt zu werden. Er schien in letzter Zeit gefühlt zu haben, dass eine grössere Einheitlichkeit des sprachlichen Charakters der Übersetzung wünschenswert und dass gerade das Neuhebräische der Mischna und des älteren Midrasch das Idiom sei, welchem die neutestamentliche Schreibweise am nächsten stehe."[146]

Das Urteil Delitzschs hat sich jedoch durch die neuere Forschung zur Geschichte der hebräischen Sprache und durch die umfangreichen Textfunde des 20. Jahrhunderts weithin bestätigt. Sein hebräischer Text dient daher auch in der vorliegenden Untersuchung als Ausgangspunkt für eine Rekonstruktion möglicher hebräischer Vorlagen. Da jedoch, anders als bei Delitzsch, nicht die Rückübersetzung des kanonischen Textes, sondern die Rekonstruktion seiner möglichen Vorlagen aus dem synoptischen Vergleich im Mittelpunkt des Interesses steht, weichen die Retroversionen nicht selten von Delitzschs Text ab. Auch da, wo durch den Vergleich mit Parallelen aus der jüdischen Literatur andere Formulierungen nahe gelegt werden, wird von Delitzsch abgewichen.

Außerdem wird, wo es sinnvoll erscheint, auch der Text des hebräischen Matthäusevangeliums berücksichtigt, wie er sich in der spätmittelalterlichen Schrift *Even Bohan* des Shem-Tob ben-Isaak ben-Shaprut aus dem Jahr 1380 findet und wie er neuerdings in der kritischen Ausgabe von George Howard zugänglich ist.[147] Der Text wurde in der neueren Literatur verschiedentlich mit den hebräischen Rückübersetzungen der Reformationszeit gleichgesetzt,[148] ist aber von diesen zu unterscheiden. Die besondere Texttradition des *Even Bohan* wurde zudem nicht erst durch dessen Autor geschaffen, sondern findet sich bereits in einer Reihe von älteren Handschriften, die ins 6. bis 13. Jahrhundert zurückreichen [160]. Zudem bestehen in verschiedenen Textvarianten Übereinstimmungen mit außerkanonischen Überlieferungen, etwa dem Protevangelium des Jakobus, den Pseudoklementinen und dem Thomasevangelium [203–212]. Kritiker haben Howard vorgeworfen, er wolle den spätmittelalterlichen Text des Shem-Tob in die ersten Jahrhunderte datieren.[149] Howard hat solche Vorwürfe jedoch zurückgewiesen und betont, dass er im Text des *Even Bohan* lediglich eine eigenständige *Texttradition* („Shem-Tob type") identifziert habe, die in frühe Zeit zurückreiche, sich gegenüber anderen griechischen und lateinischen

146 Dalman, *Delitzsch*, 1893, 229.

147 Howard, *Hebrew Gospel*, 1995. Seitenzahlen im Folgenden in Klammern.

148 Black, *Approach III*, 1967, 295; Lindsey, *Translation*, 1969, 67. Der Text unterscheidet sich jedoch von den späteren Rückübersetzungen der Reformationszeit, war diesen aber wohl bekannt und ist auch von ihnen verwendet worden. Vgl. Howard, *Hebrew Gospel*, 1995, 162.

149 Petersen, *Observations*, 1998.

Texttypen als unabhängig erweise und vermutlich vornehmlich in jüdischen Kreisen tradiert wurde [78].[150] Einen direkten Kontakt mit den altkirchlich bezeugten „hebräischen Evangelien" behauptet Howard hingegen nicht. Allerdings lassen sich in den besonderen Textvarianten des „Shem-Tob-Typus" auch Merkmale einer eigenständigen theologischen Prägung ausmachen, insbesondere was die Stellung zum Gesetz, die Rolle der Heiden, sowie die Identifikation des Messias mit Jesus betrifft [212–221]. Außerdem nimmt die Person Johannes des Täufers eine herausgehobene Stellung ein.[151]

Das relativ hohe Alter der Shem-Tob-Textgestalt, sowie seine textgeschichtliche und theologische Eigenständigkeit machen ihn zu einem interessanten Zeugen hebräischer Evangelienüberlieferung. Auch wenn es nicht mehr feststellbar ist, ob von hier aus direkte Linien auf das „hebräische Evangelium" der Kirchenväter zurückführen, ist es dennoch möglich, dass sich in der besonderen Textüberlieferung dieses hebräischen Typs Reste von alten Überlieferungen erhalten haben.[152] Im Einzelfall, insbesondere in der Untersuchung der Täuferperikope, scheint daher ein vorsichtiger Rückgriff auf die Textvarianten des Shem-Tob gerechtfertigt, zumal dann, wenn er auf anderem Wege gewonnene Beobachtungen am Text flankiert.

4.3 Literarische Kontextplausibilität: Jüdische Vergleichsliteratur

Ist eine idiomatische hebräische Entsprechung für den griechischen Text gefunden worden, dann kann in einem nächsten Schritt danach gefragt werden, ob und wie sich die vorliegende Formulierung auch *inhaltlich und konzeptuell* in den Kontext des zeitgenössischen Judentums einordnen lässt. Dabei muss zunächst das Bemühen um „(jüdische) Kontextplausibilität"[153] im Vordergrund stehen, aber auch die Frage nach möglichen inhaltli-

---

[150] Ausführlicher Howard, *Response*, 1999.

[151] Howard, *Hebrew Gospel*, 1995, 221–223, vgl. auch die Anmerkungen zu Textvarianten des Shem-Tob im Rahmen der Täuferperikope, unten S. 236–346. Diese Beobachtung ist von besonderem Interesse angesichts entsprechender Tendenzen in Joh und Lk, einer solchen herausragenden Stellung des Täufers entgegen zu wirken. In der Literatur werden solche Tendenzen oft auf ältere literarische Schichten, teilweise sogar auf eigenständige Täuferquellen, zurückgeführt. Vgl. Kümmel, *Einleitung*, 1983, 105–106; Backhaus, *Jüngerkreise*, 1991; Ryu, *Jesus und Johannes*, 2006, und den forschungsgeschichtlichen Überblick bei Wink, *Baptist*, 1968, 60–82. Böhlemann, *Täufer*, 1997, 39 und 302, vermutet eine „Täuferquelle" hinter den luk. Kindheitsgeschichten. Rothschild, *Baptist Traditions*, 2005, besonders 83–128, sieht den Ursprung der Q-Überlieferungen in Täuferkreisen. Vgl. auch unten S. 342.

[152] Bemerkenswert ist die Mischung aus biblischer bzw. nachbiblischer Syntax (in den Erzählteilen) mit mischnischem Hebräisch (in den Redeteilen), wie sie bereits früher und unabhängig von Lowe/Flusser, *Evidence*, 1983, in ihren Retroversionen angenommen wurde.

[153] Theissen/Winter, *Kriterienfrage*, 1997, 206–217, vgl. oben S. 162.

chen Differenzen muss gestellt werden. Welche hebräische Literatur zum Vergleich mit neutestamentlichen Texten herangezogen werden sollte und darf, ist dabei umstritten: Obwohl die Texte aus Qumran zum Teil in größerer *zeitlicher* Nähe zum Neuen Testament stehen, besteht bei den meisten Texten eine größere *inhaltliche und sprachliche* Nähe zu Milieu und Gedankenwelt der rabbinischen Literatur. Im Blick auf die Verwendung rabbinischer Literatur in der neutestamentlichen Wissenschaft ist aber in neuerer Zeit zu Recht eine größere methodische Umsicht und ein differenzierter Umgang mit den Quellen angemahnt worden.[154] Übereinstimmung herrscht in der Ansicht, dass eine genaue Datierung rabbinischer Überlieferungen oder Aussagen nach wie vor unsicher und in vielen Fällen unmöglich ist.[155] Unterschiedlich sind jedoch die Konsequenzen, die aus dieser Aporie gezogen werden: Soll man auf einen Vergleich neutestamentlicher Texte mit rabbinischer Literatur grundsätzlich verzichten, weil sich kaum eine Überlieferung mit Sicherheit in neutestamentliche Zeit datieren lässt?[156] Oder soll man im Gegenteil, gerade *wegen* der Unmöglichkeit einer sicheren Datierung, (scheinbar) altes wie auch (scheinbar) jüngeres Material zum Vergleich heranziehen, weil sowohl dieses als auch jenes einen Niederschlag ursprünglicher Überlieferung enthalten kann?[157]

---

[154] Vgl. MÜLLER, *Neutestamentliche Wissenschaft*, 2008, 35–36: „Nach wie vor werden (früh-)jüdische Texte barbarisch aus ihren literarischen Zusammenhängen gerissen – und entweder als willkommene Kontrastfolien oder für voreilige Abhängigkeitsbehauptungen missbraucht".

[155] MÜLLER, *Neutestamentliche Wissenschaft*, 2008, 40–45 und STEMBERGER, *Traditions*, 2010. Ansätze eines historisch-differenzierenden Zugangs, sei es mit skeptischem Grundton, z.B. bei NEUSNER, *Rabbinic Evidence*, 1978, und NEUSNER, *Rabbinic Literature*, 1994, sei es mit zuversichtlichem, z.B. bei INSTONE-BREWER, *Traditions*, 2004, können zwar mehr Klarheit in die Diskussion bringen, aber nur selten zweifelsfreie Sicherheit.

[156] In diese Richtung argumentiert vor allem NEUSNER, *Rabbinic Literature*, 1994. Vgl. auch ALEXANDER, *Rabbinic Judaism*, 1983; SANDMEL, *Parallelomania*, 1962. Zur Kritik an Neusners methodischen Voraussetzungen vgl. jedoch ZEITLIN, *Spurious Interpretations*, 1974, 134–135; POIRIER, *Neusner*, 1996; DERRETT, *Rabbinic Literature*, 1998; MANNS, *Rabbinic Literature*, 2002; BASSER, *Planting*, 2005. MÜLLER, *Neutestamentliche Wissenschaft*, 2008, 43, der Neusners methodische Skepsis weithin teilt, wertet zwar einen „sprungbereiten Agnostizismus" als unbefriedigend, bietet aber im Rahmen seines Forschungsberichts keine eigene Alternative an. Nach STEMBERGER, *Traditions*, 2010, 96, sollte angesichts der weithin noch ungeklärten Probleme der Datierung vorerst noch darauf verzichten, konkrete Datierungen für den Vergleich mit neutestamentlichen Texten vorauszusetzen. Dennoch sollte man auch in der neutestamentlichen Forschung nicht auf die Arbeit mit solchen Texten verzichten. Lediglich die Methoden seien mit Bedacht zu wählen.

[157] Für einen zuversichtlicheren, aber dennoch methodisch verantworteten, Umgang mit rabbinischen Texten sprechen z.B. VERMÈS, *Methodology*, 1982; ähnlich VERMÈS, *Gospel*, 2003, xvii; SAFRAI, *Talmudic Literature*, 1992–93; FLUSSER, *Gleichnisse*, 1981, 19; FELDMAN, *Rabbinic Sources*, 1999; EVANS, *Rabbinic Sources*, 1997; INSTONE-BREWER, *Traditions*, 2004; HEZSER, *Gleichnisse*, 2008, 224; LOWE, *Methods*, 2000, 711–712. Lowe führt Beispiele dafür an, dass die Rekonstruktion historischer Ereignisse aus Quellen, die

„In consequence, [...] in the Mishnah, Midrash, Talmud and Targum the rabbis endeavoured to safeguard and transmit to posteriority a large quantity of old teachings many of which can be traced to the age of Jesus and to pre-christian times. Indeed, when a saying of Jesus coincides with that of a later rabbi, it is more likely that they both reflect a common Jewish traditional teaching dating back at least to the first century AD than that the rabbi actually borrowed from Jesus."[158]

Zwar können nicht alle Teile der rabbinischen Literatur in unkritischer Weise als repräsentativ für „das Judentum" zur Zeit Jesu herangezogen werden. Auch kann im Einzelfall nicht davon ausgegangen werden, dass Jesus oder seine Nachfolger mit bestimmten rabbinischen Worten oder Traditionen vertraut waren. Wo jedoch gemeinsame Entwicklungslinien, Denkmuster, exegetische Traditionen, theologische Motive oder halachische Diskussionen erkennbar sind, die sich sowohl in frühen rabbinischen Traditionen als auch im Neuen Testament niederschlagen, kann davon ausgegangen werden, dass diese in ihrem Kern in die Zeit des zweiten Tempels zurückreichen.[159] Auch spätere Überlieferungen können dann im Einzelfall dabei helfen, die Rekonstruktion solcher Entwicklungslinien zu vervollständigen und das Bild abzurunden, ohne dass eine Gleichzeitigkeit mit dem Neuen Testament behauptet werden muss. Darüber hinaus kann insbesondere auch die Sprache der rabbinischen Literatur, abgesehen von der Dtaierung einzelner Überlieferungen, einen geeigneten linguistischen Rahmen für die Erforschung neutestamentlicher Texte liefern:

„The study of [Rabbinical Hebrew] – its vocabulary, grammar, phraseology and style – should be given a place in the toolbox of the NT exegete. [However], RH should not be used in isolation. Perhaps it is still possible, in some cases, to jump straight from a passage in the Gospels to rabbinic phraseology [...]. Most often, however, RH will be just one piece of evidence in a much larger array."[160]

Neben der rabbinischen Literatur sind jedoch auch andere Quellen von Bedeutung für eine Einordnung in den jüdischen Kontext. In vielen Fällen finden sich auch in der Literatur von Qumran engere Parallelen zu neutes-

mehrere Jahrhunderte später verfasst wurden, in der klassischen Philologie ein übliches Verfahren darstellt.

[158] Vermès, *Gospel*, 2003, xvii.

[159] Hierzu zählen sprachliche Idiome der rabbinischen Literatur wie das „Königreich der Himmel", literarische Gattungen wie die Königsgleichnisse (vgl. dazu ausführlicher unten S. 413ff.), aber auch neutestamentlich bezeugte jüdische religiöse Praxis, vgl. Safrai, *Testimonies*, 2006, 41: „Testimonies of laws and practices that are known only from the later strata of the Talmudic tradition appear throughout the New Testament and the early Christian tradition." Hierzu zählt Safrai etwa die Prophetenlesung in der Synagoge (Lk 4,17), das Sedermahl, die Almosenpraxis im Rahmen des Passafestes und die rituelle Waschung vor dem Tempelbesuch.

[160] Joosten/Kister, *Rabbinic Hebrew*, 2010, 349–350. Ähnlich bereits Rüger, *Sprache Jesu*, 1968, 121-122 sowie Riesner, *Fasting*, 2011, 3333–3336.

tamentlichen Traditionen.[161] Auch die griechischen Apokryphen und Pseudepigraphen müssen herangezogen werden, ebenso wie Josephus und Philo. Bei allen Vergleichen geht es dabei nicht um den Nachweis direkter literarischer Abhängigkeit in der einen oder anderen Richtung oder gar eine unkritische „Parallelomanie"[162], sondern um die Beleuchtung des religiösen und kulturellen literarischen Horizontes, innerhalb dessen die Schriften des Neuen Testaments entstanden und in den sie sich einreihen. Die zum Vergleich herangezogene Literatur darf daher nicht *a priori* auf bestimmte soziologische oder literarische Strömungen des Judentums eingeschränkt werden, sondern es muss zunächst eine möglichst umfassende – und deshalb auch die Ganzheit früherer und späterer Traditionen umfassende – ‚Landkarte' des jüdischen literarischen Kontextes gezeichnet werden,[163] um dann in einem zweiten Schritt klären zu können, ob und wie sich ein Text auf der so entstandenen ‚Karte' verorten lässt.[164]

4.4 Synoptischer Vergleich

Liegen zu einer Texteinheit synoptische Parallelen vor, müssen diese zunächst unabhängig voneinander in eine mögliche hebräische Entsprechung übertragen und auf ihren Ort innerhalb des jüdischen Kontextes hin befragt werden. In einem nächsten Schritt können dann die verschiedenen Überlieferungen, zunächst unter Absehung von übergreifenden synoptischen Quellentheorien, miteinander verglichen werden. Im Vordergrund steht dabei die Frage, welche der parallelen Überlieferungen am plausibelsten in einen ursprünglichen Kontext hebräischer Sprache und jüdischer Literatur eingeordnet werden kann. Hier kann, zunächst vorläufig, eine ursprüngliche Form der Überlieferung vermutet werden. Der jüdische bzw. hebräische Charakter allein kann jedoch als Evidenz für Ursprünglichkeit kaum ausreichen. Es muss auch nach Erklärungen gesucht werden, wie der Weg der Überlieferung, angefangen von der möglichen und hypothetisch rekonstruierten hebräischen Vorlage bis hin zu den kanonischen Textformen, plausibel nachvollzogen werden kann. Hier können auch Erkenntnisse über den spezifischen Sprachgebrauch oder redaktionelle Eigenarten der einzelnen Evangelisten einfließen. Dabei ist mit unterschiedlichen Prozessen redaktioneller Tätigkeit zu rechnen:

---

[161] Vgl. bereits FLUSSER, *Dead Sea Sect*, 1957, sowie seine jetzt posthum erschienenen Artikel in FLUSSER/YADIN, *Judaism*, 2007; RIESNER, *Sonderüberlieferung*, 1993, zeigt eine Nähe der lukanischen Sonderüberlieferung zu einem konservativ-jüdischen, vielleicht essenisierenden Milieu auf.

[162] SANDMEL, *Parallelomania*, 1962.

[163] Vgl. LOWE, *Methods*, 2000, 712: „...the ‚quest of Jesus' is in vain if one excludes a priori any part of the fullness of Judaism".

[164] Das Bild der ‚Landkarte' schlägt DU TOIT, *Der unähnliche Jesus*, 2002, 123, vor.

a) Übersetzungsvarianten: Unter der Annahme, dass zwei Evangelisten unabhängig voneinander auf eine hebräische Überlieferung zurückgreifen, können synoptische Varianten in Einzelfällen als Übersetzungsvarianten erklärt werden. Dies wird jedoch nur selten der Fall sein, da vieles dafür spricht, dass die literarische Abhängigkeit der Evangelien untereinander vor allem auf der griechischen Sprachebene besteht.

b) Übersetzungsfehler: Auch hier ist eine methodische Vorsicht angebracht. In der älteren Literatur wurde auf Übersetzungsfehler ein großes Gewicht gelegt, wobei oft auf abwegige Konjekturen und seltene Wortformen zurückgegriffen wurde, um solche Fehler nachzuweisen. Auch wenn solche Fehler im Prinzip möglich sind und sicher auch stattgefunden haben, ist ihre Zahl vermutlich wesentlich kleiner als in der Vergangenheit angenommen. Es darf nicht vergessen werden, dass die Evangelisten nicht bloße Kopisten waren, sondern Form und Inhalt der von ihnen geschaffenen Texte bewusst gestaltet haben. Die Annahme, dass sie offensichtliche, heute noch für den deutschen Forscher erkennbare Fehlübersetzungen nicht schon selbst erkennen konnten, hat in den meisten Fällen eine geringe historische Wahrscheinlichkeit für sich.[165]

c) Hebraisierende Redaktion auf griechischer Sprachebene: Geben zwei Evangelisten ein hebräisches Idiom auf verschiedene Weise wieder, muss nicht immer eine Übersetzungsvariante vorliegen: Vielmehr kann ein Verfasser auch das hebräische Idiom hinter einer griechischen Vorlage erkannt und bewusst eine andere Übersetzung gewählt haben als seine griechische Vorlage.

d) Idiomatische Redaktion: Ein Verfasser, der das hebräische Idiom seiner Vorlage erkennt, wird gegebenenfalls nach einer geeigneten idiomatischen griechischen Übersetzung suchen, die das Idiom flüssiger oder glatter wiedergibt.[166] So ist für einen Großteil der synoptischen Evangelien ein literarischer Prozess anzunehmen, in dem die Überlieferung in zunehmendem Maße griechischem Idiom angeglichen wird. Der umgekehrte Weg (siehe c) ist zwar in Ausnahmefällen auch möglich, wird jedoch der Ausnahmefall sein und sollte daher durch ergänzende Evidenz belegt werden.

e) Nicht-idiomatische Redaktion: Möglich ist auch, dass ein griechischer Verfasser das zugrunde liegende Idiom nicht oder nicht richtig erkennt oder es sogar missversteht. Dies kann sowohl im Blick auf sprachliche als auch auf inhaltliche Aspekte seiner Vorlage der Fall sein. In einem

---

[165] Vgl. dazu bereits Wellhausens Warnung vor vorschnellen Textemendationen (oben S. 30).

[166] Ein deutscher Verlagslektor, der in einem deutschen Übersetzungsentwurf für ein Stück englischer Literatur die Formulierung „er nahm eine Dusche“ vorfindet, wird darin mühelos das englische Idiom „he took a shower“ erkennen, auch ohne dass ihm das englische Original vorliegt, und wird seine Vorlage entsprechend in die idiomatische Form „er duschte“ korrigieren.

solchen Fall wird er bestenfalls seine Vorlage unverändert übernehmen, möglicherweise jedoch auch durch einen redaktionellen Eingriff oder eine vermeintliche Glättung den urspünglichen Sinn des Idioms unkenntlich machen oder verfälschen. Liegen im synoptischen Vergleich also zwei Varianten vor, von denen eine ein hebräisches Idiom erkennen lässt, die andere jedoch nicht, oder wenn diese sogar eine Formulierung bietet, die im jüdischen Kontext nicht plausibel ist, kann ein solcher Prozess nicht-idiomatischer Redaktion angenommen werden.

4.5 Rekonstruktion einer vorsynoptischen Vorlage

Die abschließende Rekonstruktion einer möglichen griechischen Vorlage und deren hebräischer Entsprechung steht am Ende des Prozesses. Im Sinne von Theissens Kriterium einer „(jüdischen) Kontextplausibilität" (vgl. oben S. 162.) sollte eine solche Rekonstruktion bzw. Retroversion (1) im Kontext der hebräischen Sprache idiomatisch korrekt sein, (2) im Kontext jüdischer, insbesondere hebräischer Literatur, sprachlich und inhaltlich plausibel sein sowie (3) eine hinreichende Erklärung bieten, durch welche redaktionellen Prozesse die vorliegenden synoptischen Varianten sich aus der so rekonstruierten hebräischen Vorlage heraus erklären lassen.

Der hier vorgeschlagene Zugang zur synoptischen Frage, das soll abschließend noch einmal betont werden, dient nicht der Sicherung eines vermeintlichen vorkanonischen Urtextes oder gar der *ipsissima vox* Jesu. Er dient auch nicht dem zweifelsfreien *Nachweis* der Existenz hebräischer Quellen. Ebenso wenig soll und muss die Aufwertung des *Hebräischen* als mögliche Ursprungssprache der Evangelientradition zu einer entsprechenden Abwertung des *Aramäischen* und damit zu einer neuen Einseitigkeit führen.

Die auf dem Weg der Rückübersetzung und des synoptischen Vergleichs rekonstruierte hebräische Textgestalt hat vielmehr lediglich eine *methodische Funktion* als abschließende Gegenprobe für die auf dem Weg über die hebräische Sprache erschlossenen Erkenntnisse zur möglichen Traditionsgeschichte eines Textes. Ob und inwieweit die so gewonnen Ergebnisse auch weitere Rückschlüsse auf die tatsächliche Existenz hebräischer schriftlicher Quellen zulassen, und ob solche möglichen Quellen in einer wie immer gearteten Beziehung zu den altkirchlich bezeugten hebräischen Evangelientraditionen stehen, ist eine Frage, die außerhalb des Horizontes der vorliegenden Untersuchung liegt. Sie dürfte aber für die neutestamentliche und patristische Forschung dennoch nicht ohne Interesse sein.

Bei dem hier vorgeschlagenen Verfahren handelt es sich also um einen methodischen Zugang zu neutestamentlichen Texten, der (1.) angesichts mancher methodischer Aporien in der synoptischen Forschung, (2.) ausgehend von neueren Erkenntnissen über die komplexe Sprachensituation in

Palästina und (3.) angeregt durch das neue Interesse am jüdischen Kontext der Evangelien, dem vorhandenen Instrumentarium synoptischer Forschung ein weiteres Werkzeug hinzufügen will: Den Versuch, literarische Entstehungsprozesse der Evangelien *auch* mithilfe des Rückgriffs auf mögliche hebräische Vorlagen erkennbar zu machen und damit zu einem umfassenderen Verständnis der Entstehungsgeschichte der Evangelientradition beizutragen. In den folgenden Kapiteln soll die Tragfähigkeit dieses Ansatzes anhand von ausgewählten Texten überprüft werden.

Kapitel 3

Das Auftreten Johannes des Täufers (Mt 3,1–6 parr.)

Die Überlieferung vom Auftreten des Täufers ist für die Arbeit am synoptischen Problem nicht nur deshalb wichtig, weil es sich um die erste Perikope aus der dreifachen Überlieferung handelt: Auch für die Frage nach der ursprünglichen Gestalt von Q hat die Täuferperikope eine Schlüsselstellung inne. Insbesondere die Frage, ob Q bereits mit dem Auftreten des Täufers (Mt 3,1–6 par. Lk 3,1–6) oder erst mit einer Sammlung seiner Reden (Mt 3, 7–12 par. Lk 3,7–17) begann, ist von entscheidender Bedeutung nicht nur für die Frage nach Umfang und Abgrenzung, sondern auch nach dem Charakter von Q als narrativer oder rein diskursiver Quelle. Für die Frage nach dem jüdischen und hebräischen Hintergrund der Evangelienüberlieferung ist die Perikope zudem wegen ihrer vielfältigen biblischen Bezüge und Anklänge, aber auch wegen religionsgeschichtlicher Parallelen von Interesse.

1. Vorbemerkungen

1.1 Relevanz für die synoptische Frage

Schon die prominente Stellung der Täuferperikope am Beginn der dreifachen Tradition (im Falle des Mk sogar am Beginn des Evangeliums) macht diese zu einem nahe liegenden Gegenstand synoptischer Forschung. Hinzu tritt die Existenz paralleler Überlieferungen im Johannesevangelium, im altkirchlich bezeugten „Ebionäerevangelium“ sowie in den Predigten der Apostelgeschichte. Auch die auffällige Häufung von Übereinstimmungen von Mt und Lk gegen Mk in der gesamten Täuferüberlieferung macht die Perikope für die synoptische Forschung interessant, da sie auf eine komplexe Vorgeschichte hindeutet.

1.1.1 Markus-Stoff und vormarkinische Vorlagen

Das Erscheinen der Perikope in allen drei synoptischen Evangelien, aber auch die Gemeinsamkeiten in Aufriss und Wortlaut legen die Annahme einer literarischen Abhängigkeit voneinander oder von einer gemeinsamen Quelle nahe. Traditionell wird das Material daher dem aus Mk stammenden

Stoff zugewiesen, von dem Mt und Lk hier abhängig seien.[1] Dabei wird jedoch meist davon ausgegangen, dass auch Mk selbst hier bereits auf ältere Vorlagen zurückgreift.[2] Für die Besonderheiten des Lk wird zudem vielfach eine vorlukanische Sonderüberlieferung angenommen, die mit der lk Kindheitsgeschichte in engem Zusammenhang steht.[3]

1.1.2 Überlappung mit „Q"

Gleichzeitig weist die Perikope jedoch vielfältige Übereinstimmungen von Mt und Lk gegen Mk auf:

a) Mk beginnt die Perikope mit einem Einleitungssatz (Mk 1,1), der in den anderen Evangelien fehlt. Diese haben dafür vorher eine Kindheitsgeschichte, die bei Mk fehlt.
b) Mt und Lk beginnen ihren Bericht, anders als Mk, mit einer Zeitangabe. Die Form der Zeitangabe ist jedoch bei beiden unterschiedlich.
c) Bei Mk erscheinen die Schriftzitate (Mk 1,2–3) vor dem Auftreten des Täufers, bei Mt und Lk danach.
d) Das Schriftzitat aus Ex 23,20/Mal 3,1 (Mk 1,2) erscheint bei Mt und Lk an anderem Ort, aber in einem identischen neuen Kontext.
e) Mt und Lk bringen dieses Schriftzitat im nahezu gleichen Wortlaut wie Mk, einschließlich dessen Abweichungen von LXX und MT, weichen jedoch in den letzten zwei Worten gemeinsam von Mk und LXX ab.
f) Nur Mt und Lk erwähnen „die ganze Jordangegend".
g) Mt und Lk schließen an den Abschnitt vom Auftreten des Täufers die Bußpredigt des Täufers an, während bei Mk unmittelbar die messianische Verkündigung folgt.

---

[1] Keener, *Matthew*, 1999, 116; Fitzmyer, *Luke I*, 1981, 451; Luz, *Matthäus I*, 1985, 143; Grundmann, *Matthäus*, 1971, 89; Fiedler, *Matthäus*, 2006, 70; Davies/Allison, *Matthew I*, 1988, 286. Wiefel, *Matthäus*, 1998, 51; Schweizer, *Matthäus*, 1973, 23; Ernst, *Lukas*, 1976, 136; Gnilka, *Matthäus I*, 1988, 63; Schweizer, *Markus*, 1967, 13–14; Schniewind, *Matthäus*, 1950, 21. Eine fast ausschließliche Abhängigkeit des Lk von Q sieht jedoch Bovon, *Lukas I*, 1989, 166.

[2] Pesch, *Markus I*, 1976, 72, geht von einer reinen Priorität des Mk aus, der aber wiederum in Mk 1,2–15 auf eine ältere, ihm vorliegende Überlieferung zurückgreife, die er nur durch den Prolog Mk 1,1 ergänzt habe. Für diese wiederum hält er in seinem Kommentar zu Mk 1,2 (ebd., 78) einen Einfluß aus Q für möglich. Vgl. auch Pesch, *Anfang*, 1970; Gnilka, *Markus I*, 1978, 40, lehnt zwar eine zusammenhängende Vorlage für Mk 2–15 ab, fügt aber hinzu: „[Markus] fügte verschiedene Traditionen zusammen." Ähnlich auch Sung, *Vergebung*, 1993, 198: „In Mk 1,4–8 haben wir wahrscheinlich eine durch Markus bearbeitete vormarkinische Tradition vor uns"; Merendino, *Testi*, 1987, 17, unterscheidet zwei vormarkinische Quellen: Mk 1,2a.3–4 (mit Ursprung in der Täufergemeinde) und Mk 1,2bc.6–8 (mit Ursprung in der christlichen Gemeinde); Walter, *Agreements*, 1992, 470 nimmt eine Frühfassung des Mk an (der „syrische Markus"), bestehend aus Mk 1,4.2a.3.6.5 (in dieser Anordnung), die so auch Mt und Lk vorlag und deren *agreements* erkläre. Es sei angemerkt, dass dieser „syrische Markus" von Inhalt und Aufbau her eher Mt als Mk entspricht und damit eher ein „Proto-Mt" als ein „Proto-Mk" ist.

[3] Sahlin, *Studien*, 1949; Bock, *Luke I*, 1994, 280: „Whatever the source of Mark's material, Luke had additional material ... Luke's material has traditional roots"; vgl. Böhlemann, *Täufer*, 1997, 63 („Täuferquelle"), u.a.

h) Auch in den Folgeperikopen (Täuferrede, Taufe Jesu, Versuchung) häufen sich ähnliche *agreements*.

Diese Übereinstimmungen werden zwar zuweilen als zufällige redaktionelle Eingriffe erklärt, die Mt und Lk unabhängig voneinander an ihrer Mk-Vorlage vorgenommen hätten.[4] Die meisten Ausleger jedoch gehen davon aus, dass es sich hier um eine „Überlappung" von Q und Mk handelt, die den gleichen Stoff in unterschiedlichem, aber ähnlichem Wortlaut enthielten.[5] Zum Teil wird sogar Q als vorrangige Vorlage bei nur geringem Einfluss von Mk angenommen.[6] Mt und Lk hätten dann wechselseitig auf Mk und Q zugegriffen und diese miteinander verflochten.

1.1.3 Die Beziehung zwischen Mk und Q

Anders als in anderen „Überlappungen" zwischen Q und Mk lassen sich hier jedoch Q-Stoff und Mk-Stoff nicht sauber voneinander trennen. Das gilt vor allem für das Schriftzitat in Mk 1,2: Die Fassung des Mk stimmt hier, trotz deutlicher Abweichungen von LXX, mit Mt/Lk (bzw. Q) fast wörtlich überein. Diese Beobachtung, aber auch andere Hinweise auf eine sekundäre Bearbeitung des Q-Stoffes durch Mk, führen daher einige Ausleger zu der Annahme, dass Mk hier, entgegen der traditionellen Hypothese, direkt von Q abhängig ist.[7] Wo man einen solchen direkten Einfluss von Q

---

[4] SCHNIEWIND, *Matthäus*, 1950, 21; SAND, *Matthäus*, 1986, 64, nennt zwar „vorsynoptische Überlieferung", geht dann aber doch von einer reinen Mk-Priorität aus. HÄFNER, *Vorläufer*, 1994, 7, erwähnt zwar die Möglichkeit einer Q-Vorlage, geht dann jedoch „allein vom Mk-Text als der Mt zur Verfügung stehenden Vorlage aus." Ebenso WIEFEL, *Matthäus*, 1998, 51 ; FITZMYER, *Luke I*, 1981, 452; PESCH, *Markus I*, 1976, 72; FLEDDERMANN, *Q*, 2005, 211–213.

[5] SUHL, *Zitate*, 1965, 135; SCHWEIZER, *Markus*, 1967, 13–14; GRUNDMANN, *Matthäus*, 1971, 89; ERNST, *Lukas*, 1976, 136; GNILKA, *Markus I*, 1978, 41; FITZMYER, *Luke I*, 1981, 452 (als Möglichkeit); LUZ, *Matthäus I*, 1985, 143; DAVIES/ALLISON, *Matthew I*, 1988, 286; GNILKA, Matthäus *I*, 1988, 63; GRUNDMANN, *Markus*, 1989, 34; HAGNER, *Matthew 1–13*, 1993, 45; FLEDDERMANN, *Mark and Q*, 1995, 25; ROBINSON/HOFFMANN, *Critical Edition*, 2000, 4–7; CHILTON, *Baptist*, 2002, 28.

[6] Strittig ist jedoch auch dann, ob Lk oder Mt Q besser bewahrt haben: SCHÜRMANN, *Lukas I*, 1982, 155 und 161, geht davon aus, dass die Q-Version sich (nahezu) unverändert in Lk 3,2–6 widerspiegelt. Ähnlich BOVON, *Lukas I*, 1989, 166–167, für Lk 3,1–9; POLAG, *Fragmenta Q*, 1979, 28, hingegen sieht Q fast wörtlich in der Mt-Version. ROBINSON/HOFFMANN, *Critical Edition*, 2000, wiederum nehmen nur den Namen des Johannes und die „ganze Gegend des Jordan" in ihre Q-Edition auf. SCHRAMM, *Markus-Stoff*, 1971, 34, sieht die „gemeinsame Quelle" des Mt und des Lk als deren hauptsächliche Grundlage an, führt aber die lukanischen Änderungen auf eine weitere vorlukanische Sonderüberlieferung zurück. Einen guten, aber knappen Überblick über verschiedene Q-Zuweisungen und ihre Aporien gibt GOULDER, *Luke I*, 1989, 272.

[7] Vgl. LAMBRECHT, *Markan Redaction*, 1992; CATCHPOLE, *Beginning*, 1992, 218; FLEDDERMANN, *Mark and Q*, 1995, 29; BUSE, *St John*, 1959, 61; SUNG, *Vergebung*, 1993, 199; BACON, *Prologue*, 1907, spricht von einer „matthäisch-lukanischen Quelle", die auch Mk

auf Mk nicht einräumen will, erklärt man den Befund durch gemeinsame, ältere Vorlagen für Q und Mk.[8] Auch dieses Merkmal ist in den Folgeperikopen (Täuferpredigt, Taufe Jesu) wiederholt anzutreffen.

1.1.4 Merkmale matthäischer und lukanischer Redaktion

Die jeweilige Verarbeitung des gemeinsamen Überlieferungsstoffes bei Mt und Lk zeigt in beiden Evangelien auch Anzeichen matthäischer bzw. lukanischer Redaktion in Wortwahl, Syntax und Anordnung. Der Wortlaut des gemeinsamen Stoffes ist bei Mt und bei Lk in wechselnder Urspünglichkeit erhalten. Eine reine Matthäus- oder Lukaspriorität scheidet also als Alternative zur klassischen Zweiquellenhypothese ebenfalls aus.

1.1.5 Vorsynoptische Traditionen

Die Parallelüberlieferungen im Johannes- und im Ebionäerevangelium sind zwar in Aufriss, Struktur und Gehalt eng mit den Berichten der synoptischen Evangelien verwandt. Die Unterschiede vor allem in Wortlaut und Syntax machen aber eine direkte literarische Abhängigkeit unwahrscheinlich. Eine Verbindung über mündliche Tradition oder frühe hebräische oder aramäische Vorlagen ist wahrscheinlicher.[9] Zumindest für die Fragmente

---

vorlag, nennt diese aber nicht „Q". Einen Überblick über die neuere Diskussion zur Beziehung von Mk und Q bei FLEDDERMANN, *Mark and Q*, 1995, 1–23; Auch der neuere Vorschlag von HUMPHREY, *Q to Mark*, 2006, 43, geht von einem direkten Rückgriff des Mk auf Q-Material aus. Viele weitere Autoren nehmen spätestens ab Mk 1,7 eine direkte Abhängigkeit des Mk von Q an, was natürlich dieselbe Quellenlage auch für die vorangehenden Verse wahrscheinlich macht. Vgl. z.B. GNILKA, *Markus I*, 1978, 47 und oben S. 7.

[8] WIEFEL, *Matthäus*, 1998, 9; *Mark 1–8*, 1989, 8; PESCH, *Markus I*, 1976, 30, hält zwar einen direkten Einfluss von Q auf Mk für unwahrscheinlich, geht aber doch davon aus, dass „in Q gesammelte Traditionen [...] unabhängig von diesem Dokument ihren Weg ins Mk-Ev gefunden" haben. TROCMÉ, *Marc*, 2000, 23, geht davon aus, dass Mk hier auf Tradition zurückgreife, die „traditionell sicher sehr weit zurückreicht" („qui remonte sûrement très haut dans l'histoire de la tradition"), die aber bei Mt und Lk im richtigen Kontext erscheine. LOHMEYER, *Markus*, 1951, 11: „Der Schluß liegt nahe, dass Mk dieses Stück einer mit Lk verwandten oder identischen Tradition entnommen hat. So liegt hier ein altes Stück urchristlicher Schrifttheologie vor."; ERNST, *Markus*, 1981, 32, nennt zwei literarische Schichten vor Mk: Den „ältesten Bestand" (4a.5.6) und die „vor-mk Redaktion" (2–3); MANN, *Mark*, 1986, 195: „evidently part of a whole series of testimonia associated with John the Baptist". Dass durch die Annahme einer solchen gemeinsamen Vorlage jedoch das Postulat von Q unnötig wird, wird dabei weithin ignoriert.

[9] So auch STEIN, *Agreements*, 1992, 487 und 502. KOCH, *Täufer*, 1992, sieht allerdings in den Täufertexten des Joh eine direkte redaktionelle Bearbeitung des Mk-Textes. Im Blick auf die vorliegende Perikope erscheint jedoch die Annahme einer direkten Abhängigkeit des Joh von Mk vor allem aufgrund der Übereinstimmungen zwischen Joh und Mt/Lk gegen Mk fraglich. Koch erklärt diese nur beiläufig (S. 1978) als „Notwendigkeiten der eigenen Komposition des Verfassers", also als zufällige Übereinstimmungen.

des Ebionäerevangeliums wird die Existenz einer solchen hebräischen Vorlage von den Gewährsleuten des Epiphanius ja ausdrücklich behauptet.[10] Merkmale eines hebraisierenden Sprachstils sind aber auch im griechischen Text, vor allem im narrativen Kern der Erzählung, noch erkennbar. In der Literatur ist die literarische Eigenständigkeit des Ebionäerevangeliums an dieser Stelle strittig. Stattdessen wird meist eine direkte Abhängigkeit von Lk oder Mt behauptet. Es zeigen sich jedoch ebenso enge Anklänge an Joh und Mk, so dass hinter dem Evangelium auch eine frühe Evangelienharmonie vermutet wurde. Allerdings könnten die oft ursprünglichere Textform und die eigenständige narrative Struktur, aber auch die engen Parallelen zur urchristlichen Predigt in der Apg (gegen den Wortlaut der Evangelien) Hinweis auf Kenntnis einer eigenständigen Überlieferung sein.[11] Dabei

[10] ἑβραϊκὸν δὲ τοῦτο καλοῦσιν (Ebion 4). Zur grundsätzlichen Frage der altkirchlich bezeugten hebräischen Evangelien, auf die hier nicht eingegangen werden kann, vgl. oben S. 144. Speziell im Fall der Täuferperikope deutet ein bisher weithin unbeachtetes Indiz darauf hin, dass die Fassung des Ebion in der Tat auf hebräische Vorstufen zurückgeht: Die in Ebion 3 erwähnte Lichterscheinung bei der Taufe Jesu (καὶ εὐθὺς περιέλαμψε τὸν τόπον φῶς μέγα) wird auch in Tatians Diatessaron erwähnt (Ephraem, Kommentar zum Diatessaron 4:5, ed. Lange, *Ephraem*, 2008, 202), außerdem in den lateinischen Handschriften a und g[1] zu Mt 3,15, vgl. Petersen, *New Testimonium*, 1996, 107; vgl. auch Zahn, *Matthäus*, 1905, 24 und Bauer, *Leben Jesu*, 1909, 134–139. Parallel dazu existiert jedoch auch eine alte Überlieferung von Feuer (πῦρ) anstelle des Lichts, etwa bei Justin Dial. 88,3, ed. Marcovich, *Dialogus*, 1997, 223; Sib 6,4–7; 7,84, ed. Geffcken, *GCS 8*, 1902, 130.137; Pseudo-Cyprian, De Rebaptismate 17, ed. Hartel, *CSEL 3.3*, 1871, 90, der als Zeugen eine ältere Schrift, die „praedicatio paulli", anführt. Weitere Belege bei Winkler, *Licht-Erscheinung*, 1994. In den Hymnen des Romanos Melodos erscheinen Feuer- und Lichterscheinung nebeneinander: πῦρ in der ersten Hymne über die Epiphanie (XVI.14.7–10, ed. Grosdidier de Matons, *SC 110*, 1965, 254), φῶς in der zweiten Hymne (XVII.1.1–4, ebd. 270). Während die letztere vermutlich auf den (allgemein anerkannten) Einfluss des Diatessarons auf Melodos zurückgeht, scheint die Feuererscheinung hier aus einer parallelen, vom Diatessaron unabhängigen, Überlieferung zu stammen. Als Erklärung für die beiden Versionen wurde verschiedentlich ein Lesefehler in der syrischen Überlieferung angenommen, der von *nura* (Feuer) zu *nuhra* (Licht) führte, vgl. Winkler, *Licht-Erscheinung*, 1994, 184. Soweit ich es sehe, wurde jedoch bisher die Möglichkeit nicht in Betracht gezogen, dass hinter den zwei unterschiedlichen Traditionen von „Licht" und „Feuer" ein *hebräisches* אור stehen könnte, das dann als אוּר (Feuer) oder אוֹר (Licht) gelesen werden konnte. Sowohl die Bezeugung der Überlieferung im judenchristlichen Ebionäerevangelium als auch die Nähe Tatians zu den judenchristlichen Evangelien (vgl. Petersen, *Diatessaron*, 1994, 427–428) machen eine solche Annahme wahrscheinlich. Randall Buth hat, in persönlicher Konversation, eine ähnliche Mehrdeutigkeit hinter Mk 14,54 (θερμαινόμενος πρὸς τὸ φῶς) vermutet: Dort hat sich Petrus wohl kaum „dem Licht entgegen", sondern vermutlich „am Feuer" gewärmt. Dies jedenfalls entspräche einem hebräischen Idiom: vgl. והוי מתחמם כנגד אורן („wärme dich am Feuer der Weisen") in mAv 2,10 (Marti/Beer 55); par. ARN A 15,26 (Becker 160); außerdem להתחמם כנגד אורה in MekhY בחדש 4 zu Ex 19,18, (Horovitz/Rabin 215) u.ö.

[11] Vgl. zudem die Beobachtungen in der vorangehenden Fußnote, die auf die Existenz eines ursprünglich hebräischen Ebionäerevangeliums hindeuten. Ausführlicher geht Bois-

scheint die Textform in Ep. Pan 30.13.4–5 bereits stärker von den kanonischen Evangelien beeinflusst zu sein, während Ep. Pan 30.13.6 eine ursprüngliche und eigenständigere Form zu bewahren scheint.[12] Ich verwende im Folgenden die Verseinteilung des Ebionäer-Evangeliums, wie sie von Vielhauer und Strecker vorgenommen wurde:[13]

Ebion 1 (= Ep.Pan 30.13.6)

ἡ δὲ ἀρχὴ	Der Anfang aber
τοῦ παρ' αὐτοῖς εὐαγγελίου ἔχει ὅτι	ihres Evangeliums lautet:
«ἐγένετο ἐν ταῖς ἡμέραις Ἡρῴδου	"Es geschah in den Tagen des Herodes,
βασιλέως τῆς Ἰουδαίας	des Königs von Judäa,
<ἐπὶ ἀρχιερέως Καϊάφα>,	unter dem Hohepriester Kaiphas,
ἦλθέν <τις> Ἰωάννης <ὀνόματι>	da kam einer, Johannes mit Namen,
βαπτίζων βάπτισμα μετανοίας	und taufte mit der Bußtaufe
ἐν τῷ Ἰορδάνῃ ποταμῷ,	im Flusse Jordan.
ὃς ἐλέγετο	Man sagte von ihm,
εἶναι ἐκ γένους Ἀρὼν τοῦ ἱερέως,	er sei aus dem Geschlecht des Priesters Aaron,
παῖς Ζαχαρίου καὶ Ἐλισάβετ,	ein Sohn des Zacharias und der Elisabeth;
καὶ ἐξήρχοντο πρὸς αὐτὸν πάντες».	und es zogen zu ihm alle hinaus."

Ebion 2 (= Ep.Pan 30.13.4–5)

καί «ἐγένετο Ἰωάννης βαπτίζων,	Und: "Es begab sich, dass Johannes taufte,
καὶ ἐξῆλθον πρὸς αὐτὸν Φαρισαῖοι	und es zogen zu ihm hinaus Pharisäer
καὶ ἐβαπτίσθησαν	und wurden getauft
καὶ πᾶσα Ἱεροσόλυμα.	und ganz Jerusalem.
καὶ εἶχεν ὁ Ἰωάννης ἔνδυμα	Und Johannes hatte ein Gewand
ἀπὸ τριχῶν καμήλου	von Kamelhaaren
καὶ ζώνην δερματίνην	und einen ledernen Gürtel
περὶ τὴν ὀσφὺν αὐτοῦ.	um seine Lenden,
καὶ τὸ βρῶμα αὐτοῦ, φησί,	und seine Speise war, wie es heißt,
μέλι ἄγριον,	wilder Honig,
οὗ ἡ γεῦσις ἡ τοῦ μάννα,	dessen Geschmack der des Mannas war,
ὡς ἐγκρὶς ἐν ἐλαίῳ»·	wie Kuchen in Öl."
ἵνα δῆθεν μεταστρέψωσι	So wollten sie
τὸν τῆς ἀληθείας λόγον εἰς ψεῦδος	das Wort der Wahrheit in Lüge verkehren
καὶ ἀντὶ ἀκρίδων	und anstelle von Heuschrecken
ποιήσωσιν ἐγκρίδα ἐν μέλιτι.	Kuchen in Honig setzen.

MARD, *Ebionites*, 1966, 327–331, der Frage nach der Eigenständigkeit des Ebionäerevangeliums nach. Auch MARXSEN, *Markus*, 1956, 20 spricht sich für die Eigenständigkeit aus.

[12] BOISMARD, *Ebionites*, 1966, sieht in Ebion 1 eine usprüngliche und eigenständige Überlieferung, in Ebion 2 hingegen eine durch Mt beeinflusste Fassung, die aber ebenfalls auf eine ursprüngliche Quelle zurückgeht.

[13] VIELHAUER/STRECKER, *Judenchristliche Evangelien*, 1987, 140–141.

1.1.6 Unterschiedliche Erklärungsmodelle

Der komplexe Befund der Täuferperikope stellt eine Herausforderung für jede synoptische Theorie dar, und Untersuchungen zur Stelle liegen von Vertretern aller größeren Modelle vor. Befürworter der herkömmlichen Zweiquellenhyopthese greifen dabei meist auf ergänzende Aushilfshypothesen zurück, die den „harten Kern" (Lakatos) der Hypothese ergänzen: Dazu zählen Annahmen einer vormarkinischen Erzähltradition, einer Abhängigkeit des Mk von Q oder auch eines erweiterten Verständnisses von Q als narrative Quelle. Aber auch die Vertreter alternativer synoptischer Entwürfe haben zur vorliegenden Stelle verschiedene Untersuchungen vorgelegt, die jeweils eine eigene innere Schlüssigkeit und „explanatorische Kraft" (Lakatos) aufweisen: Dazu zählt die Annahme einer deuteromarkinischen Überarbeitung des Mk,[14] einer reinen Priorität des kanonischen Mt,[15] einer Priorität von „Mk ohne Q"[16], einer „Drei-Quellen-Hypothese"[17] und einer protolukanischen hebräischen Vorlage.[18] Boismard hat anhand der vorliegenden Stelle einen ersten Entwurf seines komplexen Mehrstufenmodells vorgelegt.[19] Burkett findet in der Täuferperikope Spuren von vier verschiedenen Quellen (PMA, PMB, C und Q).[20] Auch der Rückgriff auf fest geprägte mündliche Tradition wird weiterhin als Möglichkeit genannt.[21]

1.2 Religionsgeschichtliche Hintergründe

Die enge Verwandtschaft der Johannestaufe zu vergleichbaren Erscheinungen im Judentum zur Zeit des zweiten Tempels ist hinlänglich bekannt und

---

[14] Fuchs, *Überschneidungen*, 1980. Der zweite Teil wurde jetzt erneut herausgegeben bei Fuchs, *Bedeutung*, 2004.

[15] McNicol/Dungan, *Impasse*, 1996, 71–72.

[16] Goulder, *Luke I*, 1989, 270–273. Schon Schlatter, *Lukas*, 1931, 33 und 211, vermutete, dass Mk und Mt hier Lk als Vorlage dienten, während er den „Neuen Erzähler" erst ab Lk 3,10 als Quelle annimmt.

[17] Gundry, *Matthew*, 1994, 41: Überlappung von Mk und Q sowie Benutzung des Mt durch Lk.

[18] Sahlin, *Studien*, 1949.

[19] Boismard, *Ebionites*, 1966, identifiziert drei vorsynoptische Quellen: X (="Mk-primitive", eine kurze Beschreibung des Täuferauftretens, die sich auch in Joh 3,23 und Ebion 2 wiederfinde, dort jedoch zusätzlich beeinflusst durch den kanonischen Mt); Y (="Mt-hebreu", auf den auch Joh 3,22.26 und Apg 19,4 zurückgehen); und Z (eine erweiterte Form von Y, die den drei Synoptikern zugrunde liegt). Damit legt er die Grundlagen für seine später ausführlicher formulierte Theorie multipler Quellenschichten (vgl. oben S. 210).

[20] PM: Mk 1,2a.3–4; PMA: Mk 1,5; Mt 3,5. PMB: Lk 3,3b;. C: Mk 1,1.2b.6; Mt 3,1b. 2.4. Q: Lk 3,2b; Lk 3,3a//Mt 3,5b; Lk 3,7–9//Mt 3,7–10. Vgl. Burkett, *Gospel Sources*, 2004, 225–228 und unten S. 523.

[21] Stein, *Agreements*, 1992, 501.

bereits mehrfach untersucht werden.[22] Sie braucht daher hier nicht ausführlich thematisiert zu werden. Zusammenfassend sollen lediglich folgende Beobachtungen erwähnt werden:

a) Ein Ursprung der Täufertradition in tatsächlichen historischen Ereignissen wird kaum bezweifelt.[23] Dafür spricht nicht zuletzt auch das ausführliche Zeugnis des Josephus (Ant 18,116–119).

b) Biblische Vorbilder für die Taufe des Johannes sind zunächst in den Tauchbädern zu suchen, wie sie in Lev 14,1–9; 15,1–13; Num 19,11–13 u.ö. zur Wiederherstellung kultischer Reinheit vorgeschrieben sind. Dass diese Ritualbäder auch in der Zeit des zweiten Tempels noch zum religiösen Alltag gehörten, zeigen nicht nur die ausführlichen Vorschriften in der Mischna, sondern auch Notizen in der zeitgenössischen jüdischen Literatur[24] und, nicht zuletzt, die Fülle der archäologischen Überreste von Ritualbädern (*miqwaot*) aus dieser Periode.[25] Auch wenn die archäologischen Befunde darauf hindeuten, dass die in der Mischna niedergelegten Vorschriften vor der Zerstörung des Tempels noch nicht überall universelle Gültigkeit hatten, so waren sie doch in dieser Zeit bereits weit verbreitet:

„In fact, the evidence may be read to support the notion that the sages were normatizing traditions that were already in use among some people, most likely the Pharisees, in the period before their greatest influence."[26]

Die Tatsache, dass *miqwaot* nicht nur in der Umgebung des Tempels in Jerusalem, sondern auch z.B. in Verbindung mit Synagogen (Gamla, Masada, Herodion) oder auch in Privathäusern (Sepphoris) gefunden wurden,[27] zeigt dabei, dass sich die Verwendung des Ritualbades auch über den spezifisch kultischen Bereich hinaus in andere Bereiche des Lebens ausbreitete. Ihr genauer Zweck, abseits vom Tempelkult, kann jedoch nur noch vermutet werden. Vielleicht dienten die Bäder auch zur Vorbereitung auf gemeinsame „heilige Mahlzeiten" oder auf den Umgang mit „heiligen Schriften" etwa im Synagogengottesdienst.[28] Wright unterscheidet aufgrund der zeit-

---

[22] Zusammenfassungen in allen Kommentaren, vgl. außerdem Reicke, *Verkündigung*, 1976; Brown, *John*, 1997; McDonald, *John the Baptist*, 2000; Ernst, *Johannes*, 1989; Barth, *Taufe*, 1982; Tilly, *Johannes*, 1995.

[23] Davies/Allison, *Matthew I*, 1988, 287. Wiefel, *Matthäus*, 1998, 52; Fitzmyer, *Luke I*, 1981, 454; Trocmé, *Marc*, 2000, 23 u.a.

[24] Philo SpecLeg 1,119; 1,191; II Makk 12,38; Jdt 12,7–8; Sib 3,591–593, ed. Geffcken, *GCS 8*, 1902, 78.

[25] Mehr als 300 wurden bereits 1990 gezählt, vgl. Wright, *Ritual Baths*, 1997, 195. Vgl. aber dort auch dessen Bemerkungen zur „maximalistischen" und „minimalistischen" Zählung und die Frage nach der Definition einer *miqweh*.

[26] Wright, *Ritual Baths*, 1997, 193.

[27] Reich, *Miqweh*, 1995, 295–297.

[28] Reich, *Miqweh*, 1995, 296. Reich weist jedoch darauf hin, dass die Verbreitung von *miqwaot* nach der Zerstörung des Tempels, also in der Zeit von Misshna und Talmud,

genössischen Literatur zwei mögliche Anlässe für Reinigungsbäder: (1) zur Beseitigung von Unreinheit, die dem Zugang zum Tempel im Wege stünde, und (2) zur Reinigung in Vorbereitung auf andere religiöse Akte oder „zur Begegnung mit dem Göttlichen".[29] Obwohl die Ritualbäder sicherlich im Hintergrund der Johannestaufe stehen, sind jedoch auch deutliche Unterschiede zu erkennen: So steht bei Johannes nicht die kultische Reinheit, sondern die Forderung der Umkehr im Zentrum. Auch die hervorgehobene Person eines „Täufers" und dessen Predigt ist im Zusammenhang der Ritualbäder unbekannt. Ob sich die Johannestaufe außerdem auch durch ihre Einmaligkeit von den üblichen Ritualbädern unterschied, ist nicht sicher. In den Texten wird eine Einmaligkeit der Johannestaufe nicht explizit erwähnt.[30] Ein weiterer wichtiger Unterschied zwischen den alltäglichen Ritualbädern und der Johannestaufe besteht jedoch in der endzeitlichen Ausrichtung. Dahinter steht die Erwartung endzeitlicher Reinigung und Erlösung, die in biblischen und nachbiblischen Texten ebenfalls mit Bildern von Waschung oder Besprengung verbunden ist (Sach 13,1–2; Jes 4,2–6; Ez 47,1–12; Jer 33,8; Jub 1, 23),[31] ebenso wie die Erwartung eines endzeitlichen Erlassjahres zur allgemeinen Sündenvergebung.[32]

c) Eine enge Verwandtschaft besteht zudem zu den essenischen bzw. essenisierenden Gruppen, die hinter den Schriften von Qumran vermutet werden.[33] Nicht nur die Praxis der Tauchbäder, sondern auch die Erwartung des nahen Gerichts und die Wahl der Wüste als Heilsort sind verwandte Elemente. Markante Unterschiede zur essenischen Bewegung liegen jedoch in der (vermutlichen) Einmaligkeit der Johannestaufe,[34] in der Bedeutsamkeit der Taufe (rituelle Reinheit in Qumran, Bußtaufe bei Johannes), in der her-

---

drastisch zurückging. *Miqwaot* in direkter Verbindung mit Synagogen lassen sich für diese Periode nicht mehr nachweisen. Vermutlich wurde durch den ordnenden Einfluss der tannaitischen Überlieferung der ausgeweitete Gebrauch ritueller Waschungen wieder eingeschränkt.

[29] Wright, *Ritual Baths*, 1997, 209.

[30] Gegen eine Einmaligkeit der Johannestaufe sprechen z.B. Chilton, *John the Baptist*, 2002, 37, und Fitzmyer, *Luke I*, 1981, 454: „There is, to be sure, no evidence that the ritual washings in the Essene community were either unique, initiatory or not-to-be-repeated; and there is none that John's was such".

[31] Berger, *Jubiläen*, 1981, vgl. auch Bock, *Luke I*, 1994, 299 u.a.

[32] Notley, *Kingdom*, 2000, 308–309.

[33] Vgl. neben den Kommentaren Seitz, *Praeparatio*, 1963; Gnilka, *Täufer*, 1963; Lichtenberger, *Dead Sea Scrolls*, 1992; im Rahmen dieser Untersuchung gehe ich trotz der in neuerer Zeit angemahnten Vorsicht zunächst weiterhin davon aus, dass zwischen den Schriften von Qumran, den archäologischen Funden von Khirbet Qumran und den aus den antiken Quellen bekannten Essenern ein, wie auch immer gearteter, innerer Zusammenhang besteht.

[34] Gnilka, *Markus I*, 1978, 45 und Gnilka, *Täufer*, 1963, 48. Vgl. aber die Zweifel an der Einmaligkeit der Johannestaufe unter Punkt a).

vorgehobenen Position des Taufenden sowie in der Universalität der Predigt des Johannes, die sich an das ganze Volk wendet und eben nicht nur an eine besonders herausgehobene Gruppe.[35]

d) Wenn die Johannestaufe tatsächlich nicht wiederholbar war, dann hat zumindest dieser Aspekt seine engste Parallele in der Proselytentaufe des rabbinischen Judentums.[36] In jedem Fall steht dort eine grundsätzliche Lebensänderung stärker im Vordergrund als bei der rituellen Reinigung. Auch die Verbindungslinien zur späteren christlichen Taufe als Initiationsritus der Gemeinde sind hier zu suchen. Jedoch liegen, abgesehen von der grundsätzlichen Frage nach der Entstehungszeit der Proselytentaufe, auch hier die Unterschiede auf der Hand: Denn der Bußruf des Johannes wendet sich ja gerade nicht an Heiden, sondern an das Volk Israel. Auch die endzeitliche Dringlichkeit der von Johannes angestoßenen Bußbewegung spielt in der Proselytentaufe ebenso wenig eine Rolle wie die Gerichtsandrohung.

e) Eine weitere Parallele zum Auftreten des Johannes liegt in den verschiedenen „Wüstenpropheten" des ersten Jahrhunderts und ihrer Anhängerschaft, die in den historischen Quellen genannt werden.[37] Diese sind jedoch schon unter einander so verschieden, dass sie kaum als einheitliches Phänomen zu betrachten sind, dem auch Johannes zuzurechnen wäre.[38] Auch fehlt bei Johannes jeder Hinweis auf eine militärische Aktivität. Die engste Verwandtschaft besteht noch zu Bannous, wobei dessen Asketizismus offenbar extremere Formen annahm und auch seine Taufpraxis eher an die täglichen Waschungen der Essener als an die einmalige Taufe des Johannes erinnert.[39]

f) Die traditionelle Lokalisierung der Taufperikope am südlichen Jordan bei Jericho[40] läßt schon auf der historischen Ebene des Täuferwirkens eine

---

[35] Auch andere jüdische Täufergruppen, wie etwa die „Morgentäufer" (טובלי שחרית), vgl. tYad 2,20 (Rengstorf 6:360), bBer 22a und yBer 3,6/3 (6c) sind hier zu nennen. Nach den rabbinischen Quellen handelt es sich um eine Gruppe, die mit den Pharisäern vor allem darüber stritt, ob man den Gottesnamen am Morgen aussprechen dürfe, bevor man ein Tauchbad genommen hat. Eine Identifizierung mit der Gemeinschaft aus Qumran, wie sie Dombrowski, *Morning Bathers*, 1999, anhand des Begriffs בני שחר in 4Q298 (=4QcryptA Words of the Maskil to All Sons of Dawn) 1–2 i:1 vermutet, muss fraglich bleiben.

[36] Belege bei Billerbeck, *Kommentar*, 1969, 1:102; als direktes Vorbild der Johannestaufe sieht sie Schniewind, *Markus*, 1949, 44.

[37] Bannous (Jos. Vita 10–12), ca. 53–56 n.Chr., Theudas (Jos. Ant 20,97–98), ca. 45 n. Chr., Jonathan von Kyrene (Jos. Bell 7,438), ca. 73 n. Chr. sowie der „Ägypter" aus Apg 21,38.

[38] Vgl. Chilton, *John the Baptist*, 2002, 31–32.

[39] Reicke, *Verkündigung*, 1976, 81.

[40] Zu vermuten ist, dass der Ort bereits von Johannes aufgrund seiner traditionsgeschichtlichen Bedeutsamkeit bewusst ausgewählt wurde, vgl. Riesner, *Bethanien*, 2002,

enge Verbindung zu biblischen Exodus- und Landnahmetraditionen vermuten, die mit dieser Gegend eng verbunden waren. Bereits Jos 3,1–17 und II Kg 2,14 spiegeln frühe Traditionen von der Vergegenwärtigung des Schilfmeerwunders am heimischen Jordan wieder, die wohl auch noch zur Zeit des Johannes dort erinnert wurden.[41] In den Prophetenbüchern findet sich dann die eschatologisierte Aufnahme des Motivs in der Erwartung eines „neuen Exodus": In Ez 36,22–38 etwa wird die Rückführung aus den Völkern mit einer Reinigung durch Wasser und der damit verbundenen Erneuerung des Menschen verbunden. Bei Deuterojesaja (Jes 52,11f.; 55,12; 51,9-11 u.ö.) wird der neue Exodus als neue Schöpfung dargestellt. Er führt hin zum Zion, von wo aus Jhwh für alle Völker sichtbar herrschen wird. Bereits hier werden also die Motive von Exodus und βασιλεία miteinander verbunden, wie es dann auch in der Täuertradition geschieht (vgl. unten Abschnitt 2.3). Die Wirksamkeit des Täufers war also vermutlich eng mit der eschatologischen Erwartung einer Sammlung und Rückkehr des verstreuten Gottesvolkes unter der Herrschaft Gottes verbunden, vorbereitet durch eine Zeit der Reinigung und inneren Erneuerung.[42]

g) Neben der Exodustradition bilden auch frühjüdische Traditionen von der endzeitlichen Wiederkehr des Elia[43] einen wichtigen Hintergrund für

---

22: „Nach schriftgelehrter Ansicht empfing das Volk Israel vor dem Heilsempfang am Sinai eine Taufe (I Cor 10,1–2; bJeb 46b). In einer Art von geographischer Zeichenhandlung wollte Johannes offensichtlich darauf hinweisen, dass ein unter dem Gericht stehendes Israel einer eschatologischen Taufe bedurfte, um erneut ins Gelobte Land einziehen zu können". Ebenfalls zu vermuten ist, dass Johannes auch durch seine vorherige Wirksamkeit außerhalb der Landesgrenzen von Judäa und Galiläa, insbesondere in der südwestlichen Batanäa (Βηθανίᾳ πέραν τοῦ Ἰορδάνου, Joh 1,28) und südlich von Skythopolis (Αἰνὼν ἐγγὺς τοῦ Σαλείμ, Joh 3,23) die endzeitliche Sammlung des zerstreuten Gottesvolkes aus allen Völkern in ähnlicher Weise geographisch-zeichenhaft abbilden wollte (vgl. dazu RIESNER, *Bethanien*, 2002, bes. 168–175).

[41] Nicht nur in alttestamentlicher (Jos 4,20), sondern vermutlich auch in neutestamentlicher Zeit erinnerten hier sichtbare Gedenksteine an diese heilsgeschichtlich bedeutsamen Traditionen, zumindest berichten davon Rabbinen des 2. Jahrhunderts (tSot 8,6-8; ySot 7,5 (21d)) und der Pilger von Bordeaux (ed. GEYER/CUNTZ, *Itinerarium*, 1965, 19). Das Täuferwort Mt 3,9 par. Lk 3,8 knüpft möglicherweise an diese Ortstradition (ἐκ τῶν λίθων τούτων) bewusst an. Ihm läge dann ein hebräisches, im aramäischen nicht mögliches, Wortspiel mit den Begriffen „Steine" (אבנים) und „Söhne" (בנים) zugrunde (vgl. auch Mt 21,38.42), was zusätzlich für ein hohes Alter des Wortes spräche, vgl. RIESNER, *Bethanien*, 2002, 22.

[42] Vgl. dazu GESE, *Johannesprolog*, 1977, 198-201 und STUHLMACHER, *Biblische Theologie*, 2005, 61. Wertvolle Anregungen verdanke ich an dieser Stelle auch meinem Zweitgutachter, Thomas Pola. Vgl. außerdem BROWN, *John*, 1997, 49; BÖHLEMANN, *Täufer*, 1997, 49; SCHRÖTER, *Son*, 2001, 45.

[43] Einen Überblick über die Entwicklung der Elia-Tradition in biblischer und nachbiblischer Zeit bietet MOLIN, *Elijahu*, 1952; von den vielen folkloristisch anmutenden Erscheinungen des Elia vor Einzelnen und Gruppen in der rabbinischen Tradition heben sich dabei Traditionen ab, die, ähnlich wie auch die Literatur von Qumran, das endzeitli-

die neutestamentlichen Täuferüberlieferungen. Dass diese Eliatraditionen schon in frühe Zeit zurückreichen, zeigt sich nicht nur in Mal 3,1.22-23, sondern auch z.B. in der frühen Rezeption dieses Textes in Sir 48. Auch die Ankündigung eines „Propheten“ zusammen mit den „Gesalbten aus Aaron und Israel“ in der Gemeinderegel von Qumran (und ähnlich auch im Damaskusdokument),[44] sowie das Auftreten des Elia in dem apokalyptischen Fragment 4Q558[45] macht deutlich, dass diese Tradition bis in die Zeit Jesu und in das unmittelbare Umfeld des Täufers zurückreicht.[46]

Nicht nur die bereits genannte Lokaltradition aus II Kg 2,14 bringt die Wirksamkeit des Täufers mit solchen Elia-Erwartungen in Verbindung. Auch die möglichen früheren Wirkorte des Johannes im Norden des Landes weisen solche Verbindungen zur Eliatradition auf.[47] Darüber hinaus legt die vielfältige Aufnahme von Elia-Motiven in den neutestamentlichen Texten (Johannes, traditio triplex und duplex, lukanische Sonderüberlieferung) die Annahme nahe, dass eine Verbindung von Täufer und Elia auf historische Wurzeln zurückgeht. Die Herkunft des Johannes aus einer Priesterfamilie könnte seine Identifikation mit dem priesterlichen Messias (vgl. Anm. 43 und 44) gefördert haben. Der neutestamentlichen Überlieferung zufolge hat

che Auftreten des Elia in messianischer Zeit erwarten: „Sandtest du nicht jeder Generation (scil. Israel in Ägypten) die Erlösung durch zwei Erlöser, wie es heißt: ‚Er sandte Mose, seinen Knecht; Aaron, den er erwählt hat‘ (Ps 105,26)? So sende auch diesem Geschlechte (scil. der messianischen Zeit) zwei, die jenen entsprechen: Es heißt ja: ‚Sende dein Licht und deine Wahrheit‘ (Ps 43,3). ‚Dein Licht‘ bezieht sich auf den Propheten Elia, den Sohn Aarons, und ‚deine Wahrheit‘ auf den Messias, den Sohn Davids“. MTeh 43,3 (134a), ed. Buber 2:267. Die biblische Erzählung von der Salbung der Könige Israels und Judas durch Elia im nordöstlichen Grenzgebiet (I Kg 19,15-18) hat zudem möglicherweise schon früh zu einer jüdischen Tradition geführt, derzufolge der künftige Messias durch Elia gesalbt werden müsse. Das jedenfalls legt die Aussage nahe, die Justin (Dial 8,4, ed. Marcovich, *Dialogus*, 1997, 85) seinem Gesprächspartner Trypho in den Mund legt.

[44] 1QS IX:11 (Lohse 32): (עד בוא נביא ומשיחי אהרון וישראל), vgl. CD VIII:15–IX:11.

[45] 4Q558 (=4QpapVision[b] ar) 54 ii:4 (Parry 6:148): לכן אשלך לאליה קשיטא.

[46] Notley, *Kingdom*, 2000, findet in PsSal 11,1–4, 11Q13 (=11QMelch), AssMos 10, 2–3 (ed. Fritzsche, *Assumptio Mosis*, 1989, 223), und PesR 35 (Ulmer 2:822–829) eine „common world of understanding concerning the future role of the eschatological prophet, which was based upon ancient Jewish testimonia regarding him“ (302), die sich auch im Täuferzeugnis Jesu widerspiegele. Alle diese Texte schöpfen aus den gleichen biblischen Motiven wie die vorliegende Perikope (Mal 3,1.22–24; Jes 52,7; 40,3–4).

[47] Zur Lokalisierung von zwei früheren Tauforten vgl. oben Anm. 40. Beide Orte haben eine gewisse Nähe zum Herkunftsort des Elia (Tishbe in Gilead). Die südwestliche Batanäa ist zudem Handlungsort der Episode von der Salbung der Könige Israels und Judas durch Elia (vgl. Anm. 43), die Taufstelle südlich von Skythopolis ist Ort der Berufung Elias durch Elia (vgl. I Kg 19,16–21 und Riesner, *Bethanien*, 2002, 145–147).

er diese Zuweisung zwar selbst abgelehnt, sich aber durchaus mit der *Rolle*, die einem wiederkehrenden Elia zugeschrieben wurde, identifiziert.[48]

h) Als weiterer Bezugspunkt zum Verständnis der Johannestaufe ist natürlich die spätere Taufpraxis der christlichen Gemeinden zu nennen. Dass hier eine direkte Linie von der Tauftätigkeit des Johannes über die prototypische Taufe Jesu hin zur Taufpraxis der frühen Gemeinde führt, ist schon daraus ersichtlich, dass Elemente wie Umkehr, Sündenvergebung und Geistempfang in beiden Traditionssträngen eine Rolle spielen.[49] Aber auch hier hat die Tradition ein Gespür für die Unterschiedlichkeit beider Taufen und ihre konkurrierenden Ansprüche bewahrt.

i) Eine Herleitung der Taufe aus den antiken Mysterienkulten oder anderen verwandten Wasser- und Passageriten ist angesichts der viel näher liegenden Bezüge aus dem jüdischen Umfeld heute kaum mehr nötig.[50] Spätestens die Schriftfunde vom Toten Meer, aber auch die wachsende Wertschätzung des rabbinischen Materials haben inzwischen deutlich gemacht, dass der Ursprung der neutestamentlichen Tauftraditionen nicht außerhalb der jüdischen Umwelt gesucht werden muss. Unbestreitbar ist aber sicher eine allgemeine religionsgeschichtliche Verwandtschaft der jüdischen Reinigungs- und Taufpraxis mit ähnlichen Phänomenen im gesamten Mittelmeerraum und Orient.

Angesichts der mannigfaltigen Parallelen, aber auch der offenkundigen Unterschiede, ist die Johannestaufe also als ein eigenständiges Phänomen zu betrachten, gleichzeitig jedoch auch als integraler Bestandteil einer verbreiteten und vielschichtigen Tauch- und Taufpraxis in der jüdischen Welt des zweiten Tempels.[51] An der Person des Täufers machten sich zudem offenbar vielfältige eschatologische Erwartungen fest, die ihre Wurzeln in den biblischen Motiven von Exodus, Landnahme sowie endzeitlicher Sammlung und Erneuerung des Gottesvolkes hatten, und die sich in der jüdischen Tradition schon früh mit der Erwartung eines priesterlichen Messias, zuweilen identifiziert mit dem wiederkommenden Elia, verbanden.

1.3 Abgrenzung der Perikope

Die Teilperikope vom Auftreten des Täufers (Mt 3,1–6 parr.) ist Bestandteil einer größeren Überlieferungseinheit, die vom Auftreten des Täufers bis

---

[48] Vgl. Joh 1,19-21 und Riesner, *Bethanien*, 2002, 129–130.

[49] Inwiefern sie in die Johannestradition erst rückwirkend eingetragen wurden, wird kaum noch festzustellen sein und kann im Einzelnen nur aus dem Vergleich mit der übrigen jüdischen Taufpraxis erschlossen werden.

[50] Thyen, *βάπτισμα*, 1964, 99: „Man wird jedenfalls gut daran tun, die alte ... Alternative Judentum oder Hellenismus nicht nur in unserem Zusammenhang als eine unfruchtbar gewordene, polemische Kategorie endlich zu den Akten zu legen".

[51] Vgl. Thyen, *βάπτισμα*, 1964, 100.

zur Perikope von der Versuchung (Mt 3,1–4,11) reicht. Literarische Merkmale, vor allem die Komplexität der Quellenlage, sind über die gesamte Ausdehnung dieser Perikope zu erkennen. Die vorliegende Untersuchung wird sich jedoch aus methodischen Gründen auf die ersten sechs Verse dieser größeren Einheit beschränken, ohne eine literarische Eigenständigkeit dieser Überlieferungseinheit vorauszusetzen oder zu behaupten.

Das Schriftzitat in Mk 1,2, das eine wörtliche Parallele in Mt 11,10/Lk 7,27 hat, macht jedoch auch einen Rückgriff auf die Perikope von der „Täuferanfrage“ bzw. „Jesu Zeugnis über den Täufer“ (Mt 11,2–21/Lk 7,24–35; 16,16) nötig, ohne dass diese jedoch ihrerseits ausführlicher untersucht werden kann. Auch dort findet sich eine Reihe von zusammengehörigen Perikopen, die sich mit der Person Johannes des Täufers beschäftigen. Zur einfacheren Unterscheidung werde ich den Komplex Mt 3,1–4,11 parr. im Folgenden als „Täuferkomplex I“ bezeichnen, den Komplex Mt 11,2–21/Lk 7,24–35; 16,16 als „Täuferkomplex II“.[52]

2. Einzeluntersuchungen

2.1 Das Auftreten des Täufers

Der narrative Kernbestand vom Auftreten des Täufers besteht in den drei synoptischen Evangelien aus einer kurzen Notiz über sein „Kommen“ und seine Tätigkeit (vgl. Tabelle 6):[53]

Ergänzt werden diese Berichte durch weitere Notizen über Johannes in verschiedenen neutestamentlichen und außerkanonischen Schriften, sowie durch Überlieferungsstücke, die möglicherweise ursprünglich dem Täufer anhafteten, dann aber auf Jesus übertragen wurden.[54] Zudem tauchen parallele Überlieferungen möglicherweise auch nebeneinander im gleichen Evangelium auf. Diese zusätzlichen Parallelen werden in Tabelle 7 nebeneinander gestellt.

---

[52] MEIER, *Marginal Jew*, 1991–2001, II:27–28, unterscheidet unter Bezug auf die Einteilung bei ERNST, *Johannes*, 1989, 39–40 zwischen „Baptist Block I“ (Mt 3,7–12/Lk 3,7–9,15–18) und „Baptist Block II“ (Mt 11,2–19/Lk 7,18–35). Beide versuchen jedoch zwischen dem Täufermaterial in „Q“ und „Mk“ zu unterscheiden, eine Einteilung, die sich im Laufe dieser Untersuchung als nicht durchführbar erweisen wird. Ich teile daher etwas pauschaler ein.

[53] Eine synoptische Darstellung, die auch die Parallelen aus Joh, Ebion und Apg einschließt, ist hier nicht möglich. Eine Übersicht in 7 Spalten bei BOISMARD, *Ebionites*, 1966, Pl. XII.

[54] BOISMARD, *Ebionites*, 1966, 335 nimmt eine solche Übertragung z.B. für Joh 3,22.26 an; eine weitere Übertragung von Täufer-Traditionen auf Jesus nimmt LOWE, *Parable*, 1982, 258 für das Gleichnis von den Weingärtnern (Mt 21,33–46) an.

Mt 3,1–2	*Mk 1,4*	*Lk 3,1–3*
Ἐν δὲ ταῖς		Ἐν ἔτει δὲ πεντεκαιδεκάτῳ
ἡμέραις ἐκείναις		τῆς ἡγεμονίας Τιβερίου Καίσαρος,
		ἡγεμονεύοντος
		Ποντίου Πιλάτου τῆς Ἰουδαίας,
		καὶ τετρααρχοῦντος
		τῆς Γαλιλαίας Ἡρῴδου,
		Φιλίππου δὲ τοῦ ἀδελφοῦ αὐτοῦ
		τετρααρχοῦντος τῆς Ἰτουραίας
		καὶ Τραχωνίτιδος χώρας,
		καὶ Λυσανίου
		τῆς Ἀβιληνῆς τετρααρχοῦντος,
		ἐπὶ ἀρχιερέως Ἅννα καὶ Καϊάφα,
παραγίνεται	ἐγένετο	ἐγένετο
Ἰωάννης	Ἰωάννης	ῥῆμα θεοῦ ἐπὶ Ἰωάννην
ὁ βαπτιστὴς	[ὁ] βαπτίζων	
		τὸν Ζαχαρίου υἱὸν
κηρύσσων		
ἐν τῇ ἐρήμῳ	ἐν τῇ ἐρήμῳ	ἐν τῇ ἐρήμῳ
τῆς Ἰουδαίας		
[καὶ]	καὶ	καὶ ἦλθεν
		εἰς πᾶσαν [τὴν] περίχωρον
		τοῦ Ἰορδάνου (vgl. Mt 3,5)
λέγων·	κηρύσσων	κηρύσσων
	βάπτισμα	βάπτισμα
μετανοεῖτε·	μετανοίας	μετανοίας
	εἰς ἄφεσιν ἁμαρτιῶν	εἰς ἄφεσιν ἁμαρτιῶν
ἤγγικεν γὰρ		
ἡ βασιλεία		
τῶν οὐρανῶν.		

Tabelle 6: Mt 3,1–2 parr. im synoptischen Vergleich

Joh 1,6.28; 3,23	*Joh 3,22.26*	*Ebion 4 & 2*	*Ebion 1*	*Apg 19,4*
ἐγένετο		ἐγένετο	ἐγένετο	
	μετὰ ταῦτα		ἐν ταῖς ἡμέραις	
			Ἡρῴδου βασιλέως	
			τῆς Ἰουδαίας [ἐπὶ	
			ἀρχιερέως Καϊάφα],	
	ἦλθεν		ἦλθέν	
ἄνθρωπος,		τις ἀνὴρ	[τις]	
ἀπεσταλμένος				
παρὰ θεοῦ,				
ὄνομα αὐτῷ		ὀνόματι		
Ἰωάννης·	ὁ Ἰησοῦς	Ἰησοῦς	Ἰωάννης	Ἰωάννης
	(...)		[ὀνόματι]	
ἦν		ἐγένετο		
[δὲ καὶ]	καὶ			
ὁ Ἰωάννης		Ἰωάννης		
βαπτίζων	ἐβάπτιζεν.	βαπτίζων,	βαπτίζων	ἐβάπτισεν
(1,28=3,23)			βάπτισμα	βάπτισμα
			μετανοίας	μετανοίας
ἐν Αἰνὼν			ἐν τῷ Ἰορδάνῃ	
ἐγγὺς τοῦ Σαλείμ			ποταμῷ,	
			ὃς ἐλέγετο	
			εἶναι ἐκ γένους Ἀρὼν	
			τοῦ ἱερέως, παῖς	
			Ζαχαρίου	
			καὶ Ἐλισάβετ,	
				τῷ λαῷ
				λέγων
	καὶ πάντες	καὶ	καὶ	
				εἰς τὸν
	ἔρχονται	ἐξῆλθον	ἐξήρχοντο	ἐρχόμενον
	πρὸς αὐτόν	πρὸς αὐτὸν	πρὸς αὐτὸν	μετ᾽ αὐτὸν
		Φαρισαῖοι καὶ	πάντες	
		ἐβαπτίσθησαν		
		καὶ πᾶσα		ἵνα
		Ἱεροσόλυμα.		πιστεύσωσιν

Tabelle 7: Außersynoptische Parallelen zu Mt 3,1–2

Die einzelnen Elemente dieses narrativen Grundbestandes sollen im Folgenden auf ihre sprachliche Eigenart und mögliche Herkunft untersucht werden. Es wird deutlich, dass allen diesen Überlieferungen, trotz der Unterschiede in Anordnung, Wortwahl und Syntax, ein narrativer Kernbestand gemeinsam ist, der sich bis in viele Details der Formulierung hineinzieht:

1. Auftreten des Täufers: „Und es kam / erschien / trat auf / war ..."
2. Name des Täufers: „Johannes (der Täufer/der Taufende) ..."
3. Tätigkeit des Täufers: „und taufte / predigte ..."
4. Kommen der Zuhörer: „es kamen zu ihm ..."
5. Taufe der Zuhörer: „... und sie wurden getauft."

Andere Elemente finden sich zwar nicht in allen Fassungen, sind aber dennoch mehrfach bezeugt, möglicherweise also Teil einer sekundären Stufe der gemeinsamen vorsynoptischen Tradition:

6. Einleitende Zeitangabe (nicht bei Mk, Ebion 2)
7. Ortsangabe (nicht bei Ebion)
8. Motiv der Umkehr (nicht bei Joh, Ebion 2)

2.1.1 *ἐγένετο / παραγίνεται Ἰωάννης*

Auch wenn alle Überlieferungsstücke vom „Kommen" des Täufers sprechen, so unterscheiden sie sich doch auffällig in der Formulierung:

a) nicht-narratives ἐγένετο: Mk 1,4; Joh 1,6; Ebion 1 („es trat auf ..."?[55])
b) nicht-narratives ἐγένετο + ῥῆμα θεοῦ: Lk 3,2 („es geschah das Wort ... an...")
c) narratives ἐγένετο + Zeitangabe + finites Verb: Ebion 2 („es begab sich, dass...")
d) παραγίνεται: Mt 3,1 („es kam...")
e) ἦν: Joh 1,28; 3,23 (im Sinne von "es trat auf... / es erschien...")

In anderen, weniger ausführlichen Erwähnungen des Täufers werden außerdem Konstruktionen mit ἐλήλυθεν (Lk 7,33), ἐγήγερται (Mt 11,11) oder mit

---

[55] So die übliche Übersetzung. Grundmann, *Markus*, 1989, 36: „ein Semitismus, der sich mit ‚auftreten' umschreiben läßt." Belege fehlen dort jedoch. Grundmann verweist zwar auf Lohmeyer, *Markus*, 1951, 12 Anm.4, aber auch dort finden sich keine Belege für eine solche Verwendung von ἐγένετο etwa in der LXX. Die von Lohmeyer angebotene Übersetzung „es geschah, dass Johannes der Täufer sein Wirken begann" entspräche dem biblisch-narrativen ἐγένετο + Zeitangabe + finites Verb, das aber hier gerade nicht vorliegt. Falls Grundmann hier an das hebräische Verb בוא denkt, dann bezeichnet dieses im Hebräischen tatsächlich häufig das Auftreten einer Person. Allerdings wird בוא in der LXX nie mit ἐγένετο wiedergegeben. Von insgesamt 2547 Vorkommen des Verbes werden überhaupt nur drei mit einer Form von γίνομαι wiedergegeben (II Sam 24,13; I Kg 21,4; Hi 14,14), in I Kg 21,4 ist jedoch nur eine lockere Paraphrase, so dass ἐγένετο. auch hier nicht dem heb. בוא korrespondiert. Allenfalls das mt παραγίνεται wäre eine wahrscheinlichere Wiedergabe eines solchen בוא, allerdings bliebe dann die Entstehung der übrigen synoptischen Varianten unerklärlich. παραγίνεται ist zudem ein matthäisches Vorzugswort und hier eher redaktionell.

einfachem Hauptsatz Ἰωάννης ἐβάπτισεν (Apg 19,4) verwendet. Die breite Varianz in der griechischen Formulierung bei gleichzeitiger Nähe in Inhalt und Duktus legt die Vermutung nahe, dass die unterschiedlichen Traditionen in eine frühe, möglicherweise noch semitisch geprägte, Phase der Überlieferung zurückreichen. Die Frage nach einer möglichen Entsprechung im Hebräischen muss daher nach vergleichbaren narrativen Einheiten in der hebräischen Literatur suchen, also nach Texten, in denen handelnde Personen neu eingeführt werden oder ihr erstes Auftreten beschrieben wird. Die folgenden Varianten für einen vergleichbaren Erzählanfang finden sich dabei in der hebräischen Literatur:

a) היה + Name (im Sinne von „es trat auf, es erschien“)
b) היה bzw. ויהי + איש + ושמו + Eigenname (bzw. Eigenname + שמו)
c) היה bzw. ויהי + Partizip (periphrastische Konstruktion)[56]

Diese Möglichkeiten der narrativen Konstruktion, und Möglichkeiten ihrer Wiedergabe im Griechischen, sollen zunächst untersucht werden. Konstruktion (a) findet sich im biblischen Hebräisch nur einmal zur Einführung einer Person:[57]

καὶ μετ᾽αὐτὸν (A: μετὰ τοῦτον)	וְאַחֲרָיו
ἀνέστη Σαμεγαρ υἱὸς Διναχ	הָיָה שַׁמְגַּר בֶּן־עֲנָת
καὶ ἐπάταξεν τοὺς ἀλλοφύλους	וַיַּךְ אֶת־פְּלִשְׁתִּים
(Ri 3,31 LXX B)	(Ri 3,31 MT)

Schon die hier gewählte Übersetzung der LXX zeigt, dass die hebräische Konstruktion vom Übersetzer als sperrig empfunden wurde und nur mit Hilfe eines eingefügten starken Verbs wiedergegeben werden konnte. Aber auch im hebräischen Text steht das היה nicht ganz allein als starkes Verb, sondern bezieht sich nach rückwärts auf das ואחריו. Es ist also nicht unmittelbar einsichtig, warum ἐγένετο Ἰωάννης, wie von Grundmann und Lohmeyer behauptet,[58] ein Semitismus sein soll, der sich mit „auftreten“ übersetzen lasse. Die Konstruktion entspricht vielmehr weder hebräischem noch griechischem Sprachgebrauch, kann also auch hier kaum als Vorlage angenommen werden.

Konstruktion (b), deren griechisches Äquivalent auch in der Täuferüberlieferung mehrfach auftaucht, ist hingegen im biblischen Hebräisch eine verbreitete Form, neue Personen in eine Erzählung einzuführen:

---

[56] Vgl. GESENIUS/KAUTZSCH, *Grammatik*, 1995, § 116r.

[57] I Sam 25,2 (וְאִישׁ בְּמָעוֹן, καὶ ἦν ἄνθρωπος ἐν τῇ Μααν) gehört nicht in diese Kategorie, da איש kein Eigenname ist und im hebräischen auch das היה fehlt. Die Konstruktion ist daher nicht mit „N.N. trat auf...“ zu übersetzen, sondern mit „Es gab einen Mann...“. Es ist damit eher ein Beispiel für Kategorie b), allerdings ohne folgende Namensnennung. Ein vergleichbarer Fall ist II Sam 21,20 (וַיְהִי אִישׁ מָדוֹן, καὶ ἦν ἀνὴρ Μαδων).

[58] GRUNDMANN, *Markus*, 1989, 36; LOHMEYER, *Markus*, 1951, 12 Anm. 4.

ἄνθρωπός τις ἦν ἐν χώρᾳ τῇ Αυσίτιδι	אִישׁ הָיָה בְאֶרֶץ־עוּץ
ᾧ ὄνομα Ιωβ	אִיּוֹב שְׁמוֹ
καὶ ἦν ὁ ἄνθρωπος ἐκεῖνος ἀληθινός [...]	וְהָיָה הָאִישׁ הַהוּא תָּם וְיָשָׁר
(Hi 1,1 LXX)	(Hi 1,1 MT)

καὶ ἄνθρωπος ἦν Ιουδαῖος ἐν Σούσοις τῇ πόλει	אִישׁ יְהוּדִי הָיָה בְּשׁוּשַׁן הַבִּירָה
καὶ ὄνομα αὐτῷ Μαρδοχαῖος ὁ τοῦ Ιαΐρου [...]	וּשְׁמוֹ מָרְדֳּכַי בֶּן יָאִיר [...]
καὶ ἦν τούτῳ παῖς θρεπτή [...]	וַיְהִי אֹמֵן אֶת־הֲדַסָּה
καὶ ὄνομα αὐτῇ Εσθηρ	הִיא אֶסְתֵּר
(Est 2,5.7 LXX)	(Est 2,5.7 MT)

καὶ ἦν ἀνὴρ εἷς ἀπὸ Σαραα	וַיְהִי אִישׁ אֶחָד
ἀπὸ δήμου συγγενείας τοῦ Δανι	מִצָּרְעָה מִמִּשְׁפַּחַת הַדָּנִי
καὶ ὄνομα αὐτῷ Μανωε	וּשְׁמוֹ מָנוֹח
καὶ γυνὴ αὐτῷ στεῖρα καὶ οὐκ ἔτεκεν	וְאִשְׁתּוֹ עֲקָרָה וְלֹא יָלָדָה
(Ri 13,2 LXX B)	(Ri 13,2 MT)

καὶ ἐγένετο ἀνὴρ ἐκ Σαραα	וַיְהִי אִישׁ אֶחָד
ἐκ τῆς φυλῆς τοῦ Δαν	מִצָּרְעָה מִמִּשְׁפַּחַת הַדָּנִי
καὶ ὄνομα αὐτῷ Μανωε	וּשְׁמוֹ מָנוֹח
καὶ ἡ γυνὴ αὐτοῦ στεῖρα καὶ οὐκ ἔτικτεν	וְאִשְׁתּוֹ עֲקָרָה וְלֹא יָלָדָה
(Ri 13,2 LXX A)	(Ri 13,2 MT)

καὶ ἐγένετο ἀνὴρ ἀπὸ ὄρους Εφραιμ	וַיְהִי־אִישׁ מֵהַר־אֶפְרָיִם
καὶ ὄνομα αὐτῷ Μιχαιας	וּשְׁמוֹ מִיכָיְהוּ
καὶ εἶπεν τῇ μητρὶ αὐτοῦ	וַיֹּאמֶר לְאִמּוֹ
(Ri 17,1–2 LXX B; A hat ἐξ ὄρους und Μιχα)	(Ri 17,1–2)

ἄνθρωπος ἦν	וַיְהִי אִישׁ אֶחָד
ἐξ Αρμαθαιμ Σιφα ἐξ ὄρους Εφραιμ	מִן־הָרָמָתַיִם צוֹפִים מֵהַר אֶפְרָיִם
καὶ ὄνομα αὐτῷ Ελκανα υἱὸς Ιερεμεηλ [...]	וּשְׁמוֹ אֶלְקָנָה בֶּן־יְרֹחָם [...]
καὶ τούτῳ δύο γυναῖκες	וְלוֹ שְׁתֵּי נָשִׁים
(I Sam 1,1–2 LXX)	(I Sam 1,1–2)

καὶ ἦν ἀνὴρ ἐξ υἱῶν Βενιαμιν	וַיְהִי־אִישׁ מִבִּן־יָמִין
καὶ ὄνομα αὐτῷ Κις υἱὸς Αβιηλ [...]	וּשְׁמוֹ קִישׁ בֶּן־אֲבִיאֵל [...]
καὶ τούτῳ υἱός καὶ ὄνομα αὐτῷ Σαουλ	וְלוֹ־הָיָה בֵן וּשְׁמוֹ שָׁאוּל
(I Sam 9,1–2 LXX)	(I Sam 9,1–2)

Ἦν δέ τις ἐκ τῆς Βενιαμίτιδος φυλῆς ἀνὴρ εὖ γεγονὼς καὶ ἀγαθὸς τὸ ἦθος
Κεὶς ὄνομα τούτῳ παῖς ὑπῆρχεν
(Nacherzählung des Josephus zu I Sam 9,1–2 bei Jos. Ant 6,45)

Ein weiteres Beispiel folgt derselben Struktur, allerdings ohne Namen:

καὶ ἐγενήθη νεανίας ἐκ Βηθλεεμ δήμου Ιουδα	וַיְהִי־נַעַר מִבֵּית לֶחֶם יְהוּדָה
καὶ αὐτὸς Λευίτης	מִמִּשְׁפַּחַת יְהוּדָה
καὶ οὗτος παρῴκει ἐκεῖ	וְהוּא לֵוִי וְהוּא גָר־שָׁם
(Ri 17,7 LXX B)	(Ri 17,7)

καὶ <u>ἐγένετο παιδάριον</u> ἐκ Βηθλεεμ	<u>וַיְהִי</u>־נַעַר מִבֵּית לֶחֶם
δήμου Ιουδα ἐκ τῆς συγγενείας Ιουδα	יְהוּדָה מִמִּשְׁפַּחַת יְהוּדָה
καὶ αὐτὸς Λευίτης καὶ αὐτὸς παρῴκει ἐκεῖ	וְהוּא לֵוִי וְהוּא גָר־שָׁם
(Ri 17,7 LXX A)	(Ri 17,7)

Ein ähnlicher Sprachgebrauch findet sich auch bei Josephus[59] und in der rabbinischen Literatur.[60] In der LXX geschieht die griechische Wiedergabe des היה bzw. ויהי in sechs der oben genannten Fällen mit καὶ ἦν bzw. ἦν (vgl. Joh 3,23), in vier Fällen mit καὶ ἐγένετο bzw. καὶ ἐγενήθη (vgl. Mk 1,4; Ebion 1 & 2; Lk 3,2; daneben auch Lk 1,5 und Ebion 4, s.u.). An keiner Stelle hingegen wird das von Matthäus gewählte παραγίνεται zur Wiedergabe verwendet.[61] Ein Vergleich zwischen dem Sprachgebrauch der LXX und den Täufertexten zeigt jedoch, dass Konstruktion (b) bzw. ihre griechische Entsprechung (ἀνὴρ + Name, ἄνθρωπος + Name oder τις + Name) in keiner der drei synoptischen Berichten verwendet wird, wohl aber in der johanneischen Fassung sowie im Ebionäer-Evangelium:

Joh 1,6	*Ebion 1*	*Ep.Pan 30.14.3*
<u>Ἐγένετο ἄνθρωπος</u>,	<u>Ἐγένετο</u>	<u>Ἐγένετο</u>
ἀπεσταλμένος	ἐν ταῖς ἡμέραις Ἡρῴδου	ἐν ταῖς ἡμέραις Ἡρῴδου
παρὰ θεοῦ,	βασιλέως τῆς Ἰουδαίας	βασιλέως τῆς Ἰουδαίας
	ἦλθεν	ἦλθεν <u>τις</u>
<u>ὄνομα αὐτῷ</u> Ἰωάννης	Ἰωάννης	Ἰωάννης <u>ὀνόματι</u>

Tabelle 8: Erzähleinleitung Joh 1,6 und Parallelen in Ebion und Ephiphanius

Ein weiteres Fragment des Ebionäer-Evangeliums verwendet dieselbe Formel, allerdings nicht auf Johannes bezogen, sondern auf Jesus:

<u>ἐγένετό τις ἀνὴρ ὀνόματι</u> Ἰησοῦς
καὶ αὐτὸς ὡς ἐτῶν τριάκοντα, ὃς ἐξελέξατο ἡμᾶς (Ebion 4)

---

[59] Κατὰ δὲ τὸν αὐτὸν καιρὸν ἦν τις οἰκῶν ἐν Μωδαῒ κώμῃ τῆς Ἰουδαίας ὄνομα Ματταθίας υἱὸς Ἰωάννου τοῦ Συμεῶνος (Jos. Ant 12,265); Ἦν τις τῶν Ἐσσηνῶν Μανάημος ὄνομα (Jos. Ant 15.373); ἦν ἐν τοῖς πολιορκουμένοις νεανίας τολμῆσαί τε θρασὺς καὶ κατὰ χεῖρα δραστήριος Ἐλεάζαρος ὄνομα (Jos. Bell 7.196). Das Vorkommen der Konstruktion bei Josephus ist nicht auf eine schriftliche semitische Vorlage, aber wohl doch auf semitische Interferenz zurückzuführen.

[60] Hebräisch z.B. היה שם אדם אחד נקרא אבין רמאה (DevR 4,8 zu Dtn 12,20, ed. Mirkin 11:79; in Liebermanns Edition fehlt diese Passage); אדם אחד היה בארץ ישראל והיו קורין אותו מרוטה (MekhY ויסע 1 zu Ex 15,22, ed. Horovitz/Rabin 154, par. Tan בשלח 18 zu Ex 15,22, ed. Zundel 1:90a); אדם אחד היה בארץ ישראל מרוטה שמו (TanB בשלח 17 zu Ex 15,22, ed. Buber 1:64); aramäisch z.B. והוה תמן חד בר נש שמיה אבא יודן (WaR 5,4 zu Lev 4,3 ed. Mirkin 8:57. Margulies 1:111 liest hier nur הוה תמן חד), ההיא דהוו קרו לה נפאתה (bGit 63b); ähnlich auch היה שם חסיד אחד ושמו יוסי (Tan קדושים 9 zu Lev 19,2, ed. Zundel 2:33a).

[61] παραγίνομαι steht in LXX meist als Übersetzung für בוא, jedoch nie zur Einführung einer handelnden Person im Sinne von „es erschien... / es trat auf...“.

Ebenfalls nicht auf Johannes bezogen, sondern in diesem Fall auf dessen Vater Zacharias, erscheint die Formel außerdem in Lk 1,5:

Ἐγένετο ἐν ταῖς ἡμέραις Ἡρῴδου βασιλέως τῆς Ἰουδαίας ἱερεύς τις ὀνόματι Ζαχαρίας ἐξ ἐφημερίας Ἀβιά (Lk 1,5)

Der Anfang dieses Satzes hat wiederum eine enge Parallele nicht nur im Ebionäer-Evangelium (Ebion 1, s.o.), sondern auch bei Mt, und dort ebenfalls in der Kindheitsgeschichte. Bei Mt fehlt jedoch die Konstruktion mit ὀνόματι, stattdessen verwendet er auch hier, wie in Mt 3,1, eine Formulierung mit παραγίνομαι:

Τοῦ δὲ Ἰησοῦ γεννηθέντος ἐν Βηθλέεμ τῆς Ἰουδαίας
ἐν ἡμέραις Ἡρῴδου τοῦ βασιλέως
ἰδοὺ μάγοι ἀπὸ ἀνατολῶν παρεγένοντο εἰς Ἱεροσόλυμα (Mt 2,1)

Es zeigt sich, dass griechische Äquivalente der hebräischen Konstruktion (b) in der Tat im Umfeld der Täufertradition mehrfach Verwendung finden, allerdings gerade nicht in den synoptischen Fassungen, sondern in den nichtsynoptischen Parallelen, aber auch in den synoptischen Kindheitserzählungen. In der Übersicht in Tabelle 9 wird noch einmal deutlich, wie diese verschiedenen neutestamentlichen Varianten der Formel sämtlich auf ein gemeinsames hebräisches Äquivalent zurückführbar sind, das auch dem Sprachgebrauch der LXX entspricht.

Die Abwesenheit der betreffenden Formel im unmittelbaren Kontext der drei synoptischen Täuferperikopen und ihre Häufung in anderen Zusammenhängen spricht jedoch dafür, dass diese Formel für Mk 1,4/ Mt 3,1/ Lk 3,1–2 gerade nicht als Vorlage in Frage kommt. Möglicherweise war sie jedoch in der Tat Bestandteil einer frühen, vielleicht hebräischen, Überlieferungseinheit, die mit den Kindheitsgeschichten in Zusammenhang steht (vgl. Tabelle 9).

Für einen ursprünglichen Ort der Formel (b) in den Kindheitsgeschichten spricht auch dabei auch ihre wiederholte Verbindung mit der Formel „in den Tagen des Herodes“:

a) Lk 1,5 datiert mit ihr die Geburt des Johannes und die Geburt Jesu.
b) Ebion 1 datiert mit ihr das „Kommen“ des Johannes. Epiphanius betont zudem, dass diese Notiz über den Täufer am „Anfang des Evangeliums“ stand. Als Datierung des erwachsenen Johannes allerdings wäre die Zeitangabe hier ein Anachronismus.[62]
c) Mt 2,1 datiert mit ihr die Geburt Jesu. Dort fehlt zwar die Konstruktion mit ὄνομα, es erscheint jedoch analog zu Mt 3,1, das Verb παρεγένοντο.

In allen drei Fällen verweist die Formulierung zurück an den Anfang des Evangeliums: Bei Lk und Mt sind dies ihre jeweiligen Kindheitsgeschichten, bei Ebion ein weiterer, vermutlich verlorener Evangelienanfang:

---

[62] Vgl. dazu aber unten S. 275.

MT	*LXX*	*NT/Ebion*
ויהי / היה	ἦν	ἦν[63]
	ἐγένετο	ἐγένετο[64]
	ἐγενήθη[65]	
+ איש	ἄνθρωπος	ἄνθρωπος[66]
	ἄνθρωπός τις[67]	(ἱερεύς) τις[68]
	ἀνὴρ[69]	τις ἀνὴρ[70]
	ἀνὴρ εἷς[71]	τις[72]
+ ושמו / שמו	ᾧ ὄνομα[73]	ὀνόματι[74]
	ὄνομα αὐτῷ	ὄνομα αὐτῷ[75]
		καὶ τὸ ὄνομα αὐτῆς[76]

Tabelle 9: Entsprechungen zu Erzähleinleitung (b) in der Evangelientradition

Es ist also möglich, dass die Konstruktion ursprünglich ihren Ort in einem frühen Evangelienanfang oder einer Vorgeschichte des Evangeliums hatte und dort mit der Zeitangabe „in den Tagen des Herodes" verbunden war. Von dort aus hätte sie dann Eingang in die verschiedenen Kindheitsgeschichten, aber auch an den Anfang des Ebionäer-Evangeliums, gefunden. Auch die Aufnahme der Formel im Johannes-Prolog (Joh 1,6) und ihre erneute Verwendung zur Einführung der Person Jesu im Ebionäer-Evangelium (Ebion 4) würden sich so erklären. Dies kann aber nur Vermutung bleiben. Fest steht, dass diese Form der Einleitung nicht als unmittelbare Vorlage für die Varianten in Mt 3,1 parr. in Frage kommt. Für diese muss daher nach anderen sprachlichen Analogien gesucht werden.

---

[63] Hi 1,1; Est 2,5; Jer 33,20; Ri 13,2 A; I Sam 1,1; 9,1; Joh 1,6; Lk 1,5.
[64] Ri 13,2 B; Ri 17,1; Ri 17,7 A; Ebion 1 & 4.
[65] Ri 17,7 B.
[66] Est 2,5; Jer 33,20; I Sam 1,1; Joh 1,6.
[67] Hi 1,1.
[68] Lk 1,5.
[69] I Sam 9,1; Ri 13,2 A; Ri 17,1.
[70] Ebion 4.
[71] Ri 13,2 B.
[72] Ebion 1.
[73] Hi 1,1.
[74] Lk 1,5; Ebion 1 und 4.
[75] Est 2,5; Ri 13,2; 17,1; I Sam 1,1; 9,1; Joh 1,6. In Jer 26,20/33,20 LXX fehlt dieses Wort, vermutlich weil vorher schon בְּשֵׁם יְהוָה bzw. τῷ ὀνόματι κυρίου verwendet ist.
[76] Lk 1,5, deutlicher hebraisierend, vgl. Blass/Debrunner, *Grammatik*, 1970, §128,3.

Die periphrastische Konstruktion (c) wird im biblischen Hebräisch ebenfalls häufig am Beginn einer narrativen Einheit verwendet, ist jedoch bei der Einführung neuer Handlungsträger seltener als Konstruktion (b). Die griechische Wiedergabe in der LXX geschieht hier am häufigsten mit ἦν + Partizip, zuweilen auch mit ἐγένετο + Partizip[77] und beschreibt jeweils den Ausgangszustand der Erzählung, bevor die Haupthandlung einsetzt:

Ιωσηφ δέκα ἑπτὰ ἐτῶν ἦν ποιμαίνων μετὰ τῶν ἀδελφῶν αὐτοῦ τὰ πρόβατα (Gen 37,2 LXX)	יוֹסֵף בֶּן־שְׁבַע־עֶשְׂרֵה שָׁנָה הָיָה רֹעֶה אֶת־אֶחָיו בַּצֹּאן (Gen 37,2)
καὶ Μωυσῆς ἦν ποιμαίνων τὰ πρόβατα Ιοθορ τοῦ γαμβροῦ αὐτοῦ τοῦ ἱερέως Μαδιαμ καὶ ἤγαγεν τὰ πρόβατα ὑπὸ τὴν ἔρημον (Ex 3,1 LXX)	וּמֹשֶׁה הָיָה רֹעֶה אֶת־צֹאן יִתְרוֹ חֹתְנוֹ כֹּהֵן מִדְיָן וַיִּנְהַג אֶת־הַצֹּאן אַחַר הַמִּדְבָּר (Ex 3,1)
καὶ Φινεες υἱὸς Ελεαζαρ ἡγούμενος ἦν ἐπ᾽αὐτῶν ἔμπροσθεν καὶ οὗτοι μετ᾽αὐτοῦ (I Chr 9,20 LXX)	וּפִינְחָס בֶּן־אֶלְעָזָר נָגִיד הָיָה עֲלֵיהֶם לְפָנִים יְהוָה עִמּוֹ (I Chr 9,20)
καὶ τὸ παιδάριον (scil. Samuel) ἦν λειτουργῶν τῷ προσώπῳ κυρίου ἐνώπιον Ηλι τοῦ ἱερέως (I Sam 2,11 LXX)	וְהַנַּעַר הָיָה מְשָׁרֵת אֶת־יְהוָה אֶת־פְּנֵי עֵלִי הַכֹּהֵן (I Sam 2,11)
καὶ Αβεννηρ ἦν κρατῶν τοῦ οἴκου Σαουλ (II Sam 3,6 LXX)	וְאַבְנֵר הָיָה מִתְחַזֵּק בְּבֵית שָׁאוּל (II Sam 3,6)
καὶ βασιλεὺς Συρίας ἦν πολεμῶν ἐν Ισραηλ καὶ ἐβουλεύσατο πρὸς τοὺς παῖδας αὐτοῦ λέγων (II Kg 6,8 LXX)	וּמֶלֶךְ אֲרָם הָיָה נִלְחָם בְּיִשְׂרָאֵל וַיִּוָּעַץ אֶל־עֲבָדָיו לֵאמֹר (II Kg 6,8)
καὶ ἄνθρωπος ἦν προφητεύων τῷ ὀνόματι κυρίου Ουριας υἱὸς Σαμαιου ἐκ Καριαθιαριμ καὶ ἐπροφήτευσεν περὶ τῆς γῆς ταύτης (Jer 33,20 LXX)	וְגַם־אִישׁ הָיָה מִתְנַבֵּא בְּשֵׁם יְהוָה אוּרִיָּהוּ בֶּן־שְׁמַעְיָהוּ מִקִּרְיַת הַיְּעָרִים וַיִּנָּבֵא עַל־הָעִיר (Jer 26,20 MT)

[77] Zum Gebrauch der *conjugatio periphrastica* im neutestamentlichen Griechisch vgl. BLASS/DEBRUNNER, *Grammatik*, 1970, S. 5: „Oft hat auch das Semitische Neigungen der vulgären Sprachschichten unterstützt und ihnen in juden-christlichen Kreisen Vorschub geleistet; so wird die Häufigkeit der Umschreibungen der einfachen Tempora durch ἐστιν ἦν usw. mit Partizipium aufzufassen sein." vgl. auch § 353. Steht die periphrastische Konstruktion nicht auffällig am Erzählanfang, wird sie in der LXX vereinzelt auch glättend durch ein einfaches finites Verb wiedergegeben: הַבָּקָר הָיוּ חֹרְשׁוֹת = τὰ ζεύγη τῶν βοῶν ἠροτρία (Hi 1,14); וַיִּהְיוּ שֹׂכְרִים חֹצְבִים = καὶ ἐμισθοῦντο λατόμους (II Chr 24,12); וַיִּהְיוּ עֹשִׂים לָהֶם בְּבֵית הַבָּמוֹת = καὶ ἐποίησαν ἑαυτοῖς ἐν οἴκῳ τῶν ὑψηλῶν (II Kg 17,32); אֶת־יְהוָה הָיוּ יְרֵאִים וְאֶת־אֱלֹהֵיהֶם הָיוּ עֹבְדִים = τὸν κύριον ἐφοβοῦντο καὶ τοῖς θεοῖς αὐτῶν ἐλάτρευον (II Kg 17,33); ganz irregulär jedoch וְאִישׁ הָיָה עֹמֵד אֶצְלִי = καὶ ὁ ἀνὴρ εἱστήκει ἐχόμενός μου (Ez 43,6).

In den folgenden Beispielen bezeichnet die gleiche Formel zwar nicht den Ausgangszustand einer Erzählung, aber in ähnlicher Weise einen Zustand, der als unmittelbares Ergebnis eines geschilderten Handlungsverlaufs entstanden ist:

καὶ ἦν Σαουλ ὑποβλεπόμενος τὸν Δαυιδ ἀπὸ τῆς ἡμέρας ἐκείνης καὶ ἐπέκεινα (I Sam 18,9 LXX)	וַיְהִי שָׁאוּל עָוֹן [עוֹיֵן] אֶת־דָּוִד מֵהַיּוֹם הַהוּא וָהָלְאָה (I Sam 18,9 – in Klammern *qere*)
καὶ ἦν Δαυιδ ποιῶν κρίμα καὶ δικαιοσύνην ἐπὶ πάντα τὸν λαὸν αὐτοῦ (II Sam 8,15 LXX)	וַיְהִי דָוִד עֹשֶׂה מִשְׁפָּט וּצְדָקָה לְכָל־עַמּוֹ (II Sam 8,15)
καὶ ἦν Χιραμ διδοὺς τῷ Σαλωμων κέδρους καὶ πᾶν θέλημα αὐτοῦ (I Kg 5,24 LXX)	וַיְהִי חִירוֹם נֹתֵן לִשְׁלֹמֹה עֲצֵי אֲרָזִים וַעֲצֵי בְרוֹשִׁים כָּל־חֶפְצוֹ (I Kg 5,24)
καὶ ἦν ὁ βασιλεὺς Σαλωμων βασιλεύων ἐπὶ Ισραηλ (I Kg 4,1 LXX)[78]	וַיְהִי הַמֶּלֶךְ שְׁלֹמֹה מֶלֶךְ עַל־כָּל־יִשְׂרָאֵל (I Kg 4,1)
καὶ ἦν ἡγούμενος πάντων τῶν βασιλέων ἀπὸ τοῦ ποταμοῦ καὶ ἕως γῆς ἀλλοφύλων (II Chr 9,26 LXX)	וַיְהִי מוֹשֵׁל בְּכָל־הַמְּלָכִים מִן־הַנָּהָר וְעַד־אֶרֶץ פְּלִשְׁתִּים (II Chr 9,26)

In Jer 26,18/33,18 LXX enthält der hebräische Text zwar eine Konstruktion mit היה + Partizip, in der griechischen Fassung jedoch ist das Partizip ausgefallen, so dass das ἦν hier zu einem eigenständigen Verb wird und dadurch die Bedeutung „er trat auf, er erschien, er lebte“ erhält:

Μιχαιας ὁ Μωραθίτης ἦν ἐν ταῖς ἡμέραις Εζεκιου βασιλέως Ιουδα καὶ εἶπεν παντὶ τῷ λαῷ Ιουδα (Jer 33,18 LXX)	מִיכָיָה הַמּוֹרַשְׁתִּי הָיָה נִבָּא בִּימֵי חִזְקִיָּהוּ מֶלֶךְ־יְהוּדָה וַיֹּאמֶר אֶל־כָּל־עַם יְהוּדָה (Jer 26,18)

Eine Mittelstellung zwischen (b) und (c) bildet die folgende Formulierung:

καὶ ἄνθρωπος ἦν προφητεύων τῷ ὀνόματι κυρίου Ουριας υἱὸς Σαμαιου ἐκ Καριαθιαριμ καὶ ἐπροφήτευσεν (Jer 33,20 LXX)	וְגַם־אִישׁ הָיָה מִתְנַבֵּא בְּשֵׁם יְהוָה אוּרִיָּהוּ בֶּן־שְׁמַעְיָהוּ מִקִּרְיַת הַיְּעָרִים וַיִּנָּבֵא (Jer 26,20 MT)

Seltener, aber ebenfalls möglich, findet sich eine Wiedergabe der Konstruktion (c) mit ἐγένετο, auch hier als narrative Einleitung und als narrativer Abschluss. Dabei kann, wie das dritte Beispiel zeigt, das einleitende ἐγένετο auch im Stil einer narrativen ἐγένετο-Konstruktion fortgeführt wer-

[78] Die Wiedergabe der LXX setzt hier eine Vokalisation des מלך als Partizip voraus.

den (ähnlich wie es, unter Annahme einer entsprechenden hebräischen Vorlage, in Ebion 1 geschehen ist):

καὶ ἐγένετο ἀνὴρ Λευίτης παροικῶν	וַיְהִי אִישׁ לֵוִי גָּר
ἐν μηροῖς ὄρους Εφραιμ	בְּיַרְכְּתֵי הַר־אֶפְרַיִם
(Ri 19,1 LXX)	(Ri 19,1)

ἐγένετο δὲ τοξότης	וַיְהִי רֹבֶה קַשָּׁת
(Gen 21,20 LXX)[79]	(Gen 21,20)

καὶ ἐγένετο	וְהָיָה
τῆς κιβωτοῦ παραγινομένης ἕως πόλεως Δαυιδ καὶ	אֲרוֹן יְהוָה בָּא עִיר דָּוִד
Μελχολ ἡ θυγάτηρ Σαουλ	וּמִיכַל בַּת־שָׁאוּל
διέκυπτεν διὰ τῆς θυρίδος	נִשְׁקְפָה בְּעַד הַחַלּוֹן
(II Sam 6,16 LXX)	(II Sam 6,16)

In Dan 1,6.16 schließlich, wiederum eine narrative Neueinführung neuer Handlungsträger, zeigen sich beide griechischen Übersetzungsvarianten mit ἦν bzw. ἐγένετο in den verschiedenen Rezensionen, zunächst bei alleinstehendem ויהי, dann auch bei ויהי + Partizip:

καὶ ἦσαν ἐκ τοῦ γένους	וַיְהִי בָהֶם
τῶν υἱῶν Ισραηλ τῶν ἀπὸ τῆς Ιουδαίας	מִבְּנֵי יְהוּדָה
Δανιηλ Ανανιας Μισαηλ Αζαριας	דָּנִיֵּאל חֲנַנְיָה מִישָׁאֵל וַעֲזַרְיָה
(Dan 1,6 Σ)	(Dan 1,6 MT)

καὶ ἐγένετο ἐν αὐτοῖς ἐκ τῶν υἱῶν Ιουδα	וַיְהִי בָהֶם מִבְּנֵי יְהוּדָה
Δανιηλ καὶ Ανανιας καὶ Μισαηλ καὶ Αζαριας	דָּנִיֵּאל חֲנַנְיָה מִישָׁאֵל וַעֲזַרְיָה
(Dan 1,6 Θ)	(Dan 1,6 MT)

καὶ ἦν Αβιεσδρι ἀναιρούμενος τὸ δεῖπνον αὐτῶν	וַיְהִי הַמֶּלְצַר נֹשֵׂא אֶת־פַּתְבָּגָם
(Dan 1,16 Σ)	(Dan 1,16 MT)

καὶ ἐγένετο Αμελσαδ ἀναιρούμενος τὸ δεῖπνον αὐτῶν	וַיְהִי הַמֶּלְצַר נֹשֵׂא אֶת־פַּתְבָּגָם
(Dan 1,16 Θ)	(Dan 1,16 MT)

In den synoptischen Berichten vom Auftreten des Täufers findet sich Konstruktion (c) in sechs (bzw. sieben) Texten bzw. Textvarianten. Es liegt daher nahe, dass diese Formulierungen auf eine gemeinsame Überlieferung zurückgehen, und dass diese in einem möglichen hebräischen Stadium eine periphrastische Konstruktion enthielt. Anders als Konstruktion (b) ist diese Konstruktion dabei auch nicht mit anderen Personen aus dem Täufer-Umfeld oder mit der Kindheitsgeschichte verbunden, sondern nur mit Johannes selbst, darüber hinaus stets an gleicher Stelle im Kernbestand der Tradition vom Auftreten des Täufers:

[79] Aus dem hebräischen Partizip רבה, die ja durchaus auch substantivische Funktion hat, ist hier im Griechischen ein eigenständiges Substantiv geworden. LXX und andere Übersetzungen lesen hier also קַשָּׁת anstelle von קֶשֶׁת.

ἦν δὲ καὶ	ὁ Ἰωάννης	βαπτίζων	ἐν Αἰνὼν[80]
(ἐγένετο ὅπου) ἦν	ὁ Ἰωάννης	βαπτίζων[81]	
ἐγένετο	Ἰωάννης	βαπτίζων	ἐν τῇ ἐρήμῳ[82]
ἐγένετο	Ἰωάννης ὁ βαπτίζων		ἐν τῇ ἐρήμῳ[83]
παραγίνεται	Ἰωάννης ὁ βαπτιστὴς	κηρύσσων	ἐν τῇ ἐρήμῳ[84]
ἐγένετο	Ἰωάννης	βαπτίζων[85]	

Hinzu tritt die Beobachtung, dass Mk die periphrastische Konstruktion zwar in der Täufererzählung mehrfach verwendet, sie aber später in seinem Evangelium meidet. Das deutet darauf hin, dass er sie hier in seiner Vorlage vorfand.

Im Vergleich der zu Konstruktion (c) angeführten Übersetzungsvarianten fällt zudem auf, dass hier die verschiedenen Varianten sich nicht nur durch die unterschiedliche Wiedergabe des היה/ויהי mit ἐγένετο bzw. ἦν, sondern auch durch die mehrdeutige Wiedergabe des hebräischen Partizipes (verbal/substantivisch) unterscheiden. Ähnliches Schwanken ist auch bei der Wiedergabe der periphrastischen Konstruktion in der LXX zu beobachten, wo sie zwar in den meisten Fällen als Partizip wiedergegeben wird, in Gen 20,21 jedoch auch als Substantiv. Auch die masoretische Vokalisation in I Kg 4,1 zeigt die Mehrdeutigkeit der Konstruktion, die hier von LXX noch als verbale Partizipform, von den Masoreten dann jedoch als Substantiv gelesen wurde.

In ähnlicher Weise könnte auch eine hebräische Konstruktion wie היה יוחנן מטביל in der ursprünglichen Täufertradition eine Erklärung für die Unterschiede in den Varianten liefern: Während Joh mit βαπτίζων ein Partizip

---

[80] Joh 3,23, vgl. 1,28.

[81] Joh 1,28.

[82] Mk 1,4 nach AWDΘ $f^{1.13}$𝔐 et al. ℵBLΔ et al lesen hier ὁ βαπτίζων (s.u.) Metzger, *Commentary*, 1994, 62, geht davon aus, dass βαπτίζων hier ursprünglich als einfaches Partizip ohne Artikel stand, parataktisch mit καὶ angeschlossen. Spätere Schreiber verstanden das βαπτίζων dann als Titel und fügten den Artikel hinzu. Auch der Wegfall des καὶ sei durch das spätere Verständnis des βαπτίζων als Titel zu erklären. Pesch, *Markus I*, 1976, 74, hält hingegen den Gebrauch als Titel für ursprünglich. Dieser sei dann mit der Zeit durch den gebräuchlicheren Titel βαπτιστὴς verdrängt worden, weshalb ὁ βαπτίζων später als Verbform gelesen wurde. Ebenso auch Elliott, *Ho baptizon*, 1975. Die Unsicherheit der Kopisten ist aber in jedem Fall ein deutliches Zeugnis für die Mehrdeutigkeit dieser Konstruktion.

[83] Mk 1,4 nach ℵBLΔ et al.

[84] Mt 3,1. Zwar ist παραγίνεται keine unmittelbare Wiedergabe von היה, aber es ist als alternative Wortwahl des Mt zu verstehen, der die periphrastische Konstruktion εἶναι + Partizip, anders als Mk und Lk, nur selten gebraucht. Vgl. Mt 3,4 und Blass/Debrunner, *Grammatik*, 1970, § 353. παραγίνεται bot sich dabei wegen der Verwandtschaft zu γίνομαι an. Vgl. auch Vaganay, *Problème*, 1952, 348–349: „Non seulement ἐγένετο se retrouve chez Lc. 3,2 et chez Jean 1,6 pour présenter le Précurseur. Mais c’est une formule archaïque, passe-partout, qui ne saurait être une correction de παραγίνεται plus recherché.“

[85] Ebion 2.

und Mt mit βαπτιστὴς ein Substantiv wählen, zeigt die Varianz der Lesarten bei Mk ein Schwanken zwischen beiden Möglichkeiten, vermutlich eine Entwicklung vom verbalen zum substantivischen Verständnis. Die verschiedenen Varianten der Übersetzung, die sich aus einer möglichen hebräischen Vorlage ergeben, werden in Tabelle 10 noch einmal deutlich.[86]

היה	ἦν	Joh 3,23; 1,28
	ἐγένετο	Mk 1,4; Ebion 1 & 2
	παραγίνεται	Mt 3,1
יוחנן	ὁ Ἰωάννης	Joh 3,23; 1,28
	Ἰωάννης	Mk 1,4; Mt 3,1; Ebion 1 & 2
מטביל	βαπτίζων	Joh 3,23; 1,28; Mk 1,4 (Var. a); Ebion 1&2
	ὁ βαπτίζων	Mk 1,4 (Var. b)
	ὁ βαπτιστὴς	Mt 3,1

Tabelle 10: Entsprechungen zur hebräischen Konstruktion (c) in der Evangelientradition

Die Rückfrage nach Äquivalenzen im hebräischen Sprachgebrauch würde also hier eine plausible Erklärung für die Vielfalt der auftretenden synoptischen Varianten liefern. Die Frage, ob eine solche Vorlage tatsächlich in schriftlicher Form existierte, wie es die Gewährsleute des Epiphanius behaupten, kann dabei zunächst zurückgestellt werden. Deutlich wurde jedoch, dass sich in der Tradition der Täufererzählung zwei verschiedene Familien von Formeln finden, für die es jeweils eine Entsprechung in der hebräischen Sprache gäbe: Während sich die Formel (b) eher im Bereich der Kindheitsgeschichten und der nichtsynoptischen Täuferüberlieferungen findet und vielleicht ursprünglich ihren Ort am Beginn einer frühen narrativen Evangelientradition hatte, hat Formel (c) ihren Niederschlag in den synoptischen Berichten vom Auftreten des Täufers gefunden.

Dem möglichen hebräischen Äquivalent am nächsten steht dabei die Formulierung des Mk, und sie ist hier gleichzeitig am wenigsten Griechisch. Sie gibt damit eine ursprüngliche Vorlage, für die auch eine hebräische Entsprechung rekonstuiert werden kann, vermutlich am treffendsten wieder:

ἐγένετο Ἰωάννης [ὁ] βαπτίζων (V^{Mk} 1,3 = Mk 1,3*) הָיָה יוֹחָנָן מַטְבִּיל

Diese Formulierung entspricht der Form, in der die hebräische periphrastische Konstruktion auch in der LXX mehrfach wiedergegeben wird. Die Va-

[86] Bourquin, *Polyvalence*, 2003, 317, nimmt an, dass eben diese Mehrdeutigkeit vom Autor des Mk gewollt war und spricht von einer absichtlichen „syntaktischen, lexikalischen und referentiellen Polysemie" in den ersten Versen des Mk-Evangeliums.

rianten bei Mt und Lk lassen sich hingegen als Versuch erklären, die sperrige semitische Konstruktion in besseres Griechisch aufzulösen:[87]

a) ἐγένετο ῥῆμα θεοῦ ἐπὶ Ἰωάννην (Lk 3,2) erklärt sich als redaktionelle Angleichung der Täuferüberlieferung an die alttestamentliche „Wortereignisformel".[88]
b) ἐγένετο ἐν ταῖς ἡμέραις ... ἦλθεν Ἰωάννης βαπτίζων (Ebion 1) erklärt sich als redaktionelle Angleichung an biblischen Erzählstil mit ו narrativum.[89]
c) Ἰωάννης ἐβάπτισεν (Apg 19,4) erklärt sich als grammatikalische Auflösungder hebraisierenden Partizipform in eine finite Verbform
d) Die matthäische Formulierung παραγίνεται Ἰωάννης ὁ βαπτιστὴς folgt zwar sprachlich eng der Vorlage, ist aber de facto eine grammatikalische Glättung der Partizipialkonstruktion in einen Hauptsatz. Der intendierte Sinn des alleinstehenden ἐγένετο („er kam, trat auf") wird so mit einem idiomatisch zutreffenderen, und zugleich stammverwandten, Verb wiedergegeben. Mt nimmt die gleiche Glättung einer periphrastischen Konstruktion auch an späterer Stelle (Mt 3,4) vor. Παραγίνομαι ist zudem ein mt Vorzugswort.
e) Auch das ἦλθεν in Lk 3,3 ist als Versuch zu verstehen, das schwache Verb ἐγένετο durch ein starkes Verb des „Auftretens" wiederzugeben (vgl. das mt. παραγίνεται).[90] Lukas bricht seine Vorlage also auf und verteilt sie auf zwei verschiedene, neu gestal-

---

[87] Offen kann an dieser Stelle zunächst die Frage bleiben, ob Mt und Lk selbständig auf eine semitische Vorlage zurückgriffen oder ob sie lediglich den semitisierenden Stil einer griechischen Vorlage, z.B. des Mk oder einer vormarkinischen Überlieferung, verbesserten.

[88] Der Vers trägt bei Lukas insgesamt deutliche Zeichen redaktioneller Bearbeitung, wie nicht nur die Einfügung des siebenfachen Synchronismus, sondern auch der zu ἐγένετο gesetzte Begriff ῥῆμα zeigt. (Lk: 19x; Mt: 5x; Mk: 2x; ῥῆμα θεοῦ nur hier, LXX nur Jer 1,1 und Jes 40,8); vgl. Bock, *Luke I*, 1994, 285. Rengstorf, *Lukas*, 1969, 54–55 geht davon aus, das Lk hier weiter einer eigenen Quelle folgt, aus der er auch Lk 1–2 entnommen hat. Riesner, *Bethanien*, 2002, 39, nimmt an, dass Lukas hier „seine chronologischen und geographischen Informationen zumindest teilweise einer judenchristlichen Quelle" verdankt. Auf eine hebräische Vorlage mit ו narrativum geht die lukanische Fassung allerdings nicht zurück, wie Sahlin, *Studien*, 1949, annimmt: denn es liegt keine der drei für Lk üblichen και ἐγένετο- Konstruktionen vor (vgl. dazu unten S. 357).

[89] Neirynck, *Nouvelle Theorie*, 1968, 147, hält die ἐγένετο-Konstruktion des Ebionäerevangeliums für abhängig von Lk. Aber die Verwendung von ἐγένετο entspricht bei Lk gerade nicht der hebraisierenden Konstruktion im Ebionäerevangelium. Es zeigt sich hier eine grundsätzliche methodische Vorentscheidung Neiryncks: Er erklärt nicht nur das ἐγένετο hier, sondern auch das folgende βαπτίζων βαπτίσμα für „lukanisch", allein deshalb, weil Lk es an anderen Stellen (Lk 7,29; Apg 19,4) ebenfalls verwendet. Dabei lässt er den semitischen Charakter beider Konstruktionen völlig unerwähnt. Jedoch ist gerade dieser das Indiz, anhand dessen Boismard, den Neirynck kritisiert, zwischen „primitiven" und „nicht primitiven" Überlieferungen unterscheidet. Allein der Gebrauch einer Phrase bei Lukas sagt ja noch nichts darüber, ob diese von Lk originär geschaffen oder aus der Tradition übernommen wurde. Ähnlich übergeht er auch die Frage nach dem semitischen Hintergrund bei seiner Beurteilung der Formel βαπτίζω ἐν ὕδατι εἰς μετάνοιαν, die er gegenüber μετάνοιαν εἰς ἄφεσιν ἁμαρτιῶν für sekundär erklärt (S. 149).

[90] Vgl. Zahn, *Lukas*, 1913, 190: „Es wird also ἦλθεν für sich im Sinne von ‚er trat auf' und εἰς πᾶσαν τ. π. mit κηρύσσων zu verbinden sein."

tete, Stellen: Anstelle von ἐγένετο Ἰωάννης βαπτίζων entstehen so die beiden Phrasen ἐγένετο ῥῆμα (Lk 3,2) und ἦλθεν κηρύσσων βάπτισμα (Lk 3,3).[91]

2.1.2 βαπτίζων (καὶ κηρύσσων) βάπτισμα

Die eigentliche Tätigkeit des Täufers wird in den drei synoptischen Evangelien zwar inhaltlich ähnlich, aber auch hier mit Unterschieden im Wortlaut, beschrieben:

βαπτίζων ...	καὶ κηρύσσων	βάπτισμα	μετανοίας εἰς ἄφεσιν ἁμαρτιῶν[92]
καὶ ἦλθεν ...	κηρύσσων	βάπτισμα	μετανοίας εἰς ἄφεσιν ἁμαρτιῶν[93]
ὁ βαπτιστὴς	κηρύσσων	...	[καὶ] λέγων· μετανοεῖτε ...[94]

Auffällig ist, dass nur bei Markus die eigentliche Tätigkeit des Taufens erwähnt ist, während bei Lukas lediglich „eine Taufe verkündigt" wird und bei Matthäus die Taufe nur mehr im Titel des Täufers auftaucht, während seine eigentliche Tätigkeit nur als „Verkündigung" beschrieben wird. Sollte die bisherige Rekonstruktion des ursprünglichen Kernbestandes der Täufertradition zutreffend sein, gehörte das „Taufen" jedoch auf jeden Fall zu diesem Kernbestand hinzu. Denn auch bei Mt (3,6) und Lk (3,7.21 u.ö.) wird es erwähnt, eben nur an späterer Stelle. Auch in anderen, kürzeren Traditionen vom Auftreten des Täufers wird die eigentliche Tätigkeit des Johannes als Taufen, nicht als Predigen beschrieben:

ἦν δὲ καὶ ὁ Ἰωάννης βαπτίζων ἐν Αἰνὼν ἐγγὺς τοῦ Σαλείμ. (Joh 3,23)
ταῦτα ἐν Βηθανίᾳ ἐγένετο ..., ὅπου ἦν ὁ Ἰωάννης βαπτίζων. (Joh 1,28)
Ἰωάννης ἐβάπτισεν βάπτισμα μετανοίας τῷ λαῷ. (Apg 19,4)
ἐγένετο Ἰωάννης βαπτίζων. (Ebion 2)
ἦλθέν [τις] Ἰωάννης [ὀνόματι] βαπτίζων βάπτισμα μετανοίας. (Ebion 1)
Iohannes Baptista baptizat in remissionem peccatorum (Nazarener-Ev. 2)[95]

Das häufige Auftreten der semitisierenden *figura etymologica* βαπτίζων βάπτισμα, die zudem auch an anderen Stellen bezeugt ist[96], legt die Vermutung nahe, dass diese zum Kern der ursprünglichen Täufertradition gehörte. Alle übrigen Formulierungen erklären sich als dann redaktionelle Verbesse-

[91] Das Verfahren, eine zusammenhängende Vorlage aufzuteilen und auf mehrere Stellen zu verteilen, ist auch bei Lk regelmäßig zu beobachten. GOULDER, *Luke I*, 1989, 106, führt es unter dem Titel „splitting of sources" als typisch lk Stilmittel an. Im Rahmen der vorliegenden Untersuchung ist ein vergleichbares Vorgehen z.B. in Mt 3,5–6 par. Lk 3,3.7.21; 7,17.29–30 (vgl. unten S. 284); Mt 18,21–35 par. Lk 17,1–4; 6,34–35; Lk 7,41–42 (vgl. unten S. 485); Mt 26,18 par. Lk 22,7.14 (vgl. unten S. 549) zu beobachten.

[92] Mk 1,4.

[93] Lk 3,3.

[94] Mt 3,1–2.

[95] Zitiert als „Euangelio iuxta Hebraeos" von Hieronymus, Adv. Pelag. III,2 (ed. MORESCHINI, *CChr.SL 80*, 1990, 99), vgl. VIELHAUER/STRECKER, *Judenchristliche Evangelien*, 1987, 133.

[96] Mk 10,38; Lk 7,29; Lk 12,50.

rung der semitisierenden Konstruktion in besseres Griechisch, wobei eine stufenweise Entwicklung vom „Taufen“ zum „Verkündigen“ führt:[97]

βαπτίζων		βάπτισμα	μετανοίας	(Ebion 1)
ἐβάπτισεν		βάπτισμα	μετανοίας	(Apg 19,4)
βαπτίζων				(Joh 3,23; 1,28; Ebion 2)
βαπτίζων ...	καὶ κηρύσσων	βάπτισμα	μετανοίας	(Mk 1,4 Var. a)
ὁ βαπτίζων ...	κηρύσσων	βάπτισμα	μετανοίας	(Mk 1,4 Var. b)
	κηρύσσων	βάπτισμα	μετανοίας	(Lk 3,3)
ὁ βαπτιστὴς	κηρύσσων		μετανοεῖτε	(Mt 3,2)

Es wird deutlich, dass Mk eine Mittelstellung einnimmt. Er (oder seine Vorlage) haben also vielleicht das κηρύσσων qualifizierend zu βαπτίζων hinzugefügt, vielleicht als bewussten Anklang zum Schriftzitat aus Jes 40,3. Lk und Mt würden dann Mk (oder dessen Vorlage) folgen, lassen jedoch das βαπτίζων ganz ausfallen bzw. wandeln es in den Titel des Täufers (Mt) oder dessen Predigtinhalt (Lk) um.[98] Möglich ist jedoch auch, dass hier ein typischer Fall von „markinischer Konflation“ vorliegt.[99]

2.1.3 *βάπτισμα μετανοίας εἰς ἄφεσιν ἁμαρτιῶν*

Inhaltlich qualifiziert wird die Taufe des Johannes durch den Ausdruck βάπτισμα μετανοίας εἰς ἄφεσιν ἁμαρτιῶν (Mk 1,4; Lk 3,3). Die Auslegungen zu dieser Formulierung gehen weit auseinander, vor allem, was den genauen Zusammenhang zwischen Taufe, Umkehr und Sündenvergebung betrifft: Im Zentrum der Diskussion steht die Frage, ob die Taufe ein Zeichen erfolgter oder beabsichtiger Umkehr ist[100], ob sie zudem die Sündenvergebung lediglich ankündigt oder diese bereits vermittelt.[101] Dabei wird meist

[97] Davies/Allison, *Matthew I*, 1988, 290: „The distinctive use of κηρύσσω probably developed in the Greek-speaking mission; there is no semitic equivalent which can explain it.“ In der LXX ist κηρύσσω meist Übersetzung für קרא. κηρύσσων ἐν τῇ ἐρήμῳ ist also ein näherer Anklang an das קוֹל קֹרֵא aus Jes 40,3, als es die griechische Wortwahl vermuten lässt. Ob deshalb jedoch schon auf hebräischer Sprachebene ein Nebeneinander von קורא und מטבל als Tätigkeit des Täufers anzunehmen ist, bleibt angesichts der nichtsynoptischen Parallelen fraglich.

[98] Gnilka, *Markus I*, 1978, 42.

[99] Vgl. dazu unten S. 520 ff.

[100] Ernst, *Lukas*, 1976, 138: „Es sollte genügen, von einer Symbolhandlung zu sprechen, welche die Bereitschaft zur Umkehr unterstreicht“; Ähnlich France, *Matthew*, 2007, 97. Pesch, *Markus I*, 1976, 79, sieht in der Taufe eine göttliche Bestätigung an den Täufling, „daß seine Umkehr gültig ist und vor Gott anerkannt wird“. Ähnlich die Deutung der Taufe als ein der Umkehr „nachfolgendes Zeichen“ bei Schweizer, *Markus*, 1967, 16. Das wird aber weder durch die sprachliche Konstruktion gedeckt, noch hätte es irgendeinen Anhalt in jüdischer Taufpraxis.

[101] Bock, *Luke I*, 1994, 299: „it points forward to the cleansing that comes“; Gnilka, *Markus I*, 1978, 45; Böhlemann, *Täufer*, 1997, 75; Zahn, *Lukas*, 1913, 192; Die Vorstellung von Lohmeyer, *Markus*, 1951, 15, derzufolge Gott durch den Vollzug der Johannes-

aus dem literarischen Kontext oder aus dem religionsgeschichtlichen Umfeld heraus argumentiert.[102] Aber auch ein Blick auf die Linguistik und die Frage nach einer möglichen Entsprechung der Formel im Hebräischen kann ihre Bedeutung erhellen. Denn es ist keineswegs so offensichtlich, wie die hier vorliegende Konstruktion zu verstehen ist, da sie in ihrer grammatischen Prägnanz im ganzen Neuen Testament einzigartig ist:

Das Nomen βάπτισμα erscheint in den synoptischen Evangelien zehn Mal. Steht es mit einem Genitiv, bezeichnet dieser in allen übrigen Fällen stets die taufende Person (Mt 3,7; 21,25; Mk 11,30; Lk 7,29; 20,4).

„Therefore, it makes it very difficult, if not impossible, to define more specifically the genitive relation between the two nouns, especially in terms of translating it into an appropriate kernel or capturing the original effect on the audience, since there is no parallel construction by which to evaluate this understanding."[103]

---

taufe nicht nur die Buße schenkt, sondern auch „den Täufling von allen seinen Sünden befreit", ist sicher eine christliche Deutung, die so nicht in den Text hineingetragen werden darf, ebensowenig die Vorstellung, die Taufe bewirke die „allein Gott zukommende Sündenvergebung sakramental" bei Thyen, *βάπτισμα*, 1964, 100., vgl die Bezeichnung als „eschatologisches Sakrament" bei Sung, *Vergebung*, 1993, 207. Nach Schniewind, *Markus*, 1949, 44, war die Vergebung der Sünden zwar „die höchste Hoffnung der Propheten", sie trete aber „im Spätjudentum merkwürdig zurück, muß aber verborgen weiter gelebt haben, denn wie Johannes knüpft Jesus an sie an.". Auch hier wird übersehen, dass Sündenvergebung im Judentum des zweiten Tempels sehr wohl eine zentrale Rolle spielte, allerdings eben nicht im Zusammenhang mit den rituellen Waschungen, sondern mit dem Versöhnungstag. Historisch plausibler ist noch die Erklärung von Notley, *Kingdom*, 2000, 308–309, der hinter der von Johannes angekündigten Sündenvergebung die Erwartung eines endzeitlichen Erlassjahres sieht, auf das Johannes vorbereiten wollte.

[102] Eine ausführliche Analyse der verschiedenen Übersetzungs- und Auslegungsmöglichkeiten bietet Porter, *Baptism*, 1999. Er kommentiert: „...there are a number of commentators who show virtually no knowledge of the issues involved in the verse (or apparently do not believe that there are difficulties involved in it), many simply discussing John the Baptist without actually coming to terms with the text and others merely restating the verse in the translation that is being used." (86) „Since reference to baptism is central to the phrase in Mk 1,4, and the phrase is central to John the Baptist's message, ... one might also expect some of the monographs on baptism to adress this passage and its attendant issues. For the most part, however, one looks in vain for serious engagement with the issues that this phrase raises regarding the issue of baptism, translation and interpretation" (89) „The impression of the rest of the discussion, especially among commentators and grammarians, is that there is a clear lack of consensus regarding what this verse means and how it should be rendered" (91).

[103] Porter, *Baptism*, 1999, 96. Porters Ergebnis bleibt jedoch sehr offen: „In the light of this evidence, I have no new translation or understanding to propose... Although this conclusion is minimal in its new contribution, I hope that it has raised questions regarding the methods and procedures of translating and commentating upon the Greek of the New Testament. It appears clear from the discussion above that there is significant room for further discussion of the methods and procedures for both." (97–98). Die im Folgenden vorgeschlagene Erklärung aus dem Hebräischen versucht diesen „Raum zur Diskussion" zu nutzen und ist damit hoffentlich ein Beitrag zu einem besseren Verständnis.

Lukas verwendet sonst, wo er die Tradition vom Auftreten des Täufers aufgreift, nur βάπτισμα μετανοίας (Apg 13,24; Apg 19,4). Diese kürzere Form taucht außerdem auch in Ebion 1 auf, einer Version, die zudem das hebraisierende βαπτίζων βάπτισμα enthält und damit Kenntnis einer ursprünglichen Formulierung verrät. Bei Matthäus fehlt die Qualifizierung der Taufe in Mt 3,1 naturgemäß, weil er die Taufe des Johannes hier noch gar nicht erwähnt, sondern nur seine Predigt. Diese jedoch qualifiziert auch Mt, allerdings nur mit dem Begriff μετανοεῖτε (Mt 3,2), ohne den Zusatz εἰς ἄφεσιν ἁμαρτιῶν. An späterer Stelle, der ersten Erwähnung der Tauftätigkeit des Johannes, hat Mt dafür εἰς μετάνοιαν, wo es bei Lukas fehlt (Vgl. Mt 3,11 mit Lk 3,16). Noch später, nämlich in der Abendmahlserzählung, erscheint dann bei ihm die Phrase εἰς ἄφεσιν ἁμαρτιῶν (Mt 26,28). Auch dort fehlt sie in den Parallelen. Mt hält also Verkündigung (Mt 3,2), Taufe (Mt 3,6 und 3,11) und Sündenvergebung (Mt 26,28) streng voneinander getrennt: Nicht die Taufe als solche ist Inhalt der Verkündigung, sondern allein die Umkehr. Die Formel μετάνοια εἰς ἄφεσιν ἁμαρτιῶν ist hingegen, mit Varianten, für Lk charakteristisch und taucht bei ihm vor allem da auf, wo er das Kerygma der ersten Gemeinde wiedergibt:

κηρυχθῆναι ἐπὶ τῷ ὀνόματι αὐτοῦ
μετάνοιαν εἰς ἄφεσιν ἁμαρτιῶν εἰς πάντα τὰ ἔθνη. (Lk 24,47)

δοῦναι μετάνοιαν τῷ Ἰσραὴλ καὶ ἄφεσιν ἁμαρτιῶν. (Apg 5,31)

μετανοήσατε, καὶ βαπτισθήτω ἕκαστος ὑμῶν
ἐπὶ τῷ ὀνόματι Ἰησοῦ Χριστοῦ εἰς ἄφεσιν τῶν ἁμαρτιῶν ὑμῶν. (Apg 2,38)

μετανοήσατε οὖν καὶ ἐπιστρέψατε
εἰς τὸ ἐξαλειφθῆναι ὑμῶν τὰς ἁμαρτίας. (Apg 3,19)

μετανόησον οὖν ἀπὸ τῆς κακίας σου ταύτης
καὶ δεήθητι τοῦ κυρίου, εἰ ἄρα ἀφεθήσεταί σοι. (Apg 8,22)

Mt verwendet eine entsprechende Formel nie, Mk nur einmal, nämlich hier in Mk 1,4 par. Lk 3,3. Dass Lk sie an dieser Stelle von Mk übernommen und dann von hier aus auch an alle anderen Stellen übertragen hätte, ist unwahrscheinlich. Denn er hätte sie dann zwar mehrfach in die Verkündigung der Urgemeinde übernommen, aber gerade nicht in seine anderen Summarien der Täuferpredigt (Apg 13,24; Apg 19,4), wo sie doch nahe liegender gewesen wären. Es ist also wahrscheinlicher, dass diese Formel ursprünglich schon in der frühchristlichen Verkündigung feste Form annahm und erst sekundär in die Täuferüberlieferung eingeführt wurde.[104]

[104] So auch VAGANAY, *Problème*, 1952, 350; BARTH, *Taufe*, 1982, 26; SUNG, *Vergebung*, 1993, 198; Sung führt die Phrase dennoch auf „den Täufer selbst“ (206) zurück, denn die

Die ursprüngliche Charakterisierung der Johannestaufe spiegelt sich wohl eher in den kürzeren, aber dafür mehrfach unabhängig bezeugten Formeln wider, die die Vergebung der Sünden noch nicht erwähnen, sondern nur die Umkehr:

Ἰωάννης ἐβάπτισεν βάπτισμα μετανοίας τῷ λαῷ	(Apg 19,4)
ἦλθέν <τις> Ἰωάννης <ὀνόματι> βαπτίζων βάπτισμα μετανοίας	(Ebion 1)
προκηρύξαντος Ἰωάννου ... βάπτισμα μετανοίας	(Apg 13,24)
Ἐγὼ μὲν ὑμᾶς βαπτίζω ἐν ὕδατι εἰς μετάνοιαν	(Mt 3,11)

Auch hier erweist sich die Rückfrage nach einem hebräischen Sprachhintergrund als ein hilfreiches Hilfsmittel bei der Beurteilung der verschiedenen Varianten: Denn nur die bei Matthäus[105] auftauchende Formulierung βάπτισμα εἰς μετάνοιαν (טבילה לתשובה) ist vor einem hebräischen Sprachhintergrund plausibel, während für βάπτισμα μετανοίας (טבילת תשובה oder טבילה של תשובה) im hebräischen Sprachgebrauch nicht nur ein Äquivalent fehlt, sondern im Gegenteil diese Formel sogar missverständlich wäre. Das wird bei einer näheren Untersuchung des Gebrauchs von טבל bzw. טבילה deutlich: Im biblischen Hebräisch taucht טבילה als Nomen nicht auf. Das Verb טבל steht dort entweder mit direktem Objekt oder bezeichnet mit את das Objekt, das getaucht wird[106]. ב bezeichnet das Medium, in das hinein getaucht wird. Ein Zweck oder Inhalt des Tauchens wird in den biblischen Texten nicht genannt. Der gleiche Gebrauch kann in der einzigen Belegstelle aus Qumran[107] angenommen werden, auch wenn dort die ersten Buchstaben von במים nicht erhalten sind. In der rabbinischen Literatur wird die Konstruktion טבילה של lediglich einmal verwendet und bezeichnet dort die zu tauchende Person[108]. In beiden Fällen ist mit של aber nicht Zweck oder Sinn des Tauchbades benannt. Der gleiche Sachverhalt gilt für den Gebrauch des constructus טבילת.[109] Eine Ausnahme bildet nur die Wendung טבילה של מצוה bzw. טבילת מצוה ein verpflichtendes Tauchbad[110]. Der besonde-

Urgemeinde habe „keinen Grund gehabt, die Johannestaufe nachträglich als ‚Taufe zur Sündenvergebung' zu interpretieren". Mt habe daher die Phrase aus seiner Vorlage entfernt und nach Mt 26,28 übertragen. So auch Ernst, *Johannes*, 1989, 158. Beide erwähnen jedoch nicht die dem Mt eigene Qualifizierung der Taufe in Mt 3,11.

[105] Nach Thyen, *βάπτισμα*, 1964, 102, schöpft Mt diese Phrase aus Mk und (!) Q.

[106] Gen 37,31; Ex 12,22; Lev 4,6.17; 9,9;14,6.16.51; Num 19,18; Dtn 33,24; Ruth 2,14.

[107] 4Q274 (=4QTohorotA) 2 i:4–6 (Parry 1:292); 3Q15 (=3QCopperScroll) 1:12 (Parry 6:250), trägt hier nichts aus, da טבילה (hier: Tauchbecken) lediglich als Ortsangabe verwendet wird.

[108] טבילה של ריבה (das Tauchbad einer jungen Frau), ARN A 8,24 (Becker 104).

[109] טבילת אצבע (das Untertauchen des Fingers), bZev 13b; טבילת טמא מת (das Untertauchen eines durch Berührung eines Toten Verunreinigten), bHag 22b.

[110] טבילה של מצוה (bShab 57a; 120b; bRHSh 28a; bYom 8a. טבילת מצוה bNid 66a; bBM 84a.

re Zweck oder Inhalt einer Tauchung wird aber durch diese Konstruktion nicht ausgedrückt. Eine Formulierung wie טבילה של תשובה oder טבילת תשובה, die dem griechischen βάπτισμα μετανοίας entspräche, müsste also klingen, als ob die Umkehr selbst einem Taufbad unterzogen wird, nicht die umkehrende Person.[111] Wo hingegen im jüdischen Kontext ein Zweck des Tauchbades genannt wird, wird dieser stets mit ל angeschlossen. In Verbindung mit einem Verb bezeichnet dies einen besonderen Zweck des Untertauchens[112], in Verbindung mit einem Substantiv fast immer eine nachfolgende Handlung, auf die man sich durch das Tauchbad vorbereitet.[113] Eine angemessene Übersetzung würde also lauten: „Eintauchen bzw. ein Tauchbad nehmen *zur Vorbereitung auf...*". Es ist diese Bedeutung, die auch im Zusammenhang der Johannestaufe historisch plausibel erscheint. Denn diese bewirkt ja weder Umkehr noch Vergebung der Sünden, sie ist auch kein Zeichen für bereits erfolgte Umkehr, da im Rahmen des jüdischen Kontextes nicht als reine Absichtsbekundung, sondern als Änderung der Lebensführung verstanden wird. Die Taufe kann also hier nur auf die noch bevorstehende Umkehr vorbereiten, die sich erst noch an den „Früchten der Umkehr" (Mt 3,8/Lk 3,8) erweisen muss und so die Vergebung der Sünden bewirkt.[114] Dieser Zusammenhang von Umkehr angesichts eines bevorstehen-

---

[111] LOHMEYER, *Markus*, 1951, 14–15, erklärt die Genetivkonstruktion aus alttestamentlichen Wendungen wie „etwa Heilsopfer, Gnadengabe, Liebesgemeinschaft oder ähnliche" und begründet dadurch eine Deutung der Johannestaufe, nach der die Umkehr dem Täufling von Gott „im Akt des Untertauchens" geschenkt werde. Die von ihm angeführten griechischen Beispiele (Ex 24,5; 32,6; Lev 4,31.35 u.ö.; θυσίαν δικαιοσύνης Ps 50,21 LXX = Ps 51,21 MT, nicht 51,18, wie dort angegeben!) zeigen aber gerade die Unmöglichkeit einer solchen Deutung, die eher durch lutherische Tauflehre motiviert ist: Denn die hebräischen Wendungen זְבָחִים שְׁלָמִים bzw. זִבְחֵי־צֶדֶק meinen ja nicht die Gerechtigkeit bzw. Vollkommenheit Gottes, sondern die des Opfers.

[112] אומרים באו וראו פרושין שמטבילין לאור הלבנה („Man sagte: Kommt und seht die Pharisäer, die sogar ein Tauchbad veranstalten würden, um den Mond heller zu machen!", tHag 3,35, ed. Liebermann 2:394); הטובל על מנת לעלות מטומאה לטהרה („Jemand, der ein Tauchbad nimmt, um aus Unreinheit zur Reinheit aufzusteigen"): tHag 3,2, ed. Zuckermandel 236; anders, aber als Zweckbestimmung לקיים מה שנאמר („um einen Schriftvers zu erfüllen", bMen 85b).

[113] לתרומות und לקודש (Untertauchen von Priestern zur Vorbereitung auf die Priesterhebe bzw. auf Heiliges): mHag 3,3, ed. Krupp 17 (die Handschriften variieren hier zwischen לתרומות und בתרומות bzw. לקודש und בקודש); tHag 3,4 (Zuckermandel 236; Liebermann 2:388 liest hier בקודש); tBes 2,7 (Liebermann 2:288; Zuckermandel 203 liest hier: בתרומות); tKet 3,3, (Zuckermandel 263, Liebermann 3:63); yKet 2,10 (26a); PesR 29,1 §1 (Ulmer 2:690) u.ö.; מטבלים ידים לחטאת („Man taucht die Hände zur Vorbereitung auf das Sühnopfer"): mEd 3,2 (Müller 35); ebenso mPara 5,2 (Hoffmann/Cohn/Auerbach 342); anders nur טבל לקל שבהן („er taucht ein für alles, was an ihm ist"): tHag 3,1 (Zuckermandel 236, Liebermann 2:386). Das gilt auch für die ähnliche Formulierung לשם מרור (zum Zweck des Maror-Essens, bPes 114b).

[114] Vgl. SAHLIN, *Früchte*, 1947; ERNST, *Lukas*, 1976, 138; FRANCE, *Matthew*, 2007, 97.

den Gerichtes und als Vorbedingung auf die kommende Sündenvergebung ist auch in einem bekannten Diktum der rabbinischen Tradition formuliert:

„Drei Dinge ändern ein nachteiliges Urteil: Gebet, (Werke der) Barmherzigkeit und Umkehr (תפלה וצדקה ותשובה).“[115]

Das Nomen μετάνοια steht im Neuen Testament auch sonst, wenn es mit einer Präposition verbunden ist, immer mit εἰς:

οὐκ ἐλήλυθα καλέσαι δικαίους ἀλλὰ ἁμαρτωλοὺς εἰς μετάνοιαν	(Lk 5,32)
ἀγνοῶν ὅτι τὸ χρηστὸν τοῦ θεοῦ εἰς μετάνοιάν σε ἄγει	(Röm 2,4)
νῦν χαίρω, οὐχ ὅτι ἐλυπήθητε ἀλλ᾽ὅτι ἐλυπήθητε εἰς μετάνοιαν·	(II Kor 7,9)
καὶ παραπεσόντας, πάλιν ἀνακαινίζειν εἰς μετάνοιαν	(Heb 6,6)
μὴ βουλόμενός τινας ἀπολέσθαι ἀλλὰ πάντας εἰς μετάνοιαν χωρῆσαι	(II Pet 3,9)

Diese Verbindung mit εἰς entspricht dabei auch rabbinischem Sprachgebrauch: Die hebräische Entsprechung der Phrase εἰς μετάνοιαν (לתשובה) wird in der rabbinischen Literatur häufig verwendet. Am deutlichsten ist dabei die Verwandtschaft von PesR 44,7 (לקרוא לתשובה) und Lk 5,32 (καλέσαι εἰς μετάνοιαν):

Es steht geschrieben (Ex 14,10): „Pharao nahte“. Was bedeutet das, „er nahte“? Er nahte (d.h. führte) Israel zur Umkehr.[116]	וכתיב ופרעה הקריב מהו הקריב שהקריב את ישראל לתשובה
Erlöse ihn (vgl. Hi 33,24) durch Leiden, so wirst du ihn zur Umkehr führen.[117]	פדעהו בייסורים ואתה מביאו לתשובה
Allezeit, solange der Mensch lebt, wartet der Heilige, gepriesen sei er, darauf, dass er umkehre („späht er aus ... zur Umkehr“).[118]	כל זמן שאדם חי הקב"ה מצפה לו לתשובה
Komm und sieh: Die Erde des Landes Israel (führt) zur Umkehr.[119]	בא וראה עפרה של ארץ ישראל לתשובה
... damit ihr erzittert vom Klang des Schofar und euch bereit macht zur Umkehr.[120]	כדי שתהיו חרדים מתקיעת השופר להתקין עצמיכם לתשובה
Alle Propheten rufen Israel zur Umkehr[121]	כל הנביאים קוראים לישראל לתשובה

[115] yTaan 2,1/11 (65b), ed. Schäfer/Becker II,5–12:236; der Satz ist (mit verschiedenen Tradentennamen) außerdem überliefert in ySan 10,2/12 (28c), ed. Schäfer/Becker IV:203; bRHSh 16b; BerR 44,12 zu Gen 15,5 (Theodor/Albeck 1:434); TanB נח 13 zu Gen 8,15 (Buber 1:37; Bietenhard 1:49); PesR 50,6 §18 (Ulmer 2:1077); PesR 52,3 §8 (Ulmer 2:1096). Kapitel 50 bis 52 von PesR sind nicht Teil der *editio princeps*, aber durch die MSS Parma, Dropsie und JTS (Appendix) bezeugt.

[116] ShemR 21,5 zu Ex 14,15 (Mirkin 5:249); par. ShirR 2,35 zu Hld 2,14 (Wilna 18a).

[117] PesR 10,9 §24 (Ulmer 1:138, Friedmann 39).

[118] QohR 7,24 zu Prd 7,23 (Wilna 20b)

[119] PesR 28,3 §12 (Ulmer 2:687. Friedmann 136).

[120] PesR 40,5 §25 (Ulmer 2:886, Friedmann 170).

[121] PesR 44,7 §11 (Ulmer 2:996, Friedmann 184).

Vor diesem Hintergrund wird deutlich, dass die matthäische Beschreibung der Taufe als Taufe ἐν ὕδατι εἰς μετάνοιαν eine Formulierung bietet, die dem hebräischen Sprachgebrauch am nächsten kommt. Die Formulierungen bei Lk und Mk hingegen weisen bereits Zeichen grammatikalischer Glättung (dativus instr. ὕδατι, bei Lk zudem vorangestellt, genitivus qual. μετανοίας) bzw. beginnender theologischer Reflexion (εἰς ἄφεσιν ἁμαρτιῶν) auf:

	Mt 3,11	*Lk 3,16*	*Mk 1,8*	*Lk 3,3/Mk 1,4*
אני	ἐγὼ μὲν	ἐγὼ μὲν ὕδατι	ἐγὼ	
מטבל אתכם	ὑμᾶς βαπτίζω	βαπτίζω ὑμᾶς	ἐβάπτισα ὑμᾶς	βάπτισμα
במים	ἐν ὕδατι		ὕδατι	
לתשובה	εἰς μετάνοιαν			μετανοίας εἰς ἄφεσιν ἁμαρτιῶν

Tabelle 11: Mt 3,11 parr und eine mögliche hebräische Entsprechung

Bei Mt könnte also an dieser Stelle eine ursprünglichere Formulierung erhalten geblieben sein.[122] Allerdings steht diese bei ihm offensichtlich nicht an ihrem ursprünglichen Ort:

a) Geht man von einem parallelismus membrorum aus, fehlt in Mt 3,11 die Entsprechung zu εἰς μετάνοιαν im zweiten Teil des Verses.
b) Für die Aussageabsicht des Spruches ist εἰς μετάνοιαν an dieser Stelle überflüssig.
c) In Mk und Lk fehlt der Zusatz. Es ist aber unwahrscheinlich, dass gerade Lukas den Begriff μετάνοιαν gestrichen hätte, der für ihn sonst so zentral ist.[123]
d) Im Gegensatz zu Mk und Lk hat Mt die Taufe vorher noch nicht erwähnt, was die Erklärung dafür ist, dass er erst hier die Qualifikation nachholen kann.
e) Im hebräischen Nazarener-Evangelium (oben S. 264) erscheint die Formulierung „*Iohannes Baptista baptizat in remissionem peccatorum*", die dem Kontext nach Mk 1,4/ Lk 3,3 entspricht, in der Konstruktion mit in + Akk jedoch Mt 3,11 nahesteht.

An dieser Stelle ist der qualifizierende Zusatz bei Mt also vermutlich nicht ursprünglich. Er könnte aber aus der Erzählung vom Auftreten des Täufers stammen, wo auch Mk und Lk eine ähnliche Qualifizierung der Taufe ha-

[122] Nicht nur sprachlich, sondern auch inhaltlich ist die Überlieferung des Mt im jüdischen Kontext plausibler: Schon die strikte Trennung von „Verkündigung der Umkehr" und eigentlicher Taufhandlung bei Mt (im Gegensatz zur „Verkündigung der Taufe" bei Mk und Lk) zeigt das. Auch das Motiv der Sündenvergebung fehlt in Mt 3,1–2 zu Recht. Dafür erscheint es bei ihm in Verbindung mit den Abendmahlsworten (Mt 26,28). Hier zeigt sich, dass das Motiv der Sündenvergebung erst durch die Verbindung der Taufe mit Tod und Auferstehung Jesu dem Taufverständnis zuwächst. Gleiches gilt für das öffentliche Sündenbekenntnis (Mt 3,6/Mk 1,5), das im jüdischen Kontext nicht mit dem Tauchbad, sondern mit dem Versöhnungstag verbunden war (s. unten S. 292). Die Notiz über das Sündenbekenntnis in Mt 3,6 ist auch dort nicht ursprünglich, sondern erst von Mk übernommen.

[123] Böhlemann, *Täufer*, 1997, 113.

ben. Mt hätte dann den qualifizierenden Zusatz εἰς μετάνοιαν von dort entnommen und hierher in das Täuferwort übertragen. Für die Rekonstruktion einer möglichen hebräischen Vorlage ist daher eine Formulierung wie טבילה לתשובה (βάπτισμα εἰς μετάνοιαν) plausibler als טבילת תשובה oder תבילה של תשובה (βάπτισμα μετανοίας). Die längere Formulierung (einschließlich der Worte εἰς ἄφεσιν ἁμαρτιῶν) ist entweder von Lk hier eingeführt worden und wurde dann von Mk übernommen, oder sie ist schon auf vorsynoptischer Stufe in die Überlieferung eingedrungen und wurde von Mk und Lk übernommen. Mt hätte sie dann, entweder aufgrund von Kenntnis einer ursprünglicheren Fassung oder aus eigener Kenntnis des angemessenen Sprachgebrauchs, nicht übernommen und ihren Inhalt auf drei verschiedene Orte verteilt (Verkündigung: Mt 3,1; Taufe zur Vorbereitung auf die Umkehr: Mt 3,11; Vergebung der Sünden: Mt 26,28).

2.1.4 ἡ βασιλεία τῶν οὐρανῶν

Nur bei Mt verkündigt Johannes die Nähe der βασιλεία τῶν οὐρανῶν (Mt 3,2). Bei Mk und Lk erscheint der Begriff erst im Munde Jesu (Mk 1,15; Lk 4,43). Da schon oben Hinweise auf eine redaktionelle Umformung des Täuferauftritts durch Mt erkennbar wurden und die Formulierung in Mt 4,17 wortgleich im Munde Jesu wiederzufinden ist, dürfte die Einführung des βασιλεία-Motivs hier auch auf seine Hand zurückgehen. Der theologische Grund für diese Änderung ist offenkundig: Nicht die Taufe als solche, sondern die durch sie vorbereitete Ankunft des Himmelreiches soll im Zentrum der Täuferpredigt stehen. Auf Herkunft und Bedeutung des komplexen Begriffs der βασιλεία τῶν οὐρανῶν (Mt) bzw. der βασιλεία τοῦ θεοῦ (Mk/Lk) und seiner Verortung im zeitgenössischen Judentum kann im Rahmen der vorliegenden Untersuchung nicht ausführlich eingegangen werden. Die Beziehung zum hebräischen Sprachgebrauch soll jedoch kurz erwähnt werden: Mt steht mit seiner Formulierung zweifellos dem Sprachgebrauch des Judentums näher als Mk und Lk:[124] Während die hebräische Wendung מלכות שמים in der rabbinischen Literatur breite Verwendung findet, gibt es weder für das mehrfach von Dalman und Billerbeck angeführte aramäische Äquivalent מלכותא דשמיא einen Beleg, noch für eine dem Ausdruck βασιλεία τοῦ θεοῦ entsprechende Wendung מלכות אלוהים , מלכות אל oder מלכותא דאלהא. Überhaupt erscheint der Begriff „Himmel“ in der hebräischen Literatur häufig in formelhaften Gottesprädikationen, im Aramäischen hingegen fast nie.[125] In Qumran fehlen entsprechende Wendungen. Lediglich im Targum, das von Dalman noch als Grundlage für das Aramäische zur Zeit Jesu vor-

[124] Grundlegende Übersichten zum jüdischen Sprachgebrauch bei Dalman, *Worte*, 1898, 75–84; Billerbeck, *Kommentar*, 1969, 172–184; Lattke, *Vorgeschichte*, 1975.

[125] Vgl. Grintz, *Hebrew*, 1960, 36–37. Grintz nennt als einzige Ausnahme die Wendung קדם אבוהון דבשמיא aus dem Qaddish.

ausgesetzt wurde, wird in Jes 52,7 die hebräische Wendung מָלַךְ אֱלֹהָיִךְ („Dein Gott ist König!") durch die aramäische Wendung אתגליאת מלכותא דאלהיך („Es zeigt sich die Königsherrschaft deines Gottes!") wiedergegeben, und im Targum zu Jes 40,9 entsprechend הִנֵּה אֱלֹהֵיכֶם („siehe, euer Gott!") durch אתגליאת מלכותא דאלהכון („Es zeigt sich die Königsherrschaft eures Gottes!"). In beiden Fällen handelt es sich um eine Umschreibung des durch den biblischen Text vorgegebenen Gottesbegriffs, kann also kaum Indikator für die Existenz einer Redewendung sein, die ansonsten nicht in der aramäischen Literatur nachzuweisen ist. Trotz dieses relativ eindeutigen Befundes wird in der Literatur weithin davon ausgegangen, dass die Formulierung βασιλεία τοῦ θεοῦ den ursprünglichen Wortlaut der (aramäischen) Verkündigung Jesu bzw. der synoptischen Jesusüberlieferung darstelle und βασιλεία τῶν οὐρανῶν eine spezifisch matthäische Formulierung sei, mit der dieser den Sprachgebrauch Jesu rückwirkend an jüdischen Sprachgebrauch angeglichen habe.[126]

Nun ist es sicher nicht unmöglich, dass es sich so verhält. Dennoch darf gefragt werden, warum ein Ausdruck, der bei Mt so offenkundlich dem jüdischen Sprachgebrauch näher steht, dennoch so durchgängig als sekundär qualifiziert wird. Skepsis gegenüber dem Alter des rabbinischen Begriffs מלכות שמים, wie sie heute durchaus angebracht ist, war dafür anfangs nicht der Beweggrund, ebenso wenig wie die uneingeschränkte Vorherrschaft der Zweiquellenhypothese, gegen die sich Dalman ausdrücklich ausgesprochen hat. Vielmehr ist sowohl bei Dalman als auch bei Billerbeck das Bedürfnis zu erkennen, den jesuanischen Gebrauch von βασιλεία τοῦ θεοῦ inhaltlich vom rabbinischen Konzept der מלכות שמים zu lösen. So schreibt Dalman, Jesus habe sich „unabhängig von der Schule und von der apokalyptischen Literatur seiner Zeit seine eigene Ausdrucksweise gebildet", und Sachverwandtschaft bestehe weniger mit dem jüdischen Begriffe der מלכות שמים als vielmehr mit dem Danielbuch, aus dem heraus Jesus sich seinen Begriff der Gottesherrschaft gebildet habe (110). Kürzer sagt es Billerbeck: „Die מלכות שמים im jüd. Sprachgebrauch und die βασιλεία τῶν οὐρανῶν bzw. τοῦ θεοῦ in Jesu Mund verhalten sich zueinander wie Gesetz und Evangelium." Dennoch gehen beide davon aus, dass die matthäische Formulierung ursprünglicher ist.[127] Auch im Rahmen der vorliegenden Untersuchung, die vor allem vom Kriterium der linguistischen und literarischen Kontextplausibilität ausgeht, liegt das Urteil nahe, dass Matthäus mit seiner Wendung den ursprünglichen jüdischen Sprachgebrauch Jesu besser bewahrt hat als seine Seitenreferenten. Diese für nichtjüdische Leser vielleicht unverständ-

---

[126] Zur Stelle z.B. bei Gundry, *Matthew*, 1994, 43; France, *Matthew*, 2007, 97.

[127] Dalman, *Worte*, 1898, 77; Billerbeck, *Kommentar*, 1969, 1:182.

liche Wendung wäre dann von Lk und Mk durch einen expliziteren Ausdruck ersetzt worden.[128]

2.1.5 ἐν τῇ ἐρήμῳ (τῆς Ἰουδαίας)

Unklar ist, wann die Worte ἐν τῇ ἐρήμῳ (Mt: ἐν τῇ ἐρήμῳ τῆς Ἰουδαίας) zur Überlieferung hinzukamen: Waren sie schon ursprünglich Teil der Täufererzählung und haben deshalb Anlass zur Verknüpfung mit Jes 40,3 gegeben? Oder sind sie hier erst nachträglich eingeflossen, um die Überlieferung an das Schriftzitat anzugleichen? Das Fehlen der Worte in Joh, Ebion und Apg könnte darauf hindeuten, dass sie nicht zum frühesten Kernbestand gehörten. Sie wäre dann durch dieselbe Hand in die Überlieferung eingeführt worden, aus der auch das Zitat aus Jes 40,3 stammt, das ebenfalls in den meisten nichtsynoptischen Parallelen fehlt. Unter der Annahme einer Mt-Priorität und ausgehend vom biblischen Vorbild מדבר יהודה hält Zahn allerdings die längere Fassung der Ortsangabe bei Mt für ursprünglich.[129] Sie sei von Mk und Lk übernommen worden und in einen allgemeinen theologischen topos umgestaltet worden. Der Zusatz יהודה wäre dann dort in Angleichung an das hinzugetretene Jesajazitat weggefallen.

2.1.6 ἐν δὲ ταῖς ἡμέραις ἐκείναις

Zuletzt muss auch die Zeitangabe untersucht werden, die sowohl bei Mt als auch bei Lk den Anfang der Täufererzählung bildet, bei Mk allerdings fehlt. Dass eine solche Zeitangabe ursprünglich zur Überlieferung gehörte, legen auch die Parallelen im Johannes- und im Ebionäerevangelium nahe (vgl. Tabelle 12). Die Übereinstimmung liegt dabei nicht nur in der Zeitangabe, sondern auch in deren Verknüpfung mit einem Verb des Kommens bzw. Auftretens. Und auch hier gibt es vergleichbare Formeln an anderer Stelle (vgl. Tabelle 13), die eine enge Verwandtschaft aufweisen (Zeitangabe, Einführung einer Person, Verbindung mit der Person des Täufers).

Die Annahme liegt also nahe, dass eine, wie immer geartete, Zeitangabe am Beginn der vorsynoptischen Überlieferungseinheit stand. Wie aber lautete sie? Die redaktionelle Hand des Lukas in Lk 3,1–2 ist offensichtlich,[130] jedoch ist zu fragen, ob der siebenfache Synchronismus allein auf lukanische Hand oder auf eine, vielleicht kürzere, vorlukanische Überlieferung zurückgeht. Die Formulierung in Mt 3,1 ist offenbar eine Anknüpfung an biblischen Erzählstil, vielleicht ein gewollter Bezug auf Ex 2,11 (siehe

---

[128] Eine solche Erklärung impliziert natürlich die Priorität des (Proto-) Matthäus vor Mk und/oder Lk. Diese Möglichkeit soll im Rahmen der vorliegenden Untersuchung aber ja bewusst offen gehalten werden. Zum Sonderfall Mt 12,28 siehe unten S. 375.

[129] ZAHN, *Matthäus*, 1905, 128. Ähnlich auch VAGANAY, *Problème*, 1952, 349.

[130] STREETER, *Gospels*, 1924, 209; SCHRAMM, *Markus-Stoff*, 1971, 34.

Mt 3,1	*Ebion 1*	*Joh 3,22*	*Lk 3,1–3*
 Ἐν δὲ ταῖς ἡμέραις ἐκείναις	ἐγένετο ἐν ταῖς ἡμέραις	 Μετὰ ταῦτα	 Ἐν ἔτει δὲ πεντεκαιδεκάτῳ τῆς ἡγεμονίας Τιβερίου Καίσαρος, ἡγεμονεύοντος Ποντίου Πιλάτου τῆς Ἰουδαίας,
	Ἡρῴδου βασιλέως τῆς Ἰουδαίας		καὶ τετρααρχοῦντος τῆς Γαλιλαίας Ἡρῴδου,
			Φιλίππου δὲ τοῦ ἀδελφοῦ αὐτοῦ τετρααρχοῦντος τῆς Ἰτουραίας καὶ Τραχωνίτιδος χώρας, καὶ Λυσανίου τῆς Ἀβιληνῆς τετρααρχοῦντος,
	<ἐπὶ ἀρχιερέως Καϊάφα>,		ἐπὶ ἀρχιερέως Ἄννα καὶ Καϊάφα,
παραγίνεται Ἰωάννης	ἦλθέν <τις> Ἰωάννης	ἦλθεν ὁ Ἰησοῦς	ἐγένετο ῥῆμα θεοῦ ἐπὶ Ἰωάννην τὸν Ζαχαρίου υἱὸν ἐν τῇ ἐρήμῳ. καὶ ἦλθεν εἰς πᾶσαν [τὴν] περίχωρον τοῦ Ἰορδάνου

Tabelle 12: Zeitangaben in der Überlieferung vom Auftreten des Täufers

dazu im Folgenden). Die Zeitangabe des Ebionäerevangeliums wiederum ist historisch ungenau: Denn Herodes der Große, König von Judäa, war zu dem hier gemeinten Zeitpunkt schon lange verstorben. Herodes Antipas, der Zeitgenosse des Johannes, war nicht König von Judäa, sondern Tetrarch von Galiläa (wie auch Lk richtig formuliert) und Peräa.

Boismard vermutet, dass die Erwähnung „Herodes, König von Judäa" tatsächlich urspünglicher Bestandteil der Täufererzählung war und auf einen ungenauen Umgang mit geographischen und politischen Begriffen zurückzuführen sei.[131] Lk und Mt hätten diese Zeitangabe dann in ihre jeweiligen Kindheitsgeschichten übertragen, und Lk habe in Lk 1,5 den Titel des Herodes korrigiert. Umgekehrt ist es aber auch möglich, dass das Ebionäerevangelium hier sekundär gegenüber den kanonischen Evangelien (einschließlich deren Kindheitserzählungen) ist: Es hätte dann die Zeitangaben,

---

[131] Boismard, *Ebionites*, 1966, 333: „il existait une certain flottement dans le choix des termes géographiques et politiques" Dies zeige sich etwa darin, dass Herodes Antipas auch in Mk 6,14; Joh 4,46 sowie im Petrusevangelium (EvPetr 2, ed. Kraus/Nicklas, *Petrusevangelium*, 2004, 32) als „König" bezeichnet werde, und Lukas in Lk 4,44 und 7,17 Galiläa zu „Judäa" rechne.

Lk 1,5	*Mt 2,1*	*Mk 1,9*	*Mk 1,14*
Ἐγένετο		Καὶ ἐγένετο	
	Τοῦ δὲ Ἰησοῦ γεννηθέντος		Μετὰ δὲ τὸ
	ἐν Βηθλέεμ τῆς Ἰουδαίας		παραδοθῆναι
		ἐν ἐκείναις	τὸν Ἰωάννην
ἐν ταῖς ἡμέραις	ἐν ἡμέραις	ταῖς ἡμέραις	
Ἡρῴδου βασιλέως	Ἡρῴδου τοῦ βασιλέως,		
τῆς Ἰουδαίας			
	ἰδοὺ μάγοι ἀπὸ ἀνατολῶν		
ἱερεύς τις	παρεγένοντο	ἦλθεν Ἰησοῦς	ἦλθεν ὁ Ἰησοῦς
ὀνόματι Ζαχαρίας	εἰς Ἱεροσόλυμα		εἰς τὴν Γαλιλαίαν

Tabelle 13: Zeitangaben im weiteren Umfeld der Täuferüberlieferung

die es in den Kindheitsgeschichten vorfand, an den Beginn seiner eigenen Darstellung übernommen, die dann allerdings nicht mit der Kindheit Jesu, sondern mit dem Auftreten des Johannes begann. Es wäre zudem auch denkbar, dass das ἦλθέν im Ebionäerevangelium sehr weit gefasst war und das ganze Leben des Johannes im Blick hat, das ja tatsächlich in den Tagen des Herodes begann. Denkbar ist hingegen auch, dass die chronologisch zwar unpräzise, aber dafür literarisch an ein biblisches Vorbild anknüpfenden Formulierung Ἐν ταῖς ἡμέραις ἐκείναις (Mt 3,1/Mk 1,9) den ursprünglichen Anfang der Täufererzählung bildete.[132] Die Formel ist zwar im AT häufig und hat oft eine neutrale überleitende Funktion, dennoch ist hier ein gewollter Anklang etwa an Ex 2,11 (MT) nicht auszuschließen, denn dort bezeichnet die Formulierung in analoger Weise den Übergang von der Kindheits- zur Berufungsgeschichte des Moses:

ἐγένετο δὲ ἐν ταῖς ἡμέραις ταῖς πολλαῖς ἐκείναις	וַיְהִי בַּיָּמִים הָהֵם
μέγας γενόμενος Μωυσῆς	וַיִּגְדַּל מֹשֶׁה
ἐξῆλθεν πρὸς τοὺς ἀδελφοὺς αὐτοῦ	וַיֵּצֵא אֶל־אֶחָיו
(Ex 2,11 LXX)	(Ex 2,11)

[132] So z.B. GOULDER, *Luke I*, 1989, 270; BACON, *Prologue*, 1907, 102; VAGANAY, *Problème*, 1952, 346; MCNICOL/DUNGAN, *Impasse*, 1996, 72, sehen die präzisere Angabe bei Lk als Korrektur gegenüber Mt. Auch ZAHN, *Matthäus*, 1905, 118, hält die Formulierung bei Mt für ursprünglich: „Die Ähnlichkeit mit Ex 2,11 ... wird um so weniger als zufällig zu betrachten sein, als wir schon zu 2,20 an die Erzählung von Moses Ex 4,19 erinnert wurden. Mt erzählt absichtlich im Ton atl. Geschichte. Um so verwunderlicher erscheint die Meinung, dass er die uns fremdartige Zeitbestimmung ungeschickter Weise aus Mr 1,9 entlehnt habe, was doch nur denkbar wäre, wenn er sie an der entsprechenden Stelle der Erzählung, also 3,13 angebracht hätte...“; für eine Herkunft aus redaktioneller mt Hand spricht sich HÄFNER, *Jene Tage*, 1993, 52 aus: Mt wolle hier bewusst die Täufertradition mit der Vorgeschichte zusammenbinden, während die eigentliche Haupterzählung erst mit dem Ἀπὸ τότε in 4,17 beginne. Die Beobachtung an sich spräche aber ebenfalls für eine zusammenhängende Vorlage, zu der bereits eine Kindheitsgeschichte gehörte.

Diese Annahme würde allerdings voraussetzen, dass die frühe Form der Täuferüberlieferung auch schon mit einer zusammenhängenden Kindheitsgeschichte verbunden war. Zuletzt haben Davies und Allison die Existenz einer solchen, judenchristlich geprägten, vormatthäischen Kindheitsgeschichte vertreten, die vor allem auf einer bewusst konstruierten Parallelität zur Mosegeschichte aufbaut.[133] Wenn die so geprägte Kindheitsgeschichte in einer vorsynoptischen Vorlage der ursprünglichen Täuferüberlieferung vorausging, dann wäre die Anlehnung an Ex 2,11, und zwar an den hebräischen Wortlaut, nur natürlich. Auch ein gewollter Anklang an die stereotype Wiederholung aus den Richterbüchern ist denkbar.[134]

ἐν δὲ ταῖς ἡμέραις ἐκείναις	בַּיָּמִים הָהֵם
οὐκ ἦν βασιλεὺς ἐν Ισραηλ	אֵין מֶלֶךְ בְּיִשְׂרָאֵל
(Ri 17,6; 18,1; 19,1; 21,25 LXX)	(Ri 17,6; 18,1; 19,1; 21,25)

Das „Fehlen eines Königs“ auch in den Tagen des Johannes war ja, gerade im Vergleich zu den Kindheitsgeschichten, in denen ein König ausdrücklich erwähnt wird, durchaus eine Realität, wie auch in der historisch korrekten Formulierung des Lk und der idealisierenden Formulierung des Ebionäerevangeliums deutlich wird. Eine eschatologische Dimension der Formel Ἐν δὲ ταῖς ἡμέραις ἐκείναις ist hingegen kaum anzunehmen.[135]

Es ist zwar auch möglich, dass Anspielungen auf biblische Traditionen erst auf der Ebene matthäischer Redaktion in die Überlieferung eingeflossen sind. Dann jedoch bleibt die Parallele in Mk 1,9 schwer zu erklären. War die Zeitangabe jedoch ursprünglicher Bestandteil der gemeinsamen Überlieferung, werden sowohl die Ausgestaltung der Zeitangabe bei Lk als

---

[133] Davies/Allison, *Matthew I*, 1988, 192–195, führen insgesamt neun narrative Elemente in der Kindheitsgeschichte an, für die in der biblischen und nachbiblischen jüdischen Auslegungstradition Parallelüberlieferungen zu finden sind: a) Der Traum des Amram, Vater des Mose. b) Die Engelerscheinung vor Miriam. c) Die Ermordung der neugeborenen Hebräer. d) Die Angst des Pharao vor der angekündigten Geburt. e) Die Rolle der Schriftgelehrten. f) Die Flucht des jungen Mose. g) Die Aufforderung zur Rückkehr. h) Die Mitnahme von Frau und Kindern bei der Rückkehr. i) Das Motiv des rechtmäßigen Königsanwärters (mit reichlich Angaben von jüdischem Quellenmaterial); vgl. Saldarini, *Matthew's community*, 1994, 183.

[134] Dass die Formel in nachbiblischer Zeit stereotyp verwendet wurde, zeigt z.B. die Übersetzung der LXX in I Sam 4,1, die die Formel dort nachträglich in den Text einführt.

[135] Gegen Davies/Allison, *Matthew I*, 1988, 288. Im hebräischen Sprachgebrauch unterscheidet sich das historisierend rückwärtsweisende בַּיָּמִים הָהֵם (insgesamt 34x, davon nur 3 Ausnahmen) deutlich vom eschatologisch vorwärtsweisenden בַּיָּמִים הָהֵמָּה (Jer 3,16. 18; 5,18; 50,4; Joel 3,2; 4,1; Sach 8,23. Einzige Ausnahme ist Neh 13,15). Im Griechischen werden beide gleich wiedergegeben. Dass in Mt 3,1 der historisierende Gebrauch vorliegt, ist kaum zu bezweifeln. Eine eschatologische Bedeutung bestreiten auch Fiedler, *Matthäus*, 2006, 70; Grundmann, *Matthäus*, 1971, 90; Wiefel, *Matthäus*, 1998, 52 und Gundry, *Matthew*, 1994, 41. Das von Davies angeführte rabbinische באותו היום ist hier weder sprachlich noch der Funktion nach vergleichbar.

auch die Verschiebung der Zeitangabe auf Mk 1,9 ohne weiteres als redaktionelle Verarbeitung verständlich. Der genaue Überlieferungsprozess an dieser Stelle lässt sich also nicht endgültig klären. Vermutlich spiegelt weder der siebenfache Synchronismus des Lk noch das völlige Fehlen einer Zeitangabe bei Mk die ursprüngliche Gestalt der Überlieferung wieder. Es bleiben die folgenden Möglichkeiten: (a) eine historische Referenz zu den „Tagen des Königs Herodes von Juda"; (b) eine allgemein gehaltene biblische Referenz zu „jenen Tagen"; (c) eine andere chronologische Referenz, die durch Redaktion verloren ging. Denkbar wäre auch, dass Mt und Lk zwei verschiedene Formen der vorsynoptischen Überlieferung bewahrt haben: Während die Vorlage des Mt (V^{Mt}) etwa auf die von Davies und Allison angenommene judenchristliche Kindheitsgeschichte mit mosaischen Zügen aufgebaut haben könnte, die dann mit einer Anlehnung an Ex 2,11 zur Täufergeschichte überleitete, hätte eine mögliche vor-lk Sonderüberlieferung, Grundelemente der lk Kindheitsgeschichte und einen kurzen Synchronismus enthalten, der dann in eine protolukanische Fassung der Täuferüberlieferung (V^{Lk}) aufgenommen wurde und von Lk zu einem ausführlichen Synchronismus erweitert wurde.[136]

2.1.7 Rekonstruktion eines narrativen Grundbestandes

Ein gemeinsamer, in hebräischer Sprache und jüdischem Kontext historisch plausibler vorsynoptischer Grundbestand der Überlieferung vom Auftreten des Täufers könnte abschließend wie folgt rekonstruiert werden:

Ἐν δὲ ταῖς ἡμέραις ἐκείναις	בַּיָּמִים הָהֵם
[Ἐν δὲ ταῖς ἡμέραις Ἡρῴδου etc.]	[בִּימֵי הוֹרְדוֹס הַמֶּלֶךְ וג"]
ἐγένετο Ἰωάννης	הָיָה יוֹחָנָן
βαπτίζων βάπτισμα εἰς μετάνοιαν	מַטְבִּיל טְבִילָה לִתְשׁוּבָה
[ἐν τῇ ἐρήμῳ] [τῆς Ἰουδαίας]	[בְּמִדְבַּר][יְהוּדָה]
(V^{Mt} 3,1 = V^{Lk} 3,1–2 = V^{Mk} 1,3)	

2.2 Die Pilgerscharen

Nicht nur die drei synoptischen Evangelien, sondern auch Joh und das Ebionäerevangelium beschreiben die Pilgerscharen, die zur Taufe kommen.[137] Diese waren also wohl ebenfalls Bestandteil des ursprünglichen

---

[136] Anzeichen für eine solche zweifache Gestalt der vorsynoptischen Überlieferung werden an späterer Stelle noch offensichtlicher und sind auch in der Literatur verschiedentlich angemerkt worden. Vgl. dazu unten S. 523. Zur Annahme einer vorlukanischen Sonderüberlieferung mit hebraisierendem Charakter vgl. oben S. 64.

[137] Auch Lk kannte und verwendet diese Tradition. Warum die meisten Ausleger dies bestreiten, ist mir nicht erklärlich. Vgl. z.B. Ernst, *Lukas*, 1976, 140, „Lk übernimmt von Mk weder die Notiz über die große Volksbewegung in Judäa (Mk 1,5=Mt 3,5–6) noch die Beschreibung der Kleidung und Nahrung"; Fuchs, *Überschneidungen*, 1980, 75, geht

vorsynoptischen Erzählkerns der Täuferperikope. Wie bei dem bisher untersuchten Bestandteilen finden sich auch hier zwar inhaltlich übereinstimmende, aber in Wortwahl, Syntax und Anordnung stark variierende Versionen einer gemeinsamen Erzähllinie:

τότε ἐξεπορεύετο πρὸς αὐτὸν Ἱεροσόλυμα καὶ πᾶσα ἡ Ἰουδαία
καὶ πᾶσα ἡ περίχωρος τοῦ Ἰορδάνου,
καὶ ἐβαπτίζοντο ἐν τῷ Ἰορδάνῃ ποταμῷ ὑπ᾽αὐτοῦ
ἐξομολογούμενοι τὰς ἁμαρτίας αὐτῶν. (Mt 3,5–6)

καὶ ἐξεπορεύετο πρὸς αὐτὸν πᾶσα ἡ Ἰουδαία χώρα καὶ οἱ Ἱεροσολυμῖται πάντες,
καὶ ἐβαπτίζοντο ὑπ᾽αὐτοῦ ἐν τῷ Ἰορδάνῃ ποταμῷ
ἐξομολογούμενοι τὰς ἁμαρτίας αὐτῶν. (Mk 1,5)

καὶ ἦλθεν εἰς πᾶσαν [τὴν] περίχωρον τοῦ Ἰορδάνου
κηρύσσων βάπτισμα μετανοίας εἰς ἄφεσιν ἁμαρτιῶν (...) (Lk 3,3)

Ἔλεγεν οὖν τοῖς ἐκπορευομένοις ὄχλοις βαπτισθῆναι ὑπ᾽αὐτοῦ. (Lk 3,7)

Ἐγένετο δὲ ἐν τῷ βαπτισθῆναι ἅπαντα τὸν λαὸν. (Lk 3,21)

καὶ ἐξῆλθον πρὸς αὐτὸν Φαρισαῖοι
καὶ ἐβαπτίσθησαν καὶ πᾶσα Ἱεροσόλυμα (Ebion 2)

ἦλθέν Ἰωάννης βαπτίζων βάπτισμα μετανοίας ἐν τῷ Ἰορδάνῃ ποταμῷ
καὶ ἐξήρχοντο πρὸς αὐτὸν πάντες (Ebion 1)

καὶ παρεγίνοντο καὶ ἐβαπτίζοντο· (Joh 3,23)

ὃς ἦν μετὰ σοῦ πέραν τοῦ Ἰορδάνου, ᾧ σὺ μεμαρτύρηκας,
ἴδε οὗτος βαπτίζει καὶ πάντες ἔρχονται πρὸς αὐτόν. (Joh 3,26)
(hier nicht auf den Täufer, sondern auf Jesus bezogen)

Im synoptischen Vergleich fallen zwei Beobachtungen ins Auge: Zum einen besteht eine enge Übereinstimmung in Wortwahl und Struktur zwischen Mk und Mt, während Lk sich deutlicher von beiden unterscheidet. Gleichzeitig jedoch ist die Erwähnung der „Jordangegend" eine auffallendes *minor agreement* zwischen Mt und Lk gegen Mk. Wie bereits erwähnt, wird dieser komplexe Befund zumeist entweder mit einer Überlappung von Mk

---

zwar davon aus, dass Lk die Verse kannte, stellt dann aber fest: „Lk übergeht dieses Stück, sicher nicht ohne Zusammenhang mit dem Konzept, nach dem er Evangelium und Act gestaltet." Diese und andere ähnliche Kommentare übersehen jedoch völlig die vielfältige Aufnahme der Notiz von den Pilgerscharen bei Lk (Lk 3,3.7.21; 7,17.29–30): Lukas übernimmt die Notiz insgesamt sogar ausführlicher als seine beiden Seitenreferenten. Nahezu jedes Wort aus Mk 1,5 und Mt 3,5–6 taucht auch bei Lk auf, wie die Übersicht im Folgenden zeigen wird. Lk lässt hier also nicht weg, sondern folgt einem redaktionellen Muster, demzufolge er seine Vorlage aufbricht und an verschiedenen Stellen seines Evangeliums einflechtet (vgl. oben S. 264 und Vaganay, *Problème*, 1952, 359: „Cette dispersion des éléments de la tradition synoptique semble être due à un souci de correction littéraire. Au lieu de reproduire un récit schématique, Lc. préfere en transposer çà et là l'essentiel sous forme de transitions originals qui rendent le récit plus coulant").

und Q,[138] mit einer markinischen Redaktion von Q[139] oder auch mit der Annahme eines Deuteromarkus[140] erklärt. Hier sollen jedoch zunächst wieder unabhängig von den existierenden Quellentheorien vor allem sprachliche Merkmale des Textes, speziell mögliche Hinweise auf einen hebräischen Sprachhintergrund, untersucht werden.

2.2.1 Ἱεροσόλυμα καὶ πᾶσα ἡ Ἰουδαία ...

Auch dieser Teil der Täuferüberlieferung enthält Anklänge an biblischen Sprachgebrauch. Die Personifizierung Judäas anstelle seiner Einwohner[141] und die damit verbundene ungewöhnliche Verbindung des singularen Subjekts mit pluralem Prädikat[142] verrät hebräischen Sprachhintergrund, eben-

---

[138] Schürmann, *Lukas I*, 1982, 155 und 161, sieht hier eine Überlappung von Mk und Q. Matthäus habe beide Traditionen miteinander verbunden, während Lk nur Q folge. Ebenso Luz, *Matthäus I*, 1985, 143; Schröter, *Son of Man*, 2001, 45; Grundmann, *Matthäus*, 1971, 93. Davies/Allison, *Matthew I*, 1988, 298, erwähnen diese Übereinstimmung nicht und hält für die Phrase πᾶσα ἡ περίχωρος τοῦ Ἰορδάνου mt Redaktion für möglich. Er erwägt jedoch auch eine Herkunft aus Q. Auch Fiedler, *Matthäus*, 2006, 73, erwähnt lediglich am Rande die Möglichkeit einer Herkunft aus Q, hält dann aber auch (unabhängige?) mt Redaktion für möglich, da Mt den Begriff περίχωρος auch in 14,35 verwende. Wiefel, *Matthäus*, 1998, 54, übergeht die Übereinstimmung mit Lk ebenfalls und erklärt das Erscheinen der Formel bei Mt durch Ergänzung eines „landeskundigen Autors". Auch Gnilka, *Matthäus I*, 1988, 64, streitet eine Herkunft aus Q ab. Schweizer, *Matthäus*, 1973, 23, übergeht die Frage nach der Herkunft hier ebenso wie die übrigen *agreements* zwischen Mt und Lk, ergänzt aber in Schweizer, *Lukas*, 1993, 46, im Blick auf dieses und andere *agreements*: „...vielleicht aufgrund von Q", vgl. dazu auch unten S. 302. Riesner, *Bethanien*, 2002, 171, führt die Formulierung auf lukanische Sonderüberlieferung zurück. Vgl. dazu jedoch unten S. 282 Anm. 146.

[139] Lambrecht, *Markan Redaction*, 1992, 363.

[140] Fuchs, *Überschneidungen*, 1980, 65, deutet dieses *agreement* (wie auch alle anderen) als „Verbesserung" des kanonischen Mk durch deuteromarkinische Redaktion: „Während Mk gewissermaßen nur jene Umkehrwilligen nennt, die von weither ... gekommen waren, um damit die Gewalt seiner Persönlichkeit und seiner Verkündigung anschaulich zu machen, möchte ein späterer Leser oder Redaktor die Erwähnung der näheren Umgebung ... vermissen und diesen Mangel durch den neuen Text beheben.". Zum Urteil über die „Verbesserung" vgl. jedoch oben S. 11.

[141] I Sam 18,16; II Chr 15,2.9.15; 16,6; 17,5; II Chr 20,4.13.

[142] Zwar heißt es in Mt 3,5 zunächst ἐξεπορεύετο (Sg.), dann jedoch ἐβαπτίζοντο (Pl.). Vgl. II Chr 15,15; 20,4.13.15.18. Dass diese Konstruktion (Gesenius/Kautzsch, *Grammatik*, 1995, § 145) dem Griechischen fremd ist, zeigen die Übersetzungen der LXX z.B. in II Chr 17,5; 20,4.13, die hier glätten. Auch im Targum wird die Konstruktion gemieden: ואתכנשו אנש יהודה statt ויקבצו יהודה in II Chr 20,4, וחדו כל אנש יהודה statt וישמחו כל־יהודה in II Chr 15,2; ית כל אנש יהודה statt את־כל־יהודה in II Chr 16,6; ebenso II Chr 20,3.15.18., ed. Lagarde, *Hagiographa*, 1967, 328–335. Dass die Konstruktion aber auch im nachbiblischen Hebräisch noch gebräuchlich blieb, zeigen Belege aus Qumran (4Q521 (=4QMessianic Apocalypse) 2 iii:5; 4Q491 (=4QM[a]) 16:4) und in der rabbinischen Literatur (mShab 14,4, ed. Nowack 102; mSan 10,1, ed. Krauß 264 u.ö.).

so wie die hyperbolische Formulierung mit πᾶς:[143] Während das hebräische כָּל־יְהוּדָה und die Kombination כָּל־יְהוּדָה וְכָל־יֹשְׁבֵי יְרוּשָׁלַם vor allem in den Propheten- und Chronikbüchern häufig sind, taucht das griechische πᾶσα ἡ Ιουδαία in LXX nur zweimal in personifizierter Form auf: In Jer 7,2 und Jer 17,20. Im letzteren Fall heißt es im Hebräischen zwar כָּל־יְהוּדָה וְכֹל יֹשְׁבֵי יְרוּשָׁלָם, LXX übersetzt jedoch πᾶσα Ιουδαία καὶ πᾶσα Ιερουσαλημ. Beide Stellen weisen nun auch inhaltlich eine deutliche Nähe zur Täuferüberlieferung auf: In beiden wird der Prophet als Rufer beschrieben, der herbeiströmenden Massen predigt (הַבָּאִים im MT von Jer 7,2 und 17,20. Jer 17,20 LXX: εἰσπορευόμενοι; In Jer 7,2 LXX fehlt eine Entsprechung für הַבָּאִים בַּשְּׁעָרִים הָאֵלֶּה). In beiden Fällen verspricht darüber hinaus die Bußpredigt des Propheten die Wiederaufrichtung des davidischen Königreiches im Falle einer Umkehr. In Jer 7 wird außerdem die trügerische religiöse Selbstsicherheit des Volkes angeprangert, das nicht meinen soll, dem kommenden Gericht zu entgehen. Und in beiden Fällen droht, wenn die Umkehr nicht in Taten sichtbar wird, das Gericht, verbunden mit dem Bild von unauslöschlichem Feuer (Jer 7,20 bzw. Jer 17,27). Die Nähe zur Predigt des Täufers ist offensichtlich. Es ist also gut denkbar, dass die Überlieferung vom Täufer sich hier bewusst an das biblische Vorbild angelehnt hat. Sollte dies der Fall sein, liegt in Mk 1,5/Mt 3,5 jedoch ein Non-Septuagintismus vor: Denn das markinische οἱ Ἱεροσολυμῖται πάντες ist zwar eine gute Wiedergabe des hebräischen כֹּל יֹשְׁבֵי יְרוּשָׁלַם, aber eben nicht des griechischen πᾶσα Ιερουσαλημ der LXX. Und auch das matthäische Ἱεροσόλυμα entspricht nicht dem LXX-Wortlaut.

πᾶσα ἡ Ιουδαία (Jer 7,2 LXX)	כָּל־יְהוּדָה הַבָּאִים בַּשְּׁעָרִים הָאֵלֶּה (Jer 7,2)
βασιλεῖς Ιουδα καὶ πᾶσα Ιουδαία καὶ πᾶσα Ιερουσαλημ (Jer 17,20 LXX)	מַלְכֵי יְהוּדָה וְכָל־יְהוּדָה וְכֹל יֹשְׁבֵי יְרוּשָׁלָם (Jer 17,20)

πᾶσα ἡ Ἰουδαία χώρα καὶ οἱ Ἱεροσολυμῖται πάντες (Mk 1,5)
Ἱεροσόλυμα καὶ πᾶσα ἡ Ἰουδαία καὶ πᾶσα ἡ περίχωρος τοῦ Ἰορδάνου (Mt 3,5)

[143] Vgl. GNILKA, *Markus I*, 1978, 46. Bei Mt bildet es zudem hier einen auffälligen, und sicher beabsichtigten, Gegensatz zu den ihm eigenen Formulierungen πᾶσα Ἱεροσόλυμα (Mt 2,3) und πᾶς ὁ λαὸς (Mt 27,25). Die an diesen Stellen z.B. von LOWE/FLUSSER, *Evidence*, 1983, 40, festgestellte antijüdische Tendenz wird angesichts der hier dargestellten Umkehr des ganzen Volkes zumindest relativiert. Vielleicht wäre es besser, im Blick auf diese Stellen von einer „stereotypisierenden“ Tendenz zu sprechen, die dazu neigt, zum Guten oder zum Schlechten zu pauschalisieren. Unwahrscheinlich ist die Annahme, dass mit dem πᾶς bewusst die Universalität des von Johannes angebotenen Heils unterstrichen werden solle, die „den Täufer grundlegend von den jüdischen Parteien“ unterscheide (so GRUNDMANN, *Markus*, 1989, 37).

Rein sachlich ist die Erwähnung von Jerusalem neben Judäa zwar eine Redundanz, aber das Nebeneinander von Land und Hauptstadt hat auch andernorts in der Bibel Tradition.[144] Dabei ist neben den stereotypen Einleitungen in Jes 1,1; 2,1; 3,1 im Zusammenhang mit der Täufertradition besonders auf Mal 3,4 hinzuweisen. Auch hier besteht die Verwandtschaft allerdings mehr zum hebräischen Wortlaut. Im Ebionäerevangelium ist die Nennung der „Pharisäer" als Hauptadressaten zwar kaum ursprünglich (vgl. Mt 3,7), die Version folgt aber sonst der gleichen Grundstruktur und verrät im angehängten Nachsatz Kenntnis der gleichen Tradition wie Mt und Mk:

ἐξῆλθον πρὸς αὐτὸν Φαρισαῖοι καὶ ἐβαπτίσθησαν καὶ πᾶσα Ἱεροσόλυμα. (Ebion 2)

Auch Lukas zeigt Spuren dieser Formulierung, wenn auch nicht im unmittelbar gleichen Kontext: Bei ihm ist die Überlieferung von den herbei strömenden Pilgern redaktionell auf mehrere Stellen verteilt:[145] Die Ortsangabe selbst wird bei ihm in Lk 3,3 zur Beschreibung des Wirkungsgebietes des Täufers umgeformt, als sei dieser als Wanderprediger umhergezogen.[146] Dabei erwähnt er zwar – hierin auffällig mit Mt gegen Mk übereinstimmend – die „Jordangegend", nennt allerdings weder Judäa noch Jerusalem:

καὶ ἦλθεν εἰς πᾶσαν [τὴν] περίχωρον τοῦ Ἰορδάνου. (Lk 3,3)

An späterer Stelle, und zwar im Kontext von zweifacher Überlieferung, erwähnt dann jedoch auch Lukas die hinausziehenden Volksmengen, auch dieses Mal redaktionell umgestaltet, und zwar als Einleitung zur Täuferpredigt:[147]

Ἔλεγεν οὖν τοῖς ἐκπορευομένοις ὄχλοις βαπτισθῆναι ὑπ᾽αὐτοῦ. (Lk 3,7)

---

[144] Mehrmals gerade in spätbiblischer Prosa: Esr 5,1 (aram.); 2,1; 9,9 (hebr.); Neh 7,6; 11,3; Sach 1,12; 2,2; 12,7; 14,21. Besonders zu bemerken Neh 11,4: וּבִירוּשָׁלַם יָשְׁבוּ מִבְּנֵי יְהוּדָה וּמִבְּנֵי בִנְיָמִן. Die Stadt Jerusalem gehörte also nicht (mehr) allein den בְּנֵי יְהוּדָה.

[145] Zu diesem bereits in Lk 3,2–3 beobachteten Verfahren der redaktionellen Aufteilung von Material auf mehrere Orte („splitting of sources") vgl. oben S. 264.

[146] ZAHN, *Lukas*, 1913, 190, bezieht die Angabe nur auf die Verbreitung der *Predigt*. RIESNER, *Bethanien*, 2002, 171, vermutet eine Herkunft der Phrase aus hebraisierender lukanischer Sonderüberlieferung und weist darauf hin, dass sich die geographische Darstellung hier, wie oft in der lukanischen Sonderüberlieferung, mit der johanneischen Darstellung von mehreren Tauforten deckt. Bei einer Herkunft aus lukanischer Sonderüberlieferung bliebe allerdings das auffällige *minor agreement* mit Mt 3,5 (sowie das mögliche „Markan Pick-Up" in Mk 1,5, vgl. unten Anm. 155) unerklärt. Plausibler ist daher die Annahme, dass die Formulierung selbst aus der gemeinsamen vorsynoptischen Quelle stammt, die Umgestaltung zu einer wandernden Tauftätigkeit des Johannes hingegen auf Kenntnis anderer, mit Joh übereinstimmender, Überlieferungen zurückgeht.

[147] SCHRAMM, *Markus-Stoff*, 1971, 35, weist auf den relativ untypischen Gebrauch von ἐκπορεύομαι bei Lk hin und deutet daher Lk 3,7 als „Reminiszenz an Mk 1,5".

An einer dritten Stelle, auch hier wieder redaktionell eingearbeitet in einen anderen Erzählzusammenhang, nämlich die Taufe Jesu, erwähnt Lukas die Pilger erneut:

Ἐγένετο δὲ ἐν τῷ βαπτισθῆναι ἅπαντα τὸν λαὸν. (Lk 3,21)

Schließlich werden die Pilgerscharen an einer vierten Stelle erwähnt, wenn auch in einem viel späteren Kontext. Auch hier handelt es sich um eine redaktionelle Passage des Lk:

Καὶ πᾶς ὁ λαὸς ἀκούσας καὶ οἱ τελῶναι ἐδικαίωσαν τὸν θεὸν βαπτισθέντες τὸ βάπτισμα Ἰωάννου· οἱ δὲ Φαρισαῖοι καὶ οἱ νομικοὶ τὴν βουλὴν τοῦ θεοῦ ἠθέτησαν εἰς ἑαυτοὺς μὴ βαπτισθέντες ὑπ᾽αὐτοῦ. (Lk 7,29–30)

Lukas hat also offenbar die ihm vorliegende Überlieferungseinheit aufgebrochen und die Bestandteile an verschiedenen Stellen, redaktionell verändert, in sein Evangelium aufgenommen. Diese Beobachtung erlaubt die Suche nach weiteren Spuren der Täufertradition auch an anderen Stellen des Evangeliums. Und tatsächlich findet sich – in unmittelbarer Nachbarschaft einer anderen Täuferperikope und ebenfalls in einer redaktionellen Notiz – eine weitere Formulierung, die an Mk 1,5 und Mt 3,5 erinnert:

καὶ ἐξῆλθεν ὁ λόγος οὗτος ἐν ὅλῃ τῇ Ἰουδαίᾳ περὶ αὐτοῦ καὶ πάσῃ τῇ περιχώρῳ (Lk 7,17)

Die Ortsangabe „Judäa" muss hier umso fremder erscheinen, als Lk bis dorthin ausschließlich von der Wirksamkeit Jesu in Galiläa berichtet hatte. Stammt sie also eigentlich aus der Täufererzählung? Lukas kehrt genau an dieser Stelle zu einer Täuferüberlieferung zurück, um den zweiten großen Täuferkomplex in sein Evangelium einzufügen. Dass Überlieferungen, die ursprünglich Johannes dem Täufer anhafteten, später auf Jesus übertragen wurden, war bereits an anderen Orten zu beobachten.[148] Vielleicht trifft das also auch auf diese Notiz zu. Dann wäre also auch Lk die Ortsangabe „ganz Judäa" aus Mt 3,5/Mk 1,5 bekannt gewesen, obwohl sie am ursprünglichen Ort nur bei seinen Seitenreferenten erhalten ist. Zwar benutzt Lukas (und nur er) noch öfter in redaktionellen Notizen und in der Apg die Kombination πᾶσα ἡ Ιουδαία und Ἰερουσαλὴμ.[149] Die Notiz in Lk 7,17 jedoch enthält mit ἐξῆλθεν und πάσῃ τῇ περιχώρῳ noch weitere Anklänge an die Parallele in Mt 3,5/Mk 1,5. Außerdem erscheint sie in unmittelbarem Zusammenhang mit Täuferkomplex II. Auch die Beobachtung, dass die Überlieferung von den herbeiströmenden Volksmengen von Lukas nachweislich auf mindestens vier andere Orte verteilt wurde, macht die Annahme eines fünften Ortes wahrscheinlicher. Lukas kannte also die Ortsangabe „Judäa" ebenfalls. Dass er hier die gleiche Vorlage verarbeitet wie Mt und Mk, ist also kaum von der Hand zu weisen:

---

[148] Vgl. oben S. 249.

[149] Lk 6,17; 5,17; Apg 1,8; 26,20.

Mt 3,5–6	*Mk 1,5*	*Lk 3,5.7; 7,17.29–30*
τότε ἐξεπορεύετο πρὸς αὐτὸν	καὶ ἐξεπορεύετο πρὸς αὐτὸν	τοῖς ἐκπορευομένοις ὄχλοις (3,7) ἐξῆλθεν (7,17); ἦλθεν (3,3)
Ἱεροσόλυμα καὶ πᾶσα ἡ Ἰουδαία καὶ πᾶσα ἡ περίχωρος τοῦ Ἰορδάνου	πᾶσα ἡ Ἰουδαία χώρα καὶ οἱ Ἱεροσολυμῖται πάντες	πᾶς ὁ λαὸς (7,29; 3,21) ἐν ὅλῃ τῇ Ἰουδαίᾳ (7,17) εἰς πᾶσαν τὴν περίχωρον τοῦ Ἰορδάνου (3,5) πάσῃ τῇ περιχώρῳ (7,17)
καὶ ἐβαπτίζοντο	καὶ ἐβαπτίζοντο ὑπ᾿αὐτοῦ	βαπτισθῆναι ὑπ᾿αὐτοῦ (3,7) βαπτισθέντες ὑπ᾿αὐτοῦ (7,30)
ἐν τῷ Ἰορδάνῃ ποταμῷ ὑπ᾿αὐτοῦ	ἐν τῷ Ἰορδάνῃ ποταμῷ	(–)
ἐξομολογούμενοι τὰς ἁμαρτίας αὐτῶν.	ἐξομολογούμενοι τὰς ἁμαρτίας αὐτῶν.	(–)

Tabelle 14: Erwähnung von Pilgerscharen im Umfeld der Täuferüberlieferung

Die Verteilung des Materials bei Lk könnte auf den ersten Blick aussehen wie die „Ordnung eines Verschrobenen“[150]. Bei näherem Hinsehen zeigt sich jedoch, dass Lk einem erkennbaren Schema folgt, denn die fünf redaktionellen Stellen sind jeweils Schlüsselstellen der Täuferüberlieferung:

Lk 3,3 zur Einleitung des Täuferauftretens
Lk 3,7 zur Einleitung der Täuferrede
Lk 3,21 zur Einleitung der Taufe Jesu
Lk 7,17 zur Einleitung der Täuferfrage
Lk 7,29–30 anstelle des nach Lk 16,16 verschobenen „Stürmerspruchs“

Zunächst jedoch zurück zu den Ortsangaben: Dass Lk in 7,17 anstelle des πᾶσα ἡ Ἰουδαία der Seitenreferenten ὅλῃ τῇ Ἰουδαίᾳ schreibt, könnte redaktionelle Kreativität, aber auch Übersetzungsvariante eines ursprünglich hebräischen כל־יהודה sein. Lk kannte also hier die gleiche Form der Überlieferung wie Mt und Mk. Mk wiederum verrät ebenfalls Kenntnis der Phrase πᾶσα ἡ περίχωρος τοῦ Ἰορδάνου, die sonst gewöhnlich nur „Q“ zugeschrieben wird. Denn in der ihm eigenen Formulierung (*minor agreement in ommision*) πᾶσα ἡ Ἰουδαία χώρα klingt das περίχωρος aus Mt/Lk noch an. Umgekehrt ist kaum wahrscheinlich, dass Mt und Lk unabhängig voneinander aus dem markinischen χώρα ihre übereinstimmende Formel gebildet hätten. Mk ist hier also sekundär gegenüber Mt und Lk.

[150] STREETER, *Gospels*, 1924, 183 „The Order of a Crank“, vgl. jedoch GOULDER, *Crank*, 1984, und GOULDER, *Luke I*, 1989, 23–24. Für weitere Beispiele dieses lk Verfahrens („splitting of sources“) siehe oben S. 264.

Die Formulierung ἐν τῷ Ἰορδάνῃ ποταμῷ in Mk 1,5, die bei Lk fehlt, weist jedoch mehrere Merkmale einer redaktionellen Hand auf, was darauf hindeutet, dass sie nicht zur ursprünglichen Überlieferung gehörte:

a) Die Formulierung an sich ist unhebräisch und entspricht auch nicht dem Sprachgebrauch der LXX.[151]
b) Sie erklärt sich als Erläuterung für Leser, die der Geographie Palästinas unkundig sind.[152]
c) Zwar erwähnen auch die anderen Täufertraditionen den Jordan (Joh 1,28; 3,23; 10,40; Lk 3,3; Mt 3,1.5), jedoch stets nur als Beschreibung einer geographischen Region (Joh: πέραν τοῦ Ἰορδάνου, Lk/Mt: περίχωρος τοῦ Ἰορδάνου). Nur bei Mk, und in den wörtlichen Parallelen Mt 3,6 und Ebion 1, geschieht die Taufe selbst „im Jordan". Auffällig ist dabei, dass auch bei seiner Beschreibung der Taufe Jesu nur Mk von einer Taufe εἰς τὸν Ἰορδάνην redet, während Mt und Lk den Jordan auch hier nur als geographische Gegend nennen.[153] Die Formulierungen in Mt 3,6 und Ebion 1 zeigen hier, anders als im Rest der Perikope, eine exakte wörtliche Nähe zu Mk 1,5 und sind daher als direkte Übernahme wahrscheinlich zu machen.
d) Bei Mt entsteht durch die sekundäre Übernahme der mk Formulierung eine Dublette: Nur er erwähnt den Jordan hier doppelt, einmal als Ortsangabe (aus der vorsynoptischen Tradition, die auch Lk 3,3 kennt) und einmal als Taufmedium (aus Mk 1,5).
e) Im gleichen Satz findet sich bei Mk mit ἡ Ἰουδαία χώρα ein zweiter Anklang an das περίχωρος τοῦ Ἰορδάνου aus Mt und Lk, das hier nur sekundär gegenüber dem *minor agreement* des Mt und Lk sein kann.
f) Die bei Mk und Mt nachfolgende Phrase ἐξομολογούμενοι τὰς ἁμαρτίας αὐτῶν trägt ebenfalls deutliche Merkmale einer markinischen Einfügung, die von Mt übernommen wurde.
g) Auch textlich ist die Stelle sowohl bei Mt als auch bei Mk unsicher: In beiden Texten fehlt ποταμῷ bei einer Reihe von Zeugen.[154]

Es lässt sich daher vermuten, dass die Hinzufügung ἐν τῷ Ἰορδάνῃ ποταμῷ auf die Hand des Mk zurückgeht und nicht Bestandteil der ursprünglichen Vorlage war. Diese Einfügung entspricht, gleich doppelt, dem typischen

---

[151] Im Hebräischen steht der Name ירדן stets eigenständig und wird nie durch die Bezeichnung „Fluß" ergänzt. LXX übersetzt ποταμός in anderen Zusammenhängen zwar gewöhnlich durch hebräische Worte wie נהר (125x), יאר (54x), עבר (15x) oder נהל (88x). Zusammen mit Ιορδάνης jedoch erscheint es nur dreimal, davon einmal als Übersetzung von מימי הירדן (Jos 4,7) und einmal für das auch sonst häufigere מי הירדן (Jos 5,1). Nur in Num 13,29 ist eine ähnliche Verwendung wie in Mk 1,5 zu erkennen, dort aber auch nicht als Übersetzung einer hebräischen Entsprechung (LXX: παρὰ τὸν Ιορδάνην ποταμόν, MT: על יד הירדן). Josephus hingegen verwendet die Verbindung ὁ Ιορδάνης ποταμὸς Phrase häufig, Philo zweimal (VitMos 1,319; SpecLeg 1,158). Die Unmöglichkeit eines hebräischen Äquivalents zeigen auch die ausweichenden Übersetzungen בירדן bei Delitzsch, *NT*, 1912, בתוך הירדן bei Salkinson/Ginsburg, *NT*, 1886, sowie bei Shem Tob (בירדן), vgl. Howard, *Hebrew Gospel*, 1995, 10.

[152] Diese „enzyklopädische" Tendenz des Mk wird auch an anderen Stellen deutlich (12,42; 15,16; 7,3ff.;10,1–12 u.ö.).

[153] Mt 3,13: παραγίνεται ὁ Ἰησοῦς ἀπὸ τῆς Γαλιλαίας ἐπὶ τὸν Ἰορδάνην; Lk 4,1: Ἰησοῦς δὲ πλήρης πνεύματος ἁγίου ὑπέστρεψεν ἀπὸ τοῦ Ἰορδάνου.

[154] In Mk 1,4 bei DWΘ u.a, in Mt 3,6 bei C^{3}DLf13M sowie in lat und mae.

Muster eines „Markan Pick-Up“:[155] Markus hat, anders als Lk und Mt, die Phrase περίχωρος τοῦ Ἰορδάνου aus der ursprünglichen Vorlage nicht übernommen, dafür aber sowohl χώρα als auch ἐν τῷ Ἰορδάνῃ ποταμῷ in die von ihm selbständig gestaltete Formulierung Mk 1,5 eingebaut. Wenn jedoch Mk die Erwähnung der „Jordangegend“ kannte, und Lk die Erwähnung „ganz Judäas“, dann ist eine Verteilung der verschiedenen Ortsangaben auf Mk bzw. Q, wie sie in der Literatur verbreitet ist, nicht mehr plausibel zu machen. Vielmehr ist davon auszugehen, dass alle drei Ortsangaben (Jerusalem, ganz Judäa und die ganze Jordangegend) Teil der ursprünglichen Überlieferung waren. Matthäus hat diese ursprüngliche Form am besten bewahrt, denn nur bei ihm finden sich alle drei Ortsangaben an gleicher Stelle. Zudem spiegelt auch das personifizierte πᾶσα ἡ Ἰουδαία bzw. πᾶσα Ἱεροσόλυμα bei Mt (und in Ebion) am ehesten hebräischen Sprachgebrauch wieder: Dass dieser Gebrauch von כל־יהודה im Griechischen wie im Aramäischen als sperrig empfunden wurde, zeigen schon die Übersetzungen in der LXX und den Targumen, die diese Konstruktion oft glätten oder umgestalten. Das gleiche tun nun auch Lk und Mk, jedoch auf verschiedene Weise: Lk ändert durch kreative redaktionelle Arbeit die personifizierten Toponyme in geographische Angaben über den Wirkungsbereich des Täufers bzw. Jesu. Mk ändert mechanischer, indem er οἱ Ἱεροσολυμῖται πάντες an die Stelle von Ἱεροσόλυμα und πᾶσα ἡ Ἰουδαία χώρα an die Stelle von πᾶσα ἡ Ἰουδαία setzt. Die Formulierung bei Mt hingegen zeigt eine deutlichere Nähe zu biblisch-hebräischem Sprachgebrauch, indem die Ortsnamen personifizierend verwendet werden. Die daraus resultierende Inkongruenz der Verbformen (Singular im Vorsatz, Plural im Nachsatz) ist im Hebräischen in solchen Fällen durchaus üblich.[156]

Die Ortsangabe „Jerusalem“ schließlich fehlt bei Lk ganz. Sie wurde also entweder von ihm ausgelassen, oder es handelt sich auch hier um eine markinische Zufügung, die sekundär von Mt übernommen wurde. Für die Ursprünglichkeit von „Jerusalem“ in der Vorlage sprechen jedoch zwei Gründe: Zum Ersten entspricht die personifizierte Verwendung bei Mt eher biblischem Sprachgebrauch als die Umschreibung bei Mk. Zum Zweiten ist die doppelte Nennung von Judäa und Jerusalem ebenfalls schon im bibli-

---

[155] Lindsey, *Translation*, 1969, 49ff. hat dieses Phänomen, unter Annahme seiner spezifischen synoptischen Theorie, als ein charakteristisches Merkmal markinischer Redaktion herausgearbeitet: Demnach lässt sich bei vielen *minor agreements* von Lk und Mt gegenüber Mk beobachten, dass Mk Anklänge an solche agreements in abgewandelter Form an anderer Stelle erkennen lässt, wo sie dann jeweils bei seinen Seitenreferenten fehlen. Ähnlich auch schon Bacon, *Prologue*, 1907, 86 und 96 (zur Stelle). Auch wenn man Lindseys synoptischer Theorie nicht folgt, bleibt das eigentümliche Phänomen solcher „markinischen Reminiszenzen“ als Problem bestehen.

[156] Gesenius/Kautzsch, *Grammatik*, 1995, § 145.

schen Sprachgebrauch traditionell.[157] Gründe für eine Auslassung durch Lukas lassen sich hingegen leichter finden: Sie sind entweder literarischer Natur (Jerusalem als Wirkungsort Jesu, nicht des Täufers) oder aber gehen auf eine genauere Kenntnis der historischen Verhältnisse in Jerusalem und den tatsächlichen Einfluss des Täufers dort zurück, wie sie auch aus der lk Kindheitsgeschichte erkennbar sind und möglicher Weise aus lukanischer Sonderüberlieferung stammen. Das kann aber nur Vermutung bleiben.

Zuletzt sei noch erwähnt, dass auch die Formel πᾶσα ἡ περίχωρος τοῦ Ἰορδάνου eine hebräische Vorlage in der LXX hat: Sie ist in Gen 13,10–11 (LXX) Wiedergabe des hebräischen כָּל־כִּכַּר הַיַּרְדֵּן. Ein Anklang an den dortigen Kontext von Gericht über Sodom und Gomorrha und Rettung der Gerechten ist dabei sicher nicht unbeabsichtigt.[158] Dabei muss hier, trotz des wörtlichen Anklangs, nicht unbedingt ein direkter Rückgriff auf die LXX-Vorlage angenommen werden. Vielmehr handelt sich bei der Phrase bereits um einen fest geprägten geographischen Begriff, der auch an vielen anderen biblischen Texten erscheint, besonders als Beschreibung von Gegenden im Jordantal.[159]

2.2.2 *καὶ ἐξεπορεύετο πρὸς αὐτὸν ... καὶ ἐβαπτίζοντο*

Neben der hebraisierenden Beschreibung der Herkunft der Pilger deutet eine weitere Beobachtung auf einen semitischen Hintergrund der Täuferüberlieferung hin: Auch hier, wie schon in der Beschreibung des Täuferauftretens, sind die verschiedenen Varianten, abgesehen von den bereits erwähnten redaktionellen Eingriffen, gut als Übersetzungsvarianten plausibel zu machen (vgl. Tabelle 15). Eine theologische Absicht oder Notwendigkeit einer redaktionellen Schöpfung ist in den Varianten hingegen nicht zu erkennen.

Es zeigt sich, dass sich die verschiedenen griechischen Varianten der Überlieferung sich plausibel auf eine gemeinsame, hebräisch geprägte Vorlage zurückführen lassen. Die Variation in der Wortwahl kann dabei sowohl auf Übersetzungsvarianten als auch auf redaktionelle Entscheidungen zurückgehen. Größere Unterschiede sind lediglich in den schon behandelten Varianten der geographischen Herkunft, sowie in der Phrase ὑπ᾽αὐτοῦ zu beobachten, die deshalb hier in Klammern gesetzt ist. Möglicherweise trat sie erst in einem griechischen Stadium der Überlieferung hinzu, das nur den drei Synoptikern vorlag (vgl. dazu unten Abschnitt 2.2.4).

---

[157] Vgl. dazu die Beobachtungen zu „Judäa und Jerusalem“ oben S. 281.

[158] Böhlemann, *Täufer*, 1997, 49; Schröter, *Son*, 2001, 45; Brown, *John*, 1997, 49.

[159] Gen 19,17.28; Dtn 34,3; II Chr 4,17 u.ö.

ויצאו	καὶ (Mt: τότε) ἐξεπορεύετο	Mt 3,5; Mk 1,5
	ἦλθεν	Lk 3,3
	τοῖς ἐκπορευομένοις	Lk 3,7
	(ἐξῆλθεν)	Lk 7,17 (dort auf Jesus bezogen)
	ἐξῆλθον	Ebion 2
	ἐξήρχοντο	Ebion 1
	παρεγίνοντο	Joh 3,23
	(ἔρχονται)	Joh 3,26 (dort auf Jesus bezogen)
אליו	πρὸς αὐτὸν	Mt 3,5; Mk 1,5; Ebion 2; Ebion 1; (Joh 3,26)
ירושלים usw.	Ἱεροσόλυμα καὶ πᾶσα ἡ Ἰουδαία κτλ.	Mt 3,5
	πᾶσα ἡ Ἰουδαία χώρα καὶ οἱ Ἱεροσολυμῖται πάντες	Mk 1,5
	εἰς πᾶσαν [τὴν] περίχωρον τοῦ Ἰορδάνου	Lk 3,3
	Φαρισαῖοι ... καὶ πᾶσα Ἱεροσόλυμα	Ebion 2
	ἐν ὅλῃ τῇ Ἰουδαίᾳ καὶ πάσῃ τῇ περιχώρῳ	Lk 7,17
	ἅπαντα τὸν λαὸν	Lk 3,21
	ὄχλοις	Lk 3,7
	πάντες	Ebion 1
	(πάντες)	Joh 3,26 (dort auf Jesus bezogen)
ויטבלו	καὶ ἐβαπτίζοντο	Mt 3,6; Mk 1,5; Joh 3,23
	βαπτισθῆναι	Lk 3,7
	καὶ ἐβαπτίσθησαν	Ebion 2
	ἐν τῷ βαπτισθῆναι	Lk 3,21
(על ידו)[160]	ὑπ᾽αὐτοῦ	Mt 3,5; Mk 1,5; Lk 3,7

Tabelle 15: Mögliche hebräische Vorlagen für die Überlieferung von den Pilgerscharen

2.2.3 τοτε

Der narrative Anschluss mit τοτε gehört zu den auffälligsten sprachlichen Besonderheiten des Mt: Die im klassischen Griechisch ungebräuchliche Verwendung von τότε erscheint in Mt über 50 mal, in Lk nur 3 mal und in Mk überhaupt nicht. Mt verwendet die Konjunktion sowohl in dem nur ihm eigenen Material, als auch dort, wo er mit Mk und/oder Lk parallel ist. In allen Fällen fehlt jedoch das Wort bei den Seitenreferenten, und das, obwohl Lk an anderen Stellen (Lk 14,21; 21,10; 24;45) den narrativen Gebrauch von τότε nicht meidet. Sowohl Lk als auch Mk verwenden τότε zwar häufig, jedoch abgesehen von den drei genannten Beispielen nicht als narrative Überleitung. Es scheint also, dass der griechische Redaktor des Mt diesen Gebrauch des Wortes in sein Evangelium erst eingeführt hat und ihn

[160] Diese Übersetzung wählen Delitzsch, *NT*, 1912, und Salkinson/Ginsburg, *NT*, 1886. Zur Problematik der Konstruktion vgl. jedoch den folgenden Absatz. Der Text von Shem Tob vermeidet an dieser Stelle auffälligerweise eine Übersetzung und umschreibt וטובלים בירדן על מאמרו („und tauchen sich im Jordan unter auf sein Wort hin"), vgl. Howard, *Hebrew Gospel*, 1995, 10.

bewusst als redaktionelles Stilmittel zur Verklammerung des ihm vorliegenden Stoffes einsetzt.

Eine auffällige Parallele hat dieser mt Sprachgebrauch jedoch in der LXX, und zwar nur in den Teilen, die aus dem Aramäischen übersetzt sind: Während in den hebräischen Teilen des AT nur selten ein narrativer Übergang mit אז formuliert und entsprechend mit τότε wiedergegeben wird (der Anschluss mit ו ist dort die Regel), ist die Dichte der entsprechenden aramäischen Konjunktion אדין in den aramäischen Teilen des AT etwa 60 mal höher. LXX gibt diese typisch aramäische Überleitung regelmäßig mit τότε wieder. Die besondere Vorliebe des Mt für diese Art des Anschlusses könnte daher auf einen aramäischen Sprachintergrund hindeuten. Da die Stilfigur aber so gut wie ausschließlich in den redaktionellen Klammern der synoptischen Überlieferung, nicht aber im narrativen Kernbestand, erscheint, kann daraus gerade nicht auf einen aramäischen Hintergrund der Quellen, sondern auf einen aramäischen Sprachhintergrund des mt Endredaktors geschlossen werden, der hier eine typisch aramäische Stilfigur in die griechische Bearbeitung seiner Quellen einfließen ließ.[161]

2.2.4 βαπτισθῆναι ὑπ'αὐτοῦ

Die Passivkonstruktion βαπτισθῆναι ὑπ'αὐτοῦ bereitet bei der Suche nach einer Analogie im hebräischen Sprachgebrauch Schwierigkeiten: Im jüdischen Kontext ist die Vorstellung eines „Taufenden" rein sprachlich, aber auch der Sache nach unbekannt. Das Tauchbad ist hier immer eine Selbst-Tauchung. Die Passivkonstruktion „von jemandem getauft werden" taucht im biblischen Hebräisch daher nicht auf. Die LXX übersetzt טבל, wo es transitiv gebraucht wird, etwa beim Eintauchen von Ysop oder eines Fingers, durchgängig mit βάπτω. Das Verb βαπτίζω hingegen verwendet die LXX nur einmal zur Wiedergabe von טבל, nämlich für den intransitiven Gebrauch beim Tauchbad des Naeman (II Kg 5,14). Auch in Qumran und in der rabbinischen Literatur ist eine passivische Verwendung von טבל unbekannt.[162]

---

[161] Vgl. dazu bereits McNeile, *tote*, 1911, der aus dem Befund schließt, Mt habe eine aramäische Quelle treuer wiedergegeben als Mt und Lk. Anders jedoch Buth, *Anatomy*, 1990; Buth, *Aramaic Glue*, 1990; Buth/Kvasnica, *Temple-Authorities*, 2006, 315–316, der hier eine durch aramäische Interferenz beeinflusste redaktionelle Verklammerung („aramaic glue") sieht.

[162] Trotz des umfangreichen Gebrauchs von Tauchbädern in Qumran wird lediglich in einem einzigen Text, wenn auch drei Mal, das Verb טבל verwendet, jeweils in einer mit II Kg 5,14 vergleichbaren intransitiven Qal-Form (4Q274 = 4QTohorotA 2 i:4). Im rabbinischen Hebräisch ist hingegen die ebenfalls intransitiv gebrauchte Hiphil-Form gebräuchlicher. Einzige Ausnahme bildet der Niphal נטבל („durch Waschung zur Entrichtung der Gaben tauglich gemacht werden"), der für Gemüse und andere Gaben verwendet wird, aber nicht für das Tauchbad von Menschen. Vgl. Sahlin, *Studien*, 1949, 130.

Nur im klassischen Griechisch kann βαπτίζω auch die Bedeutung „jemanden untertauchen“ tragen. Diese Verwendung stammt also nicht aus dem hebräischen, sondern aus dem griechischen Sprachraum. Von dort ist sie dann auch in den spezifisch christlichen Sprachgebrauch des NT übergegangen, wo βαπτίζω nun nicht mehr „ein Tauchbad nehmen“ bedeutet, sondern „jemanden taufen“. Die Passivformen βαπτισθῆναι und ἐβαπτίζοντο erfordern dann jedoch in der Konsequenz auch die Benennung des Taufenden mit ὑπό. Es handelt sich also um einen Zusatz, der erst durch den griechischen Gebrauch des Verbs βαπτίζω möglich bzw. notwendig wird. In einem jüdischen Kontext bzw. auf einer hebräischen Überlieferungsstufe ist eine passivische Formulierung daher unwahrscheinlich, es sei denn, die Entstehung einer solchen analogielosen Formulierung habe ihre hisptorischen Wurzeln gerade in der Analogielosigkeit der Johannestaufe.[163] In der hebräischen Retroversion werden daher an dieser Stelle zwei Varianten geboten: die an den Sprachgebrauch von II Kg 5,14 und Qumran angelehnte, daher in jüdischem Kontext plausiblere, intransitive Qal-Form וַיִּטְבְּלוּ, sowie eine enger am griechischen Text orientierte, aber in dieser Form im Hebräischen analogielose Niphal-Form וַיִּטָּבְלוּ עַל־יָדוֹ.

2.2.5 *ἐξομολογούμενοι τὰς ἁμαρτίας αὐτῶν*

Auch das öffentliche Bekennen der Sünden, wie es bei Mt und Mk an die Taufhandlung angehängt wird (ἐξομολογούμενοι τὰς ἁμαρτίας αὐτῶν), ist der Überlieferung möglicherweise erst später zugewachsen. Lukas kennt diesen Nachsatz nicht oder hat ihn gestrichen. Ganz gleich, ob man die Johannestaufe vor dem Hintergrund der essenischen Tauchbäder, der Proselytentaufe oder der jüdischen Reinigungsbäder versteht – in keinem dieser Fälle war das Tauchbad verbunden mit einem öffentlichen Sündenbekenntnis. Der von Billerbeck[164] und Gnilka[165] angeführte rabbinische Streit um die Notwendigkeit des öffentlichen Sündenbekenntnisses bezieht sich, wie auch die meisten übrigen bei Billerbeck angeführten Beispiele, gerade nicht auf

---

[163] Lohmeyer, *Markus*, 1951, 16, sieht etwa gerade diese Formel als originär mit der Johannestaufe verbunden: „Es ist ein neues Zeichen, dass ‚taufen‘ ein religiöses Handeln am Täufling bedeutet; Johannes vermittelt und wirkt, was in dem Akt des Untertauchens von Gott geschenkt ist, und nur er tut es“. Damit folgt Lohmeyer der christlich motivierten Deutungslinie, die bei ihm auch schon vorher sichtbar wurde, vgl. oben S. 266. Ähnlich auch Barth, *Taufe*, 1982, 27, der gerade in der Passivität des Täuflings das Neue der Johannestaufe sieht. Dass aber die Formulierungen in der frühen Kirche eben gerade so noch nicht gedeutet wurden, zeigen die Übersetzungen in den syrischen Übersetzungen: Diese übersetzen die Passivform βαπτισθῆναι regelmäßig mit dem Pa'el („sich untertauchen“), die Aktivform βαπτίζειν jedoch mit dem Aph'el („jemanden dazu veranlassen, sich unterzutauchen“). Vgl. Sahlin, *Studien*, 1949, 132.

[164] Billerbeck, *Kommentar*, 1969, 1:113f.

[165] Gnilka, *Markus I*, 1978, 46.

das Tauchbad, sondern auf das Sündenbekenntnis am Versöhnungstag.[166] Auch das in Qumran beim jährlichen Bundesfest gesprochene Sündenbekenntnis wurde nicht von den in die Gemeinschaft Aufzunehmenden, sondern von den dabeistehenden Leviten gesprochen, und zwar als kollektives Schuldbekenntnis der Gemeinschaft und nicht als Sündenbekenntnis des Einzelnen.[167] In der Beschreibung des Josephus über die Taufe des Johannes wird ein Zusammenhang mit Sündenvergebung ausdrücklich bestritten: Die Taufe sei lediglich eine Reinigung des Körpers, natürlich verbunden mit einer entsprechenden vorherigen Reinigung der Seele.[168]

Auch hier bringt die Rückfrage nach einem möglichen hebräischen Hintergrund möglicherweise Aufschluss über die ursprüngliche Form der Überlieferung: Denn nicht nur der Sache nach, sondern auch sprachlich spiegelt die Formel nicht biblischen oder hebräischen Gebrauch wieder. Im Gegenteil, ἐξομολογέω wird in der LXX fast ausnahmslos für Lob- und Dankbekenntnisse (הודה hiph.) verwendet, wohingegen es für das Sündenbekenntnis (מתודה hitp.) gerade vermieden wird.[169] Diesem griechischen

---

[166] Ebenso auch die von Lachs, *Rabbinic Commentary*, 1987, 27–38 angeführten Bekenntnisse des Hohepriesters (mYom 3,8) und die persönlichen Bekenntnisse (yYom 8,9/5; bYom 87; WaR 3,3 zu Lev 2,1). Lachs selbst hält diese hier für nicht relevant. Jeremias, *Kindertaufe*, 1958, 37 und 40, führt eine Begebenheit an, derzufolge eine Proselytin von R. Eleazar (ca. 90 n.Chr.) aufgefordert wurde: „Zähle deine Taten auf!" (QohR 1,25 zu Prd 1,8, ed. Wilna 4a). Abgesehen davon, dass diese einzelne Begebenheit nicht Beleg einer üblichen Praxis sein kann, kann sie nicht als Beispiel eines öffentlichen Sündenbekenntnisses bei der Taufe dienen. Denn dort wird das Bekenntnis bereits beim Gespräch über die Zulassung zur Taufe gefordert, nicht bei der Taufe selbst. Die Taufe selbst wurde in diesem Fall nämlich nicht vollzogen, eben wegen der Sünden, die bekannt wurden. Zudem spricht die Stelle nicht von einem öffentlichen Bekenntnis, sondern lediglich von einer persönlichen Nachfrage. Vgl. auch Barth, *Taufe*, 1982, 31.

[167] 1QS I:21–26; CD XX:28ff.; Gnilka, *Täufer*, 1963, spricht unrichtiger Weise von einem gemeinsamen Sündenbekenntnis der Novizen. Sand, *Matthäus*, 1986, 66 zeichnet, ausgehend von dieser Parallele, das Bild eines kollektiven Sündenbekenntnisses aller Beistehenden bei der Johannestaufe, was aber kaum gemeint ist.

[168] Jos. Ant 18,117.

[169] Von insgesamt 84 Belegstellen stehen 79 für eine Form des hebräischen ידה (dieses erscheint 111x im MT). Die übrigen fünf Belege stehen für andere Verben des Gotteslobs (הלל, ירא, שבע). Das hebräische ידה wiederum bezeichnet in seiner Hiphil-Form הודה (100x) immer Lob und Dank, nur einmal (Spr 28,13) ein Sündenbekenntnis. Gerade dort wird es aber nicht mit ἐξομολογέω, sondern mit ἐξηγέομαι wiedergegeben. Im Hitpael bezeichnet ידה (bzw. מתודה) zwar durchgängig Sündenbekenntnis, wird aber dann nicht mit ἐξομολογέω, sondern mit ἐξαγορεύω übersetzt. Ausnahme ist lediglich II Chr 30,22, wo der Hitpael nicht Sündenbekenntnis, sondern Lobpreis bezeichnet und gerade dort wieder mit ἐξομολογέω übersetzt wird. Es wird also deutlich, dass sich im biblischen Sprachgebrauch ἐξομολογέω (=Lobpreis) und מתודה (=Sündenbekenntnis) nicht entsprechen, sondern ein komplementäres Gegensatzpaar bilden. Nur der Gebrauch im Danielbuch bildet dabei eine Ausnahme: Hier wird מתודה zweimal verwendet (9,4.20), bezeichnet ein Sündenbekenntnis und wird im Griechischen mit ἐξομολογέω wiedergegeben. Dass damit

Sprachgebrauch folgt auch noch Lk in seinem gesamten Doppelwerk.[170] Die griechische Formulierung bei Mt und Mk müsste aber vor diesem Hintergrund des LXX Sprachgebrauchs von einem hebräisch denkenden Leser missverstanden werden, als wolle er sagen, „sie rühmten (oder priesen) ihre Sünden". Sprachliche Analogien zu der bei Mk und Mt erscheinenden Formel finden sich hingegen erst in der frühchristlichen Literatur.[171] Die Vorstellung eines individuellen öffentlichen Sündenbekenntnisses bei der Taufe ist also möglicherweise, wie auch die Formel βάπτισμα μετανοίας εἰς ἄφεσιν ἁμαρτιῶν, ein Widerhall frühchristlicher Tauftradition, in der die Taufe bereits eng mit Sündenbekenntnis und Sündenvergebung verbunden war.[172] Das Fehlen der Formel bei Lk, dessen grundsätzlich andere Verwendung des Begriffs ἐξομολογέω, sowie die wörtliche Übereinstimmung von Mt und Mk lassen vermuten, dass es sich hier um einen redaktionellen griechischen Zusatz des Mk handelt, der dann auch durch Mt übernommen wurde.

Selbstverständlich kann eine solche rein sprachliche Beobachtung nicht Aufschluss darüber geben, ob bei der Johannestaufe ein öffentliches Sündenbekenntnis stattfand oder nicht. Schließlich muss auch damit gerechnet werden, dass die Taufpraxis des Johannes religionsgeschichtlich singuläre

---

aber kein grundsätzlicher Bedeutungswandel einhergeht, zeigt der Gebrauch des Verbs in späteren Schriften (Tob, Sir, PsSal). Bei Philo (10x, immer als Deutung des Eigennamens Juda) bezeichnet ἐξομολογέω immer Gotteslob. Erst bei Josephus (9x) wird es dann durchgängig für Sündenbekenntnisse oder sonstige Eingeständnisse verwendet. Im klassischen Griechisch ist das Verb unüblich, wenige Belege z.B. bei Strabo Geogr. 10.3.3 und 10.4.21 (ed. Radt, *Strabo Bd. 3*, 2004, 210 und 268) und Plutarch Vit. Perikl. 31,1 (ed. Ziegler/Lindskog, *Plutarch*, 1967, 36) deuten auf einen nicht-religiösen Gebrauch („beglaubigen, zugeben") hin.

[170] Er verwendet den Begriff nur dreimal: Lk 10,21 (Jesu Jubelruf); Lk 22,6 (Freude des Judas über den angebotenen Lohn); Apg 19,18 (dort ist ἐξομολογούμενοι sprachlich vom nachfolgenden καὶ ἀναγγέλλοντες τὰς πράξεις αὐτῶν zu trennen: „Viele der Glaubenden begannen, (Gott) zu lobpreisen und ihre bösen Taten öffentlich zu bekennen".

[171] Jak 5,16; Did 4,14, ed. Wengst, *Didache*, 1984, 74; I Clem 51,3, ed. Fischer, *Apostolische Väter*, 1986, 88; Herm vis 1.1.3; 3.1.5; sim 9.23–24, ed. Körtner/Leutzsch, *Papiasfragmente*, 1998, 146.160.338–340; vgl. Davies/Allison, *Matthew I*, 1988, 300. Davies nennt hier auch Apg 19,18 als Beleg, vgl. dazu aber die vorangehende Fußnote. Gezwungen klingt die Erklärung von Grundmann, *Matthäus*, 1971, 93: „...deutet auf die Erkenntnis jüdischer Theologie hin, wonach das Bekenntnis der Sünde Ehrung Gottes ist". Ihr folgt auch Wiefel, *Matthäus*, 1998, 54.

[172] Der Grund liegt vermutlich eher in der Verknüpfung der Taufsymbolik mit Tod und Auferstehung Jesu, also der Symbolik des Versöhnungstags. Die Sündenbekenntnisse, die sonst am Versöhnungstag gesprochen wurden, sind dann auf diesem Weg in die christliche Taufpraxis eingeflossen. Davies/Allison, *Matthew I*, 1988, 300, geht jedoch, trotz der sprachlichen und sachlichen Fremdheit, davon aus, dass die Formel ursprünglich ist und von Mt aus theologischen Gründen weggelassen wurde. Ähnlich auch Fiedler, *Matthäus*, 2006, 71.

Züge hatte. Der sekundäre Charakter von Mk 1,5b par. Mt 3,6b kann daher nicht allein aus dem religionsgeschichtlichen Vergleich erschlossen werden. Er legt sich vielmehr durch kumulative Evidenz nahe: Dazu zählen zum einen das völlige Fehlen der Formel bei Lk, die enge wörtliche Übereinstimmung zwischen Mk und Mt speziell an dieser Stelle, die auffällige Abweichung vom biblischen und lukanischen Sprachgebrauch, die doppelte Erwähnung des Jordan bei Mt sowie zuletzt auch das Fehlen von Analogien im zeitgenössischen Judentum. Zusammen genommen machen diese Beobachtungen es wahrscheinlich, dass die beiden Vershälften bei Mt und Mk der Überlieferung sekundär zugewachsen sind.

2.2.6 Rekonstruktion eines vorsynoptischen narrativen Grundbestands

Der narrative Grundbestand der Überlieferung von den Pilgerscharen kann demnach, weithin anhand der matthäischen Version, wie folgt rekonstruiert werden:

καὶ ἐξεπορεύετο πρὸς αὐτὸν	וַתֵּצֵא אֵלָיו
Ἱεροσόλυμα καὶ πᾶσα ἡ Ἰουδαία	יְרוּשָׁלַיִם וְכָל־יְהוּדָה
καὶ πᾶσα ἡ περίχωρος τοῦ Ἰορδάνου	וְכָל־כִּכַּר הַיַּרְדֵּן
καὶ ἐβαπτίζοντο [καὶ ἐβαπτίζοντο ὑπ᾽ αὐτοῦ]	וַיִּטְבְּלוּ [וַיִּטָּבְלוּ עַל־יָדוֹ]
(V^{Mt} 3,5–6, vgl. Mk 1,5 / Lk 3,3.7.21; 7,17.29–30)	

2.3 Die Schriftzitate

Schon früh war die Überlieferung vom Auftreten des Täufers mit einem oder mehreren Schriftzitaten verbunden: In allen vier Evangelien erscheint das Zitat aus Jes 40,3 im Zusammenhang mit dem Auftreten des Täufers. Den drei synoptischen Evangelien ist daneben zusätzlich ein kombiniertes Zitat aus Ex 23,20 und Mal 3,1 gemeinsam. Dieses findet sich allerdings bei Lk und Mt in einem anderen Kontext und ist nur bei Mk mit dem Jesaja-Zitat verbunden. Lk schließlich zitiert neben Jes 40,3 auch noch Jes 40,4–5. Der Wortlaut der Zitate stimmt bei den drei synoptischen Evangelien fast vollständig überein[173], weicht allerdings im Kompositionszitat aus Ex 23,20/Mal 3,1 in allen drei Evangelien sowohl vom masoretischen als auch vom LXX-Text auffällig ab. Mt und Lk fügen zudem, darin gemeinsam von Mk abweichend, die Worte ἔμπροσθέν σου dem Zitat hinzu. Im Zitat aus Jes 40,3 schließlich folgen die drei Synoptiker dem LXX-Text, während Joh einen leicht veränderten Text bietet. Es ist deutlich, dass die Schriftzitate auf eine komplexe Kompositionsgeschichte zurückgehen, die sich, ähnlich wie auch der narrative Kern der Täuferüberlieferung, nicht einfach durch die Annahme einer eindimensionalen Abhängigkeit (sei es

[173] Einzige Ausnahme ist das nur bei Mt (und in mehreren Textzeugen auch bei Mk) erscheinende ἐγώ (Mt 11,10; Mk 1,2).

von Mk oder Q) erklären lässt. Gegen eine Priorität des Mk spricht schon die Häufung von *minor agreements* in Anordnung und Wortlaut: (a) Mk kombiniert zwei Schriftzitate, die bei Mt und Lk getrennt erscheinen. (b) Bei Mk stehen die Schriftzitate vor der Erzählung, bei Mt und Lk danach. (c) Mt und Lk fügen dem Zitat aus Ex 23,20/Mal 3,1 die Worte ἔμπροσθέν σου hinzu.

Eine Priorität des Mk scheidet für die vorliegende Stelle also aus. Eine Priorität des kanonischen Lk ist ebenfalls unwahrscheinlich, da die sekundäre Erweiterung des Jesajazitates in Lk 3,5 bei den Seitenreferenten fehlt. Gegen eine Priorität des Mt schließlich spricht das ἐγώ in Mt 11,10, das eher als sekundäre Angleichung an den LXX-Text erklärbar ist. Es ist unwahrscheinlich, dass Mk und Lk das Pronomen unabhängig voneinander und entgegen der LXX-Vorlage weggelassen hätten. Es bleibt also die Annahme einer gemeinsamen Vorlage (V) für alle drei Synoptiker, die bei Mk anders verarbeitet wurde als bei Mt und Lk.[174] Um die Kompositionsgeschichte näher zu beleuchten, sollen die einzelnen Schriftzitate und ihre Funktion in ihrem jeweiligen Kontext zunächst getrennt voneinander untersucht werden.

2.3.1 Jes 40,3

Dass das Schriftzitat Jes 40,3 schon früh mit dem Auftreten des Täufers verbunden war, zeigt seine Aufnahme in allen vier Evangelien.[175] Joh 1,23 suggeriert sogar, dass der Täufer selbst bereits diese Beziehung hergestellt habe.[176] Da in Joh 1,23, anders als bei den Synoptikern, ein Non-Septuagintismus vorliegt, kann hier auch eine frühe hebräische Überlieferungsphase angenommen werden. Bei den drei Synoptikern ist allerdings, anders als bei Joh, der Einfluss der LXX deutlich zu erkennen:[177]

---

[174] Auch die deuteromarkinische Hypothese greift hier nicht, vgl. dazu unten S. 313.

[175] Sahlin, *Studien*, 1949, 126, hält allerdings das Zitat in Mk überall für eine nachträgliche Interpolation aus Mt und Lk. Mk habe hier eigentlich nur das Zitat aus Mal 3,1/Ex 23,20 gehabt.

[176] Das vermutet auch Trocmé, *Marc*, 2000, 23.

[177] Merkmale dieses Einflusses sind: a) die Übersetzung von פנו mit ἑτοιμάσατε; b) die Übersetzung von ישרו durch den Doppelbegriff εὐθείας ποιεῖτε; c) die Auslassung von בערבה; d) die Wiedergabe des indeterminierten Singulars מסלה durch den Plural τὰς τρίβους; e) die Wiedergabe des לאלהינו durch einen Genitiv (wenn auch unterschieden von LXX). Alle fünf Merkmale fehlen bei Johannes. Generell gilt für den matthäischen Gebrauch von Schriftzitaten, dass Matthäus nur dort regelmässig dem LXX-Text folgt, wo er auf Quellen (z.B. Mk oder vorsynoptisches Material) zurückgreift. Anderes gilt für die von ihm selbst geschaffenen oder aus Sondergut übernommenen Schriftzitate: „In distinction from the rest of the Synoptics and the Epistles with what seems to be their self-evident use of the LXX, Matthew was capable of having, and did have, the authority to create a rendering of his own". Stendahl, *School*, 1954, 127 und 143; Luz, *Matthäus I*, 1985, 143 schließt allerdings aus dem gleichen Befund, dass der griechische Mt gerade nicht

Mt/Mk/Lk	*Joh 1,23*	*Jes 40,3 (LXX)*	*Jes 40,3 (MT)*
	ἐγὼ		
φωνὴ βοῶντος	φωνὴ βοῶντος	φωνὴ βοῶντος	קוֹל קוֹרֵא
ἐν τῇ ἐρήμῳ·	ἐν τῇ ἐρήμῳ·	ἐν τῇ ἐρήμῳ	בַּמִּדְבָּר
ἑτοιμάσατε	εὐθύνατε	ἑτοιμάσατε_	פַּנּוּ
τὴν ὁδὸν κυρίου,	τὴν ὁδὸν κυρίου	τὴν ὁδὸν κυρίου	דֶּרֶךְ יְהוָה
εὐθείας ποιεῖτε		εὐθείας ποιεῖτε	יַשְּׁרוּ
(–)		(–)	בָּעֲרָבָה
τὰς τρίβους		τὰς τρίβους	מְסִלָּה
αὐτοῦ		τοῦ θεοῦ ἡμῶν	לֵאלֹהֵינוּ׃

Tabelle 16: Die Aufnahme von Jes 40,3 in der Täuferüberlieferung

2.3.1.1 *φωνὴ βοῶντος*

Es ist vielfach angemerkt worden, dass schon in der LXX eine Akzentverschiebung im Aussagegehalt des Verses vorliegt:[178] Die hebräische Fassung suggeriert durch den *parallelismus membrorum* eine Dreigliedrigkeit des Verses, wobei קוֹל קוֹרֵא den Vorsatz bildet, und בַּמִּדְבָּר פַּנּוּ דֶּרֶךְ יְהוָה bzw. יַשְּׁרוּ בָּעֲרָבָה מְסִלָּה לֵאלֹהֵינוּ zwei parallel formulierte Nachsätze. Auch in 1QS VIII:13–14 (Text siehe im folgenden Abschnitt) wurde בַּמִּדְבָּר zu פַּנּוּ דֶּרֶךְ, und nicht zu קוֹל קוֹרֵא gezogen. In der LXX ist dieser Parallelismus allerdings durch den Ausfall von בָּעֲרָבָה aufgebrochen, und ἐν τῇ ἐρήμῳ wird zu φωνὴ βοῶντος gezogen, um die Symmetrie wieder herzustellen. Anstelle von „Es ruft eine Stimme: In der Wüste bahnt dem Herrn den Weg“ heißt es also nun: „Es ruft eine Stimme in der Wüste: Bahnt dem Herrn den Weg“. In dieser Deutungstradition stehen dann auch zeitgenössische jüdische und frühchristliche Interpretationen.[179]

2.3.1.2 *ἐν τῇ ἐρήμῳ*

Schon die Gemeinderegel aus Qumran deutet das Jesajazitat als Aufruf zu einem tatsächlichen Auszug in die Wüste, um dort die Ankunft Gottes zu erwarten:

So sollen sie [...] abgesondert werden	יבדלו [בתכונים האלה]
aus der Mitte der Behausung der Männer des Frevels,	מתוך מושב הנשי העול
um in die Wüste zu gehen,	ללכת למדבר

---

selbständig auf den Text zurückgreift, sondern Zitate entweder aus Mk und Q übernimmt und sonst, im Fall des Sonderguts, auf ältere existierende Vorlagen zurückgreift.

[178] Davies/Allison, *Matthew I*, 1988, 293.

[179] Zahn, *Matthäus*, 1905, weist jedoch mit einigem Recht darauf hin, dass zwischen beiden Lesarten kein echter Unterschied besteht, „weil die Stimme, die zum Bau einer Straße auffordert, naturgemäß eben da sich hören läßt, wo die Straße gebaut werden soll“. Zur breiten Rezeptionsgeschichte des Jesajazitats in der biblischen, frühjüdischen und rabbinischen Literatur vgl. die Übersicht bei Snodgrass, *Streams*, 1980.

dort den Weg des Herrn zu bereiten,	לפנות שם את דרך הואהא
wie geschrieben steht.	כאשר כתוב
„In der Wüste bereitet den Weg des Herrn...“[180]	במדבר פנו דרך ''''

Die vielfältigen Beziehungen zwischen der Schilderung des Täufers, den Schriften von Qumran und der Gemeinschaft von Khirbet Qumran sind hinlänglich bekannt. Dass die Jesaja-Texte also tatsächlich bereits in der historischen Bewegung um Johannes den Täufer eine Rolle spielten, wie es Joh 1,23 andeutet, ist durchaus möglich, ja sogar wahrscheinlich.

2.3.1.3 τὰς τρίβους αὐτοῦ

Mit der Ersetzung von τὰς τρίβους τοῦ θεοῦ ἡμῶν (LXX) durch τὰς τρίβους αὐτοῦ weichen die drei synoptischen Evangelien bewusst vom biblischen Text ab.[181] Sie stehen damit in einer Tradition des kreativen Umgangs mit dem Jesaja-Zitat, die auch im Targum zur Ersetzung des Jhwhs (יהוה) durch dessen Volk (עמא דיוי) und zur Ersetzung Gottes (לאלהינו) durch dessen Gemeinde (כנשתא דאלהנא) geführt hat. Ausgehend vom griechischen Text, der im ersten Halbsatz vom κύριος sprach, beziehen sie auch den zweiten Halbsatz auf diesen κύριος und schaffen dadurch, sicherlich gewollt, eine christologische Ambivalenz des Jesaja-Zitats.[182] Dass alle drei Evangelien das Zitat in genau dieser abgewandelten Form kennen, zeigt deutlich, dass sie literarisch voneinander bzw. von einer gemeinsamen Quelle abhängig sind. Bei Lukas werden dem Zitat aus Jes 40,3 noch die Verse 4–6 aus Jes 40 angehängt. Das ist offensichtlich ein redaktioneller Zusatz aus lukanischer Hand. Die ursprüngliche Vorlage enthielt lediglich Jes 40,3, beabsichtigte aber sicherlich den von Lukas richtiger Weise ergänzten Anklang an das gesamte Kapitel 40.

---

[180] 1QS VIII:13–14 (Lohse 30–31); par. 4Q259 (=1QS[e]) III (2a ii, 3a–c):4–5; ein ähnlicher Gebrauch des Wüstenmotivs findet sich auch in 1QM I:3; 4Q171 (=4QpPs[a]) III (1,3–4):1; 4Q161 (=4QpIsa[a]) 2:18). Vgl. dazu auch SNODGRASS, *Streams*, 1980, 29.

[181] ZAHN, *Lukas*, 1913, 190, geht aufgrund der Handschriften-Varianten in den syrischen Handschriften und einer Notiz in Irenäus, Adv. Haer III,9,1, ed. BROX, *FC 8.1*, 1993, 74, davon aus, dass Lk hier ursprünglich eine andere Lesart bot, die unabhängig von den Seitenreferenten ganz dem ursprünglichen LXX-Text folgte.

[182] So auch ZAHN, *Matthäus*, 1905, 128. Zur Ambivalenz der „Vorläufer“-Tradition schon im Alten Testament sowie in dem folgenden Schriftzitat aus Ex 23,20/Mal 3,1 vgl. unten S. 311. Gegen ein solches Verständnis jedoch ERNST, *Markus*, 1981, 33, und BOCK, *Luke I*, 1994, 293, die sich damit jedoch auf die lukanische Deutung, nicht dessen Vorlage, beziehen. Die mögliche Mehrdeutigkeit ist sicher gewollt: Vgl. oben S. 262 die von BOURQUIN, *Polyvalence*, 2003, herausgearbeite absichtliche Vieldeutigkeit (Polysemie) in der gesamten Täuferperikope. Bei Mk ist dabei der christologische Bezug noch deutlicher als bei den Seitenreferenten, denn in seinem Evangelium erscheint κύριος sonst nur im Vokativ als Anrede Jesu, vgl. SNODGRASS, *Streams*, 1980, 34.

2.3.1.4 *ὡς/καθὼς γέγραπται*

In allen drei Evangelien geht den zitierten Schriftstellen eine Formel voraus, die in der Literatur gewöhnlich als „Zitationsformel" bezeichnet wird. Dieser Begriff ist jedoch missverständlich, da die Formel gerade bei Mk und Mt, abgesehen von der vorliegenden Stelle, sonst nie ein Schriftzitat einleitet, sondern lediglich einen allgemeinen Bezug zur Schrift ohne explizites Zitat herstellt. Im Folgenden wird daher der neutrale Begriff „Schriftbezugsformel" anstelle von „Zitationsformel" verwendet. Die Formel hat bei Mk und Lk die gleiche Gestalt, Matthäus hingegen verwendet eine nur ihm eigene, aber auch von seinem üblichen Sprachgebrauch abweichende, Formel. Der Gebrauch solcher Schriftbezugsformeln ist nicht nur aus dem NT, sondern auch aus der zeitgenössischen jüdischen Literatur bekannt. Die Formel ὡς/καθὼς γέγραπται, wie sie hier bei Mk und Lk erscheint und auch sonst im NT weit verbreitet ist (Mk: 3x, Mt: 1x, Lk: 3x, Pls: 20x), steht dabei der in Qumran üblichen Formel כאשר כתוב näher als dem in der rabbinischen Literatur üblichen שנאמר.[183] Die Nähe der Schriftbezugsformel zum zeitgenössischen hebräischen Sprachgebrauch und auch die Verwendung des Zitats aus Jes 40,3 in Qumran legen die Vermutung nahe, dass die Formel bereits zur ursprünglichen Gestalt der Überlieferung gehörte. Sie erscheint in den drei Evangelien in unterschiedlicher Form:

Mt 3,3	*Mk 1,2*	*Lk 3,4*
οὗτος γάρ ἐστιν ὁ ῥηθεὶς διὰ Ἠσαΐου τοῦ προφήτου λέγοντος·	καθὼς γέγραπται_ ἐν τῷ Ἠσαΐᾳ τῷ προφήτῃ	ὡς γέγραπται ἐν βίβλῳ λόγων Ἠσαΐου τοῦ προφήτου·

Tabelle 17: Die Schriftbezugsformel Mt 3,3 parr. im synoptischen Vergleich

---

183 Die Formel כאשר כתוב erscheint z.B. in dem bereits angeführten Zitat aus Jes 40,3 in 1QS VIII:13–14; ferner in den nachfolgend ausführlicher angeführten Belegen aus 4Q174, 4Q177 und 11Q13, sowie in 1QS V:17; 4Q163 (=4Qpap pIsa^{c}) 4–7 ii:18; 4Q163 (=4Qpap pIsa^{c}) 47:2; 4Q178 (=4QMidrEschat^{e}?) 3:2; 4Q180 (=4QAgesCreat A) 5–6:5; 4Q249 (=4Qpap cryptA Midrash Sefer Moshe) 13:5; 4Q252 (=4QCommGen A) III:1; 4Q265 (=4QMiscellaneous Rules) 1:2; 4Q266 (=4QD^{a}) 3 iii:20; 4Q384 (=4Qpap apocrJer B?) 8:2; 4Q391 (=4Qpap psEzek^{c}) 62 ii:4; 11Q13 (=11QMelch) II:19.23; anders nur: אשר היה כתוב in 4Q266 (=4QD^{a}) 2 i:17; andere, weniger gebräuchliche Formeln stehen dagegen der mt Formulierung näher: כאשר דבר אל ביד ישעיהו הנביא (CD IV:13f., Lohse 72–73), כאשר הקים אל להם ביד יחזקאל הנביא (CD III:20f., Lohse 72–73); [א]שר אמר [ביד ישע]יה הנביא (11Q13 (=11QMelch) II:15, ed. Parry 2:24 nach der Rekonstruktion von van der Woude in DJD XXIII; Steudel, 180, rekonstruiert hier אשר אמר אל עליו לפנים בדברי ישעיה). Die rabbinische Formel שנאמר hat im NT nur in den Antithesen Mt 5,21–43 (ὅτι ἐρρέθη, 6x) und in Lk 4,12 (ὅτι εἴρηται) eine direkte Entsprechung. Die Formel ὁ ῥηθεὶς διὰ Ἠσαΐου τοῦ προφήτου (Mt 3,3) ist in Mt singulär. Vgl. dazu die Erklärung im Folgenden.

Die Formulierung des Matthäus zeigt am deutlichsten redaktionelle Hand: Sie lehnt sich eng an die Formel an, die Matthäus sonst in den für sein Evangelium charakteristischen „Reflexionszitaten“ verwendet (ἵνα πληρωθῇ τὸ ῥηθὲν διὰ Ἠσαΐου τοῦ προφήτου λέγοντος).[184] Gleichzeitig unterscheidet sie sich aber auch von diesen charakteristisch.[185] es kann daher angenommen werden, dass Matthäus hier seine Formel nicht selbst geschaffen, sondern eine ihm fremde Formel überarbeitet und an seinen eigenen Sprachgebrauch angeglichen hat. Mk und Lk hingegen stehen mit ihrer Formel dem Sprachgebrauch von Qumran näher. Dies gilt jedoch, streng genommen, nur für die erste Hälfte der Formel, während beide in der zweiten Hälfte sowohl voneinander, als auch von den Parallelen aus Qumran abweichen. Das zeigt ein Blick auf die Schriftbezugsformeln aus Qumran, in denen nicht nur eine Schriftstelle, sondern ausdrücklich auch die Quelle genannt wird, aus dem das Zitat stammt:

„wie geschrieben steht im Buch...“ (4Q174 III:2)	כאשר כתוב בספר
„wie geschrieben steht im Buch des Propheten Jesaja“ (4Q174 III:15; VI:1)	אשר כתוב בספר ישעיה הנביא
„wie geschrieben steht über sie im Buch des Propheten Hesekiel“ (4Q174 III:16)	אשר כתוב עליהמה בספר יחזקאל הנביא
„wie geschrieben steht im Buch des Propheten Daniel“ (4Q174 IV:3)	אשר כתוב בספר דניאל הנביא
„wie geschrieben steht im Buch des Propheten Jesaja“ (4Q177 VIII:2.15)	כאשר כתוב בספר ישעיה הנביא
„wie geschrieben steht über sie im Buch des Propheten Jesaja“ (4Q177 VIII:5)	אשר כתוב עליהם בספר ישעיה הנביא
„wie geschrieben steht im Buch...“ (4Q177 VIII:11)	[כ]אשר כתוב בספר
„wie geschrieben steht im Buch des Propheten Hesekiel“ (4Q177 IX:13)	[כאש]ר כתוב בספר יחזקאל הנ[ביא]
„wie geschrieben steht über sie in den Psalmen Davids, der sagte:“ (11Q13 II:9–10)[186]	כאשר כתוב עליו בשירי דויד אשר אמר

[184] Mt 1,22, vgl. Mt 2,15.17.23; 4,14; 8,17; 12,17; 13,35; 21,4; 27,9. Zu den Reflexionszitaten vgl. Stendahl, *School*, 1954; Strecker, *Weg*, 1962, 49–85; Rothfuchs, *Erfüllungszitate*, 1969; Davies/Allison, *Matthew I*, 1988, 292. Das Phänomen der mt Reflexionszitate muss hier nicht ausführlich erörtert werden, da Mt 3,3 für gewöhnlich nicht zu diesen gerechnet wird. Es ist vielmehr gerade der charakteristische Unterschied zu den sonstigen mt Zitaten, der hier die Vermutung einer vormt Vorlage nahe legt.

[185] Es fehlen das charakteristische Wort πληρωθῇ und der finale Anschluss mit ἵνα, ὅπως oder τότε. Das Zitat bezieht sich auf den Täufer, nicht auf Jesus. Anstelle des τὸ ῥηθὲν (bezogen auf die folgende Schriftstelle) steht hier ὁ ῥηθεὶς (bezogen auf den vorher erwähnten Täufer). Außerdem sind die stereotypen Reflexionszitate bei Mt ohne Parallele bei Mt und Lk.

Es wird deutlich, dass weder die lk noch die mk Formulierung eine exakte Entsprechung in den hebräischen Formulierungen findet. Während Lk (ἐν βίβλῳ λόγων Ἠσαΐου τοῦ προφήτου) ausführlicher formuliert als die Formeln aus Qumran, ist die mk Form (ἐν τῷ Ἠσαΐᾳ τῷ προφήτῃ) knapper. Nur für die lk Form allerdings ist ein plausibles Äquivalent im Hebräischen überhaupt möglich (כאשר כתוב בספר דברי ישעיה הנביא), während die Konstruktion des Mk im Hebräischen ohne Äquivalent wäre: In der hebräischen Literatur ist eine Schriftstelle entweder „geschrieben in einem Buch" (כתוב בספר, vgl. γέγραπται ἐν βίβλῳ bei Lk) oder „gesagt durch einen Propheten" (אמר ביד ישעיה הנביא, vgl. ὁ ῥηθεὶς διὰ Ἠσαΐου τοῦ προφήτου bei Mt). Die Formulierung des Mk („geschrieben in Jesaja, dem Propheten", heb. כאשר כתוב בישעיה הנביא) ist jedoch in der hebräischen Literatur ohne Parallele und setzt bereits eine Transformation des Eigennamens Ἠσαΐᾳ in einen Buchtitel voraus. Die Formel des Mk stellt also, unter Annahme eines hebräischen Ursprungs der Überlieferung, ein sekundäres Stadium dar.

Nicht nur in der Formulierung, sondern auch in der Funktion steht die hier verwendete Formel ὡς/καθὼς γέγραπται ihrer hebräischen Entsprechung כאשר כתוב nahe: In Qumran bildet die Formel stets die Mitte eines dreistufigen Schemas, in dem ein Sachverhalt mittels einer Schriftbezugsformel und einem nachfolgenden Schriftzitat kommentiert wird. Dieses dreistufige Schema ist in der vorliegenden Stelle auch bei Mt und Lk noch erkennbar, während es bei Mk durchbrochen zu sein scheint:[187]

	Mt 3,1–3 / Lk 3,3–5 / Mk 1,1–3	*1QS VIII:13–14*
Sachverhalt:	Auftreten des Täufers (Mk: – (?) / Mt 3,1–2 / Lk 3,3)	Auswanderung in die Wüste
Schriftbezugsformel:	"...wie geschrieben steht..." (Mk 1,2 / Lk 3,4 / anders Mt 3,3)	"...wie geschrieben steht..."
Schriftzitat(e):	„Siehe , ich sende..." (nur Mk 1,2) „Stimme eines Rufenden...: In der Wüste bereitet ..." (Mk 1,3 / Lk 3,4–5 / Mt 3,3)	 „In der Wüste bereitet ..."

Tabelle 18: Das dreistufige Schema des Schriftbezugs in Mt 3,1–3 parr. und 1QS VIII

Wie weiter unten (S. 318) noch ausführlicher dargestellt wird, ist die Formel καθὼς γέγραπται, wie auch die hebräische Entsprechung כאשר כתוב, nicht in erster Linie eine Einleitungsformel für das nachfolgende Zitat (also

[186] 4Q174 (=4QFlor/4QMidrEschat[a]) III:2.15.16; IV:3; VI:1 (Steudel 194–200); 4Q177 (=4QCatena A/4QMidrEschat[b]) VIII:2.5.11.15; IX:13 (Steudel 200–204); 11Q13 (=11QMelch) II:9–10 (Steudel 180).

[187] An späterer Stelle (unten S. 317–320) wird jedoch deutlich, dass das dreistufige Schema von Mk keineswegs durchbrochen, sondern auf kreative Weise umgestaltet wird.

nicht „Zitationsformel"), sondern vor allem Begründungsformel für den vorangehenden Sachverhalt (daher „Schriftbezugsformel"). Dadurch unterscheidet sie sich charakteristisch von anderen neutestamentlichen Zitationsformeln, die auch ohne vorangehenden Sachverhalt stehen können. Es kann daher angenommen werden, dass der Dreischritt von Erzählung, Schriftbezugsformel und Schriftzitat, wie er sich bei Mt und Lk findet, der ursprünglicheren Gestalt der Überlieferung entspricht und die abweichende Platzierung der Zitate bei Mk eine spätere Bearbeitungsstufe darstellt.

Natürlich steht hinter dieser Verknüpfung der Täufererzählung mit Jesaja 40 mehr als nur ein vordergründiger Beleg für die Lokalisierung in der Wüste. Vielmehr wird hier, wie an vielen weiteren Stellen der Evangelien, die gesamte Geschichte Jesu in einen Bezug zur biblischen Prophetie, insbesondere zum zentralen Buch Jesaja (bzw. Deuterojesaja), hergestellt. Indem das Motiv der Wüste schon am Anfang des Evangeliums mit der Geschichte Jesu bzw. seines Vorläufers verknüpft wird, wird nicht nur an die Exodustradition, sondern auch an die Erfahrung von Exil und Rückkehr, von Bundeserneuerung und Wiederherstellung des Königreiches angeknüpft. Dies wird auch an der Art und Weise deutlich, wie alttestamentliche Schriftstellen bereits in der vorsyoptischen Überlieferung aufgenommen und zugleich charakteristisch umgestaltet wurden:

2.3.2 Ex 23,20/Mal 3,1

Mk verknüpft das Jesaja-Zitat mit einem weiteren biblischen Zitat aus Ex 23,20 und/oder Mal 3,1.[188] Bei Mt und Lk fehlt dieses zweite Zitat an dieser Stelle, erscheint jedoch, in charakteristisch abweichender Form, bei beiden an gleicher Stelle in Täuferkomplex II:

Mt 11,10	*Lk 7,27*	*Mk 1,2*
<u>οὗτός ἐστιν</u> <u>περὶ οὗ γέγραπται</u>·	<u>οὗτός ἐστιν</u> <u>περὶ οὗ γέγραπται</u>·	Καθὼς γέγραπται (vgl. Lk 3,4) ἐν τῷ Ἠσαΐᾳ τῷ προφήτῃ·
ἰδοὺ <u>ἐγὼ</u> ἀποστέλλω τὸν ἄγγελόν μου πρὸ προσώπου σου, ὃς κατασκευάσει τὴν ὁδόν σου <u>ἔμπροσθέν σου</u>.	ἰδοὺ ἀποστέλλω τὸν ἄγγελόν μου πρὸ προσώπου σου, ὃς κατασκευάσει τὴν ὁδόν σου <u>ἔμπροσθέν σου</u>.	ἰδοὺ ἀποστέλλω τὸν ἄγγελόν μου πρὸ προσώπου σου, ὃς κατασκευάσει τὴν ὁδόν σου·

Tabelle 19: Die Zitatkomposition Mk 1,2 parr. im synoptischen Vergleich

[188] Eine intertextuelle Beziehung zwischen den drei Texten ist bereits auf der biblischen Ebene denkbar. So könnte bereits Mal 3,1 durch Jes 30,3 und/oder Ex 23,20 beeinflußt sein, vgl. dazu SNODGRASS, *Streams*, 1980, 25.

Die Suche nach einer plausiblen Erklärung für den charakteristischen Wortlaut und die unterschiedliche Platzierung der Zitatkomposition bei Mk und seinen beiden Seitenreferenten ist die entscheidende *crux* für die Frage nach den synoptischen Beziehungen in dieser Perikope. Auf die Frage nach der Herkunft des Zitates gibt es dabei im Grundsatz drei mögliche Antworten:

(a) Das Zitat gehörte ursprünglich zum Täuferkomplex II und wurde erst von Mk in den Täuferkomplex I übertragen. Hierbei muss eine Kenntnis des Q-Stoffes für Mk angenommen werden oder ganz auf die Annahme einer Mk-Priorität verzichtet werden.[189] (b) Das Zitat gehörte ursprünglich zum Täuferkomplex I und wurde durch Mt und Lk in den Täuferkomplex II übertragen. Hierbei muss entweder ein hohes Maß an redaktioneller Koinzidenz oder eine umfangreiche deuteromarkinische Redaktion angenommen werden.[190] (c) Das Zitat existierte unabhängig voneinander in Täuferkomplex I (wo es von Mk übernommen, jedoch von Mt und Lk ausgelassen wurde) und in Täuferkomplex II (den Mk nicht kannte).[191]

---

[189] LAMBRECHT, *Markan Redaction*, 1992, 372, CATCHPOLE, *Beginning*, 1992, 219, FLEDDERMANN, *Mark and Q*, 1995, 26 und 29, identifizieren dabei den Täuferkomplex II als „Q"-Material, das von Mk redaktionell bearbeitet und in den Täuferkomplex I übernommen werde. Sie machen zu Recht darauf aufmerksam, dass die komplexe Formulierung des Schriftzitats, die sich weder aus LXX noch aus dem MT erklärt, nur durch direkte literarische Abhängigkeit zu erklären ist. Auch CASEY, *Aramaic Approach*, 2002, 105–106 ordnet das Zitat Q zu, geht aber auf die Parallele in Mk nicht ein. BUTLER, *Originality*, 1951, 110, sieht hier einen Beleg für die „Originalität" des Mt vor Mk. Auch SCHLATTER, *Lukas*, 1931, 33 sieht den Ort der Schritzitate bei Mt als ursprünglich an.

[190] KEENER, *Matthew*, 1999, 117, nimmt eine unabhängige Korrektur des Mk durch Mt an. Auch DAVIES/ALLISON, *Matthew I*, 1988, 294, führen „coincidence", „early interpolation" oder auch unabhängige Korrektur der vermeintlich fehlerhaften Zitationsformel durch Mt und Lk als mögliche Ursachen für das *agreement* an. Für wahrscheinlicher hält er aber eine Parallelüberlieferung in Q, die hier nur das Jesaja-Zitat bot, das andere Zitat erst an späterer Stelle (Mt 11,10/Lk 7,27). FITZMYER, *Luke I*, 1981, 452 und 461, sowie MOYISE, *Wilderness Quotation*, 2005, 80 halten ebenso eine unabhängige Korrektur durch Mt und Lk für möglich. Bei BOISMARD, *Ebionites*, 1966, 350, sind bereits beide Zitate Teil der gemeinsamen Vorlage Z. Er geht dabei davon aus (S. 332), dass der Täuferkomplex II als Ganzes aus den Vorgaben des Täuferkomplex I entwickelt wurde, allerdings vermittelt durch die älteren Quellen; auch bei VAGANAY, *Problème*, 1952, 353, dem Boismard eng folgt, ist das Maleachi-Zitat erst nachträglich von Mk an diese Stelle eingefügt worden, während das Jesaja-Zitat Teil der gemeinsamen griechischen Vorlage (Mg) war. FUCHS, *Überschneidungen*, 1980, 61 sieht die Position bei Mk für ursprünglicher an und deutet seine ‚Auslassung' bei Mt und Lk als deuteromarkinische „Verbesserung". Es handelt sich hier jedoch nicht um eine reine ‚Auslassung', da das Kompositionszitat ja bei Mt und Lk in Täuferkomplex II (also in „Q-Kontext") erscheint. Das bleibt bei Fuchs völlig unerwähnt und lässt sich auch anhand der deuteromk Hypothese kaum plausibel erklären. Vgl. dazu unten S. 313.

[191] So muss man die meisten Ausleger deuten, die sich hier nicht eindeutig äußern oder auf nicht näher genannte „frühe Traditionen" zurückgreifen: Nach WIEFEL, *Matthäus*,

Eine Priorität des Mk ist durch die, in diesem Fall schwer wiegenden und perikopenübergreifenden *minor agreements* (vgl. oben S. 294) ausgeschlossen. Ein unabhängiger Rückgriff von Mk und Q auf die gleichen Schriftstellen ist angesichts der sehr speziellen Textform, in der die Zitate an beiden Stellen übereinstimmend vorliegen, ebenfalls ausgeschlossen. Das wird bei einer eingehenderen Betrachtung des Wortlauts der Zitate und der ihnen zugrunde liegenden exegetischen Verknüpfungen deutlich:

2.3.2.1 Die erste Zitathälfte als gezera šawa von Mal 3,1 und Ex 23,20

Nicht nur der andere Kontext unterscheidet dieses Zitat von dem Zitat aus Jes 40,3, das alle drei Synoptiker im Anfang ihrer Täufererzählung anführen. Auch sprachlich weist es einen anderen Charakter auf: Denn einerseits folgen Mt und Lk hier nicht so eng dem LXX-Text wie dort. Andererseits sind diese Abweichungen vom Wortlaut der LXX aber auch nicht, wie etwa

---

1998, 53, ist das „Mischzitat aus Mal 3,1 und Jes 40,3“ (sic!) bei Mk ursprünglich und wurde von Mt nur zur Hälfte übernommen. Auch GRUNDMANN, *Markus*, 1989, 36, SAND, *Matthäus*, 1986, 64, und LOHMEYER, *Markus*, 1951, 11, sehen das Zitat nicht als nachträgliche Einfügung des Mk an. SCHWEIZER, *Matthäus*, 1973, 23 übergeht die Frage völlig, ebenso SCHWEIZER, *Markus*, 1967, 15. Im Kommentar zu Mt 11,10 heißt es dann jedoch vage: „In diesem Sinn ist das Wort sicher schon vor Markus und Matthäus auf den Täufer gedeutet worden“ (ebd. 169). Das aber erklärt kaum die bis ins Detail gehenden Übereinstimmungen dieser komplizierten Zitatkomposition. GNILKA, *Matthäus I*, 1988, 64, geht von zwei verschiedenen Quellen aus, einem „Mischzitat“ in Mk und zwei getrennten Zitaten in Q. Ähnlich ist die kurze Bemerkung von SCHWEIZER, *Lukas*, 1993, 46, zu verstehen. Auch diese Erklärung kann jedoch den beiden Versionen gemeinsame eigentümliche Form des Zitats nicht erklären. PESCH, *Markus I*, 1976, 78, führt die Formung des Zitats entweder auf Jesus selbst oder auf einen Einfluss von Q auf die von ihm angenommene vormarkinische Vorlage (!) zurück, obwohl er einen Einfluss von Q auf Mk zuvor (S. 39) ausdrücklich ablehnt. Die Rückführung des Zitats auf Jesus selbst scheidet zumindest für den vorliegenden Wortlaut aus, der deutliche Anzeichen einer griechischen literarischen Komposition aufweist. Auch SCHÜRMANN, *Lukas I*, 1982, 161 geht von einer Mk/Q-Überlappung aus, ebenso ROBINSON/HOFFMANN, *Critical Edition*, 2000, 4–7 und 134; TROCMÉ, *Marc*, 2000, 23, sieht das Zitat bei Mt und Lk in seinem ursprünglichen Kontext und führt es auf eine „sehr alte Tradition“ zurück. BACON, *Prologue*, 1907, 94: „...from the discourse of John the Baptist, reported in identical terms in Lk 7,27=Mt 11,10“; WALTER, *Agreements*, 1992, 470, geht davon aus, dass das Zitat in einer Frühfassung des Mk (der „syrische Markus“) noch nicht vorhanden war, sondern erst durch spätere Redaktion (der „römische Markus“) eingefügt wurde. Die Herkunft sieht Walter „unmittelbar aus täufergemeindlicher Überlieferung“ (S. 466), wie sie auch in Mt 11,10/Lk 7,27 unabhängig vorläge. LAUFEN, *Doppelüberlieferungen*, 1980, 83, nimmt zwar eine Doppelüberlieferung an, schließt diese aber ausdrücklich von seinen weiteren Untersuchungen aus, da es sich lediglich um ein Schriftzitat handele, „dessen Verwendung bei Q und Markus nicht in traditionsgeschichtlichem Zusammenhang stehen muß“. Den ganz eigentümlichem Wortlaut des Schriftzitates jedoch, der die Annahme einer literarischen Abhängigkeit unbedingt notwendig macht, lässt auch Laufen dabei völlig unerwähnt.

bei Joh 1,23, durch einen selbstständigen Rückgriff auf den hebräischen Text zu erklären, da sie sich auch von diesem deutlich unterscheiden.

Weil das Zitat sich bei Mt und Lk im Kontext der Diskussion um die Identität des Täufers und seine Identifizierung mit dem wiederkommenden Elia (Mal 3,22–23) findet, wird die ursprüngliche biblische Herkunft des Zitats zunächst in Mal 3,1 zu suchen sein:

Mt/Mk/Lk	*Mal 3,1 (LXX)*	*Mal 3,1 (MT)*
<u>ἰδοὺ</u> (ἐγὼ) ἀποστέλλω	<u>ἰδοὺ</u> ἐγὼ ἐξαποστέλλω	הִנְנִי שֹׁלֵחַ
<u>τὸν ἄγγελόν μου</u>	<u>τὸν ἄγγελόν μου</u>	מַלְאָכִי
πρὸ προσώπου σου,		
ὃς κατασκευάσει τὴν <u>ὁδόν</u> σου	καὶ ἐπιβλέψεται <u>ὁδὸν</u>	וּפִנָּה־דֶרֶךְ
	πρὸ προσώπου μου	לְפָנָי
(ἔμπροσθέν σου).		

Tabelle 20: Anklänge an Mal 3,1 in der synoptischen Zitatkomposition

Die vielfältige Verknüpfung des Elia-Motivs mit der Täuferüberlieferung wurde bereits oben (S. 247) beschrieben. Angesichts dieses Befundes ist es gut möglich, dass auch das Zitat aus Mal 3,1 schon früh in der Frage nach der Identität des Täufers eine Rolle spielte.

Ein Blick auf die besondere Textform des Zitats an der vorliegenden Stelle (Tabelle 21) zeigt jedoch, dass diese sich, zumindest in der ersten Vershälfte, wesentlich enger an Ex 23,20 als an Mal 3,1 anlehnt, und dass sie dabei vor allem mit dem griechischen Text der LXX arbeitet, wenn auch nicht ganz ohne Kenntnis der interpretativen Möglichkeiten, die der hebräische Text bot.[192] Die zweite Hälfte der Zitatkomposition bei den Synoptikern allerdings hat, abgesehen vom Begriff ὁδός, keinerlei Bezug zu den biblischen Vorlagen, weder zu Mal 3,1 noch zu Ex 23,20. Der Vergleich zum griechischen Text zeigt das unmittelbar. Aber auch zum hebräischen Text ist kaum ein Bezug herzustellen.

[192] Das Fehlen des καὶ (bei Mt, Mk und Lk) und des ἐγὼ (bei Mk und Lk) könnte zwar darauf hindeuten, dass sich das Zitat sich am Beginn mehr an den hebräischen Wortlaut von Ex 23,20 anlehnt als an den griechischen. Allerdings zeigen die sonstigen Übereinstimmungen, vor allem das – im MT nicht vorhandene – Personalpronomen in τὸν ἄγγελόν μου, dass der Text der LXX zumindest neben dem MT als direkte Vorlage gedient haben muss. Das ἐγὼ bei Mt hingegen ist vermutlich keine eigenständige Aufnahme des אנכי, aus dem MT sondern eine nachträgliche Angleichung an den LXX-Text. Es wäre sonst kaum nachvollziehbar, warum Mk und Lk es ausgelassen hätten. Zahn, *Matthäus*, 1905, 423, hingegen führt die Abweichung bei Mt auf dessen „nicht durch die anderen Evv. vermittelte Verhältnis zum hebr AT" zurück, die dem griechischen Mt durch dessen aramäische Vorlage vermittelt wurde. Der kunstvolle Umgang mit dem griechischen Text in der zweiten Vershälfte setzt beim Urheber des Kompositionszitates auf jeden Fall gute Kenntnis des hebräischen Textes und der Übersetzungsfreiheiten, die dieser bot, voraus.

Mt/Mk/Lk	*Ex 23,20 (LXX)*	*Ex 23,20 (MT)*
ἰδοὺ (ἐγὼ) ἀποστέλλω	καὶ ἰδοὺ ἐγὼ ἀποστέλλω	הִנֵּה אָנֹכִי שֹׁלֵחַ
τὸν ἄγγελόν μου	τὸν ἄγγελόν μου	מַלְאָךְ
πρὸ προσώπου σου,	πρὸ προσώπου σου	לְפָנֶיךָ
ὃς κατασκευάσει	ἵνα φυλάξῃ σε	לִשְׁמָרְךָ
τὴν ὁδόν σου	ἐν τῇ ὁδῷ	בַּדָּרֶךְ
(ἔμπροσθέν σου).		
	ὅπως εἰσαγάγῃ σε	וְלַהֲבִיאֲךָ
	εἰς τὴν γῆν ἣν ἡτοίμασά σοι	אֶל־הַמָּקוֹם אֲשֶׁר הֲכִנֹתִי׃

Tabelle 21: Anklänge an Ex 23,20 in der synoptischen Zitatkomposition

Zum Einen ist κατασκευάσει keine angemessene Übersetzung von וּפִנָּה.[193] Zum Zweiten fehlt in beiden Texten eine Entsprechung für das Possessivpronomen in τὴν ὁδόν σου. Und drittens ist auch das ἔμπροσθέν σου offensichtlich aus keinem der beiden Texte entlehnt.[194] Die ganze zweite Hälfte des Kompositionszitats ist also entweder kreative Neuschöpfung oder entstammt einer anderen biblischen Herkunft. Diese Frage soll später gesondert untersucht werden.

Was zunächst die erste Vershälfte betrifft, sind dort die Übereinstimmungen mit Mal 3,1 geringer als diejenigen mit Ex 23,20: Die Wortwahl ἀποστέλλω weicht von dem ἐξαποστέλλω in Mal 3,1 (LXX) ab. Das πρὸ προσώπου σου erscheint in Mal 3,1 an dieser Stelle überhaupt nicht. Es zeigt sich, dass die Evv nur da dem Text von Mal 3,1 folgen, wo dieser auch mit Ex 23,20 übereinstimmt.[195]

Durch diese eigentümliche Formulierung des Schriftzitates stellt der griechische Verfasser (bzw. Redaktor/Übersetzer) des Zitats also offenbar ganz bewusst einen Rückbezug der Vorläufer-Tradition aus Maleachi zur Exodustradition her:

---

[193] Anders Trocmé, *Marc*, 2000, 23, und Stendahl, *School*, 1954, 51: „The N.T. translation κατασκευάσει assumes the masoretic reading (piel) while the LXX reads qal ... for which reason the Synoptics' dependence on the Hebrew text is obvious". Κατασκευάσει ist aber eben gerade nicht als Übersetzung von פנה (piel) erklärbar, schon gar nicht ‚obvious', wie im Folgenden zu sehen sein wird.

[194] Pesch, *Markus I*, 1976, 78, sieht hier zwar eine Entlehnung des לפניך aus Ex 23,20, dieses ist aber ja bereits durch das πρὸ προσώπου σου aufgenommen. Außerdem setzt diese Erklärung voraus, dass die Komposition sich am *hebräischen* Text von Ex 23,20 orientiert, was aber offensichtlich nicht der Fall ist.

[195] Casey, *Aramaic Approach*, 2002, 121, rekonstruiert das gesamte Kompositionszitat allerdings als aramäisches Jesuswort ohne jeden Bezug zu Ex 23,20 oder überhaupt zum Text der LXX: „Exod. 23.20 is a red herring. The small number of detailed coincidences with it are either due to the general similarity of these passages, or to purely unconscious influence".

Ex 23,20 — Mal. 3,1

שֹׁלֵחַ מַלְאָכִי

Diese exegetische Verknüpfung der beiden Verse ist dabei nicht singulär.[196] Schon die enge Verwandtschaft im Wortlaut des hebräischen Textes legt sie nahe. Vielleicht ist sogar schon Mal 3,1 selbst als bewusste Anknüpfung an Ex 23,20 formuliert. Spätestens auf Ebene der LXX ist eine intertextuelle Beziehung offensichtlich: Darauf weist die Übersetzung τὸν ἄγγελόν μου für das undeterminierte מַלְאָךְ in Ex 23,20 (LXX) hin. Auch das ungenaue ἐπιβλέψεται ὁδὸν für וּפִנָּה־דֶרֶךְ in Mal 3,1 (LXX) könnte auf einen Einfluss des לִשְׁמָרְךָ בַּדָּרֶךְ aus Ex 23,20 zurückgehen. Die Konvergenz der beiden Texte in der LXX, verglichen mit dem MT, ist also bereits ein Hinweis auf eine Tendenz zur Verknüpfung schon in früher Zeit.[197] Auch die Verknüpfung der beiden Texte in ShemR 32,9 zu Ex 23,20 (Mirkin 6:85–86) deutet auf eine entsprechende Auslegungstradition hin. Wie früh diese Tradition darüber hinaus auch zu einer entsprechenden Zuordnung von Parasha und Haftarah im dreijährigen synagogalen Lesekreis führte, ist unsicher.[198] Es ist aber angesichts der vielfach bezeugten und alten Tradition einer intertextuellen Verknüpfung zumindest im Bereich des Wahrscheinlichen, dass die Anwendung dieser Verknüpfung auf den Täufer der Sache nach schon auf Jesus selbst oder den Jüngerkreis zurückgeht.[199] Für die zweite Vershälfte allerdings (ὃς κατασκευάσει τὴν ὁδόν σου ἔμπροσθέν σου) liefert keine der beiden Schriftstellen eine plausible Vorlage, weder im Wortlaut der LXX noch im MT. Hier muss also nach einer anderen Herkunft gesucht werden. Es wird sich zeigen, dass es sich hierbei eher um eine literarische Komposition handelt, die zwar von einer Kombination aus Ex 23,20 und Mal 3,1 ausgeht, aber interpretierend darüber hinausgeht und weitere biblische Anklänge in das Schriftzitat einarbeitet.

---

[196] NOTLEY, *Kingdom*, 2000, 292–293: „...the combination itself is a sophisticated example of *gezerah shavah*"; zur neueren Diskussion um Intertextualität und zum scheinbaren Gegensatz zwischen rein intertextuellen und rein narrativen Ansätzen vgl. MOYISE, *Wilderness Quotation*, 2005, der eine Kombination beider Ansätze gerade aufgrund des Schriftzitats Mk 1,2–3 anregt.

[197] Vgl. Pesch, Markusevangelium, 78.

[198] In den Haftarah-Listen der Kairoer Geniza bildet Ex 23,20 zwar keinen eigenen Abschnitt. Dort beginnen die Leseabschnitte jeweils bei Ex 22,24 und Ex 25,1, „... but from the Midraschim it is evident that in early times there was inserted an additional [Seder] at 23.30". MANN, *Bible*, 1940, 479; vgl. PERROTT, *Lecture*, 1973, 65.

[199] NOTLEY, *Kingdom*, 2000, 293, sieht hier eine bewusste Anspielung auf die Traditionen vom endzeitlichen Auftreten des Moses und des Elia und folgert: „There can be little doubt that we possess a primitive stratum of Christian tradition which originates with the historical Jesus."

2.3.2.2 Die zweite Zitathälfte als gezera šawa von Mal 3,1 und Jes 40–45

Schriftstellerische Kreativität in der Übersetzung von Mal 3,1b hat, wie auch die Verknüpfung des Verses mit Ex 23,20, eine lange Tradition:[200] Offenbar hatten schon die ersten griechischen Übersetzer Schwierigkeiten, eine angemessene Übersetzung für die hebräische Pielform וּפִנָּה zu finden. Die Wiedergabe der LXX mit ἐπιβλέψεται („beobachten, achtgeben“) ist keinesfalls eine adäquate Übersetzung. Entweder ist sie durch Anlehnung an das לִשְׁמָרְךָ בַּדָּרֶךְ aus Ex 23,20 entstanden, oder die LXX las hier eine Qal- statt einer Piel-Form von פנה. Spätere Revisionen der LXX haben das Verb auf verschiedene Weise ersetzt und zeigen damit, dass die Deutung der Stelle auch zu ihrer Zeit noch nicht eindeutig war.[201] Keine der Revisionen verwendet jedoch das κατασκευάζω der Synoptiker. Auch die lateinischen und syrischen Versionen legen durch ihre Wortwahl andere, wenn auch wiederum in sich verschiedene, Deutungen für das Verb nahe.[202] An den übrigen Stellen seines Erscheinens (7x im AT, davon 4x in der Verbindung פנה דרך) variiert die Übersetzung ebenfalls stark: ἑτοιμάζω,[203] ἀποσκευάζω,[204] ὁδοποιέω,[205] καθαρίζω.[206] In zwei der sieben Fällen vermeidet die LXX eine direkte Übersetzung.[207] An keiner Stelle jedoch ist κατασκευάζω verwendet, es war also alles andere als eine nahe liegende Wortwahl. Es ist demnach offensichtlich, dass die Übersetzung von פנה דרך ins Griechische Schwierigkeiten bereitete und daher Freiraum für schriftstellerische Kreativität ließ.

Diesen Spielraum nutzen auch die neutestamentlichen Übersetzer: Das Verb κατασκευάζω wird in den Evangelien nur hier verwendet, von Lukas lediglich ein weiteres Mal in Lk 1,17, dort ebenfalls in Anspielung auf Mal 3. Es erscheint weiterhin fünfmal in Heb und einmal in I Petr. Dort bezeichnet es Bautätigkeiten, vor allem am Tempel oder an der Stiftshütte. Auch Josephus verwendet es häufig, vor allem für Bautätigkeiten am Tempel. In der LXX erscheint das Verb insgesamt achtmal als Übersetzung der

---

[200] Wertvolle Anregungen verdanke ich im Folgenden persönlicher Konversation mit P. Dr. David Neuhaus SJ.

[201] Aquila: σχολάσει (Platz schaffen, freiräumen); Symmachus: ἀποσκευάσει (wegräumen, wegschaffen); Θ: ἑτοιμάσει (vorbereiten). Θ ist dabei vielleicht durch das ἡτοίμασά σοι (הֲכִנֹתִי) aus Ex 23,20 oder das ἑτοιμάσατε (פַּנּוּ) aus Jes 40,3 beeinflusst.

[202] Vulgata: praeparabit (bereiten), vermutlich darin beeinflusst durch das ἑτοιμάσει des Theodotion bzw. die Parallelen in Ex 23,20 und Jes 40,3. TJ übersetzt, wohl wegen des gleichen Klangs, ויפני, was aber so viel bedeutet wie „wenden, umkehren“.

[203] Vorbereiten, zurichten (Gen 24,31; Jes 40.3), verwendet in Mal 3,1 (Θ).

[204] Ausräumen, wegwerfen (Lev 14,36), verwendet in Mal 3,1 (Σ).

[205] Einen Weg bahnen, einebnen (Ps 80,9/79,10 LXX; Jes 62,10).

[206] Reinigen, freiräumen (Jes 57,14), hier aber nur als kombinierte Übersetzung von סלל und פנה.

[207] Zu Jes 57,14 s. Anm. 206. In Zeph 3,15 vermeidet LXX eine Übersetzung.

Verben כון, יצר, ברא und עשה.[208] Ein zusätzliches Mal erscheint es in Jes 40,19 ohne eine Entsprechung im Hebräischen, da LXX hier vom MT abweicht. In keinem der Fälle jedoch übersetzt es das hebräische פנה. Es ist also keinesfalls eine direkte Entsprechung.[209] Warum aber wurde es dann hier verwendet?

Betrachtet man die Verwendung von κατασκευάζω in der LXX, dann lassen sich vor allem drei Bedeutungsfelder ausmachen: Zum Einen bezeichnet es öffentliche Bautätigkeit bzw. militärische Ausrüstung, ähnlich wie auch in Heb und I Petr.[210] Zum Zweiten bezeichnet es die kreative Tätigkeit von Künstlern und Kunsthandwerkern.[211] Diese beiden Bedeutungen sind auch in der klassischen griechischen Literatur häufig.[212] Diese zweite Bedeutung wird im biblischen Gebrauch dann auch auf Gott übertragen, und zwar dort, wo dieser metaphorisch als Handwerker oder Künstler beschrieben wird. Diese Metaphorik hat schließlich auch ein drittes Bedeutungsfeld hervorgebracht, nämlich das Schöpfungshandeln Gottes, wie es vor allem in Deuterojesaja und in weisheitlichen Texten beschrieben wird:

τίνι ὡμοιώσατε κύριον	Mit wem wollt ihr Gott	וְאֶל־מִי תְּדַמְּיוּן
καὶ τίνι ὁμοιώματι	vergleichen und welches Bild	אֵל וּמַה־דְּמוּת
ὡμοιώσατε αὐτόν;	an seine Stelle setzen?	תַּעַרְכוּ לוֹ׃
μὴ εἰκόνα ἐποίησεν τέκτων	Der Handwerker gießt ein Götter-	הַפֶּסֶל נָסַךְ חָרָשׁ
ἢ χρυσοχόος χωνεύσας	bild, der Goldschmied überzieht	וְצֹרֵף בַּזָּהָב יְרַקְּעֶנּוּ
χρυσίον περιεχρύσωσεν αὐτόν	es mit Gold und fertigt silberne	וּרְתֻקוֹת כֶּסֶף צוֹרֵף׃
ὁμοίωμα κατεσκεύασεν αὐτόν;	Ketten dazu.	(Jes 40,18–19)
(Jes 40,18–19 LXX)		

καὶ νῦν οὐκ ἔγνως	Weißt du nicht?	הֲלוֹא יָדַעְתְּ
εἰ μὴ ἤκουσας;	Hast du nicht gehört?	אִם־לֹא שָׁמַעְתְּ
θεὸς αἰώνιος ὁ θεὸς	Der HERR, der ewige Gott,	אֱלֹהֵי עוֹלָם יְהוָה
ὁ κατασκευάσας	der die Enden der Erde	בּוֹרֵא
τὰ ἄκρα τῆς γῆς	geschaffen hat,	קְצוֹת הָאָרֶץ
οὐ πεινάσει οὐδὲ κοπιάσει	wird nicht müde noch matt,	לֹא יִיעַף וְלֹא יִיגָע
οὐδὲ ἔστιν ἐξεύρεσις	sein Verstand	אֵין חֵקֶר
τῆς φρονήσεως αὐτοῦ	ist unausforschlich.	לִתְבוּנָתוֹ׃
(Jes 40,28 LXX)		(Jes 40,28)

---

[208] ברא: Jes 40, 28; Jes 43,7; יצר: Jes 45,7.9; עשה: II Chr 32,5; Spr 23,5 (2x); כון: Num 21,27.

[209] Das spricht auch gegen die Annahme, dass die Fassung bei Mt und Lk direkt auf den MT zurückgreife, wie Pesch, *Markus I*, 1976, 78 annimmt. Auch die Erklärung von Palmer, *Mark i.2*, 1899/1900, 475, dass verschiedene Übersetzer eines ursprünglich aramäischen Jesus-Logions hier unabhängig voneinander das gleiche ungebräuchliche Wort verwendeten, ist unwahrscheinlich.

[210] Num 21,27; II Chr 32,5; III Esr 9,42; 7x in Makk.

[211] Spr 23,5; Weish 13,11 und 14,2; Jes 40,19 und 45,9; EpJer 1,8.45.46.

[212] Vgl. die Belege bei Liddell/Scott, *Lexicon*, 1996.

ἐν γὰρ τῇ δόξῃ μου	...die ich zu meiner Ehre	וְלִכְבוֹדִי
κατεσκεύασα αὐτὸν	geschaffen	בְּרָאתִיו
καὶ ἔπλασα	und zubereitet	יְצַרְתִּיו
καὶ ἐποίησα αὐτόν	und gemacht habe	אַף־עֲשִׂיתִיו׃
(Jes 43,7b LXX)		(Jes 43,7b)
ἐγὼ ὁ κατασκευάσας φῶς	... der ich das Licht mache	יוֹצֵר אוֹר
καὶ ποιήσας σκότος	und schaffe die Finsternis,	ובוּבוֹרֵא חֹשֶׁךְ
ὁ ποιῶν εἰρήνην	der ich Frieden gebe	עֹשֶׂה שָׁלוֹם
καὶ κτίζων κακά	und schaffe Unheil.	וּבוֹרֵא רָע
ἐγὼ κύριος ὁ θεὸς	Ich bin der HERR,	אֲנִי יְהוָה
ὁ ποιῶν ταῦτα πάντα	der dies alles tut.	עֹשֶׂה כָל־אֵלֶּה׃
εὐφρανθήτω ὁ οὐρανὸς ἄνωθεν	Träufelt, ihr Himmel, von oben,	הַרְעִיפוּ שָׁמַיִם
καὶ αἱ νεφέλαι	und ihr Wolken,	מִמַּעַל וּשְׁחָקִים
ῥανάτωσαν δικαιοσύνην	regnet Gerechtigkeit!	יִזְּלוּ־צֶדֶק
ἀνατειλάτω ἡ γῆ ἔλεος	Die Erde tue sich auf	תִּפְתַּח־אֶרֶץ
καὶ δικαιοσύνην	und bringe Heil, und Gerechtig-	וְיִפְרוּ־יֶשַׁע וּצְדָקָה
ἀνατειλάτω ἅμα	keit wachse mit auf!	תַצְמִיחַ יַחַד
ἐγώ εἰμι κύριος	Ich, der HERR,	אֲנִי יְהוָה
ὁ κτίσας σε	habe es geschaffen.	בְּרָאתִיו׃
ποῖον βέλτιον	Weh dem, der	הוֹי רָב אֶת־יֹצְרוֹ
κατεσκεύασα[213]	mit seinem Schöpfer hadert,	
ὡς πηλὸν κεραμέως	eine Scherbe	חֶרֶשׂ אֶת־חַרְשֵׂי
μὴ ὁ ἀροτριῶν	unter irdenen Scherben!	אֲדָמָה
ἀροτριάσει τὴν γῆν		
ὅλην τὴν ἡμέραν		
μὴ ἐρεῖ ὁ πηλὸς τῷ κεραμεῖ	Spricht denn der Ton zu seinem	הֲיֹאמַר חֹמֶר לְיֹצְרוֹ
τί ποιεῖς	Töpfer: Was machst du?	מַה־תַּעֲשֶׂה
ὅτι οὐκ ἐργάζῃ	und sein Werk:	וּפָעָלְךָ
οὐδὲ ἔχεις χεῖρας.	Du hast keine Hände!	אֵין־יָדַיִם לוֹ׃
(Jes 45,7–9 LXX)		(Jes 45,7–9)
ἀλλὰ ὁ εἰδὼς τὰ πάντα	Der aber alle Dinge weiß,	
γινώσκει αὐτήν	kennt die Weisheit und hat sie	
ἐξεῦρεν αὐτὴν τῇ συνέσει αὐτοῦ	durch seinen Verstand gefunden,	
ὁ κατασκευάσας τὴν γῆν	er, der die Erde	
εἰς τὸν αἰῶνα χρόνον	auf ewige Zeit gegründet	
ἐνέπλησεν αὐτὴν	und sie erfüllt hat	
κτηνῶν τετραπόδων.	mit vierfüßigen Tieren	
(Bar 3,32)		
καὶ τῇ σοφίᾳ σου	Und durch deine Weisheit	
κατασκευάσας ἄνθρωπον	hast du den Menschen erschaffen,	
ἵνα δεσπόζῃ	damit er herrschen soll	
τῶν ὑπὸ σοῦ γενομένων κτισμάτων	über die Geschöpfe,	
(Weish 9,2)	die von dir gemacht wurden	

[213] Hier entspricht LXX zwar nicht dem MT, beide enthalten aber den Schöpfungsgedanken.

ἀγαπᾷς γὰρ τὰ ὄντα πάντα καὶ οὐδὲν βδελύσσῃ ὧν ἐποίησας οὐδὲ γὰρ ἂν μισῶν τι κατεσκεύασας (Weish 11,24)	Denn du liebst alles, was ist, und verabscheust nichts von dem, was du gemacht hast; denn nicht hast du etwas erschaffen, um es dann zu hassen.
εἰ δὲ δύναμιν καὶ ἐνέργειαν ἐκπλαγέντες νοησάτωσαν ἀπ᾽αὐτῶν πόσῳ ὁ κατασκευάσας αὐτὰ δυνατώτερός ἐστιν (Weish 13,4)	Und wenn sie über ihre Macht und ihre Kraft in Staunen gerie- ten, hätten sie auch erkennen sol- len, wieviel mächtiger jener ist, der sie geschaffen hat.

Auch im biblischen Schöpfungsbericht selbst erscheint schließlich der gleiche Begriff, wenn auch in negierter Form, und zwar als griechische Übersetzung des hebräischen תֹהוּ וָבֹהוּ:

ἐν ἀρχῇ ἐποίησεν ὁ θεὸς τὸν οὐρανὸν καὶ τὴν γῆν ἡ δὲ γῆ ἦν ἀόρατος καὶ ἀκατασκεύαστος καὶ σκότος ἐπάνω τῆς ἀβύσσου καὶ πνεῦμα θεοῦ ἐπεφέρετο ἐπάνω τοῦ ὕδατος (Gen 1,1–2 LXX)	Am Anfang schuf Gott Himmel und Erde. Und die Erde war wüst und leer, und es war finster auf der Tiefe; und der Geist Gottes schwebte auf dem Wasser.	בְּרֵאשִׁית בָּרָא אֱלֹהִים אֵת הַשָּׁמַיִם וְאֵת הָאָרֶץ׃ וְהָאָרֶץ הָיְתָה תֹהוּ וָבֹהוּ וְחֹשֶׁךְ עַל־פְּנֵי תְהוֹם וְרוּחַ אֱלֹהִים מְרַחֶפֶת עַל־פְּנֵי הַמָּיִם׃ (Gen 1,1–2)

Es wird deutlich, wie das Verb κατασκευάζω zunächst im Buch Deuterojesaja und dann auch im (durch dieses beeinflusste) Weisheitsbuch das kreative und machtvolle Schöpfungshandeln Gottes beschreibt, wie auch sein schöpferisches Handeln als der, der in der Zukunft Neues schafft. Es ist nun genau dieses ungewöhnliche, und zugleich theologisch bedeutsame, Verb, das Mt 11,10/Lk 7,27 (oder ihre Vorlage) gewählt haben, um das וּפִנָּה־דֶרֶךְ aus Mal 3,1 zu übersetzen. Dabei wird die Mehrdeutigkeit des Verbs ganz bewusst instrumentalisiert: Einerseits beschreibt es ganz profan den Straßenbau, der im Zentrum des Bildworts aus Maleachi steht. Andererseits aber beschreibt es eben auch das schöpferische Neuhandeln Gottes, der in der Wüste erscheint, um sein Volk zu retten durch einen neuen Exodus und die Erneuerung der Schöpfung: Denn anders als in Ex 23,20 wird der „Bote" in Mal 3,1 ja nicht vor dem Volk Gottes hergehen, sondern vor Gott selbst, wenn er kommt.

In Mt 11,10/Lk 7,27 (bzw. in deren gemeinsamer Vorlage) liegt also eine durchdachte schriftstellerische Komposition vor: Sie greift geschickt das Motiv von Exodus und Wüstenwanderung aus Ex 23,20 auf und verknüpft es, wie schon Mal 3,1 selbst, mit dem Motiv des „zweiten Exodus", der Rückkehr aus dem Exil und der Wiederherstellung.[214] Diese werden dann,

[214] Gnilka, *Markus I*, 1978, 44.

durch den Rückgriff auf die Terminologie aus Deuterojesaja, mit den dortigen Motiven von der Trostverheißung an das Volk in der Wüste (Jes 40) und der heilbringenden Neuschöpfung Gottes (Jes 40–45) verbunden. Diese doppelte Verbindung ließ bereits der hebräische Text mittels *gezera šawa* zu, und zwar gleich in doppelter Weise: Nach rückwärts mit dem Motiv des (ersten) Exodus und nach vorwärts mit der Zukunftserwartung eines zweiten Exodus im Deuterojesaja-Buch: [215]

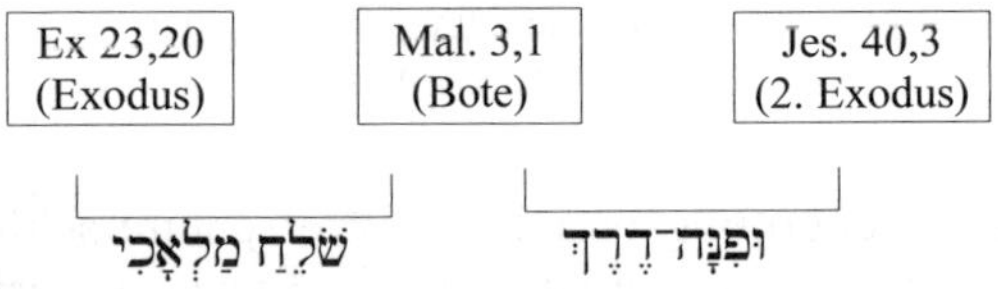

Durch die geschickte Wahl des (nicht naheliegenden) Begriffs κατασκευάζω auf der griechischen Sprachebene werden diese dem hebräischen Text inne liegenden Bezüge nun noch nach vorwärts und rückwärts erweitert:

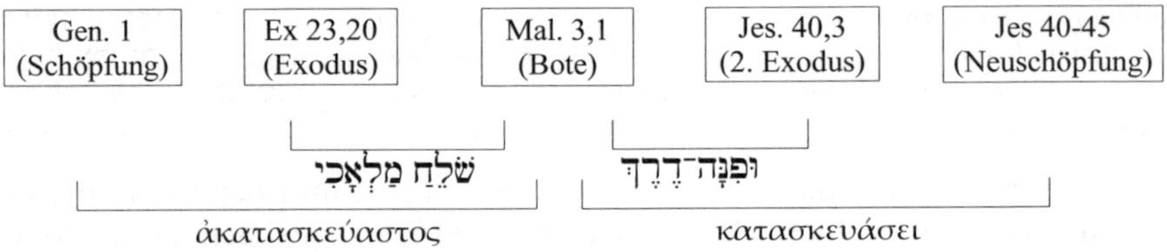

In einem weiteren Schritt schriftstellerischer Kreativität setzt der Kompositor von Mt 11,10/Lk 7,27 schließlich noch ἔμπροσθέν σου an die Stelle des לְפָנָי (LXX: πρὸ προσώπου μου) aus Mal 3,1. Auch dies ist sicher kein Übersetzungsfehler, sondern bewusste Komposition: Als Anklang aus Ex 23,20 ist es kaum zu erklären, denn das dortige לְפָנֶיךָ wird ja bereits, wie auch in der LXX, durch πρὸ προσώπου σου wiedergegeben. Wer aber ist dann hier mit ἔμπροσθέν σου gemeint? Offenbar wird durch diesen literarischen Kunstgriff ein neuer Adressat eingeführt, der neben bzw. nach dem „Boten" auftreten wird, denn eine solche Person war weder in Ex 23,20 noch in Mal 3,1 vorhanden: War dort mit σου das Volk Israel gemeint, so ging hier der Bote vor Gott selbst (πρὸ προσώπου μου) her. Wer aber ist nun, in der neuen Kompositionsgeschichte des Verses, dieser Adressat?

---

[215] EVANS, *Baptism*, 2002, 57, spricht für die Verknüpfung von Mal 3,1 und Ex 40,3 von einem „textbook example of *gezera šawa*". Diese geschieht hier allerdings nicht nur als Bezug auf den Vers Jes 40,3, sondern auf das gesamte deuterojesajanische Werk, das in Jes 40,1–3 beginnt.

Die Phrase ἔμπροσθέν σου erscheint im griechischen Text des AT elfmal, davon sechsmal in Verbindung mit der Verheißung: „Gott (selbst) wird vor dir hergehen", und in einem Fall als Verheißung: „Gott wird seinen Boten vor dir her senden":[216] Der „Bote" wird in Gen 24,7 verheißen, jedoch trägt diese Stelle für die Täuferüberlieferung nichts aus. Aufschlussreicher ist die mehrfache Verwendung der Phrase in Jes 45,2, einem zentralen Text aus dem Buch Deuterojesaja, in dem auch zweimal der bereits erwähnte Begriff κατασκευάζω auftaucht. Es handelt sich um eine Verheißung Gottes an seinen χριστὸς Kyros:

οὕτως λέγει κύριος ὁ θεὸς	So spricht der HERR	כֹּה־אָמַר יְהוָה
τῷ χριστῷ μου Κύρῳ	zu seinem Gesalbten, Kyros,	לִמְשִׁיחוֹ לְכוֹרֶשׁ
οὗ ἐκράτησα	den ich ergriff	אֲשֶׁר־הֶחֱזַקְתִּי
τῆς δεξιᾶς	bei seiner Rechten,	בִימִינוֹ
ἐπακοῦσαι ἔμπροσθεν αὐτοῦ ἔθνη	dass ich Völker vor ihm unterwerfe	לְרַד־לְפָנָיו גּוֹיִם
καὶ ἰσχὺν βασιλέων διαρρήξω	und Königen das Schwert abgürte,	וּמָתְנֵי מְלָכִים אֲפַתֵּחַ
ἀνοίξω ἔμπροσθεν αὐτοῦ θύρας	ich öffne Türen vor ihm	לִפְתֹּחַ לְפָנָיו דְּלָתַיִם
καὶ πόλεις οὐ συγκλεισθήσονται	und Tore bleiben nicht verschlossen.	וּשְׁעָרִים לֹא יִסָּגֵרוּ
ἐγὼ ἔμπροσθέν σου πορεύσομαι	Ich will vor dir hergehen und	אֲנִי לְפָנֶיךָ אֵלֵךְ
καὶ ὄρη ὁμαλιῶ	das Bergland eben machen,	וַהֲדוּרִים אֲיַשֵּׁר דַּלְתוֹת
θύρας χαλκᾶς συντρίψω	die ehernen Türen	נְחוּשָׁה אֲשַׁבֵּר וּבְרִיחֵי
καὶ μοχλοὺς σιδηροῦς συγκλάσω	zerschlagen und die	בַרְזֶל אֲגַדֵּעַ׃
(Jes 45,1–2 LXX)	eisernen Riegel zerbrechen	(Jes 45,1–2)

Die Hinzufügung von ἔμπροσθέν σου in das Kompositionszitat ist also wohl eine bewusste Aufnahme der schon in den biblischen Texten bestehenden Vielschichtigkeit der handelnden Personen im Zusammenhang der „Boten"-Verheißungen:

a) In Ex 23,20 kündigt Gott *einen* Boten (מַלְאָךְ) an, der vor dem Volk (לְפָנֶיךָ) hergeht und es auf dessen Weg behüten soll (לִשְׁמָרְךָ בַּדָּרֶךְ).
b) In Mal 3,1 kündigt Gott *seinen* Boten (מַלְאָכִי) an, der vor ihm selbst (לְפָנָי) hergeht und ihm selbst den Weg bahnt (וּפִנָּה־דֶרֶךְ).
c) In Jes 40,3 soll das Volk (oder die himmlischen Heroldsengel?)[217] *für Gott* einen Weg bahnen (פַּנּוּ דֶּרֶךְ), während der Bote (קוֹל קוֹרֵא) dessen Kommen ankündigt.

---

[216] Gott selbst: Ri 4,14; II Sam 5,24; I Chr 14,15; Jdt 8,35; Jes 45,2; Jes 58,8; Gottes Engel: Gen 24,7; weitere Belege: I Kg 3,12; I Chr 17,13; Esr 8,87; Tob 11,3.

[217] In der Literatur ist die Frage der Adressaten von Jes 40,3 umstritten. Nach ELLIGER, *Deuterojesaja*, 1989, 17–18 spricht hier eine „Gestalt unter den himmlischen Heerscharen" zu anderen „himmlischen Straßenbauern". Anders jedoch BERGES, *Jesaja*, 2008, der hier keine „himmlische Ratszene" (91) sieht, sondern „nichts anderes, als dass sich das verwüstete und vertrocknete Jerusalem an ihm und seinem Heilswillen orientiert" (105). Die Unklarheit im Blick auf die Adressaten wird bereits in den frühen Übersetzungen deutlich. So ergänzt die LXX in V.2 eine Anrede an die Priester (ἱερεῖς), der Targum in V. 1 eine Anrede an die Propheten (נְבִיַיָא), vgl. auch SNODGRASS, *Streams*, 1980, 26-28.

d) Im Targum zu Jes 40,3 soll dieser Weg *für das Volk* Gottes gebahnt werden: Er ersetzt Jhwh (יְהוָה) durch dessen Volk (עמא דיוי) und den Ausdruck „unseren Gott“ (לֵאלֹהֵינוּ) durch „die Gemeinde unseres Gottes“ (כנשתא דאלהנא).[218]
e) In Jes 63,9 heißt es, vielleicht sogar in bewusstem Kontrast zu Ex 23,20: Nicht ein Minister (צָר/πρέσβυς) oder ein Bote (מַלְאַךְ/ἄγγελος), sondern der Herr selbst (αὐτὸς κύριος) bzw. sein Angesicht (פָּנָיו) habe sein Volk gerettet.
f) In Jes 45,2 schließlich ist es Gott selbst, der seinem Gesalbten (לִמְשִׁיחוֹ) den Weg bahnt und vor ihm (לְפָנֶיךָ) hergeht.

Es scheint also, als werde auch in Mt 11,10/Lk 7,27 absichtlich kreativ mit den Personalpronomen umgegangen, um diese biblische Vielschichtigkeit der Rollen auch in der Diskussion um den Täufer, Elia und Jesus aufleuchten zu lassen. Schon durch die Verknüpfung von Ex 23,20 und Mal 3,1 wurde eine Mehrdeutigkeit der Identität von Boten und Handelndem erreicht. Die Aufnahme des Verbs κατασκευάζω hat diese Mehrdeutigkeit noch einmal verstärkt, indem nun auch die Motive aus Deuterojesaja anklingen. Durch die Anfügung von ἔμπροσθέν σου wird sie schließlich noch einmal verstärkt und durch eine mögliche Anspielung auf die Verheißung an den „Gesalbten“ (Kyros) fokussiert:[219]

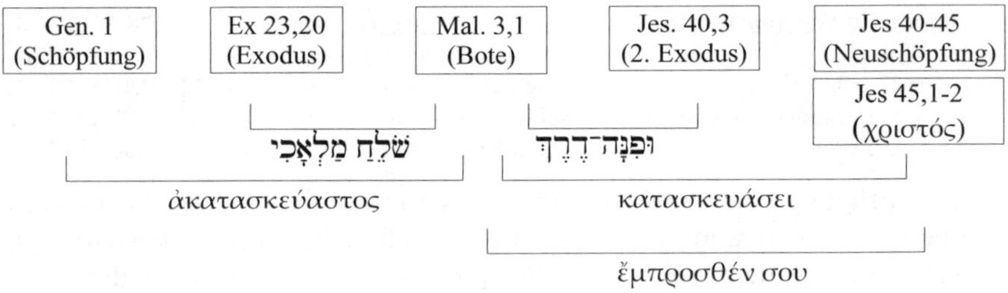

Die Komposition der Schriftzitate folgt also, wie bereits in der Aufnahme von Jes 40,3, der schon im Targum erkennbaren Tendenz zur Übertragung der biblischen Traditionen vom „Vorläufer“ bzw. „Boten“ auf neue Handlungsträger: Tritt dort das Volk Gottes an die Stelle des kommenden Gottes, ist es hier der κύριος (Mt 3,3 parr.) bzw. die unbenannte, mit ἔμπροσθέν σου neu eingeführte Person (Mt 11,10 parr.), die vielleicht als Anspielung auf den χριστός aus Jes 45,1 zu verstehen ist. Damit bietet auch dieses Schriftzitat, wie schon das Jesaja-Zitat aus Mt 3,3 parr., dem Leser eine christologische Interpretation an, ohne diese jedoch zu erzwingen.[220]

---

[218] Vgl. SNODGRASS, *Streams*, 1980, 28, sieht hier einen möglichen Einfluss von Jes 57,14 und Jes 62,10.

[219] Vgl. die Annahme einer absichtlichen „syntaktischen, lexikalischen und referentiellen Polysemie“ bei BOURQUIN, *Polyvalence*, 2003, 317.

[220] FITZMYER, *Luke I*, 1981, 672; CHILTON, *John the Baptist*, 2002, 27.

Angesichts der komplexen Kompositionsgeschichte des Schriftzitats in seiner vorliegenden griechischen Form ist es kaum wahrscheinlich, dass die beiden Formen des Zitats in Mk bzw. Mt/Lk unabhängig voneinander aus den entsprechenden Bibeltexten übersetzt wurden. Es muss vielmehr eine direkte literarische Abhängigkeit voneinander oder von einer gemeinsamen Vorlage zumindest für diesen Vers angenommen werden. Diese Vorlage muss bereits in griechischer Sprache existiert haben. Der ursprüngliche Kontext des Zitats kann dann jedoch nur bei Mt und Lk erhalten sein, denn es ist unwahrscheinlich, dass Mt und Lk das Zitat unabhängig voneinander an die gleiche Stelle in einen neuen Kontext versetzt und dabei obendrein noch unabhängig voneinander die Phrase ἔμπροσθέν σου ergänzt hätten. Die Form und Position des Schriftzitates sind also ein deutlicher Beleg für eine direkte Abhängigkeit des Mk von der „Q"-Tradition an dieser Stelle, oder aber von einer anders gearteten Vorlage, die Mt, Lk und Mk in gleichem griechischen Wortlaut vorgelegen haben muss. Der umgekehrte Weg, von Mk zu Mt und Lk, oder auch von Mk zu Deuteromk, ist für das Kompositionszitat kaum plausibel zu machen.[221] Es bleibt damit nur die Annahme,

[221] Zu diesem Ergebnis kommt auch HULTGREN, *Narrative Elements*, 2002, 73 und 89. Albert Fuchs hat, im Blick auf die vorliegende Stelle, die *agreements* von Mt und Lk gegen Mk als *Achillesferse der Zweiquellentheorie* bezeichnet, vgl. FUCHS, *Überschneidungen*, 1980, 81. Es ist nun jedoch deutlich geworden, dass das Kompositionszitat in Mk 1,2–3 parr. in gleicher Weise eine *Achillesferse der deuteromarkinischen Hypothese* darstellt: Zwar kann Fuchs eine Reihe von nachvollziehbaren Gründen anführen, warum die *agreements* von Mt und Lk gegen Mk aus redaktionsgeschichtlicher Sicht durchweg als *Wachstum, Verbesserung oder Ausgestaltung* (58) des Mk und damit als sekundäre Entwicklungsstufe zu verstehen seien: So sei die Umstellung der Zitateinleitung und des Zitats hinter das Auftreten des Täufers eine Verbesserung, weil Mk durch die Voranstellung des Zitats „mit der Tür ins Haus" falle, „noch bevor der Leser überhaupt weiß, auf wen sie sich beziehen sollen". Auch die Auslassung der Zitatkomposition aus Mal 3,1/Ex 23,20 sei eine Verbesserung, denn sie vermeide „den Irrtum, daß eine Mal-Stelle als Jes-Zitat ausgegeben wird" (61). Das entscheidende *agreement* zwischen Mt und Lk lässt Fuchs jedoch völlig unerwähnt: Denn das Kompositionszitat wird ja bei Mt und Lk nicht einfach „ausgelassen", sondern es erscheint an ganz anderer Stelle, in Täuferkomplex II, der jedoch weder markinischen noch deuteromarkinischen Ursprungs ist. Zwar mag es vorstellbar sein, dass ein deuteromarkinischer Redaktor den Wortlaut und auch die Anordnung des Stoffes in Mk 1,1–4 geändert und umgestellt hat. Dass er aber das Zitat aus seinem markinischen Kontext entnommen und in einen Kontext versetzt habe, der ursprünglich aus Q stammt, ist kaum vorstellbar, es sei denn, man schreibe den gesamten Täuferkomplex II der deuteromarkinischen Hand zu, was Fuchs jedoch nirgendwo tut. Im Gegenteil, Fuchs erwähnt weder in seiner frühen Untersuchung der Täuferperikope (FUCHS, *Überschneidungen*, 1980) noch in ihrer überarbeiteten Neufassung (FUCHS, *Spuren 1*, 2004, 77–81) die Parallele in Täuferkomplex II und spricht stattdessen stets vom „Auslassen" oder „Übergehen" des Zitats bei Mt und Lk. Zwar geht auch FUCHS, *Spuren 1*, 2004, 20, davon aus, dass größere Teile von Q bereits von Deuteromarkus in den Markusstoff eingearbeitet wurden. Jedoch bezieht sich dies vor allem auf die klassischen Mk/Q-Überlappungen. Wenn darüber hinaus jedoch auch solche Passagen, die keinerlei Überlappung

dass das Kompositionszitat aus Mal 3,1/Ex 23,20/Jes 45,2 bei Mt und Lk in seiner ursprünglicheren Form und in seinem ursprünglicheren Kontext erhalten ist und, dass Anordnung und Wortlaut bei Mk eine sekundäre Stufe der Bearbeitung darstellen.[222] Ob dafür eine direkte Abhängigkeit des Mk von Mt und Lk oder eine gemeinsame Abhängigkeit aller drei Synoptiker von einer vorsynoptischen griechischen Vorlage (V^{Mt}/V^{Lk}) angenommen werden muss, kann hier zunächst offen bleiben.

2.3.2.3 Der neue Kontext der Zitatkomposition bei Mk

Vor dem Hintergrund der bisherigen Beobachtungen wird deutlich, dass die Kombination der beiden Schriftzitate aus Jes 40,3 und Mal 3,1/Ex 23,20/Jes 45,2 bei Mk weder ein Missverständnis noch ein „Flüchtigkeitsfehler“ ist. Sie ist vielmehr ein bewusster Akt redaktioneller Gestaltung: Mk komponiert seinen Evangelienanfang „rückwärts“:[223] Ausgehend vom narrativen Kernbestand der Täuferüberlieferung (Mk 1,5–6), stellt er diesem zunächst das Schriftzitat aus Jes 40,3 voran, das in der Vorlage noch dem Auftreten des Täufers nachgeordnet war. In einem zweiten Schritt stellt er dann ein weiteres Schriftzitat, das er im Täuferkomplex II vorfand, dem Jesajazitat voran. Diesem wiederum stellt er dann die Schriftbezugsformel aus der Vorlage voran und ordnet allem schließlich den von ihm selbst gestalteten Prolog (Mk 1,1) vor. Die Schriftzitate bekommen so bei ihm nicht nur eine neue Position, sondern damit verbunden auch eine neue literarische Funktion: Mk fand diese in seiner Quelle (Mt/Lk bzw. V^{Mt}/V^{Lk}) noch getrennt voneinander vor: Jes 40,3 in Täuferkomplex I, Ex 23,20/Mal 3,1 in Täuferkomplex II. Entsprechend dem häufigen Muster eines „Markan Pick-Up“[224] lässt er zwar den gesamten Täuferkomplex II fallen, greift aber das Schriftzitat heraus und flechtet es an neuer Stelle in sein Evangelium

---

mit Mk enthalten, nach Bedarf der deutero-mk Schicht zugerechnet werden können, dann gleicht die Gestalt eines solchen Deut-Mk letztlich eher einem Proto-Mt oder Proto-Lk.

[222] Hultgren, *Narrative Elements*, 2002, 89–90.

[223] „Markus komponiert rückwärts ... Hier liegt in der Tat ein Schlüssel, wenn vielleicht sogar d e r Schlüssel für das Verständnis der ganzen Einleitung bei Mk.“ Marxsen, *Markus*, 1956, 18: Ausgehend von Mk 1,14 (ἦλθεν ὁ Ἰησοῦς ... κηρύσσων τὸ εὐαγγέλιον τοῦ θεοῦ), bilden die vorangehenden Teile einander vorgeordnete Vorgeschichten: Vor 1,14 tritt die Versuchungsgeschichte 1,12f; davor die Taufe Jesu 1,9–11, davor die Predigt des Johannes 1,7f; davor das Auftreten des Johannes 1,4ff.; davor, als Gesamtüberschrift seines Evangeliums, treten die Schriftverse und schließlich der Prolog; vgl. außerdem zur redaktionsgeschichtlichen Würdigung des Markusanfangs Schweizer, *Markus*, 1967, 14; Guelich, *Beginning*, 1982, 12; Dormeyer, *Kompositionsmetapher*, 1987, 453; Dormeyer, *Prolog*, 1997, 185; Giblin, *Beginning*, 1992, 984–985; Matera, *Prologue*, 1988, 15; Hooker, *Beginning*, 1993, 22; als reine „Evangelienüberschrift“ hingegen sieht Spitta, *Beiträge*, 1904, 306, den Beginn des Mk und schließt daher, dass der ursprüngliche Evangelienanfang verlorenging; ähnlich auch neuerdings wieder Croy, *Gospel Text*, 2001, 126.

[224] Vgl. oben S. 285.

ein, nämlich am Beginn des Täuferkomplexes I.[225] Mit diesem Kunstgriff erreicht er zweierlei:

a) Auch an anderen Stellen ist das Bemühen des Mk zu beobachten, mögliche Verwechslungen zwischen Johannes und Jesus (Mk 6,14.16; 8,28) sowie zwischen Elia und Jesus (6,15; 8,28) zu verhindern. Zudem versucht er dem Missverständnis zu wehren, Elia (und damit auch Johannes) sei der eigentliche Heilsbringer, auf den die Menschen warten (Mk 9,11–13). In Täuferkomplex II wird dem Täufer jedoch eine sehr prominente Rolle zugeschrieben, die nur in dem kleinen Halbsatz Mt 11,11b/Lk 7,28b relativiert wird. Das Zitat aus Ex 23,20/Mal 3,1 unterstreicht dabei in seinem dortigen Kontext die zentrale heilsgeschichtliche Rolle des Täufers noch: Denn die Betonung liegt ja hier eben nicht auf seiner (untergeordneten) Rolle als „Bote" oder „Vorläufer" Jesu, sondern auf seiner einzigartigen Rolle als eschatologischer Wegbereiter des Gottesreiches. Indem Mk jedoch das Schriftzitat aus seinem ursprünglichen Kontext löst und es zusammen mit dem Zitat aus Jes 40,3 an den Anfang seines Evangeliums stellt, unterstreicht er die Rolle des Täufers als Bote und Vorläufer Jesu und vermeidet gleichzeitig die Gefahr einer Überbewertung: Johannes ist eben „nur" Vorläufer und Wegbereiter, aber nicht selbst der eschatologische Heilsbringer.[226]

b) Markus folgt mit diesem redaktionellen Eingriff der inneren Linie, die dem Kompositionszitat auch schon an seinem ursprünglichen Ort eignete: Die Verbindung des Zitats mit Jes 40,3 war ja schon im hebräischen Text angelegt.[227] Durch die griechische Bearbeitung wurden dann, wie gesehen, die Verbindungen mit den Motiven des zweiten Exodus und der neuen Schöpfung noch verstärkt. Markus setzt diese Linie fort: Durch die Kombination mit dem Jesaja-Zitat macht er die impliziten Bezüge zum Deuterojesajabuch explizit. Das Motiv des „zweiten Exodus" wird dabei nicht nur durch das Jesaja-Zitat, sondern auch durch die Lokalisierung der Täufererzählung „in der Wüste" expliziert. Das Motiv von Schöpfung und

---

[225] Zu diesem Schluss kommt auch Suhl, *Zitate*, 1965, 134: „... dürfte am Anfang des Evangeliums der Redaktor gearbeitet haben". Allerdings geht er davon aus, dass die getrennten Zitate bei Mt und Lk auf eine Q-Überlappung zurückgehen.

[226] Vgl. Marxsen, *Markus*, 1956, 25.

[227] vgl. Evans, *Baptism*, 2002, 57: „... textbook example of gezera šawa", vgl. auch oben S. 309. Dem Verfasser des griechischen Mk selbst scheint aber gerade diese Verwandtschaft im hebräischen Wortlaut nicht mehr bekannt oder bewusst zu sein. Er hätte sonst bei der Zusammenordnung der beiden Zitate kaum die beiden unterschiedlichen Übersetzungen von פנה דרך (κατασκευάζω in Mk 1,2 bzw. ἑτοιμάζω in Mk 1,3) nebeneinander stehen lassen. Alle redaktionellen Eingriffe des Mk scheinen sich vielmehr allein am griechischen Wortlaut der Zitate festzumachen. Vermutlich war die Kombination der Verse in der frühen Gemeinde aufgrund der *gezera šawa* bereits übliche Praxis und Mk dem Inhalt nach vertraut, auch ohne Kenntnis des hebräischen Originals. Mk folgt dieser Auslegungspraxis, zieht aber den Wortlaut aus seinen griechischen Vorlagen.

Neuschöpfung, im Kompositionszitat durch den Begriff κατασκευάζω vorgegeben, wird durch die Phrase ἀρχῇ τοῦ εὐαγγελίου Ἰησοῦ Χριστοῦ, die kaum ein zufälliger Anklang an den Schöpfungsbericht aus Gen 1 ist, noch deutlicher herausgestrichen.

Die literarische Komposition des Mk ist also alles andere als ein schriftstellerischer Missgriff. Im Gegenteil, es zeigt sich eine wohl durchdachte redaktionelle Komposition in der Verarbeitung der Schriftzitate bei Markus: Sowohl das Motiv des (zweiten) Exodus als auch das Motiv der (neuen) Schöpfung, wie sie bereits im Kompositionszitat aus Ex 23,20/Mal 3,1 angelegt waren, werden von Mk durch die neue Anordnung gezielt verstärkt und geschickt in den Gesamtaufriss seines Evangeliums eingewoben. Das „Evangelium Jesu Christi", das Mk erzählen will, wird so als eschatologische Realisierung sowohl des zweiten Exodus als auch der neuen Schöpfung dargestellt, wie sie im Buch Jesaja angekündigt werden. Mk konzipiert den Anfang seines Evangeliums daher in bewusster Anknüpfung an die Schriften des Alten Testaments, insbesondere an den Schöpfungsbericht aus Gen 1,1 und an die Verheissungen aus Jes 40–45. Damit schafft er mit seinem Evangelium neu „Schrift":

Gesamtzeugnis der Schrift:	Schöpfung (Gen 1,1–2)	→	Exodus (Ex 23,20)	→	Bote (Mal 3,1.22–23)
Verheissung des Jesaja:	Neue Schöpfung (Jes 40–45)	→	Zweiter Exodus (Jes 40,1–3)	→	Messias / Gottesknecht (Jes 45,1–2; Jes 53)
Evangelium von Jesus Christus:	Anfang des Evangeliums (Mk 1,1)	→	Der Täufer in der Wüste (Mk 1,4–8)	→	Rest des Evangeliums (Mk 1,9 – 16,8/20)

Tabelle 22: Der Aufriß des Evangeliums als intertextuelle Schriftkomposition

Das Evangelium erscheint so als Spiegel der Schrift, insbesondere der Prophetien des Jesaja. Dieser Aufriss wiederum erinnert an den Spruch, der im Täuferkomplex II unmittelbar nach dem Schriftzitat Ex 23,20/Mal 3,1 erscheint:

„Von ... Johannes ... an bis heute bricht das Königreich der Himmel durch, und Durchbrecher reißen es an sich. Denn alle Propheten und das Gesetz haben geweissagt bis hin zu Johannes, und, wenn ihr es annehmen wollt: Er ist Elia, der kommen soll."[228]

David Flusser, der hinter diesem Wort Jesu eine alte jüdische Auslegungstradition zu Micha 2,13 vermutet,[229] kommentiert dazu:

---

[228] Mt 11,12–14, nach der Übersetzung von David Flusser (siehe folgende Fußnote).

[229] Flusser, *Jesus*, 1999, 41: „Das rätselhafte Wort bezieht sich auf den Ausspruch des Propheten Micha (2,13): ‚Nun steigt der Durchbrecher vor ihnen herauf, sie brechen

„Johannes der Täufer schlug sozusagen die Bresche, durch welche das Königreich Gottes einbricht, aber [gehört] doch selbst nicht mehr dazu. Er gehört sozusagen noch zur alten Generation. Die Propheten und das Gesetz weissagten bis zu Johannes. Er bezeichnete das Ende der biblischen Ära und erfüllte die Rolle des Elia als Vorbote und Wegbereiter der neuen Ära, nämlich des messianischen Königreiches Gottes, dessen Repräsentant Jesus wurde.“[230]

Markus zitiert dieses Wort Jesu zwar nicht explizit, seine redaktionelle Verarbeitung des Schriftzitats gibt aber Anlass zur Vermutung, dass es ihm nicht unbekannt war: Ohne das Jesuswort wiederzugeben, hat er die zentrale heilsgeschichtliche Stellung des Täufers als „Erfüllung von Schrift und Propheten“[231] und als „Anfang des Evangeliums“ durch die Anordnung seines Evangelienanfangs abgebildet. Auch an diesem Punkt folgt er also dem Muster eines „Markan Pick-Up“.[232]

2.3.2.4 Die Einleitung der Zitatkomposition bei Mk

Die offensichtlichste Schwierigkeit in Mk 1,2 bereitet die scheinbar fehlerhafte Zuweisung der Zitate aus Ex 23,20/Mal 3,1 an den Propheten Jesaja. Schon der heidnische Kritiker Porphyrius sah in dem vermeintlichen Fehler des Markus einen Beweis für die Fehlerhaftigkeit der Schrift, und Hieronymus erklärte diesen seinerseits als Irrtum der Kopisten oder durch Rückgriff des Markus auf eine Anthologie.[233] Alle drei Erklärungen – Kopierfehler,[234] Irrtum,[235] oder fehlerhafte Quellen[236] – finden sich bis heute in den Kommentaren. Auch die Korrekturen vieler Textzeugen[237], die ἐν τοῖς προφήταις anstelle von ἐν τῷ Ἠσαΐᾳ τῷ προφήτῃ lesen, deuten darauf hin, dass man hier schon früh einen Fehler des Markus oder seiner Kopisten vermu-

---

durch, ziehen ans Tor und heraus, ihr König zieht ihnen voran, der Herr selber zu ihren Häupten.‘“. David Kimchi (genannt „Radak“, ca. 1160–1235) kommentiert dazu: „Unsere Rabbiner und der Midrasch lehrten: Der ‚Durchbrecher‘ ist Elia, und ‚ihr König‘ ist der Spross, der Sohn Davids“. Zitat bei NOTLEY, *Kingdom*, 2000, 302. Nach Flusser kann ein ähnliches Verständnis von Mi 2,13 auch dem Jesuswort zugrunde liegen. Ausführlicher ist die Beziehung von Mi 2,13 mit Mal 3,1, Ex 23,20, Jes 40,3, Jes 52,7 und den endzeitlichen Erwartungen von Mose und Elia untersucht worden von NOTLEY, *Kingdom*, 2000, vgl. oben S. 247.

[230] FLUSSER, *Jesus*, 1999, 41.

[231] Mk bringt im Gegensatz zu Mt und Lk nur ein einziges Mal, nämlich hier am Beginn seines Evangeliums, ein Schriftzitat im Anschluss an die Schriftbezugsformel.

[232] Vgl. oben S. 285.

[233] Hieronmymus, Komm. in Matth. 1,3 ed. MIGNE, *PL 26*, 1845, 29.

[234] FITZMYER, *Luke I*, 1981, 461: „This may be“; MANN, *Mark*, 1986, 195.

[235] FUCHS, *Überschneidungen*, 1980, 61; FLEDDERMANN, *Mark and Q*, 1995, 30.

[236] LOHMEYER, *Markus*, 1951, 11: „Vielleicht ist Mk (bzw. seine Tradition) von einem Florilegium von Bibelworten abhängig“; MANN, *Mark*, 1986, 195; TROCMÉ, *Marc*, 2000, 25; SCHWEIZER, *Markus*, 1967, 14.

[237] Mss A, M, P, U, W, eine Korrektur in P, *f*13, 𝔐, 2, 28, 579 und 1424.

tete. Später, im Zuge literarkritischer Arbeit, nahm man einen redaktionellen Fehlgriff des Mk an, der das Zitat von Mt und Lk übernahm und beim Einfügen „vergaß“, die Einleitung zu ändern.[238] Erst unter den Bedingungen einer Mk-Priorität und im Zuge redaktionsgeschichtlicher Arbeit begann man hinter der Formulierung des Mk schriftstellerische Absicht zu vermuten.[239] Ein Blick auf die bisherigen Beobachtungen zur Entstehung der Zitatkomposition und seiner redaktionellen Verarbeitung bei Mk hat diese Vermutung bestätigt. Es ist daher anzunehmen, dass auch die Einleitungsformel des Mk kein „Irrtum“ ist, sondern einer schriftstellerischen Absicht folgt. Ein genauerer Blick auf den markinischen und neutestamentlichen Wortgebrauch kann dies bestätigen:

Markus stellt seiner Zitatkomposition die Worte καθὼς γέγραπται voran. Der formelhafte Gebrauch dieser auch aus Qumran bekannten „Schriftbezugsformel“, die sich immer auf einen vorausgehenden, nie auf einen nachfolgenden Sachverhalt bezieht, wurde bereits oben (S. 297ff.) deutlich. Dieser Gebrauch ist auch bei Mk zu beobachten: Das Wort καθὼς erscheint bei Markus, abgesehen von Mk 1,2, siebenmal. In allen Fällen erscheint es in einem nachgeordneten Satz, bezieht sich also stets nach rückwärts auf einen vorher beschriebenen Sachverhalt. Dies entspricht auch dem sonstigen Gebrauch des Wortes im Neuen Testament. Die Formel καθὼς γέγραπται verwendet Markus neben Mk 1,2 zwei weitere Male (9,13 und 14,21). In beiden Fällen leitet sie kein Schriftzitat ein, sondern bezieht sich lediglich auf einen vorangegangenen Sachverhalt, konkret auf die Ablehnung der Propheten bzw. auf das Leiden des Menschensohnes. Ein weiteres Mal verwendet Mk ὡς γέγραπται (Mk 7,16), auch dort ohne nachfolgendes Schriftzitat und in einem Nachsatz, der sich auf einen vorangegangenen Sachverhalt bezieht, nämlich die Heuchelei des Volkes. Bei Mk ist die Formel also nie als Einleitung eines Schriftzitates verwendet, sondern stets nur als nachgeordneter Beleg für die Schriftgemäßheit eines vorher genannten Sachverhalts.

Matthäus, der oft aus der Schrift zitiert, gebraucht die Formel καθὼς γέγραπται nur ein einziges Mal (Mt 26,24 par. Mk 14,21), auch dort nicht als Einleitung für ein Schriftzitat, sondern lediglich in Rückbezug auf eine

---

[238] Lachs, *Rabbinic Commentary*, 1987, 38. Eichhorn, *Evangelien*, 1794, 806, ging davon aus, dass Mk die Einleitung zum Jesajazitat bereits geschrieben hatte, als er den Fehler bemerkte, diesen aber dann nicht mehr ändern wollte.

[239] Neben redaktionsgeschichtlichen Erwägungen steht auch die einfache Erklärung, Mk habe auf die wichtigste der hier zusammengestellten Schriftstellen Bezug genommen. So Schniewind, *Markus*, 1949, 44; Pesch, *Markus I*, 1976, 77; Vaganay, *Problème*, 1952, 355. Zum Vergleich führt Vaganay Mt 27,9–10 an, wo ebenfalls ein Kompositionszitat nur mit dem Namen eines der beiden Propheten eingeleitet wird. Allerdings liegt dort ein typisch matthäisches Erfüllungszitat vor, das sich von der hiesigen Schriftbezugsformel unterscheidet.

Leidensankündigung Jesu. Möglicherweise ist er an dieser Stelle vom Wortlaut des Mk abhängig. Lk verwendet die Formel dreimal (Lk 2,23; Apg 7,42; 15,15), an allen drei Stellen bezieht sich die Formel nach rückwärts auf einen Sachverhalt, wird aber dann – anders als bei Mk und Mt – gefolgt von einem Schriftzitat[240] bzw. einer Sammlung von Zitaten.[241] Er folgt damit dem dreigliedrigen Schema *Sachverhalt-Schriftbezugsformel-Schriftzitat*, das auch in den Texten von Qumran zu beobachten war. Die von Lukas angeführten Zitate spiegeln dabei jedoch nicht sehr exakt wieder, worauf vorher Bezug genommen wurde. Auch hier ist also der Bezug der Formel zum vorangehenden Sachverhalt enger als zum nachfolgenden Schriftzitat. Paulus gebraucht die Formel insgesamt zwanzigmal und folgt dabei dem gleichen dreigliedrigen Schema: Zunächst wird ein Sachverhalt beschrieben, der dann mit der Formel καθὼς γέγραπται als schriftgemäß bezeichnet wird. Darauf folgt dann ein oder mehrere passende Schriftzitate.

Als echte „Zitationsformeln“, also zur Einleitung von wörtlichen Schriftzitaten ohne Rückbezug auf einen vorangegangenen Sachverhalt, benutzen Mt und Lk hingegen andere Formeln, z.B. alleinstehendes γέγραπται[242] oder οὕτως/πῶς γέγραπται.[243] Lukas verwendet außerdem häufig die Form γεγραμμένον. Zur Einführung des Zitats aus Ex 23,20/Mal 3,1 in Täuferkomplex II benutzen beide die nur dort erscheinende Formel οὗτός ἐστιν περὶ οὗ γέγραπται, gefolgt von dem Kompositionszitat. In der Perikope vom Auftreten des Täufers (Lk 3,5) verwendet Lk, wie auch Mk an dieser Stelle, die Formel ὡς γέγραπται, die dem markinischen καθὼς γέγραπται nahe steht. Damit bezieht er sich, der üblichen Verwendung dieser Formel entsprechend, zunächst nach rückwärts auf die Wirksamkeit des Täufers in der ganzen Jordangegend, um dann das Zitat aus Jes 40,3 anzuhängen. Es ist also auch hier keine reine Einleitungsformel, sondern eine Schriftbezugsformel, die den vorangehenden Sachverhalt mit dem folgenden Schriftzitat verknüpft. Mt verwendet hier (Mt 3,3) die von ihm redaktionell gestaltete Formel οὗτος γάρ ἐστιν ὁ ῥηθεὶς διὰ Ἠσαΐου τοῦ προφήτου λέγοντος, die eng mit den Einleitungsformeln seiner Erfüllungszitate[244] verwandt ist, aber sich dennoch von diesen unterscheidet: Heißt es sonst, auf das nachfolgende Zitat bezogen, τὸ ῥηθὲν διὰ τοῦ προφήτου, so heißt es hier – und nur hier – ὁ ῥηθεὶς und bezieht sich damit eben nicht auf das nachfolgende Zitat (τὸ ῥηθὲν), sondern auf den vorher genannten Täufer (ὁ ῥηθεὶς).

Vor dem Hintergrund dieser sprachlichen Beobachtungen ist anzunehmen, dass auch Mk 1,2 eben nicht, wie oft angenommen, die Schriftbe-

---

[240] Apg 7,42: Am 5,25–27.

[241] Lk 2,23: Ex 13,2.12.15; Apg 15,16–17: Jer 12,15/Am 9,11/Jes 45,21.

[242] Mt 4,4 par. Lk 4,4; Mt 4,6 par. Lk 4,10; Mt 4,7; Mt 4,10 par. Lk 4,8; Mt 21,13 parr. Mk 11,17/Lk 19;46; Mt 26,13; Mk 14,27; Lk 10,26; Joh 8,17.

[243] Mt 2,5; Mk 9,12; Lk 24,46.

[244] Mt 1,22; 2,15.17; 3,3; 4,14; 8,17; 12,17; 13,35; 21,4; 22,31; 27,9.

zugsformel und das Schriftzitat dem Sachverhalt (Auftreten des Täufers) vorordnet, während Mt und Lk es diesem nachordnen. Vielmehr ordnet Mk beides einem *neuen* Sachverhalt *nach*, nämlich dem „Evangelium von Jesus Christus“ (Mk 1,1). Die Schriftbezugsformel ist also auch hier, wie überall bei Mk, keine „Zitationsformel“, sondern allein Begründungsformel für den vorangehenden Sachverhalt: Das „Evangelium von Jesus Christus“ soll so als ein in der Schrift, genauer gesagt im Propheten Jesaja, angekündigtes Ereignis qualifiziert werden.[245] Dies wird deutlich durch eine geänderte Interpunktion:

Ἀρχὴ τοῦ εὐαγγελίου Ἰησοῦ Χριστοῦ	Anfang des „Evangeliums“ von Jesus Christus,
καθὼς γέγραπται	wie es (das Evangelium) geschrieben steht
ἐν τῷ Ἠσαΐᾳ τῷ προφήτῃ	im Propheten Jesaja.
ἰδοὺ ἀποστέλλω τὸν ἄγγελόν ...	„Siehe, ich sende meinen Boten...“
φωνὴ βοῶντος ἐν τῇ ἐρήμῳ...	„Stimme eines Rufers in der Wüste...“
(Mk 1,1–3)	

Damit macht Markus zu Beginn seines Evangeliums deutlich, was schon vorher anhand der literarischen Struktur sichtbar wurde: Sein ganzes Evangelium ist eine Erfüllung dessen, was Jesaja angekündigt hat, nämlich ein Bericht vom Neueinsatz der Geschichte, von der neuen Schöpfung und dem neuen Exodus. Die Schrift und die Propheten haben dies geweissagt bis hin zu Johannes, doch mit dem Auftreten des Johannes beginnt nun das Neue: Eben „das Evangelium Jesu Christi, wie es im Buch Jesaja angekündigt wird.“ Die darauf folgenden Schriftzitate, die aus anderen Büchern der Schrift stammen, belegen dies lediglich ergänzend, werden aber nicht durch die Formel eingeführt.

---

[245] Vgl. FOCANT, *Fonction intertextuelle*, 2003, 313; GRUNDMANN, *Markus*, 1989, 36; MARXSEN, *Markus*, 1956, 15; SNODGRASS, *Streams*, 1980, 36 und bereits SPITTA, *Beiträge*, 1904, 306. Ein Ignorieren dieses spezifischen Sprachgebrauchs führt leicht zu irrigen Interpretationen sowohl des Mk als auch des Mt: „Bei Mk ist die Schriftstelle vor-, bei Mt nachgeordnet, das heißt, [der matthäische Erzähler] betreibt die Schriftreflexion eindeutig vom Standpunkt der jetzt geschehenden Heilsereignisse aus.“ GNILKA, *Matthäus I*, 1988, 64. Genau das tut Mk auch, nur ist bei ihm dieses „Heilsereignis“, das in dem Zitat reflektiert wird, nicht (nur) die Täufererzählung, sondern das ganze „Evangelium“. Auch bei Mk ist also die Schriftstelle dem Heilsereignis, auf das es sich bezieht, nachgeordnet. Dieses Verständnis liegt wohl auch der Lesart der Minuskel 461 zugrunde, in der eine Zäsur zwischen V. 1a und 1b gesetzt wird: Vgl. VAN CANGH/TOUMPSIN, *Marc*, 2005, 44. PESCH, *Markus I*, 1976, 77, erkennt zwar die Auffälligkeit der Anordnung bei Mk, zieht aber nicht den erforderlichen Schluss: „Nach einer geläufigen Zitierformel [...], die hier auffälligerweise am Satzbeginn begegnet...“. Gegen eine entsprechende Deutung spricht sich allerdings LÜHRMANN, *Markus*, 1987, 33–34 aus.

2.3.3 Zusammenfassung: Herkunft und Verarbeitung der Schriftzitate

Die sprachliche Untersuchung der Schriftzitate und ihrer Verarbeitung in den Evangelien hat gezeigt, dass ihnen eine komplexe Traditions- und Redaktionsgeschichte zugrunde liegt, die sich zusammenfassend in drei Phasen einteilen lässt:

a) In einer frühen Phase fand das Zitat aus Jes 40,3 Eingang in die Überlieferung vom Auftreten des Täufers. Vordergründig könnte die Lokalisierung der Täuferüberlieferung in der Wüste diesen Bezug nahe gelegt haben. Hintergründig spielt aber sicher die gesamte Botschaft des Deuterojesajabuches mit den Motiven von zweitem Exodus, neuer Schöpfung und Wiederherstellung eine Rolle bei der Verknüpfung der Täuferüberlieferung mit Jesaja 40. Die Existenz anderer Täufergruppen, die ihren Auszug in die Wüste mit der gleichen Schriftstelle begründeten, spricht für die Ansiedelung dieser Entwicklungsphase schon in der Zeit des historischen Täufers. In diesem Stadium der Überlieferung fand sicher noch der hebräische Text des Zitates Verwendung. Dass er auch bis hinein in die Phase der Verschriftlichung eine Rolle gespielt hat, zeigt die unabhängige Textfassung in Joh 1,23, die nicht dem Wortlaut der LXX folgt, sondern einen eigenständigen Rückgriff auf den hebräischen Text zeigt. Eine Verknüpfung des Schriftzitats mit der Täufererzählung zu einer narrativen Einheit in der Form *Sachverhalt-Schriftbezugsformel-Schriftzitat*, ist schon hier, in einer hebräischen Überlieferungsphase, denkbar und plausibel. Sie würde dem gleichen dreigliedrigen Muster folgen, das auch in den Texten von Qumran mit der Formel verbunden ist, und findet sich noch in der narrativen Struktur von Mt und Lk wieder.

Unabhängig davon war das Zitat aus Mal 3,1 schon in einer frühen Phase mit der Diskussion um die Identität des Täufers mit dem wiederkommenden Elia verbunden. Die breite Aufnahme der Elia-Tradition in verschiedenen Evangelientexten zeigt, dass es sich um ein altes und zentrales Motiv der Jesusüberlieferung handelt, das eng mit der Person des Täufers verbunden ist. Der Täuferkomplex II, in dem sich das Zitat bei Mt und Lk findet, ist auch sonst stark durch biblische Motive und einen hebraisierenden Sprachstil geprägt. Auch die spätere griechische Umarbeitung des Zitats ist nur bei Kenntnis der hebräischen Textform erklärlich. Auch hier wird das Schriftzitat also zunächst in hebräischer Form in die Überlieferung eingegangen sein.[246] In dieser Phase der Überlieferung ist Johannes

[246] Im hebräischen Text des Shem Tob bei HOWARD, *Hebrew Gospel*, 1995, 48, ist das Schriftzitat ganz nach dem masoretischen Text von Mal 3,1 gestaltet. Dies ist sicher leicht durch den Rückgriff auf den MT zu erklären. Es könnte aber auch Überrest einer ursprünglichen Überlieferungsphase sein, in der das Zitat sich noch ausschließlich an Mal 3,1 anlehnte. Im Text des Shem Tob finden sich jedenfalls gerade in den Täufererzählungen auffällig viele Textvarianten. Ihnen ist gemeinsam, dass sie eine prominentere

der Täufer in erster Linie Vorläufer des Gottesreiches, er kündigt das Kommen Gottes selbst an.[247]

b) In einer zweiten Phase der Überlieferung wurden beide Schriftzitate, noch unabhängig voneinander, ins Griechische übertragen. Beide Zitate erhielten dabei durch eine geringfügige Änderung des jeweils letzten Wortes eine christologische Zuspitzung: Das מְסִלָּה לֵאלֹהֵינוּ aus Jes 40,3 wurde in Anlehnung an den LXX-Wortlaut, aber doch in bewusster Abwandlung, mit τὰς τρίβους αὐτοῦ übersetzt (LXX: τὰς τρίβους τοῦ θεοῦ ἡμῶν). Dadurch bezieht sich der Ausdruck nun rückwärts auf den κύριος und kann so auch christologisch gedeutet werden. Auch das Zitat aus Mal 3,1 wird in dieser Phase, ebenfalls durch Änderung des letzten Wortes, umgestaltet und erhält so ebenfalls eine christologische Implikation: Anstelle des hebräischen לפני (LXX: πρὸ προσώπου μου) erscheint ἔμπροσθέν σου (vgl. Jes 45,2). Die Veränderung des Zitats durch die griechische Wiedergabe geht aber noch weiter: Durch Rückgriff auf den LXX-Text aus Ex 23,20 wird eine Verbindung nach rückwärts zur Exodustradition hergestellt. Gleichzeitig wird die Gelegenheit, die der auch von anderen Übersetzern als schwierig empfundene Begriff פנה־דרך anbot, genutzt, um durch Einflechtung des Begriffs κατασκευάσει eine Verbindung nach rückwärts zur Schöpfungstradition (Gen 1,2), wie auch nach vorwärts zum deuterojesajanischen Motiv der neuen Schöpfung (Jes 40–45) herzustellen. Auch diese Verknüpfung arbeitet zwar mit dem griechischen Text, verrät aber Kenntnis des hebräischen Originals, denn der Bezug zu Deuterojesaja war bereits durch den hebräischen Wortlaut von Mal 3,1 (פנה־דרך) und Jes 40,3 (פנו דרך) vorgegeben. Im griechischen Wortlaut der beiden Verse fehlt eben diese Übereinstimmung allerdings. In dieser Phase der Überlieferung ist der hebräische Text also noch bekannt, aber dessen literarische Verarbeitung findet hier bereits auf der griechischen Sprachebene, in bewusstem Rückgriff auf die LXX, statt.

Durch diese redaktionelle Bearbeitung erhält der Schriftvers aus Mal 3,1, der ursprünglich lediglich der Identifikation des Täufers mit dem wiederkehrenden Elia diente, eine neue und christologisch erweiterte Funk-

---

Rolle des Täufers voraussetzen als die kanonische Textform. Vgl. dazu HOWARD, *Hebrew Gospel*, 1995, 218–223, und unten S. 342.

[247] STENDAHL, *School*, 1954, 215: „It is remarkable, however, that this is just in these two quotations from Malachi and Isaiah common to the synoptic gospels that we find traces of formula quotations both in function and form. At the same time both are concerned with John the Baptist. Could it be that these quotations were taken over from the disciples of John the Baptist in the form used by them?". Ähnlich TROCMÉ, *Marc*, 2000, 23: „Cette curieuse combinaison pourrait être d'origine baptiste" und WALTER, *Agreements*, 1992, 466: „Mir scheint [...], dass Markus hier unmittelbar aus täufergemeindlicher Überlieferung ein Traditionsstück aufgenommen hat"; ZAHN, *Lukas*, 1913, 313, hält das Kompositionszitat in der vorliegenden Form für ein „stereotypes Stück des christlichen Elementarunterrichts".

tion: Er verknüpft das Elia-Motiv nach rückwärts mit den Motiven von Exodus und Schöpfung, und nach vorwärts mit den deuterojesajanischen Verheissungen von neuem Exodus und Neuschöpfung in der messianischen Zeit. Die beiden Schriftzitate finden sich also in dieser Phase noch getrennt voneinander in verschiedenen Kontexten, den Täuferkomplexen I und II. In dieser Form werden sie von Mt, Lk und auch Mk vorgefunden, aber dann auf verschiedene Weise verarbeitet. Für Täuferkomplex I ließe sich dann der folgende Textbestand für eine mögliche hebräische Vorlage (a) und ihre vorsynoptische griechische Bearbeitung (b) rekonstruieren[248]:

καθως γεγραπται	כַּאֲשֶׁר כָּתוּב
ἐν βίβλῳ Ἠσαΐου τοῦ προφήτου	בְּסֵפֶר יְשַׁעְיָהוּ הַנָּבִיא
φωνὴ βοῶντος ἐν τῇ ἐρήμῳ·	קוֹל קוֹרֵא
ἑτοιμάσατε τὴν ὁδὸν κυρίου,	בַּמִּדְבָּר פַּנּוּ דֶּרֶךְ יְהוָה
εὐθείας ποιεῖτε τὰς τρίβους αὐτοῦ	יַשְּׁרוּ [בָּעֲרָבָה] מְסִלָּה לֵאלֹהֵינוּ׃
(V^{Lk} 3,4)	

c) Mt und Lk übernehmen ihre Vorlage ohne größere Änderungen: In Täuferkomplex II fügt Mt dem Zitat aus Ex 23,20 lediglich ein ἐγὼ hinzu, vermutlich eine Angleichung an den LXX-Text. Außerdem ändert er die Schriftbezugsformel vor Jes 40,3 und gleicht sie an die von ihm in den „Reflexionszitaten" verwendeten Formulierungen an. Lk ergänzt das Zitat aus Jes 40,3 mit den nachfolgenden Versen aus Jes 40,4–5. Mk hingegen greift redaktionell stärker in seine Vorlagen ein: Den Täuferkomplex II, der ihm offenbar auch vorlag, übernimmt er nicht in sein Evangelium. Das Kompositionszitat aus Ex 23,20/Mal 3,1 nimmt er jedoch aus der Vorlage heraus und arbeitet es in den Täuferkomplex I ein. Er streicht dabei den Zusatz ἔμπροσθέν σου, vermutlich weil er in der LXX-Vorlage dafür keinen Anhalt fand. Angeregt durch die Bezüge zu Schöpfung und Exodus, die er in seiner Vorlage fand, arbeitet er das Zitat zu einem neuen „Anfang" (ἀρχῇ) seines Evangeliums um, entsprechend der inneren Linie „Schrift/ Propheten – Bote/Johannes – Evangelium/ Reich Gottes", die er in dem von ihm ausgelassenen Täuferkomplex II vorgefunden hatte. Statt einer wörtlichen Übernahme des Komplexes verarbeitet er also dessen Inhalt auf kreative Weise in seinem neuen Evangelienanfang. Die Schriftbezugsformel καθὼς γέγραπται, die sich ursprünglich auf die Wüstentätigkeit des Johannes bezog, bekommt bei ihm eine neue Funktion, indem sie jetzt das ganze Evangelium als „bei Jesaja aufgeschrieben" charakterisiert.[249] Diese

[248] Der hebräische Wortlaut ist bewusst an den MT angelehnt. Möglicherweise wurde קול קורא hier bereits, wie in Qumran, zu במדבר gezogen. Ob בערבה in einer hebräischen Vorlage fehlte oder erst durch die griechische Überarbeitung ausfiel, muss offen bleiben.

[249] Die redaktionelle Kunstfertigkeit des Evangelienanfangs bei Mk spricht auch dagegen, dass es sich dabei lediglich um eine „redaktionelle Glosse" handelt, die einen ursprünglich weggefallenen Evangelienanfang ersetzt, wie es FOCANT, *Fonction intertextuel-*

grundsätzliche Schriftbegründung des Evangeliums stellt er nun, anders als Mt und Lk, dem Auftreten des Täufers voran.[250]

2.4 Kleidung und Nahrung des Täufers

In Mt 3,4 und Mk 1,6 wird das äußere Erscheinungsbild des Täufers und seine Nahrung beschrieben. Eine Parallele dazu findet sich im Ebionäer-Evangelium (Ebion 2). Bei Lukas hingegen fehlt der Vers völlig (vgl. Tabelle 23).[251] Einige Charakteristika dieser Überlieferung ähneln dabei solchen, die auch an anderen Stellen der Täufertradition deutlich wurden:

a) Gleicher Inhalt bei Unterschieden in Wortlaut und Syntax.
b) Anklänge an biblische Motive, teils in wörtlicher Aufnahme von LXX-Text, teils in deutlicher Abweichung davon.
c) Eine Parallelüberlieferung im Ebionäer-Evangelium.

---

le, 2003, 311, vorschlägt. Auch für Fuchs, *Überschneidungen*, 1980, 61, ist die Zitationsformel lediglich ein „Irrtum" des Mk, der hier durch die Umstellung in Deuteromarkus „verbessert" werde: „Man wird vernünftigerweise kaum bestreiten können, dass mit dieser parallelen Darstellung des Mt und Lk eine *Verbesserung* gegenüber Mk und seiner Materialanordnung erreicht ist, die man damit nur einem Bearbeiter nach ihm zuordnen *kann*." Ähnlich beurteilt er dann auch auf S. 63 die „Verbesserung" des Markusprologs durch die bei Deuteromk eingefügte Zeitangabe. Diese Bewertung verkennt aber völlig die schriftstellerische Leistung des Mk an dieser Stelle, der eben nicht „irrt", sondern seine Vorlagen ganz bewusst neu anordnet und kreativ umarbeitet. Zum problematischen Begriff der „Verbesserung" bei Fuchs vgl. oben S. 11.

[250] Auch Walter, *Agreements*, 1992, 470, geht davon aus, dass in einer früheren Fassung des Mk („syrischer Markus") das Zitat dem Auftreten des Täufers folgte.

[251] Das Fehlen des gesamten Materials bei Lukas ist ein starkes Indiz gegen eine direkte Abhängigkeit des Lk von Mk. Als Grund für die Auslassung wird zwar oft angeführt, Lukas wolle jede Parallelität mit Elia vermeiden; jedoch kann ihm das kaum nachgesagt werden, da er nicht nur in Lk 7,27, sondern auch in der nur ihm eigenen Kindheitsgeschichte (Lk 1,17.76) die Parallelität mit Elia nicht meidet, sondern eher unterstreicht. An dieser Stelle zeigt sich auch eine weitere Schwäche der „Deuteromarkus"-Hypothese, derzufolge der Vers auch in Deuteromarkus stand und also auch Lk vorgelegen haben muss: Fuchs, *Überschneidungen*, 1980, 75, liefert nur eine sehr vage Begründung für die Auslassung dieses Materials bei Lk, der Judäa und Jerusalem als alleinigen Wirkungsort Jesu bezeichnen wolle und daher nicht nur Mk 1,5 (die Pilgerscharen), sondern auch gleich Mk 1,6 (Nahrung und Kleidung des Täufers) ausgelassen habe. Man fragt sich allerdings, inwiefern die Nahrung und Kleidung des Täufers das alleinige Wirken Jesu in Judäa und Jerusalem in Frage stellen würden. Bovon, *Lukas I*, 1989, 166, geht davon aus, dass auch Lk diesen Vers in seiner Mk-Vorlage las. Da er aber in V. 1–8 vor allem Q folge, habe er ihn nicht übernommen. Walter, *Agreements*, 1992, der die *agreements* zwischen Lk und Mt durch eine Frühfassung des Mk erklären möchte („syrischer Markus") muss hier mit einer abweichenden Fassung seines „syrischen Markus" bei Mt und Lk rechnen. Lambrecht, *Markan Redaction*, 1992, 364, hält den Vers für eine „biographische Einfügung", die bei Mk den eigentlichen Textfluß „in auffälliger Weise" unterbreche. Nach Eichhorn, *Evangelien*, 1794, 810, hat Lk die Passage in seiner Vorlage schlicht „übersehen".

Mt 3,4	*Mk 1,6*	*Ebion 2*
αὐτὸς δὲ ὁ Ἰωάννης εἶχεν	καὶ ἦν ὁ Ἰωάννης	καὶ εἶχεν ὁ Ἰωάννης
τὸ ἔνδυμα αὐτοῦ	ἐνδεδυμένος	ἔνδυμα
ἀπὸ τριχῶν καμήλου	τρίχας καμήλου	ἀπὸ τριχῶν καμήλου
καὶ ζώνην δερματίνην	καὶ ζώνην δερματίνην	καὶ ζώνην δερματίνην
περὶ τὴν ὀσφὺν αὐτοῦ,	περὶ τὴν ὀσφὺν αὐτοῦ	περὶ τὴν ὀσφὺν αὐτοῦ.
ἡ δὲ τροφὴ ἦν αὐτοῦ	καὶ ἐσθίων	καὶ τὸ βρῶμα αὐτοῦ, φησί,
ἀκρίδες καὶ μέλι ἄγριον.	ἀκρίδας καὶ μέλι ἄγριον.	μέλι ἄγριον,
		οὗ ἡ γεῦσις ἡ τοῦ μάννα,
		ὡς ἐγκρὶς ἐν ἐλαίῳ
		(ἵνα δῆθεν μεταστρέψωσι
		τὸν τῆς ἀληθείας λόγον εἰς
		ψεῦδος καὶ ἀντὶ ἀκρίδων
		ποιήσωσιν ἐγκρίδα ἐν μέλιτι.)

Tabelle 23: Die Überlieferung von Kleidung und Nahrung des Täufers

Gleichzeitig gibt es aber an dieser Stelle auch auch Charakteristika, die diese Verse von den bisher betrachteten narrativen Bestandteilen der Täufertradition unterschieden:

d) Parallelen bei Lk und bei Joh fehlen völlig.
e) Die Eigenart der Übereinstimmungen im griechischen Wortlaut macht die Annahme einer direkten Abhängigkeit der Traditionen voneinander oder von einer gemeinsamen griechischen Vorlage zwingend.
f) Der unsemitische Wortlaut des zitierten Abschnitts aus dem Ebionäerevangelium legt ebenfalls nahe, dass dieses nicht zum ursprünglichen (hebräischen) Bestand des Evangeliums gehörte.

Die Quellenlage ist also möglicherweise für diesen Teil der Täufertradition anders als in den bisher bearbeiteten Versen. Mehrere Beobachtungen sprechen dafür, dass es sich bei diesem Vers um eine markinische Einfügung handelt, die dann von Mt und Ebion übernommen wurde:

2.4.1 ζώνην δερματίνην περὶ τὴν ὀσφὺν αὐτοῦ

Die auffälligste Übereinstimmung zwischen allen drei Texten ist die Formulierung καὶ ζώνην δερματίνην περὶ τὴν ὀσφὺν αὐτοῦ. Es ist ohne Zweifel ein gewollter Anklang an die Beschreibung des Elia in II Kg 1,8 (LXX): καὶ ζώνην δερματίνην περιεζωσμένος τὴν ὀσφὺν αὐτοῦ. Die gemeinsame Abweichung vom Text der LXX in allen drei Evangelien (περὶ anstelle von περιεζωσμένος) zeigt dabei, dass sie nicht unabhängig voneinander auf den Wortlaut der LXX zurückgreifen, sondern direkt voneinander (oder von einer gemeinsamen griechischen Vorlage) abhängig sind. Ein Rückgriff auf den hebräischen Text ist hingegen nicht zu erkennen. Der Ledergürtel als solcher hat keine besondere Bedeutung. Er erscheint, abgesehen von der Beschreibung des Elia in II Kg 1,8, nirgendwo in der Bibel oder in anderer zeitgenössischer Literatur mit symbolischer Bedeutung. Die Erwähnung des Gürtels ist also nur als bewusste Anspielung auf Elia verständlich, was ja auch angesichts der sonstigen Querverbindungen zwischen Johannes und Elia nahe liegt.

2.4.2 ἔνδυμα ἀπὸ τριχῶν καμήλου / ἐνδεδυμένος τρίχας καμήλου

Der klar erkennbare Bezug zu Elia legt zudem nahe, auch für die sonstige Bekleidung des Johannes nach biblischen Vorbildern zu suchen. Allerdings fehlt für ein „Kleid aus Kamelhaaren", oder überhaupt für eine symbolische Bedeutung des Kamelfells, jedes biblische Vorbild. Es ist daher vermutet worden, dass hier eine Anspielung auf den „härenen Mantel" (אַדֶּרֶת שֵׂעָר) vorliegt, der in Sach 13,4 als Tracht der Propheten genannt wird.[252] Es fehlt allerdings ein Beleg dafür, dass diese Tracht als typisch galt.[253] Wohl spielt der Mantel des Elia (אַדֶּרֶת) als solcher in der Elia-Erzählung eine Rolle,[254] jedoch ist seine Beschaffenheit nie ein Thema. Zudem ist er in der LXX stets mit μηλωτῇ (Schafsfell) übersetzt. Hätten Mk oder Mt also darauf anspielen wollen, hätten sie dieses Wort sicherlich anstelle von ἔνδυμα αὐτοῦ ἀπὸ τριχῶν καμήλου verwendet, zumal ihre Abhängigkeit vom LXX-Wortlaut feststeht. Die Symbolik des Prophetenmantels kann also hier nicht vorausgesetzt werden,[255] obwohl die Elia-Typologie als solche nicht von der Hand zu weisen ist. Eine andere Deutung sieht in der Beschreibung

---

[252] „Der Mantel aus [...] Kamelhaaren ist gleichsam Berufskleidung des Propheten". FIEDLER, *Matthäus*, 2006, 72, mit einer Reihe von Quellen, von denen jedoch keine einen Mantel aus Kamelhaaren erwähnt. In gleicher Selbstverständlichkeit auch bei GNILKA, *Matthäus I*, 1988, 63; TILLY, *Johannes*, 1995, 38. SCHWEIZER, *Markus*, 1967, 14, sieht hier eine Anspielung auf die „Haartracht (sic!) des Propheten" nach Sach 13,4.

[253] Die einzige andere Erwähnung von אַדֶּרֶת שֵׂעָר ist Gen 25,25, wo die haarige Haut Esaus mit einem härenen Gewand verglichen wird. Andere mögliche Hinweise auf eine derartige Tradition sind nur sehr vage: So erkennt Saul in I Sam 28,14 zwar Samuel an der Beschreibung „ein alter Mann, der einen Mantel trägt", jedoch ist Samuel weder ein typischer Prophet noch bezeichnet der Begriff מְעִיל hier spezifisch prophetische Kleidung, denn er wird zuvor auch für Sauls eigene Kleidung verwendet. Auch Heb 11,37 bezieht sich nicht ausdrücklich auf Propheten. Vgl. Dazu HÄFNER, *Vorläufer*, 1994, 23–25.

[254] I Kg 19,13.19; II Kg 2,8.13f.

[255] Auch eine Deutung des בַּעַל שֵׂעָר („Herr des Haares") in II Kg 1,8 als Hinweis auf die Kleidung wäre nur über den Umweg der LXX möglich: Denn erst die LXX führt durch ihre Übersetzung (anderer Stellen) überhaupt den Gedanken ein, dass das Gewand (אדרת) des Elia ein Fell (μηλωτῇ) gewesen sei. Genau diesen Bezug auf eine Fellkleidung stellt sie aber dann in II Kg 1,8 nicht her: Dort übersetzt sie בַּעַל שֵׂעָר mit ἀνὴρ δασὺς („behaarter Mann"), bezieht den Begriff also gerade nicht auf die Kleidung, sondern auf den Mann selbst.

von Kleidung und Nahrung des Johannes eine bewusste antijüdische Spitze, die den Täufer von seiner jüdischen Umwelt abgrenzen soll:

„Wie er und nur er diesen Ruf von Gott her hat, so hat er und nur er diese Kleidung und Nahrung. Der verbindende Gedanke ist dann der der Reinheit des menschlichen Lebens, dem auch die Taufe dient. Was den Täufer kleidet und nährt, ist reiner und macht reiner als Tracht und Essen des Juden, der im heiligen Lande unter Volks- und Glaubensgenossen lebt, reiner auch als die rituelle Kleidung und Speise des Priesters, den weiße Kleider und besonderes Essen vor allen Anderen weihen. An solchen Dingen haftet also auch für den Täufer wie für den jüdischen Priester noch Heiligkeit, aber das unterscheidet Johannes von dem Priester, daß es Dinge sind, die allem jüdischen Herkommen stracks widersprechen.“[256]

Diese Auslegung fußt aber auf verschiedenen Annahmen, die sich so im Text nicht finden: Etwa, dass Johannes nicht ein Gewand aus Kamelhaaren, sondern das Fell eines verendeten (und damit unreinen) Kamelkadavers getragen habe[257], oder dass er die Heuschrecken im Rohzustand verspeist habe, und nicht, wie üblich, in Feuer gebraten.[258] Nahe liegender ist es also, hinter der Beschreibung der Kleidung einfach eine Charakterisierung des Johannes als rauen, asketisch lebenden Wüstenbewohner zu sehen. Diese würde sich auch nahtlos an die vorangegangene Lokalisierung des Täufers „in der Wüste“ und die darauf folgende Beschreibung seiner Speise einfügen.[259] Die bewusst hergestellte Parallele mit Elia besteht in diesem Fall also nicht in seinem Prophetenmantel, sondern allein in seinem rauhen Erscheinungsbild, wie es auch in II Kg 1,8 gezeichnet wird.

Falls darüber hinaus auch eine Anspielung auf Sach 13,4 beabsichtigt ist, muss dabei der LXX-Text vorausgesetzt werden, der an dieser Stelle den Sinn des hebräischen Textes in sein Gegenteil kehrt:

Sach 13,4 (LXX)		Sach 13,4 (MT)	
καὶ	Und	Nicht mehr	וְלֹא
ἐνδύσονται	sie werden anziehen	werden sie anziehen	יִלְבְּשׁוּ
δέρριν τριχίνην	einen härenen Mantel,	einen härenen Mantel,	אַדֶּרֶת שֵׂעָר
ἀνθ᾽ ὧν ἐψεύσαντο	weil sie gelogen haben.	um zu lügen	לְמַעַן כַּחֵשׁ

Tabelle 24: Bedeutungswandel von Sach 13,4 (MT) zu Sach 13,4 (LXX)

256 LOHMEYER, *Markus*, 1951, 16–17.

257 Das wird auch nicht durch die Lesart aus D und it[a] gestützt, die statt der Kamelhaare „Kamelfell“ (δέρριν καμήλου) lesen. Denn auch dort ist nach wie vor von einem Gewand (ἔνδυμα) die Rede. Vgl ZAHN, *Matthäus*, 1905, 129; zur Frage vgl. auch NESTLE, *Mantel*, 1907, 238.

258 Zur Diskussion um die Heuschrecken vgl. unten S. 328.

259 So auch HÄFNER, *Vorläufer*,1994,28–29; PESCH, *Markus*,1976, 82; GNILKA, *Markus I*, 1978, 46.

In der Fassung der LXX wird der härene Mantel also zum Büßergewand,[260] was wiederum zum Umkehrruf des Täufers passen würde. Diese Verbindung kann aber, sollte sie intendiert sein, erst auf griechischer Sprachebene hergestellt werden. Auch diese Beobachtung spräche dafür, dass dieser Teil der Perikope nicht zum ursprünglichen Bestand der Überlieferung zählt.

Im direkten Vergleich von Mt und Mk schließlich stellt Mt an dieser Stelle insgesamt eher eine Glättung des Mk-Textes dar: Mt vermeidet auch hier, wie bereits in Mt 3,1, die periphrastische Konstruktion und ersetzt sie durch ein finites Verb. Das Wort ἔνδυμα verwendet Mt in seinem Evangelium sieben Mal, Lk nur einmal (in wörtlicher Parallele zu Mt), und Mk gar nicht. Die Verwendung von ἀπὸ für die Angabe der materiellen Beschaffenheit ist ebenfalls typisch matthäisch.[261] Anzeichen für eine mt Redaktionsarbeit ist auch die inhaltliche Reibung mit Mt 11,18, wo ausdrücklich gesagt wird, der Täufer habe überhaupt nicht gegessen und getrunken. Bei Lk und Mk, die jeweils nur *eine* Notiz über die Nahrung des Täufers haben, entsteht dieser Widerspruch hingegen nicht.[262] Bei Mt liegt also, ähnlich wie im Fall des „Jordanflusses", eine Doppelung vor, die erst durch sekundäre Einarbeitung von Mk-Stoff entsteht. Am deutlichsten wird aber der sekundäre Charakter gegenüber Mk daran, dass bei Mt der notwendige Rückbezug auf Elia (bei Mk durch Mk 1,2 gegeben) im vorhergehenden Text völlig fehlt: Das Zitat aus Mal 3,1/Ex 23,20 folgt bei Mt ja erst in Mt 11,10. Während bei Markus also die Stelle als Auslegung zum vorher gegebenen Schriftzitat einen Sinn ergibt, fehlt dieser Sinn bei Mt, und die Stelle hängt daher bei ihm eigentümlich in der Luft.[263]

2.4.3 *ἀκρίδες καὶ μέλι ἄγριον*

Zuletzt unterstreicht auch die Beschreibung der Speisen das Bild von Johannes als asketisch lebendem Wüstenbewohner. Ein Bezug auf biblische Vorbilder liegt hier nicht vor. Auch ein besonderer Hinweis auf eine Beziehung des Täufers zur Gemeinschaft von Qumran ist kaum anzunehmen.[264]

---

[260] Vgl. JANSMA, *Inquiry*, 1950, 124.

[261] DAVIES/ALLISON, *Matthew I*, 1988, 295.

[262] KELHOFFER, *Locusts*, 2003/2004, 107, weist auf die Diversität der Traditionen über die Nahrung des Täufers hin und unterscheidet sechs verschiedene, z.T. widersprüchliche „Speisepläne".

[263] Vgl. SAHLIN, *Studien*, 1949, 129: „Hier verrät sich eine jüngere Stufe der Überlieferung". Auch VAGANAY, *Problème*, 1952, 356, der sonst eine wechselnde Ursprünglichkeit zwischen Mk und Mt feststellt, urteilt hier: „Mt. est partout secondaire par rapport à Mc."

[264] Abgeleitet wird das von CHARLESWORTH, *John*, 1998, aus einer Vorschrift in CD XII:11b–15a bezüglich der besonderen Zubereitung von Heuschrecken. Das reichhaltige Material bei KELHOFFER, *Locus-Eating*, 2004, macht jedoch deutlich, dass das Essen von Heuschrecken keine essenische Besonderheit war, sondern zum kulturellen Allgemeingut des Mittelmeerraumes gehörte. Schon die biblische Diskussion in Lev 11,20 und Dtn 14,

Ebenso wenig besteht Notwendigkeit, Kräuterspitzen oder Johannesbrot an die Stelle der Heuschrecken bzw. Baumsäfte an die Stelle des Honigs zu setzen.[265] Heuschrecken und wilder Honig bezeichnen hier lediglich die Speisen, die in der Wüste zu finden waren und besonders dem einfachen Volk, das fern der Zivilisation lebte, als Nahrung dienten.[266] Auch hier, wie in Mk 1,6ab/Mt 3,4ab ist die Textfassung des Mt gegenüber Mk sekundär: Erneut vermeidet er die periphrastische Konstruktion[267] und konstruiert das ἡ ... τροφὴ ... αὐτοῦ in Parallelität zum τὸ ἔνδυμα αὐτοῦ der ersten Vershälfte, wobei die Abtrennung des Possesivpronomens ganz unsemitisch ist. Im Rest des Satzes folgt er Mk, nur den Kasus ändert er entsprechend.[268]

Der Wortlaut des Ebionäerevangeliums (vgl. oben S. 241) zeigt an dieser Stelle, anders als in anderen Details der Täuferüberlieferung, keine eigenständige Kenntnis einer ursprünglichen Überlieferung. Im Gegenteil, das zugrunde gelegte Wortspiel (ἐγκρὶς anstelle von ἀκρὶς) ist nur auf griechischer Sprachebene und bei Kenntnis des griechischen Wortlautes möglich.[269] Es ist also eher anzunehmen, dass das Ebionäer-Evangelium hier den Mt-Text (dem es näher steht als dem Mk-Text) bewusst polemisierend aufgreift und verändert. Der Grund dafür liegt vielleicht in einer asketisch-vegetarischen Grundüberzeugung der Ebionäer.[270] Schon Epiphanius deutete diese Variante unmittelbar im Anschluss an das Zitat als bewusste Korrektur bzw. Verfälschung des Evangelientextes.

19, aber auch Hinweise in vorchristlicher und nachchristlicher jüdischer Literatur machen deutlich, dass der Verzehr von Heuschrecken, wenn auch verbunden mit gewissen *kashrut*-Auflagen, üblich war. Gerade das Fehlen jeglicher Hinweise auf *kashrut*-Fragen in der Täufertradition zeigt jedoch, dass es hier nicht um eine spezielle religiöse Kost des Täufers, sondern lediglich um die gewöhnliche Kost eines Wüstenbewohners geht. Vgl. auch Davies/Allison, *Matthew I*, 1988, 296. Tilly, *Johannes*, 1995, 185, deutet die besondere Nahrung des Johannes als „stellvertretende[s] Bußfasten des Propheten Johannes angesichts des nahen göttlichen Gerichtshandelns".

[265] Henslow, *Carob*, 1903/1904, 286, vermutet aufgrund einer Konjektur zu Prd 12,5 (הרב anstelle von הגב), dass hier Heuschrecken und Johannesbrotschoten verwechselt wurden. Kräuterspitzen und Baumsäfte vermutet Lohmeyer, *Markus*, 1951, 16. Klausner, *Jesus*, 1934, 332, vermutet hinter dem griechischen Begriff μέλι ἄγριον eine Missdeutung des hebräischen יערת דבש (Honigwabe, vgl. I Sam 14,25–26; Hld 5,1) als דבש יער („wilder Honig"). Vgl. auch Lachs, *Rabbinic Commentary*, 1987, 37.

[266] Davies/Allison, *Matthew I*, 1988, 296; Kelhoffer, *Locus-Eating*, 2004, 314.

[267] Ähnlich wie auch in Mt 3,1, vgl. oben S. 253.

[268] Vgl. dazu Davies/Allison, *Matthew I*, 1988, 296 und das Urteil ebd. auf S. 295: „3,4 is taken from Mk 1,6. Matthew has made a few changes, all of them stylistic"; weitere Indizien für eine Priorität des Mk bei Pickelmann, *Miszellen*, 1935/1936.

[269] Die Formulierung lehnt sich dabei an Ex 16,31 und Num 11,8 (LXX) an. Vielhauer/Strecker, *Judenchristliche Evangelien*, 1987, 139, sehen hierin den Beweis dafür, dass das Ebionäer-Evangelium „von Hause aus griechisch" verfasst war. Die Möglichkeit einer späteren Beeinflussung durch die kanonischen Evangelien ziehen sie nicht in Betracht.

[270] Vielhauer/Strecker, *Judenchristliche Evangelien*, 1987, 140.

2.4.4 Ein weiteres „Markan Pick-Up"?

Die sprachliche Untersuchung der Überlieferung hat gezeigt, dass es sich bei Mk 1,6b um eine wörtliche Bezugnahme auf die Beschreibung des Elia in II Kg 1,8 handelt, Vers 6a und Vers 6c jedoch freie literarische Bildung ohne biblischen Bezug sind. Mt seinerseits erscheint weithin als Übernahme des Mk-Textes mit kleineren Verbesserungen. Ziel dieses eingeschobenen Verses ist die Charakterisierung des Johannes als rauen, asketisch lebenden Wüstenbewohner in Analogie zu Elia. Es ist nun genau diese Charakterisierung des Johannes, die sich auch im Täuferkomplex II wiederfindet, dort aber erstens ausführlicher, zweitens poetischer und drittens in hebraisierendem Stil. Es sind hier ebenfalls Kleidung und Nahrung des Täufers, die im Zentrum des Interesses stehen: Diese unterscheiden den Täufer, der „in der Wüste" (Mt 11,7 par. Lk 7,24) wirkt, von den Volksmassen, die zu ihm hinaus strömen, und vor allem von denen, die „üppig leben an den königlichen Höfen" (Mt 11,8 par. Lk 7,25): Es sind ausdrücklich die „weichen Kleider" (Mt: μαλακοῖς; Lk: μαλακοῖς ἱματίοις), die hier als Gegensatz zur Kleidung des Täufers angeführt werden. Das Wort ἐσθίων erscheint bei Mt und Lk nur an dieser Stelle. Mk verwendet es insgesamt nur zweimal, davon einmal in Mk 1,6:[271]

ἦλθεν γὰρ Ἰωάννης μήτε ἐσθίων μήτε πίνων (Mt 11,18)
ἐλήλυθεν γὰρ Ἰωάννης ὁ βαπτιστὴς μὴ ἐσθίων ἄρτον μήτε πίνων οἶνον (Lk 7,33)
καὶ ἦν ὁ Ἰωάννης ἐσθίων ἀκρίδας καὶ μέλι ἄγριον (Mk 1,6)

Könnte es also sein, dass Markus auch hier einen Bestandteil des von ihm ausgelassenen Täuferkomplexes II in gekürzter und veränderter Form in seinen Täuferkomplex I aufgenommen hat? Wie bereits vorher deutlich wurde, war bereits die Übernahme des Kompositionszitats bei Mk ein sicherer Beleg dafür, dass dieser den Täuferkomplex II kannte und Teile daraus in seine Fassung des Täuferkomplexes I übernahm.[272] Auch bei dem

---

[271] LINDSEY, *Translation*, 1969, 79–80, hält hier die Lesart ἐσθῶν für ursprünglich, die auch in Lk 7,33 (Ms. B und D) erscheint. Aus einem Vergleich mit Lk 7,33.34/ Mt 11,18. 19 und Lk 10,7/ Mt 10,10 schließt er, dass Mt diesen Begriff an allen drei Stellen vermeidet, während Mk ihn in Mk 1,6 bewusst aufgreife. Diese Lesart ist von der Handschriftenlage her unwahrscheinlich, würde aber ebenfalls wie die von mir gewählte Lesart die Abhängigkeit des Mt von Mk an dieser Stelle belegen: „The evidence from Mt neatly confirms Mt's use of Mk and Q".

[272] Sicher ist das durch die Aufnahme des komplexen Kompositionszitats aus Ex 23, 20/Mal 3,1 in exakt übereinstimmendem Wortlaut, aber in deutlich von Mk gestaltetem Kontext. Dass jedoch auch Mk 1,6 eine Kenntnis des Täuferkomplexes II zugrunde liegt, scheint mir bisher zu wenig beachtet. BÖCHER, *Johannes*, 1971, 90, bemerkt zwar die „enge Korrespondenz" zwischen beiden Überlieferungen, schließt aber nicht auf eine literarische Beziehung, sondern auf einen gemeinsamen Ursprung in den historischen Tatsachen: Während Mk 1,6 par. den Täufer als Vegetarier darstellen wollte, sei Lk 7,33 eine Fehlübersetzung des aramäischen לחם, das nur allgemein „Nahrung", hier aber insbeson-

Wort ἐσθίων könnte es sich also um ein „Markan Pick-Up" handeln. Denn es bestehen, über den gemeinsamen Gebrauch dieses Wortes hinaus, mehrfache Bezüge zwischen Mk 6,1 und Mt 11,18/Lk 7,33:

a) beide erwähnen unmittelbar vorher das „Kommen" des Täufers (Mk 1,4; Mt 11,18a par.).
b) beide erwähnen vorher den Auszug der Volksmengen in die Wüste (Mk 1,5; Mt 11,7 par.).
c) Lk 7,33 ließe sich ebenso wie Mk 1,6 als erklärende „Entschärfung" der streng asketischen Formulierung in Mt 11,18 erklären.
d) Evangelienanfang (Mk 1,1) und Kompositionszitat (Mk 1,2–3) sind weitere mögliche „Markan Pick-Ups" in unmittelbarer Umgebung.

Einige Motive, die auch in Täuferkomplex II erscheinen, hatte Mk bereits in Täuferkomplex I vorgefunden und konnte daran anknüpfen (Kommen des Täufers, Auszug der Volksmengen in die Wüste). Andere hat er durch kreative Umbildung in seine Erzählung eingearbeitet (Kompositionszitat, Heilsbedeutung des Täufers). Durch die Umstellung der Schriftzitate vor die Täufererzählung endete nun die mk Fassung des Täuferkomplexes I mit der Beschreibung der ausziehenden Volksmengen Mk 1,5. Damit bot sich für Mk eine Brücke zum Motiv der ausziehenden Volksmengen aus Täuferkomplex II („Was seid ihr ausgezogen zu sehen?" Mt 11,7/Lk 7,24) und die Möglichkeit, auch die Motive von Kleidung und Nahrung des Täufers aufzugreifen und in veränderter Form in seine Komposition einzuflechten:

Mt 11,7–19	*Lk 7,24–35*	*Mk 1,1–6*
Auszug in die Wüste (7)	Auszug in die Wüste (24) ↓	
Kleidung des Täufers (8)	Kleidung des Täufers (25) ↓	
Mehr als ein Prophet (9)	Mehr als ein Prophet (26)	„Mehr als ein Prophet" (1)
Schriftzitat (10)	Schriftzitat (27)	Schriftzitat (2–3)
(...)	(...)	
Kommen des Täufers (18a)	Kommen des Täufers (33)	Kommen des Täufers (4)
		→ Auszug in die Wüste (5)
		→ Kleidung des Täufers (6)
Nahrung des Täufers (11,18b)	Nahrung des Täufers (7,33)	Nahrung des Täufers (6)

Tabelle 25: Das Motiv von Kleidung und Nahrung des Täufers in Täuferkomplex I und II

dere „Fleisch" bedeutet habe. Auch in Lk 7,33 solle Jesus also eigentlich als Vegetarier beschrieben werden. Boismard, *Ebionites*, 1966, 232 bemerkt die engen Parallelen zwischen Täuferkomplex I und Mk 1,6 zwar ebenfalls, schließt aber daraus umgekehrt, dass der gesamte Täuferkomplex II als Ausgestaltung des Täuferkomplexes I zu erklären sei.

Das redaktionelle Vorgehen des Mk ließe sich demnach wie folgt erklären: Mk fand in der Täufersequenz II den in ein bildhaftes Jesuswort gefassten Hinweis darauf, dass Johannes keine „weichen Kleider" trug. Diesen ersetzte er durch eine prosaisch gestaltete Beschreibung der rauhen Kleidung des Täufers. Der Wortlaut seiner Beschreibung lehnt sich dabei an die Beschreibung des Elia in II Kg 1,8 an. Den Hinweis auf den Gürtel konnte er dabei wörtlich übernehmen. Die Formulierung ἀνὴρ δασὺς jedoch nicht, denn dieser bezog sich nicht auf die Kleidung, sondern auf den Haarwuchs des Propheten. Stattdessen bildete er den Gegensatz zu den „weichen Kleidern" selbständig durch den Hinweis auf Kleider aus Kamelhaar, der keinem biblischen Vorbild folgt, sondern alltäglicher Beobachtung.[273] Auch im Bezug auf die Nahrung des Täufers fand Mk im Täuferkomplex II nur negative Formulierungen: Vermutlich hat Mt dort mit seiner hyperbolischen Formulierung die ursprüngliche Fassung bewahrt, derzufolge der Täufer „nichts" gegessen oder getrunken habe. Diese musste als extrem erscheinen, wie auch die Abschwächung bei Lk zeigt. Mk entscheidet sich stattdessen auch hier für eine positive Formulierung und beschreibt die Speise des Täufers, wiederum ohne Rückgriff auf biblische Vorbilder und anhand alltäglicher Beobachtung als die kärgliche Kost eines asketischen Wüstenbewohners. Möglich ist auch, dass Mk eigene historische Reminiszenzen an Nahrung und Kleidung des Täufers, möglicherweise aus der mündlichen Tradition, verarbeitet hat. Ein Vergleich von Täuferkomplex I und II, sowie das Fehlen einer Notiz über Nahrung und Kleidung des Täufers bei Lk, Joh und Ebion legt jedoch nahe, dass Mk 1,6/Mt 3,4 nicht zur ursprünglichen Gestalt des Täuferkomplexes I gehörte, sondern erst von Mk gestaltet wurde.[274] Dies wird auch durch die Beobachtung gestützt, dass Mk 1,6 den

---

[273] Dass insbesondere Kamelhaare ein naheliegender Gegensatz zur weichen Schafwolle waren, zeigen sowohl die rabbinischen Diskussionen zum Mischverhältnis der beiden Materialien in mKil 9,1 (Albrecht 68–70) und mNeg 11,2 (Hoffmann/Cohn/Auerbach 295), als auch die von Zahn, *Matthäus*, 1905, 129, angeführten Beispiele aus der griechischen Literatur: „Wenn Appollonius hist. Mir 20 nach Ktesias und ebenso Aelian. Hist. (sic!) Anim. XVII,34 ohne Quellenangabe von wunderbar weicher Kamelwolle erzählen, woraus Kleider für Priester und Fürsten gemacht würden, so wird dadurch nur bestätigt, daß in der Regel aus Kamelhaaren nur grobe Stoffe und Kleider für geringe Leute verfertigt wurden." (Die von Zahn angeführten Belege bei Scholfield, *Characteristics*, 1959, 364 und Keller, *Scriptores*, 1877, 49.)

[274] Zum gleichen Ergebnis kommt, im Blick auf Mk 1,6, auch Lambrecht, *Markan Redaction*, 1992, 372; ebenso bereits Bacon, *Prologue*, 1907, 95: „We have not to do, therefore, with a mere erratic block from the Lk.-Mt. discourse loosely attached in 1,2b, but the whole structure of the Markan paragraph is dependent upon the identification [scil. with Elijah] made in the Mt.-Lk. Discourse". Lindsey, *Translation*, 1969, 50, schreibt, allerdings nicht zu dieser Stelle: „Mark occasionally constructs a story from no traceable source but in all such instances, as in all his re-writing, he feels bound to borrow words from other written texts and these can frequently be discovered and traced to their sour-

Handlungsablauf in eigenartiger Weise unterbricht und die vorausgesetzte Zuhörerschaft in Mk 1,7 dadurch ohne direkten Bezug im Vorvers bleibt.[275] Mt hingegen zeigt sich an dieser Stelle deutlich von Mk abhängig. Dafür spricht nicht nur die, im Gegensatz zum Rest der Perikope, enge sprachliche Nähe zu Mk, sondern auch inhaltliche Beobachtungen sowie typische Kennzeichen matthäischer Redaktionsarbeit, wie etwa die Konjunktion τότε am Beginn des Folgeverses (vgl. dazu oben S. 288). Derselbe Redaktor hat zudem vermutlich die Reihenfolge der Einheiten geändert, so dass sich nun wieder ein besserer Anschluss an den Folgetext ergibt. Die Fassung des Ebion schließlich knüpft an dieser Stelle an den kanonischen Mt an und passt ihn, den Anklang von ἐγκρὶς/ἀκρὶς im Griechischen nutzend, den vegetarischen Überzeugungen der Ebionäer an.

3. Zusammenfassung: Tradition und Redaktion

Die Ergebnisse dieses Kapitels lassen sich wie folgt zusammenfassen: Das hier untersuchte Überlieferungsstück aus der Täufertradition bestand ursprünglich aus drei Elementen: Das Auftreten des Täufers, das Schriftzitat aus Jesaja, sowie die Beschreibung der Pilgerscharen. Alle diese Bestandteile finden sich nicht nur in der dreifachen Tradition, sondern auch bei Joh und im Evangelium der Ebionäer. Sie sind also mehrfach bezeugt. In seiner ursprünglichen Form, soweit diese noch auszumachen ist, zeigt dieser narrative Kernbestand der Überlieferung vielfältige Spuren eines hebräischen Sprachhintergrundes, der sich zum Teil durch die Anlehnung an biblische Motive, zum Teil durch Anlehnung an biblischen Erzählstil und zum Teil

ce."; ähnlich auch das Urteil von Humphrey, *Q to Mark*, 2006, 43, auch nicht zur Stelle, der in einer frühen Form des Mk „Marks elaboration of the themes and theology presented in Q, in Mark's own, narrative form" sieht. Für eine durchweg markinische Schöpfung, unter Rückgriff auf Material, das auch Mt und Lk kennen, hält auch Trocmé, *Marc*, 2000, 23 und 28, den Vers. Mk wolle hier das Elia-Motiv, das erst er selbst durch das aus anderem Kontext übernommene Schriftzitat hier eingeführt habe, narrativ ausgestalten. Anders Boismard, *Ebionites*, 1966, für den der Vers bereits zu der vormarkinischen Vorlage Z gehörte und allen drei Evangelien vorlag. Die gesamte Parallele in Täuferkomplex II sei dann erst aus der Fassung Mk 1,6 heraus entwickelt worden.

[275] Nach Walter, *Agreements*, 1992, 470 stand die Beschreibung zwar bereits im vormarkinischen „syrischen Markus". Jedoch merkt auch er an, dass „sie in der Mk-Abfolge den Bericht über das Wirken des Täufers in auffälliger Weise unterbricht", also nicht ursprünglich an dieser Stelle stand. Mt habe daher entweder die ursprüngliche Stelle im „syrischen Mk" besser bewahrt, oder aber er habe mit seiner Umstellung die sperrige Anordnung des Mk redaktionell geglättet. Boismard, *Ebionites*, 1966, 340, weist zudem darauf hin, dass für die in Mk 1,7–8 vorausgesetzte Zuhörerschaft (ὑμᾶς) in Mk 1,6 ein Bezug fehlt, der jedoch in Mk 1,5 zu finden sei. Dies werde besonders deutlich in einer Lesart des westlichen Textes (D[a]), in der Mk 1,7 mit den Worten καὶ ἔλεγεν αὐτοῖς beginne.

durch zeitgenössischen hebräischen Sprachgebrauch erklärt. Dieser Kernbestand wurde dann von Mt, Lk und Mk getrennt voneinander verarbeitet, wobei Mt dem Aufriss der Vorlage am Treuesten folgt. Lk hingegen bricht sie teilweise auf, um sie an verschiedenen Stellen seines Evangeliums einzuarbeiten, während Mk sie durch Elemente aus Täuferkomplex II erweitert und größere redaktionelle Umstellungen vornimmt. Die kanonische Endfassung des Mt schließlich zeigt sich, neben der Abhängigkeit von der gemeinsamen Vorlage des Täuferkomplexes I, auch beeinflusst von der kanonischen Endfassung des Mk.

3.1 Die Redaktion des Mt

Matthäus hat die Grundform dieser Überlieferung, insbesondere die Anordnung des Stoffes, vermutlich am besten bewahrt, wie aus der Übersicht auf S. 341 (Tabelle 26) deutlich wird. Auch der Wortlaut ist bei ihm stellenweise in einer vermutlich ursprünglichen Form erhalten. An mehreren Stellen erweist sich Mt aber auch als sekundär im Vergleich zu Mk und Lk und trägt typische Kennzeichen matthäischer Redaktion. Dies deutet auf eine zweistufige Entwicklungsgeschichte des Matthäus hin, wie sie auch in vielen Ansätzen zur synoptischen Frage angenommen wird: Demnach hat der kanonische Mt hier auf zwei Vorlagen zurückgegriffen: Eine protomatthäische, hebräisch geprägte, aber vermutlich bereits in griechischer Übersetzung vorliegende Grunderzählung (V), die auch als Vorlage für Mk und Lk diente, sowie auf den kanonischen Mk.

Mt folgt dabei der Grundstruktur von V enger als seine Seitenreferenten, glättet aber vor allem den Wortlaut. Die biblisierende Zeitangabe am Anfang geht vielleicht auf seine eigene Hand zurück und hat eine ursprüngliche chronologische Angabe an dieser Stelle verdrängt. Vielleicht war sie aber auch schon in der von ihm gebotenen Form Teil der Vorlage. Die mehrdeutige semitische Partizipialkonstruktion ἐγένετο Ἰωάννης βαπτίζων ändert Mt in ein finites Verb, eingeleitet mit dem von ihm auch sonst gern gebrauchten παραγίνεται. Durch die Umwandlung von βαπτίζων in einen Titel entfällt bei ihm die eigentliche Tätigkeit des Täufers. Diese wird hier nun nur noch als Verkündigung der Umkehr (Mk und Lk: Verkündigung einer „Taufe der Umkehr“) dargestellt, während die eigentliche Tauftätigkeit des Johannes erst später beschrieben wird. Die Formel ἤγγικεν γὰρ ἡ βασιλεία τῶν οὐρανῶν wird nur von Mt dem Täufer in den Mund gelegt, ist also an dieser Stelle vermutlich ebenfalls Ergebnis seiner Redaktion.[276]

[276] DAVIES/ALLISON, *Matthew I*, 1988, 292: „...certainly redactional“: Vgl. FIEDLER, *Matthäus*, 2006, 71; NEPPER-CHRISTENSEN, *Taufe*, 1985, 192; STRECKER, *Weg*, 1962, 187; FUCHS, *Überschneidungen*, 1980, 73; vgl. die Identifizierung von Mt 3,1–4,17 als „Ringkomposition“ in der Diskursananlye von SNYMAN, *Analysis*, 1977, 28.

Im Schriftzitat aus Jes 40,3 folgt Mt wörtlich seiner Vorlage, er ändert lediglich die vorangestellte Schriftbezugsformel in Anlehnung an die Einleitungsformeln seiner eigenen Erfüllungszitate ab.[277] Den Einschub des Wortes über Kleidung und Nahrung des Täufers übernimmt Mt direkt von Mk und zeigt sich hier auch sprachlich stärker abhängig von seiner markinischen Vorlage. Mt beendet schließlich seinen Bericht vom Auftreten des Täufers mit der Beschreibung der Pilgerscharen und folgt hier wieder sehr eng der Grunderzählung (V). Es schließt sich die Bußpredigt des Täufers an. Dass diese auch bei Lk an dieser Stelle folgt, belegt zusätzlich die Existenz einer nichtmarkinischen gemeinsamen Vorlage (V). Es gibt keinen Grund anzunehmen, dass dies eine andere Vorlage ist als diejenige, der Mt und Lk (und auch Mk) bereits vorher gefolgt sind.

3.2 Die Redaktion des Lukas

Lukas folgt V in der Anordnung nicht so eng wie Mt, sondern ordnet den Stoff neu. Dafür hat er an einigen Stellen einen ursprünglicheren Wortlaut bewahrt als Mt, und er lässt zudem keinen direkten Einfluss durch Mk erkennen.[278]

Die Zeitangabe am Beginn der Täufertradition ersetzt oder erweitert Lk durch den siebenfachen Synchronismus (Lk 3,1–2), den er möglicherweise bereits in der gleichen Sonderüberlieferung vorfand, aus der auch die Kindheitserzählungen stammen. Die mehrdeutige Partizipialkonstruktion ἐγένετο Ἰωάννης βαπτίζων, die er in der Vorlage vorfand, formt er in eine narrative Einleitung im Stil der biblischen Wortereignisformel um und gleicht damit die Täufererzählung an biblische Prophetentraditionen an. Die Erwähnung des Zacharias verknüpft die Erzählung mit den Überlieferungen aus der Kindheitsgeschichte. An dieser Stelle verlässt Lk seine Vorlage und zieht die Ortsangabe πᾶσαν τὴν περίχωρον τοῦ Ἰορδάνου aus der Pilgerscharen-Tradition nach vorn. Was ursprünglich die Beschreibung eines Personenkreises war, wird nun zu einer Angabe über das Wirkungsgebiet des Täufers oder seiner Predigt. Die Formel βάπτισμα μετανοίας εἰς ἄφεσιν ἁμαρτιῶν ist geprägte Sprache und vermutlich eine Übertragung aus der frühchristlichen Taufpraxis. Sie rückte hier an die Stelle der ursprünglicheren Formulierung βάπτισμα εἰς μετανοίαν, die in Mt 3,11 erhalten ist. Das

[277] Fuchs, *Überschneidungen*, 1980, 73.

[278] Auch Schürmann, *Lukas I*, 1982, 161 geht davon aus, dass Lk in 3,3–6 nur von Q abhängig sei und ein Einfluss des Mk unsicher sei. Sahlin, *Studien*, 1949, postuliert eine (ursprünglich hebräische) protolukanische Vorlage: a) mit einem kürzeren Synchronismus (nur Tiberius, Pilatus und Herodes); b) mit einer Kurzfassung des Schriftzitats (nur Jes 40,3); c) mit dem Begriff περίχωρον ohne den späteren Zusatz τοῦ Ἰορδάνου; d) ohne die Phrase βαπτισθῆναι ὑπ'αὐτοῦ. Der Text des Mk sei weithin eine frei gestaltete Neuschöpfung anhand der Schriftzitate, Mt folge Mk.

Schriftzitat aus Jes 40,3 und die Schriftbezugsformel übernimmt Lk unverändert aus V, ergänzt es aber durch die Verse 4–5a aus Jes 40, um die Universalität der Heilsbotschaft zu unterstreichen.

Die Überlieferung von den herausziehenden Pilgerscharen hatte Lukas ja bereits in 3,3 teilweise aufgegriffen, dort zu einer Angabe über den Wirkungskreis des Täufers umgeformt. In Lk 3,7 klingt diese Überlieferung nun erneut an, auch hier umgearbeitet in eine Einleitung für die Täuferreden, die sich hier in V anschlossen. An drei weiteren Stellen erscheinen später noch weitere Reste der Pilgerscharen-Überlieferung, nämlich in Lk 3,21 (als redaktionelle Klammer zur Taufe Jesu), in Lk 7,17 (als redaktionelle Klammer zwischen Jesustradition und Täuferkomplex II) sowie in Lk 7,29–30 (als Ersatz für den redaktionell verschobenen Stürmerspruch Lk 16,16). Lukas hat also insgesamt stärker in die Struktur seiner Vorlage eingegriffen, sie umfangreich erweitert und aufgebrochen, um die Bestandteile redaktionell an anderen Schlüsselstellen seines Evangeliums zu verwenden. Dabei hat er aber teilweise den ursprünglicheren Wortlaut besser bewahrt.[279]

3.3 Die Redaktion des Markus

Mk hat die gemeinsame Vorlage in ihrer Struktur am umfangreichsten umgearbeitet. Das ist verständlich angesichts der Tatsache, dass die Täuferüberlieferung bei ihm den Anfang des ganzen Evangeliums bildet. Zudem gibt es verschiedene Anzeichen dafür, dass Mk auch das Material aus dem Täuferkomplex II kannte. Mk übernimmt dieses Material zwar nicht als ganzen Block aus seiner Vorlage, greift aber Motive und Bestandteile daraus auf und arbeitet sie kreativ in den Täuferkomplex I ein:[280] So stellt er,

---

[279] Die redaktionelle Arbeit des Lk dabei ist ein weiteres Indiz gegen eine Priorität des Mk: Nimmt man an, dass Lk sich Mk als Vorlage nahm, müsste man annehmen, er habe alle Hinweise auf eine Elia-Typologie bewusst gestrichen, sowohl das Schriftzitat als auch die Beschreibung der Kleidung des Täufers. Vgl. Böhlemann, *Täufer*, 1997, 50. Jedoch hatte Lukas gerade diese Typologie bereits in Lk 1,17 und Lk 1,76 deutlich in seinem Evangelium ausgesprochen, und auch später in Lk 7,27 vermeidet er sie nicht.

[280] Diese Beobachtung stellt auch das verbreitete, und von Fuchs, *Überschneidungen*, 1980, 72, wiederholte, Vorurteil in Frage, dass die Berechtigung literarkritischen Arbeitens durch redaktionsgeschichtliche Ansätze in Frage gestellt wird: „Diese [scil. literarkritische] Denkweise ist ja ... höchstens geeignet, *Quellen* zu eruieren, echte oder vermeintliche *Fragmente* zu entdecken und eventuell historische Details zu ermitteln; sie ist aber wesentlich blind für die *Intention des Redaktors*.“ Nach dieser Intention müsse aber „in erster Linie“ (73) gefragt werden. Die vorliegende Untersuchung hat jedoch gezeigt, dass gerade die Identifikation der Quellen eine echte Würdigung der redaktionellen Arbeit der Evangelisten erst ermöglicht. Redaktionsgeschichtliche Argumente für diese oder jene Quellentheorie lassen sich hingegen immer finden. Sie können nicht Ausgangspunkt, sondern immer nur Ergebnis einer quellenkritischen Untersuchung sein. Natürlich existiert hier ein hermeneutischer Zirkel, aber um so wichtiger ist daher die Suche nach anderen,

„rückwärts komponierend“[281], der ursprünglichen Täufererzählung eine neu gestaltete Einleitung voran, die alles Folgende als den „Anfang des Evangeliums Jesu Christi“ (ἀρχὴ τοῦ εὐαγγελίου Ἰησοῦ Χριστοῦ) charakterisiert.[282] Diese Bewertung des Täuferauftretens als heilsgeschichtlicher Wendepunkt spiegelt bei ihm die Kernaussage des ausgelassenen Täuferkomplexes II wider. An ihrem neuen Platz relativiert sie jedoch die prominente Stellung, die dem Täufer dort zukam, und unterstreicht stattdessen seine christologisch untergeordnete Rolle als „Vorläufer“.

Mk stellt nun, auch hier von seiner Vorlage abweichend, die Schriftzitate aus beiden Täuferkomplexen dem eigentlichen Bericht voran. Dabei übernimmt er zunächst die Schriftbezugsformel, die sich an dieser neuen Stelle nun nicht mehr auf das Wirken des Täufers, sondern auf das ganze „Evangelium Jesu Christi“ bezieht. Dieses wird so als in seiner Gesamtheit von Jesaja angekündigt qualifiziert. Als Nächstes fügt Mk das Zitat aus Ex 23,20/Mal 3,1 an, das in der Vorlage noch dem Täuferkomplex II angehörte. Er lässt am Ende des Zitats die Worte ἔμπροσθέν σου aus, entweder weil er sie nicht im LXX-Text fand, oder weil sie mit dem folgenden Jesaja-Zitat kollidiert wären, das ja den κυρίος nicht in der zweiten, sondern in der dritten Person nennt.[283] Nach diesem Einschub kehrt er zum Zitat aus Jes 40,3 zurück, das auch in V bereits zum Täuferkomplex I gehörte und nun von Mk wörtlich übernommen wird, einschließlich der christologisch motivierten Änderung am Schluss.

Nachdem Mk durch die Einleitungsformel und die beiden Schriftzitate den Anfang seines Evangeliums gestaltet hat, geht er zur eigentlichen Täufererzählung über (Mk 1,4–5). Er folgt dabei eng dem ursprünglichen Wortlaut von V. Lediglich die Änderung der Adressaten geht hier auf seine redaktionelle Hand zurück, wobei er das personifizierte Ἰουδαία durch ἡ Ἰουδαία χώρα ersetzt (vielleicht in Aufnahme des ursprünglichen πᾶσα ἡ περίχωρος τοῦ Ἰορδάνου aus der Vorlage), und das personifizierte Jerusalem durch dessen Einwohner. Auch das Motiv des öffentlichen Sündenbekenntnisses stammt vermutlich aus der Hand der mk Redaktion. Es ist sowohl der Sache nach der jüdischen Taufpraxis fremd, als auch sprachlich nicht biblischem Gebrauch, sondern späteren christlichen Formeln verwandt. Die

externen Indizien für die Identifikation von Quellen, wie etwa die hier vorgeschlagene Heuristik einer Nähe (oder Ferne) zu hebräischem Sprachgebrauch.

[281] Marxsen, *Markus*, 1956, 18.

[282] Vgl. dazu oben S. 314; außerdem Dautzenberg, *Zeit I*, 1977, und Dautzenberg, *Zeit II*, 1978. Dass mit der Formel Mk 1,1 nicht rein technisch der Anfang des Dokuments gemeint ist, ist verbreitete Ansicht. Ob Markus mit dem „Anfang“ jedoch lediglich das Auftreten des Täufers, den gesamten Täuferzyklus oder sein ganzes Evangelium im Blick hatte, braucht hier nicht geklärt zu werden. In jedem Fall ist das Auftreten des Täufers der „Anfang des Anfangs“.

[283] Vgl. Lambrecht, *Markan Redaction*, 1992, 372.

Beschreibung von Kleidung und Speise des Täufers (Mk 1,6) ist ebenfalls mk Bildung. Es greift in prosaischer Form das Material aus dem Täuferkomplex II auf, wo die gleichen Motive in poetischer Form zur Sprache kommen. Mk verknüpft dabei das Kleidermotiv aus dem Täuferkomplex II geschickt mit der Beschreibung des Elia in I Kg 2,8. Im Anschluss (Mk 1,7) kehrt Mk dann wieder zu seiner Vorlage zurück, in der sich hier die Täuferreden anschlossen. Allerdings überspringt er die Bußpredigt des Täufers und geht sofort zu dessen messianischer Verkündigung über.[284] Zum Abschluss seien noch einmal diejenigen Merkmale der mk Redaktion im Überblick genannt, die bei Mk nicht nur Kenntnis, sondern eigenständige Verarbeitung des vermeintlich aus „Q“ stammenden Materials des Täuferkomplex II verrät („Markan Pick-Ups“):

a) Kompositionszitat aus Ex 23,20/Mal 3,1 (Mt 11,10/Lk 7,27).
b) πᾶσα ἡ Ἰουδαία χώρα (Mt 3,5/Lk 3,3: πᾶσα ἡ περίχωρος τοῦ Ἰορδάνου).
c) ἐν τῷ Ἰορδάνῃ ποταμῷ (Mt 3,5/Lk 3,3: πᾶσα ἡ περίχωρος τοῦ Ἰορδάνου).
d) Kleidung des Täufers (Mt 11,8–9/Lk 7,25–26).
e) Nahrung des Täufers (ἐσθίων Mt 11,7–19/Lk 7,18–35).
f) Schlüsselrolle des Täufers (vgl Mk 1,1 mit Mt 11,11–12/Lk 7,28;16,16).

3.4 Der Einfluss des kanonischen Mk auf Mt

Während alle drei synoptischen Evangelien auf eine gemeinsame Vorlage zurückzugreifen scheinen, die zwar hebräisch geprägt war, aber möglicherweise allen bereits in griechischer Sprache vorlag, ist außerdem noch ein sekundärer Einfluss mancher Mk-Passagen auf die Endform des Mt zu beobachten. Diese Passagen sind gekennzeichnet durch eine sehr enge wörtliche Übereinstimmung mit Mk, während Mt ansonsten in der Täuferperikope sehr selbständig formuliert.[285] Auffällig ist, dass es sich dabei vor allem um solche Passagen handelt, die in ihrer sprachlichen Form eher griechisch als hebräisch geprägt sind und sich zum Teil auch dem Inhalt nach schlecht in einen jüdischen Kontext einfügen:

---

[284] Bei BOISMARD, *Ebionites*, 1966, 336–337, werden die hier als mk Einfügung identfizierten Elemente als frühe, „essenisierende“ Erweiterungen in der Quelle Z gegenüber der Vorlage Y erklärt. Ihnen gemeinsamen seien die engen Parallelen zu den Texten aus Qumran: Bezugnahme auf Jes 40,3, öffentliches Sündenbekenntnis und Verzehr von Heuschrecken. Damit solle der Täufer als zur Gruppe der Essener gehörig dargestellt werden, um ihn von Jesus zu unterscheiden. Vgl. dazu jedoch die Anmerkungen zu Heuschrecken (oben S. 328) und zum öffentlichen Sündenbekenntnis (oben S.291), in denen deutlich wurde, dass individuelle Sündenbekenntnisse gerade nicht zum essenischen Tauchbad gehörten und Heuschrecken auch keine speziell essenische Speise darstellten. Die Einfügungen müssen also nicht essenischen Ursprungs sein, aber ihre Charakterisierung als sekundärer Einschub trifft vermutlich zu.

[285] Ausgenommen sind die biblischen Zitate bzw. deren manchmal geänderte griechische Form, die Mt überall wörtlich aus seinen Vorlagen übernimmt.

a) Der gesamte Vers Mt 3,4 (Nahrung und Speise des Täufers) ist nicht nur eng an Mk orientiert, sondern auch in einem Griechisch konstruiert, das sich nur schwer ins Hebräische übertragen lässt. Dazu gehört nicht nur die eigentümliche Einleitung mit αὐτὸς δὲ ὁ Ἰωάννης,[286] sondern auch die anschließende Konstruktion εἶχεν τὸ ἔνδυμα αὐτοῦ. Das ἡ δὲ τροφὴ ἦν αὐτοῦ ist eine bewusste griechische Verbesserung der periphrastischen Konstruktion des Mk. Die getrennte Stellung von τροφὴ und αὐτοῦ ist unsemitisch.
b) Der Anschluss des nachfolgenden Verses 3,5 mit τότε ist typisch für matthäische Redaktion und verrät sprachlich die Hand eines Griechen mit aramäischem, aber nicht hebräischem Sprachhintergrund (vgl. oben S. 288). Damit ist Vers 3,4 nach vorne (αὐτὸς δὲ ὁ Ἰωάννης) und nach hinten (τότε) durch einen Aramaismus mit seinem Kontext verklammert, was auf die gleiche redaktionelle Hand hinweisen könnte.
c) In Vers 3,6 ist die Phrase ἐξομολογούμενοι τὰς ἁμαρτίας αὐτῶν ein Zusatz, der so nicht biblischem Sprachgebrauch, sondern späterem christlichen Sprachgebrauch entspricht und auch der Sache nach ohne Analogie in der jüdischen Taufpraxis ist. Er findet sich zudem, außer in der wörtlichen Parallele bei Mk, in keiner anderen Täufertradition.

Diese besonderen Merkmale deuten darauf hin, dass dieser Stoff nicht Bestandteil der ursprünglichen Überlieferung war und dass er außerdem bei Mt in einer gegenüber Mk sekundären Form vorliegen. Diese Elemente sind also möglicherweise auf einen direkten Einfluss des kanonischen Mk auf Mt zurückzuführen. Ob dieser Einfluss durch die Hand desselben Redaktors geschah, der auch die übrigen redaktionellen Änderungen an der Vorlage vornahm, oder auf eine spätere Hand, ist nicht zu sagen.[287]

3.5 Rekonstruktion einer möglichen hebräischen Vorlage

Für den Kernbestand der Täuferüberlieferung lässt sich ein Wortlaut rekonstruieren, der sich sowohl sprachlich plausibel in ein hebräisches Äquivalent übersetzen als auch historisch plausibel in einen jüdischen Kontext einordnen lässt. Dieser Kernbestand hat den drei synoptischen Evangelisten zwar vermutlich bereits in griechischer Form vorgelegen, wie vor allem der übereinstimmende Wortlaut des Schriftzitats nahelegt. Auf eine ältere nichtgriechische Überlieferungsstufe, zu der das Schriftzitat aus Ex 23,20/

---

[286] Vgl. die Schwierigkeiten bei der Wiedergabe in den hebräischen Ausgaben: והוא יוחנן לבושו שער גמלים bei Delitzsch, *NT*, 1912; ויוחנן היה לבוש שער גמלים bei Salkinson/Ginsburg, *NT*, 1886, והנה יוחנן היה לבוש מצמר גמלים in der Ausgabe von Shem Tob, vgl. Howard, *Hebrew Gospel*, 1995, 8. Black, *Muttersprache*, 1982, 96, sieht hinter dem vorangestellten Pronomen einen Aramaismus und sieht darin „einen möglichen Beweis für eine wortgetreue Übersetzung der Quellen“. Jedoch könnte auch dieser Aramaismus, ähnlich dem bei Mt häufig auftretenden τότε (vgl Mt 3,5 und die nächste Anmerkung), hier auf die Hand eines Redaktors hindeuten, der durch aramäisch geprägtes „Übersetzungsgriechisch“ charakterisiert ist.

[287] Lowe/Flusser, *Evidence*, 1983, 39–40, halten es für möglich, dass die Übersetzung des hebräischen „Proto-Matthäus“ und die von Mk beeinflussten „M-Revisionen“ aus derselben Hand kamen. Sie lassen aber auch die Möglichkeit offen, dass die Evangelisten „some available literal translation“ benutzten.

Mal 3,1 noch nicht gehörte, deuten jedoch die Parallelüberlieferungen bei Johannes und im Ebionäerevangelium hin, die zwar inhaltlich eng verwandt sind, aber im Wortlaut weiter abweichen. Für die synoptischen Evangelien kann hingegen die folgende gemeinsame Vorlage (V) rekonstruiert werden:

Ἐν δὲ ταῖς ἡμέραις ἐκείναις	בַּיָּמִים הָהֵם
[Ἐν δὲ ταῖς ἡμέραις Ἡρῴδου etc.]	[בִּימֵי הוֹרְדוֹס הַמֶּלֶךְ וג״]
ἐγένετο Ἰωάννης	הָיָה יוֹחָנָן
βαπτίζων βάπτισμα εἰς μετάνοιαν	מַטְבִּיל טְבִילָה לִתְשׁוּבָה
[ἐν τῇ ἐρήμῳ] [τῆς Ἰουδαίας]	[בַּמִּדְבַּר][יְהוּדָה]
καθως γεγραπται	כַּאֲשֶׁר כָּתוּב
ἐν βίβλῳ Ἠσαΐου τοῦ προφήτου	בְּסֵפֶר יְשַׁעְיָהוּ הַנָּבִיא
φωνὴ βοῶντος ἐν τῇ ἐρήμῳ·	קוֹל קוֹרֵא
ἑτοιμάσατε τὴν ὁδὸν κυρίου,	בַּמִּדְבַּר פַּנּוּ דֶּרֶךְ יְהוָה
εὐθείας ποιεῖτε τὰς τρίβους αὐτοῦ	יַשְּׁרוּ [בָּעֲרָבָה] מְסִלָּה לֵאלֹהֵינוּ:
καὶ ἐξεπορεύετο πρὸς αὐτὸν	וַתֵּצֵא אֵלָיו
Ἱεροσόλυμα καὶ πᾶσα ἡ Ἰουδαία	יְרוּשָׁלַיִם וְכָל־יְהוּדָה
καὶ πᾶσα ἡ περίχωρος τοῦ Ἰορδάνου	וְכָל־כִּכַּר הַיַּרְדֵּן
καὶ ἐβαπτίζοντο [καὶ ἐβαπτίζοντο ὑπ᾽ αὐτοῦ]	וַיִּטְבְלוּ [וַיִּטָּבְלוּ על־יָדוֹ]

3.6 Die Anordnung des Materials

Betrachtet man abschließend die Anordnung des Materials in der rekonstruierten Vorlage und in den synoptischen Evangelien, so lässt sich erkennen, wo die einzelnen Evangelisten der Vorlage folgten und wo sie den Stoff neu anordneten (Tabelle 23).

Es wird deutlich, dass die ursprüngliche *Anordnung* des Materials bei Matthäus am besten erhalten ist. Er weicht nur an zwei Stellen von der Vorlage ab, nämlich jeweils da, wo er gleichzeitig auch sprachlich stark von Mk beeinflusst ist. Diese Stücke gehen vermutlich auf einen direkten Einfluss des Mk auf die Endredaktion des Mt zurück. Bei Mk sind die Abweichungen von V wesentlich umfangreicher: Die Voranstellung der Schriftzitate, die Einfügung des Kompositionszitats aus Ex 23,20/Mal 3,1 und die fehlende Zeitangabe am Beginn unterscheiden Mk von den unmittelbaren Parallelen bei Mt und Lk. Geht man außerdem davon aus, dass in Mk 1,1 und Mk 1,6 Anklänge aus dem Täuferkomplex II vorliegen, dann wird die Neuordnung des Materials durch Mk noch offensichtlicher. Lk schließlich bearbeitet die Vorlage nicht durch größere Umstellungen, sondern durch redaktionelle Umgestaltung im Detail: Er verteilt die Überlieferung auf mehrere redaktionelle Einheiten, erweitert Einleitung und Schriftzitat und versetzt den „Stürmerspruch“ in einen neuen Kontext.

Malcolm Lowe hat in einer früheren Untersuchung einen weiteren „Täuferkomplex“ bzw. eine ganze Sequenz von Täuferüberlieferungen (“Baptist Sequence“) im späteren Verlauf der Evangelien (Mt 21,12–22,14 parr.)

V	*Mt*	*Mk*	*Lk*
„Täuferkomplex I“		Anfang des Ev.	
		von Jesus Christus	
		dem Sohn Gottes	
		Schriftbezugsformel	
		Ex 23,20/Mal 3,1	
		Jes 40,3	
Zeitangabe	Zeitangabe	—	Zeitangabe
			Synchronismus
Auftritt	Auftritt	Auftritt	Auftritt[a] (ἐγένετο ...)
			Auftritt[b] (ἦλθεν ...)
		Pilgerscharen	Pilgerscharen[a]
Schriftbezugsformel	Schriftbezugsformel		Schriftbezugsformel
Zitat Jes 40,3	Zitat Jes 40,3		Zitat Jes 40,3
			Zitat Jes 40,4–5a
	Kleidung[b] ←	Kleidung[b]	
	Speise[b] ←	Speise[b]	
Pilgerscharen	Pilgerscharen		Pilgerscharen[b]
	Sündenbekenntnis←	Sündenbekenntnis	
Täuferreden	Täuferreden	Täuferreden	Täuferreden
			Pilgerscharen[c]
Taufe Jesu	Taufe Jesu	Taufe Jesu	Taufe Jesu
„Täuferkomplex II“			
			Pilgerscharen[d]
Täuferfrage	Täuferfrage	—	Täuferfrage
Kleidung[a]	Kleidung[a]	— (nach Mk 1,6 ?)	Kleidung[a]
Ex 23,20/Mal 3,1	Ex 23,20/Mal 3,1	— (nach Mk 1,2)	Ex 23,20/Mal 3,1
Keiner größer	Keiner größer	— (nach Mk 1,1 ?)	Keiner größer
			Pilgerscharen[e]
Stürmerspruch	Stürmerspruch	— (nach Mk 1,1 ?)	— (nach Lk 16,16)
Speise[a]	Speise[a]	— (nach Mk 1,6 ?)	Speise[a]
			Stürmerspruch

Tabelle 26: Aufriss der Perikope in der vorsynoptischen und synoptischen Überlieferung

identifiziert, der ähnliche Eigenschaften wie Täuferkomplex I und II aufweist:[288] Auch dort liegt allen drei Evangelien eine gemeinsame Vorlage zugrunde, die von ihnen unabhängig benutzt wird, deren Aufriss aber in Mt am besten erhalten ist. Auch dort ist zudem ein nachträglicher Einfluss des Mk auf Mt zu beobachten. Auch dort spielte Johannes eine sehr prominente Rolle, während die Darstellung der kanonischen Endgestalt Johannes ge-

[288] LOWE, *Parable*, 1982, im Besonderen S. 263 Anm. 13.

genüber Jesus mehr in den Hintergrund rückt. Es ist daher gut möglich, dass die hier identifzierten Täuferkomplexe I und II zusammen mit der von Lowe identifizierten Täufer-Sequenz Teil derselben vorsynoptischen Überlieferung waren.

Der Ursprung einer solchen alten Täuferüberlieferung wird zuweilen in Kreisen der Johannesjünger vermutet, die in Johannes eine eigenständige messianische Heilsgestalt sahen, den Vorboten Gottes und nicht des Messias (so wie es auch der ursprüngliche Wortlaut der Schriftzitate nahe legt).[289] Das mag möglich sein, es kann sich aber auch um frühchristliche Überlieferungen handeln, in denen dem Täufer immer noch eine prominentere Rolle zukam. Die Überlieferungen über die Konkurrenz von Jesus- und Johannesjüngern,[290] die Auseinandersetzung um die Johannesjünger in Ephesus[291], die verschiedenen, in den Evangelien erkennbaren Versuche, die Rolle des Johannes gegenüber der von Jesus zu präzisieren,[292] sowie die Tendenz, Überlieferungselemente vom Täufer auf Jesus zu übertragen[293], unterstützen diese Möglichkeit.[294]

---

[289] Vgl. Böhlemann, *Täufer*, 1997, 63: „Die Täuferquelle, die Lukas in Lk 1–3 verwendet, könnte in Kreisen tradiert worden sein, die die Legenden über Geburt, Leben und Sterben des Täufers als Erinnerungen an ihren ‚Lehrer' und ‚großen Propheten' bewahrte"; Catchpole, *Beginning*, 1992, 211: „pre-Lucan traditions which quite conceivably formed a consecutive Baptistic source", „evidence of considerable contact between the Q group and the surviving disciples of John"; Cotter, *Yes*, 1995, 147 sieht in den Täufertraditionen von Q den Versuch einer Integration von früherem, eher weisheitlichem und auf Jesus bezogenem, Q-Material (Q^1) durch eine neue Leserschaft (Q^2), die eher apokalyptisch-prophetisch orientiert und auf Johannes bezogen sei. Das Wechselspiel zwischen Jesus und Johannes sei dabei ein dramaturgisches Mittel, beide Traditionen miteinander zu vereinen und sich gegenseitig „ratifizieren" (147) zu lassen; ähnlich unterscheidet auch Vaage, *More*, 1995, 193–194, zwischen einer frühen, Täufer-zentrierten Überlieferung und einer späteren, Jesus-zentrierten Bearbeitung in „Q". Backhaus, *Jüngerkreise*, 1991, 368, warnt jedoch vor einer zu pauschalen Annahme von „Täuferkreisen" hinter der synoptischen Evangelientradition: „Der Begriff ‚Täuferkreis' subsumiert drei durchaus unterschiedliche Phänomene: die Johannesjünger im engeren Sinne, die palästinische Täuferbewegung und die syrische Täufergemeinde". Die frühe christliche Gemeinde stehe in „personaler, soziologischer und theologischer Kontinuität", nicht in Konkurrenz zur palästinischen Täuferbewegung. Vgl. dazu auch oben S. 229.

[290] Mt 9,14 parr.; Lk 11,1; Joh 3,25.

[291] Apg 19,1–5.

[292] Joh 1,7–8.15.30; 3,30; 10:41; Mt 3,11.14 par. Auch die redaktionelle Arbeit der Evangelisten zeigt an vielen Stellen ihr Bemühen, die Rolle des Johannes als „Vorläufer" zu unterstreichen.

[293] Vgl. dazu oben S. 249.

[294] Howard, *Hebrew Gospel*, 1995, 218–223, hat Charakteristika einer solchen Frühform der Täuferüberlieferung auch in der mittelalterlichen Textform des Shem Tob identifiziert: Hier fehlt z.B. der entscheidende Halbsatz aus Mt 11,11b, der die Rolle des Täufers relativiert. Das Zitat aus Mal 3,1 wird dort in der Form des MT geboten, ohne jeden Hinweis auf die umfangreiche redaktionelle Überarbeitung des Zitats in der griechischen

3.7 Abschließende Bewertung

Zusammenfassend kann am Ende dieses Kapitels der Überlieferungsweg der Perikope vom Täuferauftreten, mit aller gebotenen Vorsicht, wie folgt skizziert werden (vgl. Abbildung 1): Die Annahme einer reinen Markuspriorität kann den Befund der vorliegenden Perikope, insbesondere die komplexe Genese der Kompositionszitate, nicht hinreichend erklären. Die deuteromarkinische Hypothese kann den Befund, insbesondere im Blick auf die Schriftzitate, ebenfalls nicht hinreichend erklären (vgl. oben S. 313). Auch eine Überlappung von Mk und Q ist nur dann plausibel, wenn zugleich für beide eine noch frühere gemeinsame Quelle oder aber eine direkte Kenntnis von Q für Mk vorausgesetzt wird (vgl. oben S. 236). Damit jedoch wandelt sich das Wesen von Q beträchtlich: es handelt sich dann nicht mehr um eine reine Redensammlung, die von Mt und Lk neben Mk genutzt wurde, sondern um eine narrative Quelle, die mit dem Auftreten des Täufers beginnt, und aus der sich die Darstellungen *aller drei* synoptischen Evangelien speisen.[295] Eine solche vorsynoptische Überlieferung (V=Q^{var}), wie sie auch in der Literatur mehrfach angenommen wird, könnte auch den Parallelen in Joh und Ebion zugrunde liegen. Sie trägt Kennzeichen eines hebräischen Sprachhintergrundes,[296] muss aber allen drei Synoptikern bereits in griechischer Form vorgelegen haben. Aufriss und Struktur dieser Überlieferung scheinen im Bericht des Mt am besten erhalten zu sein,[297] während der Wortlaut z.T. auch bei Mk und bei Lk besser erhalten ist. Mk und Lk haben dagegen größere Umstellungen und Erweiterungen des Stoffs vorgenommen. Aber auch Mt steht in seiner Wortwahl an einigen Stellen, insbesondere im Zusammenhang mit der Taufpraxis, dem hebräischen Sprachgebrauch näher und hat hier vielleicht die gemeinsame Vorlage besser bewahrt.

Textform. Dadurch wird der Täufer hier, wie auch im biblischen Text, zum Vorläufer Gottes, nicht des Messias. Auch in anderen Details bietet der Text des Shem-Tob einen Wortlaut, der den Täufer prominenter dastehen lässt als der überlieferte griechische Text. Howard hält es daher für möglich, dass die hebräische Textform auf eine frühe Textüberlieferung zurückgeht, hinter der ursprünglich rivalisierende Täufergruppen stehen, und gegen die auch die Pseudoklementinen und andere Kirchenväter polemisieren.

[295] Eine solche Quelle würde mit verschiedenen neueren Hypothesen zur synoptischen Frage konvergieren, vgl. dazu die abschließenden Beobachtungen unten S. 594.

[296] Zwar ist ein Großteil des hebräischen Sprachhintergrundes hier durch die Verarbeitung von Schriftzitaten oder biblischen Motiven bedingt (auch dann, wenn diese sich am LXX-Wortlaut orientieren), aber darüber hinaus finden sich auch in dem wenigen nichtbiblischen Material mehrere Hebraismen: βαπτίζων βάπτισμα, βάπτισμα εἰς μετάνοιαν, die periphrastische Formulierung ἐγένετο βαπτίζων, und die Verwendung von Singular und Plural in ἐξεπορεύετο ... Ἱεροσόλυμα καὶ πᾶσα ἡ Ἰουδαία ... καὶ ἐβαπτίζοντο.

[297] Vgl. oben, Tabelle 26, sowie die Rekonstruktion von „Q 3,2–6" bei LAMBRECHT, *Markan Redaction*, 1992, 364 und die Rekonstruktion bei POLAG, *Fragmenta Q*, 1979, 28.

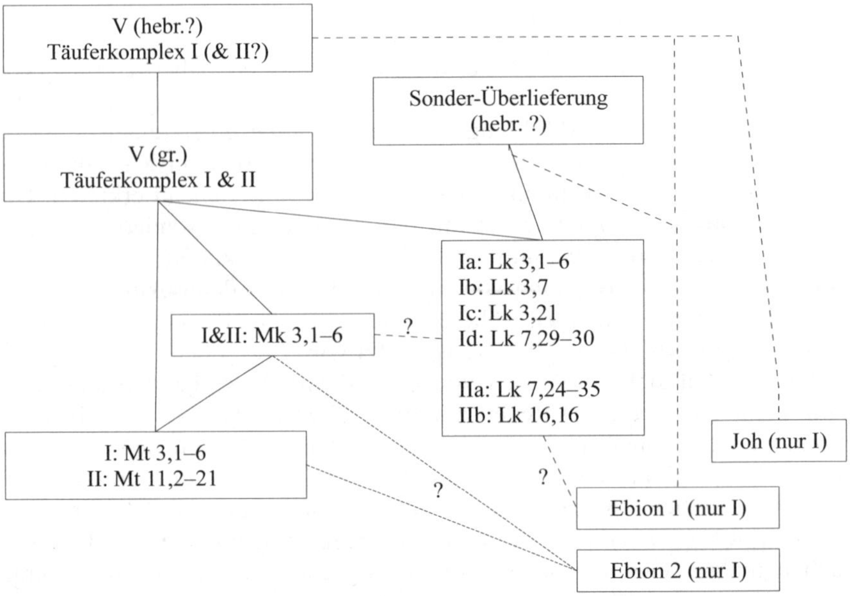

Abbildung 1: Mögliche synoptische Beziehungen in Mt 3,1–6 parr.

Die Beschreibung von Kleidung und Nahrung des Täufers war möglicherweise nicht Bestandteil dieser gemeinsamen vorsynoptischen Überlieferung. Sie trägt Anzeichen einer sekundären Einfügung durch Mk, durch die dieser den ihm vorliegenden Stoff aus „Täuferkomplex II" komprimiert in „Täuferkomplex I" eingefügt hat. Diese Einfügung wurde durch den matthäischen Endredaktor mit geringfügigen Änderungen übernommen und an anderer Stelle in die Vorlage eingefügt.

Alle drei synoptischen Evangelien greifen demnach in dieser Perikope auf eine gemeinsame Vorlage (V) zurück, und Mt zeigt sich zusätzlich auch durch den kanonischen Mk beeinflusst. Die Beziehung zwischen Mk und Lk lässt sich im Blick auf diese Perikope nicht hinreichend klären. Eine literarische Abhängigkeit in die eine oder andere Richtung wird lediglich durch die Übereinstimmung in der Taufformel nahe gelegt.[298]

[298] Im weiteren Verlauf der Untersuchung wird sich hier die, auch in anderen Ansätzen zur synoptischen Frage vertretenen, Annahme einer zweistufigen Entwicklung nahe legen, in der Mk zunächst von einer protolukanischen Schrift abhängig ist, dann jedoch auch, möglicherweise, noch einmal vom kanonischen Lk als Vorlage verwendet wird, was jedoch weniger sicher ist als in der vergleichbaren zweistufigen Entwicklung von Proto-Mt zu Mt. Vgl. dazu unten S. 597 (Abbildung 5).

In der Literatur wird diese vorsynoptische Quelle verschieden bezeichnet,[299] zuweilen auch als eine Variante von Q oder als eine gemeinsame, Mk und Q zugrunde liegende ältere Überlieferungseinheit.[300] Die Tatsache jedoch, dass diese Überlieferungseinheit in Aufriss und Struktur dem Mt am nächsten steht, auch wenn der Wortlaut bei den beiden Seitenreferenten zuweilen besser erhalten ist, legt eine Bezeichnung als „proto-matthäisch" näher.[301]

---

[299] Sie weist etwa, vor allem in der Annahme einer zweistufigen Entwicklung (hebräische Frühform und griechische Erweiterung), eine enge Verwandtschaft mit der hebräischen Quelle Y und deren Weiterentwicklung Z bei Boismard, *Ebionites*, 1966, auf, wobei dort allerdings auch Mk 1,6 par. zur Vorlage gerechnet wird; ebenso besteht eine Ähnlichkeit mit der Grundschrift „K" bei Parker, *Second Look*, 1981, wobei dieser die Beziehung zwischen Mk und Lk durch eine doppelte Abhängigkeit (Proto-Lk und Lk) erklärt, vgl. oben Anm. 298; anders noch Parker, *Gospel*, 1954, 163, der von „K" und „Q" ausging. Eine Nähe besteht auch zur Rekonstruktion von „Proto-Mark A" bei Burkett, *Gospel Sources*, 2004, 204.225–228, sowie zum „syrischen Markus" bei Walter, *Agreements*, 1992, 470, der bis auf Mk 1,6 par. exakt der hier rekonstruierten Vorlage entspricht,

[300] Nähe besteht etwa zur Q-Rekonstruktion bei Catchpole, *Beginning*, 1992, 218, sowie zur proto-markinischen „narrativen Version von Q" bei Humphrey, *Q to Mark*, 2006. Vgl. außerdem die beiden oben in Anm. 297 genannten Rekonstruktionen von „Q".

[301] So bereits Zahn, *Matthäus*, 1905, 16–19, mit seiner Annahme eines aramäischen Proto-Mt und dessen griechischer Übersetzung und Erweiterung (unter Einfluss von Mk!) dem hier beschriebenen Befund sehr nahe; ebenso auch Wohlenberg, *Markus*, 1910, 27.

Kapitel 4

Die Beelzebul-Kontroverse (Mt 12,22–32 parr.)

1. Vorbemerkungen

1.1 Relevanz für die synoptische Frage

Die „Beelzebul-Perikope" (Mt 12,22–32 parr.) stellt, wie auch der im vorangehenden Kapitel betrachtete Beginn der dreifachen Tradition, eine Schlüsselstelle für die synoptische Frage dar. Auch hier findet sich eine Reihe von Eigentümlichkeiten, die sich mit den traditionellen Annahmen synoptischer Forschung nur schwer in Einklang bringen lassen:

a) Die Perikope findet sich in allen drei synoptischen Evangelien. Größere Passagen sind jedoch nur bei Mt und Lk identisch und fehlen bei Mk.

b) Auch in den Passagen, die alle drei Evangelisten gemeinsam haben, gibt es zahlreiche *minor agreements* von Mt und Lk gegen Mk.

c) Die Übereinstimmung zwischen Mt und Lk ist größer in den Passagen, in denen sie keine Parallele bei Mk haben. Wo eine Parallele zu Mk existiert, zeigen sich Mt und Mk enger verwandt, während Lk hier eigenständiger ist.[1]

d) Spuren eines semitischen Sprach- und Denkhintergrunds sind stellenweise erkennbar. Merkmale sprachlicher Ursprünglichkeit wechseln dabei vor allem zwischen Mt und Lk und sind bei Mk häufig durch griechischen Stil überdeckt.

Vertreter der klassischen Zweiquellenhypothese erklären diesen Befund zumeist als Überlappung von Mk und Q. Allerdings sind die Übereinstimmungen nicht nur im Wortlaut, sondern auch in Struktur und Akoluthie so eng, dass entweder eine direkte Abhängigkeit des Mk von Q[2] oder eine gemeinsame Abhängigkeit von einer älteren Überlieferung[3] angenommen

---

[1] Lindsey, *Translation*, 1969, S. 19f., bezeichnet dieses Phänomen, das er durch die gesamte Evangelientradition beobachtet, als „Markan cross factor".

[2] Fleddermann, *Mark and Q*, 1995, 65; Schmithals, *Markus I*, 1979, 221; Keener, *Matthew*, 1999, 362; ähnlich bereits Nicolardot, *Procèedes*, 1908, 233–241; Easton, *Beelzebul*, 1913; Hahn, *Hoheitstitel*, 1963, 298; Limbeck, *Satan*, 1974, 300: "... jene Vorlage (...), die alle drei Synoptiker aus Q aufnahmen und die in Lk 11,14–20.23–26.29–32 noch am reinsten erhalten ist".

[3] Cope, *Beelzebul*, 1971, 256: „... do we need to postulate an Ur-Marcus for this pericope which in this case would be very similar to Matthew?"; Dunn, *Matthew*, 1988, 193–

werden muss. Dem semitischen Sprachhintergrund trägt dabei zusätzlich die Untersuchung von Casey[4] Rechnung: Er vermutet zwei inhaltlich überlappende aramäische Quellen: einen aramäischen Proto-Mk sowie eine aramäische Quelle, die Lk und Mt unabhängig voneinander ins Griechische übersetzten. Während Lk dann der zweiten Quelle den Vorzug gab, schrieb Mt beide Vorlagen zusammen. Lindsey geht von einer gemeinsamen hebräischen Grundschrift aus, die bei Lk am besten erhalten sei, während Mk zusärtzlich Lk und Mt zusätzlich Mk verwende.[5] Fuchs erklärt die Perikope mit der Annahme eines Deuteromarkus.[6] Nach Ansicht Schlatters hat Lk, obwohl ihm sowohl Mk als auch Mt vorlagen, hier ausschließlich auf Mt zurückgegriffen. Er lasse allerdings streckenweise auch Spuren einer älteren Version vermuten.[7] Der klassischen Griesbach-Hypothese folgen McNichol u.a.[8], indem sie Lk als Überarbeitung des Mt und Mk als Kombination aus beiden erklären. Den umgekehrten Weg schließlich gehen die Vertreter der Farrer/Goulder Hypothese: Matthäus habe hier die ursprüngliche, markinische Version, überarbeitet und Lukas sei ihm dann gefolgt.[9]

194: "the divergence (...) goes back to the aramaic stage of the tradition (...) a memory whose outline and substance were clear and common...". Ähnlich auch Grundmann, *Markus*, 1989, 208 („mündliche Traditionen"), Davies/Allison, *Matthew II*, 1991, 334 („[Mk and Q] probably rest upon a primitive aramaic account") und Hultgren, *Narrative Elements*, 2002, 251–253. Gnilka, *Markus I*, 1978, 145, geht davon aus, dass Mk nicht von Q, sondern von einer „stärker zersägten Einzeltradition" abhängig sei. Trocmé, *Marc*, 2000, geht an mehreren Stellen (z.B. 106) davon aus, dass Mk die Traditionen kannte, die bei Mt und Lk erhalten sind, sie jedoch nicht übernahm. Er nimmt an, dass Mk seinen Text nach einer Vorlage gestaltete, die eher „Q" glich (104). Luz, *Matthäus II*, 1990, 254, lässt die Frage offen, hält aber zusätzlich eine von Lk und Mt gemeinsam benutzte „Mk-Rezension" für möglich, die dann auch die *minor agreements* innerhalb des „Mk-Stoffes" erklären würde. Gegen die Annahme eines Deuteromk führt er aber den großen Umfang des nichtmarkinischen Stoffs in der Perikope an: „M.E. machen die beiden Annahmen (Q und Deuteromk) sich wechselseitig unnötig."

[4] Casey, *Aramaic Approach, 2*002. Rekonstruktion auf Seite 147–148.

[5] Lindsey, *Translation*, 1969, 32–38.

[6] Zu Mt 12,22–24: Fuchs, *Beelzebulkontroverse*, 1980. Zu Mt 12,31–37 parr: Fuchs, *Sünde*, 2004.

[7] Schlatter, *Lukas*, 1931, 508–509.

[8] McNicol/Dungan, *Impasse*, 1996, 175–178. Ebenso Mann, *Mark*, 1986, 255–256, der allerdings davon ausgeht, dass Mk neben Mt und Lk auch noch eigene Quellen benutzte.

[9] Goulder, *Luke II*, 1989, 720–722. Direkte Abhängigkeit des Lk von Mt vermuten auch Green, *Matthew 12*, 1984, und Gundry, *Matthew*, 1994, 230–231: „The frequent agreements of Matthew and Luke against Mark include a number of Mattheanisms and suggests Luke's use of Matthew." Weitere Literatur zur Perikope: Longenecker, *Evil*, 2003; Schürmann, *QLk 11,14–36*, 1992; Sellew, *Beelzebul*, 1988, sowie die im Folgenden zitierte Literatur. Gute, wenn auch ältere, Überblicke über verschiedene Erklärungsmodelle bei Boismard, *Synopse II*, 1977, 171–173, und Fuchs, *Beelzebulkontroverse*, 1980, 169–249; ebenso Boring, *Synoptic Problem*, 1992.

Vertreter aller synoptischer Theorien finden also ihre jeweiligen Ansätze in dieser Passage bestätigt, wobei auch hier ergänzende Aushilfshypothesen (Lakatos) hinzutreten, wo immer die Beobachtungen am Text dem eigenen Modell nicht entsprechen. Im Rahmen der vorliegenden Untersuchung soll daher auch hier zunächst unabhängig von bestehenden Quellenhypothesen nach Spuren von sprachlicher und sachlicher Ursprünglichkeit gesucht werden, wobei insbesondere sprachliche Parallelen in der hebräischen Literatur sowie inhaltliche Parallelen im zeitgenössischen Judentum als Indikatoren für Ursprünglichkeit herangezogen werden sollen.

1.2 Religionsgeschichtliche Hintergründe

Die Perikope ist nicht nur in ihrem Sprachstil, sondern auch in ihrer Bild- und Vorstellungswelt fest in der jüdischen Welt des ersten Jahrhunderts verwurzelt. Für die Frage nach einer historisch plausiblen Gestalt der Überlieferung in einem jüdischen Kontext sollen daher zunächst einige religionsgeschichtliche Hintergründe beleuchtet werden, die die Begrifflichkeit und Sprache der Beelzebul-Kontroverse prägen:

Der biblischen Überlieferung ist die Vorstellung von Dämonen oder einer Hierarchie von Dämonen, wie sie in der Kontroverse vorausgesetzt wird, ebenso fremd wie ein Zusammenhang zwischen Königsherrschaft Gottes und Exorzismus. Erste Ansätze einer jüdischen „Dämonologie" sind erst in der zwischentestamentlichen Literatur zu erkennen: So finden sich im Buch der *Wächter* (äthHen 1–36) erste Erklärungsversuche für die Existenz böser Geister und ihrer Rolle in der Welt. Als Ausgangspunkt dient dabei die biblische Tradition der Himmelssöhne und Menschentöchter, die zur Geburt des Riesengeschlechtes führt (Gen 6,1–4). Entgegen der biblischen Darstellung werden diese in *Henoch* bereits als böse Wesen dargestellt, aus deren Körpern nach ihrem physischen Tod die bösen Geister hervorgehen. Ihr Wirkungsbereich bleibt jedoch auf die Erde begrenzt, während gleichzeitig die guten Geister den himmlischen Bereich als Wirkungsbereich behalten.

„Böse Geister werden sie auf Erden genannt werden, und auf Erden wird ihre Wohnung sein. (…) Die Geister des Himmels sollen im Himmel ihre Wohnung haben und die Geister der Erde, die auf Erden geboren wurden, auf Erden ihre Wohnung. Die Geister der Riesen, <die Nefilim (?)>, sind gewalttätig, sind verdorben, brechen herein, kämpfen, zerstören auf Erden, schaffen Leid, verzehren keine Speise und dürsten nicht und sind nicht wahrzunehmen. Und diese Geister werden sich erheben gegen die Menschenkinder…" (äthHen 15,8.10–12)[10]

Die Zeit, in der die bösen Geister auf der Erde wirken dürfen, ist allerdings begrenzt, und ihre Herrschaft wird eines Tages ein Ende haben:

---

[10] Uhlig, *Henoch*, 1984, 543–544.

„Hier werden die Engel stehen, die sich mit Frauen vermischt haben, und ihre Geister, die – viele Gestalten annehmend – die Menschen verunreinigten und verführten, daß sie den Dämonen wie Göttern opferten bis zu dem Tag des großen Gerichtes, an dem sie gerichtet werden, so daß es mit ihnen ein Ende hat." (äthHen 19,1, ed. Uhlig, *Henoch*, 1984, 551)

Dieser in Henoch beschriebene Mythos von der Herkunft der bösen Geister ordnet also die Existenz der Dämonen in ein konsequent monotheistisches Weltbild ein: „Faced almost certainly with a multiplicity and diversity of evil spirits in the religion of the day, the author or authors of this myth tried to bring order into the anarchic and chaotic demonic realm, and to integrate demons into their theological worldview."[11] Das Buch der *Jubiläen* nimmt diese Traditionen über eine Genealogie der Dämonen auf, führt sie aber weiter, differenziert sie und führt die Person des „Fürsten der Geister" ein:

„Und in der dritten Jahrwoche dieses Jubiläums begannen unreine Dämonen, die Söhne Noahs in die Irre zu führen und sie zu betören und sie zugrunde zu richten. Und die Söhne Noahs kamen zu Noah, ihrem Vater, und erzählten ihm über die Dämonen, welche in die Irre führten und verdunkelten und töteten die Kinder seiner Kinder." (Jub 10,1–2)[12]

Noah wendet sich daraufhin betend an den „Gott der Geister" (Jub 10,3):

„Und diese Geister, die im Leben sind, schließe sie ein und halte sie fest am Ort des Gerichtes, und sie sollen nicht Verderben stiften unter den Kindern deines Knechtes (...) nicht mögen sie herrschen über die Geister der Lebenden." (Jub 10,5–6, ebd.)

Als jedoch Gott die „Fesselung"[13] der Geister befiehlt (Jub 10,7), tritt *Mastema*, der „Fürst der Geister", auf und bittet um Verschonung: Wer dieser „Fürst der Geister" ist, bleibt unklar. In jedem Fall ist er deutlich unterschieden von den Geistern selbst: Er gehört nicht zu ihnen, ist also nicht wie sie aus dem Riesengeschlecht hervorgegangen. Vermutlich handelt es sich um einen bösen Engel.[14] Der zehnte Teil der Geister wird daraufhin vorläufig nicht gebunden, sondern erhält die Vollmacht, auf der Erde zu wirken bis zum Tag des Gerichts.[15]

---

[11] Alexander, *Demonology*, 1999, 338.

[12] VanderKam, *Jubilees*, 1989, 60–61. Dt. Berger, *Jubiläen*, 1981, 377–378. Zitate im Folgenden ebd., 377–409.

[13] Jub 10,7.11 (Berger 379–380). Zum Motiv der „Bindung" siehe auch Jub 48,15–18, ed. VanderKam, *Jubilees*, 1989, 244–245; dt. Berger, *Jubiläen*, 1981, 545–546; äthHen 10,12, ed. Uhlig, *Henoch*, 1984, 529.

[14] Alexander, *Demonology*, 1999, 341.

[15] Auch hier spielt die „Bindung" des Bösen wieder eine Rolle. Vgl. auch Söding, *Finger Gottes*, 2003, 637: „Der Satanssturz ist nach apokalyptischer Tradition das Fanal der Endzeit. Dass Satan – häufig nach heftigem Kampf – aus dem Himmel stürzt, ist der unumkehrbare Anfang eines Dramas, das mit soteriologischer Zwangsläufigkeit auf die Verwirklichung der Gottesherrschaft zuläuft", vgl. auch TLev 18,12 ed. Jonge, *Testaments*, 1978, 49; dt. Becker, *Testamente*, 1974, 61: „Und Beliar wird von ihm gebunden werden, und er wird seinen Kindern Macht geben, auf die bösen Geister zu treten".

„Und alle Bösen, die bösartig waren, fesselten wir am Ort des Gerichts. Und ein Zehntel von ihnen ließen wir übrig, daß sie Vollmacht ausübten vor dem Satan auf der Erde." (Jub 10,11)[16]

Noah allerdings erhält Geheimwissen und Medizin, die Wirksamkeit der bösen Geister zu bekämpfen. Diese gibt er weiter an seine Söhne, so dass die Nachkommen Noahs vom Wirkbereich der bösen Geister ausgeschlossen werden (Jub 10,8–15). Im nachfolgenden Kapitel werden dann die Auswirkungen dieser eingeschränkten Herrschaft Mastemas geschildert:

„Und die Söhne Noahs fingen an, sich zu bekämpfen, um gefangenzunehmen und zu töten einer den anderen, (…) und den Anfang des Königtums zu setzen und in den Krieg zu gehen, Volk vor Volk und Völker vor Völkern und Stadt vor Stadt (…) Bösartige Geister halfen und verführten, daß sie Sünde und Unreinheit der Sünde taten. Und der Herrscher Mastema war stark, dieses alles zu tun. Und er schickte durch Geister, die unter seine Hand gegeben waren, alle Gottlosigkeit und Sünde und jedes Vergehen zu tun, zu vernichten und zugrunde zu richten und Blut auf der Erde zu vergießen." (Jub 11,2.4–5, ed. Berger 386–387)

Neu im Jubiläenbuch ist auch die Beschränkung des Wirkbereichs der Dämonen auf die Völkerwelt. Ob dies eine Auswirkung des an Noah vermittelten Geheimwissens ist oder auf die besondere Erwählung Abrahams zurückgeht, wird dabei nicht ganz deutlich:

„Aber Israel hat er erwählt, daß sie ihm zum Volk seien. Und er hat es geheiligt und gesammelt aus allen Menschenkindern. Denn es gibt viele Völker und ein Volk, und alle sind sein. Und über alle läßt er Geister herrschen, damit sie sie weg von ihm verführen. Aber über Israel läßt er sie nicht herrschen, niemand, weder Engel noch Geist. Denn er allein ist ihr Herrscher. Und er bewahrt sie, und er wird sie fordern für sich aus der Hand seiner Engel und von seinen Geistern und aus der Hand aller und aller seiner Gewalten." (Jub 15,29–32)[17]

Vanderkam fasst die Engel- und Geistervorstellung der Jub wie folgt zusammen:

„Heaven is the place where God and his spirits dwell, the earth is the sphere of human life, and the deep (or the lower stretches of the earth) is the location where the demons and the angels who sinned are punished. The angels, nevertheless, are active on the earth when God sends them on missions, while the demons also labor on a split level in that nine-tenths of them are bound beneath the earth but one-tenth are allowed to do the bidding of the prince of the Mastema on the earth, mankind alone is confinde to a single level, the earth, which lies between the other two spheres of influence."[18]

---

[16] Hier unterscheidet sich Jub deutlich vom Buch der Wächter, in dem die Anzahl der freigelassenen Dämonen nicht eingeschränkt wird, vgl. VanderKam, *Demons*, 2003, 344.

[17] Berger, *Jubiläen*, 1981, 408–409. "It follows from this passage, as from Jub 10:1–14, that the nations are the realm over which the spirits rule, while the chosen line is off limits to them (…) Proper spheres are an important theme in the book, and the doctrine of the demons is a clear example of it". VanderKam, *Demons*, 2003, 346.

[18] VanderKam, *Angel*, 2000, 378–379.

Auch wenn es also unangebracht wäre, von einer einheitlichen „Dämonologie“ des Judentums zur Zeit des Zweiten Tempels zu reden, sind es diese Traditionen, die für die Dämonenvorstellungen der nachbiblischen Zeit prägend sind. In Anknüpfung an biblische Texte versuchen sie Erklärungen zu finden für den Ursprung des Bösen, insbesondere der bösen Geister und Dämonen. In verschiedenen Formen haben diese Traditionen bis in die ersten Jahrhunderte nach der Zeitenwende hinein die Dämonenvorstellungen der jüdischen Umwelt Jesu geprägt.[19]

In den Texten von Qumran setzen sich die hier beschriebenen Entwicklungslinien fort. Auch dort spielt die Dämonologie der *Henoch*- und *Jubiläenbücher* eine zentrale Rolle. Das zeigt nicht nur die hohe Anzahl von Kopien dieser Schriften unter den Funden von Qumran, sondern auch die Terminologie der „sekteneigenen“ Schriften: Auch hier erscheinen die Dämonen als Geister, deren Wirken von Gott zeitbegrenzt zugelassen wird. Auch hier wird unterschieden zwischen den Geistern und ihrem Oberen (Belial/Mastema/Satan). Auch hier stehen die Geister unter der Herrschaft Belials und wirken unter seinem Befehl.[20] Und auch hier wird der endgültige Sieg über Belial und seine untergebenen Geister für die Endzeit erwartet.[21] Es bildet sich ein wachsender Konflikt zwischen Gott und seinem Volk auf der einen Seite, sowie den bösen Geistern und ihres Anführers auf der anderen.[22] Jedoch bleibt dieser Dualismus immer im Rahmen einer insgesamt monotheistischen Weltsicht. Der Kampf der Kinder des Lichts gegen die

---

[19] Vgl. STUCKENBRUCK, *Angels*, 2000, 355.

[20] “Und Jhwh sprach: Ein Sohn Belials wird sich verschwören, mein Volk zu unterdrücken, aber ich werde ihn hindern, und seine Herrschaft wird nicht bestehen (ומשרו לא יהיה“, 4Q386 (=4QpsEzek^{b}) 1 ii:3–4, ed. Parry 3:350), vgl. dazu unten S. 371; „Und die Herrschaft Belials wird über ihnen sein“ (ממשלת בליעל בהם 4Q390 (=4Qapocr Jer C^{a}) 2 i:3–4, ed. Parry 6:114); „Dann werden sie Belial und seine schändliche Rotte verfluchen ... und sagen: Verflucht sei Belial ... und verflucht seien alle Geister seiner Rotte mitsamt ihren bösen Plänen” (4Q286 (=4QBer^{a}) 7a ii:1–3, Parry 5:439); “Belial und die Geister seines Loses, d[ie die Widerspensti]gen [waren, sie alle,] indem sie abwichen von den Vorschriften Gottes, um [frevelhaft zu handeln.] Aber Melchisedek wird die Rache der Gerichte Got[tes] nehmen [an diesem Tag, und er wird sie ent]r[eißen aus der Hand] Belials und aus der Hand der Gei[ster seines Loses.]” (11Q13 (=11QMelch) II:12–13); “Das] ist die Zeit des Heils für das Volk Gottes und die Zeit der Herrschaft für alle Männer seines Loses, aber ewige Vernichtung für das ganze Los Belials.” (1QM I:5, ed. Lohse 181).

[21] “Den]n seit ehedem hast du dir den Tag des Kampfes bestimmt [...] zu [hel]fen durch Wahrheit und zu vertilgen unter Verschuldung, Finsternis zu erniedrigen und Licht zu stärken [...] zum ewigen Standort, um zu vernichten alle Söhne der Finsternis, und Freude für [alle Söhne des Lichts].” (1QM XIII:14–16, ed. Lohse 211); “Und die Tore der Grube verschlossen den, der schwanger ging mit Ungerechtigkeit, und ewige Riegel verschlossen die Geister der Bosheit.” (1QH^{a} XI:18, ed. Parry 5:23). Vgl. auch 11Q1 (=11QapocrPs) IV:4–9.

[22] 4Q417 (=4QInstruction^{c}) 1 ii (früher 2 ii):12; 4Q370 (=4QAdmonFlood) I:3;1QS III :20f; 1QM XIII:10–12 u.ö.

Dämonen geschieht dabei vor allem durch Gebet und ethische Anstrengung, nur selten, wie in der Umwelt oder auch im späteren Juden- und Christentum, durch magische Praktiken und Beschwörungen.[23] Individuelle dämonische Besessenheit oder Belastung[24] bilden eher die Ausnahme.

Exemplarisch für die „Dämonologie“ der Qumrantexte ist das Lied eines משכיל, der Gottes Macht über die Dämonen besingt. Darin klingen ebenfalls Motive widerstreitender Herrschaftsbereiche an, möglicherweise auch die Reinigung einer „Wohnstätte“ Gottes von Dämonen:

[Seine] Herrsch[aft] ist über allen Starken der Kraft,	וממש[לתו] על כול גבורי כוח
und vor der Kraft seiner Stärk[e]	ומכוח גבור[ת]ו
erschrecken sie alle und werden verscheucht;	יבהלו ויתפזרו כול
sie fliehen aus der herrlichen Wohnstät[te][25]	ויצפז מהדר מע[ון] כבוד
seines Königreichs [...]	מלכותו [vacat]
und ich, ein Unterweiser,	ואני משכיל
verkünde den Glanz seiner Ausstrahlung,	משמיע הוד תפארתו
zu erschrecken und zu ängsti[gen]	לפחד ולב[הל]א
alle Geister zerstörerischer Engel,	כול רוחי מלאכי חבל
unreine Geister, Dämonen,	ורוחות ממזרים שדאים
Lilith, Eulen und [Schakale],	לילית אחים ו[ציים]
und die, die sich hinterhältig daranmachen,	והפוגעים פתע פתאום
den verständigen Geist in die Irre zu führen,	לתעות רוח בינה
und ihr Herz und ihr [...] zu verstören	ולהשם לבבם ונ○○ם
zur Stunde der Herrschaft des Bösen	בקץ ממשל[ת] רשעה
und in Zeiten der Erniedrigung der Söhne des Lich[ts]	ותעודות תעניות בני או[ר]
durch die Sünde der Zeiten [derer],	באשמת קצי
die geschlagen (oder befleckt?) sind von Unrecht,	נגוע[י] עוונת
aber nicht für eine ewige Vernichtung	ולוא לכלת עולם
[sonder]n für eine Zeit der Erniedrigung in Sün[den].[26]	[כי א]ם לקץ תעניות פשע [vacat]

Es ist deutlich, dass diesem Text die Vorstellungswelt aus *Henoch* und *Jubiläen* zugrunde liegt: Der Ursprung der Dämonen geht auf die gefallenen Engel zurück[27], sie werden im Herrschaftsbereich des Bösen angesiedelt, von wo aus sie die Söhne des Lichts bedrängen und zum Abfall verführen dürfen, wenn auch nur für eine festgesetzte Zeit. Dennoch ist Gottes Macht größer, und die zu seinem Volk gehören, denen können die Dämonen nicht schaden.

Allerdings ist die Zugehörigkeit zum Gottesvolk in den Qumrantexten eher eine ethische als eine genealogische Realität, so dass die Dämonen ih-

[23] ALEXANDER, *Demonology*, 1999, 336.

[24] 4Q560 (=4QExorcism ar);11Q5 (=11QPs[a]) XIX:13f par. 11Q6 (=11QPs[b]) 4–5; 1QS IV:20–21, vgl. ALEXANDER, *Demonology*, 1999, 347–348.

[25] GARCIA MARTINEZ/TIGCHELAAR, *DSSSE*, 1997–1998, 1027, haben hier eine abweichende Lesart: ויצפזרו מע[וז] כבוד מלכותו („they flee before the radiance of his glorious majestic strong[hold]“).

[26] 4Q510 (=4QShir[a]) 1:2–8, ed. Parry 6:168–171.

[27] So REIMER, *Rescuing*, 2000, gegen ALEXANDER, *Demonology*, 1999, 331–332.

ren Herrschaftbereich ausgedehnt haben auch auf die Teile des Volkes Israel, die sie zum Abfall verführt haben, die Söhne der Finsternis. Während also der grundsätzliche Kampf auf einer höheren Ebene zwischen den konkurrierenden Herrschaftsbereichen Gottes und Belials stattfindet, gleichen individuelle Angriffe von Dämonen auf einzelne Mitglieder der Gemeinschaft eher temporären „Grenzübergriffen" aus dem Herrschaftsbereich Belials in den Herrschaftsbereich Gottes, die durch Gebet abgewehrt werden können:

„The picture that emerges from the scrolls is of a sectarian group defending the boundaries of its holy fellowship and its holy space from the enroachment both of encircling impurity and of encircling demons."[28]

Die hier beschriebene Vorstellungswelt zeigt mit ihren spezifischen Eigenarten eine große Nähe zur neutestamentlichen Rede von Dämonen, speziell in der vorliegenden Perikope. Dazu gehört: (1) Die Einordnung der Dämonen in ein monotheistisches, nicht dualistisches Weltbild. (2) Die zeitlich begrenzte und auf bestimmte Wirkbereiche eingeschränkte Duldung dämonischer Wirksamkeit (3) Die Unterscheidung zwischen den Dämonen und ihrem „Obersten", der selbst kein Dämon ist. (4) Die Nennung eines, an alte heidnische Gottesepitheta angelehnten, Namen für den Obersten der Dämonen. (5) Die hierarchische Unterordnung der Dämonen unter ihren Obersten. (6) Die Vorstellung von widerstreitenden Herrschaftsbereichen. (7) Die Übergriffe der Dämonen auf die Grenzbereiche des Gottesvolkes (8) Die Vernichtung bzw. Bindung der Dämonen und ihres Obersten als Zeichen der apokalyptisch hereinbrechenden Gottesherrschaft. Hier finden wir also genau die Vorstellungswelt, die sowohl der Beelzebulvorwurf als auch den anschließenden Entgegnungen Jesu zugrunde liegt. Ebenso finden sich auch viele der Begriffe und Bilder, die Jesus verwendet, um die eschatologische Bedeutung seiner Exorzismen deutlich zu machen. Allerdings finden sich in der Perikope auch Anklänge an Vorstellungen und Motive, die erst später in der rabbinischen Literatur Verbreitung finden. Ein kurzer Blick auf die Entwicklung der Dämonologie in diesem Bereich lohnt sich also. Den generellen Befund fasst die folgende Übersicht knapp zusammen:

„Verglichen mit der Literatur des Zweiten Tempels spielen Dämonen in der klassischen rabbinischen Literatur eine relativ geringe Rolle. In tannaitischen Texten finden sich nur vereinzelte Belege, und auch im palästinischen Talmud sind Dämonen noch sehr unbedeutend. Etwas größer ist ihre Bedeutung in den klassischen Midraschim ab etwa 400 wie etwa in Bereschit Rabba [...]. Auffällig ist im Vergleich mit der Literatur aus der Zeit des Zweiten Tempels [...], dass der Fall der Gottessöhne in Gen 6 kaum thematisisert wird, auch nicht in Bereschit Rabba, wo man eine breitere Behandlung erwarten würde. Wichtig werden Dämonen erst im babylonischen Talmud, was offenbar mit dem mesopotamischen

---

[28] Alexander, *Demonology*, 1999, 348.

Erbe zusammenhängt, aber auch mit einer größeren Offenheit gegenüber verschiedenen Formen der Volksreligion, wie sie in Babylonien auch durch die zahlreichen erhaltenen Zauberschalen (3.–7.Jh.) mit ihrer Abwehr verschiedenster Dämonen belegt ist.“[29]

Dualistische Vorstellungen von widerstreitenden Königreichen sind der rabbinischen Literatur im Zusammenhang mit der Dämonenwelt fremd. Die Wirksamkeit der Dämonen bezieht sich eher auf den individuellen Bereich.[30] Insofern nähert sich das rabbinische Schrifttum in dieser Hinsicht wieder mehr an die biblische Vorstellungswelt an. Nur in späten Texten erscheint der Sache nach ein „Oberster der Dämonen“, allerdings in eher magisch geprägten Zusammenhängen im Gegensatz zur oben beschriebenen Literatur nicht von den Dämonen unterschieden, sondern eher ein besonders herausgehobener Vertreter ihrer Art:

Da begegnete ihm ein Dämon,	ופגע בה שדא
der Oberste [שר] der Geister.[31]	שרהון דרוחתא

Der hier verwendete Begriff שר verweist allerdings auf eine ganz andere Terminologie, die in der rabbinischen Literatur nur lose mit der Dämonenvorstellung verknüpft ist, aber umso stärkere Verwandtschaft mit den Geistervorstellungen der zwischentestamentlichen Literatur aufweist. Die Rede ist von den שרים, den „Fürsten“ bzw. „Obersten“[32], die Gott über bestimmte Herrschaftsbereiche gesetzt hat, z.B über den Hagel oder das Meer[33], über Feuer und Eisen,[34] vor allem aber über Völker.[35] Schon in einer frühen Auslegungstradition zu Dtn 32,8 wird die Zerstreuung von siebzig Engeln als Herrscher über die Völker (רברבי עממין) mit der Zeit nach der Sintflut bzw. mit der Auflehnung der Völker beim Turmbau zu Babel in Verbindung gebracht.[36] Im Rahmen einer engen Assoziation von Götzenanbetung und Dä-

[29] Stemberger, *Samael*, 2003, 637–638.

[30] bMeil 17b; bPes 112b Bar.; ySheq 5,6/4 (49a) par yPea 8,9/7 (21b) und Anm. 31.

[31] WaR 5,1 zu Lev 4,3 (Mirkin 8:52. Margulies 1:100, liest hier שדיא שמדון רבהן דרוחתא). Der Titel „Herr der Geister“ (רבהון דרוחיא) erscheint auch in yPea 8,9/7 (21b) par ySheq 5,6/4 (49a) ed. Schäfer/Becker I.1–2:396 und II.5–12:102 , außerdem „König der Dämonen“ (מלכא דשידי) in bPes 110a, bGit 68a.

[32] Kuhn, *Sifre Numeri*, 1959, 515 schlägt die Übersetzung „Archont“ vor, was auch dem ἄρχοντι der vorliegenden Perikope entspräche.

[33] bPes 118a; bGit 68b; bAr 15a; ShemR 24,1 zu Ex 15,22 (Mirkin 5:271); BamR 18,22 zu Num 16,30 (Mirkin 10:212)

[34] Vgl. auch EkhaR 2,5 zu Klg 2,2 (Wilna 22a)

[35] שרי אומות העולם, WaR 21,4 zu Lev 16,3 (Margulies 3:479); WaR 29,2 zu Lev 23,24 (Margulies 3:670) u.ö.; außerdem „Weltenherrscher (קוזמוקרטור) über alle Schöpfung“ WaR 18,3 zu Lev 15,2. (Margulies 2:406); vgl. auch EkhaR 2,5 zu Klg 2,2 (Wilna 22a); 3,8 zu Klg 3,22 (Wilna 26a); bYom 77a; sowie die unten (S. 379f.) ausführlich zitierten Belege sowie Grötzinger, *Engel*, 1982, 590.

[36] TPsJ zu Dtn 32,8 (Clarke 249), angedeutet auch in SifDev §311 zu Dtn 32,8 und §318 zu Dtn 32,17 (Finkelstein 351–352 und 364, dt. Bietenhard 752 und 772); vgl. dazu VanderKam, *Demons*, 2003, 352.

monen[37] entstand daraus die verbreitete Überzeugung, dass Gott den Völkern die Dämonen zugeteilt hat, die dort als Götter angebetet werden. Über diese wiederum herrschen die שרים.[38] Ähnlich wie bereits im Jubiläenbuch, bildet Israel auch hier die Ausnahme: Es wird nicht von einem שר regiert, sondern hier ist die Herrschaft Gottes unmittelbar. Innerhalb dieser Begrifflichkeit ist dann auch hier vom Kampf bzw. Sieg Gottes über die שרים und von ihrer Bindung die Rede.[39]

Es ist also deutlich, dass die frühen jüdischen Traditionen von den Geistern und ihren Obersten, sowie ihrem begrenzten Herrschaftsbereich in der Völkerwelt, auch in der rabbinischen Terminologie ihren Niederschlag gefunden haben, und zwar im Begriff der שרים mehr noch als im Begriff der שדים. Wenn in dieser Vorstellungswelt auch ein „Eindringen griechischer Philosophie in das rabbinische Denken" bzw. „die ganze platonische, im Neuplatonismus dann im großen System ausgebaute Dämonen- und Archontenlehre" vorliegt[40], dann muss der Zeitpunkt dieses Eindringens schon in sehr früher Zeit, nämlich bereits bei der Entstehung der henochischen Literatur angesetzt werden, denn von dort aus haben sich diese Vorstellungen nicht nur in der jüdischen, sondern auch in der christlichen sowie in der gnostischen Literatur beiderlei Provenienz niedergeschlagen. Diese Vorstellungswelt einer hierarchisch geordneten, aber dennoch monotheistischen Geisterwelt und widerstreitender Herrschaftsbereiche in der Geisterwelt ist es, die der Beelzebul-Kontroverse zugrunde liegt[41]: Die Geister und ihre Herren, getrennte Herrschaftsbereiche, das Binden und Überwinden des Bösen, das Königreich, das nicht bestehen kann, das Hereinbrechen der Herrschaft Gottes – all das sind Motive, die auch in der entstehenden Dämonologie des Judentums eine Rolle spielen. Die hier beschriebenen Entwicklungslinien bilden demnach die historische und linguistische „Landkarte", auf der der vorliegende Text verortet werden muss, und an dessen Begrifflichkeit sich auch die Rekonstruktion einer möglichen hebräischen Vorlage des Textes orientieren sollte.

---

[37] Vgl. Ps 106,35–37 und Ps 96,4–5/95,5 LXX; Dtn 32,15–17.
[38] Vgl. Grötzinger, *Engel*, 1982, 590; Schäfer, *Rivalität*, 1975, 63.
[39] Vgl. dazu ausführlicher unten S. 378.
[40] Kuhn, *Sifre Numeri*, 1959, 514.
[41] So auch Marcus, *Mark*, 2000, 274.

2. Einzeluntersuchungen

2.1 Der Anlass der Kontroverse: Die Rahmenerzählung

2.1.1 *τότε προσηνέχθη αὐτῷ δαιμονιζόμενος*

Mt und Lk beginnen ihren Bericht mit einem kurzen Heilungsbericht. Bei Mk fehlt dieser Bericht, stattdessen bildet die Auseinandersetzung Jesu mit seiner Familie den Rahmen. Will man nicht *a priori* von einer Mk/Q-Überlappung ausgehen, legt sich die Annahme nahe, dass der ursprüngliche Erzählrahmen der Perikope von Mk entfernt wurde, wofür auch andere Anzeichen redaktioneller Tätigkeit sprechen.[42] Anders als seine Seitenreferenten hatte Mk bereits in der vorangehenden Perikope kontroverse Ansichten über Jesus thematisiert und konnte daher die folgende Kontroverse ohne neuen Anlass anschließen.[43] Es ist daher zu vermuten, dass die Perikope in ihrer ursprünglichen vormarkinischen Gestalt eine Rahmenhandlung hatte, die sich in der Mt/Lk-Fassung widerspiegelt. Dabei findet sich jedoch eine noch engere Parallele zu Lk 11,14 in Mt 9,32–34, auch dort verbunden mit dem Beelzebul-Vorwurf. Es scheint, als habe Matthäus bereits hier, im Zusammenhang mit anderen Wunderberichten, die Heilung berichten wollen, sich aber die damit verbundene Kontroverse für später aufbewahrt.[44] Bei der Wiederaufnahme der Geschichte hat er dann in Mt 12,24 eine abweichende Formulierung gewählt, die stärker redaktionell geformt ist.[45] Aber auch die Fassung des Lk trägt Zeichen geringfügiger redaktioneller Bear-

---

[42] Vgl. Hultgren, *Narrative Elements*, 2002, 251–253. Die Bezugnahme auf die Familie Jesu in Mk 3,21 und Mk 3,31–35 bildet eine typisch markinische Verklammerung dar, die an acht weiteren Stellen in Mk zu beobachten ist. Vgl. dazu Edwards, *Sandwiches*, 1989, mit ausführlichen Literaturangaben. Das „Haus" als Handlungsort erscheint in Mk 2,1; 5,38; 7,17; 7,30; 9,28; in Mt gar nicht, in Lk nur 7,36 und 14,1 (in beiden Fällen das Haus eines Pharisäers) sowie in der Kindheitsgeschichte Lk 1,23.40.56. Die Bedrängung Jesu durch großen Volksmassen wird in Mk 1,33; 1,45; 2,1–2; 3,20; 6,31; 7,24; 9,30–31a thematisiert und fehlt dort jeweils bei den beiden Seitenreferenten, vgl. Burkett, *Gospel Sources*, 2004, 27. Gleiches gilt für den Rückbezug durch πάλιν, vgl. ebd., 18. Grundmann, *Markus*, 1989, 108, weist zudem auf einen „Bruch" zwischen der angenommenen Szene eines überfüllten Hauses in der Rahmenhandlung vor und nach der Perikope und dem geordneten Streitgespräch mit einer Delegation aus Jerusalem in der Perikope selbst hin. Guelich, *Mark 1–8*, 1989, 173 und 184 sieht hier zwei unterschiedliche vormarkinische Überlieferungsstücke zusammengefügt. Ähnlich Pesch, *Markus I*, 1976, 211 und Schweizer, *Markus*, 1967,45. Schmithals, *Markus I*, 1979, 211, identifiziert Mk 3,20f.31–35 als vormk Grundschrift GS, in die Mk nachträglich die Einheit Verse 22–30 eingefügt habe. Lührmann, *Markus*, 1987, 74 und Gnilka, *Markus I*, 1978, 144, erklären die Einleitungsszene des Mk hingegen als redaktionelle Schöpfung des Mk. Zur Phrase οἱ γραμματεῖς οἱ ἀπὸ Ἱεροσολύμων καταβάντες vgl. den folgenden Abschnitt.

[43] Ernst, *Markus*, 1981, 117; Gnilka, *Markus I*, 1978, 145.

[44] So die Mehrheit der Kommentare. Eine ausführliche Analyse bei Fuchs, *Beelzebulkontroverse*, 1980, 21–29.

beitung.[46] Insgesamt ergibt sich jedoch für die Rahmenerzählung weder aus dem jüdischen Kontext noch aus dem hebräischen Sprachhintergrund ein besonderer Anhaltspunkt für die Ursprünglichkeit von Mt gegenüber Lk oder umgekehrt. Für die vorliegende Untersuchung spielt also diese Frage eine untergeordnete Rolle. Auch für die Frage, ob μήτι οὗτος ἐστιν ὁ υἱος Δαυιδ Teil der Vorlage oder redaktioneller Zusatz ist, lassen sich aus dieser Perspektive keine zusätzlichen Anhaltspunkte finden.[47] Über den sekundären Einschub der Zeichenforderung in der lukanischen Rahmenerzählung (Lk 11,16) hingegen herrscht in der Literatur weithin Einigkeit.[48]

2.1.2 *ἐγένετο δὲ τοῦ δαιμονίου ἐξελθόντος*

In der Fassung des Lk enthält die Rahmenhandlung eine für Lk typische ἐγένετο-Klausel. In der Literatur wird diese weithin als lukanisches Stilmittel eines künstliches Septuagintismus erklärt und damit als Beleg gegen die Existenz hebräischer Vorlagen angeführt (s. oben S. 224). Eine eingehendere Analyse des lukanischen Sprachgebrauch zeigt jedoch, dass dieser Schluss auf fehlerhaften Beobachtungen beruht: Bereits Plummer hat gezeigt, dass insbesondere im zweiten Teil der Apg der Gebrauch der καὶ ἐγένετο-Konstruktion auffällig von dem des Evangeliums abweicht.[49] Burney machte dafür eine „biographische Wandlung“ des Lukas verantwortlich.[50] In neuerer Zeit haben Brian Kvasnica und Randall Buth dieses Phänomen erneut ausführlich untersucht und dabei auf drei, bereits von Plummer herausgearbeitete, charakteristische Formen der καὶ ἐγένετο – Klausel im lukanischen Doppelwerk hingewiesen:[51]

a) καὶ ἐγένετο (ἐγένετο δέ) (+ temporale Klausel) + finites Verb
b) καὶ ἐγένετο (ἐγένετο δέ) (+ temporale Klausel) + καὶ + finites Verb
c) καὶ ἐγένετο (ἐγένετο δέ) (+/- temporale Klausel) + Infinitiv

---

[45] Zum redaktionellen Charakter des τότε bei Mt vgl. oben S. 288. Auch die „Doppelung“ von Handlungsträgern gegenüber den Seitenreferenten erscheint bei Mt öfter (Mt 9,27–31; 20,30–31), vgl. Gundry, *Matthew*, 1994, 231; auch Gnilka, *Matthäus I*, 1988, schreibt die Erweiterung der mt Redaktion zu.

[46] Vgl. Nolland, *Luke II*, 1993, 636.

[47] Vermutlich ist die Wendung jedoch redaktionell. Sie erscheint, wie die Doppelung, in Mt 9, 27–31 und 20,30–31. Zudem bietet die Parallele in Mt 9,32–33 noch eine andere Formulierung.

[48] Schürmann, *Lukas 2.1*, 1993, 232; Nolland, *Luke*, 1993, 637; Fitzmyer, *Luke II*, 1985, 919; Wiefel, *Lukas*, 1987, 220; Schweizer, *Lukas*, 1993, 128 u.ö.

[49] Plummer, *Luke*, 1910, 45.

[50] Burney, *Aramaic Origin*, 1922, 12. Vgl. oben S. 32. Auch Johannessohn, *Egeneto*, 1926, macht auf den differenzierten Befund in Lk und Apg aufmerksam.

[51] Buth/Kvasnica, *Temple-Authorities*, 2006, 268–273; vgl auch Buth, *Hebraic Approach*, 2006, 300–308.

Die erste Phrase gibt in der LXX meist eine entsprechende hebräische Konstruktion wieder (ויהי + temporale Klausel + finites Verb), zuweilen jedoch auch die hebräische Konstruktion ויהי + temporale Klausel + ו + finites Verb. Letztere ist jedoch meist durch Konstruktion (b) übersetzt. Konstruktion (c) fehlt in der LXX völlig und ist im Hebräischen kaum angemessen wiederzugeben. Lukas bevorzugt nun in den ihm eigenen literarischen Kontexten (z.B. Apg 22,6 und 22,17) die dritte Konstruktion und damit gerade keinen Septuaginta-Stil. Die hebraisierenden Phrasen (a) und (b) verwendet Lk hingegen lediglich dort, wo durch die synoptischen Seitenreferenten die Existenz von Quellen nahe gelegt wird, so auch an der vorliegenden Stelle. In Apg 16–28 fehlen diese Konstruktionen völlig. Alle fünf von Dalman[52] als Beleg für die künstlichen Hebraismen des Lk im Wir-Bericht angeführten Stellen verwenden in Wirklichkeit Konstruktion (c), die der Septuaginta unbekannt ist und daher als spezifisch griechischer Stil des Lk gelten muss. Aus dieser Beobachtung kann geschlossen werden, dass Lukas an anderer Stelle, wo er die von ihm selbst vermiedenen Konstruktionen (a) und (b) verwendet, dies nur tut, weil hebraisierende Quellen ihm dies vorgaben.

„We need to adress the question of why so many twentieth-century commentators could look at this same data and conclude that all or | most of the καὶ ἐγένετο structures in Luke were coming from Luke himself and were not an indication of possible sources going back to Luke."[53]

Zusammenfassend kann damit im Blick auf die Rahmenhandlung der Perikope gesagt werden, dass Lk hier vermutlich den Kernbestand der Überlieferung am besten bewahrt hat. Die Parallele bei Mt ist hingegen stärker redaktionell geprägt, da dieser den Stoff bereits in Mt 9,32 verwendet hatte.[54] Lk fügt dafür in Lk 11,16 die Zeichenforderung ein, die hier sicher sekundär ist. Damit steht Lk der ursprünglichen Überlieferung in der Formulierung näher, Mt jedoch im Aufriss. Auf eine hebräische Retroversion der Rahmenhandlung soll hier jedoch verzichtet werden, da vor allem die Kontroverse selbst im Zentrum des Interesses steht.

2.1.3 οἱ Φαρισαῖοι / οἱ γραμματεῖς / τινὲς δὲ ἐξ αὐτῶν

Die Gegner Jesu in der nachfolgenden Kontroverse werden bei den drei Synoptikern unterschiedlich identifiziert: Bei Matthäus sind es οἱ Φαρισαῖοι, bei Lukas τινὲς ἐξ αὐτῶν, bei Markus οἱ γραμματεῖς οἱ ἀπὸ Ἱεροσολύμων καταβάντες. Die *minor agreements* zwischen Mt und Lk gegen Mk (beide

[52] Dalman, *Worte*, 1898, 26.

[53] Buth/Kvasnica, *Temple-Authorities*, 2006, 271–272.

[54] Die ἐγένετο δέ-Konstruktion des Lk steht dem hebräischen Sprachgebrauch auch näher als der Gen. Abs. in Mt 9,32.

haben δὲ anstelle von καί, beide haben εἶπον anstelle von ἔλεγον, beide haben direkte Rede anstelle von indirekter) deuten darauf hin, dass sie unabhängig von Markus eine ursprünglichere Fassung bewahrt haben. Zudem erscheint das Motiv der von Jerusalem herabkommenden Schriftgelehrten bei Mk auch in Mk 7,1 (par Mt 15,1), ist also möglicherweise ein bewusstes Stilmittel des Mk, das den religiösen Konflikt verstärkt und schon die Klimax des Konfliktes in Jerusalem vorzeichnet.[55] Die matthäische Fassung ist allerdings ebenfalls sehr pauschal und entspricht einer häufiger feststellbaren Tendenz des Matthäus, die Pharisäer stereotyp als Gegner zu benennen, auch da, wo seine Seitenreferenten präzisere oder andere Informationen haben.[56] Die unbestimmte Fassung des Lukas, die zudem unmittelbarer an die Rahmenerzählung anschließt, ist daher vermutlich ursprünglicher.[57] Eine mögliche Vorlage der ursprünglichen Einleitungsformel könnte also lauten:

τινὲς δὲ ἐξ αὐτῶν εἶπον (V^{Lk} 11,14–15a) וְיֵשׁ מֵהֶם אֲחָדִים וַיֹּאמְרוּ

2.2 Der Kern der Kontroverse: Die Argumentation

2.2.1 οὗτος οὐκ ἐκβάλλει ... εἰ μὴ

Ausgangspunkt der hier beschriebenen Kontroverse ist der Vorwurf, Jesus treibe die bösen Geister durch ihren Obersten aus. Er ist bei Mt und Lk ähnlich formuliert, während Mk von beiden abweicht. In der zweiten Satzhälfte hingegen stimmen Mk und Lk gegen Mt überein:

Mt 12,24	*Mk 3,22*	*Lk 11,15*
	Βεελζεβοὺλ ἔχει καὶ ὅτι	
οὗτος οὐκ ἐκβάλλει		
τὰ δαιμόνια εἰ μὴ		
ἐν τῷ Βεελζεβοὺλ	ἐν τῷ	ἐν Βεελζεβοὺλ τῷ
ἄρχοντι τῶν δαιμονίων	ἄρχοντι τῶν δαιμονίων	ἄρχοντι τῶν δαιμονίων
	ἐκβάλλει τὰ δαιμόνια	ἐκβάλλει τὰ δαιμόνια

Tabelle 27: Mt 12,24 parr im synoptischen Vergleich

[55] Vgl. Trocmé, *Marc*, 2000, 104; Guelich, *Mark 1–8*, 1989, 174; für einen redaktionellen Ursprung bei Mk sprechen auch Lührmann, *Markus*, 1987, 74; Schmithals, *Markus I*, 1979, 221; Nolland, *Luke II*, 1993, 637.

[56] Mt 3,7; Mt 9,11; Mt 12,2; Mt 12,14; Mk 15,12; 16,12; Mt 21,45(!); Mt 22,34.41. Vgl. Flusser, *Antijüdische Redaktion*, 1984, S. 79–80. Ähnlich auch Gnilka, *Matthäus I*, 1988, 456.

[57] Bovon, *Lukas II*, 1996, 167; Nolland, *Luke II*, 1993; Ernst, *Lukas*, 1976, 372. Anders jedoch Schürmann, *Lukas 2.1*, 1993, 229, Marshall, *Luke*, 1978, 472 und Bock, *Luke II*, 1996, 1075, der hier eine Vorliebe des Lk für unspezifische Ausdrücke anführt und annimmt, Lk wolle die Aufmerksamkeit von der Person der Kritiker auf den Inhalt der Kritik lenken.

Im Wortlaut reflektiert Mt eine semitische, speziell im Aramäischen und im mischnischen Hebräisch verbreitete, Satzkonstruktion der doppelten Verneinung durch אין...אלא.[58] Lukas hingegen hat, im Griechischen korrekter, die emphatische Funktion der doppelten Verneinung durch eine Verschiebung des Namens Βεελζεβοὺλ an den Satzanfang wiedergegeben, richtiger Weise ohne einschränkendes μόνον. Dasselbe gilt für Markus, wobei hier die gesamte erste Satzhälfte anders formuliert ist. Es ist deutlich, dass Mt und Lk hier nicht allein aus Mk heraus zu erklären sind. Der instrumentale Gebrauch des ἐν in allen drei Versionen könnte auf semitische Interferenz zurückgehen, wobei Lk durch Weglassen der im Griechischen unnötigen Determination geglättet hat. Dafür muss er den Artikel vor ἄρχοντι einfügen, das ja im Griechischen nicht mehr durch den folgenden Genitiv determiniert wird.

2.2.2 Βεελζεβοὺλ

Bezüglich des Namens Βεελζεβοὺλ sind verschiedene Herleitungen versucht worden, darunter aus dem alttestamentlichen בַּעַל זְבוּב („Herr der Fliegen")[59] bzw. dessen angenommener aramäischer Verballhornung in בעל זבל („Herr des Dungs")[60], aus dem ugaritischen *zbl b'l* („erhobener Baal)[61] oder aus dem aramäischen בעל דבבא („Herr der Feindschaft")[62]. All diese Herleitungen stammen jedoch aus ganz anderen Epochen und sind zum Teil auch nur Konjekturen, für die Belege in den Quellen fehlen.[63] Am nahe liegend-

---

[58] Vgl. Luz, *Matthäus II*, 1990, 252, Turner, *Matthew*, 2008, 320; Davies/Allison, *Matthew II*, 1991, 335; Pesch, *Markus I*, 1976, 213 sowie Beyer, *Syntax*, 1962, 105 : Der „häufige Gebrauch des durch εἰ μή eingeleiteten Ausnahmesatzes im NT geht [...] auf semitischen und zwar, was das εἰ μή angeht, speziell auf aramäischen (bzw. neuhebräischen) Einfluß zurück. [...] Weniger wahrscheinlich ist dagegen sowohl Einwirkung des hebräischen (bzw. biblisch-aramäischen) AT [...] als auch Einwirkung von LXX". Zu אין...אלא vgl. ebd., 103 und 131.

[59] II Kg 1,2.3.6.16. Aus dieser Parallele leiten sich vermutlich auch die Varianten in den syrischen und einigen lateinischen Handschriften ab. Möglicherweise ist der Name aber schon dort die Verunglimpfung eines möglichen Götternamens בעל זבול sein. Vgl. Schweizer, *Markus*, 1967, 46; Marcus, *Mark*, 2000, 272; Marshall, *Luke*, 1978, 473 u.ö.

[60] Meyer, *Muttersprache*, 1896, 49.

[61] Vgl. Casey, *Aramaic Approach*, 2002, S. 159; Marcus, *Mark*, 2000, 272; Rüger, *Hilfsmittel*, 1990, 127. Die entsprechenden Belege aus Ugarit sind allerdings etwa tausend Jahre älter als die des NT, daher ist ein direkter Einfluss unwahrscheinlich.

[62] Vgl. Loisy, *Beelzeboul*, 1906, 11.

[63] Die Lesung von [בעל]דבב in 4Q560 (=4QExorcism ar) 1 i:1 durch Penney, *Power*, 1994, 631, ist nur in den letzten zwei Buchstaben sicher, auch wenn der Kontext zweifellos einen Exorzismus beschreibt. Garcia Martinez/Tigchelaar, *DSSSE*, 1997–1998, 1116, und Parry 6:226 lesen hier ולבב anstelle von דבב. Zudem ist gerade dieser Text ein Fremdkörper in der Literatur von Qumran, vgl. Alexander, *Demonology*, 1999, 345: „...probably a non-sectarian text pressed into service at Qumran".

sten bleibt daher wohl die Erklärung aus dem hebräischen זבול („Behausung"). Der Begriff זבול wird sowohl im Alten Testament als auch in Qumran und in der rabbinischen Literatur für die Behausung Gottes verwendet.[64] In der späteren rabbinischen Tradition von den sieben Himmeln ist זבול der Name desjenigen Himmels, in dem sich das himmlische Abbild des Gotteshauses befindet.[65] Ein deutlicher Hinweis auf diese Etymologie findet sich auch in Mt 10,25, wo ein bewusstes Wortspiel mit dem Begriff des οἰκοδεσπότης und dem Namen Βεεζεβοὺλ hergestellt wird, ein Wortspiel, das jedoch auf hebräischer Sprachebene noch deutlicher wird:

εἰ τὸν οἰκοδεσπότην (בעל הבית) Βεεζεβοὺλ (בעל זבול) ἐπεκάλεσαν,
πόσῳ μᾶλλον τοὺς οἰκιακοὺς αὐτοῦ (Mt 10,25)

Die Bezeichnung des Obersten der Geister als בעל זבול würde in diesen Sinnzusammenhang passen, ebenso wie in den Gesamtkontext der Perikope, in dem das Bild vom Haus und seinen Herren wiederholt aufgenommen wird. Der Gebrauch eines hebräischen (und nicht aramäischen) Begriffs passt zudem auch in den historischen Rahmen, denn es ist wahrscheinlich, dass die Kritiker sich insbesondere für eine schriftgelehrte Diskussion des Hebräischen bedienten.[66]

Das gleiche Bild von einem Hausherrn und seinem Herrschaftsbereich steht auch hinter dem Ausdruck ἄρχων τῶν δαιμονίων. Wie bereits zu sehen war, fügt sich die Vorstellung einer geordneten hierarchischen Dämonenwelt gut in den Kontext zeitgenössischer jüdischer Dämonenvorstellungen ein. In der Fassung des Markus wird diese differenzierte, hierarchische „Dämonologie" jedoch verwischt: Hier wird der Vorwurf ergänzt durch Βεελζεβοὺλ ἔχει, eine Konstruktion, die sich weder sinnvoll in hebräische Sprache übersetzen lässt noch den bei Mt und Lk zugrunde liegenden Vorwurf korrekt wiedergibt: Dass Jesus selbst von einem Dämon besessen sei, ist ja weder bei den Seitenreferenten noch sonst in den synoptischen Evangelien unterstellt. Es handelt sich also vermutlich um eine redaktionelle Formung des Mk.[67] Zu finden ist dieser Vorwurf allerdings in Mt 11,18 par.

---

[64] I Kg 8,13; Jes 63,15; Hab 3,11; Ps 49,15; II Chr 6,2; 1QM XII:1–2; 1QM XIII:2; bHag 12b; BerR 26,2 zu Gen 5,32 (Theodor/Albeck 1:245).

[65] bHag 12b; bSan 110a; ShemR 33,4 zu Ex 25,4 (Mirkin 6:90); WaR 29,11 zu Lev 23,20 (Margulies 3:680); DevR 2,32 zu Dtn 6,4 (Mirkin 11:49; nicht bei Liebermann).

[66] Selbst Casey, *Aramaic Approach*, 2002, 160, nimmt hier einen hebräischen, und nicht aramäischen, Hintergrund an: „The scribes expressed themselves in a learned manner in Hebrew, and then, still in Hebrew, they said what they really meant. (...) We should probably infer that scribes from Jerusalem told people what they meant in normal Aramaic, but that they fired the longer and more learned version at Jesus in Hebrew, because they knew that he would understand both their language and the cultural ramifications of בעל זבול."

[67] Guelich, *Mark 1–8*, 1989, 174; Schürmann, *Lukas 2.1*, 1993, 231 u.ö.; ausführlich Cope, *Beelzebul*, 1971, 256, der darauf hinweist, dass auch bei Mk, wie bei seinen Seiten-

Lk 7,33 im Blick auf den Täufer. Im dortigen Zusammenhang erscheint er auch eher plausibel.[68] Mk versucht also wohl, die komplexe zugrunde liegende Vorstellung von Dämonen-Hierarchien für seine Leser vereinfacht wiederzugeben und verwendet dazu den Vorwurf der Besessenheit, der ursprünglich dem Täufer galt. Eine mögliche Rekonstruktion einer gemeinsamen vorsynoptischen Tradition (V), angelehnt an Mt, wäre also:

οὗτος οὐκ ἐκβάλλει τὰ δαιμόνια	אֵין הוּא מְגָרֵשׁ אֶת־הַשֵּׁדִים
εἰ μὴ ἐν τῷ Βεελζεβοὺλ ἄρχοντι τῶν δαιμονίων	אֶלָּא בְּבַעַל־זְבוּל שַׂר הַשֵּׁדִים
(V^{Mt} 12,24b)	

2.3 Die erste Antwort Jesu: Königreiche im Konflikt

2.3.1 εἰδὼς δὲ τὰς ἐνθυμήσεις αὐτῶν

Die einleitende Formulierung der Antwort Jesu ist bei Mt und Lk annähernd gleich, und zugleich deutlich anders als bei Mk, formuliert. Man muss also davon ausgehen, dass die Überleitung bereits Teil ihrer gemeinsamen Vorlage war, da es unwahrscheinlich ist, dass beide unabhängig voneinander die Mk-Version in der vorliegenden Weise geändert haben.[69] Mk hat auch hier, wie bereits im vorangegangenen Vers, eine ganz eigene Version. Sie gleicht eher einer paraphrasierenden Zusammenfassung des gesamten folgenden Textes.[70] Ein Vergleich mit ähnlichen Einleitungsformeln an anderen Stelle zeigt, dass Mt und Lk sich durchweg an die schlichte Formulierung „er kannte ihre Gedanken" halten, die auch hier vorliegt und die den Text von Hi 21,27 und Ps 94,11 durchscheinen lässt, allerdings nicht nach LXX, sondern in direkter Übernahme aus dem Hebräischen:

ὥστε οἶδα ὑμᾶς	הֵן יָדַעְתִּי מַחְשְׁבוֹתֵיכֶם
ὅτι τόλμῃ ἐπίκεισθέ μοι	וּמְזִמּוֹת עָלַי תַּחְמֹסוּ
(Hi 21,27 LXX)	(Hi 21,27)

---

referenten, der Vorwurf der Zusammenarbeit mit Beelzebul im Zentrum der Argumentation steht. Das Motiv der Besessenheit, das in der markinischen Rahmenhandlung und im vorliegenden Vers vorherrscht, fehlt jedoch bei Mt und Lk völlig, was auf eine redaktionelle Herkunft und damit eine sekundäre Stufe der Bearbeitung hindeutet.

[68] Unter der Annahme einer Priorität von Mt bzw. Lk gegenüber Mk läge hier also ein klassisches „Markan Pick-Up" (oben S. 286) vor: Mk fand den Begriff in Mt 11,18/Lk 7,33 vor, übernahm aber diese Passage nicht. Dafür verwandte er die Formulierung δαιμονίον ἔχει bei nächster Gelegenheit, um die Passage entsprechend mit dem Vorwurf Βεελζεβοὺλ ἔχει zu bereichern.

[69] Fleddermann, *Mark and Q*, 1995, 47, gegen Neirynck, *Mt 12,25a*, 1986, 133, der hier ein zufälliges Zusammenfallen zweier unabhängiger redaktioneller Eingriffe des Mt und Lk sieht.

[70] Vgl. auch seine ähnlichen Formulierungen in Mk 4,2.33–34; 7,14; 8,1.34; 10,42; 12,1.12.43, sowie Pesch, *Markus I*, 1976, 214.

κύριος γινώσκει τοὺς διαλογισμοὺς τῶν ἀνθρώπων
ὅτι εἰσὶν μάταιοι
(Ps 93,11 LXX)

יְהוָה יֹדֵעַ מַחְשְׁבוֹת אָדָם
כִּי־הֵמָּה הָבֶל
(Ps 94,11 MT)

Dass Mt und Lk dabei von Stelle zu Stelle das Vokabular wechseln, zeigt, dass sie sich weder an eine bestimmte griechische Formel noch an die LXX-Vorlage halten. Mk hingegen verwendet diese einfache Formulierung nur einmal (Mk 12,15), während er an den anderen Stellen komplexere Formulierungen verwendet (Mk 2,8; 3,4–5; 9,33–34 und in der vorliegenden Perikope). Es scheint also, als würden Mt und Lk hier eine ursprünglich hebräische Formulierung erhalten haben, die dann von Mk an den betreffenden Stellen bearbeitet bzw. erweitert wurde.[71]

Die in der Markusversion hier erscheinende Frage πῶς δύναται σατανᾶς σατανᾶν ἐκβάλλειν versucht zwar, die folgenden Bildworte überschriftartig zusammenzufassen, trifft dabei aber sachlich ebenso ungenau den Sachverhalt wie die Formulierung im vorangehenden Satz: War es dort noch der Vorwurf, Jesus sei von Beelzebul besessen, so ist es hier die Unterstellung, der Geheilte sei vom Satan selbst besessen. Auch dies trifft den ursprünglichen Sachverhalt nicht: Dieser unterstellte dem Kranken eine Besessenheit durch einen „untergeordneten" Dämon, den Jesus mithilfe der ihm verliehenen Vollmacht des „übergeordneten" Dämonenfürsten austreibe. Die mk Rede von der Austreibung Satans ist also wie bereits im Vers zuvor eine sehr unscharfe Wiedergabe des Sachverhaltes und vermutlich ein Versuch, die differenzierte jüdische Dämonologie der Kontroverse durch Vereinfachung auch nichtjüdischen Lesern zugänglich zu machen. Mt und Lk haben auch hier also vermutlich die ursprünglichere Fassung der Überleitung behalten. Die Wortstellung steht dabei in Mt dem hebräischen Gebrauch näher. Da zudem das Wort διανοήματα (Lk 11,17) auf eine lukanische Vorliebe für Komposita mit δια- zurückzuführen ist, orientiert sich die Rekonstruktion einer gemeinsamen Vorlage auch hier an der Fassung des Mt:

εἰδὼς δὲ τὰς ἐνθυμήσεις αὐτῶν εἶπεν αὐτοῖς
(V^{Mt} 12,25a)

וַיֵּדַע את־מַחְשְׁבוֹתָם וַיֹּאמֶר אֲלֵיהֶם

2.3.2 πᾶσα βασιλεία μερισθεῖσα καθ' ἑαυτῆς ἐρημοῦται

Es folgt das Bildwort vom zerstrittenen Königreich. Auch hier liegt die sprachliche Ursprünglichkeit der Mt/Lk-Version auf der Hand: Nicht nur das *minor agreement* als solches, sondern auch die typisch semitische Syn-

[71] Vgl. ROLLAND, *Pensées*, 1986, 121 und 119: „Notre théorie synoptique rend facilement compte de ce genre d'observations. En effet, pour nous, Mt dépend d'un Pré-Mt, Lc dépend d'un Pré-Luc, et ces deux documents sont des versions parallèles d'un même texte sémitique sous-jacent, l'évangile des Douze. Mc dépend à la fois du Pré-Mt et du Pré-Lc".

tax (πᾶς + Partizip)[72], sowie die Verwendung des Begriffs ἐρημοῦται, der nicht nur biblischem Sprachgebrauch entspricht, sondern auch in einem sehr eng verwandten rabbinischen Ausspruch Verwendung findet.[73] Die Mk-Fassung wiederum ist unschwer als vereinfachende Übertragung ins Griechische zu erkennen: Die sperrige grammatische Konstruktion wird von ihm griechisch korrekt in einen Konjunktionalsatz umgewandelt, und das metaphorische ἐρημοῦται überträgt er sinngemäß, wobei er sich mit οὐ δύναται σταθῆναι bereits hier der Wortwahl bedient, die Mt und Lk später in ihrer Sachhälfte des Bildwortes ebenfalls verwenden.[74]

Komplexer ist der Befund in der zweiten Hälfte des Bildwortes: Mk ist hier, wie auch in der ersten Vershälfte, sekundär gegenüber der Lk/Mt-Version. Aber Lk und Mt haben diesmal zwei Fassungen, die zwar in der Begrifflichkeit eng verwandt, aber inhaltlich völlig verschieden sind. Die Mt-Fassung steht dafür Mk näher. Mögliche Erklärungen für diesen Befund wären:

a) Mt und Lk sind zwei unabhängige Übertragungen einer ursprünglichen Vorlage. Lk gibt die Q-Version wieder, Mt und Mk die Mk-Version.
b) Mt ist ursprünglich, wurde von Mk übernommen, von Lk jedoch falsch verstanden/ oder redaktionell umgestaltet.
c) Lk ist ursprünglich, Mt hat das Wort redaktionell bearbeitet, und Mk folgt hier Mt.
d) (Proto-)Mt und (Proto-)Lk entsprachen zunächst der in Lk erhaltenen Version. Mk hat diese paraphrasiert, die jetzige Mt-Version geht auf einen Einfluss des Mk auf die Endredaktion des Mt zurück.

Die erste Möglichkeit wird zwar durch die Nähe in Aufbau und Formulierung nahe gelegt. Ein ursprünglicher *parallelismus membrorum* zur ersten Vershälfte ist dabei prinzipiell als gemeinsamer Hintergrund beider Formulierungen denkbar (vgl. Tabelle 28). Allerdings wäre man auf weitreichende Konjekturen angewiesen, um hier eine entsprechende gemeinsame hebräische Vorlage zu rekonstruieren. Nahe liegender sind daher Möglichkeiten b) und c): Die matthäische Fassung ist ohne Frage glatter, und sie hat den Vorzug eines gut hebraisierenden *parallelismus membrorum*. Dennoch lässt sie sich wohl eher als nachträgliche stilistische Glättung erklären,

---

[72] Vgl. BEYER, *Syntax*, 1962, 189 und PESCH, *Markus I*, 1976, 215.

[73] Eine gebräuchliche Metapher für den Untergang von Städten und Ländern sowohl im biblischen Hebräisch (Lev 26,22.31–32; Jes 54,3; Jer 10,25; Jer 33,10; Ps 79,7; Ez 29,12; 30,7; Ez 6,6; Jes 37,18; Jer 26,9; Ez 26,2.19; Ez 29,12; Ez 30,7) und auch im Danielbuch (βδέλυγμα τῆς ἐρημώσεως / שִׁקּוּץ שֹׁמֵם, das „Greuel der Verwüstung“ Dan 12,11; 11,31; 9,27; vgl. 8,13). Zur rabbinischen Parallele siehe unten S. 367.

[74] Unter der Annahme einer Mt/Lk-Priorität wäre dies erneut ein „Markan Pick-Up“ (vgl. oben S. 286). Dass „nicht bloß die Ausdrucksweise, sondern vor allem die inhaltliche Aussage der Seitenreferenten der des Mk überlegen ist“, stellt auch FUCHS, *Beelzebulkontroverse*, 1980, 174, fest, allerdings leitet er daraus gerade umgekehrt die Priorität des Mk ab. Zur problematischen Verwendung der textlichen „Verbesserung“ als Kriterium der Ursprünglichkeit vgl. jedoch oben S. 11.

Vorsatz (V, Mk, Mt,Lk)	*Nachsatz (V?)*	*Nachsatz (Mt/Mk)*	*Nachsatz (Lk)*
Jedes Reich, zerstritten	Jedes Haus, zerstritten	Jede (Stadt oder) Haus, zerstritten	… und Haus
gegen sich selbst, wird wüst	gegen sich selbst wird fallen	gegen sich selbst kann nicht stehen	(wird) gegen Haus fallen

Tabelle 28: Ein möglicher ursprünglicher parallelismus membrorum in Mt 12,25b parr.

denn es wäre nur schwer denkbar, warum Lk in seiner Fassung sowohl die sprachliche Konstruktion zerstören als auch den Inhalt hätte verdunkeln sollen.

Es ist also eher davon auszugehen, dass eine ursprüngliche Fassung als *lectio difficilior* bei Lk besser erhalten ist. Mt hätte diese demnach überarbeitet und den Parallelismus nachträglich konstruiert. Der Wortlaut des Mk spiegelte dann eine weitere Überarbeitung dieser Version wider, in der die einfache Parataxe in einen Konjunktionalsatz umgewandelt ist. Diese Erklärung birgt jedoch eine neue Schwierigkeit: Neben der eher grundsätzlichen Frage, ob es der Art des Mt entspräche, so frei mit seiner Vorlage umzugehen, sind es zwei weitere Beobachtungen, die an ihr zweifeln lassen: Das eingeschobene ἢ οἰκία bei Mt erscheint wie eine nachträgliche Korrektur oder Ergänzung und deutet auf einen sekundären Charakter der Mt-Endfassung. Und auch die Verwendung des οὐ σταθήσεται ist bei Mt aus dem bei Lk erhaltenen Wortlaut heraus nicht zu erklären. Mt hätte das יפל einer möglichen Vorlage ebenso wie Lk mit πίπτει wiedergeben können, ja sogar müssen, wenn es ihm um den Parallelismus ging. Warum also die umständliche Verneinung? Wie schon zu sehen war, entstammt das verneinte Verb aus dem folgenden Vers, wo es vermutlich bereits in der gemeinsamen Vorlage von Mt und Lk stand. Mk hatte es bereits in seiner Paraphrase der ersten Vershälfte von Mk 3,25 verwendet, hat es also aus der Sachhälfte in die Bildhälfte hinein geholt. Könnte also der Gebrauch des οὐ σταθήσεται bei Mt auch hier auf den Einfluss von Mk zurückgehen? Wenn dies so wäre, dann wäre Mk derjenige gewesen, der die Vorlage zuerst umgestaltet hat. Er konstruierte den griechischen Konditionalsatz parallel zu seiner ersten Vershälfte. Die jetzige zweite Hälfte der Mt-Fassung wäre dann durch direkten Einfluss des Mk auf die kanonische Endgestalt des Mt zu erklären.

Die erste Vershälfte jedoch scheint bei Mt auch gegenüber Lk ursprünglicher zu sein: Dafür spricht die semitische Wortstellung sowie das Simplex μερισθεῖσα, das bei Lk, wie oft, durch ein Kompositum ersetzt ist.[75] Hingegen könnte die übereinstimmende Verwendung von ἐφ᾽ ἑαυτὴν bei Lk und Mk ein Zeichen dafür sein, dass Mt an dieser Stelle redaktionell eingegriffen hat.[76]

---

[75] Vgl. Bovon, *Lukas II*, 1996, 172; Schürmann, *Lukas 2.1*, 1993, 234.

[76] Nolland, *Luke II*, 1993, 638; Marshall, *Luke*, 1978, 473.

Eine Retroversion orientiert sich daher in der ersten Vershälfte weithin an Mt 12,25b, in der zweiten Hälfte an Lk 11,17c:

πᾶσα βασιλεία	כׇל־מַמְלָכָה
μερισθεῖσα ἐφ᾽ ἑαυτὴν ἐρημοῦται	הַנֶּחֱלָקָה עַל־עַצְמָהּ תֶּחֱרַב
καὶ οἶκος ἐπὶ οἶκον πίπτει	וְיִפֹּל בַּיִת עַל־בַּיִת
V^{Mt} 12,25b + V^{Lk} 11,17c	

Dem Ausdruck (δια-)μερισθεῖσα entspricht im Sprachgebrauch der LXX das hebräische חלק, das im AT zunächst für die Verteilung des Landes in Herrschaftsbereiche unter den zwölf Stämmen[77], dann auch für die Einteilung der Zuständigkeitsbereiche zwischen den verschiedenen Abteilungen der Priester- und Levitenfamilien verwendet wird.[78] Später bezeichnet חלק dann auch innenpolitische Machtkämpfe in Israel.[79]

τότε μερίζεται ὁ λαὸς Ισραελ (I Kg 16,21)	אָז יֵחָלֵק הָעָם יִשְׂרָאֵל לַחֵצִי

Nachklänge dieser Begrifflichkeit finden sich auch später in der rabbinischen Literatur, wo die Zerteilung des Königreiches zum Symbol der Sünden des Volkes Israel und des Gerichts wird. So wird in bShab 56b von R. Jehuda der folgende Ausspruch Ravs überliefert:

Hätte David keine Verleumdung entgegengenommen,	אילמלי לא קיבל דוד לשון הרע
wäre das Reich des Hauses David nicht geteilt worden	לא נחלקה מלכות בית דוד
Die Israeliten hätten keinen Götzendienst getrieben,	ולא עבדו ישראל עבודה זרה
und wir wären nicht aus unserm Land verbannt worden.	ולא גלינו מארצנו

Die weite Verbreitung dieses Motivs in der rabbinischen Literatur[80] lässt vermuten, dass es sich schon früh, vielleicht bereits zur Zeit Jesu, um ein bekanntes Motiv handelte. Ähnlich formuliert es schon TSeb 9,1–6:

„Gebt acht auf die Wasser, wenn sie in derselben Richtung fließen, reißen sie Steine, Holz, Erde, Sand herab. Wenn sie sich nach vielen Seiten teilen, so saugt die Erde sie auf, und sie werden unbedeutend. Wenn ihr euch zerteilt, werdet ihr auch ebenso. Zerteilt euch nicht in zwei Häupter, denn alles, was der Herr gemacht hat, hat ein Haupt. [...] Ich las in den Schriften meiner Väter: daß ihr euch spalten werdet in Israel und zwei Königtümern

---

[77] Num 26,53.55.56; Jos 13,17; Jos 14,15; Jos 18,5; Neh 9,22; von den aus dem Exil Zurückkehrenden Ez 47,21; Jes 34,17.

[78] In dem Zusammenhang ist dann z.B. auch die Rede von רָאשִׁים לְבֵית („Oberen des Hauses", I Chr 5,24; 7,2; 24,4) sowie שָׂרֵי־קֹדֶשׁ („Obersten über das Heiligtum", I Chr 24, 5, vgl. I Chr 23,18) für die einzelnen Abteilungen.

[79] I Kg 12,6; 16,21; 18,6. Vgl. auch Bock, *Luke II*, 1996, 1076.

[80] Z.B. bShab 113b; bYom 22b; bNed 40a; bSan 102a; BamR 4,14 zu Num 4,5, (Mirkin 9:80); RutR 7,12 zu Ruth 4,8 (Wilna 12b); QohR 3,15 zu Prd 3,11 (Wilna 10b). Das Grundmotiv der Schwächung eines Königreichs durch innere Zerstrittenheit ist antikes Gemeingut, vgl. die Belege bei Luz, *Matthäus II*, 1990, 259. Die besondere Zuspitzung auf die Teilung des Reiches unter Davids Nachkommen und deren Auswirkungen bis auf gegenwärtige Generationen ist daher als besondere Ausformung dieses klassischen Motivs in der rabbinischen Literatur zu verstehen.

folgen werdet und jeden Greuel tun werdet und jedes Götzenbild anbeten werdet. Und eure Feinde werden euch gefangen führen, und ihr werdet verweilen unter den Völkern bei vielen Krankheiten und Trübsalen [eine Handschriftengruppe, die in TSeb häufig abweicht, fügt nach TSeb 9,7 hinzu: Und danach wird euch der Herr selbst aufgehen als Sonne der Gerechtigkeit, und Heilung und Barmherzigkeit (sind) unter seinen Flügeln. Er selbst wird alle Gefangenschaft der Menschenkinder von Beliar erlösen. Und jeder Geist der Verführung wird zertreten werden. Und er wird alle Völker zurückwenden zu seiner Nacheiferung]."[81]

Gleichzeitig wurde חלק in der rabbinischen Literatur aber auch zum *terminus technicus* für Meinungsverschiedenheiten zwischen Lehrern.

R. Simeon ben Jochai sagte: Ich wundere mich,	אמר ר' שמעון תמה אני
wie die Väter der Welt verschiedener Meinung sein konnten,	היאך נחלקו אבות העולם
die Schule Schammais und Hillels.[82]	בית שמאי ובית הילל

Bet Schammai und Bet Hillel	לא נחלקו
sind nicht geteilter Meinung darüber.[83]	בית שמאי ובית הילל

Besteht aber ein Streit,	ואם נחלקו
so geht er lediglich um Kohelet.	לא נחלקו אלא על קהלת
Da sagte Johanan ben Schammua',	אמר יוחנן בן שמוע
der Sohn des Schwiegervaters R. 'Akibas:	בן חמיר שלרבי עקיבה
(Es ist,) wie Ben 'Azzai gesagt hat.	כדברי בן עזי
So stritten sie und so entschieden sie.[84]	כן נחלקו וכן גמרו

In 9. Kapitel des rabbinischen Traktats Derech Eretz Zutta, das (ebenso wie die Kapitel 1–4 des Traktats) vermutlich auf ältere, in tannaitische Zeit zurückreichende Sammlungen zurückgeht,[85] ist ein Ausspruch bewahrt, der in sehr ähnlicher Weise wie im vorliegenden Text Uneinigkeit zwischen Gelehrten mit dem drohenden Zerfall des Hauses bzw. der Stadt verbindet:

Eine Stadt, in der es Zerstrittenheit gibt,	עיר שיש בה מחלוקת
wird am Ende wüst werden.	סופה ליחרב
Und die Weisen sagten:	ואמרו חכמים
Wenn in einer Stadt Zerstrittenheit ist,	מחלוקת בעיר
führt das zu Blutvergießen.	שפיכות דמים
Ein Haus der Versammlung, in dem Zerstrittenheit ist,	בית הכנסת שיש בה מחלוקת
wird am Ende zu einem Haus der Götzen.	סופו לחיות בית המנים
Ein Haus, in dem Zerstrittenheit ist,	בית שיש בו מחלוקת
wird am Ende wüst werden.	סופו ליחרב
Zwei Gelehrtenschüler,	שני תלמידי חכמים
die sich in einer Stadt streiten,	הדרים בעיר אחת

---

81 TSeb 9,1–6, ed. Jonge, *Testaments*, 1978, 99–100; dt. Becker, *Testamente*, 1974, 90.

82 BerR 12,14 zu Gen 2,4 (Theodor/Albeck 1:112); par BerR 1,15 zu Gen 1,1 (Theodor/Albeck 1:13–14) und WaR 36,1 zu Lev 26,42 (Margulies 4:835).

83 mMSh 3,6 (Bunte 188–189); vgl. auch mEr 1,2 (Nowack 14); BerR 46,12 zu Gen 17,13 (Theodor/Albeck 1:469).

84 mYad 3,5 (Lisowsky 54); vgl. ShirR 1,11 zu Hld 1,1 (ed. Wilna 3b) u.ö.

85 Loopik, *Ways*, 1991, 15–17.

und ebenso zwei Gerichtshöfe, die sich streiten,	וכן שני בתי דינים ובניהם מחלוקת
werden am Ende den Tod finden.	סופון למות
Abba Saul sagte:	אבא שאול אומר
Zerstrittenheit zwischen Gerichtshöfen	מחלוקת בתי דינים
ist der Untergang der Welt.[86]	חורבן העולם

Form und Aufbau dieser Spruchsammlung legen nahe, dass es sich um eine sekundäre Zusammenstellung ursprünglich unabhängiger Aussprüche handelt. Den Kernsatz, der zweimal zitiert wird, bildet das Wort von der Zerstrittenheit des Hauses, das am Ende wüst wird. Die jeweils folgenden Zeilen wenden diesen Grundsatz dann auf verschiedene Sachverhalte (Stadt, Versammlungshaus, Schüler, Gerichtshöfe) an. Dies lässt die Vermutung zu, dass der Spruch von der Verwüstung des zerstrittenen Hauses ein Motiv darstellte, das schon früh von verschiedenen Lehrern auf verschiedene Sachverhalte gedeutet wurde.

Es ist daher nicht auszuschließen, dass auch Jesus hier auf dieselbe Maxime zurückgreift, um sowohl den Beelzebulvorwurf abzuwehren als auch den Konflikt mit seinen Kritikern zu entschärfen. Damit ist die Auseinandersetzung also auf eine zweite Ebene gehoben: Es geht nun nicht mehr nur um den Konflikt zwischen Beelzebul und seinen Dämonen, sondern auch um den Konflikt zwischen differierenden Lehrmeinungen, in diesem Fall von Meinungen über die Bedeutung der Exorzismen Jesu. Und auch diesem Konflikt gilt die Maxime von der Verwüstung des zerstrittenen Hauses. Jesus stellt also mit seiner Antwort nicht nur die innere Logik des Vorwurfs in Frage, sondern warnt gleichzeitig auch vor weiterer Zerteilung im Volk Israel: Mit ihrem Vorwurf der Spaltung im Reich des Bösen erzeugen die Kritiker eine neue Spaltung, nämlich die zwischen Jesus und sich selbst bzw. ihren eigenen „Söhnen“ (Mt 12,27).

Mit dem Motiv vom „zerteilten Königreich“ ruft Jesus seine Gegner daher auch zur Einheit angesichts eines wichtigeren Konfliktes: Der wahre Konflikt, so wird in den nächsten Sätzen deutlich, wird weder zwischen Beelzebul und seinen Dämonen geführt, noch sollte er zwischen Jesus und seinen Gegnern geführt werden. Der wahre Konflikt wird zwischen dem Königreich des Satans und dem Königreich Gottes geführt. So sind es insgesamt drei Konflikte auf verschiedenen Ebenen, die hier ineinander greifen:

[86] DEZ 9,24, ed. Sperber, *Derech Eretz Sutta*, 1994, 54. Angesichts dieser Parallele muss auch die Ansicht von Pesch, *Markus I*, 1976, 215, fraglich werden, Mt habe hier den Begriff der πόλις „hellenisierend hinzugefügt“. Gleiches gilt für die Annahme von Casey, *Aramaic Approach*, 2002, 164, πόλις sei eine Glosse.

Die erste Ebene: Beelzebul vs. seine Dämonen (ein interner Konflikt im Reich Satans)[87]
Die zweite Ebene: Jesus vs. seine Kritiker (ein interner Konflikt im Königreich Gottes)
Die dritte Ebene: Das Reich Satans vs. das Königreich Gottes

2.4 Die erste Konfliktebene: Satan und sein Reich

2.4.1 ἐι ὁ σατανᾶς εφ' ἑαυτον (δι)εμερίσθη...

In Mt 12,26 parr. überträgt Jesus nun das allgemeine Bildwort vom geteilten Königreich auf den speziellen Kontext des Beelzebul-Vorwurfs:

Mt 12,26	*Mk 3,26*	*Lk 22,18*
καὶ εἰ ὁ σατανᾶς	καὶ εἰ ὁ σατανᾶς	εἰ δὲ καὶ ὁ σατανᾶς
τὸν σατανᾶν ἐκβάλλει,	ἀνέστη	
ἐφ' ἑαυτὸν ἐμερίσθη·	ἐφ' ἑαυτὸν καὶ ἐμερίσθη,	ἐφ' ἑαυτὸν διεμερίσθη,
πῶς οὖν σταθήσεται	οὐ δύναται στῆναι	πῶς σταθήσεται
ἡ βασιλεία αὐτοῦ		ἡ βασιλεία αὐτοῦ;
	ἀλλὰ τέλος ἔχει	
		ὅτι λέγετε ἐν Βεελζεβοὺλ ἐκβάλλειν με τὰ δαιμόνια.

Tabelle 29: Mt 12,26 parr. im synoptischen Vergleich

Mehrere *minor agreements* legen nahe, dass Mt und Lk hier nicht direkt von Mk, sondern von einer anderen gemeinsamen Vorlage abhängen: Bei beiden ist ἐφ' ἑαυτὸν zum nachfolgenden (δι)εμερίσθη[88] gezogen, während es bei Mk zum vorhergehenden ἀνέστη gehört. Entsprechend fehlt bei beiden das καὶ vor (δι)εμερίσθη. Weiter haben beide die Wendung πῶς σταθήσεται anstelle von οὐ δύναται στῆναι (Mk). Und das übereinstimmende ἡ βασιλεία αὐτοῦ fehlt bei Mk. Andererseits sind die Übereinstimmungen in der Formulierung zu eng, als dass zwei völlig unabhängige Jesusworte als Grundlage angenommen werden könnten. Es ist also eher anzunehmen, dass Mk hier eine gemeinsame Vorlage verändert hat. Der sekundäre Charakter wird auch dadurch deutlich, dass bei Mk der Begriff der βασιλεία fehlt, der doch aber für das vorangehende Bildwort konsitutiv war. Stattdessen ist hier, ähnlich wie schon beim Beelzebul-Vorwurf, vereinfachend

[87] Entgegen der Ansicht von Longenecker, *Evil*, 2003, 506, Marcus, *Beelzebul Controversy*, 2002, 248–250, u.a. rechnet Jesus also nicht mit der grundsätzlichen Unmöglichkeit eines solchen Konfliktes (worin Longenecker einen prinzipiellen Gegensatz zwischen Jesus und den Pharisäern sieht), sondern geht wie seine Opponenten von der inneren Uneinigkeit des Bösen aus. Die Pointe liegt nicht in der Unmöglichkeit eines solchen Konfliktes, sondern in seiner eschatologischen Konsequenz, nämlich dem endgültigen Fall des zerstrittenen Königreichs. Damit fällt auch Longeneckers Urteil: „... the main character of the Matthean Gospel maintains a position that runs contrary to the flow of the narrative itself" (ebd., S. 510).

[88] Auch hier geht das Kompositum mit δια- vermutlich auf lukanische Hand zurück.

die βασιλεία Satans durch Satan selbst ersetzt. Damit geht aber nicht nur eine wichtige Dimension der zugrunde liegenden „Dämonologie“, sondern auch der Bezug zum Vorsatz verloren. Die Ersetzung der umständlichen Satzkonstruktion (konditionaler Vorsatz mit angeschlossenem Fragesatz) durch eine einfache Aussage kann als sprachliche Glättung erklärt werden. Möglich ist jedoch auch eine Lesevariante auf hebräischer Sprachebene (אין bzw. איך).

Neben den *agreements* von Lk und Mt gegen Mt fallen jedoch auch Übereinstimmungen zwischen Mt und Mk auf: So weicht der nur bei Mt erscheinende Vorwurf, der Satan selbst treibe Satan aus, vom vorher genannten Vorwurf, Jesus treibe die Dämonen *durch* ihren Obersten aus, deutlich ab. Er steht jedoch dem vorher bei Mk erschienenen Vorwurf der Besessenheit Jesu nahe, und ebenso dem hier nur bei Mk erscheinenden Gedanken, Satan stehe gegen sich selbst auf. Alle diese Formulierungen stellen im Prinzip eine „Vulgarisierung“ der komplexen dämonologischen Vorstellungen von Hierarchie und Herrschaftsbereichen dar, die der Kontroverse eigentlich zugrunde liegen. Möglicherweise ist Mt also an dieser Stelle sekundär von Mk beeinflusst. Bei ihm stehen, wie öfters in dieser Perikope, markinische und lukanische Fassung des Bildes nebeneinander: καὶ εἰ ὁ σατανᾶς τὸν σατανᾶν ἐκβάλλει (Mt 12,26ab) entspricht Mk 3,26a, καὶ εἰ ὁ σατανᾶς ... ἐφ’ ἑαυτὸν ἐμερίσθη (Mt 12,26ac) entspricht Lk 11,18a. Die letztgenannte Formulierung entspricht dabei dem vorangehenden Bildwort besser. Zudem ist das markinische ἀλλὰ τέλος ἔχει wohl ein späterer Zusatz, der sich nur schwer ins Hebräische übertragen lässt. Eine mögliche Erklärung für diesen Befund wäre die Annahme, dass die ursprüngliche Fassung des Wortes in den Überschneidungen von Mt und Lk erhalten ist, während bei Mk eine glättende und vereinfachende Bearbeitung vorliegt. Der Endredaktor des Mt hat die ursprüngliche Vorlage und die Mk-Fassung dann miteinander verbunden, wodurch eine Dublette entsteht. Bei Lukas ist demnach die ursprüngliche Fassung noch am besten erhalten, allerdings hat er die zweite Satzhälfte (18b) als redaktionelle Klammer hinzugefügt.[89] Eine mögliche Rekonstruktion der gemeinsamen Vorlage wäre demnach:

καὶ εἰ ὁ σατανᾶς εφ’ ἑαυτὸν ἐμερίσθη	וְאִם־הַשָּׂטָן נֶחֱלַק עַל־עַצְמוֹ
πως σταθήσεται ἡ βασιλεία αὐτοῦ	אֵיךְ תַּעֲמֹד מֶמְשַׁלְתּוֹ

(V^{Mt} 12,26a.c.d = V^{Lk} 11,18a)

Dass es auch auf der Seite des Bösen ein Königreich gibt, ist bereits in den Texten von Qumran vorausgesetzt.[90] Es ist der Herrschaftsbereich Belials oder Mastemas, innerhalb dessen „alle seine Geister“ (vgl. oben S. 351)

---

[89] Die zweite Satzhälfte „geht mit gut griechischer Konstruktion wohl auf Lukas zurück“, vgl. SCHWEIZER, *Lukas*, 1993, 128, und SCHÜRMANN, *Lukas 2.1*, 1993, 235. Dagegen jedoch MARSHALL, *Luke*, 1978, 474: „V. 18b follows so awkwardly that it is unlikely to be a Lucan addition.“

Freiheit haben zu wirken. Allerdings ist es ein untergeordnetes Reich, das „nicht bestehen wird“:

Ein Sohn Belials wird sich verschwören,	בן בליעל יחשב
mein Volk zu unterdrücken,	לענות את עמי
aber ich werde ihn hindern,	ולא אניח לו
und seine Herrschaft wird nicht bestehen.[91]	ומשרו לא יהיה

Eine ähnliche Formulierung findet sich auch im Midrasch Rabba zu Gen:

„So ist es auch, wenn die Völker der Welt Israel anfeinden. Dann ruft Gott ihnen zu: Euer Oberster konnte nicht gegen Israel bestehen (שרכם לא היה יכול לעמוד בו), und ihr wollt seinen Kindern beikommen?“[92]

Wie noch zu sehen sein wird, gibt es weitere enge Bezüge zwischen den rabbinischen Bildern vom Kampf Gottes gegen die שרים der Völker und den Bildern, die Jesus in seiner Antwort verwendet. Es ist also nicht die Zerstrittenheit des Satans mit sich selbst, die sich in den Heilungen manifestiert, sondern ein grundsätzlicherer Konflikt. Bevor Jesus jedoch auf diesen eingeht, kommt er zunächst auf eine andere Ebene des Konfliktes zu sprechen: Die Zerteilung im Volk Israel.

2.5 Die zweite Konfliktebene: Jesus und seine Gegner

2.5.1 εἰ ἐγὼ ἐν Βεελζεβοὺλ ἐκβάλλω τὰ δαιμόνια ...

Die folgenden zwei Sätze (Mt 12,27 par. Lk 11,19) stimmen, abgesehen von formalen Kleinigkeiten, bei Mt und Lk fast wörtlich überein, fehlen aber bei Markus.[93] Die Wortstellung steht allerdings bei Mt dem Hebräischen näher. Die Rekonstruktion einer möglichen Vorlage orientiert sich daher an Mt 12,27:

καὶ εἰ ἐγὼ	וְאִם־אֲנִי
ἐν Βεελζεβοὺλ ἐκβάλλω τὰ δαιμόνια	מְגָרֵשׁ אֶת־הַשֵּׁדִים בְּבַעַל־זְבוּל
οἱ υἱοὶ ὑμῶν ἐν τίνι ἐκβάλλουσιν	בְּנֵיכֶם בְּמִי הֵם מְגָרְשִׁים אֹתָם
διὰ τοῦτο αὐτοὶ κριταὶ ἔσονται ὑμῶν[94]	עַל־כֵּן הֵמָּה יִהְיוּ לְדַיָּנִים לָכֶם
(V^{Mt} 12,27 = V^{Lk} 11,19)	

---

[90] משל[ת] רשעה 4Q510 (=4QShir[a]) 1:6–7 (Parry 6:170, Text siehe oben S. 352); ממשלתוa 1QS III:22 (Lohse 10); vgl. 1QM I:5 (Lohse 180); 4Q286 (=4QBer[a]) 7a ii:1–3, (Parry 5:439); 4Q390 (=4Qapocr Jer C[a]) 2 i:3–4 (Parry 6:114); aram. שלטן חשיכה 4Q544 (=4QVisions of Amram[b] ar) 2:5 (Parry 3:422). Vgl. auch Casey, *Aramaic Approach*, 2002, 66 und oben S. 352.

[91] 4Q386 (=4QpsEzek[b]) ii 3–4 (Parry 3:350).

[92] BerR 77,3 zu Gen 32,26 (Theodor/Albeck 2:914). In einigen Mss fehlt לעמוד בו.

[93] Schürmann, *Lukas 2.1*, 1993, 237, hält sie auch innerhalb des „Q“-Stoffes für einen nachträglichen Einschub, der die Akoluthie der Einheit unterbreche.

[94] Die Wortstellung von αὐτοὶ κριταὶ ἔσονται ὑμῶν ist in insgesamt vier Varianten überliefert. Die ursprüngliche Wortstellung wurde also vielleicht im Griechischen als sperrig empfunden, was möglicherweise durch eine semitische Vorlage bedingt war.

Delitzsch hat in seiner Übersetzung für κριταὶ das biblisch-hebräische Wort שפטים verwendet. In der rabbinischen Literatur wird dieses allerdings nur noch für die Richter der biblischen Richterzeit bzw. in Schriftzitaten verwendet. Für Richter, die in Streitfällen zu entscheiden haben, ist דיין an diese Stelle gerückt. Die bereits mit dem *terminus technicus* חלק angedeutete rabbinische Meinungsverschiedenheit wird nun also zu einem offiziellen Streitfall erhoben. Jesus fordert seine Gegner auf, unabhängige Richter zu bestimmen. Die Frage, wer als ein solcher neutraler Richter qualifiziert ist, wird in den rabbinischen Texten häufig besprochen[95]. Dabei kamen nur solche Personen kamen in Frage, die von der Sache nicht betroffen waren und keine Beziehung zu den Betroffenen hatten, weder freundschaftlicher noch feindseliger Art (bSan 29a). Mit den υἱοὶ ὑμῶν sind daher hier vermutlich nicht leibliche Söhne gemeint, sondern Exorzisten aus dem Umfeld der Kritiker[96], die hier zu unabhängigen Richtern in dieser Streitsache bestellt werden sollen. Αὐτοὶ κριταὶ ἔσονται ὑμῶν wäre dann nicht im Sinne einer Drohung im Blick auf das Endgericht zu verstehen[97], sondern im Sinne eines internen Schlichtungsversuchs.[98] Dass Markus diese Passage nicht übernommen hat, ist dann verständlich, denn der historische „Sitz im Leben“ der Kontroverse in der Auseinandersetzung mit anderen jüdischen Exorzisten war für seine Hörerschaft nicht mehr unmittelbar relevant. Möglicherweise ist aber das nur seiner Fassung (Mk 3,23) eigene formelle Wort προσκαλέομαι (*minor agreement*), das an eine juristische Verhandlung erinnert,[99] ein „Markan Pick-Up“ (vgl. oben S. 286), in dem diese nur bei Mt und Lk erhaltene Sentenz des Streitgesprächs wieder anklingt. Es wäre dann ein Hinweis darauf, dass Mk den Satz wohl kannte, jedoch bewusst auf seine Verwendung verzichtete.

Mit seiner Berufung auf die anderen Exorzisten macht Jesus deutlich: Zur Debatte steht nicht die Austreibung der Dämonen als solche, sondern die Person des Exorzisten. Es handelt sich also, auf dieser Ebene, lediglich um einen internen Streit zwischen differierenden Parteien aus dem gleichen „Haus“ – nämlich zwischen Jesus und seinen Kritikern. Mit dem Verweis auf die Exorzisten aus den eigenen Reihen ruft Jesus seine Gegner zur Ein-

---

[95] bRHSh 26a; bBQ 90b; bBB 34a; bSan 29a; bSan 8a.

[96] Z.B. DAVIES/ALLISON, *Matthew II*, 1991, 338; WIEFEL, *Matthäus*, 1998, 237; SHIROCK, *Whose Exorcists?*, 1992, nimmt an, dass die Jünger Jesu gemeint sind, und Jesus seine Gegner hier auf ihre Nähe zu seinen eigenen Jüngern hinweisen will. Die Ansicht ist nicht neu und findet sich bereits bei Chrysostomos, Hom. 41,2 zu Mt 12,26, ed. MIGNE, *PG 58*, 1862, 446. Vgl. DAVIES/ALLISON, *Matthew II*, 1991, 338.

[97] Anders HENGEL, *Finger*, 1997, 95; MARSHALL, *Luke*, 1978, 475; DAVIES/ALLISON, *Matthew II*, 1991, 338; FITZMYER, *Luke II*, 1985, 922.

[98] So deutet auch CASEY, *Aramaic Approach*, 2002, 275.

[99] MARCUS, *Mark*, 2000, 272 und 281: „The Markan Jesus rejects this accusation forcefully, summoning the scribes as if into a court of law to clear his name“.

heit: Wenn sie ihre eigenen Söhne anerkennen, dann könnten sie gleicherweise auch Jesus anerkennen, denn er steht prinzipiell auf der gleichen Seite wie sie.[100] Damit wird ein unnötiger Nebenkonflikt beseitigt, und der Blick wird frei für den eigentlichen Konflikt.

2.6 Die dritte Konfliktebene: Gottes Herrschaft und Satans Fall

2.6.1 εἰ δὲ ἐν δακτύλῳ θεοῦ ἐκβάλλω τὰ δαιμόνια ...

Auch in diesem Satz (Mt 12,28/Lk 11,20) stimmen die Versionen von Mt und Lk wieder nahezu wörtlich überein, während Mk auch hier keine Parallele hat.[101] Viel diskutiert worden ist die Frage, ob die ursprüngliche Formulierung πνεύματι (Mt) oder δακτύλῳ (Lk) lautete. Angesichts der lukanischen Vorliebe für den Geist ist mehrheitlich angenommen worden, dass Lukas πνεύματι wohl kaum an dieser entscheidenden Stelle aus seiner Vorlage gestrichen hätte, um es durch das ungebräuchliche δακτύλῳ zu ersetzen.[102] Andererseits könnte auch ein bewusster Kunstgriff des Lukas vorliegen, der sich an Ex 8,15 (LXX) orientierte.[103] Denn dieser Text beschreibt im Zusammenhang der Exoduserzählung einen ganz ähnlichen Machtkampf: Gott steht auf der einen Seite, die heidnischen Götter auf der ande-

---

[100] Daher ist es auch unrichtig, in diesen Satz eine „grundsätzliche Konfrontation zwischen Jesus und dem Judentum (nicht nur den Söhnen der Pharisäer)" hineinzulesen, wie es Ernst, *Lukas*, 1976, 372, tut. Auch eine prinzipielle Verschiedenheit zwischen den Exorzismen Jesu und den anderen Exorzisten, wie er in der Literatur z.St. immer wieder konstruiert wird, ist nicht im Blick, vgl. Lorenzmeier, *Logion*, 1973, 293, Shirock, *Whose Exorcists?*, 1992, 42. Daher besteht auch kein inhaltlicher Gegensatz zwischen Mt 12,27 und Mt 12,28 und keine Notwendigkeit, diese traditionsgeschichtlich voneinander zu trennen. Die eschatologische Bedeutsamkeit von Mt 12,28/ Lk 10,20 liegt nicht in ἐκβάλλω, auch nicht in ἐν δακτύλῳ θεοῦ, sondern in dem vorangestellten ἐγὼ. Vgl. dazu auch Davies/Allison, *Matthew II,* 1991, 339.

[101] Zur Stelle vgl. Söding, *Finger Gottes*, 2003; Williams, *Finger*, 2003; weitere Literatur im Folgenden. Trocmé, *Marc*, 2000, 106, geht davon aus, das Mk diesen Teil der Tradition kannte, kein Interesse daran hatte, ihn aufzunehmen.

[102] Fitzmyer, *Luke II*, 1985, 918; Keener, *Matthew*, 1999, 364; Davies/Allison, *Matthew II*, 1991, 340; Schweizer, *Matthäus*, 1973, 186; Gnilka, *Matthäus I*, 1988, 456; Bovon, *Lukas II*, 1996, 167; Wiefel, *Matthäus*, 1998, 237. Gundry, *Matthew*, 1994, 235, weist darauf hin, dass Mt auf diese Weise einen Rückbezug auf das Wort vom messianischen Geistträger (Mt 12,18) sowie einen Vorausbezug auf das Wort von der Lästerung des Geistes (Mt 12,31) herstellen kann. Ähnlich schon Grundmann, *Matthäus*, 1971, 329 und Hagner, *Matthew 1–13*, 1993, 343. Davies/Allison, *Matthew II*, 1991, 340, gibt einen guten Überblick über Argumente für die Ursprünglichkeit von Mt bzw. Lk.

[103] Vgl. Schlatter, *Lukas*, 1931, 511; Rodd, *Spirit*, 1961, 258; Lorenzmeier, *Logion*, 1973, 290; Hamerton-Kelly, *Note*, 1965, 169; Van Cangh, *Esprit*, 1982; Schürmann, *Lukas 2.1*, 1993,239–240; Nolland, *Luke II*, 1993, 639–40. Wall, *Finger*, 1987, sieht hier ebenfalls lk Redaktion, allerdings eine bewusste Anspielung auf Dtn 9,10 im Rahmen eines Verständnisses des gesamten lk Reiseberichts als ‚comparative midrash' (145), der anhand von „catchwords" eine konstante Beziehung zur Erzählung des Dtn herstelle.

ren; Moses als Agent Gottes auf der einen, die Magier als Agenten der fremden Götter auf der anderen Seite.[104] Am Ende jedoch müssen die Magier erkennen, welchen Ursprung die Wundertaten des Mose haben:

δάκτυλος θεοῦ ἐστιν τοῦτο (Ex 8,15)	אֶצְבַּע אֱלֹהִים הִוא

Ein Rückgriff auf diese Exodus-Tradition liegt hier ganz sicher zugrunde, denn es handelt sich nicht nur um ein biblisches, sondern auch ein in der zeitgenössischen und rabbinischen Literatur häufig aufgegriffenes Motiv, einmal sogar explizit in Verbindung mit der Unterscheidung von Dämonischem und Göttlichem:

Und die Magier sprachen zu Pharao:	ויאמרו ההרטמים אל פרעה
Dies ist der Finger Gottes!	אצבע אלהים הוא
Und als die Magier sahen,	כיון שראו החרטמים
dass sie keine Mücken hervorbringen konnten,	שלא יוכלו להוציא הכנים מיד
erkannten sie, dass diese Werke	הכירו שהיו המעשים
Werke Gottes und nicht Werke der Dämonen waren.[105]	מעשה אלהים ולא מעשה שדים

Für den Ursprung dieses Wortes in einer hebräischen Überlieferungstufe spricht der Umstand, dass Lk 11,20 sich gerade nicht an den Wortlaut der LXX anlehnt, sondern einen selbstständigen Rückgriff auf den hebräischen Text vermuten lässt: Außer in Ex 8,15 ist in der LXX nur an drei weiteren Stellen vom „Finger Gottes“ die Rede, davon einmal in Ps 8,3, wo das Wort im Plural erscheint. Die restlichen zwei Stellen weisen hingegen eine enge Nähe zu Lk 11,20 auf:

καὶ ἔδωκεν Μωυσεῖ ἡνίκα κατέπαυσεν λαλῶν	וַיִּתֵּן אֶל־מֹשֶׁה כְּכַלֹּתוֹ
αὐτῷ ἐν τῷ ὄρει τῷ Σινα	לְדַבֵּר אִתּוֹ בְּהַר סִינַי
τὰς δύο πλάκας τοῦ μαρτυρίου	שְׁנֵי לֻחֹת הָעֵדֻת
πλάκας λιθίνας γεγραμμένας	לֻחֹת אֶבֶן כְּתֻבִים
τῷ δακτύλῳ τοῦ θεοῦ	בְּאֶצְבַּע אֱלֹהִים
(Ex 31:18 LXX)	(Ex 31,18)

καὶ ἔδωκεν κύριος ἐμοὶ	וַיִּתֵּן יְהוָה אֵלַי
τὰς δύο πλάκας τὰς λιθίνας	אֶת־שְׁנֵי לוּחֹת הָאֲבָנִים
γεγραμμένας ἐν τῷ δακτύλῳ τοῦ θεοῦ	כְּתֻבִים בְּאֶצְבַּע אֱלֹהִים
(Dtn 9,10 LXX)	(Dtn 9,10)

[104] Die Logik dieser Bezugnahme ist wohl nicht, wie Perkins, *Finger*, 2004, 262, vermutet, eine ironische Anspielung auf die Herzenshärte der Pharisäer („deliberate hardness of heart“), sondern eher ein Schluss vom Kleineren auf das Größere: „Wenn schon die fremden Magier den Finger Gottes erkennen können, wie viel mehr dann ihr bzw. eure Söhne!“

[105] ShemR 10,7 zu Ex 8,12 (Shinan 234; Mirkin 5:136). Das Motiv vom „Finger Gottes“ erscheint außerdem z.B. in Philo VitMos 1,113; Migr 85; ShemR 5,14 zu Ex 5,1 (Shinan 171; Mirkin 5:98) ShemR 10,7 zu Ex 8,12 (Shinan 233–234, Mirkin 5:136); ShemR 23,9 zu Ex 15,1 (Mirkin 5:265); bSan 67b; bSan 95b.

Hier finden sich zwei verschiedene Übersetzungen der LXX für den hebräischen Begriff בְּאֶצְבַּע אֱלֹהִים. Diese könnten Lukas also als Vorlage gedient haben. Aber er hat keine dieser beiden Übersetzungen verwendet, sondern eine eigene gewählt: ἐν δακτύλῳ θεοῦ. Wie in Dtn 9,10 (LXX) gibt er das instrumentale ב mit ἐν wieder, verzichtet aber auf die Einfügung der Artikel. Damit bleibt er enger am hebräischen Original als beide LXX-Varianten, obwohl diese grammatikalisch korrekter sind. Die lukanische Formulierung ist also ein Non-Septuagintismus, der möglicherweise auf eine eigenständige Übersetzung des hebräischen Ausdrucks בְּאֶצְבַּע אֱלֹהִים zurückgeht.[106] Die Ersetzung der Wendung durch ἐν πνεύματι θεοῦ in der Version des Matthäus folgt hingegen einer verbreiteten Tradition, den anstößigen Anthropomorphismus dieser alttestamentlichen Passage zu umschreiben. Die Diskussion um solche Anthropomorphismen setzt bei jüdischen Schriftstellern bereits im 2. Jh. v. Chr. ein:[107] In den frühen Nacherzählungen biblischer Geschichte wird das Bild an dieser Stelle ganz vermieden.[108] Philo versucht den Anstoß durch Ersetzung oder allegorische Interpretation zu entschärfen.[109] In den Targumen zu Ex 8,15 wird der Begriff umschrieben oder ersetzt, während er bei Dtn 31,18 und Dtn 9,10 beibehalten wird. Vermutlich war der übernatürliche Ursprung der Tora noch im Rahmen des Vorstellbaren, aber im Blick auf durch Menschen gewirkte Wundertaten vom „Finger Gottes" zu reden, scheint für manche Zeitgenossen Jesu nicht mehr angemessen gewesen zu sein. Die Wahl von πνεύμα als Umschreibung bereitet bei Mt zudem bereits den Vorwurf der Lästerung des Geistes in V.31–32 vor.

2.6.2 ἔφθασεν ἐφ' ὑμᾶς ἡ βασιλεία τοῦ θεοῦ

Auf den Begriff der βασιλεία τοῦ θεοῦ, und den sonst bei Mt üblichen Begriff der βασιλεία τῶν οὐρανῶν wurde bereits oben (S. 272) eingegangen. Ein Grund für die auffällige Abweichung des Mt von seinem üblichen Sprachgebrauch[110] an der vorliegenden Stelle könnte sein, dass Mt hier den Gegensatz zwischen dem Reich Satans und dem Reich Gottes deutlicher hervorheben wollte.[111] Gerade die vorangehende Erwähnung des בעל זבול, des „Herrn der (himmlischen) Wohnung", könnte dazu beigetragen haben, dass Mt den mehrdeutigen Begriff des „Himmels" hier vermied. Möglich

[106] Vgl. NOTLEY, *Finger*, 1989.

[107] VAN DER HORST, *Finger*, 1998, 173; HENGEL, *Finger*, 1997, 98–99.

[108] LibAnt 10, ed. DIETZFELBINGER, *Pseudo-Philo*, 1975, 128–129; Jub 48,4–11, ed. BERGER, *Jubiläen*, 1981, 543–544; Jos. Ant 2,291–312.

[109] VitMos 1,112; Migr 85.

[110] βασιλεία τοῦ θεοῦ erscheint bei Mt sonst nur noch in Mt 6,33; 19,24; 21,31.43.

[111] FRANCE, *Matthew*, 2007, 480; HAGNER, *Matthew 1–13*, 1993, 343; DAVIES/ALLISON, *Matthew II*, 1991, 339.

ist es jedoch auch, dass schon auf einer Vorstufe der Überlieferung hier der Begriff gemieden wurde. Angesichts des völligen Fehlens einer Formulierung wie מלכות אלוהים in der hebräischen Literatur liegt jedoch für eine mögliche hebräische Vorlage die rabbinische Formel מלכות שמים näher.

Über die Bedeutung des Verbs ἔφθασεν, insbesondere im Gegensatz zum sonst verwendeten Ausdruck ἤγγικεν (Mt 3,1 u.ö.), wird in der Literatur ausführlich diskutiert. Für die Frage nach den synoptischen Beziehungen und zum hebräischen Hintergrund der Perikope trägt diese Diskussion jedoch wenig aus. Möglicherweise jedoch zeigt der Blick in die hebräische Literatur, dass der Gegensatz zwischen präsentischer und futurischer Eschatologie in der Umwelt des NT nicht so ausschließlich war, wie es zuweilen erscheint:[112] Überlegungen zum Zeitpunkt des Anbruchs der Gottesherrschaft finden sich bereits früh in den Midraschim zum Exodus. Ursprung dieser Überlegungen ist die erstmalige Erwähnung einer „Königsherrschaft“ Gottes in Ex 15,18:

Κύριος βασιλεύων τὸν αἰῶνα καὶ ἐπ’ αἰῶνα καὶ ἔτι (Ex 15,18 LXX)	יְהוָה יִמְלֹךְ לְעֹלָם וָעֶד (Ex 15,18)

Zu beachten ist bereits hier die Unklarheit in den Tempora: LXX übersetzt das hebräische Imperfekt mit einem Partizip Präsens. In der Mekhilta des R. Ishmael gibt die Unklarheit der Tempora Anlass zu einem Diktum über den Zeitpunkt des Anbruchs der Königsherrschaft Gottes:

„Der Herr wird König sein für immer und ewig“ (Ex 15,18). R. Jose, der Galiläer, sagte: Wenn Israel am Meer gesagt hätte: Der Herr ist König geworden (מלך) für immer und ewig, dann hätte niemals irgend eine Nation oder irgend ein Volk über sie geherrscht. Aber sie sagten: Der Herr wird König sein (ימלוך) für immer und ewig – in der Zukunft.“[113]

Unmittelbar vorangehend findet sich hier ein Gleichnis über Räuber, die in den Palast des Königs eindringen, aber am Ende gerichtet werden. Es trägt ähnliche Züge wie das Bildwort, das Jesus im vorliegenden Text verwendet:

„Ein Gleichnis von Räubern, die in den Palast des Königs eindrangen. Sie plünderten seine Güter, erschlugen die Familie des Königs und zerstörten den Palast des Königs. Nach einiger Zeit saß der König über sie zu Gericht. Einige ließ er ergreifen, einige erschlagen, einige kreuzigen und wohnte wieder in seinem Palast. Und dann wurde seine Königsherrschaft in der Welt anerkannt.“[114]

---

[112] Vgl. NOLLAND, *Luke II*, 1993, 640: „The term ἔφθασεν has ... been asked to bear the weight of theological concerns that have far exceeded its semantic possibilities.“

[113] MekhY שירתא 10 zu Ex 15,17 (Horovitz/Rabin 150); deutscher Text bei EGO, *Weltherrschaft*, 1991, 269.

[114] MekhY שירתא 10 zu Ex 15,17 (Horovitz/Rabin 150); deutscher Text bei EGO, *Weltherrschaft*, 1991, 267.

Dass der wundersame Sieg über Pharao am Schilfmeer zugleich Zeichen der Königsherrschaft Gottes war, bestätigen auch andere Passagen der Mekhilta.[115] Auch die Traditionen vom Sieg über den Völkerengel Ägyptens beim Exodus stellen, wie später noch zu sehen sein wird, diesen Zusammenhang zwischen dem Auszug und Gottes Gericht über die Völker bzw. deren שרים her (siehe unten S. 378ff.).

Der Begriff ἔφθασεν wird im griechischen Buch Daniel (Θ) unverhältnismäßig häufig verwendet, vor allem im Zusammenhang mit dem Bild widerstreitender Königreiche.[116] Casey nimmt daher hier – wie im ganzen Text – eine aramäische Grundlage an (מטא). [117] Es ist allerdings zu fragen, ob nicht auch ein Rückgriff auf die hebräischen Teile der LXX den Ausdruck hinreichend erklärt, zumal der Kontext eher auf die Exodus-Erzählungen verweist als auf das Danielbuch. Außerhalb der aramäischen Daniel-Passagen verwendet LXX den Begriff ἔφθασεν mehrheitlich für das hebräische הגיע, häufig für das Anbrechen oder Eintreffen eines Zeitpunkts[118], was sich ebenfalls gut in den Kontext von Mt 12,28/ Lk 11,20 einfügt. Eine mögliche gemeinsame Vorlage des Jesuswortes mit einem entsprechenden hebräischem Äquivalent lautet damit:

εἰ δὲ ἐγὼ	וְאִם־אֲנִי
ἐν δακτύλῳ θεοῦ ἐκβάλλω τὰ δαιμόνια	בְּאֶצְבַּע אֱלֹהִים מְגָרֵשׁ אֶת־הַשֵּׁדִים
ἄρα ἔφθασεν ἐφ' ὑμᾶς ἡ βασιλεία τοῦ θεοῦ	הִנֵּה הִגִּיעָה אֲלֵיכֶם מַלְכוּת הָאֱלֹהִים
(V^{Lk} 11,20)	[מַלְכוּת שָׁמַיִם]

Damit erhalten die Dämonenaustreibungen eine eschatologische bzw. messianische Bedeutung beschrieben: Es handelt sich eben nicht, wie von den Gegnern unterstellt, um einen interner Konflikt zwischen dämonischen Mächten innerhalb eines ihnen zustehenden Wirkungsbereichs. Es ist vielmehr ein grundsätzlicher Einbruch der Gottesherrschaft in den Wirkbereich Satans und damit der Anbruch einer neuen Zeit, in der die bestehenden Grenzen ins Wanken geraten: Die Dämonen, die seit der Zeit Noahs ihren begrenzten Wirkbereich unter den Heidenvölkern und in den Randbereichen des Volkes Israel zugeteilt bekamen, werden nun auch von dort wieder vertrieben. Was damals nicht gebunden wurde, wird nun gebunden. Die Zerstreuten am Rande des Volkes – und schließlich auch die Heidenvölker selbst – werden der Herrschaft der Dämonen entrissen und wieder in den Herrschaftsbereich Gottes zurückgeholt.[119]

---

[115] MekhY בחדש 5 zu Ex 20,2 (Horovitz/Rabin 219) und MekhY בחדש 6 zu Ex 20,3 (Horovitz/Rabin 222).

[116] Sechzehn mal in LXX, davon acht mal im Danielbuch (Dan 4,11.20.22.24.28; 6,24 ἔφθασαν; 7,13.22; 12,12 Θ).

[117] Casey, *Aramaic Approach*, 2002, 168.

[118] Dan 12,12; Hld 2,12; Prd 12,1; Neh 7,73; Esr 3,1.

2.6.3 *ἐὰν μὴ πρῶτον τὸν ἰσχυρὸν δήσῃ ...*

Diese zeichenhafte Bedeutung der Exorzismen wird durch das nun folgende Bildwort weiter expliziert: Im synoptischen Vergleich zeigen sich hier enge Übereinstimmungen zwischen Mk und Mt. Lk hingegen hat eine ganz eigene Version des Bildwortes. In der Literatur gehen die Meinungen darüber auseinander, ob Lk hier eine abweichende Fassung des Bildwortes (möglicherweise eine Q-Version) bewahrt hat,[120] oder ob er, ausgehend von der auch Mt und Mk verwendeten Fassung, das Bildwort eigenständig umgestaltet hat.[121] Eine Analyse vor dem Hintergrund hebräischer Sprache und Literatur spricht eher für die zweite Möglichkeit: Während für die Fassung von Mk und Mt ein hebräisches Äquivalent unschwer zu konstruieren ist, ist die Version des Lukas durch und durch griechisch formuliert, darüber hinaus in deutlich lukanischem Vokabular, wenn auch mit Rückgriff auf LXX-Begrifflichkeit. Zudem steht auch die Fassung des Wortes in EvThom 35 der Version von Mt und Mk näher. Vor allem aber zeigt ein Blick in die rabbinische Literatur, dass die Fassung des Logions bei Mt und Mk hier enge motivgeschichtliche Parallelen hat, die bis in tannaitische Zeit zurückreichen und auch später weite Verbreitung fanden.[122] Diese stehen zudem in engem Zusammenhang mit dem Exodusgeschehen und dem Motiv der שרים, auf das auch die vorangehenden Jesusworte anspielten. Im Mittelpunkt dieser Traditionen steht das Motiv eines Sturzes oder einer „Bindung" der שרים beim Auszug aus Ägypten bzw. vor dem Einzug in das verheißene Land:

Eine andere Erklärung (zu Ex. 15,1):	דבר אחר רמה
Als Israel sah,	כין שראו ישראל
dass der Fürst[123] des Königreiches fiel,	שרה של מלכות נופל

[119] Dabei bezeichnet hier der Aorist ἔφθασεν das punktuelle, einmalige „Einbrechen" (vgl. den folgenden Vers), anders als das sonst verwendete Perfekt ἤγγικεν, das ein bereits geschehenes grundsätzliches und dauerhaftes Herannahen der Gottesherrschaft bezeichnet. Die Übersetzung deutet damit eine Nuance, die im Hebräischen so nicht ausdrückbar, aber im Inhalt des Bildes eingeschlossen war. Vgl. Söding, *Finger Gottes*, 2003, 534f.; vgl. auch Dunn, *Matthew*, 1988, S. 203.

[120] Grundmann/Hauck, *Lukas*, 1969, 237; Bovon, *Lukas II*, 1996, 167; Casey, *Aramaic Approach*, 2002, 174, nimmt zwei verschiedene aramäische Vorlagen an, von denen eine sich in Lk, die andere in Mt und Mk widerspiegelt. Bock, *Luke II*, 1996, 1083, hält es für möglich, dass Lk hier noch von einer anderen Quelle beeinflusst ist.

[121] Vgl. Légasse, *Homme fort*, 1962, 6–9; Nolland, *Luke II*, 1993, 641; Fleddermann, *Mark and Q*, 1995, 52–53. Allerdings geht Fleddermann dennoch davon aus, dass diesem Vers eine Q-Version zugrunde liegt, die aber in Matthäus besser erhalten sei. Schürmann, *Lukas 2.1*, 1993, 244–245, denkt an eine redaktionelle Umgestaltung des Stoffes durch Lk für hellenistische Leser unter Einbeziehung sozialpolitischer und herrschaftskritischer Konnotationen.

[122] Vgl. Billerbeck, *Kommentar*, 1969, 3:50.

[123] Zur Übersetzung von שר („Völkerengel/Engelfürst/Archont") siehe oben S. 354.

begannen sie, (Gott) Lob zu geben.	התחילו נותנין שבח
Darum heißt es: ‚Ross und seinen Reiter erhob er'.	לכך נאמר רמה
Und ebenso findest du,	וכן אתה מוצא
dass der Heilige, gepriesen sei er,	שאין הקב"ה
zukünftig nicht eher die Königreiche strafen wird,	עתיד להפרע מן המלכין
in der kommenden Zeit,	לעתיד לבא
bevor er nicht zuerst deren Fürsten gestraft hat."[124]	עד שיפרע משריהן תצלה

Im Midrasch Rabba zu Exodus wird diese frühe Tradition aufgegriffen und weiter ausgeführt:

„Es heisst nicht: Über die Ägypter, sondern über Ägypten. Also nahm Gott zuerst ihren שר und stürzte ihn ins Meer. Dann stürzten auch alle hinter ihm."[125]

„Als Israel aus Ägypten zog, sahen sie sich um und sahen (...): ‚Siehe, Ägypten folgte ihnen.' Es heisst nicht ‚sie folgten' (נוסעים), sondern: ‚er folgte' (נוסע). Als Pharao und die Ägypter ihnen nachsetzten, erhoben sie ihre Augen zum Himmel und sahen den Obersten [שרן] Ägyptens fliegend in der Luft. Und sie bekamen große Angst, wie es heißt: ‚Und sie fürchteten sich sehr.' Was bedeutet das? ‚Ägypten' flog hinter ihnen her, das heißt, der שר von Ägypten, dessen Name ‚Ägypten' war. Denn Gott bringt ein Volk nicht zu Fall, bevor er nicht zuerst ihren שר zu Fall gebracht hat [שאין הקדש ברוך הוא מפיל אמה עד שהוא מפיל שרן תחלה]."

In der Fortsetzung wird das Motiv auch auf andere Völker ausgeweitet:

„So findest du es auch bei Nebukadnezar, dessen שר Gott zuerst stürzte (Dan 4,28): ‚Noch war das Wort in des Königs Mund, da fiel eine Stimme [קל] vom Himmel herab.' ‚Stimme' [קל], sagte R. Josua ben Abin, war der Name von Nebukadnezars שר. Ebenso stürzte Gott auch Pharaos שר, dessen Name ‚Ägypten' war."[126]

In einem anderen Zusammenhang wird dasselbe Motiv zudem mit dem Bild der Bindung und der Besitznahme von Land zusammengebracht:

„‚Siehe, ich habe angefangen, euch Sihon und sein Land zu übergeben' (Dtn 2,31). Darauf bezieht sich die Aussage aus Ps 149,8: ‚… zu binden ihre Könige in Ketten'. Wer sind ihre Könige? Es sind nach R. Tanchuma die Könige, die hier erwähnt werden. ‚...und ihre Edlen in eiserne Fesseln', das sind ihre שרים im Himmel. Denn Gott bestraft ein Volk nicht, bevor er nicht zuerst dessen שר bestraft (אין הקדש ברוך הוא פורע מאמה עד שפורע משרה תחלה) Was bedeutet das? Pharao und alle Ägypter warf Gott nicht ins Meer, bevor er zuerst ihren שר hineingeworfen hatte. Wie ist das zu belegen? Unsere Lehrer sagen: Es heißt nicht: ‚Rosse und ihre Reiter', sondern ‚Ross und ihren Reiter' (Ex 15,1). Damit ist ihr שר gemeint. Denn als Israel aus Ägypten zog... (es folgt eine wörtliche Parallele zu der oben zitierten Passage)."[127]

Ähnlich legt der folgende Midrasch die Wendung aus Ps 149,8 aus:

---

[124] MekhY שירתא 2 zu Ex 15,1 (Horovitz/Rabin 124–125).

[125] ShemR 22,2 zu Ex 14,26 (Mirkin 5:257).

[126] ShemR 21,5 zu Ex 14,15 (Mirkin 5:249). par. DevR 1,22 zu Dtn 2,31 (s.u.).

[127] DevR 1,22 zu Dtn 2,31 (Mirkin 11:24, Liebermann 29); zum Motiv der „Bindung" in hellenistisch-jüdischer Literatur vgl. oben S. 349.

„R.Hunja sagt dazu im Namen von R. Isaak:	ר׳ חוניא על הדא דר׳ יצחק
Gott bestraft eine Nation hier unten nicht,	אין הקב״ה פורע מאומה למטה
bevor er nicht zuerst ihren שר oben gestürzt hat.	עד שמשפיל שריה מלמעלה
(...)	
‚...zu binden ihre Könige in Ketten‘ :	לאסור מלכיהם בזקים
Das sind ihre שרים dort oben.	אלו שרים של מעלה
‚... und ihre Edlen mit eisernen Fesseln‘	ונכבדיהם בכבלי ברזל
Das sind ihre שרים hier unten.“[128]	אלו שרים של מטה

Ein weiteres Bild von der Bindung des Bösen findet sich unmittelbar im Anschluss an den oben zitierten Abschnitt zum Sturz des שר von Ägypten:

„Gott sagte zu Mose: Sieh, dass ich ihren שר gestürzt habe. Dazu sagte R. Abba bar Kahana: Wie ein König, der den Feind seines Sohnes vor dessen Augen in Fesseln legt (כמלך שאוסר שונאו של בנו) und zu ihm spricht: Tu mit ihm alles, was du willst.“[129]

In einem anderen Midrasch, der nicht mit dem Exodus in Verbindung steht, wird die Bindung der שרים für einen begrenzten Zeitraum beschrieben:

„Als Abraham, unser Vater, seinen Sohn hier unten band, band Gott die שרים der Völker der Welt oben. Als sich dann Israel zur Zeit von Jeremia von Gott entfernte, sagte Gott zu ihnen: Glaubt ihr etwa, dass diese Knoten noch vorhanden sind? Diese Knoten sind schon längst gelöst.“[130]

Im folgenden Midrasch wird der Sturz der שרים zudem mit dem Erscheinen des Messias in Verbindung gebracht:

„Und als [Satan] ihn sah, erzitterte er und fiel auf sein Angesicht und sprach: Wahrlich, dies ist der Gesalbte, der mich und alle Engelfürsten der Weltvölker in die Hölle werfen wird (זהו משיח שהוא עתיר להפיל לי ולכל שרי אומות העולם בגיהנם).“[131]

Ähnlich wie im Buch der Wächter und in den Jubiläenbüchern wird hier also vorausgesetzt, dass Gott den שרים eine Zeit lang Freiraum zu wirken lässt. Wie dort liegt die Ursache für diesen Freiraum auch hier in einem Sündenfall der Menschen. Alle diese Texte zeigen in ihrer Gesamtheit eine Vorstellungswelt, die eng mit der Dämonologie der hellenistisch-jüdischen Literatur und der Texte aus Qumran verwandt ist. Es ist daher gut möglich, dass dieses Geflecht von Motiven rund um den Exodus, die Bindung des „Obersten“, die Einnahme seines Landes, den „Finger Gottes“ und die Königsherrschaft Gottes auch den Zuhörern Jesu bekannt waren und daher den motivgeschichtlichen Hintergrund der Beelzebul-Perikope bilden.[132]

---

[128] ShirR 8,19 zu Hld 8,14 (Wilna 42a).

[129] DevR 1,23 zu Dtn 2,31 (Mirkin 11:24; die Passage fehlt in Liebermanns Edition).

[130] BerR 56,5 zu Gen 22,9 (Theodor/Albeck 2:600).

[131] PesR 36,1 §2 (Ulmer 2:830).

[132] Otto, *Kingdom*, 1938, sieht iranische Mythologie im Hintergrund des Textes: Mit dem „Starken“ sei nicht Jesus selbst gemeint, sondern Gott. Dies wäre in der lk Version noch erkennbar, während es in der späteren Fassung von Mt und Mk bereits verdunkelt wäre. Der konstruierte Widerspruch wird dann allerdings wieder aufgelöst: „The stronger

Die engste Verwandtschaft in der Formulierung besteht dabei zu einer Passage im Midrasch zu Num 34,2, die mit einer Frage beginnt:

‚Dies ist das Land,	זאת הארץ
was euch als Erbe zufällt.‘	אשר תפול לכם לנחלה
Und wie kann das Land ‚fallen‘?	וכי הארץ נופלת

Auf diese Frage antwortet der Midrasch mit der Erzählung von den Kundschaftern, die aus dem Land zurückkehrten und sagten:

‚Ein Volk, größer und höher als wir.‘	עם גדול ורם ממנו
Ist es etwa so, dass der Herr des Hauses	כביכול אין בעל הבית
seine Gefäße (oder Habe) nicht herausholen kann?	יכול להוציא כליו משם
Was tat der Heilige, Gepriesen sei Er?	מה עשה הקדוש ברוך הוא
Er nahm den שר des Landes,	נטל שר הארץ
band ihn und warf ihn vor sie hin	וכפתו והפילו לפניהם
[…]	(…)
So wurde das Land aufgeteilt	לפי שנחלקה הארץ
unter die zwölf Stämme.[133]	לשנים עשר שבטים

Der Vergleich mit dem Hausherrn, der seine Habe nur dann aus dem Haus holen kann, wenn er vorher dessen Besitzer bindet, wird hier – wie auch bei Jesus – als Bild für einen geistlichen Konflikt zwischen Gott (bzw. seinem Volk) und dessen Widersacher (bzw. den von ihm gefangen gehaltenen Menschen) verwendet. Nachdem der Widersacher gebunden ist, „fällt" sein Reich, und es wird zerteilt. Dabei ist in diesem Fall die Zerteilung eine Folge des Falls, nicht seine Ursache. Hier liegt also die motivgeschichtliche Vorlage für die in Mt 12,29 und Mk 3,27, erhaltene Fassung des Wortes. Vergleicht man die beiden Fassungen untereinander, unterscheiden sie sich zwar nur geringfügig, jedoch erscheint die Version des Mt in mehrfacher Hinsicht ursprünglicher: Der bei Mk als doppelte Verneinung formulierte Vorsatz ἀλλ' οὐ δύναται οὐδεὶς legt nicht nur aufgrund seiner unsemitischen Syntax, sondern auch angesichts der ganz ähnlich formulierten Parallele wenige Verse zuvor (Mk 3,20) eine redaktionelle Hand nahe.[134] Die paraktaktische Anordnung des Mt (εἰσελθεῖν … καὶ ἁρπάσαι) steht semitischem Sprachgebrauch näher als die markinische Partizipialkonstruktion (εἰσελθὼν ... διαρπάσαι). Ähnliches gilt schließlich auch für die Wortstellung im letzten Versteil, die bei Mt (ἐὰν μὴ πρῶτον δήσῃ τὸν ἰσχυρόν) semitischem Satzbau entspricht, bei Mk (ἐὰν μὴ πρῶτον τὸν ἰσχυρὸν δήσῃ) jedoch

one (i.e. God himself), who had stripped him of his armour, now proceeds to take from his spoil through the working of the exorcist Jesus" (30). Damit würde Jesus schließlich doch zum handelnden Subjekt des Bildwortes, auch bei Lukas.

[133] BamR 23,6 zu Num 34,2 (Mirkin 10:309–310).

[134] Die doppelte Verneinung findet sich in den ältesten Textzeugen (א B u.a.). Die Verbesserung in fast allen späteren Handschriften zeigt, dass diese Formulierung als sperrig empfunden wurde. Vgl. dazu auch Marcus, *Mark*, 2000, 274.

gräzisiert ist. Eine rekonstruierte gemeinsame Vorlage für Mt 12,29/ Mk 3,27 orientiert sich also inhaltlich an den oben zitierten rabbinischen Texten, sprachlich an der Formulierung des Mt und an Jes 53,12 (LXX):

οὐ δύναται τις εἰσελθεῖν	אֵין יוּכַל אִישׁ לָבוֹא
εἰς τὴν οἰκίαν τοῦ ἰσχυροῦ	לְבֵית הַעֲצוּם
καὶ τὰ σκεύη αὐτοῦ ἁρπάσαι	וּלְשְׁלֹל אֶת־כֵּלָיו
ἐὰν μὴ πρῶτον δήσῃ τὸν ἰσχυρόν;	עַד שֶׁיֶּאֱסֹר אֶת־הַעֲצוּם
καὶ τότε τὴν οικίαν αυτοῦ διαρπάσει	וְאַחַר יִשְׁלֹל אֶת־בֵּיתוֹ
V^{Mt} 12,29	

Fraglich bliebe, ob der Handelnde des Bildwortes auch ursprünglich indeterminiert war. Die umständliche doppelte Verneinung bei Mk wie auch das πῶς + τις bei Mt wirken im Vergleich mit den rabbinischen Formulierungen, in denen Gott selbst der Handlungsträger des Bildwortes ist, eigentümlich blass. Möglich wäre es, dass auch hier ursprünglich die Begrifflichkeit eines anderen matthäischen Bildwortes vorlag, in dem ein Dieb das handelnde Subjekt war:

Wenn der Herr des Hauses wüsste	εἰ ᾔδει ὁ οἰκοδεσπότης
zu welcher Nachtwache der Dieb kommt	ποίᾳ φυλακῇ ὁ κλέπτης ἔρχεται
würde er wach bleiben	ἐγρηγόρησεν ἄν
und nicht in sein Haus einbrechen lassen	καὶ οὐκ ἂν εἴασεν διορυχθῆναι
(Mt 24,43 par. Lk 12,39)	τὴν οἰκίαν αὐτοῦ

Hier wie dort wird der Menschensohn mit einem Dieb verglichen, sein Widersacher mit dem Herrn des Hauses (vgl. die Gleichsetzung von Βεελζεβοὺλ und οἰκοδεσπότης in Mt 10,25), das Hereinbrechen der Gottesherrschaft also mit einem feindseligen Akt. Natürlich ist dieser Vergleich anstößig, auch wenn es sich lediglich um ein Bildwort handelt. Möglicherweise war jedoch auch in der vorliegenden Perikope ein „Dieb" das handelnde Subjekt des Bildwortes. Innerhalb eines Streitgesprächs, indem es ausdrücklich um die Person Jesu ging, wurde dieses Bild aber vielleicht als missverständlich empfunden, weswegen Mt und Mk den Anstoß durch ihre unpersönliche Einleitung vermeiden. Das kann jedoch nur Vermutung bleiben. Es würde allerdings erklären, warum Lk an dieser Stelle das Bild vom Einbruch in ein Haus ganz vermeidet und es durch ein Bildwort aus dem Kriegsgeschehen ersetzt. Dabei hat er sich offenbar eng an eine ihm geläufige Auslegungstradition zu Jes 53,12 (und zu Jes 49,25) angelehnt, in der ebenfalls von der Beute des Starken die Rede ist, und er gab damit dem ursprünglich auf das Gottesreich bezogenen Jesuswort eine christologische Pointe[135]. Den ursprünglichen, eher eschatologisch ausgerichteten Gehalt

---

[135] FLUSSER geht davon aus, dass gerade diese Pointe ursprünglich ist und die lukanische Version daher Priorität hat: „Jesus spielt hier auf sein messianisches Amt an, doch ist diese Anspielung nur an die hellhörigsten unter seinen Zuhörern gerichtet. (…) Markus verstand die Erzählung und Jesu Wort überhaupt nicht". FLUSSER, *Beziehungen*, 1979, 52.

des Textes hatte Lukas, im Gegensatz zu seinen Seitenreferenten, ja auch schon kurz vorher, in einer eigenen Version des Wortes vom Satanssturz (Lk 10,18), zum Ausdruck gebracht.

2.7 Rückkehr zur zweiten Ebene: Jesus und seine Gegner

2.7.1 *ὁ μὴ ὢν μετ' ἐμοῦ κατ' ἐμοῦ ἐστιν*

Nachdem Jesus die eigentliche Tiefe und endzeitliche Relevanz des Konfliktes verdeutlicht hat, kehrt er wieder zurück auf die Ebene der Auseinandersetzung mit den Kritikern. Mt 12,30 und Lk 11,23 sind an dieser Stelle identisch, eine Parallele bei Mk fehlt[136]. Eine gemeinsame, von Mk unabhängige Vorlage muss also angenommen werden. Ein hebräisches Äquivalent ist allerdings zumindest für die erste Hälfte nur schwer zu rekonstruieren. Delitzsch schlägt die folgende Konstruktion vor:

ὁ μὴ ὢν μετ' ἐμοῦ κατ' ἐμοῦ ἐστιν	כל אשר איננו אתי הוא לנגדי
καὶ ὁ μὴ συνάγων μετ' ἐμοῦ σκορπίζει	ואשר איננו מכנס אתי הוא מפזר

Allerdings wäre bei dieser Fassung fraglich, warum ein Übersetzer, der doch in Mt 12,25 die כל-Konstruktion beibehalten hätte, dies hier nicht tat. Salkinson wählt daher eine andere Konstruktion:

ὁ μὴ ὢν μετ' ἐμοῦ κατ' ἐμοῦ ἐστιν	מי אשר איננו לי לצרי הוא
καὶ ὁ μὴ συνάγων μετ' ἐμοῦ σκορπίζει	ומי אשר איננו מאסף אתי מפזר הוא

Eine ähnliche Konstruktion der ersten Satzhälfte findet sich bereits im Text von Shem-Tob. In der zweiten Satzhälfte weicht dieser jedoch in der Wortwahl stark vom griechischen Text ab[137]:

ὁ μὴ ὢν μετ' ἐμοῦ κατ' ἐμοῦ ἐστιν	מי שאינו עמדי לנגדי הוא
καὶ ὁ μὴ συνάγων μετ' ἐμοῦ σκορπίζει	מה שלא יתחבר עמי יכפור בפועל

[136] Mk 9,40 par. Lk 9,50 ist keine direkte literarische, sondern vermutlich lediglich eine enge sachliche Parallele, da das Wort dort in völlig anderem Zusammenhang und auch mit anderem Sinn verwendet wird. Dass beide Formen dieses Wortes als „geflügelte Worte" in der Zeit Jesu vorauszusetzen sind, zeigen Nestle, *Wer nicht mit mir ist*, 1912, und Fridrichsen, *Wer nicht mit mir ist*, 1912. Dass zwischen beiden Worten kein sachlicher Gegensatz besteht, bemerkt schon Grundmann, *Matthäus*, 1971, 186–187, richtig. Conti, *Un'analisi*, 1993, hat es durch einem mathematisch-logischen Zugang erneut nachgewiesen. Schürmann, *Lukas 2.1*, 1993, 249, geht davon aus, dass beide Worte bereits in Q enthalten waren und dort bewusst ausgleichend nebeneinander gestellt wurden. Gundry, *Matthew*, 1994, 235, vermutet hingegen, Mt hätte das Wort selbstständig aus der von ihm ausgelassenen Vorlage Mk 9,40 heraus gestaltet, und Lk habe es dann hier von Mt übernommen, obwohl er es in Lk 9,50 auch schon von Mk übernommen hatte.

[137] Howard, *Hebrew Gospel*, 1995, 56.

Auch die Peschitta konstruiert die erste Satzhälfte ähnlich, allerdings im Ganzen etwas glatter:[138]

mn dl' hw' 'my lwqbly	ܡܢ ܕܠܐ ܗܘܐ ܥܡܝ ܠܘܩܒܠܝ
wmn dl' knš 'my mbdrw mbdr	ܘܡܢ ܕܠܐ ܟܢܫ ܥܡܝ ܡܒܕܪܘ ܡܒܕܪ

Die verschiedenen Versionen zeigen, dass verschiedene hebräische Entsprechungen möglich sind, eine mögliche hebräische Vorlage aber aufgrund der unsemitischen griechischen Partizipialkonstruktion kaum mehr zu rekonstruieren ist. Eine eng am griechischen Text angelehnte Retroversion, die Elemente aus den genannten Übersetzungen vereint und gleichzeitig den Parallelismus des Griechischen bewahrt, wäre jedoch:

ὁ μὴ ὢν μετ' ἐμοῦ κατ' ἐμοῦ ἐστιν	מִי שֶׁאֵינֶנּוּ עִמָּדִי לְנֶגְדִּי [הוּא]
καὶ ὁ μὴ συνάγων μετ' ἐμοῦ σκορπίζει	וּמִי שֶׁאֵינֶנּוּ מְכַנֵּס עִמָּדִי הוּא מְפַזֵּר
(V^{Mt} 12,30 = V^{Lk} 11,23)	

Die Rede vom „Sammeln", ebenfalls ein gebräuchliches Bild, fasst hier das bisher Gesagte zusammen: Jesus versteht seinen Dienst als ein endzeitliches Sammeln der Zerstreuten und Verlorenen. Das wird nicht nur hier, sondern in vielen anderen Worten Jesu deutlich. Damit steht er in seinem Selbstverständnis Hillel nahe, von dem in verschiedenen Varianten der Ausspruch überliefert ist:

„Zur Zeit, in der man zerstreut, sammle!"[139]	בשעת המפלרין כנס

Bei Hillel bezieht sich das Sammeln dabei vor allem auf die Lehre und das Lernen. Bei Jesus bekommt es hier noch eine zusätzliche Dimension im Blick auf die beiden im Konflikt stehenden Machtbereiche: Das Reich Gottes, in dem die Dämonen gebunden sind, steht auf der einen Seite, die Reiche der Heidenvölker, in denen die Dämonen für eine Zeitlang noch die Herrschaft behielten, auf der anderen. Aber auch im Grenzgebiet zwischen beiden Reichen, also in den Randbereichen des Volkes Israel, kommt es immer wieder zu „Übergriffen" des Bösen: Zöllner, Sünder und Besessene fallen dem Bösen zur „Beute", das Volk wird weiter zerstreut. In einer solchen Zeit muss man sammeln. Dies geschieht jedoch nicht nur durch Lehre und Lernen auf Seite der Menschen, sondern auch durch das eschatologische Eingreifen Gottes: Die Königsherrschaft Gottes bricht in die bisherigen Wirkbereiche des Bösen ein und „holt die Beute zurück". Die Dämonenaustreibungen sind deswegen keine verbotene Magie, sondern ein Zei-

[138] Kiraz, *Comparative Edition*, 1996, 165.

[139] SifZ zu Num 27,1 (Horovitz 317, dt. Börner-Klein 253). Flusser, *Hillels Selbstverständnis*, 1975, 211, geht davon aus, dass die anderswo (z.B. tBer 6,24, ed. Rengstorf 1:50) überlieferte erste Hälfte des Spruchs eine sekundäre Erweiterung ist. Die weite Verbreitung des Bildes vom „Sammeln" zeigen die Belege bei Billerbeck, *Kommentar*, 1969, 1:635–636.

chen dieser endzeitlichen Sammelbewegung. Den Kritikern, so Jesus, sollte auch daran gelegen sein, die Verlorenen zu sammeln, und sie sollten sich deshalb auf die Seite Jesu stellen. Wenn sie sich gegen ihn stellen, dann tragen sie damit nur zu einer weiteren Zerstreuung des Volkes bei: Nicht nur, indem sie durch ihre Opposition weitere Zerteilung innerhalb des Volkes bringen, sondern auch, indem sie weiterhin die „Grenzüberschreitungen“ des Bösen dulden, von denen auch Mitglieder des Volkes betroffen und aus der Volksgemeinschaft herausgerissen werden.

2.8 Das Ergebnis der Kontroverse: Ein Konflikt mit Menschen und Gott

Mit seinen Bildworten hat Jesus die verschiedenen Ebenen des Konfliktes deutlich gemacht: Hier geht es nicht nur um einen internen Konflikt zwischen Geistern, aber auch nicht nur um einen internen (Lehr-)Konflikt zwischen Menschen, sondern um den endzeitlichen Konflikt zwischen Gott und seinem Widersacher. Genau diese Vielschichtigkeit des Konfliktes ist es auch, die dem Schlusssatz der Antwort Jesu (Mt 12,31–32 parr. Mk 3,28–29 und Lk 12,10) zugrunde liegt.

2.8.1 πᾶς ὃς ἐρεῖ λόγον εἰς τὸν υἱὸν τοῦ ἀνθρώπου ...

Dieser Satz bildet die Zusammenfassung der bisherigen Kontroverse und bekommt daher auch nur im Zusammenhang dieser Perikope seinen eigentlichen Sinn. Der veränderte Kontext, in dem das Wort bei Lk erscheint (Lk 12,4–12), ist daher vermutlich sekundär.[140] Im synoptischen Vergleich zeigt sich die literarische Beziehung komplex: Während sich die Versionen des Wortes bei Mk und Lk stark voneinander unterscheiden, stehen bei Mt beide Versionen unverbunden nebeneinander.[141] Die lk Fassung ist im Wortlaut stärker semitisch geprägt, die mk Fassung hingegen steht ihrem Inhalt nach dem jüdischem Denken näher.[142] In der Literatur wird dieser Befund meist durch die Überlappung von Mk und Q erklärt: Lk biete die ursprüngliche Form von Q, Mk eine Variante davon, und Mt stelle die Fassungen von Mk und Q nebeneinander.[143] Als Vorlage für beide Versionen

---

[140] Vgl. GNILKA, *Markus I*, 1978, 146 und FITZMYER, *Luke II*, 1985, 962: „...the collocation of these sayings is certainly Lucan; they were not so joined in ‚Q‘“.

[141] „Dieser Passus scheint in unglücklicher Weise bearbeitet zu sein“. SAHLIN, *Emendationsvorschläge I–II*, 1982, 162.

[142] Vgl. EVANS, *Unforgivable Sin*, 1957, 241: „The Markan form of the saying, in spite of the development it has undergone, preserves the essential contrast [scil. den Gegensatz zwischen Gott und Mensch]. The Greek Version of Q, on the other hand, whilst preserving the original *form* of the saying, has obscured its *meaning* by an over-literal rendering of the expression *bar nasha*“.

[143] SCHWEIZER, *Matthäus*, 1973, 185; PESCH, *Markus I*, 1976, 217; GRUNDMANN, *Markus*, 1989, 108; LUZ, *Matthäus II*, 1990, 256; 346; HAGNER, *Matthew 1–13*, 1993, TROCMÉ,

des Wortes wird dabei häufig eine gemeinsame aramäische Grundlage angenommen.[144] Beispielhaft sei die Rekonstruktion von M. Casey genannt, die in leicht abgewandelter Form auch von anderen Kommentatoren als gemeinsame Grundlage beider Versionen angenommen wird. Obwohl Casey in diesem Fall zwei verschiedene, sich überlappende aramäische Quellen für Mk und Q rekonstruiert, gleichen sich beide an dieser Stelle (mit Ausnahme der Einleitungsformel אמן אמר אנא לכון, die sich nur in der rekonstruierten Mk-Vorlage finden):

… every one who speaks a word	וכל די ימלל מלה
against a/the (son of) man, it shall be forgiven to him.	לבר אנשא ישתביק לה
and whoever speaks a word	ומן דמלל מלה
against the spirit of holiness,	על רוחא קדישתא
it shall not be forgiven him forever.	לא ישתביק לה לעלמין

Ausgehend von einer solchen aramäischen Vorlage werden die beiden Fassungen von Mk und Q (= Lk 12,10) zumeist als Übersetzungsvarianten erklärt, die sich vor allem darin unterscheiden, dass Mk den Ausdruck לבר אנשא im generischen Sinn verstehe und zum nachfolgenden ישתביק לה ziehe („es wird den Menschenkindern vergeben werden"), während Q den Begriff im titularen Sinn verstehe und zum vorangehenden ימלל מלה ziehe („ein Wort gegen den Menschensohn sprechen").[145] Umstritten bleibt, ob die beiden unterschiedlichen Versionen durch Übersetzungsfehler, gemeindetheologische Reflexion oder redaktionelle Bearbeitung entstanden, und auf welcher Stufe der Überlieferung dies geschah.

Im Grundsatz ist die Herleitung von einer gemeinsamen Vorlage, einschließlich der Annahme einer matthäischen Konflation an dieser Stelle, si-

---

Marc, 2000, 106. Dabei variieren die Urteile darüber, ob Q oder Mk die ursprünglichere Form bewahrt habe. Vgl. Luz, *Matthäus II*, 1990, 256, und Colpe, *Spruch*, 1970, 65; Fuchs, *Sünde*, 2004, erklärt die Versionen des Mt und Lk für eine deuteromk. Überarbeitung der Mk-Fassung. Eine ähnliche Rekonstruktion, allerdings nicht auf literarischer, sondern textgeschichtlicher Ebene, schlägt Sahlin, *Emendationsvorschläge I–II*, 1982, 162–163, vor.

[144] So schon Dalman, *Worte*, 1898, 209; sehr detaillierte Rekonstruktion bei Colpe, *Spruch*, 1970; weniger ausführlich bei Marcus, *Mark*, 2000, 275, und Casey, *Aramaic Approach*, 2002, 147–148. Luz, *Matthäus II*, 1990, 256–257, weist das Wort der „aramäisch sprechenden Urgemeinde" zu, ebenso Schweizer, *Markus*, 1967, 46; Schmithals, *Markus I*, 1979, 225 u.a.. Davies/Allison, *Matthew II*, 1991, 345–346, halten es für ein authentisches Herrenwort, das in Q (=Lk) und Mk in zwei Varianten einer gemeinsamen aramäischen Urform bewahrt sei. Nur Gundry, *Matthew*, 1994, 238–239, spricht sich gegen die Annahme einer Übersetzungsvariante aus und nimmt stattdessen bewusste redaktionelle Veränderung auf der griechischen Sprachebene an. Insgesamt setzt jedoch auch er einen semitischen Sprachhintergrund für das Logion voraus, das bei Mt und Lk besser erhalten sei und bei Mk mehrfach gräzisiert worden sei. Vgl. Gundry, *Mark*, 1993, 175–176.

[145] Lindars, *Son of Man*, 1983, 34–36, der allerdings anstelle von כל דמלל מלה die Form כל דאמר מלה wählt; ihm folgend auch Marcus, *Mark*, 2000, 275 u.a.

cherlich plausibel. Die große Nähe der beiden Fassungen bei Mk und Lk in der Diktion legt, trotz der Unterschiede im Inhalt, einen gemeinsamen Ursprung nahe. Ob sich die vermutlich sehr komplexe Überlieferungsgeschichte darüber hinaus im Detail rekonstruieren lässt, ist fraglich. Für eine plausible Einordnung in einen hebräischen und jüdischen Kontext sind im Horizont der vorliegenden Untersuchung vor allem drei Fragen von Bedeutung: Welches Verständnis liegt den Begriffen τοῖς υἱοῖς τῶν ἀνθρώπων (Mk 3,28) bzw. εἰς τὸν υἱὸν τοῦ ἀνθρώπου (Lk 12,10) zugrunde? Welcher Vorwurf verbirgt sich hinter dem Ausdruck βλασφημήσῃ εἰς (Mk 3,29) bzw. ἐρεῖ λόγον εἰς (Lk 12,10)? Und wie ist das Motiv einer „unvergebbaren Sünde" in den jüdischen Kontext einzuordnen?

2.8.2 τοῖς υἱοῖς τῶν ἀνθρώπων / εἰς τὸν υἱὸν τοῦ ἀνθρώπου

Der komplexe Begriff des „Menschensohnes" ist in der Forschung zum semitischen Hintergrund des NT mittlerweile zu einer Art „Gretchenfrage" geworden.[146] Die Diskussion um Genese und Verwendung des Begriffes kann hier jedoch nicht geführt werden. Einigkeit herrscht darüber, dass auf semitischer Sprachebene zwischen dem generischen Gebrauch, dem selbstreferentiellen Gebrauch und einem möglichen apokalyptisch-titularen Gebrauch des Idioms בר (א)נש(א) unterschieden werden muss.[147] Ob der titulare Gebrauch dabei überhaupt für die semitische Sprachebene angenommen werden kann oder erst auf eine Gemeindebildung im griechischen Sprachkontext zurückgeht, bleibt dabei in der Literatur umstritten: Ein fest geprägter Titel oder eine allgemeine Erwartung einer endzeitlichen „Menschensohn"-Gestalt ist in der jüdischen Literatur der ersten Jahrhunderte nicht nachzuweisen, wohl aber vereinzelt ein exegetischer Rückgriff auf den Begriff בר אנש aus Dan 7,13, wie er auch im Neuen Testament geschieht. Ebenso wenig ist jedoch die selbstreferentielle Verwendung des Begriffs בר (א)נש(א) in der aramäischen Literatur der ersten Jahrhunderte nachzuweisen, wohl aber ein allgemeiner generischer Gebrauch, der dem hebräischen בן אדם entspricht.[148] Dass die Wendung im Neuen Testament

---

[146] Vgl. Vögtle, *Gretchenfrage*, 1994, mit einem ausführlichen Forschungsbericht. Ein guter Überblick auch bei Burkett, *Debate*, 1999.

[147] Generisch im Sinne von „ein Mensch", selbstreferentiell im Sinne von „ich" und titular mit Bezug auf die endzeitliche Richterfigur aus Dan 7,13.

[148] Die Existenz eines geprägten messianischen Titels „Menschensohn" im 1. Jh. n. Chr. wird dabei weithin ausgeschlossen. Eine gelegentliche Deutung von Dan 7 auf eine endzeitliche Richtergestalt ist aber in der apokalyptischen Literatur nachweisbar. Mit der Möglichkeit, dass bereits Jesus mit seiner Selbstbezeichnung als „Menschensohn" einen Bezug zu Dan 7 intendierte oder zumindest andeutete, rechnen z.B. Dalman, *Worte*, 1898, 191–219; Colpe, *ThWNT 8*, 1969, 433–444; Betz, *Danielbuch*, 1985; Davies/Allison, *Matthew II*, 1991, 49–50; Stuhlmacher, *Theologie*, 2005, 123. Einem rein generischen oder selbstreferentiellen Gebrauch der Wendung bei Jesus und seiner späteren christologi-

fast ausschließlich in der doppelt determinierten Form ὁ υἱὸς τοῦ ἀνθρώπου erscheint, macht den Befund noch komplexer, da dieser weder dem generischen noch dem selbstreferentiellen Gebrauch entspricht, aber auch nicht dem Wortlaut von Dan 7,13. Ob jedoch eine rein philologische Argumentation die theologische Beweislast, die dem Begriff (und seiner möglichen Missdeutungen) in der Literatur aufgeladen wird, in der Tat tragen kann, muss fraglich bleiben: Die Verknüpfung der Jesusüberlieferung mit dem apokalyptischen Motiv des Weltgerichts, insbesondere mit der Bildlichkeit aus Dan 7, wurzelt zweifellos tiefer als nur im Begriff ὁ υἱὸς τοῦ ἀνθρώπου. Es liegt daher durchaus im Bereich des Möglichen und sogar Wahrscheinlichen, dass Jesus selbst das Idiom sowohl im generischen Sinne als auch (oder gerade deshalb) in bewusster Anspielung auf Dan 7,13 verwendet hat. Eine scharfe Trennung von beiden Bedeutungsfeldern ist möglicherweise gar nicht sinnvoll, da es ja gerade der generische Sinn ist, der Dan 7,13 seine entscheidende Pointe verleiht: es ist eben kein *beliebiges* himmlisches Wesen, das hier zum Gericht erscheint, sondern einer „wie ein Mensch“ (כבר אנש). Und wenn Jesus sich in der Tat selbst im Licht dieser Vision beschrieben hat, dann ist auch ein selbstreferentieller Gebrauch des Ausdrucks denkbar, selbst wenn er zu dieser Zeit noch nicht allgemein üblich gewesen sein sollte. Eine saubere Trennung der verschiedenen Aspekte innerhalb der Jesustradition wird daher kaum möglich sein.[149] Schon gar nicht eignet sich die Wendung als verlässliches Echtheitskriterium von Jesusworten.

Vor dem Hintergrund eines möglichen *hebräischen* (und nicht ausschließlich *aramäischen*) Sprachhintergrundes tritt zudem noch ein weiterer Aspekt des Problems hinzu: Es wäre dann nämlich denkbar, dass Jesus zwar einerseits den *hebräischen* Begriff בן אדם in einem rein generischen bzw. selbstreferentiellen Sinn verwendete, bei intendierten Bezügen auf Dan 7 jedoch bewusst den dort verwendeten *aramäischen* Begriff בר אנש gebrauchte.[150] Durch einen solchen intentionalen Sprachwechsel[151] wäre ein Bezug zu Dan 7 für Zuhörer sogar deutlicher erkennbar geworden als in ei-

schen Erweiterung durch die Gemeinde vertreten dagegen Vermès, *Use*, 1967; Vermès, *Jesus*, 1993, 144–174; Schwarz, *Menschensohn*, 1986, (eher selbstreferentiell); Fitzmyer, *Methodology*, 1989, 92–93 u.ö.; Casey, *Solution*, 2007, u.ö. (eher generisch); Lindars, *Son of Man*, 1983, (vermittelnd: „a man in my position“). Eine erneute Sichtung und Neubewertung des erst neuerdings zugänglichen aramäischen Quellenmaterials aus Qumran bei Owen/Shepherd, *Speaking Up*, 2001, kommen zu dem Urteil (S. 121), dass die Textbasis der zeitgenössischen aramäischen Texte keine ausreichende Basis für die weitreichenden Schlüsse von Vermès, Lindars und Casey biete.

[149] Betz, *Danielbuch*, 1985.

[150] Nach der Unterscheidung diskursstrategischer Motive eines Sprachwechsels (vgl. oben 81) läge damit ein klassisches Beispiel für ‚expressiven‘ Gebrauch vor.

[151] Vgl. Buth, *Son of Man*, 1998, für eine ausführliche Argumentation.

nem rein aramäischen Sprachkontext oder auch in dem rein griechischen Sprachkontext der kanonischen Evangelien. Die determinierte griechische Form ὁ υἱὸς τοῦ ἀνθρώπου hätte dann diesen intendierten Bezug auf einen spezifischen „Menschensohn“, nämlich „*den* Menschensohn“ aus Dan 7, bewahrt.

Die vorliegende Perikope ist für die Frage nach der Verwendung des Menschensohn-Begriffs von besonderem Interesse, weil in dem Nebeneinander der Begriffe τοῖς υἱοῖς τῶν ἀνθρώπων (Mk 3,28) bzw. εἰς τὸν υἱὸν τοῦ ἀνθρώπου (Lk 12,10) die Verwandtschaft von generischer und titularer Verwendung noch deutlich erkennbar ist. Der Verdacht liegt daher hier besonders nahe, dass die beiden Versionen durch das Missverständnis eines Übersetzers entstanden seien oder dass spätere gemeindetheologische Reflexion den usprünglichen Sinn des Wortes unkenntlich gemacht habe. Möglicherweise ist aber auch hier der Gegensatz zwischen beiden Fassungen weniger ausschließlich, als es auf den ersten Blick erscheint. Vielmehr könnte gerade die Spannung zwischen der menschlichen Identität Jesu (generischer Gebrauch) und seiner besonderen Bevollmächtigung durch Gott (titularer bzw. apokalyptischer Gebrauch) die eigentliche Intention schon des ursprünglichen Jesuswortes gewesen sein. Um dieser Frage weiter nachzugehen, soll hier zunächst der Aussagegehalt des Wortes näher untersucht werden.

2.8.3 πᾶς ὃς ἐρεῖ λόγον εἰς ...

Eine Schwierigkeit der genannten Retroversion des Wortes ins Aramäische besteht darin, dass die oft vorgeschlagene Wendung מלל מלה על bzw. אמר מלל על zwar einen Anhalt in der biblischen Formulierung וּמִלִּין לְצַד עִלָּיָא יְמַלִּל (Dan 7,25) hat, in der rabbinischen Literatur darüber hinaus jedoch nicht nachzuweisen ist.[152] Möglich ist jedoch eine Herleitung aus dem hebräischen Begriff דבר ב, der nicht nur in biblischen Texten belegt ist, sondern zudem auch in der rabbinischen Literatur häufig aufgegriffen wird, und zwar in einem motivgeschichtlichen Zusammenhang, der ihn nicht nur mit dem Begriff der Blasphemie, sondern auch mit dem Motiv einer „Lästerung des Geistes“ in enge Verbindung bringt, wie er auch der vorliegenden Perikope zugrunde liegt.[153] Auch dieser motivgeschichtliche Komplex steht in enger

[152] Viele Kommentatoren berufen sich auf BLACK, *Muttersprache*, 1982, 195, der die Wendung als „Semitismus … wahrscheinlich aramäischen Ursprungs“ bezeichnet. Black führt jedoch nur einen Beleg aus dem biblischen Aramäisch an (Dan 7,25), sowie einen Beleg aus dem biblischen Hebräisch (Hi 2,9), der jedoch die Wendung nicht im hebräischen Original, sondern nur in der griechischen Übersetzung enthält. Auch der griechische Beleg aus Apg 6,13.11 kann den aramäischen Ursprung der Wendung kaum belegen.

[153] Zum Folgenden vgl. die ausführliche Untersuchung von LÖVESTAM, *Spiritus Blasphemia*, 1968. Ähnlich auch BUCKLEY, *Seventy Times Seven*, 1991, 27 und GNILKA, *Markus*

Verbindung zur Exodus- bzw. Wüstentradition, aus der in der vorliegenden Perikope bereits wiederholt Anklänge zu finden waren: Der Ausdruck דבר ב wird in Num 12,1.8 für den Widerspruch Aarons und Miriams gegen Moses verwendet, mit dem diese dessen göttliche Berufung in Frage stellen, woraufhin dann in einer Epiphanie die Autorität des Mose bestätigt wird.

καὶ ἐλάλησεν Μαριαμ καὶ Ααρων κατὰ Μωυσῆ (Num 12,1 LXX)	וַתְּדַבֵּר מִרְיָם וְאַהֲרֹן בְּמֹשֶׁה (Num 12,1)
καὶ διὰ τί οὐκ εφοβήθητε καταλαλῆσαι κατὰ τοῦ θεράποντός μου Μωυσῆ (Num 12,8 LXX)	וּמַדּוּעַ לֹא יְרֵאתֶם לְדַבֵּר בְּעַבְדִּי בְמֹשֶׁה (Num 12,8)

Der Angriff von Aaron und Miriam gegen die Person des Mose wird also hier als ein Angriff gegen Gott selbst gewertet. Dieselbe Gleichsetzung von Rede gegen Mose und Rede gegen Gott findet sich dann erneut in Num 21,5.7, wo das ganze Volk gegen Gott und gegen Mose redet:

Καὶ κατελάλει ὁ λαὸς πρὸς τὸν θεὸν καὶ κατὰ Μωυσῆ (Num 21,5 LXX)	וַיְדַבֵּר הָעָם בֵּאלֹהִים וּבְמֹשֶׁה (Num 21,5)
Ἡμάρτωμεν ὅτι κατελαλήσαμεν κατὰ τοῦ κυρίου καὶ κατὰ σοῦ (Num 21,7 LXX)	חָטָאנוּ כִּי־דִבַּרְנוּ בַיהוָה וָבָךְ (Num 21,7)

Dieser Sprachgebrauch ist dabei für das biblische Hebräisch nicht typisch. Schlechtes Reden über (oder gegen) andere wird vielmehr zumeist durch דבר על ausgedrückt, während דבר ב entweder den Inhalt oder das Medium der Rede, in selteneren Fällen auch den Angeredeten bezeichnet.[154] In den vorliegenden Fällen ist jedoch durch die Phrase deutlich eine feindselige Intention bezeichnet.[155] Die hier beschriebene Episode weist dabei durchaus eine inhaltliche Parallelität zur Kontroverse um die Person Jesu auf:

„Miriam and Aaron do not call in question Moses' prophetic position or his right to lead, but only the uniqueness of his prophetic position and his right to sole leadership."[156]

Auch in Ps 78,19 wird die Wendung noch einmal verwendet, in direkter Anspielung auf die Episode aus Num 21. Dieses biblische Motiv vom „Reden gegen Gott und gegen Mose" findet dann später auch in der rabbinischen Literatur wiederholt Aufnahme[157] und ist möglicherweise bereits in der Zeit Jesu als Charakteristikum der „Wüstengeneration" verstanden

I, 1978, 146, der hier eine „im palästinischen Sprachraum verwurzelte" Formulierung sieht.

[154] Clines, *Dictionary*, 1995, 2/392 und Gesenius, *Handwörterbuch*, 1995, 2/238–239.

[155] Vgl. Gray, *Numbers*, 1956, 120 und auch die genannten Wörterbücher.

[156] Gray, *ebd.*

[157] Auffälligerweise beziehen sich die meisten Belege für die Konstruktion דבר ב in den rabbinischen Texten auf die Episode aus Numeri 21.

worden. In der Mekhilta des R. Ishmael wird der Unglaube in der Wüste (Num 21,5) ausdrücklich dem Glauben am Schilfmeer gegenübergestellt, wo das Volk den „Finger Gottes" (Ex 8,15) und die „große Hand" Gottes (Ex 14,31) gesehen hatte:

„Und das Volk redete gegen Gott und gegen Mose. Wenn sie aber gegen Gott redeten, dann ist es ein Schluss vom Leichteren auf das Schwerere, dass sie ganz bestimmt gegen Mose redeten! Daraus kann man lernen, dass jeder, der gegen den treuen Hirten redet, gewertet wird, als ob er gegen den redet, der sprach und die Welt entstand."[158]

Dass es sich hier um eine geprägte Formel handelte, deren Bezug zur biblischen Vorlage präsent war, zeigt auch die Formulierung des Vorwurfs gegen Stephanus in Apg 6,11 (ἀκηκόαμεν αὐτοῦ λαλοῦντος ῥήματα βλάσφημα εἰς Μωϋσῆν καὶ τὸν θεόν), in dem das „Reden von Worten gegen Mose und Gott" mit dem *terminus technicus* der Blasphemie verbunden wird. Es ist nun aber eben diese biblische Überlieferung vom Murren des Gottesvolkes in der Wüste, die auch den einzigen beiden biblischen Texten zugrunde liegt, die der Sache nach einer „Lästerung des Geistes" nahe kommen:[159]

Αὐτοί δὲ ἠπείθησαν	וְהֵמָּה מָרוּ
καὶ παρώξυναν τὸ πνεῦμα τὸ ἅγιον αὐτοῦ	וְעִצְּבוּ אֶת־רוּחַ קָדְשׁוֹ
(Jes 63,10 LXX)	(Jes 63,10)
Καὶ παρώργισαν αὐτὸν εφ῾ ὕδατος ἀντιλογίας	וַיַּקְצִיפוּ עַל־מֵי מְרִיבָה וַיֵּרַע
καὶ ἐκακώθη Μωυσῆς δι᾽ αὐτούς	לְמֹשֶׁה בַּעֲבוּרָם
ὅτι παρεπίκραναν τὸ πνεῦμα αὐτου	כִּי־הִמְרוּ אֶת־רוּחוֹ
καὶ διέστειλεν ἐν τοῖς χείλεσιν αὐτοῦ	וַיְבַטֵּא בִּשְׂפָתָיו
(Ps 105,32–33 LXX)	(Ps 106,32–33 MT)

Das רוּחוֹ in Ps 106,33 ist zwar doppeldeutig und könnte sich hier auf Moses wie auch auf Gott selbst beziehen, doch macht das keinen inhaltlichen Unterschied, denn auch der Geist, der auf Mose lag, war ja Gottes Geist. Im Targum wird die Stelle jedenfalls bereits auf den Heiligen Geist bezogen und mit על רוח קודשיה übersetzt.[160] Auch in Qumran steht die einzige Belegstelle, die dem Gedanken einer „Lästerung des Geistes" nahe kommt, in direktem Zusammenhang mit der Wüstengeneration und verwendet ebenfalls den Ausdruck דבר ב:

---

[158] MekhY ויהי 7 zu Ex 14,31 (Horovitz/Rabin 114). In einer Liste von zehn Kardinalsünden WaR 17,3 zu Lev 14,34 (Margulies 2:394.397) wird das „Reden gegen Moses" als Beispiel für die Sünde der לשון רע genannt. Außerdem erscheint das Motiv in SifBam §103 zu Num 12,8 (Horovitz 102, dt. Kuhn 272); bSan 110a; BamR 19,21 zu Num 21,4; BamR 20,23 zu Num 25,1 (Mirkin 10:236 und 271); QohR 5,3 zu Prd 5,5 (Wilna 14b).

[159] Luz, *Matthäus II*, 1990, 266, nennt die Formulierung „Reden gegen den Heiligen Geist" im jüdischen Kontext „fast singulär" und führt eine Reihe der im Folgenden behandelten Parallelen an. In seiner Übersicht fehlt allerdings das Targum zu Ps 106,33, wo die Rebellion des Wüstengeschlechtes gegen Mose und gegen Gott ausdrücklich als gegen den „Heiligen Geist" gewendet dargestellt wird.

[160] Lagarde, *Hagiographa*, 1967, 63. Vgl. Lövestam, *Spiritus Blasphemia*, 1968.

Und auch ihren heiligen Geist haben sie verunreinigt,	וגם את רוח קדשיהם טמאו
und mit Lästerzunge den Mund geöffnet	ובלשון גדופים פתחו פה
gegen die Satzungen des Bundes Gottes,	על חוקי ברית אל
und sprechen: Sie stehen nicht fest gegründet!	לאמר לא נכונו
Und Greuel reden sie da gegen sie.[161]	ותועבה הם מדברים בם

Hier wird zudem auch der hebräische Ausdruck גדף verwendet, der zwar noch nicht im biblischen, dann aber im nachbiblischen und mischnischen Hebräisch zum *terminus technicus* für den Tatbestand der Blasphemie wurde.[162] Die Deutung des „Redens gegen (Menschen und) Gott" der Wüstengeneration als Modellfall der Blasphemie wird auch in der LXX deutlich. Sie übersetzt den Ortsnamen מֵי מְרִיבָה meistens mit ὕδωρ ἀντιλογίας.[163] Darin klingt noch der Gedanke eines „Gegenredens" an. Alternativ zu ὕδωρ ἀντιλογίας erscheint in der LXX dann jedoch auch der Begriff λοιδόρησις (Ex 17,7) bzw. τὸ ὕδωρ τῆς λοιδορίας (Num 20,24). Das Verb λοιδορεῖν ist im Griechischen synonym mit βλασφημεῖν. Beide Begriffe sind in der LXX zwar noch nicht eindeutig als *terminus technicus* für Gotteslästerung verwendet, im NT jedoch festigt sich auch hier die Begrifflichkeit.

Überhaupt bildet sich eine eindeutigere Definition für den Tatbestand der Gotteslästerung erst in der rabbinischen Literatur heraus. Er erscheint jedoch schon früh neben den drei ursprünglichen „Kardinalsünden" Götzendienst, Mord und Unzucht in einer erweiterten Liste von von fünf besonders schweren Sünden, aus der sich später die Liste der sieben „noachitischen Gebote" entwickelte.[164] Konkret äußert sich Blasphemie dabei in unterschiedlicher Gestalt: Im Fluchen/Sprechen gegen Gott oder seinen Repräsentanten, in der Ablehnung oder Verachtung Gottes oder seines Repräsentanten, in der Anmaßung der Autorität Gottes oder im Götzendienst.[165] Sie gilt als besonders schweres und daher todeswürdiges Verbrechen.[166] In einem Diktum, das inhaltlich an Mk 3,28 erinnert, wird die Entweihung des Gottesnamens (חילול השם) gegenüber allen anderen Sünden dadurch herausgehoben, dass sie nicht verziehen wird:

Alles verzeiht der Heilige, gepriesen sei er,	על הכל הקדוש ברוך הוא מוחל
aber die Entweihung des Namens bestraft er sofort.[167]	על חילול השם פורע מיד

---

[161] CD V:11–12, ed. LOHSE, *Texte*, 1964, 74–75.

[162] Der Ausdruck לשון גדופים erscheint auch in 1QS IV:9–11 als Auswirkung eines frevelhaften Geistes (רוח עולה), vgl. LOHSE, *Texte*, 1964, 12–15.

[163] Num 20,13; 27,14; Dtn 32,51; 33,8; Ps 80,7/81,8 LXX; 105,32/106,32 LXX.

[164] Sifra אחרי מות Pereq 13 (§194) zu Lev 18,4 (Weiss 66a). Vgl. dazu FLUSSER, *Sünde*, 1986, 101–102 und BILLERBECK, *Kommentar*, 1969, 3:36–38.

[165] Vgl. DONALDSON, *Blasphemy*, 2003.

[166] mSan 7,4–5 (Krauß 214–221); bPes 93b. Vgl. BILLERBECK, *Kommentar*, 1969, 1: 636–638.

[167] SifDev §328 zu Dtn 32,38 (Finkelstein 379, dt. Bietenhard 799). Allerdings steht hier gerade nicht גדף, sondern der halachisch weniger präzise Terminus חילול השם.

Das synoptische Jesuswort steht also begrifflich und sachlich in einer Auslegungstradition, die das Reden der Wüstengeneration gegen Mose mit Reden gegen Gott gleichsetzt und daraus den besonders strafwürdigen Tatbestand der Blasphemie ableitet. In einigen Fällen wird zudem in diesem Zusammenhang auch von einem Vergehen „gegen den Geist" gesprochen. Auch die enge Verbindung der Beelzebul-Perikope mit der Zeichenforderung bei Mt und Lk spricht für eine vielfältige intertextuelle Beziehung zum Motiv der Wüstengeneration, weil auch hier pointiert von einem γενεὰ πονηρὰ die Rede ist.[168] Dass bei Mk die Zeichenforderung aus diesem Zusammenhang gelöst ist, mag daran liegen, dass seinen Lesern diese intertextuellen Bezüge nicht mehr geläufig waren und könnte demnach ein weiteres Indiz für dessen sekundären Charakter sein.

Ein mit der vorliegenden Perikope vergleichbares Motivgeflecht findet sich zudem auch an anderer Stelle im NT, nämlich in der Rede des Stephanus (Apg 7,35–53). Hier wird ebenfalls ein enger Zusammenhang zwischen der Opposition gegenüber Jesus, dem Widerstand gegen den Heiligen Geist und dem Geschlecht der Wüste hergestellt.[169] Möglicherweise steht also der Ausdruck דבר ב, der in der LXX zumeist mit λαλεῖν κατά, καταλαλεῖν κατά oder καταλαλεῖν πρός wiedergegeben wurde, sowohl hinter dem Ausdruck ἐρει λόγον εἰς (Lk 12,10) als auch hinter dem Ausdruck εἴπῃ λόγον κατὰ (Mt 12,32),[170] während sowohl Mt als auch Lk daneben auch den, hier ebenfalls von Mk verwendeten, *terminus technicus* βλασφημεῖν gebrauchen.

2.8.4 οὐκ ἔχει ἄφεσιν εἰς τὸν αἰῶνα / οὐκ ἀφεθήσεται αὐτῷ

Die Übereinstimmung von Mt und Lk gegen Mk in der Formulierung οὐκ ἀφεθήσεται (αὐτῷ) legt nahe, dass hier eine ursprüngliche Form vorliegt, auch wenn es für die markinische Formel οὐκ ἔχει ἄφεσιν εἰς τὸν αἰῶνα ebenfalls rabbinische Parallelen gibt.[171] Das sachliche Motiv einer „unver-

---

[168] Mt 16,4; Lk 11,29–32; Mk 8,12.

[169] Apg 7,51. Das neutestamentliche *hapax legomenon* σκληροτράχηλος wird in der LXX 6x für das hebräische עם־קשה־ערף verwendet, einen speziellen Ausdruck für das „Geschlecht der Wüste" (Ex 33,3.5; 34,9; Dtn 9,6.13; Spr 19,1). In 1QS IV:11 wird קושי עורף ebenfalls in direktem Zusammenhang mit der Sünde der לשון גדופים erwähnt.

[170] Pesch, *Markus I*, 1976, 217; Lührmann, *Markus*, 1987,76 und Luz, *Matthäus II*, 1990, 257, halten dabei die mt Version an dieser Stelle für die Ursprünglichere, auch gegenüber Lk. Guelich, *Mark 1–8*, 1989, 179, weist darauf hin, dass die Fassung von Mt und Lk eher dem semitischen Idiom entsprechen, während βλασφημεῖν mit direktem Objekt erst als Bildung der Gemeinde denkbar sei. Ähnlich Ernst, *Markus*, 1981, 117, der jedoch den ersten Teil des Wortes „wegen des fehlenden Menschensohntitels" für älter hält.

[171] אין לו מחילה לעולם (TanB מטות 1 zu Num 30,3, ed. Buber 2:157); אין לו מחילה בעולם (Tan מטות 1 zu Num 30,3, ed. Zundel 94a); אין לו מחילה בעולמית (MTeh 1,5 (12b), ed. Buber 24, par. yBQ 8,10/2 (6c), ed. Schäfer/Becker IV:49).

gebbaren Sünde“ steht dabei auch in der jüdischen Tradition in engem Zusammenhang mit dem Widerstand der murrenden Wüstengeneration gegen das Wirken Gottes in Moses. So wird R. Akiba die folgende Aussage zugeschrieben:

„Das Geschlecht der Wüste	דור המדבר
hat keinen Anteil an der zukünftigen Welt,	אין להם חלק לעולם הבא
und steht nicht da im [jüngsten] Gerichte,	ואין עומדין בדין
denn es heißt: ‚In dieser Wüste sollen sie vergehen	שנאמר במדבר הזה יתומו
und daselbst sterben‘,	ושם ימתו
das die Worte des Rabbi ’Akiba“[172]	דברי רב עקיבא

Ohne einen Bezug zur Wüstengeneration, aber ebenfalls verbunden mit ewiger Strafe, erscheint der Tatbestand einer „Sünde gegen den Geist“ im äthiopischen Henochbuch. Dort wird zunächst der Engel Sarakiel als einer der sieben Engel genannt, die in den sieben Himmeln herrschen:

„Sarakiel (=Suriel oder Sariel)[173], einer von den heiligen Engeln – der, der über die Geister der Menschenkinder[174] (gesetzt) ist, die an den Geistern sündigen.“ (äthHen 20,6)[175]

Während einer der späteren Visionen bekommt Henoch von diesem Engel[176] das „Tal der Verdammten“ gezeigt:

„Da sprach ich: “Wofür ist dieses gesegnete Land, das ganz mit Bäumen gefüllt ist, und (wofür) diese verfluchte Schlucht dazwischen?” Da antwortete Uriel, einer von den heiligen Engeln, der bei mir war, und sprach zu mir: “Diese verfluchte Schlucht ist (bestimmt) für die bis in Ewigkeit verfluchten; hier werden alle die versammelt werden, die in ihrem Munde ungehörige Worte führen und die über seine Herrlichkeit Schlimmes hören lassen – hier wird man sie versammeln, und hier (wird) ihr Gerichtsort (sein).“ (äthHen 27,1–2, ed. Uhlig, *Henoch*, 1984, 563)

Auch hier wird noch kein *terminus technicus* für Blasphemie verwendet, möglicherweise jedoch ein „Reden gegen“ die Herrlichkeit Gottes. was aber hinter der äthiopischen Fassung nicht mehr klar erkennbar ist. Wie bereits gesehen, steht die Terminologie der Perikope auch in anderen Bereichen in einer Linie mit der Vorstellungswelt des 1. Henochbuches, und auch die Bezeichnung Sarakiels als „Herrn über die Geister“ steht der Rede von einem „Obersten der Dämonen“ aus der vorliegenden Perikope nahe.

---

[172] mSan 10,3 (Krauß 277) par. tSan 13,10 (Zuckermandel 435). Ein Widerspruch gegen diese Auffassung dagegen in TanB חקת 32 zu Num 20,12 (Buber 2:121–122).

[173] Die Lesung ist in der äthiopischen Fassung verderbt, die griechischen Fassungen haben Σαριηλ. Vgl. Uhlig, *Henoch*, 1984, 552 Anm. 6a.

[174] Die griechischen Fassungen haben nur „der über die Geister gesetzt ist“. Vgl. Uhlig, *Henoch*, 1984, 552 Anm. 6b.

[175] Das Ende des Verses ist in der äthiopischen Fassung unsicher, da dort keine Präposition vorhanden ist. In den Übersetzungen wird das Ende mit „sündigen an dem/gegen den Geist“ wiedergegeben. Uhlig, *Henoch*, 1984, 552 Anm. 6c.

[176] Er trägt allerdings hier den Namen Uriel, vgl. dazu Uhlig, *Henoch*, 1984, 523.

In diesen Kontext ist daher wohl auch die Rede von einer Sünde, die nicht vergeben werden kann, einzuordnen. Wenn von dieser besonderen Sünde nun in Lk 12,10 par Mt 12,32, anders als bei Mk, das „Reden gegen den Menschensohn“ als eine vergebbare Sünde unterschieden wird, dann ist kaum davon auszugehen, dass hier eine trinitätstheologische Unterscheidung zwischen dem Sohn und dem Heiligen Geist gemacht werden soll, wie es später in der Fassung des Logions in EvThom 44 geschieht.[177] Vielmehr legt die Formulierung es nahe, dass hier die im jüdischen Kontext zentrale Unterscheidung von Vergehen gegenüber Gott und Vergehen gegenüber Menschen im Hintergrund steht, wie sie etwa im Kontext des Versöhnungstages geschieht:

Sünden zwischen einem Menschen und dem Ort (= Gott)	עבירות שבין אדם למקום
sühnt der Versöhnungstag.	יום הכפורים מכפר
aber die zwischen ihm und seinem Nächsten	ושבינו לבין חברו
sühnt der Versöhnungstag nicht,	אין יום הכפורים מכפר
bevor man nicht seinen Nächsten zuvor besänftigt hat.[178]	עד שירצה את חברו

Damit stünde an dieser Stelle in der Tat der generische Aspekt des Ausdrucks ὁ υἱὸς τοῦ ἀνθρώπου besonders im Vordergrund: Unterschieden soll vor allem zwischen dem Angriff auf den *Menschen* Jesus und dem dahinter stehenden Angriff auf *Gott selbst*, in Analogie zu der Unterscheidung von „Reden gegen Mose und Reden gegen Gott“, wie er in der Tradition der murrenden Wüstengeneration zugrunde lag.[179]

„Wenn dies der Sinn des Spruches Jesu gewesen ist, dann gehört er unzertrennlich zu der Gedankenwelt des Judentums. Die Wechselbeziehungen zwischen der Hinwendung zu Gott und zu dem Mitmenschen bilden einen der Hauptpfeiler der jüdischen ethischen Religiosität. Das Verhalten dem Mitmenschen gegenüber steht gewöhnlich an erster Stelle, aber das Vergehen Gott gegenüber wiegt ungemein viel schwerer.“[180]

Die zwischenmenschliche Beleidigung, die in dem Vorwurf der Kritiker ausgesprochen ist, könnte also in der Tat auf zwischenmenschlicher Ebene vergeben werden. Der dahinter liegende Angriff auf Gott selbst jedoch ist ein Vergehen, dass nur Gott selbst vergeben kann, das aber in manchen jü-

---

[177] „Jesus sprach: Wer den Vater lästert, dem wird man vergeben, und wer den Sohn lästert, dem wird man vergeben. Wer aber den Heiligen Geist lästert, dem wird man nicht vergeben, weder auf der Erde noch im Himmel“ (BLATZ, *Thomasevangelium*, 1987, 106).

[178] mYom 8,9 (Meinhold 72) parr Sifra אחרי מות Pereq 8 (§186) zu Lev 16,3 (Weiss 63a); yYom 8,8–10 (44c), ed. Schäfer/Becker II,1–4:213. Ausführlicher unten S. 463ff.

[179] Die Problematik der sich hieraus ergebenden christologischen und ontologischen Komplikationen wird dadurch sicher nicht aus dem Weg geräumt, vgl. LUZ, *Matthäus II*, 1990, 267. Sie gehört jedoch einer Reflexionsstufe an, die im Rahmen des ursprünglichen Logions sicher nicht vorausgesetzt war und daher auch hier nicht notwendiger Weise weiter verfolgt werden muss.

[180] FLUSSER, *Sünde*, 1986, 100.

dischen Auslegungstradition nicht einmal von Gott selbst vergeben wird.[181] Eine bewusste Referenz auf Dan 7 ist damit jedoch nicht *a priori* ausgeschlossen: Im Gegenteil, gerade durch eine solche Referenz würde die menschliche Gestalt Jesu ausdrücklich mit seiner göttlichen Bevollmächtigung zusammengebunden, was ja gerade die Kernaussage von Dan 7,13 ist und in gleicher Weise auch der Kern des vorliegenden Jesuswortes ist. Ob dieser Bezug zu Dan 7 schon auf semitischer Sprachebene deutlich wurde, etwa durch Verwendung eines determinierten aramäischen בר אנשא („der Menschensohn – nämlich jener in Dan 7 erwähnte") im Kontext eines hebräisch geführten Streitgesprächs, kann dabei allerdings nur Vermutung bleiben.

Das Abschlusswort der Beelzebulkontroverse steht damit in enger Kontinuität zum vorangehenden (matthäischen und lukanischen) Kontext. Bereits das Motiv vom Finger Gottes und vom Anbruch der göttlichen Königsherrschaft, dann aber auch das Bildwort von der Bindung des Starken, nahmen den Zuhörer mit in die Motivwelt der Exodustradition. Das abschließende Wort vom Reden gegen Menschen und gegen den Heiligen Geist setzt dieses Motivgeflecht nun fort und stellt eine Analogie zwischen den Kritikern Jesu und der Wüstengeneration her: Wie diese gegen Mose redete und damit in Wirklichkeit Gott (und seinen Geist) lästerte, so ist auch die Rede gegen Jesus in Wirklichkeit eine Lästerung Gottes und seines Geistes. So wie die Generation der Wüste durch diese Lästerung ihren Anteil an der kommenden Welt verlor, so stehen auch die Kritiker Jesu in der gleichen Gefahr: Wäre ihre Kritik nur ein Angriff auf den Menschen Jesus, dann könnte dieser auch auf zwischenmenschlicher Ebene vergeben werden. Da es sich jedoch um ein Vergehen gegen Gott und seinen Geist handelt, kann es nicht auf dieser Ebene, sondern nur von Gott selbst vergeben werden. In diesem besonderen Fall wäre es jedoch ein Vergehen, das, etwa nach der von R. Akiba überlieferten Ansicht, auch von Gott nicht vergeben wird. Das Wort fügt sich damit nicht nur in den unmittelbaren Kontext der Perikope, sondern auch in den weiteren Kontext jüdischer exegetischer Traditionen aus dem Umfeld der Exodustradition plausibel ein.

Dass in der ursprünglichen Fassung des Spruches der hebräische oder aramäische Begriff בן אדם oder בר אנש, in determinierter oder indeterminierter Form, dem Begriff des Heiligen Geistes entgegengesetzt wurde, dürfte wahrscheinlich sein, auch wenn der genaue Wortlaut sich nicht mehr genau rekonstruieren lässt. Ob die unterschiedliche Wiedergabe des Ausdrucks

---

[181] ERNST, *Markus*, 1981, 120, stellt die Frage, ob Jesus dies so gewollt haben könne und kommt, auch angesichts der Kontinuität von jüdischen und frühchristlichen Überzeugungen in dieser Sache, zu negativem Ergebnis: „Es ist denkbar, daß das negativ-kasuistische Denken paradoxer Weise wieder in die Argumentation der Gemeinde, die sich mit dem Judentum auseinandersetzte, Eingang fand."

bei Mk und Lk auf eine Übersetzungsvariante, ein Missverständnis oder eine bewusste redaktionelle Bearbeitung zurückzuführen ist, wird ebenfalls kaum mehr sicher zu entscheiden sein. Denkbar ist, dass das ursprüngliche Jesuswort lediglich das Reden „gegen einen Menschen“ dem Reden gegen Gott gegenüberstellte. Denkbar ist aber auch, dass schon von Anfang an eine Referenz zu Dan 7 und die dort im Zentrum stehende menschliche Gestalt des von Gott bevollmächtigten Richters intendiert war. Möglich ist einerseits, dass Mk den Ausdruck בן אדם oder בר אנש irrtümlich auf den Empfänger der Vergebung bezog. Möglich ist aber auch, dass er bewusst den anstößigen Gedanken vermeiden wollte, die Blasphemie gegen Jesus sei verzeihlich, und den Ausdruck daher redaktionell umformte, obwohl er dadurch auch den Sinn des Wortes geringfügig veränderte. Denkbar ist einerseits, dass Mt und Lk (bzw. eine ihnen gemeinsame Quelle) den ursprünglich rein generischen Sinn des Begriffs בן אדם oder בר אנש nicht verstanden und den ihnen vertrauten griechischen Titel ὁ υἱὸς τοῦ ἀνθρώπου dafür einsetzten.[182] Denkbar ist aber auch, dass sie den Titel aufgrund christologischer Reflexion bewusst in das Jesuswort einführten oder dass sie eine solche christologische Referenz schon in ihrer hebräischen Vorlage vorfanden.

2.8.5 οὔτε ἐν τούτῳ τῷ αἰῶνι οὔτε ἐν τῷ μέλλοντι ...

Der mt Ausdruck οὔτε ἐν τούτῳ τῷ αἰῶνι οὔτε ἐν τῷ μέλλοντι ist nicht nur ein typisch hebräisches Idiom,[183] sondern fügt sich auch gut in den hier besprochenen inhaltlichen Zusammenhang, weil es in ähnlicher Weise wie das Diktum des R. Akiba den Ungehorsam der Wüstengeneration gegen Gottes Bevollmächtigten mit dem Anteil in der kommenden Welt verknüpft. Diese Wendung ist also, obwohl sie nur bei Mt erscheint, möglicherweise nicht redaktionelle Zufügung des Mt, sondern ursprünglicher Bestandteil der Überlieferung, der von Lk weggelassen und von Mk redaktionell umgestaltet wurde.[184] Dafür spricht auch die Fassung des EvThom 44, die zwar dem Inhalt nach Mt entspricht, das hebräische Idiom jedoch gräzisiert hat.[185] All diese Beobachtungen sprechen dafür, dass dem Endredaktor des Mt neben der Mk-Fassung auch eine mit Lk gemeinsame, vermutlich hebräisch ge-

---

[182] Davies/Allison, *Matthew II*, 1991, 348.

[183] Vgl. France, *Matthew*, 2007, 484; Keener, *Matthew*, 1999, 366, mit vielen Belegen aus der jüdischen Literatur sowie den ausführlichen Exkurs bei Billerbeck, *Kommentar*, 1969, 4:799–967.

[184] Fitzmyer, *Luke II*, 1985, 963: „Luke is responsible for … his elimination of the reference to the Jewish ages, … in his concern for his predominantly Gentile readers“; Sahlin, *Emendationsvorschläge I–II*, 1982, 165, vermutet für das unklare und in vielen Handschriften verbesserte ἁμαρτήματος in Mk 3,29 eine auf einem Hörfehler beruhende Textkorruption und schlägt eine Änderung in ἀναθέματος vor.

[185] Vgl. Blatz, *Thomasevangelium*, 1987, 106: „...weder auf der Erde noch im Himmel“. Ein direkter Einfluss des Mt kann hier jedoch nicht ausgeschlossen werden.

prägte ursprünglichere Fassung des Logions vorlag, die er neben seine von Mk übernommene Fassung stellt, und die bei ihm im Wortlaut etwas besser bewahrt ist als Lukas. Die Form dieser ursprünglichen Vorlage könnte wie folgt rekonstruiert werden:

διὰ τοῦτο λέγω ὑμῖν	עַל־כֵּן אֲנִי אֹמֵר לָכֶם
ὃς ἐὰν εἴπῃ [λόγον] κατὰ τοῦ υἱοῦ τοῦ ἀνθρώπου	כָּל־הַמְדַבֵּר בְּבֶן־אָדָם [בְּבַר אֱנָשׁ]
ἀφεθήσεται αὐτῷ	יֶשׁ־לוֹ מְחִילָה
ὃς δ' ἂν εἴπῃ κατὰ τοῦ πνεύματος τοῦ ἁγίου	וְכָל־הַמְדַבֵּר בְּרוּחַ הַקֹּדֶשׁ
οὐκ ἀφεθήσεται αὐτῷ	אֵין לוֹ מְחִילָה[186]
οὔτε ἐν τούτῳ τῷ αἰῶνι οὔτε ἐν τῷ μέλλοντι	לֹא־בָעוֹלָם הַזֶּה וְלֹא־בָעוֹלָם הַבָּא
(V^{Mt} 12,31a.32)	

3. Zusammenfassung: Tradition und Redaktion

3.1 Rekonstruktion einer hebräischen Vorlage

Ausgehend vom Kriterium einer linguistischen und historischen Plausibilität im Kontext hebräischer Sprache und jüdischer Literatur hat sich im direkten Vergleich der drei synoptischen Fassungen die ursprünglichste Form der Überlieferung wechselweise bei Mt und Lk, nur an einer Stelle jedoch bei Mk gefunden. Die Untersuchung der synoptischen Beziehungen und die Frage nach Entsprechungen in der hebräischen Sprache hat im Ergebnis den folgenden Wortlaut einer möglichen vorsynoptischen Vorlage (V) erbracht, aus dem sich die drei kanonischen Textformen sinnvoll erklären lassen, und für den auch ein Ursprung in einer hebräischen Phase der Überlieferung plausibel zu machen ist:[187]

τινὲς δὲ ἐξ αὐτῶν εἶπον	וְיֵשׁ מֵהֶם אֲחָדִים וַיֹּאמְרוּ
οὗτος οὐκ ἐκβάλλει τὰ δαιμόνια	אֵין הוּא מְגָרֵשׁ אֶת־הַשֵּׁדִים
εἰ μὴ ἐν τῷ Βεελζεβοὺλ ἄρχοντι τῶν δαιμονίων	אֶלָּא בְּבַעַל־זְבוּל שַׂר הַשֵּׁדִים
εἰδὼς δὲ τὰς ἐνθυμήσεις αὐτῶν εἶπεν αὐτοῖς	וַיֵּדַע את־מַחְשְׁבוֹתָם וַיֹּאמֶר אֲלֵיהֶם
πᾶσα βασιλεία	כל־מַמְלָכָה
μερισθεῖσα ἐφ' ἑαυτὴν ἐρημοῦται	הַנֶּחֱלָקָה עַל־עַצְמָהּ תֵּחָרֵב

---

[186] Zwar steht der Parallelismus von אין יום הכפורים מכפר und אין יום הכפורים מכפר, wie er sich in dem Diktum der Mischna (oben S. 395) findet, dem Parallelismus des Jesuswortes formal nahe. Da jedoch im vorliegenden Text ein Bezug auf den Versöhnungstag nicht erkennbar ist, wird hier die allgemeinere Formel אין לו מחילה, die möglicherweise auch noch in der Mk-Fassung durchscheint (oben S. 393), als hebräische Entsprechung für οὐκ ἀφεθήσεται αὐτῷ eingesetzt.

[187] Passagen, die bei Mk fehlen, sind hier zunächst eingerückt, weil ein Urteil über ihre Zugehörigkeit zur ursprünglichen Tradition von der vorausgesetzten Quellenhypothese abhängig ist. Aus rein sprachlichen und sachlichen Gesichtspunkten fügen sich diese Teile aber gut in den Gesamtzusammenhang ein und tragen keine Anzeichen einer sekundären Bearbeitungsstufe.

καὶ οἶκος ἐπὶ οἶκον πίπτει	וְיִפֹּל בַּיִת עַל־בַּיִת
καὶ εἰ ὁ σατανᾶς εφ' ἑαυτὸν ἐμερίσθη	וְאִם־הַשָּׂטָן נֶחֱלַק עַל־עַצְמוֹ
πως σταθήσεται ἡ βασιλεία αὐτοῦ	אֵיךְ תַּעֲמֹד מֶמְשַׁלְתּוֹ
καὶ εἰ ἐγὼ	וְאִם־אֲנִי
ἐν Βεελζεβοὺλ ἐκβάλλω τὰ δαιμόνια	מְגָרֵשׁ אֶת־הַשֵּׁדִים בְּבַעַל־זְבוּל
οἱ υἱοὶ ὑμῶν ἐν τίνι ἐκβάλλουσιν	בְּנֵיכֶם בְּמִי הֵם מְגָרְשִׁים אֹתָם
διὰ τοῦτο αὐτοὶ κριταὶ ἔσονται ὑμῶν	עַל־כֵּן הֵמָּה יִהְיוּ לְדַיָּנִים לָכֶם
εἰ δὲ ἐγὼ	וְאִם־אֲנִי
ἐν δακτύλῳ θεοῦ ἐκβάλλω τὰ δαιμόνια	בְּאֶצְבַּע אֱלֹהִים מְגָרֵשׁ אֶת־הַשֵּׁדִים
ἄρα ἔφθασεν ἐφ' ὑμᾶς	הִנֵּה הִגִּיעָה אֲלֵיכֶם
ἡ βασιλεία τοῦ θεοῦ	מַלְכוּת הָאֱלֹהִים [מַלְכוּת שָׁמַיִם]
οὐ δύναται τις εἰσελθεῖν	אֵין יוּכַל אִישׁ לָבוֹא
εἰς τὴν οἰκίαν τοῦ ἰσχυροῦ	לְבֵית הֶעָצוּם
καὶ τὰ σκεύη αὐτοῦ ἁρπάσαι	וּלְשָׁלֹל אֶת־כֵּלָיו
ἐὰν μὴ πρῶτον δήσῃ τὸν ἰσχυρόν;	עַד שֶׁיֶּאֱסֹר אֶת־הֶעָצוּם
καὶ τότε τὴν οικίαν αυτοῦ διαρπάσει	וְאַחַר יִשְׁלֹל אֶת־בֵּיתוֹ
ὁ μὴ ὢν μετ' ἐμοῦ κατ' ἐμοῦ ἐστιν	מִי שֶׁאֵינֶנּוּ עִמָּדִי לְנֶגְדִּי [הוּא]
καὶ ὁ μὴ συνάγων μετ' ἐμοῦ σκορπίζει	וּמִי שֶׁאֵינֶנּוּ מְכַנֵּס עִמָּדִי הוּא מְפַזֵּר
διὰ τοῦτο λέγω ὑμῖν	עַל־כֵּן אֲנִי אֹמֵר לָכֶם
ὃς ἐὰν εἴπῃ [λόγον] κατὰ τοῦ υἱοῦ τοῦ ἀνθρώπου	כָּל־הַמְדַבֵּר בְּבֶן־אָדָם [בְּבַר אֱנָשׁ]
ἀφεθήσεται αὐτῷ	יֶשׁ־לוֹ מְחִילָה
ὃς δ' ἂν εἴπῃ κατὰ τοῦ πνεύματος τοῦ ἁγίου	וְכָל־הַמְדַבֵּר בְּרוּחַ הַקֹּדֶשׁ
οὐκ ἀφεθήσεται αὐτῷ	אֵין לוֹ מְחִילָה
οὔτε ἐν τούτῳ τῷ αἰῶνι οὔτε ἐν τῷ μέλλοντι	לֹא־בָעוֹלָם הַזֶּה וְלֹא־בָעוֹלָם הַבָּא

Ein direkter Vergleich zeigt zudem, wie die ursprüngliche Gestalt der Überlieferung (grau hinterlegt) von den drei kanonischen Evangelien weithin unverändert übernommen wurde (=) und wo redaktionelle Überarbeitung, Einfügungen und Umstellungenstattgefunden haben (→):

V	*Mt*	*Lk*	*Mk*
V^{Lk} 11,14=V^{Mt} 9,32	→Mt 12,22–23	= Lk 11,14	
V^{Lk} 11,15a	→Mt 12,24a	= Lk 11,15a	→Mk 3,22a
V^{Mt} 12,24b	= Mt 12,24b	→Lk 11,15b	→Mk 3,22b
		→Lk 11,16	
V^{Mt} 12,25a=V^{Lk} 11,17a	= Mt 12,25a	= Lk 11,17a	→(Mk 3,23a)
			→Mk 3,23b
V^{Mt} 12,25b=V^{Lk} 11,17b	= Mt 12,25b	= Lk 11,17b	→Mk 3,24
V^{Lk} 11,17c	→Mt 12,25c (←Mk 3,25)	= Lk 11,17c	→Mk 3,25
V^{Lk} 11,18a	→Mt 12,26 (←Mk 3,23)	= Lk 11,18a	→Mk 3,26
		→Lk 11,18b	
V^{Mt} 12,27	= Mt 12,27	→Lk 11,19	
V^{Lk} 11,20	→Mt 12,28	= Lk 11,20	
V^{Mt} 12,29	= Mt 12,29	→Lk 11,21–22	→Mk 3,27
V^{Mt} 12,30=V^{Lk} 11,23	= Mt 12,30	= Lk 11,23	
V^{Mk} 3,28–29=V^{Lk} 12,10	→Mt 12,31 (←Mk 3,28–29)	→(neuer Ort)	= Mk 3,28-29
	→Mt 12,32 (←V^{Lk} 12,10)		
			→Mk 3,30

Tabelle 30: Aufriss der Perikope in der vorsynoptischen und synoptischen Überlieferung

3.2 Abschließende Bewertung

Aus den beiden Übersichten wird abschließend deutlich, dass Lk in der vorliegenden Perikope zwar oft den ursprünglicheren Wortlaut von V besser bewahrt hat als seine Seitenreferenten, dass Mt jedoch dafür der ursprünglichen Anordnung des Materials in V treuer blieb. Mk hingegen trägt in den Formulierungen fast überall sekundäre Züge und zeigt deutlichere Spuren einer griechischen Überarbeitung. An einigen Stellen scheint Mk allerdings ursprünglicher als Mt zu sein und auf diesen eingewirkt zu haben.

Die inhaltlichen Untersuchungen der einzelnen Motive hat zudem gezeigt, dass sich durch die ganze Perikope eine Motivgeflecht zieht, dass sich an der biblischen Exodus- und Wüstentradition orientiert und dabei Motive aufnimmt, die auch in der jüdischen Literatur verbreitet sind. Eine ursprüngliche Einheit der Perikope ist daher wahrscheinlicher als die verbreitete Annahme, dass Mt und Lk hier Material aus zwei unterschiedlichen Quellen zusammengearbeitet haben.

Der komplexe sprachliche und inhaltliche Befund in der vorliegenden Perikope lässt sich allein durch die klassische Zweiquellen-Hypothese kaum erklären, was auch in der Literatur zu zahlreichen ergänzenden „Aushilfshypothesen" (Lakatos) führt: So wird, wie bereits in der Täuferperikope, weithin mit einer Parallelüberlieferung in Mk und Q gerechnet, wo das Paradigma der Zweiquellenhypothese prinzipiell bewahrt werden soll. Gleichzeitig muss jedoch auch hier, wie in der Täuferüberlieferung, mit einem gemeinsamen vorsynoptischen Ursprung beider Versionen (oder aber einer direkten Abhängigkeit des Mk von Q) gerechnet werden, da die Übereinstimmung in der Anordnung des Stoffes sonst kaum erklärbar wäre. Die Untersuchungen im Rahmen des vorliegenden Kapitels wären dann also als Rückfrage nach der Gestalt einer solchen gemeinsamen Vorlage (V) zu stehen, auf die sowohl Mk als auch Q zurückgehen.[188] Es bliebe dann lediglich die Frage offen, ob die urspüngliche Gestalt der Überlieferung eher der Kurzform (Mk) oder der Langform (Q) entsprach.

Die hier zusammengetragenen sprachlichen und inhaltlichen Beobachtungen legen Letzteres näher: In sprachlicher Hinsicht haben Mt und Lk die

---

[188] Diese anzunehmende Vorlage entspricht de facto dem, was auch in der Literatur von vielen als eine gemeinsame Vorlage von Mk und Q bzw. als eine auch Mk bekannte Version von Q angenommen wird. Vgl. dazu die eingangs zitierte Literatur (oben S. 346), sowie bereits CASTOR, *Relation*, 1912, S. 85: "Mark and Q give two independent embodiments of early apostolic tradition"; HONEY, *Mark*, 1943, 323–324: "in the whole section of the Beelzebub controversy Mk followed a source whose order was probably that of Q"; LIMBECK, *Satan*, 1974, 300: "... jene Vorlage (...), die alle drei Synoptiker aus Q aufnahmen und die in Lk 11,14–20.23–26.29–32 noch am reinsten erhalten ist". Zur Konvergenz der hier konstruierten vorsynoptischen Überlieferung V mit bestehenden Quellenhypothesen vgl. auch unten S. 594.

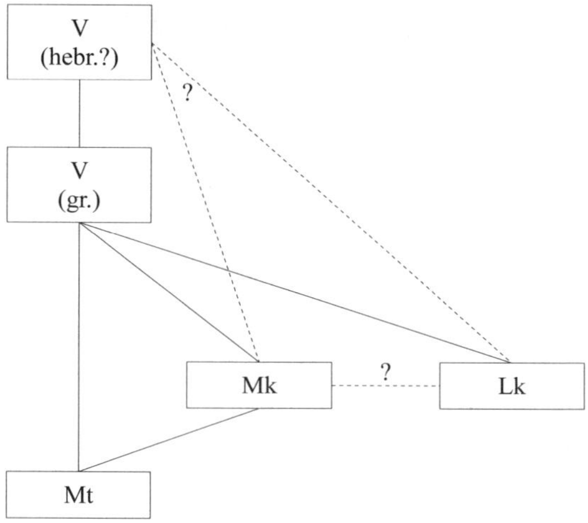

Abbildung 2: Mögliche synoptische Beziehungen in Mt 12, 22–32 parr.

Gestalt der ursprünglichen Überlieferung (V) fast durchgängig besser bewahrt als Mk. In inhaltlicher Hinsicht sind die enge inhaltliche Verknüpfung der Motive bei Mt und Lk, und ihre gemeinsame Verwurzelung in der Exodus-Tradition, wichtige Indikatoren für die ursprüngliche Einheit der ganzen Perikope. Dass diese Motive zum Teil bei Mk verloren gehen, spricht für dessen sekundären Charakter.[189] .

Grundsätzlicher kann und muss daher gefragt werden, ob die Bezeichnung ‚Q' für diese vorsynoptische Überlieferung, von der auch Mk abhängig ist, überhaupt noch treffend oder notwendig ist. Die ursprüngliche Form der vorsynoptischen Überlieferung (V) ist in ihrem Aufriss bei Mt am besten erhalten, während Mk größere Auslassungen, Lk hingegen kleinere Einfügungen und Umstellungen vorgenommen hat.[190] Sie könnte daher eher als „matthäisch" bezeichnet werden.

Allerdings ist der Wortlaut von V zum Teil bei Lk besser erhalten als bei Mt und Mk, wobei die Fassung von Mt vor allem da weniger ursprünglich ist als Lk, wo sie einen direkten Einfluss des Mk erkennen lässt. Der kanonische Mt scheint also auch hier, ähnlich wie in der Täuferperikope, auf einer zweiten Stufe sowohl V als auch Mk benutzt und beide miteinander ver-

[189] Vgl. Cope, *Beelzebul*, 1971, 256: „If the basic structural pattern is the Matthean argument which proves 1) the charge of collusion with Beelzebul is absurd, 2) Jesus acts by the power of the Holy Spirit and 3) the Pharisees, therefore, are blasphemers, then vital elements of that structure appear in Mark and Luke but in broken fashion". Die Auslassungen des Mk tragen durchweg den Chakarakter einer Vermeidung von Motiven, die in einem nichtjüdischen Kontext nicht mehr relevant oder nicht mehr verständlich waren.

[190] Einfügung von Lk 11,16.18b sowie Umstellung von V^{Mt} 12,32 nach Lk 12,10.

bunden zu haben, was vor allem in den Dubletten Mt 12,26 a/b und Mt 12, 31–32 deutlich wird. Im Zuge dieser matthäischen Endredaktion ist möglicherweise auch ein „anti-pharisäischer“ Zug (Mt 12,24a) erkennbar. Über das genaue Verhältnis von Mk zu Lk hingegen lassen sich auch hier kaum eindeutige Aussagen machen.[191]

Zwar wird die gemeinsame Vorlage der drei Synoptiker, ähnlich wie es bereits bei der Täuferperikope der Fall war, in der Literatur meist weiterhin als eine Variante von „Q“ oder als eine gemeinsame, Mk und Q zugrunde liegende, ältere Überlieferung bezeichnet.[192] Angesichts der Tatsache, dass diese Vorlage V in Aufriss und Struktur, wenn auch nicht immer im Wortlaut, dem Mt am nächsten steht, der kanonische Mt jedoch zusätzlich auch von Mk abhängig ist, liegt allerdings auch hier für die Vorlage V eine Bezeichnung als „proto-matthäisch“ näher.

---

[191] In der Literatur wird weithin davon ausgegangen, dass Lk hier ganz auf eine Benutzung des Mk verzichtet und ausschließlich den Wortlaut von Q (d.h. in der vorliegenden Untersuchung den Wortlaut von V) wiedergibt. Vgl. FITZMYER, *Luke II*, 1985, 917. Im Verlauf der vorliegenden Untersuchung wird sich für die Beziehung zwischen Mk und Lk jedoch eher die Annahme einer zweistufigen Entwicklung von Proto-Lk zu Lk nahe legen, vgl. bereits oben S. 344 Anm. 298 und unten S. 597 Abbildung 5.

[192] Vgl. oben Anm. 188.

Kapitel 5

Ein Gleichnis von Schuld und Vergebung (Mt 18,21–35)

Das Gleichnis vom „Schalksknecht" ist ein musterhaftes Beispiel für die Gleichnisse Jesu vom Himmelreich, wie sie besonders im Evangelium des Matthäus charakteristisch sind.[1] Die große Nähe dieser Gleichnisse zu biblischer, frühjüdischer und griechisch-römischer Erzählkultur, insbesondere aber zu den Königsgleichnissen der rabbinischen Literatur ist schon lange ein Gegenstand des Interesses und der Forschung.[2] Zumeist geht es dabei um ein besseres Verständnis des literarischen *Genres* und seiner Implikationen für die neutestamentliche *Hermeneutik*. Von ihrem Inhalt her sind die Gleichnisse zudem für die Frage nach der *Botschaft Jesu* oder der *matthäischen Theologie* von Bedeutung. Selten sind die Gleichnisse jedoch Gegenstand *synoptischer* Forschung, insbesondere dann, wenn sie zum matthäischen Sondergut gehören. Schon das Fehlen von synoptischen Parallelen scheint solche Stücke des matthäischen Sonderguts für diese Fragestellung irrelevant zu machen.

1. Vorbemerkungen

1.1 Relevanz für die synoptische Frage

Eine Untersuchung der synoptischen Frage vor dem Hintergrund der hebräischen Sprache und des jüdischen Kontextes muss sich jedoch keineswegs *a priori* auf solche Texte beschränken, die zur dreifachen oder zwei-

[1] SNODGRASS, *Stories*, 2008, 54, nennt Mt 18,23–35 und das parallele Schuldnergleichnis Lk 7,41–42 als die beiden „most revealing and compelling of all Jesus' parables".

[2] Dabei dienten die rabbinischen Gleichnisse in der grundlegenden Darstellung von JÜLICHER, *Gleichnisreden*, 1910, vornehmlich der Antithese, was bereits von FIEBIG, *Gleichnisreden*, 1912, 119–222, kritisch angemahnt wurde. Dennoch hat sich diese Tendenz noch lange fortgesetzt: „Im Bannkreis Jülichers dauerte es aber bis ins letzte Fünftel des 20. Jh., bis dann die jüdischen Wurzeln bzw. rabbinischen Parallelen zu den Gleichnissen Jesu in eigenständigen Untersuchungen differenzierter wahrgenommen wurden […]. Inzwischen wird kaum mehr bestritten, dass die Gleichnisse schon rein formal in den Horizont jüdischer Erzählweise eingeordnet werden müssen." (ZIMMERMANN, *Kompendium*, 2007, 6). Für eine neuere Forschungsübersicht vgl. ZIMMERMANN/KERN, *Hermeneutik*, 2008, 25–63; speziell zu den Gleichnissen des Matthäusevangeliums MÜNCH, *Gleichnisse*, 2004, 8–57.

fachen Überlieferung zählen. Gerade auch Stücke des Sonderguts sind auf ihre mögliche Herkunft aus dem hebräischen Sprachraum und aus dem jüdischen Kontext der frühen Gemeinde hin zu prüfen: Dass das „Sondergut" *per se* der Evangelientradition erst nachträglich hinzugewachsen sei, ist ja eine Annahme, die erst durch Eichhorns Urevangeliumshypothese und später durch die Hypothese der Mk-Priorität notwendig wurde. Im Rahmen der altkirchlichen Annahme einer Mt-Priorität und ihrer verschiedenen neueren Varianten muss hingegen davon ausgegangen werden, dass das „Sondergut", oder zumindest beträchtliche Teile davon, zum ursprünglichen Bestand der Evangelientradition gehörten und dann von Mk bzw. Lk nicht in ihre Evangelien übernommen wurden.

Methodisch schwieriger ist jedoch der *Nachweis* des ursprünglichen Charakters einer Sondergut-Überlieferung, da der unmittelbare synoptische Vergleich mit den Seitenreferenten nicht möglich ist. Der hier vorgeschlagene Zugang über die Frage nach dem hebräischen Sprachhintergrund und der historischen Kontextplausibilität kann jedoch möglicherweise einen wichtigen Beitrag leisten: Denn er kann danach fragen, ob sich Spuren eines solchen Sprachhintergrunds auch in Stücken des Sonderguts finden lassen. Für die lukanischen Sonderüberlieferungen ist dieser Weg verschiedentlich beschritten worden (vgl. oben S. 64) und gibt Anlass zu der Annahme, dass diesen Stücken in der Tat eigene, möglicherweise hebräische Überlieferungen zugrunde liegen, die dann von Lukas mit den Stücken der zweifachen und dreifachen Tradition zusammengearbeitet wurden.

Für das Sondergut des Matthäus stellt sich die Frage in anderer Weise, denn hier wäre die Herkunft des Sondergutes ja, im Falle einer Priorität des (proto-)Mt, nicht in einer eigenen Quelle, sondern als Bestandteil derselben literarischen Überlieferung zu sehen, die sich auch in der „dreifachen Überlieferung" widerspiegelt. Neben der Frage nach einem möglichen hebräischen und jüdischen Hintergrund des Stoffes stellt sich also auch die Frage nach seinem ursprünglichen Kontext und nach der Anordnung des Materials: Gibt es, etwa im Fall des vorliegenden Gleichnisses, Hinweise darauf, dass dieses nachträglich in einen Kontext eingefügt wurde, der sich in der dreifachen Überlieferung widerspiegelt? Oder gibt es umgekehrt Hinweise darauf, dass der Kontext des Gleichnisses bei Mt ursprünglich ist, während dieser ursprüngliche Zusammenhang bei Mk und Lk verloren ging? Zuletzt ist auch zu fragen, ob das Gleichnis wirklich ohne synoptische Parallele ist oder ob Spuren des als „Sondergut" bezeichneten Materials auch bei den Seitenreferenten zu entdecken sind, auch wenn sie dort sekundär verarbeitet wurden.

1.2 Auslegungsgeschichte

Wie wichtig dabei die Frage nach dem ursprünglichen Ort eines Gleichnisses in seinem jüdischen Kontext ist, zeigen schon die vielfältigen Missverständnisse, die in der Auslegungsgeschichte des Gleichnisses zu beobachten sind, vor allem da, wo sein jüdischer Entstehungskontext weithin unberücksichtigt blieb oder aber in verzerrter Darstellung erscheint.

1.2.1 Jüdische vs. christliche Vergebung

Eine erste, verbreitete Auslegungstradition versteht das Gleichnis Jesu als Gegenüberstellung von „jüdischer" und „christlicher" Vergebung, wobei das Besondere der christlichen Vergebung in der Überwindung jüdischer Kasuistik gesehen wird. Das Gleichnis wird dabei oft mit einem Diktum des R. Jose b. Jehuda kontrastiert:

> „Wenn jemand einmal eine Sünde begeht, so vergibt man sie ihm, zum zweiten Male vergibt man sie ihm ebenfalls, zum dritten Male vergibt man sie ihm ebenfalls, zum vierten Male vergibt man sie ihm nicht mehr."[3]

Ohne diese Stelle explizit zu nennen, formuliert bereits Jülicher pauschal:

> „In der That begnügten sich ja die Rabbinen mit dreimaligem Verzeihen. Diesem Dünkel setzt Jesus sein feierliches λέγω σοι entgegen."[4]

Es ist jedoch nicht nicht nur ein falscher Umgang mit der rabbinischen Literatur,[5] sondern ein grundsätzliches Missverständnis jüdischer Ethik, das aus der Ansicht Jülichers und ihrer stereotypen Wiederaufnahme in der nachfolgenden Literatur deutlich wird: Denn es wird ja in dem Diktum des R. Jose nicht die Obergrenze jüdischer Vergebungsbereitschaft festgelegt, sondern lediglich ein Mindestmaß, das als verpflichtend gesehen wird. Darüber hinaus auch öfters zu vergeben, stand selbstverständlich jedem

---

[3] bYom 86b (dt. Goldschmidt III:256).

[4] Jülicher, *Gleichnisreden*, 1910, 303. Im Gegensatz dazu betont er jedoch wenig später (314): „So ist es keine ‚spezifisch christliche' Idee, der die Parabel Mc [sic!] 18,23ff. dienen will, sondern eine schon Sir 28,1ff. vorgetragene, zu der wir der Parallelen aus dem Talmud (Tanchuma fol. 30 ...) nicht noch bedürfen." Auch hier bleibt der von Jülicher angeführte Beleg unklar: Die Parallele, die er im Blick hat, ist vermutlich nicht aus dem Talmud, sondern das Gleichnis von den Stadtherren TanB אמור 30 zu Lev 23,40 (vgl. unten S. 417).

[5] Der nachlässige Umgang Jülichers mit den rabbinischen Texten, in Form und Sache, wird bereits von Fiebig, *Gleichnisreden*, 1912, 193–194, angemahnt: „...verdient diese Art, über die rabbinischen Parallelen hinwegzugehen, den schärfsten Tadel. ‚Wir bedürfen den Talmud nicht': das ist noch heute das Urteil so manches Neutestamentlers – zu seinem eigenen Schaden und zum schwersten Schaden der Theologie. [...] Man erklärt nur zu gern das für entbehrlich, was man notgedrungen entbehren muß! Ich würde das nicht sagen, wenn nicht diese Art, die Rabbinica abzuschieben, typisch wäre."

frei. Grundsätzlich gilt in der jüdischen Ethik, wie auch in der christlichen, die Erwartung, nicht nur das vom Gesetz erforderte Mindestmaß zu erfüllen, sondern „über das vom Gesetz geforderte Maß hinaus“ (לפנים משורת הדין) zu handeln.[6]

Noch grundsätzlicher als Jülicher beschreibt R. H. Charles die Differenz zwischen alttestamentlich-jüdischer und neutestamentlich-christlicher Vergebung:

„When we study the teachings of the Old and New Testament on this subject [scil. forgiveness], we are at once struck with the *vast ethical gulf that severs the latter from the former*, not, indeed, on the question of God's forgiveness of man, but of man's forgiveness of his neighbour. [...] There are, indeed, *some noble passages in the Old Testament* which forbid the indulgence of personal resentment. Though few in number, and indeed but as voices in the wilderness, they are yet of transcendent import: for they form the beginnings of that *lofty doctrine of forgiveness* which reaches its highest expression in the New Testament [...]. The presence of such passages in the Old Testament is evidence that already the *more spiritual minds in Judaism* were working towards loftier conceptions of forgiveness than those that had prevailed in the past or were current among their contemporaries.“[7]

Nach dieser Einleitung räumt jedoch auch Charles ein, dass das „höhere“ Verständnis der Vergebung keine originäre Erfindung des Christentums war, sondern sich bereits in der zwischentestamentlichen Literatur anbahnte [500]. Er führt Sir 27,30–28,7 sowie TGad 6 (vgl. unten S. 464 und 469) an und kommentiert: „So perfect are the parallels in thought and diction between these verses and Luke xvii. 3, Matt. xviii. 15,35, that we must assume our Lord's aquaintance with them.“ [503]. Dennoch folgert er:

„This religious development appears to have flourished mainly in Galilee. The section on forgiveness in Sirach is little better than a backwater from the main current of this development, and is of importance as showing that even the Sadducean priest and cultured man of the world could not wholly escape the influence of this bounding spiritual life that had its home in Galilee. It is further significant that it was not from Judea, the stronghold of Pharisaic legalism, but from Galilee, the land of the religious mystic and ethical eschatologist, that Christ and eleven of His apostles derived their origin and their religious culture.“ [504–505]

Noch gut 60 Jahre später sieht Grundmann in ähnlicher Weise das ganze Kapitel Mt 18 durch den Gegensatz zwischen zwischen „der Treue zum Ju-

---

[6] Vgl. Urbach, *Sages*, 1987, 330–333 und Billerbeck, *Kommentar*, 1969, 4:18–19 mit vielen Belegen. Daher trifft auch das Urteil von France, *Matthew*, 2007, 700, ins Leere, dem zufolge dreimalige Vergebung im jüdischen Kontext „sufficient“ sei, während siebenmalige Vergebung als „over the top“ betrachtet worden wäre. Ähnlich beurteilt auch noch Roose, *Aufleben*, 2007, 449, die Frage des Petrus als deutlichen Fortschritt gegenüber der rabbinischen Tradition. Zutreffender urteilt Luz, *Matthäus III*, 1997, 62. Unabhängig davon handelt es sich bei dem Diktum des R. Jose wohl kaum um eine halachische Vorschrift, sondern eher um eine Beobachtung aus alltäglicher Lebenserfahrung.

[7] Charles, *Forgiveness*, 1908, 492, Hervorhebungen hinzugefügt.

dentum und der neuen Freiheit der Jesusgemeinde“ bestimmt. Bereits in der vorangehenden Perikope Mt 17,24–27 habe Mt die „volle und grundsätzliche Freiheit der Gemeinde von der jüdischen Tempelgemeinschaft“ betonen wollen, und diese Perikope wiederum sei „Matthäus so wichtig, dass er sie als Einleitung für das ganze Kapitel verwendet“.[8] Entsprechend grenzt Grundmann später bei seiner Auslegung des Gleichnisses vom „Schalksknecht“ ebenfalls die Lehre Jesu von dessen jüdischer Umwelt ab:

> „Petrus hat in der Schule Jesu gelernt, daß das Vergeben an die Stelle der Vergeltung treten muß; aber er fragt immer noch nach den Grenzen [...], ist also nicht grundsätzlich, sondern nur zahlenmäßig von dem jüdischen Satz entfernt, daß ein- und zwei- und dreimal vergeben werde, nicht aber viermal (allerdings auf Gottes Vergeben bezogen). Auch Petrus zählt noch, freilich schon bis sieben [*sic!*]. Jesu Antwort hebt alle Grenzen auf, ob man 70mal siebenmal oder 77mal übersetzt.“ [246]

Der Leser könnte nach diesen Sätzen fast den Eindruck gewinnen, als sei das Konzept der Vergebung etwas dem Judentum völlig Fremdes oder Neues, das man nur „in der Schule Jesu“ lernen konnte.[9] Aber selbst da, wo Grundmann an anderer Stelle richtiger Weise bemerkt, dass Vorstellungen von Sündenbekenntnis und Vergebung bereits in biblischer Zeit zum Allgemeingut gehörten, steht für ihn die neutestamentliche Bitte um Vergebung, z.B. im Vaterunser, „noch in der Sprachschule des Alten Testamentes“, während ansonsten „ein regelmäßiges Sündenbekenntnis, als müßte das ganze Heilsdrama stets wieder von neuem beginnen“ im Neuen Testament nicht existiere. Aber nicht nur die Idee des Sündenbekenntnisses sei demnach der ersten Gemeinde fremd gewesen, sondern vielmehr sei „das Problem der Sünde...“, so Grundmann kategorisch, „..in der Gemeinde erst allmählich gesehen worden“ [242–243].

Solche Sätze sind nur möglich, wenn der jüdische Entstehungskontext des Neuen Testamentes vollkommen ausgeblendet wird. Dass eine im Kontext jüdischen Glaubens und Lebens entstehende Gemeinde das Konzept von Sünde und Vergebung erst allmählich kennen lernen musste, ist kaum denkbar, da es sich dabei nicht nur in der biblischen Tradition, sondern auch in der jüdischen Kult- und Festpraxis um zentrale Motive handelte, die auch das Leben der frühen Gemeinde von Anfang an geprägt haben dürften.[10] Das Gleichnis Jesu enthält, wie im Folgenden ausführlicher zu

[8] Grundmann, *Matthäus*, 1971, 233–234.

[9] Diese Aussage klingt umso erstaunlicher, als Grundmann selbst nur wenige Sätze später TGad 6 (vgl. unten S. 469) als Text anführt, der von der „Vergebung selbst dem Unverschämten“ gegenüber rede.

[10] Vgl. Young, *Parables*, 1998, 123: „In the cultural context, the sacred calendar of the Jewish people may provide the setting in life for this parable“ und Massingberd Ford, *Forgiveness Clause*, 1968, 129, die dasselbe für die eng verwandte Vergebungsbitte des Vaterunsers annimmt.

sehen sein wird, keineswegs eine dem Judentum fremde Botschaft, sondern es „erinnerte jeden Hörer Jesu an vertraute Gebete und Worte“.[11]

1.2.2 Heilsgeschichtliche Zugänge

Eine andere Variante der hier beschriebenen, zwischen Judentum und Christentum polarisierenden, Auslegungstradition zeigt sich etwa in der allegorischen Interpretation des Gleichnisses durch Beda Venerabilis. Ihm zufolge illustriert das Gleichnis weniger die Verpflichtung des Einzelnen zur Vergebung, als vielmehr die heilsgeschichtliche Dimension der Vergebung Gottes: Der erste Knecht sei ein Bild für das jüdische Volk, das aufgrund seiner besonders großen Verpflichtung durch die Gabe des Gesetzes eine besonders große Schuld auf sich geladen hat. Der Verkauf der Familie und der Erlass der Schuld seien Bilder für Exil und Rückkehr. Dennoch erweise sich das jüdische Volk als undankbar, indem es seine Mitknechte, die Heidenvölker, verachtet, die doch eine viel kleinere Schuld haben. Die Verwerfung Israels sei daher die Folge dieser Unbarmherzigkeit.[12] Dass eine ganz ähnliche Auslegung auch heute noch möglich ist, zeigen die Interpretationen etwa von Donahue und Derrett:

„It [scil. das Gleichnis] cautions against a legalistic or closed way of experiencing life which filters the unexpected through the narrow categories of rights and duties. In the ministry of Jesus this parable could have had a polemical thrust against religious leaders, who through the Torah and the saving act of God in history have received mercy and forgiveness but would deny this to others.“[13]

„One might even ponder over the comparison between a sinful Jew and a sinful Gentile: the former being more heavily burdened with commandments (and therefore ‚debts‘) might too readily assume that a Gentile's misdeeds against him came in an altogether different category. And it needed the parable to point out that however we think of God our indebtedness (to use the Jewish metaphor) is immeasurably greater to him than can ever be the indebtedness to us of any of our human enemies or wrongers.“[14]

1.2.3 Historische und redaktionsgeschichtliche Zugänge

Ein dritter Weg der Auslegung versucht nicht zwischen „christlichem“ und „jüdischem“ Verständnis zu unterscheiden, sondern zwischen der „jesuanischen“ Ursprungsform des Gleichnisses und seiner matthäischen Überarbeitung.[15] Die Ergebnisse fallen dabei verschieden aus, aber eines ist den meisten dieser Ansätze gemeinsam: Sie sehen den Gedanken der Rezipro-

---

[11] SCHNIEWIND, *Matthäus*, 1950, 203, vgl. auch STENDAHL, *Sin*, 1962, 128: „He comes to the people of Israel, a people aware of its sinfulness.“

[12] Beda Venerabilis, Expositio in Mt 18,23–35, ed. MIGNE, *PL 92*, 1850, 84–85. Vgl. YOUNG, *Parables*, 1998, 123.

[13] DONAHUE, *Gospel*, 1988, 77–78.

[14] DERRETT, *Parable*, 1970, 44–45.

zität von göttlicher und menschlicher Vergebung, wie sie im Schlusssatz des Gleichnisses formuliert wird, als sekundäres, gesetzliches oder auch judaisierendes Missverständnis eines ursprünglich ganz anders (und freiheitlicher) gemeinten Jesus-Gleichnisses.

So bezeichnet Dietzfelbinger das „traditionelle Verständnis" des Gleichnisses, nämlich den Zusammenhang von erfahrener Vergebung und gewährter Vergebung, als „Plattheit" und „Einengung".[16] Dieses sei dem Gleichnis aber erst durch Matthäus hinzugefügt worden. Der von ihm rekonstruierten ursprünglichen, historisch-jesuanischen Fassung des Gleichnisses gehe es vielmehr darum, „dem Menschen seine Existenz, seine Zeit als geschenkte Existenz, als geschenkte Zeit verstehbar zu machen; und wenn der Mensch sich diesem Verstehen entzieht, entschwinden ihm Existenz und Zeit" [442]. Gott als besondere Figur komme zwar in dem ursprünglichen Gleichnis nicht vor. Aber „der Erzähler versteht Gott als das Woher geschenkter Zeit, als das Woher auch jenes kritischen Charakters der geschenkten Zeit, die mit jener [...] unausweichlichen Verpflichtung befrachtet ist und die sich dem Menschen entzieht, sowie er sich ihrem Charakter entzieht" [451] Diese Umbettung des Gleichnisses aus dem jüdischen Kontext des ersten Jahrhunderts in den Existenzialismus des 20. Jahrhunderts gelingt dem Autor nur durch eine deutliche Abgrenzung Jesu von seiner jüdischen Umwelt:

> „Man achte streng darauf: nach der Aussage des Gleichnisses begegnet Gott nicht als metaphysische Gegebenheit; [nicht] als objektive Größe innerhalb oder außerhalb der Welt, die von innen oder außen her die Welt bewegt; er erscheint nicht als Gesetzgeber, der sich im Einhalten bestimmter religiös-kultischer Vorschriften vom Menschen erfassen oder in Gebrauch nehmen läßt; er widerfährt dem Menschen nicht als das Mysterium, in das eintauchend der Mensch Tod und Leben empfängt; er wird auch nicht geschildert als Regisseur des Schöpfungsgeschehens oder des erwarteten apokalyptischen Dramas. Zwar lebte Jesus in einer Umwelt, in der ‚Gott' das alles war und als das galt, was die obige Aufzählung enthält. Aber von diesem Hintergrund hebt sich die Eigenart und Unverwechselbarkeit seines Redens von Gott ab, und das Gleichnis vom Schalksnecht ist ein beredtes Beispiel dafür." [447–448]

Auch hier muss gefragt werden, welcher der beiden beschriebenen Vorstellungswelten der historische Jesus vermutlich näher stand: Der existenzialistischen Deutung Gottes als „Woher geschenkter Zeit" oder den von Dietzfelbinger lediglich als Negativ-Folie angeführten jüdischen Grundüberzeugungen eines personalen Gottes und seiner Beziehung zur Welt.[17]

---

[15] Zur grundsätzlichen Problematik solcher historischer Dekonstruktionen vgl. Snodgrass, *Stories*, 2008, 32–35, Zimmermann, *Kompendium*, 2007, 4–5 und Zimmermann, *Jesuserinnerung,* 2008, 101–103.

[16] Dietzfelbinger, *Gleichnis*, 1972, 437.

[17] Eine ähnliche Deutung des Gleichnisses gibt Broer, *Parabel*, 1985, 159: „...daß alle Menschen vor aller Eigenleistung schon immer Beschenkte sind und aufgrund dieser Tat-

1.2.4 Sozialgeschichtliche Zugänge

Auch neuere sozialgeschichtliche Ansätze unterscheiden zwischen „matthäischem“ und „jesuanischem“ Gleichnis. Letzteres sei ursprünglich ein Beitrag zum sozialen Konflikt zwischen Großgrundbesitzern und verschuldeten Landpächtern gewesen, der erst nachträglich theologisierend umgeformt oder missverstanden worden sei:

> „Just as the language of forgiveness speaks of the restoration of the people and God's presence with them once again, so the language of debt forgiveness highlights the fact of a new order in which economic liberation is to be experienced and the people are to be slaves no more.“[18]

Als Hintergrund für ein solches umfassendes, spirituelle und materielle Realität umfassendes Verständnis des Gleichnisses sieht Keesmat altisraelitische Traditionen wie das Erlassjahr, aber auch die soziale Botschaft der Propheten und die Exodustradition. So sehr einem solchen Ansatz zugute zu halten ist, dass er Altes und Neues Testament zusammenzuhalten versucht, so sehr liegt ihm jedoch auch die Gefahr inne, das „alttestamentliche Israel“ dem „neutestamentlichen Judentum“ gegenüber zu stellen, ein Judentum, dass dann vor allem dadurch gekennzeichnet ist, dass es seine eigenen, ursprünglichen Traditionen vergessen hat. So wird Jesus – wie bereits in der Literatur des 19. Jahrhunderts – zum Repräsentanten des ursprünglichen, prophetischen Israel, der ein in Gesetzlichkeit erstarrtes Judentum wieder zu seinen Ursprüngen zurückruft. Keesmat betont deshalb wiederholt die Entfremdung des Judentums von seiner eigenen Tradition:

> „Israels Torah, of course, demanded that debt be forgiven every seven years. But some Pharisees had set up a legal fiction called prozbul, which enabled the holder of a debt to give the debt over to the courts [...]. The end result, however, was the perpetuation of

---

sache allen Grund haben, auf das Prinzip von Leistung und Gegenleistung zu verzichten“. GNILKA, *Matthäus II*, 1988, 147, ist der Ansicht, dass „Mt die Argumentationsrichtung verkehrt“. Bei ihm liege der Schwerpunkt auf der Bestrafung, bei Jesus auf der Güte (vgl. auch im folgenden Absatz). Dagegen jedoch LUZ, *Matthäus III*, 1997, 74, der den Kern des Gleichnisses nicht in der Vergebung durch Gott, sondern in der Barmherzigkeit gegenüber den Mitmenschen sieht. Luz referiert S. 67 andere Vorschläge einer „großen“ und „kleinen“ Dekomposition (Mt 18,23–30 bzw. Mt 18,23–33) und kommentiert: „Wir haben hier m.E. ein Musterbeispiel dafür, wie theologische Prämissen eine traditionsgeschichtliche Rekonstruktion leiten. Offensichtlich möchte man den Gerichtsgedanken von Jesus fernhalten. Sachkritik durch Redaktionsgeschichte?“; kritisch auch ROOSE, *Aufleben*, 2007, 456–457, SNODGRASS, *Stories*, 2008, 69–70 und bereits FLUSSER, *Gleichnisse*, 1981, 63: „Durch die rabbinischen Parallelen belehrt und durch den philologisch-literarkritischen und literaturtheoretischen Zugang aufgeklärt, bin ich allen Text-Auseinanderreissungen gegenüber äußerst skeptisch und bezüglich der Verlässlichkeit der Quellen sehr optimistisch geworden.“

[18] KEESMAAT, *Strange Neighbours*, 2000, 269; ähnlich, wenn auch vorsichtiger, WEBER, *Schulden*, 1992, und WEBER, *Alltagswelt*, 1993; dagegen LUZ, *Matthäus III*, 1997, 70.

debt in the land." „When Jesus forgave the sins of those who came to him for healing, he not only undermined the authority of the temple priests [...], he also evoked the great promises of the dawn of God's new age as found in Israel's scriptures." „What kind of a world does the story of this parable create? One that is far beyond the expectations of most first-century Jews, but maybe not beyond their wildest hopes." „Clearly, then, Jesus has told a story that draws deeply from the Scriptures of Israel and that highlights the fact that the central features of the new age have dawned – that is, the forgiveness of sins and the forgiveness of debts. Moreover, in telling this story he has drawn his listeners into his new world of forgiveness and described a reality that they must either accept or reject."[19]

Es wird noch zu untersuchen sein, ob und inwiefern das Gleichnis tatsächlich so ungewöhnlich für zeitgenössische Ohren war, ob es tatsächlich in dieser Weise ein „neues Zeitalter" heraufbeschwört, oder ob es nicht auch innerhalb des Verständnishorizontes seiner jüdischen Zeitgenossen einen kraftvollen Sinn entfalten konnte. In jedem Fall zeigt sich, dass beide genannten „historisierenden" Deutungsansätze, der literarkritische wie der sozialgeschichtliche, in der Gefahr stehen, einen Gegensatz zwischen Jesus und dem Judentum seiner Zeit aufzubauen, sei es in existentialistischer oder sozialgeschichtlicher Variante.

Auf einer persönlicheren Ebene, aber ebenfalls als Reflex sozioökonomischer Verhältnisse, möchte Gnilka die ursprüngliche Parabel verstehen, deren Argumentationsrichtung Matthäus jedoch durch seine Berarbeitung „verkehrt" habe:

„Ihr Milieu ist das Milieu der einfachen Leute. Der arme Jesus erzählt vom Geld. Diesmal rechtfertigt die Geschichte nicht die Frohbotschaft an die Armen. Wir dürfen vermuten, dass sie ursprünglich an die Armen, das normale Publikum Jesu, gerichtet war. Sie enthält ein kritisches Wort an sie. (...) Es gibt auch gegenseitigen Hader unter den Armen und Randfiguren."

Die Großzügigkeit, die die Armen durch die Mahlgemeinschaft mit Jesus erfahren hätten, dürfe also in ihrem Leben nicht ohne Resultat bleiben:

„Nicht wird das Gericht angekündigt, natürlich ist es nicht ausgeschlossen. [...] Zur vollkommenen Freiheit wird nur der befähigt sein, für den allein die Barmnherzigkeit und Liebe Maßstäbe des Handelns sind. Diese absolute Sicht hat Mt nicht durchgehalten."[20]

1.2.5 Narrative Zugänge

Ein weiterer Deutungsansatz verzichtet weitgehend auf die Frage nach einem historischen Verständnis und sucht stattdessen einen Zugang auf der narrativen Ebene.[21] Aber auch hier wird deutlich, wie die Lösung eines

[19] Keesmaat, *Strange Neighbours*, 2000, 268; 266; 269; 271.

[20] Gnilka, *Matthäus II*, 1988, 147–149.

[21] Ob die Arbeit von Scott, *Hear then*, 1989, als im engeren Sinne „rezeptionsästhetischer" Zugang oder als „reader-response-criticism" bezeichnet werden kann, ist in der Literatur umstritten. Scott selbst bezeichnet seinen Zugang als „structured by the receiver's

Textes aus seinem historischen Kontext zu verzerrten Ergebnissen führen kann. So wird das Gleichnis etwa für Scott zu einem Lehrstück nicht etwa über Schuld und Vergebung, sondern über die Beziehung zwischen Juden und Heiden: Das Gleichnis verwende in seiner Anfangsszene „stereotype jüdische Propaganda gegen Heiden".[22] Beim Hörer entstehe so ein Bild, durch das der Heide (hier der erbarmungslose König) degradiert werde, gleichzeitig der jüdische Hörer ein Gefühl der Überlegenheit entwickle. Dieses Gefühl werde auch auf den Knecht übertragen, als dieser vor seinem Herrn niederfalle, „something no Jew would ever do" [275]. Das Gefühl der „jüdischen Überlegenheit" werde jedoch im Laufe der Geschichte erschüttert, zunächst durch das barmherzige Handeln des Königs, dann durch das unbarmherzige Verhalten der Mitknechte, die ihren Mitknecht vor dem König verklagen. Der Hörer, der zwischenzeitlich die Partei der erbosten Mitknechte ergriffen hatte, finde sich so ungewollt verstrickt in den Schuldzusammenhang, der am Ende zu Chaos und Folter führt. Erst jetzt bemerke der Hörer, dass er seine Position der „jüdischen Überlegenheit" eingebüßt hat:

> „The initial consistency that held the story together involved the superiority of Jew over Gentile. By joining forces with the fellow servants, a hearer has entered the gentile world and forfeited superiority." [278]

Matthäus schließlich habe mit seiner allegorischen Auslegung diesen Inhalt inadäquat wiedergegeben: Während nämlich in den rabbinischen Königsgleichnissen Gott mit einem König verglichen werde, solle hier gerade das Gegenteil gezeigt werden: Wenn Gott mit einem irdischen König verglichen werde, der Rechnung halte, müsse das am Ende ins Chaos führen. Denn im Reich Gottes gehe es nicht um Gerechtigkeit, sondern um Gnade. Es wird später zu untersuchen sein, ob Gerechtigkeit und Gnade wirklich in dieser Weise auf „jüdisches" bzw. „jesuanisches" Verständnis vom Gottesreich aufzuteilen sind und ob sie in jüdischem Verständnis tatsächlich eine unvereinbare „counterworld" [280] bilden. Wie jedoch schon hier deutlich wird, führt auch bei diesem Deutungsansatz die Loslösung aus dem historischen Kontext zu einer falschen Polarisierung zwischen Jesus und seiner jüdischen Umwelt: Nur so ist die Auslegung zu erklären, das Gleichnis sei erzählt, um die jüdische Metapher von Gott als König zu unterlaufen [278], die eigentlichen Bösewichte des Gleichnisses seien die Mitknechte, weil diese von einer höheren Autorität Gerechtigkeit erhoff-

---

(hearer/reader's) response" und ordnet seine Methode der Rezeptionsästhetik nach W. Iser zu [75]. Er verbindet aber in seinen Analysen historische, literargeschichtliche und rezeptionsästhetische Zugänge mit einander. Hier ist daher bewusst der unbestimmtere Begriff des „narrativen" Zugangs gewählt.

[22] Scott, *Hear then*, 1989, 274–275.

ten,[23] und eine Kernaussage des Gleichnisses sei der Kontrast zwischen Juden und Heiden, der den jüdischen Hörer dazu bewegen solle, sein impliziertes Gefühl „jüdischer moralischer Überlegenheit" schließlich aufzugeben.

1.3 Das Gleichnis in seinem jüdischen Kontext

Die vielfältige Auslegungsgeschichte dieses Textes zeigt eine Grundtendenz, das Gleichnis vornehmlich in Antithese zu seiner jüdischen Umwelt zu verstehen. Ein wirklich *historisch* verantworteter Zugang muss jedoch in einem ersten Schritt zunächst nach der historischen Plausibilität des Textes innerhalb seiner jüdischen Umwelt fragen, um dann, in einem zweiten Schritt, auch mögliche Differenzen benennen zu können. Diese Einsicht hat sich inzwischen in vielen neueren Zugängen der Gleichnisforschung durchgesetzt[24] und ist auch in neuere Untersuchungen zur Stelle eingeflossen.[25] Im Folgenden soll daher durch die Rückfrage nach sprachli-

[23] „A profound irony in this parable is that the accounting is supposed to set things alright. By appealing to the hierarchical structure to bring right order, the servants have instead brought chaos." Scott, *Hear then*, 1989, 279. Vgl. jedoch dazu Keener, *Matthew*, 1999, 460: „This reading may fit modern social understanding of guilt, but it is foreign to the text's worldview".

[24] Grundlegend Flusser, *Gleichnisse*, 1981; Dschulnigg, *Gleichnisse*, 1988; Young, *Jewish Parables*, 1989; Young, *Jewish Theologian*, 1995; Young, *Parables*, 1998; Zimmermann, *Kompendium*, 2007, 6, und ders., *Jesuserinnerung*, 2008, 98–99, bewertet diese Trendwende grundsätzlich positiv, stellt aber auch eine übertriebene Stilisierung von Jesus als „jüdischen Gleichniserzähler" kritisch in Frage, da Belege für eine „typische" jüdische Gleichnis-Erzähltradition in der älteren jüdischen Literatur selten seien: „Das heißt, eine Erklärung der Gleichnisrede Jesu durch Ein- oder Unterordnung in jüdische Umfeldtexte wird dem Phänomen nicht gerecht." Hengel/Schwemer, *Judentum*, 2007, 399, relativieren ebenfalls: „Jesus hat die Lehrform in Gleichnissen nicht erfunden, aber eine solche Fülle von einem einzigen Lehrer zugeschriebenen Parabeln ist im frühjüdischen Bereich ganz ungewöhnlich". Auch Snodgrass, *Stories*, 2008, 37–46 und 53–59 betont den frühjüdischen Kontext der Gleichnisse, legt dabei jedoch eine größere Betonung auf die allgemein-biblischen und die hellenistisch-römischen Vorbilder als auf rabbinische Texte. Trotz dieser berechtigten Vorbehalte bleibt jedoch der paradoxe Befund unbestreitbar, dass die späteren rabbinischen Texte die engste sachliche und sprachliche Verwandtschaft mit den neutestamentlichen Gleichnissen aufweisen, während gleichzeitig in Qumran und in anderer frühjüdischer Literatur vergleichbare Belege fast völlig fehlen. Diese chronologische Paradoxie ist kaum anders zu erklären, als dass die rabbinischen Texte in der Tat eine frühere, ins erste Jahrhundert zurückreichende, proto-rabbinische Erzählkultur reflektieren. Die rabbinischen Gleichnisse werden daher bis auf weiteres, bei aller gebotenen Vorsicht, weiterhin der primäre Bezugspunkt für die konkrete Arbeit an neutestamentlichen Texten bleiben müssen. Weiterhin zu klären bleibt jedoch die Frage nach der genaueren hermeneutischen, literargeschichtlichen und linguistischen *Funktion* eines solchen Bezugs. Vgl. dazu z.B. Hezser, *Gleichnisse*, 2008.

[25] Eine neutrale bis positive Berücksichtigung des jüdischen Kontextes z.B. bei Luz, *Matthäus III*, 1997, 61–78; Roose, *Aufleben*, 2007; Snodgrass, *Stories*, 2008, 61–77.

chen und sachlichen Parallelen in der jüdischen Literatur untersucht werden, ob und inwieweit sich für das Gleichnis eine hebräische Sprachform finden lässt, die sich historisch plausibel in den Kontext jüdischer Literatur einordnen lässt.

Auch hier soll dabei, im Unterschied zu manchen älteren Versuchen, nicht die Rekonstruktion der vom kanonischen Text zu unterscheidenden „ipsissima verba" des Gleichnisses das Ziel sein. Wenn jedoch die Funktion des Gleichnisses als „Medium der Jesuserinnerung"[26] ernst genommen wird, dann kann und muss danach gefragt werden, inwiefern die hier überlieferte Jesuserinnerung die jüdische Lebens- und Glaubenswelt Jesu plausibel widerspiegelt und ob die sprachliche Form der Erinnerung eine Verwurzelung in einer frühen, möglicherweise noch hebräisch geprägten, Phase der Jesusüberlieferung plausibel erscheinen lässt. Im Blick auf die synoptische Frage können sich dann auch Rückschlüsse darüber ergeben, ob der Gleichnisstoff seiner Sprache und seinem Inhalt nach zu einer ursprünglichen, möglicherweise bereits in hebräischem Sprachkontext geformten Jesusüberlieferung gehört haben *kann*, oder ob es tatsächlich wahrscheinlicher ist, wie oft angenommen, dass er erst auf einer späteren, möglicherweise bereits christlich reflektierten, Stufe dem Evangelienstoff hinzugewachsen ist.

1.3.1 Rabbinische Gleichnisse zu Schuld und Schuldenerlass

Auf die berechtigten methodischen Anfragen an Vergleiche mit rabbinischer Literatur im Allgemeinen wurde bereits oben (S. 230) eingegangen. Im Blick speziell auf die Gleichnisse sollte einerseits der Fehler einer unzulässigen Vernachlässigung des rabbinischen Materials, andererseits aber auch der Fehler einer direkten Ableitung der neutestamentlichen Gleichnisse aus dem viel späteren rabbinischen Material vermieden werden. Es hat sich vielmehr die Einsicht durchgesetzt, dass die Ähnlichkeit der Gleichnisse Jesu mit den Gleichnissen der Rabbinen eher auf eine gemeinsame Verwurzelung in der biblischen Gleichnistradition[27], der antiken hellenistisch-römischen[28] und möglicherweise auch der fernöstlichen[29] Erzählkultur zu-

---

[26] Zimmermann, *Jesuserinnerung*, 2008.

[27] Hier sieht Snodgrass, *Stories*, 2008, 39, die primäre Bezugsgröße für die Gleichnisse Jesu, gegen Flusser, *Gleichnisse*, 1981, 17–19 und 146–148, der die biblischen Vorbilder gegenüber den hellenistisch-römischen Einflüssen, die dann auch die rabbinischen Gleichnisse prägten, als zweitrangig bewertet, sowie gegen Scott, *Hear then*, 1989, 8, der die Existenz von vergleichbaren Gattungen im AT gänzlich bestreitet.

[28] Vgl. Dormeyer, *Literaturgeschichte*, 1993, 140–158, außerdem Zimmermann, *Kompendium*, 2007, 7; Snodgrass, *Stories*, 2008, 37 und 46–51; Flusser, *Gleichnisse*, 1981, 156–158. Eher skeptisch jedoch Thoma/Lauer, *Gleichnisse*, 1986, 50 und Hezser, *Gleichnisse*, 2008, 224.

[29] Vgl. Snodgrass, *Stories*, 2008, 37 und 594 Anm. 5.

rückzuführen ist als auf eine direkte Abhängigkeit in der einen oder anderen Richtung. Der Vergleich mit den rabbinischen Texten kann daher nicht den Aufweis direkter sachlicher oder literarischer Abhängigkeiten zum Ziel haben, wohl aber die Untersuchung von Gemeinsamkeiten „im Blick auf Gattung, Motive, Sujet und Stil"[30]:

„No straight line can be drawn from a specific rabbinic parable or from rabbinic parables generally to the parables of Jesus. Still, a great deal can be learned from rabbinic parables abaout parabolic form and function, about the process of analogical thinking, and about Jewish culture. More attention to these parables could have prevented the exaggerations Jülicher and others made popular."[31]

Insbesondere im Fall der Königsgleichnisse des Matthäusevangeliums finden sich die deutlichsten Parallelen eben gerade nicht in der biblischen oder pseudepigraphischen Literatur, und auch nicht in der hellenistisch-römischen Kultur, sondern im späteren rabbinischen Schrifttum.[32] Eine enge Verwandtschaft in Denken, Form und Sprache ist hier nicht von der Hand zu weisen und deutet darauf hin, dass diese Form des Gleichnisses ihre Wurzeln im ersten Jh. n.Chr. haben muss.[33] Dies gilt im Übrigen unabhängig davon, ob man die Herkunft der matthäischen Gleichnisse beim historischen Jesus oder bei einem (möglicherweise judenchristlichen Gemeinden und dem protorabbinischen Judentum näher stehenden) matthäischen Endredaktor sucht.

Das Grundmotiv eines Königs, der kommt, um mit einer Stadt oder einem Land, zuweilen auch mit seinen Knechten, Abrechnung zu halten, ist in den rabbinischen Königsgleichnissen weit verbreitet.[34] Im Hintergrund steht dabei die Grundannahme, dass das ganze Leben ein vom Menschen

---

[30] ZIMMERMANN, *Kompendium*, 2007, mit Verweis auf die oben Anm. 24 genannten Ansätze von Flusser, Young und Dschulnigg. Der „Stil" schließt dabei auch Einzelheiten des sprachlichen Stils, wie etwa stereotype Wendungen, Einleitungsformeln und Idiome ein, wie sie im Folgenden genauer untersucht werden sollen.

[31] SNODGRASS, *Stories*, 2008, 55.

[32] Die von SNODGRASS, *Stories*, 2008, 63, angeführten Paralleltexte aus der frühjüdischen und griechisch-römischen Literatur beziehen sich entweder auf einzelne sozialgeschichtliche Aspekte der Bildhälfte (Geldsummen, Schuldverkauf, Folter), oder auf einzelne theologische *topoi* der Sachhälfte (gegenseitige Vergebung, *imitatio dei*). Gleiches gilt für die von ROOSE, *Aufleben*, 2007, 452, angeführte Episode eines Schuldverkaufs aus Philo SpecLeg 3,159–163.

[33] Vgl. dazu oben S. 413 Anm. 24.

[34] Warum ROOSE, *Aufleben*, 2007, 454, lediglich zwei rabbinische Parallelen beiläufig erwähnt, bleibt daher, auch bei Berücksichtigung der durch die methodischen Grundsätze des Kompendiums gesetzten Beschränkungen (ZIMMERMANN, *Kompendium*, 2007, 28–44), unklar. Für eine zutreffende Erfassung etwa der semantischen „Bildfelder" (ebd., 40) innerhalb des Gleichnisses ist eine ausführlichere Beschäftigung mit den rabbinischen Parallelen und darin verwendeten Bild- und Sprachwelt m.E. unumgänglich. Ausführlicher geht SNODGRASS, *Stories*, 2008, 63–65, auf rabbinisches Vergleichsmaterial ein.

zu verwaltendes Darlehen Gottes ist, das dieser jederzeit vom Menschen einfordern kann. Ein entsprechendes Diktum wird R. Akiba zugeschrieben:

„Alles ist auf Bürgschaft gegeben und das Netz über alle Lebenden ausgebreitet. Der Laden steht offen, der Krämer leiht aus, die Schreibtafel ist aufgeschlagen und die Hand schreibt, und jeder, der borgen will, kommt und borgt, und die Einnehmer gehen beständig an jedem Tag herum und machen sich von dem Menschen bezahlt mit seinem Wissen und ohne sein Wissen, und sie haben, worauf sie sich stützen, und das Gericht ist ein gerechtes Gericht, und alles ist zum Mahle bereitet."[35]

Aus der Vielzahl der Parallelen in der rabbinischen Literatur seien hier zunächst zwei Beispiele genannt, die nicht nur sachlich, sondern auch in sprachlichen Einzelzügen eng mit dem Gleichnis Jesu verwandt ist:

Von der verkauften Familie[36]

Ein Gleichnis von einem, der vom König	משל לאחד שלוה מן המלך
tausend Kor Weizen im Jahr entlieh.	אלף כורים חטים בשנה
Alle sagten:	היו הכל אומרים
Ist es möglich, dass dieser bestehen kann	איפשר שזה יכול לעמוד
bei tausend Kor Weizen im Jahr,	באלף כורים חטים בשנה
ohne dass der König ihn pfändet?	ואינו ממשכנו המלך
Vielmehr wird er ihm eine Quittung geschrieben haben.	אלא כתב לו אפוכי
Einmal behielt der [eine]	פעם אחת שייר
und wog ihm nichts ab.	ולא שקל לו כלום
Der König trat in sein Haus	נכנס המלך לביתו
und nahm seine Söhne und seine Töchter	ונטל בניו ובנותיו
und stellte sie auf den Verkaufsstein.	והעמידם על אבן המכר
In der Stunde wussten alle,	באותה שעה ידעו הכל
dass er nichts in seiner Hand behalten hatte.	שלא שייר בידו כלום

Vom Darlehen an einen Freund[37]

Fleisch und Blut	בשר ודם
schuldete seinem Freund hundert Maneh	חייב לחבירו מאה מנה
Als der zu ihm sagte: Gib mir mein Geld!	אמר לו תן לי מעותי
Sagte er zu ihm: Ich habe nichts.	אמר לו אין לי
Was konnte er machen? Er ging fort (von ihm)	מה יש לעשות הולך לו
Aber nicht so der Heilige, gepriesen sei Er!	אבל הקב"ה אינו כן
Er treibt von der Seele ein, (was sie schuldig ist).	אלא גובה מן הנפש

Eine Übersicht zeigt die Übereinstimmungen in Struktur und Wortlaut:

---

[35] mAv 3,16 (Marti/Beer 82–85).

[36] SifDev §26 zu Dtn 3,23 (Finkelstein 38, dt. Bietenhard 57). Vgl. hierzu ausführlich Hezser, *Gleichnisse*, 2008, 227–232, die anhand eines Vergleichs mit Mt 18,23–35 die Frage nach der Vergleichbarkeit rabbinischer und neutestamentlicher Gleichnisse exemplifiziert.

[37] MTeh 79,3 (180b–181a), ed. Buber 360–361.

Mt 18,21–35	*SifDev §26 zu Dtn 3,23*
ὡμοιώθη	משל
εἷς ὀφειλέτης	לאחד שלוה
ἀνθρώπῳ βασιλεῖ	המלך
μυρίων ταλάντων	אלף כורים
ἰδόντες οὖν οἱ σύνδουλοι ... διεσάφησαν	היו הכל אומרים ... ידעו הכל
τὸ δάνειον ἀφῆκεν αὐτῷ	כתב לו אפוכי
μὴ ἔχοντος δὲ αὐτοῦ ἀποδοῦναι	לא שקל לו כלום
αὐτὸν ... πραθῆναι	והעמידם על אבן המכר
καὶ τὴν γυναῖκα καὶ τὰ τέκνα	בניו ובנותיו

Tabelle 31: Parallelen zwischen Mt 18,21–35 und SifDev §26 zu Dtn 3,23

Mt 18,21–35	*MTeh 79,3 (180a)*
ἀνθρώπῳ	בשר ודם
εἷς ὀφειλέτης μυρίων ταλάντων	חייב מאה מנה
τῷ ἀδελφῷ αὐτοῦ (Mt 18,35)	לחבירו
ἀπόδος εἴ τι ὀφείλεις	תן לי מעותי
μὴ ἔχοντος δὲ αὐτοῦ	אין לי
οὕτως καὶ ὁ πατήρ μου ὁ οὐράνιος	אבל הקב״ה אינו כן
ποιήσει ὑμῖν	מה יש לעשות

Tabelle 32: Parallelen zwischen Mt 18,21–35 und MTeh 79,3 (180a)

Während die Abrechnung der Schuld in diesen beiden Gleichnissen als ein indiviuelles Ereignis dargestellt ist, überwiegt in den Gleichnissen das Bild eines kollektiven „Tages der Abrechnung“. Dieser ist dabei zumeist eine Illustration für die Abrechnung und Sühne von Schuld im Rahmen der jüdischen Herbstfeste (vgl. unten S. 446ff.). Verbreitet ist dabei das Motiv einer königlichen Steuerabrechnung:

Von den Stadtherren, die dem König entgegen gingen[38]

[Ein Gleichnis] von einer Stadt,	למדינה
die dem König eine Steuernachzahlung schuldig war.	שהיתה מחייבת ליפס למלך
Und es ging der König hin, um sie einzutreiben[39]	והלך המלך לגבותה
Als die Ratsherren der Stadt ihm zehn Meilen	בתוך עשרה מיל יצאו
entgegen gingen und ihm huldigten,[40]	גדולי מדינה וקילסו אותו
erließ der König ihnen[41]	והתיר המלך
ein Drittel ihrer Steuerschuld	שליש מדימוסייא שלהם

[38] PesK 27,7 (Mandelbaum 412) par WaR 30,7 zu Lev 23,40 (Margulies 4:704–705); eine ausführlichere, vermutlich spätere Fassung des Gleichnisses findet sich in TanB אמור 30 zu Lev 23,40 (Buber 2:101–102, dt. Bietenhard 2:140–141) und PesR 51,8 §27–30 (Ulmer 2:1088–1089); PesR 51 ist nicht Teil der *editio princeps*, das Gleichnis ist aber in MS Parma (206a) und Dropsie (178b) bezeugt.

[39] Vgl. Mt 18,23: ἀνθρώπῳ βασιλεῖ, ὃς ἠθέλησεν συνᾶραι λόγον.

[40] Vgl. Mt 18,26: πεσὼν οὖν ὁ δοῦλος προσεκύνει αὐτῷ.

[41] Vgl. Mt 18,27: καὶ τὸ δάνειον ἀφῆκεν αὐτῷ.

Als die Ratsherren der Stadt ihm fünf Meilen	בתוך חמשה מיל יצאו פטירכולי
entgegen gingen und ihm huldigten,	מדינה וקילסו אותו
erließ der König ihnen	והתיר להם המלך
ein Drittel ihrer Steuerschuld	שליש מדימוסייא שלהם
Und als der König in die Stadt hereinkam,	וכיון שנכנס המלך למדינה
gingen ihm alle Einwohner der Stadt entgegen	יצאו כל בני המדינה
und huldigten ihm.	וקילסו אותו
Da sagte der König zu ihnen: Vorbei ist vorbei,	א' להם מלכא מה דאזל אזל
von nun an beginnen wir eine neue Rechnung!	מיכא ולהלן חשבנא

In der anschließenden Auslegung wird dieses Gleichnis explizit auf die jüdischen Herbstfeste hin gedeutet:

„Ebenso erlässt [Gott], wenn Israel am Neujahrstag Buße tut, ihnen ein Drittel ihrer Sünden. Während der zehn Tage der Umkehr, wenn die Edelsten fasten, erlässt [Gott] ihnen einen Großteil ihrer Sünden. Und wenn dann der Versöhnungstag kommt, fastet ganz Israel, und [Gott] verzeiht ihnen alle Sünden ... [Er sagt:] Ich habe euch bereits erlassen, was geschehen ist. Von nun an werden eure Sünden neu gerechnet (חשבו עונותיכם)."[42]

Eine ähnliche Situation wird auch im folgenden Gleichnis vorausgesetzt:

Von der Ermordung des Steuereintreibers[43]

Gleichnis von einer Stadt,	משל למדינה
die dem König eine Steuernachzahlung schuldig war.	שהיתה חייבה ליפס למלך
Der König schickte	ושלח המלך
einen Steuereintreiber zur Abrechnung	גבי טמיון לגבותה
Was taten die Einwohner der Stadt?	מה עשו בני המדינה
Sie erhoben sich und hängten ihn auf.	עמדו ותלו אותו וגבו אותו
Dann sagten sie: Wehe uns,	אמרו ווי
wenn der König von diesen Dingen erfährt![44]	כשהמלך מרגיש בדברים הללו
Was der Gesandte des Königs	מה ששלחו שלמלך
uns antun wollte, das haben wir ihm angetan![45]	מבקש לעשות לנו עשינו לו
So[46] erging es auch einem aus Israel...	כך כשהיה אחד מישראל

Ein weiteres Gleichnis gebraucht das Bild der Steuerabrechnung im Zusammenhang mit der Frage, ob Gott die Schuldigen wegen der Gerechten verschont, oder ob er die Gerechten zusammen mit den Schuldigen richtet:

Von der Steuerabrechnung in Tiberias und Sepphoris[47]

Eine Begebenheit von einem,	מעשה באחד
der geschickt wurde, um [Steuern] einzutreiben	שנשתלח לגבות
bei den Einwohnern von Tiberias und Sepphoris.	בני טבריא ובני ציפורי
Und als er dabei war[48], in Tiberias einzutreiben,	כשהיה גובה בטבריא

[42] PesK 27,7 (Mandelbaum 413).

[43] WaR 11,7 zu Lev 9,1 (Margulies 1:233–234).

[44] Vgl. Mt 18,31: διεσάφησαν τῷ κυρίῳ ἑαυτῶν πάντα τὰ γενόμενα.

[45] Vgl. Mt 18,35: οὕτως καὶ … ποιήσει ὑμῶν.

[46] Vgl. Mt 18,35: οὕτως καὶ.

[47] BerR 49,8 zu Gen 18,23 (Theodor/Albeck 2:506).

sah er einen[49] aus Sepphoris.	ראה אחד מציפורי
Er stand auf und ergriff ihn.[50]	עמד ותפשו
Da sagte der zu ihm: „Ich bin aus Sepphoris“	אמר לו מציפורי אני
Er aber antwortete: „Ich habe auch Dokumente	אמר לו יש [בידי] כתובים
aus Sepphoris für die Steuerabrechnung dort.“	מציפורי לגבותה
Er hatte aber noch nicht die Erhebung in Tiberias beendet,	ולא הספיק לגבות בני טבריא
als ein Schuldenerlass für Sepphoris erlassen wurde.	עד שבאת רווחה לציפורי
So wurde [dieser Mann]	ונמצא
„dahingerafft ohne Urteil“[51] über seine Stadt.	נספה בלא משפט מקומו

Das Bild einer königlichen Steuerabrechnung (גבות) steht auch im Hintergrund der folgenden Auslegung zu Joel 2,13, obwohl sie hier nicht in die literarische Form eines Gleichnisses gekleidet ist. Im Zentrum steht dabei ein Wortspiel mit dem hebräischen Begriff ארך אפים, wie er auch im Gleichnis Jesu durch das griechische μακροθύμησον ἐπ᾽ ἐμοι (Mt 18,26) anklingt (vgl. dazu unten S. 434 ff.):

Über den doppelten Langmut[52]

“Barmherzig und gnädig ist ER,	חנון ורחום הוא
langmütig (langsam im Zorn) ...” (Joel 2,13)	ארך אפים
R. Samuel bar Nahman sagte	ר' שמואל בר נחמן
im Namen von R. Johanan:	בשם ר' יוחנן
Es steht nicht geschrieben “langsam im Zorn”,	ארך אף אין כת' כאן
sondern “langsam in den (zwei) Zornen”.	אלא ארך אפים
Er verlangsamt seinen Sinn, solange er nicht eintreibt	מאריך רוחו עד שלא יגבה
Und wenn er kommt, um einzutreiben, treibt er langsam ein.	בא לגבות מאריך וגובה

In dem Motiv einer zeitlich abgestuften Abrechnung, die durch den Langmut des Königs verzögert wird, trifft sich diese Auslegung mit dem matthäischen Gleichnis.[53]

Noch deutlicher wird dieses Motiv der zeitlichen Verzögerung in einem anderen Gleichnis, dem allerdings nicht das Bild einer Steuerabrechnung, sondern das einer Gerichtsverhandlung zugrunde liegt. Wie im Gleichnis Jesu, werden auch hier die zwischenmenschlichen Angelegenheiten und die Angelegenheiten zwischen König und Untertanen in eine zeitliche Abfolge gesetzt:

---

[48] Vgl. Mt 18,24: ἀρξαμένου δὲ αὐτοῦ συναίρειν.

[49] Vgl. Mt 18,24: προσηνέχθη αὐτῷ εἷς.

[50] Vgl. Mt 18,28: καὶ κρατήσας αὐτὸν.

[51] Unter Anspielung auf Spr 13,23.

[52] PesK 24,11 (Mandelbaum 363).

[53] Vgl. dazu die Beobachtungen zum Begriff der μακροθυμία (unten S. 434) sowie zur zeitlichen Dimension der Vergebung im Rahmen der jüdischen Herbstfeste (unten S. 452).

Vom König, der Gericht halten wollte[54]

Gleichnis. Womit ist diese Sache zu vergleichen?[55]	משל להי"ד למה הדבר דומה
Mit einem König, der zu seinen Knechten[56] sagte:	למלך שאמר לעבדיו
Geht hin und verkündet in meinem ganzen Königreich,	צאו והכריזו בכל המלכותי
dass ich zu Gericht sitzen werde über Geldsachen,[57]	שאני ישב ודן בדיני ממנות
Jeder, der eine Rechtssache gegen seinen Bruder hat[58],	וכל מי שיש לו עסק על חבירו
soll (dann) zu mir kommen	יבא לפני
und ich werde ihn wohlgefällig richten.	ואני דן אותו לכף זכות
Erst danach werde ich zu Gericht sitzen	עד שלא אשב לדון
über Fragen von Leben und Tod.	דיני נפשו

Zu beachten ist hier der Dreischritt von Geldangelegenheiten, zwischenmenschlichen Angelegenheiten und Kapitalangelegenheiten, der sich ähnlich auch im Gleichnis Jesu findet: Zunächst rechnet der König die Geldsache mit seinem Knecht ab (Mt 18,24–27), es folgt der Streit zwischen Knecht und Mitknecht (Mt 18,28–30), und schließlich folgt das erneute Gericht des Königs, diesmal nicht über das Geld, sondern über die Person (Mt 18,32–34). In der Auslegung des rabbinischen Gleichnisses (unten S. 447) wird dieser Dreischritt ausdrücklich auf die zeitliche Abfolge von Neujahrstag, Tagen der Umkehr und Versöhnungstag im jüdischen Festkalender bezogen. Eine Reihe von Gleichnissen beschäftigen sich mit der Frage, auf welchem Weg eine Schuld beglichen werden kann bzw. wie der Schuldspruch des Königs gewendet werden kann. Aus der klassischen Trias von „Gebet, Umkehr und Barmherzigkeitswerken" (vgl. oben S. 270) wird das Gebet oft in der Bildhälfte durch eine Bitthandlung der beteiligten Personen angedeutet. Die Notwendigkeit der Umkehr hingegen wird eher in den Auslegungen zur Sprache gebracht (vgl. z.B. oben S. 418 und unten S. 447). Im folgenden Gleichnis allerdings werden allein die Barmherzigkeitswerke als Grund für einen Schuldenerlass des Königs genannt:

Vom klugen Schuldner[59]

„Gleichnis. Womit ist die Sache zu vergleichen? Mit Menschen, die einem König etwas schuldig waren. Er bestimmte ihnen eine Frist, bis zu der sie ihm die Schulden begleichen sollten. Sie aber dachten nicht daran, den König zu ehren und ihn zu beschenken. Es gab jedoch einen unter ihnen (והיה אחד מהם), der dem König täglich Ehre erwies. Er pflegte nach seinem Wohl zu fragen und ihm Geschenke zu bringen, denn er sagte sich: ‚Es ist gut, dem Arzt freundlich zu tun, bevor man seiner bedarf'. Als die Frist abgelaufen war, schickte der König (seine Diener aus), um die Schulden zu pfänden. Die Pfänder kamen

---

[54] PesK Anh. 7,2 (Mandelbaum 472). Vgl. Thoma/Lauer, *Gleichnisse*, 1986, 336–338.

[55] Vgl. Mt 18,23: ὡμοιώθη ἡ βασιλεία τῶν οὐρανῶν ἀνθρώπῳ βασιλεῖ.

[56] Vgl. Mt 18,23: μετὰ τῶν δούλων αὐτοῦ.

[57] Oder: „Zivilsachen".

[58] Vgl. Mt 18,35: ἕκαστος τῷ ἀδελφῷ αὐτοῦ.

[59] ShirZ 1,15 zu Hld 1,15, ed. Buber, *Midrasch Zuta*, 1894, 19; deutscher Text nach Flusser, *Gleichnisse*, 1981, 308 (leicht geändert).

also, um jenen Mann zu pfänden, welcher den König geehrt hatte. Da sagte dieser zu ihnen: ‚Ihr kommt, um mich zu pfänden? Ich kann ja meine Schuld bezahlen, führt mich zum König' Und sie gingen mit ihm. Der König hatte auf sein Kommen gewartet. Als er ihn sah, reichte er ihm seine Hand, begrüßte ihn als ersten und sprach zu ihm: ‚Komm doch herein!'. Die andern, die ebenfalls dem König schuldig waren, standen dabei und sahen, wie er an der Seite des Königs sass. Sie sprachen zu sich: ‚Was hat der König davon, dass er ihm eine solche Ehre erweist? Auch er schuldet ja dem König – und nicht nur, dass er nicht gepfändet wird, sondern es wird ihm eine solche Auszeichnung zuteil!' Da sprach der König zu ihnen: ‚Das geschah deshalb, weil jener den König geehrt hatte, ihm Geschenke gebracht und sich immer beeilt hatte, ihn zu begrüßen. Und ihr? Ihr habt ihn nicht geehrt und nicht begrüßt.' Und die, welche den Mann hätten pfänden sollen, als sie ihn an seinem Ehrenplatz sitzen sahen, freuten sich, dass sie dies nicht getan hatten. Sie sprachen: ‚Hätten wir ihn gepfändet, da er so vom König geliebt und geehrt wird – wären wir schon tot!' Und was hat denn dem Mann solch eine Ehre gebracht? Die Geschenke, die er dem König schenkte. Und die Schuldner begannen sich ins Antlitz zu schlagen und sprachen: ‚Warum haben nicht auch wir so getan? Und was ist das Geschenk, das der Heilige haben will? Barmherzigkeit."

Neben den Einzelzügen des Königs, des zahlungsunfähigen Knechtes, der angedrohten Schuldpfändung und der beobachtenden Mitschuldner überschneidet sich dieses Gleichnis auch in seiner Kernaussage mit dem Gleichnis Jesu: Wie dort der Knecht seiner Strafe nicht entgeht, weil er sich als unbarmherzig erweist, so entgeht der Knecht hier seiner Strafe, weil er sich gegenüber seinen Mitmenschen als barmherzig erwiesen hat. So zumindest deutet die Auslegung die „Geschenke", die der Schuldner dem König gebracht hatte. Während jedoch hier noch die Barmherzigkeit als eine Art Vorleistung des Schuldners dargestellt wird, ist sie im folgenden Gleichnis, hier analog zum Gleichnis Jesu, lediglich als Folge eines vorher erfolgten Schuldenerlasses dargestellt:

Vom Schwur auf den König[60]

Ich will dir ein Gleichnis erzählen.	אמשול לך משל
Womit ist die Sache zu vergleichen?	למה הדבר דומה
Mit einem Menschen,	לאדם
der seinem Nachbarn ein Maneh lieh, und mit ihm	שנושה בחבירו מנה
vor dem König einen Zahlungstermin festlegte.	וקבע לו זמן בפני המלך ונשבע לו
Dieser schwor ihm beim Leben des Königs.	בחיי המלך
Es kam der Zahlungstermin	הגיע זמן
und er konnte nicht zahlen.[61]	ולא פרעו
Da ging er hin, um den König zu besänftigen.	בא לפייס את המלך
Der sagte ihm:	ואמר לו
Die Beleidigung mir gegenüber vergebe ich dir.	עלבוני מחול לך
Aber geh und besänftige auch deinen Nachbarn![62]	לך ופייס את חבירך

[60] bRHSh 17b (dt. Goldschmidt III:572, Übersetzung leicht überarbeitet).

[61] Vgl. Mt 18,25: μὴ ἔχοντος δὲ αὐτοῦ ἀποδοῦναι.

[62] Vgl. Mt 18,35: ἀφῆτε ἕκαστος τῷ ἀδελφῷ αὐτου.

Vollends ohne Bedingungen, und sogar angesichts nicht erfolgter Buße, scheint die Vergebung Gottes schließlich in dem folgenden Gleichnis gewährt zu werden:

Von der vergessenen Schuld[63]

Es gibt kein Geschöpf,	אין בריה
das nicht verschuldet wäre bei Gott.	שאינה חייבת לאלהים
Aber weil er barmherzig und gnädig ist,	אלא שהוא חנון ורהום
vergibt er alle vergangenen Schulden,	ומוחל על כל הראשונים
wie geschrieben steht (Ps 79,8):	שנאמר
"Gedenke nicht der Sünden unserer Väter"	אל תזכר לנו עונות ראשונים
Ein Gleichnis von einem,	משל לאחד
der vom Geldverleiher borgte und es vergaß.	שלוה מן דיוסתוס ושכחו
Nach einiger Zeit kam er und stellte sich vor ihn	לאחר זמן בא ועמד לפניו
Er sagte ihm: Ich weiß, dass ich dir etwas schulde.	אמר לו יודע אני שאני חייב לך
Der antwortete ihm:	אמר לו
Warum erinnerst du mich an die vergangene Schuld?	למה הזכרת חוב הראשון
Ich habe sie längst aus meinem Herzen[64] gestrichen!	כבר בטל הוא מלבי
So ist auch der Herr der Welt:[65]	כך אדון העולם
Die Geschöpfe sündigen vor ihm,	הבריות חוטאין לפניו
und obwohl er sieht, dass sie nicht Buße tun,	והוא מסתכל שאין עושין תשובה
vergibt er ihnen manche vergangene Schuld.[66]	והוא מניח להם ראשון ראשון
Und wenn sie dann kommen,	וכשהם שבים באין
ihn an die vergangene Schuld zu erinnern,	להזכיר החוב שעשו בראשונה
dann sagt er ihnen:	והוא אומר להם
Gedenkt nicht an das Frühere!	אל תזכרו ראשונות

Diesen Gedanken der bedingungslosen Vergebung Gottes führen die folgenden beiden Gleichnisse zu Ende, indem hier der König selbst die Schuld seiner zahlungsunfähigen Knechte bezahlt. Dies ist ein Gedanke, der dem matthäischen Gleichnis zwar nicht zu eigen ist, aber möglicherweise im Gesamtkontext neutestamentlichen Denkens den theologischen Rahmen bildet, in den auch das matthäische Gleichnis eingeordnet ist:

Von David als Richter[67]

Wenn [David] zu Gericht saß,	היה דן את הדין
sprach er den Unschuldigen frei[68]	מזכה את הזכאי
und verurteilte den Schuldigen.	ומחייב את החייב
Wenn der Schuldige nichts hatte, was er geben konnte,[69]	אם לא היה לחייב ליתן
pflegte David es ihm zu geben.	היה דוד נותן

---

[63] ShemR 31,1 zu Ex 22,24 (Mirkin 6:60).
[64] Vgl. Mt 18,35: ἀπὸ τῶν καρδιῶν ὑμῶν.
[65] Vgl. Mt 18,35: οὕτως καὶ ὁ πατήρ μου ὁ οὐράνιος.
[66] Vgl. Mt 18,27: καὶ τὸ δάνειον ἀφῆκεν αὐτῷ
[67] DevR 5,3 zu Dtn 16,18 (Mirkin 11:87; die Passage fehlt in Liebermanns Edition).
[68] Vgl. Mt 18,17: ἀπέλυσεν αὐτὸν.
[69] Vgl. Mt 18,25: μὴ ἔχοντος δὲ αὐτοῦ ἀποδοῦναι.

Vom heimlichen Schuldenerlass[70]

„Gleichnis. Womit ist die Sache zu vergleichen? Mit einem König dem jemand 100 Maneh schuldete (למלך שחייב לו אחד מאה מנה). Er schickte zu ihm einen Boten und sprach zu ihm: Komm, mache deine Rechnung mit dem König (בוא ועשה עם המלך חשבון)![71] Er aber hatte Angst. Da schickte er ihm einen zweiten, der sagte ihm: Komm, mache deine Rechnung mit dem König; da hatte er noch immer Angst. Was tat der König? Des Nachts erhob er sich, nahm seinen Beutel, legte 100 Maneh hinein und warf ihn [bei seinem Schuldner] durchs Fenster. Der stand auf, nahm den Beutel und begann sich zu freuen. Darauf schickte der König ihm erneut einen Boten, und sagte ihm: Komm, mache deine Rechnung mit dem König! Er kam und bezahlte seine Schuld. Auf diese Weise beglich dieser seine Schuld, und der König bekam das Seinige."

Es wird deutlich, dass das Gleichnis Mt 18,23–35 im Kontext dieser jüdischen Gleichnistraditionen gesehen werden muss, auch wenn deren literarische Fixierung erst deutlich später anzusetzen ist. Geht man von einer gemeinsamen Verwurzelung in gemeinsamen frühen Gleichnistraditionen aus (vgl. oben S. 413 Anm. 24), dann sind verschiedene Szenarien denkbar: Möglich ist, dass erst Matthäus aus seinem Sondergut oder aus ihm vorliegenden Mk- oder Q-Stoff das Gleichnis eigenständig geformt hat[72] und dabei bewußt an proto-rabbinische Gleichnistraditionen anknüpfte. Ebenso gut möglich, und angesichts der übrigen Evangelientradition sogar wahrscheinlicher, ist jedoch auch, dass schon Jesus selbst an diese frühen Gleichnistraditionen anknüpfte und daher das Gleichnis in der vorliegenden Form bereits Bestandteil einer vormatthäischen oder protomatthäischen Überlieferung bzw. „Jesuserinnerung" (Zimmermann) war:

„... the early evidence of the Gospels indicates that rabbinic parables frequently preserve a form of religious instruction that flourished during the Second Temple period. The parables of the Gospels appear as remnants of early Jewish parabolic teaching. Assigning all rabbinic parables to a later time, therefore, is embarking on a highly subjective and questionable enterprise. Surely Jewish parabolic teaching developed long before the destruction of the temple. Joachim Jeremias, perhaps the most influential parable scholar of our time, held in firm opinion that Jesus was the first parable teacher. Now this approach has been seriously challenged, and one can hardly defend it objectively. Though the evidence is fragmentary, Jesus is much more likely to have used a method of teaching that was already practised by other Jewish sages during the period."[73]

---

[70] Yalq כי תשא §398 zu Ex 34,3 (Jerusalem 1:572).

[71] Vgl. Mt 18,23: συνᾶραι λόγον.

[72] GUNDRY, *Matthew*, 1994, 371; LAMBRECHT, *Treasure*, 1992, 56. Dagegen LUZ, *Matthäus III*, 1997, der annimmt, Mt habe das Gleichnis aus mündlicher Tradition empfangen und in eigenen Worten erstmalig verschriftlicht.

[73] YOUNG, *Parables*, 1998, 37. Vgl. auch FLUSSER, *Gleichnisse*, 1981, 21; BROER, *Parabel*, 1985, 149. KEENER, *Matthew*, 1999, 457, gibt eine umfangreiche Liste rabbinischer Königsgleichnisse und fügt hinzu: „As common as kings become in later rabbinic parables (where they nearly always represent God), we probably should not begrudge Jesus a few."

Die große Nähe zur durchgängig *hebräisch* geformten jüdischen Gleichnistradition (vgl. oben S. 132), sowohl in Inhalt als auch in Diktion, legt zudem die Annahme nahe, dass auch das vorliegende Gleichnis ursprünglich in *hebräischer* Sprache erzählt und weitergegeben wurde. Diese mögliche Verwurzelung in der hebräischen Sprache sowie in Stil, Bildwelt und Diktion der (proto-)rabbinischen Gleichnistradition soll im Folgenden anhand von sprachlichen und sachlichen Einzelanalysen weiter untersucht werden.

2. Einzeluntersuchungen

Anders als in den vorhergehenden Kapiteln liegen für das Gleichnis nur entfernte synoptische Parallelen vor (vgl. jedoch unten S. 473ff). Daher wird hier zunächst von einer Vers-weisen Retroversion einzelner Passsagen abgesehen und stattdessen in einem ersten Schritt nach sprachlichen und sachlichen Analogien in der hebräischen Literatur gesucht, bevor abschließend (unten S. 481) für das gesamte Gleichnis eine mögliche zweisprachige Vorlage rekonstruiert wird.

2.1 Begriffliche Nähe zu hebräischen Gleichnistraditionen

2.1.1 ὡμοιώθη ἡ βασιλεία τῶν οὐρανῶν ἀνθρώπῳ βασιλεῖ ...

Schon die Einleitung des Gleichnisses zeigt eine sprachliche Verwandtschaft zur formelhaften Einleitung vieler rabbinischer Königsgleichnisse:

Ein Gleichnis. Womit ist diese Sache zu vergleichen?	משל למה הדבר דומה
Mit einem König aus Fleisch und Blut...[74]	למלך בשר ודם

Allerdings ist diese Formulierung in den rabbinischen Gleichnissen erst spät nachzuweisen.[75] Es ist daher angenommen worden, dass die Königsmetapher auch hier erst sekundär von Matthäus eingefügt wurde.[76] Ähnli-

[74] MekhY בהדש 6 zu Ex 20,3 und 20,5 (Horovitz/Rabin 222 und 226). MekhY ויהי 5 zu Ex 14,22 (Horovitz/Rabin 104–105); Sifra שמיני מכילתא דמילואים 8 (§99) zu Lev 9,7 (Weiss 43b); SifBam §86 zu Num 11,2 (Horovitz 85); SifBam §103 zu Num 12,8 (Horovitz 102); tBer 6,18 (Rengstorf 1:48); tSot 11,3; (Liebermann 3:218); tBQ 7,4 (Liebermann 4:29); tSan 8,9 (Zuckermandel 428); bBer 31b; bYom 75b; bSuk 29a; bBB 10a; bSan 91a; bMen 43b; BamR 14,1 zu Num 7,48 (Mirkin 10:84) u.ö. Vgl. Fiebig, *Gleichnisreden*, 1912, 193.

[75] „Gemeinhin wird angenommen, dass in den rabbinischen Gleichnissen das Königsmotiv erst am Ende der tannaitischen Periode dominant geworden ist." Weber, *Alltagswelt*, 1993, 180.

[76] Thompson, *Advice*, 1970, 209; vgl auch Lambrecht, *Treasure*, 1992, 57 und 59 u.ö.; dabei wird häufig auf die Parallele in Mt 22,2 par. Lk 14,16 verwiesen, wo Mt ἀνθρώπῳ βασιλεῖ hat, Lk jedoch nur ἄνθρωπός τις. Überhaupt ist die Kombination ἀνθρώπῳ + Nomen bei Matthäus häufiger. ἀνθρώπῳ ἐμπόρῳ (Mt 13,45), ἀνθρώπῳ οἰκοδεσπότῃ (Mt 13,

ches gilt, wie bereits zu sehen war, für den hier verwendeten typisch matthäischen Begriff der βασιλεία τῶν οὐρανῶν (vgl. oben S. 272). Es wurde jedoch bereits oben deutlich, dass dieser Schluss ein *non sequitur* darstellt: Sowohl Jesus als auch der matthäische Endredaktor sind zeitlich vor der schriftlichen Fixierung der rabbinischen Gleichnisse anzusiedeln. Dennoch wäre es unsinnig, allein deshalb ihre sachliche Priorität gegenüber der rabbinischen Tradition anzunehmen.[77] Auch den Wortlaut der Einleitungsformel wird man daher allein aus diesem Grund weder Jesus noch der matthäischen Redaktion zuschreiben können, da beide zeitlich den rabbinischen Parallelen vorzuordnen sind. Aus formgeschichtlichen Aspekten könnte jedoch in der Tat die Annahme plausibel sein, dass die neutestamentlichen Königsgleichnisse in ihrer mündlichen Form gemeinhin eine kürzere Einleitung hatten, etwa משל ל oder sogar nur ל.[78] Die ausführliche Formulierung der Einleitung könnte dann tatsächlich erst im Prozess der Verschriftlichung entstanden sein, die damit ebenfalls dem üblichen Rahmen rabbinischer Gleichnisüberlieferung folgte. Diese Verschriftlichung muss jedoch bereits in einer frühen Phase der Überlieferungsgeschichte angenommen werden, in der noch ein enger Zusammenhang zu der dem Gleichnis zugrunde liegenden (proto-) rabbinischen Erzähltradition bestand. Die große Nähe zu den hebräischen Einleitungsformeln der rabbinischen Tradition macht auch für die matthäische Formel einen hebräischen Entstehungskontext wahrscheinlich.

2.1.2 *ἡ βασιλεία τῶν οὐρανῶν*

Auf die größere Nähe der matthäischen Formulierung ἡ βασιλεία τῶν οὐρανῶν zum rabbinischen Sprachgebrauch, im Gegensatz zu ἡ βασιλεία τοῦ θεοῦ bei Lk und Mk, wurde bereits oben (S. 272) hingewiesen. Die Ver-

---

52; 20,1; 21,33). In Mt 21,33 haben die Parallelen in Lk 20,9 und Mk 12,1 jeweils nur ἄνθρωπος.. Beides könnte natürlich auch umgekehrt ein Anzeichen matthäischer Ursprünglichkeit sein, die auf das hebräische Idiom בשר ודם zurückzuführen ist, wie es Mt in Mt 16,17 ausdrücklich verwendet und wie es auch anderswo im NT (Gal 16,16; I Kor 15,50; Heb 2,14; Eph 6,12) erscheint. Die Vorliebe des Lk für indefinite Pronomen und anonyme Handlungsträger ist sicherlich ebenso hoch wie die des Mt für den Begriff ἄνθρωπος. WEBER, *Alltagswelt*, 1993, 180, geht zwar von der Ursprünglichkeit der Königsmetapher aus, sieht sie jedoch im Gegensatz zu den rabbinischen Gleichnissen nicht als Bild für Gott, sondern als historische Anspielung, etwa auf Herodes den Großen oder Herodes Antipas.

[77] Vgl. dazu das oben S. 229f. zum Umgang mit rabbinischer Literatur und S. 413 Abschnitt 1.3 zum Umgang mit rabbinischen Gleichnissen Gesagte.

[78] YOUNG, *Parables*, 1998, 24; Young geht allerdings davon aus, dass die gesamte Einleitung des Gleichnisses von Matthäus hinzugefügt wurde. Dieser habe sowohl die Formel vom „Königreich der Himmel" als auch die Figur des Königs eingefügt, weil für ihn ein Königreichsgleichnis auch einen König als handelndes Subjekt erforderte. Als ursprüngliche Formulierung auf der mündlichen Stufe rekonstruiert Young לאדם oder לבעל הבית.

wendung des Begriffs in der Einleitung des Gleichnisses könnte hier allerdings dennoch auf eine redaktionelle Zufügung zurückgehen, da das Gleichnis an sich keinen besonderen Zug des Himmelreiches verdeutlicht, sondern lediglich eine allgemeine Lehre über die Vergebung enthält.[79]

2.1.3 συνᾶραι λόγον

Dass das Gleichnis der Sache nach eindeutig einer Reihe von Gleichnissen mit ähnlichem Handlungskern nahe steht, war bereits zu sehen. Der griechische Ausdruck συνᾶραι λόγον (Mt 18,23) hat daher seine sachliche Entsprechung in den hebräischen Ausdrücken לגבות bzw. לעשות חשבון, die in den Gleichnissen formelhaft auftauchen. Sprachlich jedoch entspricht der griechische Ausdruck hier gerade nicht dem hebräischen Vorbild. Im Gegenteil, es handelt sich um ein griechisches Idiom, das aus den *koine*-griechischen Papyri als *terminus technicus* aus finanziellen Kontexten bekannt ist.[80] Wir haben hier also, analog zu Apg 26,14, ein anschauliches Beispiel dafür, dass auch eindeutig griechische Idiome durchaus auf eine hebräische Vorlage zurückgehen können (vgl. oben S. 136). Ein sprachlich versierter Autor wird sich sogar darum bemühen, für idiomatische Ausdrücke der Herkunftssprache passende Wendungen aus der Zielsprache zu finden, um das Idiom nicht wörtlich wiederzugeben. Im vorliegenden Fall ist das hebräische Äquivalent durch die vielfältige Bezeugung in den Einleitungsformeln hebräischer Gleichnisse verbürgt (ein vergleichbarer Anhaltspunkt fehlt in Apg 26,14). In der Formulierung seines griechischen Gleichnisses hat der Redaktor, obwohl ihm die hebräische Gleichnistradition offenbar vertraut war, dennoch nach einem geeigneten Idiom aus der griechischen Finanzwelt gesucht und dies auch gefunden.

2.1.4 εἷς ὀφειλέτης

Das Zahlwort εἷς ist hier vermutlich substantivisch zu verstehen („es wurde ihm Einer gebracht, der schuldete ihm 10.000 Talente"), da bei einer adjektivische Funktion das Zahlwort überflüssig wäre. Aber auch die grammatische Konstruktion mit einem alleinstehenden εἷς als handelndem Subjekt ist eher ungewöhnlich. Matthäus verwendet sie auch in Mt 19,16. Jedoch wird in den oben zitierten Gleichnissen von der verkauften Familie (משל לאחד), von der Steuerabrechnung in Tiberias und Sepphoris (מעשה באחד, ראה

[79] Vgl. Flusser, *Gleichnisse*, 1981, 69; Dodd, *Parables*, 1961, 33: „It appears that this form of introduction was a favourite one with the First Evangelist, and it may well be that he has made use of it in some cases where it was absent from the earlier tradition", mit expliziter Bezugnahme auf Mt 18,23–35.

[80] Deissmann, *Licht*, 1908, 80; Bauer, *Wörterbuch*, 1988, 1563; Luz, *Matthäus III*, 1997, 68. Möglicherweise steht der Latinismus *rationes conferre* im Hintergrund.

אחד), vom klugen Schuldner (והיה אחד מהם) und vom heimlichen Schuldenerlass (למלך שחייב לו אחד) deutlich, dass hier ein für Gleichnisse typischer hebräischer Sprachgebrauch zugrunde liegt. Vermutlich wurde das אחד als Subjekt eingefügt, um den Beispielcharakter der Gleichnisse hervorzuheben.

2.1.5 ὀφειλέτης, ἀποδοῦναι, ἀπέλυσεν, δάνειον, ἀφῆκεν etc.

Das Gleichnis ist reich durchsetzt mit monetärer Ausdrucksweise. Damit folgt es einer generellen Vorliebe des Matthäus-Evangeliums für solche Themen und Begriffe. Aber es ist nicht nur eine allgemeine Vorliebe, sondern auch eine Genauigkeit im Detail, die das Evangelium auszeichnet. Nach Ansicht Webers lässt dessen „Vertrautheit mit juristischer und monetärer Begrifflichkeit" auch die altkirchliche Identifizierung mit dem Zöllner Levi/Matthäus in neuem Licht erscheinen.[81] Wie die verwandten jüdischen Gleichnisse deutlich machen, entspricht die Vorliebe des Matthäus für monetären Begriffe zudem auch der hebräischen Eigenart, zwischenmenschliche Schuld und Sünden gegenüber Gott in monetärer Sprache auszudrücken.[82] Das hier vermutlich zugrunde liegende Begriffspaar ist לחייב (Schuld anrechnen bzw. schulden) und לזכות (freisprechen bzw. auslösen). Beide Begriffe sind zwar im biblischen Hebräisch noch selten[83], werden dann in der rabbinischen Literatur zu *termini technici* sowohl in finanziellem als auch in gerichtlichem, schließlich auch in theologischem Sinn, oft als direktes Gegensatzpaar.[84] Beide Begriffe finden auch im oben (S. 422) angeführten Gleichnis von David als Richter Verwendung. Auch PesR 40, 1–2 §5–6 (unten S. 459) gebraucht diese Terminologie in den Erörterungen zum Versöhnungstag. Bereits in Qumran wird זכה als *terminus technicus* im Zusammenhang mit Umkehr, Schuldabrechnung und einer jährlichen Sühnezeremonie (כפורים שנה בשנה) verwendet.[85] חוב hingegen taucht in den he-

---

[81] Vgl. Weber, *Schulden*, 1992, 256.

[82] Vgl. Young, *Parables*, 1998, 122; Snodgrass, *Stories*, 2008, 68; Roose, *Aufleben*, 2007, 454.

[83] חוב nur 1x (Dan 1,10), dort aber als Kapitalschuld vor dem König (וְחִיַּבְתֶּם אֶת־רֹאשִׁי לַמֶּלֶךְ). Als Nomen ebenfalls 1x (Ez 18,7) als finanzielle Verschuldung. זכהx8x in ethischem Sinn mit z.T. gerichtlicher Bildlichkeit, jedoch nicht als *terminus technicus*.

[84] Vor Gericht: z.B. mSan 3,6 (Krauß 134), mZev 13,6 (Cohn 85) u.ö.; bSan 29a–34b; WaR 30,11 zu Lev 29,32 (Margulies 4:709); BamR 10,4 zu Num 6,3 (Mirkin 9:243); ShirR 4,11 zu Hld 4,2 (Wilna 25a); ShirR 7,10 zu Hld 7,5 (Wilna 36b); von Gott: z.B. BerR 71,7 zu Gen 30,6 (Theodor/Albeck 2:831); PesR 40,1 §2 (Ulmer 2:856) u.ö.

[85] לוא יזכה בכפורים (1QS III:4, Lohse 8, par. 4Q257 (=4QpapS^{c}) III (1a iii, 2a–g):6 und 5Q13 (=5QRule) III (4):2, Parry 1:14 und 1:192); ואל ידע בכול עצתם עד אשר יזכו מעשיוx(1QS VIII:18, Lohse 30, par. 4Q258 (=4QS^{d}) VII (4a i, 4b):6, Parry 1:54); לא יצדק כול במש[פ]טכה ולא יז[כה ב]ריבכה אנושx(1QH^{a} XVII:15 und 1QH^{a} XXII:10, Parry 5:46. 62); תז[כה בשפ]טכה (4Q393 (=4QCommunal Confession) 1 ii:3, ed. Parry 5: 182).

bräischen Texten von Qumran lediglich einmal im vergleichbaren Zusammenhang auf[86], daneben noch je ein weiteres Mal in der Bedeutung von moralischer Schuld und in der Bedeutung von „binden"[87]. Hinzu kommen einige Vorkommen in den aramäischen Texten. Matthäus bleibt diesem monetär geprägten hebräischen Sprachgebrauch von allen Synoptikern am treusten, während Lukas z.B. in Lk 11,4 par Mt 6,12 anstelle des matthäischen ὀφειλήματα den Begriff ἁμαρτίας verwendet.[88] Zwei andere Passagen, die diese Begrifflichkeit aufweisen, fehlen bei Lukas ganz: Das vorliegende Gleichnis (Mt 18,24–35) und der Exkurs über die Vergebung, den Matthäus an das Vaterunser anhängt (Mt 6,14–15). Vermutlich war die monetäre Begrifflichkeit im Zusammenhang mit theologischen Themen für Lukas zu missverständlich, weshalb er sie nicht übernimmt bzw. durch theologisch präzisere Begrifflichkeit ersetzt.[89]

2.1.6 μυρίων ταλάντων

Die große Summe der genannten Schuld[90] wird von vielen Auslegern ausführlich problematisiert. Verschiedene Wege sind gewählt worden, sie zu erklären: Der erste Weg versteht sie als bewusst unrealistischen Betrag, und schreibt ihr eine gezielt allegorisierende Funktion zu: Die „astronomische"[91] Höhe des Betrags solle schon hier zeigen, dass es sich um eine unter keinen Umständen begleichbare Schuld handelt. Jeder menschliche Versuch, Gnade zu verdienen oder zu erarbeiten, soll von vornherein als aussichtslos erscheinen, so dass die Gnade der Vergebung um so wunderbarer erscheint.[92] Ein zweiter Deutungsweg geht ebenfalls von bewusster Über-

---

[86] 4Q266 (=4QD[a]) 5 ii:13. Der Zusammenhang enthält hier, wie auch in Mt 18, Regelungen zum Ausschluss von „abgeirrten" Brüdern aus der Gemeinschaft.

[87] 4Q269 (=4QD[d]) 2:1; 4Q276 (=4QTohorotB[a]) 1:2, vgl Mt 18,18.

[88] Vgl. Massingberd Ford, *Forgiveness Clause*, 1968, 128. Jeremias, *Vater-Unser*, 1962, 159–160, vermutet, dass Mt in diesen Fällen den ursprünglichen aramäischen Sprachhintergrund besser bewahrt hat. Ebenso Thompson, *Advice*, 1970, 225: „Exegetes agree that the Matthean imagery reflects an Aramaic background".

[89] Eventuell ist so auch der Einschub des λέγων μετανοῶ in Lk 17,4 entstanden, nämlich als komprimierte und in theologische Begrifflichkeit überführte Zusammenfassung des monetär geprägten Gleichnisses, das bei Matthäus an gleicher Stelle erscheint (vgl. unten S. 473).

[90] 10.000 Talente = 50 Mio. Dinare. Zum Vergleich wird wiederholt das Tageseinkommen eines Arbeiters (1 Dinar), sowie das Jahreseinkommen des Herodes (900 Talente = 450.000 Dinare) bzw. das Steueraufkommen der Provinzen Galiläa und Peräa (200 Talente = 100.000 Dinare) angeführt. Rein sprachlich gesehen handelt es sich um die Kombination der höchsten zur Verfügung stehenden Währungseinheit mit dem größten möglichen Zahlenwert. Vgl. Grundmann, *Matthäus*, 1971, 246; Thompson, *Advice*, 1970, 213.

[91] Keesmaat, *Strange Neighbours*, 2000, 267.

[92] Grundmann, *Matthäus*, 1971, 247: „Gottes unvorstellbares, allem menschlichen Recht widersprechendes Handeln der Barmherzigkeit ist so hervorgehoben, daß der Hörer

treibung aus, jedoch nicht zu allegorischen, sondern zu dem Gleichnis immanenten dramatischen Zwecken: Es wird bewusst zur höchsten möglichen Summe gegriffen, um den Kontrast zur Geringfügigkeit des zweiten Betrages zu erhöhen. Der Unterschied zwischen der Größe der erlassenen Schuld und der Geringfügigkeit der behaltenen Schuld steht dabei im Mittelpunkt.[93] Ein dritter Ansatz sucht nach Möglichkeiten, die Summe auch im Rahmen der historischen Gegebenheiten plausibel zu machen und sie damit aus dem Bereich des fiktionalen in die Realität zu übertragen.[94] Ein vierter Ansatz schließlich versucht den Betrag durch eine Textänderung in den Bereich der Realität zurückzuholen: Das Gleichnis habe ursprünglich einen Betrag von 10.000 Dinaren (= 2 Talente) im Blick gehabt. Erst Matthäus habe daraus 10.000 Talente gemacht.[95]

---

nur staunen, ja sich darüber ereifern kann. So unbegreiflich groß ist Gottes Güte gegen die Menschen [...]. Wenn sie in der Verkündigung Jesu und in seinem ganzen Wirken lebendig und die Welt neu gestaltet, kann das nur mit der Schöpfung verglichen werden."

[93] Thompson, *Advice*, 1970, 213; France, *Matthew*, 2007, 704; Roose, *Aufleben*, 2007, 446 und 450; vgl. auch Scott, *Hear then*, 1989, 271: „...imaginary account common in folk tales". Ob jedoch die volkstümliche Gattung des Märchens eine geeignete Analogie für die literarische Gattung des rabbinischen Gleichnisses darstellt, ist fraglich. Für Scott, *Hear then*, 1989, 75 ruft die große Summe beim (jüdischen) Hörer ein „ungläubiges Entsetzen" hervor und soll ihn vor allem gegen den (nichtjüdischen) König aufbringen: „an unpayable debt to a heartless master is pitiable". Ebenfalls dramatisierende Zwecke erfüllt die Summe nach Keesmaat, *Strange Neighbours*, 2000, 267, die den Begriff aktualisierend als „multi-billion-dollar debt" bezeichnet. Allerdings soll dadurch in seiner Auslegung weniger der Kontrast zur kleineren Schuld des Mitknechtes oder dem boshaften Charakter des Königs, als vielmehr die dramatische Situation verschuldeter Kleinbauern unterstrichen werden.

[94] Am Ausführlichsten hat Derrett, *Parable*, 1970, den Nachweis zu führen versucht, dass der genannte Betrag von 10.000 Talenten im Galiläa der Zeit Jesu durchaus denkbar wäre. Er nennt Summen in vergleichbarer Höhe (S. 36 Anm. 2) und nimmt als Hintergrund des Gleichnisses ein kompliziertes System von Abgabenpacht und Landspekulation an, in dem über Jahre hinweg durchaus Summen in der genannten Größe akkumuliert werden konnten. Der Punkt des Gleichnisses sei, dass der erste Betrag zu hoch sei für eine Absicherung, der zweite zu niedrig (S. 41). Der erste Knecht habe also nur durch sein Verhalten, nicht aber durch andere Sicherheiten, bürgen können, und habe dies letztlich nicht getan. Dieser Deutung folgen auch Keener, *Matthew*, 1999, 458, und Wiefel, *Matthäus*, 1998, 329.

[95] De Boer, *Talents*, 1988, 228. Ihm folgen Davies/Allison, *Matthew II*, 1991, 795–796 und Lambrecht, *Treasure*, 1992, 60. Er nimmt an, dass die Änderung von Matthäus vorgenommen wurde, als dieser aus dem Gleichnis ein „Himmelreichsgleichnis" gemacht und die Person des Königs eingeführt habe. Außerdem habe Matthäus auch in Mt 25,14 seine Q-Vorlage (Lk 19,13) geändert und aus Pfunden Talente gemacht. Gnilka, *Matthäus II*, 1988, 144, nimmt aufgrund der genannten Parallele in Mt 25,14 auch für den vorliegenden Vers *Minen* statt *Talente* an. Weber, *Alltagswelt*, 1993, 170–171 hält eine entsprechende Änderung ebenfalls für möglich, denkt aber auch an eine bewusste fiktionale Übertreibung. In jedem Fall sei „eine in Palästina (Galiläa?) beheimatete Szenerie [...] gut denkbar. Zumindest für die Hörer des Gleichnisses in der Gemeinde [...] legt sich eine

Während alle diese Erklärungen eine gewisse Plausibilität besitzen, ist eine ausschließliche Entscheidung für eine von ihnen nicht unbedingt notwendig, denn verschiedene Aspekte aus allen können auch zusammenwirken. Im Vergleich mit den genannten Texten aus der rabbinischen Literatur kann aber zumindest so viel gesagt werden, dass für ein Königsgleichnis nicht unbedingt „königliche" Geldbeträge nötig sind.[96] Im Gegenteil, die meisten vergleichbaren Gleichnisse nennen nur kleine Beträge oder gar keinen bestimmten Betrag, aber es scheint vorausgesetzt, dass es sich um rückzahlbare Beträge handelt.[97] Eine entsprechende redaktionelle „Verbesserung" durch Matthäus wäre also nicht notwendig.[98] Für den Inhalt des Gleichnisses ist aber tatsächlich besonders der Kontrast zwischen großer und kleiner Schuld entscheidend, so dass ein großer, gleichzeitig symbolischer, runder Betrag angenommen werden kann.

Die rabbinischen Texte bieten verschiedene Möglichkeiten, solche Beträge im Hebräischen auszudrücken.[99] Die einzige dieser Varianten jedoch, die auch eine wörtliche Entsprechung in der hebräischen Bibel hat, ist עֲשֶׂרֶת אֲלָפִים כִּכַּר־כֶּסֶף, ein Betrag, der in der Esther-Geschichte von zentraler Bedeutung ist:

εἰ δοκεῖ τῷ βασιλεῖ
δογματισάτω ἀπολέσαι αὐτούς
κἀγὼ διαγράψω
εἰς τὸ γαζοφυλάκιον τοῦ βασιλέως
ἀργυρίου τάλαντα μύρια
(Est 3,9 LXX)

אִם־עַל־הַמֶּלֶךְ טוֹב
יִכָּתֵב לְאַבְּדָם
וַעֲשֶׂרֶת אֲלָפִים כִּכַּר־כֶּסֶף אֶשְׁקוֹל
עַל־יְדֵי עֹשֵׂי הַמְּלָאכָה לְהָבִיא אֶל־
גִּנְזֵי הַמֶּלֶךְ
(Est 3,9)

Identifizierung von δοῦλος und ἀδελφός (Rahmenworte) und damit eine jüdisch-judenchristliche Zuweisung nahe." Für Weber spielt die Rückholung in die historische Realität auch deswegen eine wichtige Rolle, als er von daher auf eine Seitenreferenz des Gleichnisses auf Jesu Botschaft an die „Zöllner" (S. 162) und auch auf die Person des Evangelisten schließt, vgl. Weber, *Schulden*, 1992, 256; siehe auch oben, S. 427.

96 Vgl. Broer, *Parabel*, 1985, 150: „... keineswegs gezwungen, einen König als Darlehnsgeber etc. und das in V. 25 gegebene Versprechen als unrealistisch anzunehmen."

97 Eine Ausnahme ist nur das Gleichnis von der verkauften Familie (vgl. oben S. 416), in dem es ausdrücklich um eine nicht zurückzahlbare Schuld geht.. Vgl. auch Broer, *Parabel*, 1985, 150, im Blick auf das Gleichnis Jesu: „Die Entstehung der riesigen Schuld setzt auch Rückzahlbarkeit/Bezahlbarkeit voraus."

98 Ebenso wenig kann a priori gesagt werden, dass in Mt 25,14 par. Lk 19,13 die Lk-Version ursprünglicher sei als Mt. Im Gegenteil, generell erscheint Matthäus in monetären Begriffen präziser zu sein als Lk. Vgl. Weber, *Schulden*, 1992, 254.

99 Vgl. für große Beträge: משל למלך בשר ודם שהיו לו אלף אלפים דינרי זהב (bBer 33b); משל לאדם שהיו לו אלף אלפי אלפים דינר זהב (bMeg 25a); אלף ככרי כסף (bYom 35b); עשרה אלפי ככרי כספא (bMeg 13b als Zitat aus Est 3,9; bMeg 16a in Anspielung auf Est 3,9, par. EstR 10,4 zu Est 6,10, ed. Wilna 15a); אלף ככרי זהב (ySheq 6,4/9 (50b), ed. Schäfer/Becker II,5–12:132); אלף אלפים דינרי זהב (SifDev §305 zu Dtn 31,14, ed. Finkelstein 325); עשרת אלפים ככר כסף (PesR 15 §54, ed. Ulmer 1:324).

Der hier genannte Betrag von עֲשֶׂרֶת אֲלָפִים כִּכַּר־כֶּסֶף entspricht darüber hinaus exakt dem in Mt 18,24 genannten Zahlenwert von μυρίων ταλάντων. Angesichts der zentralen Stellung dieses Geldbetrags in der Esther-Überlieferung ist es unwahrscheinlich, dass ein Anklang an diesen Text hier von den Hörern nicht gehört oder vom Erzähler oder Evangelisten nicht beabsichtigt war. Falls die Anspielung also absichtlich geschah, dann vielleicht wegen des Symbolwertes der Zahl: 10.000 Talente war nach der Esther-Erzählung der von Haman dem König gebotene Gegenwert für das Volk Israel und wird auch in der rabbinischen Literatur symbolhaft so gedeutet.[100] Die Summe könnte also als grundsätzliche „Verschuldung" des Volkes vor Gott aufgrund von dessen Rettungstaten verstanden werden. Vielleicht war es aber auch nur ein geläufiger, weil aus der Tradition vertrauter, hoher Betrag. Wenn jedoch hier ein bewusster Anklang an die Esther-Erzählung intendiert ist, ist es bemerkenswert, dass die Formulierung gerade nicht der LXX-Fassung (τάλαντα μύρια) folgt. Ein griechischer Redaktor hätte ohne Not, wie auch im folgenden Vers, eine Akkusativkonstruktion bilden können und auch die Wortreihenfolge aus LXX übernehmen können. Dass er dies gerade nicht getan hat, lässt vermuten, dass er hier nicht auf die griechische, sondern die hebräische Formulierung zurückgreift. Es handelte sich dann also hier um einen Non-Septuagintismus.

2.1.7 μὴ ἔχοντος δὲ αὐτοῦ ἀποδοῦναι

Hier vermutet Thompson einen Ausdruck der Potentialität: „... he could not ...".[101] Allerdings ist eine solche Verwendung von ἔχειν mit Infinitiv weder in der LXX noch im sonstigen NT nachzuweisen.[102] Im Gegenteil, in LXX wird ἔχειν, wenn es Potentialität ausdrücken soll, immer in der Konstruktion ἰσχὺν ἔχειν (II Chr 13,20; Hos 8,7; Jes 37,3) bzw. ἐξουσίαν ἔχειν (Tob 7,10 (S); I Makk 10,35) verwendet. Häufig ist allerdings in LXX der Gebrauch der Konstruktion von ὀυκ/μὴ + ἔχειν als Übersetzung des hebräi-

---

[100] So berechnet EstR 7,14 zu Est 3,9 (Wilna 13a) die Summe als „Kopfgeld" für 600.000 Menschen entsprechend Lev 27,3. Ein solcher Sinnzusammenhang zwischen Schuldpfändung bzw. Loskauf eines Sklaven (Lev 25,25) und dem Verkauf bzw. der Erlösung des Volkes durch Mordechai wird z.B. in TanB בהר 9 zu Lev 25,25 (Buber 2:108, dt. Bietenhard 2:153) hergestellt. Keener, *Matthew*, 1999, 458, sieht hier ebenfalls einen Bezug zur Esther-Erzählung.

[101] Thompson, *Advice*, 1970, 213.

[102] Auch Blass/Debrunner, *Grammatik*, 1970, 241 nennt Mt 18,25 als einzige Belegstelle. Die von Thompson angeführten Parallelen aus Lk 7,42 und Lk 14,14 erfordern ebenfalls nicht die von ihm vorgeschlagene Deutung. In LXX käme lediglich Jdt 7,21 in Frage, aber auch dort ist ein wörtliches Verständnis von ἔχειν im Sinne von „haben" näherliegend. In allen drei Fällen handelt sich um gegenständliche Vorgänge, in denen es um das tatsächliche „haben" oder „nicht haben" von Geld bzw. Wasser geht. Das „nicht können" ist also in allen Fällen begründet durch „nicht vorhanden sein".

schen אין. Ohne direktes Objekt erscheint die Konstruktion dabei nur zweimal, beide Male ausdrücklich im Bezug auf finanzielle Zahlungsunfähigkeit bzw. Mittellosigkeit:

ἐὰν γὰρ μὴ ἔχῃς πόθεν ἀποτείσῃς	אִם־אֵין־לְךָ לְשַׁלֵּם
λήμψονται τὸ στρῶμα τὸ ὑπὸ τὰς πλευράς σου	לָמָּה יִקַּח מִשְׁכָּבְךָ מִתַּחְתֶּיךָ
(Spr 22,27 LXX)	(Spr 22,27)

πορεύεσθε φάγετε λιπάσματα	לְכוּ אִכְלוּ מַשְׁמַנִּים
καὶ πίετε γλυκάσματα	וּשְׁתוּ מַמְתַקִּים
καὶ ἀποστείλατε μερίδας τοῖς μὴ ἔχουσιν	וְשִׁלְחוּ מָנוֹת לְאֵין נָכוֹן לוֹ
ὅτι ἁγία ἐστὶν ἡ ἡμέρα τῷ κυρίῳ ἡμῶν	כִּי־קָדוֹשׁ הַיּוֹם לַאֲדֹנֵינוּ
(Neh 8,10 LXX)	(Neh 8,10)

Auch das oben zitierte Gleichnis vom Darlehen an einen Freund[103] verwendet die Formulierung אמר לו אין לי, um die Zahlungsunfähigkeit des Schuldners zu begleichen. Gleiches gilt für die Tradition vom gerechten Gericht Davids (לא היה לחייב ליתן).[104] Die gleiche Formel erscheint auch im Gleichnis von den Stadtherren, die dem König entgegen gingen (vgl. oben S. 417), allerdings nur in der ausführlicheren Fassung des Midrasch Tanhuma (אין לנו מה ליתן רחם עלינו)[105]. Es ist daher kaum zu bezweifeln, dass ἔχειν mit Infinitiv auch in Mt 18,25 eine solche besitzanzeigende Funktion hat. Entsprechend übersetzen auch Delitzsch (ולא היה לו לשלם) und Salkinson (ולא היה בידו לשלם). Die allernächste Verwandtschaft zu den אין-Konstruktionen der biblischen und rabbinischen Parallelen findet sich allerdings in der Fassung von Shem-Tob[106]:

μὴ ἔχοντος δὲ αὐτοῦ ἀποδοῦναι	ואין לו מה ליתן

Diese Formulierung schließlich kommt auch der Passage aus Ex 22,2 nahe, die ausdrücklich vom Verkauf eines Zahlungsunfähigen redet, wenn auch in Zusammenhang mit Diebstahl. LXX verwendet allerdings gerade hier nicht ἔχειν mit Infinitiv. Auch hier liegt also, wenn ein biblischer Hintergrund an dieser Stelle vorausgesetzt werden kann, ein Non-Septuagintismus vor:

ἔνοχός ἐστιν ἀνταποθανεῖται	שַׁלֵּם יְשַׁלֵּם
ἐὰν δὲ μὴ ὑπάρχῃ αὐτῷ	אִם־אֵין לוֹ
πραθήτω ἀντὶ τοῦ κλέμματος	וְנִמְכַּר בִּגְנֵבָתוֹ׃
(Ex 22,2 LXX)	(Ex 22,2)

---

103 Vgl. oben S. 416.

104 Vgl. oben S. 422.

105 TanB אמור 30 zu Lev 23,40 (Buber 2:101–102, dt. Bietenhard 2:140–141).

106 Howard, *Hebrew Gospel*, 1995, 90.

2.1.8 καὶ τὴν γυναῖκα καὶ τὰ τέκνα

Der Verkauf von Frau und Kindern im Rahmen einer Schuldpfändung ist in israelitischem Recht nicht vorgesehen. Schon der Zwangsverkauf eines Schuldners wird nur für den Fall eines Diebstahls angeordnet, wie aus der oben zitierten Passage Ex 22,2 und aus den entsprechenden Diskussionen der Rabbinen[107] deutlich wird. Aber auch dieser Zwangsverkauf kann nur für Männer angeordnet werden, nicht für Frauen. Ein Selbstverkauf zum Zweck der Schuldzahlung war allerdings denkbar, jedoch ist das nicht der im Gleichnis beschriebene Fall. Das Gleichnis entspricht also definitiv nicht alttestamentlicher Rechtslage. Anders kann natürlich die tatsächliche Rechtspraxis zur Zeit Jesu ausgesehen haben. So unterlief etwa Herodes die Rechtsbestimmungen dadurch, dass er Schuldner ins nichtjüdische Ausland verkaufen ließ.[108] Auch ist ein zunehmender Einfluss griechisch-römischer Rechtspraxis anzunehmen.[109] Das Gleichnis muss also nicht notwendigerweise auf eine fremde, heidnische Welt oder eine fiktive Märchenwelt anspielen, sondern kann durchaus auch eine veränderte Rechtslage zur Zeit des zweiten Tempels widerspiegeln.[110] Für die Literargeschichte des Textes ist diese Frage allerdings zweitrangig. Dass der Schuldverkauf der Familie im Rahmen eines jüdischen Gleichnisses nicht undenkbar war, zeigt die enge Parallele im oben zitierten rabbinischen Gleichnis von der verkauften Familie.[111]

2.1.9 προσεκύνει

Für Lambrecht hat dieser Ausdruck in Mt 18,26 „so gut wie sicher" eine religiöse Konnotation.[112] Er vermutet daher eine sekundäre matthäische Redaktion, die an dieser Stelle das παρακαλέω aus V.29 und V.32 durch einen religiösen Begriff ersetzte. Dieser diene dazu, die königliche Gottesmetapher zu verstärken, die ebenfalls erst der redaktionellen Umdeutung zuzuschreiben sei. Ähnlich eindeutig verstehen auch andere Ausleger den Begriff.[113] Scott hält ihn dabei allerdings nicht für eine sekundäre Redaktion,

---

[107] Z.B. bQid 18a; MekhY נזיקין 1 zu Ex 21,2 und MekhY נזיקין 13 zu Ex 22,2, (Horovitz/Rabin 247 und 294); SifDev §118 zu Dtn 15,12 (Finkelstein 177); mSot 3,8.

[108] Jos. Ant 16,1–5.

[109] Für Beispiele aus griechischen Papyri vgl. Young, *Parables*, 1998, 126–127.

[110] Vgl. Weber, *Alltagswelt*, 1993, 175f.; Grundmann, *Matthäus*, 1971, 246; Snodgrass, *Stories*, 2008, 66; Roose, *Aufleben*, 2007, 452.

[111] SifDev §26 zu Dtn 3,23, vollständiger Text oben S. 416.

[112] Lambrecht, *Treasure*, 1992, 60; ähnlich Luz, *Matthäus III*, 1997, 70.

[113] So Derrett, *Parable*, 1970, 33; Weber, *Alltagswelt*, 1993, 181: „Für jüdische Ohren würde die Proskynese vor einem heidnischen (Gott-) König abstoßend, ja frevelhaft wirken"; Scott, *Hear then*, 1989, 275: „Groveling before a master, ‚worshiping him', is something no Jew would ever do"; Carter/Heil, *Parables*, 1998, 117.

sondern für einen integrativen narrativen Bestandteil, der dem jüdischen Zuhörer ein Gefühl der Überlegenheit vermitteln solle.[114]

Sicher ist ein religiöser Anklang des Wortes nicht auszuschließen. Und er ist angesichts der Bildseite des Gleichnisses auch sicher gewollt. Ob der Begriff aber tatsächlich eine bewusste Provokation für jüdische Ohren darstellt oder gar Distanz zur jüdischen Umwelt ausdrücken soll, ist fraglich. Fragt man nach dem hebräischen Sprachhintergrund, findet sich das hebräische השתחוה im biblischen Gebrauch völlig selbstverständlich in profanen Zusammenhängen[115], insbesondere als Geste der Bittstellung vor dem König[116]. In den erzählenden Texten ist diese Verwendung des Wortes sogar vorrangig. Das Gleichnis folgt hier also, berücksichtigt man den hebräischen Sprachhintergrund, lediglich den sprachlichen Konventionen einer orientalischen bzw. biblischen Königsszenerie.[117] Schon Resch deutete daher die Häufigkeit des Wortes bei Mt als Zeichen einer matthäischen Ursprünglichkeit: Matthäus folge dem hebräischen Wortsinn, der sowohl profane als auch religiöse Bedeutung haben könne. Mk und Lk hingegen meiden den Begriff im profanen Bereich, weil er bei einem griechischen Leser unweigerlich religiöse Assoziationen wecken musste, und ersetzen ihn durchgängig durch andere Begriffe.[118]

2.1.10 μακροθύμησον

Auch dieses Wort deutet auf einen hebräischen Sprach- oder Denkhintergrund des Gleichnisses hin. Während das Wort und seine Derivate im außerbiblischen Griechisch „verhältnismäßig spät auftauchende und recht seltene Wörter“[119] sind, haben sie in LXX eine zentrale Stellung als Überset-

---

[114] Scott, *Hear*, 1989, 275: „The servant's ‚worshiping‘ confirms not only that the characters are gentile but also an emerging consistency that enables a Jewish hearer to assert superiority.“ Dagegen jedoch Snodgrass, *Stories*, 2008, 69.

[115] Gen 23,7.12 (Abraham vor den Hetitern); Gen 33,3.6.7 (Jakob vor Esau); Gen 18,7 (Mose vor Jethro); I Sam 2,36 (vor dem Priester); I Sam 20,41 (David vor Jonatan); I Sam 28,14 (Saul vor Samuel); II Sam 18,22 (ein Kuschiter vor Joab).

[116] Gen 43,26.28; I Sam 24,9; 25,23.41; II Sam 1,2; 9,6.8; II Sam 14,4.22.33; 15,5; 16,4; 18,28; 24,20; I Kg 1,16.23.31 u.ö.

[117] Thompson, *Advice*, 1970, 214: „The verb ... frequently connotes an attitude of worship or adoration, but here the sequence ... expresses humble supplication before a person of higher quality or rank.“ Thompson weist darauf hin, dass Matthäus in seinem Evangelium einen besonders sorgfältigen Umgang mit der Mehrdeutigkeit des Wortes aufweist: Während der profane Gebrauch mit dem Imperfekt ausgedrückt wird (z.B. Mt 8,2; 9,18; 15,25; 18,26), steht der religiöse Gebrauch im Aorist (z.B. Mt 2,11; 14,33; 28,9; 28,17).

[118] Mt 8,2 parr Lk 5,12 und Mk 1,40; Mt 9,18 parr Lk 8,41 und Mk 5,22; Mt 15,25 parr Mk 7,25. Mk verwendet das Wort nur einmal im profanen Sinn, auch hier ändert Lk (Mk 5,6 par Lk 8,28); vgl. Resch, *Grundlegungen*, 1893, 115–116.

[119] Horst, *μακροθυμία*, 1942, 377.

zung des Gottesattributs אֶרֶךְ אַפַּיִם[120], dessen Bildlichkeit sie wortgetreu übernehmen. Eine bewusste Anspielung auf diesen biblischen Sprachgebrauch ist in Mt 18,26 also anzunehmen: „Es wird bewusst ein Wort gebraucht, das im A.T. wie im N.T. ständig Gottes Erbarmen, Huld, Herablassung beschreibt.“[121]

Aber nicht nur im biblischen Sprachgebrauch, sondern auch in der rabbinischen Literatur ist die Begrifflichkeit weit verbreitet, etwa im wiederholten Motiv vom „doppelten Langmut“[122], das vor allem im Zusammenhang der Thematik von Reue und Vergebung im Umfeld der Herbstfeste Verwendung findet. Ausdrücklich als Gebet zur Abwendung eines göttlichen Urteils erscheint der Begriff in der folgenden Passage:

> „Der Heilige, gepriesen sei er, sagte zu Moses: Ich werde sie vernichten! Da antwortete er: Herr der Welt! Du bist langmütig (אתה מאריך אף)! Wenn nun ein Knecht (עבד)[123], der seine Arbeit gut tut und seinem Herrn (לרבו)[124] gehorsam ist, bei seinem Herrn Wohlgefallen findet, dann wird niemand den Herrn dafür besonders achten. Wann werden sie ihn achten? Wenn er auch den Knecht, der Böses tut (העבד של תרבות רעה)[125], mit Wohlgefallen ansieht. In dieser Weise sieh also auch ihre Halsstarrigkeit an! [...] Der Heilige, gepriesen sei er, antwortete: Um deinetwillen will ich ihnen verzeihen (בשבילך אסלח להם), wie geschrieben steht: Um deines Wortes willen werde ich verzeihen (סלחתי כדברך)![126] (Num 14,20)“[127]

Wie auch im Gleichnis führt hier, wie in Mt 18,29, die Anrufung der Langmütigkeit Gottes zur Rücknahme des Beschlusses. Ausdrücklich wird dann, wie auch in Mt 18,32, betont, dass der Beschluss aufgrund dieses Gebets geändert wurde. Zu Recht haben Derrett[128] und Dietzfelbinger[129] darauf hingewiesen, dass im Begriff der „Langmut“ der zeitliche Aspekt im Vordergrund steht: Im Bild gesprochen, zielt die Bitte nicht auf den Erlass der Schuld, sondern auf zeitlichen Aufschub, um Gelegenheit zu bekommen, die Schuld in der Zwischenzeit zu begleichen. Dieser Aspekt des zeitlichen Aufschubs ist auch das Thema einiger rabbinischer Gleichnisse, die aus dem Umfeld der Herbstfeste stammen. Bereits oben zitiert wurde das Gleichnis von den Stadtherren, die dem König entgegen gingen.[130] Ähnlich reden die folgenden Gleichnisse von einem zeitlichen Aufschub:

---

[120] Ex 34,6; Num 14,18; Neh 9,17; Ps 86,15;103,8;145,8; Joel 2,13; Jon 4,2; Nah 1,3.

[121] Schniewind, *Matthäus*, 1950, 202; vgl. auch Young, *Parables*, 1998, 128; Luz, *Matthäus III*, 1997, 70.

[122] Vgl. oben S. 419. In anderer Fassung auch bEr 22a und bBQ 50b.

[123] Vgl. Mt 18,26: ὁ δοῦλος.

[124] Vgl. Mt 18,25: ὁ κύριος.

[125] Vgl. Mt 18,32: δοῦλε πονηρέ.

[126] Vgl. Mt 18,32: ἀφῆκά σοι, ἐπει παρεκάλεσάς με.

[127] BamR 16,28 zu Num 14,27 (Mirkin 10:181).

[128] Dietzfelbinger, *Gleichnis*, 1972, 441: „Gabe der Zeit“.

[129] Derrett, *Parable*, 1970, 39: „... if he were given time he could pay all“.

[130] Siehe oben S. 417.

Von den entfernt stationierten Legionen

„R. Levi sagte: Was bedeutet das, „langmütig“ (ארך אפים)? Es bedeutet, dass er seinen Zorn entfernt sein lässt. Es gleicht einem König, der starke Legionen hatte. Der König sprach: Wenn diese mit mir in der Stadt bleiben, und die Bewohner mich dann einmal zum Zorn reizen, werden die Legionen von sich aus aufstehen und sie vernichten. Daher will ich die Legionen eine Wegstrecke entfernt aufstellen, so dass die Bewohner Zeit haben, mich um Verzeihung zu bitten, bevor ich die Legionen gegen sie sende, und ich ihre Bitte um Verzeihung annehmen kann.“[131]

Vom zornigen König

„R. Samuel b. Nachman sagte im Namen von R. Jonathan: Womit ist die Sache zu vergleichen? Mit einem König, der in einer Stadt lebte. Als die Leute der Stadt ihn verärgerten, wurde der König zornig. Er entfernte sich 10 Meilen weit aus der Stadt und wartete dort. Jemand, der das sah, ging zu den Einwohnern der Stadt und sagte ihnen: Wisst, dass der König zornig auf euch ist, und er will Legionen gegen die Stadt senden, sie zu zerstören. Geht also hinaus und besänftigt ihn, damit er nicht noch weiter fortzieht. Es war dort aber ein weiser Mann, der sagte: Ihr Narren, als er noch bei euch war, habt ihr ihn nicht gesucht. Jetzt, bevor er sich noch weiter entfernt, geht zu ihm hinaus! Vielleicht wird er euch empfangen. Deshalb steht geschrieben: ‚Sucht den Herrn, solange er in eurer Nähe ist!‘ (Jes 55,6)“[132]

Wie später noch zu sehen sein wird (vgl. unten S. 452ff.), bildet der Zusammenhang des Gottesattributs ארך אפים mit Gebet und Umkehr und dem zeitlichen Aspekt des Aufschubs die zentrale Grundlage für den Umgang des Judentums mit Schuld und Vergebung während der Herbstfeste. Dieser Sinnzusammenhang wird hier nicht nur durch die Gleichnishandlung, sondern auch durch die Verwendung des Begriffs μακροθύμησον aufgegriffen.

2.1.11 κρατήσας αὐτὸν ἔπνιγεν

Hinter diesem Ausdruck steht möglicherweise ein hebräischer *terminus technicus* (חנק). In der Mischna wird ein Zahlungsversprechen, das von einem Schuldner durch solches Würgen erzwungen wird, ausdrücklich für nichtig erklärt:

Wenn einer einen anderen auf dem Markt bedrängt (‚würgt‘)	הרי החונק את אחד בשוק
und des [Bedrängten] Freund kommt darüber zu	ומצאו חברו
und sagt zu dem [Dränger]: Laß ihn los!	ואמר לו הנח לו
ich will dir [das geliehene Geld] zurückgeben.	ואני אתן לך
so ist er [dennoch jeder Zahlungsverpflichtung] ledig.[133]	פטור

Das „Würgen“ ist hier also nicht spontaner Ausdruck „feindseliger Mißhandlung“[134], sondern eine im jüdischen Kontext bekannte, wenn auch ge-

[131] PesK 24,11 (Mandelbaum 364); yTaan 2,1/18 (65b), Schäfer/Becker II,5–12: 237.
[132] PesK Anh. 7,3 (Mandelbaum 472).
[133] mBB 10,8 (Windfuhr 101); par. bKet 102a; vgl. auch die Diskussion bBB 176a.
[134] So Jülicher, *Gleichnisreden*, 1910, 307.

ächtete, Geste der Schuldeintreibung, die vermutlich aus der römischen Rechtspraxis stammte.[135]

2.1.12 *ἑβδομήκοντάκις ἑπτά*

Nicht nur im Gleichnis selbst, sondern auch im Rahmen sind die Bezüge auf Texte der hebräischen Bibel vielfältig: So etwa in der Anspielung auf das Lied des Lamech in Gen 4,24:

ὅτι ἑπτάκις ἐκδεδίκηται ἐκ Καιν	כִּי שִׁבְעָתַיִם יֻקַּם־קָיִן
ἐκ δὲ Λαμεχ ἑβδομήκοντάκις ἑπτά	וְלֶמֶךְ שִׁבְעִים וְשִׁבְעָה
(Gen 4,24 LXX)	(Gen 4,24)

Hier liegt allerdings eine wörtliche Übereinstimmung mit dem LXX-Text vor, so dass ein hebräischer Sprachhintergrund an dieser Stelle zwar nicht ausgeschlossen, aber auch nicht nahe liegend ist.[136] Gegenüber der Version Lk 17,4 (ἑπτάκις τῆς ἡμέρας) und dem Nazarener-Evangelium[137] ist aber wohl die matthäische Version mit dem Bezug auf Gen 4,24 ursprünglicher.[138] Zum oft angeführten Vergleich mit dem rabbinischen Diktum zur dreifachen Vergebung vgl. oben S. 405.

2.1.13 *ἀδελφός*

Der Begriff ἀδελφός, der sowohl in der Einleitung des Gleichnisses (V.22) als auch in der Schlussformel (V.35) verwendet wird, deutet für viele Kommentatoren darauf hin, dass diese Verse erst späte Gemeindebildung sind.[139] Diese Deutung von ἀδελφός als nachträgliche christliche Allegori-

---

[135] Keener, *Matthew*, 1999, 459; Lachs, *Rabbinic Commentary*, 1987, 273.

[136] So auch Lambrecht, *Treasure*, 1992, 55.

[137] Nach Hieronymus, Adv. Pelag. III,2 (ed. Moreschini, *CChr.SL 80*, 1990, 99) kombiniert das hebräische Nazarenerevangelium (Nr. 15) Lk mit Mt und fordert Vergebung bis zu siebzig mal sieben mal am Tag. Vgl. Schneemelcher, *Apokryphen*, 1987, 135.

[138] Dagegen Grundmann, *Matthäus*, 1971, 246, dem zufolge die Matthäusfassung „deutlich an das griechische Alte Testament angeglichen ist".

[139] Nach Pesch, *Gemeindeordnung*, 1963, 229, ist ἀδελφός ein „Ehrenname" für die Jünger, und damit für alle Christen, auf die erst Matthäus durch Gebrauch dieses Ehrennamens das Gleichnis beziehe: Matthäus habe hier eine ältere, ihm vorliegende Kirchenordnung erweitert durch die „Mahnungen zur Versöhnungsbereitschaft, die in dieser Kirchenordnung durch die Stichwörter ἀδελφός und ἁμαρτάνω vorbereitet war" (232). Thompson, *Advice*, 1970, 207 und 222, vermutet hinter der Frage des Petrus „a very real setting in the Christian community". Auch für Lambrecht, *Treasure*, 1992, 60–61, ist ἀδελφός ein spezifisch „christlicher" Begriff: „By means of this Christian term Matthew refers in an actualizing way to the believers in his community.". Diese „christliche" Deutung des Mitknechtes auf den Bruder sei aber höchstwahrscheinlich nicht Teil der ursprünglichen Gleichniserzählung, sondern reine matthäische Komposition. Ähnlich auch Wiefel, *Matthäus*, 1998, 328, und Sand, *Matthäus*, 1986, 337. Münch, *Gleichnisse*, 2004, 337, 203, und Roose, *Aufleben*, 2007, 455, sehen zwar einen möglichen ursprünglichen „Sitz im Le-

sierung ist jedoch nicht zwingend. Vielmehr steht gerade hinter der Formulierung ἕκαστος τῷ ἀδελφῷ αὐτοῦ ein gebräuchliches hebräisches Idiom der Gegenseitigkeit innerhalb der Volksgemeinschaft[140], das in LXX meist durch mehr oder weniger wörtliche Übertragungen[141], teilweise auch einfach durch reziproke Pronomen[142] wiedergegeben wird. Dieses Idiom findet sich zudem in sehr ähnlichen Kontexten wie hier bei Matthäus. So redet Sach 7,9–10 zunächst von Rechtstreitigkeiten innerhalb der Volksgemeinschaft und vom Umgang mit den Armen, um dann mit einer Ermahnung an die Haltung „in den Herzen" gegenüber dem Bruder zu schließen:

κρίμα δίκαιον κρίνατε	מִשְׁפַּט אֱמֶת שְׁפֹטוּ
καὶ ἔλεος καὶ οἰκτιρμὸν ποιεῖτε	וְחֶסֶד וְרַחֲמִים עֲשׂוּ
<u>ἕκαστος πρὸς τὸν ἀδελφὸν αὐτοῦ</u>	אִישׁ אֶת־אָחִיו
καὶ χήραν καὶ ὀρφανὸν	וְאַלְמָנָה וְיָתוֹם
καὶ προσήλυτον καὶ πένητα μὴ καταδυναστεύετε	גֵּר וְעָנִי אַל־תַּעֲשֹׁקוּ
καὶ κακίαν <u>ἕκαστος τοῦ ἀδελφοῦ αὐτοῦ</u>	וְרָעַת אִישׁ אָחִיו
μὴ μνησικακείτω <u>ἐν ταῖς καρδίαις ὑμῶν</u>	אַל־תַּחְשְׁבוּ בִּלְבַבְכֶם
(Sach 7,9–10 LXX)	(Sach 7,9–10)

Die Erwähnung der Haltung „im Herzen" gegenüber dem Bruder erscheint auch im Zusammenhang mit dem Gebot der Nächstenliebe in Lev 19,18. Da die Textstelle zu den meistzitierten im Neuen Testament zählt und obendrein auch in zeitgenössischen jüdischen Texten häufig die Grundlage für Gemeindeunterweisungen dient (vgl. unten 2.5.3), kann man eine Vertrautheit mit dem Wortlaut bei den Hörern des Gleichnisses annehmen:

οὐ μισήσεις τὸν ἀδελφόν σου τῇ διανοίᾳ σου	לֹא־תִשְׂנָא אֶת־אָחִיךָ בִּלְבָבֶךָ הוֹכֵחַ
ἐλεγμῷ ἐλέγξεις τὸν πλησιόν σου	תּוֹכִיחַ אֶת־עֲמִיתֶךָ
καὶ οὐ λήμψῃ δι᾽ αὐτὸν ἁμαρτίαν	וְלֹא־תִשָּׂא עָלָיו חֵטְא
καὶ οὐκ ἐκδικᾶταί σου ἡ χείρ	לֹא־תִקֹּם
καὶ οὐ μηνιεῖς τοίς υἱοίς τοῦ λαοῦ σου	וְלֹא־תִטֹּר אֶת־בְּנֵי עַמֶּךָ

---

ben" als Mahnung Jesu an die Jüngerschaft, der aber durch die redaktionelle Integration des Stoffes in die matthäische Gemeinderegel eine Zuspitzung auf die Gemeindesituation erhält.

[140] אִישׁ אָחִיו (Gen 9,5; Joel 2,8; Sach 7,10); אִישׁ אֶל־אָחִיו (z.B. Gen 37,19; Gen 42, 21. 28; Ex 16,15; Ex 25,20; Ex 37,9; Num 14,4; II Kg 7,6; Jes 9,18; Jer 13,14; Jer 23,35; Jer 25,26; Jer 24,23); אִישׁ מֵעַל אָחִיו (Gen 13,11) אִישׁ לְאָחִיו (Gen 26,31; Jer 34,17); אִישׁ אֶת־אָחִיו (Ex 10,23; Ex 32,27; Lev 25,14; Jer 31,34; Jer 34,14; Jer 33,30; Mi 7,2; Sach 7,9); אִישׁ בְּאָחִיו (Lev 25,46; Lev 26,37; Neh 5,7; Hi 41,9; Jes 3,6; Jes 19,2; Ez 38, 21; Mal 2, 10); אִישׁ מֵאָחִיו (Neh 4,13).

[141] ἕκαστος τῷ ἀδελφῷ αὐτοῦ o.ä. (Gen 13,11; Gen 37,19; Gen 42,41; Ex 10,23; Ex 32,27; Lev 25,46; Jer 23,35; Jer 32,26; Jer 31,34/38,34 LXX; Ez 24,23; Joel 2,8; Sach 7, 9–10; Mal 2,10); ἀνθρώπου ἀδελφοῦ (Gen 9,5; Jes 3,6; Jes 9,6; Ez 4,17; Ez 33, 13; Ez 38,21); ἄνθρωπος τῷ πλησίον αὐτού o.ä. (Gen 26,31; Lev 25,14; Jes 19,2; Jer 34, 14/ 41,14 LXX; Mi 7,2); ὁ ἀδελφὸς τὸν ἀδελφὸν (Lev 26,37); ἀνὴρ πρὸς τὸν ἀδελφὸν αὐτοῦ (II Kg 7,6; Neh 4,13; Neh 5,7; Hi 41,9;); ἕτερος τῷ ἑτέρῳ (Ex 16,15; Num 14,4).

[142] ἀλλήλους (Gen 42,28; Ex 25,20).

καὶ ἀγαπήσεις τὸν πλησίον σου ὡς σεαυτόν	וְאָהַבְתָּ לְרֵעֲךָ כָּמוֹךָ
ἐγώ εἰμι κύριος	אֲנִי יְהוָה
(Lev 19,17–18 LXX)	(Lev 19,17–18)

Mt 18,35 ist allerdings auch hier enger an den hebräischen Text angelehnt als an die LXX-Fassung (ἀπὸ τῶν καρδιῶν ὑμῶν statt ἧ διανοίᾳ σου). Dass hier ein Bezug auf Lev 19,17–18 vorliegt, wird auch durch das beiden Texten gemeinsame Motiv der gegenseitigen Zurechtweisung unter Brüdern nahegelegt (vgl. Mt 18,15: Ἐὰν δὲ ἁμαρτήσῃ ὁ ἀδελφός σου, ὕπαγε ἔλεγξον αὐτὸν). Die Terminologie von Lev 19,17–18 lässt dabei, wie auch das Gleichnis Jesu und die Parallele in Sach 7,9–10, nicht nur persönliche, sondern rechtliche Auseinandersetzung anklingen (ἐκδικᾶταί) und ähnelt auch in anderen Details, so in der Erwähnung der „Söhne", an das Gleichnis (vgl. Mt 18,35: ὁ πατήρ μου). Schließlich entspricht auch der Kernsatz von Lev 19,18, nämlich die Begründung des Liebesgebots durch das כָּמוֹךָ, dem Aussagekern des Gleichnisses: Das Gebot der Vergebung gründet in der eigenen Vergebungserfahrung.

Der Hinweis auf den gemeinsamen Vater im Zusammenhang mit der Bruderbeziehung hat zudem eine weitere biblische Vorlage:

οὐχὶ θεὸς εἷς ἔκτισεν ὑμᾶς	הֲלוֹא אָב אֶחָד לְכֻלָּנוּ
οὐχὶ πατὴρ εἷς πάντων ὑμῶν	הֲלוֹא אֵל אֶחָד בְּרָאָנוּ
τί ὅτι ἐγκατελίπετε ἕκαστος τὸν ἄδελφὸν αὐτοῦ	מַדּוּעַ נִבְגַּד אִישׁ בְּאָחִיו לְחַלֵּל
τοῦ βεβλῶσαι τὴν διαθήκην τῶν πατέρων ὕμῶν	בְּרִית אֲבֹתֵינוּ
(Mal 2,10 LXX)	(Mal 2,10)

Abgesehen von diesen engen Parallelen im Wortlaut ist jedoch die Bruder-Terminologie auch sonst in den biblischen Texten weit verbreitet, vor allem im Zusammenhang mit sozialen Beziehungen innerhalb des Volkes[143] und, spezieller, im Zusammenhang mit finanzieller Verschuldung und Zwangsverkäufen von Schuldnern. Diese Texte weisen in ihrer Begrifflichkeit eine enge Verwandtschaft mit dem Gleichnis von den Schuldnern wie auch mit dessen Applikation in V. 35 auf und verwenden durchweg den Begriff des „Bruders" für die Betroffenen:

ἐὰν δὲ πένηται ὁ ἀδελφός σου ὁ μετὰ σοῦ	כִּי־יָמוּךְ אָחִיךָ
καὶ ἀποδῶται ἀπὸ τῆς κατασχέσεως αὐτοῦ	וּמָכַר מֵאֲחֻזָּתוֹ
καὶ ἔλθῃ ὁ ἀγχιστεύων ἐγγίζων ἔγγιστα αὐτοῦ	וּבָא גֹאֲלוֹ הַקָּרֹב אֵלָיו
καὶ λυτρώσεται τὴν πρᾶσιν τοῦ ἀδελφοῦ αὐτοῦ	וְגָאַל אֵת מִמְכַּר אָחִיו׃
[...]	[...]
ἐὰν δὲ εὕρῃ ἡ χεὶρ τοῦ προσηλύτου	וְכִי תַשִּׂיג יַד גֵּר
τοῦ παροίκου τοῦ παρὰ σοὶ	וְתוֹשָׁב עִמָּךְ
καὶ ἀπορηθεὶς ὁ ἀδελφός σου	וּמָךְ אָחִיךָ עִמּוֹ וְנִמְכַּר לְגֵר
πραθῇ τῷ προσηλύτῳ	תּוֹשָׁב עִמָּךְ

[143] Z.B. Lev 25,25.47; Dtn 1,16; 15,11–12; 23,20–21; 24,7.14; Neh 5,7–8; Hi 22,6; Spr 19,7; Jer 34,9.14; Mi 7,2; Sach 7,9–10.

ἢ τῷ παροίκῳ τῷ παρὰ σοὶ ἐκ γενετῆς προσηλύτῳ	אוֹ לְעֵקֶר מִשְׁפַּחַת גֵּר
μετὰ τὸ πραθῆναι αὐτῷ λύτρωσις ἔσται αὐτῷ	אַחֲרֵי נִמְכַּר גְּאֻלָּה
εἷς τῶν ἀδελφῶν αὐτοῦ λυτρώσεται αὐτόν	תִּהְיֶה־לּוֹ אֶחָד מֵאֶחָיו יִגְאָלֶנּוּ
(Lev 25,25.47–48 LXX)	(Lev 25,25.47–48)

ἐὰν δὲ πραθῇ σοι ὁ ἀδελφός σου	כִּי־יִמָּכֵר לְךָ אָחִיךָ
ὁ Εβραῖος ἢ ἡ Εβραία	הָעִבְרִי אוֹ הָעִבְרִיָּה
δουλεύσει σοι ἓξ ἔτη	וַעֲבָדְךָ שֵׁשׁ שָׁנִים
καὶ τῷ ἑβδόμῳ	וּבַשָּׁנָה הַשְּׁבִיעִת
ἐξαποστελεῖς αὐτὸν ἐλεύθερον ἀπὸ σοῦ	תְּשַׁלְּחֶנּוּ חָפְשִׁי מֵעִמָּךְ
(Dtn 15,12 LXX)	(Dtn 15,12)

ἐὰν δὲ ἁλῷ ἄνθρωπος κλέπτων	כִּי־יִמָּצֵא אִישׁ גֹּנֵב
ψυχὴν τῶν ἀδελφῶν αὐτοῦ τῶν υἱῶν Ισραηλ	נֶפֶשׁ מֵאֶחָיו מִבְּנֵי יִשְׂרָאֵל
καὶ καταδυναστεύσας αὐτὸν ἀποδῶται	וְהִתְעַמֶּר־בּוֹ וּמְכָרוֹ
ἀποθανεῖται ὁ κλέπτης ἐκεῖνος	וּמֵת הַגַּנָּב הַהוּא
(Dtn 24,7 LXX)	(Dtn 24,7)

ἀπαιτήσει ἀνὴρ τὸν ἀδελφὸν αὐτοῦ	מַשָּׁא אִישׁ־בְּאָחִיו
ὑμεῖς ἀπαιτεῖτε	אַתֶּם נֹשְׁאִים
[...]	[...]
ἥμεις κεκτήμεθα τοὺς ἀδελφοὺς ἡμῶν	אֲנַחְנוּ קָנִינוּ אֶת־אַחֵינוּ
τοὺς Ιουδαίους τοὺς πωλουμένους τοῖς ἔθνεσιν	הַיְּהוּדִים הַנִּמְכָּרִים לַגּוֹיִם
ἐν ἑκουσίῳ ἡμῶν καὶ ὑμεῖς	כְּדֵי בָנוּ וְגַם־אַתֶּם
πωλεῖτε τοὺς ἀδελφοὺς ὑμῶν	תִּמְכְּרוּ אֶת־אֲחֵיכֶם
(Neh 5,7–8 LXX)	(Neh 5,7–8)

ἠνεχύραζες δὲ τοὺς ἀδελφούς σου διὰ κενῆς ἀμφίασιν δὲ	כִּי־תַחְבֹּל אַחֶיךָ חִנָּם
γυμνῶν ἀφείλου	וּבִגְדֵי עֲרוּמִּים תַּפְשִׁיט
(Hi 22,6 LXX)	(Hi 22,6)

ὅταν πληρωθῇ ἓξ ἔτη ἀποστελεῖς	מִקֵּץ שֶׁבַע שָׁנִים תְּשַׁלְּחוּ
τὸν ἀδελφόν σου τὸν Εβραῖον	אִישׁ אֶת־אָחִיו הָעִבְרִי
ὃς πραθήσεταί σοι	אֲשֶׁר־יִמָּכֵר לְךָ
καὶ ἐργᾶταί σοι ἓξ ἔτη	וַעֲבָדְךָ שֵׁשׁ שָׁנִים
καὶ ἐξαποστελεῖς αὐτὸν ἐλεύθερον	וְשִׁלַּחְתּוֹ חָפְשִׁי מֵעִמָּךְ
(Jer 34,14 LXX)	(Jer 34,14)

Auch in der zeitgenössischen jüdischen Terminologie ist die Brüderlichkeit innerhalb der jüdischen Volksgemeinschaft eine gängige Kategorie. In Qumran erscheint sie zweimal in einem inhaltlich eng mit Mt 18 verwandten Text, der sich ebenfalls an Lev 19,17–18 anlehnt. Dabei wird im Vorfeld ausdrücklich auf die Festzeiten, besonders einen "Tag des Fastens" (יום התענית, vermutlich ein Hinweis auf den Versöhnungstag) verwiesen.[144]

... jeder seinen Bruder zu lieben wie sich selbst	לאהוב איש את אחיהו כמוהו
des Elenden und Armen und des Fremdlings sich anzu-	ולהחזיק בעד עני ואביון וגר
nehmen, und ein jeder zu suchen	ולדרוש איש
die Wohlfahrt seines Bruders	את שלום אחיהוא
[...]	

[144] Vgl. Lohse, *Texte*, 1964, 284 Anm. 41 und Stökl ben Ezra, *Yom Kippur*, 2003, 16.

jeder seinen Bruder zurechtzuweisen — להוכיח איש את אחיהו
entsprechend dem Gebot, und ihm nicht zu grollen — כמצוה ולא לנטור
von einem Tag auf den anderen.[145] — מיום ליום

Die Anwendung des Gleichnisses vom König und seinen Schuldnern in Mt 18,35 bedient sich also nicht nur eines üblichen hebräischen Idioms zur Umschreibung des reziproken Pronomens, sondern darüber hinaus auch eines gebräuchlichen, in der biblischen Tradition fest verwurzelten Topos aus dem Umfeld des Schuldverkaufs hebräischer Sklaven. Wie zudem noch zu sehen sein wird, ist die Terminologie der Brüderlichkeit nicht das einzige inhaltliche Motiv, das die „Gemeinderegel" aus Mt 18 mit ähnlichen Gemeinschaftsregeln der jüdischen Umwelt in eine Reihe stellt. Vor diesem Hintergrund ist es unnötig, in dem Ausdruck ἕκαστος τῷ ἀδελφῷ αὐτοῦ einen „christlichen" Spezialausdruck zu sehen und hier eine sekundäre Anwendung des Gleichnisses auf Verhältnisse der christlichen Gemeinde zu vermuten. Wahrscheinlicher ist es, dass die Anwendung integraler Bestandteil der Gleichniserzählung ist und sich in ähnlicher Weise wie in den angeführten Texten auf die Sozialbeziehungen innerhalb der Volksgemeinschaft bezieht.[146] Diese werden hier, wie auch im Gleichnis, in ein unmittelbares Verhältnis zur Gottesbeziehung gesetzt, was, wie auch in Mal 2,10, durch den Bezug auf den gemeinsamen himmlischen Vater verdeutlicht wird:

2.1.14 ὁ πατήρ μου ὁ οὐράνιος

Mit ὁ πατήρ μου ὁ οὐράνιος, einer für Mt charakteristischen Formulierung[147], verwendet Mt 18,35 auch unabhängig vom bereits beschriebenen Zusammenhang mit der Bruder-Terminologie und der Parallele in Mal 2,10 eine für rabbinische Texte gebräuchliche Gottesumschreibung.[148] Ähnlich wie im Falle der Wendung βασιλεία τῶν οὐρανῶν kann man diese Nähe zur hebräischen Diktion als besondere Vorliebe des matthäischen Redaktors deuten, ebenso aber auch als Zeichen matthäischer Nähe zu einer ursprünglich hebräisch geprägten vorsynoptischen Überlieferungsstufe.

---

[145] CD VI:11–VII:6 (Lohse 79). Vgl. auch die Parallele in 4Q269 (=4QD^d) 4 ii:2–6; die ausführliche Regel der Zurechtweisung 1QS V:24–VI:1 (Text siehe unten S. 471) verwendet להוכיח איש את רעהו.

[146] Eine spezifischere Zuspitzung auf Teilbereiche der Volksgemeinschaft, wie z.B. den Jüngerkreis Jesu, ist damit ebenso wenig ausgeschlossen wie die spätere Anwendung auf das Gemeinschaftsleben der frühen christlichen Gemeinden.

[147] Mt: 20x, Mk: 1x, Lk: 1x.

[148] 18x allein in Mischna und Tosefta. Explizit in Verbindung mit der brüderlichen Vergebung im Vorfeld des Versöhnungstags mYom 8,9 (Text siehe oben S. 395; vgl. auch unten S. 463).

2.1.15 ἀπὸ τῶν καρδιῶν ὑμῶν

Aus den bereits angeführten Texten (Lev 19,17: לֹא־תִשְׂנָא אֶת־אָחִיךָ בִּלְבָבֶךָ; Sach 7,9–10: וְרָעַת אִישׁ אָחִיו אַל־תַּחְשְׁבוּ בִּלְבַבְכֶם) wird deutlich, dass der Hinweis auf die innere Haltung der Herzen bereits in der biblischen Tradition mit den genannten Motiven der Zurechtweisung und Vergebung unter Brüdern verknüpft war. Dieser Zusammenhang der Wortfelder setzt sich, wie noch zu sehen sein wird, sowohl in der zwischentestamentlichen Literatur[149], als auch in den Texten aus Qumran[150] sowie in der rabbinischen Literatur[151] fort.

2.2 Grammatische und syntaktische Eigenarten

Die Untersuchung des verwendeten Vokabulars und der damit verbundenen Wortfelder hat gezeigt, dass sowohl das Gleichnis als auch die Rahmenerzählung vielfältige Hinweise auf einen hebräischen Sprachhintergrund sowie eine tiefe Verwurzelung in biblischem und Verwandtschaft mit rabbinischem Sprachgebrauch aufweisen. Auch der syntaktische Stil der Perikope zeigt einige Besonderheiten, die auf einen semitischen Ursprung hindeuten könnten, obwohl diese weithin durch eine ausführliche griechische Überarbeitung überdeckt sind.

2.2.1 ποσάκις ἁμαρτήσει ... καὶ ἀφήσω

Die grammatische Parataxe in Mt 18,21 ist im Griechischen ungewöhnlich und geht vermutlich auf semitische Syntax zurück.[152] In den oben (S. 439) angeführten hebräischen Vergleichstexten steht an dieser Stelle eine כי-Klausel. Vielleicht ist eine solche deshalb auch hier in der ursprünglichen Vorlage vorauszusetzen.[153] In der Parallele in Lk 17,4 ist eine solche Klausel noch zu erkennen. Da auch andere Gründe dafür sprechen, dass die Verse Mt 18,21–22 redaktionell überarbeitet sind (vgl.unten Abschnitt 2.3.2), ist hier vielleicht die grammatische Struktur von Lk 17,4 ursprünglicher.[154]

---

[149] TGad 6,3, vgl. unten S. 469; TSeb 5,3, ed. Jonge, *Testaments*, 1978, 96 (Text siehe im Folgenden): ἐν τοῖς σπλάγχνοις ὑμῶν; Jub 35,13, ed. VanderKam, *Jubilees*, 1989, 139; dt. Berger, *Jubiläen*, 1981, 498: „von ganzem Herzen".

[150] 1QS X:21 (vgl. unten S. 449). 4Q508 (=4QPrFêtes[b]) 2:1–6 (vgl. unten S. 450).

[151] mRHSh 1,2 (vgl. unten S. 446); ShemR 31,1 zu Ex 22,24 (vgl. oben S. 422); bYom 87b (vgl. unten S. 465); bAr 16b (vgl. unten S. 472); PesR 44,9 §21 (Ulmer 2:1008).

[152] Vgl. Luz, *Matthäus III*, 1997, 61, und Thompson, *Advice*, 1970, 205: „The paratactic construction ... seems more Semitic than Greek".

[153] Vgl. Lambrecht, *Treasure*, 1992, 54; Thompson, *Advice*, 1970, 205.

[154] Luz, *Matthäus III*, 1997, 61.

2.2.2 *ἀρξαμένου δὲ αὐτοῦ ... etc.*

Auf den besonderen semitischen Charakter der im NT häufig erscheinenden Satzeinleitung mit ἄρξασθαι hat bereits Dalman hingewiesen.[155] Die hier verwendere Konstruktion des Gen. Abs. erscheint nur im Beginn des Gleichnisses zweimal. Danach beginnt fast jeder Satz mit einer Partizipialkonstruktion im Nominativ, deren handelndes Subjekt mit dem des Hauptsatzes übereinstimmt. Diese Konstruktion ist für klassisches Griechisch unüblich,[156] in der LXX aber weit verbreitet und deutet daher möglicherweise auf eine Übersetzungstätigkeit hin. Die stereotype Verwendung dieser ungewöhnlichen und auch unnötigen Konstruktion an Stellen, wo eine einfache Parataxe angemessener wäre, könnte ein Hinweis auf eine eher mechanische Gräzisierung einer ursprünglich semitischen Textfassung sein. Es fällt jedoch auf, dass den Sätzen, im Gegensatz etwa zu der unmittelbar darauf folgenden Erzählung Mt 19, das einleitende καὶ am Satzanfang durchgängig fehlt. Möglicherweise spiegelt dies den Umstand wider, dass das Gleichnis auf der semitischen Sprachebene in mischnischem Hebräisch formuliert war, während die Rahmenerzählung sich eher an biblisch-hebräischem Sprachstil orientierte. Einen ähnlichen Wechsel zwischen beiden hebräischen Sprachformen haben Lowe und Flusser im Hintergrund aufgrund einer sprachlichen Analyse eines anderen synoptischen Textes vermutet, dort jedoch als Wechsel von direkter Rede und Rahmenerzählung.[157] Es ist zu bemerken, dass insbesondere diejenigen rabbinischen Gleichnisse, die Flusser zum „älteren Typus" zählt, und die den Gleichnissen Jesu formal nahe stehen, durchgängig in mischnischem Hebräisch konstruiert sind, während die späteren Gleichnisse zunehmend biblisch-hebräischem Stil folgen (vgl. oben S. 226).

2.2.3 *προσκαλεσάμενος αὐτὸν ὁ κύριος αὐτοῦ λέγει αὐτῷ ...*

Die häufige Wiederholung des Personalpronomens αὐτὸν ... αὐτοῦ ... αὐτῷ entspricht ebenfalls nicht griechischem Sprachgebrauch. Sie würde aber als Wiedergabe von Personalsuffixen in einer hebräischen Vorlage erklärlich.[158]

---

[155] Dalman, *Worte*, 1898, 20. Die Konstruktion ist dem biblischen Hebräisch fremd, aber in der jüdischen aramäischen und hebräischen Literatur verbreitet.

[156] Thompson, *Advice*, 1970, 210.212.213.

[157] Lowe/Flusser, *Evidence*, 1983, 42 Anm. 32, vgl. auch oben S. 226.

[158] Vgl. aber Blass/Debrunner, *Grammatik*, 1970, N. 278: „der Grund dieser Häufigkeit ist weniger die Abhängigkeit vom Semitischen [...] als die Anlehnung an die Vulgärsprache, die, wie jede Volkssprache, die Abundanz nicht scheut".

2.3 Hinweise auf eine nicht-hebräische Redaktionsarbeit

Wie bereits im vorhergehenden Abschnitt deutlich wurde, ist die ursprüngliche hebräische Sprachgestalt des Gleichnisses zwar in den einzelnen Begriffen und Wendungen und auch in der Satzstruktur stellenweise noch gut erkennbar, aber durch eine starke griechische Bearbeitung des Gesamttextes überdeckt. Einzelne Stellen des Textes weisen jedoch darüber hinaus sprachliche Merkmale auf, die sich nur schwer auf eine hebräische Vorlage zurückführen lassen und daher vermutlich der Hand des Redaktors zuzuweisen sind.

2.3.1 ‚Matthäisches' und ‚Proto-matthäisches' Vokabular

Die meisten Ausleger sind sich einig, dass die Perikope durchgängig durch ‚matthäisches Vokabular' geprägt ist. Die reine Wortstatistik[159] bestätigt diesen Befund. Es wurde daher vorgeschlagen, schon deshalb das gesamte Gleichnis redaktioneller Hand zuzuordnen.[160] Eine genauere Unterscheidung der verwendeten Wortfelder zeigt jedoch: Der größte Teil dieses ‚matthäischen' Vokabulars ist schon durch die spezifisch ‚matthäische' Thematik bestimmt: Tatsächlich weist das Matthäusevangelium eine besondere Vorliebe für monetäre Begrifflichkeit und entsprechenden Gleichnisstoff auf.[161] Es teilt diese Vorliebe aber, wie zu sehen war, mit der rabbinischen Literatur. Dieser Befund allein spricht also nicht zwangsläufig für eine redaktionelle Hand. Im Gegenteil, er könnte gerade Zeichen einer größeren Nähe zum ursprünglichen jüdischen Entstehungskontext sein. Das gleiche gilt für Begriffe, die sich aus der ‚matthäischen' Vorliebe für Königsgleichnisse (vgl. oben S. 424ff.) sowie seine Rede vom „Vater im Himmel" ergeben. Als im engeren Sinne ‚matthäisches' Vokabular bleiben dann vor allem Ausdrücke aus den Einleitungs- und Überleitungsformeln, nämlich τότε προσελθὼν (V.21), διὰ τοῦτο (V.23) und τότε προσκαλεσάμενος (V.32).

2.3.2 τότε

In Mt 18,21 und 18,32 fehlen zwar synoptische Parallelen, aber der Gebrauch des narrativen τότε weist auch hier auf die Redaktionstätigkeit eines Übersetzers mit aramäischem Sprachhintergrund hin, der den hebräischen Sprachhintergrund seines Materials nicht teilte (vgl. oben S. 288 f.). Dass beide Versanfänge aus der Hand der Redaktion stammen, legt außerdem der Gebrauch der matthäischen Vorzugsworte προσέρχομαι bzw. προσκαλέομαι nahe.

---

[159] Diese ist bei THOMPSON, *Advice*, 1970, für alle wichtigen Begriffe angegeben. Vgl. auch SNODGRASS, *Stories*, 2008, 65.

[160] Vgl. oben S. 423 Anm. 72.

[161] WEBER, *Schulden*, 1992, 254.

2.3.3 ἐλυπήθησαν σφόδρα

Diese Formulierung aus V. 31 hat zwar auch eine wörtliche Vorlage in Neh 5,6 (als Übersetzung des hebräischen ויחר לי מאד). Dennoch ist die griechische Formulierung hier wohl bewusst als Anklang auf den nur wenig vorangehenden griechischen Wortlaut von Mt 17,23 gewählt. Damit wird beim Leser das Entsetzen der Mitknechte in eine bewusste Parallelität zum Entsetzen der Jünger über die Leidensvorhersage Jesu gerückt. So entsteht außerdem eine Identifikation des zweiten Knechts, der vom ersten gewürgt wird, mit dem leidenden Christus. Wenn dieser Bezug bewusst durch den Redaktor hergestellt wurde, dann möglicherweise, um dem Gleichnis nachträglich eine heilsgeschichtliche Dimension zu verleihen. Dem gleichen Zweck könnte dann auch die Einführung der βασανισταί in 18,34 dienen.

2.3.4 τοῖς βασανισταῖς

Die Verwendung dieses *hapax legomenon*, das in der LXX unbekannt ist[162], dafür aber in der griechischen jüdischen Literatur verbreitet,[163] deutet ebenfalls auf eine bewusste griechische Wortwahl hin, die nicht auf einer hebräischen Vorlage beruht. Im Gefolge von V. 25 wäre hier eigentlich mit einem Verkauf des Knechtes zu rechnen gewesen[164]. Die Einführung von „Folterknechten“ überrascht dagegen. Vielleicht liegt hier also eine bewusste Umarbeitung des Stoffes durch einen späteren Redaktor vor. Wenn dabei hier der gleiche Redaktor anzunehmen ist wie in V. 31, dann erinnern beide Änderungen an andere Bearbeitungen des Matthäus-Stoffes durch einen zweiten Redaktor, die Lowe und Flusser als „anti-jüdische Revision“ bezeichnet haben (vgl. oben S. 213–215): Hier wie dort wird das vorgegebene Material durch kleine redaktionelle Eingriffe nachträglich einer Heilsgeschichte inkorporiert, in der Gott zunächst das Volk Israel erwählt, sich dann aber von ihm abwendet, weil es sich an Christus vergriffen hat, und es zu harter Strafe verurteilt. Die gleiche Wendung erhält das vorliegende Gleichnis durch den Bezug auf die Leidensankündigung in Mt 17,23 und die Einführung der Folterknechte in V.34.[165] Diese redaktionsgeschichtliche Deutung kann jedoch, allein auf der Grundlage der beiden seltenen Wendungen, nur vorsichtige Konjektur bleiben.

---

[162] Das Nomen fehlt ganz, das Verb βασανίζω erscheint nur II Sam 5,3 (LXX) in einem griechischen Zusatz des Verses, der im MT fehlt.

[163] Als Bild für Höllenqualen z.B. in II Makk 7,17; Weish 3,1; IV Makk 9,9; 12,12; grHen 10,13; 22,11; 25,6; TestAbr 12,18 und mehrfach im NT; Roose, *Aufleben*, 2007, 454.

[164] So endet auch das Gleichnis von der verkauften Familie, vgl. oben S. 416.

[165] Weitere Gründe für eine Zuweisung von V. 34 an eine sekundäre Redaktion nennt Broer, *Parabel*, 1985, 157.

2.4 Inhaltliche Topoi

Neben der rein sprachlichen Verwandtschaft zu hebräischen Texten der biblischen und rabbinischen Tradition ist die Perikope auch reich an inhaltlichen Topoi, die ihre tiefe Verwurzelung in der zeitgenössischen jüdischen Literatur deutlich machen. Besonders auffällig sind dabei die Bezüge zu Themen, die mit den jüdischen Herbstfesten in Zusammenhang stehen.

2.4.1 Der Tag der Abrechnung

Wie bereits oben (S. 426) deutlich wurde, ist die Rede vom königlichen „Tag der Abrechnung" ein klassischer rabbinischer Topos für den Neujahrstag und die darauf folgenden zehn Tage der Buße bis zum Versöhnungstag. Im jüdischen Jahreskreis bildet der Neujahrstag den Stichtag, zu dem Gott das Leben eines jeden Menschen beurteilt. Der Mensch ist aufgerufen, sich selbst zu prüfen und sein Leben vor Gott offen zu legen:

„An vier Festzeiten wird die Welt gerichtet: am Pesach in Bezug auf das Getreide, am Wochenfest in Bezug auf die Baumfrüchte; am Neujahrsfest ziehen alle, die in die Welt kommen, vorüber vor ihm wie die Soldaten[166]; denn es ist gesagt: „der da schuf allzumal ihr Herz und achtet auf all ihr Tun" (Ps 33,15) und am Laubhüttenfest werden sie gerichtet im Bezug auf das Wasser."[167]

In der zugehörigen babylonischen Gemara wird im Anschluss an dieses Diktum der Mischna noch genauer zwischen dem Tag des Gerichts und der endgültigen Besiegelung des Richterspruchs zu einem späteren Zeitpunkt unterschieden:

„Wer lehrte unsere Mischna: nicht R. Meir, nicht R. Jehuda, nicht R. Jose und nicht R. Nathan!? Es wird nämlich gelehrt: Alle werden am Neujahrsfeste gerichtet, und ihr Urteil wird am Versöhnungstage besiegelt – so R. Meir. R. Jehuda sagt, alle werden am Neujahrsfeste gerichtet, und das Urteil eines jeden wird zur entsprechenden Zeit besiegelt: am Pesachfeste das des Getreides, am Wochenfeste das der Baumfrüchte und am Hüttenfeste das des Wassers. Der Mensch aber wird am Neujahrsfeste gerichtet und sein Urteil wird am Versöhnungsfeste besiegelt. R.Jose sagt, der Mensch werde täglich gerichtet, denn es heißt: ‚du gedenkst seiner jeden Morgen'. R. Nathan sagt, der Mensch werde jeden Augenblick gerichtet, denn es heißt: ‚und prüfst ihn jeden Augenblick'."[168]

In der Auslegung zum oben (S. 421) zitierten Gleichnis vom König, der zu Gericht sitzen wollte, werden die verschiedenen Gerichtsverhandlungen den unterschiedlichen Neujahrstagen im Jahreskreis zugeordnet:

---

[166] D.h. der Reihe nach, vgl. FIEBIG, *Rosch ha-Schana*, 1914, 76 und die Diskussion in bRHSh 16a. Die Übersetzung Fiebigs folgt einer Konjektur von Dalman: כבנומרון (von νούμερος, Soldatentrupp) anstelle von כבני מרון.

[167] mRHSh 1,2 (Fiebig 76).

[168] bRHSh 16a, (dt. Goldschmidt III:565). In der Parallele tRHSh 1,13 (Liebermann 2:308) wird zusätzlich R. Akiba als Tradent genannt.

„So sagt auch der Heilige, gepriesen sei er, zu Israel: ‚Meine Kinder, wisst, dass ich zu vier Zeiten im Jahr Gericht spreche.‘ Zur Zeit des Passafestes entscheidet er über den Ertrag der Felder, zur Zeit des Wochenfestes über die Frucht der Bäume. Zur Zeit des Neujahrsfestes richtet er über alle Einwohner des Landes, die der Reihe nach vor ihn treten. Zur Zeit des Laubhüttenfestes entscheidet er über das Wasser.[169] ‚Zu den anderen drei Zeitpunkten richte ich über zivile Angelegenheiten. Ich mache reich oder arm, gebe dem einen mehr und dem anderen weniger. Aber am Neujahrsfest entscheide ich über Kapitalangelegenheiten, über Leben und Tod. [...] Wenn ihr aber Buße tut (עשיתם תשובה) vor mir, dann werde ich euch erhören und euch wohlgefällig richten. Die Tore des Himmels stehen offen, und ich höre auf eure Gebete, halte Ausschau durch die Fenster und spähe durch die Gitter, so lange bis ich am Versöhnungstag das endgültige Urteil sprechen muss.‘“[170]

Wie ausgeprägt diese Verbindung des Neujahrstages mit dem Bild des göttlichen Gerichts bereits in der Zeit des zweiten Tempels war, lässt sich nur schwer einschätzen, da die Textbasis zum Charakter des Neujahrsfestes aus diesem Zeitraum insgesamt nur schmal ist: In der biblischen Tradition trägt die Rede vom „Tag des Gerichts“ sowohl eschatologische als auch präsentische und weisheitliche Züge[171], ist aber nicht speziell an einen kalendarischen Termin geknüpft. In den meisten Fällen bezeichnet das Bild das kommende Gericht Gottes über sein Volk oder die Fremdvölker, jedoch nur selten in ausdrücklich eschatologischer Prägung. Ein liturgischer Bezug zum Neujahrsfest oder einem anderen speziellen „Tag des Gerichts“ im Jahreskreis ist dabei nicht explizit erkennbar.

Einzelne Elemente, die in späterer Zeit eng mit dem Neujahrsfest verbunden werden, etwa das Blasen des Schofar, das Erscheinen Gottes zum Gericht und seine Herrschaft als König, werden allerdings in den sogenannten „Thronbesteigungspsalmen“ oder „Jahwe-Königs-Psalmen“ (Ps 47; 93; 96–99) bereits miteinander verknüpft, wie am folgenden Beispiel deutlich wird:

ἐν σάλπιγξιν ἐλαταῖς καὶ φωνῇ σάλπιγγος κερατίνης	בַּחֲצֹצְרוֹת וְקוֹל שׁוֹפָר
ἀλαλάξατε ἐνώπιον τοῦ βασιλέως κυρίου	הָרִיעוּ לִפְנֵי הַמֶּלֶךְ יְהוָה
...	...
ὅτι ἥκει κρῖναι τὴν γῆν	כִּי בָא לִשְׁפֹּט הָאָרֶץ
κρινεῖ τὴν οἰκουμένην ἐν δικαιοσύνῃ	יִשְׁפֹּט־תֵּבֵל בְּצֶדֶק
καὶ λαοὺς ἐν εὐθύτητι	וְעַמִּים בְּמֵישָׁרִים
(Ps 97,6.9 LXX, vgl. auch Ps 95,13 LXX)	(Ps 98,6.9, vgl. auch Ps 96,13)

In der frühen Psalmenforschung wurde zwar für diese Psalmen aus dem religionsgeschichtlichen Vergleich mit den umliegenden altorientalischen Kulturen ein liturgischer „Sitz im Leben“ in einem angenommenen Neu-

---

[169] Vgl. mRHSh 1,2.

[170] PesK Anh. 7,2 (Mandelbaum 472).

[171] Stark eschatologische Züge: Zeph 1–3, Sach 12–14, eher präsentische Züge: Jes 3, 13; Jes 58,2; Ps 7,12; Ps 110,5; auch weisheitlich z.B. in Spr 20,8.

jahrsfest im Herbst behauptet. Dieser wird aber in den biblischen Texten selbst nicht benannt und bleibt daher in der Psalmforschung auch bis heute umstritten.[172]

In den biblischen Texten wird der 1. Tag des 7. Monats, der später zum Termin des jüdischen Neujahrsfestes wurde, lediglich als „Opferfest" und als „Fest des Schofarblasens" bezeichnet.[173] Eine nähere inhaltliche Beschreibung geben die frühen Texte hingegen nicht. Weder wird das Fest als „Neujahrstag" bezeichnet, noch wird die Gerichtsthematik oder das Königtum Gottes in besonderer Weise mit diesem Festtag verbunden.

Eine direkte, dem rabbinischen Denken vergleichbare, inhaltliche Verknüpfung des Neujahrstermins mit dem Motiv des Gottesgerichts und der Zuteilung von Segen, wird dann jedoch erstmalig im Jubiläenbuch vorausgesetzt:

> „Und in der sechsten Jahrwoche, in ihrem fünften Jahr saß Abram in der Nacht am Neumond des siebenten Monats, um die Sterne zu beobachten vom Abend bis zum Morgen, um zu sehen, was die Eigenart des Jahres in Bezug auf Regenfälle sei."[174]

Eine ausführlichere inhaltliche Beschreibung des Neujahrsfestes findet sich dann bei Philo (SpecLeg 2,188–192): Obwohl der Gedanke des Gottesgerichts dort nicht ausdrücklich erwähnt wird, klingen Elemente späterer rabbinischer Vorstellungen auch hier bereits an, so etwa die Epiphanie unter Posaunenschall, die Gabe des universalen Gesetzes und auch die Rolle Gottes als εἰρηνοποιῶν und εἰρηνοφύλαξ, wenn auch Letzteres eher im Blick auf Kriege und Naturgewalten. Auch die Texte aus Qumran geben nur sehr begrenzt Auskunft über Gestalt oder Inhalte des Neujahrsfestes. Die Erwähnung des Neujahrsfestes in der Tempelrolle[175] und in den Vorschriften der Gemeinderegel zeigen jedoch, dass der Neujahrstag als solcher eine Rolle im Festkalender von Qumran spielte:

...ein Hebopfer der Lippen, will ich ihn preisen	תרומה שפתים הברכנו
nach dem Gebot, das für immer eingegraben ist;	כחוק חרות לעד
zu Beginn der Jahre	בראשי שנים
und der Wende ihrer festgesetzten Zeiten	ובתקופת מעדיהם
da sie das Gesetz ihrer Ordnung erfüllen	בהשלום חוק תכונם
(1QS X:6, Lohse 36–37)	

In unmittelbarer Nähe ist dort auch vom Gericht Gottes die Rede, auch wenn nicht deutlich wird, ob diese Gedanken speziell an die Erwähnung des Neujahrstages oder an den Beginn jedes neuen Tages gebunden sind.

---

172 Vgl. KRAUS, *Psalmen*, 1979, 105–112 und SEYBOLD, *Psalmen*, 1997, 612: „Die Hypothesen gingen fast ganz zu Bruch, weil die postulierten Feste im antiken Israel nicht oder nur in anderer Gestalt nachweisbar waren".

173 שַׁבָּתוֹן זִכְרוֹן תְּרוּעָה (Lev 23,24); יוֹם תְּרוּעָה (Num 29,1).

174 Jub 12,16–18 (VANDERKAM, *Jubilees*, 1989, 74–75); BERGER, *Jubiläen*, 1981, 394.

175 11Q19 (=11QT^a) XXV:1–10.

Es scheint sich eher um einen allgemeinen „Beichtspiegel“ angesichts des Gerichtes Gottes zu handeln, den sich der einzelne am Beginn eines neuen Tages, aber auch zu besonderen Zeiten des Jahres, etwa am erwähnten Neujahrstag, vor Augen halten konnte:

... und mich stützen auf seine Gnadenerweise	ועל חסדיו אשען
den ganzen Tag.	כול היום
Und ich weiß, dass in seiner Hand	ואדעה כיא בידו
das Gericht über alles Lebendige liegt	משפט כול חי
...	[...]
Nicht will ich jemandem seine böse Tat vergelten,	לוא אשיב לאיש גמול רע
mit Gutem will ich jeden verfolgen.	בטוב ארדף גבר
Denn bei Gott ist das Gericht über alles Lebendige,	כיא את אל משפט כול חי
und er vergilt dem Mann seine Tat.[176]	והואה ישלם לאיש גמולו
...	[...]
Nicht will ich Groll bewahren gegenüber denen,	לוא אטור באף
die sich von der Sünde abgewandt haben,	לשבי פשע
aber nicht will ich mich erbarmen	ולא ארחם
über alle, die den Weg verlassen,	על כול סוררי דרך
nicht will ich trösten die Geschlagenen,	לוא אנחם בנכאים
bis ihr Wandel vollkommen ist.	עד תום דרכם
Belial will ich nicht in meinem Herzen bewahren...	ובליעל לוא אשמור בלבבי
...	[...]
... um zu lehren die Wankelmütigen Einsicht...[177]	ר[ים וללמד] לתועי רוח בינה

Auffällig ist hier die Nähe einiger Details zur „Gemeinderegel“ in Mt 18: Wie noch zu sehen sein wird (unten S. 468ff.), gibt es ähnliche Parallelen zur matthäischen „Gemeinderegel“ auch in anderen Texten aus Qumran. An dieser Stelle ist jedoch festzuhalten, dass diese Regel im direkten Zusammenhang mit einem liturgischen Gebet am Tagesanfang (und auch am Neujahrstag) steht. Ein weiterer Text aus Qumran, eines der „Festtagsgebete“, erwähnt den Neujahrstag zwar nicht, spricht aber von einer besonderen „Zeit des Erbarmens“ und einer „Zeit der Umkehr“ im Zusammenhang mit dem Jahresfestkreis. Unklar ist, ob es sich dabei um ein Gebet zum Neujahrstag oder zum Versöhnungstag handelt. Bereits hier tauchen aber die Begriffe des Festtages, des Erbarmens, der Umkehr und auch der vor Gott offenbaren Herzenshaltung auf, die in späteren Traditionen mit dem Neujahrsfest bzw. den zehn Tagen der Reue in Zusammenhang gebracht werden. Auch der Gedanke einer Epiphanie Gottes in der Mitte seines Volkes, wie er bereits in den Königspsalmen zu erkennen war und später in den Königsgleichnissen bildlich umgesetzt wird, taucht hier auf:[178]

„Und du wirst wohnen in unserer Mitte. [Gebet für den Tag der Versöhnun]g: Gedenke, o HERR, dem Festtag deiner Barmherzigkeit (מועד רחמיך) und der Zeit der Umkehr (עת

---

[176] Wörtlich: „... und er zahlt jedem seinen Schuldbetrag bzw. Lohn zurück.“

[177] 1QS X:16–18.20–21; XI:1 (Lohse 39–40).

[178] Vgl. Stökl ben Ezra, *Yom Kippur*, 2003, 38–39.

שוב) [...], denn du hast ihn für uns eingesetzt als einen Festtag des Fastens (מועד תענית), und als eine ewige Ordnung. [...] und du kennst die verborgenen Dinge wie auch die offenbar[ten]. Du [ke]nnst unsere Neigungen, wenn wir aufstehen und wenn wir uns niederlegen [...].“[179]

Torleif Elgvin hat auf enge Parallelen zwischen diesen Texten aus Qumran und liturgischen Stücken der traditionellen jüdischen Rosch Ha-Shana-Liturgie hingewiesen, die darauf hindeuten könnten, dass Grundzüge dieser Liturgie bis ins 2. Jh. v. Chr. zurückreichen und aus einer gemeinsamen, henochisch geprägten Tradition stammen, die dann auf unabhängigen Wegen sowohl in die Gebete der Gemeinschaft von Qumran als auch in die späteren rabbinischen Gebete eingeflossen sind (vgl. dazu unten S. 472).

Eine eindeutige Bezeichnung des Neujahrstags als Gerichtstag erscheint dann gegen Ende des ersten Jh. im Liber Antiquitatum Biblicarum. Hier ist der Gedanke des Gerichtes über die Geschöpfe am Neujahrstag sowie der Festschreibung zum Leben oder zum Tod ausdrücklich formuliert, auch ein Hinweis auf die Benennung des Festes als ראש השנה ist hier möglicherweise zu erkennen:

„Aber das Posaunenfest (*festivitas psalphingarum*) soll zur Darreichung für eure Hüter dienen, darum weil ich die Schöpfung in Augenschein genommen habe, damit ihr eingedenk seid des ganzen (Erd-)Kreises, und am Anfang der Jahre (initium annorum = ראש השנה?), wenn ihr (ihn) anzeigt, werde ich für euch feststellen die Zahl der Gestorbenen und das Fasten der Barmherzigkeit. Ihr werdet mir nämlich fasten für eure Seelen, damit die Gelöbnisse an eure Väter erfüllt werden.“[180]

Zusammenfassend zeigt sich, dass es bereits früh eine inhaltliche Verbindung der Herbstfeste mit dem Gedanken des Gottesgerichts gab. Biblische Vorstellungen von Gott als König und Richter haben sich offenbar im Lauf der Zeit an diese Feste angegliedert. Insbesondere die theologischen und liturgischen Motive der sogenannten „Thronbesteigungspsalmen“ wurden, wenn sie nicht (was unsicher bleibt) bereits von Anfang an mit einem (biblisch nicht belegten) „Neujahrsfest“ verbunden waren, mit der Zeit mit den Festen im Herbst verbunden.[181] Gleichzeitig entwickelte sich das Motiv der Selbstprüfung des Menschen, verbunden mit einer intensiven Gebets-, Buß- und Fastenpraxis.[182] Waren diese Motive in der zwischentestamentlichen Periode zunächst an den Versöhnungstag geknüpft, bildete sich mit der Zeit eine Ausdehnung der Motive auf die Zeitspanne zwischen Neujahrstag und Versöhnungstag heraus, wodurch die zehntägige Zwischenzeit zu einer Zeit für Gebet, Fasten und Bußpraxis wurde. Ansätze dieser Entwicklung sind bereits bei Philo und in den Texten von Qumran zu erken-

---

[179] 4Q508 (=4QPrFêtes^{b}) 2:1–6 (Parry 5:270).
[180] Pseudo-Philo, LibAnt 13,6, ed. Dietzfelbinger, *Pseudo-Philo*, 1975, 137–138.
[181] Vgl. dazu Bodendorfer, *Spannung*, 2000.
[182] Vgl. dazu ausführlich Stökl ben Ezra, *Yom Kippur*, 2003, 13–141.

nen, um dann z.B. bei Pseudo-Philo und in den rabbinischen Texten eindeutiger identifizierbar zu werden. Wie weit die rabbinischen Vorstellungen auch vor ihrer Verschriftlichung bereits verbreitet waren, lässt sich schwer feststellen. Einige der Diskussionen deuten jedoch darauf hin, dass die Traditionen bis in die Zeit von Bet Schammai und Bet Hillel zurückreichen:

Über die Guten, Bösen und Mittelmäßigen

„R.Keruspedaj sagte im Namen R.Johanans (ca. 250 n. Chr.): Drei Bücher werden am Neujahrsfeste aufgeschlagen: eines für die völlig Gottlosen, eines für die völlig Frommen und eines für die Mittelmäßigen. Die völlig Frommen werden sofort zum Leben aufgeschrieben und besiegelt, die völlig Gottlosen werden sofort zum Tode aufgeschrieben und besiegelt, und die Mittelmäßigen bleiben vom Neujahrstag bis zum Versöhnungstag in der Schwebe; haben sie sich verdient gemacht, so werden sie zum Leben verschrieben, haben sie sich nicht verdient gemacht, so werden sie zum Tode verschrieben. [...] Es wird gelehrt: Die Schule Schammajs sagte: Drei Klassen gibt es am Gerichtstage; eine der völlig Frommen, eine der völlig Gottlosen und eine der Mittelmäßigen. Die völlig Frommen werden sofort zum ewigen Leben aufgeschrieben und besiegelt, die völlig Gottlosen werden sofort für das Fegefeuer aufgeschrieben und besiegelt, denn es heißt: ‚und viele von denen, die im Erdenstaube schlafen, werden erwachen, die einen zum ewigen Leben, die anderen zu Schmach und zum ewigen Abscheu‘ (Dan 12,2); die Mittelmäßigen sinken in das Fegefeuer, wo sie [vor Schmerz] heulen, und steigen wieder hinauf, denn es heißt: [...] Die Schule Hillels sagte: ‚Er ist gnadenreich, er neigt zur Gnade.‘ (Ex 34,6)“[183]

Die Diskussion zwischen Bet Schammai und Bet Hillel spricht hier zwar noch nicht ausdrücklich vom Neujahrstag, sondern nur vom „Gerichtstag“, und sie hat auch stark eschatologische Tendenzen, was für ihr Alter spricht. Jedoch zeigt sich in der Angliederung an die Diskussion zum Neujahrstag der bereits beschriebene Übergang vom eschatologischen zum liturgischen Gebrauch der Gerichtstags-Terminologie. Auch eine Diskussion zwischen Bet Schammai und Bet Hillel über die am Neujahrstag zu sprechenden Gebete[184] deutet auf die Existenz einer liturgischen Neujahrsfeier bereits in früher Zeit hin. Denn dass die im Rahmen dieser Feier zu sprechenden liturgischen Stücke der מלכיות, der זכרונות und der שופרות in der Mischna und Tosefta zwar namentlich erwähnt, aber nicht im Wortlaut zitiert werden,[185] setzt voraus, dass sie bereits in dieser Zeit als allgemein bekannt vorausgesetzt werden konnten.

Wie fest auch immer eine liturgische Ausprägung des Neujahrsfestes bereits in der Zeit Jesu voraus gesetzt werden kann: Es wird deutlich, dass das Gleichnis Jesu mit dem Motiv des Königs, der zur Abrechnung kommt, in dieser sich herausbildenden liturgischen Tradition steht. In Verbindung

---

[183] bRHSh 16b–17a (dt. Goldschmidt III:568–569).

[184] tRHSh 2,17 (Liebermann 2:320).

[185] mRHSh 4,5 (Fiebig 100–102); tRHSh 1,12 und 2,12–14 (Liebermann 2:308 und 318–319).

mit den noch zu untersuchenden Motiven der Sündenvergebung, des zeitlichen Aufschubs, des Bußgebets und der Herzensprüfung fügt sich das Gleichnis gut in das Motivgeflecht ein, das sich im ersten Jahrhundert rund um Neujahrs- und Versöhnungstag herausbildet.

2.4.2 Sündenvergebung und Schuldenerlass

Der Umgang mit Sünde und Schuld, den das Gleichnis Jesu thematisiert, gehört zu den zentralen Themen der jüdischen Herbstfeste. Auch hier wurde bereits in der sprachlichen Analyse die Nähe zum rabbinischen Sprachgebrauch deutlich. Das gilt besonders für die monetäre Begrifflichkeit im Zusammenhang mit menschlicher Schuld, die für das Matthäusevangelium charakteristisch ist. Hier gibt es, wie aus den bereits angeführten Gleichnissen deutlich wird, enge Bezüge zur rabbinischen Vorstellungswelt. Dass dabei nicht nur menschliches Fehlverhalten, sondern das ganze Leben als eine „Schuld" des Menschen gegenüber Gott verstanden werden kann, zeigt sich in dem Diktum des R. Akiba über das Leben als Darlehen (oben S. 416). Das Bild der „Schuldabrechnung", das vielen Gleichnissen zugrunde liegt, darf also nicht nur auf den Aspekt der Sündenvergebung reduziert werden. Es geht vielmehr um ein grundsätzliches Bewusstsein der Verantwortung vor Gott, das durch die monetäre Begrifflichkeit ausgedrückt wird und das im Zentrum der Gleichnisse steht, die sich mit der Bedeutung der jüdischen Herbstfeste beschäftigen. Dass der Mensch seine „Bringschuld" jedoch nur selten aus eigenen Mitteln begleichen kann, wird durch das häufig auftauchende Motiv der Zahlungsunfähigkeit ausgedrückt.[186] Das Bild vom gnädigen Schuldenerlass tritt daher oft zum Bild der Abrechnung hinzu, etwa in den Gleichnissen von der Steuererhebung in Tiberias und Sepphoris (oben S. 418), von den Stadtherren, die dem König entgegen gingen (oben S. 417), vom klugen Schuldner (oben S. 420) und auch im Gleichnis von der vergessenen Schuld (oben S. 422). Dass in einigen Fällen die Schuld nicht nur erlassen, sondern vom König selbst beglichen wird[187], ist allerdings ein Motiv, das dem Gleichnis Jesu nicht eignet.

2.4.3 Der Aufschub des Urteils

Im Gleichnis Jesu bittet der zahlungsunfähige Knecht zunächst nur um eine Stundung seiner Schuld, also einen zeitlichen Aufschub des Urteils. Bereits in der sprachlichen Analyse wurde deutlich, dass die Verwendung des Aus-

---

[186] Vgl. das Gleichnis Jesu (μὴ ἔχοντος δὲ αὐτοῦ ἀποδοῦναι, Mt 18,25) sowie die Gleichnisse vom Darlehen an einen Freund (אמר לו אין לי), von David als Richter (לא היה לחייב ליתן) und von den Stadtherren (אין לנו מה ליתן רחם עלינו), oben S. 431.

[187] Etwa in den Gleichnissen vom heimlichen Schuldenerlass und von David als Richter (oben S. 422).

drucks μακροθύμησον dabei auf ein Vorstellungsfeld hinweist, das in der rabbinischen Literatur, ausgehend vom Gottesprädikat ארך אפים, auch den zeitlichen Aufschub des Gerichts zwischen Neujahrstag und Versöhnungstag kennzeichnet. In den bereits angeführten Texten zum Neujahrstag wird zudem deutlich, wie in der rabbinischen Tradition die Beurteilung des Menschen und die endgültige Versiegelung des Urteilsspruchs zeitlich voneinander getrennt werden. Auch wenn die genaue Entstehungszeit dieser zeitlichen Differenzierung nicht eindeutig zu klären ist, ist das vorliegende doch ein deutliches Indiz dafür, dass dieses Motiv bereits in diese frühe Zeit zurückreicht: Denn hier spiegelt sich bereits sehr deutlich der zeitliche Ablauf von Gericht, Gnadenzeit und endgültigem Urteil wieder, der für die spätere jüdische Festpraxis charakteristisch ist: Obwohl das Urteil über den Knecht bereits am Anfang des Gleichnisses gesprochen wird, erhält er auf sein Bitten hin zunächst Zeit, die Schuld zu begleichen. Erst bei seinem zweiten Erscheinen vor dem König wird er dann endgültig verurteilt. Entscheidend für den zweiten Urteilsspruch ist dabei sein Verhalten in der Zwischenzeit. Mit diesem Aufbau folgt das Gleichnis exakt dem zeitlichen Ablauf der Herbstfeste, wie er z.B. aus dem oben zitierten Ausspruch des R. Kruspedai über die Guten, Bösen und Mittelmässigen (vgl. oben S. 451) erkennbar wurde.

Der Zeitraum zwischen dem Neujahrstag und dem Versöhnungstag, die zehn Tage der Buße, entscheiden auch in der rabbinischen Tradition über das Schicksal der „Mittelmäßigen". Deren Verhalten in dieser Zwischenzeit entscheidet über das endgültige Urteil, wie oben bereits deutlich wurde:

> „Drei Dinge ändern ein nachteiliges Urteil: Gebet, (Werke der) Barmherzigkeit und Umkehr (תפלה וצדקה ותשובה). Alle drei sind zusammen erwähnt in einem einzigen Vers (II Chr 2,14) ..."[188]

Das Gleichnis von den Stadtherren, die dem König entgegen zogen (oben S. 417) wird in seiner Auslegung ausdrücklich auf den Zeitraum zwischen Neujahr und Versöhnungstag bezogen: Während die Version in PesK 27,7 dabei nur vom Fasten der Israeliten in dieser Zwischenzeit redet, spricht die ausführlichere Fassung in PesR 51,7–8 §27–30 detaillierter von Gebet, Fasten und Umkehr. In den anderen zitierten Gleichnissen tauchen diese Elemente zwar nicht explizit auf, sind aber doch in der Bildhälfte impliziert: Im Gleichnis vom Schwur auf den König (siehe oben S. 421) bewirkt zunächst die Entschuldigung vor dem König selbst einen Erlass, was dem Gebet entspricht. Dann soll jedoch auch die Rückzahlung gegenüber dem Freund erfolgen, was den Barmherzigkeitswerken bzw. der Umkehr entspricht. Auch im Gleichnis vom heimlichen Schuldenerlass (siehe oben S.

---

[188] yTaan 2,1/11 (65b), ed. Schäfer/Becker II,5–12:236, vgl. auch oben S. 270 (mit weiteren Belegen für dieses oft zitierte Diktum).

423) ist es zunächst zwar die Barmherzigkeit des Königs, die dem Schuldner zu Hilfe kommt. Dann jedoch muss auch er zum König zurückkehren (Umkehr) und dort seine Schulden bezahlen (Barmherzigkeitswerke). Im Gleichnis vom zornigen König (siehe oben S. 436) wird das „Hinausgehen zum König" und das „Suchen seines Angesichts" als Bedingung für die Vergebung genannt. Im Gleichnis vom klugen Schuldner schließlich (oben S. 420) werden die Werke der Barmherzigkeit ausdrücklich als Grund für den Schuldenerlass genannt.

Der Aufschub des endgültigen Urteils um zehn Tage gibt dem Menschen also Zeit und Gelegenheit, seinem Gebet Taten der Barmherzigkeit und sichtbare Zeichen der Umkehr folgen zu lassen:

> „Denn wenn ihr Buße tut während dieser (zehn) Tage, und dann am Versöhnungstag vor mich tretet: selbst wenn eure Sünden dann bis zum Himmel reichen, will ich sie doch weiß machen wie Schnee. Deshalb sagt der Prophet zu ihnen: ‚Wascht euch etc.' (Jes 1,16–18) und gab ihnen so neun Regeln, entsprechend den neun Tagen zwischen Neujahr und dem Versöhnungstag: [(1) Wascht euch, (2) reinigt euch, (3) tut eure bösen Taten aus meinen Augen, (4) lasst ab vom Bösen! (5) Lernet Gutes tun, (6) trachtet nach Recht, (7) helft den Unterdrückten, (8) schaffet den Waisen recht, (9) führet der Witwen Sache!]. Und was schreibt er anschließend? ‚So kommt nun und lasst uns miteinander Beweis führen' (Jes 1,18). Was für ein Beweis? Wenn ihr eure Umkehr durch Taten beweist während dieser neun Tage, dann will ich eure Sünden weiß wie Schnee machen."[189]

Auch wenn alle diese Vergleichstexte aus späterer Zeit stammen, scheint das Gleichnis Jesu bereits das gleiche zeitliche Schema vorauszusetzen: Deutlicher als alle rabbinischen Gleichnisse redet es von zwei aufeinander folgenden, zeitlich getrennten Verhandlungen vor dem König. Zwar wird das ungünstige Urteil bereits in der ersten Verhandlung gesprochen, jedoch wird dessen Vollstreckung zunächst verschoben bis zum zweiten Termin. In der Zwischenzeit bewirkt die Bitte μακροθύμησον ἐπ' ἐμοι (Mt 18,26) zunächst einen Schuldenerlass. Aber auch hier ist, wie in den genannten Gleichnissen, vorausgesetzt, dass in der Folge Umkehr und Werke der Barmherzigkeit erwartet werden: οὐκ ἔδει καὶ σὲ ἐλεῆσαι τὸν σύνδουλόν σου (Mt 18,33). Als der Knecht jedoch keine Werke der Barmherzigkeit zeigt, sondern sich im Gegenteil als unbarmherzig erweist, wird deutlich, dass sein Gebet nicht aus aufrichtiger Reue (ἀπὸ τῶν καρδιῶν ὑμῶν, Mt 18,35) geschah. Sein endgültiges Urteil ist damit besiegelt und wird bei seiner nächsten Begegnung mit dem König vollstreckt.

2.4.4 Der Charakter des Königs

Die scheinbare Inkonsistenz im Charakter des Königs hat viele Kommentatoren des Gleichnisses Jesu beschäftigt:

---

[189] PesR 40,5 §22 (Ulmer 2:882). Der letzte Satz findet sich nur in MS Parma.

„Aber nicht einmal die Vergleichung der einzelnen Hauptbegriffe in beiden Hälften der Parabel lässt sich durchführen; der Vater Jesu ist doch jenem Könige, der von einer Enttäuschung zur anderen, von einer Stimmung zur andern gleitet, nicht ähnlich..."[190]

„But the most serious problem is the behaviour of the king. He acts in anger, and yet this is supposed to depict the state of affairs as obtaining between man and God. Worse still, he cancels the release which he had solemnly given. For an oriental monarch to rescind a decree was a very serious matter; moreover [...] it is not clear why the king should, even in anger, reopen, contrary to justice of the most elementary kind, a state of accounts which was already closed. If this is how God is going to behave, many readers must have thought, they would rather be ruled by anyone than by God."[191]

„Das in der Parabel angedeutete Gottesbild [...] ist anstößig. Denn wenn auch für diese Parabel gelten soll, dass das Verhältnis des Königs zu den Sklaven transparent ist für das Verhältnis Gottes zu den Menschen, und wenn gleichzeitig gilt, dass Matthäus die (für uns) höchst irritierende Praxis der Sklaverei unkritisch als ‚Inventar' benutzt, dann begegnet uns Gott zumindest indirekt als allmächtiger Sklavenbesitzer, während wir selbst in der Rolle rechtloser Sklavinnen und Sklaven wiederfinden. Die Problematik spitzt sich in der dritten Szene dramatisch zu, da der Sklavenbesitzer hier seine Macht ausspielt, indem er den 1. Sklaven foltern läßt."[192]

Während sich dieses Problem nach Ansicht Derretts noch durch eine eingehende Untersuchung des sozialgeschichtlichen und juristischen Hintergrundes auflösen lasse, geht Scott von einem bewussten Bruch in der Persönlichkeit des Königs aus, die dem Hörer die Inkonzinnität des jüdischen Gerechtigkeitsverständnisses aufzeigen solle:[193] „The king moves outside the law and all is at risk." Erst Matthäus habe das Gleichnis später missverstanden und in der Königsfigur eine Metapher für Gott gesehen. Diese allegorische Deutung erweise sich aber als inadäquat:

„Actually, only the creation of a God-king perspective prevents a revolt against a God who demands multiple forgiveness but lashes out at the first failure or who, having once forgiven, then withdraws that forgiveness." [269]

Für Schottroff hingegen hat auch Matthäus in der Person des Königs noch kein Bild für Gott gesehen. Dies sei vielmehr lediglich das Mißverständnis einer modernen, fehlgeleiteten „allegorischen Deutung" des Gleichnisses.[194] Matthäus hingegen setze die „brutale Pädagogik" eines weltlichen Königs im Bereich der Finanzwelt bewusst zum Wesen Gottes in Kontrast:

---

[190] Jülicher, *Gleichnisreden*, 1910, 310–311.

[191] Derrett, *Parable*, 1970, 34–35.

[192] Roose, *Aufleben*, 2007, 456. Die von Roose gewählten Formulierungen tragen allerdings mit zur dramatischen Zuspitzung bei: So schafft erst die Übersetzung von δοῦλος mit „Sklave", obwohl hier vom Erzählrahmen her eher „Untertanen", „Minister" oder Abgabenpächter im Blick sind, sowie die Bezeichnung des Königs als „Sklavenbesitzer" einen Fokus, der dem Gleichnis selbst so nicht inneliegt.

[193] Scott, *Hear then*, 1989, 269–280.

[194] Schottroff, *Gleichnisse*, 2005, 261.

V. 35 wolle demnach gerade keine Analogie, sondern einen Gegensatz aufzeigen. Schottroff übersetzt daher: „Wie ist das nun mit Gottes Königtum zu vergleichen?“. Die Antwort lautet: In dem Gleichnis Jesu

„...läßt sich einiges auf Gott anwenden, aber der Gleichniskönig und sein Handeln sind kein Abbild Gottes. Das wäre Blasphemie im Sinne jüdischer Tradition. [...] Das ‚so‘ in der Gleichnisanwendung ... konzentriert den Blick auf die Notwendigkeit der Menschenvergebung und enthält zugleich die große Differenz: *So* ist Gott *nicht* wie dieser König.“[195]

Beide Ansätze, sowohl die Annahme einer Fehldeutung durch Matthäus wie auch die eines modernen Mißverständnisses, scheitern aber an der Tatsache, dass die Figur des Königs im Repertoire jüdischer Gleichnisse eine „stehende Metapher“[196] darstellt, die vom Zuhörer in jedem Fall als Bild für Gott verstanden werden musste. Ein dritter Ansatz versucht daher die Spannung durch eine „größere Dekonstruktion“ (Luz) aufzulösen: Demnach habe im jesuanischen Gleichnis (V. 23-27) die grenzenlose Vergebungsbereitschaft des Königs im Mittelpunkt gestanden, während die matthäische Redaktion durch Zufügung der Verse 28-34 die strafende Gerechtigkeit des Königs herausgestrichen habe:

„A difficulty against the authenticity is said to be the image of God which more or less concides with that of the lord of the parable. Could Jesus, it is argued, represent a God who in the first scene is so immensely merciful and immediately afterwards, in the third scene, suddenly so harsh and cruel?“[197]

Auf die grundsätzliche Problematik einer solchen „Sachkritik durch Redaktionsgeschichte“ (Luz) wurde jedoch bereits oben (S. 409 Anm. 17) hingewiesen. Zweifellos bestehen innerhalb des Gleichnisses deutliche Gegensätze zwischen der Härte des Königs und seiner Großzügigkeit. Dieser Gegensatz wird noch verstärkt durch den mehrmaligen Szenenwechsel: Während der König in seinem anfänglichen Urteil in Mt 18,25 (Verkauf von Frau und Kindern) Härte über das Maß des gesetzlich üblichen hinaus zeigt, reagiert er schon im nächsten Vers barmherzig über das erbetene Maß hinaus (nicht nur Stundung, sondern voller Schuldenerlass). Jedoch nur, um dann in Mt 18,34 erneut in voller Härte durchzugreifen. Zu fragen ist jedoch, ob diese Gegensätze tatsächlich durch ein Missverständnis des Redaktors (Derrett), eine bewusst zum Scheitern konstruierte Inkonzinnität (Scott) oder als ein bewusst als Negativfolie konstruierten Beispielfall (Schottroff) zu erklären sind. Denn der hier zutage tretende Gegensatz zwi-

---

[195] Ebd., 263.

[196] Vgl. z.B. ROOSE, *Aufleben*, 2007, 453 und 459.

[197] LAMBRECHT, *Treasure*, 1992, 62; Lambrecht weist zwar daraufhin, dass gerade auch der Aspekt des Gerichtes zur authentischen Verkündigung Jesu gehört, verteilt die beiden Aspekte aber schließlich doch auf Gleichnis- und Redaktionsebene (siehe unten S. 462 Fußnote 155).

schen Gerechtigkeit und Barmherzigkeit des Königs bzw. Gottes gehört in den rabbinischen Gleichnissen eigentlich zum fundamentalen Repertoire.[198]

Er geht zurück auf eine grundlegende Spannung des jüdischen Gottesbildes, wie sie bereits in der biblischen „Gnadenformel“ benannt wird:

καὶ παρῆλθεν κύριος πρὸ προσώπου αὐτοῦ	וַיַּעֲבֹר יְהוָה עַל־פָּנָיו
καὶ ἐκάλεσεν κύριος	וַיִּקְרָא יְהוָה יְהוָה
ὁ θεὸς οἰκτίρμων καὶ ἐλεήμων μακρόθυμος	אֵל רַחוּם וְחַנּוּן אֶרֶךְ אַפַּיִם
καὶ πολυέλεος καὶ ἀληθινὸς καὶ δικαιοσύνην διατηρῶν	וְרַב־חֶסֶד וֶאֱמֶת
καὶ ποιῶν ἔλεος εἰς χιλιάδας	נֹצֵר חֶסֶד לָאֲלָפִים
ἀφαιρῶν ἀνομίας καὶ ἀδικίας καὶ ἁμαρτίας	נֹשֵׂא עָוֹן וָפֶשַׁע וְחַטָּאָה וְנַקֵּה
καὶ οὐ καθαριεῖ τὸν ἔνοχον ἐπάγων ἀνομίας πατέρων	לֹא יְנַקֶּה פֹּקֵד עֲוֹן אָבוֹת עַל־
ἐπὶ τέκνα καὶ ἐπὶ τέκνα τέκνων	בָּנִים וְעַל־בְּנֵי בָנִים
(Ex 34,6–7 LXX)	(Ex 34,6–7)

Diese Formel, die bereits im Alten Testament vielfach rezipiert wird und dann auch im Neuen Testament zentrale Bedeutung gewinnt, wurde von Arnulf Baumann als „Mitte des Gottesglaubens in der jüdischen und christlichen Bibel“ bezeichnet.[199] In den liturgischen Gebeten des Judentums spielen die hieraus abgeleiteten „13 Eigenschaften“ Gottes eine zentrale Rolle, insbesondere während der zehn Tage der Buße im Herbst. Auch das Gleichnis Jesu spielt mit dem Ausdruck μακροθύμησον auf diesen biblischen Text an. Bereits in der sprachlichen Analyse (oben S. 434 ff.) wurde deutlich, wie dieses Wort- und Begriffsfeld in rabbinischen Gleichnissen in engen Zusammenhang mit den Herbstfesten gebracht wird. Aber es ist nicht nur der Charakterzug des אֶרֶךְ אַפַּיִם, sondern gerade der Gegensatz zwischen der Barmherzigkeit und der (ebenfalls in Ex 34,6–7 genannten) Gerechtigkeit Gottes, die die rabbinischen Gleichnisse über die Sündenvergebung prägt: Einige Gleichnisse betonen dabei vor allem den Charakterzug der Gerechtigkeit Gottes, wie er in Ex 34,7 gezeichnet wird: Etwa das Gleichnis von der verkauften Familie (vgl. oben S. 416), wo die öffentliche Zurschaustellung deutlich machen soll, dass der König seinen Schuldner nicht unrechtmäßig begünstigt hat. Auch die Gleichnisse vom Darlehen an einen Freund (vgl. oben S. 416) und von der Ermordung des Steuereintreibers (oben S. 418) betonen die strafende Gerechtigkeit Gottes. Andere Gleichnisse wiederum betonen die Barmherzigkeit Gottes, der die Schulden erlässt, entweder aufgrund von Gebet und Taten der Umkehr, oder auch einfach aus reiner Großzügigkeit: Dazu zählen das Gleichnis vom klugen Schuldner (oben S. 420), von den Stadtherren, die dem König entgegen zo-

---

[198] Vgl. Urbach, *Sages*, 1987, 448–461; vgl. Jeremias, *Gleichnisse*, 1984, 150; Wiefel, *Matthäus*, 1998, 328.

[199] Baumann, *Barmherzig*, 2003. Zur zentralen Bedeutung der alttestamentlichen „Gnadenformel“ vgl. außerdem Spieckermann, *Barmherzig*, 1990; Scoralick, *Gottes Güte*, 2002; Franz, *Gnadenrede*, 2003; ferner die Beiträge in Scoralick, *Drama*, 2000, bes. Rendtorff, *Er handelt*, 2000; Bodendorfer, *Spannung*, 2000; Janowski, *Richter*, 2000.

gen (oben S. 417), von der Steuerabrechnung in Tiberias (oben S. 418) und von der vergessenen Schuld (oben S. 422).

Beide Aspekte, die Großzügigkeit des Königs und die bleibende Verpflichtung, die Schuld zu begleichen, werden miteinander kombiniert im Gleichnis vom Schwur auf den König (unten S. 421). Auch die Gleichnisse von David als Richter (oben S. 422) und vom heimlichen Schuldenerlass (oben S. 423) bringen Gottes Gnade und seine Gerechtigkeit in Balance: In beiden Fällen muss die Schuld restlos beglichen werden (Gerechtigkeit), jedoch zahlt der König selbst den Preis (Barmherzigkeit). Im Gleichnis von den entfernt stationierten Legionen[200] hält der König selbst die von ihm befehligten Soldaten davon ab, gegen die aufsässigen Untertanen vorzugehen. Noch deutlicher wird dieses innere Ringen zwischen Gerechtigkeit und Barmherzigkeit in den folgenden Gleichnissen:

Vom unabänderlichen Beschluss

„Womit ist die Sache zu vergleichen? Mit einem König, der seinem Sohn zürnte. Weil er gerade ein indisches Schwert in der Hand hielt, schwor er, dieses seinem Sohn auf den Kopf zu schlagen. Als er sich wieder beruhigt hatte, sagte er sich: Wenn ich ihm mit dem Schwert auf den Kopf schlage, wird er es nicht überleben, und es wird niemanden geben, der mein Königreich erbt. Aber ich kann auch meinen Beschluss nicht zurücknehmen. Was also tat der König? Er steckte sein Schwert in die Scheide und schlug seinem Sohn dann damit auf den Kopf. So wurde sein Sohn verschont, und gleichzeitig blieb sein Beschluss bestehen."[201]

Im Anschluss an eine längere Diskussion über die die Frage, ob es für Gott zulässig ist, einen Beschluss zurückzunehmen, wird das folgende Gleichnis erzählt:

Vom aufgeschobenen Urteil

„Gleichnis von einem Königssohn, der vom König vor Gericht gestellt wurde und der dazu verurteilt wurde, lebendig verbrannt zu werden. Was tat also der Berater des Königs? Er sagte: Wirf ihn zuerst in den Kerker (שבקו בבית האסרים, vgl. Mt 18,30: ἔβαλεν αὐτὸν εἰς φυλακὴν), lass ihn dort eine Zeitlang hungern, und erst dann lass ihn verbrennen. Denn er dachte sich: Wenn die Hinrichtung des Sohnes aufgeschoben wird und genug Zeit vergeht, dann wird sich der Zorn des Königs wenden."[202]

Die hier zu erkennende kreative Spannung von Gerechtigkeit und Barmherzigkeit im Charakter Gottes wird in der rabbinischen Literatur ausführlich im Motiv der מדות, der widerstreitenden Eigenschaften Gottes, verarbeitet: Während Gott nach dem „Maß des Rechts" (מדת הדין) als gerechter Richter urteilt, übt er nach dem „Maß der Barmherzigkeit" (מדת הרחמים) Nachsicht

---

[200] Siehe oben S. 436.

[201] MTeh 6,3 (30a), ed. Buber 60; zwei weitere Gleichnisse gleichen Inhalts folgen.

[202] PesR 44,3 §7 (Ulmer 2:990, Friedmann 183).

und vergibt die Schuld. Während beides zunächst widerstreitende Aspekte Gottes selbst sind, entwickeln sie sich in späten Texten zu eigenständigen Hypostasen.[203] Die beiden מדות werden in der rabbinischen Literatur häufig den zwei Gottesnamen יהוה (für das Maß der Barmherzigkeit) und אלוהים (für das Maß des Rechts) zugeordnet, woraus sich viele exegetische Möglichkeiten ergeben:

Von Recht und Barmherzigkeit bei der Schöpfung

„Gleichnis von einem König, der zwei leere Gläser hatte. Er sagte sich: Wenn ich heißes Wasser hineingieße, werden die Gläser zerspringen. Wenn ich kaltes Wasser hineingieße, werden sie auch platzen. Was also tat er? Er mischte heißes und kaltes Wasser und goß es hinein. So überstanden es die Gläser. Ebenso sagte der Heilige, gepriesen sei er: Wenn ich die Welt nur nach dem Maß der Barmherzigkeit erschaffe, dann wird die Sünde überhand nehmen. Wenn ich sie nur nach dem Maß des Rechts erschaffe, wie kann sie dann bestehen? Siehe, ich werde sie nach dem Maß der Barmherzigkeit und dem Maß des Rechts erschaffen, dann wird sie bestehen können!“[204]

In späteren Texten steht das Motiv der מדות darüber hinaus in Zusammenhang mit den rabbinischen Überlieferungen zum Neujahrs- und Versöhnungstag. Die Auslegungen der Pesikta Rabbati zum Versöhnungstag erörtern ausführlich die Rolle der beiden מדות für den Neujahrstag.

„An welchem Tag richtet der Heilige, gepriesen sei er, die Welt und spricht sie frei? Am Neujahrstag richtet (דן) er die Geschöpfe und spricht sie frei (מזכה אותם). Denn er bevorzugt es, seine Geschöpfe freizusprechen (לזכות) und sie nicht schuldig zu sprechen (לחייבם). Denn es steht geschrieben: ‚So wahr ich lebe, spricht Gott der Herr: ich habe kein Gefallen am Tode des Gottlosen, sondern daß der Gottlose umkehre von seinem Wege und lebe.‘ (Ez 33,11) Und: ‚Dem Herrn hat es gefallen um seiner Gerechtigkeit willen‘ (Jes 42,21). D.h. er bevorzugt es, seine Geschöpfe gerecht zu sprechen. [...]

R.Tanhuma bar Abba begann: ‚Auf ewig, o Herr, steht dein Wort im Himmel...‘ (Ps 119,89–91). Was bedeutet das: ‚Auf ewig, o Herr‘? David sagt hier zu ihm: ‚Herr der Welt, du kommst nicht zu uns im Gericht (אין ... בדין), sondern nach dem Maß der Barmherzigkeit (אלא במדת רחמים). Denn ohne solches Erbarmen hätten wir keine Stunde vor dir bestehen können. Denn es steht dort nicht: ‚Auf ewig, o Gott‘, sondern: ‚Auf ewig, o Herr‘.[205] Mit welchem Maß richtest du uns also? Mit dem Maß der Barmherzigkeit, das ist mit ‚Herr‘ gemeint. Denn es steht geschrieben: ‚Herr, Herr, Gott, barmherzig und gnädig und geduldig und von großer Gnade und Treue.‘ (Ex 34,6). [...]

R.Hanina sagte: Als der Heilige, gepriesen sei er, die Welt erschaffen wollte, sah er die Taten der Bösen voraus. Da wollte er die Welt nicht mehr erschaffen. [...] Dann aber sah er die Taten der Gerechten voraus, und es gereute ihn. Er sagte: Sollte ich die Welt nicht erschaffen, nur wegen der Bösen? Ich werde sie erschaffen, und wenn jemand sündigt,

[203] Vgl. Urbach, *Sages*, 1987, 448–461; Bodendorfer, *Spannung*, 2000, sowie die oben in Anm. 199 angeführte Literatur.

[204] BerR 12,15 zu Gen 2,4 (Theodor/Albeck 1:112–113).

[205] Vorausgesetzt ist hier eine verbreitete exegetische Gleichsetzung der Gottesbezeichnung אלוהים mit der מדת הדין, sowie des Gottesnamens יהוה mit der מדת רחמים.

wird es leicht sein, ihn zu bestrafen. So wollte er die Welt gemäß des Rechts (בדין) erschaffen, aber konnte es nicht wegen der Taten der Gerechten. Er wollte sie erschaffen gemäß seiner Barmherzigkeit (ברחמים), aber er konnte es nicht wegen der Taten der Bösen. Was also tat er? Er verband beide miteinander, das Maß der Gerechtigkeit (מדת הדין) und das Maß der Barmherzigkeit (מדת הרחמים) und erschuf die Welt. Deshalb steht geschrieben: ‚Am Tag, als Gott, der Herr[206], Himmel und Erde erschuf...‘ (Gen 2,4)“[207]

„‚Der erste Tag des siebten Monats soll ein Tag des Schofarblasens (יוֹם תְּרוּעָה) für euch sein.‘ (Num 29,1) David sagt: Es gibt nichts größeres als das Schofar. Denn es entfernt das Maß des Gerichts und bringt nahe das Maß der Barmherzigkeit in der Stunde, wenn der Heilige, gepriesen sei er, sich zum Gericht auf seinen Thron setzt. R. Jehuda b. Nachman sagte im Namen des Resch Laqisch: ‚Gott fährt auf unter Schofarblasen (עָלָה אֱלֹהִים בִּתְרוּעָה)...‘ (Ps 47,6a) – während man also das Schofar bläst, entfernt sich das Maß des Rechtes, und es nähert sich das Maß der Barmherzigkeit, denn ‚... und der Herr fährt auf zum Schall des Schofar (יְהוָה בְּקוֹל שׁוֹפָר)‘ (Ps 47,6b)“[208]

Den inneren Kampf zwischen den beiden מדות macht die Auslegung der Pesikta Rabbati zur Haftarah zwischen Neujahrstag und Versöhnungstag (Hos 14,2–10) deutlich. Hier geht es um die Notwendigkeit der sichtbaren Umkehr während der zehn Tage der Buße. Zwar siegt am Neujahrstag kurzfristig das „Maß der Barmherzigkeit“ über das „Maß des Gerichts“, jedoch muss anschließend auch diesichtbare Umkehr erfolgen, um die Rückkehr zum „Maß des Gerichts“ zu verhindern, wie sie etwa im Gleichnis Jesu geschieht. Zu beachten ist hier nicht nur die strukturelle Parallelität zum Gleichnis Jesu, sondern auch die Einleitungsfrage aus der Mischna, die an die Einleitungsfrage des Petrus aus Mt 18,21 erinnert:

„Wenn jemand (immer wieder) sündigt und sich sagt: ‚Mir wird ja vergeben werden, wenn ich Buße tue‘, was ist mit ihm? Unsere Rabbis lehrten: Wer sagt: ‚Ich will sündigen und Buße tun, wieder sündigen und Buße tun...‘ (אחטא ואשוב, אחטא ואשוב), dem wird nicht Raum zur Buße gegeben (von Gott).[209] Warum? Wenn er Buße tut und dann zurückkehrt zu seinen Übertretungen, dann war es keine (echte) Buße. [...] Der Heilige, gepriesen sei er, hat Gefallen an der Umkehr und nicht daran, seine Geschöpfe zu töten. Denn es steht geschrieben: ‚Ich habe kein Gefallen am Tode des Gottlosen, sondern daß der Gottlose umkehre von seinem Wege und lebe.‘ (Ez 33,11) So ruft der Heilige, gepriesen sei er, sie zur Umkehr, damit sie leben. Ja, er sagt zu Israel: Kehrt zurück, ihr abtrünnigen Kinder! (Jer 3,22). Er sagt zu ihnen: Tut Buße, damit ich nicht zurückkehren muss zum Maß des Gerichts, und euch, ich weiß nicht was, antue. Sondern tut Buße, damit ich stattdessen beim Maß der Barmherzigkeit bleibe, und euch annehmen kann. Woher? Aus dem, was in der Prophetenlesung steht: ‚...solange dein Gott noch der Herr ist.‘ (Hos 14,2)“[210]

---

[206] Auch hier steht wieder אלוהים für מדת הדין, der Gottesname für מדת רחמים.

[207] PesR 40,1–2 §5–6 (Ulmer 2:860–863, Friedmann 167).

[208] PesR 40,5 §18 (Ulmer 2:878, Friedmann 169); ähnlich auch PesK 23,3 (Mandelbaum 336–337) mit Bezug auf den gleichen Psalmvers: הקב"ה עומד מכסא דין ויושב על כסא רחמי ... והופך להם מידת הדין למידת רחמים, vgl. auch PesK 23,11 (Mandelbaum 344) und WaR 29,4 zu Lev 23,24 (Margulies 3:674).

[209] mYom 8,9, Text oben S. 395.

Vom Vater als Richter

„Gleichnis von einem Königssohn, der zum Gericht vor seinem Vater erscheinen musste. Man sagte zu ihm: Flehe zu deinem Vater, solange er noch in seinem Palast ist, solange er noch nicht auf seinem Richterstuhl sitzt und über dich nach dem Maß des Rechtes urteilen muss. Deshalb sagt Hosea: ‚Kehre um, Israel, solange dein Gott noch der Herr ist' (Hos 14,2). D.h., solange er noch nach dem Maß der Barmherzigkeit urteilt, tut Buße! Denn der Heilige, gepriesen sei er, ist gnädig und barmherzig und will Buße, damit er nicht über sie das Maß des Rechtes ausüben muss."[211]

Auch für das Motiv der מדות lässt sich eine genaue Entstehungszeit kaum ausmachen. Die Begriffe selbst tauchen erst spät auf, das zugrunde liegende Motiv der Unterscheidung von Gottes Gerechtigkeit und Barmherzigkeit geht hingegen schon in biblische Zeit zurück (Ex 34,6–7; Ps 103; Ps 78,38; vgl. auch Jon 3,9; 4,2). Dass bereits Philo[212] die Verteilung der gegensätzlichen Eigenschaften Gottes auf die beiden Gottesnamen κύριος und θεός geläufig ist, zeigt, dass die Wurzeln des Motivs in die Zeit des zweiten Tempels zurückreichen. In einem Selbstzeugnis des R. Ishmael b. Elisha (bBer 7a) berichtet dieser von einer Gottesvision im (noch bestehenden) Tempel von Jerusalem, bei der die beiden מדות im Mittelpunkt standen. Und auch von R. Jose dem Galiläer (1. Jh.) ist ein entsprechendes Diktum überliefert.[213]

Das kreative Spannungsverhältnis zwischen dem strafenden Gericht und dem liebenden Erbarmen Gottes gehört auch zu den charakteristischen Grundzügen der Verkündigung Jesu.[214] Im Gleichnis Mt 18,21–35 findet sich eine Zuspitzung dieses Motivs auf eine Gerichtssituation, wie sie auch in der rabbinischen Literatur erscheint. Die zeitliche Abfolge stimmt dabei sehr eng mit den Linien der oben genannten rabbinischen Motive überein:

(1) Gerechter Richterspruch gemäß der מדת הדין (Mt 18,25)
(2) Gnädige Wendung zur Vergebung gemäß der מדת הרחמים (Mt 18,27)
(3) Zwischenzeit mit Möglichkeit zu sichtbarer תשובה (Mt 18,28)
(4) Rückkehr zur מדת הדין und endgültiges Gericht (Mt 18,34)

Vor diesem Hintergrund ist anzunehmen, dass die von vielen Auslegern empfundene Inkonzinnität im Charakter des Königs weder auf ein Missverständnis des sozialgeschichtlichen Hintergrunds (Derrett) noch auf eine konstruierte dramatische Aporie (Scott) zurückzuführen ist. Sie ist vielmehr Ausdruck des hier beschriebenen theologischen Motivs von der blei-

---

[210] PesR 44,1 §1–2, (Ulmer 2:984, Friedmann 183). Im letzten Satz liest PesR עוד י״ה אלוהך anstelle des masoretischen עד י״ה אלוהך.

[211] PesR 44,9 §19 (Ulmer 2:1006, Friedmann 185).

[212] Plant 86; Abr 124–125. Allerdings ordnet er die Namen noch umgekehrt den beiden מדות zu. vgl. Urbach, *Sages*, 1987, 452.

[213] BerR 26,6 zu Gen 6,3 (Theodor/Albeck 1:252).

[214] Vgl. dazu Lowe, *Methods*, 2000, 719–721.

benden Spannung zwischen Gerechtigkeit und Barmherzigkeit, die Gott in seiner Rolle als Richter in sich vereint. Das Gleichnis ist damit fest verankert sowohl in einem zentralen Grundzug der Verkündigung Jesu als auch in einem Grundthema jüdischer Überlieferung, dessen Wurzeln bis in vorchristliche Zeit zurückreichen und das in der rabbinischen Literatur im Motiv der מדות seinen Ausdruck findet.[215] Eine einseitige Zuordnung der „Gnade“ zur Botschaft Jesu und des „Rechts“ zum ihn umgebenden Judentum[216] greift also zu kurz. Denn das Gleichnis Jesu endet ja gerade nicht mit dem „Maß der Barmherzigkeit“, sondern mit dem „Maß des Rechts“. Und auch V. 35 enthält den Aspekt der Strafe im Hauptsatz, den der Vergebung nur im untergeordneten Nebensatz. Auch der von Scott konstruierte Gegensatz zwischen Gleichniserzählung und Reich Gottes[217] beruht eher auf einem Klischee als auf einer zutreffenden Sicht des jüdischen Hintergrundes:

„God's is a kingdom based not on justice – like for like – but, by implication, on mercy. [...] A profound irony in this parable is that the accounting is supposed to set things alright. By appealing to the hierarchical structure to bring right order, the servants have instead brought chaos. [...] A hearer is entrapped in a web of evil that results from the attempt to bring justice, or what the hearer and fellow servants judge to be justice. [The parable demands] unlimited mercy as the counterworld to justice.“[218]

Ebenso wenig kann eine Polarisierung zwischen vorösterlicher und nachösterlicher Situation[219] den Gegensatz auflösen. Das gleiche gilt für eine entsprechende Aufteilung zwischen jesuanischem Gleichnis und matthäischer Auslegung:

„God is merciful and all who receive God's mercy must also be merciful towards others. This is, no doubt, the impressive teaching of the parable. However in stopping here one runs the risk of neglecting the christological dimension of the parable. Jesus has not only come to bring a teaching. In himself, in his appearance on earth, God's compassion is manifested; in Jesus that mercy has taken a concrete, personified human form. Jesus alone could proclaim God's goodness and exhort his hearers to the appropriate answer with messianic authority.“[220]

---

[215] Vgl. Buckley, *Seventy Times Seven*, 1991, 85: „The parable ... revolves about the surpassing mystery which encompasses the interplay of judgment and mercy.“

[216] Vgl. Donahue, *Gospel*, 1988, 77: „The master says, in effect: Even given your predisposition to view the world through the eyes of strict justice, you should have seen that the mercy which was right in your own case was also owed to your fellow servant“; ders., 77: „What is called for is a totally new way of viewing the world which shatters misunderstandings of the justice of God. [...] Behind the image of the king stands the God of Jesus who summons people to be forgiving because they have experienced forgiveness“.

[217] Scott, *Hear then*, 1989, 279: „...the transference is not on the basis of similarity but of dissimilarity or juxtaposition. There is then a gap between story and kingdom.“

[218] Scott, *Hear then*, 1989, 279–280. Zur Gleichsetzung dieses „bösartigen“ Gerechtigkeitsverständnisses mit dem jüdischen vgl. ebd., 278.

[219] Derrett, *Parable*, 1970, 44.

[220] Lambrecht, *Treasure*, 1992, 63–64.

„From the addition of verse 35 it appears that, in his application, Matthew one-sidedly directs his attention to threat and punishment."[221]

Wird das Gleichnis, zusammen mit seiner Auslegung, in den Kontext der vergleichbaren jüdischen Texte und Traditionen eingeordnet, erübrigt sich der Versuch einer solchen Aufteilung. Es wird deutlich, dass die Spannung zwischen Gericht und Gnade ein bewusst eingesetztes Motiv ist, das erst in seiner Polarität dem Gleichnis seinen Sinn und seine Tiefe verleiht. Es prägt nicht nur die gesamte Verkündigung Jesu, sondern auch das biblische Gottesbild wie auch die rabbinischen Traditionen rund um Schuld, Vergebung und das Gericht Gottes. Diese Spannung auf historischer, literarischer oder dramatischer Ebene auflösen zu wollen, muss zwangsläufig zu einem Missverständnis des Gleichnisses führen.[222]

2.4.5 *Das Verhältnis zu Gott und den Mitmenschen*

Im letzten Vers der Perikope wird ein Bezug hergestellt zwischen Gottes Vergebung und der Vergebung zwischen Menschen. Ausleger haben diesen Schluss des Gleichnisses als sekundäre, dem Gleichnisinhalt fremde Deutung bezeichnet.[223] Betrachtet man jedoch die Texte und Traditionen im Rahmen der bisher beschriebenen Sinnzusammenhänge von Schuld, Vergebung, Buße und den jüdischen Herbstfesten, ist das Motiv der Reziprozität von Gottesbeziehung und Beziehung zu den Mitmenschen hier durchaus nicht fremd, sondern im Gegenteil mit diesen Traditionen fest verbunden. In der bereits oben (S. 395) zitierten Bestimmung der Mischna zum Versöhnungstag wird zunächst eine Situation geschildert, die an die Frage des Petrus aus Mt 18,21 erinnert: Was geschieht, wenn jemand immer wieder sündigt? Anschließend wird, wie im von Jesus erzählten Gleichnis, auf den Zusammenhang von Vergebung gegenüber Gott und gegenüber den Mitmenschen verwiesen und die Notwendigkeit der Aussöhnung mit dem Mitmenschen betont:

„Sagt jemand: ich will sündigen und Buße tun, wieder sündigen und Buße tun (אחטא ואשוב אחטא ואשוב), dem wird nicht Raum zur Buße gegeben (von Gott). (Sagt er,) ich will sündigen und der Versöhnungstag mag es sühnen, so wird es der Versöhnungstag nicht sühnen. Sünden, die sich zwischen Menschen und der höchsten Stelle [Gott] abspielen, sühnt das Sühnfest, aber die, welche sich zwischen jemand und seinem Nächsten (לחבירו) abspielen, sühnt das Sühnfest nur, wenn er seinen Nächsten zuvor begütigt hat.

---

[221] Lambrecht, *Treasure*, 1992, 67.

[222] Vgl. dazu auch Snodgrass, *Stories*, 2008, 70–73: „Along with the focus on mercy in both Matthew and Jesus is a focus on judgement" (72).

[223] Vgl. Dietzfelbinger, *Gleichnis*, 1972, 440 und Scott, *Hear then*, 1989, 268. Aber schon Jülicher, *Gleichnisreden*, 1910, 310 spricht von der „Versuchung, das Evangelium nach dem protestantischen Dogma zurechtzurücken" und Derrett, *Parable*, 1970, 43f. erklärt: „Mt xviii.35 [...] applies the parable exactly."

[…] R. Aqiba sagte: ‚Heil euch, ihr Israeliten. Von wem werdet ihr gereinigt und wer reinigt euch? Euer Vater im Himmel!‘ (אביכם שבשמים)“[224]

Wie im Gleichnis wird auch hier deutlich, dass echte Buße sich im Verhalten gegenüber dem Mitmenschen erweist. Wo diese nicht erfolgt, fällt das endgültige Urteil (hier am Versöhnungstag) negativ aus. Genau das ist auch die Aussage von Mt 18,21–35: Im Gleichnis selbst ist dieser Zusammenhang durch das Nebeneinander von Schulden gegenüber dem König und dem Mitknecht hergestellt. In der Anwendung Mt 18,35 wird dieses dann durch das auch von R. Akiba angeführten Nebeneinanders von „Vater im Himmel“ und den „Brüdern“ abgebildet.

Der Gedanke einer Reziprozität des Verhaltens gegenüber Gott und gegenüber den Mitmenschen ist in der jüdischen Tradition ebenso geläufig wie im Neuen Testament.[225] Die Verpflichtung zur Vergebung ist dabei bereits biblisches Gemeingut.[226] Die direkte Verknüpfung von menschlichem und göttlichem Handeln jedoch taucht, sieht man von der kurzen Episode Ri 1,7[227] ab, zuerst in Sir 28,1–9 auf:

„Wer sich rächt, an dem wird sich der Herr wieder rächen
und wird ihm seine Sünden auch anrechnen.
Vergib deinem Nächsten, was er dir zuleide getan hat,
so werden auch dir deine Sünden vergeben, wenn du darum betest.
Ein Mensch hält gegen den andern am Zorn fest – und will bei dem Herrn Gnade suchen?
Er ist unbarmherzig gegen seinesgleichen – und will für seine Sünden bitten?
Er ist nur Fleisch und Blut und hält am Zorn fest – wer will denn ihm seine Sünden vergeben? Denk an das Ende und lass die Feindschaft fahren.
Denk an das Verderben und an den Tod und bleibe bei den Geboten.
Denk an die Gebote und lass deinen Groll gegen deinen Nächsten.
Denk an den Bund des Höchsten
und vergib, was dein Nächster gefehlt hat, ohne es zu wissen.“ (Sir 28,1–9)

Bei Philo und in TSeb finden sich ähnliche Gedanken einer Reziprozität, die sich dann auch in der rabbinischen Literatur niederschlagen:[228]

„[R. Judah sagte im Namen von R. Gamaliel:] Solange du barmherzig bist, wird ER auch mit dir barmherzig sein.“ (tBQ 9,30, ed. Liebermann 4:49)

---

[224] mYom 8,9, (Meinhold 72–73); der zweite Teil des Absatzes hat Parallelen in Sifra אחרי מות Pereq 8 (§186) zu Lev 16,3 (Weiss 63a); yYom 8,8–10 (44c), ed. Schäfer/Becker II,1–4:213.

[225] Mt 6,12 par. Lk 11,4; Mt 6,14; Mt 5,45.48.

[226] Lev 19,17–18; Ps 18,25–26; Spr 20,22; Spr 24,29; Spr 25,21–22.

[227] „Wie ich getan habe, wird Gott mir zurückzahlen“ (כַּאֲשֶׁר עָשִׂיתִי כֵּן שִׁלַּם־לִי אֱלֹהִים).

[228] Philo SpecLeg 4,187 nennt τὸ ἕπεσθαι θεῷ als Ideal eines guten Herrschers; TSeb 5,3, ed. JONGE, *Testaments*, 1978, 96: ἔχετε οὖν ἔλεος ἐν τοῖς σπλάγχνοις ὑμῶν, τέκνα μου, ὅτι ὡς ἄν τις ποιήσει τῷ πλησίον αὐτου οὕτως καὶ ὁ κύριος ποιήσει αὐτῷ; dt. BECKER, *Testamente*, 1974, 88: „Habt nun Erbarmen in eurem Inneren [...]. Denn wie jemand mit seinem Nächsten handelt, so wird der Herr auch ihm tun.“

„[R. Gamliel Berabbi sagte:] wer sich seiner Mitmenschen erbarmt, dessen erbarmt man sich im Himmel, und wer sich seiner Mitmenschen nicht erbarmt, dessen erbarmt man sich auch nicht im Himmel." (bShab 151b, dt. Goldschmidt I:922)

„Wie der Ort [d.h. Gott] ‚barmherzig' genannt wird, so sei auch du barmherzig. Der Heilige, g.s.er! wird ‚gnädig' genannt, auch du sei gnädig, wie es heißt: ‚Barmherzig und gnädig ist er' usw. (Ps 103,8). Und gib Gaben ohne Entgelt. Der Ort wird ‚gerecht' genannt, wie es heißt: ‚Gerecht is J', er hat Gerechtigkeit lieb' (Ps 11,7). So sei auch du gerecht. Der Ort wird ‚gütig' genannt, wie es heißt: ‚Denn ich bin gütig, spricht J' (Jer 3,12). So sei auch du gütig."[229]

Die folgende Episode bringt die Notwendigkeit zur Aussöhnung in unmittelbaren Zusammenhang mit dem Versöhnungstag und verknüpft sie mit einem häufig zitierten Diktum Rabas über den Verzicht auf Vergeltung:

„Einmal las Rabh vor Rabbi Abschnitte vor, und als R. Hija eintrat, begann er [den Abschnitt] von vorne; hier auf trat Bar Qappara ein, und er begann wiederum von vorne; hierauf trat R.Simon, der Sohn Rabbis, ein, da begann er wiederum von vorne; als aber hierauf R.Hanina b. Hama eintrat, sprach er: So oft abermals wiederholen! Er wiederholte ihn nicht, und R.Hanina nahm es ihm übel. Hierauf ging Rabh zu ihm an dreizehn Vorabenden des Versöhnungstages, er ließ sich aber nicht besänftigen. – Wieso tat Rabh dies, R.Jose b.Hanina sagte ja, wer seinen Nächsten um Verzeihung bittet, brauche dies nicht mehr als dreimal[230] zu tun!? – Anders Rabh. – Wieso tat dies R.Hanina, Raba sagte ja, wer Unbill übergeht, dem übergehe man alle seine Sünden!?[231] – [...] Welches ist [das Zusatzgebet zum Versöhnungstag]? Rabh sagte: ‚Du kennst die Geheimnisse der Welt' (אתה יודע רזי עולם). Semuel sagte: ‚Aus der Tiefe des Herzens[232] (ממעמקי הלב).'"[233]

Mt 5,23–24 und Mk 11,25 bringen die Notwendigkeit zwischenmenschlicher Vergebung in die gleiche unmittelbare Verbindung mit dem Gebet bzw. dem Opfer: Bevor Vergebung von Gott erbeten werden kann, müssen Konflikte zwischen Menschen ausgeräumt werden.[234] Eine ganz ähnliche Situation, ebenso in Verbindung mit dem Sühne-Opfer, wird zudem auch in der Tosefta beschrieben.[235] Die engste Parallele zu Mt 18,35 liegt jedoch in der Vergebungsbitte des Vaterunsers (Mt 6,12 par. Lk 11,4) und in der Vergebungsklausel, die nur bei Mt auf das Vaterunser folgt: Wie bereits oben erwähnt, verwendet Mt 6,12 das vermutlich ursprünglichere ὀφειλήματα, während Lk 11,4 den monetären Begriff durch ἁμαρτίας ersetzt hat. Ein weiterer Unterschied besteht aber auch im Gebrauch der Tempora: Während Lk 11,4 die Präsensform ἀφίομεν verwendet, hat Mt 6,12 den Aorist

229 SifDev §49 zu Dtn 11,22 (Finkelstein 114, dt. Bietenhard 183).
230 Vgl. Mt 18,21–22.
231 Vgl. Mt 18,35; für dieses Wort Rabas vgl. auch bYom 23a, bMeg 28a.
232 Vgl. Mt 18,35.
233 bYom 87a–87b (dt. Goldschmidt III:260–261).
234 Lk 12,58–59 par. Mt 5,25–26 beschreibt die gleiche Situation. Die Auslegung geht hier gewöhnlich von einer zivilrechtlichen Gerichtsszene aus. Möglich ist aber auch ein Bezug auf die Gerichtssymbolik der Herbstfeste.
235 tBQ 10,16–18 (Liebermann 4:53).

ἀφήκαμεν. Der Wortlaut von Did 8,2 hat, obwohl er im Vokabular der Mt-Fassung folgt, anstelle des Aorists ebenfalls eine Präsensform (ἀφίεμεν).[236] Josephine Massingberd Ford hat argumentiert, dass die matthäische Fassung auf eine ursprüngliche Verwendung des Vaterunsers im liturgischen Zusammenhang der Herbstfeste hindeute, zumindest was die matthäische Gemeinde betreffe:[237]

„If St. Matthew's Pater N. were recited on Yoma after the period of Teshuvah when reconciliation between men was made then it is understandable why the worshippers prayed: ‚Forgive us our debts as (ὡς) indeed (emphatic καί) we have made reconciliation with our fellow men, i.e. we have fulfilled the necessary conditions.' [...] Thus the Matthean form of the Pater Noster for use in the Jewish-Christian community on the liturgical occasion of Yom Kippur, a use not germane to the Lucan audience."[238]

Auch andere Teile der Bergpredigt legen eine solche Nähe zum Versöhnungstag nahe, wie etwa die nur bei Mt enthaltene Vergebungsklausel Mt 6,14–15 sowie der Dreischritt von Almosen, Gebet und Fasten in Mt 6,1–18, der seine Entsprechung findet in der rabbinischenTradition von den ‚drei Dingen, die ein nachteiliges Urteil ändern' hat (vgl. oben S. 270).

2.5 Das Gleichnis in seinem literarischen Kontext

2.5.1 Die Einleitung (Mt 18,21–22)

Viele Ausleger haben angemerkt, dass die Einleitung des Gleichnisses (V. 21–22) nicht zum eigentlichen Gleichnis (V.23–32) passe, da das Gleichnis keine geeignete Antwort auf die Frage des Petrus darstelle.[239] Da die beiden Verse der Einleitung außerdem eine Parallele in Lk 17,3–4 haben, das Gleichnis selbst aber nicht, wird gewöhnlich davon ausgegangen, dass die Einleitung aus Q stammt, das Gleichnis selbst jedoch aus matthäischem Sondergut bzw. aus der matthäischen Redaktion. Im Blick auf die bisher festgestellten Parallelen des Gleichnisses zu ähnlichen jüdischen Traditionen ist allerdings zu fragen, ob der Unterschied zwischen Gleichnis und Einleitung wirklich so gravierend ist, und nicht doch ein enger innerer Zusammenhang zwischen beiden Textteilen besteht. Das Fehlen des Gleichnisses bei Lukas hingegen kann ebenso auf eine lukanische Auslassung wie auf eine matthäische Hinzufügung zurückgehen.[240]

---

[236] Wengst, *Didache*, 1984, 78.

[237] Massingberd Ford, *Forgiveness Clause*, 1968, 128.

[238] Ebd., 130.

[239] Jülicher, *Gleichnisreden*, 1910, 313; Grundmann, *Matthäus*, 1971, 245; Scott, *Hear then*, 1989, 268; Donahue, *Gospel*, 1988, 73; Lambrecht, *Treasure*, 1992, 56; Snodgrass, *Stories*, 2008, 67; Roose, *Aufleben*, 2007, 450.

[240] Vgl. dazu im weiteren S. 473ff.

Der behauptete Gegensatz zwischen Gleichnis und Rahmen hängt oft mit dem angenommenen Gleichnisinhalt zusammen: So geht es für Grundmann[241] in dem Gleichnis um eine Gegenüberstellung von jüdischem Vergebungsverständnis, das nur eine begrenzte Wiederholung zulasse, und christlichem Verständnis, dem zufolge Vergebung unbegrenzt wiederholt werde. Entsprechend dieser Deutung vermisst Grundmann im Gleichnis den Aspekt der Wiederholung.[242] Aus dem Vergleich mit den jüdischen Texten zur Vergebung und zu den Herbstfesten wird allerdings deutlich: Weder ist das jüdische Vergebungsverständnis in der eingangs beschriebenen, von Jülicher, Grundmann u.a. angenommenen Weise (vgl. S. 405ff.) begrenzt, noch ist die Vergebung im Gleichnis Jesu unbegrenzt oder bedingungslos. Im Gegenteil, das Gleichnis endet ja mit dem Gericht, zeigt also deutlich die Grenze der Vergebung. Worum es sowohl bei Jesus als auch in den rabbinischen Texten geht, ist die Aufrichtigkeit der tätigen Buße als Bedingung für die Vergebung.

Donahue[243] unterscheidet zwischen „Quantität" (V. 21) und „Qualität" (V. 23–32) der Vergebung. Aber diese Unterscheidung greift ebenfalls nicht: Denn auch das Gleichnis arbeitet ja gerade mit einer quantitativen Bemessung der Schuld und der Vergebung (10.000 Talente/100 Dinare). Ebenso wenig fragt die Einleitungsfrage rein quantitativ nach der Wiederholbarkeit der Vergebung, sondern nach dem Sinn von Vergebung angesichts ausbleibender Buße oder Verhaltensänderung. In beiden Textabschnitten ist also die Quantität lediglich vordergründig, während die qualitative Frage der aufrichtigen Buße beiden Teilen inhaltlich zugrunde liegt. Auch hier liegt also kein Grund vor, Einleitung und Gleichnis voneinander zu trennen. Zudem ist in der sprachlichen Analyse deutlich geworden, dass nicht nur das Gleichnis selbst, sondern auch die Einleitung Merkmale eines hebräischen Sprachhintergrundes aufweisen. Das Gleichnis kann also durchaus schon ursprünglich mit seiner Einleitung eine Einheit gebildet haben.[244] Ebenfalls sprachliche Gründe sprechen jedoch dafür, dass die Stilisierung der zugrunde liegenden Ausgangsfrage zu einer Petrusfrage (τότε προσελθὼν ὁ Πέτρος) tatsächlich auf die Hand der Redaktion zurückgeht.

---

[241] Grundmann, *Matthäus*, 1971, 245–246.

[242] Ebenso schon Jülicher, *Gleichnisreden*, 1910, 313, und Scott, *Hear then*, 1989, 268: „The parable furnishes an example of forgiveness, although a poor one, for it contains no repeated forgiveness".

[243] Donahue, *Gospel*, 1988, 73.

[244] So auch Snodgrass, *Stories*, 2008, 67, der zwar ebenfalls auf die inhaltlichen Diskrepanzen zwischen Einleitung und Gleichnis hinweist, aber folgert: „The parable is not, and was not intended to be, an illustration of 18:21–22. In keeping with Matthew's use, διὰ τοῦτο („because of this") in v.23 indicates a connection rather than an example of proof. This is the case in seven of the ten times he uses the phrase"; ähnlich Roose, *Aufleben*, 2007, 449.

2.5.2 Der Abschluss (Mt 18,35)

Auch die Anwendung des Gleichnisses in V.35 wird, wie gesehen, oft als redaktionelle Zufügung erklärt, die dem jesuanischen Gleichnis einen neuen, erst vom Redaktor eingeführten, Sinn gebe.[245] Der Vergleich mit anderen rabbinischen Gleichnissen hat jedoch dreierlei gezeigt: Zum einen ist V. 35, ebenso wie das Gleichnis selbst und seine Einleitung, in gleicher Weise durch einen hebräischen Sprachhintergrund gekennzeichnet. Zweitens ist die Applikation, angeschlossen mit כך oder כן, ein integratives Strukturelement vieler rabbinischer Gleichnisse.[246] Und drittens steht V. 35 auch inhaltlich in engem Bezug zur Begriffs- und Vorstellungswelt des Gleichnisses wie auch der rabbinischen Vergleichstexte. Alle diese Befunde deuten darauf hin, dass die Anwendung integraler Bestandteil der Gleichniserzählung ist.[247]

2.5.3 Der Kontext der Gemeinderegel (Mt 18)

Der weitere Kontext des Gleichnisses ist die sogenannte „Gemeinderegel" des Matthäus (Mt 18).[248] Auch hier wird ein ursprünglicher Zusammenhang mit dem Gleichnis weithin bestritten: Mt habe hier aus verschiedenen, in Mk, Q und anderen, teilweise bereits in Sammlungen zusammengefassten, Quellen vorliegenden Einzelüberlieferungen seine Gemeindeordnung zusammengestellt.[249] Das Gleichnis von der Schuldabrechnung des Königs habe er selbst erst in diesen Zusammenhang eingefügt:

> „Schon ohne alle Lc-Parabeln zu berücksichtigen, würden wir bei Mt 18 den Eindruck einer nicht völlig gelungenen Zusammensetzung verschiedenartiger Stoffe behalten."[250]

---

[245] Gnilka, *Matthäus II*, 1988, 144. Dietzfelbinger, *Gleichnis*, 1972, 437; auch Luz, *Matthäus III*, 1997, 68, der zuvor ausführlich gegen Dekompositionstendenzen eintritt, hält V. 35 für redaktionell.

[246] Vgl. z.B. das Gleichnis vom Darlehen an einen Freund (oben S. 416), vom klugen Schuldner (oben S. 420), von den Stadtherren, die dem König entgegengingen (oben S. 417), von der Ermordung des Steuereintreibers (oben S. 418) und von der vergessenen Schuld (oben S. 422), sowie das Urteil von Flusser, *Gleichnisse*, 1981, 63 (oben S. 409 Anm. 17) und ebd., S. 69: „Die Deutung ist echt und gehört zum Gleichnis, auch wenn dieses ohne die Deutung ganz gut verständlich wäre."

[247] So auch Snodgrass, *Stories*, 2008, 69–70; vgl. auch ebd., 6, zur grundsätzlichen Tendenz, Gleichniseinleitungen und -abschlüsse als sekundär zu qualifizieren.

[248] Für eine Einordnung des Gleichnisses in diesen Zusammenhang vgl. Pesch, *Gemeindeordnung*, 1963; Luz, *Matthäus III*, 1997, 7–9; Carter/Heil, *Parables*, 1998.

[249] Vgl. Bultmann, *Geschichte*, 1970, 161; Luz, *Matthäus III*, 1997, 7–8; Gnilka, *Matthäus II*, 1988, 135; Gnilka, *Matthäus II*, 1988, 135–136 und 144; Donahue, *Gospel*, 1988, 72; Roose, *Aufleben*, 2007, 450.

[250] Jülicher, *Gleichnisreden*, 1910, 302.

Eine eingehende kompositionsgeschichtliche Untersuchung des gesamten Materials der Gemeinderegel ist im Rahmen der vorliegenden Untersuchung nicht möglich. Der motivgeschichtliche Vergleich mit Texten aus der jüdischen Tradition jedoch hat jedoch gezeigt: Ein innerer Zusammenhang der Motive von Sünde gegen den Bruder, Sorge um die Verirrten, brüderlicher Zurechtweisung sowie Buße und Vergebung, wie er in Mt 18 erscheint, existiert auch in anderen jüdischen Texten. Gemeinsamer Ausgangspunkt für solche Texte die bereits oben (S. 438) zitierte Gemeinschaftsregel aus Lev 19,17–18. Bereits dort wird der Zusammenhang von Hass (לא־תשנא) gegen den Bruder (אחיך) „im Herzen" (בלבבך), von Zurechtweisung (הוכח תוכיח), Sünde (חטא) und Groll gegen den Mitmenschen (ולא־תטר) hergestellt. Weiter ausgestaltet erscheint diese Motivkette in TGad 6:

„Und jetzt, meine Kinder, liebt jeder seinen Nächsten, und rottet den Hass aus eurem Herzen aus. Liebt euch gegenseitig in Tat und Wort und Gesinnung der Seele. Denn ich redete vor dem Angesicht meines Vaters friedliche Worte zu Joseph. Doch war ich hinausgegangen, verfinsterte der Geist des Hasses meinen Verstand und verwirrte mein Denken, ihn zu töten. Liebt einander von Herzen! Und wenn jemand gegen dich sündigt, so sage es ihm friedlich. Und halte in deiner Seele die List nicht fest. Und wenn er Buße tut und bekennt, vergib ihm. Streitet er ab, sei nicht bei ihm auf (deinen) Sieg aus, damit er nicht schwört und du doppelt sündigst. [...] Wenn er jedoch abstreitet und sich scheut, überführt zu werden, gib Ruhe (und) überführe ihn nicht. Denn der, der (aus Scheu) abstreitet, tut Buße, so dass er sich nicht mehr gegen dich verfehlt, und sich fürchtend, hält er Frieden. Ist er jedoch unverschämt und beharrt er auf der Bosheit, dann vergib ihm auch so von Herzen und überlass Gott die Vergeltung."[251]

In ganz ähnlicher Weise werden die Motive auch in den Texten von Qumran verknüpft, und zwar sowohl in vorqumranischen Traditionen als auch in den gemeinschaftseigenen Regeln.[252] So liegt schon in dem oben (S. 440) zitierten Text CD VI:11–VII:2 in ganz ähnlicher Weise wie in TGad 6 eine paraphrasierende Anwendung von Lev 19 auf das Leben in brüderlicher Gemeinschaft vor. Erneut erscheinen die gleichen Motive dann in CD IX:2–8 und IX:16–X:1:

„Und so hat er gesagt: Du sollst dich nicht rächen (לא תקום) und sollst keinen Groll bewahren (לא תטור) gegen die Söhne deines Volkes (Lev 19,18). Und jeder Mann von denen, die in den Bund eingetreten sind, der gegen seinen Nächsten (על רעהו) eine Sache vorbringt, ohne ihn vor Zeugen zurechtgewiesen zu haben (לא בהוכח לפני עדים), oder der in grimmigem Zorn (בחרון אפו) sie vorbringt oder sie einem Ältesten erzählt, um ihn verächtlich zu machen, der ist einer, der sich ‚rächt und Zorn bewahrt'. Es steht aber nur geschrieben: Er übt Rache an seinen Gegnern und bewahrt Groll gegenüber seinen Feinden (Nah 1,2). Wenn er ihm gegenüber schweigt von einem Tag zum anderen und (dann) in seinem grimmigen Zorn über ihn spricht, so hat er in einer todeswürdigen Sache gegen

251 TGad 6,1–7, ed. Jonge, *Testaments*, 1978, 131–133. Dt. Becker, *Testamente*, 1974, 110–111; vgl. Charles, *Forgiveness*, 1908, 503: „So perfect are the parallels in thought and diction [...] that we must assume our Lord's aquaintance with them".

252 Vgl. dazu Kampen, *Significance*, 2000; Gnilka, *Matthäus II*, 1988, 138–139.

ihn Zeugnis gegeben, weil er nicht das Gebot Gottes erfüllte, der ihm gesagt hat: Du sollst deinen Nächsten zurechtweisen (הוכח תוכיח) und dir nicht um seinetwegen Sünde aufladen (Lev 19,17).“ (CD IX:2–8, ed. Lohse 83–85)

„Für jede Sache, in der sich jemand gegen das Gesetz vergeht, und sein Nächster sieht es, ist aber allein, gilt: Ist es eine todeswürdige Sache, so soll er ihn in seinem Beisein unter Zurechtweisung (בהוכיח) dem Aufseher (למבקר) anzeigen, und der Aufseher soll es eigenhändig aufschreiben, bis er es abermals vor jemandem tut und der ihn wiederum dem Aufseher anzeigt. Wenn er abermals ertappt wird vor jemandem, so ist die Verurteilung vollendet. Und sind es zwei, die Zeugnis ablegen wegen einer Sache, so soll der Mann ausgeschlossen werden von der Reinheit – unter der Voraussetzung, dass sie glaubwürdig sind. Und an demselben Tag, an dem der Mann es gesehen hat, soll er es dem Aufseher anzeigen. Und handelt es sich um eine Vermögenssache, so sollen sie zwei glaubwürdige Zeugen annehmen, aber aufgrund eines (Zeugen) kann man von der Reinheit ausschließen.“ (CD IX:16–X:1, ed. Lohse 85–87)

Die Häufigkeit der Kopien dieses Textes in Qumran[253] zeigt, dass er für die Gemeinschaft von Qumran von prägender Bedeutung war. Zudem deutet die Beschreibung von Einzelfällen in 4Q477 (= 4QRebukes) darauf hin, dass die hier vorgeschriebenen Zurechtweisungen auch ganz praktisch in die Tat umgesetzt wurden. Ein Blick auf den weiteren Kontext der oben angeführten Regel innerhalb der Damaskusschrift zeigt zudem eine enge Verknüpfung des Motivs der Zurechtweisung mit anderen Motiven, die ebenfalls in Mt 18 erscheinen: Dazu zählen die Motive von der Ermahnung der Abgeirrten[254], das Bild von den verirrten Schafen[255], dem Ausschluss aus der Gemeinschaft[256], die Motive von der aufrichtigen Umkehr „im Herzen“[257], dem Verhalten gegenüber den Armen, Niedrigen und Unmündigen in der Gemeinschaft[258], dem Binden und Lösen[259], dem Groll gegen einen Bruder,[260] der Vergebung „wie ein Vater seinen Kindern“[261], und auch die Erwähnung des Versöhnungstags.[262] Noch genauer auf das Gemeinschaftsleben der eigenen Gruppe werden diese Regeln der Zurechtweisung dann in der „Gemeinderegel“ 1QS V:24–VI:1:

[253] 4Q266 (=4QD^{a}) 10 i–ii; 4Q267 (=4QD^{b}) 9 vi; 4Q270 (=4QD^{e}) 7 i–iii.

[254] CD I:13 (Lohse 66); II:16–17 (Lohse 68); III:4–5 (Lohse 70); XIX:17 (Lohse 102); 4Q270 (=4QD^{e}) 7 i:8 (Parry 1:156).

[255] CD XIII:9 (Lohse 94); XIX:7–9 (Lohse 100); 4Q266 (=4QD^{a}) 11:10.13 (Parry 1:110).

[256] CD XIX:35 (Lohse 104)

[257] CD XIII:12 (Lohse 98); 4Q270 (=4QD^{e}) 7 i:19 (Parry 1:158).

[258] CD VI:21 (Lohse 78); XIV:14 (Lohse 96); 4Q266 (=4QD^{a}) 10 i:7–9 (Parry 1:106).

[259] CD XIII:9 (Lohse 94); XVI:7–8 (Lohse 98)

[260] CD VII:2 (Lohse 78); VIII:6 (Lohse 80); XIII:18 (Lohse 94); XIX:18 (Lohse 102); 4Q270 (=4QD^{e}) 7 i:10 (Parry 1:156).

[261] CD XIII:9 (Lohse 92).

[262] CD VI:19 יום תענית (Lohse 78).

„Man soll zurechtweisen (להוכיח), ein jeder seinen Nächsten (איש את רעהו) in Wahrheit und Demut und huldvoller Liebe untereinander. Keiner soll zu anderen sprechen in Zorn oder Murren oder Halsstarrigkeit oder im Eifer gottlosen Geistes. Und er soll ihn nicht hassen in seinem (unbeschnittenen) Herzen (בעורלת לבבו); sondern am selben Tage soll er ihn zurechtweisen, aber nicht soll er seinetwegen Schuld auf sich laden. Ferner soll niemand gegen seinen Nächsten eine Sache vor die Vielen (הרבים) bringen, wenn es nicht vorher zur Zurechtweisung vor Zeugen gekommen ist." (1QS V:24–VI:1, ed. Lohse 21)

In den darauf folgenden Ausführungsbestimmungen 1QS VI:24–VII:25 wird dann die Bestrafung desjenigen angeordnet, der seine Schulden nicht zurückzahlen kann (VII:6–8), sowie desjenigen, der die Rache in die eigene Hand nimmt (VII:9). Auch die Quantifizierung der Schuld taucht auf (VII:10–11): Verlässt jemand ohne Genehmigung eine Versammlung, so wird er das erste und zweite Mal mit zehn Tagen Strafe belegt, ab dem dritten Mal jedoch mit dreißig Tagen. In VII:18 ist die Rede von „einem Menschen, der abirrt von der Lehre der Yahad, die Wahrheit verlässt und in seinem Herzen verstockt ist", während in VII:19 die Rückkehr in die Gemeinschaft unter der Bedingung der Buße (אם ישוב) gewährt wird. All diese Motive finden eine Entsprechung in der „Gemeinderegel" des Mt-Ev. Und auch in dem oben (S. 449) bereits ausführlich zitierten Abschnitt aus 1QS X:16–XI:1 wird ein Zusammenhang zwischen der Gnade Gottes (חסדיו), dem Tag des Gerichts (משפט כול חי), Schuld und Strafe in monetärer Begrifflichkeit (ישלם לאיש גמולו), Groll (לוא אטור באף), Buße (לשבי פשע), der Zurechtweisung der Abgeirrten (להודיע לתעי רוח בינה), die Abkehr von Unbußfertigen, solange sie nicht umkehren (לוא אנחם בנכאים עד תום דרכם) sowie die Haltung im Herzen (בלבבי) hergestellt.

Auch in dem liturgischen Text 4Q286 (=4QBer[a]) 13–20 werden dieselben Motive in einen engen Zusammenhang gebracht.[263] Und schließlich sind sie auch in 4Q416 (=4QInstruction[b]) und 4Q417 (=4QInstruction[c]) miteinander kombiniert:[264] Zwar ist der genaue Sinnzusammenhang in diesen fragmentarischen Texten nur noch schwer rekonstruierbar, doch werden die Motive des Gerichtes Gottes[265], der Sündenvergebung[266], der brüderli-

---

[263] Vgl. Parry 5:442: Brüderliche Zurechtweisung und Vergebung (יוכיחנו וירחם, 20:2); Abirren und Umkehr (שגה בשובו, 13:1, früher 14:1); das Verbot, dem Umkehrenden zu grollen (אל יטור, 13:2, früher 14:2) oder die Vergeltung selbst in die Hand zu nehmen (אל יקום לנפשו, 20:7); die Heranziehung von Zeugen bei der Zurechtweisung (בהוכיחו לפני עדים, 14:3, früher 13:3).

[264] Ed. Parry 4:92–117 (im Folgenden in eigener Übersetzung).

[265] 4Q416 (=4QInstruction[b]) 1:6.10: „Sein ist das Gericht über sie alle ... Vom Himmel wird er sein Gericht sprechen über alle Werke der Bosheit..."; 4Q417 1 i:8: „Dann wirst du unterscheiden zwischen den Guten und den Bösen nach ihren Werken. Denn der Gott der Erkenntnis ist das Fundament der Wahrheit".

[266] 4Q416 1:10:„...aber alle seine treuen Kinder werden von ihm mit Wohlgefallen angenommen werden"; 4Q416 3:4: „Groß ist das Erbarmen Gottes, und seine Gnade hat kein Ende".

chen Zurechtweisung[267], der Sorge für die Verirrten[268], der Anstoß für die Schwachen[269] wie auch die Rückzahlung von Schulden als Bild für zwischenmenschliche Aussöhnung[270] auch hier in einem zusammenhängenden Text miteinander verknüpft. Dabei besteht zudem eine begriffliche Nähe zu späteren liturgischen Gebeten der Rosch-Ha-Schana Liturgie.[271]

Es wird also deutlich, dass die Motivkette von Mt 18, die den weiteren Kontext des Gleichnisses bildet, kaum eine eigentümliche Schöpfung des Matthäus ist. Vielmehr handelt es sich um ein auch in anderen jüdischen Texten verarbeitetes Motivgeflecht, das, ausgehend von Lev 19,17–18, verschiedene Aspekte des Gemeinschaftslebens miteinander verbindet: Die Sorge um die Randständigen, das Verbot der Unversöhnlichkeit, die brüderliche Zurechtweisung sowie die Möglichkeit von Umkehr und Vergebung. Dass es sich dabei tatsächlich um ein verbreitetes Motivgeflecht handelte, wird zudem aus den späteren rabbinischen Texten deutlich, die denselben Sinnzusammenhang von Buße, Vergebung und Zurechtweisung herstellen:

„Die Rabbanan lehrten: Du sollst nicht deinen Bruder in deinem Herzen hassen (Lev 19,17). Man könnte glauben, man dürfe ihn nur nicht schlagen, nicht puffen und ihm nicht fluchen, daher heißt es: ‚in deinem Herzen', die Schrift spricht vom Hass im Herzen. Woher, daß, wenn man etwas Hässliches[272] an seinem Nächsten sieht, man ihn zurechtweisen muss? Es heißt: ‚zurechtweisen' (Lev 19,17). Woher, daß, wenn man ihn zurechtgewiesen und dieser darauf nicht geachtet hat, man ihn wiederum zurechtweisen muß? Es heißt: ‚sollst du zurechtweisen', wiederholt.[273] Man könnte glauben, auch wenn sein Gesicht sich verfärbt[274], so heißt es: ‚daß du nicht seinetwegen Sünde tragest'."[275]

[267] 4Q417 2 i:2–4: „Ohne den Vornehmen zurechtzuweisen, vergib ihm ... weise ihn alsbald zurecht, aber übersieh nicht deine eigenen Übertretungen"; 4Q417 2 i:14: „Übersieh nicht deine eigenen Sünden. Sei wie ein Demütiger, wenn du dich um ein wohlwollendes Urteil für ihn bemühst ... Dann wird Gott erscheinen, und sein Zorn wird beruhigt werden, und er wird deine Sünden vergeben. Denn vor seinem [Zorn] kann niemand bestehen, und wer wird gerecht gesprochen, wenn er richtet? Und wie kann [ein Armer vor ihm bestehen] ohne Vergebung?"

[268] 4Q417 1 i:27:„Du sollst nicht abirren nach deinem eigenen Herzen"; 4Q417 1 ii:14: „Lass dich von niemand in die Irre führen"; 4Q417 3:2: „Das Gericht über die Herde".

[269] 4Q416 2 ii:2: „In seiner Armut bringe den Armen nicht zu Fall"; 4Q416 2 ii:16: „Einen, der nicht deine Kraft hat, schlage nicht, damit du ihn nicht zu Fall bringst."

[270] 4Q416 2 ii:4–8: „So viel dir jemand geliehen hat, zahle ihm bald zurück ... Wende dich von niemandem ab, sondern suche seine Gegenwart mit Wohlwollen und in seiner Sprache, dann findest du Wohlgefallen."; 4Q417 2 i:21–24: „Wenn du dir Geld leihst, gönne dir keinen Schlaf, Tag oder Nacht, und keine Ruhe für deine Seele, bis du deinem Gläubiger deine Schulden zurückgezahlt hast."

[271] Elgvin, *Rosh Hashana Liturgy*, 2003, 63.

[272] D.h. Verwerfliches oder Anstößiges.

[273] Eine Anspielung auf die verstärkende Formulierung הוֹכֵחַ תּוֹכִיחַ in Lev 19,17.

[274] D.h. auch wenn es ihm öffentlich Schande bereitet.

[275] bAr 16b (dt. Goldschmidt XI:693–694).

Der Text orientiert sich eng an seiner Vorlage Lev 19,17–18. Aber es ist interessant, dass er in seiner Auslegung ähnliche Aspekte betont wie Mt 18, 21–35: Zunächst durch die besondere Hervorhebung des Begriffs „im Herzen“ (בלבבך, vgl. Mt 18,35), dann auch durch die Frage nach der Notwendigkeit der Wiederholung (vgl. Mt 18,21). Auch die folgende Passage aus PesR verknüpft in ähnlicher Weise verschiedene Motive miteinander, die auch in Mt 18 zu finden sind:

„Wenn es einen Streit gab zwischen einem Mann und seinem Bruder, wie kann er am Versöhnungstag Vergebung erhalten? Unsere Lehrer haben uns gelehrt: „Übertretungen zwischen einem Menschen und Gott sühnt der Versöhnungstag. Aber Übertretungen zwischen einem Menschen und seinem Mitmenschen sühnt der Versöhnungstag nicht, solange er sich nicht mit seinem Mitmenschen ausgesöhnt hat“.[276] Aber was, wenn er hingeht, um sich mit ihm zu versöhnen, aber sein Bruder weist sein Friedensangebot ab? Was soll er dann tun? R.Samuel b. Nachman sagte: Er soll sich zehn weitere Männer nehmen, sie in eine Reihe stellen und ihnen sagen: Ich habe versucht, mit diesem Frieden zu schließen, aber er will nicht hören. Weil er uneinsichtig bleibt, bitte ich nun (in eurer Gegenwart) noch einmal um Verzeihung. [...] Wenn der Heilige, gepriesen sei er, sieht, dass sich ein Mensch demütigt, dann vergibt er seine Schuld. Aber solange ein Mensch an seiner Uneinsichtigkeit festhält, wird ihm keine Vergebung zuteil.“[277]

Es wird deutlich, dass hier ein konsistentes Muster vorliegt, das sich von Lev 19 über TGad 6, die Damaskusschrift und die Regeln aus Qumran bis hinein in die rabbinische Literatur fortsetzt. Dieser Befund ist ein starkes Indiz dafür, dass die hier verarbeiteten Motive auch in Mt 18 eine ursprüngliche Einheit bildeten und nicht erst durch die matthäische Redaktion zusammengeführt wurden.[278] Denkbar wäre zwar auch, dass Mt im Blick auf eine mögliche judenchristliche Leserschaft die Motive erst nachträglich in diesen Sinnzusammenhang stellte und sie damit „re-judaisierte“. Gegen diese Annahme sprechen jedoch zusätzliche Beobachtungen im synoptischen Vergleich, die im Folgenden behandelt werden sollen.

2.6 Synoptische Beziehungen

2.6.1 Lk 17,1–4

Eine direkte synoptische Parallele haben nur die Einleitungsverse (V.21–22), und zwar in Lk 17,1–4. Dort erscheinen sie in einem Sinnzusammenhang, der auch eine Parallelüberlieferung zu Mt 18,15.6–7 einschließt (vgl. Tabelle 33). Eine literarische Beziehung zwischen Lk 17,3–4 und Mt 18, 21–22 liegt auf der Hand, jedoch weichen Wortlaut und Anordnung stark voneinander ab, so dass einer der Texte entweder stark überarbeitet wurde

---

[276] mYom 8,9 (Meinhold 72), vgl. oben S. 463.

[277] PesR 38,1 §1–2 (Ulmer 2:846–847, Friedmann 165).

[278] Ungeachtet dessen ist es natürlich möglich, dass einzelne Teile aus Mt 18 dennoch erst nachträglich in diesen Sinnzusammenhang eingefügt wurden.

	Lk 17,1–4		*Mt 18,6–7.15.21–22*
(1)	Εἴπεν δὲ πρὸς τοὺς μαθητὰς αὐτοῦ		
		(7)	Οὐαὶ τῷ κόσμῳ ἀπὸ τῶν σκανδάλων
	ἀνένδεκτόν ἐστιν		ἀνάγκη γὰρ
	τοῦ τὰ σκάνδαλα μὴ ἐλθεῖν,		ἐλθεῖν τὰ σκάνδαλα
	πλὴν οὐαὶ		πλὴν οὐαὶ τῷ ἀνθρώπῳ
	δι' οὗ ἔρχεται		δι' οὗ τὸ σκάνδαλον ἔρχεται
(2a)	λυσιτελεῖ αὐτῷ εἰ λίθος μυλικὸς	(6b)	...συμφέρει αὐτῷ ἵνα κρεμασθῇ μύλος
	περίκειται περὶ τὸν τράχλον αὐτοὺ		ὀνικὸς περὶ τὸν τράχλον αὐτοῦ
	καὶ ἔρριπται		καὶ καταποντισθῇ
	εἰς τὴν θάλασσαν		ἐν τῷ πελάγει τῆς θαλάσσης
(2b)	ἢ ἵνα σκανδαλίσῃ	(6a)	Ὃς δ' ἂν σκανδαλίσῃ
	τῶν μικρῶν τούτων ἕνα		ἕνα τῶν μικρῶν τοὺτων
			τῶν πιστευόντων εἰς εμέ...
(3a)	προσέχετε ἑαυτοῖς		
	Ἐὰν ἁμάρτῃ ὁ ἀδελφός σου,	(15)	Ἐὰν δὲ ἁμαρτήσῃ [εἰς σὲ] ὁ ἀδελφός
	ἐπιτίμησον αὐτω		σου, ὕπαγε ἔλεγξον αὐτὸν
			μεταξὺ σοῦ καὶ αὐτοῦ μόνου.
(3b)	καὶ ἐὰν μετανοήσῃ		ἐάν σου ἀκούσῃ,
	ἄφες αὐτῷ		ἐκέρδησας τὸν ἀδελφόν σοῦ
		(21)	Τότε προσελθὼν ὁ Πέτρος εἶπεν αὐτῷ
(4a)	καὶ ἐὰν ἑπτάκις τῆς ἡμέρας		κύριε, ποσάκις
	ἁμαρτήσῃ εἰς σὲ		ἁμαρτήσει εἰς ἐμὲ ὁ ἀδελφός μου
(4b)	καὶ ἑπτάκις ἐπιστρέψῃ πρὸς σὲ		(s.u.)
(4c)	λέγων μετανοῶ		
(4d)	ἀφήσεις αὐτῷ		καὶ ἀφήσω αὐτῷ;
	(s.o.)		ἕως ἑπτάκις;
		(22)	λέγει αὐτῷ ὁ Ἰησοῦς
			οὐ λέγω σοι ἕως ἑπτάκις
			ἀλλὰ ἕως ἑβδομήκοντάκις ἑπτά

Tabelle 33: Lk 17,1–4 und Mt 18,6–7.15.21–22 im synoptischen Vergleich

oder aber eine anderssprachliche Vorlage vorauszusetzen ist.[279] Die Verse stehen bei Lk in einem Zusammenhang mit den beiden vorhergehenden Versen, die ebenfalls Parallelen in Mt 18 haben:

---

[279] France, *Matthew*, 2007, 700: „The wording and structure of the two passages are so different that it may be as plausible to speak of separate traditions". Ähnlich Bock, *Luke II*, 1996, 1381: „If this was a theme repeated by Jesus, multiple renderings could well exist. Schweizer, *Lukas*, 1993, 174, rechnet mit frühen Einzeltraditionen, die in Q bereits zusammengestellt waren. Ernst, *Lukas*, 1976, 478, nimmt zwar eine Herkunft aus Q an, hält aber auch unabhängige mündliche Überlieferung für möglich.

Lk 17,1	=	Mt 18,7
Lk 17,2a	=	Mt 18,6b (par. Mk 9,42b)
Lk 17,2b	=	Mt 18,6a (par. Mk 9,42a)
Lk 17,3	=	Mt 18,15
Lk 17,4a	=	Mt 18,21a
Lk 17,4b.c	=	—
Lk 17,4d	=	Mt 18,21b
—	=	Mt 18,22

Einige Autoren erklären die Übereinstimmung zwischen Lk und Mt durch einen gemeinsamen Rückgriff auf Q. Matthäus habe das Q-Material umfangreich erweitert, während Lukas lediglich die Umkehr-Klausel V. 4b.c hinzugefügt habe.[280] Unerklärt bliebe hier allerdings die Parallele in Mk 9,42, die ja nicht nur Mt 18,6, sondern 18,6–9 umschließt. Mt und Lk hätten sich hier also unabhängig voneinander dazu entschlossen, Mk-Stoff an gleicher Stelle in ihre Q-Vorlage einzufügen, was wenig wahrscheinlich ist. Andere gehen daher von einer Mk-Q-Überlappung aus: Demnach hätten die Sprüche in verschiedenen Formen sowohl in Mk als auch in Q vorgelegen. Mt habe die beiden Fassungen miteinander verbunden, Lk jedoch die Q-Fassung ursprünglicher bewahrt.[281] Aber auch diese Erklärung lässt Fragen offen. So gibt es auch in den Stücken, die aus Mk stammen sollen, unerklärliche *minor agreements*: Warum etwa sollte Mt bei seiner Übernahme von Mk 9,42 ausgerechnet das unbedeutende τούτων aus der Q-Fassung übernommen haben? Schniewind merkt zwar an: „Man könnte geneigt sein, auch hier wieder der Überlieferung des Mt den Vorzug vor der des Mk zu geben, besonders da Mt auch in der Einzelform der Worte V.2–4 und V.6–9 deutlich die bessere Überlieferung gegenüber Mk. hat.“[282], fügt dann aber hinzu: „Doch dann wäre unerklärlich, weshalb die schöne Anordnung des Mt in die primitive Stichwort-Disposition des Mk. verwandelt worden wäre.“[283] Entsprechend geht Schniewind dann doch von einer Priorität des Mk aus, die Mt erst im hinteren Teil von Kapitel 18 durch Material aus Q ergänzt habe. Jedoch sind dann die gemeinsamen Zufügungen bei Mt und Lk auch im vorderen Teil (Mt 18,6–9 par. Lk 17,1–2) nicht erklärt. Außerdem ist die Annahme nicht zwingend, dass ein Text sich im Laufe seiner Überlieferung immer vom „Primitiven“ zum „Schönen“ entwickelt. Im Gegenteil, es ist durchaus möglich, dass eine ursprüngliche Textgestalt durch

---

[280] Bovon, *Lukas II*, 1996, 133; Ernst, *Lukas*, 1976, 477; Gnilka, *Matthäus II*, 1988, 135; Lambrecht, *Treasure*, 1992, 58; Wiefel, *Matthäus*, 1998, 327; Donahue, *Gospel*, 1988, 73; Luz, *Matthäus III*, 1997, 61; Fitzmyer, *Luke II*, 1985, 1136–1137 (nur V. 2 ist aus Mk).

[281] Marshall, *Luke*, 1978, 640; Pesch, *Gemeindeordnung*, 1963, 222–223; Thompson, *Advice*, 1970, 231.

[282] Schniewind, *Matthäus*, 1950, 196–197.

[283] Schniewind, *Matthäus*, 1950, 197.

einen Überlieferungsprozess verdorben wird (vgl. dazu oben S. 11). Allein die ästhetische Gestalt eines Textes lässt daher noch kein Urteil über seine Ursprünglichkeit zu.

Das klassische Modell der Zweiquellenhypothese wird also dem komplexen Befund in Mt 18 kaum gerecht. Die Annahme einer gemeinsamen Vorlage, die große Teile von Mt 18 enthielt und dann auch von Mk und Lk verwendet wurde, kann den Befund plausibler erklären: Aus der sprachlichen und traditionsgeschichtlichen Untersuchung von Mt 18,21–35 wurde deutlich, dass das Gleichnis und sein Rahmen mit dem weiteren Kontext von Mt 18 vielfach verknüpft sind und ein authentischer Sinnzusammenhang besteht. Im Gegensatz dazu steht Lk 17,1–4 an seinem jetzigen Ort völlig unverbunden mit dem Kontext.[284] Außerdem trägt die Formulierung von Mt 18,21, im Gegensatz zu Lk 17,3 Spuren einer semitischen Syntax, und Mt 18,22 ist mit seinem Bezug zur biblischen Vorlage vermutlich auch ursprünglicher als Lk 17,4. Ebenso enthält Mt 18,15 noch einen sprachlichen Bezug zu Lev 19,17 LXX (ὕπαγε ἔλεγξον), Lk aber nicht mehr.[285] Es ist also gut möglich, dass nicht Lukas, sondern Matthäus hier die ursprüngliche Form des Textes besser bewahrt hat. Lukas hätte dann die Vorlage, die bereits größere Teile von Mt 18 enthielt, hier nur in Auszügen übernommen. Die Einfügung der Umkehr-Klausel in Lk 17,4b.c könnte darüber hinaus ein Hinweis dafür sein, dass in der ursprünglichen Vorlage des Lk das Gleichnis von den beiden Schuldnern bereits enthalten war. Lk ließ dieses zwar weg, nahm aber dessen Kernaussage, die Notwendigkeit sichtbarer Umkehr als Vorbedingung für Vergebung, in der komprimierten Form von V.3b auf.[286] Diese Vermutung wird auch durch die weitere Beobachtung unterstützt, dass andere Reminiszenzen an Stoff und Wortlaut von Mt 18 auch an anderen Stellen des Lukas-Evangeliums auftauchen.

2.6.2 Lk 6,34–35

In Lk 6,32–40 hat Lukas in seiner Feldrede eine längere Parallele zur Bergpredigt-Passage Mt 5,39–48. Beide Texte gehen vom Gebot der Nächstenliebe Lev 19,18 aus und führen dieses dann weiter aus in Form von praktischen Regeln für das Zusammenleben. In V. 34–35 hat Lk jedoch zwei auffällige Einfügungen gegenüber Mt:

---

[284] Vgl. THOMPSON, *Advice*, 1970, 228.

[285] Weitere Indizien für eine Ursprünglichkeit des Mt bei THOMPSON, *Advice*, 1970, 23.

[286] Vgl. THOMPSON, *Advice*, 1970, 235: „This addition implies a later reflection and a characteristic understanding of the prerequisites for forgiveness." Dasselbe gilt für das Gleichnis, das Matthäus an dieser Stelle bringt. MARTIN, *Christian Obligation*, 1996–1997, 361, sieht Lk 17,4b.c ebenfalls als „interesting change" gegenüber dem mt Wort von der Zurechtweisung, und dementsprechend das matthäische Gleichnis als pendant zur lk Klausel.

Lk 6,33–36a	*Mt 5,46–48*
καὶ ἐὰν ἀγαθοποιῆτε	ἐὰν γὰρ ἀγαπήσητε
τοὺς ἀγαθοποιοῦντας ὑμᾶς,	τοὺς ἀγαπῶντας ὑμᾶς,
ποία ὑμῖν χάρις ἐστίν;	τίνα μισθὸν ἔχετε;
καὶ οἱ ἁμαρτωλοὶ τὸ αὐτὸ ποιοῦσιν	οὐχὶ καὶ οἱ τελῶναι τὸ αὐτὸ ποιοῦσιν
καὶ ἐὰν δανίσητε παρ' ὧν ἐλπίζετε λαβεῖν,	–
ποία ὑμῖν χάρις ἐστίν;	–
καὶ ἁμαρτωλοὶ ἁμαρτωλοῖς δανίζουσιν	–
ἵνα ἀπολάβωσιν τὰ ἴσα.	–
πλὴν ἀγαπᾶτε τοὺς ἐχθροὺς ὑμῶν	ἀγαπᾶτε τοὺς ἐχθροὺς ὑμῶν
καὶ ἀγαθοποιεῖτε	καὶ προσεύχεσθε ὑπὲρ τῶν διωκόντων ὑμᾶς
καὶ δανίζετε μηδὲν ἀπελπίζοντες	–
καὶ ἔσται ὁ μισθὸς ὑμῶν πολύς,	–
καὶ ἔσεσθε υἱοὶ	ὅπως γένησθε υἱοὶ
ὑψίστου,	τοῦ πατρὸς ὑμῶν τοῦ ἐν οὐρανοῖς
ὅτι αὐτὸς χρηστός ἐστιν	ὅτι τὸν ἥλιον αὐτοῦ ἀνατέλλει
ἐπὶ τοὺς ἀχαρίστους καὶ πονηρούς.	ἐπὶ πονηροῦς καὶ ἀγαθοὺς
–	καὶ βρέχει ἐπὶ δικαίους καὶ ἀδίκους
Γίνεσθε οἰκτίρμονες	ἔσεσθε οὖν ὑμεῖς τέλειοι
καθὼς καὶ ὁ πατὴρ ὑμῦν	ὡς ὁ πατὴρ ὑμῶν ὁ οὐράνιος
οἰκτίρμων ἐστίν	τέλειός ἐστιν

Tabelle 34: Lk 6,33–36a und Mt 5,46–48 im synoptischen Vergleich

Es fällt auf, dass die Terminologie des Lukas gerade in den Passagen, die er hier zusätzlich hat, an Terminologie und Inhalt von Mt 18,23–34 erinnert. Und auch in der charakteristischen Abweichung im letzten Vers (Barmherzigkeit anstelle von Vollkommenheit) steht Lk hier Mt 18,35 näher als Mt 5,48. In V. 33 fällt zudem auf, dass Lk anstelle der monetären Terminologie des Matthäus religiöse Begriffe verwendet.[287] Die gleiche Tendenz war ja schon in einer anderen Parallele, nämlich in Mt 6,12 (Lk 11,4 par.) aufgefallen.[288] In V.34 und V.35 jedoch führt Lk dann gerade diese monetäre Terminologie neu in seine Vorlage ein. Im Unterschied zum Vorvers, aber auch zu Mt 18,23–34, ist diese monetäre Begrifflichkeit jedoch hier völlig seiner bildhaften Bedeutung entkleidet wird und im rein sozialethischen Sinn verwendet. Das Bild vom Schuldner wird hier, anders als in Mt 18, nicht zum

[287] μισθὸν (Mt 5,46) wird zu χάρις (Lk 6,33); τελῶναι (Mt 5,46) wird zu ἁμαρτωλοὶ (Lk 6,33). Im Übrigen entspricht μισθός dem hebräischen שכר, das sowohl den Lohn für eine Arbeit als auch den von Gott geschenkten Lohn bezeichnen kann. Bei Lk wäre die Wahl von χάρις dann als ein Versuch zu verstehen, den Bezug auf einen Lohn im zweiten Sinn unzweideutig zu machen.

[288] Vgl. oben S. 465.

Gleichnis für zwischenmenschliche Schuld, sondern zum Bild für barmherziges Handeln gegenüber dem Nächsten. Entsprechend ist auch im Folgesatz die „Vollkommenheit“ (Mt) durch „Barmherzigkeit“ (Lk) ersetzt. Genau dies aber war ja der theologische Kern des Gleichnisses von den Schuldnern: Vergebung erfordert Buße, die sich zeigt in Barmherzigkeit gegenüber dem Mitmenschen.

Lk hat damit an dieser Stelle nicht nur eine ähnliche Terminologie, sondern auch die Aussageabsicht des Gleichnisses wiedergegeben, die er in seiner Variante des Gleichnisses Lk 17,1–4 gerade nicht übernommen hat. Möglicherweise ist Lk 6,34–35 also ein weiterer Anklang an das von ihm an der ursprünglichen Stelle ausgelassene Gleichnis. Die Auslassung an jener und Einfügung an dieser Stelle wäre erklärbar durch die Tendenz des Lk, monetäre und theologische Ausdrucksweise sauber voneinander zu trennen: So redet er in Lk 17,1–4 von Vergebung und Umkehr, vermeidet es aber dort, das Gleichnis aus dem monetären Bereich zu verwenden, und fügt stattdessen die nicht-bildliche Umkehr-Klausel 17,4b.c ein. Inhalt und Wortlaut des Gleichnisses lässt er dafür in einem anderen Zusammenhang anklingen, in dem es primär um zwischenmenschliche Beziehungen geht, und überträgt die Bildlichkeit des Gleichnisses in die Realität sozialethischen Verhaltens.

2.6.3 Lk 7,41–42

Eine weitere Reminiszenz bei Lukas, die auf eine Kenntnis des Gleichnisses Mt 18,23–34 hindeutet, liegt in Lk 7,41–42 vor, ebenfalls ein Gleichnis von zwei Schuldnern:

Lk 7,41–42	*Mt 18,23–32*
δύο χρεοφειλέται ἦσαν δανιστῇ τινι ὁ εἷς ὤφειλεν δηνάρια πεντακόσια ὁ δὲ ἕτερος πεντήκοντα.	... εἷς ὀφειλέτης μυρίων ταλάντων (V. 24) ... εἷς ὀφειλέτης (V. 24) ... ἕνα τῶν συνδούλων αὐτοῦ (V. 28)
μὴ ἐχόντων αὐτῶν ἀποδοῦναι ἀμφοτέροις ἐχαρίσατο. τίς οὖν αὐτῶν πλεῖον ἀγαπήσει αὐτόν	... μὴ ἔχοντος δὲ αὐτοῦ ἀποδοῦναι (V. 25) ... ἀπέλυσεν αὐτὸν (V. 27)

Tabelle 35: Lk 7,41–42 und Mt 18,23–32 im synoptischen Verleich

Die sprachlichen Übereinstimmungen zwischen beiden Gleichnissen sind gering, was aber auch an der Kürze des lukanischen Gleichnisses liegt. Viele Kommentatoren sehen deshalb keinerlei Bezug zwischen den beiden Texten.[289] Die wenigen vorhandenen Übereinstimmungen jedoch sind wie-

[289] FRANCE, *Matthew*, 2007, 702; GRUNDMANN/HAUCK, *Lukas*, 1969, 171 (ohne Erwähnung von Mt); ROOSE, *Rollenwechsel*, 2007, 532, sieht zwar eine inhaltliche Nähe zum

derum sehr eng im Wortlaut. Daher wird zuweilen zumindest eine gemeinsame Verwurzelung beider Gleichnisse in einem verbreiteten Gleichnismotiv angenommen.[290] Ebenso ist es aber auch möglich, dass Lk hier dasselbe Gleichnis zugrunde legt wie Mt in Mt 18,22–34.[291] Insgesamt ist sein Erzählstil hier eher beiläufig. Er verwendet nur die narrative Grundkonstellation des Gleichnisses und verzichtet auf alle Details. Ihm kommt es auf den Kernsatz an, der eine Beziehung zwischen Vergebung und Liebe herstellt. Jedoch ist dies im Grunde ein den rabbinischen Schuldnergleichnissen fremdes theologisches Motiv.[292] Es könnte also sein, dass Lukas hier den traditionellen Gleichnisstoff seiner Vorlage bewusst umgestaltet hat, um das mögliche Missverständnis zu vermeiden, als sei die göttliche Vergebung vom menschlichen Verdienst abhängig. Ähnlich hat Lukas ja auch in Mt 6,12 par. Lk 11,4 die zeitliche Nachordnung der göttlichen hinter die menschliche Vergebung durch eine Gleichordnung ersetzt und die matthäische Passage über die Bedingtheit der Vergebung (Mt 6,14–15) ausgelassen (vgl. oben S. 465).

Obendrein legt der synoptische Vergleich die Annahme nahe, dass auch diese Parallele zu Mt 18,23–32, wie bereits die genannten Parallelen in Lk 17,1–4 und Lk 6,34–35, in ihrem jetzigen Kontext mit hoher Wahrscheinlichkeit sekundär ist: Denn während die Rahmenhandlung von der Salbung durch die Sünderin bei allen drei Seitenreferenten (Mt, Mk, Joh) unmittelbar vor der Passionsgeschichte angesiedelt ist, fehlt bei Lk eine Entsprechung an gleicher Stelle. Die Vermutung liegt daher nahe, dass Lk die Perikope von der Salbung bewusst in einen anderen Kontext versetzt und dort redaktionell überarbeitet hat. Innerhalb dieser neuen Umgebung,

---

matthäischen Gleichnis, zieht aber eine literarische oder mündliche Beziehung nicht in Betracht. Snodgrass, *Stories*, 2008, 54, ordnet zwar beide Gleichnisse als einzige Exemplare einer eigenen thematischen Kategorie zu („Grace and Responsibility"), erwähnt aber nicht die Möglichkeit einer literarischen oder auch traditionsgeschichtlichen Beziehung. Er argumentiert zudem auch für eine literarische Unabhängigkeit der lukanischen Perikope von den Salbungserzählungen der Seitenreferenten, räumt allerdings ein, dass die gesamte Perikope bei Lukas einen „strong lucan stamp" (84) trägt. Fitzmyer, *Luke I*, 1981, 687–688, sieht ebenfalls keine Verbindung zu Mt, hält das Gleichnis allerdings bei Lk an dieser Stelle für eine sekundäre Einfügung.

[290] Gnilka, *Matthäus II*, 1988, 145, hält einen traditionsgeschichtlichen Zusammenhang für möglich.

[291] Gundry, *Matthew*, 1982, 371, sieht dabei Lk (bzw. Q) die Vorlage für Mt.

[292] Die einzige mögliche Parallele findet sich in der Einleitung zum Gleichnis von der verkauften Familie (siehe oben S. 416). Dort heisst es im Blick auf König David und seine Schuld: „Weil er ihn liebte, hat er ihm vergeben" (בשביל שאהבו מחל לו). Unklar ist hier jedoch, ob die Liebe Gottes zu David oder umgekehrt die Liebe Davids zu Gott gemeint ist. Letzteres käme der lukanischen Pointe nahe, obwohl auch hier die Liebe Voraussetzung, nicht Folge der Vergebung wäre.

die hätte er dann noch das Gleichnis sekundär eingegliedert.[293] Sollte hier also tatsächlich der gleiche Stoff zugrunde liegen wie in Mt 18,23–32, so ist der Kontext in Mt 18 mit großer Sicherheit der ursprünglichere. Zusammen mit den Beobachtungen aus den vorhergehenden Abschnitten spricht also eine kumulative Evidenz für eine literarische Abhängigkeit des lukanischen Gleichnisses von der (proto-) matthäischen Vorlage.

2.6.4 Mt 6,14–15/Mk 11,25

Eine weitere enge Parallele besteht zwischen Mt 18,35 und Mt 6,14–15/ Mk 11,25. Die Übereinstimmung zu Mt 18,35 besteht dabei nur im Inhalt, während Mt 6,14–15 und Mk 11,25 auch in der Wortwahl, wenn auch kaum in der Satzordnung, übereinstimmen:

Mk 11,25	*Mt 6,14–15*
Καὶ ὅταν στήκετε προσευχόμενοι	Ἐὰν γὰρ ἀφῆτε τοῖς ἀνθρώποις
ἀφίετε εἴ τι ἔχετε κατά τινος	τὰ παραπτώματα αὐτῶν
ἵνα καὶ	ἀφήσει καὶ ὑμῖν
ὁ πατὴρ ὑμῶν ὁ ἐν τοῖς οὐρανοῖς	ὁ πατὴρ ὑμῶν ὁ οὐράνιος
	ἐὰν δὲ μὴ ἀφῆτε τοῖς ἀνθρώποις
	οὐδὲ ὁ πατὴρ ὑμῶν
ἀφῇ ὑμῖν τὰ παραπτώματα ὑμῶν	ἀφήσει τὰ παραπτώματα ὑμῶν

Tabelle 36: Mk 11,25 und Mt 6,14–15 im synoptischen Vergleich

In Mk 11,25 erscheint der Vers angehängt an eine Passage über das Gebet, die Mk hier mit Mt gemeinsam hat (Mk 11,20–24 par. Mt 21,21–22) und scheint dort sekundär angefügt zu sein, da die Verse vorher zwar vom Gebet, aber nicht von der Vergebung sprechen. Der Kontext des Wortes in Mt 6,14–15 scheint hier ursprünglicher, weil dort zum einen die Vergebungsbitte des Vater-Unsers unmittelbar vorausgeht und zum zweiten auch Bezüge zum Versöhnungstag im Hintergrund stehen (vgl. oben S. 465) In diesem Kontext ist die Rede von der Aussöhnung auf dem Weg zum Gebet an ihrem typischen und daher vermutlichen ursprünglicheren Ort. Dass Mk 11,25 an dieser Stelle sekundär ist, zeigt zudem die Verwendung des Ausdrucks ὁ πατὴρ ὑμῶν ὁ ἐν τοῖς οὐρανοῖς, der von Mk ausschließlich hier, von Mt aber in seinem ganzen Evangelium benutzt wird. Markus hat diesen Vers hier also entweder aus Mt oder aus einer protomatthäischen Überlieferung übernommen.

2.6.5 Lk 15, 3–7

Keine direkte Parallele zum Gleichnis von den beiden Schuldnern, aber ein weiteres Indiz für eine Ursprünglichkeit des Kontextes in Mt 18 liefert der

[293] So urteilt auch KILGALLEN, *Additions*, 2005, 530.

Vergleich der beiden Fassungen des Gleichnisses vom verlorenen Schaf. Eine ausführlichere Detailuntersuchung würde auch hier den Rahmen sprengen. Aber aus den oben (S. 469ff.) zitierten Texten wird deutlich, dass ein motivgeschichtlicher Zusammenhang zwischen Nächstenliebe, Versöhnlichkeit, Vergebung, brüderlicher Zurechtweisung und Sammlung der Verirrten besteht. Das Gleichnis befindet sich also bei Mt in einem authentischen Gesamtzusammenhang, während Lukas seinen Rahmen künstlich stilisiert hat (vgl. Lk 15,1–2 mit Lk 5,30–32 und Lk 19,7). Die Erwähnung der Engel in Lk 15,10 lässt zudem vermuten, dass Lk den ursprünglichen Zusammenhang des Gleichnisses mit dem Engelwort Mt 18,10 kannte.[294] Auch die Verwendung der Begriffe πλανηθῇ und πλανώμενον in der matthäischen Version spiegeln die Begrifflichkeit der jüdischen Gemeinschaftsregeln besser wieder als das lukanische ἀπολέσας bzw. ἀπολωλός, das dort, passend zum neu geschaffenen Kontext, nicht mehr gemeinschaftliche, sondern soteriologische Züge hat. Andere Verschiedenheiten der beiden Gleichnisfassungen könnten zum Teil auf Übersetzungsvarianten einer gemeinsamen hebräischen Vorlage zurückgehen. So wären etwa ἐπὶ τὰ ὄρη (Mt 18,12) und ἐν τῇ ἐρήμῳ (Lk 15,4) als unterschiedliche Wiedergabe des Wortes במדבר zu erklären.[295] Diese Beobachtungen sind ein weiteres Indiz dafür, dass der ‚Gemeinderegel' von Mt 18 ein ursprünglicher, zusammenhängender Traditionsstoff zugrundeliegt,der die verschiedenen Motive von Schuld und Vergebung innerhalb einer Gemeinschaft miteinander verknüpfte und der auch das Gleichnis vom verlorenen Schaf einschloss.

3. Zusammenfassung: Tradition und Redaktion

3.1 Rekonstruktion einer möglichen hebräischen Vorlage

Vor dem Hintergrund der sprachlichen und motivgeschichtlichen Analyse lässt sich für den Text Mt 18,21–35 eine mögliche Vorlage wie folgt rekonstruieren:[296]

V^{Mt} 18,21–35 (= V^{Lk} 17,3–4 und V^{Lk} 7,41–42)

Ἐὰν ἁμάρτῃ ὁ ἀδελφός σου	כִּי־יֶחֱטָא לְךָ אָחִיךָ
ἄφες αὐτῷ ἕως ἑβδομήκοντάκις ἑπτά	וּתְזַכֶּיהוּ עַד־שִׁבְעִים וָשֶׁבַע[297]

[294] Dabei ist das Bild vom (Schutz-) Engel bei Mt dem jüdischen Repertoire näher als das Bild von der Freude der Engel im Himmel. Vgl. Flusser, *Gleichnisse*, 1981, 72–73.

[295] Vgl. Black, *Muttersprache*, 1982, 133, der hier zwar das aramäische טורא vermutet, aber auch auf das hebräische Äquivalent מדבר verweist.

[296] Aufgrund der Analogien zum „älteren Typus" der rabbinischen Gleichnistradition (vgl. oben S. 226) wird hier, anders als bei Delitzsch, (proto-) mischnisches Hebräisch vorausgesetzt. Für einzelne Formulierungen wird dabei, wo es möglich ist, auf die oben angeführten rabbinischen Parallelen zurückgegriffen.

Διὰ τοῦτο ὡμοιώθη [ἡ βασιλεία τῶν οὐρανῶν]	[298]דּוֹמֶה הַדָּבָר
ἀνθρώπῳ βασιλεῖ,	לְמֶלֶךְ בָּשָׂר וָדָם
ὃς ἠθέλησεν συνᾶραι λόγον	שֶׁרָצָה לַעֲשׂוֹת חֶשְׁבּוֹן (לַעֲשׂוֹת גְּבוּתָה)
μετὰ τῶν δούλων αὐτου	עִם־עֲבָדָיו
ἀρξαμένου δὲ αὐτοῦ συναίρειν	כַּשֶּׁהָיָה גּוֹבֶה (חוֹשֵׁב לִגבוֹת)
προσηνέχθη αὐτῷ εἷς ὀφειλέτης	הוּבָא לְפָנָיו אֶחָד שֶׁחַיָּב לוֹ
μυρίων ταλάντων	עֲשֶׂרֶת אֲלָפִים כִּכְּרֵי כָסֶף
μὴ ἔχοντος δὲ αὐτοῦ ἀποδοῦναι	[299]וְאֵין לוֹ מַה לִיתֵּן
ἐκέλευσεν αὐτὸν ὁ κύριος πραθῆναι	צִוָּה [הַמֶּלֶךְ] לִמְכֹּר אוֹתוֹ
καὶ τὴν γυναῖκα καὶ τὰ τέκνα	וְאֶת־אִשְׁתּוֹ וְאֶת־בָּנָיו
καὶ πάντα ὅσα ἔχει καὶ ἀποδοθῆναι.	וְאֶת־כָּל־אֲשֶׁר־לוֹ וּלְשַׁלֵּם
πεσὼν οὖν ὁ δοῦλος προσεκύνει αὐτῷ	נָפַל הָעֶבֶד עַל־פָּנָיו וְהִשְׁתַּחֲוָה לוֹ
λέγων· μακροθύμησον ἐπ' ἐμοί	אָמַר־לוֹ הַאֲרֶךְ־לִי אַפֶּךָ
καὶ πάντα ἀποδώσω σοι.	וַאֲשַׁלֵּם לְךָ הַכֹּל
σπλαγχνισθεὶς δὲ ὁ κύριος τοῦ δούλου ἐκείνου	רִחַם [הַמֶּלֶךְ] עַל־הָעֶבֶד הַהוּא
ἀπέλυσεν αὐτὸν καὶ τὸ δάνειον ἀφῆκεν αὐτῷ	וְזִכִּיהוּ וְהִתִּיר לוֹ אֶת חוֹבוֹ
ἐξελθὼν δὲ ὁ δοῦλος ἐκεῖνος	יָצָא הָעֶבֶד הַהוּא מִלְּפָנָיו
εὗρεν ἕνα τῶν συνδούλων αὐτοῦ,	וּמָצָא אֶחָד מֵחֲבֵרָיו
ὃς ὤφειλεν αὐτῷ ἑκατὸν δηνάρια,	וְהוּא חַיָּב־לוֹ מֵאָה דִינָרִים
καὶ κρατήσας αὐτὸν ἔπνιγεν	וְהֶחֱזַק־בּוֹ וְחֲנָקוֹ
λέγων· ἀπόδος εἴ τι ὀφείλεις	אָמַר לוֹ שַׁלֵּם אֵת שֶׁחַיֵּיב לִי
πεσὼν οὖν ὁ σύνδουλος αὐτοῦ	נָפַל חֲבֵרוֹ לִפְנֵי רַגְלָיו
παρεκάλει αὐτὸν λέγων·	וּבִקֵּשׁ מִמֶּנּוּ
μακροθύμησον ἐπ' ἐμοί,	הַאֲרֶךְ־לִי אַפֶּךָ
καὶ ἀποδώσω σοι.	וַאֲשַׁלְּמָה לְךָ הַכֹּל
ὁ δὲ οὐκ ἤθελεν	וְהוּא לֹא רָצָה
ἀλλὰ ἀπελθὼν ἔβαλεν αὐτὸν εἰς φυλακὴν	[300]יָצָא וְשֲׁבַקוֹ בְּבֵית הָאֲסוּרִים
ἕως ἀποδῷ τὸ ὀφειλόμενον.	עַד שֶׁיְּשַׁלֶּם־לוֹ אֶת־חוֹבוֹ
ἰδόντες οὖν οἱ σύνδουλοι αὐτοῦ τὰ γενόμενα	רָאוּ הָעֲבָדִים חֲבֵרָיו שֶׁנַּעֲשָׂה
[ἐλυπήθησαν σφόδρα]	[–]
καὶ ἐλθόντες διεσάφησαν τῷ κυρίῳ ἑαυτῶν	בָּאוּ וְהִגִּידוּ לַאֲדֹנֵיהֶם
πάντα τὰ γενόμενα.	אֶת־כָּל שֶׁנַּעֲשָׂה
[τότε προσκαλεσάμενος αὐτὸν]	[–]
ὁ κύριος αὐτοῦ λέγει αὐτῷ· δοῦλε πονηρέ	אָמַר לוֹ אֲדֹנָיו אַתָּה [301]עֶבֶד רָע

---

[297] Die Petrusfrage ist hier als matthäische redaktionelle Umgestaltung vorausgesetzt. Als gemeinsame Vorlage wird daher für Mt 18,21–22 und Lk 17,3–4 eine einfache Form vorausgesetzt, die im Kern den biblischen Zahlenwert und die Frage der wiederholten Vergebung gegenüber dem „Bruder" enthält.

[298] Es wird eine verkürzte Gleichniseinleitung vorausgesetzt, vgl. oben, Abschnitte 2.1.1 und 2.1.2.

[299] Die ungewöhnliche Präsensform לִיתֵּן löst im mischnischen Hebräisch die biblisch-hebräische Form לָתֵת ab, vgl. Nebe, *Neologismen*, 2008, 264. Diese Form findet sich auch in rabbinischen Parallelen und der Textform bei Shem-Tob (oben S. 432), die den rabbinischen Gleichnissen am nächsten steht.

[300] Zur Formulierung vgl. das Gleichnis vom aufgeschobenen Urteil (oben S. 458).

[301] Vgl. BerR 6,9 zu Gen 1,18; parr. 84,11 zu Gen 37,9 und 97,4 zu Gen 48,18 (Theodor/Albeck 1:50; 2:1013; 3:1210); ShemR 43,8 zu Ex 32,11 (Mirkin 6:159); BamR 13,4

πᾶσαν τὴν ὀφειλὴν ἐκείνην ἀφῆκά σοι, ἐπεὶ παρεκάλεσάς με οὐκ ἔδει καὶ σὲ ἐλεῆσαι τὸν σύνδουλόν σου, ὡς κἀγὼ σὲ ἠλέησα	אֶת־כָּל־הַחוֹב הַהוּא מָחַלְתִּי לָךְ יַעַן שֶׁבִּקַּשְׁתָּ מִמֶּנִּי הֲלֹא הָיָה גַם־עָלֶיךָ לְרַחֵם עַל חֲבֵרֶךָ כַּאֲשֶׁר רִחַמְתִּי־אֲנִי עָלֶיךָ
[καὶ ὀργισθεὶς ὁ κύριος αὐτοῦ παρέδωκεν αὐτὸν τοῖς βασανισταῖς ἕως οὗ ἀποδῷ πᾶν τὸ ὀφειλόμενον]	
οὕτως καὶ ὁ πατήρ μου ὁ οὐράνιος ποιήσει ὑμῖν, ἐὰν μὴ ἀφῆτε ἕκαστος τῷ ἀδελφῷ αὐτοῦ ἀπὸ τῶν καρδιῶν ὑμῶν	כָּכָה יַעֲשֶׂה לָכֶם גַּם־אָבִי שֶׁבַּשָּׁמָיִם אִם־לֹא תִמְחֲלוּ אִישׁ לְאָחִיו בְּכָל־לְבַבְכֶם

3.2 Das Gleichnis und seine Aussage

In Mt 18,23–35 liegt ein Gleichnis Jesu vor, das in Sprache, Form und Inhalt eine große Nähe zur rabbinischen Gleichnisliteratur wie auch zu Texten aus der Zeit des zweiten Tempels aufweist. Das Gleichnis behandelt anhand verbreiteter Metaphorik den Umgang mit Sünde, Vergebung und Buße in einer Gemeinschaft. Dieser Umgang entspricht dabei bis ins Detail hinein jüdischer Tradition, wie sie sich aus biblischer, nachbiblischer und rabbinischer Literatur darstellt: Schuld wird zunächst innerhalb einer Gemeinschaft konfrontiert und entweder vergeben oder sanktioniert. Auf einer zweiten Ebene findet dann auch die Bereinigung von Sünde zwischen Menschen und Gott statt: Nach einer eingehenden Beurteilung des Menschen vor Gott bekommt dieser die Gelegenheit, Buße zu tun und diese auch durch Gebet, Umkehr und Barmherzigkeit zu erweisen, bevor Gott sein endgültiges Urteil spricht. Zwischen beiden Ebenen, der zwischenmenschlichen Vergebung und der Vergebung Gottes, besteht dabei eine Reziprozität. Dieses Motivgeflecht ist zudem in der jüdischen Tradition zunächst mit dem Versöhnungstag verbunden, später dann auch mit dem Neujahrstag und den zehn Tagen der Buße.

Nach dem Kriterium der historischen Kontextplausibilität (vgl. oben S. 162) ist es daher durchaus wahrscheinlich, dass dieses Gleichnis auf die Verkündigung des historischen Jesus zurückgeht.[302] Wenn das so ist, dann liegt hier ein sehr frühes Zeugnis für die Existenz solcher Gleichnisse bereits zur Zeit des zweiten Tempels vor. Es ist gut möglich, dass das Gleichnis von Jesus im Umfeld der jüdischen Herbstfeste erzählt wurde, um die Bedeutung von Vergebung und Umkehr zu verdeutlichen.

---

zu Num 7,12 (Mirkin 10:54); BamR 16,28 zu Num 14,27 (Mirkin 10:181); TanB מצורע 12 zu Lev 14,24 (Buber 2:50, dt. Bietenhard 2:82); Delitzsch übersetzt: עבד בליעל.

[302] Die Historizität eines ursprünglichen Kernbestandes des Gleichnisses wird auch unabhängig davon von den meisten Auslegern angenommen.

3.3 Überlieferungsgeschichte

3.3.1 Das Gleichnis und sein ursprünglicher Kontext

Das Gleichnis weist auffällig viele Merkmale eines hebräischen Sprachhintergrundes auf, der sowohl durch Verankerung in biblischen Traditionen als auch durch eine Verwandtschaft mit rabbinischem Denk- und Sprachgebrauch bedingt ist. Es ist daher wahrscheinlich, dass das Gleichnis ursprünglich auf hebräisch erzählt wurde. Aus den Ergebnissen dieser Untersuchung lassen sich – mit der geboten Vorsicht – verschiedene Stufen der Überlieferungsgeschichte wie folgt rekonstruieren (vgl. Abbildung 3): Die Einleitungsformel ὡμοιώθη ἡ βασιλεία τῶν οὐρανῶν ἀνθρώπῳ βασιλεῖ.., die zwar der Einleitungsformel rabbinischer Gleichnisse entspricht, aber auch dort vermutlich erst im Prozess der Verschriftlichung eingeführt wurde,[303] lässt darauf schließen, dass das Gleichnis bereits in seiner hebräischen Form verschriftlicht wurde. Aus dem Vergleich mit ähnlichen ‚Gemeinderegeln' im jüdischen Kontext wurde zudem deutlich, dass die Verbindung verschiedener Motive, die bei Mt im unmittelbaren Umfeld des Gleichnisses erscheinen, typische Züge trägt und daher vermutlich schon früh in dieser Zusammenstellung überliefert wurde: Dazu gehört zunächst die Einleitung des Gleichnisses (Mt 18,21–22), dann aber auch andere Teile der Gemeinderegel wie das Wort über die brüderliche Zurechtweisung (Mt 18,15–17), das Gleichnis vom verirrten Schaf (Mt 18,10–14), das Wort über die Kleinen (Mt 18,10) und über den Anstoß (Mt 18,6–9). In diesen Stücken sind ebenfalls Spuren eines hebräischen Sprachhintergrundes zu finden. Eine umfangreichere (proto-matthäische) Komposition, die große Teile von Mt 18 umfasste, lag daher vermutlich nicht nur Mt, sondern auch Lk vor (Lk 17,1–4). Bei Mk taucht das Material dagegen nicht auf.

3.3.2 Die Redaktion des Matthäus

Bei der Übernahme in die griechische Endform des Mt wurde die hebräische Textfassung des Gleichnisses stark überarbeitet: Die hebraisierende parataktische Satzstruktur wurde durchgängig, in einer für klassisches Griechisch untypischen, für die Übersetzungspraxis der LXX jedoch charakteristischen Weise in Partizipialkonstruktionen aufgelöst. Außerdem fügte der Redaktor redaktionelle Einleitungs- und Überleitungsformeln ein, die für ihn typisch sind. Ein Anzeichen einer weiteren, eventuell noch späteren, Bearbeitungsstufe könnten schließlich die Begriffe ἐλυπήθησαν σφόδρα (Mt 18,32) und τοίς βασανισταίς (Mt 18,34) sein. Hier liegt vielleicht eine sekundäre Bearbeitung des Stoffes durch einen Redaktor vor, der dem Gleichnis nachträglich eine heilsgeschichtliche Wendung geben

---

303 Vgl. oben Abschnitt 2.1.1.

wollte: Er stellt das Entsetzen der Knechte über das „Würgen" ihres Mitknechtes durch den „bösen Knecht" mit dem Entsetzen der Jünger über die Leidensankündigung Jesu gleich. Die Auslieferung des „bösen Knechtes" an die Folterer wird dadurch zu einem Drohwort an die Gegner Jesu bzw. die Gegner der entstehenden Jesusbewegung.

3.3.3 Die Redaktion des Lukas

Es hat sich gezeigt, dass die Themen und Wortfelder, die in diesem Gleichnis verarbeitet werden, nicht nur für Mt, sondern auch für den jüdischen Sprachgebrauch charakteristisch sind. Lk hingegen scheint den Gebrauch von monetärer Begrifflichkeit für theologische Zusammenhänge zu meiden, wie sein Umgang mit der Vergebungsbitte im Vater-Unser (Mt 6,13 par. Lk 11,4) und mit der anschließenden Vergebungsklausel (Mt 6,14–15) zeigt. Er hat daher auch in Lk 17,1–4 das Gleichnis nicht im gleichen Kontext übernommen. Stattdessen hat er Aspekte des Gleichnisses an verschiedenen Stellen in neuem Kontext in sein Evangelium eingeordnet:[304] So fügt er ein Gleichnis mit gleicher Szenerie, jedoch geändertem Schluss, in die ihm vorliegende Überlieferung von der Salbung in Bethanien ein (Lk 7,41–42). An anderer Stelle fügt er die Ermahnung zur Freigiebigkeit in eine Paränese ein (Lk 6,34–35), wobei er den bildlichen Gebrauch der monetären Begriffe in eine reale Forderung nach Schuldenerlass umwandelt. Schließlich übernimmt er die Motive von Anstoß, Ermahnung und Vergebung in dem isoliert stehenden Stück Lk 17,1–4. Der Einschub der „Bußklausel" in 17,4b.c ist dabei noch ein Hinweis auf den ursprünglichen Ort des (proto-matthäischen) Gleichnisses an dieser Stelle.

3.4 Abschließende Bewertung

Als Ergebnis des vorliegenden Kapitels ist festzuhalten, dass sich Spuren eines hebräischen Sprachhintergrundes nicht nur in Teilen der doppelten und dreifachen Überlieferung und im lukanischen Sondergut finden, sondern auch in einem Überlieferungsstück, das wegen der fehlenden Parallelen in Lk und Mk gewöhnlich dem matthäischen „Sondergut" zugeordnet wird. Zudem besteht ein enger literarischer Zusammenhang zwischen diesem Stück und dem Gesamtkontext von Mt 18. Dieser bildet ein weithin geschlossenes literarisches Ganzes, das sich durch eine enge begriffliche Verwandtschaft zu anderen Texten der jüdischen Literatur als eine typische, auf Lev 19,17–18 fußende Ermahnung zum geschwisterlichen Miteinander in einer Gruppe oder Gemeinschaft darstellt. Die Aufteilung der verschiedenen Motive, die auch in den Paralleltexten in gleicher Verkettung erscheinen, in Mk-Stoff, Q-Stoff und matthäisches Sondergut muss ange-

---

[304] Zu diesem Verfahren des Lk („splitting of sources") vgl. oben S. 264.

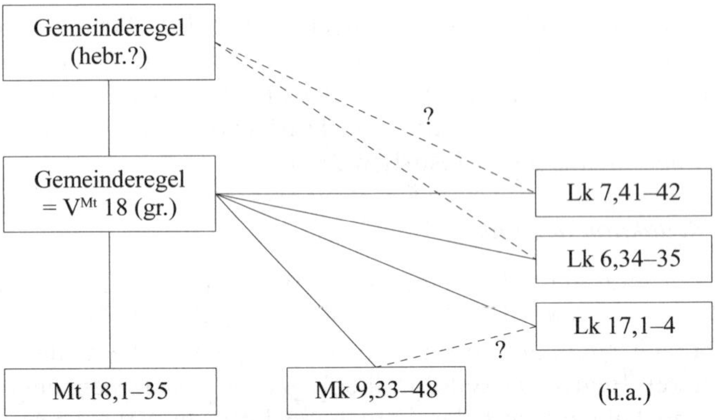

Abbildung 3: Mögliche Synoptische Beziehungen in Mt 18,21–35

sichts dieser Beobachtungen fraglich sein. Vielmehr legt sich die Annahme nahe, dass eine gemeinsame und zusammenhängende, durch hebräische Sprache und jüdisches Denken geprägte Vorlage sowohl den „Mk-“ als auch den „Q-“ und „M“-Stücken aus Mt 18 zugrunde liegt.

Damit ist zugleich die grundsätzliche Frage aufgeworfen, ob es sich beim matthäischen „Sondergut“ in der Tat um zusätzliches Material handelt, das der Evangelientradition erst sekundär zugeflossen ist, oder ob es sich um ursprüngliche Bestandteile einer vorsynoptischen Evangelienüberlieferung handelt, die bei den Seitenreferenten ausgelassen oder umgestellt wurden. Der Blick auf zwei Perikopen aus der dreifachen Tradition in den vorangehenden Kapiteln hat gezeigt, dass in beiden Fällen der ursprüngliche Aufriss der Überlieferung am besten bei Mt bewahrt war, auch wenn er dort sprachlich stärker überarbeitet war als z.B. bei Lk. Was dort auf der Meso-Ebene (Anordnung und Struktur der Verse innerhalb einer Perikope) zu beobachten war, könnte ähnlich auch für die Makro-Ebene (Anordnung und Struktur der Perikopen innerhalb der Evangelienschriften) gelten.

Der hebraisierende Charakter des vorliegenden Gleichnisses, seine literarische Verwandtschaft mit der rabbinischen Gleichnistradition, die enge Verbundenheit mit jüdischem Denken und jüdischem Festkalender, sowie die sachliche Nähe der matthäischen Gemeindeordnung zu vergleichbaren Texten der jüdischen Umwelt legen die Vermutung nahe, dass es sich hier nicht um matthäisches „Sondergut“, sondern um einen integralen Bestandteil einer im jüdischen Kontext beheimateten ursprünglichen Evangelientradition handelt, die in ihrer Struktur bei Mt besser bewahrt wurde als bei seinen Seitenreferenten. Diese vorsynoptische Überlieferung wäre daher, wie auch in den vorangehenden Kapiteln, am Zutreffendsten als „protomatthäisch“ zu bezeichnen.

Kapitel 6

Vorbereitungen zum Passafest (Mt 26,17–20 parr.)

1. Vorbemerkungen

Die Berichte über die Passion Jesu stellen für die synoptische Frage seit jeher eine besondere Herausforderung dar. Traditionelle literarkritische Modelle wie die Zweiquellenhypothese greifen hier nur zum Teil, an ihre Stelle treten komplexere Theorien zur Überlieferungsgeschichte des vermutlich ältesten Materials der Evangelienüberlieferung.

Ein umfangreicher Forschungsbericht zur literarischen Genese der Passionsberichte und eine Übersicht der offenen Fragen findet sich bei Reinbold.[1] Er kann im Rahmen der vorliegenden Untersuchung nicht wiederholt werden. Zusammenfassend kann jedoch gesagt werden, dass eine überwiegende Mehrheit der Ausleger für die Passionsgeschichte von der Existenz einer vormarkinischen Tradition ausgeht, die Markus bei der Komposition seines Evangeliums bereits vorlag.[2] Offen bleiben die Fragen nach dem genauen Umfang einer solchen Quelle, nach der Existenz weiterer Quellen, insbesondere einer vorlukanischen Passionsgeschichte,[3] sowie nach den Bezügen zwischen synoptischer und johanneischer Passionsüberlieferung.[4]

---

[1] Reinbold, *Bericht*, 1994, 7–72.

[2] So bereits Dibelius, *Formgeschichte*, 1933, 180 und Bultmann, *Geschichte*, 1970, 297 und 301f.; weiterhin Schweizer, *Markus*, 1967, 163; Taylor, *Mark*, 1952, 658; Jeremias, *Abendmahlsworte*, 1960, 179 („aramäisch oder hebräisch formuliert"); Schenke, *Christus*, 1974, 135 und 141; Dormeyer, *Passion*, 1974, 297–301; Pesch, *Markus II*, 1977, 1–2; Pesch, *Evangelium*, 1983, 115; Gnilka, *Markus II*, 1979, 350; Ernst, *Markus*, 1981, 296; Fitzmyer, *Luke II*, 1985, 1360 („...at least in an oral form"); Sand, *Matthäus*, 1986, 516.

[3] Bartlet, *Sources*, 1911; Sahlin, *Messias*, 1945; Schlatter, *Lukas*, 1931; Schweizer, *Sonderquelle*, 1950; Taylor, *Mark*, 1952; Rehkopf, *Sonderquelle*, 1959; Riesner, *Sonderüberlieferung*, 1993; Riesner, *Lokalkolorit*, 1999. Für den Passionsbericht auch Green, *Death*, 1988; Wiefel, *Lukas*, 1987, 13 und Grundmann/Hauck, *Lukas*, 1969, 15.

[4] Gemeinsame Abhängigkeit von frühen aramäischen Quellen nehmen an: Mohr, *Markus*, 1982, besonders 408; Boismard, *Synopse III*, 1977, 10–17, vgl. die grafische Darstellung; Boismard, *Évangile pré-Johannique 2/2*, 1994, 285. Abhängigkeit des Joh von den Synoptikern zumindest in redaktionellen Passagen vermuten Thyen, *Johannes 13*, 1971, 352–353, und Langbrandtner, *Weltferner Gott*, 1977. 106. Einflüsse der Synoptiker auf eine zusammenhängende vorjohanneische Quelle nimmt Dauer, *Johannes*, 1984, 297–299 im Anschluss an Fortna, *Gospel*, 1970, an, eine direkte Abhängigkeit des Joh von den

1.1 Relevanz für die synoptische Frage

Zu den bisher weniger beachteten Abschnitten der Passionsgeschichte gehört die kurze Episode von den „Vorbereitungen zum Passafest". Das Urteil von Rudolf Pesch aus dem Jahr 1966 gilt bis heute: „Die kleine Perikope ist bislang von den Kommentaren lieblos behandelt worden, obwohl sie ein Juwel matthäischer Redaktionskunst ist."[5] Abgesehen von ihrer Kürze und des Mangels an theologischem Gehalt haben dazu wohl auch die folgenden Faktoren beigetragen:

a) Entgegen der sonstigen Tendenz innerhalb der Passionsberichte ist es an dieser Stelle Lukas, der in Aufbau, Inhalt und Wortlaut sehr eng mit Markus übereinstimmt, während Matthäus auffällig von seinen beiden Seitenreferenten abweicht. Für die viel diskutierte Frage nach einer eigenständigen vorlukanischen Passionsgeschichte gibt diese Passage also kaum verwertbares Material her. Anders als an anderen Stellen des Passionsberichtes lassen sich hier problemlos plausible Erklärungen für die lukanische Redaktion einer Mk-Vorlage finden.

b) Die weitgehende Übereinstimmung des Matthäus mit Markus in anderen Teilen der Passionsgeschichte hat dazu geführt, dass in der Literatur bisher kaum die Frage nach eigenständigen vormatthäischen Passionsüberlieferungen laut geworden ist.[6] Die völlige Abhängigkeit des Mt von Mk in der Passionsgeschichte wird, weil sie anhand anderer Beobachtungen etabliert ist, an dieser eher unauffälligen Stelle nicht weiter in Zweifel gezogen, zumal es für die einzelnen Unterschiede zwischen Mt und Mk, soweit man Lk und Joh nicht heranzieht, durchaus auch plausible redaktionsgeschichtliche Erklärungen gibt.

c) Für die Arbeit am synoptischen Problem ist die Perikope, wie überhaupt der gesamte Passionsbericht, zudem von sekundärem Interesse angesichts der traditionellen Beschreibung von Q als „Redensammlung" ohne Passionsbericht. Umfassende synoptische Studien, die nicht nur das Verhältnis Mk-Lk und Mt-Lk unabhängig voneinander betrachtet haben, sondern das Dreiecksverhältnis der Synoptiker in seiner Gesamtheit betrachten, sind daher selten.[7]

Synoptikern Sabbe, *Footwashing*, 1982, und Foster, *Make Ready*, 1952. Etwas offener bezeichnet Kleinknecht, *Johannes 13*, 1985, 382–384, die johanneische Passion als „produktive relecture" (384) der „markinischen, (vor-)lukanischen (und evtl. auch der matthäischen) Paralleltexte". Die Priorität eines vorjohanneischen „Hellenistenbuches" vor Markus und den Synoptikern versucht Hofrichter, *Modell*, 2002, nachzuweisen.

[5] Pesch, *Ausführungsformel I*, 1966, 234.

[6] Luz, *Matthäus IV*, 2002, 7: „Die Quellenfrage ist heute kaum strittig: Die markinische Passions- und Ostergeschichte ist die einzige durchgehende schriftliche Quelle von Mt 26–28."

[7] Sie stammen vor allem aus der Hand von Vertretern der „Two Gospel"- oder „Mark without Q"-Schulen: Longstaff, *Conflation*, 1977, 188–199; Goulder, *Luke II*, 1989,

d) Anders als bei den umgebenden Perikopen (Salbung, Judasverrat, Abendmahl, Gethsemane) gibt es für diese Perikope keine offensichtliche Parallelüberlieferung im Johannesevangelium. Das macht sie auch für solche Untersuchungen uninteressant, die sich mit den möglichen Beziehungen zwischen Johannes und den Synoptikern beschäftigen. Zudem könnte das Fehlen der Perikope im Johannesevangelium ein Anzeichen dafür sein, dass es sich hier um sekundäres, der ursprünglichen Passionsgeschichte erst später hinzugewachsenes oder gar erst redaktionell geformtes Material handelt.[8]

e) Literar- und traditionskritische Untersuchungen haben zudem die Frage aufgeworfen, ob der Hauptinhalt der Perikope, nämlich die Vorbereitungen zum Passafest, nicht erst eine späte und historisch unzutreffende Interpolation innerhalb einer Passionserzählung darstellt, die in ihrer ursprünglichen Form von einem Passafest oder gar einem Passamahl noch nichts wusste.[9]

f) Nicht zuletzt wird auch der als legendär, wundersam oder auch märchenhaft empfundene Charakter der Geschichte, insbesondere die geheimnisvolle Figur des Wasserträgers, sowie das Fehlen theologisch relevanter Motive, dazu beigetragen haben, dass die Perikope in Kommentaren und Untersuchungen bisher weithin auf wenig Interesse stieß.[10]

In der Literatur wird die Quellenlage zu diesem Abschnitt der Passionsgeschichte daher meist nur knapp verhandelt. Nahezu ausnahmslos herrscht die Überzeugung, dass Matthäus und Lukas sich hier nur der Markusvorlage bedienen und auf keine andere Quellen oder Überlieferungen zurückgreifen.[11] Abweichungen werden auf stilistische Verbesserung oder narrati-

---

720–722; PEABODY/COPE, *One Gospel*, 2002, 281–282. MCNICOL/DUNGAN, *Impasse*, 1996, 275–276; BURKETT, *Gospel Sources*, 2004, 119–132.

[8] REINBOLD, *Bericht*, 1994, 82, sieht hierin den gewichtigsten Grund, die Perikope als sekundären Zusatz aus der ursprünglichen Passionsüberlieferung auszuscheiden. Ähnlich SCHWEIZER, *Markus*, 1967, 169. Vgl. jedoch dazu unten S. 548 und S. 579.

[9] So vor allem SCHENKE, *Studien*, 1972, 162 und 180–194, der in Mk 14,13–16 eine alte Ortslegende aus dem palästinischen Judenchristentum vermutet, die erst nachträglich (Mk 14,12b.16b) mit einem Passamahl verbunden wurde. Ähnlich SCHWEIZER, *Markus*, 1967, 171. Gegen eine literarische Uneinheitlichkeit DORMEYER, *Passion*, 1974, 308; ERNST, *Markus*, 1981, 406; CASEY, *Sources*, 1998, 228 und 237; GUNDRY, *Mark*, 1993, 825.

[10] Vgl. bereits BULTMANN, *Geschichte*, 1970, 284: „Märchenmotiv"; DIBELIUS, *Formgeschichte*, 1933, 118: „Kultlegende".

[11] LUZ, *Matthäus IV*, 2002, 7; FITZMYER, *Luke II*, 1985, 1376; REINBOLD, *Bericht*, 1994, 25 u.v.a.; anders LONGSTAFF, *Conflation*, 1977, 138 und MANN, *Mark*, 1986, 365, die von einer Priorität des Mt ausgehen, wie zuvor bereits ZAHN, *Matthäus*, 1905, 682–683 und, ihm folgend, WOHLENBERG, *Markus*, 1910, 346; BURKETT, *Gospel Sources*, 2004, 121, nimmt auch hier eine Abhängigkeit des Mk von zwei protomarkinischen Quellen PMA und PMB an, vgl. unten S. 523.

ve Motive der Evangelisten zurückgeführt.[12] Selbst solche Ansätze, die an sich mit einem vormarkinischen Passionsbericht rechnen, sehen in der vorliegenden Perikope einen Zusatz markinischer[13] oder vormarkinischer[14] Redaktion. Auch Ausleger, die für Lukas mit einer Sonderüberlieferung rechnen, nehmen an der vorliegenden Stelle alleinige Abhängigkeit von Mk an.[15] Nur selten wird sie zum ursprünglichen Bestand der Passionsüberlieferung gezählt.[16]

Insgesamt herrscht also, bis auf wenige Ausnahmen, eine breite Übereinstimmung in der Literatur darüber, dass die Perikope (a) aus vormarkini-

[12] Für Matthäus: z.B. DAVIES/ALLISON, *Matthew III*, 1997, 455; GRUNDMANN, *Matthäus*, 1971, 533; SAND, *Matthäus*, 1986, 522; GNILKA, *Matthäus II*, 1988; WIEFEL, *Matthäus*, 1998, 447; LUZ, *Matthäus IV*, 2002, 78; GREEN, *Death*, 1988, 20–23. Für Lukas: GRUNDMANN/HAUCK, *Lukas*, 1969, 390; TAYLOR/EVANS, *Passion*, 1972, 119; ERNST, *Lukas*, 1976, 577; MARSHALL, *Luke*, 1978, 789; FITZMYER, *Luke II*, 1985, 1376; WIEFEL, *Lukas*, 1987, 360; Nur RENGSTORF, *Lukas*, 1969, 240, erkennt in den Änderungen des Lk gegenüber Mk Spuren eines „weiteren Berichts neben dem des Markus". Nur LOHMEYER, *Matthäus*, 1956, 351–353, sieht eine „innere Selbständigkeit" (353) des Mt gegenüber seiner Markusvorlage und schließt: „Man kann hier zweifeln, ob Mt überhaupt die gleiche Geschichte erzählen will wie Mk. Nur der Rahmen ist bei beiden gleich und das Ziel, an bestimmtem Ort das Passa zu feiern; alle Einzelheiten sind verschieden" (351).

[13] SCHWEIZER, *Markus*, 1967, 169; LÜHRMANN, *Markus*, 1987, 236, klammert Mk 14,12–17 als markinischen Zusatz zu dem ansonsten als vormarkinisch gewerteten Bericht 14,1–11.18–20 aus. MYLLYKOSKI, *Tage*, 1994, 162, identifiziert einen alten Passionsbericht PB, der einige Verse aus Mk 11 sowie Mk 14,1–2*,10–11*,17*.26* und weiteres Material enthielt. Dessen erweiterter Fassung PG, die von Markus und Johannes benutzt wurde, gehörten Mk 14,1–11 und 17–21. Die Verse 12–16 wurden dann erst von Mk hinzugefügt. Für SCHMITHALS, *Markus I*, 1979, 45–46.51, gehört die Perikope zwar zur vormarkinischen Grundschrift GS, jedoch ist diese GS insgesamt ein spätes literarisches Produkt, das erst nach dem Jahr 70 durch einen theologisch motivierten Erzähler konzipiert wurde. Der Endredaktor des Mk hat dieser Perikope lediglich die Einleitung Mk 14,12 hinzugefügt. Vgl. SCHMITHALS, *Markus II*, 1979, 603–605.

[14] DORMEYER, *Passion*, 1974, 258, sieht in Mk 14,12–16 eine sekundäre Erweiterung des ursprünglichen Passionsberichts T durch einen vormarkinischen Redaktor Rs. GNILKA, *Markus II*, 1979, 232, wertet Mk 11,1–7 und Mk 14,12–16 als sekundäre Erweiterungen eines alten Passionsberichts durch einen hellenistischen judenchristlichen Autor. MOHR, *Markus*, 1982, 411, hält Mk 14,12–16 für eine sekundäre Erweiterung des Passionsberichts P durch den vormk Bearbeiter B. SCHÜRMANN, *Paschamahlbericht*, 1953, 122, vermutet, dass Mk 14,12–18 eine sekundäre, nach Mk 11,1–7 gestaltete Erweiterung einer ursprünglich kürzeren Einleitung zum Abendmahl ist. Für GREEN, *Death*, 1988, 234–235, ist der Grundbestand von Mk 14,12–16 zwar vormarkinisch (234), aber dennoch nur ein sekundärer Zusatz zur „primitive passion narrative" (235).

[15] SCHLATTER, *Lukas*, 1931, 136; TAYLOR, *Mark*, 1952, 658 („12–16 may have stood in A, but its detail and its use of the term ‚disciples' suggest that it is a later addition"); TAYLOR/EVANS, *Passion*, 1972, 46, sieht gerade in der Treue, mit der Lk hier seine Vorlage Mk 14,12–16 wiedergibt, die Berechtigung dafür, an Stellen mit größerer Abweichung nicht lukanische Redaktion, sondern unabhängige Überlieferungen anzunehmen. Auch REHKOPF, *Sonderquelle*, 1959, 2, lässt seine lukanische Sonderquelle erst in Lk 22,14 be-

scher Tradition stammt, (b) auch dort erst sekundär zugewachsen ist, (c) an dieser Stelle Mk die einzige Quelle für Mt und Lk darstellt sowie (d) keine Parallele in Joh existiert. Angesichts dieser breiten Übereinstimmung scheint eine erneute Untersuchung der Perikope kaum neue Erkenntnisse zu versprechen. Wenn sie hier dennoch erfolgt, dann deswegen, weil einige Faktoren, die in der Literatur aufgrund von methodischen Vorentscheidungen zu Unrecht kaum Beachtung finden, Anlass zu begründetem Zweifel geben, dass der Befund in der Tat so eindeutig ist, wie es die Literatur nahe zu legen scheint.

1.2 Hinweise auf eine komplexere Überlieferungsgeschichte

a) Die auffällig von den Seitenreferenten abweichende Darstellung des Matthäus, nicht nur im Wortlaut, sondern im Kerngehalt der Erzählung, ist in der Literatur bisher kaum ausreichend thematisiert worden.[17] Nur die Abhängigkeit von methodischen und literarkritischen Prämissen, die ihren Ursprung außerhalb dieses Textes haben, können erklären, warum Ausleger diese umfangreichen Abweichungen durchweg als zu vernachlässigende stilistische Änderungen bewerten. Dass im Normalfall mit solchen Prämissen gearbeitet werden muss, ist nachvollziehbar. Hier soll jedoch von solchen Prämissen zunächst abgesehen werden.

b) Auch die auffällige Nähe von Lukas und Markus darf an dieser Stelle nicht als selbstverständlich hingenommen werden, da Lukas sich gerade im näheren Umfeld dieser Perikope nicht besonders eng an Markus orientiert: Die Salbungsgeschichte ist bei ihm völlig aus dem Zusammenhang des Passionsberichtes heraus gefallen, in der Judasperikope gibt es auffällige Übereinstimmungen mit Johannes und Matthäus gegen Markus, und in der nachfolgenden Abendmahlserzählung löst sich Lukas deutlich von der angenommenen markinischen Vorlage. Angesichts der vielfach vermuteten Existenz einer lukanischen Sonderquelle für die Passionsgeschichte ist die

---

ginnen, eben weil Lk 22,7–13 so eng mit Mk 14,12–16 zusammengeht. SCHWEIZER, *Lukas*, 1993, 236, meint zwar im Blick auf die Abendmahlstradition, dass man „nicht ohne die Annahme einer schriftlichen Quelle auskommt", bezieht dies aber nur auf Lk 22,14–18 (221). SCHRAMM, *Markus-Stoff*, 1971, 183–184, sieht in der vorliegenden Perikope weder Semitismen noch *minor agreements*, anhand derer er sonst Sonderüberlieferungen identifiziert (vgl. jedoch unten S. 576!), und weist Lk 22,1–13 deshalb vollständig dem Markus-Stoff zu. GRUNDMANN/HAUCK, *Lukas*, 1969, rechnet zwar für Lk mit der Verwendung einer eigenen lukanisch-johanneischen Passionsgeschichte neben Mk [S. 15], sieht aber Lk 22,7–13 allein von Mk abhängig [S. 390]. Ebenso WIEFEL, *Lukas*, 1987, 13 und 360.

[16] PESCH, *Evangelium*, 1983, 115, mit einem *terminus ante quem* im Jahr 37 n. Chr.; GUNDRY, *Mark*, 1993, 823; auch bei SCHMITHALS, *Markus II*, 1979, 603–605, gehört sie zwar literarisch zum ältesten Bericht (s.o.), dieser jedoch entstand erst nach 70 n.Chr.

[17] Vgl. die Übersicht oben Anm. 12. Eine Ausnahme bildet lediglich das dort angeführte Votum von Lohmeyer.

Frage berechtigt, ob es auch an solchen Stellen eine Sonderüberlieferung gegeben haben kann, wo sie jetzt offensichtlich durch Benutzung der Mk-Parallele überdeckt ist. Diese Frage ließe sich nur dann beantworten, wenn trotz der engen Übereinstimmung mit Markus noch Spuren einer solchen Vorlage zu erkennen wären.

c) Eine auffällige Häufung von acht *minor agreements* innerhalb einer Perikope von nur vier Versen (Mt) kann nicht, wie das in der Literatur stellenweise geschieht, ohne weiteres als „Zufall“ abgetan werden. Noch unbefriedigender ist jedoch die Tatsache, dass diese *agreements* in den meisten Kommentaren und Untersuchungen nicht einmal erwähnt werden, weil diese sich entweder ausschließlich den markinisch-lukanischen oder ausschließlich den markinisch-matthäischen Beziehungen widmen und daher der Blick auf den jeweils dritten Seitenreferenten weithin unterbleibt. Auch hier führt also die methodische Vorentscheidung, verständlich wie sie ist, zu einer eingeschränkten Wahrnehmung des Befundes. Selbst in den einschlägigen Untersuchungen zu den *minor agreements* werden einige von ihnen aufgrund methodischer Prämissen nicht berücksichtigt.[18] Der hier versuchte methodische Ansatz, der von quellentheoretischen Vorentscheidungen zunächst absieht, kann daher hier vielleicht eine hilfreiche Ergänzung liefern.

d) Auffällig an dieser Perikope ist auch die große Dichte an historischen und kulturgeschichtlichen Details, insbesondere solcher Details, die eine Kenntnis jüdischer Bräuche aus der Zeit vor der Tempelzerstörung verraten oder zumindest vorgeben, dies zu tun.[19] Umstritten ist die Frage, inwiefern diese Details auf ein hohes Alter der Überlieferung und ihre Lokalisierung in der Gemeinde von Jerusalem zulassen, oder inwiefern gerade diese Details ein künstliches literarisches Stilmittel sind, das erst auf einer späten Überlieferungsstufe, und nicht ohne gravierende Fehler und Widersprüche zu hinterlassen, in die ursprünglichen Passionsberichte eingetragen wurde. Der Versuch der vorliegenden Untersuchung, Texte speziell im Kontext jüdischer Literatur und hebräischer Sprache zu beleuchten und auf diesem Wege Rückschlüsse auf die Ursprünglichkeit ihres Gehaltes oder Wortlauts zu ziehen, kann hier möglicherweise zu einer weiteren Klärung beitragen.

e) Semitisierende Spracheigentümlichkeiten, wie sie in der gesamten Passionsüberlieferung verstärkt auftauchen, werden auch in der vorliegenden Perikope immer wieder beobachtet.[20] Diese Beobachtungen bleiben jedoch weithin auf vereinzelte Phänomene beschränkt. Erst Casey hat eine

---

[18] Vgl. unten S. 562, S. 570 und S. 576.

[19] Schenke, *Studien*, 1972, 192–193: „ausgesprochen palästinensische(r) Charakter“.

[20] Schenke, *Studien*, 1972, 193; Pesch, *Markus II*, 1977, 6–8; Marshall, *Luke*, 1978, 792; Carmignac, *Studies*, 1970, 72; nach Schramm, *Markus-Stoff*, 1971, 182, gibt es jedoch hier keine Semitismen bei Lk, die nicht aus seiner Mk-Vorlage stammen.

durchgängige Untersuchung der Perikope vor dem Hintergrund der aramäischen Sprache vorgelegt.[21] Dabei hat er jedoch leider, auch hier aufgrund methodischer Vorentscheidungen, auf eine Einbeziehung der matthäischen und lukanischen Parallelüberlieferung verzichtet. Eine durchgängige Untersuchung aller drei Überlieferungsformen der Perikope vor dem Hintergrund der hebräischen Sprache ist bisher nicht unternommen worden, könnte aber vielleicht auch hier neue Aspekte in die komplexe Frage nach möglichen vormarkinischen Passionsüberlieferungen einbringen.

f) Mit Vorsicht kann schließlich auch gefragt werden, ob die Abwesenheit der Perikope in der johanneischen Passionsgeschichte tatsächlich so unverbrüchlich feststeht, wie gemeinhin angenommen. Fraglos hat das Evangelium des Johannes keine auch nur annhähernd entsprechende Parallelüberlieferung aufzuweisen. Dennoch enthält die Perikope, wie auch die vorangehende, bei näherer Betrachtung möglicherweise doch Spuren einer literarischen Beziehung zu Johannes. Sollten solche in der Tat nachweisbar sein, spräche dies zusätzlich für eine vormarkinische Überlieferungsform der Perikope.

Eine Untersuchung des Textes vor dem Hintergrund einer prinzipiellen Offenheit der synoptischen Frage und der Möglichkeit eines hebräischen Sprachhintergrundes scheint also trotz des weitgehenden Konsenses innerhalb der Literatur durchaus gerechtfertigt zu sein.

2. Einzeluntersuchungen

2.1 τῇ δὲ πρώτῃ τῶν ἀζύμων

Die Perikope beginnt in allen drei Überlieferungsformen mit einer Datierung. Dadurch ist der Neueinsatz der Perikope eindeutig gekennzeichnet und gleichzeitig eine literarische Verwandtschaft der drei Fassungen nahe gelegt. In der Formulierung jedoch gehen die drei Fassungen deutlich auseinander:

τῇ δὲ πρώτῃ τῶν ἀζύμων (Mt 26,17)
καὶ τῇ πρώτῃ ἡμέρᾳ τῶν ἀζύμων, ὅτε τὸ πάσχα ἔθυον (Mk 14,12)
ἦλθεν δὲ ἡ ἡμέρα τῶν ἀζύμων, [ἐν] ᾗ ἔδει θύεσθαι τὸ πάσχα (Lk 22,7)

Kommentare zur Stelle nehmen die Datierung für gewöhnlich zum Anlaß für eine ausführliche Diskussion der chronologischen Fragen im Zusammenhang dieser Perikope und der gesamten Passionsüberlieferung:

---

[21] Casey, *Sources*, 1998, 219–229.

a) Ist diese Datumsangabe korrekt, unpräzise oder unmöglich?
b) Fiel die hier beschriebene Episode auf einen 13. Nisan, einen 14. Nisan oder überhaupt nicht in die Nähe eines Passafestes?
c) War die anschließende Mahlfeier ein vorschriftsmäßiges Passamahl, ein vorgezogenes Passamahl oder eine gewöhnliche Mahlzeit?
d) In welcher Phase der Überlieferung fand das Motiv des Passamahles Eingang in die Passionserzählung?

Gegenstand dieser Untersuchung kann es es nicht sein, die historischen und chronologischen Fragen umfassend zu beantworten:[22] Denn auf der literarischen Ebene ist die Annahme eines regulären Passamahles am Abend des 14. Nisan in allen drei synoptischen Evangelien unbestreitbar. Dennoch sind Teilaspekte der chronologischen Fragen auch für die Beurteilung der literarischen Beziehungen von Bedeutung, und zwar in zweierlei Hinsicht: Zum Einen wird die Beurteilung des Alters und der Zuverlässigkeit der Tradition davon abhängen, ob die chronologischen Angaben innerhalb des Textes plausibel und kohärent sind, und ob sie Kenntnis der historischen Zusammenhänge und der jüdischen Tradition verraten. Ist beides nicht der Fall, spräche dies gegen eine Ursprünglichkeit der Überlieferung.

Zum Anderen stellt sich aber auch die Frage nach der literarischen Einheitlichkeit der Perikope. Lässt sich nachweisen, dass die chronologischen Angaben des Textes nicht mit dessen Inhalt oder mit denen des Kontextes zu vereinbaren sind, legt sich die Annahme einer literarischen Uneinheitlichkeit nahe, verbunden mit der Vermutung, dass die Datierung auf das Passafest als Ganzes erst einer späteren redaktionellen Schicht des Textes angehört. Die chronologischen Fragen sollen daher hier, sofern sie für diese beiden Fragen relevant sind, in der nötigen Kürze zur Sprache kommen.

2.1.1 Die Frage der Chronologie

Die Frage, ob der 14. Nisan im Todesjahr Jesu auf einen Donnerstag oder auf einen Freitag fiel, bleibt in der Literatur weiterhin unentschieden. Ausgangspunkte für eine Datierung sind

a) die expliziten chronologischen Angaben der synoptischen Evangelien, bzw. nach gängiger Quellenhypothese nur die des Markusevangeliums, dem die Seitenreferenten folgen. Diese legen, wenn auch nicht völlig unzweideutig, eine Datierung des Todes Jesu auf den 15. Nisan nahe.[23]

---

[22] Neuere umfassende Untersuchungen zur Chronologie der Passion finden sich z.B. bei Reinbold, *Bericht*, 1994, Myllykoski, *Tage*, 1994, Riesner, *Frühzeit*, 1994.

[23] Entscheidend sind die Aussagen Mk 14,12 und Lk 22,7, die voraussetzen, dass es sich beim Vortag des Todes um den offiziellen Tag des Lämmerschlachtens handelt, also um den 14. Nisan. Hinzu kommt Mt 26,17, der zwar das Schlachten nicht erwähnt, aber doch, zumindest in der jetzigen Form, den gleichen Termin im Blick hat. Zudem spricht Lk 22,15 vom „Essen des Passa". Hier weist schon Ep.Pan 30.22.2, ed. Migne, *PG 41*, 1863, 441 und Holl, *GCS 25*, 1915, 362, eine offensichtlich alternative Deutung zurück,

b) die impliziten historischen Angaben der synoptischen Evangelien, die eine solche Datierung auf sachlicher Ebene fraglich machen: Dazu zählen die Fragen, ob eine Gerichtsverhandlung gegen Jesus am Feiertag denkbar wäre, ob die Jünger Jesu am Feiertag bewaffnet gewesen wären (Mk 14,47), ob Simon von Kyrene am Feiertag von außerhalb der Stadt hätte kommen können (Mk 15,21) oder Joseph von Arimathäa die Leichentücher hätte kaufen können (Mk 15,46).[24]
c) die impliziten chronologischen Angaben des Johannesevangeliums, das zwar im Gegensatz zu den Synoptikern keine präzise Datierung angibt, aber in Randbemerkungen eine solche erkennen lässt.[25]
d) die von Paulus I Kor 5,7 verwendete Symbolik, die Christus als das „für uns geschlachtete Passalamm" bezeichnet.[26]
e) die Angabe des apokryphen Petrusevangeliums aus dem 2. Jh., Jesus sei „vor dem ersten Tag der ungesäuerten Brote" (πρὸ μιᾶς τῶν ἀζύμων) hingerichtet worden.[27]
f) die Angabe einer Baraita im babylonischen Talmud (bSan 43a), der zufolge Jesus am Vortag des Passa (בערב הפסח) hingerichtet wurde.
g) Astronomische Berechnungen zu möglichen Neumondsichtungen in den Jahren um 30 n. Chr., nach denen nur in den Jahren 27, 30 und 33 der 14. Nisan auf einen Freitag fallen konnte, sowie nur in den Jahren 27 und 34 auf einen Donnerstag.[28]
h) Weitere Indizien für eine Datierung können aus dem weiteren Kontext der neutestamentlichen, jüdischen und frühchristlichen Literatur sowie der altkirchlichen Abendmahls- und Osterpraxis erschlossen werden.[29]

---

der zufolge Jesus hier nicht das Essen, sondern nur das Fest allgemein im Blick hatte und sein Wunsch wegen seines Todes unerfüllt blieb.

[24] Zehn sachliche Einwände dieser Art bei Jeremias, *Abendmahlsworte*, 1960, 69–70.

[25] In Frage kommen hier Joh 13,1 (Luther: „vor dem Passafest"), Joh 18,28 (Luther: „Und sie gingen nicht hinein, damit sie nicht unrein würden, sondern das Passamahl essen könnten"), Joh 19,14 (Luther: „Es war aber am Rüsttag für das Passafest") und Joh 19,31 (Luther: „dieser Sabbat war ein hoher Festtag").

[26] Riesner, *Frühzeit*, 1994, 43, mit Verweis auf Preuschen, *Todesjahr*, 1904, 15f. fügt die Beobachtung hinzu, dass Paulus im selben Brief (I Kor 15,20) für Christus die Symbolik der „Erstlingsfrucht" gebraucht und damit möglicherweise auf die Erstlingsgarbe anspielt, die am 16. Nisan im Tempel geweiht wurde (Lev 23,10f).

[27] EvPetr 5, ed. Kraus/Nicklas, *Petrusevangelium*, 2004, 32 (dort als II, Vers 5); dt. bei Maurer/Schneemelcher, *Petrusevangelium*, 1987, 185. Zwar handelt es sich insgesamt kaum um eine von den kanonischen Evangelien völlig unabhängige Quelle, aber gerade dadurch wird die Datierung, weil sie der synoptischen Vorlage ausdrücklich widerspricht, erst interessant und zeugt vom hohen Alter (2. Jh.) einer alternativen Chronologie.

[28] Riesner, *Frühzeit*, 1994, 45, mit Verweis auf neuere computergestützte Berechnungen. Jeremias, *Abendmahlsworte*, 1960, 35, hatte noch eine „erheblich schwächere Möglichkeit" erwogen, dass auch im Jahr 30 der 14. Nisan auf einen Donnerstag fiel. Die neueren Berechnungen ergeben jedoch, dass der Vollmond am Donnerstag, dem 6. April des Jahres 30 erst am späten Nachmittag aufging, nach offizieller Zählung (wenn diese vorausgesetzt werden kann) also der 14. Nisan erst nach der darauffolgenden Nacht beginnen konnte. Vgl. Riesner, *Frühzeit*, 1994, 51.

[29] Innerhalb des Neuen Testaments können hier die Angaben über Regierungsjahre der Kaiser und Statthalter sowie chronologische Angaben aus Apg und den Paulusbriefen hinzugezogen werden. Aus der frühen Kirchengeschichte ist vor allem die Osterpraxis der Quartodezimaner von Interesse, vgl. Jeremias, *Abendmahlsworte*, 1960, 115–117; auch der Gebrauch des alten jüdischen Sonnenkalenders in der montanistischen Bewegung

Für die Zwecke der vorliegenden Untersuchung kann die Diskussion wie folgt zusammengefasst werden: Zunächst einmal darf der Gegensatz zwischen einer „synoptischen“ und einer „johanneisch-paulinischen“ Chronologie nicht überbewertet werden. In der Tat machen nur die synoptischen Evangelien explizit den Versuch einer Datierung des Todestages Jesu. Die impliziten Hinweise des Johannesevangeliums sind alles andere als eindeutig und erlauben eine Datierung des 14. Nisan auf den Donnerstag wie auf den Freitag.[30] Die Anspielungen des Paulus sind noch viel weniger als ex-

---

Kleinasiens könnte auf eine Nachwirkung essenisch-judenchristlicher Passatraditionen in der frühen Kirche hinweisen, vgl. Riesner, *Essener*, 1998, 1887. Diesen Fragen kann aber hier aus Gründen der Beschränkung nicht weiter nachgegangen werden.

[30] Joh 13,1 (πρὸ δὲ τῆς ἑορτῆς τοῦ πάσχα) ist für eine präzise Datierung zu ungenau. In Joh 18,28 ist die Bedeutung der Phrase φάγωσιν τὸ πάσχα umstritten: Jeremias, *Abendmahlsworte*, 1960, 14, und Torrey, *Last Supper*, 1952, 244, sehen hier einen möglichen Bezug zum Festmahl (חגיגה) am 15. Nisan. Zahn, *Johannes*, 1921. 633 sieht eine mögliche Zusammenfassung der sonst üblichen Begriffe „das Passa tun“ und „Mazzot essen“ zu „das Passa essen“ (vgl. II Chr 30,22: וַיֹּאכְלוּ אֶת־הַמּוֹעֵד שִׁבְעַת הַיָּמִים), so dass hier die gesamten sieben Festtage im Blick wären. Beide Möglichkeiten sind nicht ausgeschlossen, wenn auch unwahrscheinlich. In jedem Fall jedoch ist Joh 18,28 keine „Datierung“, sondern allenfalls eine unabsichtliche Randbemerkung, aus der man chronologische Schlüsse ziehen kann. Joh 19,14 und Joh 19,31 fallen als Belege für eine eigene „johanneische Chronologie“ in jedem Fall aus: παρασκευή (6x im NT, 4x in LXX, 63x bei Josephus, 54x bei Philo) ist *terminus technicus* für den Freitag, nicht für den Vortag eines Festes. Mk 15,42 und Lk 23,54 (jeweils *hapax legomenon*), fügen diese Definition ihrem Gebrauch des Begriffes ausdrücklich hinzu. Josephus verwendet παρασκευή fast ausschließlich im militärischen oder logistischen Sinn, nur einmal als Bezeichnung für einen Tag:, in diesem Fall ebenfalls ein Freitag (ἐν σάββασιν ἢ τῇ πρὸ αὐτῆς παρασκευῇ, Ant 16,163). Philo verwendet den Begriff nur im nichtkalendarischen Sinn. Angesichts der eindeutigen Verwendung des Begriffs in Mk, Lk und Josephus gibt es also keinen Anlass, für Mt 27,62 und Joh 19,14.31.42 eine andere Bedeutung anzunehmen. Joh 19,14 bezeichnet demnach den „Freitag (während) des Passafestes“, nicht den „Vortag des Passafestes“. Die Deutung schließlich der Notiz in Joh 19,13 (μεγάλη ἡ ἡμέρα ἐκείνου τοῦ σαββάτου) aufgrund des hebräischen Terminus שבת הגדול wird oft irrtümlich als Beleg für eine eigene „johanneische“ Chronologie gewertet: Im heutigen Sprachgebrauch bezeichnet der שבת הגדול allerdings nicht das Zusammenfallen von Sabbat und Festtag, sondern den letzten Sabbat *vor* dem Passafest. Der Begriff erscheint zudem in der jüdischen Literatur erstmals im 11. und 12. Jh. und wurde jetzt auch auf einer Grabinschrift in Ramle aus dem Jahr 943 gefunden, vgl. dazu Safrai, *Testimonies*, 2006, 50–51. Vorher erscheint er nur im Sprachgebrauch der Ostkirchen als Bezeichnung des Samstags vor dem Osterfest. Den möglichen Ursprung des Begriffs sieht Safrai (51) in der halachischen Diskussion um die Opferpraxis für den Fall, dass der 14. Nisan (!) auf einen Sabbat fiel. Dies aber ist auch bei einer ‚johanneischen‘ Chronologie nicht angenommen. Ins Leere zielt auch der Versuch, eine eigenständige johanneische Chronologie aus dessen Anspielungen auf das „Lamm Gottes“ (Joh 1,29.36) heraus zu erklären. Denn diese nutzen ja gerade nicht die Symbolik des Passafestes, sondern die des Sündopfers. Im Passionsbericht dagegen macht Johannes auffälligerweise von dieser Symbolik keinen Gebrauch, ebenso we-

akte chronologische Angaben zu werten,[31] so dass es unangemessen ist, von einer „johanneisch-paulinischen" Chronologie zu sprechen. Schwerer wiegen hingegen die sachlich-historischen Einwände, insbesondere die kalendarischen Berechnungen, sowie die Existenz abweichender Parallelüberlieferungen im Petrusevangelium und im babylonischen Talmud. Widersprüche bleiben also bestehen.

Die verschiedenen Versuche, die unterschiedlichen literarischen und sachlichen Beobachtungen zusammenzuführen und zueinander in Beziehung zu setzen, dürfen keineswegs schlechthin als „fundamentalistisch" abgetan werden.[32] Denn es geht dabei weniger um die Sicherung einer angenommenen Fehlerlosigkeit der neutestamentlichen Schriften, sondern um die Frage nach der historischen Kontextplausibilität und der literarischen Einheitlichkeit der synoptischen Berichte. Mit anderen Worten: Spiegelt die Komplexität der literarischen und historischen Daten lediglich eine komplexe Quellenlage oder eventuell auch ebenso eine komplexe historische Situation wieder? Darauf geben die unterschiedlichen Lösungsversuche unterschiedliche Antworten:[33]

a) Der Todestag Jesu fiel auf den 15. Nisan. Der synoptische Bericht beschreibt ein reguläres Passamahl am Abend des 14. Nisan. Johannes teilt entweder diese Chronologie,[34] oder hat sie aus theologischen Motiven bewusst geändert.[35]
b) Der Todestag Jesu fiel auf den 14. Nisan. Die synoptischen Berichte beschreiben einen bewussten Bruch des historischen Jesus mit der jüdischen Tradition.[36]
c) Der Todestag Jesu fiel auf den 14. Nisan. Das Motiv des Passamahls ist unhistorisch und erst nachträglich in die vormarkinische Tradition eingedrungen oder erst von Mk redaktionell eingefügt.[37]

---

nig wie aus der oft zitierten Tatsache, dass nach johanneischer Chronologie die Todesstunde Jesu mit dem Schlachten der Lämmer zusammenfiele, was von Johannes ja gerade nicht berichtet wird. Johannes hätte seine mühsam vorbereitete und angeblich theologisch motivierte Konstruktion also denkbar schlecht präsentiert.

[31] Eine Passa-Terminologie, auch verbunden mit dem naheliegenden Bild der Erstlingsgarbe, würde sich auch nahe legen, wenn die Nähe zum Fest nur eine ungefähre wäre. Anderswo verwendet Paulus die Terminologie des Versöhnungstages (Röm 3,25), ohne damit eine kalendarische Aussage über den Todeszeitpunkt Jesu zu machen. Die paulinische Symbolik ist also allenfalls ein schwacher Reflex einer möglichen alternativen Chronologie. Von einer „paulinischen Chronologie" im Gegenüber zur „synoptischen Chronologie" sollte man nicht sprechen.

[32] So Fitzmyer, *Luke II*, 1985, 1382 und Casey, *John*, 1996, 20f. Vgl. jedoch Instone-Brewer, *Passover*, 2000, 123 und Bock, *Luke II*, 1996, 1956.

[33] Eine Übersicht der verschiedenen Modelle bei Bock, *Luke II*, 1996, 1956–1960.

[34] Jeremias, *Abendmahlsworte*, 1960, 74–78; Zahn, *Johannes*, 1921, 499 und 633.

[35] Gnilka, *Matthäus II*, 1988, 398; Casey, *John*, 1996, 20f; Gundry, *Mark*, 1993, 824.

[36] Schniewind, *Matthäus*, 1950, 258: Jesus setzt „eine neue Zeit für das neue Passa". Rengstorf, *Lukas*, 1969, 241; Resch, *Lukas*, 1895, 624; Ernst, *Lukas*, 1976, 578.

[37] Reinbold, *Bericht*, 1994, 283; Grundmann, *Markus*, 1989, 381–382; Mann, *Mark*, 1986, 365; Evans, *Mark*, 2001, 372, „with some hesitation". Nach Schweizer, *Markus*,

d) Der Todestag Jesu fiel auf den 14. Nisan. Der synoptische Bericht beschreibt ein Passamahl nach essenischem oder altem priesterlichen Sonnenkalender am Dienstag Abend.[38]

e) Der Todestag Jesu fiel auf den 14. Nisan. Weil damit der erste Feiertag auf den 15. Nisan fiel, mussten die Lämmer bereits am 13. Nisan geschlachtet werden, um den Sabbat nicht zu verletzen. Pharisäer pflegten daher das Passamahl unmittelbar im Anschluss zu feiern, während Sadduzäer es dennoch erst am 14. Nisan hielten. Der synoptische Bericht spiegelt die pharisäische Praxis (und die Praxis Jesu) wieder, im Johannesevangelium wird die sadduzäische Praxis im Umfeld Jesu erkennbar.[39]

f) Der Todestag Jesu fiel auf den 14. Nisan. Aufgrund der hohen Zahl der Opfer und wegen der langen Anreisezeiten der Diasporajuden und der Galiläer hatte sich jedoch die Praxis eingebürgert, Passalämmer teilweise bereits am Abend des 13. Nisan zu schlachten und das Passamahl einen Tag vorzuziehen. Der synoptische Bericht spiegelt ein solches vorgezogenes Mahl am 13. Nisan wider.[40]

g) Der Todestag Jesu fiel auf den 14. Nisan. Aufgrund unterschiedlicher Auslegung der kalendarischen Bestimmungen von Lev 23,15 fiel der 14. Nisan nach pharisäischer Auffassung auf den Donnerstag, nach sadduzäischer auf den Freitag. Beide feierten also, nach ihrem jeweiligen Verständnis, am 14. Nisan. Der synoptische Bericht spiegelt ein Passamahl nach pharisäischem Verständnis wider, Joh reflektiert das Verständnis der Sadduzäer.[41]

1967, 171, ist die Verdrängung des jüdischen Passa durch das christliche Abendmahl die Kernaussage der Perikope. Burkitt, *Last Supper*, 1916, 296–297, geht von einem redaktionellen Fehler des Mk aus, der als Augenzeuge dem letzten Mahl Jesu teilgenommen und es irrtümlich als Passamahl erinnert habe.

[38] Diese Ansicht wird zumeist Jaubert, *Date*, 1957, zugeschrieben. Jaubert nimmt aber ihren Ausgangspunkt bei einer Reihe von Zeugnissen der alten Kirche: Didascalia Apostolorum V,12–18, ed. Funk, *Didascalia*, 1905, 266–289; Ep.Pan 51.26.1–27.3, ed. Migne, *PG 41*, 1863, 933–936 und Holl, *GCS 31*, 1922, 295–298; ein Brieffragment des Epiphanius, vgl. Holl, *Bruchstück*, 1927, 160; Victorinus von Pettau, Tractatus de fabrica mundi 3, ed. Haussleiter, *CSEL 49.2*, 1916, 4. Jauberts Vorschlag haben sich angeschlossen: Ruckstuhl, *Chronologie I*, 1985, 139; Carmignac, *Date non officielle*, 1966; Pixner/Riesner, *Wege*, 1994, 222–224. Die Annahme wurde bereits von Jeremias, *Abendmahlsworte*, 1960, 17, als „phantastisch“ abgetan und findet heute nur wenige Befürworter. Angesichts der fortschreitenden Forschung an der Literatur aus Qumran und archäologischer wie literarischer Hinweise auf die Präsenz essenisierender Gruppen auch in Jerusalem, insbesondere in örtlicher Nähe zur Lokaltradition der Jerusalemer Urgemeinde auf dem Südwesthügel der Stadt, dürfte die Frage nach Beziehungen zwischen der frühen christlichen Gemeinde und essenisierenden Gruppen jedoch weiterhin von Interesse bleiben. Vgl. Riesner, *Essener*, 1998, 1888–1892.

[39] Chwolson, *Passamahl I*, 1892. Dagegen bereits Rosenthal, *Passamahl*, 1893. Wenn die seinerzeit schon von Jeremias, *Abendmahlsworte*, 1960, 16, zum Vergleich herangezogene Festpraxis der heutigen Samaritaner zu Rückschlüssen auf das erste Jahrhundert berechtigt (was nicht sicher ist), so spräche diese Praxis ebenfalls gegen die These Chwolsons. Denn die Samaritaner feiern das Passafest nicht am Abend des 13. Nisan, sondern am frühen Nachmittag des 14. Nisan, wenn dieser auf einen Freitag fällt, zuletzt bei den Passafeiern am Freitag, dem 22.4.2005, bei denen ich persönlich zugegen sein konnte.

[40] Pickl, *Messiaskönig*, 1939, 250–251.

[41] Billerbeck, *Kommentar*, 1969, 2:812–813; dieser Lösung folgen Matheus, *Preparation*, 2005, 14–17 und Instone-Brewer, *Passover*, 2000, vgl. dazu im Folgenden.

Eine endgültige Entscheidung für eine dieser Alternativen ist für den Fortgang dieser Untersuchung nicht notwendig. Es genügt der Nachweis, dass sich der komplexe Befund durchaus auf verschiedene Weise erklären und plausibel in den Kontext des zeitgenössischen Judentums einordnen lässt: Option (a) ist innerhalb der neutestamentlichen Überlieferung möglich, steht aber in Spannung mit einer Vielzahl von außerbiblischen Indizien. Option (b) ist möglich, widerspräche aber dem Gesamtzeugnis der Evangelien, die eine enge Verbundenheit Jesu mit der Festpraxis des Judentums erkennen lassen. Zudem widerspricht diese Option den Angaben in Mk 14, 12 parr., die von einem allgemeinen Passatermin ausgehen. Option (c) ist möglich, erfordert aber ein hohes Maß an literarkritischer Spekulation. Zudem werden die sachlichen Spannungen durch diese Option nicht gelöst, denn auch am Vortag des Passa wäre eine ordentliche Gerichtsverhandlung nicht erlaubt gewesen. Optionen (d)–(g) beschreiben verschiedene Aspekte von kalendarischer Unsicherheit, die je für sich genommen mehr oder weniger plausibel sein mögen, kumulativ jedoch eine hohe Wahrscheinlichkeit mit sich bringen, dass es im Rahmen des jüdischen Passafestes zu kalendarischen Ungenauigkeiten gleich welcher Art kommen konnte.[42]

Neue Aktualität haben die Optionen (f) und (g) durch zwei Diskussionsbeiträge aus neuerer Zeit erhalten: In der Literatur war diesen beiden Vorschlägen stets entgegengehalten worden, dass sie aus den Quellen nicht zu belegen seien. M. Casey und D. Instone-Brewer sehen jedoch in einer halachischen Diskussion der Mischna den möglichen Niederschlag einer entsprechenden Praxis: Demnach konnten Lämmer bereits am Morgen des 14. Nisan oder am Abend des 13. Nisan geschlachtet werden, aber unter einem anderen Namen (also z.B. als Sündopfer).[43] Sie waren dann jedoch trotzdem gültig, und auch die Festtagspflicht galt als erfüllt. Nach der in mZev 1,3 festgehaltenen Diskussion zwischen R. Josua und Ben Batera (beide 1. Jh.) erlaubte R. Josua solche falsch deklarierten Opfer auch am Vormittag des 13. Nisan, während Ben Batera sie nur am Abend (בין הערבים) erlaubte, also entweder am Abend des 14. oder am Abend des 13. Nisan. Casey vermutet, dass nur diese Praxis der Umbenennung, die von den Priestern stillschweigend geduldet wurde, die Schlachtung in so großen Zahlen, wie sie im ersten Jahrhundert üblich geworden waren, möglich machte (Option f).

Instone-Brewer sieht in den beiden Meinungen der Kontrahenten einen Reflex der oben beschriebenen Szenarien (f) und (g): R. Josua erlaubte demnach die Opfer zu jeder Zeit, da es ihm lediglich darum ging, die große Zahl der Opfer zu ermöglichen (Option f). Ben Batera hingegen erlaubte sie nur am Abend, weil er davon ausging, dass diejenigen, die ihre Passa-

---

[42] In ähnlicher Offenheit formuliert Marshall, *Luke*, 1978, 790.

[43] mZev 1,1 und 1,3 (Cohn 4–6), vgl. Casey, *Sources*, 1998, 223–225; Instone-Brewer, *Passover*, 2000, 122–123.

lämmer am 13. Nisan schlachteten, dies ihrerseits in der Überzeugung taten, es sei bereits der 14. Nisan (Option g). Sollte diese Deutung von mZev 1,1–3 zutreffen, dann wäre dies der in der Literatur oft angemahnte Beleg aus den Quellen für die Optionen (f) und (g).

Die Annahme von Uneinheitlichkeit in der Festpraxis ist jedoch, unbenommen der Optionen (a) bis (c), auch schon aus Gründen des *common sense* wahrscheinlich, zieht man etwa die komplexen kalendarischen Differenzen in Erwägung, die es bis heute in Jerusalem zwischen den großen christlichen Konfessionen und auch innerhalb der weltweiten islamischen Gemeinschaft bezüglich der Mondsichtung gibt. Nimmt man außerdem noch eine multikulturelle, multireligiöse und multiethnische Situation an, wie sie für Jerusalem in der Zeit des zweiten Tempels vorauszusetzen ist, sowie Kommunikationswege, die mit den heutigen nicht zu vergleichen sind, dann wird deutlich, dass für Jerusalem nicht mit einer einheitlichen, von allen Juden zur gleichen Zeit, in gleichem Maße und auf gleiche Weise vollzogenen Festpraxis zu rechnen ist, die dem heutigen Lehrbuch oder auch nur den späteren mischnischen Bestimmungen exakt entsprochen hätte. Die offenen Fragen zur Chronologie zwingen also in keiner Weise dazu, die vorliegende Perikope *a priori* einem des Judentums unkundigen Autor oder einer Gemeinde zuzuschreiben, die mit den lokalen und kulturellen Gegebenheiten Jerusalems nicht vertraut war. Sie zwingen auch nicht dazu, die Passatradition als sekundäre literarische Bildung zu charakterisieren. Beide Möglichkeiten bleiben vielmehr offen: Dass hier eine ursprüngliche, durch Lokaltradition und gute Kenntnis einzelner jüdischer Festbräuche geprägte Überlieferung vorliegt, oder dass die gesamte Perikope ein frei geformtes Stück urchristlicher Literatur darstellt, in das das Passamotiv sekundär eingeführt wurde. Genauere Aufschlüsse kann also nur die sprachliche Einzeluntersuchung liefern.

2.1.2 Der Wortlaut der Datumsangabe

Die Formulierung der einleitenden Datumsangabe hat den Auslegern seit jeher Rätsel aufgegeben. In der Tat enthält insbesondere die markinische Formulierung, oberflächlich gesehen, einen deutlichen inneren Widerspruch. Denn das siebentägige Fest der ungesäuerten Brote dauert vom 15. bis zum 21. Nisan,[44] das Schlachten der Passalämmer aber fiel auf den Nachmittag des 14. Nisan.[45] Ältere Ausleger haben daher diese Zeitangabe

[44] Ex 12,15–18; Lev 23,6; Num 28,17.

[45] In biblischer Zeit wurde am Abend (בֵּין הָעַרְבָּיִם Ex 12,6; Lev 23,5; Num 9,3.5.11; בָּעֶרֶב Jos 5,10) des 14. Nisan geschlachtet, in der nachbiblischen Zeit bereits zwischen 15 und 17 Uhr (Jos. Bell 6,423; Philo SpecLeg 2,145; Quaest in Ex 1,11, ed. TERIAN, *OPA 43c*, 1992, 82–84).

als einen offensichtlichen Fehler eines späten, mit der jüdischen Tradition nicht vertrauten heidenchristlichen Autors charakterisiert:

„Kein irgendwie gesetzeskundiger Jude hätte vom ersten Feiertage geredet, wo es sich um den Rüsttag des Festes handelte. Nur von Nichtjuden ist denkbar, daß sie den Tag des Passaschlachtens mit der Nacht des Passahmahles am ersten Feiertag zusammenfassten. Als ich Franz Delitzsch's Hebräisches Neues Testament herausgab, empfand ich lebhaft, wie peinlich es ist, daß der Übersetzer solche Dinge, die hebräisch besonders auffallen, nicht beseitigen darf."[46]

Wellhausen erklärt aufgrund der fehlerhaften Zeitangabe die ganze Perikope für unhistorisch.[47] Lührmann wertet die ganze Perikope aufgrund des vermeintlichen Irrtums als redaktionellen Zusatz.[48] Andere denken an eine absichtliche Wortwahl des Markus im Blick auf seine nichtjüdischen Leser.[49] In neuerer Zeit hat sich jedoch die Ansicht durchgesetzt, dass die Zeitangabe zwar ungewöhnlich, aber doch in einem jüdischem Kontext durchaus nicht unmöglich ist. In der neueren Literatur wird die Formulierung zumeist in Aufnahme einer Formulierung von Billerbeck[50] mit einem kurzem Hinweis auf „populäre Ausdrucksweise" erklärt.[51] Andere Ausleger verweisen auf die Unterschiede zwischen jüdischer und griechisch-römischer Tageszählung. Beide Erklärungen sind jedoch bei genauerer Betrachtung nicht so selbstverständlich, wie sie scheinen:

Der Verweis auf den Unterschied zwischen römischer und jüdischer Tageszählung, demzufolge die römische Tageszählung von Mitternacht bis Mitternacht und die jüdische von Abend bis Abend zählt, mag zwar oberflächlich einleuchten, trifft aber den Sachverhalt nicht und geht auf ein verbreitetes Missverständnis bezüglich der jüdischen Tageszählung zurück:[52]

---

[46] Dalman, *Jesus*, 1922, 97 im Blick auf Mt 26,17 (wo auffälliger Weise gerade nicht vom „ersten Feiertag" die Rede ist, sondern nur von „dem Ersten", vgl. dazu unten S. 507ff.); Dalmans Urteil teilen Black, *Muttersprache*, 1982, 138; Schenke, *Studien*, 1972, 156–157; Ernst, *Markus*, 1981, 298; Reinbold, *Bericht*, 1994, 83; Lührmann, *Markus*, 1987, 235; Schmithals, *Markus II*, 1979, 603–604; Schweizer, *Markus*, 1967, 169. Mit anderer Stoßrichtung verwendet Parker, *Second Look*, 1981, 396, den gleichen Schluss: Er sieht hierin einen Beleg für den sekundären Charakter des Markusevangeliums gegenüber Lukas und Matthäus.

[47] Wellhausen, *Markus*, 1904, 117.

[48] Lührmann, *Markus*, 1987, 235.

[49] Gnilka, *Markus II*, 1979, 232; Gundry, *Mark*, 1993, 820.

[50] Billerbeck, *Kommentar*, 1969, 2:815.

[51] Luz, *Matthäus IV*, 2002, 80; Schürmann, *Paschamahlbericht*, 1953, 77; Grundmann, *Markus*, 1989, 382; Fitzmyer, *Luke II*, 1985, 1382; Keener, *Matthew*, 1999, 624; Ernst, *Markus*, 1981, 407. Andere Ausleger nehmen „Ungenauigkeit" in der Zeitangabe an: Schweizer, *Lukas*, 1993, 220; Schenke, *Studien*, 1972, 154; Goulder, *Luke II*, 1989, 721.

[52] Den Hinweis auf dieses Missverständnis verdanke ich persönlicher Konversation mit Malcolm Lowe. Dass es in der Tat weit verbreitet ist, hat sich nach Durchsicht der Literatur und der Quellen bestätigt.

1. Tag hier: 13. Nisan	*Nacht*	*2. Tag hier: 14. Nisan*	*Nacht*	*3. Tag hier: 15. Nisan*
(Morgen A)	(Abend X)	(Morgen B)	(Abend Y)	(Morgen C)
Tag A (Stunde I–XII)	Nacht X (Wache I–IV)	Tag B (Stunde I–XII)	Nacht Y (Wache I–IV)	Tag C (Stunde I–XII)
(Abend A)	(Morgen X)	(Abend B)	(Morgen Y)	(Abend C)

Tabelle 37: Jüdische und römische Tageszählung im Vergleich

Sowohl im jüdischen als auch im römischen Sprachgebrauch bezeichnet der Begriff „Tag“ keine Einheit von 24 Stunden, sondern ausschließlich die Zeit zwischen Sonnenaufgang und Sonnenuntergang, also einen Zeitraum von etwa[53] 12 Stunden (vgl. Joh 11,9: „Hat nicht der Tag 12 Stunden?“). Während im biblischen Gebrauch die kleineren Einheiten des Tages zunächst ungenau bleiben („Morgen, Mittag, Abend“, später dann präziser nach den Gebetszeiten eingeteilt)[54], werden sie im römischen System nach Stunden (I–XII) gezählt.[55] Neben den Tag tritt sowohl in der jüdischen als auch in der römischen Zählung als eigenständige Zeiteinheit die Nacht. Auch hier bleiben nähere Einteilungen im biblischen Gebrauch zunächst vage.[56] In der römischen Zählung hat sich die Einteilung in vier Nachtwachen (I–IV) durchgesetzt, die auch im Neuen Testament erscheint. Die

[53] Die Länge des Tages, und damit auch die der einzelnen „Stunden“, variierte damit je nach Jahreszeit: Im Sommer waren „Stunden“ länger, im Winter kürzer. Zu Einzelheiten der griechischen und römischen Tageszählung vgl. SONTHEIMER, *Tageszeiten*, 1932.

[54] Esr 9,4–5.

[55] Über den Hintergrund der Stundenzählung im Johannesevangelium, die offenbar weder der jüdischen noch der üblichen römischen Stundeneinteilung folgt, sondern zwölf Stunden von Mitternacht bis Mittag und dann wieder von Mittag bis Mitternacht zählt, herrscht in der Literatur Unklarheit. Vgl. WALKER, *Reckoning*, 1960, und BECKWITH, *Day*, 1971. 220. Nach Plinius, Nat. Hist. 2,79 (§188), ed. MAYHOFF/JAN, *Plinius*, 1906, 199, wurde diese Zählweise, im Unterschied zu der der „normalen Leute“ (vulgus omnum), von den römischen Priestern und Behörden verwendet (sacerdotes Romani et qui diem finiere civilem).

[56] „Mitternacht“ (חֲצִי הַלַּיְלָה oder חֲצֹת הַלַּיְלָה, Ex 11,4; 12,29; Ri 16,3; Ruth 3,8; Hi 34, 20; Ps 119,62); „zur Morgenwache“ (בְּאַשְׁמֹרֶת הַבֹּקֶר, Ex 14,24; I Sam 11,11); „am Beginn der mittleren Nachtwache“ (רֹאשׁ הָאַשְׁמֹרֶת הַתִּיכוֹנָה, Ri 7,19). Eventuell bezeichnet der unklare Ausdruck „zwischen den Abenden“ (בֵּין הָעַרְבָּיִם) eine der „Morgenwache“ korrespondierende Zeit am Abend bzw. in der ersten Nachthälfte („zwischen der ersten und der mittleren Nachtwache“), vgl. BECKWITH, *Day*, 1971, 218. ערב kann eine Zeit vor oder nach Sonnenuntergang bezeichnen, ebenso wie בקר die Zeit vor oder nach Sonnenaufgang. Beide Begriffe können also sowohl zum Tag als auch zur Nacht gerechnet werden. In I Sam 11,11, wird die „Morgenwache“ bezeichnender Weise erst nach dem „Morgen“ angesetzt.

Übersicht in Tabelle 37 macht deutlich, in welcher Beziehung jüdische und römische Zeitrechnung im Blick auf die Chronologie des Passafestes stehen.

Im biblischen Sprachgebrauch finden sich nun eine Reihe von hebräischen Wendungen, die das biblische Konzept einer Tagesgrenze in verschiedener Weise widerspiegeln:

a) היום („heute"), an Abend A oder in Nacht X gesprochen, bezeichnet immer Tag A, jedoch nie Tag B.[57] Das bedeutet, dass Abend A und Nacht X zum vorhergehenden Tag A gerechnet werden.
b) מחר oder מחרה („morgen"), am Abend A oder in der Nacht X gesprochen, bezeichnet immer Morgen B oder Tag B, jedoch nie Tag C.[58] Wenn der Abend bereits als neuer Tag gezählt würde, müsste sich der Begriff „morgen" aber auf Tag C beziehen.
c) מחר oder מחרה („morgen"), an Tag A gesprochen, bezeichnet immer Tag B, manchmal speziell Morgen B, jedoch nie Abend A.[59] Der Abend wird also noch nicht als neuer Tag gerechnet.
d) אמש („gestern Abend"), am Morgen C gesprochen, bezeichnet Abend Y oder Nacht Y, aber nicht X.[60] Das bedeutet, dass die vorangehende Nacht in diesem Fall nicht zum selben Tag gezählt wird. Nie wird אמש an Abend A gebraucht, um Tag A zu bezeichnen. Der Begriff אתמול wird im biblischen Hebräisch weithin noch nicht im kalendarischen Sinn verwendet.[61]
e) „heute Nacht" (הלילה), am Abend oder in der Nacht gesprochen, bezeichnet stets dieselbe Nacht.[62] Am Tag gesprochen, kann es sich sich auf die zurückliegende Nacht beziehen, weist aber meistens voraus auf die kommende.[63]
f) היום („heute"), an Tag B gesprochen, kann sich jedoch auf die zurückliegende Nacht X beziehen.[64] Das bedeutet, dass die Nacht, im Rückblick gesehen, auch zum folgenden Tag gerechnet werden kann.
g) בערב, לערב, עד הערב oder בין הערבים („am Abend" oder „bis zum Abend") bezieht sich immer auf den folgenden Abend, bezeichnet also z.B. Abend A als Abend von Tag A, hingegen nie Abend A als (Vor-) Abend von Tag B.[65] Demnach wird der Abend hier stets noch zum vorangehenden Tag gerechnet.

---

[57] Ri 21,2–4; Ruth 2,17; I Sam 4,7–8.

[58] I Sam 19,11; 28,8.19; Gen 19,33–34; Ri 19,9; 21,2–4.

[59] Ri 6,38; I Sam 5,2–3; 11,9–11.

[60] Gen 19,33–34; 31,29.42.

[61] Es bedeutet „früher", „vorher" oder „schon lange" im weiteren Sinne. Eine Ausnahme bildet I Sam 20,27, wo es den Vortag bezeichnet.

[62] I Sam 19,11; Gen 19,5; 12,42; Jos 2,2.

[63] Rückwärts: I Sam 15,16; vorwärts: Gen 19,34; 30,15; Ex 11,4; Num 22,8.19; Jos 4,3; Ruth 1,12; 3,2.13; II Sam 17,1.16; 19,8; Neh 4,16.

[64] I Sam 16,7–8.21.

[65] Lev 23,32 (dazu mehr im Folgenden); Ex 12,6.18; Lev 6,13; Num 9,11; Num 19,19; Dtn 16,3–7; sowie die zahllosen Belege der Formel עד ערב, die sich stets auf den Abend beziehen, der dem Tag folgt. Aus der Vor- oder Nachordnung der Begriffe in Formulierungen wie „Tag und Nacht" bzw. „Nacht und Tag" hat zwar bereits die rabbinische Exegese und dann auch die moderne Wissenschaft Aufschlüsse über die Tagesgrenzen zu ziehen versucht. Diese bleiben jedoch spekulativ, weil die Formulierungen oft durch den Kontext bestimmt werden. Vgl. Beckwith, *Day*, 1971, 226.

h) Dass die Nacht weder dem vorangehenden noch ihrem nachfolgenden Tag automatisch zugerechnet wird, zeigt sich zudem auch darin, dass sie bei längeren Zeiträumen ausdrücklich erwähnt werden muss, wenn sie eingeschlossen werden soll.[66]

Es wird deutlich, dass die verbreitete Annahme falsch ist, der 2. Tag beginne nach jüdischem Verständnis bereits mit Abend A. In Wirklichkeit endet hier lediglich der 1.Tag (Tag A), und es beginnt *die Nacht vor* dem 2. Tag (Nacht X). Auf die Nacht folgt dann, erst mit Anbruch des Morgens, der 2. Tag (Tag B). Die Beispiele (a) bis (d) zeigen klar, dass Vorabend und Folgetag weiterhin als zwei getrennte Einheiten gerechnet werden. Beispiele (e) bis (h) verdeutlichen, dass die „Nacht" weder dem vorangehenden noch dem folgenden Tag automatisch subsummiert wird, sondern je nach Kontext mit beiden in Verbindung gebracht wird.[67] Der „Abend" ist zwar mit dem vorangehenden Tag verbunden, ist aber kein Teil von ihm. Es gibt in der biblischen Literatur keine Belege für das moderne Konzept eines 24-Stunden-Tages, der aus Tag und Nacht besteht, sei es von Morgen bis Morgen oder von Abend bis Abend.[68] In neutestamentlicher Zeit wird der gleiche Befund auch in den griechischen Quellen deutlich.[69] So stehen also in der jüdischen ebenso wie in der römischen Zählung Tag und Nacht als zwei unabhängige Zeiteinheiten nebeneinander und werden auch getrennt voneinander gezählt.

Das Missverständnis entsteht, weil in der Literatur häufig die *Tageszählung* mit der Abgrenzung der *Feste* verwechselt wird. Denn in der Tat beginnen Feste, und dann später auch der Sabbat, bereits mit dem *Abend des Vortages*. Dieser wird damit Teil des Festes, aber dadurch nicht automatisch auch Teil des Folgetages. Für diese Praxis finden sich in der Bibel zu-

---

[66] Num 11,32: Das Volk sammelte „diesen ganzen Tag und die ganze Nacht und den ganzen Folgetag" (כָּל־הַיּוֹם הַהוּא וְכָל־הַלַּיְלָה וְכֹל יוֹם הַמָּחֳרָת): die Nacht gehört hier weder zum einen noch zum anderen Tag. Ähnlich Est 4,16 (וְאַל־תֹּאכְלוּ וְאַל־תִּשְׁתּוּ שְׁלֹשֶׁת יָמִים לַיְלָה וָיוֹם): die Nacht muss hier innerhalb der Zeitspanne von „drei Tagen" eigens erwähnt werden. Dasselbe gilt in Lev 8,35.

[67] Lev 7,15 und 22,30 schreiben das Essen des Opferfleisches für denselben Tag vor und verbieten, etwas davon bis zum Folgetag aufzubewahren. Dies ist kein Beleg für einen 24-Stunden-Tag, sondern zeigt lediglich, dass die Nacht „neutrale Zeit" ist. Erst mit Beginn des nächsten Tages wäre das Gebot übertreten. Anders die Vorschriften zum Zahlen des Tageslohnes (Dtn 24,15), der noch „am selben Tag" gezahlt werden soll, und zwar ausdrücklich vor Sonnenuntergang.

[68] Hier liegt auch die Schwierigkeit, der sich die ausführlichen Untersuchungen von Morgenstern, *Calendars*, 1935, und Beckwith, *Day*, 1971, ausgesetzt sehen: Beide finden in den Quellen ein Nebeneinander von zwei sich widersprechenden Konzepten einer 24-Stunden-Zählung und suchen dafür nach Erklärungen (s.u.). Die Spannung löst sich jedoch, wenn man davon ausgeht, dass ein 24-Stunden-Tag gar nicht im Blick der Quellen ist, sondern lediglich ein unabhängiges Nebeneinander von Tag und Nacht, wie es später auch in der römischen Zählung erscheint.

[69] Jdt 6,21–7,1; Joh 6,17–19.22; Apg 4,3; Jos. Ant 3,248.

nächst nur wenige Belege im Zusammenhang von Passafest und Versöhnungstag.[70] In der Zeit des zweiten Tempels scheint zudem auch für den Sabbat der Beginn am Vorabend bereits die Regel gewesen zu sein.[71] Spätestens in der Mischna wird dann die Nacht im rechtlichen Sinne stets dem darauf folgenden Tag zugerechnet.[72]

Hier liegt nun auch der tatsächliche Unterschied zwischen römischer und jüdischer Zählung: Weil beide den „Tag" vom Morgen zum Abend rechnen, blieb der rechtliche Status der Nächte zunächst ungeklärt. In der Umgangssprache konnten sie zu beiden Tagen gezogen werden. Die Notwendigkeit einer rechtlichen Definition führte jedoch schließlich dazu, dass im römischen System die Nacht in der Mitte geteilt und je zur Hälfte dem Vortag und dem Folgetag zugeordnet wurde.[73] In der jüdischen Zäh-

---

[70] Am deutlichsten in den Vorschriften zum Versöhnungstag Lev 23,32 (בְּתִשְׁעָה לַחֹדֶשׁ בָּעֶרֶב מֵעֶרֶב עַד־עֶרֶב), aber auch in der etwas unklaren Formulierung Ex 12,15–18. Morgenstern, *Calendars*, 1935, 23–26, sieht in beiden Belegen späte redaktionelle Ergänzungen, die den Text an die inzwischen veränderte Festpraxis angleichen. In den seiinerzeit als älter angesehenen Schichten H, P und Dt sieht er hingegen noch eine Festpraxis durchscheinen, die den Beginn der Feste am Morgen ansetzt. Die Veränderung in der Festpraxis führt er auf den Übergang vom älteren kanaanäischen „Kalendersystem I" zum jüngeren babylonischen „Kalendersystem II" in nachexilischer Zeit, und schließlich dann auf die Einführung des jüdischen „Kalendersystems III" in hellenistischer Zeit zurück. Beckwith, *Day*, 1971, 226, geht eher von einer durchgängigen „Koexistenz" der zwei Zählungsweisen in biblischer und nachbiblischer Zeit aus.

[71] CD X:14; Lk 23,54; Joh 19,31; Jos. Bell 4,582; Ant 16,163; Vita 157–159. Sehr ausführlich ist die zeitliche Bestimmung in Jub 49,1.10–12, ed. VanderKam, *Jubilees*, 1989, 245–249 (dt. Berger, *Jubiläen*, 1981, 546–548). Da der Text aber nur noch in Übersetzungen erhalten ist, eignet er sich nicht für eine Untersuchung des exakten Sprachgebrauchs. Neh 13,19 könnte ein früher Hinweis auf einen Beginn der Sabbatruhe am Freitag Abend sein. Ausdrücklich wird jedoch nur gesagt, dass Nehemia bereits am Freitag die Tore schließen ließ. Ob damit schon an einen Beginn des Sabbats gedacht war, lässt sich nicht erkennen.

[72] Sie bleibt jedoch eine eigenständige Zeiteinheit, wie der Sprachgebrauch deutlich macht: Der Vorabend des Passafestes wird nie als 15. Nisan, sondern weiterhin als Abend des 14. Nisan bezeichnet (vgl. Ex 12,6.18; Num 9,18; Jos. Ant 3,248), oder aber als ערב פסחים (mShab 23,1, ed. Nowack 132; mPes 4,1.5; 5,1, ed. Beer 130.136.140 u.ö.). Die Nacht wird als לילה פסחים bezeichnet (mPes 4,4, ed. Beer 134; mBes 2,7, ed. Gerber 54; mEd 3,11 , ed. Müller 43, u.ö.). Erst am Morgen beginnt der 15. Nisan (Num 33,3) und mit ihm der יום טוב של חג המצות (siehe dazu im Folgenden). Ebenso wird der Vorabend des Versöhnungstages weiterhin als Abend des 9. Tishri bezeichnet (Lev 23,32), während der Festtag selbst am 10. Tishri beginnt (Lev 23,27). ערב שבת bezeichnet nun den Vorabend oder Vortag des Sabbat, während בשבת בערב weiterhin den Abend nach dem Sabbat bezeichnet, ebenso wie הערב, wenn es am Samstag gesprochen wird, den Samstagabend bezeichnet, und nicht den Vorabend.

[73] Vgl. die Formulierung des Plinius (siehe oben S. 502): „sacerdotes Romani et qui diem finiere civilem" im Gegensatz zum „vulgus omne". Hier scheint die rechtliche und kultische Notwendigkeit einer genauen Aufteilung der Nacht durch, die im normalen Sprachgebrauch des Volkes nicht notwendig war und daher auch nicht bestand.

lung einigte man sich darauf, die ganze Nacht rechtlich dem Folgetag zuzuordnen. In beiden Systemen wird die Nacht dadurch jedoch nicht Teil des Tages, dem sie zugeordnet ist.[74] Dieser beginnt immer am Morgen und dauert 12 Stunden.

Vergleich man nun jüdische und römische Zählung im Blick auf den 14. und 15. Nisan, so beginnt das Fest nach jüdischer Zählung mit den Vorbereitungen am Abend (Abend B + Nacht Y + Tag C), nach römischer Zählung jedoch nicht etwa früher, sondern später (zweite Hälfte von Nacht Y + Tag C + erste Hälfte von Nacht Z). Das Problem der Datierung wird also durch den Verweis auf die römische Zählung nicht behoben, sondern noch verschärft: Denn Mk 14,12 und Mt 26,17 haben ja, je nach Chronologie, entweder Morgen A (13. Nisan) oder Morgen B (14. Nisan) im Blick, aber keinesfalls Morgen C (15. Nisan). Unabhängig von jüdischer oder römischer Zeitrechnung wäre es also sachlich falsch, am Morgen A oder B zu sagen: „Heute ist Tag C". Die Formel ist also entweder ein Irrtum, oder sie muss anders erklärt werden. Sie deutet in keinem Fall auf eine hellenistische oder gar heidenchristliche Herkunft des Autors hin, denn nach römischer Zählung wäre die Zeitangabe noch weniger richtig als nach jüdischer.

Ebenso wenig ist jedoch der häufige Hinweis auf einen „volkstümlichen Sprachgebrauch" zutreffend. Für eine begriffliche Verschmelzung der eigentlich aufeinander folgenden Feste חג הפסח (Ex 34,25, sonst kurz הפסח) und חג המצות (Ex 23,15 u.ö.), wie sie in Lk 22,1 explizit geschieht und in Mk 14,1 sowie in Mk 14,12 parr. sachlich impliziert wird, gibt es weder bei Josephus noch bei Philo oder in der rabbinischen Literatur eine Entsprechung. Richtig ist, dass der Begriff „Passa" gewohnheitsmäßig nicht nur auf den 14. Nisan angewendet, sondern auf das ganze am 15. Nisan beginnende siebentägige Fest ausgeweitet wurde.[75] Möglich, wenn auch nicht unumstritten, ist auch, dass Josephus beide Feste zusammen als ein achttägiges „Fest der ungesäuerten Brote" bezeichnet.[76] Für eine Benennung des 14. Nisan als solchem mit der Bezeichnung „Tag der ungesäuerten Brote" gibt es jedoch keine so eindeutigen Belege. Die in der Literatur oft angeführten Passagen des Josephus sprechen vielmehr, wenn der 14. Nisan im Blick ist, differenzierter vom „herangekommenen" Fest der ungesäuerten Brote.[77]

---

[74] Vgl. Sontheimer, *Tageszeiten*, 1932, 2011–2012: „Die alexandrinischen Gelehrten haben diesem aus Nacht und Lichttag bestehenden Kalendertag zur Verdeutlichung den Namen νυχθήμερον gegeben". Diesen Begriff verwendet auch Paulus in II Kor 11,25.

[75] Z.B. mPes 2,2–5; 3,1; 4,1.4.5; 5,1; 8,8; 9,5; Jos. Ant 18,29; 20,106.

[76] Jos. Ant 2,317. Möglicherweise ist hier aber auch die achttägige Dauer in der Diaspora im Blick, also der Zeitraum vom 15.–22. Nisan.

[77] καὶ τῆς τῶν ἀζύμων ἐνστάσης ἡμέρας τεσσαρεσκαιδεκάτῃ Ξανθικοῦ μηνός (Jos. Bell 5,99); ἐνστάσης δὲ τῆς τῶν ἀζύμων ἑορτῆς θύσαντες τὴν λεγομένην φάσκα (Jos. Ant 9,271) und ἐνστάσης δὲ κατὰ τόνδε τὸν καιρὸν ἑορτῆς ἐν ᾗ Ἰουδαίοις ἄζυμα προ-

Noch präziser ist der Sprachgebrauch in der rabbinischen Literatur: Die von Billerbeck[78] zusammengetragenen und in den Kommentaren wiederholt zitierten Passagen sind bei näherer Betrachtung gerade nicht Beleg für eine volkstümliche Nachlässigkeit im Sprachgebrauch. An keiner der genannten Stellen wird der 14. Nisan beiläufig oder gar gewohnheitsmäßig als „Fest der ungesäuerten Brote“ oder als „erster Tag des Festes“ bezeichnet. Im Gegenteil: Gerade die Rechtmäßigkeit dieser Bezeichnung steht im Mittelpunkt der Debatte: Darf der 14. Nisan als „erster Tag“ des Passafestes bezeichnet werden oder nicht?

Die begriffliche Unklarheit, die dadurch behoben werden soll, geht dabei auf einen mehrdeutigen Gebrauch des Begriffs ראשון zurück, wie er schon in den biblischen Texten zum Passafest angelegt ist und durch den rabbinischen Sprachgebrauch noch verstärkt wird. So wird das Essen von ungesäuertem Brot in Ex 12,15 mit den folgenden Worten vorgeschrieben:

ἑπτὰ ἡμέρας ἄζυμα ἔδεσθε	שִׁבְעַת יָמִים מַצּוֹת תֹּאכֵלוּ
ἀπὸ δὲ τῆς ἡμέρας τῆς πρώτης	אַךְ בַּיּוֹם הָרִאשׁוֹן
ἀφανιεῖτε ζύμην ἐκ τῶν οἰκιῶν ὑμῶν	תַּשְׁבִּיתוּ שְּׂאֹר מִבָּתֵּיכֶם

Sieben Tage sollt ihr ungesäuertes Brot essen.
Aber am ersten Tag
sollt ihr den Sauerteig aus euren Häusern tun.

Ex 12,16 setzt dann wie folgt fort:

καὶ ἡ ἡμέρα ἡ πρώτη κληθήσεται ἁγία	וּבַיּוֹם הָרִאשׁוֹן מִקְרָא־קֹדֶשׁ
καὶ ἡ ἡμέρα ἡ ἑβδόμη κλητὴ ἁγία ἔσται ὑμῖν	וּבַיּוֹם הַשְּׁבִיעִי מִקְרָא־קֹדֶשׁ יִהְיֶה לָכֶם

Am ersten Tag soll heilige Versammlung sein,
und am siebten soll auch heilige Versammlung sein

Ex 12,18 schließlich fügt die folgende Regelung hinzu:

ἐναρχομένου	בָּרִאשֹׁן
τῇ τεσσαρεσκαιδεκάτῃ ἡμέρᾳ	בְּאַרְבָּעָה עָשָׂר יוֹם
τοῦ μηνὸς τοῦ πρώτου ἀφ᾽ ἑσπέρας	לַחֹדֶשׁ בָּעֶרֶב
ἔδεσθε ἄζυμα	תֹּאכְלוּ מַצֹּת
ἕως ἡμέρας μιᾶς καὶ εἰκάδος	עַד יוֹם הָאֶחָד וְעֶשְׂרִים
τοῦ μηνὸς ἕως ἑσπέρας	לַחֹדֶשׁ בָּעָרֶב

Am vierzehnten Tage des ersten Monats am Abend sollt ihr ungesäuertes Brot essen
bis zum Abend des einundzwanzigsten Tages des Monats.

τίθεσθαι πάτριον φάσκα δ᾽ ἡ ἑορτὴ καλεῖται ... καὶ θύουσιν αὐτὴν προθύμως (Jos. Ant 17, 213). Die vorzeitige Bedeutung des Begriffes ἐνστάσης bei Josephus wird dabei z.B. in Jos. Ant 8,230; 14,285 deutlich. Josephus sagt also zwar, das Fest der ungesäuerten Brote werde auch Passafest genannt. Er sagt aber umgekehrt nicht, das Passafest werde auch Fest der ungesäuerten Brote genannt, sondern formuliert mit Bedacht: „Als das Fest der ungesäuerten Brote (nahe) gekommen war, schlachtete man das Passa“.

[78] Billerbeck, *Kommentar*, 1969, 2:812–815.

In diesen drei kurz hintereinander folgenden Versen trägt der Begriff ראשון jeweils einen unterschiedlichen Bedeutungsgehalt: In V.15 bezeichnet er den Tag, an dem das ungesäuerte Brot aus den Häusern entfernt wird. Die spätere Auslegung wird hierin den 14. Nisan sehen. In Wirklichkeit ist jedoch eindeutig der 15. Nisan im Blick, denn es handelt sich um den ersten der 7 Festtage. In V. 16 bezeichnet ראשון ebenso eindeutig den Festtag, also den 15. Nisan. In Vers 18 jedoch hat ראשון nicht den ersten Tag, sondern den ersten Monat im Blick. Hinzu tritt nun der Sprachgebrauch der Mischna, in dem sich folgende Formulierungen für eine Datierung auf den „ersten Tag“ eines Festes finden:[79]

a) Der erste Feiertag des Festes (11x)	יום טוב הראשון של חג
b) Am ersten Feiertag des Passa (5x)	יום טוב הראשון של פסח
c) Am ersten Feiertag des Passa (2x)	יום טוב ראשון של פסח
d) Am ersten Feiertag (1x)	יום טוב הראשון
e) Am ersten Feiertag (1x)	יום טוב ראשון

Speziell den Vortag oder die Nacht vor dem Feiertag beschreiben dabei die folgenden Formulierungen:[80]

f) Der Vorabend/Vortag des ersten Passa-Feiertages	ערב יום טוב הראשון של פסח
g) Die Nacht zum ersten Feiertag (2x)	לילי יום טוב הראשון

Hier bezeichnet also ראשון, stets in der Verbindung mit יום טוב, im Blick auf das Passafest durchgängig den 15. Nisan. Die Redeweise ist formelhaft.[81] Die Mischna hat sich also ganz der Verwendung des Wortes ראשון aus Ex 12,16 angeschlossen. Dies bringt allerdings eine exegetische Schwierigkeit mit sich: Denn in Ex 12,15 wird das Entfernen des Sauerteigs ausdrücklich für den „ersten Tag“ vorgeschrieben, was in der Praxis jedoch schon am 14. Nisan geschehen musste.

Diese Schwierigkeit spiegelt sich auch in der unterschiedlichen Weise wieder, wie die Targume den Vers übersetzen: Onkelos, Neofiti und der Text aus der Kairoer Geniza übersetzen ביומא קדמאה bzw. ביומה קדמיה, was

[79] (a): mSuk 3,13 (2x); 3,14; 4,2; 4,4; 5,2; 5,6 (Bornhäuser 100–102.108–112.140–146). mTaan 1,1 (Correns 22); mMeg 3,5 (Tetzner 106); mHag 1,3.6 (Krupp 3–5); mMen 12,4 (Cohn 164). (b): mTaan 1,2 (Correns 24); mMSh 5,6 (Bunte 226); mHul 5,3 (Cohn 204). (c): mAr 2,3 (Krupp 40). (d): mSuk 2,6 (Bornhäuser 66) (e): mEr 3,8 (Nowack 36).

[80] (f): mMSh 5,6; mHul 5,3 (g): mSuk 2,6 (2x), Belege in der vorangehenden Fußnote.

[81] Das gilt auch für die spätere rabbinische Literatur. Es ist daher nicht ganz nachvollziehbar, warum Chwolson, *Datum*, 1893, 543, ohne Zweifel ein Kenner des Fachs, ausdrücklich darauf besteht, ראשון לחג המאצות sei von „Juden aller Zeiten und aller Länder“ als Formel für den 15. Nisan verwendet worden. Denn diese Formulierung erscheint so nirgends in den rabbinischen Texten. Nur vier mal erscheint יום הראשון של חג (bSuk 41b, BamR 14,4 zu Num 7,48, ed. Mirkin 10:96; Yalq אמר §651 zu Lev 23,40, ed. Jerusalem 2:181; Yalq קהלת §967 zu Prd 1,7, ed. Jerusalem 5:471), einmal ראשון של חג (BamR 3,13 zu Num 3,39, ed. Mirkin 9:66). Nur ein einziges Mal wird, in einem späten Text aus dem 11. Jh., formuliert יום ראשון של חג המצות (LeqT zu Ex 16,35, ed. Buber 58a).

die Deutung auf den „ersten Tag“ oder auf den „Vortag“ zulässt. Der Jerusalemer Targum (TPsJ) dagegen übersetzt interpretierend mit ברם מפלגות יומא דמקמי חגא („Von der Hälfte des Tages vor dem Fest an“). Es zeigt sich, dass eine Unklarheit im Bezug auf das Verständnis dieses für die Festpraxis so entscheidenden Verses besteht: Ist der „erste Tag“ aus Ex 12,16 der 15. Nisan, wie es wohl der ursprüngliche Wortsinn nahe legte, oder aber der 14. Nisan, wie es die jüdische Praxis vorsah? Hier setzen die wenigen rabbinischen Diskussionen an, die in der Literatur wiederholt als Beleg für einen vermeintlich unscharfen und „volkstümlichen“ Gebrauch der Begriffe angeführt werden:

In bPes 5a findet sich eine ausführliche Diskussion darüber, welcher Tag genau mit dem Begriff הראשון zu bezeichnen ist. Sie entzündet sich an dem mehrdeutigen Gebrauch des Wortes in Ex 12,15–18, und Kernpunkt der Diskussion ist die Frage, ob auch schon der 14. Nisan zum Fest zählt. Die Schule von R. Ishmael . Elisha liefert dazu als Beleg eine interpretierende Übersetzung von Ex 12,18. Diese wurde, wie noch zu sehen sein wird, auch in anderen Diskussionen vorausgesetzt, muss also eine gewisse Verbreitung gehabt haben. Im Mittelpunkt des Streits steht dabei das Wort בראשון, das im ursprünglichen Kontext den „ersten Monat“, also den Nisan, bezeichnete, in dieser Auslegungstradition aber als Hinweis auf den „ersten Tag“ des Festes gedeutet wird:

Wir finden,	מצינו
dass der 14. der „Erste“ genannt wird,	ארבעה עשר שנקרא ראשון
denn es steht geschrieben (Ex 12,18):	שנאמר
„Am Ersten“, am 14. Tag des Monats.	בראשן בארבעה עשר יום לחדש
(bPes 5a)	

Die Antwort von R. Nahman b. Isaak macht sich in gleicher Weise die Mehrdeutigkeit des Begriffes zunutze, um zu belegen, dass Ex 12,18 den Tag „vor“ dem Fest bezeichnet, nicht „den Ersten“:

„Rishon“ – das bedeutet hier „zuvor“,	ראשון – דמעיקרא משמע
denn es steht geschrieben (Hi 15,7):	דאמר קרא
Bist du etwa vor Adam geboren?	הראשון אדם תולד
(bPes 5a)	

Es folgt eine ausführliche Diskussion, die weitere Schriftstellen einbezieht, in denen jeweils der Begriff ראשון gebraucht wird. Daraus werden Rückschlüsse gezogen, ob der 14. Nisan als „erster Tag“ in die Zählung der Festtage einbezogen werden soll oder nicht. Es wird anhand der Schriftstellen begründet, dass die Bezeichnung ראשון sowohl für den ersten Tag des Festes (ראשון לחג) als auch für den davor liegenden Tag (הראשון) gilt.

Eine ähnliche Diskussion, allerdings mit anderer Stoßrichtung, wird in yPes 1,1/1 (27a) festgehalten.[82] Hier fragen sich die Ausleger: Warum steht der Satz (Ex 12,18a) überhaupt dort? Wenn es nur darum ginge, das Essen des ungesäuerten Brotes vorzuschreiben, dann wäre das eine unnötige Wiederholung von Ex 12,15. Und wenn es darum ginge, dass man schon am 14. Nisan damit anfangen soll, so wäre das auch überflüssig, denn das steckt ja schon in dem Nachsatz „bis zum 21." Der Satz müsse sich, so schließen die Ausleger, also auf das Entfernen des Sauerteigs beziehen, mit dem man schon am 14. Nisan beginnen sollte. Damit wird auch hier ein genaues Ringen um die Bedeutung des Wortes בראשון erkennbar, wobei dieses auch hier in der Tat auf den Tag bezogen wird, an dem der Sauerteig entfernt wird, also auf den „Vortag", den 14. Nisan.

Auch yPes 1,4/2 (27c) reflektiert eine Diskussion darüber, welcher Tag des Passafestes als „der Erste" zu bezeichnen sei. Hier ist allerdings, im Unterschied zu den vorhergehenden Diskussionen, der Begriff אך יום הראשון aus Ex 12,15 im Blick. R.Meir und R.Jehuda diskutieren die Frage, ab welchem Zeitpunkt am 14. Nisan das ungesäuerte Brot vollends entfernt sein sollte. Beide beziehen sich auf Ex 12,15, legen den Vers aber gegensätzlich aus:

Was ist die Begründung des Rabbi Me'ir?	מה טעמא דרבי מאיר
Aber [akh] an dem ersten Tag ... (Ex 12,15) –	אך ביום הראשון
Dies (bezieht sich auf) den fünfzehnten (Nisan).	זה חמשה עשר
(...)	
Was ist die Begründung des Rabbi Yuda?	מה טעמא דרבי יודה
Aber [akh] an dem ersten Tag ... (Ex 12,15) –	אך ביום הראשון
Dies (bezieht sich auf) den vierzehnten (Nisan).[83]	זה ארבעה עשר

Beide argumentieren dann jedoch aus dem hebräischen Wort אך, das in der rabbinischen Diskussion stets für eine Trennung steht, für den jeweils von ihnen vertretenen Zeitpunkt: R. Meir begründet damit, man könne den 14. teilen und eine Stunde davon dem 15. zuschlagen, dürfe also bereits eine Stunde vor Dunkelheit mit dem Entfernen des Sauerteigs beginnen. R. Jehuda hingegen meint, man müsse den 14. in der Hälfte teilen und also allen Sauerteig bis zum Mittag entfernt haben.

Zu Recht hat schon Jeremias[84] darauf hingewiesen, dass zwei weitere Belege, die Billerbeck für eine „populäre" Ausdrucksweise anführt, diesen Nachweis nicht leisten: In MekhY פסחא 8 zu Ex 12,15 (Horovitz/Rabin 26–27) geht es um die Frage, ob der erste Tag des Festes (יום טוב הראשון) in das Gebot des Mazzot-Essens eingeschlossen ist oder nicht. Damit ist jedoch hier eindeutig der 15. Nisan gemeint, der (als Feiertag) zwar auch den

[82] Ed. Schäfer/Becker II,1–4:122.

[83] yPes 1,4/2 (27c), Schäfer/Becker II,1–4:126; dt. Lehnardt, *ÜTY II/3*, 2004, 18–19.

[84] Jeremias, *Abendmahlsworte*, 1960, 11.

Abend des 14. Nisan einschließt, aber eben nicht den Tag selbst. In bPes 36a wird die Frage diskutiert, ob man nur am ersten Tag (ביום טוב ר׳ ראשון) auf Brot verzichtet, das mit Milch geknetet wurde, oder während des gesamten Festes. Auch hier ist mit dem Begriff der 15. Nisan im Blick.

Es zeigt sich, dass man im Blick auf den hebräischen Sprachgebrauch keineswegs von einer unscharfen Terminologie sprechen kann. Die Begrifflichkeit der Mischna ist konsistent und bezeichnet mit dem Begriffen יום טוב הראשון bzw. יום טוב ראשון stets den 15. Nisan. Die drei erwähnten rabbinischen Diskussionen zeigen gerade keinen nachlässigen oder populären abweichenden Sprachgebrauch, sondern im Gegenteil ein scharfes Ringen um die Terminologie. Nur in der gezielten halachischen Diskussion und in enger Bindung an die mehrdeutige Begrifflichkeit aus Ex 12 schlagen einzelne Gelehrte vor, die Worte הראשון (Ex 12,15) und בראשון (Ex 12,18) auch auf den 14. Nisan zu beziehen, vor allen Dingen im Zusammenhang mit den Bestimmungen zum Beseitigen des Sauerteigs. Der sonst übliche Begriff יום טוב הראשון bleibt jedoch dem 15. Nisan vorbehalten und wird nirgends auf den 14. Nisan übertragen. Nicht einmal der Begriff יום הראשון aus Ex 12,15 wird in der Praxis als Bezeichnung für den 14. Nisan verwendet. Es wird lediglich behauptet, dass diese Worte in ihrem biblischen Kontext auf den 14. Nisan hin *ausgelegt* werden dürfen.

Es entsteht also der Eindruck einer eigentümlichen Doppelung der Begriffe, zumindest in bestimmten Kreisen, wo *neben* dem „ersten Feiertag“ (יום טוב הראשון) bzw. dem „ersten Tag“ (יום הראשון), also *neben* dem 15. Nisan, nicht jedoch an dessen statt, *zusätzlich* auch der 14. Nisan als „Erster“ bezeichnet werden konnte, dann allerdings nur in der Kurzform הראשון. Dies ist gerade kein unscharfer Sprachgebrauch, sondern eine aus dem halachischen Diskurs geborene Notwendigkeit, da für diese Ausleger nur so, unter Berufung auf Ex 12,15, begründet werden kann, dass schon am 14. Nisan der Sauerteig aus den Häusern entfernt werden kann. Es scheint ein vermittelnder Kompromissversuch des R. Nahman b. Isaak zu sein, wenn dieser vorschlägt, den Begriff הראשון im Bezug auf den 14. Nisan zwar nicht aufzugeben, aber ihn im Sinne von „der vorangehende Tag“ oder „der vorangestellte Tag“ zu verstehen und ihn so vom “ersten Feiertag des Festes“ zu unterscheiden.

Wenn die Ursprünge dieser Diskussionen schon in das erste Jahrhundert zurückreichen, was möglich, wenn auch nicht beweisbar ist, dann wäre es denkbar, dass die Formulierungen τῇ πρώτῃ ἡμέρᾳ τῶν ἀζύμων (Mk 14,12) bzw. τῇ δὲ πρώτῃ τῶν ἀζύμων (Mt 26,27) nicht etwa ungenaue und nur im populären Sinne zulässige Formulierungen sind, sondern eine bewusst gewählte und auf exegetischer Arbeit gegründete Wortwahl widerspiegeln, in der sich eine alte Auslegungstradition zu Ex 12,15–18 niederschlägt. Angesichts der besonderen Bedeutung, die dem unverbunden stehenden בראשון

(ohne יום) aus Ex 12,18 in den oben zitierten Passagen zukommt, ist zudem gerade die matthäische Formel besonders interessant, da sie in einer möglichen hebräischen Vorlage[85] den Bezug zu Ex 12,18 deutlicher bewahrt und zudem den begrifflichen Unterschied gegenüber dem „ersten Feiertag des Festes" (יום טוב הראשון של חג) eindeutiger zum Ausdruck gebracht hätte als die längere Version des Mk.[86] Der Vorschlag einer Retroversion orientiert sich daher hier an Mt:

τῇ πρώτῃ τῶν ἀζύμων (V^{Mt} 26,17)[87] בָּרִאשׁוֹן שֶׁל חַג הַמַּצּוֹת

Diese Kurzform spiegelt sich möglicherweise auch noch in der Formulierung des Petrusevangeliums (EvPetr 5) wieder, das ähnlich elliptisch formuliert (πρὸ μιᾶς τῶν ἀζύμων), obgleich damit im Unterschied zu Mt 26,17 ein Zeitpunkt vor dem ersten Festtag bezeichnet wird.[88] Wenn also die Kurzform des Matthäus in der Tat eine ursprüngliche Tradition bewahrt hat,[89] dann wäre die längere Form des Mk als erklärende Erweiterung für solche Leser zu verstehen, denen sowohl der sprachliche Hintergrund als auch die zugrunde liegende exegetische Diskussion nicht mehr unmittelbar zugänglich waren. Die Formulierung des Lk schließlich ist ganz selbständig und gebraucht mit ἦλθεν δὲ ἡ ἡμέρα τῶν ἀζύμων eine offenere Formel für

---

[85] In der vorliegenden griechischen Formulierung des Mt ist der Bezug zu Ex 12,18 (LXX) hingegen nicht mehr evident, da LXX dem ursprünglichen Wortsinn folgend das בראשון auf den ersten Monat bezieht, auch wenn es das Wort durch eine auffällige Duplikation hervorhebt (ἐναρχομένου und τοῦ μηνὸς τοῦ πρώτου). Das isoliert stehende τῇ δὲ πρώτῃ in Mt 26,17 ist also, wenn hier ein biblischer Bezug intendiert ist, ein Non-Septuagintismus.

[86] Das griechische πρώτῃ ermöglicht zudem auch eine vermittelnde Auslegung wie die des R. Nahman (vgl. oben S. 509), da der Begriff nicht nur Ordnungszahl ist, sondern auch Vorordnung ausdrücken kann.

[87] Die Kurzform τὰ ἄζυμα ist im Griechischen anstelle der sperrigeren Form ἡ ἑορτὴ τῶν ἀζύμων möglich (Mk 14,1; III Esr 1,11; Philo SpecLeg 2,41 und evtl. auch 2,150), im Hebräischen aber unnötig und auch nicht belegt. Josephus benutzt die Kurzform nicht absolut, lässt aber Vertrautheit mit ihrem Gebrauch in abhängigen Konstruktionen erkennen: ἑορτὴν ἄγομεν ἐφ᾽ ἡμέρας ὀκτὼ τὴν τῶν ἀζύμων λεγομένην (Jos. Ant 2,317); τῇ δὲ δευτέρᾳ τῶν ἀζύμων ἡμέρᾳ (Jos. Ant 3,250). Darüber hinaus verwendet Josephus, wie Lukas, die umschreibende, aber im Hebräischen analogielose Form τῆς τῶν ἀζύμων ἐνστάσης ἡμέρας (Jos. Bell 5,99, vgl. Lk 22,7; im Plural Apg 12,3 und 20,6).

[88] Die Stelle wäre damit ein Beleg für eine alternative Chronologie, die das Geschehen auf den 13. Nisan statt auf den 14. datiert (vgl. oben S. 497, Optionen b, c, e oder f). Sie könnte aber auch ein weiterer Beleg für die zuvor beschriebene terminologische Diskussion sein: EvPetr 5 hätte dann, wie R. Nahman in bPes 5a (vgl. oben S. 509) das umstrittene בראשון in einer möglichen hebräischen Vorlage als „am Vortag" ausgelegt und übersetzt, während Mt 26,17 es im Sinne des R. Jehuda als „der Erste" übersetzt hätte.

[89] Für eine Priorität des Mt gegenüber Mk an dieser Stelle sprechen jedoch noch andere Indizien, die erst kumulativ ein starkes Argument bilden. Vgl. dazu die Untersuchungen im Folgenden.

die Datierung, wie sie auch von Josephus verwendet wird, aber im Hebräischen so keine direkte Entsprechung hat.[90]

Möglicherweise wählte Mt (oder Mk) auch ganz bewusst eine Formulierung, die, wie das hebräische בראשון, einen Interpretationsspielraum ließ, der sowohl im Sinne des R. Ishmael als auch im Sinne des R. Nahman ausgelegt werden konnte: Eine Reihe von Kirchenvätern jedenfalls verstanden das Wort τῇ πρώτῃ im Sinne des R. Nahman als „den Vortag".[91]

2.1.3 Andere Rekonstruktionsversuche semitischer Vorlagen

Im Blick auf die eingangs diskutierte Frage der alternativen Chronologien löst dieser Vorschlag einer hebräischen Rekonstruktion die inhärenten chronologischen Probleme des Textes allerdings nicht. Denn auch die Formulierung בראשון של חג המצות kann, unbenommen der rabbinischen Diskussionen, nur den 14. Nisan im Blick haben, keinesfalls jedoch den 13.[92] Zudem ist der 14. Nisan ja auch durch den Inhalt der folgenden Erzählung vorausgesetzt. Die Annahme einer hebräischen Vorlage schon für die einleitende Datumsangabe impliziert jedoch, dass das Motiv des Passafestes nicht erst nachträglich in den Text eingedrungen ist, sondern ursprünglicher Bestandteil einer älteren Überlieferung ist, die bereits von einer Datierung auf den 14. Nisan ausgeht. Andere Ansätze haben daher versucht, durch den Rückgriff auf eine angenommene semitische Vorlage auch das Problem der Datierung zu lösen. So hat Chwolson in einem ersten Rekonstruktionsvorschlag 1892[93] die folgende aramäische Vorlage vermutet:

---

[90] Sowohl hier als auch Jos. Bell 5,99 bezeichnet der Singular ἡ ἡμέρα τῶν ἀζύμων offenbar unmissverständlich den „ersten" Tag (gleich, ob damit der umstrittene „Erste", also der 14. Nisan, oder der unumstrittene „erste Feiertag des Festes", also der 15. Nisan gemeint ist). Gesagt werden soll lediglich: „Das Fest war gekommen". Im Blick auf das gesamte mehrtägige Fest gebraucht Lk den Plural (Apg 12,3; 20,6), ebenfalls ein Non-Hebraismus. Weder יום המצות noch ימי המצות sind im Hebräischen belegt. Selbst wenn man ἡ ἡμέρα τῶν ἀζύμων als Kurzform für ἡ ἡμέρα τῆς ἑορτῆς τῶν ἀζύμων annimmt, findet sich eine annähernd entsprechende Formulierung nur einmal, in der Form ביום חג המצות הזה („An diesem Tag des Mazzotfestes": Sof 19,1, ed. Higger 324). Dies ist dort also keine eigentliche Datumsbezeichnung, sondern hat attributiven Charakter („an diesem Tag, nämlich dem des Mazzotfestes").

[91] Chrysostomos, Hom. 81,1 zu Mt 26,17, ed. Migne, *PG 58*, 1862, 729; Victor von Antiochien, Catenae zu Mk 14,12, ed. Cramer, *Catenae*, 1844, 420; Theophylact, Enarratio in Ev. Mt., ed. Migne, *PG 123*, 1883, 440–441; Euthymios, Comm. in Mt zu Mt 26,17, ed. Migne, *PG 129*, 1864, 652. Bei Chrysostomos und Victor ist dabei Donnerstag, der 14. Nisan im Blick, nur dass er nicht als „erster Tag", sondern als „Vortag" bezeichnet wird. Bei Euthymius und Theophylact ist jedoch ausdrücklich Donnerstag, der 13. Nisan im Blick.

[92] Umstritten ist nur die Benennung des 14. Nisan, nicht das Datum als solches.

[93] Chwolson, *Passamahl I*, 1892, 11f.

Der erste Tag der ungesäuerten Brote nahte	יומא קדמיא דפטיריא קרב
und es nahten sich die Jünger zu Jesus	וקרבו תלמידוהי לות ישוע
und sprachen	ואמרו

Durch einen Lesefehler (Dittographie) sei dann jedoch die Doppelung der Buchstabenfolge קרב וקרבו ausgefallen, so dass nur noch stand: קרבו. Da der Satz so keinen Sinn mehr ergab, ergänzte ein Schreiber am Anfang des Satzes ein ב, so dass der Text nun gelesen werden konnte:

Am ersten Tag der ungesäuerten Brote	ביומא קדמיא דפטיריא
nahten sich die Jünger zu Jesus	קרבו תלמידוהי לות ישוע
und sprachen	ואמרו

Im darauf folgenden Jahr schlug Chwolson eine andere Rekonstruktion vor:[94] Anstelle eines ursprünglichen Plurals ביומא מקמא פטיריא („in den Tagen vor den ungesäuerten Broten“) sei durch Wegfall eines מ versehentlich gelesen worden ביומא קמא פטיריא . Ein Abschreiber oder Übersetzer habe dann ein ד ergänzt und gelesen: ביומא קמא דפטיריא, was dann bedeutete „Am ersten Tag der ungesäuerten Brote“. Keinen Lesefehler, sondern einen Übersetzungsfehler, nahm im gleichen Jahr und in Aufnahme der ursprünglichen Konjektur Chwolsons Kaufmann an.[95] Er weist darauf hin, dass das aramäische קמי sowohl die Ordnungszahl „der erste“ als auch die Präposition „vor“ bezeichnen kann[96] und schlägt eine aramäische Formulierung ומקמי דפסחא („und vor dem Passa“) vor, die dann vom Übersetzer im Sinne von בקמא דפסחא („am Ersten des Passa“) gelesen und entsprechend fehlerhaft übersetzt wurde.[97] Chwolson folgte diesem Vorschlag in der zweiten Auflage seines Werkes[98] und vermutete nun seinerseits ביומא קמי דפסחא, was sogar ohne Annahme eines Fehlers auf beiderlei Weise übersetzt werden konnte. Jeremias schließlich änderte diesen Vorschlag in ביומא קמי דפטיריא.[99]

In neuerer Zeit hat Casey, entsprechend seiner strikteren methodischen Vorgaben, die Verwendung von קמי für das erste Jahrhundert ausgeschlossen, da es erst in der talmudischen Literatur auftaucht. Er hält, wie anfangs auch schon Chwolson, den er jedoch unerwähnt lässt, קדמי für möglich und verweist dafür auf Dan 7,4.[100] Auch hier wäre die Möglichkeit einer Ver-

---

[94] Chwolson, *Datum*, 1893, 544.

[95] Kaufmann, *Übersetzungsfehler*, 1893, 394–395.

[96] Dies gilt im Übrigen auch für das von Chwolson vorgeschlagene קדמיא. Beide Worte erlauben zudem adjektivische und adverbiale Verwendung („zuerst, vorhergehend, vormals“).

[97] Die Verwendung von פסחא anstelle von פטיריא ist dabei bei Chwolson vermutlich nicht mit Bedacht, sondern aus Flüchtigkeit geschehen. Möglicherweise ging Chwolson auch davon aus, dass פטיריא als Bezeichnung des Festes im Aramäischen nicht in Frage kam.

[98] Chwolson, *Passamahl II*, 1908, 180.

[99] Jeremias, *Abendmahlsworte*, 1960, 12.

[100] Casey, *Sources*, 1998, 221–222.

wechslung der beiden möglichen Bedeutungen gegeben. Casey macht sich jedoch auch diese Konjektur nicht zu eigen, sondern weist im Gegenteil auf den stets hypothetischen Charakter solcher Textverbesserungen hin und warnt davor, vorschnell Lese- oder Übersetzungsfehler anzunehmen. Er wählt daher bewusst eine aramäische Grundlage, die keine Mehrdeutigkeit erlaubt, sondern dem vorliegenden griechischen Text (von Mk) nachgebildet ist: וביום חד דפטיריא.[101]

Eine Rekonstruktion vor dem Hintergrund *hebräischer* Sprache hat Resch schon im Jahr 1895 in Erwiderung der Vorschläge von Chwolson und Kaufmann vorgeschlagen: Ausgehend von dem hebräischen Wort קדם bzw. קודם, das schon in der Bibel, mehr noch aber in nachbiblischer Zeit in gleicher Mehrdeutigkeit gebraucht wird wie das aramäische קדמי bzw. קמי,[102] schlägt Resch als ursprünglichen Wortlaut vor: קדם חג המצות.[103] In der Tat bezeichnet die Wurzel קדם bereits in der Bibel neben der Grundbedeutung „Osten“ (35x, LXX meist ἀνατολή) auch die Wortfelder „Anfang“ (16x, LXX ἀρχή, ἀρχαῖος), „vor“ (13x, LXX πρό, πρίν, ἔμπροσθέν u.a.) und „früher“ (7x, LXX ἀρχαῖος). An zwei Stellen übersetzt LXX mit πρῶτος, wobei sich jeweils eine ähnliche Bedeutungsverschiebung ergibt, wie sie von Resch auch für Mt 26,17 angenommen wird:

καὶ οἱ παρεμβάλλοντες πρῶτοι κατ᾽ ἀνατολὰς	וְהַחֹנִים קֵדְמָה מִזְרָחָה
„Und die sich als Erste nach Osten hin lagerten...“ (Num 2,3)	„Und die sich ostwärts/vorwärts nach Osten hin lagerten ...“ (Num 2,3)

Noch augenfälliger ist der Bedeutungswandel in Hi 23,8 wo LXX und Targum jeweils unterschiedlich übersetzen, beide jedoch abweichend vom ursprünglichen Wortsinn:

Gehe ich vor, so ist er (wir?) nicht da – zurück, vernehme ich ihn nicht (Hi 23,8 MT)	הֵן קֶדֶם אֶהֱלֹךְ וְאֵינֶנּוּ וְאָחוֹר וְלֹא־אָבִין לוֹ
Gehe ich zuerst (in das Erste? an den Anfang?), und bin dann nicht mehr da, was kenne ich dann das, was zuletzt kommt? (Hi 23,8 LXX)	εἰς γὰρ πρῶτα πορεύσομαι καὶ οὐκέτι εἰμί τὰ δὲ ἐπ᾽ ἐσχάτοις τί οἶδα
Gehe ich nach Osten, ist er nicht da – nach Westen, vernehme ich ihn nicht (Targum zu Hi 23,8, ed. Lagarde 102)	הא למדינחא אהלך וליתוהי ולמערבא ולא אתביין ליה

101 Casey, *Sources*, 1998, 222 und 219.

102 Resch nennt Spr 8,22: קֶדֶם מִפְעָלָיו (Luther: „ehe er etwas schuf“, LXX: εἰς ἔργα αὐτοῦ, Vulgata: antequam quicquam faceret).

103 Resch, *Lukas*, 1895, 618.

In der Mischna erscheint קדם bzw. קודם noch hin und wieder in der biblischen Bedeutung „früher“ oder „zuerst“.[104] Häufiger jedoch trägt es die Bedeutung „vor“ und bezeichnet dabei mehrmals einen Zeitpunkt „vor dem Fest“:

Jede Arbeit,	כל מלאכה
die jemand begonnen hat vor dem 14. Nisan	שהתחיל בה קודם לארבעה עשר
darf er am 14. Nisan zu Ende führen.	גומרה בארבעה עשר
Aber er soll nicht (eine neue Arbeit) beginnen	אבל לא יתחיל בה
am Anfang des 14. Nisan,	בתחילה בארבעה עשר
auch wenn man sie (am 14.) beenden könnte.[105]	אף על פי שהוא יכול לגומרה

Zudem werden Regelungen für das Vordatieren eines Prosbul, die Vorverlegung des Termins für die Estherrollen-Lesung in kleinen Dörfern, sowie die Vordatierung des Hebopfers und der Verzehntung, wenn diese auf einen Festtag fallen würden, mit der Hiphil-Form להקדים beschrieben.[106]

Das von Resch vorgeschlagene קדם חג המצות, oder besser קדם לחג המצות, wäre also in der Tat eine geeignete Wortwahl für eine Datierung auf den Vortag des Festes. Dass קדם von einem griechischen Übersetzer zudem tatsächlich mit πρῶτός wiedergegeben werden konnte, zeigen die Belege aus Num 2,3 und Hi 23,8. Dass dabei ein Bedeutungswandel entstehen konnte, wurde ebenfalls deutlich. Nimmt man zusätzlich noch die Beobachtung hinzu, dass der Verfasser des griechischen Mt bei der Übersetzung seiner angenommenen hebräischen Vorlagen durch Interferenzen aus dem Aramäischen beeinflusst wurde (vgl. dazu oben S. 289), dann ist es durchaus möglich, dass dieser hier, geprägt durch die entsprechende Verwendung des aramäischen קדמי als Ordnungszahl, die Formel קדם לחג המצות mit τῇ δὲ πρώτῃ τῶν ἀζύμων wiedergab, während ein anderer Übersetzer πρὸ μιᾶς τῶν ἀζύμων (EvPetr 5) las. Auch πρὸ δὲ τῆς ἑορτῆς τοῦ πάσχα (Joh 13,1) könnte auf diese Formel zurückgehen, obwohl hier der Name des Festes geändert ist. Der Vorschlag von Resch, ergänzt durch die hier zusammengetragenen zusätzlichen Beobachtungen, stellt also eine denkbare und ebenfalls mögliche Alternative zu der vorher aufgrund anderer Überlegungen rekonstruierten Formel בראשון של הג המצות dar.

---

[104] mMSh 4,3 (Bunte 206).

[105] mPes 4,6 (Beer 136, eigene Übersetzung); vgl. die ähnlichen Formulierungen קודם לעצרת mBik 1,3 (Albrecht 18) par. tBik 1,1 (Liebermann 333); yHal 4,11 (59d) und yBik 1,3 (63c), ed. Schäfer/Becker I,6–11:356 und 438; שלשת ימים קודם לשבת (mShab 1,9, ed. Nowack 34); שבעת ימים קדם ליום הכפורים (mYom 1,1, ed. Meinhold 30); קודם לחג שלשים יום (mSuk 1,1, ed. Meinhold 32).

[106] mShevi 10,5 (Correns 156); mMeg 1,1–3; 3,4 (Tetzner 18–30; 98); mSheq 3,1 (Krupp 15); mBekh 9,5 (Cohn 287).

2.1.4 *Noch einmal: die Frage der Chronologie*

Es darf nicht übersehen werden, dass keine dieser sprachlichen Rekonstruktionen die chronologische Problematik auflöst. Im Gegenteil, die verschiedenen Vertreter ziehen aus ihren Erkenntnissen ganz unterschiedliche Schlüsse:

a) Sowohl das von Chwolson 1892 vorgeschlagene יומא קדמיא דפטיריא קרב als auch die späteren Rekonstruktionen בְּיוֹמָא מקמא פטיריא (1893) und ביומא קמי דפסחא (1908) haben nach Chwolsons Ansicht den 13. Nisan im Blick. An diesem Tag seien die Lämmer bereits geschlachtet worden, weil dies am 14. Nisan wegen des bevorstehenden Sabbats nicht möglich gewesen wäre. Die irrtümliche Deutung auf den 14. Nisan geschah entweder durch einen Lesefehler bereits auf der aramäischen Stufe der Überlieferung (1892 und 1893), oder durch einen Übersetzungsfehler (1908). Letzteres nimmt auch der Vorschlag von Kaufmann an. Es bleibt die Schwierigkeit, dass die Praxis einer solchen allgemeinen vorgezogenen Schlachtung zur Vermeidung einer Kollision mit dem Sabbat in den Quellen nirgendwo belegt ist.

b) Jeremias übernimmt zwar die Konjektur von Chwolson in der abgewandelten Form ביומא קמי דפטיריא, geht aber anders als Chwolson davon aus, dass diese den 14. Nisan im Blick hatte, also den „Vortag“ des Festes. Erst die griechische Übersetzung, die nach Jeremias unmissverständlich den 15. Nisan bezeichnet, habe den Sinngehalt des aramäischen Originals falsch wiedergegeben. Diese Annahme liegt auch der hebräischen Rekonstruktion קדם לחג המצות von Resch zugrunde. Hier bleibt die Schwierigkeit einer Harmonisierung mit denjenigen internen und externen Indizien, die auf den 13. Nisan hinweisen. Diesen wendet sich Jeremias denn auch gesondert zu, wobei jedoch die Rekonstruktion aus dem Aramäischen keine Rolle mehr spielt.

c) Auch für Casey hat die Rekonstruktion וביום חד דפטיריא bereits auf der aramäischen Sprachebene den 14. Nisan im Blick, bezeichnet diesen aber, anders als Jeremias annimmt, bewusst als „ersten Tag der ungesäuerten Brote“. Casey hält diese Ausdrucksweise für möglich und verweist auf die griechisch-römische Tageszählung[107] oder eine Deutung der Formel als „general description of the approximate time when the leavened bread was removed“.[108] Eine Datierung des Todes Jesu auf den 14. Nisan hält Casey für ein theologisches Konstrukt des Johannes.[109] Hier bleibt das Problem, dass für eine unscharfe Bezeichnung des 14. Nisan als „ersten Tag des Festes“, wie Casey sie annimmt, in den Quellen alle Belege fehlen.

d) Die weiter oben vorgeschlagene Rekonstruktion aus dem hebräischen בראשון של חג המצות geht ebenfalls davon aus, dass schon auf der hebräischen

107 Casey, *Sources*, 1998, 221. Vgl. dazu jedoch oben S. 501ff.

108 Ebd., 222.

109 Casey, *John*, 1996, 20f.

Sprachebene der 14. Nisan im Blick war, jedoch nicht aufgrund unscharfen Sprachgebrauchs, sondern aufgrund einer bewussten und durch intertextuelle Bezüge geprägten Wortwahl, die nur vor dem Hintergrund der hebräischen Sprache möglich ist. Die griechische Wiedergabe in Mt und Mk ist dann kein Lesefehler, kein Übersetzungsfehler und auch keine Bedeutungsverschiebung durch linguale Interferenz, sondern eine korrekte Wiedergabe dieser bewussten Wortwahl. Auch hier bleibt jedoch, wie unter (b), das Problem eines Widerspruchs zu Indizien, die auf den 13. Nisan hinweisen. Dieser löst sich nicht durch die angenommene hebräische Vorlage, sondern bleibt weiterhin offen.

Wenn die unter (d) genannten Rekonstruktionen aus dem Hebräischen jedoch zutreffen, dann bedeutet das, dass entweder Jesus selbst oder zumindest die Träger dieser Überlieferung davon überzeugt waren, am Abend des ‚richtigen' 14. Nisan das Passa zu feiern, selbst wenn es dabei kalendarische Differenzen, gleich welcher Art, mit anderen Gruppen gab und der 14. Nisan nach ‚offizieller' Rechnung möglicherweise erst auf den Folgetag fiel.[110]

2.2 ὅτε τὸ πάσχα ἔθυον

Markus und Lukas haben eine zusätzliche Zeitangabe, die bei Matthäus fehlt. Inhaltlich erscheint sie wie ein erklärender Zusatz. Gundry sieht in ihr „an explanation helpful to Mark's Gentile audience unaquainted with the Jewish passover" und verweist auf die vergleichbaren Erklärungen des Markus zu den Reinheitsgeboten (Mk 7,2–4).[111] Wenn es sich aber um einen redaktionellen Zusatz des Mk zu seiner Vorlage handelt, dann spricht das gegen eine Priorität des Mk an dieser Stelle. Denn eine angenommene Vorlage, die Mk mit diesem Einschub ergänzt hätte, hätte den gleichen Wortlaut gehabt wie die jetzige Form von Mt 26,17a, wo der Zusatz ebenfalls fehlt. Hat Mt also zufällig genau denjenigen Teil der Zeitangabe wieder gestrichen, den Mk vorher seiner vormarkinischen Vorlage hinzugefügt hat? Oder hat Mt hier die ursprüngliche kürzere Vorlage bewahrt? Wie verhalten sich beide zu Lukas, der hier nur die zweite Hälfte der markinischen Datumsangabe verwendet? Wie könnte eine vermutliche Vorlage gelautet haben, die alle drei Versionen plausibel erklärt?

2.2.1 Mögliche hebräische Vorlagen

Das unpersönliche ἔθυον, habituell oder aktuell verstanden,[112] wird in der Literatur mehrfach als Kennzeichen einer semitischen Vorlage bezeichnet.

---

[110] Damit entfallen dann aus der Liste oben S. 497 die Optionen (b), (c), (e) und (f).

[111] Gundry, *Mark*, 1993, 820.

[112] Gundry, *Mark*, 1993, 820.

Unsemitisch ist jedoch die Wortstellung (τὸ πάσχα ἔθυον): Diese entspricht dagegen bei Lukas eher semitischem Sprachgebrauch (θύεσθαι τὸ πάσχα).[113] Der temporale Anschluss mit ὅτε entspricht in der LXX mit überwiegender Mehrheit einer präpositionalen Wendung mit ב + Infinitiv in der hebräischen Vorlage.[114] Man müsste also hier eine Konstruktion wie z.B. בשחטם את הפסח o.ä. vermuten. Besser im mischnischen Hebräisch wäre בזמן ששחטו את הפסח o.ä.[115] Eine solche Formulierung gibt aber nur im Zusammenhang mit dem Vorsatz Sinn und könnte nicht, wie bei Lukas, alleine als Datumsangabe stehen. Lukas wäre dann nur als redaktionelle Verbesserung des griechischen Mk-Textes verständlich. Allerdings wäre dann fraglich, warum er die bessere semitische Wortstellung bewahrt hat, wenn man nicht annehmen will, er hätte durch einen redaktionellen Zufall eben jene Umstellung wieder rückgängig gemacht, die Mk vorher vorgenommen hatte.

Kannte also Lukas selbst eine semitisch geprägte Vorlage, die vom jetzigen Markustext abwich? Dafür sprechen die *minor agreements*: Lukas hat, mit Matthäus und gegen Markus, den Satzanschluss mit δὲ gebildet und formuliert, hierin ebenfalls mit Matthäus, im Aorist. Als drittes *agreement* kommt die semantische Nähe der beiden Hauptverben ἦλθεν (Lk) und προσῆλθον (Mt) hinzu, auch wenn diese in der jetzigen Form ganz unterschiedliche Funktionen übernehmen.[116] Diese Indizien legen es nahe, dass Mt und Lk eine vormarkinische Fassung des Textes kannten, die in Details von der jetzigen Endform abwich.

Andererseits weicht die lukanische Fassung in ihrer jetzigen Form aber dem Gehalt nach weit von der matthäischen Fassung ab: Dieser spricht vom „ersten der ungesäuerten Brote", kennt aber weder den „Tag" noch das Schlachten der Lämmer, während jener zwar die Lämmer und den Tag erwähnt, aber die Zahl ungenannt lässt.

Eine mögliche hebräische Vorlage für Lukas lässt sich zudem ungleich schwerer konstruieren als für Mt und Mk. Schon vorher wurde deutlich, dass יום של חג המצות sprachlich nicht möglich ist und außerdem in dieser Formulierung in der Tat nur den 15. Nisan bezeichnen könnte. Mit einer hebräischen Formulierung wie ויבוא יום טוב של חג המצות ששחטו בו את הפסח wäre die sachliche Inkongruenz daher endgültig unerträglich. Denkbar wäre die Formel im Hebräischen nur unter Wegfall der Worte τῶν ἀζύμων,

---

[113] SCHÜRMANN, *Paschamahlbericht*, 1953, 77, sieht in der Formulierung einen „lukanischen Biblizismus".

[114] Von insgesamt 84 Stellen, an denen ὅτε eine Textvorlage im hebräischen Text hat, steht 47x ב + Infinitiv, 10x ויהי כי + Verb, 6x כ + Verb, 6x fehlt eine Entsprechung, 4x steht כאשר und die restlichen 8 Stellen verteilen sich auf einzelne andere Formulierungen.

[115] בזמן ש erscheint über 150x in der Mischna.

[116] Vgl. jedoch Mt 3,1 (παραγίνεται Ἰωάννης) par. Lk 3,2 (ἐγένετο ῥῆμα θεοῦ ἐπὶ Ἰωάννην), wo ebenfalls zwei semantisch eng verwandte Worte aus einer anzunehmenden Vorlage redaktionell sehr unterschiedlich eingesetzt werden.

es hieße dann ויבוא יום ששחטו בו את הפסח („Es kam der Tag, an dem man das Passa schlachtete).

Im Griechischen ist jedoch die vorliegende Konstruktion möglich und ergibt auch einen Sinn, denn hier bedeutet sie so viel wie: „Es kam derjenige Tag des Mazzotfestes, an dem man...“. Dass so der gesamte Festverlauf unter einem Namen subsummiert werden konnte, ist zumindest denkbar und kommt auch dem griechischen Sprachgebrauch des Josephus nahe. Die Formel des Lukas ist also in ihrer jetzigen Form nur auf der griechischen Sprachebene sinnvoll und geht so daher (mit τῶν ἀζύμων) wohl auf die Hand des Lukas oder einer griechischen Vorlage des Lk zurück. Möglich wäre auch. dass die ursprüngliche vorlukanische Vorlage die Kurzform ἡ ἡμέρα ᾗ etc. enthielt und die Worte τῶν ἀζύμων nachträglich von Lk aus der Markusvorlage übernommen wurden.[117]

Die Konstruktion mit ἔδει ist ebenfalls mit hoher Wahrscheinlichkeit redaktionell und nur auf griechischer Sprachebene möglich: An keiner der 37 Stellen, an denen die LXX diese Konstruktion verwendet, hat sie eine Entsprechung im Hebräischen und sie ist außerdem, unabhängig von vorausgesetzten Quellentheorien, charakteristisch für Lk.[118]

Der Befund ist also bis hierher uneindeutig: Sowohl Mk als auch Lk weisen Spuren einer redaktionellen Schicht auf. Beide haben aber auch Spuren einer möglichen semitischen Vorlage bewahrt. Auffällig ist, dass der semitische Charakter jeweils dort erhalten ist, wo er beim anderen fehlt: Markus hat ἔθυον, wofür bei Lukas ἔδει θύεσθαι steht. Lukas hat semitische Wortstellung, wo sie bei Mk unsemitisch ist. Mk schließt hypotaktisch mit ὅτε an, wo Lukas, relativisch mit ᾗ anschließt, oder sogar, wenn die Varianten ursprünglich sind, mit ἐν ᾗ, was einer möglichen semitischen Vorlage noch näher käme. Offen bleibt auch die Frage, warum bei Matthäus die ganze zweite Hälfte der markinischen Formel fehlt. Hatte er redaktionelle Gründe oder kannte er eine kürzere Vorlage?

2.2.2 Ein Beispiel für „Markinische Konflation“?

Die „doppelte Zeitangabe“, die von Auslegern als ein typisches Merkmal des Markus charakterisiert wird,[119] wird in den Kommentaren zur Stelle nie im direkten synoptischen Vergleich beleuchtet, weil hier Mt und Lk je nur unabhängig voneinander mit Mk vergleichen werden. Im Vergleich aller drei Fassungen miteinander, aber auch mit anderen Stellen, an denen Markus eine solche doppelte Zeitangabe verwendet, zeigt sich jedoch ein auffälliges Phänomen (vgl. Tabelle 38): Jeweils eine Hälfte dieser Zeitangaben

---

[117] Siehe unten S. 524.

[118] 102x im NT, davon 41x im lukanischen Doppelwerk, 8x bei Mt und 7x bei Mk.

[119] JEREMIAS, *Abendmahlsworte*, 1960, 11.

Mt 8,16	*Mk 1,32*	*Lk 4,40*
ὀψίας δὲ γενομένης	ὀψίας δὲ γενομένης,	
	ὅτε ἔδυ ὁ ἥλιος	δύνοντος δὲ τοῦ ἡλίου

Mt 8,16	*Mk 4,35*	*Lk 8,22*
	ἐν ἐκείνῃ τῇ ἡμέρᾳ	ἐν μιᾷ τῶν ἡμερῶν
ὀψίας γενομένης	ὀψίας γενομένης	
(V.18 ist direkte Parallele)		

Mt 27,57	*Mk 15,42*	*Lk 23,54*
ὀψίας γενομένης	καὶ ἤδη ὀψίας γενομένης,	
	ἐπεὶ ἦν παρασκευὴ	καὶ ἡμέρα ἦν παρασκευῆς καὶ
	ὅ ἐστιν προσάββατον,	σάββατον ἐπέφωσκεν.

Mt 21,2	*Mk 11,2*	*Lk 19,30*
καὶ εὐθέως	καὶ εὐθὺς	
	εἰσπορευόμενοι εἰς αὐτὴν	ἐν ᾗ εἰσπορευόμενοι
εὑρήσετε	εὑρήσετε	εὑρήσετε

Mt 26,31	*Mk 14,30*	*Lk 19,30*
	σήμερον	σήμερον
ἐν τῇ νυκτὶ ταύτῃ	ταύτῃ τῇ νυκτὶ	

Mt 28,1	*Mk 16,2*	*Lk 24,1*
	καὶ λίαν πρωΐ	ὄρθρου βαθέως
ἐπιφωσκούσῃ	ἀνατείλαντος τοῦ ἡλίου	

Tabelle 38: Doppelte Zeitangaben als Folge markinischer Konflation

stimmt dort mit Matthäus, die andere mit Lukas überein.[120] Das gleiche Phänomen ist für acht „doppelte Ortsangaben" des Mk zu beobachten.[121] Es müsste ein ungewöhnlicher redaktioneller Vorgang angenommen werden, wenn an diesen Stellen durchweg vorausgesetzt würde, dass Lukas und Matthäus, ohne einander zu kennen, jeweils unabhängig voneinander nur eine Hälfte der markinischen Vorlage übernommen hätten.[122] Wahrscheinlicher ist, dass Markus die doppelten Zeitangaben, die für ihn so typisch

[120] Vgl. die Übersicht bei BURKETT, *Gospel Sources*, 2004, 124–126.

[121] Vgl. auch hier die Übersicht bei BURKETT, *Gospel Sources*, 2004, 124–126.

[122] Dagegen steht nur ein Fall, in dem Mt und Lk die gleiche Hälfte der (angenommen) Mk-Vorlage wählen (Mk 14,43 parr., wenn man dort das typisch markinische εὐθὺς als Teil einer doppelten Zeitangabe rechnet).

sind, redaktionell aus den jeweils unterschiedlichen Versionen des Mt und Lk zusammengestellt hat.

Longstaff[123] hat in einer ausführlichen Untersuchung solche Phänomene der Konflation auch außerhalb der Zeit- und Ortsangaben des Markusevangeliums herausgearbeitet. Insbesondere in der hier besprochenen Perikope sind diese Phänomene durchgängig nachzuweisen, wie noch zu sehen sein wird. Im Blick auf die hier besprochene doppelte Zeitangabe aus Mk 14,12 wird die Annahme einer markinischen Konflation noch einmal dadurch verstärkt, dass Markus nicht nur die beiden Zeitangaben des Mt und des Lk miteinander verknüpft, sondern diese zudem noch miteinander verflechtet. Denn der Begriff ἡμέρα, der bei Mk Teil der ersten Hälfte ist, fehlt in der Parallele bei Mt und findet sich dafür in der Parallele bei Lk:

Mt 26,17a	*Mk 14,12a*	*Lk 22,7*
τῇ δὲ πρώτῃ	τῇ πρώτῃ	
	ἡμέρᾳ	ἡ ἡμέρα
τῶν ἀζύμων	τῶν ἀζύμων,	τῶν ἀζύμων,
	ὅτε τὸ πάσχα ἔθυον	ᾗ ἔδει θύεσθαι τὸ πάσχα·

Tabelle 39: Markinische Konflation in Mk 14,12a.

Bei Annahme einer Markuspriorität wäre hier nur durch einen unwahrscheinlichen redaktionellen Zufall erklärlich, wie Mt aus seiner Markus-Vorlage genau diejenigen Stücke ausließ, die Lk dann behielt (ἡμέρᾳ und ὅτε τὸ πάσχα ἔθυον), während Lukas genau den Teil wegließ, für dessen Beibehaltung Mt sich entschied (πρώτῃ), und das unter Annahme ihrer literarischen Unabhängigkeit der beiden von einander. Plausibler ist die Annahme, dass Mk alternierend auf seine beiden Vorlagen zurückgriff und alle chronologischen Aussagen, die er darin fand, miteinander verband. Dies wird durch die Beobachtungen zum hebräischen Sprachhintergrund noch untermauert, denn dem matthäischen τῇ πρώτῃ τῶν ἀζύμων (ohne ἡμέρᾳ) ist mit ב ראשון של חג המצות bzw. קדם לחג המצות ein hebräischer Sprachhintergrund näher als der markinischen Parallele, und in der lk Formel ᾗ ἔδει θύεσθαι τὸ πάσχα ist die semitische Wortstellung besser erhalten als bei Mk.

Aber auch die Annahme einer markinischen Konflation erklärt den Befund nicht völlig ausreichend. Denn wie bereits gesehen, enthält die lukanische Formulierung ebenfalls Anzeichen einer redaktionellen Schicht, die gegenüber Mk sekundär sind: Das ἔδει ist typisch für Lukas und zudem gegenüber dem im semitisierenden unpersönlichen Plural ἔθυον vermutlich sekundär. Aber auch die Umformung der Zeitangabe mit der Einleitung ἦλθεν δὲ ἡ ἡμέρα ist gegenüber dem temporalen Dativ des Mt und Mk, des-

[123] LONGSTAFF, *Conflation*, 1977.

sen Kenntnis Lukas ja noch im Nebensatz verrät, wohl sekundär.[124] Auch in den folgenden Versen finden sich solche Anzeichen lukanischer Redaktion. Unlängst hat Burkett dieses doppelschichtige und scheinbar widersprüchliche Verhältnis des Mk zu seinen beiden Seitenreferenten ausführlich und im Blick auf den gesamten Text der Evangelien untersucht.[125] Wie hier, findet er in den synoptischen Evangelien durchgängig sowohl Spuren für eine Priorität des Mt und Lk gegenüber Markus als auch Anzeichen für eine redaktionelle Schicht in Mt und Lk, die gegenüber Markus sekundär ist. Burkett erklärt den Befund, unter Rückgriff auf die Arbeiten von Boismard und Rolland (vgl. oben S. 210 und 217), durch die Annahme von zwei unterschiedliche Rezensionen eines ursprünglichen vormarkinischen Berichtes („Proto-Mark A“ = PMA und „Proto-Mark B“ = PMB), die von Mk zusammengearbeitet wurden. Mt und Lk hätten dann neben den üblicherweise angenommenen Quellen Mk und Q auch auf diese zwei Versionen des vormarkinischen Berichtes zurückgegriffen, Mt auf PMA und Lk auf PMB. Sein Ansatz korrespondiert dabei nicht nur mit den Vorarbeiten von Boismard und Rolland, sondern auch mit anderen Ansätzen zu nichtmarkinischen vorsynoptischen Quellen.[126]

2.2.3 Eine Rekonstruktion von zwei Vorlagen

Der Ansatz von Burkett ist geeignet, auch im vorliegenden Fall den widersprüchlichen Befund des Verses, aber auch einiger Folgeverse, plausibel zu erklären: Er führt zur Annahme von zwei verschiedenen vormarkinischen, semitisch geprägten und auf eine gemeinsame Grundform zurückgehenden Berichten. Eine dieser Vorlagen enthielt eine Datierung auf den „Ersten der ungesäuerten Brote“, die andere einen Hinweis auf „den Tag, an dem man das Passa schlachtete“. In einer anzunehmenden gemeinsamen Frühform der beiden Vorlagen stand also eine Datierung auf den 14. Nisan, die dann auf zwei unterschiedliche Weisen formuliert wurde.

Entfernt man aus der lukanischen Formulierung die redaktionellen Züge, so ergeben sich zwei Formulierungen, die, jede für sich, eine sinnvolle und auch im Hebräischen mögliche Datierung auf den 14. Nisan ergeben. Für diese zwei unterschiedlichen, aber auf einen gemeinsamen vorsynoptischen

---

[124] Es entsteht so ein dramatisierender Dreischritt zwischen ἤγγιζεν δὲ ἡ ἑορτὴ τῶν ἀζύμων (Lk 22,1), ἦλθεν δὲ ἡ ἡμέρα (Lk 22,7) und ἐγένετο ἡ ὥρα (Lk 22,14), vgl. SCHÜRMANN, *Paschamahlbericht*, 1953, 77 und BOCK, *Luke II*, 1996, 1710.

[125] BURKETT, *Gospel Sources*, 2004.

[126] PMA hat dabei eine Nähe zu protomatthäischen Schriften, wie sie bei Michaelis, Weiß, Zahn, Resch, Vaganay, Lowe/Flusser u.a. angenommen werden. Das „B“-Material, durch das PM zu PMB erweitert wird, hat eine Nähe zu vorlukanischer Sonderüberlieferung, wie sie von verschiedenen Autoren (vgl. oben S. 64) angenommen wird. Eine vergleichbare doppelte Rezension der vormarkinischen Überlieferung hat auch schon BARTLET, *Sources*, 1911, 363, angenommen.

Ursprung zurückgehenden Vorlagen werden im Folgenden weiterhin die Bezeichnungen V^{Mt} und V^{Lk} verwendet, weil eine völlige Deckungsgleichheit mit den von Burkett angenommenen Quellen PMA und PMB nicht unbedingt besteht. In Aufnahme anderer und etablierterer Terminologie könnte man V^{Mt} jedoch mit dem in der Literatur weithin vorausgesetzten vormarkinischen Passionsbericht identifizieren und V^{Lk} mit der davon unabhängigen lukanischen Sonderquelle. Auch hier ist allerdings eine völlige Deckung nicht unbedingt gegeben. Für die vorliegende Vershälfte könnten so die folgenden zwei Fassungen für V^{Mt} bzw. V^{Lk} rekonstruiert werden:

τῇ πρώτῃ τῶν ἀζύμων (V^{Mt} 26,17)	בָּרִאשׁוֹן שֶׁל חַג הַמַּצּוֹת
τῇ ἡμέρᾳ ᾗ ἔθυον τὸ πάσχα (V^{Lk} 22,7)	בַּיּוֹם שֶׁשָּׁחֲטוּ־בוֹ אֶת־הַפֶּסַח

Die Worte τῶν ἀζύμων sind hier aus der protolukanischen Vorlage ausgeklammert, weil sie auf doppelte Weise auffällig und damit vermutlich redaktionell sind: Schon bei der Suche nach einer möglichen hebräischen Entsprechung wurde deutlich, dass eine Formulierung wie יום (טוב) של חג המצות ששחטו בו את הפסח im Hebräischen nicht nur schlecht möglich, sondern auch inhaltlich falsch wäre. In der Übersicht zur markinischen Konflation an dieser Stelle wird außerdem deutlich, dass einzig in den Worten τῶν ἀζύμων eine Übereinstimmung aller drei Fassungen vorliegt, die das alternierende Schema durchbricht. Nimmt man die Beobachtung hinzu, dass die jetzige Formulierung des Lk (einschließlich τῶν ἀζύμων) zwar nicht auf hebräischer, aber doch auf griechischer Ebene korrekt ist, korrekter sogar als die des Mk, wird es wahrscheinlich, dass hier die redaktionelle Hand des Lk tätig war. Sie formte aus der markinischen und der vorlukanischen Vorlage, durch Umstellung des Satzbaus und eine neue Einleitung, eine gute und flüssige chronologische Angabe, während die markinische Kombination der beiden Zeitangaben sperrig bleibt und den Auslegern bis heute Rätsel aufgibt. Bei der Annahme der oben genannten zwei Vorlagen ergibt sich jedoch die Endfassung des Mk wie von selbst: Mk hat lediglich das Wort ἡμέρα aus der zweiten Formel in die erste vorgezogen und die zweite dann hypotaktisch mit ὅτε angeschlossen. Dabei hat er auch den Satzbau gräzisiert. Ansonsten ließ er seine Vorlagen jedoch unverändert nebeneinander stehen.

2.2.4 Nachtrag zum historischen Hintergrund

Keine der drei Fassungen erwähnt explizit, dass Jesus oder seine Jünger ein Passalamm geschlachtet haben. Auch in der anschließenden Abendmahlserzählung ist das Lamm allenfalls in der Anspielung τοῦτο τὸ πάσχα erwähnt, die jedoch auch nicht eindeutig ist. Wiefel sieht in der Auslassung des Lämmerschlachtens bei Matthäus, die er für redaktionell hält, ein Indiz für die endgültige Trennung der matthäischen Gemeinde vom jüdischen Opferkult.[127] Casey hingegen besteht darauf, dass „angesichts der vorauszusetzenden Annahmen für Juden des ersten Jahrhunderts“[128] das markinische ὅτε τὸ πάσχα ἔθυον nur unmittelbar auf Jesus und seine Jünger bezogen werden könne: Jesus selbst habe demnach im Tempel die Kehle des Passalammes durchgeschnitten. Ob dies jedoch in der Tat die einzig mögliche Vorstellung ist, ist fraglich: Die Mischna redet wiederholt davon, dass ein Diener mit der Durchführung des Passa im Namen seines Herrn beauftragt werden konnte, und Passaopfer konnten auch stellvertretend für andere geschlachtet werden.[129] Möglicherweise haben Jesus und seine Jünger aber auch anstelle des Passaopfers ein entsprechendes Almosen gegeben. Hinweise auf eine solche Praxis finden sich im Midrasch und Targum zu Ex 23,15, 34,20 und Dtn 16,16, die hier zuweilen den Satz „Erscheint aber nicht mit leeren Händen (ריקם) vor mir“ durch den Zusatz מן הצדקה („...ohne Almosen“) oder מן כל מצוה („ohne Gesetzestat“) ergänzen.[130] Dabei kann es sich um eine Adaption an die Situation nach dem Jahr 70 handeln, als keine Opfer im Tempel mehr möglich waren. Vielleicht reflektiert es aber auch eine Praxis, nach der auch zur Zeit des zweiten Tempels anstelle des Passaopfers auch Almosen gegeben werden konnten. Mehrfache Anspielungen auf Almosen im Umfeld der Passionsgeschichte (Joh 12,5–6; 13,29) sowie die fehlende Erwähnung eines Passalamms in der Evangelientradition könnten ein frühes Zeugnis für eine solche Praxis sein.[131]

2.3 προσῆλθον οἱ μαθηταὶ τῷ Ἰησοῦ λέγοντες

Alle drei Fassungen der Perikope berichten von der Frage der Jünger an Jesus. Nur bei Mt und Mk geht diese Frage dabei von allen Jüngern aus. Bei Lukas geht die Initiative zunächst von Jesus aus, die Frage wird dann nur von Petrus und Johannes gestellt.

Auch hier tragen alle drei Fassungen Merkmale einer redaktionellen Schicht, wenn auch nur sehr schwache: Gegen die Priorität des Markus spricht eine Übereinstimmung von Lk und Mt in der Wahl des Wortes προσῆλθον bzw. ἦλθεν als Prädikat des Eingangssatzes, während das Wort bei Mk fehlt und stattdessen λέγουσιν als Prädikat steht. Andererseits ist ge-

---

[127] Wiefel, *Matthäus*, 1998, 448–449.

[128] Wiefel, *Matthäus*, 1998, 223.

[129] mPes 8,1–3; 9,9 (für eine ganze Gruppe); bPes 60a („für die, die selbst nicht das Passa essen können“); bPes 69 („für einen Unreinen“); bPes 63a (der Name dessen, für den das Passa geschlachtet wird, muss genannt werden).

[130] SifDev §143 zu Dtn 16,16 (Finkelstein 196, dt. Bietenhard 387); LeqT zu Dtn 16, 16; (Buber 17b); Yalq ראה §907 zu Dtn 16,16 (Jerusalem 3:426); MekhSh zu Ex 23,15., ed. Epstein/Melamed, *Mekhilta*, 1955, 218; Targum Neofiti zu Dtn 16,16 ergänzt am Ende des Verses in hebräisch (!) מן כל מצוה. TPsJ aramäisch מכל מצוותא. Vgl. Safrai, *Testimonies*, 2006, 42–44.

[131] Safrai, *Testimonies*, 2006, 44.

rade das Kompositum προσέρχεσθαι für Mt ausgesprochen typisch (Mt 49x, Mk 1x, Lk 10x, Apg 10x).[132]

Bei Lukas fehlt die gesamte Jüngerfrage an dieser Stelle und erscheint erst dem Befehl Jesu nachgeordnet. Außerdem ist die Einleitung der Zeitangabe mit ἦλθεν δὲ ἡ ἡμέρα τῶν ἀζύμων, wie deutlich wurde, vermutlich redaktionell. Es liegt also die Annahme nahe, dass die größeren Umstellungen in der Satzanordnung hier auf die redaktionelle Hand des Lukas zurückgehen.[133] Eine mögliche Rekonstruktion der gemeinsamen Vorlage(n) wird sich hier also an Mt und Mk orientieren. Wegen des *minor agreements*, der häufigen Verwendung der hebräischen Redeformel in Nachordnung an andere Hauptverben und der Wortstellung hat dabei die matthäische Form eine etwas höhere Wahrscheinlichkeit für sich. Statt des von Mt bevorzugten Kompositums wird jedoch ein Simplex angenommen:

ἦλθον οἱ μαθηταὶ πρὸς τὸν Ἰησοῦν	בָּאוּ הַתַּלְמִידִים אֶל־יֵשׁוּעַ
λέγοντες (V^{Mt} 26,17b)	לֵאמֹר

2.4 ποῦ θέλεις ἑτοιμάσωμέν etc.

Die Jüngerfrage ist bei Mt und Mk in enger Übereinstimmung formuliert.[134] Bei Mk stören aber sowohl das eingeschobene ἀπελθόντες als auch die Hypotaxe mit ἵνα φάγῃς den Satzbau,[135] der bei Mt eher semitischem Stil entspricht.[136] Bei Lukas erscheint die Frage durch größere redaktionelle Umstellungen jeweils zur Hälfte in zwei aufeinander folgenden Versen:

---

[132] Vgl. Pesch, *Ausführungsformel I*, 1966, 235.

[133] Die Literatur weist wiederholt auf die lukanische Tendenz hin, Jesus als den souverän Handelnden herauszustellen. Solche Schlüsse aus der theologischen oder narrativen Tendenz sollen hier jedoch zunächst hinter den rein sprachlichen Beobachtungen zurücktreten, weil sie immer schon durch quellenkritische und redaktionsgeschichtliche Grundannahmen geprägt sind.

[134] Schenke, *Studien*, 1972, 164 sieht die ganze Frage Mk 14,12b als sekundäre Ergänzung, da hier zwei unterschiedliche Intentionen deutlich würden: Bei der Frage stehe das Passa im Vordergrund, im Rest der Erzählung jedoch der Ort. Das trifft allerdings nicht zu: Auch in V.12b steht der Ort durch das Fragepartikel betont im Vordergrund, während das Passa auch im restlichen Text wiederholt erscheint. Der Gegensatz ist also willkürlich konstruiert. Dass hier im Gegensatz zu V.16 nicht die „Zwölf", sondern die „Jünger" genannt sind, muss weder ein Hinweis auf eine größere Anzahl von (judäischen?) Jüngern sein, vgl. Witherington, *Mark*, 2001, 370, noch deutet es auf unterschiedliche Quellen, vgl. Schenke, *Studien*, 1972, 162.

[135] Das zeigen die Übersetzungen von Delitzsch und Salkinson, die hier sehr frei umschreiben mit איפה תחפץ לאכל את הפסח ונלכה ונכין bzw. איפה תרצה כי נלך להכין לך לאכל את הפסח. Es fällt auf, dass beide hier den Infinitiv לאכל wählen, der zwar hier nicht im Text steht, aber dafür dem φαγεῖν der matthäischen Fassung entspricht.

[136] Vgl. Pesch, *Markus II*, 1977, 342 zu Mk 14,12: „In der syntaktischen Struktur ... liegt (vielleicht unter semitischem Einfluss) parataktische Koordination statt hypotaktische Subordination vor. Klassisch wäre vor θέλεις ein εἰ zu erwarten."

Lk 22,9 bringt die Frage nach dem Ort als Jüngerfrage, Lk 22,8 zieht die Anweisung zum Vorbereiten des Passa vor und legt sie Jesus in den Mund. Der Wortlaut entspricht aber in beiden Hälften eng den Parallelen in Mt und Mk. Der Satzbau ἑτοιμάσατε ἡμῖν τὸ πάσχα ἵνα φάγωμεν ist noch weniger semitisch als bei Mk. Dafür entspricht die Befehlsformel πορευθέντες ἑτοιμάσατε genau der im biblischen Hebräisch noch recht seltenen und erst im mischnischen Hebräisch gebräuchlichen Befehlsformel in der Form צא ועשה oder צאו ועשו.[137]

R. Zaddok sagte:	אמר רבי צדוק
Es wird von R. Gamaliel berichtet,	מעשה ברבן גמליאל
dass er einmal zu seinem Knecht Tavi sagte:	שאמר לטבי עבדו
Geh und röste für uns das Passa auf dem Grill![138]	צא וצלה לנו את הפסח על האסכלא

Wenn jemand zu seinem Knecht sagt:	האומר לעבדו
Geh und schlachte für mich das Passa![139]	צא ושחוט עלי את הפסח

Das bei Markus verwendete ἀπελθόντες entspricht diesem Sprachgebrauch noch besser als das lukanische πορευθέντες, ist aber innerhalb einer Frage völlig fehl am Platz und fehlt ja auch genau hier in der Parallele bei Mt.

Es ist sicher möglich, dass Lukas im Rahmen seiner redaktionellen Änderungen seine Formulierung frei gewählt hat: Die Formel πορευθέντες + Imperativ, die an den mischnischen Sprachgebrauch angelehnt ist, erscheint im NT nur bei Mt (3x) und Lk (5x). Möglich ist aber auch, dass Mt und Lk diese Formel in ihren Quellen vorfanden und deshalb, unabhängig voneinander und von Markus, mehrfach verwenden. Im vorliegenden Fall würde die bereits oben vorausgesetzte Annahme von zwei unterschiedlichen semitisch geprägten Überlieferungssträngen (V^{Mt} und V^{Lk}) erklären, warum sowohl Mt als auch Lk hier Formulierungen verwenden, die hebräischem Sprachgebrauch besser entsprechen als die Parallele in Mk.

Gegen eine direkte Abhängigkeit der beiden von Mk spricht außerdem das *minor agreement* im Gebrauch des Dativobjekts nach ἑτοιμάζω. Zwar wäre noch mit der Möglichkeit zu rechnen, das Mt und Lk hier unabhängig voneinander ein Objekt hinzugefügt hätten, weil dies biblischem Sprachgebrauch besser entspricht (II Chr 35,6).[140] Dagegen spricht aber gerade, dass Lukas in 22,12 das Objekt nicht hat, obwohl es bei Mk steht.[141] Mehrere Indizien sprechen daher dafür, dass Mt und Lk hier aus Vorlagen schöpfen, die nicht mit dem kanonischen Mk identisch sind, sondern auf zwei Fas-

---

[137] II Sam 19,8; I Kg 19,11; 22,22 par. II Chr 18,21; Mischna: 20x, Tosefta: 44x.

[138] mPes 7,2 (Beer 158) par. bPes 74a und 75a; yPes 7,2 (33d), ed. Schäfer/Becker II, 1–4:157.

[139] mPes 8,2 (Beer 170) parr bPes 88b und yPes 8,2 (35c), ed. Schäfer/Becker II,1–4:309. Ähnlich auch bHul 12a; yPes 8,1/12 (35d), ed. Schäfer/Becker II,1–4:308.

[140] Luz, *Matthäus IV*, 2002, 80.

[141] Vgl. Ennulat, *Minor Agreements*, 1994, 334.

sungen einer gemeinsamen, möglicherweise hebräischen, vorsynoptischen Überlieferung zurückgehen:

ποῦ θέλεις ἑτοιμάσωμέν σοι φαγεῖν τὸ πάσχα (V^{Mt} 26,17b)[142]	אֵיפֹה תִּרְצֶה שֶׁנָּכִין לְךָ לֶאֱכֹל אֶת־הַפָּסַח
ἀπελθόντες ἑτοιμάσατε ἡμῖν ἵνα φάγωμεν τὸ πάσχα (V^{Lk} 22,8)	צְאוּ וְהָכִינוּ לָנוּ לֶאֱכֹל אֶת־הַפָּסַח

Nimmt man diese beiden Vorlagen an, ergibt sich für die Fassung des Mk das gleiche alternierende Schema wie in der vorangehenden Vershälfte:

V^{Mt} 26,17b	*Mk 14,12b*	*V^{Lk} 22,8b*
ποῦ θέλεις	ποῦ θέλεις	
	ἀπελθόντες	ἀπελθόντες
ἑτοιμάσωμέν	ἑτοιμάσωμεν	ἑτοιμάσατε ἡμῖν
	ἵνα	ἵνα
σοι φαγεῖν	φάγῃς	φάγωμεν
τὸ πάσχα	τὸ πάσχα	τὸ πάσχα

Tabelle 40: Markinische Konflation in Mk 14,12b

Lukas schließlich hätte dann in seinem Evangelium, ebenfalls wie im vorangehenden Vers, Mk mit V^{Lk} kombiniert und aus der entstehenden Dublette einen zweigliedrigen Dialog Jesu mit seinen Jüngern gestaltet (vgl. Tabelle 41).

Matthäus wiederum hat hier, wie in der ersten Hälfte des Verses, eine Formulierung, die sich problemlos im Hebräischen wiedergeben lässt und gegenüber der angenommenen Vorlage V keine redaktionellen Änderungen enthält. Das σοι, das in der Literatur zuweilen als bewusste christologische Zuspitzung in der matthäischen Redaktion des Markustextes bezeichnet wird,[143] ist hier keine Eigenart des Mt, denn auch in der Markusparallele ist

[142] Delitzsch und Salkinson übersetzen ποῦ θέλεις ἑτοιμάσωμέν mit איפה נכין bzw. איפה תרצה כי נכין. In der Mischna ist der kausative Gebrauch von „wollen“ selten, wird aber stets mit ש angeschlossen: Drei Stellen umschreiben substantivisch: אי אפשי שתקבל לה („Es ist nicht mein Wille, dass du es nimmst“, mGit 6,1, ed. Correns 98); אי אפשי שתשמשני („Es ist nicht mein Wille, dass sie mir dient“, mGit 7,6, ed. Correns 120); רצוני שתשבע לי („Es ist mein Wunsch, dass du mir schwörst“, mShevu 7,8, ed. Hoffmann 252). Hinzu kommt die Gebetsformel יהי רצון ש („Möge es Gottes Wille sein, dass...“, mTaan 4,8 (Correns 128) und mBer 9,3 (Holtzmann 93). Nur in einem Fall findet sich die kausative verbale Konstruktion: הרוצה שיתן ולא יתנו אחרים („Jemand, der Almosen gibt, aber nicht will, dass andere geben“: mAv 5,13, ed. Marti/Beer 140). Diese Form entspricht am ehesten der griechischen Form von Mt (V^{Mt}) 26,17.

[143] Luz, *Matthäus IV*, 2002, 80.

Mk 14,12b	*V^Lk 22,8b*	*Lk 22,8b–9*
	ἀπελθόντες	πορευθέντες
	ἑτοιμάσατε ἡμῖν	ἑτοιμάσατε ἡμῖν
	ἵνα φάγωμεν τὸ πάσχα	τὸ πάσχα ἵνα φάγωμεν
		οἱ δὲ εἶπαν αὐτῷ
ποῦ θέλεις		ποῦ θέλεις
ἀπελθόντες		(s.o.)
ἑτοιμάσωμεν		ἑτοιμάσωμεν
ἵνα φάγῃς τὸ πάσχα		(s.o.)

Tabelle 41: Lk 22,8b-9 als Konflation von kanonischem Mk und vorlk Überlieferung

es durch die zweite Person Singular φάγῃς vorausgesetzt. Nimmt man also an, Mt habe hier Mk als Vorlage verwendet, dann ist σοι keine christologisch motivierte Ergänzung, sondern schlichte grammatikalische Notwendigkeit, die sich aus der Wahl des Infinitiv ergibt. Vor einem hebräischen Sprachhintergrund und unter Absehung von vorausgesetzten Quellenhypothesen ist die Form ἑτοιμάσωμέν σοι φαγεῖν jedoch eindeutig näher am semitischen Sprachgebrauch als ἑτοιμάσωμεν ἵνα φάγῃς.

2.5 *ἀποστέλλει δύο τῶν μαθητῶν αὐτοῦ*

Die Nennung der zwei Jünger in Mk 14,13 hat in Lk 22,9 eine detailliertere Parallele. In Mt 26,17f. fehlt sie dagegen völlig:

Mt 26,18	*Mk 14,13*	*Lk 22,8*
	καὶ ἀποστέλλει	καὶ ἀπέστειλεν
	δύο τῶν μαθητῶν αὐτοῦ	Πέτρον καὶ Ἰωάννην
ὁ δὲ εἶπεν	καὶ λέγει αὐτοῖς	εἰπών

Tabelle 42: Mt 26,18 parr. im synoptischen Vergleich

Dass die Nennung der beiden Namen auf die redaktionelle Hand des Lukas zurückgeht, darin ist sich die Literatur weithin einig.[144] In Apg werden diese beiden Jünger des öfteren in dieser Zusammenstellung erwähnt (Apg 3,4–11; 4,13.19; 8,14). In den Evangelien werden die Namen sonst nur in der Trias mit Jakobus besonders herausgehoben.[145] Die Nennung der beiden Jünger hat allerdings eine mögliche Parallele im Passionsbericht des Johannes, wenn dort der „andere Jünger" in Joh 20 und 21 auf literarischer oder historischer Ebene mit Johannes identifiziert werden kann. Zusammen mit Petrus wird er erstmals Joh 13,23–24 erwähnt, in einem Kon-

[144] Ausführlich GREEN, *Preparations*, 1987, 313 und SCHÜRMANN, *Dienst*, 1970, der vermutet, dass hier die späteren „Leiter" bewusst als „Diener" dargestellt werden sollen.

[145] Mt 17,1 par. Mk 9,2/Lk 9,28; Mk 5,37 par. Lk 8,51; Mk 14,33; 13,3 (mit Andreas).

text, der vielfältige Bezüge zur synoptischen Abendmahlstradition aufweist.[146] Das kann hier jedoch nicht weiter verfolgt werden.

Abgesehen von der Nennung der zwei Jünger hat Lk hier jedoch drei Anzeichen von Ursprünglichkeit gegenüber Mk: Er formuliert im Aorist und hat kein indirektes Objekt hinter εἰπών, zwei *minor agreements* mit Mt gegen Markus.[147] Außerdem entspricht seine Verlaufsform εἰπών der hebräischen Redeformel לאמר besser als das markinische καὶ λέγει αὐτοῖς.[148] Eine Rekonstruktion orientiert sich also an der Grundstruktur des Lukas, streicht jedoch die beiden Namen als redaktionelle Zufügung und ersetzt sie durch die offenere Formel des Mk. Der Anschluss mit καὶ entfällt, weil der Satz unmittelbar an die vorangehende Retroversion anschließt:

ἀπέστειλεν δύο τῶν μαθητῶν αὐτου	שָׁלַח שְׁנֵי מִתַּלְמִידָיו
εἰπών (V^{Lk} 22,8a / V^{Mk} 14,13a)	לֵאמֹר

Auffällig ist an dieser Stelle jedoch das Fehlen der Jüngersendung in der Fassung des Matthäus. Ausleger sehen hierin einen Kernpunkt der matthäischen Überarbeitung seiner Vorlage: Matthäus habe den Gehorsam aller Jünger herausheben wollen, die Perikope also zu einer Modellbeschreibung wahrer Jüngerschaft umgestalten wollen und daher hier nicht nur zwei, sondern alle Jünger in die Sendung Jesu eingeschlossen.[149]

Ob die drei Worte ὁ δὲ εἶπεν das Gewicht dieser Auslegung jedoch tragen können, ist fraglich: Sie stehen so unbetont, dass ein antiker Leser (ohne den unmittelbaren synoptischen Vergleich) in ihnen kaum einen bewussten Hinweis auf die Gesamtheit der Jüngerschaft erkennen konnte. Denn was Mt aus seiner mutmaßlichen Mk-Vorlage weggelassen hatte, konnten seine Leser ja nicht wissen. Hätte Matthäus herausheben wollen, dass Jesus alle

---

[146] Siehe unten S. 579.

[147] In der Literatur zu den *minor agreements* wird zwar wiederholt darauf hingewiesen, dass die Ersetzung des historischen Präsens durch den Aorist, wie auch die Ersetzung des vorangestellten καὶ durch δὲ, wie sie im vorangehenden Vers auftrat, auch auf eine zufällige Übereinstimmung redaktioneller Vorlieben zurückzuführen sei. Vgl. STREETER, *Gospels*, 1924, 293–331; NEIRYNCK, *Minor Agreements*, 1974. Neuere Literatur zu den *minor agreements* sieht jedoch von einer solchen Partikularisierung der einzelnen Phänomene ab und nimmt diese zunächst in ihrer Gesamtheit zur Kenntnis, vgl. ENNULAT, *Minor Agreements*, 1994, 417. SANDERS/DAVIES, *Studying*, 1989, 73; BURKETT, *Gospel Sources*, 2004, 7–59. Diese Diskussion kann hier nicht geführt werden. Unter Vorbehalt wird daher hier von einem „schwachen" Indiz gesprochen.

[148] Durch die redaktionelle Umstellung des Lk findet sich bei ihm eine Dublette der Redeformel: In Lk 22,10 formuliert er ὁ δὲ εἶπεν αὐτοῖς, auch dies ein *minor agreement*. Möglich ist also, dass schon V^{Lk} und V^{Mt} ὁ δὲ εἶπεν verwendeten. Das αὐτοῖς könnte Lk hier von Mk übernommen haben, oder es war bereits Teil von V^{Lk}. Die hebräische Rekonstruktion könnte dann hier ויאמר oder ויאמר אליהם lauten. Im ersten Fall bleiben ebenfalls drei *minor agreements*, im zweiten Fall immer noch zwei.

[149] PESCH, *Ausführungsformel I*, 1966, 239; GUNDRY, *Matthew*, 1994, 524; SAND, *Matthäus*, 1986, 523; GRUNDMANN, *Matthäus*, 1971, 533.

Jünger ansprach, hätte er wohl kaum ausgerechnet das markinische αὐτοῖς aus seiner Vorlage entfernt. An anderen Stellen seines Evangeliums hebt zudem auch Matthäus einzelne Jünger besonders heraus, dem Gedanken der wahren Jüngerschaft widerspricht dies nicht.

Es bleibt also die Frage, ob Matthäus hier in der Tat das Motiv der zwei Jünger aus seiner Vorlage gestrichen hat oder ob er eine Vorlage kannte, in der diese gar nicht genannt wurden. Ein Indiz für eine solche vormarkinische Vorlage sind auch hier, wie im vorangehenden Vers, die bereits erwähnten drei *minor agreements* von Mt und Lk. Dafür, dass Mt hier nicht eine markinische Vorlage gekürzt hat, sondern auf eine eigene, kürzere Vorlage zurückgriff, sprechen auch Beobachtungen zum erweiterten Kontext des Motivs von der Jüngersendung.

2.5.1 Die literarische Beziehung zu Mk 11,1–7

Der Satz ἀποστέλλει δύο τῶν μαθητῶν αὐτοῦ (Mk 14,13) findet sich so wörtlich auch in Mk 11,1. Diese und andere Übereinstimmungen zwischen der Perikope von der Findung des Esels und der Perikope von den Vorbereitungen zum Passafest haben verschiedene Ausleger zu der Annahme geführt, dass die ganze Perikope von Markus nicht aus einer Vorlage übernommen, sondern frei nach Mk 11,1–7 gestaltet worden sei.[150]

Mk 11,1–4	*Mk 14,13–16*
ἀποστέλλει δύο τῶν μαθητῶν αὐτοῦ	ἀποστέλλει δύο τῶν μαθητῶν αὐτοῦ
καὶ λέγει αὐτοῖς	καὶ λέγει αὐτοῖς
ὑπάγετε εἰς τὴν κώμην	ὑπάγετε εἰς τὴν πόλιν
ἐάν τις ὑμῖν εἴπῃ	καὶ ὅπου ἐὰν εἰσέλθῃ
εἴπατε	εἴπατε
ὁ κύριος αὐτοῦ χρείαν ἔχει	ὁ διδάσκαλος λέγει
καὶ ἀπῆλθον καὶ εὗρον	καὶ ἐξῆλθον (...) καὶ εὗρον

Tabelle 43: Übereinstimmungen zwischen Mk 11,1–4 und Mk 14,13–16

In der Tat sind die Übereinstimmungen zwischen beiden Perikopen in Wortlaut und Inhalt auffällig (Vgl. Tabelle 43). Zu Recht weisen die Kommentatoren deshalb darauf hin, dass diese Übereinstimmungen, für sich betrachtet, zwei Möglichkeiten offen lassen: Entweder eine der beiden Perikopen wurde frei nach Vorlage der anderen geschaffen, oder sie wurden zwar von derselben redaktionellen Hand gestaltet, gehen aber dem Inhalt nach dennoch auf zwei unabhängige Überlieferungen zurück. Für letzteres spricht die Beobachtung, dass beide Geschichten in ihrem Erzählkern zwei

[150] SCHÜRMANN, *Paschamahlbericht*, 1953, 121–122; SCHWEIZER, *Markus*, 1967, 169. Dagegen jedoch SCHENKE, *Studien*, 1972, 183; FITZMYER, *Luke II*, 1985, 1378; PESCH, *Markus II*, 1977, 5; GUNDRY, *Mark*, 1993, 823–824.

Mt 21,1–6	*Mk 11,1–4*	*Lk 19,29–32*
ἤγγισαν	ἐγγίζουσιν	ἤγγισεν
ἀπέστειλεν	ἀποστέλλει	ἀπέστειλεν
λέγων	καὶ λέγει	λέγων
λύσαντες	λύσατε	λύσαντες
ἀγάγετέ	φέρετε	ἀγάγετε
ἐρεῖτε ὅτι	εἴπατε	ἐρεῖτε ὅτι
πορευθέντες δὲ	καὶ ἀπῆλθον	ἀπελθόντες δὲ
οἱ μαθηταὶ	(–)	οἱ ἀπεσταλμένοι
καθὼς συνέταξεν αὐτοῖς	(–)	καθὼς εἶπεν αὐτοῖς

Tabelle 44: Minor agreements in Mt 21,1–6 parr.

recht unterschiedliche Vorgänge beschreiben. Die oben aufgeführten Übereinstimmungen beziehen sich gerade nicht auf den Kerngehalt, sondern nur auf dessen sprachliche Rahmung. Gegen eine rein redaktionelle Schöpfung des Mk sprechen auch die bereits oben gesammelten Beobachtungen zum Phänomen der Konflation und den Spuren semitischen Sprachgebrauchs.

Hinzu tritt die Beobachtung, dass auch die Perikope in Mk 11 deutliche Spuren einer Abhängigkeit von den Seitenreferenten trägt, und zwar sowohl eine Häufung von *minor agreements* (Tabelle 44) als auch deutliche Anzeichen markinischer Konflation (Tabelle 45). Die *minor agreements* sind dabei hier noch zahlreicher als in Mk 14 und bestehen zudem auch nicht nur in redaktionell nahe liegenden Phänomenen (wie z.B. der Wahl des Aorists statt des historischen Präsens), sondern auch in Wortwahl, Wortstellung und in gemeinsamen Auslassungen. Es sind also für Mk 11,1–7 ähnliche literarische Verhältnisse wie für Mk 14,12–16 wahrscheinlich: Markus bildet auch hier, wie in Mk 14,12–17, vermutlich nicht die Vorlage für seine beiden Seitenreferenten, sondern greift alternierend auf zwei unterschiedliche, aber dennoch im Wortlaut eng miteinander verwandte, Berichte desselben Geschehens zurück. Diese beiden Berichte gleichen dabei den in Mt bzw. Lk vorliegenden Textformen, können also als protomatthäische und als protolukanische Überlieferung bezeichnet werden.

Mk hat demnach also weder in Mk 11,1–7 noch Mk 14,12–17 eigenhändig nach Vorlage des jeweils anderen Textes gestaltet. Denn an beiden Stellen zeigt er eine deutliche literarische Abhängigkeit von seinen Seitenreferenten. Möglich ist jedoch, dass einzelne Details aus Mk 11,1–7 bzw. dessen synoptischen Parallelen in die redaktionelle Gestaltung von Mk 14,12–17 eingeflossen sind:[151] Dazu könnte etwa die Sendung der zwei Jünger zählen, die ja in Mk 14,12 ohne Parallele bei Mt ist und also vielleicht nicht Teil der ursprünglichen Überlieferung war. Dazu könnte auch die

[151] Auch GUNDRY, *Mark*, 1993, 824, hält es für möglich, dass Mk eine vorhandene Vorlage unter Rückgriff auf Mk 11,1–7 überarbeitet hat.

Mt 21,1–6	*Mk 11,1–4*	*Lk 19,29–32*
Καὶ ὅτε ἤγγισαν εἰς Ἱεροσόλυμα καὶ ἦλθον εἰς Βηθφαγὴ	Καὶ ὅτε ἐγγίζουσιν εἰς Ἱεροσόλυμα εἰς Βηθφαγὴ	Καὶ ἐγένετο ὡς ἤγγισεν εἰς Βηθφαγὴ
εἰς τὸ ὄρος	καὶ Βηθανίαν πρὸς τὸ ὄρος	καὶ Βηθανίαν πρὸς τὸ ὄρος
τῶν ἐλαιῶν	τῶν ἐλαιῶν	τὸ καλούμενον Ἐλαιῶν
τότε Ἰησοῦς ἀπέστειλεν δύο μαθητὰς	 ἀποστέλλει δύο τῶν μαθητῶν αὐτοῦ	 ἀπέστειλεν δύο τῶν μαθητῶν
λέγων αὐτοῖς	καὶ λέγει αὐτοῖς	λέγων
πορεύεσθε	ὑπάγετε	ὑπάγετε
εἰς τὴν κώμην τὴν κατέναντι ὑμῶν	εἰς τὴν κώμην τὴν κατέναντι ὑμῶν	εἰς τὴν κατέναντι κώμην
καὶ εὐθέως	καὶ εὐθὺς	
 εὑρήσετε ὄνον δεδεμένην καὶ πῶλον μετ᾽ αὐτῆς	εἰσπορευόμενοι εἰς αὐτὴν εὑρήσετε πῶλον δεδεμένον	ἐν ᾗ εἰσπορευόμενοι εὑρήσετε πῶλον δεδεμένον
	ἐφ᾽ ὃν οὐδεὶς οὔπω ἀνθρώπων ἐκάθισεν	ἐφ᾽ ὃν οὐδεὶς πώποτε ἀνθρώπων ἐκάθισεν
		καὶ
λύσαντες ἀγάγετέ μοι	λύσατε αὐτὸν καὶ φέρετε	λύσαντες αὐτὸν ἀγάγετε
καὶ ἐάν τις ὑμῖν εἴπῃ τι	καὶ ἐάν τις ὑμῖν εἴπῃ τί ποιεῖτε τοῦτο	καὶ ἐάν τις ὑμᾶς ἐρωτᾷ διὰ τί λύετε
ἐρεῖτε ὅτι ὁ κύριος αὐτῶν χρείαν ἔχει	εἴπατε ὁ κύριος αὐτοῦ χρείαν ἔχει	οὕτως ἐρεῖτε ὅτι ὁ κύριος αὐτοῦ χρείαν ἔχει
εὐθὺς δὲ ἀποστελεῖ αὐτούς	καὶ εὐθὺς αὐτὸν ἀποστέλλει πάλιν ὧδε	
τοῦτο δὲ γέγονεν (etc.)		
πορευθέντες δὲ οἱ μαθηταὶ	καὶ ἀπῆλθον	ἀπελθόντες δὲ οἱ ἀπεσταλμένοι
καὶ	καὶ	
ποιήσαντες καθὼς συνέταξεν αὐτοῖς ὁ Ἰησοῦς	εὗρον etc.	εὗρον καθὼς εἶπεν αὐτοῖς

Tabelle 45: Markinische Konflation in Mk 11,1–4 parr.

Wendung ὅπου ἐὰν εἰσέλθῃ zählen, die in Mk 14,13 ohne Parallele bei Mt und Lk ist und an ἐάν τις ὑμῖν εἴπῃ Mk 11,3 angelehnt sein könnte. Auch ἐστρωμένον (Mk 14,15), wird von Markus sonst nur noch in Mk 11,8 verwendet, wo es das Ausbreiten der Kleider auf dem Weg bezeichnet.

Alle drei Elemente haben also in Mk 11 jeweils eine Parallele in der (proto-) matthäischen Vorlage, in Mk 14 jedoch nicht. Es kann vermutet werden, dass Markus diese Elemente aus Mk 11 nach Mk 14 übernommen hat. Für das Motiv der zwei Jünger wird daher hier zunächst keine hebräische Vorlage rekonstruiert.

2.5.2 Das Motiv des Wasserträgers und des Gastsaals

Die möglichen Übernahmen aus Mk 11 in Mk 14 finden sich also alle innerhalb eines Erzählzugs der markinischen Version, der bei Markus und Lukas ausführlich ausgestaltet ist, bei Matthäus aber fast völlig fehlt: Die Begegnung mit dem Wasserträger, die damit verbundene Findung und Detailbeschreibung des ausgekleideten Gastsaals. Die Beschreibung dieser Details, die sich ganz auf die bereits oben identifizierten Teilverse Mk 14,13a.c.14a.15 beschränkt, fällt zudem auch sonst sprachlich aus dem Rahmen des sonstigen Textes heraus: Die auffällige Häufung von sieben *hapax legomena*, die von vielen Kommentatoren angemerkt wird, konzentriert sich ausschließlich auf diese Teilverse und die darin enthaltenen narrativen Details von Begegnung und Findung, die bei Mt fehlen: ἀπαντάω, κεράμιον, βαστάζω, οἰκοδεσπότης, κατάλυμά, ἀνάγαιον, ἕτοιμος. Hinzu tritt noch στρωννύω, das von Mk nur hier und in der parallelen Erzählung vom Einzug nach Jerusalem (Mk 11,8) verwendet wird.

Markus kombiniert also in diesen wenigen Teilversen eine hohe Anzahl von Worten, die er sonst nie verwendet, mit einer ebenfalls hohen Anzahl von Wendungen, die er aus seinem vorangehenden Bericht Mk 11,1–8 entnimmt. Die *hapax legomena* bilden dabei den eigentlichen Erzählkern der Geschichte, während die Phrasen aus Mk 11 zum narrativen Rahmen gehören. Die Wortstellung widerspricht in diesen Versen mehrfach dem semitischen Sprachgebrauch. Lukas geht hier in seinen Formulierungen viel enger mit Markus zusammen, als es in Versen vorher und nachher der Fall ist. Auch inhaltlich bilden diese Verse eine eigene Einheit: Die Erwähnung des Wasserträgers und des Hausbesitzers sowie die Einzelheiten über das Obergemach sind für die Akoluthie der Erzählung nicht konstitutiv, wie man nicht nur an der Parallele bei Mt sehen kann, sondern auch, wenn man diese Verse aus ihrem Zusammenhang bei Mk oder Lk entfernt. Ohne diese Verse handelt es sich hier um eine schlichte Erzählung von den Vorbereitungen zu einem Passafest, die mit dem Auftrag Jesu beginnen und mit dessen Ausführung enden. Erst durch die Episode mit dem Wasserträger bekommt die Erzählung einen eigenen, geheimnisvollen Charakter, der in der

Literatur dazu geführt hat, hier ein „Märchen“[152], eine „Kultlegende“[153], eine „Ortslegende“[154], eine „prophetische Zeichenvorhersage“[155] oder eine „Wundererzählung“[156] zu sehen.

Es ist aber unter gattungsgeschichtlichen Gesichtspunkten fraglich, ob gerade diese Details für die ursprüngliche Erzählung wirklich konstitutiv waren: Denn handelte es sich um eine Wundererzählung, dann ist es unverständlich, warum daraus nicht mehr gemacht wird.[157] Eine staunende Reaktion der Zuschauer oder ein paränetischer Abschluss wäre bei einer Wundererzählung zu erwarten. Zudem wäre hier weniger Jesus, sondern eher der Hausbesitzer als Wundertäter vorgestellt. Denn dieser müsste hier ein Vorherwissen besessen haben, das mit dem von Jesus korrespondiert.[158] Für eine Kultlegende zur Abendmahlstradition ist die Episode mit dem Wasserträger völlig überflüssig. Für eine Ortslegende wiederum fehlt der für die Gattung konstitutive Verweis auf den Ort, um den es geht und dessen Bezug zum Leser. Die Erwähnung des Wasserträgers und des Hausherrn ist vielmehr ein in sich abgeschlossenes und unverbunden stehendes narratives Detail, das weder für den Fortgang der Handlung eine Bedeutung hat noch einen Sitz im Leben der Gemeinde erkennen lässt.

Zusammenfassend sind die Verse Mk 14,13b–14a.15 also durch folgende Merkmale charakterisiert:

a) Enge textliche Parallelen zu Mk 11,1–7 in der Rahmenhandlung
b) In der Parallele Mk 11,1–7 Abhängigkeit von V^{Mt} und V^{Lk}
c) Hier keine inhaltliche Parallele mit Mt, aber besondere Nähe zu Lukas
d) Hohe Konzentration von *hapax legomena*
e) Mehrfach nichtsemitische Wortstellung
f) Für den Fortgang der Erzählung nicht notwendige narrative Details
g) Kein erkennbarer Bezug zum Kontext oder zur Gemeindesituation

Die Summe der Indizien spricht dafür, dass diese Elemente innerhalb der Perikope einen Fremdkörper bilden. Die unmarkinische Wortwahl spricht dabei gegen eine rein redaktionelle Formung des Mk und deutet stattdessen auf eine Herkunft aus der Tradition hin.[159] Andererseits wird an einigen Stellen die redaktionelle Hand des Mk erkennbar, die sich an Formulierungen aus Mk 11,1–8 anlehnt.

---

[152] Bultmann, *Geschichte*, 1970, 284.
[153] Dibelius, *Formgeschichte*, 1933, 118.
[154] Schenke, *Studien*, 1972, 192.
[155] Dormeyer, *Passion*, 1974, 91; Gnilka, *Markus II*, 1979, 232.
[156] Schniewind, *Markus*, 1949, 180; Ernst, *Markus*, 1981, 408.
[157] Witherington, *Mark*, 2001, 370.
[158] Pesch, *Evangelium*, 1983, 142.
[159] Reinbold, *Bericht*, 1994, 82; Schenke, *Studien*, 1972, 167; Dormeyer, *Passion*, 1974, 89.

Eine Erklärung für diesen Befund würde die Annahme liefern, dass es sich bei der Tradition von Wasserträger und Gastraum um eine Sondertradition handelt, die erst von Mk hier eingearbeitet wurde, wobei dieser das ihm fremde Kernvokabular aus der Tradition übernahm, sich jedoch in der redaktionellen Ausgestaltung an Mk 11,1–8 anlehnte. Möglich ist auch, dass diese Sondertradition dem Kernbestand nach bereits in der protolukanischen Vorlage des Mk vorhanden war. Mk hätte dann den Stoff aus V^{Lk} übernommen und dabei auch an Formulierungen aus Mk 11 angeknüpft.

2.6 ὑπάγετε εἰς τὴν πόλιν

Der Satz ὑπάγετε εἰς τὴν πόλιν erscheint dem Inhalt nach in allen drei Berichten. Sachlich ist damit zum Einen ausgesagt, dass der Beginn der Szene außerhalb der Stadt gedacht ist.[160] Das deutet auf einen ursprünglichen Zusammenhang der Perikope mit dem vorangehenden Kontext hin, der ja sowohl in den synoptischen Evangelien als auch bei Johannes in Bethanien jenseits des Ölbergs lokalisiert ist. Die vorausgesetzte Lokalisierung spricht also dafür, dass das Stück schon früh im Zusammenhang eines umfassenderen Passionsberichts tradiert wurde: Wäre das Stück zunächst als selbstständige Kult- oder Ortslegende kursiert und wäre erst von Markus an dieser Stelle in den Passionsbericht eingefügt worden, hinge diese Ortsangabe in der Luft.[161] Zum Anderen hat die Sendung in die Stadt, und damit implizit die Notwendigkeit eines anderen Gastraumes, eine sachliche Entsprechung in den jüdischen Passavorschriften, die das Feiern des Passa innerhalb der Stadt vorschreiben.[162] Die Perikope fügt sich also an dieser Stelle sowohl in den narrativen Makrokontext der Passionsgeschichte als auch in den historischen Kontext der jüdischen Passatraditionen gut ein.

Dem Wortlaut nach stimmen hier Mt und Mk überein, während Lk mit ἰδοὺ εἰσελθόντων ὑμῶν εἰς τὴν πόλιν ganz eigenständig formuliert. Der Ge-

---

[160] Pesch, *Markus II*, 1977, 342; Grundmann, *Markus*, 1989, 382; Gundry, *Mark*, 1993, 822; Schenke, *Studien*, 1972, 184; nur Casey, *Sources*, 1998, 227, lokalisiert den Anfang der Perikope innerhalb der Stadt, weil er annimmt, Jesus selbst habe das Passalamm im Tempel schlachten müssen. Dies war aber möglicherweise nicht notwendig, da anstelle des Festopfers auch Almosen treten konnten. Vgl. dazu oben S. 525.

[161] Schenke, *Studien*, 1972, 184, schließt daher auf eine verloren gegangene Einleitung des ursprünglich selbstständigen Traditionsstücks, die eine Ortsangabe enthielt.

[162] Ursprünglich musste das Passalamm innerhalb des Tempelbezirks gegessen werden (Dtn 16,6; II Chr 35,16–19; Jub 49,15–16, ed. VanderKam, *Jubilees*, 1989, 249–250; dt. Berger, *Jubiläen*, 1981, 549–550), nach späterer Tradition dann innerhalb der Stadtgrenzen von Jerusalem: mPes 7,9 (Beer 164); mMak 3,3 (Krauß 358–360); mKel 1,8 (Bunte 78–82); tPes 8,2 (Liebermann 2:183); tSan 3,4–5 (Zuckermandel 418); SifBam §69 zu Num 9,10 (Horovitz 64); BamR 7,8 zu Num 5,2 (Mirkin 9:136); MTann zu Dtn 14,23 und 15,20 (Hoffmann 76 und 88). Vgl. Jeremias, *Abendmahlsworte*, 1960, 38; Fitzmyer, *Luke II*, 1985, 1377; Gundry, *Mark*, 1993, 862; Evans, *Mark*, 2001, 373.

brauch des Kompositum εἰσελθόντων entspricht dabei lukanischem Stil. Ob das hebraisierende ἰδοὺ hier auf eine Vorlage oder auf lukanischen Stil zurückgeht, kann nicht entschieden werden. Deutlich wird jedoch, dass das Schema der alternierenden Konflation bei Mk sich hier fortsetzt: In V. 13a stimmt Mk mit Lk gegen Mt überein. In V. 13b stimmt er mit Mt gegen Lk überein und in 13c wieder mit Lk gegen Mt:

Mt 26,18	*Mk 14,13*	*Lk 22,8.10*
	καὶ ἀποστέλλει δύο τῶν μαθητῶν αὐτοῦ	καὶ ἀπέστειλεν Πέτρον καὶ Ἰωάννην (...)
ὁ δὲ εἶπεν	καὶ λέγει αὐτοῖς	ὁ δὲ εἶπεν αὐτοῖς
ὑπάγετε εἰς τὴν πόλιν	ὑπάγετε εἰς τὴν πόλιν,	ἰδοὺ εἰσελθόντων ὑμῶν εἰς τὴν πόλιν
πρὸς τὸν δεῖνα	καὶ ἀπαντήσει ὑμῖν ἄνθρωπος κεράμιον ὕδατος βαστάζων	συναντήσει ὑμῖν ἄνθρωπος κεράμιον ὕδατος βαστάζων

Tabelle 46: Markinische Konflation in Mk 14,13 parr.

Die Vorlage für die Perikope muss also bei Mt und Lk, nicht bei Mk gesucht werden. Ein möglicher Wortlaut kann dabei im Mittelteil für V^{Mt} und für V^{Lk} gemeinsam rekonstruiert werden:

ὁ δὲ εἶπεν· ὑπάγετε εἰς τὴν πόλιν (V^{Mt} 26,18b)
ὁ δὲ εἶπεν· εἰσελθόντων ὑμῶν εἰς τὴν πόλιν ... (V^{Lk} 22,10b)

וַיֹּאמֶר לְכוּ הָעִירָה

2.7 *πρὸς τὸν δεῖνα*

Die von Mt hier verwendete „merkwürdige“[163] griechische Redewendung ist zwar nicht ganz ohne Beispiel in der LXX, geht aber doch vermutlich nicht auf eine hebräische Vorlage zurück.[164] Ebenso wenig jedoch kann man annehmen, dass Mt hier aus Gründen der christologischen Zuspitzung die gesamte Episode vom Wasserträger und Hausbesitzer in diesem Aus-

[163] Luz, *Matthäus IV*, 2002, 80.

[164] Nur in Ruth 4,1 (Aquila) für פְּלֹנִי אַלְמוֹנִי. Dass dies zur Entstehungszeit der LXX noch kein feststehender hebräischer Ausdruck war, zeigen die abweichenden Übersetzungen in Ruth 4,1 (κρύφιε), I Sam 21,3 (Φελλανι Αλεμωνι) und II Kg 6,8 (εἰς τὸν τόπον τόνδε τινὰ ελμωνι für אֶל־מְקוֹם פְּלֹנִי אַלְמֹנִי). Im mischnischen Hebräisch werden פלני und פלני אלמוני zu *termini technici*, haben hier aber zunächst exemplarische, nicht anonymisierende Funktion. Es ist also unwahrscheinlich, wenn auch nicht unmöglich, dass diese Wendung bereits auf hebräischer Sprachebene in die Überlieferung eingedrungen ist. Vielleicht ersetzt die griechische Formel auch einen anders lautenden Wortlaut der Vorlage. Vgl. Luz, *Matthäus IV*, 2002, 80: „Die Annahme eines Semitismus ist ... unnötig“.

druck redaktionell zusammenrafft.[165] Denn gerade die Erwähnung von „dem und dem“ weckt ja beim Leser das Interesse und suggeriert, dass eine bestimmte, aber nicht genannte Person im Blick ist. Hätte Mt das Interesse in der Tat auf Jesus allein lenken wollen, wäre das geheimnisvolle Wort also ein denkbar schlecht gewähltes Mittel gewesen. Auch die Annahme, dass Matthäus mit dieser Wendung einen Jünger Jesu an die Stelle des in der Tradition unbekannten Hausbesitzers setzen will,[166] hat keinen Anhalt im Text. Historisch plausibler ist die Vermutung, dass hier in der ursprünglichen Überlieferung tatsächlich eine bestimmte Person im Blick war, vielleicht auch mit Namen genannt oder den Trägern der Tradition persönlich bekannt.[167] Möglicherweise ist dieser bereits im Prozess der Verschriftlichung, sei es bereits auf einer hebräischen oder erst auf der griechischen Sprachebene, durch die unbestimmte Angabe ersetzt worden, entweder zum Schutz der beteiligten Personen oder weil der Verfasser bzw. Übersetzer kein Interesse mehr an deren Identität mehr hatte.[168]

2.8 ἀπαντήσει ὑμῖν ἄνθρωπος κεράμιον ὕδατος βαστάζων

Markus und Lukas haben an Stelle der knappen matthäischen Formel eine ausführliche Erzählung, die nicht nur eine, sondern zwei Personen im Blick hat: Den Mann mit dem Wasserkrug (oder besser: „jemanden mit einem Wasserkrug“) und den Hausbesitzer. Lukas hat συναντήσει anstelle von ἀπαντήσει, was man auf seine Vorliebe für Komposita mit συν- zurückfüh-

[165] PESCH, *Ausführungsformel I*, 1966, 237; GUNDRY, *Matthew*, 1994, 525; SAND, *Matthäus*, 1986, 522; LUZ, *Matthäus IV*, 2002, 77–78; GNILKA, *Matthäus II*, 1988, 394.

[166] SCHNIEWIND, *Matthäus*, 1950, 258; SCHWEIZER, *Matthäus*, 1973, 319; RENGSTORF, *Lukas*, 1969, 241.

[167] So bereits BENGEL, *Gnomon*, 1773, 753; RESCH, *Lukas*, 1895, 619; ZAHN, *Matthäus*, 1905, 683. In neuerer Zeit auch GRUNDMANN, *Matthäus*, 1971, 534 und DAVIES/ALLISON, *Matthew III*, 1997, 457. Unwahrscheinlich ist die Annahme von AMPHOUX, *Héroine*, 1997, dass hier eine weibliche Jüngerin mit Namen „Dina“ im Blick war. Die Annahme gründet sich auf die Lesart einer lateinischen Handschrift (Vat. lat. 7223, it^{h}), die hier „ad Dinam“ anstelle von „ad quemdam“ übersetzt, sowie einer koptischen Handschrift (Codex Scheide, cop^{mae}), die ΘΑΔΔΑΙΟΣ ΔΕΙΝΑ liest, sowie auf einen intertextuellen Bezug zu den Erzählungen von Dina (Gen 30,21 und 34,1–31).

[168] THEISSEN, *Zeitgeschichte*, 1992, hat für das Phänomen einer bewussten Anonymisierung des (vormarkinischen) Passionsberichtes, der auch an anderen Stellen erkennbar werde, den Begriff der „Schutzanonymität“ vorgeschlagen. Er schließt daraus auf ein hohes Alter des Materials und eine Herkunft aus dem Umfeld der Jerusalemer Urgemeinde. Vgl. THEISSEN, *Zeitgeschichte*, 1992, 198 und 201. Auch BAUCKHAM, *Eyewitnesses*, 2006, 184–201, schließt aus diesem Befund auf eine enge Verbindung der Überlieferung mit Augenzeugen. Ähnlich bereits ZAHN, *Matthäus*, 1905, 683. In nachlassendem Interesse an historischen Reminiszenzen und Personen sehen dagegen LUZ, *Matthäus IV*, 2002, 81; DAVIES/ALLISON, *Matthew III*, 1997, 457 den Grund für die Auslassung eines Namens.

	Mk 11 / Mk 14	*I Sam 10 (LXX)*	*I Sam 10 (MT)*
Esel (Mk 11,2/I Sam 10,2)	πῶλον	ὄνοι	הָאֲתֹנוֹת
Salböl (Mk 14,3/I Sam 10,1)	ἀλάβαστρον μύρου νάρδου	φακὸν τοῦ ἐλαίου	פַּךְ הַשֶּׁמֶן
Salbung (Mk 14,3/I Sam 10,1)	κατέχεεν τῆς κεφαλῆς	ἐπέχεεν ἐπὶ τὴν κεφαλὴν	וַיִּצֹק עַל־רֹאשׁוֹ
Begegnung mit Krugträger (Mk 14,13/I Sam 10,3)	εὑρήσεις ἐκεῖ τρεῖς ἄνδρας	καὶ ἀπαντήσει ὑμῖν ἄνθρωπος	וּמְצָאוּךָ שָּׁם שְׁלֹשָׁה אֲנָשִׁים
Krugträger (Mk 14,13/I Sam 10,3)	ἄνθρωπος κεράμιον ὕδατος βαστάζων	ἕνα αἴροντα ἀσκὸν οἴνου	אֶחָד נֹשֵׂא נֵבֶל־יָיִן
Darreichen des Brots (Mk 14,22/I Sam 10,4)	λαβὼν ἄρτον (...) ἔδωκεν αὐτοῖς καὶ εἶπεν· λάβετε	δώσουσίν σοι δύο ἀπαρχὰς ἄρτων καὶ λήμψῃ	וְנָתְנוּ לְךָ שְׁתֵּי־לֶחֶם וְלָקַחְתָּ
Gehen in die Stadt (Mk 14,13/I Sam 10,6)	 ὑπάγετε εἰς τὴν πόλιν	ὡς ἂν εἰσέλθητε ἐκεῖ εἰς τὴν πόλιν	כְּבֹאֲךָ שָׁם הָעִיר
Zweite Begegnung (I Sam 10,8)	(καὶ ἀπαντήσει ὑμῖν ἄνθρωπος – nicht hier, sondern oben)	καὶ ἀπαντήσεις χορῷ προφητῶν	וּפָגַעְתָּ חֶבֶל נְבִאִים

Tabelle 47: Mögliche intertextuelle Bezüge zwischen Mk 11 / Mk 14 und I Sam 10

ren kann.[169] Das Wort ἀπαντήσει könnte hier aus I Sam 10,5 stammen. Die inhaltliche Verwandtschaft zu der Episode I Sam 10,1–7 ist jedoch zu gering, als dass man hier ein direktes literarisches Vorbild erkennen könnte.[170] Vor allem die Charakterisierung als „prophetische Findungslegende" oder „prophetische Zeichenhandlung" ist verfehlt, denn das entscheidende Element, das abschließende Deutewort (vgl. I Sam 10,7) fehlt bei Markus und Lukas.[171] Die Zeichenankündigung bliebe also ohne Bedeutung.

Möglich ist jedoch, dass Markus oder ein anderer Verfasser mittels Stichwortassoziation an die Geschichte aus I Sam 10,7 erinnert wurde und

---

[169] Vgl. Lk 5,15 diff Mk 1,45; Lk 23,49 diff Mt 27,55; Lk 9,1 diff Mt 10,1 und Mk 6, 7; Lk 12,2 diff Mt 10,26. Vgl. Marshall, *Luke*, 1978, 791; außerdem hat ἀπαντάω eine gewalttätige Konnotation („überfallen"), die vielleicht entschärft werden soll.

[170] Anders Dormeyer, *Passion*, 1974, 89; Gnilka, *Markus II*, 1979, 232; Schenke, *Studien*, 1972, 181; Collins, *Mark*, 2007, 647; Vorsichtiger Evans, *Mark*, 2001, 374: „the story is somewhat reminiscent of [I Sam 10]".

[171] Pesch, *Markus II*, 1977, 341.

Motive wie auch Vokabular von hier schöpfte. Vielfältige Parallelen sind in der Tat vorhanden, wie aus Tabelle 47 deutlich wird.

Eine Schwierigkeit für die Annahme eines Rückgriffs auf diesen Text besteht jedoch darin, dass gerade die griechischen Formulierungen des Mk an den entscheidenden Stellen nicht dem griechischen Text der LXX entsprechen. Für fast jeden Begriff von inhaltlicher Bedeutung hat Markus, trotz Übereinstimmung in der Bedeutung, eine abweichende Wortwahl. Ausnahmen sind nur unauffällige Worte wie ἄρτος, λαμβάνω, δίδωμι und πόλις sowie das Wort ἀπαντάω. Dieses jedoch findet sich gerade nicht in der Begegnung mit dem Krugträger, sondern erst zwei Verse später bei der Begegnung mit der Prophetenschar. Dort wiederum findet sich zwar das Motiv des Eintritts in die Stadt, aber in einer abweichenden griechischen Wortwahl. Ein Verfasser, der Mk 14,13 auf der literarischen Ebene bewusst nach dem Vorbild von I Sam 10 gestaltet hätte, wäre wohl kaum so durchgängig von seiner Vorlage abgewichen, dass allein der Begriff ἀπαντάω, der in der LXX nicht selten ist, als Anklang bestehen blieb und dieser obendrein auf die falsche Stelle der Vorlage verwies.

Geht man jedoch von einer Überlieferungsphase aus, in der hebräisch gedacht oder geschrieben wurde, dann erklären sich die zwei entscheidenden Phrasen aus Mk 14,13c/Lk 22,10c und Lk 22,10b als Non-Septuagintismen, die sehr eng an entsprechende Passagen aus I Sam 10,3.5 angelehnt sind, jedoch an den hebräischen, nicht den griechischen Wortlaut. Insbesondere Lukas hätte in V.10b im Unterschied zu Mk (und auch zu Mt, die beide hier einer anderen Vorlage folgen) die temporale Klausel aus I Sam 10,5 sehr wörtlich bewahrt:

ἰδοὺ εἰσελθόντων ὑμῶν εἰς τὴν πόλιν συναντήσει[172] ὑμῖν ἄνθρωπος (Lk 22,10b)	וַיְהִי כְבֹאֲךָ שָׁם הָעִיר וּפָגַעְתָּ חֶבֶל נְבִיאִים (I Sam 10,5)
ἄνθρωπος κεράμιον ὕδατος βαστάζων (Mk 14,13c/Lk 22,10c)	אֶחָד נֹשֵׂא נֵבֶל־יָיִן (I Sam 10,3)

Die sprachlichen Konstruktionen gleichen sich auffallend, wenn auch die Details abweichen (Wein statt Wasser, Prophetenschar statt Einzelperson).

[172] Hier lautete die Vorlage V^{Lk} eher, wie Mk, ἀπαντήσει. Beide Begriffe legen sich einem Übersetzer auch dann nahe, wenn dieser keinen Bezug zu I Sam 10,5 erkennt: פגע erscheint in der hebräischen Bibel 48x, davon wird es 11x mit ἀπαντάω und 11x mit συναντάω wiedergegeben. 7x wird es im geographischen Kontext (Zusammentreffen von Grenzen etc.) mit συνάπτω übersetzt, allerdings ausschließlich in Jos 17 und 19. 4x wird ἀναιρέω verwendet, alle vier Stellen allerdings in I Kg 2,25–46. Alle anderen Übersetzungen der LXX sind Einzelfälle. ἀπαντάω und συναντάω waren also die einzigen echten Entsprechungsworte für einen Übersetzer. Da ἀπαντάω einen gewalttätigen Zug mit sich trägt, hat Lukas, der ohnehin eine Vorliebe für Komposita mit συν- zeigt, vermutlich in συναντήσει geändert (vgl. oben S. 538). Ein Rückgriff auf I Sam 10 ist auf der griechischen Sprachebene nicht als notwendig vorauszusetzen.

Über die Gründe für diese enge Übereinstimmung zu I Sam 10 kann man nur spekulieren. Möglich ist sicherlich, dass es sich hier nur um einen zufälligen Anklang handelt und beide Texte keine Beziehung zu einander haben. Möglich ist aber auch, dass ein hebräisch denkender oder schreibender Verfasser hier, angeregt von einer Stichwortassoziation zu einzelnen Elementen aus I Sam 10, bewusst auf die dortige hebräische Wortwahl zurückgriff. Eine dritte Möglichkeit besteht darin, dass es sich hier um Stücke handelt, die frei in der mündlichen Überlieferung existierten, weil sich aus irgendeinem Grund, der für uns heute nicht mehr ersichtlich ist, ein Bezug zu I Sam 10 nahe legte. Man könnte vermuten, dass man in den drei Männern aus I Sam 10, die „Böcklein, Brot und Wein" trugen, schon früh ein Vorbild für die zwei Jünger und den unbekannten Dritten sah, die zusammen das Passafest vorbereiteten.[173] Das alles bleibt aber hypothetisch.

Möglich ist auch, das die Formulierung ein versteckter Hinweis auf die Identität des Mannes, seinen Beruf[174] oder seinen Namen[175] ist, der für die Leser noch nachvollziehbar war. Auch das bleibt letztlich Spekulation. Mit der Möglichkeit solcher Anspielungen muss zwar gerechnet werden, gerade dort, wo narrative Details aus heutiger Sicht nicht mehr verständlich und auch für den Fortgang der Handlung unerheblich scheinen.[176] Diese aber im Einzelnen wieder zu entschlüsseln, wird in den wenigsten Fällen möglich sein: Versuche, die Erzählung mit historischen Personen oder Orten in Verbindung zu bringen, können sich nicht auf den Text selbst, wohl aber auf altkirchliche Tradition stützen. So reichen Belege für die Identifikation des Wasserträgers mit Johannes Markus zurück bis ins 6. Jahrhundert.[177] Auch

[173] Eine solche Assoziation ist im Übrigen unabhängig vom konkreten Anlass oder bestimmten Personen. Schon eine vorchristliche jüdische Auslegungstradition könnte durchaus in den Symbolen von Brot, Wein und Böcklein (לחם wird für gesäuertes wie ungesäuertes Brot verwendet, גדי oft für das Passaopfer) einen Bezug zum Passamahl hergestellt haben. Spuren einer solchen exegetischen Anknüpfung finden sich jedoch in der rabbinischen Literatur nicht.

[174] Gundry, *Mark*, 1993, 826, vermutet einen Wasserverkäufer; Grundmann, *Markus*, 1989, 382, einen Sklaven; Pixner/Riesner, *Wege*, 1994, 221, ein Mitglied einer essenischen Gemeinschaft.

[175] Siehe dazu im Folgenden.

[176] Vgl. den „nackten Jüngling" in Mk 14,52, die Namensänderung von Levi zu Matthäus in Mt 9,9 sowie die Hinweise auf den „Jünger, den Jesus liebte" in Joh 13,23 u.ö. Traditionell wurden solche Hinweise als Hinweise auf die jeweiligen Verfasser gedeutet.

[177] Der Mönch Alexander, der im 6. Jahrhundert in Salamis in einem Kloster an der traditionellen Grabstätte des Barnabas in Zypern lebte, hat in seiner „Lobrede auf Barnabas" zahlreiche apokryphe und außerbiblische Traditionen über das Leben des Barnabas zusammengetragen, die auch dessen Vetter Markus einschließen. Er schreibt: „Es kam zu uns ein Wort von den Alten, dass der, der den Krug mit Wasser trägt, und dem zu folgen Jesus seinen Jüngern befahl, Markus war, der Sohn dieser seligen Maria. Der Herr nennt ihn nur kurz „zu dem und dem" (Alexander Monachus, Laudatio Barnabae 7, ed. Migne, *PG 87c*, 1865, 4092; dt. Ausgabe Kollmann, *FC 46*, 2007, S. 77, dort als Absatz 12). Der

die traditionelle Identifikation des „Obergemachs“ (Mk 14,15/Lk 22,12 mit dem Haus der Mutter des Johannes Markus (Apg 14,12) reicht nicht viel weiter zurück.[178] Die in der Literatur erscheinende Hinweis auf ein angeblich aramäisches Wort מרקוש oder מרהוש für „Krug“[179] entbehren jeder Grundlage: Keins dieser Worte existiert im aramäischen Wortschatz. Gemeint ist vielleicht מרוש, das ein einziges Mal belegt ist.[180] Dieses jedoch eignet sich kaum als Hinweis auf den Namen Markus. Ohne Grundlage sind auch die Vermutungen in der Literatur, in dem Mann mit dem Krug einen besonderen Hinweis auf ein wundersames Vorherwissen Jesu,[181] oder eine geheime Verabredung[182] zu sehen, denn diese gründen sich allein auf die Annahme, dass ein *Mann* mit einem Wasserkrug in Jerusalem eine außergewöhnliche Erscheinung sein mußte. Dafür jedoch gibt es keine sichere historische Grundlage.[183] Die Erwähnung einer Person (ἄνθρωπος) mit

traditionellen Identifikation folgen Wohlenberg, *Markus*, 1910, 346 und Burkitt, *Last Supper*, 1916, 297. Ebenso Johnson, *Beloved Disciple*, 1966, 158, der Johannes Markus außerdem mit dem „Lieblingsjünger“ des Joh identifiziert. Dagegen Porter, *Beloved Disciple*, 1966.

[178] Sie erscheint zum ersten Mal bei Theodosius, De situ terrae sanctae 7, ed. Geyer, *CChr.SL 175*, 1965, 118 und Geyer, *CSEL 39*, 1913, 141. In der Apostelgeschichte unterscheidet Lukas jedoch zwischen dem „Obergemach“ (ἀνάγαιον, nur hier in Mk 14,15/ Lk 22,12; ὑπερῷον, Apg 1,13; 9,39) und dem Haus der Maria, das Apg 12,12 als ein neuer Schauplatz eingeführt wird und offenbar auch Apg 12,17 von dem Ort unterschieden wird, an dem „Jakobus und die Brüder“ sich versammeln. Möglicherweise existierten in Jerusalem in den ersten Jahrhunderten zwei unterschiedliche Ortstraditionen, bevor diese am Ort der Hagia Maria auf dem Zion zusammenliefen. Vgl. Riesner, *Essener*, 1998, 63–83. Burkitt, *Last Supper*, 1916, 296–297, identifiziert das „Obergemach“ mit dem Haus des Johannes Markus und den Wasserträger mit Barnabas. Dagegen jedoch Gibson, *House*, 1916, 398. Für eine Identifizierung beider Orte mit dem Gelände der Hagia Maria Sion argumentieren Zahn, *Dormitio*, 1898, Cladder, *Evangelien*, 1919, 107–108, und Rordorf, *Gottesdiensträume*, 1964, dagegen jedoch Lagrange, *Dormition*, 1899.

[179] מרקוש bei Raschke, *Werkstatt*, 1924, 84; מרהוש bei Grundmann, *Markus*, 1989, 380–381; *markoš* bei (Johannes) Jeremias, *Markus*, 1928, 182; *marekah* bei Gnilka, *Markus II*, 1979, 234; keiner von ihnen gibt jedoch Belege für die Existenz dieser Worte. Raschke, S. 85, erkennt zudem im griechischen Begriff κεράμιον ein Anagramm für „Markion“, zu dessen Anhängern er den Verfasser des Mk zählt. Jeremias verweist zwar auf Raschke, hält aber, anders als dieser, κεράμιον für ein Anagramm für Μᾶρκος.

[180] ארבעה מרושין דמיין („vier Gefäße Wasser“), yTer 8,3/25 (45d), ed. Schäfer/Becker I,6–11:106. Vgl. Sokoloff, *DJPA*, 2002, 329. Wewers, *ÜTY I/6*, 1985, 164, übersetzt „vier Wassereimer“ und fügt hinzu: „Der Ausdruck ‚MRWSYN de-mayin‘ ist unklar“.

[181] Bengel, *Gnomon*, 1773, 19; Schniewind, *Markus*, 1949, 180; Gnilka, *Markus II*, 1979, 232; Gundry, *Mark*, 1993, 821.

[182] Casey, *Sources*, 1998, 227; Witherington, *Mark*, 2001, 370; Marshall, *Luke*, 1978, 789.

[183] Die in der Literatur wieder und wieder zu lesende Behauptung, nur Frauen hätten damals Wasserkrüge getragen, während Männer nur Wasserschläuche trugen, geht zurück auf eine Randnotiz von Lagrange, *Marc*, 1911, 350, der hier von seinen eigenen Beobachtungen im Jerusalem des frühen 20. Jahrhunderts auf das 1. Jahrhundert schloss: „Si l’on

Wasserkrug ist vielmehr an sich überhaupt nicht ungewöhnlich.[184] Zu erklären ist sie eher als historische Erinnerung an ein tatsächliches Geschehen oder eine in Jerusalem noch bekannte Person. Auch die Nennung des Hausbesitzers und die detaillierte Beschreibung des Raumes in den Folgeversen deutet eher auf eine Lokaltradition als auf eine Wundergeschichte oder eine geheime Verabredung. Die Episode erinnert insgesamt an andere historische oder anekdotische Notizen innerhalb des Passionsberichts wie etwa den „nackten Jüngling" (Mk 14,52), die Söhne des Simon von Kyrene (Mk 15,21), das Obergemach in der Apostelgeschichte (ὑπερῷον, Apg 1,13; 9,39) und das Haus der Mutter des Johannes Markus (Apg 12,12). Wen und was genau sie jedoch im Blick hat, wird sich aus heutiger Perspektive kaum mehr feststellen lassen.

2.9 ἀκολουθήσατε αὐτῷ und καὶ ὅπου ἐὰν εἰσέλθῃ

Die beiden Satzhälften ἀκολουθήσατε αὐτῷ und καὶ ὅπου ἐὰν εἰσέλθῃ, die in Mk auf zwei Verse verteilt sind und zwei getrennten Sätzen angehören, sind bei Lk zusammengezogen: ἀκολουθήσατε αὐτῷ εἰς τὴν οἰκίαν εἰς ἣν εἰσπορεύεται. Es ist nicht eindeutig zu entscheiden, welche dieser Fassungen besser auf eine mögliche hebräische Vorlage zurückzuführen ist. Für eine Ursprünglichkeit des Mk spricht, dass die Konstruktion mit ὅπου ἐὰν eher selten ist und daher keine naheliegende redaktionelle Wortwahl darstellt.[185] Im NT erscheint sie nur im Rede- und Erzählstoff der Synoptiker. Die einzige Belegstelle in der LXX lautet:

ὅπου ἐὰν πορευθῇς πορεύσομαι (Ruth 1,16) אֶל־אֲשֶׁר תֵּלְכִי אֵלֵךְ

Man kann eine direkte Abhängigkeit von dieser Stelle hier kaum voraussetzen, obwohl im gleichen Vers wiederum das Wort ἀπαντάω erscheint sowie zwei Verse zuvor gesagt wird: Ρουθ δὲ ἠκολούθησεν αὐτῇ. Die Verbindung ἀκολουθήσω σοι ὅπου ἐὰν ἀπέρχῃ erscheint zudem auch in Mt 8,19 und Lk 9,57. Es könnte sich also um eine feststehende Redeweise handeln, die ein vertrauensvolles Nachfolgen und Zusammengehörigkeit ausdrückt. Ob diese hier aus dem Hebräischen stammt oder hier von Mk redaktionell eingefügt wird, wäre dann nicht eindeutig zu sagen. Es ist allerdings wahrscheinlicher, dass die Formulierung εἰς τὴν οἰκίαν des Lk eine Explikation

---

juge d'après l'usage actuel..."; auf Lagrange stützen sich Pesch, *Markus II*, 1977, 7; Lachs, *Rabbinic Commentary*, 1987, 404; Mann, *Mark*, 1986, 565; ohne Beleg rezipiert auch bei Casey, *Sources*, 1998, 227; Evans, *Mark*, 2001, 374; Witherington, *Mark*, 2001, 370; Marshall, *Luke*, 1978, 791; Bock, *Luke II*, 1996, 1711; abgeschwächt auch bei Schweizer, *Markus*, 1967, 171. Im Übrigen ist in Mk 14,13 gerade nicht ausdrücklich von einem Mann die Rede, sondern nur allgemein von ἄνθρωπος (hier wohl: „jemand").

[184] So auch Ernst, *Markus*, 1981, 408 und Gnilka, *Markus II*, 1979, 233.

[185] LXX nur Ruth 1,16, im NT nur 3x in Mt, 4x in Mk, 1x in Lk.

des unbestimmten ὅπου ἐὰν darstellt, als umgekehrt anzunehmen, Mk hätte die präzisere Fassung des Lukas durch eine ungenauere Formel ersetzt. Der Weg von einer unspezifischen hebräischen Form wie אל־אשר über ὅπου ἐὰν zur spezifischen Ortsangabe εἰς τὴν οἰκίαν stellt eine natürliche Entwicklung dar.[186] Die redaktionelle Einführung des Begriffs οἰκία legte sich für Lk zudem nahe, weil im gleichen Satz vom οἰκοδεσπότης die Rede ist.

Nicht eindeutig zu entscheiden ist auch die Frage, ob die Trennung der beiden Satzhälften und der Anschluss der zweiten Hälfte an den Folgesatz, wie es bei Mk geschieht, ursprünglicher ist oder die Zusammenfassung der beiden Hälften mit einem Neuansatz im Folgesatz. Für beide Konstruktionen ist eine plausible hebräische Vorlage möglich:

ἀκολουθήσατε αὐτῷ ὅπου ἐὰν εἰσέλθῃ καὶ ἐρεῖτε (V^{Lk} 22,11)	לְכוּ אַחֲרָיו אֶל־אֲשֶׁר נִכְנַס וְאִמְרוּ (וַאֲמַרְתֶּם)
ἀκολουθήσατε αὐτῷ καὶ ὅπου ἐὰν εἰσέλθῃ εἴπατε (Mk 14,13–14)	לְכוּ אַחֲרָיו אֶל־אֲשֶׁר נִכְנַס אִמְרוּ

2.10 καὶ ἐρεῖτε τῷ οἰκοδεσπότῃ τῆς οἰκίας

Lukas hat an dieser Stelle zwei Abweichungen gegenüber Markus, die beide auf einen semitischen Charakter seiner Vorlage hindeuten könnten. Markus hingegen stimmt hier wieder kurzzeitig mit Matthäus überein, was seinem alternierenden Schema entspräche.

Die Futurform καὶ ἐρεῖτε ist zwar auch im Griechischen als abgeschwächter Imperativ gebräuchlich, entspricht andererseits aber auch dem hebräischen ואמרתם, das im biblischen Hebräisch häufig zur Einleitung einer Botenformel verwendet wird.[187] Ein vorgeordneter Imperativ (vgl. hier Lk 22,10) ist dabei oft Teil dieser Formel.[188] Im mischnischen Hebräisch ist diese Form allerdings nicht mehr gebräuchlich. Unter der Annahme, dass auch der vorangehende Vers sich an biblischem Sprachgebrauch anlehnt und im Anschluss eine klassische Botenformel folgt, kann jedoch auch hier biblisches Hebräisch vorausgesetzt werden.

Der Ausdruck οἰκοδεσπότης ist im Griechischen zwar nicht ganz unbekannt, aber doch selten und zudem vornehmlich als *terminus technicus* im astronomischen Kontext. Der vergleichsweise häufige und alltägliche Ge-

---

[186] Vgl. die verschiedenen Übersetzungen für אל אשר in der LXX: ὅπου ἐὰν (Ruth 1,16), εἰς τὸν τόπον ὃν (Ex 32,34), εἰς ὃ ἐὰν (Num 33,54), οὗ ἂν (Ez 1,12), ὅταν ἅπτωνται τοῦ λαου für וְקָרְבוּ אֶל־אֲשֶׁר לָעָם (Ez 42,14).

[187] 14x in imperativischen Sinn, davon mit anschließender Botenformel Gen 45,9; II Chr 18,26; im Kontext einer Botensendung Gen 46,34; Ex 3,18; Lev 15,2; Jos 9,11; Ri 7,18; I Sam 14,34; I Sam 25,6. Der Singular ואמרת leitet 60x eine Botenformel ein.

[188] Gen 44,4; 45,9; Ex 3,16; Ex 7,26; Ex 8,16; Ex 9,13 u.ö. (insgesamt 55x). לֵךְ וְאָמַרְתָּ Ex 3,16; I Sam 3,9; II Sam 7,5; I Chr 17,4; Jes 6,9; Ez 3,11; I Kg 1,13 (לְכִי); Jos 9,11 (לְכוּ וַאֲמַרְתֶּם).

brauch in den Evangelien[189] lässt auf eine Herkunft aus dem hebräischen בעל הבית schließen. Die Formulierung τῷ οἰκοδεσπότῃ τῆς οἰκίας in Lk 22,11 jedoch ist auffällig redundant.[190] Sie geht sicher nicht auf ein hebräisches בעל הבית של בית zurück, verrät aber noch die Kenntnis der hebräischen Konstruktion. Die Wiedergabe im Griechischen ist hier sperrig, versucht aber den Bedeutungsgehalt des Wortes zum Ausdruck zu bringen.

Der Verfasser des Lk löst hier offenbar ein sprachliches Problem, das sich aus einer zu wörtlichen Übersetzung einer angenommenen hebräischen Vorlage ergibt. Geht man davon aus, dass diese lautete: לכו אחריו אל־אשר נכנס ואמרתם לבעל הבית, so behielt hier das בית trotz des formelhaften Gebrauchs seine Eigenständigkeit, weil es sich sinngemäß auf das אל־אשר zurückbezog. Man würde also auch im Deutschen sinngemäß übersetzen „Geht hinter ihm her in das (Haus), wo er hineingeht, und sprecht zum Herrn des Hauses (in das er hineingegangen ist)...“, oder: „...und sprecht zum Herrn dieses Hauses“. Durch die griechische Übersetzung, wie sie in Mk vorliegt und vermutlich von V^{Lk} stammt, entfiel jedoch dieser Rückbezug. ὅπου ἐὰν ist unspezifischer als אל־אשר und teilt auch nicht dessen relativischen Charakter. Im griechischen οἰκοδεσπότης verliert οἶκός vollends seine Eigenständigkeit.[191] Ein vergleichbares Phänomen liegt in der griechischen Übersetzung οἰκοδομέω οἰκίαν für לבנות בית vor, die ja eben keine hebräische *figura ethymologica* wiedergibt, sondern den Bedeutungsverlust des griechischen Kompositums durch sprachliche Doppelung ausgleicht.[192]

In Mk 14,14 liegt also eine zwar sehr wörtliche, aber in dieser Form sinnverkürzende Wiedergabe einer hebräischen Sprachstruktur vor. Denn während in der hebräischen Form der ganze Satz auf die Nennung des Hauses hinausläuft, in dem das Folgende sich abspielt, geht eben dieses Haus in der markinischen Formulierung ganz verloren. Es wird aber ein Hausbesitzer eingeführt, ohne dass zuvor ein Haus erwähnt wurde. Dieser stilistischen Schwäche hilft die lukanische Redaktion ab, indem sie den Begriff οἰκία in Vers 10 und 11 sinngemäß ergänzt. Eine Kenntnis des hebräischen Originals muss dafür nicht vorausgesetzt werden, wohl jedoch ein Verständnis für die hinter dem Griechischen liegende hebräische Redeweise. Dass Lk dennoch eine von Mk unterschiedene Fassung dieses Verses vor sich hatte, die den hebräischen Sprachstil noch deutlicher widerspiegelte, wird aus seinem Gebrauch der von καὶ ἐρεῖτε deutlich. Dieses hat Markus, seinem alternierenden Schema der Konflation folgend, durch das εἴπατε aus seiner protomatthäischen Vorlage ersetzt.

---

[189] Mt 7x, Lk 4x, Mk nur hier, im restlichen NT nicht.

[190] Fitzmyer, *Luke II*, 1985, 1383; Lagrange, *Luc*, 1927, 541.

[191] Vgl. Marshall, *Luke*, 1978, 792.

[192] LXX 16x; Mt 7,24–26; Lk 6,48–49; οἰκοδομέω οἶκον mehr als 150x in LXX; Apg 7,47.49; I Petr 2,5.

2.10.1 Eine Parallelüberlieferung bei Epiphanius

In seiner Auseinandersetzung mit den Ebionäern führt Epiphanius von Salamis die vorliegende Erzählung als Beleg dafür an, dass schon Jesus selbst Fleisch gegessen habe, im Gegensatz zu den Ebionäern, die sich vegetarisch ernährten.[193] Epiphanius zitiert dabei eine Fassung des Textes, die zuweilen Matthäus, zuweilen auch Markus oder Lukas gleicht:

Mk 14,13–14	*Ep. Pan 30.22.2*
ὑπάγετε εἰς τὴν πόλιν,	ἀπέλθετε εἰς τὴν πόλιν
καὶ ἀπαντήσει ὑμῖν	καὶ εὑρήσετε
ἄνθρωπος κεράμιον ὕδατος βαστάζων	ἄνθρωπον βαστάζοντα κεράμιον ὕδατος
ἀκολουθήσατε αὐτῷ	καὶ ἀκολουθήσατε αὐτῷ
καὶ ὅπου ἐὰν εἰσέλθῃ	ὅπου ὑπάγει
εἴπατε τῷ οἰκοδεσπότῃ	καὶ εἴπατε τῷ οἰκοδεσπότῃ

Tabelle 48: Eine Parallelüberlieferung zu Mk 14,13–14 bei Epiphanius

Es ist möglich, dass Epiphanius hier Elemente aus allen drei Versionen miteinander verknüpft hat. Möglich ist auch, dass er aus der Erinnerung zitiert. Interessant ist jedoch, dass er in Einzelheiten einen Text bietet, der gegen alle drei Synoptiker steht, aber eine einfachere und dem Semitischen näherstehende Struktur aufweist. So hat Epiphanius an der vorliegenden Stelle eine einfache Reihung von vier Imperativen, statt des ἀπαντήσει ὑμῖν hat er εὑρήσετε. Die abweichende Wortstellung ἄνθρωπον βαστάζοντα κεράμιον ὕδατος entspricht dem Semitischen und statt des ungewöhnlichen ὅπου ἐὰν εἰσέλθῃ des Mk hat er ὅπου ὑπάγει. Wie bei Lukas ist die Ortsangabe dabei zum Vorsatz gezogen.

Möglicherweise kannte Epiphanius also eine abweichende und einfachere Form der Überlieferung. Obwohl er an der vorliegenden Stelle nicht ausdrücklich, wie sonst im 30. Buch des Panarion, aus dem Evangelium der Ebionäer zitiert, spiegelt sein Zitat vielleicht einen abweichenden Wortlaut dort wieder, der in einigen Details besser dem semitischen Sprachgebrauch entspricht als die vorliegenden kanonischen Versionen.

2.11 ὁ διδάσκαλος λέγει

Alle drei Berichte haben an dieser Stelle eine Botenformel. Markus, der sich im unmittelbar vorangehenden Wort wieder der V^{Mt} zugewandt hatte, formuliert hier weiterhin nahezu identisch mit Matthäus. Lukas hat eine andere Formel, deren Wortstellung eher hebräischem Gebrauch entspricht. Dennoch kommt das absolut stehende ὁ διδάσκαλος λέγει des Mt dem formelhaften Charakter des hebräischen כה אמר am nächsten, während sowohl

[193] Ep.Pan 30.22.2, ed. MIGNE, *PG 41*, 1863, 441 und HOLL, *GCS 25*, 1915, 362.

das lukanische λέγει σοι als auch das markinische ὅτι diesen Charakter abschwächen. Alle drei verwenden διδάσκαλος, der hier wohl kaum christologischer Hoheitstitel ist,[194] sondern den auch sonst von den Evangelisten verwendeten Ehrentitel רבי für einen jüdischen Lehrer reflektiert.[195] ῥαββί wird allerdings im gesamten NT nur als direkte Anredeform verwendet. In der dritten Person wird es hingegen vermieden, was sich besonders deutlich in Mt 23, 8 zeigt: ὑμεῖς δὲ μὴ κληθῆτε ῥαββί· εἷς γάρ ἐστιν ὑμῶν ὁ διδάσκαλος. Eine hebräische Rekonstruktion würde hier also nicht כה אמר רבי, sondern eher כה אמר הרב lauten. Möglicherweise ist jedoch auch überhaupt kein Titel im Blick, so dass auch eine Formulierung wie כה אמר המורה plausibel wäre.

Aufschlüsse darüber, ob der Hausherr selbst zu den Jüngern gehörte, ob er Jesus kannte oder ob im Voraus Abmachungen getroffen wurden, lässt die Formulierung nicht zu, obwohl all das nicht ausgeschlossen ist.[196]

---

[194] Gegen DORMEYER, *Passion*, 1974, 90 und 94; GNILKA, *Matthäus II*, 1988, 396; GNILKA, *Markus II*, 1979, 232.

[195] So auch PESCH, *Markus II*, 1977, 7; COLLINS, *Mark*, 2007, 641; MANN, *Mark*, 1986, 565; MARSHALL, *Luke*, 1978, 792. Mt verwendet den Titel am bewusstesten, nicht nur als Anrede (Mt 26,49 par. Mk 14,45; Lk hat diese Anrede hier nicht), sondern auch als Ehrentitel, der mit Bedacht gewählt werden soll (Mt 23,7.8; 26,25; jeweils „Sondergut"). Markus verwendet ihn öfters als Anrede, seine Seitenreferenten weichen aber jeweils davon ab: Mk 9,5 (Mt 17,4: κύριε, Lk 9,33 ἐπιστάτα); Mk 11,21 (Mt 21,20 ohne Anrede, Lk hat hier keine Parallele); Mk 10,10 (ῥαββουνί, Mt 20,33 und Lk 18,41 haben hier übereinstimmend κύριε). Joh verwendet den Titel 8x, stets als Anredeform, sowie einmal ῥαββουνί. Lukas bevorzugt den griechischen Titel ἐπιστάτα (Lk 5,5 und 17,13 in "Sondergut"; Lk 8,24a/9,33/9,49 in Fällen, wo die Seitenreferenten andere Titel verwenden; Lk 8, 24b und 8,45 in Fällen, wo die Seitenreferenten keinen Titel nennen). διδάσκαλος wird von allen drei Synoptikern am häufigsten verwendet. Der regelmäßige Gebrauch des Titels „Rabbi" setzt sich im Hebräischen erst in der tannaitischen Zeit durch. Der neutestamentliche Gebrauch „probably reflects the fact of its recent introduction", vgl. RABINOWITZ, *Rabbi*, 2007, 11. Einen frühen Beleg für die Verwendung des Titels liefert vielleicht die Inschrift יעקב ... בירב[י] auf einem Ossuar aus Horbat Rimmon in der Shephela (RAHMANI, *Catalogue*, 1994, Nr. 865). Möglicherweise stammt dieses aber, anders als die meisten Ossuare aus Jerusalem, erst aus dem 4. oder 5. Jahrhundert. Vgl. auch SOKOLOFF, *DJPA*, 2002, 101.

[196] Das Fehlen eines Personalpronomens zu διδάσκαλος geht vermutlich auf den strikten Gebrauch der Botenformel zurück. Gemeint sein kann also „unser (gemeinsamer) Lehrer", „unser (aber nicht dein) Lehrer" oder „dein Lehrer". An einen Jünger Jesu denken MARSHALL, *Luke*, 1978, 792 und FITZMYER, *Luke II*, 1985, 1383; an Vorabsprachen Jesu mit dem Hausbesitzer MANN, *Mark*, 1986, 565 und ebenfalls FITZMYER, *Luke II*, 1985, 1383; weder ersteres noch letzteres vermuten DALMAN, *Orte*, 1924, 334; ERNST, *Lukas*, 1976, 579; GUNDRY, *Mark*, 1993, 826.

2.12 *ὁ καιρός μου ἐγγύς ἐστιν*

Dieser Satz findet sich hier nur in der Fassung des Matthäus. Sie ist auch die einzige theologisch bedeutsame Aussage dieser ansonsten sehr knappen Fassung. Die Kommentare gehen daher davon aus, dass er von redaktioneller Hand des Mt eingefügt wurde: Matthäus wolle hier eine eschatologische Perspektive in den Text einbringen,[197] den bevorstehenden Tod Jesu ankündigen[198] oder im Zuge seiner „christologischen Zentrierung“ der Perikope Jesus besonders als den Herrn der Zeit[199] herausstellen. Gegen eine redaktionelle Herkunft des Satzes spricht jedoch die auffällig enge Übereinstimmung mit ähnlichen Aussagen bei Johannes: „Bei Matthäus kündigt sich der Sprachgebrauch und die Theologie des Johannesevangeliums an“[200], formuliert Luz und impliziert damit eine zwar theologiegeschichtliche, aber nicht literarische Beziehung.

Es ist jedoch mehr als eine Übereinstimmung der Ideen, die hier vorliegt.[201] Denn auch bei Joh leitet der Satz den Bericht vom letzten Abendmahl ein, und zwar unmittelbar im Anschluss an die Datierungsformel, die ebenfalls in ihrer rekonstruierten hebräischen Form eine besondere Nähe zu Johannes aufwies. Hinzu kommt, dass auch Lk diese Formel in der Einleitung zum Passamahl kannte, obwohl er sie bei ihm nicht hier, sondern in der unmittelbaren Einleitung zum Passamahl Lk 22,14 erscheint:

Mt 26,17–18	*Joh 13,1–2*	*Lk 22,7.14*
Τῇ δὲ πρώτῃ	Πρὸ δὲ	Ἦλθεν δὲ
τῶν ἀζύμων	τῆς ἑορτῆς τοῦ πάσχα	ἡ ἡμέρα τῶν ἀζύμων
προσῆλθον οἱ μαθηταὶ	εἰδὼς	
τῷ Ἰησοῦ λέγοντες	ὁ Ἰησοῦς	
ὁ καιρός μου ἐγγύς ἐστιν	ὅτι ἦλθεν αὐτοῦ ἡ ὥρα	
Ὀψίας δὲ γενομένης	καὶ δείπνου γινομένου	ὅτε ἐγένετο ἡ ὥρα

Tabelle 49: Bezüge zwischen synoptischem und johanneischem Passionsbericht

Mehrere Beobachtungen fallen hier ins Auge:

a) Matthäus und Johannes stimmen in der Nennung des Jesusnamens sowie eines Jesuswortes (in direkter bzw. indirekter Rede) überein, außerdem

[197] Wiefel, *Matthäus*, 1998, 449; Sand, *Matthäus*, 1986, 522; Schweizer, *Matthäus*, 1973, 320.

[198] Luz, *Matthäus IV*, 2002, 81; Davies/Allison, *Matthew III*, 1997, 458.

[199] Gnilka, *Matthäus II*, 1988, 394; Gundry, *Matthew*, 1994, 525.

[200] Luz, *Matthäus IV*, 2002, 82. Vgl. Joh 7,16 (ὁ καιρὸς ὁ ἐμὸς οὔπω πάρεστιν); Joh 7,8 (ὁ ἐμὸς καιρὸς οὔπω πεπλήρωται); Joh 2,4 (οὔπω ἥκει ἡ ὥρα μου); Joh 7,30 (οὔπω ἐληλύθει ἡ ὥρα αὐτοῦ); Joh 8,20 (οὔπω ἐληλύθει ἡ ὥρα αὐτοῦ); Joh 12,23 (ἐλήλυθεν ἡ ὥρα ἵνα δοξασθῇ ὁ υἱός τοῦ ἀνθρώπου); Joh 13,1 (ἦλθεν αὐτοῦ ἡ ὥρα); Joh 17,1 (πάτερ, ἐλήλυθεν ἡ ὥρα).

[201] So auch Sabbe, *Footwashing*, 1982, 418–419.

haben beide den Possessivartikel. Im griechischen Wortlaut der Formel gehen sie jedoch völlig auseinander.

b) Lukas hat innerhalb dieser Perikope zwei Formulierungen, die der Formel nahekommen: ἦλθεν ἡ ἡμέρα und ἐγένετο ἡ ὥρα. Beide stehen jeweils am Anfang eines narrativen Neuansatzes. Beide stehen in der griechischen Wortwahl Johannes näher als Matthäus.[202]

c) Beide Formeln des Lukas scheinen an ihrem jetzigen Platz redaktionell zu sein, da in beiden Fällen alle drei Seitenreferenten gegen Lukas übereinstimmen. Zudem zeigte die vorangehende Untersuchung von Lk 22, 7 par. Mk 14,12, dass ἡμέρα hier vermutlich schon zur protolukanischen Vorlage gehörte, weil es auch von Mk aufgenommen wird. Lukas hat die Formel also an anderer Stelle vorgefunden und daraus zwei Einleitungsformeln geschaffen, die er jeweils am Perikopenanfang platzierte.[203] Damit schafft er einen narrativen Dreischritt, der bereits in Lk 22,1 beginnt (ἤγγιζεν δὲ ἡ ἑορτὴ τῶν ἀζύμων ἡ λεγομένη πάσχα), sich in Lk 22,7 verdichtet und in Lk 22,14 zum Ziel kommt. Die redaktionelle Hand des Lukas wird erkennbar. Das Material dazu fand er jedoch in seinen Vorlagen vor.

d) Dass die Quelle für diese Formel hier nicht Markus sein kann, ist deutlich. Denn bei ihm fehlt sie ganz. Die ähnliche Formel im Zusammenhang der Gethsemaneszene (Mk 14,41) kommt kaum als literarische Vorlage für den vorliegenden Text in Frage. Zudem gibt es dort eigene Parallelen bei Lk und Mt. Es handelt sich also dort um eine andere Überlieferung derselben Formel.

Angesichts der schon vorher deutlich gewordenen Anzeichen für die Existenz von zwei vormarkinischen Fassungen der Perikope legt sich folgende Erklärung des Befundes nahe: In der ursprünglichen Einleitung des Passamahlberichtes befand sich ein Satz in der Form ὁ καιρός μου ἐγγύς ἐστιν (Mt) oder ἦλθεν αὐτοῦ ἡ ὥρα (Joh). Eine gemeinsame hebräische Vorlage könnte zu den Abweichungen in der griechischen Formulierung geführt haben: Während V^{Mt} (und mit ihm Mt) den einen Überlieferungsstrang repräsentiert, findet sich der zweite in V^{Lk} und Joh. Markus hat sich entschieden, den Satz hier überhaupt nicht aufzunehmen.[204] Lukas jedoch

[202] Die Nähe zwischen Lk 22,14 und Joh 13,1 beobachtet auch SCHWEIZER, *Lukas*, 1993, 222. Er führt sie jedoch auf eine vorlukanische Tradition zurück und erwähnt Mt 26,18 nicht.

[203] Zu diesem für lk typischen Verfahren des „splitting of sources“ vgl. oben S. 264.

[204] Eine mögliche Erklärung findet sich in Lk 21,8 parr. Mk 13,6 und Mt 24,5: Jesus warnt hier in der Endzeitrede vor falschen Propheten, die sich mit den Formeln ἐγώ εἰμι und ὁ καιρὸς ἤγγικεν ausweisen, denen man jedoch nicht folgen soll. Die zweite Wendung fehlt hier bei Mt wie bei Mk, die ansonsten im ganzen Satz übereinstimmen. Die Auslassung könnte sich dadurch erklären, dass Mt und Mk aus ihrer protomatthäischen Vorlage wussten, dass eben dieser Satz später von Jesus selbst gesprochen wurde. Mt ließ ihn hier weg, um ihn später belassen zu können. Mk jedoch ließ ihn an beiden Stellen

findet ihn offenbar in seiner protolukanischen Quelle vor und baut ihn, redaktionell umgestaltet, jeweils in den Anfang dieser und der folgenden Perikope ein.

Als möglicher hebräischer Wortlaut der ursprünglichen Vorlage beider Überlieferungsstränge ist בא עתי oder באה עתי am wahrscheinlichsten. Die Formel ist im biblischen Hebräisch häufig für prophetische Unheils- und Todesankündigungen.[205] Die LXX gibt עת in den meisten Fällen mit καιρός wieder (194x), am zweithäufigsten mit ὥρα (26x). Die Übersetzungsvariante zwischen V^{Mt} und V^{Lk}/Joh liegt also nahe. Die prophetische Unheilsformel בא עת wird jedoch in der LXX meistens mit ἥκει ὁ καιρός wiedergegeben (5x), alternativ mit ἦλθεν καιρὸς bzw. ἐλθεῖν καιρὸν (je 1x), nie jedoch mit ἦλθεν αὐτοῦ ἡ ὥρα oder ὁ καιρός ἐγγύς ἐστιν. Beides sind also Non-Septuagintismen: Das hebräische שעה für ὥρα ist im biblischen Hebräisch noch unbekannt. Ebenso fehlen קרב עת oder קרוב עת. Häufig allerdings erscheint קרוב יום als *parallelismus membrorum* zu בא עת in den Unheilsformeln.

Nahe verwandt im Hebräischen ist die Formel וְקָרוֹב לָבוֹא עִתָּהּ וְיָמֶיהָ לֹא יִמָּשֵׁכוּ (Jes 13,22), die jedoch von LXX völlig anders wiedergegeben wird: ταχὺ ἔρχεται καὶ οὐ χρονιεῖ. Eine direkte Abhängigkeit von dieser Stelle ist aber auch inhaltlich nicht erkenntlich. In Klg 4,18 stehen קָרַב קִצֵּינוּ und בָּא קִצֵּינוּ nebeneinander, und auch ein inhaltlicher Bezug zur vorliegenden Perikope wäre hier gegeben (Klage über das Leiden der Gerechten und die Gefangennahme des Gesalbten). Aber im Griechischen entspricht hier nur die erste Hälfte der matthäischen Formulierung, während die zweite ganz von Lk und Joh abweicht:

ἤγγικεν ὁ καιρὸς ἡμῶν	קָרַב קִצֵּינוּ
ἐπληρώθησαν αἱ ἡμέραι ἡμῶν	מָלְאוּ יָמֵינוּ
πάρεστιν ὁ καιρὸς ἡμῶν	כִּי־בָא קִצֵּינוּ
(Klg 4,18 LXX)	(Klg 4,18)

Nähme man eine entsprechende Formulierung קרב קצי für die hebräische Vorlage an, so böte die matthäische Fassung ὁ καιρός μου ἐγγύς ἐστιν zwar eine gute Entsprechung, aber die Entstehung von ἦλθεν αὐτοῦ ἡ ὥρα wäre schwer zu erklären. Zudem werden weder קרב קץ noch בא קץ formelhaft

---

weg, um unnötige Missverständnisse zu vermeiden. Die umgekehrte Annahme, dass Mt den Satz von hier übernahm und ihn redaktionell in Mt 26,18 einfügte, würde nicht nur eine große schriftstellerische Courage voraussetzen (Mt würde ja das Wort eines falschen Messias zu einem Jesuswort umformen), sondern sie kann auch den Umstand nicht erklären, dass die Formel in Mt 26,18 auch bei Lk und Joh Parallelen hat und dort also wohl ursprünglich ist.

[205] Jes 13,22; Jer 27,7; 46,21; 49,8; 50,27; 50,31; 51,33; Ez 7,7.12; 22,3; Hag 1,12. Im Zusammenhang einer Heilsprophetie außerdem 4Q215^{a} (=4QTime of Righteousness) 1 ii:5: באה עת צדק ומלאה הארץ דעת ותהלת אל („Gekommen ist die Zeit der Gerechtigkeit und die Erde wird erfüllt sein von der Erkenntnis und dem Lob Gottes"), ed. Parry 5:188.

verwendet, sondern erscheinen nur einmal in Klg 4,18. Es liegt also näher, in einer hebräischen Vorlage, angelehnt an die prophetische Unheilsformel, בא עתי oder באה עתי zu vermuten. Sowohl in der matthäischen als auch in der johanneischen Wiedergabe liegen dann Übersetzungsvarianten vor, die beide den Charakter eines Non-Septuagintismus tragen.

Erklärungen für die *minor agreements* von Johannes und Matthäus, die nicht nur hier, sondern mehrfach innerhalb des Passionsberichts zu beobachten sind,[206] sind in der Literatur auf verschiedene Weise gesucht worden.[207] Direkte literarische Abhängigkeit oder gemeinsame Abhängigkeit von vorsynoptischen Überlieferungen ist möglich. Unbefriedigend jedoch bleibt der in den meisten Kommentaren z.St. angenommene „redaktionelle Zufall", dem zufolge Matthäus diesen Satz hier selbstständig seiner Markusvorlage an eben der Stelle hinzugefügt hat, wo er sich auch bei Johannes findet. Es ist um so unbefriedigender, als auch Lukas hier mit Mt und Joh gegen Mk übereinstimmt, wenn auch weniger offensichtlich. Dass dies in den Kommentaren und traditionsgeschichtlichen Untersuchungen kaum berücksichtigt wird, ist wohl darauf zurückzuführen, dass diese jeweils nur die Beziehung Mk-Mt bzw. Mk-Lk im Blick haben, aber kaum ein umfassender Vergleich Mt-Mk-Lk erfolgt. Das Fehlen dieser Passage in den einschlägigen Untersuchungen zu den *minor agreements*[208] ist nur dadurch zu erklären, dass Lk 22,14 gewöhnlich zur nächsten Perikope gezogen wird und daher für einen Vergleich mit Mt 26,18 nicht in den Blick gerät. Kumulativ betrachtet jedoch bildet die Übereinstimmung von Mt, Joh und Lk an dieser Stelle ein starkes Indiz dafür, dass eine Formel wie „die Zeit ist nahe/gekommen" in der unmittelbaren Einleitung zum Passamahlbericht stand. Dass sie bei Markus fehlt, spricht dafür, dass die drei übrigen Evangelisten hier auf eine andere, frühere, Überlieferung zurückgreifen.

---

[206] Vgl. die Liste von 31 Übereinstimmungen von Mt/Joh gegen Mk/Lk bei Hofrichter, *Modell*, 2002, 177–179. Am auffälligsten ist im hiesigen Zusammenhang die Einfügung des Reflexionszitats aus Sach 9,9 im Zusammenhang des auch sonst sehr parallel gestalteten Einzugs nach Jerusalem Mt 21,5 par. Joh 12,15. Luz, *Matthäus IV*, 2002, 8 sieht in Mt 26,3.57 par. Joh 18,13 (und Lk 3,2) ebenso wie in Mt 27,15f den seltenen Fall, dass Matthäus in der Passionsgeschichte „präzisere Informationen als seine Quelle Mk" besessen habe. Eine Aufstellung von weiteren Parallelen zu Joh, die Luz jedoch für „zufällig" hält, findet sich ebd., 9. Diese sachlichen Parallelen seien allerdings „sehr vielfältig und zum Teil tief" (ebd., 10). Auch Maier, *Johannes*, 1981, stellt eine Reihe von Charakteristika zusammen, in denen Joh mit Mt gegen die anderen Synoptiker übereinstimmt.

[207] Siehe die Übersicht oben S. 487 Fußnote 4.

[208] Vgl. z.B. Neirynck, *Minor Agreements*, 1974, 170–171 und Ennulat, *Minor Agreements*, 1994, 333–336.

2.13 ποῦ ἐστιν τὸ κατάλυμά etc. / πρὸς σὲ ποιῶ etc.

Mk und Lk stimmen fast wörtlich überein in der Formulierung der Frage an den Hausbesitzer, nur das Possessivpronomen μου fehlt bei Lk. Mt hat hier wieder eine kürzere Fassung und statt der Frage eine Aussage. Bei Epiphanius finden sich hier wieder Übereinstimmungen mit beiden Fassungen:

Mt 26,18	*Mk 14,14*	*Lk 22,11*	*Ep.Pan 30.22.2*
	ποῦ ἐστιν	ποῦ ἐστιν	ποῦ ἐστι
	τὸ κατάλυμά μου	τὸ κατάλυμα	τὸ κατάλυμα
πρὸς σὲ	ὅπου	ὅπου	ὅπου
ποιῶ			ποιήσω
τὸ πάσχα	τὸ πάσχα	τὸ πάσχα	τὸ πάσχα
μετὰ τῶν	μετὰ τῶν	μετὰ τῶν	μετὰ τῶν
μαθητῶν μου	μαθητῶν μου	μαθητῶν μου	μαθητῶν μου
	φάγω	φάγω	

Tabelle 50: Mt 26,18 parr. in der synoptischen und außersynoptischen Überlieferung

Die Formulierungen von Mk und Lk lassen sich nur mühsam in gutem Hebräisch wiedergeben: Die Übersetzungen von Salkinson und Delitzsch gehen sowohl in der Wortwahl als auch im Satzbau weit auseinander.[209] Die Satzstellung ist unsemitisch, der relativische Anschluss mit ὅπου ist in der LXX selten, wenn auch nicht unmöglich.[210] Der schillernde Begriff κατάλυμά erscheint bei Mk nur hier, Lk jedoch hat ihn bereits in 2,7 verwendet. Er hat keine direkte Entsprechung im Hebräischen und wird in der LXX für eine Vielzahl von hebräischen Begriffen verwendet, die ein Gästehaus, eine Wohnstätte, eine Festhalle, ein Zelt, oder die Höhle eines Löwen bezeichnen können.[211]

Von Interesse ist an dieser Stelle eine Baraita des R. Eleazar b. Zaddok (ca. 100 n. Chr.), die davon berichtet, dass Gasträume in Jerusalem zur Zeit des Passafestes kostenlos zur Verfügung gestellt werden mussten, weil Jerusalem als gemeinsamer Besitz des ganzen Volkes Israel galt. Die Gastwirte (Hausbesitzer?) erhielten dafür im Gegenzug die Felle der Opfertiere. Diese Baraita ist nicht nur deswegen interessant, weil sich hier erneut eine sachliche Nähe des Überlieferungsstückes mit der jüdischen Passatradition zeigt. Sie ist auch in der Wortwahl interessant, weil sie für den Gastraum

---

[209] Mk 14,14b lautet bei Delitzsch אַיֵּה הַמָּלוֹן אֲשֶׁר אֹכַל שָׁם אֶת־הַפֶּסַח עִם־תַּלְמִידָי, bei Salkinson: אַיֵּה חֲדַר הָאֹרְחִים לִי וּלְתַלְמִידַי לֶאֱכֹל שָׁם אֶת־הַפָּסַח.

[210] Ri 18,10; 20,22; Ruth 3,4; Prd 9,10; Esr 6,1 für hebr. אשר שם bzw. aram. די תמה, für andere Konstruktionen Ruth 1,16; Spr 26,20; Dan 2,38.

[211] מלון (Ex 4,24); נוה (Ex 15,13; Jer 33,12/40,12 LXX); לשכת (I Sam 9,22); אהל (II Sam 7,6; I Chr 17,5); סך (Jer 25,38/32,38 LXX); in I Sam 1,18; I Chr 28,13; Jer 14,8; Ez 23,21 wird der Begriff erst von den Übersetzern eingeführt und hat im Hebräischen keine Entsprechung.

das lateinische Lehnwort אושפיזא (von lat. *hospitium*) und für die Person des Gastwirtes den Begriff בעלי אושפזיכנין (vgl. οἰκοδεσπότης) verwendet:

Es wurde gelehrt:	והאי תנא סבר
Jerusalem wurde nicht unter den Stämmen verteilt.	ירושלים לא נתחלקה לשבטים
Denn es wurde gelehrt:	דתניא
Die Leute vermieten keine Häuser in Jerusalem,	אין משכירין בתים בירושלים
denn sie gehören ihnen ja nicht.	לפי שאינה שלהן
Rabbi Eleazar bar Zaddok sagte:	רבי אלעזר בר צדוק אומר
Auch nicht die Betten.	אף לא מטות
Deshalb war es so: Die Felle der Opfertiere	לפיכך עורות קדשים
nahmen sich die Besitzer der Gästehäuser	בעלי אושפיזכנין נוטלין אותן
mit Gewalt.	בזרוע
Abbaye sagt: Daran kann man sehen,	אמר אביי שמע מינה
dass es ein guter Brauch für jeden ist,	אורח ארעא למישבק איניש
das Fell und den Krug dem Gasthaus zu überlassen.[212]	גולפא ומשכא לאושפיזיה

Möglicherweise ist also mit dem ungebräuchlichen Wort κατάλυμα ein ebenso fremdartiges, aber im historischen Kontext durchaus plausibles אושפיז in einer möglichen hebräischen Vorlage wiedergegeben.

Bei Matthäus steht die ganze Formulierung der Frage dem semitischen Sprachgebrauch näher: Der Satzbau ist einfach, das Verb ist vorangestellt. Die Formulierung ποιεῖν τὸ πάσχα entspricht zudem dem im biblischem Hebräisch üblichen לעשׂת (את) הפסח,[213] während φαγεῖν τὸ πάσχα[214] ebenso wie

---

[212] bYom 12a; parr. bMeg 26a; tMSh 1,12–13 (Rengstorf 291). Vgl. Jeremias, *Abendmahlsworte*, 1960, 38; Billerbeck, *Kommentar*, 1969, 1:988–989; Safrai, *Jewish People II*, 1976, 903–904. Zum Begriff אושפיז vgl. Jastrow, *Dictionary*, 1903, 35–36.

[213] Ex 12,48; Num 9,2.4.6.10.12.13.14; Dtn 16,1; Jos 5,10; II Kg 23,21; II Chr 30, 1.2. 5; II Chr 35,1.16.17.18; Esr 6,19, vgl. auch Heb 11,28. Im MT außerdem II Kg 23,22.23 (LXX ἐγενήθη τὸ πασχα); II Chr 35,19 (in LXX fehlt hier eine Entsprechung). Bei Josephus fehlt die Formel, bei Philo erscheint sie in Sacr 63 und, dem Inhalt nach, in Migr 25.

[214] Im NT nur in der vorliegenden Perikope sowie in Joh 18,28, wo aber vielleicht nicht das Passamahl, sondern die gesamte Festwoche im Blick ist („das Fest essen" = „das Passa feiern"), vgl. oben S. 496 Anmerkung 30; im AT in dieser Form nur II Chr 30,18 (כִּי־אָכְלוּ אֶת־הַפֶּסַח, LXX: ἔφαγον τὸ φασεκ). In Esr 6,21 hat LXX ἔφαγον οἱ υἱοὶ Ισραηλ τὸ πασχα, MT jedoch nur וַיֹּאכְלוּ, wobei הַפֶּסַח aus dem vorangehenden Vers sinngemäß ergänzt worden ist. In Ex 12,11.43.48 steht mehrmals φαγεῖν αὐτό bzw. לאכל בו oder לאכל אתו, was sich hier, technisch betrachtet, zurückbezieht auf τὰ κρέα bzw. בשר in Ex 12,8. In Ex 12,11 jedoch wird dann angeschlossen: καὶ ἔδεσθε αὐτὸ μετὰ σπουδῆς πασχα ἐστὶν κυρίῳ (וַאֲכַלְתֶּם אֹתוֹ בְּחִפָּזוֹן פֶּסַח הוּא לַיהוָה), was zwar nicht grammatikalisch, aber doch inhaltlich der Formel φαγεῖν τὸ πάσχα nahekommt. Bei Josephus fehlt die Formulierung, bei Philo erscheint sie in Sacr 63 und Her 255, in Qumran 4Q265 (=4QMiscellaneous Rules) 3:3 (אל יוכל נער זעטוט ואשה [בזב]ח הפסח, ed. Parry 1:318). In der Mischna steht meist לעשות פסח, aber mShab 23,1 (Nowack 132) auch ואוכל פסחו, in mPes 8,8 (Beer 174) ואוכל את־פסחו sowie in mPes 10,6 (Beer 198) ונאכל מן הפסחים, nach anderer Lesart לאוכל מן־הפסחים. Alle diese Belege sowie die genannten Belege aus Philo und Qumran haben jedoch speziell den Akt des Essens im Blick, es handelt sich nicht um idiomatischen Gebrauch für die Passafeier.

לאכל הפסח zwar nicht unmöglich, aber doch ungebräuchlich ist (obwohl es im vorangehenden Vers von Mt selbst verwendet wird). Von Interesse ist hier die Fassung des Epiphanius, die zwar eingangs der Version von Mk/Lk folgt, dabei allerdings wie Matthäus ποιεῖν τὸ πάσχα verwendet und das Prädikat ebenfalls voranstellt. Das Futurum ποιήσω stammt dabei aus keiner der drei synoptischen Varianten. Möglich ist auch hier, dass Epiphanius aus dem Gedächtnis zitiert und dabei die verschiedenen Fassungen zusammenbringt. Ungewöhnlich ist jedoch, dass er dabei ausgerechnet diejenigen Merkmale der matthäischen Version übernimmt, die dort dem Semitischen näher stehen. Vielleicht kennt Epiphanius also auch eine Überlieferung, die ursprünglicher ist als Mk und Lk, und in der sowohl Satzbau als auch Wortwahl näher bei Mt lagen. Epiphanius zitiert im nächsten Satz das nur bei Lukas erhaltene, ebenfalls hebraisierende ἐπιθυμίᾳ ἐπεθύμησα τοῦτο τὸ πάσχα φαγεῖν μεθ' ὑμῶν aus Lk 22,15, das in der Literatur häufig einer nichtmarkinischen vorlukanischen Quelle zugeschrieben wird.

Bei Mt stehen die Worte πρὸς σε anstelle des Frageworts ποῦ bzw. des relativen ὅπου. Dies ist zunächst eine ungewöhnliche Formulierung, drückt es doch gemeinhin in Verbindung mit dem Akkusativ eine Richtung aus („zu dir"). πρὸς σε bzw. πρὸς ὑμᾶς steht in der LXX fast ausnahmslos mit Verben der Bewegung, der Sendung und des Redens und gibt in den meisten Fällen ein hebräischen אלך oder אלכם wieder.[215] Seltener beschreibt es, in Verbindung mit dem Dativ, auch einen Wohn- oder Aufenthaltsort, etwa Gen 13,13 und 18,1 „bei den Terebinthen von Mamre" (πρὸς τῇ δρυὶ τῇ Μαμβρη, בְּאֵלֹנֵי מַמְרֵא).

In den Bestimmungen zum Passafest jedoch erscheint πρὸς, entgegen seiner gewöhnlichen Bedeutung, für das Mitfeiern das Festes im Haus eines Anderen, obwohl es damit nicht exakt dem hebräischen Gegenüber entspricht. Vermutlich soll damit die Bewegung des „Zusammenkommens" unterstrichen werden:

ἐὰν δέ τις προσέλθῃ πρὸς ὑμᾶς προσήλυτος ποιῆσαι τὸ πασχα κυρίῳ (Ex 12,48)	וְכִי־יָגוּר אִתְּךָ גֵּר וְעָשָׂה פֶסַח לַיהוָה
ἐὰν δὲ προσέλθῃ πρὸς ὑμᾶς προσήλυτος ἐν τῇ γῇ ὑμῶν καὶ ποιήσει τὸ πασχα κυρίω (Num 9,14)	וְכִי־יָגוּר אִתְּכֶם גֵּר וְעָשָׂה פֶסַח לַיהוָה
καὶ ἔφαγον οἱ υἱοὶ Ισραηλ τὸ πασχα οἱ ἀπὸ τῆς ἀποικεσίας καὶ πᾶς ὁ χωριζόμενος τῆς ἀκαθαρσίας ἐθνῶν τῆς γῆς πρὸς αὐτοὺς (Esr 6,21)	וַיֹּאכְלוּ בְנֵי־יִשְׂרָאֵל הַשָּׁבִים מֵהַגּוֹלָה וְכֹל הַנִּבְדָּל מִטֻּמְאַת גּוֹיֵ־הָאָרֶץ אֲלֵהֶם

Vielleicht sind also bei der Wortwahl πρὸς σε hier gerade diese Formulierungen aus dem Umfeld des Passafestes im Blick. Insbesondere für die frühe christliche Gemeinde dürften diese Texte von Bedeutung gewesen sein,

---

[215] πρὸς steht in der LXX 2713x für אל, 197x für ל, 122x für על, 102x für את, 79x für ב, 66x für עם. 15x für עד und seltener auch für andere hebräische Präpositionen.

weil sie speziell das Mitfeiern der Proselyten im Blick haben. Ein griechischer Übersetzer könnte daher hier leicht zu dieser ungewöhnlichen Wortwahl für ein hebräisches אתך oder אלך gelangen. Für die matthäische Fassung lässt sich eine Vorlage wie folgt plausibel machen:[216]

πρὸς σὲ ποιῶ τὸ πάσχα	אִתְּךָ אֲנִי עוֹשֶׂה אֶת־הַפֶּסַח
μετὰ τῶν μαθητῶν μου (Mt 26,18)	עִם־תַּלְמִידָי

Die Formulierung bei Lk und Mk ist dagegen im Satzbau unsemitisch, die abweichenden Übersetzungen bei Delitzsch (אַיֵּה הַמָּלוֹן אֲשֶׁר אֹכְלָה־שָּׁם אֶת־הַפֶּסַח עִם־תַּלְמִידָי) und Salkinson (אַיֵּה חֲדַר הָאֹרְחִים לִי וּלְתַלְמִידַי לֶאֱכֹל שָׁם אֶת־הַפָּסַח) zeigen, dass eine hebräische Entsprechung schwerer zu konstruieren ist. Möglich wäre es also, dass die Erwähnung des κατάλυμά hier erst auf der griechischen Sprachebene eingeflossen ist und dabei sowohl die Umstellung in eine Frage als auch den griechischen Satzbau nach sich zog. Ausgeschlossen ist es jedoch nicht, dass die Aufnahme des κατάλυμα schon in einer früheren Überlieferungsphase geschah. Die semitischere Satzstellung, wie sie bei Epiphanius überliefert ist, wäre dafür möglicherweise ein Zeugnis, ebenso wie die Tatsache, dass Epiphanius wie Mt die Wendung Verb ποιεῖν τὸ πάσχα verwendet:

ποῦ ἐστιν τὸ κατάλυμα	אֵיפֹה הַחֶדֶר [הַאוּשְׁפִּז]
ὅπου ποιήσω τὸ πάσχα μετὰ τῶν μαθητῶν μου	שֶׁאֶעֱשֶׂה בּוֹ אֶת־הַפֶּסַח עִם־תַּלְמִידָי
(V^{Lk} 22,10)[217]	

2.14 καὶ αὐτὸς ὑμῖν δείξει ἀνάγαιον

Mk 14,15 und Lk 22,12 stimmen hier weiterhin sehr eng überein, während bei Matthäus eine Parallele fehlt und Epiphanius eine eigene Version hat:

Mk 14,15	*Lk 22,12*	*Ep.Pan 30.22.2*
καὶ αὐτὸς ὑμῖν δείξει ἀνάγαιον μέγα ἐστρωμένον ἕτοιμον καὶ ἐκεῖ ἑτοιμάσατε ἡμῖν	κἀκεῖνος ὑμῖν δείξει ἀνάγαιον μέγα ἐστρωμένον ἐκεῖ ἑτοιμάσατε	καὶ δείξει ὑμῖν ὑπερῷον ἐστρωμένον ἐκεῖ ἑτοιμάσατε

Tabelle 51: Mk 14,15 parr. in der synoptischen und außersynoptischen Überlieferung

Die Satzstruktur ist einfach und lässt sich, insbesondere in der Fassung des Epiphanius, im Hebräischen gut wiedergeben. Bei Mk ist der Anschluss mit καὶ αὐτὸς semitisierend, dieser ist bei Lk und Epiphanius in besserem

[216] Die Präsensform עושה, die in LXX mit ποιῶ wiedergegeben wird, steht durchweg mit vorangehendem אני.

[217] Das μου hinter κατάλυμα (Mk 14,14) fehlt bei Lk und Epiphanius und ist daher bei der Rekonstruktion ausgelassen.

Griechisch formuliert. Dem Semitischen fremd ist jedoch die Wortstellung die Wortstellung von ὑμῖν δείξει (Mk und Lk) sowie die Reihung von drei Adjektiven μέγα ἐστρωμένον ἕτοιμον ohne verbindendes και (nur Mk). Das biblische Hebräisch kennt kein einziges Beispiel einer solchen Reihung, mit oder ohne verbindendes ו, sieht man einmal vom קָדוֹשׁ קָדוֹשׁ קָדוֹשׁ aus Jes 6,3 ab.

Auffällig ist zudem auch hier wieder, wie bereits in den anderen Teilen, die keine Parallele bei Matthäus haben, die hohe Konzentration seltener griechischer Begriffe: ἀνάγαιον erscheint im ganzen NT nur hier. Lukas verwendet sonst das hier auch bei Epiphanius erscheinende und in der LXX gebräuchliche ὑπερῷον.[218] Auch im klassischen Griechisch ist das Wort unbekannt, stattdessen steht ἀνώγεων, aber auch das nur äußerst selten.

Der Sache nach steht jedoch außer Frage, dass hier das hebräische עליה (bzw. das aramäische עליתא) im Blick ist, ein im biblischen wie im mischnischen Hebräisch gebräuchlicher Begriff, der hier auch inhaltlich stimmig ist: Obergemächer finden sich in religiösem Gebrauch bereits II Kg 4,10 und Dan 6,11. In der rabbinischen Literatur dienen die Obergemächer wichtiger Lehrer als Ort für Versammlungen und Beschlüsse[219] oder als besonderer Ort des zurückgezogenen Gebets[220], in einem Fall sogar als Ort einer Gotteserscheinung.[221] Sie waren häufig von außen zugänglich und konnten daher gut untervermietet werden.[222] Ein solches Obergemach eignete sich also ideal für die vorgeschriebene kostenfreie Überlassung an Festpilger während des Passafestes. Auch in diesem Detail fügt sich die Erzählung daher plausibel in den historischen Kontext ein. Gleiches gilt für den Begriff ἐστρωμένον, ebenfalls ein seltenes Wort (im NT nur noch

---

[218] Apg 1,13;9,37.39;20,8.

[219] mShab 1,4; yPes 3,7/2 (30b); bMen 41b; ySan 3,6/10 (21b); bSan 74a, vgl. Billerbeck, *Kommentar*, 1969, 2:594.

[220] bShab 13b parr. bHag 13a und bMen 45a; bBer 34b; vgl. Billerbeck, *Kommentar*, 1969, 2:594. Das Obergemach einer Synagoge erwähnt eine Inschrift aus Stobi in Dalmatien, vgl. Lifshitz/Frey, *CIJ*, 1975, 504–507 (Nr. 694), Zeile 30f. Die Tempelrolle von Qumran beschreibt ein Obergemach mit vier Türen oder Fenstern (11Q19 (=11QT^a) VI:6) und erwähnt das Obergemach des Tempels (עלית ההכל, 11Q19 (=11QT^a) XXXI:6–7); auch in 11Q18 (=11QNJ ar) 9:1 und 11Q18 (=11QNJ ar) 21:3 wird ein Obergemach in unmittelbarem Zusammenhang mit dem Tempel erwähnt, aber der Text ist fragmentarisch. In 4Q196 (=4QpapTob^a ar) 6:2 zieht sich Tobits Frau Hanna in ein Obergemach zurück, um dort ein längeres Gebet (= 4Q196 6:5–12) zu sprechen. Burkitt, *Last Supper*, 1916, 125–126, vermutet in der gesamten Perikope von den Vorbereitungen zum Passamahl eine kultisch-priesterliche Symbolik, die auch in der Doppeldeutigkeit des Begriffs עליה mitschwinge, das neben einem „Obergemach" im nachbiblischen Gebrauch auch das Brandopfer bezeichnen könne, mit Verweis auf Jastrow, *Dictionary*, 1903, 1082.

[221] ySot 9,13/4 (24b).

[222] mBM 10,1.2.3 (Windfuhr 108); vgl. Billerbeck, *Kommentar*, 1969, 2:594.

Mt 21,8 par. Mk 11,8 und Apg 9,34).[223] Im Blick sind vermutlich Polster, da bei diesem besonderen Mahl, nach den Bestimmungen der Mischna, das Liegen zu Tisch selbst für die ärmeren Schichten vorgeschrieben war. Dass diese Bestimmungen schon in die Zeit Jesu zurückreichen, dafür könnten sowohl der Begriff ἐστρωμένον als auch die Begriffe ἀνάκειμαι (Mk 14,18 par. Mt 26,20) und ἀναπίπτω (Lk 22,14) ein früher Beleg sein. Ob schließlich ἕτοιμον von Mk einer kürzeren Vorlage hinzugefügt oder von Lk aus seiner Mk-Vorlage gestrichen wurde, ist ohne Annahme etablierter Quellentheorien allein aus dem sprachlichen Befund nicht eindeutig zu entscheiden. Es liegt auf der Hand, dass in der Fassung des Mk die Doppelung von ἕτοιμον und ἑτοιμάσατε stilistisch unglücklich ist. Das kann jedoch ebenso gut auf einen sekundären Charakter des ἕτοιμον deuten wie als Erklärung für dessen redaktionelle Entfernung bei Lk dienen.

Der Satz Mk 14,15 und seine Parallele Lk 22,12 beschreiben also sachlich sehr zutreffend und mit Detailkenntnis den geeigneten Ort für ein Passamahl. Die Wortwahl ist jedoch durch ungebräuchliche griechische Begriffe geprägt und die Häufung der Adjektive im Hebräischen kaum wiederzugeben. Ob der Satz in der vorliegenden Form Teil einer möglichen hebräischen Vorlage war, soll daher einer abschließenden Beurteilung der Gesamtperikope vorbehalten bleiben.

2.15 καὶ ἐποίησαν οἱ μαθηταὶ ὡς συνέταξεν αὐτοῖς ὁ Ἰησοῦς

Matthäus verwendet in Mt 26,19 eine Formulierung, die sich eng an biblischen Sprachgebrauch anlehnt und von Pesch als „alttestamentliche Ausführungsformel" bezeichnet wurde.[224] Pesch schließt aus dem mehrfachen Gebrauch der Formel bei Matthäus, dass es sich hierbei um eine redaktionelle Eigenart des ersten Evangelisten handeln muß: In Mt 26,19 und 21,6 steht die Formel jeweils einem anderen Wortlaut des Markus gegenüber, in Mt 1,24 und 28,15 erscheint sie im „Sondergut" des Mt. Der von Pesch gezogene Schluss ist allerdings nicht zwingend und beruht lediglich auf der

---

[223] Pixner/Riesner, *Wege*, 1994, 224–228 sieht hier eine mögliche Beziehung zu der Ortsangabe במערת בית המדוחה ישו aus der Kupferrolle von Qumran (3Q15 2:3, ed. Parry 6:250), die er mit „in der Höhle des ausgelegten Hauses Jesu" übersetzt. Damit sei jedoch nicht Jesus von Nazareth gemeint, sondern Jesus, Sohn des Thebutis, ein Priester, der in Jos. Bell 6,387 erwähnt wird und dessen Vater, angesichts der Seltenheit des Namens, mit dem Thebutis zu identifizieren sei, der von Hegesipp (Eusebius HE 4.22.5, ed. Schwartz/Mommsen, *GCS 9*, 1903, 1:370), als Führer einer judenchristlichen Gruppierung des 1. Jahrhunderts in Jerusalem genannt wird. Pixner trägt eine Reihe von Indizien für seine Annahme zusammen, räumt aber selbst ein, dass diese nur hypothetischen Charakter hat. In der Tat ist die von Pixner vorgeschlagene Lesart des Textbestandes ebenso ungesichert wie die Bedeutung des seltenen Wortes מדוחה. M. Wise übersetzt „in the old Washer's chamber", vgl. Parry 6:250.

[224] Pesch, *Ausführungsformel I*, 1966, und Pesch, *Ausführungsformel II*, 1967.

anderweitig erschlossenen Prämisse einer Markuspriorität. Im Blick auf den vorliegenden Text sprechen, sieht man von etablierten Quellentheorien ab, mehrere Beobachtungen gegen eine redaktionelle Herkunft der Formel:

Von den 25 bei Pesch aufgelisteten Beispielen der alttestamentlichen Formel entspricht keine einzige der hier vorliegenden griechischen Form ἐποίησαν ... ὡς συνέταξεν. Zwar haben alle Belegstellen im Vorsatz ἐποίησεν bzw. ἐποίησαν und im Nachsatz συνέταξεν (11x), ἐνετείλατο (10x), εἶπεν (3x) oder ἐλάλησεν (1x). Der Verbindungspartikel lautet allerdings in der LXX καθὰ (11x), καθάπερ (5x), καθότι (2x), καθὼς (2x), πάντα ὅσα (2x), ὃν τρόπον (2x) oder κατὰ πάντα ἃ (1x), nie jedoch ὡς wie in Mt 26,19. Es handelt sich also hier um einen Non-Septuagintismus: Während die Verwendung der biblischen Ausführungsformel in der Tat nicht von der Hand zu weisen ist, geht diese gerade nicht direkt auf den griechischen Sprachgebrauch der LXX zurück, sondern verweist auf eine eigenständige Wiedergabe des hebräischen Textes der Ausführungsformel.

In Ex 12,28 schließt zudem eine solche Ausführungsformel unmittelbar an die Anweisungen zum Vorbereiten des Passafestes an. Es war für einen Autor, der von den Passavorbereitungen Jesu berichten wollte, nahe liegend, dabei auch Ex 12 vor Augen zu haben. Und in der Tat lässt sich in der matthäischen Fassung der Perikope eine durchgehende strukturelle Parallelität zu Ex 12 feststellen:

Ex 12, 18–19	*Mt 26,17–20*
„Am Ersten, am 14. des Monats am Abend, sollt ihr ungesäuertes Brot essen..." (Ex 12,18)	„Am Ersten der ungesäuerten Brote..." (Mt 26,17a)
„Und Mose berief alle Ältesten Israels und sprach zu ihnen..." (Ex 12,21)	„...traten die Jünger zu Jesus und fragten:..." „Er aber sprach..." (Mt 26,17b–18a)
„Und wenn ihr in das Land kommt..." (Ex 12,25)	„Geht hinein in die Stadt..." (Mt 26,18)
„Und ihr sollt sagen: Dies ist das Passa des Herrn" (Ex 12,27)	„Und ihr sollt sagen: (...) Bei dir will ich halten das Passa..." (Mt 26,18)
„Und die Israeliten gingen hin und taten, wie der Herr ... geboten hatte: So taten sie es" (Ex 12,28)	„Und die Jünger taten, wie Jesus ihnen geboten hatte: Und sie bereiteten das Passa" (Mt 26,19)
„Und es geschah in der Mitte der Nacht..." (Ex 12,29)	„Und als es spät wurde..." (Mt 26,20)

Tabelle 52: Mögliche intertextuelle Bezüge zwischen Mt 26,17–20 und Ex 12, 18–19

Daran wird deutlich, dass der Verfasser des (proto-) matthäischen Berichts sich möglicherweise an der biblischen Erzählung von den Vorbereitungen zum ersten Passafest orientierte. Wörtliche Anklänge, zumal an den griechischen Text, sind zwar selten. Aber in V. 19 klingt deutlich die „Ausführungsformel“ aus Ex 12,28 durch. Insbesondere die auffällige Doppelung „so taten sie es“ (כן עשו, Ex 12,28) im Anschluss an die Ausführungsformel findet ihre genaue Entsprechung im καὶ ἡτοίμασαν τὸ πάσχα, eine Doppelung, die von Schenke zu Unrecht als Zeichen literarischer Uneinheitlichkeit gedeutet wird.[225]

Mt 26,19 ist daher kaum eine redaktionelle Bildung des griechischen Endredaktors aus der Vorlage Mk 14,16, sondern integraler Bestandteil einer zusammenhängenden Komposition, die sich an Ex 12 anlehnt und wie seine Vorlage mit einer „Ausführungsformel“ abschließt, bevor sie sich dem Geschehen der darauf folgenden Nacht zuwendet:

καὶ ἐποίησαν οἱ μαθηταὶ	וְיַּעֲשׂוּ הַתַּלְמִידִים
ὡς συνέταξεν αὐτοῖς ὁ Ἰησοῦς	כַּאֲשֶׁר צִוָּה אוֹתָם יֵשׁוּעַ
καὶ ἡτοίμασαν τὸ πάσχα	וַיָּכִינוּ אֶת־הַפֶּסַח
(V^{Mt} 26,19 = Mt 26,19)	

2.16 ἀπελθόντες δὲ εὗρον καθὼς εἰρήκει αὐτοῖς

An Stelle der matthäischen Ausführungsformel haben Mk und Lk hier abweichende, aber doch einander ähnliche Formulierungen (vgl. Tabelle 53). Es zeigt sich, dass alle drei Fassungen einer gemeinsamen Grundstruktur folgen, wobei nur die Wortfelder sich unterscheiden: „(Sie gingen) und taten (fanden), wie er befohlen (gesagt) hatte, und bereiteten das Passa.“ Während bei Mt und Lk diese Grundstruktur in reinerer Form erhalten ist, wird bei Markus wieder das Schema einer wechselseitigen Abhängigkeit von beiden, bzw. von deren jeweiligen Vorlagen, deutlich:

Mt 26,19	*Mk 14,16a*	*Lk 22,13a*
καὶ	καὶ	
ἐποίησαν	ἐξῆλθον	ἀπελθόντες δὲ
οἱ μαθηταὶ	οἱ μαθηταὶ	
	καὶ ἦλθον εἰς τὴν πόλιν	
	καὶ εὗρον	εὗρον
ὡς συνέταξεν αὐτοῖς	καθὼς εἶπεν αὐτοῖς	καθὼς εἰρήκει αὐτοῖς
καὶ ἡτοίμασαν τὸ πάσχα	καὶ ἡτοίμασαν τὸ πάσχα	καὶ ἡτοίμασαν τὸ πάσχα

Tabelle 53: Markinische Konflation in Mk 14,16a parr.

[225] SCHENKE, *Studien*, 1972, 160, erkennt in Mk 14,16a und 16b „zwei verschiedene Schlusssätze“ und sieht darin ein Hauptindiz für die Identifikation der redaktionellen Schicht Mk 14,12b.16b.

Ein weiteres, gewichtigeres *minor agreement*, das hier die Annahme einer reinen Markuspriorität erschwert, ist zudem das Fehlen des Teilsatzes καὶ ἦλθον εἰς τὴν πόλιν bei Mt und Lk.[226] Dieser ist hier kaum anders als ein markinischer Zusatz zu einer Vorlage zu erklären. Entfernt man diesen Zusatz, sowie das aus Mt übernommene οἱ μαθηταὶ, so ergibt sich auch für Mk ein einfacher Dreischritt, der nicht nur den Parallelen in Lk und Mt strukturell gleicht, sondern im Wortlaut sogar noch mehr als Lk semitischem Sprachstil entspricht:

καὶ ἐξῆλθον ... καὶ εὗρον ... καθὼς εἶπεν ... καὶ ἡτοίμασαν (Mk 14,16a)

Carmignac hat hier ein hebräisches Wortspiel (ויצאו וימצאו) vermutet.[227] Das ist möglich, allerdings sollte bei der Identifizierung solcher semitischer Wortspiele stets Vorsicht walten. Aber auch abgesehen von diesem möglichen Semitismus ist die gesamte Satzstruktur der von möglichen redaktionellen Zusätzen bereinigten Markusfassung semitisierend im Stil. Die Partizipialkonstruktion des Lk hingegen stellt gegenüber Mk eine elegantere griechische Wiedergabe dar. Eine mögliche hebräische Vorlage orientiert sich also an der kürzeren Version des Lukas, übernimmt jedoch die parataktische Struktur aus Mk. Es wird deutlich, dass sich in einer möglichen hebräischen Vorlage nur eine geringfügige Änderung gegenüber der oben rekonstruierten Vorlage für Mt 26,19 ergäbe:

καὶ ἐξῆλθον καὶ εὗρον	ויצאו וימצאו
καθὼς εἰρήκει αὐτοῖς	כאשר דבר אליהם ישוע
καὶ ἡτοίμασαν τὸ πάσχα	ויכינו את הפסח
(V^{Lk} 22,13)	

Über die Gründe einer solchen inhaltlichen Änderung („tun wie befohlen" – „finden wie gesagt") kann man nur Vermutungen anstellen. Bereits in der Erzählung vom Einzug nach Jerusalem steht die „Ausführungsformel" bei Matthäus einer „Findungsformel" bei Lukas gegenüber, dort fehlt sie allerdings bei Markus, während Mt und Lk trotz der unterschiedlichen Formeln in Einzelheiten noch deutlicher gegen Mk übereinstimmen als im vorliegenden Text.[228] Eine „Findungsformel" findet sich ein weiteres Mal in der lukanischen Sonderüberlieferung (Lk 24,24), das Schema „Ankündigung–

[226] ENNULAT, *Minor Agreements*, 1994, erklärt diese Auslassung als eine Angleichung an Mk 11,4 parr., wo ebenfalls nicht von einem Hineingehen in das Dorf die Rede ist. Die Annahme einer solchen Angleichung allein setzt bereits viel redaktionelle Kreativität voraus. Dass Mt und Lk diesen Einfall jedoch unabhängig voneinander gehabt haben sollen, ist sehr unwahrscheinlich, ebenso wie die Annahme, beide hätten den Satz als überflüssigen Erzählzug gestrichen, vgl. SCHÜRMANN, *Paschamahlbericht*, 1953, 103.

[227] CARMIGNAC, *Studies*, 1970, 72.

[228] Vgl. Mt 21,6 (πορευθέντες δὲ οἱ μαθηταὶ καὶ ποιήσαντες καθὼς συνέταξεν αὐτοῖς ὁ Ἰησοῦς) mit Lk 19,32 (ἀπελθόντες δὲ οἱ ἀπεσταλμένοι εὗρον καθὼς εἶπεν αὐτοῖς) und Mk 11,4 (καὶ ἀπῆλθον καὶ εὗρον πῶλον δεδεμένον πρὸς θύραν ἔξω ἐπὶ τοῦ ἀμφόδου).

Findung“ außerdem in der lukanischen Kindheitsgeschichte (Lk 2,12). Möglicherweise handelt es sich also um ein wiederkehrendes Motiv aus dem vorlukanischen Überlieferungsstoff.

Sollte es zutreffen, dass in der vorliegenden Perikope die Erwähnung des Wasserträgers und des Hausbesitzers sowie die genaue Beschreibung des Ortes erst dem Stoff aus einer vorlukanischen Sonderüberlieferung (vgl. dazu oben S. 64) zugeflossen sind. Dann wäre dies eine plausible Erklärung dafür, dass das Schema „Befehl–Ausführung“ in das Schema „Ankündigung–Findung“ umgewandelt wurde. Denn anders als im ursprünglichen Bericht standen nun nicht mehr die Vorbereitungen als solche, sondern der Ort und die beteiligten Personen im Vordergrund.

2.17 καὶ ἡτοίμασαν τὸ πάσχα

Alle drei Berichte beenden die Episode von den Vorbereitungen zum Passafest übereinstimmend mit dem Satz καὶ ἡτοίμασαν τὸ πάσχα. Bereits oben wurde deutlich, dass der Satz keineswegs, wie von Schenke angenommen, eine unnötige Doppelung darstellt oder dass erst hier das Motiv der Passafeier erstmalig eingeführt werde. Die Anlehnung an den Passabericht aus Ex 12 legte eine derartige betonte Wiederholung, wie sie auch in Ex 12,18 erfolgt, sogar nahe. Aber auch im Blick auf die narrative Gesamtgestalt der Perikope bildet der Satz einen notwendigen Abschluss: Das Passamotiv taucht in der gesamten Episode durchgängig auf, zunächst in der Jüngerfrage, dann im Wort an den Hausbesitzer und schließlich auch bei der Ausführungs- und Findungsformel. Es bildet den eigentlichen Erzählkern der Geschichte, zu dem nur bei Mk und Lk die Details von Personen und Orten hinzutreten.

Alles steuert auf die geplante Vorbereitung des Passamahles hin. Die Geschichte bliebe merkwürdig offen, wenn nicht abschließend erwähnt würde, dass das, worauf die ganze Erzählung zulief, nun auch stattfindet. Mit dem Satz καὶ ἡτοίμασαν τὸ πάσχα wird die Erzählung beschlossen, und der Leser weiß, dass nun etwas Neues folgt, allerdings etwas, das durch die vorliegende Erzählung vorbereitet und ausführlich in Szene gesetzt wurde.

2.17.1 Die Abgrenzung der Perikope

In der Literatur herrscht Uneinigkeit darüber, wie die Perikope von den Vorbereitungen zum Passmahl abzugrenzen ist. Während der Anfang in allen drei Berichten durch die Datierungsformel eindeutig zu erkennen ist, ist die Abgrenzung gegenüber der nachfolgenden Perikope von der Verratsansage bei Mt und Mk bzw. dem Abendmahlsbericht bei Lk unklar.

Diese Unklarheit in der Abgrenzung ist bereits für sich genommen ein deutliches Indiz dafür, dass die Perikope von den Passavorbereitungen eng mit ihrem Kontext verbunden ist und literarkritisch nur schwer aus ihm zu lösen ist. Die oft geäußerte Vermutung, Mk 14,12–16 und seine Parallelen seien der Passionstradition erst sehr spät eingefügt worden, wird schon deshalb zu überdenken sein. Im Einzelnen werden folgende Abgrenzungen der Perikope in der Literatur vorgeschlagen:

a) Perikopeneinteilungen für Markus 14: 12–16[229] oder 12–17[230].
b) Perikopeneinteilungen für Matthäus 26: 17–19[231] oder 17–20[232]
c) Perikopeneinteilungen für Lukas 22: 7–13[233] oder 7–14[234] .

Noch deutlicher wird die enge Verknüpfung der Perikope mit dem nachfolgenden Kontext, wenn man in Betracht zieht, dass an mehreren Stellen synoptische Parallelen über diese Perikopengrenzen hinweg bestehen:

a) ὁ καιρός μου ἐγγύς ἐστιν (Mt 26,18 – ‚Vorbereitungen‘)
par. ὅτε ἐγένετο ἡ ὥρα (Lk 22,14 – ‚Vorbereitungen‘ oder ‚Abendmahl‘)
b) ὀψίας δὲ γενομένης (Mt 26,20 – ‚Vorbereitungen‘ oder ‚Abendmahl‘)
par. ὅτε ἐγένετο ἡ ὥρα (Lk 22,14 – ‚Vorbereitungen‘ oder ‚Abendmahl‘)
par. ὀψίας γενομένης (Mk 14,17 – ‚Vorbereitungen‘ oder ‚Abendmahl‘)
c) ἀνέκειτο μετὰ τῶν δώδεκα (Mt 26,20 – ‚Vorbereitungen‘ oder ‚Abendmahl‘)
par. ἀνέπεσεν καὶ οἱ ἀπόστολοι σὺν αὐτῷ (Lk 22,14 – ‚Vorbereitungen‘ o. ‚Abendmahl‘)
par. ἔρχεται μετὰ τῶν δώδεκα (Mk 14,17 – ‚Vorbereitungen‘ oder ‚Abendmahl‘)

Von besonderem Interesse sind diese perikopenübergreifenden Parallelen zudem deshalb, weil es sich in zwei Fällen um gewichtige *minor agreements* von Mt und Lk gegenüber Mk handelt, die in den entsprechenden Übersichten jedoch meist deshalb fehlen, weil sie Perikopengrenzen über-

---

[229] Collins, *Mark*, 2007, 646; Dormeyer, *Passion*, 1974, 88; Evans, *Mark*, 2001, 370; Gnilka, *Markus II*, 1979, 231; Grundmann, *Markus*, 1989, 380; Gundry, *Mark*, 1993, 820; Lagrange, *Luc*, 1927, 371; Mann, *Mark*, 1986, 561; Mohr, *Markus*, 1982, 150; Myllykoski, *Tage*, 1994, 176; Pesch, *Evangelium*, 1983, 140–141; Reinbold, *Bericht*, 1994, 283; Robbins, *Last Meal*, 1976, 22; Schenke, *Studien*, 1972, 152; Schmithals, *Markus II*, 1979, 603; Taylor/Evans, *Passion*, 1972, 44; Trocmé, *Marc*, 2000, 340; Witherington, *Mark*, 2001, 370.

[230] Aland, *Synopsis*, 1996, 430; Longstaff, *Conflation*, 1977, 188 (Mk 14,12–17.18–21); Lührmann, *Markus*, 1987, 234 (Mk 14,12–16.17.18–21); Luz, *Matthäus IV*, 2002, 87; Schweizer, *Matthäus*, 1973, 319.

[231] Gnilka, *Matthäus II*, 1988, 393; Grundmann, *Markus*, 1989, 380; Gundry, *Mark*, 1993, 820; Luz, *Matthäus IV*, 2002, 87; Taylor/Evans, *Passion*, 1972, 44; Davies/Allison, *Matthew III*, 1997, 456; Wiefel, *Matthäus*, 1998, 447; Sand, *Matthäus*, 1986, 522.

[232] Aland, *Synopsis*, 1996, 430; Schweizer, *Matthäus*, 1973, 319.

[233] Bock, *Luke II*, 1996, 1708; Goulder, *Luke II*, 1989, 720 (Lk 22,1–13); Green, *Preparations*, 1987, 305; Grundmann, *Markus*, 1989, 380; Gundry, *Mark*, 1993, 820; Marshall, *Luke*, 1978, 789; Schramm, *Markus-Stoff*, 1971, 182; Taylor/Evans, *Passion*, 1972, 44; Schweizer, *Matthäus*, 1973, 319.

[234] Aland, *Synopsis*, 1996, 430; Lagrange, *Luc*, 1927, 539; Mann, *Mark*, 1986, 561; Schürmann, *Paschamahlbericht*, 1953, 70.

schreiten und damit einer systematischen Durchsicht leicht entgehen.[235] In der vorliegenden Untersuchung werden daher die Grenzen wie folgt gezogen: Mt 26,17–20(+21a); Mk 14,12–17(+18a); Lk 22,7–14 (+15a). Mk 14, 18a parr. wird wegen seiner Bezüge zu Mt 26,20 und Lk 22,14 noch hinzugezogen, obwohl dieser Halbvers ohne Zweifel zur Folgeperikope gehört:

Mt 26,17–20(+21a)	*Mk 14,12–17(+18a)*	*Lk 22, 7–14(+15a)*
Ὀψίας δὲ γενομένης	Καὶ ὀψίας γενομένης	Καὶ ὅτε ἐγένετο ἡ ὥρα,
ἀνέκειτο	ἔρχεται	ἀνέπεσεν
μετὰ τῶν δώδεκα	μετὰ τῶν δώδεκα	καὶ οἱ ἀπόστολοι σὺν αὐτῷ
	(καὶ ἀνακειμένων αὐτῶν	
(καὶ ἐσθιόντων αὐτῶν	καὶ ἐσθιόντων	
εἶπεν)	ὁ Ἰησοῦς εἶπεν)	(καὶ εἶπεν πρὸς αὐτούς)

Tabelle 54: Mt 26,17–20(+21a) parr. im synoptischen Vergleich

2.18 *ὀψίας δὲ γενομένης*

Die Wendung ὀψίας γενομένης erscheint häufig bei Mt (7x) und Mk (6x), fehlt bei Lukas und wird sonst im NT nur noch Joh 20,19 verwendet, in der LXX nur Jdt 13,1. Überhaupt erscheint das Wort ὀψία in NT und LXX ausschließlich in Form dieser Redewendung.[236] Im klassischen Griechisch ist die Wendung nicht bekannt, ὀψία an sich ist verhältnismäßig selten. Wenn es verwendet wird, dann oft in der Verbindung δείλη ὀψία (später Nachmittag) im Gegensatz zu δείλη πρωΐα (früher Nachmittag).[237] Josephus verwendet den Begriff ὀψία insgesamt 8x, davon 4x in einer dem neutestamentlichen Gebrauch ähnlichen Formel[238] sowie 4x in der Verbindung δείλη ὀψία.[239] In den Werken des Philo fehlt das Wort ὀψία ganz, einmal erscheint δείλη ὀψία in den nur bei Eusebius erhaltenen ‚Hypothetica' des Philo.[240] Es liegt nahe, hinter dem gehäuften und formelhaften Gebrauch der ansonsten seltenen Wendung ὀψίας γενομένης bei Mt und Mk, deren wenige Parallelen sich ausschließlich bei Johannes, Judith, Josephus, Philo und dem Syrer Nikolaus finden, die gräzisierte Form einer idiomatischen Redewendung zu vermuten, die vor allem im semitischen Sprachraum bzw. im jüdischen

---

[235] Vgl. Schweizer, *Lukas*, 1993, 222, der sogar ausdrücklich die Nähe von Lk 22,14 zu Joh 13,1 betont, dabei jedoch die offensichtliche Nähe zu Mt 26,18 unerwähnt lässt.

[236] Außer den genannten Stellen nur noch Joh 20,19 (οὔσης οὖν ὀψίας).

[237] Liddell/Scott, *Lexicon*, 1996, 1543.

[238] γενομένης ὀψίας (Ant 5,7), ὀψίας οὔσης (Ant 5,140), ὀψία γὰρ ἦν (Ant 14,462). ὀψίας ἐπιγενομένης (Ant 13,345); an letzterer Stelle ist er vermutlich abhängig von den Historien des Nikolaus von Damaskus, Fragment 75, ed. Müller/Müller, *Fragmenta*, 1849, 414.

[239] Ant 3,3; 6,120; 7,130; 13,97.

[240] Philo, Hypothetica, bei Eusebius, Praep. Ev. 8.7.13 (Mras, *GCS 43.1*, 1954, 432).

Kontext verbreitet war. Allerdings fehlt eine direkte hebräische Entsprechung. Überhaupt fehlen Begriffe für „früh“ und „spät“ im Hebräischen.[241] Sucht man nach einer *sachlichen* Entsprechung für die Bezeichnung der Abendstunde, so würden gerade die biblischen Anweisungen zum Passafest den Evangelisten viele Möglichkeiten der Formulierung liefern, die jedoch in keinem der drei Berichte aufgenommen werden:

καὶ σφάξουσιν αὐτὸ πᾶν τὸ πλῆθος συναγωγῆς υἱῶν Ισραηλ πρὸς ἑσπέραν (Ex 12,6)	וְשָׁחֲטוּ אֹתוֹ כֹּל קְהַל עֲדַת־יִשְׂרָאֵל בֵּין הָעַרְבָּיִם
καὶ διελεύσομαι ἐν γῇ Αἰγύπτῳ ἐν τῇ νυκτὶ ταύτῃ (Ex 12,12)	וְעָבַרְתִּי בְאֶרֶץ־מִצְרַיִם בַּלַּיְלָה הַזֶּה
ἐναρχομένου τῇ τεσσαρεσκαιδεκάτῃ ἡμέρᾳ τοῦ μηνὸς τοῦ πρώτου ἀφ᾽ ἑσπέρας ἔδεσθε ἄζυμα (Ex 12,18)	בָּרִאשֹׁן בְּאַרְבָּעָה עָשָׂר יוֹם לַחֹדֶשׁ בָּעֶרֶב תֹּאכְלוּ מַצֹּת
ἐγενήθη δὲ μεσούσης τῆς νυκτὸς καὶ κύριος ἐπάταξεν πᾶν πρωτότοκον (Ex 12,29)	וַיְהִי בַּחֲצִי הַלַּיְלָה וַיהוָה הִכָּה כָל־בְּכוֹר
ἐν τῷ πρώτῳ μηνὶ ἐν τῇ τεσσαρεσκαιδεκάτῃ ἡμέρᾳ τοῦ μηνὸς ἀνὰ μέσον τῶν ἑσπερινῶν πάσχα τῷ κυρίῳ (Lev 23,5)	בַּחֹדֶשׁ הָרִאשׁוֹן בְּאַרְבָּעָה עָשָׂר לַחֹדֶשׁ בֵּין הָעַרְבָּיִם פֶּסַח לַיהוָה
τῇ τεσσαρεσκαιδεκάτῃ ἡμέρᾳ τοῦ μηνὸς τοῦ πρώτου πρὸς ἑσπέραν ποιήσεις αὐτὸ κατὰ καιρούς (Ex 9,3 vgl. Ex 9,11)	בְּאַרְבָּעָה עָשָׂר־יוֹם בַּחֹדֶשׁ הַזֶּה בֵּין הָעֲרְבַּיִם תַּעֲשׂוּ אֹתוֹ בְּמוֹעֲדוֹ
καὶ οὐ κοιμηθήσεται ἀπὸ τῶν κρεῶν ὧν ἐὰν θύσῃς τὸ ἑσπέρας τῇ ἡμέρᾳ τῇ πρώτῃ εἰς τὸ πρωί (Dtn 16,4)	וְלֹא־יָלִין מִן־הַבָּשָׂר אֲשֶׁר תִּזְבַּח בָּעֶרֶב בַּיּוֹם הָרִאשׁוֹן לַבֹּקֶר
ἐκεῖ θύσεις τὸ πασχα ἑσπέρας πρὸς δυσμὰς ἡλίου ἐν τῷ καιρῷ ᾧ ἐξῆλθες ἐξ Αἰγύπτου (Dtn 16,6)	שָׁם תִּזְבַּח אֶת־הַפֶּסַח בָּעֶרֶב כְּבוֹא הַשֶּׁמֶשׁ מוֹעֵד צֵאתְךָ מִמִּצְרָיִם

[241] In Luthers Übersetzung steht „früh“ oder „früh am Morgen“ regelmäßig für בבקר, „spät“ nur in den atl. Apokryphen. Derivate von אחר werden im mischnischen Hebräisch für „verspäten“, „später“ und dann auch „spät“ verwendet (vgl. im biblischen Hebräisch „spät beim Wein sitzen“ in Spr 23,30, Jes 5,11), jedoch nicht im Blick auf Tageszeiten.

καὶ ἐποίησαν οἱ υἱοὶ Ισραηλ τὸ πασχα	וַיַּעֲשׂוּ אֶת־הַפֶּסַח
τῇ τεσσαρεσκαιδεκάτῃ ἡμέρᾳ τοῦ μηνὸς	בְּאַרְבָּעָה עָשָׂר יוֹם לַחֹדֶשׁ
ἀπὸ ἑσπέρας	בָּעֶרֶב
(Jos 5,10)	

Auch andere biblisch-hebräische Umschreibungen für den Anbruch des Abends spiegeln sich kaum in der festen Formel des Mt und Mk wieder.[242] Die Tatsache, dass vor allem Mt bei der Beschreibung des Tagesendes durchweg naheliegende Worte wie ἑσπέρα, ἡμέρα, νύξ, σκότος oder ἥλιος ungenutzt lässt,[243] macht deutlich, dass mit ὀψίας γενομένης eine idiomatische Redewendung vorliegen muss, die beiden noch näher lag als diese Begriffe. Im Zusammenhang mit den Passavorbereitungen fällt dies doppelt ins Auge, weil hier die biblischen Texte in jedem Fall das nötige Vokabular geboten hätten. Eine andere idiomatische Wendung, die im biblischen Hebräisch nicht erscheint, muß also hier im Hintergrund stehen.

In der Tat tritt im mischnischen Hebräisch neben den Begriff ערב, der hier ganz allgemein den gesamten Zeitraum des Abends, und nun darüber hinaus auch den gesamten Vortag eines Festes bezeichnen kann, ein zweiter, spezifischer Begriff für den Zeitpunkt, an dem der Abend beginnt: חשכה (sprich: חֲשֵׁכָה) wird in der Mischna der *terminus technicus* für den Einbruch der Dunkelheit, der den Tag vom Abend trennt und daher für viele Fragen des Gesetzes rechtliche Relevanz hat. Anders als ערב hat dieser Begriff nicht einen Zeitraum, sondern einen Zeitpunkt im Blick, bis zu dem bestimmte Arbeiten erlaubt sind oder bestimmte Vorschriften erfüllt sein

[242] Am häufigsten ist בָּא הַשֶּׁמֶשׁ / ἔδυ ὁ ἥλιος o.ä., ausgefallener z.B. „Der Tag ist sehr niedergegangen" (Ri 19,11, MT: הַיּוֹם רַד מְאֹד, LXX: ἡ ἡμέρα κεκλικυῖα/προβεβήκει σφόδρα); „Gesunken ist der Tag zum Abend" (Ri 19,9, MT רָפָה הַיּוֹם לַעֲרֹב, LXX εἰς ἑσπέραν κέκλικεν/ἠσθένησεν ἡ ἡμέρα); "Zur Zeit des Abends" (Jes 17,14, MT לְעֵת עֶרֶב, LXX πρὸς ἑσπέραν); „denn geneigt hat sich der Tag, und die Schatten des Abends werden länger" (Jer 6,4, MT כִּי־פָנָה הַיּוֹם כִּי יִנָּטוּ צִלְלֵי־עָרֶב, LXX ὅτι κέκλικεν ἡ ἡμέρα ὅτι ἐκλείπουσιν αἱ σκιαὶ τῆς ἑσπέρας); "in der Dämmerung, am Abend des Tages, im Augapfel der Nacht und in der Finsternis" (Spr 7,9, MT בְּנֶשֶׁף־בְּעֶרֶב יוֹם בְּאִישׁוֹן לַיְלָה וַאֲפֵלָה, LXX ἐν σκότει ἑσπερινῷ ἡνίκα ἂν ἡσυχία νυκτερινὴ ᾖ καὶ γνοφώδης); oder auch kurz "als es Dunkel wurde" (Ez 12,7, MT בָעֲלָטָה, LXX ἑσπέρας; Gen 15,17 וַעֲלָטָה הָיָה, LXX: πρὸς δυσμαῖς). Lukas, der die Formel ὀψίας γενομένης nicht gebraucht, verwendet dafür dreimal ἑσπέρα (Lk 24,29; Apg 4,3; 28,23), was bei Mt und Mk fehlt. Dabei ist insbesondere Lk 24 von Interesse, da Lukas (bzw. seine Sonderüberlieferung) hier eng an die Formeln aus Ri 19,19 und Jer 6,4 anknüpft. Vgl. dazu auch Rolland, *Substrat*, 1994, 12.

[243] Mk formuliert in Mk 4,35 ἐν ἐκείνῃ τῇ ἡμέρᾳ ὀψίας γενομένης und in Mk 1,32 ὀψίας δὲ γενομένης, ὅτε ἔδυ ὁ ἥλιος. In beiden Fällen handelt es sich um eine typisch markinische doppelte Zeitangabe, in der der erste Teil sich in der Parallele bei Mt (in beiden Fällen Mt 8,16) findet, der zweite bei Lk (4,40; 8,22). Markus hat also vermutlich die beiden Versionen zusammengezogen. In Mk 6,35 erscheint die Formel ἤδη ὥρας πολλῆς γενομένης. Hier hat Mt 14,15 ὀψίας δὲ γενομένης und Lk 9,12 ἡ δὲ ἡμέρα ἤρξατο κλίνειν. Mk 11,11 hat ὀψίας ἤδη οὔσης τῆς ὥρας keine Entsprechung im parallelen Mt-Text, bei Lk fehlt eine Parallele ganz. Mk ist also weit weniger formelhaft als Matthäus.

müssen, den Zeitpunkt, nach dem Regeln in Kraft treten, Tätigkeiten erlaubt bzw. vorgeschrieben sind:

Ein Schneider sollte (am Freitag)	לא יצא החיט
nicht mehr mit seiner Nadel aus dem Haus gehen	במחטו סמוך
kurz bevor es dunkel wird	לחשכה
damit er es nicht vergisst, wenn er hinausgeht.	שמא ישכח ויצא
Ebenso soll ein Schreiber nicht mehr schreiben,	ולא הליבלר בקולמוסו
man sollte nicht seine Kleidung durchsuchen	ולא יפלה את כליו
oder beim Licht einer Lampe lesen.[244]	ולא יקרא לאור הנר
Man brät nicht Fleisch, Zwiebeln oder Eier,	אין צולין בשר בצל וביצה
außer es wird noch im Lauf des Tages fertig.	אלא כדי שיצולו מבעוד יום
Man tut kein Brot in den Ofen	אין נותנין את־הפת לתנור
vor Einbruch der Dunkelheit,	עם חשכה
und keinen Kuchen auf den Herd,	ולא חררה על גבי גחלים
außer er wird noch [im Lauf des Tages] fest.[245]	אלא כדי שיקרמו פניה [מבעוד יום]
Man versenkt das Passalamm im Ofen	משלשלין את הפסח בתנור
vor Einbruch der Dunkelheit	עם חשכה
und dann entzündet man das Feuer.[246]	ומאחיזין את האור
Wenn der 17. Marcheschwan kam,	הגיע שבעה עשר במרחשון
und immer noch kein Regen gefallen war,	ולא ירדו גשמים
fingen Einzelne an zu fasten,	התחילו היחידים מתענין
an drei Fastentagen	שלש תעניות
aber sie aßen und tranken	אוכלין ושותין
nach Einbruch der Dunkelheit.[247]	משחשיכה
Und wer davon nimmt, solange es noch Tag ist,	וכל שקבל עליו מבעוד יום
dem ist es erlaubt.	מותר
Nach Einbruch der Dunkelheit aber ist es verboten.	משתחשך אסור
Denn man bereitet keinen Eruv vor	שאין מערבין
nach Einbruch der Dunkelheit.[248]	משתחשך

Es wird deutlich, wie hier der Begriff חשכה den halachisch relevanten Übergang vom Tag zum Abend beschreibt. Zu beachten ist dabei, wie die Terminologie genau unterscheidet zwischen עם חשכה („vor Einbruch der Dunkelheit")[249] und משחשיכה („nach Einbruch der Dunkelheit" oder relativisch „von dem Zeitpunkt an, an dem die Dunkelheit gekommen ist"). Die präzisierende Funktion des Begriffs חשכה im Gegenüber zu dem unscharfen Gebrauch von ערב wird dabei in den folgenden Beispielen deutlich:

---

244 mShab 1,3 (Nowack 30, eigene Übersetzung).

245 mShab 1,10 (Nowack 34, eigene Übersetzung).

246 mShab 1,11 (Nowack 36, eigene Übersetzung).

247 mTaan 1,4 (Correns 28, eigene Übersetzung).

248 mEr 8,1 (Nowack 74, eigene Übersetzung).

249 Möglich auch לחשכה (mShab 1,3, ed. Nowack 30), oder עד שחשכה (mRHSh 3,1, ed. Fiebig 92; mEr 4,2 und 4,5, ed. Nowack 38 und 40).

Drei Dinge muss ein Mann sagen
im Kreise seiner Familie
am Vorabend des Sabbat, bevor es dunkel wird:
Habt ihr verzehntet, habt ihr den Eruv vorbereitet,
und habt ihr das Licht angemacht?
Wenn unklar ist, ob es schon dunkel ist oder nicht,
verzehntet man nicht, was nicht vorgeschrieben ist,
man taucht das Geschirr nicht ein
und zündet auch die Kerzen nicht an.[250]

שלושה דברים צריך אדם לומר
בתוך ביתו
ערב שבת עם חשכה
עשרתם ערבתם
הדליקו את הנר
ספק חשכה ספק אינה חשכה
אין מעשרין את הודי
ואין מטבילין את־הכלים
ואין מדליקין את־הנרות

Während der sieben Tage
enthielt man ihm Essen und Trinken nicht vor.
Aber am Vortag des Versöhnungstages,
vor Einbruch der Dunkelheit,
gab man ihm nicht mehr viel zu essen,
denn Essen macht müde.[251]

כל שבעת הימים
לא היו מונעין ממנו מאכל ומשתה
ערב יום הכפורים
עם חשיכה
לא היו מניחים אותו לאכול הרבה
שהמאכל מביא את השינה

Wie wurde es gemacht?
Gesandte des Gerichtshofes gingen aus
am Vortag des (Passa-) Feiertages.
(...)
Und bei Einbruch der Dunkelheit fragten sie:
Ist die Sonne untergegangen?
Und man antwortete: Ja![252]

כיצד היו עושים
שלוחי בית דין יוצאים
מערב יום טוב
(...)
כיון שחשכה אומר להם
בא השמש
אומרים הין

Dass es sich um einen etablierten *terminus technicus* handelt, wird zudem aus der Tatsache erkenntlich, dass das mischnische Hebräisch ein eigenes Verb in der Hiphilform *להחשיך* gebildet hat mit der Bedeutung „den Einbruch der Dunkelheit verbringen" oder „vom Einbruch der Dunkelheit überrascht werden":

Man heuert keine Arbeiter am Sabbat,
und beauftragt auch keinen Bekannten,
Arbeiter anzuheuern.
Man verbringt nicht den Einbruch der Dunkelheit
an der Stadtgrenze (für den Sabbatweg),
um Arbeiter anzuheuern oder Früchte zu ernten.
Aber man darf den Einbruch der Dunkelheit
dort verbringen, um die Felder zu bewachen
und sie (später) mit den Händen heim zu bringen.
Als Regel sagte Abba Saul dazu:
Für alles, wozu ich auch andere beauftragen darf,
darf ich selbst auch den Einbruch der Dunkelheit
(an der Stadtgrenze) verbringen.[253]

לא ישכור אדם פועלין בשבת
ולא יאמר אדם לחבירו
לשכור לו פועלין
אין מחשיכין
על התחום
לשכור פועלין ולהביא פירות
אבל מחשיך הוא
לשמור
ומביא פירות בידו
כלל אמר אבא שאול
כל שאני זכאי באמירתו
רשי אני להחשיך עליו

---

[250] mShab 2,7 (Nowack 42–44, eigene Übersetzung).
[251] mYom 1,4 (Meinhold 32, eigene Übersetzung).
[252] mMen 10,3 (Cohn 146, eigene Übersetzung).
[253] mShab 23,3 (Nowack 132–134, eigene Übersetzung).

Wer unterwegs von der Dunkelheit überrascht wird,	מי שהחשיך בדרך
soll sein Gepäck einem Ausländer geben.[254]	נותן כיסו לנכרי

In der Qal-Form bezeichnet חשך das Hereinbrechen der Dunkelheit. Im Blick auf die vorliegende Perikope ist dabei die folgende Formulierung von besonderem Interesse:

Am Abend (Vortag) des Passafestes	ערבי פסחים
bevor das Nachmittagsopfer gebracht ist	סמוך למנחה
soll niemand etwas essen	לא יאכל אדם
bevor nicht die Dunkelheit hereingebrochen ist.	עד שתחשך
Und sogar der Arme in Israel soll nicht essen,	ואפילו עני שבישראל לא יאכל
bevor er nicht zu Tische liegt.	עד שיסב
Und man soll ihn nicht herabwürdigen	ולא יפחתו לו
unter die Zahl von vier Bechern Wein,	מארבע כוסות של יין
selbst wenn es aus der Armenkasse bezahlt wird.[255]	ואפילו מן התמחוי

Die neutestamentliche Formel ὀψίας γενομένης steht den Wendungen עם חשיכה, עד שחשכה, כיון שחשכה, משחשתה bzw. משתחשך also sehr nahe. Zwar stimmt der lexikalische Bedeutungsgehalt nicht überein, wohl aber die inhaltliche und syntaktische Funktion. Ein spezifisch halachischer Hintergrund, wie er in der Mischna erkennbar wird, muss dabei nicht vorausgesetzt werden und ist auch bei Josephus, Judit und an den anderen Stellen des Mt und Mk nicht vorausgesetzt. Entscheidend ist, dass in neutestamentlicher Zeit offenbar ein neuer und präziser Ausdruck für den Beginn der Abendstunde neben den allgemeineren biblischen Begriff ערב tritt, vor allem dort, wo man einen bestimmten Zeitpunkt benennen will.

Vergleicht man nun die zuletzt zitierte Passage über den Ablauf des Passafestes mit den drei synoptischen Schlussversen Mt 26,20 parr., so steht die Fassung des Matthäus der hier verwendeten Formulierung am Nächsten: Nur bei Mt folgen das Liegen zu Tisch unmittelbar auf den Anbruch des Abends. Bei Markus findet sich zwar die Zeitangabe, jedoch nur ein „Kommen" Jesu. Bei Lukas wiederum ist zwar das Liegen zu Tisch erwähnt, die Zeitangabe jedoch weniger präzise: Lukas verwendet nie ὀψίας γενομένης, und hat überall da, wo die Formel bei Mt oder Mk erscheint, andere Zeitangaben. Lukas hingegen ist der einzige, der das Wort ἑσπέρα verwendet (Lk 24,19; Apg 4,3; Apg 28,23). In Lk 24,29 ist πρὸς ἑσπέραν ἐστὶν καὶ κέκλικεν ἤδη ἡ ἡμέρα ein deutlicher Hebraismus, in dem Formulierungen aus Ri 19,8.9 und Jer 6,4 anklingen. Wenn es so ist, dass Lukas Begriffe wie משחשכה, שתחשך oder ὀψίας γενομένης in seinen Quellen vorfand, dann waren diese Begriffe ihm vielleicht zu technisch, weswegen er meist gebräuchlichere, wenn auch weniger präzise, Formulierungen wählte. Viel-

[254] mShab 24,1 (Nowack 138, eigene Übersetzung).
[255] mPes 10,1 (Beer 186–188, eigene Übersetzung).

leicht sind aber die hebräischen oder hebraisierenden Formeln erst später in einen Überlieferungsstrang eingedrungen, der Lukas nicht bekannt war.

In Lk 22,14 wählt Lukas nicht ὅτε ἐγένετο ἑσπέρα (vgl. Gen 1,5 u.ö.), sondern ὅτε ἐγένετο ἡ ὥρα, eine Formulierung, die ohne Vorbild in der hebräischen Sprache ist und auch keine feste Formel wie ὀψίας γενομένης. Vermutlich entstand sie speziell hier durch Aufnahme des auch bei Mt und Joh in dieser Perikope angesiedelten Wortes ἦλθεν αὐτοῦ ἡ ὥρα (Joh 13,1) bzw. ὁ καιρός μου ἐγγύς ἐστιν (Mt 26,18), das bei Lukas sowohl im Eingang (ἦλθεν δὲ ἡ ἡμέρα) als auch im Abschluss (ἐγένετο ἡ ὥρα) der Perikope anklingt. Lukanische Redaktion kann also hier vermutet werden, und die Formulierung bei Mt und Mk steht einer möglichen hebräischen Vorlage näher. Dafür, dass die Formel bei Mt, und nicht bei Mk, ihren Ursprung hat, sprechen dabei mehrere Beobachtungen:

a) In der vorliegenden Perikope ist es Mt, der den Zusammenhang zwischen Einbruch der Dunkelheit und Liegen zu Tisch am reinsten bewahrt hat. Sicherlich ist eine Kenntnis der mischnischen Vorschriften oder gar ihrer genauen Formulierungen für die Autoren des Neuen Testaments nicht vorauszusetzen. Dennoch werden in der vorliegenden Perikope auffällig viele Übereinstimmungen mit den aus der Mischna bekannten Bestimmungen erkennbar, so dass in der Tat angenommen werden kann, dass in den neutestamentlichen Passaerzählungen ein frühes Zeugnis für die Existenz von Festbräuchen vorliegt, die uns so erst aus dem späteren jüdischen Schrifttum bekannt sind. Die Nähe der matthäischen Formulierung zur Beschreibung aus mPes 10,1 kann also durchaus ein Zeichen für literarische Ursprünglichkeit sein.

b) Abgesehen davon wurde bereits oben deutlich, dass nur Matthäus die Formel ὀψίας γενομένης konsequent verwendet und andere, näher liegende Zeitangaben für den Abend bei ihm nicht erscheinen. Markus hingegen verwendet an zwei Stellen zusätzlich auch andere Formulierungen (Mk 1,32 und 4,35) und variiert zudem im Wortlaut der Formel (Mk 6,35 und 11,11).[256]

c) Bei Markus erscheint die Formel dreimal im Zusammenhang einer „doppelten Zeitangabe", in der matthäische und lukanische Formulierungen bei Markus kombiniert auftreten.[257] Hier ist die Annahme markinischer Konflation und damit einer direkten Abhängigkeit des Mk von Mt oder ei-

---

[256] Mk hat in Mk 4,35 ἐν ἐκείνῃ τῇ ἡμέρᾳ ὀψίας γενομένης und in Mk 1,32 ὀψίας δὲ γενομένης, ὅτε ἔδυ ὁ ἥλιος. In beiden Fällen handelt es sich um eine typisch markinische doppelte Zeitangabe, in der der erste Teil sich in der Parallele bei Mt (in beiden Fällen Mt 8,16) findet, der zweite bei Lk (4,40;8,22). Markus hat also vermutlich die beiden Versionen zusammengezogen. In Mk 6,35 erscheint die Formel ἤδη ὥρας πολλῆς γενομένης. Hier hat Mt 14,15 ὀψίας δὲ γενομένης und Lk 9,12 ἡ δὲ ἡμέρα ἤρξατο κλίνειν. Mk 11,11 hat ὀψίας ἤδη οὔσης τῆς ὥρας keine Entsprechung im parallelen Mt-Text, bei Lk fehlt eine Parallele ganz.

ner protomatthäischen Quelle in der Benutzung der Formel kaum von der Hand zu weisen.

Der Ursprung der Formel ὀψίας γενομένης liegt also vermutlich bei Matthäus bzw. bei seiner Vorlage. Von dort ist sie dann wohl auch in das Markusevangelium eingedrungen. Die präziseste Entsprechung für ὀψίας γενομένης im Hebräischen dürfte dabei die Formulierung כיון שחשכה („als der Abend anbrach") sein. Möglich wäre auch עם חשכה („als der Anbruch des Abends nahte"), da dies der profangriechischen Bedeutung des δείλη ὀψία ("später Nachmittag") näher käme. משחשכה bzw. משתחשך („nach Einbruch der Dunkelheit") weichen, genau genommen, von der Grundbedeutung des Wortes ὀψία weiter ab und bezeichnen das, was nach Einbruch des Abends geschieht. Dies trifft zwar im vorliegenden Fall sachlich für das Mahl zu, aber nicht für den Zeitpunkt des Eintreffens im Gastraum, der mit ὀψίας γενομένης auf den späten Nachmittag und damit auf einen Zeitpunkt kurz vor Einbruch der Dunkelheit zielt. כיון שחשכה trifft also am besten den Zeitpunkt, der hier im Blick ist.

2.19 ἀνέκειτο

Die Begriffe ἀνέκειτο (Mt) und ἀνέπεσεν (Lk) sind inhaltlich deckungsgleich. Mt und Lk stimmen hier in der Wortwahl gegen Mk überein, der hier ἔρχεται schreibt. Darüber hinaus stimmen Mt und Lk gegen Mk auch, wie so häufig, in der Wahl einer Vergangenheitsform (Imperfekt bzw. Aorist) überein, während Mk das historische Präsens wählt. Das dritte *minor agreement* liegt dann im Folgevers vor, wo Mk ἀνακειμένων hat, der Begriff aber in den Parallelen von Lk und Mt fehlt.

Es ist zwar möglich, dass sowohl Mt als auch Lk den Begriff in ihrer (angenommenen) Vorlage Mk 14,18 vorfanden und sich unabhängig voneinander dazu entschlossen, ihn – über die Grenze der Erzähleinheit hinweg! – in die vorhergehende Perikope zu ziehen, dabei unabhängig voneinander die Partizipialkonstruktion in einen Hauptsatz verwandelten und dabei die jeweils die Vergangenheitsform statt des Präsens wählten.[258] Wahrscheinlich ist das jedoch nicht. Nahe liegender ist auch hier die Annahme, dass Mk seine Vorlagen geändert hat und das Wort ἀνάκειμαι in die von ihm gebildete Einleitung der Folgeperikope einbezog. Dass ἀνάκειμαι hier sachlich angebracht ist, zeigt die bereits oben zitierte Vorschrift zum Passafest, nach der bei diesem besonderen Essen das Liegen zu Tisch, das sonst den Reicheren vorbehalten war,[259] auch für die Armen vorgeschrieben war. Lk verwendet stattdessen das etwas gewöhnlichere ἀναπίπτω, das bei ihm häu-

---

[257] Mk 1,32 parr. Mt 8,16/Lk 4,40; Mk 4,35 parr. Mt 8,16/Lk 8,22; Mk 15,42 parr. Mt 27,57/ Lk 23,54; vgl.oben S. 521 Tabelle 38.

[258] Für Matthäus nehmen das, ohne die Übereinstimmung mit Lk zu erwähnen, GUNDRY, *Matthew*, 1994, 526 und LUZ, *Matthäus IV*, 2002, 87, an.

figer für Mahlszenen verwendet ist.[260] Dies kann eine eigenständige Übersetzungsvariante sein. Vielleicht vermeidet Lk aber auch den Begriff ἀνάκειμαι bewusst: Bei ihm erscheint er nur einmal, und zwar in dem Jesuswort über den Gegensatz zwischen dem „Dienenden" und dem „zu Tisch Liegenden" (Lk 22,27), das nur Lukas in dieser Form kennt und das bei ihm im Kontext des Rangstreites erscheint, der nur bei ihm (und evtl. in Anklängen bei Joh) Teil der Abendmahlsszene ist. Jesus stellt sich hier als διακονῶν dem ἀνακείμενος gegenüber. Lukas hat es daher vielleicht für unpassend gehalten, wenige Verse zuvor Jesus als ἀνακείμενος zu beschreiben.

2.20 μετὰ τῶν δώδεκα (μαθητῶν)

Mt 26,20b und Mk 14,17b nennen die Begleiter Jesu übereinstimmend οἱ δώδεκα. Lukas nennt sie οἱ ἀπόστολοι. Eine Reihe wichtiger Zeugen, darunter Sinaiticus und Alexandrinus, lesen in Mt 26,20b jedoch μετὰ τῶν δώδεκα μαθητῶν.[261] Eine eingehende Klärung von Genese und Bedeutung der jeweiligen Begriffe ist im Rahmen der vorliegenden Untersuchung nicht möglich und auch nicht notwendig. Lediglich einige sprachliche Beobachtungen sollen hier zusammengetragen werden, sofern sie für die hier im Blick befindliche Stelle von Relevanz sind:

Der Begriff οἱ δώδεκα wird in anderen Zusammenhängen von allen drei Evangelisten verwendet. Matthäus verwendet ihn nur hier in absoluter Form als Titel für den Jüngerkreis, an allen anderen matthäischen Stellen behält δώδεκα seinen ursprünglichen Bedeutungsgehalt als Zahlwort.[262] Bei Markus und Lukas erscheint οἱ δώδεκα hingegen meistens absolut, bei ihnen fehlen Verbindungen wie οἱ δώδεκα μαθηταὶ oder οἱ δώδεκα ἀπόστολοι.[263] Lediglich in der Formel εἷς τῶν δώδεκα im Blick auf die Person des Judas

[259] Mt verwendet das Wort andernorts für das Gastmahl des Levi (Mt 9,10) sowie für ein königliches Hochzeitsmahl (Mt 22,10–11). Aus der Reihe fällt das Mahl im Haus Simons des Aussätzigen, wo das Wort in der Mk- und Lk-Parallele fehlt, aber dafür bei Joh (12,2) erscheint. Hier werden jedoch gerade in den Details der Erzählung (Salbung, kostbares Öl, Verschwendung) Elemente aus dem Umfeld der Reichen und Mächtigen eingeführt, so dass ἀνάκειμαι hier vielleicht bewusst gewählt wurde, um diese Züge zu unterstreichen. Mk benutzt das Wort noch Mk 6,26 für ein Gastmahl des Königs Herodes und Mk 16,14 für ein weiteres Mahl Jesu mit seinen Jüngern, wobei Mk hier vermutlich im Wortgebrauch an Mk 14,18 anknüpft.

[260] Lk 11,37; 14,10; 17,7; Mt und Mk verwenden es nur im Zusammenhang des Speisungswunders (Mt 15,13; Mk 6,40; 8,6).

[261] ℵ A L W Δ Θ 33.892.1241 sowie lat sy^{h}, sa, mae und bo.

[262] τοὺς δώδεκα μαθητὰς αὐτοῦ (Mt 10,1 und 11,1); τῶν δὲ δώδεκα ἀποστόλων (Mt 10,2); τούτους τοὺς δώδεκα, (10,5, zurückbezogen auf 10,2); In der Formel εἷς τῶν δώδεκα (Mt 26,14.47) ist ebenfalls noch nicht der titulare Gebrauch vorausgesetzt. In Mt 20,17 ist die Lesart τοὺς δώδεκα μαθητὰς vermutlich ursprünglich, während die kürzere und schwächer bezeugte Lesart τοὺς δώδεκα (ℵDLΘ$f^{1.13}$ u.a.) vermutlich auf eine Angleichung an die Parallelen in Mk 10,32 und Lk 18,31 zurückzuführen ist.

stimmen alle drei Synoptiker überein.[264] Ergänzt wird das Bild durch die Beobachtung, dass auch die Zahl ἕνδεκα bei Mt nur in der Form οἱ δὲ ἕνδεκα μαθηταὶ (Mt 28,16) erscheint, während auch hier Mk (16,14) und Lk (24,9.33) den absoluten Gebrauch aufweisen. Dass der Begriff zudem schon früh in enger Verbindung mit der frühchristlichen Passionsüberlieferung stand, zeigt seine Erwähnung in der vorpaulinischen Überlieferung I Kor 15,5, wo ebenfalls der absolute Gebrauch von οἱ δώδεκα vorliegt. Drei mögliche Szenarien können diesen Befund erklären:

a) Während am Anfang noch nicht-tituläre Formeln wie οἱ δώδεκα μαθηταὶ, οἱ δώδεκα ἀπόστολοι, ἐκ τοῦ ἀριθμοῦ τῶν δώδεκα oder εἷς τῶν δώδεκα in Gebrauch waren, hat sich der Begriff in der frühen Gemeinde im Lauf der Zeit verfestigt und wurde zum Titel. Als solcher wurde er dann von Mk in seinem Evangelium eingeführt. Mt hat prinzipiell eine ältere und hebräischem Sprachgebrauch näher stehende Redeweise bewahrt als seine Seitenreferenten und wäre nur in Mt 26,20 von Mk beeinflusst, möglicherweise ist jedoch auch diese Stelle Änderung eines späteren Kopisten. Lk wiederum wäre in diesem Szenario in seiner Wortwahl von Mk abhängig.

b) Unter Annahme des Szenarios (a) könnte die titulare Form οἱ δώδεκα jedoch auch nicht erst aus der Hand des Mk, sondern aus einem vorlukanischen Überlieferungsstrang stammen, der sich auch in der vorpaulinischen Formel I Kor 15,5 zeigt. Die vormatthäische Überlieferung jedoch bewahrte den ursprünglichen Wortgebrauch weiterhin. In der matthäischen und der lukanisch-paulinischen Tradition liegen also zwei vormarkinische Überlieferungsstränge (V^{Mt} und V^{Lk}) vor. Mk hat sich mit seiner Wortwahl der vorlukanischen Version angeschlossen.

c) Die Wortwahl bei Mk und Lk spiegelt eine ursprüngliche, formelhafte Verwendung von οἱ δώδεκα wieder, die vom Endredaktor des Mt gemieden wurde, weshalb dieser den Titel durchgängig durch weniger absolute Wendungen ersetzt hat. Nur hier folgte er (oder ein Kopist) der Markusvorlage.

Eine endgültige Entscheidung für eines dieser Szenarien wird nur schwer möglich sein. Für die Rekonstruktion einer möglichen hebräischen Vorlage muss die Frage offen bleiben, ob hier für V^{Mt} und V^{Lk} ein absolutes עם שני העשר anzunehmen ist (Szenario c), oder für V^{Mt} ein dem sonstigen matthäischen Gebrauch entsprechendes עם שנים עשר תלמידים (Szenario a und b). Schließlich wäre auch denkbar, dass für V^{Mt} hier wie in der gesamten Perikope einfach עם התלמידים zu rekonstruieren ist, während οἱ δώδεκα durch markinische Redaktion (Szenario a) oder vorlukanische Überlieferung

[263] Mk 3,16 (textlich unsicher); 4,10; 6,7; 9,35; 10,32; 11,11; 14,17; außerdem wie Mt εἷς τῶν δώδεκα (Mk 14,10.20.43); außerdem καὶ ἐποίησεν δώδεκα (Mk 3,14 par. Lk 6, 13); Lk 8,1; 9,1; 9,12; 18,31; ἐκλεξάμενος ἀπ᾽ αὐτῶν δώδεκα (Lk 6,13 par. Mk 3,14), ἐκ τοῦ ἀριθμοῦ τῶν δώδεκα (Lk 22,3), und, wie Mt und Mk, εἷς τῶν δώδεκα (Lk 22,47).

[264] Mk 3x (14,10.20.43); Mt 2x (26,14.47); Lk 1x (22,47).

(Szenario b/c) in den Text eingeflossen ist und dann auch vom Endredaktor des Mt übernommen wurde. Diese Formulierung findet sich so auch in Joh 18,1 (ταῦτα εἰπὼν Ἰησοῦς ἐξῆλθεν σὺν τοῖς μαθηταῖς αὐτου), obwohl sie für Johannes ungewöhnlich ist und daher dort zuweilen einer vorjohanneischen Quelle zugerechnet wird.[265] Sieht man von der längeren Einschaltung der Abschiedsreden Jesu ab, steht die Formel auch bei Johannes noch im gleichen Kontext.

Am wenigsten hypothetisch jedoch bleibt die erste Annahme, die vom vorliegenden Text des Mt und Mk ausgeht, möglicherweise ist dabei jedoch die Lesart μετὰ τῶν δώδεκα μαθητῶν bei Mt vorzuziehen. Der vorliegende Text des Lk (καὶ οἱ ἀπόστολοι σὺν αὐτῷ) hingegen geht mit hoher Wahrscheinlichkeit auf die redaktionelle Hand des Lukas zurück. ἀπόστολος ist ein genuiner frühchristlicher Neologismus, der vermutlich erst im griechischen Sprachraum entstand.[266] Von den insgesamt 80 Belegen im NT fallen 34 auf das Corpus Paulinum und 34 (6/28) auf das lukanische Doppelwerk. Mt verwendet den Begriff nur Mt 10,2, Markus nur Mk 6,30 (möglicherweise auch Mk 3,14). In der vorpaulinischen Überlieferung I Kor 15,3–7 werden die δώδεκα ausdrücklich vom größeren Kreis der ἀπόστολοι unterschieden, so dass die Verwendung des Begriffs hier in Lk 22,14 kaum auf traditionellen Gebrauch zurückzuführen ist, sondern aus der redaktionellen Hand des Lukas stammt.

Lukas verwendet den Begriff ἀπόστολος aber nicht etwa einschränkend, als wolle er ihn nun, im Gegensatz zu der ihm vorliegenden Tradition, auf den Zwölferkreis reduzieren. Vielmehr wird die Tatsache herausgehoben, dass die Zwölf *in ihrer Eigenschaft als Apostel*, also als Gesandte Jesu und Augenzeugen des Anfangs, bei diesem wichtigen Passamahl anwesend sind, dass also „mit dem narrativ-kerygmatischen Vermächtnis dieses Kreises ein verlässliches, durch geschichtliche Tatsachen und persönliche Glaubwürdigkeit gedecktes Zeugnis vorliegt“[267]. Der Apostelbegriff war also hier vermutlich nicht Bestandteil der ursprünglichen Überlieferung. Als mögliche Rekonstruktion einer gemeinsamen Vorlage für zu Mt 26,20/ Mk 14,17/Lk 22,14 ergibt sich damit:

ὀψίας δὲ γενομένης	וַיְהִי כֵּיוָן שֶׁחֲשֵׁכָה
ἀνέκειτο μετὰ τῶν δώδεκα	וַיֵּסֵב עִם־שְׁנֵים הֶעָשָׂר
[bzw. μετὰ τῶν δώδεκα μαθητῶν]	
(V^{Mt} 26,20 = Mt 26,20)	

265 DAUER, *Passionsgeschichte*, 1972, 22; vgl. SABBE, *Arrest*, 1977, 357.

266 HAACKER, *Apostelbegriff*, 1988, 12–13. Die wenigen vergleichbaren Belege des Begriffs im Profangriechischen (z.B. Herodot I,21 und V,38; Jos. Ant 17,300) sind zu vernachlässigen.

267 HAACKER, *Apostelbegriff*, 1988, 38.

3. Zusammenfassung: Tradition und Redaktion

Die sprachlichen Untersuchungen zu einem möglichen hebräischen Hintergrund der Perikope von den Vorbereitungen zum Passafest und den daraus zu schließenden Folgerungen für die Literargeschichte dieser Perikope haben folgende Ergebnisse erbracht:

3.1 Sachliche Berührungen mit der jüdischen Passatradition

Die Perikope ist reich an sprachlichen wie auch inhaltlichen Bezügen zum jüdischen Entstehungskontext der Evangelien: In vielen Details klingen Bräuche und Gewohnheiten an, die uns aus den erst später kodifizierten, aber doch sicher in ihrem Grundbestand in neutestamentliche Zeit zurückreichenden jüdischen Bestimmungen zum Passafest bekannt sind: Angefangen von der präzisen, nicht etwa volkstümlich-nachlässigen, Datierung am Anfang der Perikope (Mt 26,17a), über die Lokalisierung innerhalb der Stadt (Mt 26,17b parr.), die Sendung von Dienern zur Vorbereitung des Passa (Mt 26,18a parr.), die gastfreie Bereitstellung von Räumen im Stadtgebiet (Mt 26,18b parr.), die Auskleidung mit Polstern (Mk 14,15 par.), das Abwarten der Abendstunde (Mt 26,20a parr.) sowie das Liegen zu Tisch (Mt 26,20b parr.) finden sich sachliche Parallelen in den Passabestimmungen der Mischna. Dies lässt darauf schließen, dass der hier überlieferte Stoff nicht künstliches Produkt literarischer Tätigkeit ist, sondern seinen Ursprung im Kontext des Judentums im Land Israel zur Zeit des zweiten Tempels hat.

3.2 Spuren eines semitischen Sprachhintergrunds

Auch in sprachlicher Hinsicht finden sich viele Spuren eines hebräischen (bzw. allgemein semitischen) Hintergrundes: Die schwierige Zeitangabe τῇ δὲ πρώτῃ τῶν ἀζύμων (Mt 26,17a) wird, mit ihren Parallelen bei Mk und Lk, nur aus der engen Bindung an den hebräischen Wortlaut von Ex 12,18 und der sich daraus ergebenden rabbinischen Diskussion nachvollziehbar und zugleich historisch plausibel, ohne dass ein Übersetzungs- oder Lesefehler angenommen werden muss. Das unpersönliche τὸ πάσχα ἔθυον (Mk 14,12) spiegelt semitischen Stil wider, ebenso wie die Formel πορευθέντες (ἀπελθόντες) ἑτοιμάσατε (Lk 22,8*), die Imperativform καὶ ἐρεῖτε und die auffällige Doppelung τῷ οἰκοδεσπότῃ τῆς οἰκίας (Lk 22,11). Die ‚Botenformel' λέγει σοι ὁ διδάσκαλος (Mt 26,18 parr.) und die ‚Ausführungsformel' καὶ ἐποίησαν ὡς συνέταξεν (Mt 26,19) reflektieren stereotype biblisch-hebräische Redeformeln. Wenn in der Formel ἄνθρωπος κεράμιον ὕδατος βαστάζων (Mk 14, 13 par.) ein intendierter Anklang an I Sam 10 vorliegt, dann handelt es sich um einen Non-Septuagintismus, der nur vor einem hebräischem Sprachhintergrund nachvollziehbar ist. Gleiches gilt für die Formel ὁ καιρός μου ἐγγύς ἐστιν (Mt 26,18). Auch das nur bei Matthäus erscheinende ποιῶ τὸ πάσχα entspricht gutem hebräischem Sprachgebrauch. Neben der Wortwahl und einzelnen Phrasen ist auch der Satzbau an vielen Stellen (bei Mt durchgehend) semitisierend. Möglicherweise kommt in Lk 22,13 noch das hebräisches Wortspiel ויצאו וימצאו hinzu. Auch für ὀψίας γενομένης (Mt 26,20/ Mk 14,16) wurde ein semitischer Sprachhintergrund wahrscheinlich, da die Formel im Profangriechischen unbekannt ist, nur in zeitgenössischen jüdischen Texten, und gehäuft in den Evangelien, auftaucht und zudem sachlich der Notwendigkeit einer genauen Zeitbestimmung für den Beginn des Abends entspricht, die im Judentum des zweiten Tempels in Form des Begriffs חשכה neben den offeneren Begriff ערב trat.

Durch die ganze Perikope hindurch herrscht also eine hohe Dichte von hebraisierenden Formulierungen. Dabei fällt auf, dass die Dichte solcher Formulierungen bei Lk und Mt höher ist als bei Mk, obwohl auch Mk zuweilen Spuren eines hebräischen Wortlauts bewahrt, wo diese bei Lk durch Gräzisierung überdeckt sind und bei Mt eine Parallele fehlt. In diesen Fällen ist aber oft die redaktionelle Hand Lk aufgrund anderer Beobachtungen erkennbar.

3.3 Spuren griechischer redaktioneller Überarbeitung

Neben den in allen drei Berichten erkennbaren Spuren von Ursprünglichkeit werden aber auch in allen drei Berichten Spuren einer griechischen Überarbeitung deutlich, die auf redaktionelle Hand schließen lassen: Zuweilen wird der semitische Satzbau gräzisiert (Lk 22,8b par. Mk 14,12b; Lk 22,11b/Mk 14,14b par. Mt 26,18b; Lk 22,13a par. Mk 14,16a). Zuweilen werden Vorzugsworte der Evangelisten eingesetzt (προσῆλθον Mt 26,17; Πέτρον καὶ Ἰωάννην Lk 22,8; συναντήσει Lk 22,10; ἀπόστολοι Lk 22,14). Vor allem in der Episode mit dem Wasserträger und der Beschreibung des Raumes häufen sich seltene griechische Ausdrücke und *hapax legomena*. Auch πρὸς τὸν δεῖνα (Mt 26,8) gehört möglicherweise zu einer griechischen Redaktionsschicht. In allen drei Fassungen sind daher semitisierende und auch nichtsemitische Merkmale enthalten, obwohl die Fassung des Mt dem hebräischen Sprachgebrauch am Häufigsten nahe steht. Keine der drei Versionen ist jedoch zweifelsfrei als die ursprünglichste und als direkte Vorlage der beiden anderen identifizierbar. Die Vermutung einer gemeinsamen Abhängigkeit von einer vorsynoptischen, hebraisierenden Vorlage legt sich daher nahe. Von ihr hätten dann alle drei Synoptiker Spuren bewahrt, sie läge aber auch in allen drei Fassungen nur in einer (mehr oder weniger) überarbeiteten Form vor.

3.4 Minor agreements zwischen Matthäus und Lukas

Gegen eine Priorität des Mk gegenüber seinen Seitenreferenten spricht auch die Existenz von insgesamt acht *minor agreements* innerhalb der nur wenige Verse umfassenden Perikope:

a) Aorist bzw. Imperfekt (mehrfach Mt 26,17–20/Lk 22,7–14)
   vs. historisches Präsens (mehrfach Mk 14,12–17)
b) nachgeordnetes δὲ (Mt 26,17/Lk 22,7)
   vs. vorangestelltes καὶ (Mk 14,12)
c) ἑτοιμάσωμέν σοι (Mt 26,17) / ἑτοιμάσατε ἡμῖν (Lk 22,8)
   vs. ἑτοιμάσωμεν ohne Dativ-Objekt (Mk 14,12)
d) ὁ δὲ εἶπεν (Mt 26,18/Lk 22,10)
   vs. καὶ λέγει αὐτοῖς (Mk 14,13)
e) ὁ διδάσκαλος λέγει (Mt 26,18/Lk 22,11)
   vs. ὅτι ὁ διδάσκαλος λέγει (Mk 14,14)
f) ὁ καιρός μου ἐγγύς ἐστιν (Mt 26,18) /
   ἦλθεν ἡ ἡμέρα (Lk 22,7) / ἐγένετο ἡ ὥρα (Lk 22,14)
   (fehlt bei Mk)
g) καὶ ἦλθον εἰς τὴν πόλιν (Mk 14,16)
   (fehlt bei Mt 26,19/Lk 22,13)
h) ἀνέκειτο (Mt 26,20) / ἀνέπεσεν (Lk 22,14)
   vs. ἔρχεται (Mk 14,17) – dafür ἀνακειμένων in Mk 14,18!

Die Übereinstimmungen in den Punkten (a) bis (e) lassen sich möglicherweise auch durch unabhängige redaktionelle Bearbeitung durch Lk und Mt erklären, was in der Literatur auch geschieht.[268] Kumulativ jedoch erhalten auch diese kleineren Änderungen Gewicht. Punkt (f) wird meist nicht als *minor agreement* aufgeführt, weil Lk 22,14 bereits zur nächsten Perikope gezählt wird. Zudem wird Mt 26,18 als christologisch motivierte Aussage gewertet, Lk 22,7.14 jedoch nur als chronologische Notiz. In Anbetracht der Tatsache, dass auch Joh 13,1 an dieser Stelle eine Formel hat, die inhaltlich Mt 26,18 nahe steht, in der Wortwahl jedoch Lk 22,7.14, muss diese Notiz jedoch als gewichtiges *minor agreement* gewertet werden.

Ebenso gewichtig ist (g), denn es gibt keinen stilistischen Grund für Mt und Lk, die ganze Wendung καὶ ἦλθον εἰς τὴν πόλιν unabhängig voneinander an dieser Stelle zu entfernen. Hinzu kommt die Beobachtung, dass die kurze Form sowohl bei Mt als auch bei Lk einen Hebraismus erkennen lässt, während dieser bei Mk verloren geht. Punkt (h) schließlich ist besonders relevant, weil hier eine unabhängige und mehrschichtige Redaktion des Mt und Lk über eine Perikopengrenze hinweg angenommen werden muss[269],

---

[268] Schramm, *Markus-Stoff*, 1971, 182–184; Reinbold, *Bericht*, 1994, 77; vgl. auch die Einzeluntersuchungen.

[269] Nicht nur die Umstellung in einen anderen Vers, sondern auch die Umformung der Partizipialkonstruktion in einen Hauptsatz und die Änderung des Tempus hätten Mt und Lk unabhängig voneinander durchführen müssen.

obwohl zumindest Lk nach Auffassung der meisten Kommentatoren seine Markusvorlage bereits in Mk 14,17 verlässt und schon in Lk 22,14 eine neue Perikope beginnt, in der er ganz von Mk unabhängig gestaltet. Auch dieses *minor agreement* wird jedoch in der Literatur meist übersehen, eben weil es die üblichen Perikopengrenzen überschreitet.

Die Übereinstimmungen unter (f) bis (h) lassen sich kaum anders als durch eine direkte Abhängigkeit des Mk von Lk und Mt (oder deren Vorlagen) erklären.[270] Punkte (a) bis (e) stützen diese Beobachtung zusätzlich.

3.5 Spuren markinischer Konflation

Bei Mk ist zudem ein Schema alternierender Konflation erkennbar: An vielen Stellen dreifacher Bezeugung steht seine Formulierung der einen Seite näher als der anderen. In mehreren Fällen fehlt eine Entsprechung für das jeweilige Material beim dritten Seitenreferenten ganz:

Das Phänomen der Konflation ist dabei jedoch nicht nur im Gesamtaufbau der Perikope zu beobachten (Meso-Ebene), sondern auch in den Details der einzelnen Verse, wo sich der Wechsel zwischen Mt und Lk zuweilen auch zwischen einzelnen Worten und Satzteilen vollzieht (Mikro-Ebene). Darüber hinaus zeigt sich das Schema der Konflation auch Perikopenübergreifend (Makro-Ebene):

Mk 14,1–2 (Todesanschlag): Nähe zu Lukas, Matthäus hat Langfassung
Mk 14,3–9 (Salbung): Nähe zu Matthäus, fehlt hier bei Lukas
Mk 14,10–11 (Judasverrat): Nähe zu beiden, Konflation im Detail
Mk 14,12–17 (Passavorbereitungen): Nähe zu Lukas, Mt hat Kurzfassung
Mk 14,18–21 (Verratsankündigung): Nähe zu Matthäus, fehlt hier bei Lk
Mk 14,22–25 (Abendmahl): Nähe zu Matthäus, Lukas hat andere Fassung

Das Schema der wechselseitigen Konflation auf der Mikro-, Meso- und Makroebene weist deutlich auf eine Abhängigkeit des Markus von seinen beiden Seitenreferenten (oder zwei Vorlagen, die diesen ähnlich sind) hin.

3.6 Spuren matthäischer und lukanischer Endredaktion

Zu den Phänomenen der markinischen Konflation und der *minor agreements*, die für eine Posteriorität des Mk sprechen, tritt nun jedoch auch die Beobachtung hinzu, dass Markus an einigen Stellen den semitischen Stil

---

[270] Auch die Annahme eines Deuteromarkus erklärt diese drei Übereinstimmungen nur unzureichend: Im Fall (f) hätte der deuteromarkinische Redaktor zufällig eine Formel eingeführt, die der (sicher vormarkinischen) Formel von Joh 13,1 entspricht. Im Fall (g) hätte er auf redaktioneller Ebene zwei Hebraismen geschaffen, die in Mk noch nicht vorhanden waren: Bei Mt eine „alttestamentliche Ausführungsformel“, und bei Lukas das mögliche Wortspiel ויצאו וימצאו. Im Fall (h) hätte er die saubere Parallelität zwischen καὶ ἀνακειμένων αὐτῶν (Mk 14,18) und καὶ ἐσθιόντων αὐτῶν (Mk 14,22) zerstört.

einer möglichen Vorlage besser bewahrt hat als die Seitenreferenten (z.B. in den καὶ-Parataxen Mk 14,12.13.16 sowie in der Formulierung τὸ πάσχα ἔθυον, Mk 14,12), dass er zuweilen hebräische Idiome besser bewahrt (ἀπελθόντες, Mk 14,12, statt πορευθέντες, Lk 22,8; τῷ οἰκοδεσπότῃ Mk 14,14; ἐξῆλθον ... καὶ εὗρον Mk 14,16) und dass er dort, wo Mt oder Lk Vorzugs-

Mt 26,17–20	*Mk 14,12–17*	*Lk 22,7–14*
Am ersten...	Am ersten...	
	Tag...	Tag...
...der ungesäuerten Brote	...der ungesäuerten Brote	...der ungesäuerten Brote
	Schlachten der Lämmer	Schlachten der Lämmer
Frage der Jünger	Frage der Jünger	
	Zwei Jünger	Zwei Jünger
Geht in die Stadt	Geht in die Stadt	
	Mann mit Krug	Mann mit Krug
Sagt!	Sagt!	
	Hausbesitzer	Hausbesitzer
Der Lehrer sagt	Der Lehrer sagt	Der Lehrer sagt
	Wo ist der Raum?	Wo ist der Raum?
	Beschreibung des Raums	Beschreibung des Raums
Die Jünger	Die Jünger	
	Sie gingen und fanden	Sie gingen und fanden
und sie bereiteten das Passa	und sie bereiteten das Passa	und sie bereiteten das Passa
als es spät wurde	als es spät wurde	
mit den Zwölf	mit den Zwölf	
Liegen zu Tisch	Liegen zu Tisch	Liegen zu Tisch

Tabelle 55: Markinische Konflation in Mk 14,12–17

worte einsetzen (s.o.), den ursprünglichen Wortlaut offenbar bewahrt hat. Dieser Befund einer doppelten Abhängigkeit in beide Richtungen ist am ehesten dadurch zu erklären, dass Mk nicht unmittelbar auf Mt und Lk zurückgegriffen hat, sondern auf zwei vormarkinische Quellen V^{Mt} und V^{Lk}. Mt seinerseits hat dann V^{Mt} (und möglicherweise auch Mk) benutzt, während Lk auf V^{Lk} und Mk zurückgriff.[271] Diese Annahme korrespondiert mit verschiedenen Quellentheorien, die in der synoptischen Forschung bereits früher und aufgrund anderer Beobachtungen ins Gespräch gebracht wurden.[272]

---

[271] Im Blick auf die vorliegende Perikope ist jedoch auch der umgekehrte Weg nicht auszuschließen, nämlich dass nicht Lk den Mk, sondern umgekehrt Mk den kanonischen Lk (nicht V^{Lk}) benutzt hat

[272] Vgl. oben S. 523.

3.7 Berührungen mit Mk 11,1–8

In einigen Einzelzügen steht die Erzählung Mk 14,12–17 parr. der Erzählung vom Einzug in Jerusalem Mk 11,1–7 parr. nahe. Es hat sich jedoch gezeigt, dass die Perikope nicht erst von Mk auf der literarischen Ebene nach dem Vorbild von Mk 11 gebildet wurde. Vielmehr zeigen sich auch in Mk 11 deutliche Zeichen einer Abhängigkeit des Markus von zwei vormarkinischen Berichten V^{Mt} und V^{Lk}. Einzelne Elemente aus Mk 11 hat Markus allerdings möglicherweise nach Mk 14 übernommen: Sie erscheinen in Mk 14 jeweils nur bei Mk und nicht bei seinen Seitenreferenten,[273] während sie in Mk 11 auch in der (proto-)matthäischen Vorlage erscheinen und vermutlich dort ihren Ursprung haben.

3.8 Berührungen mit Johannes 13–15

Die Berührungen der synoptischen Passionsberichte mit der Passion des Johannes bieten der Forschung ein weites Feld ungelöster Fragen. Übereinstimmungen von Lk und Joh gegen Mt und Mk werden häufig als Indiz für eine gemeinsame, nichtmarkinische Überlieferung des dritten und vierten Evangelisten gewertet. Aber auch die zahlreichen Berührungspunkte zwischen Joh und Mt gegen Mk und Lk lassen vermuten, dass beide zuweilen auf gemeinsame, alte Sonderüberlieferung zurückgreifen.[274]

Die Perikope von den Passavorbereitungen wird dabei in der Literatur auch deshalb einer sekundären Schicht der Passionsüberlieferung zugeordnet, weil hier, anders als in den vorangehenden und folgenden Perikopen, eine offensichtliche Parallele bei Johannes fehlt. Spuren einer möglichen Parallelüberlieferung in Johannes sind jedoch bei näherer Betrachtung auch hier deutlich geworden: Bereits die einleitende Datierungsformel τῇ δὲ πρώτῃ τῶν ἀζύμων (Mt 26,17) wies, insbesondere im Blick auf mögliche hebräische Vorlagen, eine Nähe zur johanneischen Formel πρὸ δὲ τῆς ἑορτῆς τοῦ πάσχα (Joh 13,1) sowie zum möglicherweise ebenfalls alten πρὸ μιᾶς τῶν ἀζύμων (EvPetr 5) auf. Mt steht hier Joh näher als Mk und Lk. Auch in der Nennung des Namens ὁ Ἰησοῦς unmittelbar nach der Zeitangabe stimmen Mt und Joh gegen Mk und Lk überein.

Eine weitere Parallele zwischen Mt und Joh ist die Formel ὁ καιρός μου ἐγγύς ἐστιν (Mt 26,18). Bei Johannes findet sich mit ἦλθεν αὐτοῦ ἡ ὥρα (Joh 13,1) eine Formel mit gleicher Aussageabsicht an gleicher Stelle. Die

---

[273] Ausnahme ist die Nennung der zwei Jünger Mk 14,12, die auch bei Lk erscheint. Hier aber ist die lukanische Abhängigkeit von Mk offensichtlich, weil die Namen der beiden Jünger der lukanischen Endredaktion zugerechnet werden können (vgl. oben S. 529).

[274] Vgl. dazu die Literatur zum Verhältnis von synoptischer und johanneischer Passionsgeschichte (oben S. 487 Anm. 4) sowie insbesondere zu den Übereinstimmungen von Mt und Joh gegen Mk und Lk (oben S. 551 Anm. 206).

Berührungen der johanneischen Formel mit Lk 22,7 (ἦλθεν ἡ ἡμέρα) und Lk 22,14 (ἐγένετο ἡ ὥρα), die Joh zwar in der Formulierung näher stehen, aber bei Lk an anderer Stelle plaziert sind, stützt dabei die Vermutung einer gemeinsamen Überlieferung. Auch hier ist die Berührung von Mt mit Joh enger als mit Mk und Lk. Eine weitere mögliche Berührung mit Joh ist die Wendung σὺν τοῖς μαθηταῖς αὐτου (Joh 18,1), die für Johannes ungewöhnlich ist, aber möglicherweise die Formel καὶ οἱ ἀπόστολοι σὺν αὐτω (Lk 22,14 parr.) im Schlusssatz der vorliegenden Perikope widerspiegelt. Im unmittelbaren Anschluss an die Perikope findet sich zudem die ungewöhnliche Übereinstimmung von Mt, Mk und Joh in einem ganzen Satz (Joh 13,21b = Mk 14,18b/Mt 26,21b).[275]

Sabbe hat in einer Untersuchung zu Johannes 13 weitere Übereinstimmungen zwischen Johannes und den Synoptikern im näheren Umfeld der Perikope zusammengetragen und schließt aus ihnen auf eine direkte literarische Abhängigkeit. Er spricht deshalb von einer „omitted Synoptic story of the preparation of the meal" bei Johannes.[276]

Unerwähnt bleiben bei Sabbe jedoch eine Reihe von sachlichen und textlichen Parallelen, die sich an unerwarteter Stelle, nämlich in den Abschiedsreden Jesu, finden. Sie lassen darauf schließen, dass Johannes auch den eigentlichen Skopus der Geschichte, der in Joh 13,1–3 nicht aufgenommen ist, kannte und auf kreative Weise in die nachfolgende Jesusrede eingearbeitet hat. Eine Gegenüberstellung macht dies deutlich:

	Mk 14,12–17 parr.	*Joh 13,36–14,2*
Jüngerfrage „Wo / Wohin?"	ποῦ θέλεις ... (ὑπάγετε)	ποῦ ὑπάγεις
Antwort: „Wohin er geht / ich gehe"	ὅπου ἐὰν εἰσέλθῃ	ὅπου ὑπάγω
„Folgt! / Du wirst folgen"	ἀκολουθήσατε	ἀκολουθήσεις δὲ
„In das Haus / In dem Haus"	εἰς τὴν οἰκίαν	ἐν τῇ οἰκίᾳ
„Es gibt einen Raum / Wohnungen"	ποῦ ἐστιν τὸ κατάλυμα	μοναὶ πολλαί εἰσιν
„Gehen und bereiten" (angekündigt)	πορευθέντες ἑτοιμάσατε ἡμῖν	πορεύομαι ἑτοιμάσαι τόπον ὑμῖν
„Gehen und bereiten" (ausgeführt)	καὶ ἐξῆλθον ... καὶ ἡτοίμασαν	πορευθῶ καὶ ἑτοιμάσω
Jesus mit seinen Jüngern	οἱ ἀπόστολοι σὺν αὐτω	ὑμᾶς πρὸς ἐμαυτόν

Tabelle 56: Bezüge zur johanneischen Abschiedsrede

Foster schließt aus diesen engen sachlichen und wörtlichen Parallelen, Jesus selbst habe in seinen Abschiedsreden bewusst an den vorher erteilten

---

[275] KLEINKNECHT, *Johannes 13*, 1985, 369.

[276] SABBE, *Footwashing*, 1982, 419.

Auftrag und die damit verbundenen Erlebnisse der Jünger anspielen wollen, um daraus eine geistliche Lektion für sie zu entwickeln.[277] Möglich ist jedoch auch, dass die engen Übereinstimmungen auf die Existenz einer gemeinsamen vorsynoptischen Überlieferung schließen lassen, die von den Synoptikern in der Gattung eines „Berichts von Geschehenem“[278] verarbeitet wurde, während Johannes sie, symbolisch gedeutet, in die Abschiedsrede Jesu einfließen lässt. Vergleichbar mit einem solchen redaktionellen Verfahren des Johannes wäre die Umarbeitung des Rangstreits (Lk 22,24–30) in einen Diskurs über die Rangordnung (Joh 13, 12–14), sowie die Aufnahme des Kelchwortes (Mk 14,25 parr.) in ein symbolisches Wort über den Weinstock (Joh 15,1–5). Viele Anzeichen sprechen also dafür, dass die Erzählung von den Vorbereitungen zum Passa bereits zu einem alten vorsynoptischen Grundbestand des Passionsberichts gehörte, der in abgewandelter Form auch Johannes vorlag.

3.9 Die Einheitlichkeit der Perikope

Es haben sich im Laufe der Untersuchung keine Anzeichen für eine literarische Uneinheitlichkeit der Perikope in ihrem Grundbestand gefunden.[279] Namentlich eine sekundäre Einarbeitung des Passamotivs, wie sie von Schenke behauptet wird, kann nur als unwahrscheinlich gelten. Die Erzählung zielt, von der einleitenden Datierung bis zu ihrem Schlusssatz, auf das folgende Passamahl hin. Die zentralen Erzählelemente (Jüngerfrage, Beauftragung, Raumfindung, Vorbereitung) erwähnen ausdrücklich das Wort Passa. Es wird keine andere Erzählabsicht als die der Passavorbereitung erkennbar. Verwendete Begriffe und vorausgesetzte historische Realitäten zeigen enge Bezüge zur jüdischen Passatradition. Die Perikope ist daher in sich geschlossen, thematisch wie sprachlich einheitlich und folgt in ihrem Grundgerüst einer stringenten narrativen Akoluthie.

3.10 Spuren einer Jerusalemer Lokaltradition

Aus dem einheitlichen Rahmen der Perikope fallen lediglich die Erwähnung des Mannes mit dem Wasserkrug und die genaue Beschreibung des Raumes. Hier fällt die Häufung von seltenen griechischen Ausdrücken und markinischen *hapax legomena* auf.

Für den Fortgang der Erzählung tragen diese Details nichts aus und es wird auch später nicht weiter an sie angeknüpft. Die Vielfalt der Deutungsversuche in der Auslegungsgeschichte zeigt zudem, dass die intendierte Bedeutung der Passage vermutlich früh verloren ging und heute nicht mehr zu

---

[277] Foster, *Make Ready*, 1952, 193.
[278] Pesch, *Evangelium*, 1983, 28 und 143.
[279] Gundry, *Mark*, 1993, 825; Pesch, *Markus II*, 1977, 5.

erkennen ist. Zudem fällt auf, dass genau diese Elemente, die sich sprachlich und inhaltlich vom Rest der Perikope abheben, bei Matthäus fehlen. Dort steht an ihrer Stelle nur πρὸς τὸν δεῖνα, was in analoger Weise darauf schließen lässt, dass hier eine ursprüngliche Information verloren ging oder bewusst verschleiert wurde.[280]

Der sachliche Gehalt dieser Elemente (eine bestimmte, aber nicht näher bezeichnete Person; ein bestimmter, aber nicht näher lokalisierter Raum), sowie deren detaillierte, aber nur für einen begrenzten Leserkreis aussagekräftige Beschreibung, trägt insgesamt den Charakter einer Lokalüberlieferung aus dem Umfeld der Jerusalemer Gemeinde. Möglicherweise stammen diese Elemente also aus mündlicher Überlieferung und sind erst später in den Bericht eingefügt worden. Ihr Ursprung ist entweder bei Markus zu suchen, der zuweilen ähnliche narrative Details in seinen Bericht einbringt, oder aber in der vorlukanischen Quelle V^{Lk}. Dass Lukas, vor allem in seinen Sonderquellen, gehäuft Lokaltraditionen und Überlieferungen über bestimmte Personen aus dem Umfeld der Jerusalemer Gemeinde vorgefunden hat, wird an vielen Stellen seines Sondergutes deutlich.

Die wechselseitige Abhängigkeit des Mk von V^{Mt} und V^{Lk}, sowie die Anzeichen für eine intertextuelle Beziehung zum hebräischen Text von I Sam 10, machen die zweite Möglichkeit wahrscheinlicher. Vier der markinischen *hapax legomena* kommen bei Lukas auch in anderen Zusammenhängen vor: βαστάζω, ἀπαντάω, οἰκοδεσπότης und κατάλυμα, letzteres in lukanischem Sondergut. Zudem verwendet Lk in der Apg mehrfach ὑπερῷον, was sachlich dem ἀνάγαιον aus Mk 14,15/Lk 22,12 entspricht. Wenn zudem auch eine historische Identität der beiden so bezeichneten Orte anzunehmen ist, dann weist auch dies darauf hin, dass dem Lukas bzw. seinen Quellen der so beschriebene Ort vertraut war und es sich in der Tat um eine alte Lokaltradition handelt. Ob diese bereits auf hebräischer Sprachebene oder erst in der griechischen Fassung in die Überlieferung eingeflossen ist, ist nicht mehr eindeutig zu erkennen. Die Häufung seltener griechischer Begriffe und die unsemitische Reihung von drei Adjektiven in Mk 14,15 spricht für die letztere Annahme, die möglichen Bezüge zum hebräischen Text von I Sam 10, die mehrfachen καὶ-Parataxen sowie ein möglicher hebräischer Hintergrund für κατάλυμα für die erstere. In der abschließenden Rekonstruktion werden diese Verse daher nur in Klammern wiedergegeben.

3.11 Die Perikope in ihrem Kontext

In vielen Untersuchungen zur Traditionsgeschichte der Passionserzählung wird die vorliegende Perikope als sekundärer Einschub in einen älteren

[280] Grund dafür könnte sein, dass diese Details für spätere Leser die Relevanz verloren. Möglich sind jedoch auch Motive wie Schutzanonymität (vgl. oben S. 538) oder auch eine *damnatio memoriae*.

Grundbestand der Passionsüberlieferung identifziert. Die Annahme historischer Ungenauigkeit, die Vermutung literarischer Uneinheitlichkeit, die Voraussetzung einer reinen Markuspriorität, die gattungsgeschichtliche Identifikation als Wundergeschichte, Kult- oder Ortslegende sowie das scheinbare Fehlen der Perikope in der johanneischen Passionsgeschichte haben zu diesen Urteil beigetragen. Die vorliegende Untersuchung hat gezeigt, dass viele dieser Annahmen bei näherer Betrachtung Anlass zu berechtigtem Zweifel geben.

Mehrere Anzeichen deuten im Gegenteil darauf hin, dass die Perikope schon früh an ihrem jetzigen Ort innerhalb der Passionserzählung stand. Es wurde deutlich, dass eine Erzählung gleichen Gehalts wahrscheinlich auch in der vorjohanneischen Passionsüberlieferung an gleicher Stelle vorhanden war. Ebenso hat sich gezeigt, dass die Findung des Wasserträgers vermutlich gerade nicht der ursprüngliche Skopus der Geschichte war, sondern erst nachträglich in die Überlieferung eingeflossen ist. Die ursprüngliche Funktion der Erzählung war also, wie es noch bei Matthäus zu erkennen ist, in der Tat die Vorbereitung der Abendmahlsszene, ohne die die Perikope kaum je selbständig existiert haben dürfte. Die angenommene Lokalisierung der Erzählung außerhalb von Jerusalem setzt zudem einen frühen Zusammenhang mit den vorangehenden Perikopen voraus, die sowohl in der vormarkinischen als auch in der vorjohanneischen Passionstradition in Bethanien angesiedelt sind. Der Zusammenhang mit der nachfolgenden Perikope wird zudem in den perikopenübergreifenden Bezügen zwischen Lk 22, 14.7, Mt 26,18 und Mk 14,18 deutlich, die eine saubere literarkritische Trennung von Vorbereitungs- und Mahlperikope kaum zulassen. Die Vorbereitungen zum Passamahl waren also schon früh mit der Abendmahlsüberlieferung eng verbunden und gehörten daher vermutlich als Ganzes zur frühesten literarischen Gestalt der Passionsberichte hinzu.

3.12 Rekonstruktion der Vorlagen V^{Mt} und V^{Lk}

Die sprachliche Untersuchung der Perikope von den Passavorbereitungen hat also, unter weitgehender Absehung von etablierten Quellentheorien, einen Grundbestand der Erzählung herausgearbeitet, der sowohl inhaltlich reich an Bezügen zur jüdischen Passatradition als auch sprachlich reich an Spuren hebräischen Denkens und Redens ist. Dieser Grundbestand kann, mit der nötigen Vorsicht, hauptsächlich aus der Mt-Fassung wie folgt rekonstruiert werden:

τῇ πρώτῃ τῶν ἀζύμων	בָּרִאשׁוֹן שֶׁל חַג הַמַּצּוֹת
ἦλθον οἱ μαθηταὶ πρὸς τὸν Ἰησοῦν λέγοντες	בָּאוּ הַתַּלְמִידִים אֶל־יֵשׁוּעַ לֵאמֹר
ποῦ θέλεις ἑτοιμάσωμέν σοι	אֵיפֹה תִּרְצֶה שֶׁנָּכִין לְךָ
φαγεῖν τὸ πάσχα	לֶאֱכֹל אֶת־הַפֶּסַח

ὁ δὲ εἶπεν· ὑπάγετε εἰς τὴν πόλιν	וַיֹּאמֶר לְכוּ הָעִירָה
[...]	[...]
καὶ εἴπατε αὐτῷ	וַאֲמַרְתֶּם לוֹ [לְבַעַל הַבַּיִת]
ὁ διδάσκαλος λέγει	כֹּה אָמַר הָרַב [הַמּוֹרֶה]
ὁ καιρός μου ἐγγύς ἐστιν	בָּא עִתִּי
πρὸς σὲ ποιῶ τὸ πάσχα	אִתָּךְ אֲנִי עוֹשֶׂה אֶת־הַפֶּסַח
μετὰ τῶν μαθητῶν μου	עִם־תַּלְמִידָי
καὶ ἐποίησαν οἱ μαθηταὶ	וְיַּעֲשׂוּ הַתַּלְמִידִים
ὡς συνέταξεν αὐτοῖς ὁ Ἰησοῦς	כַּאֲשֶׁר צִוָּה אוֹתָם יֵשׁוּע
καὶ ἡτοίμασαν τὸ πάσχα	וַיָּכִינוּ אֶת־הַפָּסַח
ὀψίας δὲ γενομένης	וַיְהִי כֵּיוָן שֶׁחֲשֵׁכָה
ἀνέκειτο μετὰ τῶν δώδεκα	וַיֵּסֵב עִם־שְׁנֵים הֶעָשָׂר
[bzw. μετὰ τῶν δώδεκα μαθητῶν]	[עִם־שְׁנֵים עָשָׂר הַתַּלְמִידִים]
(V^{Mt} 26,17–20)	

In Zeile 6 ist möglicherweise ein ursprünglicher Wortlaut verloren gegangen und wurde von Mt (oder bereits von V^{Mt}) durch die Formel πρὸς τὸν δεῖνα ersetzt. Schon früh wurde die so konstruierte Vorlage auch in einer leicht veränderten Form (V^{Lk}) tradiert. Der hebräische Wortlaut unterscheidet sich dabei nur minimal. Es wird aber deutlich, wie in V^{Lk} häufig durch andere Wortwahl oder anderen Satzbau in der Übersetzung eine griechische Fassung entsteht, die sich deutlicher von V^{Mt} unterscheidet.

An der Stelle, wo bei Mt πρὸς τὸν δεῖνα einen vermutlich ursprünglicheren Wortlaut (vielleicht einen Namen oder eine Ortsangabe) verdrängt hat, erscheint bei Lukas und Markus, möglicherweise ebenfalls als Ersatz für einen ursprünglichen anderen Wortlaut, die Episode vom Wasserträger, gefolgt in Mk 14,15/Lk 22,12 von der detaillierten Beschreibung des Gastraumes. Ob diese Elemente bereits auf der hebräischen oder erst auf einer griechischen Stufe der Überlieferung in die Erzählung Eingang gefunden haben, ist nicht mehr zu sagen. Reste von Hebraismen und Anklänge an I Sam 10 sind erkennbar. Die vorliegenden griechischen Formulierungen lassen sich aber nur mühsam in gutem Hebräisch wiedergeben.

Eine Rekonstruktion dieser Teile wird daher eingerückt und nur unter entsprechendem Vorbehalt dargestellt:

τῇ δὲ ἡμέρα ᾗ ἔθυον τὸ πάσχα [εἶπεν]	וּבַיּוֹם שֶׁשָּׁחֲטוּ־בוֹ אֶת־הַפָּסַח [אָמַר]
ἀπέστειλεν δύο τῶν μαθητῶν αὐτου εἰπών	שָׁלַח שְׁנֵי מִתַּלְמִידָיו לֵאמֹר
ἀπελθόντες ἑτοιμάσατε ἡμῖν	צְאוּ וְהָכִינוּ לָנוּ
ἵνα φάγωμεν τὸ πάσχα	לֶאֱכֹל אֶת־הַפָּסַח
ἰδοὺ εἰσελθόντων ὑμῶν εἰς τὴν πόλιν	וַיְהִי [הִנֵּה] כְּבֹאֲכֶם שָׁם הָעִיר
ἀπαντήσει ὑμῖν	וּפְגַעְתֶּם
ἄνθρωπος κεράμιον ὕδατος βαστάζων	אֶחָד נֹשֵׂא נֵבֶל־מַיִם
ἀκολουθήσατε αὐτῷ ὅπου ἐὰν εἰσέλθῃ	לְכוּ אַחֲרָיו אֶל־אֲשֶׁר נִכְנַס
καὶ ἐρεῖτε τῷ οἰκοδεσπότῃ	וַאֲמַרְתֶּם לְבַעַל הַבַּיִת
ὁ διδάσκαλος λέγει	כֹּה אָמַר הָרַב [הַמּוֹרֶה]
ἦλθεν ἡ ὥρα μου[281]	בָּא עִתִּי
ποῦ ἐστιν τὸ κατάλυμα	אֵיפֹה הַחֶדֶר [הָאוּשְׁפֵּז]

ὅπου ποιήσω τὸ πάσχα μετὰ τῶν μαθητῶν μου	שֶׁאֶעֱשֶׂה בּוֹ אֶת־הַפֶּסַח עִם־תַּלְמִידָי
καὶ αὐτὸς ὑμῖν δείξει ἀνάγαιον ἐστρωμένον	וְהוּא יַרְאֶה אֶתְכֶם עֲלִיָּה מוּצָּעָה
καὶ ἐκεῖ ἑτοιμάσατε	וְשָׁם תָּכִינוּ
καὶ ἐξῆλθον καὶ εὗρον	וַיֵּצְאוּ וַיִּמְצְאוּ
καθὼς εἰρήκει αὐτοῖς	כַּאֲשֶׁר דִּבֶּר אֲלֵיהֶם יֵשׁוּע
καὶ ἡτοίμασαν τὸ πάσχα	וַיָּכִינוּ אֶת־הַפָּסַח
ὀψίας δὲ γενομένης	וַיְהִי כֵּיוָן שֶׁחָשֵׁכָה
ἀνέπεσεν καὶ οἱ δώδεκα σὺν αὐτῷ	וַיֵּסֶב עִם־שְׁנֵים הֶעָשָׂר
(V^{Lk} 22,7–14)	

Diese zwei verwandten, aber doch in Details unterschiedlichen Überlieferungsstränge des Berichtes von den Vorbereitungen zum Passa lagen Mk vor. Er bediente sich beider Vorlagen, wobei er abwechselnd auf die eine und auf die andere zugriff. In der kanonischen Fassung des Mt liegt uns eine gut erhaltene Fassung von V^{Mt} vor, die nur an wenigen Stellen redaktionell überarbeitet ist. Entgegen seinem gewöhnlichen Verfahren, das in den bisher behandelten Perikopen sichtbar wurde, hat Mt sich hier nur lose an Mk orientiert und sich stattdessen entschieden, V^{Mt} nahezu unverändert zu übernehmen. Ein Grund könnte darin liegen, dass die in die Markusfassung eingeflossenem narrativen Zusätze für die Lesergemeinde des Matthäus unwichtig oder unverständlich waren und in den Augen des Mt die eigentliche Aussageabsicht des Textes zu sehr überlagerten.

Lukas hingegen, der in Mk und V^{Lk} zwei sehr eng miteinander verwandte Vorlagen vorfand, folgte V^{Lk}, den er stilistisch glättete. Er nahm zudem in Einleitung und Schluss einige redaktionelle Umstellungen vor, erweiterte die erst von Mk hinzugefügte Erwähnung der zwei Jünger um die Namen Petrus und Johannes und formte aus ihr einen kurzen Dialog, in dem die Initiative nun von Jesus ausging.

3.13 Abschließende Bewertung

Die so rekonstruierte Traditionsgeschichte der Perikope erklärt nicht nur die Beobachtungen der sprachlichen Einzelanalyse in plausibler Weise, sondern fügt sich auch gut in die Diskussion zu möglichen vorsynoptischen Nebenquellen der Passionsgeschichte, wie sie gerade in letzter Zeit wieder zugenommen hat: Es wird deutlich, dass Matthäus und Lukas in der Passionsgeschichte neben ihrer markinischen Vorlage auch auf andere, vormarkinische und hebräischem Sprachgebrauch nahe stehende Überlieferungen zurückgreifen, die darüber hinaus auch in einer noch näher zu bestimmenden Beziehung zur vorjohanneischen Passionsüberlieferung stehen.

---

[281] Der Satz ist an dieser Stelle weder bei Lk noch bei Mk erhalten. Lukas verrät aber Kenntnis des Satzes in Lk 22,7.14 und auch in Joh 13,1 steht er an dieser Stelle, in einer Formulierung, die Lk 22,7.14 näher steht als Mt 26,18. Er kann also für V^{Lk} hier vorausgesetzt werden.

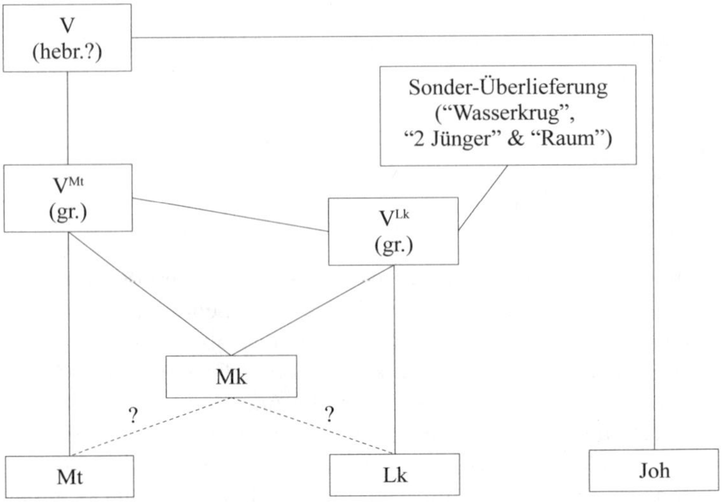

Abbildung 4: Mögliche synoptische Beziehungen in Mt 26,17-20 parr.

Es wurde zudem deutlich, dass auch die Perikope von den Passavorbereitungen, die in der Literatur bisher eher „lieblos“ behandelt wurde,[282] anders als vielfach angenommen, Bestandteil dieser älteren vormarkinischen Passionsüberlieferung war. Die ursprüngliche Gestalt dieser Überlieferung scheint auch hier, wie in den vorangehenden Kapiteln, im Matthäusevangelium am besten erhalten zu sein, während die Fassungen bei Lukas und Markus durch zusätzliche Elemente, vor allem Jerusalemer Lokaltraditionen, angereichert sind. Diese stammen vermutlich aus lukanischer Sonderüberlieferung und wurden von (Proto-)Lk in eine proto-matthäische Vorlage eingefügt.

Spuren eines hebräischen Ursprungs der Evangelientradition, in Gestalt einer ursprünglich proto-matthäischen (mündlichen oder schriftlichen) Überlieferung, wie sie auch in den bisherigen Untersuchungen zu erkennen war, sind also nicht nur in Texten aus der dreifachen Überlieferung und im matthäischen Sondergut auszumachen, sondern ziehen sich auch bis in die Passionsgeschichte hinein. Im vorliegenden Fall sind diese Spuren weniger deutlich zu erkennen als in einigen der anderen Texte. Sie bleiben aber dennoch sichtbar und stellen damit einen wichtigen Mosaikstein dar, der das große Bild der synoptischen Forschung und der Forschung zu den Passionsberichten um einen weiteren Aspekt ergänzen kann.

[282] Vgl. das Urteil von Rudolf Pesch oben S. 488.

Kapitel 7

Zusammenfassung und Ausblick

Ziel der vorliegenden Untersuchung war es, nach dem Wert und Nutzen hebräischer Sprache und Literatur für die Arbeit am synoptischen Problem zu fragen. Zu diesem Zweck wurden vier exemplarische Evangelientexte auf ihren möglichen Ursprung in einem hebräischsprachigen und jüdischen Entstehungskontext hin untersucht. Dabei stand weder der *sichere Nachweis* von hebräischen Quellen noch die *genaue Rekonstruktion* der „ipsissima vox" Jesu oder eines genauen Wortlauts schriftlicher Quellen im Zentrum des Interesses. Beides scheint, wie die forschungsgeschichtliche Übersicht zeigt, aus methodischen Gründen weder möglich noch notwendig zu sein.[1]

1. Möglichkeiten und Grenzen der semitischen Retroversion

Der hier versuchte Zugang zur synoptischen Frage geht hingegen einen anderen Weg: Unter der Voraussetzung der unbestrittenen *Herkunft* der Evangelientradition aus einem kulturellen Kontext, der durch jüdischen Glauben sowie hebräische und aramäische Sprache geprägt war, wurde im konkreten synoptischen Vergleich der *griechische* Text daraufhin befragt, welche der vorliegenden Überlieferungen sich plausibler in den historischen Kontext jüdischen Glaubens und Lebens sowie in den linguistischen Kontext hebräischer Literatur und Sprache einordnen lässt. Als *methodische Hilfe* wurde dazu nach möglichen sprachlichen Äquivalenzen in der hebräischen Literatur gesucht und eine hypothetische hebräische Vorlage auf dem Weg der Retroversion konstruiert. Diese Vorlage erhebt nicht den Anspruch, den Wortlaut einer real existierenden schriftlichen Quelle wiederzugeben. Sie ist aber eine wichtige methodische Grundlage für die Frage nach einer historisch und sprachlich plausiblen vorsynoptischen Ursprungsgestalt der

[1] Wohl lassen sich Wahrscheinlichkeitsaussagen darüber zu machen, ob ein griechischer Text auf semitischen Vorlagen gründet oder sogar aus solchen direkt übersetzt ist. Auch über den möglichen Wortlaut solcher Vorlagen, der durch methodisch reflektierte Retroversion erschlossen wird, sind solche Wahrscheinlichkeitsaussagen möglich. Solche Aussagen können den hier vertretenen Zugang zur synoptischen Frage bereichern und unterstützen, sie sind jedoch nicht das eigentliche Ziel dieses Zugangs.

Evangelienüberlieferung. Denn eine Überlieferungsgestalt, die sich sinnvoll in einen jüdischen Kontext und eine hebräische Sprachform einordnen lässt, hat im unmittelbaren Vergleich in vielen Fällen einen höheren Anspruch auf Ursprünglichkeit als eine Form, die in einem hebräischen und jüdischen Kontext nur schwer vorstellbar wäre.

Anders als bei vielen anderen Versuchen einer semitischen Retroversion steht hier also nicht der so rekonstruierte hebräische Text im Zentrum des Interesses, und schon gar nicht dessen Kontrastierung mit der kanonischen griechischen Textgestalt. Es geht vielmehr um die Frage nach der historischen und sprachlichen Kontextplausibilität des *griechischen Evangelientextes* vor dem Hintergrund seines vorauszusetzenden semitischen Ursprungs, sei es in rein konzeptueller Form, in Gestalt mündlicher Überlieferung oder auch in Form von semitischen schriftlichen Quellen. Den *heuristischen Wert* dieser Rückfrage nach einem hebräischen Sprachhintergrund aufzuzeigen, war das Ziel der vorliegenden Untersuchung. Die Frage nach der Verwendung und Verbreitung des Hebräischen in neutestamentlicher Zeit und die Frage nach soziolinguistischen Erkenntnissen zu Mehrsprachigkeit und Sprachkontakt waren dafür notwendige *Voraussetzungen*. Die Beobachtungen im synoptischen Vergleich schließlich zeigen mögliche *Implikationen* des vorgeschlagenen Ansatzes auf, sie sind aber prinzipiell von diesem zu trennen. Es ist durchaus möglich, dass der gleiche methodische Ansatz im Blick auf andere Perikopen zu anderen Ergebnissen führt, was zukünftige Untersuchungen prüfen mögen.

2. Die Bedeutung des Hebräischen im Zeitalter des NT

Aufgrund der in der Literatur verbreiteten und zum Teil sehr unkritisch rezipierten Überzeugung, für einen semitisch geprägten Ursprung der Evangelientradition sei vor allem, oder sogar ausschließlich, die aramäische Sprache heranzuziehen, war zunächst eine ausführliche Untersuchung der sprachlichen Landschaft des Judentums zur Zeit des zweiten Tempels notwendig. Es hat sich gezeigt, dass die verbreitete Annahme einer vollkommenen Verdrängung des Hebräischen durch das Aramäische zum Teil auf die noch sehr rudimentäre Quellenlage, aber auch auf theologisch und sprachphilosophisch geprägte Grundannahmen des 18. und 19. Jahrhunderts zurückzuführen ist. Auch wenn die Ansichten über Verbreitung und Funktion beider Sprachen zur Zeit Jesu auch heute noch im Einzelnen auseinander gehen, ist wohl inzwischen unbestritten, dass auch die hebräische Sprache für die Frage nach dem sprachlichen Ursprung der Evangelientradition in Erwägung gezogen werden kann und muss. Eine vorläufige erneute Durchsicht des Quellenmaterials, die im Einzelnen sicher noch zu vertiefen ist, hat dabei ergeben, dass das Aramäische zwar möglicherweise im Bereich des Alltags, der Verwaltung und der Wirtschaft verbreiteter war, dass aber insbesondere in Kontexten von religiöser und nationaler Bedeutung, vor allem im religiösen Schrifttum, das Hebräische einen unbedingten Vorrang vor dem Aramäischen hatte. Die konsistente Verwendung des Begriffes ἑβραϊστὶ und seiner Synonyme sowohl im Neuen Testament als auch bei Josephus und Philo, ebenso wie die sehr exakte Unterscheidung der Sprachen in der rabbinischen Literatur, legen es zudem nahe, dass mit der Bezeichnung „hebräisch“ in den Quellen in der Tat das Hebräische, und nicht das Aramäische gemeint ist. Einzelbeobachtungen an den Texten, insbesondere im Gleichnis aus Mt 18, haben zudem gezeigt, dass sich an einigen Stellen sprachliche Analogien nahezu ausschließlich in der hebräischen, und nicht in der aramäischen Vergleichsliteratur finden. Für eine Reihe von neutestamentlichen Semitismen lässt sich eine Herkunft in der Tat nur aus dem Hebräischen, nicht aber aus dem Aramäischen plausibel machen (vgl. dazu oben 110–144). Andere sprachliche Merkmale, etwa der Gebrauch des τότε bei Mt und die lexikalischen Aramaismen bei Mk lassen allerdings auch den Einfluss des Aramäischen erkennen.

Insgesamt ist die Unterscheidung zwischen Hebräisch und Aramäisch für den hier eingeschlagenen Zugang zur synoptischen Frage jedoch von zweitrangiger Bedeutung. Die hebräische Sprache scheint, bei einem unbefangenen Blick auf die linguistische Situation zur Zeit Jesu und auf die Quellen, zwar die nahe liegendere Sprache zu sein, insbesondere was die Suche nach möglichen Ursprüngen einer *schriftlichen Evangelientradition* angeht. Im Grundsatz sollte jedoch eine Exklusivität der einen oder anderen Sprache vermieden werden und stattdessen von einer komplexen, drei- oder vierdimensionalen Sprachmatrix ausgegangen werden, in der sowohl Hebräisch als auch Aramäisch und Griechisch, sowie in geringerem Maß auch Lateinisch das sprachliche Umfeld der entstehenden Evangelienüberlieferung prägen.

3. Mehrsprachigkeit als „Normalfall“

Ein Überblick über soziolinguistische Grundbegriffe und Paradigmen der Mehrsprachigkeitsforschung hat deutlich gemacht, dass die in der Vergangenheit häufig postulierte Alternative zwischen „Übersetzung semitischer Quellen“ und „griechischer Originalschrift“ im Blick auf die Überlieferungsgeschichte der Evangelientradition zu schematisch ist und den komplexen Realitäten des ersten nachchristlichen Jahrhunderts nicht gerecht wird. Schon im Blick auf die gesprochenen Sprachen muss mit einem Neben- und Miteinander verschiedener Sprachen und Dialekte quer durch geographische Regionen und soziale Schichten gerechnet werden: Ob Jesus selbst in allen drei (oder sogar vier) Sprachen gelehrt und gesprochen hat, mag dahingestellt sein. Das Hebräische und das Aramäische werden vermutlich vorherrschend gewesen sein. In der mündlichen Weitergabe von Jesusworten wird es jedoch sicherlich schon früh auch zur Formung griechischer Äquivalente gekommen sein. In den urchristlichen Gottesdiensten ist, analog zur Synagoge, mit einer zunehmenden Mehrsprachigkeit und demnach auch mit spontaner Übersetzungstätigkeit zu rechnen. Ob und wann darüber hinaus auch fest memorierte oder schriftlich fixierte hebräische oder aramäische Evangelienüberlieferungen existierten, wird kaum mehr sicher festzustellen sein, obwohl dic Frage berechtigt ist, ob und inwiefern sich Spuren solcher vorsynoptischer Überlieferungen noch in den kanonischen Evangelien erkennen lassen. Schließlich muss auch auf der Ebene der griechischen Endredaktion der Evangelien mit vielfältigen Möglichkeiten sprachlicher Interferenz gerechnet werden. Dass es sich bei den Evangelien nicht um „reine" Übersetzungen semitischer Dokumente handelt, etwa analog zu den Übersetzungen der LXX, wird dabei heute kaum noch in Zweifel zu ziehen sein. Dass aber die griechischen Autoren auf mögliche semitische Quellenschriften zurückgegriffen und diese redaktionell verarbeitet haben können, ist damit nicht ausgeschlossen. Ebenso ist ein Einfluss geprägter mündlicher Tradition aus dem semitischen Sprachraum denkbar, und schließlich muss auch mit Transferenzphänomenen aus Muttersprache und Umfeld der Autoren gerechnet werden. Die Rückfrage neutestamentlicher Forschung nach einem hebräischen Sprachhintergrund muss mit sprachlichen Einflüssen auf allen diesen Ebenen rechnen und darf daher nicht auf die Alternative „semitische Übersetzung vs. griechische Originalschrift" reduziert werden.

4. Beobachtungen im synoptischen Vergleich

Die Untersuchung der exemplarischen Evangelientexte auf ihre Nähe zu einem möglichen hebräischen und jüdischen Entstehungskontext hat im zweiten Teil der Untersuchung folgende Einzelbeobachtungen ergeben:

4.1 Spuren ursprünglicher Überlieferung bei Mt und Lk

Mt und Lk zeigten insgesamt, auch in den Stücken dreifacher Tradition, eine größere Nähe zu jüdischen und hebräischen Denk- und Sprachmustern als Mk. Dass dies im Blick auf syntaktische Semitismen der Fall ist, hatte bereits die grundsätzliche Untersuchung von Beyer herausgearbeitet (vgl. oben S. 37). Besonders im Blick auf das lukanische Sondergut ist die Dichte der Semitismen noch einmal höher, was schon verschiedentlich zur Annahme semitischer Quellen insbesondere für die lukanische Sonderüberlieferung geführt hat (vgl. oben S. 64). Die vorliegende Untersuchung hat jedoch gezeigt, dass auch in den Stücken dreifacher Überlieferung oftmals Mt und Lk in Begrifflichkeit, Syntax und Inhalt der hebräischen jüdischen Literatur näher stehen als Mk. Hinzu kommt die Beobachtung, dass dieses gemeinsame Kennzeichen der Ursprünglichkeit nicht selten einher geht mit Phänomen wie *minor agreements*, markinischer Konflation[2] und „Markan Pick-Ups", also markinischen Reminiszenzen an „Q-Stoff" in veränderten Kontexten, ebenfalls Kennzeichen einer redaktionellen Schicht des Mk.

Die deuteromarkinische These versucht nun gerade aus dem Umstand, dass die Überlieferung bei Mt und Lk oft nicht nur gegen Mk übereinstimmt, sondern auch besser, kongruenter und inhaltlich plausibler erhalten ist als bei Mk, auf den *sekundären Charakter* von Mt und Lk zu schließen. Der umgekehrte Schluss ist aber ebenso gut möglich: Nämlich, dass beide eine ursprünglichere, bessere und historisch plausiblere Form der Überlieferung bewahrt haben, die bei Mk nicht mehr in gleicher Qualität erhalten ist (vgl. oben S. 11). Die Tatsache jedoch, dass die *minor agreements* bei Mt und Lk eben nicht nur einen besseren literarischen Stil, sondern in vielen Fällen auch eine größere Nähe zum jüdischen Entstehungshintergrund und zur hebräischen Sprache aufweisen, spricht eher dafür, dass beide hier auf eine ursprünglichere Form der Überlieferung zurückgreifen, die sich bei Mk in einer sekundär bearbeiteten Form findet. Ob dieser Umstand auf eine direkte Abhängigkeit des Mk von Mt und/oder Lk, auf die gemeinsame Abhängigkeit von vorsynoptischen Überlieferungen oder auf eine Überlappung von Mk und Q zurückgeht, ist in der Literatur umstritten.[3] Die vorliegende Untersuchung hat solche Spuren einer Ursprünglichkeit sowohl in der Beelzebul-Kontroverse vorgefunden, für die eine Q-Herkunft mehrheitlich angenommen wird, als auch in der Täufererzählung, wo ein Einfluss von Q nur zum Teil angenommen wird, als auch in der Passionsgeschichte, für die ein Einfluss von Q fast durchweg ausgeschlossen wird. Das Phänomen der markinischen Konflation schließlich ist weder durch die Annahme eines Deuteromarkus noch durch die Annahme einer Überlappung von Mk und Q plausibel zu erklären, sondern einzig durch eine direkte Abhängigkeit des Mk von Mt und Lk, oder möglicherweise auch, wie neuere Ansätze annehmen, von je einer protomatthäischen und einer protolukanischen Variante der gemeinsamen vorsynoptischen Überlieferung.

4.2 Spuren ursprünglicher Überlieferung bei Mk

Für die letztgenannte Annahme spricht vor allem der Befund, dass auch bei Mk zuweilen ein Wortlaut erhalten zu sein scheint, der dem hebräischen

[2] Vgl. dazu unten S. 520, 533 und 577.

[3] Im letzteren Fall wäre davon auszugehen, dass Q hebräische und jüdische Merkmale der Überlieferung prinzipiell besser bewahrt hat als Mk.

Sprachgebrauch und dem jüdischen Kontext näher steht als die Formulierung seiner Seitenreferenten. Sowohl Mt als auch Lk zeigen an solchen Stellen oft typische Kennzeichen einer redaktionellen Hand. Dies macht die Annahme einer einfachen und direkten Abhängigkeit des Mk vom kanonischen Mt und Lk unwahrscheinlich. Es deutet eher darauf hin, dass Mt, Lk und Mk gemeinsam auf eine vorsynoptische Vorlage zurückgegriffen haben, deren ursprünglicher Wortlaut bei allen drei verschieden gut erhalten und verschieden stark durch griechische Redaktion überlagert ist. Solche vorsynoptischen Überlieferungen werden in der Literatur fast durchgängig da angenommen, wo die herkömmliche Zuordnung zu Mk oder Q nicht plausibel ist: Sie tragen dabei, je nach zugrunde gelegtem synoptischem Modell, eher protomatthäische oder protomarkinische Züge, oder aber es wird für Mk eine direkte Abhängigkeit von der Q-Überlieferung angenommen, wobei für die Gestalt von Q dann häufig ein narrativer Rahmen vorausgesetzt werden muss.

4.3 Umfang und Gestalt der vorsynoptischen Überlieferung

Neben die Frage nach der ursprünglichen Gestalt einer Überlieferung auf der Mikro-Ebene (Wortlaut, Syntax) tritt die Frage nach der ursprünglichen Gestalt auf der Meso-Ebene (Anordnung des Materials innerhalb einer Perikope) sowie auf der Makroebene (Anordnung der Perikopen innerhalb des Evangeliums). Auf diesen Ebenen ist danach zu fragen, welches der Evangelien den ursprünglichen Kontext und Aufbau einer Überlieferungseinheit am besten bewahrt hat.

Im Fall der Täuferperikope und der Beelzebulkontroverse hat die vorliegende Untersuchung das Ergebnis erbracht, dass die ursprüngliche narrative bzw. diskursive Struktur der jeweiligen Texte bei Mt am treuesten bewahrt war, während bei Mk größere Umstellungen bzw. Auslassungen zu beobachten waren und bei Lk eine redaktionelle Verlegung vor allem kleinerer Einheiten in neue Kontexte zu beobachten war. Die gemeinsame Vorlage, auf die alle drei Evangelisten hier möglicherweise zurückgriffen, hatte demnach in Aufriss und Umfang eher protomatthäische als protomarkinische oder protolukanische Gestalt: In der Täuferüberlieferung stehen die beiden Zitatkomplexe zweifellos bei Mt und Lk in ihrem ursprünglichen Kontext, während sie bei Mk sekundär zusammengearbeitet sind. Die ausführlichere Fassung beider Täuferkomplexe, wie sie bei Mt und Lk vorliegt, ist also ursprünglich und wurde von Mk deutlich gekürzt und umgestellt. Ebenso ist in der Beelzebulkontroverse das übereinstimmende Ineinander von „Mk-“ und „Q-Stoff“ bei Mt und Lk nur so zu erklären, dass bei diesen beiden eine ursprüngliche, längere, Fassung der Überlieferung erhalten ist, während die Fassung des Mk nur als Kürzung dieser bei Mt und Lk erhaltenen Struktur zu erklären ist. In der Überlieferung vom Passamahl ist ein Urteil über die ursprüngliche Struktur der Erzählung nicht so eindeutig zu treffen. Es haben sich jedoch Hinweise gezeigt, dass das Motiv des Wasserträgers und die Beschreibung des Gastraums der Erzählung erst sekundär zugewachsen ist. In diesem Fall wäre auch hier bei Mt der ursprüngliche Erzählrahmen, obwohl in diesem Fall kürzer, besser erhalten.[4]

4.4 Die Herkunft des matthäischen Sonderguts

Schließlich spielt auch die Untersuchung des Gleichnisses aus dem matthäischen Sondergut, für das naturgemäß direkte synoptische Parallelen fehlen, eine wichtige Rolle für die Frage nach Umfang und Aufbau der vorsynoptischen Evangelientradition: Im Deutungsrahmen der Zweiquellenhypothese ist der gesamte Stoff des matthäischen (und lukanischen) Sonderguts der Evangelientradition erst nachträglich zugewachsen. Unter der Annahme einer matthäischen (oder protomatthäischen) Priorität jedoch ist das „Sondergut", oder zumindest ein Teil davon, ursprünglicher Bestandteil der Überlieferung und des Erzählrahmens und wurde dann von den Seitenreferenten weggelassen. Die vorliegende Untersuchung hat für das Gleichnis von den Schuldnern ein doppeltes Ergebnis erbracht: Auf sprachlicher Ebene hat sie nicht nur eine große Nähe zu jüdisch-hebräischen Gleichnistraditionen nachgewiesen, sondern auch eine Verortung des ursprünglichen Gleichnissinns im jüdischen Festkalender. Dies allein ist jedoch kein Grund für die Annahme einer Ursprünglichkeit, denn es ist ja ebenso gut möglich, dass der matthäische Redaktor sich hier im Blick auf eine mögliche judenchristliche Leserschaft oder in Auseinandersetzung mit seiner jüdischen Umgebung ganz bewusst an jüdische Gleichnisformen und Denkmuster angelehnt hat. Zu den sprachlichen Beobachtungen traten daher hier auch strukturelle Beobachtungen: Der Vergleich mit jüdischer Literatur zeigte einen verbreiteten, genuin jüdischen Sinnzusammenhang des Gleichnisses mit einer Reihe von anderen Motiven, die in Mt 18 verarbeitet sind und hier teilweise Parallelen bei Mk und Lk aufweisen. Eben diese Motivkette ist jedoch bei Mk und Lk nur noch bruchstückhaft zu erkennen, und insbesondere bei Lk erscheinen verschiedene Motive aus dem Mt-Stoff über das Evangelium verstreut in anderen, sekundär erscheinenden, Kontexten. Diese Beobachtung legt die Vermutung nahe, dass das Gleichnis nicht nur bei Mt in seinem ursprünglichen Kontext erhalten ist, sondern auch das gesamte Kapitel 18 einen ursprünglichen Bestandteil der Evangelientradition darstellt, der bei Mk und Lk nur teilweise aufgenommen wurde. Auch hier legt die Untersuchung also eine protomatthäische Gestalt der gemeinsamen Überlieferung nahe, die nicht nur die zwei- und dreifache

[4] Vgl. den von Lowe, *Parable*, 1982, nachgewiesenen protomatthäischen Erzählrahmen der „Baptist Sequence", der sich über mehrere Perikopen erstreckt (oben S. 214).

Tradition, sondern möglicherweise auch Teile des matthäischen Sonderguts umfasst. Eine ausführliche Analyse des matthäischen Sonderguts unter diesem Gesichtspunkt könnte hier weitere Ergebnisse erbringen.

4.5 Der Einfluss des kanonischen Mk auf Mt

An verschiedenen Stellen der Untersuchung wurde deutlich, dass das Mt-Evangelium zwar eine ursprüngliche Textform oft besser bewahrt hat, sich jedoch in einigen Formulierungen auch als sekundär gegenüber Mk darstellt. An diesen Stellen ist zudem eine auffällig hohe, oft sogar wörtliche Übereinstimmung mit Mk zu beobachten, während Lk hier meist einen stark abweichenden Text hat. In diesen Passagen steht zudem auch der Sprachstil des Mt dem Hebräischen ferner. Auch inhaltlich gibt es Hinweise auf einen sekundären Charakter dieser Passagen. Zudem sind bei Mt Doppelungen zu beobachten zwischen solchen Stellen, in denen er besonders eng mit Mk übereinstimmt und solchen, in denen einen Parallele zu Mk fehlt und dafür eine enge Übereinstimmung mit Lk besteht.[5] In der Literatur wird dieses Phänomen meist dadurch erklärt, dass Mt hier Doppelüberlieferungen aus Mk und Q unverbunden nebeneinander stellt. Angesichts der bisher zusammengetragenen Ergebnisse wäre dieser Schluss dahingehend zu variieren, dass der kanonische Mt nicht auf Mk und Q, sondern auf Mk und eine vorsynoptische, protomatthäische Vorlage zurückgriff und beide miteinander verband, wobei er zuweilen die vorsynoptische und die markinische Fassung unverbunden nebeneinander stellt. In Lk fehlen solche deutlichen Anzeichen einer direkten Abhängigkeit vom kanonischen Mk, auch wenn an einigen wenigen Stellen eine solche Beziehung als möglich, wenn auch nicht notwendig erschien.

5. Ausblicke

5.1 Weiterarbeit am synoptischen Problem

Am Ende dieser Untersuchung soll keine ausgearbeitete Antwort auf die synoptische Frage stehen. Dazu ist der untersuchte Textbestand zu gering und die Vielfalt der bereits bestehenden Entwürfe zu umfangreich. Die Aporien der verschiedenen synoptischen Erklärungsmodelle sind in der Literatur hinreichend durch Vertreter der jeweiligen Alternativentwürfe beschrieben worden. Die Stärken und Schwächen der jeweiligen Argumenta-

[5] Am Auffälligsten ist dieses Phänomen im Spruch von der Lästerung des Geistes (Mt 12,31–32), aber erkennbar ist es auch in der Doppelung des Beelzebulvorwurfs (Mt 12,26 a und b), in der doppelten Aufnahme des Motivs von Kleidung und Nahrung des Täufers (Mt 3,4/Mt 11,8.19) sowie in der doppelten Erwähnung des Jordan (Mt 3,5–6).

tion sind weithin bekannt: Zweifel an der Notwendigkeit des Postulats einer Quelle Q, wie sie im Verlauf der vorliegenden Untersuchung wiederholt deutlich wurden, sind etwa durch die Vertreter der Farmer- wie auch der Farrer-Schulen ausführlich geäußert und auch begründet worden, obwohl beide daraus sehr unterschiedliche Schlüsse ziehen. Die Aporien der Griesbachschen Hypothese wiederum sind durch Vertreter der Zweiquellenhypothese und der Farrer-Schule ausführlich benannt worden, ebenfalls mit sehr unterschiedlichen Folgerungen. Vertreter der Deuteromarkus- und der Griesbach-Hypothese schließlich sind sich einig in ihrer Kritik an der herkömmlichen Erklärung der *minor agreements* durch Vertreter der Zweiquellenhypothese, bieten jedoch sehr unterschiedliche Alternativen an. Vertreter aus sehr unterschiedlichem, katholischem, protestantischem und jüdischem Hintergrund schließlich haben die Annahme aramäischer oder hebräischer Vorläufer der Evangelientradition aufrecht erhalten, die in allen zuvor genannten Entwürfen weithin als überwunden und unnötig gilt.

Die Beobachtungen der vorliegenden Untersuchung überschneiden sich in vielen Punkten mit den hier erwähnten Erklärungsmodellen und könnten daher durch weitere Argumente und Beobachtungen aus der Literatur zusätzlich gestützt werden. Dabei hat die Untersuchung möglicherweise auch an einigen Stellen die Möglichkeit einer fruchtbaren Synthese von Erkenntnissen aus den verschiedenen Modellen aufgezeigt. Ziel dieser Untersuchung war es jedoch nicht, eines der bestehenden Modelle zu begründen, zu widerlegen oder ein neues Modell zu etablieren. Ziel war es vielmehr, angesichts der bestehenden methodischen und argumentativen Aporien die Verwendung der hebräischen Sprache und der jüdischen Literatur als *zusätzliches heuristisches Instrument* ins Gespräch zu bringen und Beispiele für den möglichen Ertrag eines solchen Ansatzes zu liefern. Sowohl Ansatz als auch Durchführung konnten dabei im Rahmen dieser Untersuchung nur exemplarisch dargestellt werden. Sowohl die Methodik als auch die hier vorgeschlagenen Ergebnisse bedürfen mit Sicherheit einer weiteren Überprüfung und kritischen Sichtung. Sollte der Ansatz jedoch im Grundsatz richtig sein, können weitere Untersuchungen ähnlicher Zielrichtung zusätzliche und vielleicht bessere Ergebnisse erbringen, und auch die methodischen Grundlagen können weiterhin verfeinert werden. Eine Reihe von Untersuchungen, die einem methodischen Ansatz folgen, wie er hier vorgeschlagen wird, sind bereits in der Vergangenheit zu vergleichbaren Ergebnissen im Blick auf die synoptischen Beziehungen gekommen.[6]

---

[6] Für folgende Perikopen liegen ähnliche Untersuchungen in mehr oder weniger ausführlicher Gestalt vor: Hauptmann von Kapernaum Mt 8,5–13 par (Lowe/Flusser, *Evidence*, 1983, 28–30); Heilung am Sabbat Mt 12,9–14 parr (ebd., 30–33 und Rolland, *Guérison*, 1994); Jesus und Herodes Mt 14,1–2 (Lowe/Flusser, *Evidence*, 1983, 33–35); Sinn der Gleichnisse Mt 13,10–17 parr. (ebd., 35–40); Prozess Jesu Mt 26,57–68 parr (Rolland, *Procès*, 1989); Gleichnis von den bösen Weingärtnern Mt 21,33–46 parr (Buth/

Für die Weiterarbeit am synoptischen Problem hat die vorliegende Untersuchung allerdings eine Reihe von konkreten Einzelbeobachtungen erbracht. Diese lassen sich zwar nicht unmittelbar in ein kohärentes System synoptischer Theoriebildung einordnen. Sie liefern aber für die Weiterarbeit am synoptischen Problem wichtiges Datenmaterial. Antworten auf die synoptische Frage, gleich welcher Herkunft, können und müssen ihre „explanatorische Kraft" (Lakatos) im Blick auf die hier herausgearbeiteten sprachlichen und sachlichen Phänomene erweisen, auch wenn sie die gezogenen Schlüsse nicht teilen. Am Ende der vorliegenden Untersuchung legt jedoch die Summe der Beobachtungen den Schluss nahe, dass das herkömmliche Modell der Zweiquellenhypothese den Befund im Blick auf die untersuchten Perikopen nur sehr unzureichend erklärt. Im Gegenteil, die Frage nach Spuren hebräischer Sprache und jüdischen Glaubens hat immer wieder gezeigt, dass eine ursprüngliche, in jüdischem Kontext und hebräischer Sprache verwurzelte, Gestalt der Evangelienüberlieferung in vielen Fällen eher bei Mt und Lk zu finden ist als bei Mk. Außerdem wurde deutlich, dass eine saubere Trennung von Mk- und Q-Stoff zumindest in den untersuchten Texten kaum möglich war.

Die hier herausgearbeiteten Ergebnisse nähern sich damit eher der traditionellen Annahme einer protomatthäischen Gestalt der vorsynoptischen Evangelienüberlieferung, die möglicherweise in einer frühen Phase auch in hebräischer oder aramäischer Sprache tradiert wurde. Anders als in der von Owen und Griesbach vertretenen Annahme einer *reinen* Matthäuspriorität legt sich aber auf einer zweiten Stufe auch die Annahme einer literarischen Abhängigkeit des kanonischen Mt vom kanonischen Mk nahe. Eine entsprechende *zweistufige* Entwicklung des Mt, die Elemente aus Matthäus- und Markuspriorität miteinander verbindet (zunächst Priorität des hebräischen/ aramäischen Mt vor Mk, dann Priorität des griechischen Mk vor dem griechischen Mt), hatte bereits Hugo Grotius angenommen, und sie findet sich in verschiedener Weise auch in den oben dargestellten Ansätzen von Michaelis, Zahn, Resch, Vaganay, Lowe und Flusser.

Zuletzt gab es jedoch im Rahmen dieser Untersuchung auch Hinweise auf eine *doppelte Gestalt* der vorsynoptischen Überlieferung, und zwar in einer eher protomatthäischen und einer eher protolukanischen Form, die von Mk auch in dieser Doppelgestalt verwendet wurde. Hier überschneiden sich die Beobachtungen mit den Ansätzen von Boismard, Rolland, Parker und Burkett, die im Prinzip auch schon in Eichhorns Hypothese vom

KVASNICA, *Temple-Authorities*, 2006); Ostermorgen Mt 28,1 parr (BUTH, *Hebraic Approach*, 2006). Andeutungsweise, allerdings ohne ausführliche Retroversion ins Hebräische, auch zur Versuchung Jesu Mt 4,1–11 (FLUSSER, *Versuchung*, 1989), zum Zeichen des Jona Mt 12,38–42 par (FLUSSER, *Sign*, 1988) sowie zur Fastenfrage (RIESNER, *Fasting*, 2011).

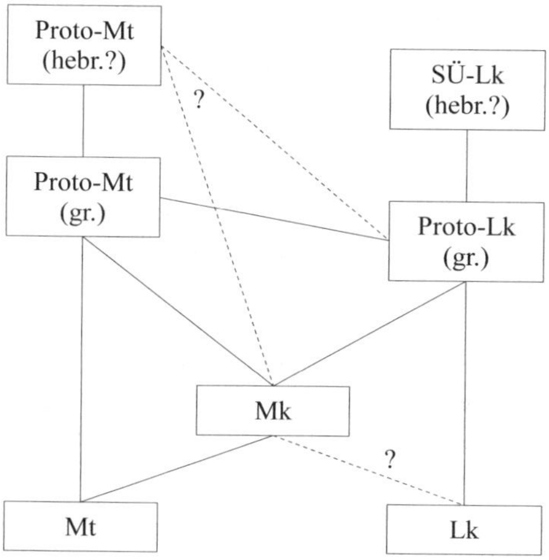

Abbildung 5: Vorläufiges Modell synoptischer Beziehungen (vereinfacht)

Urevangelium angelegt waren. Die so identifizierte, neben der protomatthäischen Überlieferung existierende und von ihr zu unterscheidende, vorlukanische Überlieferung könnte dabei durch die von Sahlin, Schweizer, Taylor, Riesner u.a. angenommenen vorlukanischen Sonderüberlieferungen geprägt worden sein. In dem Maße, in dem weitere Einzeltexte mit den hier vorgeschlagenen heuristischen Mitteln untersucht werden, wird ein synoptisches Gesamtmodell um weitere, bisher noch nicht erwähnte, Aspekte und möglicherweise noch weitere Quellen oder Überlieferungsstränge erweitert werden.[7]

Zu prüfen wäre jedoch, ob sich ein solches, im Ansatz „protomatthäisches" Modell synoptischer Beziehungen wirklich noch substantiell, oder nur noch graduell von manchen Modifikationen der Zweiquellenhypothese unterscheidet, wie sie sich heute auch im breiten Mittelfeld der synoptischen Forschung finden: Denn die hier vorgeschlagene protomatthäische Form der Evangelienüberlieferung ähnelt in Inhalt und Umfang stark einer heute nicht selten angenommen modifizierten Definition von Q, derzufolge „Q" nicht nur Redenstoff, sondern auch einen narrativen Rahmen und möglicherweise sogar einen Passionsbericht enthielt, derzufolge sich „Q" zudem über weite Strecken mit Mk überschneidet (Mk/Q-Überlappungen), möglicherweise sogar von Mk selbst verwendet wurde und in einer matthäischen und lukanischen Variante vorlag. Es ist hier letztlich nur eine Frage der Terminologie, ob eine so beschriebene Quelle „Q" nicht zutreffender als „Proto-Matthäus" bezeichnet werden sollte.

---

[7] Vgl. etwa das von Riesner, *Messianic Teacher*, 2011, 438, vorgeschlagene Modell.

5.2 Eine neue Bewertung der altkirchlichen Überlieferung

Vor dem Hintergrund dieser Ergebnisse wären auch die altkirchlichen Überlieferungen vom „hebräischen Evangelium“ neu zu prüfen.[8] Während diese in der Frühzeit der synoptischen Forschung sehr ausführlich in die Frage nach einem möglichen hebräischen Ursprung der Evangelientradition einbezogen wurden, hat sich das Urteil über die Zeugnisse der Kirchenväter mit der Annahme der Markuspriorität radikal gewendet. Verbreitet ist heute die Annahme, dass die Kirchenväter sich in ihrer Beurteilung entweder getäuscht haben, oder aber spätere, häretische Fassungen der kanonischen Evangelien im Blick hatten. Hier wäre neu zu prüfen, ob die altkirchlichen Zeugnisse eine zuverlässige Tradition über die Existenz einer hebräischen vorsynoptischen Evangelientradition bewahrt haben oder diese sogar in der Tat noch kannten.

5.3 Ertrag für das jüdisch-christliche Gespräch

Ein Zugang zur neutestamentlichen Evangelientradition über die hebräische Sprache und den jüdischen Kontext, wie er hier vorgeschlagen wird und in der Vergangenheit auch schon vielfach beschritten wurde, kann zudem dazu beitragen, dass der ursprüngliche jüdische Bezugsrahmen der Evangelientradition auch für den heutigen Leser wieder deutlicher zu Tage tritt.[9] Für die Frage nach dem historischen Jesus und der Bedeutung seiner Worte hat dieser Weg schon seit vielen Jahrzehnten fruchtbare Ergebnisse erbracht. Vor allem die Arbeiten jüdischer Forscher zum Neuen Testament, aber auch viele andere Beiträge, die den jüdischen Horizont der Evangelientradition verstärkt berücksichtigen, haben deutlich gemacht, wie sehr uns Kenntnis und Vertrautheit mit jüdischer Literatur und Überlieferung dabei helfen können, Jesus und seine Worte besser zu verstehen und auch überkommene Missverständnisse und Vorurteile abzubauen.

In gleicher Weise wäre es wünschenswert, dass der Blick auf die hebräische Sprache und Literatur dem Leser des Neuen Testaments nicht nur Jesus und seine Worte, sondern auch die Evangelisten und ihre literarische Leistung neu erschließt und so den Werdegang der Evangelientradition besser zu verstehen hilft. Eine Einordnung der Evangelientexte in den Kontext jüdischen Glaubens und Lebens, aber auch in den Kontext hebräischer Sprache und Literatur, kann dazu einen wichtigen Beitrag leisten.

---

[8] Diese Frage ist im Rahmen der vorliegenden Untersuchung aus Gründen der stofflichen Beschränkung vollständig ausgeklammert worden. Vgl. dazu jedoch oben S. 144.

[9] Vgl. LAPIDE, *Hebräisch*, 1975, 218: „Einsichten wie diese [gemeint ist Robert Lindsey] und ähnliche … machen die hebräische Sprache zur geistigen Brücke zwischen einer wachsenden Anzahl von christlichen und jüdischen Bibelforschern, denen sie zu einem tieferen religiösen Selbstverständnis verhilft.“

Es ist zu hoffen, dass ein solcher Zugang zu Evangelientexten auch das Verständnis für die ursprüngliche Verortung der christlichen Botschaft im Kontext jüdischen Glaubens fördern kann, und so auch das Gespräch zwischen Juden und Christen bereichert, das nach den dunklen Erfahrungen der Vergangenheit in unserer Zeit wieder so entscheidend an Bedeutung gewonnen hat. Möge es so sein, dass der hier vorgestellte Ansatz auf seine Weise dazu beiträgt, den Klang und Inhalt der Evangelien, auch durch das Gewand deutscher und griechischer Sprache hindurch, ἑβραΐδι διαλέκτῳ zu Gehör zu bringen, so dass ihn ein jeder, ως εστιν δυνατος, übersetzen kann in die Sprach- und Lebenswelt des 21. Jahrhunderts.

Literaturverzeichnis

1. Textausgaben

Aland, Barbara / Aland, Kurt / Nestle, Eberhard: *Novum Testamentum Graece*. Stuttgart: Deutsche Bibelgesellschaft (27., revidierte Auflage. 9., korrigierter und um die Papyri 99–116 erweiterter Druck) 2006

Aland, Kurt: *Synopsis quattuor Evangeliorum: Locis parallelis evangeliorum apocryphorum et patrum adhibitis*. Stuttgart: Deutsche Bibelgesellschaft 1996 (15., revidierte Auflage, 4., korrigierter Druck 2005)

Bensly, Robert Ludbak / Harris, James Rendel / Burkitt, Francis Crawford / Lewis, Agnes Smith: *The Four Gospels in Syriac: Transcribed from the Sinaitic Palimpsest*, Cambridge: Cambridge University Press 1894

Biblia Hebraica Stuttgartensia. *Editio funditus renovata, editio quarta emendata opera H. P. Rüger*. Stuttgart: Deutsche Bibelgesellschaft 1990

Biblia sacra *iuxta latinam vulgatam versionem ad codicum fidem*. Rom: Typis Polyglottis Vaticanis 1950 (18 Bände)

Carmignac, Jean: *Die vier Evangelien ins Hebräische übersetzt von Franz Delitzsch (1877–1890–1902). Introduction par Jean Carmignac. Kritischer Apparat der zwölf Auflagen von Hubert Klein*. (Traductions hébraiques des Evangiles rassemblées par Jean Carmignac 4) Turnhout: Brépols 1984

Clarke, E.G.: *Targum Pseudo-Jonathan of the Pentateuch: Text and Concordance*. New York: Ktav 1984

Cureton, William: *Remains of a Very Ancient Recension of the Four Gospels in Syriac, Hitherto Unknown in Europe*, London: Murray 1858

Delitzsch, Franz: הברית החדשה (= Das Neue Testament auf hebräisch). Berlin 1912

Diez Macho 1968–1979: *Neophyti 1: Targum Palestinense. MS de la Bibliotheca Vaticana (6 Bände)* (TECC 20), Madrid: Consejo Superior de Investigaciones Científicas 1968–1979

Howard, George: *Hebrew Gospel of Matthew*, Macon: Mercer University Press (2. Auflage) 1995 (Unveränderter Nachruck 2002)

Kiraz, George Anton: *Comparative Edition of the Syriac Gospels. Aligning the Sinaiticus, Curetonianus, Peshitta and Harklean Versions*. (NTTS 21) New York: Brill 1996 (4 Bände)

Klein, Michael Lawrence: *Genizah Manuscripts of Palestinian Targum to the Pentateuch (2 Bände)*. Cincinatti: Hebrew Union College Press 1986

Klein, Michael Lawrence: *The fragment targums of the Pentateuch: according to their extant sources*. (AnBibl 76) Rom: Biblical Inst. Press 1980 (2 Bände)

Lagarde, Paul de: *Hagiographa Chaldaice*. Osnabrück: Otto Zeller 1967 (Fotomechanischer Nachdruck der Ausgabe von 1873)

Le Déaut, R. / Robert, J.: *Targum des Chroniques (Cos. Vat. Urb. Ebr. 1). Tome II: Texte et Glossaire*. (AnBibl 51) Rom: Biblical Institute 1971

RAHLFS, ALFRED: *Septuaginta, id est Vetus Testamentum graece juxta LXX interpretes. (2 Bände).* Stuttgart: Württembergische Bibelanstalt (8. Auflage) 1935 (Unveränderter Nachdruck 1965)

SALKINSON, ISAAC EDWARD / GINSBURG, CHRISTIAN DAVID: *The New Testament in Hebrew and English.* London: Society for Distributing Hebrew Scriptures 1886 (Third Edition with New Hebrew Typesetting, Hitchin 2000)

SCHENKE, HANS-MARTIN: *Das Matthäus-Evangelium im mittelägyptischen Dialekt des Koptischen (Codex Schøyen)* (Manuscripts in the Schøyen Collection 2.1), Oslo: Hermes 2001

SPERBER, ALEXANDER: *The Bible in Aramaic: Based on Old Manuscripts and Printed Texts (3 Bände).* Leiden: Brill 1959

STEC, DAVID M.: *The Text of the Targum of Job.* Leiden/New York/Köln: Brill 1994

WELLHAUSEN, JULIUS: „Der syrische Evangelienpalimpsest vom Sinai", *Nachrichten der königlichen Gesellschaft der Wissenschaften zu Göttingen. Philologisch-historische Klasse 1* (1895) 1–12

2. Hilfsmittel

BAUER, WALTER: *Griechisch-deutsches Wörterbuch zu den Schriften des Neuen Testaments und der frühchristlichen Literatur*, Berlin/New York: Walter de Gruyter (6., völlig neu überarbeitete Auflage) 1988

CLINES, DAVID J.A.: *The Dictionary of Classical Hebrew (6 Bände)*, Sheffield: Sheffield Phoenix Press 1993–2007

DALMAN, GUSTAF HERMANN: *Grammatik des jüdisch-palästinischen Aramäisch nach den Idiomen des palästinischen Talmud und Midrasch, des Onkelostargum (cod. Sorini 84) und der jerusalemischen Targume zum Pentateuch*, Leipzig: Hinrichs 1894

– 1896: *Aramäische Dialektproben: Lesestücke zur Grammatik des jüdisch-palästinischen Aramäisch zumeist nach Handschriften des Britischen Museums*, Leipzig: Hinrichs 1896

DALMAN, GUSTAF HERMANN / HÄNDLER, GEORGE H.: *Aramäisch-neuhebräisches Handwörterbuch zu Targum, Talmud und Midrasch. Mit Vokalisation der Targumischen Wörter nach südarabischen Handschriften und besonderer Bezeichnung des Wortschatzes des Onkelostargum*, Frankfurt: Kaufmann 1897

GESENIUS, WILHELM / DONNER, HERBERT: *Hebräisches und aramäisches Handwörterbuch über das Alte Testament (6 Bände).* Berlin: Springer (18. Auflage) 1987–2010

GESENIUS, WILHELM / KAUTZSCH, EMIL / BERGSTRÄSSER, GOTTHELF: *Hebräische Grammatik*, Darmstadt: Wissenschaftliche Buchgesellschaft (28. Auflage) 1995 (7., unveränderter Nachdruck der 28. Auflage von 1909)

ILAN, TAL: *Lexicon of Jewish Names in Late Antiquity, Part I: Palestine 330 BCE – 200 CE* (TSAJ 91), Tübingen: J.C.B. Mohr (P. Siebeck) 2002

JASTROW, MARCUS: *Dictionary of the Targumim, the Talmud Babli and Yerushalmi and the Midrashic Literature*, New York: G.P. Putnam's Sons 1903

LIDDELL, HENRY GEORGE / SCOTT, ROBERT / JONES, HENRY STUART / MCKENZIE, RODERICK: *A Greek-English Lexicon*, Oxford: Oxford University Press 1996 (Reprint of the 9. Edition 1940 with a revised Supplement)

RIDZEWSKI, BEATE: *Neuhebräische Grammatik auf Grund der ältesten Handschriften und Inschriften*, Frankfurt: Peter Lang 1992

SOKOLOFF, MICHAEL: *A Dictionary of Jewish Babylonian Aramaic of the Talmudic and Geonic Periods* (Dictionaries of Talmud, Midrash and Targum 3), Ramat-Gan: Bar Ilan Press (2. Edition) 2002 (= DJBA)

– 2002: *A Dictionary of Jewish Palestinian Aramaic of the Byzantine Period* (Dictionaries of Talmud, Midrash and Targum 2), Ramat-Gan: Bar Ilan Press (2. Edition) 2002

– 2003: *A Dictionary of Judean Aramaic*, Ramat-Gan: Bar Ilan University Press 2003

TOV, EMANUEL 2002: *The Texts from the Judaean Desert. Indices and Introduction to the Discoveries in the Judaean Desert Series* (DJD 39), Oxford: Clarendon Press 2002

– 2002: „Lists of Specific Groups of Texts from the Judaean Desert“, in: *The Texts from the Judaean Desert: Indices and an Introduction to the Discoveries in the Judaean Desert Series* (DJD 39), hg. v. Tov, Emanuel. Oxford: Clarendon Press 2002, 203–228

3. Quellen

Vorbermerkung: Belege aus der rabbinischen Literatur folgen den Zitierrichtlinien aus *Frankfurter Judaistische Beiträge* 2 (1974) 64–73. Die verwendeten Bände der Gießener Mischna sind unter dem jeweiligen Herausgeber angeführt, soweit aus ihnen zitiert wurde. Bände, aus denen lediglich Belegstellen angeführt werden, sind im Verzeichnis nicht einzeln aufgeführt. Zitate aus dem Babylonischen Talmud folgen, soweit nicht anders angegeben, der Ausgabe von Epstein. Entsprechend den Zi ℵierrichtlinien wird hier nur nach Folio, nicht nach Seitenzahl der Epstein-Ausgabe zitiert. Zitate aus der Tosefta folgen, wo vorhanden, den kritischen Textausgaben von Rengstorf (Seder I und VI) und Liebermann (Seder II–IV.3), ansonsten der älteren Ausgabe von Zuckermandel. Deutsche Übersetzungen, soweit nicht anders angegeben, sind meine eigenen. Belege aus Qumran folgen, wo vorhanden, den hebräisch-deutschen Ausgaben von Lohse und Steudel, sonst, wo nicht anders angegeben, der Ausgabe von Parry/Tov. Belege aus Josephus und Philo folgen, soweit nicht anders angegeben, den Ausgaben von Michel/Bauernfeind, Niese und Cohn/Wendland/Reiter.)

ALBRECHT, KARL: *Kil'ajim (Verbotene Mischgattungen). Text, Übersetzung und Erklärung nebst einem textkritischen Anhang.* (Die Mischna. Text, Übersetzung und ausführliche Erklärung I,4) Berlin: Alfred Töpelmann 1914

– 1914: *Orla (Vorhaut). Text, Übersetzung und Erklärung nebst einem textkritischen Anhang.* (Die Mischna. Text, Übersetzung und ausführliche Erklärung I,10) Berlin: Alfred Töpelmann 1916

– 1922: *Bikkurim (Erstlinge). Text, Übersetzung und Erklärung nebst einem textkritischen Anhang.* (Die Mischna. Text, Übersetzung und ausführliche Erklärung I,11) Berlin: Alfred Töpelmann 1922

BAUER, WALTER: *Pea (Vom Ackerwinkel). Text, Übersetzung und Erklärung nebst einem textkritischen Anhang.* (Die Mischna. Text, Übersetzung und ausführliche Erklärung I,2) Berlin: Alfred Töpelmann 1914

BAUM, WILHELM / CUNITZ, EDUARD / REUSS, EDUARD: *Commentarius in Harmoniam Evangelicam.* (JCO 45 / CR 73) Braunschweig: C.A.Schwetschke & Sohn 1891

– 1892: *Commentarius in Evangelium Ioannis.* (JCO 47 / CR 75) Braunschweig: C.A.Schwetschke & Sohn 1892

BECKER, JÜRGEN: *Die Testamente der Zwölf Patriarchen.* (JSHRZ III.1) Gütersloh: Gütersloher Verlagshaus Gerd Mohn 1974

– 2006: *Avot de-Rabbi Natan: Synoptische Edition beider Versionen.* (TSAJ 116) Tübingen: J.C.B. Mohr (P. Siebeck) 2006

Beentjes, Pancratius C.: *The Book of Ben Sira in Hebrew: A Text Edition of All Extant Hebrew Manuscripts and a Synopsis of all Parallel Hebrew Ben Sira Texts.* (VT.S 68) Leiden: Brill 1997

Beer, Georg: *Pesachim (Ostern). Text, Übersetzung und Erklärung nebst einem textkritischen Anhang.* (Die Mischna. Text, Übersetzung und ausführliche Erklärung II,3) Berlin: Alfred Töpelmann 1912

Berger, Klaus: *Das Buch der Jubiläen.* (JSHRZ II.3) Gütersloh: Gütersloher Verlagshaus Gerd Mohn 1981

Bietenhard, Hans / Ljungman, Henrik: *Der tannaitische Midrasch Sifre Deuteronomium.* (JudChr 8) Bern/New York: Peter Lang 1984

Bietenhard, Hans: *Soṭa (Die des Ehebruchs Verdächtige). Text, Übersetzung und Erklärung nebst einem textkritischen Anhang.* (Die Mischna. Text, Übersetzung und ausführliche Erklärung III,6) Berlin: Alfred Töpelmann 1956

– 1980/1982: *Midrasch Tanhuma B: R. Tanhuma über die Tora, genannt Jelammedenu.* (2 Bände, JudChr 5–6) Bern/New York: Peter Lang 1980 und 1982

Blatz, Beate 1987: „III. Das koptische Thomasevangelium", in: *Neutestamentliche Apokryphen in deutscher Übersetzung. I. Band: Evangelien*, hg. v. Schneemelcher, Wilhelm. Tübingen: J.C.B. Mohr (P. Siebeck) (5. Auflage der von Edgar Hennecke begründeten Sammlung) 1987, 93–117

Börner-Klein, Dagmar: *Sifre zu Numeri.* (Rabbinische Texte Reihe 2: Tannaitische Midraschim Band 3) Stuttgart: Kohlhammer (Neuausgabe) 1997

– 2002: *Sifre Zuta.* (Rabbinische Texte Reihe 2: Tannaitische Midraschim, Band 3A) Stuttgart: Kohlhammer 2002

Bornhäuser, Hans: *Sukka (Laubhüttenfest). Text, Übersetzung und Erklärung nebst einem textkritischen Anhang.* (Die Mischna. Text, Übersetzung und ausführliche Erklärung II,6) Berlin: Alfred Töpelmann 1935

Brenner, Oskar / Herrmann, F.: *Sendbrief vom Dolmetschen.* D. Martin Luthers Werke. Kritische Gesamtausgabe. Band 30.2 Weimar: Hermann Böhlau Nachf. 1909, 627–646

Brizemeure, Daniel / Lacoudre, Noel / Puech, Émile 2006: *Le Rouleau de cuivre de la grotte 3 de Qumran (3Q15)* (STDJ 55.1), Leiden: Brill 2006

Brox, Norbert: *Adversus haereses: griechisch, lateinisch, deutsch.* (FC 8,1) Freiburg: Herder 1993

Buber, Salomon: *Lekach-Tob (Pesikta Sutarta): Ein agadischer Commentar zum ersten und zweiten Buche Mosis von Rabbi Tobia Ben Eliezer. Band 2: Exodus.* Wilna: Witwe & Gebrüder Romm 1880

– 1891: *Midrasch Tehillim (Schocher Tob). Sammlung agadischer Abhandlungen über die 150 Psalmen.* Wilna: Witwe & Gebrüder Romm 1891 (Nachdruck Jerusalem 1977 in zwei Bänden)

– 1894: מדרש זוטא על שיר השירים, רות, איכה וקהלת. Berlin 1894 (Midrasch Zutta zu Hohelied, Ruth, Klagelieder und Prediger)

Bunte, Wolfgang: *Kelim (Gefässe). Text, Übersetzung und Erklärung nebst einem textkritischen Anhang.* (Die Mischna. Text, Übersetzung und ausführliche Erklärung VI,1) Berlin: Alfred Töpelmann 1972

Bunte, Wolfgang: *Maaserot / Maaser Scheni (Vom Zehnten / Vom Zweiten Zehnten). Text, Übersetzung und Erklärung nebst einem textkritischen Anhang.* (Die Mischna. Text, Übersetzung und ausführliche Erklärung I,7–8) Berlin: Alfred Töpelmann 1962

Cohn, John: *Ordnung Kadaschim.* (Mischnajot: Die sechs Ordnungen der Mischna. Hebräischer Text mit Punktation, deutscher Übersetzung und Erklärung V) Basel: Victor Goldschmidt Verlag (3. Auflage) 1986

COHN, LEOPOLD / WENDLAND, PAUL / REITER, SIEGFRIED: *Philonis Alexandrini Opera Quae Supersunt (7 Bände).* Berlin: Reimer 1896–1930 (Unveränderter Nachdruck: Wissenschaftliche Buchgesellschaft Darmstadt 1962)

CORRENS, DIETRICH: *Schebiit (Vom Sabbatjahr). Text, Übersetzung und Erklärung nebst einem textkritischen Anhang.* (Die Mischna. Text, Übersetzung und ausführliche Erklärung I,5) Berlin: Alfred Töpelmann 1960

– 1989: *Taanijot (Fastentage). Text, Übersetzung und Erklärung nebst einem textkritischen Anhang.* (Die Mischna. Text, Übersetzung und ausführliche Erklärung II,9) Berlin: Alfred Töpelmann 1989

– 1991: *Giṭṭin (Scheidebriefe). Text, Übersetzung und Erklärung nebst einem textkritischen Anhang.* (Die Mischna. Text, Übersetzung und ausführliche Erklärung III,5) Berlin: Alfred Töpelmann 1991

COTTON, HANNAH / YARDENI, ADA 1997: *Aramaic, Hebrew and Greek Documentary Texts from Nahal Ḥever and Other Sites* (DJD 27), Oxford: Clarendon Press 1997

COTTON, HANNAH M. / DI SEGNI, LEAH / ECK, WERNER / ISAAC, BENJAMIN / KUSHNIR-STEIN, ALLA / MISGAV, HAGGAI / PRICE, JONATHAN J. / ROLL, ISRAEL / YARDENI, ADA 2010: *Corpus Inscriptionum Iudaeae/Palestinae. Volume 1: Jerusalem, Part 1: 1–704*, Berlin/New York: De Gruyter 2010

COTTON, HANNAH M. / GEIGER, JOSEPH / THOMAS, DAVID J. 1989: *Masada II: The Yigael Yadin Excavation 1963 – 1965 Final Reports. The Latin and Greek Documents*, Jerusalem: Israel Exploration Society / Institute of Archeology, Hebrew University of Jerusalem 1989

CRAMER, JOHN A.: *Catenae Graecorum Patrum in Novum Testamentum. Tomus I: In Evangelia S. Matthaei et S. Marci.* Oxford: Oxford Academic Press 1844

DENZINGER, HEINRICH / HÜNERMANN, PETER 2009: *Enchiridion symbolorum definitionum et declarationum de rebus fidei et morum*, Wien: Herder (42. Auflage) 2009

DIETZFELBINGER, CHRISTIAN: *Pseudo-Philo: Antiquitates Biblicae (Liber Antiquitatum Biblicarum).* (JSHRZ II.2) Gütersloh: Gütersloher Verlagshaus Gerd Mohn 1975

DODDS, ERIC R.: *Euripides, Bacchae. Edited with Introduction and Commentary.* (2. Auflage) 1960

EPSTEIN, ISIDORE: *The Babylonian Talmud. Translated into English with Notes, Glossary and Indices.* London: Soncino Press 1935–1952 (Nachdruck in 18 Bänden 1961)

EPSTEIN, JACOB NAHUM / MELAMED, EZRA ZION: *Mekhilta d'Rabbi Šim'on b. Jochai. Fragmenta in Geniza Cairensi reperta digessit apparatu critico, notis, praefatione instruxit J. N. Epstein. Defuncti editoris opus absolvit et edendum curavit E. Z. Melamed.* Jerusalem: Mekize Nirdamim 1955

FIEBIG, PAUL: *Rosch ha-schana (Neujahr). Text, Übersetzung und Erklärung.* (Die Mischna. Text, Übersetzung und ausführliche Erklärung II,8) Giessen: Alfred Töpelmann 1914

FINKELSTEIN, LOUIS: *Siphre ad Deuteronomium H.S. Horovitzii schedis usus cum variis lectionibus et adnotationibus.* (Corpus Tannaiticum III/3.2) Berlin: Jüdischer Kulturbund in Deutschland e.V., Abteilung Verlag 1939

FISCHER, JOSEPH A.: *Die apostolischen Väter: Eingeleitet, herausgegeben, übertragen und erläutert.* (SUC 1) Darmstadt: Wissenschaftliche Buchgesellschaft 1986

FITZMYER, JOSEPH A. / HARRINGTON, DANIEL J. 1978: *A Manual of Palestinian Aramaic Texts (Second Century B.C.– Second Century A.D.)* (BibOr 34), Rom: Biblical Institute 1978

FREY, JEAN BAPTISTE: *Corpus Inscriptionum Iudaicarum. Recueil des inscriptions Juives qui vont du IIe siècle avant Jésus-Christ au VIIe siècle de notre ère. Vol II: Asie – Afrique* (SSAC 3), Rom: Pontificio Institutu di Archeologia Cristiana 1952 (= CIJ)

Friedmann, Markus: *Pesikta Rabbati, Midrasch für den Fest-Cyclus und die ausgezeichneten Sabbathe.* Wien: Selbstverlag des Herausgebers 1880

Fritzsche, Otto Fridolin: *Assumptio Mosis.*, in: Lechner-Schmidt, Wilfried (Hg.): Wortindex der lateinisch erhaltenen Pseudepigraphen zum Alten Testament (TANZ 3) Tübingen: Francke 1989, 219–224 (Neuabdruck des Textausgabe von 1847)

Funk, Franz Xaver: *Didascalia et Constitutiones Apostolorum: Volumen I.* Paderborn: Schöningh 1905 (Fotomechanischer Nachdruck Turin 1979)

Garcia Martinez, Florentino / Tigchelaar, Eibert J.C.: *The Dead Sea Scrolls Study Edition (2 Bände)*, Leiden/New York/Köln: Brill 1997–1998

Geffcken, Johannes: *Die Oracula Sibyllina.* (GCS 8) Leipzig: Hinrichs 1902

Gerber, Wolfgang: *Beṣa (Ei). Text, Übersetzung und Erklärung nebst einem textkritischen Anhang.* (Die Mischna. Text, Übersetzung und ausführliche Erklärung II,7) Berlin: Alfred Töpelmann 1963

Geyer, Paul: *Theodosius: De Situ Terrae Sanctae.*, in: Geyer, Paul (Hg.): Itinera Hierosolymitana Saeculi III–VIII (CSEL 39) Leipzig/Wien/Prag: Tempsky 1913, 135–150

– 1965: *Theodosius: De Situ Terrae Sanctae.* Itineraria et Alia Geographica (CChr.SL 175) Turnhout: Brépols 1965, 113–125

Geyer, Paul / Cuntz, Otto: *Itinerarium Burdigalense.* Itineraria et Alia Geographica (CChr.SL 175) Turnhout: Brépols 1965, 1–26

Goldschmidt, Lazarus: Der Babylonische Talmud. Nach der ersten zensurfreien Ausgabe unter Berücksichtigung der neueren Ausgaben und handschriftlichen Materials ins Deutsche übersetzt durch Lazarus Goldschmidt. Berlin: Jüdischer Verlag 1929–1936 (12 Bände)

Grosdidier de Matons, José: *Romanos le Mélode: Hymnes. Vol 2: Nouveau Testament (IX–XX).* (SC 110) Paris: Éditions du Cerf 1965

Hartel, Wilhelm von: *S. Thasci Caecili Cypriani opera omnia. Vol. 3: Opera Spuria, Indices, Praefatio.* (CSEL 3.3) Wien: Gerold 1871

Haussleiter, Johannes: *Victorini Episcopi Petavionensis Tractatus de Fabrica Mundi.*, in: Haussleiter, Johannes (Hg.): Victorini Episcopi Petavionensis Opera (CSEL 49.2) Wien: Tempsky 1916, 1–9

Higger, Michael: מדרש מסכת סופרים ב. הוצאו על פי כתבי״יד שונים בלוית מבוא והערות ושנויי״נוסחאות ומראה״מקומות. New York: D'vei Rabbanan Press 1937 (= Traktat Soferim)

Hoffmann, David / Cohn, John / Auerbach, Moses: *Ordnung Toharot.* (Mischnajot: Die sechs Ordnungen der Mischna. Hebräischer Text mit Punktation, deutscher Übersetzung und Erklärung VI) Basel: Victor Goldschmidt Verlag (3. Auflage) 1986

Hoffmann, David Zvi: מדרש תנאים על ספר דברים. Berlin 1908–09 (=Midrasch Tanna'im)

Holl, Karl: *Epiphanius (Ancoratus und Panarion). Erster Band: Ancoratus und Panarion Haer. 1–33.* (GCS 25) Leipzig: Hinrichs 1915

– 1922: *Epiphanius (Ancoratus und Panarion). Zweiter Band: Panarion Haer. 34–64.* (GCS 31) Leipzig: Hinrichs 1922

– 1927: „Ein Bruchstück aus einem bisher unbekannten Brief des Epiphanius", in: *Festgabe für Adolf Jülicher : Zum 70. Geburtstag 26. Januar 1927*, hg. v. Jülicher, Adolf. Tübingen: J.C.B. Mohr (P. Siebeck) 1927, 159–189

Holtzmann, Oscar: *Berakot (Gebete). Text, Übersetzung und Erklärung nebst einem textkritischen Anhang.* (Die Mischna. Text, Übersetzung und ausführliche Erklärung I,1) Berlin: Alfred Töpelmann 1912

Horovitz, Haim Shaul / Rabin, I.A.: *Mechilta d'Rabbi Ismael. Cum variis lectionibus et adnotationibus.* (Corpus Tannaiticum III/1) Frankfurt: Kaufmann 1931 (Nachdruck 2. Auflage Jerusalem 1960)

Horovitz, Haim Shaul: *Siphre ad Numeros adjecto Siphre Zutta. Cum variis lectionibus et adnotationibus.* (Corpus Tannaiticum III/3.1) Frankfurt: Kaufmann 1917

Hüttenmeister, Frowald G.: *Megilla – Schriftrolle.* (ÜTY II/10) Tübingen: J.C.B. Mohr (P. Siebeck) 1987

Hurst, David / Adriaen, Marc: *S. Hieronymi Presbyteri Opera. Pars I,7: Opera exegetica, Commentariorum in Matheum Libri IV.* (CChr.SL 77) Turnhout: Brépols 1969

Jonge, Marinus de: *The Testaments of the Twelve Patriarchs: A Critical Edition of the Greek Text.* (PVTG 1,2) Leiden: Brill 1978

Keller, Otto: *Rerum Naturalium Scriptores Graeci Minores. Vol. I: Paradoxographi Antigonus, Apollonius, Phlegon, Anonymus Vaticanus.* Leipzig: B.G.Teubner 1877

Klijn, Albertus Frederick / Reinink, Gerrit J.: *Patristic Evidence for Jewish-Christian Sects*, Leiden/New York: Brill 1973

– 1992: *Jewish-Christian Gospel Tradition* (VigChrist.S 17), Leiden/Boston: Brill 1992

Körtner, Ulrich H.J. / Leutzsch, Martin: *Papiasfragmente, Hirt des Hermas: Eingeleitet, herausgegeben, übertragen und erläutert.* (SUC 3) Darmstadt: Wissenschaftliche Buchgesellschaft 1998

Kollmann, Bernd: *Alexander Monachus: Laudatio Barnabae – Lobrede auf Barnabas.* (FCh 46) Turnhout: Brépols 2007

Kraus, Thomas J. / Nicklas, Tobias: *Das Petrusevangelium und die Petrusapokalypse. Neutestamentliche Apokryphen: Die griechischen Fragmente mit deutscher und englischer Übersetzung.* (GCS N.F. 11) Berlin/New York: Walter de Gruyter 2004

Krauss, Samuel: *Sanhedrin (Hoher Rat) – Makkot (Prügelstrafe). Text, Übersetzung und Erklärung.* (Die Mischna. Text, Übersetzung und ausführliche Erklärung V,4–5) Giessen: Alfred Töpelmann 1933

Kroker, Ernst: *D. Martin Luthers Tischreden 1931–1946. Erster Band: Tischreden aus der ersten Hälfte der dreißiger Jahre.* (WA Tr 1) Weimar: Hermann Böhlau Nachf. 1912

Krupp, Michael: *Arakin (Schätzungen). Text, Übersetzung und Erklärung nebst einem textkritischen Anhang.* (Die Mischna. Text, Übersetzung und ausführliche Erklärung V,5) Berlin: Alfred Töpelmann 1971

– 2003: *Chagiga – Festfeier.* (Die Mischna: Textkritische Ausgabe mit deutscher Übersetzung und Kommentar 2,12) Jerusalem: Lee Achim 2003

– 2004: *Schekalim – Tempelsteuer.* (Die Mischna: Textkritische Ausgabe mit deutscher Übersetzung und Kommentar 2,4) Jerusalem: Lee Achim 2004

– 2008: *Ketubbot – Eheverträge.* (Die Mischna: Textkritische Ausgabe mit deutscher Übersetzung und Kommentar 3,2) Jerusalem: Lee Achim 2008

Kuhn, Karl-Georg: *Der tannaitische Midrasch Sifre zu Numeri. Unter Verwendung einer Übersetzung von Jakob Winter und mit Beiträgen von Hans Windisch herausgegeben und erklärt von Karl Georg Kuhn.* (Rabbinische Texte Reihe 2: Tannaitische Midraschim, Band 3) Stuttgart: Kohlhammer 1959

Lange, Christian: *Ephraem der Syrer: Kommentar zum Diatessaron: Erster Teilband.* (FC 54/1) Turnhout: Brepols 2008

Lehnardt, Andreas: *Pesaḥim – Pesachopfer.* (ÜTY II/3) Tübingen: J.C.B. Mohr (P. Siebeck) 2004

Liebermann, Shaul: *Midrash Debarim Rabbah. Edited for the first time from the Oxford ms. No. 147.* Jerusalem: Wahrmann (2. Auflage) 1964

– 2001–2002: *The Tosefta: According to Codex Vienna, with Variants from Codex Erfurt, Genizah Mss. and Editio Princeps (Venice 1521).* New York: Jewish Theological Seminary (4. Auflage) 2001–2002 (4 Bände)

Lifshitz, Baruch / Frey, Jean-Baptiste: *Corpus of Jewish Inscriptions: Jewish Inscriptions from the 3. Century B.C. to the 7. Century A.D. Vol. 1: Europe* (SSAC 1), New York: Ktav 1975 (Reprinted by special arrangement with Istituto Pontificio di Archeologia Christiana, Rome.)

Lisowsky, Gerhard: *Jadajim (Hände). Text, Übersetzung und Erklärung nebst einem textkritischen Anhang.* (Die Mischna. Text, Übersetzung und ausführliche Erklärung VI,11) Berlin: Alfred Töpelmann 1956

Lohse, Eduard: *Die Texte aus Qumran. Hebräisch und deutsch.* München: Kösel 1964

Loopik, Marcus: *The Ways of the Sages and the Way of the World: The Minor Tractates of the Babylonian Talmud.* (TSAJ 26) 1991

Mandelbaum, Bernard: *Pesikta de Rav Kahana. According to an Oxford Manuscript; with Variants from All Known Manuscripts and Genizoth Fragments and Parallel Passages. Vol. II.* New York: Jewish Theological Seminary of America 1962

Marcovich, Miroslaw: *Iustini Martyris Dialogus cum Tryphone.* (Patristische Texte und Studien 47) Berlin/New York: Walter de Gruyter 1997

Margulies, Mordecai: *Midrash Wayyikra Rabba. A Critical Edition Based on Manuscripts and Genizah Fragments with Variants and Notes (5 Bände).* Jerusalem: Wahrmann (2. Auflage) 1972

Marti, Karl / Beer, Georg: *Abot (Väter). Text, Übersetzung und Erklärung nebst einem textkritischen Anhang.* (Die Mischna. Text, Übersetzung und ausführliche Erklärung IV,9) Giessen: Alfred Töpelmann 1927

Maurer, Christian / Schneemelcher, Wilhelm: *VII. Petrusevangelium.*, in: Schneemelcher, Wilhelm (Hg.): Neutestamentliche Apokryphen in deutscher Übersetzung. I. Band: Evangelien Tübingen: J.C.B. Mohr (P. Siebeck) (5. Auflage der von Edgar Hennecke begründeten Sammlung) 1987, 180–188

Mayhoff, Karl / Jan, Ludwig: *C. Plinii Secundi Naturalis historiae libri XXXVII. Vol. I, Libri I–VI.* (Sammlung Tusculum) Stuttgart: B.G.Teubner 1906

Meinhold, Johannes: *Joma (Der Versöhnungstag). Text, Übersetzung und Erklärung.* (Die Mischna. Text, Übersetzung und ausführliche Erklärung II,5) Giessen: Alfred Töpelmann 1913

Meissinger, Karl August: *Die erste Vorlesung über den Galaterbrief 1516/1517.* D. Martin Luthers Werke. Kritische Gesamtausgabe. Band 57: Nachschriften der Vorlesungen über Römerbrief, Galaterbrief und Hebräerbrief. Weimar: Hermann Böhlau Nachf. 1939

Michel, Otto / Bauernfeind, Otto: *Be Bello Judaico – Der jüdische Krieg. Griechisch und Deutsch.* Darmstadt: Wissenschaftliche Buchgesellschaft 1959–1969 (3 Bände in 4 Teilbänden)

Midrasch Rabba zu den Megillot מדרש רבה על חמשה חומשי תורה וחמש מגילות. ספר מדרש רבה חלק שלישי (Nachdruck der traditionellen Ausgabe) Wilna: Witwe & Gebrüder Romm 1920

Migne, Jacques-Paul: *S. Eusebii Hieronymi Opera Omnia. Tomus Septimus.* (PL 26) Paris: Migne 1845

– 1850: *In Matthaei Evangelium Expositio.* Venerabilis Bedae Anglo-Saxonis Presbyteri Opera Omnia. Pars Tertia (PL 92) Paris: Migne 1850, 9–132

– 1862: *Chrysostomos: Opera omnia quae exstant. Tomi septimi pars posterior: Commentariorum in Matthaeum Continuatio.* (PG 58) Paris: Migne 1862

– 1864: *Euthymii Zigabeni Commentarius in quattuor Evangelia.* (PG 129) Paris: Migne 1864

– 1863: *S.P.M. Epiphanii Constantiae in Cypro Episcopi Opera quae reperiri potuerunt omnia. Tomus Primus.* (PG 41) Paris: Migne 1863

– 1865: *Alexandri Monachi Laudatio in Apostolum Barnabam.* (PG 87c) Paris: Migne 1865, 4087–4106

– 1883: *Theophylacti Bulgariae Archiepiscopi opera quae reperiri potuerunt omnia. Tomus Primus.* (PG 123) Paris: Migne 1883

Milik, Joseph Tadeusz 1960: „Textes Hébreux et Araméens“, in: *Les Grottes de Muraba'at* (DJD 2), hg. v. Milik, Joseph Tadeusz / Benoit, Pierre / Vaux, Roland de. Oxford: Clarendon Press 1960, 67–205

Mirkin, Moshe Arieh: מדרש רבה מפורש פירוש מדעי חדש. Tel Aviv: Yavneh Publishing House (5. Auflage) 1992–1998 (= Midrasch Rabba, 11 Bände)

Moreschini, Claudio: *S. Hieronymi Opera Omnia. Pars III: Opera Polemica. Vol. 2: Dialogus Adversus Pelagianos.* (CChr.SL 80) Turnhout: Brépols 1990

Mras, Karl: *Eusebius Werke. Achter Band: Die Praeparatio Evangelica. Erster Teil: Einleitung, die Bücher I bis X.* (GCS 43.1) Berlin: Akademie Verlag 1954

Müller, Karl / Müller, Theodor / Langlois, Charles Victor / Letronne, Antoine-Jean: *Fragmenta Historicorum Graecorum. Band 3, Buch 5.* Paris: Didot 1849

Müller, Matthias: *Edujot – Zeugenaussagen.* (Die Mischna: Textkritische Ausgabe mit deutscher Übersetzung und Kommentar 4,7) Jerusalem: Lee Achim 2005

Neusner, Jacob: *The Tosefta. Translated from the Hebrew with a New Introduction.* Peabody: Hendrickson 2002

Niese, Benedikt: *Flavii Josephi Opera.* Berlin: Weidmannische Buchhandlung 1885–1895 (7 Bände)

Nowack, Wilhelm: *Erubin (Vermischungen). Text, Übersetzung und Erklärung nebst einem textkritischen Anhang.* (Die Mischna. Text, Übersetzung und ausführliche Erklärung II,2) Berlin: Alfred Töpelmann 1926

– 1924: *Schabbat (Sabbat). Text, Übersetzung und Erklärung nebst einem textkritischen Anhang.* (Die Mischna. Text, Übersetzung und ausführliche Erklärung II,1) Berlin: Alfred Töpelmann 1924

Noy, David / Bloedhorn, Hanswulf: *Inscriptiones Judaicae Orientis. III. Syria and Cyprus* (Texts and studies in Ancient Judaism 102), Tübingen: J.C.B. Mohr (P. Siebeck) 2004

Noy, David / Panayotov, Alexander / Bloedhorn, Hanswulf 2004: *Inscriptiones Judaicae Orientis. I. Eastern Europe* (Texts and studies in Ancient Judaism 101), Tübingen: J.C.B. Mohr (P. Siebeck) 2004

Parry, Donald W. / Tov, Emmanuel: *The Dead Sea Scrolls Reader (6 Vol.).* Leiden: Brill 2004–2005

Radt, Stefan: *Strabons Geographika: mit Übersetzung und Kommentar. Band 3: Buch IX – XIII.* Göttingen: Vandenhoeck & Ruprecht 2004

– 2005: *Strabons Geographika: mit Übersetzung und Kommentar. Band 4: Buch XIV – XVII.* Göttingen: Vandenhoeck & Ruprecht 2005

Rahmani, Levi Yizhaq: *A Catalogue of Jewish Ossuaries in the Collections of the State of Israel*, Jerusalem: Israel Antiquities Authority 1994 (= CJO)

Rengstorf, Karl Heinrich: *Jebamot (Von der Schwagerehe). Text, Übersetzung und Erklärung nebst einem textkritischen Anhang.* (Die Mischna. Text, Übersetzung und ausführliche Erklärung III,1) Berlin: Alfred Töpelmann 1929

– 1967: *Die Tosefta: Text. Seder VI: Toharot.* (Rabbinische Texte Reihe 1: Die Tosefta, Band VI) Stuttgart: Kohlhammer 1967

– 1983: *Die Tosefta: Text. Seder I: Zeraim.* (Rabbinische Texte Reihe 1: Die Tosefta, Band I) Stuttgart: Kohlhammer 1983

Rengstorf, Karl Heinrich / Mayer, Günter: *Die Tosefta: Übersetzung und Erklärung.* (Rabbinische Texte Reihe 1: Die Tosefta) Stuttgart: Kohlhammer 1967–2004 (6 Bände in mehreren Teilbänden)

Schäfer, Peter / Becker, Hans-Jürgen: *Synopse zum Talmud Yerushalmi.* (TSAJ 31/35/82/83/67/47) Tübingen: J.C.B. Mohr (P. Siebeck) 1991–2001 (4 Bände in 6 Teilbänden)

Schechter, Salomon / Taylor, Charles: *The Wisdom of Ben Sira: Portions of the Book of Ecclesiasticus from Hebrew Manuscripts in the Cairo Genizah Collection Presented to the University of Cambridge by the Editors*, Cambridge: Cambridge University Press 1899

Scheindler, Augustinus: *Nonni Panopolitani Paraphrasis S. Evangelii Ioannei.* Leipzig: B.G.Teubner 1881

Scholfield, Alwyn F.: *Aelian. On the Characteristics of Animals: in Three Volumes. With an English Translation. Vol. 3: Books XII–XVII.* (The Loeb Classical Library 449) London: Heinemann 1959 (Nachdruck 1972)

Schwabe, Moshe / Lifshitz, Baruch 1974: *Beth She'arim. Volume II: The Greek Inscriptions*, Jerusalem: Massada Press 1974

Schwartz, Eduard / Mommsen, Theodor: *Eusebius Werke, Band II: Die Kirchengeschichte.* (3 Bände, GCS 9,1–3) Berlin: Akademie Verlag 1903

Shinan, Avigdor: *Midrash Shemot Rabbah (Chapters I–XIV). A Critical Editiion Based on a Jerusalem Manuscript with Variants, Commentary and Introduction.* Jerusalem/Tel-Aviv: Dvir Publishing House 1984

Sperber, Daniel: *Masechet Derech Eretz Zutta and Perek Ha-Shalom.* Jerusalem (3. Auflage) 1994

Steudel, Annette / Lohse, Eduard: *Die Texte aus Qumran. Hebräisch und deutsch. Band 2.* Darmstadt: Wissenschaftliche Buchgesellschaft 2001

Talmon, Shemaryahu 1999: „Hebrew Fragments from Masada“, in: *Masada VI. The Yigael Yadin Excavations 1963–1965 Final Reports*, hg. v. Yadin, Yigael / Talmon, Shemaryahu. Jerusalem: Israel Exploration Society 1999, 1–148

Terian, Abraham: *Quaestiones et Solutiones in Exodum.* (OPA 43c) Paris: Éditions du Cerf 1992

Testa, Emmanuele 1972: *Herodion. Volume IV: I graffiti e gli ostraka* (SBF Collectio Maior 20/4), Jerusalem: Studium Biblicum Franciscanum 1972

Tetzner, Lothar: *Megilla (Esther-Rolle). Text, Übersetzung und Erklärung nebst einem textkritischen Anhang.* (Die Mischna. Text, Übersetzung und ausführliche Erklärung II,10) Berlin: Alfred Töpelmann 1968

Theodor, Julius / Albeck, Chanoch: *Bereschit Rabba mit kritischem Apparat und Kommentar.* Jerusalem: Wahrmann (Nachdruck der 2. Auflage mit Verbesserungen von Ch. Albeck) 1965 (3 Bände)

Uhlig, Siegbert: *Das Äthiopische Henochbuch.* (JSHRZ V,6) Gütersloh: Gütersloher Verlagshaus Gerd Mohn 1984

Ulmer, Rivka: *Pesiqta Rabbati. A Synoptic Edition of Pesiqta Rabbati Based upon All Extant Manuscripts and the Editio Princeps (2 Bände).* (SFSHJ 155 und 200) Atlanta: Scholars Press 1997 und 1999

VanderKam, James C.: *The Book of Jubilees: A Critical Text.* (CSCO 87 / 510 der gesamten Reihe) Leuven: Peeters 1989

Vielhauer, Philipp/Strecker, Georg 1987: „IV. Judenchristliche Evangelien“, in: *Neutestamentliche Apokryphen in deutscher Übersetzung. I. Band: Evangelien*, hg. v. Schneemelcher, Wilhelm. Tübingen: J.C.B. Mohr (P. Siebeck) (5. Auflage der von Edgar Hennecke begründeten Sammlung) 1987, 114–147

Walton, Brian 1655: *Biblia Sacra Polyglotta: Band 1*, Graz 1655 (Reprint 1963)

WEIHRICH, FRANZ: *Sancti Aureli Augustini de consensu evangelistarum libri quattuor.* (CSEL 43) Leipzig/Wien/Prag: Tempsky 1904

WEISS, ISAAK HIRSCH / SCHLOSSBERG, JAKOB: *Sifra. Commentar zu Leviticus aus dem Anfange des III. Jahrhunderts nebst der Erläuterung des R. Abraham ben David (Rabed) und Masoret ha-Talmud von J. H. Weiss.* Wien: Jacob Schlossberg 1862

WENGST, KLAUS: *Didache (Apostellehre), Barnabasbrief, Zweiter Clemensbrief u.a.: Eingeleitet, herausgegeben, übertragen und erläutert.* (SUC 2) Darmstadt: Wissenschaftliche Buchgesellschaft 1984

WERNER, OSKAR: *Pindar: Siegesgesänge und Fragmente. Griechisch und deutsch.* München: Heimeran 1967

WEWERS, GERD A.: *Terumot – Priesterhebe.* (ÜTY I/6) Tübingen: J.C.B. Mohr (P. Siebeck) 1985

WINDFUHR, WALTER: *Baba qamma (‚Erste Pforte' des Civilrechts). Text, Übersetzung und Erklärung nebst einem textkritischen Anhang.* (Die Mischna. Text, Übersetzung und ausführliche Erklärung IV,1) Berlin: Alfred Töpelmann 1913

– 1923: *Baba meßia (‚Mittlere Pforte' des Civilrechts). Text, Übersetzung und Erklärung nebst einem textkritischen Anhang.* (Die Mischna. Text, Übersetzung und ausführliche Erklärung IV,2) Berlin: Alfred Töpelmann 1923

– 1925: *Baba batra (‚Letzte Pforte' des Civilrechts). Text. Übersetzung und Erklärung.* (Die Mischna. Text, Übersetzung und ausführliche Erklärung IV,3) Giessen: Alfred Töpelmann 1925

WINTER, JAKOB / WÜNSCHE, AUGUST / BLAU, LUDWIG: *Mechiltha: Ein tannaitischer Midrasch zu Exodus.* Leipzig: Hinrichs 1909

YADIN, YIGAEL /GREENFIELD, JONAS C. /YARDENI, ADA /LEVINE, BARUCH A. 2002: *The Documents from the Bar Kokhba Period in the Cave of Letters. Vol. II: Hebrew, Aramaic and Nabatean-Aramaic Papyri* (Judaean Desert Studies 3), Jerusalem: Israel Exploration Society u.a. 2002

YADIN, YIGAEL /LEWIS, NAFTALI /GREENFIELD, JONAS C. 1989: *The Documents from the Bar Kokhba Period in the Cave of Letters. Vol. I: Greek Papyri, ed. N. Lewis; Aramaic and Nabatean Signatures and Subscriptions, ed. Y. Yadin & J.C. Greenfield* (Judaean Desert Studies 2), Jerusalem: Israel Exploration Society u.a. 1989

YADIN, YIGAEL / NAVEH, JOSEF 1989: „The Aramaic and Hebrew Ostraca and Jar Inscriptions", in: *Masada I. The Yigael Yadin Excavations 1963–1965: Final Reports*, hg. v. Yadin, Yigael. Jerusalem: Israel Exploration Society 1989, 1–70

YADIN, YIGAEL 1961: „The Newly-Found Bar Kochba Letters", *International Communication Gazette 7* (1961) 158–162

– 1963: *The Finds from the Bar Kokhba Period in the Cave of Letters* (Judaean Desert Studies 1), Jerusalem: Israel Exploration Society 1963

– 1965: *The Ben Sira Scroll from Masada: with Introduction, Emendations and Commentary*, Jerusalem: Israel Exploration Society 1965

– 1971: *Bar-Kokhba*, London: Weidenfeld & Nicolson 1971

– 1999: „The Ben Sira Scroll from Masada. Introduction, Emendations and Commentary", in: *Masada VI. The Yigael Yadin Excavations 1963–1965 Final Reports*, hg. v. Yadin, Yigael / Talmon, Shemaryahu. Jerusalem: Israel Exploration Society 1999, 151–252

YALKUT SHIM'ONI: ילקוט שמעוני מדרש על תורה נביאים וכתובים הלא הוא הספר הגדול והיקד שלקט וחבר הרב רבינו שמעון: Jerusalem: Jarid Ha-Sefarim 2006 (Nachdruck der traditionellen Ausgabe in 5 Bänden, mit Punktation)

YARDENI, ADA 2000: *Textbook of Aramaic, Hebrew, and Nabatean Documentary Texts from the Judaean Desert and Related Material. Vol. A: The Documents. Vol. B: Trans-*

lation, Palaeography, Concordance. Jerusalem: Ben-Zion Dinur Center for Research in Jewish History 2000

Ziegler, Konrat / Lindskog, Claas: Plutarchi Vitae Parallelae. Editio corr. cum addendis cur. Hans Gärtner. Leipzig/Stuttgart: Teubner 1994

Zimmermann, Bernhard / Werner, Oskar: *Aischylos, Tragödien: Übersetzt von Oskar Werner.* (Sammlung Tusculum) Düsseldorf: Artemis & Winkler 2005

Zuckermandel, Moshe Samuel: תוספתא על פי כתבי יד ערפורט ווויען. Pasewalk 1880

Zundel, Chanoch: מדרש תנחומא עם פרושי עץ יוסף וענף יוסף. הוצאת ספרים "אשכול" ירושלים. Wilna 1833 (Nachdruck Jerusalem 1969–1970 in 2 Bänden)

4. Sonstige Literatur

Academy of the Hebrew Language 1988: *The Historical Dictionary of the Hebrew Language: Materials for the Dictionary, Series A (200 B.C.E. – 300 C.E.). Guide and Indices to the Microfiche*, Jerusalem: Academy for the Hebrew Language 1988

Adams, James Noel / Janse, Mark / Swain, Simon 2002: *Bilingualism in Ancient Society. Language Contact and the Written Text*, Oxford: Oxford University Press 2002

Aicher, Georg 1929: *Hebräische Wortspiele im Matthäusevangelium*, Bamberg: St. Otto Verlag 1929

Alexander, Philipp 1983: „Rabbinic Judaism and the New Testament“, *ZNW 74* (1983) 237–246

– 1999: „The Demonology of the Dead Sea Scrolls“, in: *The Dead Sea Scrolls After Fifty Years. A Comprehensive Assessment*, hg. v. Flint, Peter W. / VanderKam, James C. Leiden: Brill 1999

Allen, Willoughby C. 1893: „The Aramaic Gospel“, *Exp 7* (1893) 386–400; 454–470

– 1907: *A Critical and Exegetical Commentary on the Gospel According to Saint Matthew* (ICC 1), Edinburgh: T&T Clark 1907

Ameling, Walter 2004: *Inscriptiones Judaicae Orientis. II. Kleinasien* (TSAJ 99), Tübingen: J.C.B. Mohr (P. Siebeck) 2004

Amira, Georgius / Caetani, Enrico 1596: *Grammatica Syriaca sive Chaldaica Georgii Michaelis Amirae Edeniensis e libano*, Rom: Luna 1596

Amit, David / Ilan, Zvi 1990: "בית-הכנסת במעון שביהודה", *Qad. 23* (1990) 115–125

Ammon, Ulrich / Mattheier, Klaus J. / Nelde, Peter H. 2004: *Codeswitching*, Tübingen: Niemeyer 2004

Amphoux, Christian-Bernard 1997: „Une héroine méconnue des évangiles: le personnage de Dina (Mt 26,18)“, in: *Le héros et l'héroïne bibliques dans la culture. Recherche biblique interdisciplinaire*, hg. v. Marconot Jean-Marie. Montpellier: Université Paul Valéry 1997, 73–83

Androutsopoulos, Jannis / Hinnenkamp, Volker 2001: Code-Switching in der bilingualen Chat-Kommunikation: ein explorativer Blick auf #hellas und #turks. In: Beißwenger, Michael (Hg.) Chat-Kommunikation, Stuttgart: Ibidem 2001, 367–401

Androutsopoulos, Jannis 2003: Jetzt speak something about italiano. Sprachliche Kreuzungen im Alltagsleben. Osnabrücker Beiträge zur Sprachtheorie 65/2003, 79–109

Appel, René / Muysken, Pieter 1987: *Language Contact and Bilingualism*, London: Arnold 1987

Arnold, Bill T. / Weisberg, David B. 2002: „A Centennial Review of Friedrich Delitzsch's ‚Babel and Bibel‘ Lectures“, *JBL 121* (2002) 441–457

AUER, PETER 1998: *Code-switching in Conversation: Language, Interaction and Identity*, London: Routledge 1998

AVEMARIE, FRIEDRICH 2003: „Das antike Judentum als wachsende Herausforderung für die neutestamentliche Wissenschaft“, in: *Herkunft und Zukunft der neutestamentlichen Wissenschaft*, hg.v. Wischmeyer, Oda. Tübingen/Basel: Francke 2003, 97–118

AVIAM, MORDECHAI / SYON, DANNY 2002: „Jewish Ossilegium in Galilee“, in: *What Has Athens to Do with Jerusalem? Essays on Classical, Jewish, and Early Christian Art and Archaeology in Honor of Gideon Foerster* (Interdisciplinary Studies in Ancient Culture and Religion 1), hg. v. Rutgers, Leonard V. Leuven: Peeters 2002, 151–187

AVIGAD, NAHMAN 1976: *Beth She'arim. Report on the Excavations During 1953–1958. Volume III: Catacombs 12–23*, Jerusalem: Massada Press 1976

BACKHAUS, KNUT 1991: *Die ‚Jüngerkreise' des Täufers Johannes: Eine Studie zu den religionsgeschichtlichen Ursprüngen des Christentums* (PaThSt 19), Paderborn: Schöningh 1991

BACON, BENJAMIN WISNER 1907: „The Prologue of Mark: A Study of Sources and Structure“, *JBL 26* (1907) 84–106

BAGATTI, BELLARMINO 1969: *The Excavations at Nazareth. Vol 1: From the Beginning until the Twelfth Century*, Jerusalem: Franciscan Printing Press 1969

BAR-ASHER, MOSHE 1998: *Studies in Mishnaic Hebrew* (ScrHie 37), Jerusalem: Magnes 1998

– 2006: „Mishnaic Hebrew: An Introductory Survey“, in: *The Literature of the Sages. Second Part: Midrash and Targum, Liturgy, Poetry, Mysticism, Contracts, Inscriptions, Ancient Science and the Languages of Rabbinic Literature* (Compendia Rerum Iudaicarum ad Novum Testamentum 2.3b), hg. v. Safrai, Samuel / Safrai, Zeev / Schwartz, Joshua / Tomson, Peter J. Assen: Van Gorcum 2006, 567–596

BARR, JAMES 1970: „Which Language Did Jesus speak? Some Remarks of a Semitist“, *BJRL 53* (1970) 9–29

– 1989: „Hebrew, Aramaic and Greek in the Hellenistic Age“, in: *The Cambridge History of Judaism*, hg. v. Davies, William David / Finkelstein, Louis. Cambridge: Cambridge University Press 1989, 79–114

BARTH, GERHARD 1982: *Die Taufe in frühchristlicher Zeit* (BThSt 4), Neukirchen-Vluyn: Neukirchener Verlag 1982

BARTLET, J. VERNON 1911: „The Sources of St. Luke's Gospel“, in: *Studies in the Synoptic Problem. By Members of the University of Oxford*, hg. v. Sanday, William. Oxford: Clarendon Press 1911, 313–363

BARTON, GEORGE AARON 1935: „Professor Torrey's Theory of the Aramaic Origin of the Gospels and the first Half of the Acts of the Apostles“, *JTS 36* (1935) 357–373

BARUCH, YUVAL / LEVI, DANIT 2010: „Qiryat Shemuel“, *Hadashot Arkheologiyot / ESI 122* (2010)

– 2011: „The Tomb and Ossuary of Alexa Son of Shalom“, IEJ 61 (2011) 96–105

BASSER, HERBERT W. 2005: „Planting Christian Trees in Jewish Soil“, *Review of Rabbinic Judaism 8* (2005) 91–112

BATZ, SHAHAR 2004: „Khirbat Kharuf“, *Hadashot Arkheologiyot 116* (2004) http://www.hadashot-esi.org.il, zitiert am 15.8.2011.

BAUCKHAM, RICHARD 2006: *Jesus and the Eyewitnesses: the Gospels as Eyewitness Testimony*, Grand Rapids: Eerdmans 2006

BAUER, BRUNO 1851: *Kritik der Evangelien und Geschichte ihres Ursprungs. Erster Theil*, Berlin: Verlag von Gustav Hempel 1851 (Nachdruck in zwei Bänden, Scientia Verlag Aalen 1983)

– 1851: *Kritik der Evangelien und Geschichte ihres Ursprungs. Zweiter Band*, Berlin: Verlag von Gustav Hempel 1851 (Nachdruck in zwei Bänden, Scientia Verlag Aalen 1983)

– 1909: *Das Leben Jesu im Zeitalter der neutestamentlichen Apokryphen*, Tübingen: J.C.B. Mohr (P. Siebeck) 1909

Baum, Armin Daniel 2001: „Ein aramäischer Urmatthäus im kleinasiatischen Gottesdienst: Das Papiaszeugnis zur Entstehung des Matthäusevangeliums", *ZNW 92* (2001) 257–272

– 2002: „Die lukanische und die chronistische Quellenbenutzung im Vergleich: Eine Teilanalogie zum synoptischen Problem", ETL 78 (2002) 340–357

– 2004: „Bildhaftigkeit als Gedächtnishilfe in der synoptischen Tradition", ThBeitr 35 (2004) 4–16

– 2008: *Der mündliche Faktor und seine Bedeutung für die synoptische Frage: Analogien aus der antiken Literatur, der Experimentalpsychologie, der Oral Poetry-Forschung und dem rabbinischen Traditionswesen* (TANZ 49), Tübingen: Francke 2008

– 2008: „Matthew's Sources – Written or Oral? A Rabbinic Analogy and Empirical Insights", in: Built upon the Rock: Studies in the Gospel of Matthew, hg.v. Nolland, John / Gurtner, Daniel M. Grand Rapids: Eerdmans 2008

Baumann, Arnulf 2003: „‚Barmherzig und gnädig ist der HERR': Die Mitte des Gottesglaubens in de jüdischen und christlichen Bibel", in: *‚Ich bin ein Hebräer': Gedenken an Otto Michel*, hg.v. Lindner, Helgo. Gießen: Brunnen 2003, 299–311

Baur, Ferdinand Christian 1847: *Kritische Untersuchungen über die kanonischen Evangelien, ihr Verhältniß zu einander, ihren Charakter und Ursprung*, Tübingen: Fues 1847

Beatrice, Pier Franco 2006: „The ‚Gospel of the Hebrews' in the Apostolic Fathers", *NovT 48* (2006) 147–195

Becker, Adam H. / Reed, Anette Yoshiko 2003: *The Ways That Never Parted. Jews and Christians in Late Antiquity and the Early Middle Ages*, Tübingen: J.C.B. Mohr (P. Siebeck) 2003

Beckwith, Roger T. 1971: „The Day, Its Divisions and Its Limits, in Biblical Thought", *EvQ 43* (1971) 218–228

Ben-Chorin, Schalom 1967: *Bruder Jesus: der Nazarener in jüdischer Sicht*, München: List 1967

Bengel, Johann Albrecht 1773: *Gnomon Novii Testamenti*, Berlin: Schlawitz (3. Auflage) 1773 (Nachdruck Berlin 1860)

Berges, Ulrich 2008: *Jesaja 40–48, übersetzt und ausgelegt* (HThKAT), Freiburg: Herder 2008

Betz, Hans Dieter 1991: „Wellhausen's Dictum ‚Jesus was not a Christian, but a Jew' in Light of Present Scholarship", *ST 45* (1991) 83–110

Betz, Otto 1985: *Jesus und das Danielbuch: II. Die Menschensohnworte Jesu und die Zukunftserwartung des Paulus* (ANTJ 6/II), Frankfurt: Peter Lang 1985

Beyer, Klaus 1962: *Semitische Syntax im Neuen Testament. Band I: Satzlehre Teil 1* (StUNT 1), Göttingen: Vandenhoeck & Ruprecht 1962

– 1984: *Die aramäischen Texte vom Toten Meer samt den Inschriften aus Palästina, dem Testament Levis aus der Kairoer Genisa, der Fastenrolle und den alten talmudischen Zitaten. Band 1*, Göttingen: Vandenhoeck & Ruprecht 1984

– 1989: „Woran erkennt man, dass ein griechischer Text aus dem Hebräischen oder Aramäischen übersetzt ist?", in: *Studia Semitica necnon Iranica. Rudolpho Macuch Septuagentario ab Amicis et Discipulis Dedicata*, hg. v. Macuch, M. / Müller-Kessler, C. / Franger, B.G. Wiesbaden: Harrassowitz 1989, 21–31

– 2004: *Die aramäischen Texte vom Toten Meer samt den Inschriften aus Palästina, dem Testament Levis aus der Kairoer Genisa, der Fastenrolle und den alten talmudischen Zitaten. Band 2*, Göttingen: Vandenhoeck & Ruprecht 2004

BILLERBECK, PAUL / STRACK, HERMANN LEBERECHT 1969: *Kommentar zum Neuen Testament aus Talmud und Midrasch (4 Bände und Registerband in 6 Teilbänden)*, München: C.H.Beck 1969 (5. Auflage, unveränderter Nachdruck der 1. Auflage 1926.)

BIRKELAND, HARRIS 1954: *The Language of Jesus*, Oslo: I. Komisjon Hos Jacob Dybwad 1954

BIVIN, DAVID / BLIZZARD, ROY B. 1983: *Understanding the Difficult Words of Jesus*, Arcadia, CA: Makor Foundation 1983

BIVIN, DAVID 1987: „Recovering the ‚inspired Text'? A Response", *Mishkan 17–18* (1987) 107–114

– 1990: „Views of the Jerusalem School", *Jerusalem Perspective 3* (1990) 11

– 1994: „Matthew 16:18: The Petros-petra Wordplay – Greek, Aramaic or Hebrew?", Jerusalem Perspective 46–47 (1994) 32–36;38

– 2005: *New Light on the Difficult Words of Jesus*, Holland, Michigan: En Gedi 2005

BLACK, MATTHEW 1946/1967: *An Aramaic Approach to the Gospels and Acts*, Oxford: Clarendon Press 1946 (3. Auflage 1967)

– 1982: *Die Muttersprache Jesu: das Aramäische der Evangelien und der Apostelgeschichte* (BWANT 115), Stuttgart: Kohlhammer 1982

BLASS, FRIEDRICH / DEBRUNNER, ALBERT 1970: *Grammatik des neutestamentlichen Griechisch*, Göttingen: Vandenhoeck & Ruprecht (13. Auflage) 1970

BLOOMFIELD, LEONARD 1933: *Language*, London: Unwin 1933

BOCK, DARRELL L. 1994–1996: *Luke. Volume 1: 1:1–9:50; Volume 2: 9:51–24:53* (Baker Exegetical Commentary of the New Testament 3A–3B), Grand Rapids: Baker Academic 1994 und 1996

BOCKMUEHL, MARKUS 2010: *The Remembered Peter: In Ancient Reception and Modern Debate* (WUNT 262), Tübingen: J.C.B. Mohr (P. Siebeck) 2010

BODENDORFER, GERHARD 1996: „Jüdische Stimmen zu Jesus", *Protokolle zur Bibel 5* (1996) 95–107

– 2000: „Die Spannung von Gerechtigkeit und Barmherzigkeit in der rabbinischen Auslegung mit Schwerpunkt auf der Psalmeninterpretation", in: *Das Drama der Barmherzigkeit Gottes* (SBS 183), hg.v. Scoralick, Ruth. Stuttgart: Verlag Katholisches Bibelwerk 2000, 157–192

BÖCHER, OTTO 1971: „Aß Johannes der Täufer kein Brot (Luk VII.33)?", *NTS 18* (1971) 90–92

BÖHLEMANN, PETER 1997: *Jesus und der Täufer: Schlüssel zur Theologie und Ethik des Lukas* (SNTS Monograph Series 99), Cambridge: Cambridge University Press 1997

BOISMARD, MARIE-ÉMILE 1966: „Évangile des Ébionites et problème synoptique (Mc I, 2–6 et Par.)", *RB 73* (1966) 321–352

– 1977: *Synopse des quatre Évangiles en français*. Paris: Éditions du Cerf 1977 (3 Bände)

– 1980: „The Two-Source Theory at an Impasse", *NTS 26* (1980) 1–17

– 1994: *Un évangile pré-Johannique. Vol II: Jean 2,13–4,54 (Tome II)* (ÉtB N.S. 25), Paris: Librairie Lecoffre 1994

– 2003: „Étude sur le papyrus copte de l'évangile de Matthieu provenant de la collection Schøyen", *RB 110* (2003) 387–398

– 2003: *L'évangile selon Matthieu, d'après un papyrus copte de la collection Schøyen. Analyse littéraire* (CRB 55), Paris: Gabalda 2003

Bonnard, Pierre 1970: *L'Évangile selon Saint Matthieu* (CNT 1), Neuchatel: Editions Delachaux & Niestlé (2e Édition revue et augmentée) 1970

Borg, Marcus J. 1987: „An Orthodoxy Reconsidered: The ‚End-of-the-World Jesus'", in: *The Glory of Christ in the New Testament*, hg. v. Hurst, Lincoln D. / Wright, Nicholas T. London: Clarendon Press 1987, 207–217

– 1988: *Jesus, a New Vision: Spirit, Culture, and the Life of Discipleship*, San Francisco: Harper & Row 1988

– 1993: *Jesus: der neue Mensch*, Freiburg: Herder 1993

Boring, M. Eugene 1992: „The Synoptic Problem, ‚Minor' Agreements, and the Beelzebul Pericope", in: *The Four Gospels 1992. Festschrift Frans Neirynck. Vol I* (BETL 100A), hg. v. Tuckett, Christopher Mark / Van Belle, Gilbert / Verheyden, Joseph / Van Segbroeck, Frans. Leuven: Leuven University Press 1992, 587–619

Bourquin, Yvan 2003: „Polyvalence marcienne et fonction du prologue", in: *La Bible en récits: L'exégèse biblique à l'heure du lecteur* (Le Monde de la Bible 48), hg. v. Marguerat, Daniel. Genf: Labor et Fides 2003, 316–325

Bovon, François 1989–2001: *Das Evangelium nach Lukas. 3 Teilbände* (EKK III.1–3), Zürich/Neukirchen-Vluyn: Benziger/Neukirchener 1989, 1996 und 2001

Briggs, Charles-Augustus 1893: *The Messiah of the Gospels*, New York: Charles Scribner's Sons 1893

– 1897: „The Wisdom of Jesus the Messiah", *ExpTim 8* (1897) 393–398 und 452–455

– 1904: „The Use of the Logia of Matthew in the Gospel of Mark", *JBL 23* (1904) 191–210

Broer, Ingo 1985: „Die Parabel vom Verzicht auf das Prinzip von Leistung und Gegenleistung (Mt 18, 23–35)", in: *A cause de l'Évangile: Études sur les Synoptiques et les Actes Offertes au P. Jacques Dupont, O.S.B. à l'occasion de son 70e anniversaire* (LeDiv 123), hg. v. Refoulé, Francois. Paris: Éditions du Cerf 1985, 145–164

Brown, Colin 1997: „What was John the Baptist Doing?", *Bulletin for Biblical Research 7* (1997) 37–50

Brown, John Pairman 1961: „Mark as witness to an edited form of Q", *JBL 80* (1961) 29–44

– 1961: „The form of ‚Q' known to Matthew", *NTS 8* (1961) 27–42

Brown, Michael L. 1987: „Recovering the ‚Inspired Text'? An Assessment of the Work of the Jerusalem School in Light of ‚Understanding the Difficult Words of Jesus'", *Mishkan 17–18* (1987) 39–64

Brunson, Andrew C. 2003: *Psalm 118 in the Gospel of John* (WUNT 2. Reihe Band 158), Tübingen: J.C.B. Mohr (P. Siebeck) 2003

Bruteau, Beatrice 2001: *Jesus through Jewish Eyes: Rabbis and Scholars Engage an Ancient Brother in a New Conversation*, Maryknoll: Orbis Books 2001

Buchanan, George Wesley 1974: „Has the Griesbach Hypothesis Been Falsified?", *JBL 93* (1974) 550–572

Buckley, Thomas W. 1991: *Seventy Times Seven: Sin, Judgement and Forgiveness in Matthew*, Collegeville: Liturgical Press 1991

Bultmann, Rudolf 1921/1970: *Die Geschichte der synoptischen Tradition*, Göttingen: Vandenhoeck & Ruprecht 1921 (8. Auflage FRLANT N.F.12 1970)

– 1984: *Theologie des Neuen Testaments*, Tübingen: J.C.B. Mohr (P. Siebeck) (9. Auflage) 1984

Burkett, Delbert 1999: *The Son of Man Debate: A History and Evaluation* (SNTS Monograph Series 107), Cambridge: Cambridge University Press 1999

– 2004: *Rethinking the Gospel Sources: From Proto-Mark to Mark*, New York: T&T Clark 2004

Burkitt, F. Crawford 1916: „The Last Supper and the Paschal Meal“, *JTS 17* (1916) 291–297

Burney, Charles Fox 1922: *The Aramaic Origin of the Fourth Gospel*, Oxford: Clarendon Press 1922

– 1925: *The Poetry of Our Lord: An Examination of the Formal Elements of Hebrew Poetry in the Discourses of Jesus Christ*, Oxford: Clarendon Press 1925

Burrows, Millar 1930: „The Original Language of the Gospel of John“, *JBL 49* (1930) 95–139

– 1934: „Principles for Testing the Translation Hypothesis in the Gospels“, *JBL 53* (1934) 13–30

Buse, Ivor 1959: „St John and ‚The First Synoptic Pericope‘“, *NovT 3* (1959) 57–61

Bussby, Frederick 1953: „Is Q an Aramaic Document?“, *ExpTim 65* (1953) 272–275

Buth, Randall / Kvasnica, Brian 2006: „Temple-Authorities and Tithe-Evasion: The Linguistic Background and Impact of the Parable of the Vineyard, the Tenants and the Son“, in: *Jesus' Last Week* (Jewish and Christian Perspectives 11/Jerusalem Studies in the Synoptic Gospels 1), hg. v. Notley, R.Steven / Turnage, Marc / Becker, Brian. Leiden: Brill 2006, 53–80 und 259–317

Buth, Randall 1981: „Mark 3:17 BONHPEΓEM and Popular Etymology“, *JSNT 10* (1981) 29–33

– 1990: „EDAYIN/TOTE – Anatomy of a Semitism in Jewish Greek“, *Maarav 5–6* (1990) 33–48

– 1990: „Matthew's Aramaic Glue“, *Jerusalem Perspective 28* (1990) 10–12

– 1992: „Language Use in the First Century: Spoken Hebrew in a Trilingual Society in the Time of Jesus“, *Journal of Translation and Textlinguistics 5* (1992) 298–312

– 1998: „A More Complete Semitic Background for בר אנשא, ‚Son of Man‘“, in: *The Function of Scripture in Early Jewish and Christian Tradition* (JSNT.S 154), hg. v. Evans, Craig A. / Sanders, James A. Sheffield: JSOT Press 1998, 176–189

– 2004: Where is the Aramaic Bible at Qumran? Scripture Use in the Land of Israel (2004). http://www.jerusalemperspective.com/default.aspx?tabid=27&articleID=1786 (zitiert am 15.8.2011)

– 2004: More on the Absence of an Aramaic Bible at Qumran: A Response to Jack Poirier's ‚Qumran Targum of Job as a Window into Second Temple Judaism, The‘: A Response to Randall Buth‘ (2004): http://www.jerusalemperspective.com/Default.aspx?tabid=27&ArticleID=1791 (zitiert am 15.8.2011)

– 2006: „A Hebraic Approach to Luke and the Ressurection Accounts: Still Needing to Re-Do Dalman and Moulton“, in: *Grammatica Intellectio Scripturae: Saggi filologici di Greco biblico in onore di Lino Cignelli OFM*, hg. v. Pierri, R. Jerusalem: Franciscan Printing Press 2006, 293–316

Butler, Basil Christopher 1951: *The Originality of St. Matthew: A Critique of the Two-Document Hypothesis*, Cambridge/New York: Cambridge University Press 1951

Byrskog, Samuel 1994: *Jesus the Only Teacher: Didactic Authority and Transmission in Ancient Israel, Ancient Judaism and the Matthean Community* (CB.NT 24), Stockholm: Almqvist Wiksell 1994

– 2000: *Story as History – History as Story: The Gospel Tradition in the Context of Ancient Oral History* (WUNT 123), Tübingen: J.C.B. Mohr (P. Siebeck) 2000

Camerlynck, Achilles 1932: *Evangeliorum secundum Matthaeum, Marcum & Lucam necnon quarumdam partium Joannis Synopsis iuxta Vulgatam Editionem cum Introductione de Quaestione Synoptica*, Brügge: Beyaert (4., erweiterte und verbesserte Auflage) 1932

Campbell, Colin 1892–93: „Professor Marshall's Theory of an Aramaic Gospel", *ExpTim 4* (1892–93) 468–470

Cane, Anthony 1999: „Contested Meanings of the Name ‚Judas Iscariot'", *ExpTim 111* (1999) 44–45

Carmignac, Jean 1966: „Comment Jésus et ses contemporains pouvaient-ils célébrer la Pâque à une date non officielle?", *RevQ 5* (1966) 59–79

– 1969: *Recherches sur le ‚Notre Père'*, Paris: Éditions Letouzey & Ané 1969

– 1970: „Studies in the Hebrew Background of the Synoptic Gospels", *ASTI 7* (1970) 84–93

– 1971: *A l'Écoute du Notre Père*, Paris: Éditions de Paris 1971

– 1978: „Hebrew Translations of the Lord's Prayer: An Historical Survey", in: *Biblical and Near Eastern Studies. Essays in Honor of William Sanford LaSor*, hg. v. Tuttle, Gary A. Grand Rapids: Eerdmans 1978, 18–79

– 1982: *Evangiles de Matthieu et de Marc traduits en hébreu par Giovanni Battista Iona en 1668, retouchés par Thomas Yeates en 1805. Introduction par Jean Carmignac* (Traductions hébraiques des Evangiles rassemblées par Jean Carmignac 2), Turnhout: Brépols 1982

– 1982: *The four Gospels translated into Hebrew by William Greenfield in 1831. Introduction par Jean Carmignac* (Traductions hébraiques des Evangiles rassemblées par Jean Carmignac 1), Turnhout: Brépols 1982

– 1983: *Evangiles de Luc et de Jean traduits en hébreu par Giovanni Battista Iona en 1668, retouchés par Thomas Yeates en 1805. Introduction par Jean Carmignac* (Traductions hébraiques des Evangiles rassemblées par Jean Carmignac 3), Turnhout: Brépols 1983

– 1984: *La Naissance des Évangiles Synoptiques*, Paris: Guibert (3. Auflage) 1984 (Reprint 1995)

– 1985: *The four Gospels Translated into Hebrew by the London Society for Promoting Christianity amongst the Jews. Introduction par Jean Carmignac* (Traductions hébraiques des Evangiles rassemblées par Jean Carmignac 5), Turnhout: Brépols 1985

Carter, Warren / Heil, John Paul 1998: *Matthew's Parables. Audience-Oriented Perspectives* (CBQ Monography Series 30), Washington: Catholic Biblical Association of America 1998

Casey, Maurice 1979: *Son of Man: The interpretation and influence of Daniel 7*, London: SPCK 1979

– 1996: *Is John's gospel true?*, London: Routledge 1996

– 1998: *Aramaic Sources of Mark's Gospel* (SNTS Monograph Series 102), Cambridge: Cambridge University Press 1998

– 2002: *An Aramaic approach to Q: Sources for the Gospels of Matthew and Luke* (SNTS Monograph Series 122), Cambridge/New York: Cambridge University Press 2002

– 2007: *The Solution to the ‚Son of Man' Problem* (LNTS/JSNT.S 343), Edinburgh: T&T Clark 2007

Castor, George Dewitt 1912: „The Relation of Mark to the Source Q", *JBL 31* (1912) 82–91

Catchpole, David R. 1992: „The Beginning of Q: A Proposal", *NTS 38* (1992) 205–221

Cerfaux, Lucien 1935: „A propos des sources du troisième évangile: proto-Luc ou proto-Matthieu?", *ETL 12* (1935) 5–27

– 1938: „Encore la question synoptique", *ETL 15* (1938) 330–337

– 1951: „La mission de Galilée dans la tradition synoptique", *ETL 27* (1951) 369–389

– 1952: „La mission de Galilée dans la tradition synoptique (suite)", *ETL 28* (1952) 629–647

– 1954: „Le problème synoptique: A propos d'un livre récent", *NRT 86* (1954) 494–505

CEULEMANNS, REINHART 2008: „The Name of the Pool in Joh. 5,2: A Text-Critical Note Concerning 3Q15", *ZNW 99* (2008) 112–115

CHANCEY, MARK A. 2002: *The Myth of a Gentile Galilee* (SNTS Monograph Series 118), Cambridge: Cambridge University Press 2002

– 2003: „Galilee and Greco-Roman Culture in the Time of Jesus", *SBL Seminar Papers 42* (2003) 173–187

CHARLES, R. H. 1908: „Man's Forgiveness of His Neighbour: A Study in Religious Development", *Exp 6* (1908) 492–505

CHARLESWORTH, JAMES H. 1986: „Semitisms in the New Testament and the Need to Clarify the Importance of the Syrian New Testament", in: *Salvación en la Palabra: Targum – Derash – Berith*, hg. v. Munoz-Léon, Domingo. Madrid: Ediciones Christianidad 1986, 633–638

– 1991: *Jesus' Jewishness: Exploring the Place of Jesus within Early Judaism* (Shared ground among Jews and Christians, Philadelphia: American Interfaith Institute 1991

– 1998: „John the Baptizer, Jesus, and the Essenes", nachgedruckt in: Charlesworth, James H., *Caves of Enlightenment: proceedings of the American Schools of Oriental Research Dead Sea Scrolls Jubilee Symposion (1947–1997)*, North Richland Hills: Bibal Press 1998, 75–103

CHILTON, BRUCE D. / EVANS, CRAIG A. / NEUSNER, JACOB 2002: *The Missing Jesus: Rabbinic Judaism and the New Testament*, Boston: Brill 2002

CHILTON, BRUCE D. / EVANS, CRAIG A. 1999: *Authenticating the Words of Jesus* (NTTS 28,1), Leiden/Boston: Brill 1999

– 2002: *Authenticating the Activities of Jesus* (NTTS 28,2), Leiden/Boston: Brill 2002

CHILTON, BRUCE D. 1995: „Jesus within Judaism", in: *Judaism in Late Antiquity II* (HO 17), hg. v. Neusner, Jacob. Leiden/Boston 1995, 262–284

– 1999: „Assessing Progress in the Third Quest", in: *Authenticating the Words of Jesus* (NTTS 28,1), hg. v. Chilton, Bruce / Evans, Craig A. Leiden/Boston: Brill 1999, 15–25

– 2002: „John the Baptist: His Immersion and His Death", in: *Dimensions of Baptism: Biblical and Theological Studies* (JSNT.S 234), hg. v. Porter, Stanley E. / Cross, Anthony R. Sheffield: Sheffield Academic Press 2002, 25–44

CHOMSKY, WILLIAM 1951: „What Was the Jewish Vernacular During the Second Commonwealth?", *JQR N.S. 42* (1951) 193–212

CHWOLSON, DANIIL A. 1892: *Das letzte Passamahl Christi und der Tag seines Todes: nach den in Übereinstimmung gebrachten Berichten der Synoptiker und des Evangelium Johannis, nebst einem Anhang: Das Verhältnis der Pharisäer, Sadduzäer und der Juden überhaupt zu Jesus Christus etc* (Mémoires de l'Académie Impériale des Sciences de St. Pétersbourg Serie 7, Band 41,1), St. Petersburg: Eggers 1892

– 1893: „Über das Datum im Evangelium Matthaei", *MGWJ 37* (1893) 537–555

– 1908: *Das letzte Passamahl Christi und der Tag seines Todes: nach den in Übereinstimmung gebrachten Berichten der Synoptiker und des Evangelium Johannis*, Leipzig: Haessel 1908

CLADDER, HERMANN JOSEPH 1919: *Unsere Evangelien: Akadamische Vorträge Erste Reihe: Zur Literaturgeschichte der Evangelien*, Freiburg: Herder 1919

CLAUSSEN, CARSTEN / FREY, JÖRG / AVIAM, MORDECHAI 2008: *Jesus und die Archäologie Galiläas* (BThSt 87), Neukirchen-Vluyn: Neukirchener Verlag 2008

CLERMONT-GANNEAU, CHARLES 1895: „Hebrew Inscription From Near the Ash-Heaps at Jerusalem", *PEQ 27* (1895) 83–84

COLLINS, ADELA YARBRO 2007: *Mark: A Commentary* (Hermeneia), Minneapolis: Fortress 2007

COLPE, CARSTEN 1969: Artikel „‚ὁ υἱὸς τοῦ ἀνθρώπου'", in: *ThWNT* 8, 1969, 403–481

– 1970: „Der Spruch von der Lästerung des Geistes", in: *Der Ruf Jesu und die Antwort der Gemeinde: Exegetische Untersuchungen Joachim Jeremias zum 70. Geburtstag gewidmet von seinen Schülern,* hg. v. Lohse, Eduard. Göttingen: Vandenhoeck & Ruprecht 1970, 63–79

CONTI, FRANCO 1993: „Un'analisi di tipo logico-matematico su Mt 12,30 e Mc 9,40", *RivB 41* (1993) 73–74

CONZELMANN, HANS 1963: *Die Apostelgeschichte* (HNT 7), Tübingen: J.C.B. Mohr (P. Siebeck) 1963

COOK, MICHAEL J. 2000: „Jewish Reflections of Jesus: Some Abiding Trends", in: *The Historical Jesus through Jewish and Catholic Eyes*, hg. v. Greenspoon, Leonard J. / Hamm, Dennis / LeBeau, Bryan. Harrisburg: Trinity Press International 2000, 95–111

COPE, LAMAR 1971: „The Beelzebul Controversy. Mk. 3:19–30 and Parallels", in: *SBL 1971 Seminar Papers Vol. I*, hg. v. Society of Biblical Literature. Atlanta: Scholars Press 1971, 251–256

– 1987: „The Earliest Gospel was the ‚Signs-Gospel'", in: *Jesus, the Gospels, and the Church. Essays in Honor of William R. Farmer*, hg. v. Sanders, Ed Parish. Macon: Mercer University Press 1987, 17–24

COTTER, WENDY 1995: „‚Yes, I Tell You, and More than a Prophet': The Function of John in Q", in: *Conflict and Invention: Literary, Rhetorical, and Social Studies on the Sayings Gospel Q*, hg. v. Kloppenborg Verbin, John S. Valley Forge: Trinity Press International 1995, 135–150

CROSSAN, JOHN DOMINIC 1991: *The Historical Jesus: The Life of a Mediterranean Jewish Peasant*, San Francisco: Harper 1991

– 1994: *Der historische Jesus*, München: C.H.Beck 1994

CROY, N. CLAYTON 2001: „Where the Gospel Text Begins: A Non-Theological Interpretation of Mark 1:1", *NovT 43* (2001) 105–127

DAHL, NILS A. 1982: „Wellhausen on the New Testament", *Semeia 25* (1982) 89–110

DALMAN, GUSTAF HERMANN 1893: „Das hebräische Neue Testament von Franz Delitzsch", *Hebr 9* (1893) 226–231

– 1898: *Die Worte Jesu: mit Berücksichtigung des nachkanonischen jüdischen Schrifttums und der aramäischen Sprache erörtert*, Leipzig: Hinrichs 1898

– 1922: *Jesus – Jeschua: Die drei Sprachen Jesu. Jesus in der Synagoge, auf dem Berge, beim Passahmahl, am Kreuz*, Leipzig: Hinrichs 1922

– 1924: *Orte und Wege Jesu* (BFChTh Reihe 2, Band 1), Gütersloh: Bertelsmann (3., erweiterte und verbesserte Auflage) 1924

– 1930: *Die Worte Jesu: mit Berücksichtigung des nachkanonischen jüdischen Schrifttums und der aramäischen Sprache erörtert*, Leipzig: Hinrichs (2. Auflage) 1930 (Unveränderter reprographischer Nachdruck, Wissenschaftliche Buchgesellschaft: Darmstadt 1965)

DAUER, ANTON 1972: *Die Passionsgeschichte im Johannesevangelium: eine traditionsgeschichtliche und theologische Untersuchung zu Joh 18, 1 – 19, 30* (StANT 30), München: Kösel 1972

– 1984: *Johannes und Lukas: Untersuchungen zu den johanneisch-lukanischen Parallelperikopen Joh 4,46–54/Lk 7,1–10 – Joh 12,1–8/Lk 7,36–50; 10,38–42 – Joh 20,19–29/Lk 24,36–49* (FzB 50), Würzburg: Echter-Verlag 1984

Dautzenberg, Gerhard 1977–1978: „Die Zeit des Evangeliums: Mk. 1,1–15 und die Konzeption des Markusevangeliums“, *BZ NF 21* (1977) 219–234 und *BZ NF 22* (1978) 76–91

David, Annabelle / Wei, Li 2004: „To What Extent Is Codeswitching Dependent on a Bilingual Child's Lexical Development“, in: *Codeswitching* (Sociolinguistica 18), hg. v. Ammon, Ulrich / Mattheier, Klaus Jürgen / Nelde, Peter H. Tübingen: Niemeyer 2004, 1–12

Davies, William David / Allison, Dale C. 1988–1997: *A Critical and Exegetical Commentary on the Gospel According to Saint Matthew. (3 Bände)*, London: T&T Clark 1988, 1991 und 1997

Davila, James Rohr 2005: „(How) Can We Tell if a Greek Apocryphon or Pseudepigraphon Has Been Translated From Hebrew or Aramaic?“, *Journal for the Study of Pseudepigrapha 15* (2005) 3–61

De Boer, Martinus C. 1988: „Ten Thousand Talents? Matthew's Interpretation and Redaction of the Parable of the Unforgiving Servant (Matt 18:23–35)“, *CBQ 50* (1988) 214–232

– 1998: „The Nazoreans: Living at the Boundary of Judaism and Christianity“, in: *Tolerance and Intolerance in Early Judaism and Christianity*, hg. v. Stanton, Graham N. / Stroumsa, Guy Gedalyahu. Cambridge/New York: Cambridge University Press 1998, 239–262

De Jonge, Henk J. 1981: „The Study of the New Testament in the Dutch Universities, 1575–1700“, *History of Universities 1* (1981) 113–129

De Rossi, Giovanni Bernardo 1772: *Della Lingua Propria Di Cristo E Degli Ebrei Nazionali Della Palestina Da Tempi de Maccabei*, Parma: Stamperia Reale 1772

Deines, Roland 1997: *Die Pharisäer: Ihr Verständnis im Spiegel der christlichen und jüdischen Forschung seit Wellhausen und Graetz* (WUNT 101), Tübingen: J.C.B. Mohr (P. Siebeck) 1997

– 2004: *Die Gerechtigkeit der Tora im Reich des Messias: Mt 5,13–20 als Schlüsseltext der matthäischen Theologie* (WUNT 177), Tübingen: J.C.B. Mohr (P. Siebeck) 2004

– 2007: „Jesus der Galiläer: Traditionsgeschichte und Genese eines antisemitischen Konstrukts bei Walter Grundmann“, in: *Walter Grundmann: Ein Neutestamentler im Dritten Reich*, hg. v. Deines, Roland / Leppin, Volker / Niebuhr, Karl-Wilhelm. Leipzig: Evangelische Verlagsanstalt 2007, 43–131

– 2008: „Galiläa und Jesus: Anfragen zur Funktion der Herkunftsbezeichnung ‚Galiläa‘ in der neueren Jesusforschung“, in: *Jesus und die Archäologie Galiläas* (BThSt 87), hg. v. Claußen, Carsten / Frey, Jörg. Neukirchen-Vluyn: Neukirchener Verlag 2008, 271–320

Deissmann, Adolf 1895: *Bibelstudien: Beiträge, zumeist aus den Papyri und Inschriften, zur Geschichte der Sprache, des Schrifttums und der Religion des hellenistischen Judentums und des Urchristentums*, Marburg: Elwert 1895

– 1908: *Licht vom Osten: Das Neue Testament und die neuentdeckten Texte der hellenistisch-römischen Welt*, Tübingen: J.C.B. Mohr (P. Siebeck) 1908

Delitzsch, Franz 1838: „Aus Wissenschaft, Kunst, Judentum“, nachgedruckt in: Delitzsch, Franz, *Eine Übersetzungsarbeit von 52 Jahren. Äußerungen des weiland Professor Franz Delitzsch über sein hebräisches Neues Testament für die Förderer seiner Verbreitung zusammengestellt* (SIJL 27), Leipzig: Akademische Buchhandlung Faber, 9–15

– 1853: *Neue Untersuchungen über Entstehung und Anlage der kanonischen Evangelien. Teil 1: Das Matthäusevangelium*, Leipzig: Dörffling 1853

– 1854: „Talmudische Studien I: Das Hohelied verunreinigt die Hände", *ZLThK 15* (1854) 280–283
– 1854: „Talmudische Studien III: Nikodemus", *ZLThK 15* (1854) 643–647
– 1855: „Talmudische Studien VI: Der Hosianna-Ruf", *ZLThK 16* (1855) 653–656
– 1856: „Talmudische Studien IX: AMHN AMHN", *ZLThK 17* (1856) 422–424
– 1856: „Talmudische Studien X: Bethesda", *ZLThK 17* (1856) 622–624
– 1864–1865: „Eine neue Übersetzung des Neuen Testaments", nachgedruckt in: Delitzsch, Franz, *Eine Übersetzungsarbeit von 52 Jahren. Äußerungen des weiland Professor Franz Delitzsch über sein hebräisches Neues Testament für die Förderer seiner Verbreitung zusammengestellt* (SIJL 27), Leipzig: Akademische Buchhandlung Faber 1891, 16–19 (1864) und 19–20 (1865)
– 1870: „Aus ‚Der Römerbrief aus Talmud und Midrasch erläutert'", nachgedruckt in: Delitzsch, Franz, *Eine Übersetzungsarbeit von 52 Jahren. Äußerungen des weiland Professor Franz Delitzsch über sein hebräisches Neues Testament für die Förderer seiner Verbreitung zusammengestellt* (SIJL 27), Leipzig: Akademische Buchhandlung Faber, 21–29
– 1870: „Das letzte Wort. 29. Januar 1890", nachgedruckt in: Delitzsch, Franz, *Eine Übersetzungsarbeit von 52 Jahren. Äußerungen des weiland Professor Franz Delitzsch über sein hebräisches Neues Testament für die Förderer seiner Verbreitung zusammengestellt* (SIJL 27), Leipzig: Akademische Buchhandlung Faber, 30–33
– 1874: „Über die palästinische Volkssprache, welche Jesus und seine Jünger geredet haben", *SaH* (1874) 195–210

Delitzsch, Friedrich 1905: *Babel und Bibel. Dritter (Schluss-) Vortrag*, Stuttgart: Deutsche Verlagsanstalt 1905
– 1920: *Die große Täuschung. Kritische Betrachtungen zu den alttestamentlichen Berichten über Israels Eindringen in Kanaan, die Gottesoffenbarung vom Sinai und die Wirksamkeit der Propheten (Erster Teil)*, Stuttgart/Berlin: Deutsche Verlagsanstalt 1920

Derrenbacker, Robert A. 1998: Allan J. McNicol, ed., with David L. Dungan and David B. Peabody. Preface by William R. Farmer. Beyond the Q Impasse: Luke's Use of Matthew. A Demonstration by the Research Team of the Institute for the Renewal of Gospel Studies. (Review) (1998). http://www.markgoodacre.org/synoptic-l/derrenba.htm (zitiert am 15.8.2011)

Derrett, John Duncan Martin 1970: „The Parable of the Unmerciful Servant", nachgedruckt in: Derrett, John Duncan Martin, *Law in the New Testament*, London: Darton, Longman and Todd, 32–47
– 1998: „Rabbinic Literature and the New Testament", *Higher Critical Review 4* (1998) 151–154

Dibelius, Martin 1933: *Die Formgeschichte des Evangeliums*, Tübingen: J.C.B. Mohr (P. Siebeck) (2. Auflage) 1933

Dietzfelbinger, Christian 1972: „Das Gleichnis von der erlassenen Schuld: Eine theologische Untersuchung von Matthäus 18,23–35", *EvT 32* (1972) 1972

Dimant, Devorah 1995: „4Q127: An Unknown Jewish Apocryphal Work?", in: *Pomegranates an Golden Bells: Studies in Biblical, Jewish and Near Eastern Ritual, Law and Literature in Honor of Jacob Milgrom*, hg. v. Milgrom, Jacob / Wright, David Pearson / Freedman, Noel / Hurvitz, Avi. Winona Lake: Eisenbrauns 1995, 805–814

Diodati, Domenico 1767: *De Christo Graece loquente exercitatio, qua ostenditur, Graecam sive Hellenisticam linguam: cum Judaeis omnibus tum ipsi adeo Christo Domino et Apostolis nativam et vernaculam fuisse*, Neapoli: Raymundus 1767

Dodd, Charles Harold 1961: *The Parables of the Kingdom*, New York: Scribner (Rev. ed.) 1961

Doering, Lutz 1999: *Schabbat : Sabbathalacha und -praxis im antiken Judentum und Urchristentum (TSAJ 78)*, Tübingen: J.C.B. Mohr (P. Siebeck) 1999

– 2008: „Much Ado about Nothing? Jesus' Sabbath Healings and their Halakhic Implications Revisited", in: *Judaistik und neutestamentliche Wissenschaft (FRLANT 226)*, hg.v. Doering, Lutz / Waubke, Hans-Günther / Wilk, Florian. Göttingen: Vandenhoeck & Ruprecht 2008, 218–241

Dombrowski, Bruno 1999: „The Significance of an Equation of בני שחר ‚Sons of Dawn' with טובלי שחרית / שחרין versus the Latter's Identification with the Hemerobaptists", *The Qumran Chronicle 8* (1999) 171–176

Donahue, John R. 1988: *The Gospel in Parable: Metaphor, Narrative, and Theology in the Synoptic Gospels*, Minneapolis: Fortress Press 1988

Donaldson, Amy M. 2003: „Blasphemy against the Spirit and the Historical Jesus", *SBL Seminar Papers 42* (2003) 157–171

Dormeyer, Detlev 1974: *Die Passion Jesu als Verhaltensmodell: literarische und theologische Analyse der Traditions- und Redaktionsgeschichte der Markuspassion* (NTA N.F. 11), Münster: Aschendorff 1974

– 1987: „Die Kompositionsmetapher ‚Evangelium Jesu Christi, des Sohnes Gottes' Mk 1.1. Ihre Theologische und Literarische Aufgabe in der Jesus-Biographie des Markus", *NTS 33* (1987) 452–468

– 1993: *Das Neue Testament im Rahmen der antiken Literaturgeschichte: eine Einführung*, Darmstadt: Wissenschaftliche Buchgesellschaft 1993

– 1997: „Mk. 1,1–15 als Prolog des ersten Idealbiographischen Evangeliums von Jesus Christus", *Biblical Interpretation 5* (1997) 181–211

Driver, Samuel R. 1893: „Professor Marshall's Aramaic Gospel", *Exp 8* (1893) 388–400;419–431

Dschulnigg, Peter 1988: *Rabbinische Gleichnisse und das Neue Testament: die Gleichnisse der PesK im Vergleich mit den Gleichnissen Jesu und dem Neuen Testament* (JudChr 12), Paris: Lang 1988

Du Toit, David S. 2002: „Der unähnliche Jesus: Eine kritische Evaluierung der Entstehung des Differenzkriteriums und seiner geschichts- und erkenntnistheoretischen Voraussetzungen", in: *Der historische Jesus. Tendenzen und Perspektiven der gegenwärtigen Forschung* (BZNW 114), hg. v. Schröter, Jens / Brucker, Ralph. Berlin/New York: Walter de Gruyter 2002, 89–129

Dunderberg, Ismo 1995: „Q and the Beginning of Mark", *NTS 41* (1995) 501–511

Dunn, James Douglas Grant / Rogerson, John William 2003: *Eerdmans Commentary on the Bible*, Grand Rapids: Eerdmans 2003

Dunn, James Douglas Grant 1988: „Matthew 12:28/Luke 11:20 – A Word of Jesus?", nachgedruckt in: Dunn, James Douglas Grant, *The Christ & the Spirit. Vol. 2: Pneumatology*, Edinburgh: T&T Clark 1998, 187–204

– 1991: *The Partings of the Ways: Between Christianity and Judaism and Their Significance for the Character of Christianity*, London: SCM Press 1991

– 1992: *Jews and Christians: the Parting of the Ways; A.D. 70 to 135* (WUNT 66), Tübingen: J.C.B. Mohr (P. Siebeck) 1992

– 2005: *The Historical Jesus in Recent Research* (Sources for Biblical and Theological Study 10), Winona Lake: Eisenbrauns 2005

Easton, Burton Scott 1913: „The Beelzebul Sections", *JBL 32* (1913) 57–73

Eck, Werner 2010: Corpus Inscriptionum Iudaeae/Palaestinae. http://www.phil-fak.uni-koeln.de/ciip.html (zitiert am 15.8.2011)

Edwards, James R. 1989: „Markan Sandwiches: The Significance of Interpolations in Markan Narratives“, *NovT 31* (1989) 193–216

– 2009: *The Hebrew Gospel and the Development of the Synoptic Tradition*, Grand Rapids: Eerdmans 2009

Efroymson, David P. 1993: *Within Context: Essays on Jews and Judaism in the New Testament*, Collegville, Minn.: Liturgical Press 1993

Ego, Beate 1991: „Gottes Weltherrschaft und die Einzigkeit seines Namens: Eine Untersuchung zur Rezeption der Königsmetapher in der Mekhilta de R. Yishma'el“, in: *Königsherrschaft Gottes und himmlischer Kult* (WUNT 55), hg. v. Hengel, Martin, Schwemer, Anna Maria. Tübingen: J.C.B. Mohr (P. Siebeck) 1991, 257–283

Ehrlich, Ernst Ludwig 1976: „Eine jüdische Auffassung von Jesus“, in: *Jesu Jude-Sein als Zugang zum Judentum* (ABPB 6), hg. v. Eckert, Willehad Paul / Henrix, Hans Hermann. Aachen: Einhard 1976, 35–49

Eichhorn, Johann Gottfried 1794: *Über die drei ersten Evangelien. Einige Beiträge zu ihrer künftigen kritischen Behandlung* (Eichhorn's Allgemeine Bibliothek der biblischen Literatur. Des fünften Bandes fünftes und sechstes Stück, Leipzig: Weidmannische Buchhandlung 1794

– 1804: *Einleitung in das Neue Testament. Erster Band* (Johann Gottfried Eichhorns Kritische Schriften 5), Leipzig: Weidmannische Buchhandlung 1804

Elgvin, Torleif 2003: „Qumran and the Roots of the Rosh Hashana Liturgy“, in: *Liturgical Perspectives: Prayer and Poetry in Light of the Dead Sea Scrolls. Proceedings of the 5. International Symposium of the Orion Center for the Study of the Dead Sea Scrolls and Associated Literature, January 2000* (StTDJ 48), hg. v. Chazon, Esther G. Boston: Brill 2003, 49–67

Elliger, Karl 1989: *Deuterojesaja. 1. Teilband: Jesaja 40,1–45,7* (BKAT XI/1), Neukirchen-Vluyn: Neukirchener Verlag (2. Auflage) 1989

Elliott, James Keith 1975: „Ho baptizon and Mark 1.4“, *ZT 31* (1975) 14–15

Emerton, John A. 1961: „Did Jesus speak Hebrew?“, *JTS N.S. 12* (1961) 193–194 and 201–202

– 1973: „The Problem of Vernacular Hebrew in the First Century A.D. and the Language of Jesus“, *JTS N.S. 24* (1973) 19–20

Ennulat, Andreas 1994: *Die ‚minor agreements': Untersuchungen zu einer offenen Frage des synoptischen Problems* (WUNT 2.Reihe Band 62), Tübingen: J.C.B. Mohr (P. Siebeck) 1994

Ernst, Josef 1976: *Das Evangelium nach Lukas* (RNT 3), Regensburg: Friedrich Pustet 1976

– 1981: *Das Evangelium nach Markus* (RNT 2), Regensburg: Friedrich Pustet 1981

– 1989: *Johannes der Täufer. Interpretation – Geschichte – Wirkungsgeschichte* (BZNW 53), Berlin/New York: Walter de Gruyter 1989

Eshel, Hanan 2006: „On the Use of Hebrew in Economic Documents From the Judaean Desert“, in: *Jesus' Last Week* (Jewish and Christian Perspectives 11 / Jerusalem Studies in the Synoptic Gospels 1), hg. v. Notley, R.Steven / Turnage, Marc / Becker, Brian. Leiden: Brill 2006, 245–258

Evans, Craig A. 1996: *Life of Jesus Research: An Annotated Bibliography* (NTTS 24), Leiden: Brill 1996

– 1997: „Early Rabbinic Sources and Jesus Research“, in: *Jesus in Context: Temple, Purity and Restoration*, hg. v. Chilton, Bruce / Evans, Craig A. Leiden: Brill 1997, 27–57

– 1998: „An Aramaic Approach Thirty Years Later“, in: *An Aramaic Approach to the Gospels and Acts*, hg. v. Black, Matthew. Peabody: Hendrickson (3. Auflage) 1998 (Nachdruck der 3. Auflage 1967), v–xxv
– 2001: *Mark 8:27 – 16:20* (WBC 34B), Nashville: Nelson 2001
– 2002: „The Baptism of John in a Typological Context“, in: *Dimensions of Baptism: Biblical and Theological Studies* (JSNT.S 234), hg. v. Porter, Stanley E. / Cross, Anthony R. Sheffield: Sheffield Academic Press 2002, 45–71
– 2003: „Jewish Versions of the Gospel of Matthew“, *Mishkan 38* (2003) 70–79
– 2006: Assessing Progress in the Third Quest (2006). http://craigaevans.com/Third_Quest.rev.pdf (zitiert am 15.8.2010)
– 2007: „The Jewish Christian Gospel Tradition“, in: *Jewish Believers in Jesus: The Early Centuries (clone)*, hg. v. Skarsaune, Oskar / Hvalvik, Reidar. Peabody: Hendrickson 2007, 241–277
Evans, Owen E. 1957: „Expository Problems: The Unforgivable Sin“, *ExpTim 68* (1957) 240–244
Ewherido, Anthony O. 2006: *Matthew's Gospel and Judaism in the Late First Century C.E.: The Evidence from Matthew's Chapter on Parables (Matthew 13:1–52)* (Studies in Biblical Literature 91), New York u.a.: Peter Lang 2006
Farmer, William Reuben 1964: *The Synoptic Problem: A Critical Analysis*, New York: Macmillan 1964
– 1995: „State Interesse and Markan Primacy: 1870–1914“, in: *Biblical Studies and the Shifting of Paradigms. 1850–1914*, hg. v. Reventlow, Henning Graf / Farmer, William. Sheffield: Sheffield Academic Press 1995, 15–49
– 1998: „The Present State of the Synoptic Problem“, in: *Literary Studies in Luke-Acts: Essays in Honor of Joseph B. Tyson*, hg. v. Tyson, Joseph B. / Thompson, Richard P. / Philipps, Thomas E. Macon: Mercer University Press 1998, 11–36
– 1998: A Response to Robert A. Derrenbacker, Jr (1998). http://www.colby.edu/rel/2gh/derrenbacker.htm (zitiert am 24.4.2004)
Farrer, Austin M. 1951: *A Study in St. Mark*, Westminster: Dacre Press 1951
– 1955: „On Dispensing with Q“, in: *Studies in the Gospels: Essays in Memory of R.H. Lightfoot*, hg. v. Nineham, D.E. Oxford: Blackwell 1955, 55–88
Farris, Stephen 1985: *The Hymns of Luke's Infancy Narratives: Their Origin, Meaning and Significance* (JSNT.S 9), Sheffield: JSOT 1985
Feldman, Louis H. 1999: „Rabbinic Sources for Historical Study“, nachgedruckt in: Feldman, Louis H., *Judaism and Hellenism Reconsidered* (Supplements to the Journal of the Study of Judaism 107), Leiden: Brill 2006, 763–781
– 2002: „How Much Hellenism in the Land of Israel?“, *JSJ 33* (2002) 290–313
– 2006: „The Influence of Hellenism on Jews in Palestine in the Hellenistic Period“, nachgedruckt in: Feldman, Louis H., *Judaism and Hellenism Reconsidered* (Supplements to the Journal of the Study of Judaism 107), Leiden: Brill 2006, 1–34
Fendler, Folkert 1991: *Studien zum Markusevangelium. Zur Gattung, Chronologie und Überlieferung des zweiten Evangeliums* (GTA 49), Göttingen: Vandenhoeck & Ruprecht 1991
Ferguson, Charles A. 1959: „Diglossia“, *Word 15* (1959) 325–340
Fiebig, Paul 1912: *Die Gleichnisreden Jesu im Lichte der rabbinischen Gleichnisse des neutestamentlichen Zeitalters: ein Beitrag zum Streit um die ‚Christusmythe' und eine Widerlegung der Gleichnistheorie Jülichers*, Tübingen: J.C.B. Mohr (P. Siebeck) 1912
Fiedler, Peter 2006: *Das Matthäusevangelium* (ThKNT 1), Stuttgart: Kohlhammer 2006
Fishman, Jehoshua A. 1965: „Who Speaks What Language to Whom and When?“, *Linguistique 2* (1965) 67–88

– 1967: „Bilingualism With and Without Diglossia; Diglossia with and without Bilingualism“, *JSI 23* (1967) 29–38

FITZMYER, JOSEPH A. 1970: „The Languages of Palestine in the First Century A.D“, nachgedruckt in: Fitzmyer, Joseph A., *A Wandering Aramaean: Collected Aramaic Essays*, Missoula: Scholars Press 1979, 29–56

– 1971: *Essays on the Semitic Background of the New Testament*, London: G. Chapman 1971

– 1975: „The Study of the Aramaic Background of the New Testament“, nachgedruckt in: Fitzmyer, Joseph A., *A Wandering Aramaean: Collected Aramaic Essays*, Missoula: Scholars Press 1979, 1–27

– 1979: *A Wandering Aramaean: Collected Aramaic Essays*, Missoula: Scholars Press 1979

– 1981–1985: *The Gospel According to Luke.* (AB 28), New York: Doubleday 1981 (2 Bände)

– 1989: „Methodology in the Study of the Aramaic Substratum of Jesus' Sayings in the New Testament“, in: *Jésus aux origines de la christologie* (BETL 40), hg. v. Dupont, Jacques. Leuven: Leuven University Press (2. Auflage) 1989, 73–102

– 1997: *The Semitic Background of the New Testament*, Grand Rapids: Eerdmans 1997

FLEDDERMANN, HARRY T. 1995: *Mark and Q: A Study of the Overlap Texts*, Leuven: Leuven University Press 1995

– 2005: *Q: A Reconstruction and Commentary* (Biblical Tools and Studies 1), Leuven: Peeters 2005

FLUSSER, DAVID / NOTLEY, R. STEVEN 1997: *Jesus*, Jerusalem: Magnes 1997

FLUSSER, DAVID / YADIN, AZZAN 2007: *Judaism of the Second Temple Period. Band 1: Qumran and Apocalypticism*, Grand Rapids: Eerdmans 2007

FLUSSER, DAVID 1957: „The Dead Sea Sect and Pre-Pauline Christianity“, nachgedruckt in: Flusser, David, *Judaism and the Origins of Christianity*, Jerusalem: Magnes 1988, 23–74

– 1968: *Jesus: Mit Selbstzeugnissen und Bilddokumenten*, Reinbek: Rowohlt 1968

– 1975: „Hillels Selbstverständnis und Jesus“, nachgedruckt in: Flusser, David, *Entdeckungen im Neuen Testament. Band 1: Jesusworte und ihre Überlieferung*, Neukirchen-Vluyn: Neukirchener Verlag 1987, 210–215

– 1975: „Two Anti-Jewish Montages in Matthews“, nachgedruckt in: Flusser, David, *Judaism and the Origins of Christianity*, Jerusalem: Magnes 1988, 552–560

– 1979: „Die literarischen Beziehungen zwischen den synoptischen Evangelien“, nachgedruckt in: Flusser, David, *Entdeckungen im Neuen Testament. Band 1: Jesusworte und ihre Überlieferung*, Neukirchen-Vluyn: Neukirchener Verlag 1987, 40–67

– 1981: *Die rabbinischen Gleichnisse und der Gleichniserzähler Jesus. 1. Teil: Das Wesen der Gleichnisse* (JudChr 4), Bern: Peter Lang 1981

– 1984: „Zwei Beispiele antijüdischer Redaktion bei Matthäus“, nachgedruckt in: Flusser, David, *Entdeckungen im Neuen Testament. Band 1: Jesusworte und ihre Überlieferung*, Neukirchen-Vluyn: Neukirchener Verlag 1986, 78–96

– 1986: „Die Sünde gegen den Heiligen Geist“, nachgedruckt in: Flusser, David, *Entdeckungen im Neuen Testament. Band 2: Jesus – Qumran – Urchristentum*, Neukirchen-Vluyn: Neukirchener Verlag 1999, 98–104

– 1987: *Entdeckungen im Neuen Testament. Band 1: Jesusworte und ihre Überlieferung*, Neukirchen-Vluyn: Neukirchener Verlag 1987

– 1988: „Jesus and the Sign of the Son of Man“, nachgedruckt in: Flusser, David, *Judaism and the Origins of Christianity*, Jerusalem: Magnes 1988, 526–534

– 1988: „Matthew's ‚Verus Israel'", nachgedruckt in: Flusser, David, *Judaism and the Origins of Christianity*, Jerusalem: Magnes 1988, 561–574
– 1989: „Die Versuchung Jesu und ihr jüdischer Hintergrund", *Entdeckungen im Neuen Testament. Band 2: Jesus – Qumran – Urchristentum*, Neukirchen-Vluyn: Neukirchener Verlag 1999, 193–211
– 1999: *Entdeckungen im Neuen Testament. Band 2: Jesus – Qumran – Urchristentum*, Neukirchen-Vluyn: Neukirchener Verlag 1999
– 1999: *Jesus. Überarbeitete Neuausgabe*, Reinbek: Rowohlt (21., überarbeitete Neuauflage der 1968 erschienenen Ausgabe) 1999
FOCANT, CAMILLE 2003: „Fonction intertextuelle et limites du prologue de Marc", in: *La Bible en récits: L'exégèse biblique à l'heure du lecteur* (Le Monde de la Bible 48), hg. v. Marguerat, Daniel. Genf: Labor et Fides 2003, 303–315
FORTNA, ROBERT TOMSON 1970: *The Gospel of Signs: A Reconstruction of the Narrative Source Underlying the Fourth Gospel* (SNTS Monograph Series 11), Cambridge: Cambridge University Press 1970
FOSTER, JOHN 1952: „Go and Make Ready (Luke xxii. 8, John xiv.2)", *ExpTim 63* (1952) 193
FOSTER, PAUL 2003: „Is It Possible to Dispense with Q?", *NovT 45* (2003) 313–337
FRANCE, RICHARD THOMAS 2007: *The Gospel of Matthew* (New International Greek Testament Commentary on the New Testament 1), Grand Rapids: Eerdmans 2007
FRANZ, MATTHIAS 2003: *Der barmherzige und gnädige Gott: die Gnadenrede vom Sinai (Exodus 34,6f) und ihre Parallelen im Alten Testament und seiner Umwelt* (BWANT 160), Stuttgart u.a.: Kohlhammer 2003
FREDRIKSEN, PAULA / REINHARTZ, ADELE 2002: *Jesus, Judaism, and Christian Anti-Judaism: Reading the New Testament after the Holocaust*, Louisville: Westminster John Knox Press 2002
FREY, JÖRG 2003: „Die Scholien aus dem ‚Jüdischen Evangelium' und das sogenannte Nazoräerevangelium", *ZNW 94* (2003) 122–137
FREYNE, SEÁN 2002: *Galilee and Gospel: Collected Essays* (WUNT 125), Tübingen: J.C.B. Mohr (P. Siebeck) 2002
– 2008: „Galilee, Jesus and the Contribution of Archaeology", *ExpTim 119* (2008) 573–581
FRIDRICHSEN, ANTON 1912: „‚Wer nicht mit mir ist, ist wider mich.'", *ZNW 13* (1912) 273–280
FRIEDRICHSEN, TIMOTHY A. (OHNE DATUM): Critical Observations on a Team Effort: Beyond the Q Impasse. Luke's Use of Matthew. http://www.markgoodacre.org/synoptic-l/friedrichsen.pdf (zitiert am 15.8.2010)
FUCHS, ALBERT 1971: *Sprachliche Untersuchungen zu Matthäus und Lukas* (AnBibl 49), Rom: Pontifical Biblical Institute 1971
– 1980: „Die Überschneidungen von Mk und ‚Q' nach B.H.Streeter und E.P.Sanders und ihre wahre Bedeutung (Mk 1,1–8 par.)", in: *Wort in der Zeit: Neutestamentliche Studien. Festgabe für Karl Heinrich Rengstorf zum 75. Geburtstag*, hg. v. Haubeck, Wilfrid / Bachmann, Michael. Leiden: Brill 1980, 28–81
– 1980: *Die Entwicklung der Beelzebulkontroverse bei den Synoptikern: Traditionsgeschichtliche und redaktionsgeschichtliche Untersuchung von Mk 3,22–27 und Parallelen, verbunden mit der Rückfrage nach Jesus* (SNTU.B 5), Linz 1980
– 2004: „Die Bedeutung der agreements der Täuferperikope: Mk 1,1–8 par Mt 3,1–2 par Lk 3,1–18", in: *Spuren von Deuteromarkus. Band 1* (SNTU.NF 1), hg. v. Fuchs, Albert. Münster: LIT 2004, 73–99

– 2004: „Die Sünde wider den Heiligen Geist: Mk 3,28–30 par Mt 12,31–37 par Lk 12,10“, in: *Spuren von Deuteromarkus. Band 3* (SNTU.NF 3), hg. v. Fuchs, Albert. Münster: LIT 2004

– 2004–2007: *Spuren von Deuteromarkus 1* (SNTU.NF 1–5), Münster: LIT 2004 (Band 1–4) und 2007 (Band 5)

Gächter, Paul 1963: *Das Matthäusevangelium*, Innsbruck: Tyrolia 1963

Gaston, Lloyd 1986: „Anti-Judaism and the Passion Narrative in Luke and Acts“, in: *Anti-Judaism in Early Christianity. Volume 1: Paul and the Gospels* (SCJud 2,1), hg. v. Richardson, Peter / Granskou, David. Waterloo: Wilfried Laurier University Press 1986, 127–153

Geiger, Abraham 1845: *Lehr- und Lesebuch zur Sprache der Mischnah. Band 1: Lehrbuch zur Sprache der Mischnah*, Breslau: Leuckart 1845

– 1868: *Unser Gottesdienst: Eine Frage, die dringend Lösung verlangt*, Breslau: Schlettersche Buchhandlung 1868

Gerhardsson, Birger 1961: *Memory and Manuscript: Oral Tradition and Written Transmission in Rabbinic Judaism and Early Christianity*, Uppsala: Gleerup 1961

Gese, Hartmut 1977: "Der Johannesprolog", in: ders., *Zur biblischen Theologie: Alttestamentliche Vorträge*. Tübingen: J.C.B.Mohr/Paul Siebeck 1977, 152–201

Giblin, Charles Homer 1992: „The Beginning of the Ongoing Gospel (Mk. 1,2–16,8)“, in: *The Four Gospels 1992. Festschrift Frans Neirynck. Vol II* (BETL 100A), hg. v. Tuckett, Christopher Mark / Van Belle, Gilbert / Verheyden, Joseph / Van Segbroeck, Frans. Leuven: Leuven University Press 1992, 975–985

Gibson, Margaret Dunlop 1916: „The House in Which the Last Supper Was Held“, *JTS 17* (1916) 398

Gla, Dietrich 1887: *Die Originalsprache des Matthäusevangeliums: Historisch-kritische Untersuchung*, Paderborn: Schöningh 1887

Gnilka, Joachim 1963: „Der Täufer Johannes und der Ursprung der christlichen Taufe“, *BibLeb 4* (1963) 39–49

– 1978–1979: *Das Evangelium nach Markus. 2 Teilbände* (EKK II/1–2), Zürich/Neukirchen-Vluyn: Benziger/Neukirchener 1978 und 1979

– 1988: *Das Matthäusevangelium. 2 Bände* (HThK I.1–2), Freiburg: Herder (2. Auflage) 1988

Goodacre, Marc 2000: „A Monopoly on Markan Priority? Fallacies in the Heart of Q“, *SBL Seminar Papers 39* (2000) 538–622

– 2001: *The Synoptic Problem: A Way through the Maze*, London: Sheffield Acad. Press 2001

Goulder, Michael D. 1984: „The Order of a Crank“, in: *Synoptic Studies: The Ampleforth Conferences of 1982 and 1983* (JSNT.S 7), hg. v. Tuckett, Christopher Mark. Sheffield: JSOT Press 1984, 111–130

– 1989: *Luke: A New Paradigm. Volume 1. Part I: The Argument. Part II: Commentary: Luke 1.1–9.50. Volume 2. Part II (cont.): Commentary: Luke 9.51–24.53* (JSNT.S 20/1–2), Sheffield: JSOT Press 1989

Gray, George Buchanan 1956: *A Critical and Exegetical Commentary on Numbers* (ICC), Edinburgh: T&T Clark 1956

Green, H. Benedict 1984: „Matthew 12.22–50 and Parallels: An Alternative to Matthaean Conflation“, in: *Synoptic Studies: The Ampleforth Conferences of 1982 and 1993* (JSNT.S 7), hg. v. Tuckett, Christopher Mark. Sheffield: JSOT Press 1984, 157–176

Green, Joel B. 1987: „Preparation for Passover (Luke 22:7–13): A Question of Redactional Technique“, *NovT 29* (1987) 305–319

– 1988: *The Death of Jesus: Tradition and Interpretation in the Passion Narrative* (WUNT 2. Reihe Band 33), Tübingen: J.C.B. Mohr (P. Siebeck) 1988

Gregory, Andrew 2005: „Prior or Posterior? The Gospel of the Ebionites and the Gospel of Luke", *NTS 51* (2005) 344–360

Grelot, Pierre 1984: *Évangiles et tradition apostolique: Réflexions sur un certain ‚Christ hébreu'*, Paris: Éditions du Cerf 1984

– 1986: *L'origine des évangiles: controverse avec J. Carmignac*, Paris: Éditions du Cerf 1986

Grenfell, B.P. / Hunt, A.S. 1908: „Fragment of an Uncanonical Gospel", in: *The Oxyrynchus Papyri: Vol. 5.*London: Egypt Exploration Society 1908

Griesbach, Johann Jakob 1794: „Commentatio qua Marci Evangelium totum e Matthaei et Lucae commentariis decerptum esse monstratur", nachgedruckt in: Orchard, Bernard / Longstaff, Thomas R.W., *J.J.Griesbach: Synoptic and Text-critical Studies 1776–1976* (SNTS Monograph Series 34), Cambridge/New York: Cambridge University Press 1978, 74–101

Grimme, Hubert 1936: „Studien zum hebräischen Urmatthäus", *BZ 23* (1936) 244–265, 347–357

Grintz, Jehoshua 1960: „Hebrew as the Spoken and Written Language in the Last Days of the Second Temple", *JBL 79* (1960) 32–47

Grötzinger, Karl-Erich 1982: Artikel „Engel III. Judentum", in: *TRE* 9, 1982, 586–596

Grosch, Hermann 1914: *Der Umfang des vom Apostel Matthäus verfassten Evangeliums oder des aramäischen Matthäus*, Leipzig: Deichert 1914

Grotius, Hugo 1641: *Annotationes in libros Evangeliorum cum III tractatibus et appendice*, Amsterdam 1641

Grundmann, Walter / Hauck, Friedrich 1969: *Das Evangelium nach Lukas* (ThHKNT 3), Berlin: Evangelische Verlagsanstalt (5. Auflage) 1969

Grundmann, Walter 1940: *Jesus, der Galiläer, und das Judentum. Veröffentlichungen des Instituts zur Erforschung des jüdischen Einflusses auf das deutsche kirchliche Leben*, Leipzig: G. Wigand 1940

– 1971: *Das Evangelium nach Matthäus* (ThHKNT 1), Berlin: Evangelische Verlagsanstalt (2. Auflage) 1971

– 1989: *Das Evangelium nach Markus* (ThHKNT 2), Berlin: Evangelische Verlagsanstalt (10. Auflage) 1989

Guelich, Robert A. 1982: „‚The Beginning of the Gospel': Mark 1:1–15", *BR 27* (1982) 5–15

– 1989: *Mark 1–8:26* (WBC 34A), Dallas: Word Books 1989

Gumperz, John Joseph 1982: *Discourse Strategies* (Studies in interactional sociolinguistics 1), Cambridge: Cambridge University Press 1982

Gundry, Robert Horton 1964: „The Language Milieu of First Century Palestine. Its Bearing on the Authenticity of the Gospel Tradition", *JBL 83* (1964) 404–408

– 1982: *Matthew: A Commentary on His Literary and Theological Art*, Grand Rapids: Eerdmans 1982

– 1993: *Mark: A Commentary on His Apology for the Cross*, Grand Rapids: Eerdmans 1993

– 1994: *Matthew: A Commentary on his Handbook for a Mixed Church under Persecution*, Grand Rapids: Eerdmans (2. Auflage) 1994

Gzella, Holger 2007: „The Use of the Participle in the Hebrew Bar Kosiba Letters in the Light of Aramaic", *Dead Sea Discoveries 14* (2007) 90–98

Haacker, Klaus 1988: „Verwendung und Vermeidung des Apostelbegriffs im lukanischen Werk", *NovT 30* (1988) 9–38

Hachlili, Rachel 2005: *Jewish Funerary Customs, Practices and Rites in the Second Temple Period* (Supplements to the Journal for the Study of Judaism 94), Leiden: Brill 2005

Häfner, Gerd 1993: „‚Jene Tage' (Mt. 3,1) und der Umfang des matthäischen ‚Prologs': Ein Beitrag zur Frage der Struktur des Mt-Ev", *BZ NF 37* (1993) 43–59

– 1994: *Der verheissene Vorläufer: Redaktionskritische Untersuchung zur Darstellung Johannes des Täufers im Matthäus-Evangelium* (SBB 27), Stuttgart: Verlag Katholisches Bibelwerk 1994

Haenchen, Ernst 1956: *Die Apostelgeschichte* (KEK 3), Göttingen: Vandenhoeck & Ruprecht (10. Auflage) 1956

Hagner, Donald A. 1984: *The Jewish Reclamation of Jesus: An Analysis and Critique of Modern Jewish Study of Jesus*, Grand Rapids: Academie Books 1984

– 1993: *Matthew 1–13* (WBC 33A), Dallas: Word Books 1993

– 1995: *Matthew 14–28* (WBC 33B), Dallas: Word Books 1995

– 2003: „Matthew: Apostate, Reformer, Revolutionary?", *NTS 49* (2003) 193–209

Hahn, Ferdinand 1963: *Christologische Hoheitstitel. Ihre Geschichte im frühen Christentum* (FRLANT 83), Göttingen: Vandenhoeck & Ruprecht 1963

Hamerton-Kelly, Robert G. 1965: „A Note on Matthew XII.28 par Luke XI.20", *NTS 11* (1965) 167–169

Handmann, Rudolf 1888: *Das Hebräerevangelium. Ein Beitrag zur Geschichte und Kritik des hebräischen Matthäus* (TU 5 Heft 3), Leipzig: Hinrichs 1888

Harnack, Adolf von 1921: *Marcion: Das Evangelium vom fremden Gott. Eine Monographie zur Geschichte der Grundlegung der katholischen Kirche*, Leipzig: Hinrichs 1921

Harrington, Daniel J. 2000: „Retrieving the Jewishness of Jesus: Recent Developments", in: *The Historical Jesus through Catholic and Jewish Eyes*, hg. v. Greenspoon, Leonard J. / Hamm, Dennis / LeBeau, Bryan F. Harrisburg: Trinity Press International 2000, 67–84

Harviainen, Tapani 1983: *Diglossia in Jewish Eastern Aramaic* (StOr 55,2), Helsinki: The Finnish Oriental Society 1983

Hengel, Martin / Deines, Roland 1995: „E.P. Sanders' ‚Common Judaism', Jesus and the Pharisees", *JTS N.S. 46* (1995) 1–70

Hengel, Martin / Schwemer, Anna Maria 2007: *Jesus und das Judentum*, Tübingen: J.C.B. Mohr (P. Siebeck) 2007

Hengel, Martin 1989: *The ‚Hellenization' of Judaea in the First Century after Christ*, London: SCM Press 1989

– 1996: „Zum Problem der ‚Hellenisierung' Judäas im 1. Jahrhundert nach Christus", in: *Judaica et Hellenistica: Kleine Schriften I* (WUNT 90), hg. v. Hengel, Martin / Deines, Roland / Frey, Jörg / Markschies, Christoph / Schwemer, Anna Maria / Bloedhorn, Hanswulf. Tübingen: J.C.B. Mohr (P. Siebeck) 1996, 1–90

– 1997: „Der Finger und die Herrschaft Gottes in Lk 11,20", in: *Le Main de Dieu / Die Hand Gottes* (WUNT 94), hg. v. Kieffer, Rene / Bergman, Jan. Tübingen: J.C.B. Mohr (P. Siebeck) 1997, 87–106

– 2007: „Der Lukasprolog und seine Augenzeugen: Die Apostel, Paulus und die Frauen", in: *Memory in the Bible and antiquity: the Fifth Durham-Tübingen Research Symposium (Durham, September 2004)* (WUNT 212), hg. v. Barton, Stephen C. Tübingen: J.C.B. Mohr (P. Siebeck) 2007, 195–242

– 2008: *Die vier Evangelien und das eine Evangelium von Jesus Christus: Studien zu ihrer Sammlung und Entstehung* (WUNT 224), Tübingen: J.C.B. Mohr (P. Siebeck) 2008

HENSLOW, GEORGE 1903/1904: „The Carob and the Locust“, *ExpTim 15* (1903/1904) 285–286

HEZSER, CATHERINE 2008: „Rabbinische Gleichnisse und ihre Vergleichbarkeit mit neutestamentlichen Gleichnissen“, in: *Hermeneutik der Gleichnisse Jesu: Methodische Neuansätze zum Verstehen urchristlicher Parabeltexte* (WUNT 231), hg.v. Zimmermann, Ruben / Kern, Gabi. Tübingen: J.C.B. Mohr (P. Siebeck) 2008, 217–237

HILGENFELD, ALOIS 1889: „Das Hebräer-Evangelium und sein neuester Bearbeiter“, *Zeitschrift für wissenschaftliche Theologie 32* (1889) 280–302

HILL, CHARLES E. 2006: „Papias of Hierapolis“, *ExpTim 117* (2006) 309–315

HILL, HARVEY 2007: „The Science of Reform: Abraham Geiger and the ‚Wissenschaft des Judentum‘“, *Modern Judaism 27* (2007) 329–347

HOFRICHTER, PETER LEANDER 2002: *Modell und Vorlage der Synoptiker: Das vorredaktionelle ‚Johannesevangelium‘* (Theologische Texte und Studien 6), Hildesheim: Olms (2., neubearbeitete Auflage) 2002

HOLMÉN, TOM 1999: „Doubts about Double Dissimilarity: Restructuring the main criterion of Jesus-of-History Research“, in: *Authenticating the Words of Jesus* (NTTS 28,1), hg. v. Chilton, Bruce / Evans, Craig A. Leiden/Boston: Brill 1999, 47–80

– 2001: „A Theologically Disinterested Quest?“, *ST 55* (2001) 175–197

HOLTZMANN, HEINRICH JULIUS 1863: *Die synoptischen Evangelien. Ihr Ursprung und geschichtlicher Charakter*, Leipzig: Verlag von Wilhelm Engelmann 1863

HOMOLKA, WALTER 2007: „Jesus der Jude: Jüdische Leben-Jesu-Forschung von Abraham Geiger bis Ernst Ludwig Ehrlich“, *Online Extra 51* (2007), http://www.compass-infodienst.de/Rabbiner_Walter_Homolka__Jesus_der_Jude.3260.0.html, zitiert 1.7. 2010

HONEY, T. E. FLOYD 1943: „Did Mark Use Q?“, *JBL 62* (1943) 319–331

HOOKER, MORNA DOROTHY / BARCLAY, JOHN M. G. / SWEET, J. P. M. 1996: *Early Christian Thought in its Jewish Context*, Cambridge/New York: Cambridge University Press 1996

HOOKER, MORNA DOROTHY 1993: „The Beginning of the Gospel“, nachgedruckt in: Malherbe, Abraham J. / Meeks, Wayne A., *The Future of Christology: Essays in Honor of Leander E. Keck*, Minneapolis: Fortress Press, 18–28

HORNBY, PETER A. 1977: „Bilingualism – An Introduction and Overview“, in: *Bilingualism: Psychological, social and educational implications*, hg. v. Hornby, Peter A. New York: New York Academic Press 1977, 1–13

HORST, JOHANNES 1942: Artikel „μακροθυμία κτλ.“, in: *ThWNT* 6, 1942, 377–390

HORTON, FRED L. 1978: „Reflections on the Semitisms of Luke-Acts“, in: *Perspectives on Luke-Acts* (NABPR Special Studies Series 5), hg. v. Talbert, Charles H. London: T&T Clark 1978, 1–23

HOUDRY, LUCIEN 1999: *La Naissance du Nouveau Testament. Préface & inèdits de Philippe Rolland*, Lille: Lucien Houdry 1999

HOWARD, GEORGE 1999: A Response to William L. Petersen's Review of ‚Hebrew Gospel of Matthew‘ (1999). http://rosetta.reltech.org/TC/vol04/Howard1999.html (zitiert am 15.8.2011)

HULTGREN, STEPHEN 2002: *Narrative Elements in the Double Tradition: A Study of Their Place Within the Framework of the Gospel Narrative* (BZNW 113), Berlin/New York: Walter de Gruyter 2002

HUMBOLDT, WILHELM VON 1836: *Über die Verschiedenheit des menschlichen Sprachbaues und ihren Einfluß auf die geistige Entwickelung des Menschengeschlechts*, Bonn: Dümmler 1836 (Faksimile-Nachdruck 1960)

HUMPHREY, HUGH M. 2006: *From Q to ‚Secret‘ Mark. A Composition History of the Earliest Narrative Theology*, New York: T&T Clark 2006

HURTADO, LARRY 1993: *Mark* (New International Biblical Commentary 2), Peabody: Hendrickson (2. Auflage) 1993

INSTONE-BREWER, DAVID 2000: „Jesus' Last Passover: The Synoptics and John", *ExpTim 112* (2000) 122–123

– 2004: *Traditions of the Rabbis from the Era of the New Testament. Vol 1: Prayer and Agriculture*, Grand Rapids: Eerdmans 2004

ISRAEL MINISTRY OF FOREIGN AFFAIRS 2008: „Excavations north of Jerusalem reveal sarcophagus fragment inscribed ‚Son of the High Priest'", http://www.mfa.gov.il/MFA/History/Early+History+-+Archaeology/Excavations_north_Jerusalem_reveal_sarcophagus_fragment_6-Oct-2008.htm?DisplayMode=print (zitiert am 15.8.2011)

JANOWSKI, BERND 2000: „Der barmherzige Richter: Zur Einheit von Gerechtigkeit und Barmherzigkeit im Gottesbild des Alten Orients und des Alten Testaments", in: *Das Drama der Barmherzigkeit Gottes* (SBS 183), hg.v. Scoralick, Ruth. Stuttgart: Verlag Katholisches Bibelwerk 2000, 33–91

JANSMA, TAEKE 1950: „Inquiry into the Hebrew text and the ancient versions of Zechariah IX–XIV", *OTS* (1950) 1–142

JAUBERT, ANNIE 1957: *La date de la cène: Calendrier biblique et liturgie chrétienne* (ÉtB petit format 15), Paris: Gabalda 1957

JEREMIAS, JOACHIM 1954: „Abba", nachgedruckt in: ders., *Abba. Studien zur Neutestamentlichen Theologie und Zeitgeschichte*, Göttingen: Vandenhoeck & Ruprecht, 15–67

– 1954: „Kennzeichen der ipsissima vox Jesu", nachgedruckt in: ders., *Abba. Studien zur Neutestamentlichen Theologie und Zeitgeschichte*, Göttingen: Vandenhoeck & Ruprecht 1966, 145–152

– 1958: *Die Kindertaufe in den ersten vier Jahrhunderten*, Göttingen: Vandenhoeck & Ruprecht 1958

– 1959: „Die Muttersprache des Evangelisten Matthäus", *ZNW 50* (1959) 270–274

– 1960: *Die Abendmahlsworte Jesu*, Göttingen: Vandenhoeck & Ruprecht (3. Auflage) 1960

– 1962: „Das Vater-Unser im Lichte der neueren Forschung", nachgedruckt in: ders., *Abba. Studien zur Neutestamentlichen Theologie und Zeitgeschichte*, Göttingen: Vandenhoeck & Ruprecht 1966, 152–189

– 1966: „Die Kupferrolle von Qumran und Bethesda", in: ders., *Abba. Studien zur Neutestamentlichen Theologie und Zeitgeschichte*, Göttingen: Vandenhoeck & Ruprecht 1966, 361–364

– 1971: *Neutestamentliche Theologie. Erster Teil: Die Verkündigung Jesu*, Gütersloh: Gütersloher Verlagshaus Gerd Mohn 1971

– 1984: *Die Gleichnisse Jesu*, Göttingen: Vandenhoeck & Ruprecht (10. Auflage) 1984

JEREMIAS, JOHANNES 1928: *Das Evangelium nach Markus : Versuch einer urchristlichen Erklärung für die Gegenwart*, Chemnitz: Max Müller 1928

JOHANNESSOHN, MARTIN 1926: *Das biblische Kai Egeneto und seine Geschichte*, Göttingen: Vandenhoeck & Ruprecht 1926

JOHNSON, LEWIS 1966: „Who Was the Beloved Disciple?", *ExpTim 77* (1966) 157–158

JOOSTEN, JAN / KISTER, MENAHEM 2010: „The New Testament and Rabbinic Hebrew", in: *The New Testament and Rabbinic Literature (Supplements to the Journal for the Study of Jusaism 136)*, hg.v. Bieringer, Reimund / Garcia Martinez, Florentino / Pollefeyt, Didier / Tomson, Peter J. Leiden/Boston: Brill 2010, 335–350

JOSSA, GIORGIO 2006: *Jews or Christians? The Followers of Jesus in Search of Their Own Identity* (WUNT 202), Tübingen: J.C.B. Mohr (P. Siebeck) 2006

JÜLICHER, ADOLF 1910: *Die Gleichnisreden Jesu*, Tübingen: J.C.B. Mohr (P. Siebeck) (2., neu bearbeitete Auflage) 1910

JUNG, CHANG-WOOK 2004: *The Original Language of the Lukan Infancy Narrative* (JSNT.S 267), London: T&T Clark 2004

JUST, ARTHUR A. 2003: *Luke* (Ancient Christian Commentary on Scripture, New Testament, Vol. 3), Downers Grove: Intervarsity Press 2003

KÄSEMANN, ERNST 1954: „Das Problem des historischen Jesus", *ZThK 51* (1954) 125–153

KAHLE, PAUL 1930: *Masoreten des Westens. Band II: Das Palästinische Pentateuchtargum. Die Palästinische Punktation. Der Bibeltext des Ben Naftali* (BWANT III,14), Stuttgart: Kohlhammer 1930

KAMPEN, JOHN 2000: „The Significance of the Scrolls for the Study of the Book of Matthew", in: *The Dead Sea Scrolls fifty years after their Discovery*, hg. v. Marquis, Galen / Schiffmann, Lawrence H. / Tov, Immanuel. Jerusalem: Israel Exploration Society 2000, 157–165

KAPERA, ZDZISLAW JAN 1993: „The Life and Work of the Reverend Jean Carmignac (1914–1986)", in: *Mogilany 1989: Papers on the Dead Sea Scrolls Offered in Memory of Jean Carmignac. Part I: General Research on the Dead Sea Scrolls, Qumran and the New Testament. The Present State of Qumranology* (Qumranica Mogilanensia 2), hg. v. Kapera, Zdzislaw Jan. Krakow: Enigma Press 1993

KAUFMAN, STEPHEN A. 1994: „Dating the Language of the Palestinian Targums and their Use in the Study of First Century CE Texts", in: *The Aramaic Bible: Targums in their Historical Context* (JSOT.S 166), hg. v. Beattie, D.R.G. / McNamara, M.J. Sheffield: Sheffield Academic Press 1994, 118–141

KAUFMANN, DAVID 1893: „Ein Übersetzungsfehler bei den Synoptikern", *MGWJ 37* (1893) 393–395

KEENER, CRAIG S. 1999: *A Commentary on the Gospel of Matthew*, Grand Rapids: Eerdmans 1999

– 2003: *The Gospel of John: A Commentary. Volume 1*, Peabody: Hendrickson 2003

KEESMAAT, SYLVIA C. 2000: „Strange Neighbours and Risky Care (Matt 18:21–35; Luke 14:7–14; Luke 10:25–37)", in: *The Challenge of Jesus' Parables* (McMaster New Testament Studies 4), hg. v. Longenecker, Richard. Grand Rapids: Eerdmans 2000, 263–285

KELHOFFER, JAMES A. 2003/2004: „‚Locusts and Wild Honey' (Mk 1,6c and Mt. 3,4c): The Status Quaestionis Concerning the Diet of John the Baptist", *Currents in Biblical Research 2* (2003/2004) 104–127

– 2004: „Did John the Baptist Eat Like a Former Essene? Locust-Eating in the Ancient Near East and at Qumran", *Dead Sea Discoveries 11* (2004) 293–314

KILGALLEN, JOHN J. 2005: „What Does It Mean to Say That There Are Additions in Luke 7,36–50", *Bib 86* (2005) 529–535

KINDLER, ARIE 2007: Artikel „Coins and Currency", in: *Encyclopaedia Judaica* 5, (2. Auflage) 2007, 47–51

KLAUSNER, JOSEPH 1934: *Jesus von Nazareth. Seine Zeit, sein Leben und seine Lehre*, Berlin: Jüdischer Verlag 1934

KLEIN, HANS 1996: *Bewährung im Glauben: Studien zum Sondergut des Evangelisten Matthäus* (BThSt 26), Neukirchen-Vluyn: Neukirchener Verlag 1996

KLEINKNECHT, KARL THEODOR 1985: „Johannes 13, die Synoptiker und die ‚Methode' der johanneischen Evangelienüberlieferung", *ZThK 82* (1985) 361–388

KLONER, AMOS / ZISSU, BOAZ 2007: *The Necropolis of Jerusalem in the Second Temple Period* (Interdisciplinary Studies in Ancient Culture and Religion 8), Leuven: Peeters 2007

KLOPPENBORG VERBIN, JOHN S. 2000: *Excavating Q: The History and Setting of the Sayings Gospel*, Edinburgh: T&T Clark 2000

Koch, Dietrich-Alex 1992: „Der Täufer als Zeuge des Offenbarers: Das Täuferbild von Joh. 1,19–34 auf dem Hintergrund von Mk. 1,2–11", in: *The Four Gospels 1992. Festschrift Frans Neirynck. Vol III* (BETL 100A), hg. v. Tuckett, Christopher Mark / Van Belle, Gilbert / Verheyden, Joseph / Van Segbroeck, Frans. Leuven: Leuven University Press 1992, 1963–1984

Kolde, Gottfried 1981: *Sprachkontakte in gemischtsprachigen Städten: vergleichende Untersuchungen über Voraussetzungen und Formen sprachlicher Interaktion verschiedensprachiger Jugendlicher in den Schweizer Städten Biel/Bienne und Fribourg/Freiburg* (Zeitschrift für Dialektologie und Linguistik 37), Wiesbaden: Steiner 1981

Kottsieper, Ingo 2007: „‚And they did not care to speak Yehudit': On Linguistic Change in Judah During the Late Persian Era", in: *Judah and the Judeans in the fourth century B.C.E.*, hg. v. Lipschitz, Oded / Knoppers, Gary N. / Albertz, Rainer. Winona Lake: Eisenbrauns 2007, 95–124

Kraus, Hans-Joachim 1979: *Theologie der Psalmen* (BKAT XV/3), Neukirchen-Vluyn: Neukirchener Verlag 1979

Kümmel, Werner Georg 1983: *Einleitung in das Neue Testament*, Heidelberg: Quelle & Meyer (21., erneut ergänzte Auflage) 1983

Kuhn, Thomas S. 1962: *The Structure of Scientific Revolutions*, Chicago: University of Chicago Press 1962

Kutscher, Eduard Yechzekiel 1982: *A History of the Hebrew Language*, Jerusalem: Magnes 1982

Légasse, Simon 1962: „L',Homme fort' de Luc xi.21–22", *NovT 5* (1962) 5–9

Lachmann, Karl Konrad Friedrich Wilhelm 1835: „De ordine narrationum in evangeliis synopticis", *TSK 8* (1835) 570–590

Lachs, Samuel Tobias 1987: *A Rabbinic Commentary on the New Testament. The Gospels of Matthew, Mark and Luke*, Hoboken: Ktav 1987

Lagrange, Marie-Joseph 1896: „Les sources du troisième Évangile", *RB 5* (1896) 5–38

– 1899: „La Dormition de la Sainte Vierge et la maison de Jean-Marc", *RB 8* (1899) 589–600

– 1911: *Évangile selon Saint Marc* (ÉtB 10), Paris: Gabalda 1911

– 1923: *Évangile selon Saint Matthieu* (ÉtB 12), Paris: Lecoffre 1923

– 1927: *Évangile selon Saint Luc* (ÉtB 15), Paris: Gabalda (4. Auflage) 1927

Lakatos, Imre 1978: *The Methodology of Scientific Research Programmes: Philosophical Papers, Volume 1*, Cambridge/New York: Cambridge University Press 1978 (Reprinted 1984)

Lambeck, Klaus 1984: *Kritische Anmerkungen zur Bilingualismusforschung* (Tübinger Beiträge zur Linguistik 242), Tübingen: Narr 1984

Lambrecht, Jan 1992: „John the Baptist and Jesus in Mark 1.1–15: Markan Redaction of Q?", *NTS 38* (1992) 357–384

– 1992: *Out of the Treasure: The Parables in the Gospel of Matthew* (LThPM 10), Leuven/Paris: Peeters 1992

Langbrandtner, Wolfgang 1977: *Weltferner Gott oder Gott der Liebe: Der Ketzerstreit in der johanneischen Kirche. Eine exegetisch-religionsgeschichtliche Untersuchung mit Berücksichtigung der koptisch-gnostischen Texte aus Nag-Hammadi* (BET 6), Frankfurt: Lang 1977

Lange, Armin / Mittmann-Richert, Ulrike 2002: „Annotated List from the Judaean Desert Classified", in: *The Texts from the Judaean Desert: Indices and an Introduction to the Discoveries in the Judaean Desert Series* (DJD 39), hg. v. Tov, Emanuel. Oxford: Clarendon Press 2002, 115–164

Lapide, Pinchas E. 1975: *Hebräisch in den Kirchen* (FJCD 1), Neukirchen-Vluyn: Neukirchener Verlag 1975

Lattke, Michael 1975: „Zur jüdischen Vorgeschichte des synoptischen Begriffs der ‚Königsherrschaft Gottes'", in: *Gegenwart und kommendes Reich: Schülergabe Anton Vögtle zum 65. Geburtstag*, hg. v. Fiedler, Peter / Zeller, Dieter. Stuttgart: Katholisches Bibelwerk 1975, 9–25

Laufen, Rudolf 1980: *Die Doppelüberlieferungen der Logienquelle und des Markusevangeliums* (Bonner Biblische Beiträge 54), Königstein/Ts.: Hanstein 1980

Lee, Bernard J. 1988: *The Galilean Jewishness of Jesus: Retrieving the Jewish Origins of Christianity* (SJC), New York: Paulist Press 1988

Lessing, Gotthold Ephraim 1778: „Neue Hypothese über die Evangelisten als bloß menschliche Geschichtsschreiber betrachtet", nachgedruckt in: Lessing, Karl Gotthelf, *Gotthold Ephraim Lessings Theologischer Nachlass*, Berlin: Voß 1784, 45–72

Levenson, Alan 2002: „Missionary Protestants as Defenders and Detractors of Judaism: Franz Delitzsch and Hermann Strack", *JQR N.S. 92* (2002) 383–420

Levie, Jean 1954: „L'Evangile arameén de S. Matthieu est-il la source de l'évangile de S. Marc?", *NRT 76* (1954) 689–715 und 812–843

Lichtenberger, Hermann 1992: „The Dead Sea Scrolls and John the Baptist: Reflections on Josephus' Account of John the Baptist", in: *The Dead Sea Scrolls: Forty Years of Research* (StTDJ 10), hg. v. Dimant, Devorah. Jerusalem: Magnes 1992, 340–346

Lightfoot, John 1658: *In Evangelium Sancti Matthaei Horae Hebraicae et Talmudicae*, Cambridge: John Field 1658

– 1671: *Horae Hebraicae et Talmudicae impensae in Evangelium S. Johannis*, London: Roycroft 1671

Limbeck, Meinrad 1974: „Satan und das Böse im Neuen Testament", in: *Teufelsglaube*, hg. v. Haag, Herbert. Tübingen: Katzmann 1974, 271–388

Lindars, Barnabas 1983: *Jesus Son of Man: A Fresh Examination of the Son of Man Sayings in the Gospels in the Light of Recent Research*, London: SPCK 1983

Lindsey, Robert Lisle 1969: *A Hebrew Translation of the Gospel of Mark*, Jerusalem: Dugith Publishers 1969

– 1973: *A Hebrew Translation of the Gospel of Mark*, Jerusalem: Dugith Publishers (2. Auflage) 1973

– 1990: *Jesus Rabbi Lord: The Hebrew Story of Jesus behind our Gospels*, Oak Creek: Cornerstone 1990

Lövestam, Evald 1968: *Spiritus Blasphemia: Eine Studie zu Mk 3,28f par Mt 12,31f, Lk 12,10* (Scripta minora Regiae Societatis Humaniorum Litterarum Lundensis 1), Lund: Gleerup 1968

Lohmeyer, Ernst 1951: *Das Evangelium des Markus* (KEK 1/2), Göttingen: Vandenhoeck & Ruprecht (11., nach dem Handexemplar des Verfassers durchgesehene Auflage) 1951

– 1956: *Das Evangelium des Matthäus* (KEK Sdbd.), Göttingen: Vandenhoeck & Ruprecht 1956

Lohse, Eduard 1991: *Die Entstehung des Neuen Testaments*, Stuttgart: Kohlhammer (5., durchgesehene und ergänzte Auflage) 1991

Loisy, Alfred 1906: „Beelzeboul (Marc, III,20–30; Matth.IX,32–34; XII,22–37, 43–45; Luc, XI,14–26,XII,16)", in: *Morceaux d'Exégèse*, hg. v. Loisy, Alfred. Paris: Alphons Picard et Fils 1906, 1–33

Longenecker, Bruce W. 2003: „Evil at Odds with Itself (Matthew 12:22–29): Demonising Rethoric and Destructive Potential in the Matthean Narrative", *Biblical Interpretation 11* (2003) 503–514

LONGSTAFF, THOMAS RICHMOND WILLIS / THOMAS, PAGE A. 1988: *The Synoptic Problem: A Bibliography, 1716–1988* (New Gospel Studies 4), Macon: Mercer University Press 1988

LONGSTAFF, THOMAS RICHMOND WILLIS 1977: *Evidence of Conflation in Mark? A Study in the Synoptic Problem* (SBL Dissertation Series 28), Missoula: Scholars Press for the Society of Biblical Literature 1977

LORENZMEIER, THEODOR 1973: „Zum Logion Mt 12,28; Lk 11,20", in: *Neues Testament und Christliche Existenz: Festschrift für Herbert Braun zum 70. Geburtstag am 4. Mai 1973*, hg. v. Betz, Hans Dieter / Schottroff, Luise. Tübingen: J.C.B. Mohr (P. Siebeck) 1973, 289–304

LOWE, MALCOLM / FLUSSER, DAVID 1983: „Evidence Corroborating a Modified Proto-Matthean Synoptic Theory", *NTS 29* (1983) 25–47

LOWE, MALCOLM 1982: „From the Parable of the Vineyard to a Pre-Synoptic Source", *NTS 28* (1982) 257–263

– 1982: „The Demise of Arguments from Order for Markan Priority", *NovT 24* (1982) 27–36

– 1987: „Real and Imagined Anti-Jewish Elements in the Synoptic Gospels and Acts", *Journal of Ecumenical Studies 24* (1987) 267–284

– 1990: „Bibliography of the Writings of David Flusser", in: *The New Testament and Christian-Jewish Dialogue. Studies in Honor of David Flusser* (Immanuel 24/25), hg. v. Lowe, Malcolm. Jerusalem: Ecumenical Theological Research Fraternity 1990, 292–305

– 2000: „The Critical and the Skeptical Methods in New Testament Research", *Greg 81* (2000) 693–721

– 2007: Artikel „New Testament", in: *Encyclopaedia Judaica* 15, (Zweite Auflage) 2007, 189–192

LÜHRMANN, DIETER 1987: *Das Markusevangelium* (HNT 3), Tübingen: J.C.B. Mohr (P. Siebeck) 1987

LUND, JEROME A. 1992–93: „The Language of Jesus", *Mishkan 17–18* (1992–93) 139–155

LUZ, ULRICH 1985–2002: *Das Evangelium nach Matthäus. 4 Teilbände* (EKK 1.1–4), Zürich/Neukirchen-Vluyn: Benziger/Neukirchener 1985, 1990, 1997 und 2002

MÄNNCHEN, JULIA 1987: *Gustaf Dalmans Leben und Wirken in der Brüdergemeine, für die Judenmission und an der Universität Leipzig 1855 – 1902* (ADPV 9), Wiesbaden: Harrassowitz 1987

– 1992: „Probleme der lutherischen Judenmission zwischen 1870 und 1900", *Jud 48* (1992) 87–97

MAGNESS, JODI 2002: *The Archeology of Qumran and the Dead Sea Scrolls*, Grand Rapids: Eerdmans 2002

MAIER, GERHARD 1981: „Johannes und Matthäus – Zwiespalt oder Viergestalt des Evangeliums?", in: *Gospel Perspectives II. Studies of History and Tradition in the Four Gospels*, hg. v. France, Richard T. / Wenham, David. Sheffield: JSOT Press 1981, 267–291

MALONEY, ELLIOT C. 1981: *Semitic Interference in Marcan Syntax* (SBL Dissertation Series 51), Chico: Scholars Press 1981

MANN, C.S. 1986: *Mark: A New Translation with Introduction and Commentary* (AB 27), New York: Doubleday 1986

MANN, JACOB 1940: *The Bible as Read and Preached in the Old Synagogue. Volume I: The Palestinian Triennial Cycle: Genesis and Exodus*, New York: Ktav 1940 (Reprint 1971)

MANNS, FREDERIC 2002: „Rabbinic Literature as a Historical Source for the Study of the Gospels' Background", *SBF Liber Annuus 52* (2002) 217–246

MARCUS, JOEL 2000: *Mark 1–8: A New Translation with Introduction and Commentary* (AB 27), New York/London/Toronto: Doubleday 2000

– 2002: „The Beelzebul Controversy and the Eschatologies of Jesus", in: *Authenticating the Activities of Jesus* (NTTS 28,2), hg. v. Chilton, Bruce / Evans, Craig A. Leiden/Boston: Brill 2002, 247–277

MARSH, HERBERT 1801: *A Dissertation on the Origin and Composition of Our Three First Canonical Gospels*, Cambridge: John Burges 1801

MARSHALL, IAN HOWARD 1978: *The Gospel of Luke: A Commentary on the Greek Text* (NIGTC, Exeter: Paternoster Press 1978

MARSHALL, JOHN TURNER 1891: „The Aramaic Gospel", *Exp 3* (1891) 1–17; 109–24; 205–220; 275–291; 452–467

– 1891: „The Aramaic Gospel", *Exp 4* (1891) 208–223; 373–388; 435–448

– 1892–93: „The Aramaic Gospel", *ExpTim 4* (1892–93) 260–267

– 1892: „The Aramaic Gospel", *Exp 6* (1892) 81–97

– 1893: „The Aramaic Gospel: Reply to Dr. Driver and Mr. Allen", *Exp 8* (1893) 176–192

– 1896–97: „The Semitic and the Greek Gospels", *Exp 8* (1896–97) 90–91

MARTIN, RAYMOND A. 1974: *Syntactical Evidence of Semitic Sources in Greek Documents* (SBL Septuagint and Cognate Studies 3), Cambridge: Society of Biblical Literature 1974

– 1987: *Syntax criticism of the Synoptic Gospels* (SBEC 10), Lewiston: Mellen 1987

MARTIN, TROY W. 1996–1997: „The Christian Obligation not to Forgive", *ExpTim 108* (1996–1997) 360–362

MARXSEN, WILLI 1956: *Der Evangelist Markus. Studien zur Redaktionsgeschichte des Evangeliums*, Göttingen: Vandenhoeck & Ruprecht 1956

MARXSEN, WILLI 1964: *Einleitung in das Neue Testament: Eine Einführung in ihre Probleme*, Gütersloh: Gütersloher Verlagshaus Gerd Mohn (2. Auflage) 1964

MASARWA, MARWAN 2004: „Jatt: Final Report", *Hadashot Arkheologiyot 116* (2004), http://www.hadashot-esi.org.il (zitiert am 15.8.2011)

MASSINGBERD FORD, JOSEPHINE 1968: „Miszellen: The Forgiveness Clause in the Matthean Form of the Our Father", *ZNW 59* (1968) 127–131

MATERA, FRANK J. 1988: „The Prologue as the Interpretative Key to Mark's Gospel", *JSNT 34* (1988) 3–20

MATHEUS, ROBERT 2005: „Preparation of the Last Supper. A Chronology of the Passion", *COri 26* (2005) 3–17

MATTHEIER, KLAUS JÜRGEN 1980: *Pragmatik und Soziologie der Dialekte. Einführung in die kommunikative Dialektologie des Deutschen*, Heidelberg: Quelle & Meyer 1980

MAZAR, BENJAMIN 1954: „A Hebrew Inscription from `Illâr", *Bulletin of the Israel Exploration Society 18* (1954) 154–157

– 1970: „The Excavations South and West of the Temple Mount in Jerusalem: The Herodian Period", *Biblical Archaeologist 33* (1970) 47–60

– 1973: *Beth She'arim. Report on the Excavations During 1936–1940. Volume I: Catacombs 1–4*, Jerusalem: Massada Press 1973

MCDONALD, JAMES I. H. 2000: „What Did You Go Out to See? John the Baptist, the Scrolls and Late Second Temple Judaism", in: *The Dead Sea Scrolls in Their Historical Context*, hg. v. Lim, Timothy H. / Hurtado, Larry W. / Auld, A. Graeme / Jack, Alison M. Edinburgh: T&T Clark 2000, 53–64

McKnight, Scot 1993: „A Loyal Critic: Matthew's Polemic with Judaism in Theological Perspective", in: *Anti-Semitism and Early Christianity. Issues of Polemic and Faith*, hg. v. Evans, Craig A. / Hagner, Donald A. Minneapolis: Fortress Press 1993, 55–79

McNeile, A.H. 1911: „τοτε in St. Matthew", *JTS 12* (1911) 127–128

McNicol, Allan James / Dungan, David L. / Peabody, David Barrett 1996: *Beyond the Q Impasse: Luke's Use of Matthew. A Demonstration by the Research Team of the International Institute for Gospel Studies*, Valley Forge: Trinity Press International 1996

Meier, John P. 1991–2001: *A Marginal Jew: Rethinking the Historical Jesus* (The Anchor Bible reference library), New York: Doubleday 1991–2001

– 1999: „The Present State of the ‚Third Quest' for the Historical Jesus", *Bib 80* (1999) 459–487

Merendino, Rosario Pio 1987: „Testi anticotestamentari in Mc 1,2–8", *RivB 35* (1987) 3–25

Meshorer, Ya'acov 1982: *Ancient Jewish Coinage (2 Vol.)*, Dix Hills: Amphora Books 1982

– 1991: „Ancient Jewish Coinage, Addendum I", *INJ 11* (1991) 104–132

Metzger, Bruce 1994: *A Textual Commentary on the Greek New Testament*, Stuttgart: Deutsche Bibelgesellschaft (2. Auflage) 1994

Meyer, Arnold 1896: *Jesu Muttersprache. Das galiläische Aramäisch in seiner Bedeutung für die Erklärung der Reden Jesu*, Freiburg/Leipzig: J.C.B. Mohr (P. Siebeck) 1896

Meyer, Ben F. 1979: *The Aims of Jesus*, London: SCM Press 1979

Meyer, Rudolf 1973: Artikel „Φαρισαῖος κτλ.", in: *ThWNT* 9, 1973, 11–36

Michaelis, Johann David 1788: *Einleitung in die göttlichen Schriften des Neuen Bundes. Zweiter Theil*, Göttingen: Vandenhoeck & Ruprecht (Vierte, sehr verm. und veränd. Ausgabe) 1788

Milik, Joseph Tadeusz 1959: *Ten Years of Discovery in the Wilderness of Judaea* (SBT 26), London: SCM Press 1959

Milroy, Lesley / Muysken, Pieter 1995: *One Speaker, Two Languages: Cross-disciplinary Perspectives on Code-switching*, Cambridge: Cambridge University Press 1995

Mkilifi, M. H. Abdulaziz 1978: „Triglossia and Swahili-English Trilingualism in Tanzania", in: *Advances in the Study of Societal Multilingualism* (Contributions to the Sociology of Language 9), hg. v. Fishman, Jehoshua A. Den Haag: Mouton Publishers 1978, 129–149

Moffatt, James 1918: *An Introduction to the Literature of the New Testament* (International Theological Library, Edinburgh: T&T Clark (3. Edition) 1918

Mohr, Till Arend 1982: *Markus- und Johannespassion: Redaktions- und traditionsgeschichtliche Untersuchung der Markinischen und Johanneischen Passionstradition* (AThANT 70), Zürich: Theologischer Verlag 1982

Molin, Georg 1952: „Elijahu, der Prophet, und sein Weiterleben in den Hoffnungen des Judentums und der Christenheit", *Jud 8* (1952) 65–94

Montgomery, James 1934: „Torrey's Aramaic Gospels", *JBL 53* (1934) 79–99

Moor, Johannes C. de 1988: „The Reconstruction of the Aramaic Original of the Lord's prayer", in: *The Structural Analysis of Biblical and Canaanite Poetry* (JSOT.S 74), hg. v. Meer, Willem v.d. / Moor, Johannes C. de. Sheffield: JSOT Press 1988, 392–422

Morgenstern, Julian 1935: „Supplementary Studies in the Calendars of Ancient Israel", *HUCA 10* (1935) 1–148

MOULTON, JAMES HOPE / MILLIGAN, GEORGE 1929: *The Vocabulary of the Greek Testament: Illustrated from the Papyri and Other Nonliterary Sources*, London: Hodder & Stoughton 1929

MOULTON, JAMES HOPE / TURNER, NIGEL / HOWARD, WILBERT FRANCIS 1906: *A Grammar of New Testament Greek 1: Prolegomena*, Edinburgh: T&T Clark 1906

MOYISE, STEVE 2005: „The Wilderness Quotation in Mark 1.2–3“, in: *Wilderness: Essays in Honour of Frances Young* (JSNT.S 295), hg. v. Sugirtharajah, R.S. Edinburgh: T&T Clark 2005, 78–87

MÜLLER, KARLHEINZ 2008: „Neutestamentliche Wissenschaft und Judaistik“, in: *Judaistik und neutestamentliche Wissenschaft* (FRLANT 226), hg. v. Doering, Lutz / Waubke, Hans-Günther / Wilk, Florian. Göttingen: Vandenhoeck & Ruprecht 2008, 32–60

MÜLLER, NATASCHA / KUPISCH, TANJA / SCHMITZ, KATRIN / CANTONE, KATJA 2006: *Einführung in die Mehrsprachigkeitsforschung: Deutsch, Französisch, Italienisch*, Tübingen: Gunter Narr Verlag 2006

MÜNCH, CHRISTIAN 2004: *Die Gleichnisse Jesu im Matthäusevangelium: eine Studie zu ihrer Form und Funktion* (WMANT 104), Neukirchen-Vluyn: Neukirchener Verlag 2004

MÜNCH, CHRISTIAN 2007: „Parabeln im Matthäusevangelium: Einleitung“, in: *Kompendium der Gleichnisse Jesu*, hg.v. Zimmermann, Ruben. Gütersloh: Gütersloher Verlagshaus 2007, 385–391

MUNSKE, HORST HAIDER 2004: *Deutsch im Kontakt mit germanischen Sprachen* (Reihe Germanistische Linguistik 248), Tübingen: Niemeyer 2004

MUSSNER, FRANZ 1996: „Fiel Jesus von Nazareth aus dem Rahmen des Judentums? Ein Beitrag zur ‚Jesusfrage‘ in der neutestamentlichen Jesustradition“, nachgedruckt in: Theobald, Michael, *Jesus von Nazareth im Umfeld Israels und der Urkirche. Gesammelte Aufsätze* (WUNT 111), Tübingen: J.C.B. Mohr (P. Siebeck) 1996, 98–115

MYLLYKOSKI, MATTI 1994: *Die letzten Tage Jesu: Markus und Johannes, ihre Traditionen und die historische Frage. Band II* (AASF Ser. B 272), Helsinki: Suomalainen Tiedeakatemia 1994

NAGEL, PETER 2008: „Hebräisch oder aramäisch? Zur Sprache des judenchristlichen Nazaräerevangeliums“, in: *Vom Nil an die Saale. FS Arafat Mustafa* (Hallesche Beiträge zur Orientwissenschaft 42/2006), hg.v. Drost-Abgarjan, Armenuhi / Kotjako-Reeb, Jens / Tubach, Jürgen. Halle: Orientalisches Institut der Martin-Luther-Universität Halle-Wittenberg 2008, 217–242

NAVEH, JOSEF 1992: "עברית לעומת ארמית בממצא האפיגרפי. מאמר ראשון: בימי הבית השני ועד 135 שנה“ (= „Hebrew versus Aramaic in the Epigraphic Finds of the Second Temple – Bar-Kokhba Period“, *Leshonenu 56* (1992) 301–316 (*hebräisch*)

– 1992: על הרס וגומא. כתובות ארמיות ועבריות מימי בית שני המשנה והתלמוד (*On Sherd and Papyrus. Aramaic and Hebrew Inscriptions from the Second Temple, Mishnaic and Talmudic Period)* Jerusalem: Magnes 1992 (*hebräisch*)

– 2000: „Hebrew and Aramaic Inscriptions“, in: *Excavations at the City of David 1978–1985 directed by Yigal Shiloh. Volume VI: Inscriptions* (Qedem 41), hg. v. Ariel, Donald T. Jerusalem: Hebrew University 2000, 1–14

NEBE, WILHELM 2008: „Neologismen im rabbinischen Hebräisch am Beispiel der Bildung des Infinitivus constructus qal der Verben I ל,ה,י,נ,א“, in: *Vom Nil an die Saale. FS Arafat Mustafa* (Hallesche Beiträge zur Orientwissenschaft 42/2006), hg.v. Drost-Abgarjan, Armenuhi / Kotjako-Reeb, Jens / Tubach, Jürgen. Halle: Orientalisches Institut der Martin-Luther-Universität Halle-Wittenberg 2008, 243–300

NEILL, STEPHEN / WRIGHT, NICHOLAS T. 1988: *The Interpretation of the New Testament: 1861 – 1986*, Oxford: Oxford University Press (2. Auflage) 1988

Neirynck, Frans 1968: „Une nouvelle théorie synoptique (a propos de Mc., I,2–6 et par)“, *ETL 44* (1968) 141–153
– 1974: *The Minor Agreements of Matthew and Luke against Mark: With a Cumulative List*, Leuven: Leuven University Press 1974
– 1986: „Mt 12,25a / Lc 11,17a et la rédaction des Évangiles“, *ETL 62* (1986) 122–133
Nepper-Christensen, Poul 1958: *Das Matthäusevangelium: Ein judenchristliches Evangelium?* (AThD 1), Aarhus: Universitatsforlaget 1958
– 1985: „Die Taufe im Matthäus-Evangelium im Lichte der Traditionen über Johannes den Täufer“, *NTS 31* (1985) 189–207
Nerel, Gershon 2000: „The Authoritative Bible and Jewish Believers“, *Messianic Jewish Life 73* (2000) 16–19.30
– 2004: „The ‚Flagship‘ of Hebrew New Testaments: A Recent Revision by Israeli Messianic Jews“, *Mishkan 41* (2004) 49–56
Nestle, Eberhard 1896–97: „The Semitic and the Greek Gospels“, *ExpTim 8* (1896–97) 42–43
– 1907: „Zum Mantel aus Kamelshaaren“, *ZNW 8* (1907) 238
Nestle, Wilhelm 1912: „‚Wer nicht mit mir ist, der ist wider mich.‘“, *ZNW 13* (1912) 85–87
Neusner, Jacob 1978: „The Use of the Later Rabbinic Evidence for the Study of First-Century Pharisaism“, in: *Approaches to Ancient Judaism: Theory and Practice* (BJS 1), hg. v. Green, William Scott. Missoula: Scholars Press for Brown University 1978, 215–225
Neusner, Jacob 1990: *Language as Taxonomy* (SFSHJ 12), Atlanta: Scholars Press 1990
– 1993: *A Rabbi Talks with Jesus: An Intermillennial, Interfaith Exchange*, New York: Doubleday 1993
– 1994: *Rabbinic Literature and the New Testament: What We Cannot Show, We Cannot Know*, Harrisburg: Trinity Press International 1994
Neville, David J. 2002: *Mark's Gospel – Prior or Posterior? A Reappraisal of the Phenomenon of Order* (JSNT.S 222), Sheffield: Sheffield Academic Press 2002
Nicolardot, Firmin 1908: *Les procédés de rédaction des trois premiers évangélistes*, Paris: Fischbacher 1908
Nies, Fritz 2005: *Europa denkt mehrsprachig* (Transfer, Tübingen: Narr 2005
Nolland, John 1989: *Luke.* (3 Bände, WBC 35A–35C), Dallas: Word Books 1989 und 1993
Notley, R. Steven / Turnage, Marc / Becker, Brian 2006: *Jesus' Last Week*, Leiden: Brill 2006
Notley, R. Steven 1989: „By the Finger of God“, *Jerusalem Perspective 21* (1989) 6–7
– 2000: „The Kingdom of Heaven Forcefully Advances“, in: *The Interpretation of Scripture in Early Judaism and Christianity* (JSPE.S 33), hg. v. Evans, Craig A. Sheffield: Sheffield Academic Press 2000, 279–311
O'Leary, Anne M. 2006: *Matthew's Judaization of Mark. Examined in the Context of the Use of Sources in Graeco-Roman Antiquity* (LNTS/JSNT.S 323), London: T&T Clark 2006
Oden, Thomas C. 1989: *Mark* (Ancient Christian Commentary on Scripture, New Testament, Vol. 2), Downers Grove: Intervarsity Press 1989
Oksaar, Els 1984: „Terminologie und Gegenstand der Sprachkontaktforschung“, in: *Sprachgeschichte: ein Handbuch zur Geschichte der deutschen Sprache und ihrer Erforschung*, hg. v. Besch, Werner / Reichmann, Oskar / Sonderegger, Stefan. Berlin/ New York: Walter de Gruyter 1984, 845–854
Orchard, Bernard 1976: *Matthew, Luke and Mark*, Manchester: Koinonia 1976

– 1978: „A Demonstration That Mark was Written after Matthew and Luke (A Translation of J.J.Griesbach's Commentatio qua Marci Evangelium totum e Matthaei et Lucae commentariis decerptum esse monstratur)", in: *J.J.Griesbach: Synoptic and Text-critical Studies 1776–1976* (SNTS Monograph Series 34), hg. v. Orchard, Bernard / Longstaff, Thomas R.W. Cambridge/New York: Cambridge University Press 1978, 103–135

– 1987: „Some Reflections on the Relationship of Luke to Matthew", in: *Jesus, the Gospels, and the Church. Essays in Honor of William R. Farmer*, hg. v. Sanders, Ed Parish. Macon: Mercer University Press 1987, 33–46

OTT, H. 1967: „Um die Muttersprache Jesu", *NovT 9* (1967) 1–25

OTTO, RUDOLF 1938: „The Kingdom of God Expels the Kingdom of Satan", in: *The Kingdom of God and the Teaching of Jesus* (IRT 5), hg. v. Chilton, Bruce D. Philadelphia: Fortress Press 1938, 27–35

OWEN, PAUL / SHEPHERD, DAVID 2001: „Speaking Up for Qumran, Dalman and the Son of Man: Was Bar Enasha a Common Term for ‚Man' in the Time of Jesus?", *JSNT 81* (2001) 81–222

PALLAY, JOZEF 2006: „Ist intentionale Zweisprachigkeit künstlich?", in: *Gelebte Mehrsprachigkeit*, hg. v. Cichon, Peter. Wien: Praesens Verlag 2006, 47–52

PALMER, JOSEPH 1899/1900: „Mark i.2", *ExpTim 11* (1899/1900) 474–475

PARKER, PIERSON 1954: *The Gospel before Mark*, Chicago: Chicago University Press 1954

– 1981: „A Second Look at the Gospel before Mark", *JBL 100* (1981) 389–413

PAULSTON, CHRISTINA BRATT 2000: „Language Repertoire and Diglossia in First-Century Palestine: Some Comments", in: *Diglossia and other Topics in New Testament Linguistics* (JSNT.S 193), hg. v. Porter, Stanley E. Sheffield: Sheffield Academic Press 2000, 79–89

PEABODY, DAVID BARRETT / COPE, LAMAR / MCNICOL, ALAN J. 2002: *One Gospel from Two: Mark's Use of Matthew and Luke. A Demonstration by the Research Team of the International Institute for Renewal of Gospel Studies*, Harrisburg: Trinity Press International 2002

PEABODY, DAVID BARRETT 1983: „The Late Secondary Redaction of Mark's Gospel and the Griesbach Hypothesis. A Response to Helmut Koester", in: *Colloquy on New Testament Studies. A Time for Reappraisal and Fresh Approaches*, hg. v. Corley, Bruce C. Macon: Mercer University Press 1983, 87–132

– 1987: „Chapters in the History of the Linguistic Argument for Solving the Synoptic Problem: The Nineteenth Century in Context", in: *Jesus, the Gospels, and the Church. Essays in Honor of William R. Farmer*, hg. v. Sanders, Ed Parish. Macon: Mercer University Press 1987, 47–68

– 1987: *Mark as Composer* (New Gospel Studies 1), Macon: Mercer 1987

– 1995: „H.J.Holtzmann and his European Colleagues: Aspects of the Nineteenth-Century European Discussion of Gospel Origins", in: *Biblical Studies and the Shifting of Paradigms. 1850–1914*, hg. v. Reventlow, Henning Graf / Farmer, William. Sheffield: Sheffield Academic Press 1995, 50–131

PENNEY, DOUGLAS C. 1994: „By the Power of Beelzebul: An Aramaic Incantation Formula from Qumran (4Q560)", *JBL 113* (1994) 627–650

PEREZ FERNANDEZ, M. 1997: *An Introductory Grammar of Rabbinic Hebrew*, Leiden: Brill 1997

PERKINS, LARRY 2004: „Why the ‚Finger of God' in Luke 11:20?", *ExpTim 115* (2004) 261–262

PERROTT, CHARLES 1973: *La Lecture de la Bible dans la Synagogue* (Publications de l'Institut de Recherche et d'Histoire des Textes. Section Biblique et Massoretique. Collection Massorah Série I: Etudes Classiques et Textes, No. 1), Hildesheim: Verlag Dr. H.A. Gerstenberg 1973

Pesch, Rudolf 1966: „Eine alttestamentliche Ausführungsformel im Matthäus-Evangelium: Redaktionsgeschichtliche und exegetische Beobachtungen“, *BZ NF 10* (1966) 220–245

– 1967: „Eine alttestamentliche Ausführungsformel im Matthäus-Evangelium (Schluss)“, *BZ NF 11* (1967) 79–95

– 1970: „Anfang des Evangeliums Jesu Christi: Eine Studie zum Prolog des Markusevangeliums (Mk 1,1–15)“, in: *Die Zeit Jesu: Festschrift für Heinrich Schlier*, hg. v. Bornkamm, Günther / Rahner, Karl. Freiburg: Herder 1970, 108–144

– 1976–1977: *Das Markusevangelium. (2 Bände,* HThK II.1–2), Freiburg: Herder 1976 und 1977

– 1983: „Das Evangelium in Jerusalem: Mk 14,12–26 als ältestes Überlieferungsgut der Urgemeinde“, in: *Das Evangelium und die Evangelien. Vorträge vom Tübinger Symposium 1982* (WUNT 28), hg. v. Stuhlmacher, Peter. Tübingen: J.C.B. Mohr (P. Siebeck) 1983, 113–155

Pesch, Wilhelm 1963: „Die sogenannte Gemeindeordnung Mt.18“, *BZ 7–8* (1963) 220–235

Petersen, William Lawrence 1994: *Tatian's Diatessaron: Its Creation, Dissemination, Significance and History in Scholarship* (VigChrist.S 25), Leiden/Boston: Brill 1994

– 1996: „A New Testimonium to a Judaic-Christian Gospel Fragment from a Hymn of Romanos the Melodist“, *VigChrist 50* (1996) 105–116

– 1998: Some Observations on a Recent Edition of and Introduction to Shem-Tob's 'Hebrew Matthew‘ (1998). http://rosetta.reltech.org/TC/vol03/Petersen1998a.html (zitiert am 15.8.2010)

Pfannkuche, Heinrich Friedrich 1798: „Über die palästinische Landessprache in dem Zeitalter Christi und der Apostel. Ein Versuch, zum Theil nach de Rossi entworfen“, in: *Allgemeine Bibliothek der biblischen Literatur. Achter Band, Drittes Stück*, hg. v. Johann Gottfried Eichhorn. Leipzig: Weidmannische Buchhandlung 1798, 365–480

Pickelmann, Ernst 1935/1936: „Miszellen: 1. zu Mt. 3,4 und Mk 1,6“, *BZ 23* (1935/1936) 190–191

Pickl, Josef 1939: *Messiaskönig Jesus in der Auffassung seiner Zeitgenossen*, München: Kösel 1939

Pixner, Bargil / Riesner, Rainer 1994: *Wege des Messias und Stätten der Urkirche. Jesus und das Judenchristentum im Licht neuer archäologischer Erkenntnisse* (Studien zur biblischen Archäologie und Zeitgeschichte 2), Giessen: Brunnen (2. Auflage) 1994

Plummer, Alfred 1910: *A Critical and Exegetical Commentary on the Gospel According to St. Luke* (ICC 3), Edinburgh: T&T Clark (Vierte Auflage) 1910

Poirier, John Christopher 1996: „Jacob Neusner, the Mishnah, and Ventriloquism“, *JQR N.S. 87* (1996) 61–78

– 2003: „The Narrative Role of Semitic Languages in the Book of Acts“, *Filologia Neotestamentaria 16* (2003) 107–116

– 2004: The Qumran Targum of Job as a Window into Second Temple Judaism: A Response to Randall Buth's ‚Where Is the Aramaic Bible at Qumran? Scripture Use in the Land of Israel‘ (2004). http://www.jerusalemperspective.com/Default.aspx?tabid=27
&ArticleID=1787 (zitiert am 15.8.2011)

– 2007: „The Linguistic Situation in Jewish Palestine in Late Antiquity“, *Journal of Graeco-Roman Christianity and Judaism 4* (2007) 55–134

Pokorný, Petr / Heckel, Ulrich 2007: *Einleitung in das Neue Testament: seine Literatur und Theologie im Überblick* (UTB 2798), Tübingen: J.C.B. Mohr (P. Siebeck) 2007

Polag, Athanasius 1979: *Fragmenta Q*, Neukirchen-Vluyn: Neukirchener Verlag 1979

Porter, J.R. 1966: „Who Was the Beloved Disciple?", *ExpTim 77* (1966) 213–214

Porter, Stanley E. 1999: „Mark 1.4, Baptism and Translation", in: *Baptism, the New Testament and the Church* (JSNT.S 171), hg. v. Porter, Stanley E. Sheffield: Sheffield Academic Press 1999, 81–98

– 2000: *Diglossia and Other Topics in New Testament Linguistics*, Sheffield: Sheffield Academic Press 2000

Preuschen, Erwin 1904: „Todesjahr und Todestag Jesu", *ZNW 5* (1904) 1–17

Price, Jonathan J. / Misgav, Haggai 2006: „Jewish Inscriptions and their Use", in: *The Literature of the Sages. Second Part: Midrash and Targum, Liturgy, Poetry, Mysticism, Contracts, Inscriptions, Ancient Science and the Languages of Rabbinic Literature* (Compendia Rerum Iudaicarum ad Novum Testamentum 2.3b), hg. v. Safrai, Samuel / Safrai, Zeev / Schwartz, Joshua / Tomson, Peter J. Assen: Van Gorcum 2006, 461–483

Price, Ron 2001: „A Three Source Theory for the Synoptic Problem", *Journal of Biblical Studies 1:4* (2001)

Przybylski, Benno 1986: „The Setting of Matthean Anti-Judaism", in: *Anti-Judaism in Early Christianity. Volume 1: Paul and the Gospels* (SCJud 2,1), hg. v. Richardson, Peter / Granskou, David. Waterloo: Wilfried Laurier University Press 1986, 181–200

Rabin, Chaim 1976: „Hebrew and Aramaic in the First Century", in: *The Jewish People in the First Century* (Compendia Rerum Judaicarum ad Novum Testamentum 2), hg. v. Safrai, Samuel / Stern, Menachem. Philadelphia: Fortress Press 1976, 1007–1039

Rabinowitz, Isaak 1962: „‚Be opened' = ephphata (Mark 7:34): Did Jesus Speak Hebrew?", *ZNW 53* (1962) 237–238

– 2007: Artikel „Rabbi, Rabbinate", in: *Encyclopaedia Judaica* 17, (2. Auflage) 2007, 11

Raschke, Hermann 1924: *Die Werkstatt des Markusevangelisten: Eine neue Evangelientheorie*, Jena: Diederichs 1924

Ratzinger, Joseph 2007: *Jesus von Nazareth. Erster Teil: Von der Taufe im Jordan bis zur Verklärung*, Freiburg: Herder (2. Auflage) 2007

Rehkopf, Friedrich 1959: *Die lukanische Sonderquelle: Ihr Umfang und Sprachgebrauch* (WUNT 5), Tübingen: J.C.B. Mohr (P. Siebeck) 1959

Reich, Ronny 1995: „The Synagogue and the miqweh in Eretz-Israel in the Second-Temple, Mishnaic and Talmudic Periods", in: *Ancient Synagogues: Historical Analysis and Archaeological Discovery. Volume One* (StPB 47.1), hg. v. Urman, Dan / Flesher, Paul V.M. Leiden: Brill 1995, 289–297

Reicke, Bo 1976: „Die Verkündigung des Täufers nach Lukas", in: *Jesus in der Verkündigung der Kirche* (SNTU.A 1), hg. v. Fuchs, Albert. Freistadt: Plöchl 1976, 50–61

– 1984: „Die Entstehungsverhältnisse der synoptischen Evangelien", in: *Aufstieg und Niedergang der römischen Welt. Band II: Prinzipat 25.2*, hg. v. Haase, Wolfgang / Temporini, Hildegard. Berlin: Walter de Gruyter 1984, 1758–1791

– 1986: *The Roots of the Synoptic Gospels*, Philadelphia: Fortress Press 1986

– 1987: „From Strauss to Holtzmann and Meijboom: Synoptic Theories Advanced During the Consolidation of Germany, 1830–1870", *NovT 29* (1987) 1–21

Reimer, Andy M. 2000: „Rescuing the Fallen Angels: The Case of the Disappearing Angels at Qumran", *Dead Sea Discoveries 7* (2000) 334–353

Reinbold, Wolfgang 1994: *Der älteste Bericht über den Tod Jesu: literarische Analyse und historische Kritik der Passionsdarstellungen der Evangelien* (BZNW 69), Berlin/New York: Walter de Gruyter 1994

Reiser, Marius 2001: *Sprache und literarische Formen des Neuen Testaments* (UTB 2197), Paderborn: Schöningh 2001

– 2005: „Die Quellen des neutestamentlichen Griechisch und die Frage des Judengriechischen in der Forschungsgeschichte von 1689–1989“, *BZ 49* (2005) 46–59

Rendtorff, Rolf 2000: „Er handelt nicht mit uns nach unseren Sünden: Das Evangelium von der Barmherzigkeit Gottes im Ersten Testament“, in: *Das Drama der Barmherzigkeit Gottes* (SBS 183), hg.v. Scoralick, Ruth. Stuttgart: Verlag Katholisches Bibelwerk 2000, 145–156

Rengstorf, Karl-Heinrich 1969: *Das Evangelium nach Lukas* (NTD 3), Göttingen: Vandenhoeck & Ruprecht (14. Auflage) 1969

Resch, Alfred 1893–1897: *Aussercanonische Paralleltexte zu den Evangelien. Teil I,1: Textkritische und quellenkritische Grundlegungen* (= Heft 1, 1893), *Teil I,2: Paralleltexte zu Matthäus und Markus* (= Heft 2, 1894) *Teil II: Paralleltexte zu Lucas* (= Heft 3, 1895) *Teil III,1: Paralleltexte zu Johannes* (= Heft 4, 1896) *Teil III,2: Das Kindheitsevangelium nach Lucas und Matthaeus, unter Heranziehung der außerkanonischen Paralleltexte quellenkritisch untersucht* (= Heft 5, 1897); Leipzig: Hinrichs 1893–1897

Reventlow, Henning Graf 1995: „Appendix: Conditions and Presuppositions of Biblical Criticism in Germany in the Period of the Second Empire and Before: The Case of Heinrich Julius Holtzmann“, in: *Biblical Studies and the Shifting of Paradigms. 1850–1914*, hg. v. Reventlow, Henning Graf / Farmer, William. Sheffield: Sheffield Academic Press 1995, 272–290

– 1995: „The Role of the Old Testament in the German Liberal Protestant Theology of the Nineteenth Century“, in: *Biblical Studies and the Shifting of Paradigms. 1850–1914*, hg. v. Reventlow, Henning Graf / Farmer, William. Sheffield: Sheffield Academic Press 1995, 132–148

Riehl, Claudia Maria 2004: *Sprachkontaktforschung: eine Einführung*, Tübingen: Narr 2004

Riesenfeld, Harald 1957: *The Gospel Tradition and its Beginnings: A Study in the Limits of ‚Formgeschichte‘; an Adress Delivered at the Opening Session of the Congress on ‚The Four Gospels in 1957‘ in the Examination Schools, Oxford, on 16 September, 1957*, London: Mowbray 1957

Riesner, Rainer 1980: *Jesus als Lehrer: eine Untersuchung zum Ursprung der Evangelien-Überlieferung*, Tübingen: J.C.B. Mohr (P. Siebeck) 1980 (3. Auflage 1988)

– 1993: „Prägung und Herkunft der lukanischen Sonderüberlieferung“, *ThBeitr 24* (1993) 228–248

– 1994: *Die Frühzeit des Apostels Paulus: Studien zur Chronologie, Missionsstrategie und Theologie* (WUNT 71), Tübingen: J.C.B. Mohr (P. Siebeck) 1994

– 1995: „Nazaret/Nazoräer“, in: *Neues Bibellexikon II*, hg.v. Görg, M. / Lang, B. Zürich: Benziner 1995, 908–912

– 1998: *Essener und Urgemeinde in Jerusalem: Neue Funde und Quellen* (Biblische Archäologie und Zeitgeschichte 6), Giessen: Brunnen-Verlag (2., erweiterte Auflage) 1998

– 1999: „Das Lokalkolorit des Lukasevangeliums: Italisch oder palästinensisch-judenchristlich?“, *SBF Liber Annuus 49* (1999) 51–64

– 2002: *Bethanien jenseits des Jordan. Topographie und Theologie im Johannes-Evangelium* (Biblische Archäologie und Zeitgeschichte 12), Gießen: Brunnen Verlag 2002

– 2007: „Die Rückkehr der Augenzeugen: Eine neue Entwicklung in der Evangelienforschung“, *ThBeitr 38* (2007) 337–352

– 2011: „From the Messianic Teacher to the Gospels of Jesus Christ“, in: *Handbook of the Historical Jesus I*, hg.v. Holmen, T. / Porter, Stanley E. Leiden: Brill 2011, 405–446

– 2011: „The Question of the Baptists' Disciples on Fasting (Matt 9:14–17; Mark 2:18–22; Luke 5:33–39)“, in: Handbook of the Historical Jesus IV, hg.v. Holmen, T. / Porter, Stanley E. Leiden: Brill 2011, 3305–3347

Robbins, Vernon K. 1976: „Last Meal: Preparation, Betrayal, and Absence (Mark 14:12–25)“, in: *The Passion in Mark*, hg. v. Kelber, Werner H. Philadelphia: Fortress Press 1976, 21–40

Robinson, James M. / Hoffmann, Paul / Kloppenborg, John S. 2000: *The Critical Edition of Q. Synopsis Including the Gospels of Matthew and Luke, Mark and Thomas with English, German and French Translations of Q and Thomas* (Hermeneia Supplement 1), Minneapolis: Fortress Press 2000

Rodd, Cyril S. 1961: „Spirit or Finger“, *ExpTim 72* (1961) 157–158

Rolland, Philippe 1984: „L'arrière-fond sémitique des évangiles synoptiques“, *ETL 60* (1984) 358–362

– 1984: *Les premiers évangiles: un nouveau regard sur le problème synoptique* (LeDiv 116), Paris: Éditions du Cerf 1984

– 1986: „Jésus connaisait leurs pensées“, *ETL 62* (1986) 118–121

– 1989: „Bienvenue à notre nouveau-né“, *BLOS 1* (1989) 2

– 1989: „La question synoptique demande-t-elle une réponse compliquée?“, *Bib 70* (1989) 217–223

– 1989: „Le procès des Jésus devant les autorités juives du point de vue de la critique litéraire“, *BLOS 1* (1989) 3–11

– 1994: „Guérison dans une synagogue le jour du sabbat“, *BLOS 16* (1994) 3–8

– 1994: „Le substrat sémitique de Matthieu et de Luc“, *BLOS 16* (1994) 12–13

– 1994: *L'origine et la date des évangiles: les témoins oculaires de Jésus*, Paris: Ed. Saint-Paul 1994

– 1995: *Présentation du Nouveau Testament: Selon l'ordre chronologique et la structure littéraire des écrits apostoliques proposés par Philippe Rolland*, Paris: Éditions de Paris 1995

– 1999: „A New Look at the Synoptic Question“, *EuroJTh 8* (1999) 133–144

Roose, Hanna 2007: „Das Aufleben der Schuld und das Aufheben des Schuldenerlasses (Vom unbarmherzigen Knecht): Mt 18,23–35“, in: *Kompendium der Gleichnisse Jesu*, hg.v. Zimmermann, Ruben. Gütersloh: Gütersloher Verlagshaus 2007, 445–460

Roose, Hanna 2007: „Vom Rollenwechsel des Gläubigers (Von den zwei ungleichen Schuldnern): Lk 7,41–42a“, in: *Kompendium der Gleichnisse Jesu*, hg.v. Zimmermann, Ruben. Gütersloh: Gütersloher Verlagshaus 2007, 532–537

Rordorf, Willy 1964: „Was wissen wir über die christlichen Gottesdiensträume der vorkonstantinischen Zeit?“, *ZNW 55* (1964) 110–128

Rosenthal, Ferdinand 1893: „Das letzte Passamahl Jesu und der Tag seines Todes“, *MGWJ 38* (1893) 97–108

Rothfuchs, Wilhelm 1969: *Die Erfüllungszitate des Matthäusevangeliums: Eine biblisch-theologische Untersuchung* (BWANT 88), Stuttgart/Berlin/Köln/Mainz: Kohlhammer 1969

Rothschild, Clare K. 2005: *Baptist Traditions and Q* (WUNT 190), Tübingen: J.C.B. Mohr (P. Siebeck) 2005

Ruckstuhl, Eugen 1985: „Zur Chronologie der Leidensgeschichte Jesu, I. Teil“, nachgedruckt in: Ruckstuhl, Eugen, *Jesus im Horizont der Evangelien*, Stuttgart: Verlag Katholisches Bibelwerk 1988, 101–139

RÜGER, HANS-PETER 1968: „Zum Problem der Sprache Jesu", *ZNW 59* (1968) 113–122
– 1978: Artikel „Aramäisch II. Im Neuen Testament", *TRE* 3, 1978, 602–610
– 1990: „Die hebräische und aramäische Sprache als Hilfsmittel zum Verstehen des Neuen Testaments", in: *Von Gott erkannt. Gotteserkenntnis im hebräischen und griechischen Denken*, hg. v. Lubahn, E. Stuttgart: Christliches Verlagshaus 1990, 125–135
RYU, HO-SEUNG 2006: *Jesus und Johannes der Täufer im Matthäusevangelium: Eine sozio-rhetorische Untersuchung zur Darstellung Jesu und Johannes des Täufers im Matthäusevangelium*, Frankfurt: Peter Lang 2006
SABBE, MAURITS 1977: „The Arrest of Jesus in Jn 18,1–11 and its Relation to the Synoptic Gospels", nachgedruckt in: Sabbe, Maurits, *Studia Neotestamentica : Collected Essays* (BETL, Leuven: Peeters 1991, 355–388
– 1982: „The Footwashing in Jn 13 and its Relation to the Synoptic Gospels", nachgedruckt in: Sabbe, Maurits, *Studia Neotestamentica : Collected Essays* (BETL, Leuven: Peeters 1991, 409–441
SAFRAI, SAMUEL 1976: *The Jewish People in the First Century, Volume 2: Historical Geography, Political History, Social, Cultural and Religious Life and Institutions* (Compendia Rerum Judaicarum ad Novum Testamentum 1.2), Assen: Van Gorcum 1976
– 1990: „The Jewish Cultural Nature of Galilee in the First Century", in: *The New Testament and Christian-Jewish Dialogue. Studies in Honor of David Flusser* (Immanuel 24/25), hg. v. Lowe, Malcolm. Jerusalem: Ecumenical Theological Research Fraternity in Israel 1990, 147–186
– 1991: „Literary Languages at the Time of Jesus", *Jerusalem Perspective 4/2* (1991) 3–8
– 1991: „Spoken Languages at the Time of Jesus", *Jerusalem Perspective 4/1* (1991) 13
– 1992–93: „Talmudic Literature as an Historical Source for the Second Temple Period", *Mishkan 17–18* (1992–93) 121–138
– 1994: „Jesus and the Hasidim", *Jerusalem Perspective 42–44* (1994) 3–22
– 2006: „Early Testimonies in the New Testament of Laws and Practices relating to Pilgrimage and Passover", in: *Jesus' Last Week* (Jewish and Christian Perspectives 11 / Jerusalem Studies in the Synoptic Gospels 1), hg. v. Notley, R.Steven / Turnage, Marc / Becker, Brian. Leiden: Brill 2006, 41–51
SAFRAI, ZE'EV 1990: „The Origins of Reading the Aramaic Targum in Synagogue", in: *The New Testament and Christian-Jewish Dialogue. Studies in Honor of David Flusser* (Immanuel 24/25), hg. v. Lowe, Malcolm. Jerusalem: Ecumenical Theological Research Fraternity in Israel 1990, 187–193
– 2006: „The Targums as Part of Rabbinic Literature", in: *The Literature of the Sages. Second Part: Midrash and Targum, Liturgy, Poetry, Mysticism, Contracts, Inscriptions, Ancient Science and the Languages of Rabbinic Literature* (Compendia Rerum Iudaicarum ad Novum Testamentum 2.3b), hg. v. Safrai, Samuel / Safrai, Zeev / Schwatz, Joshua / Tomson, Peter J. Assen: Van Gorcum 2006, 243–278
SAHLIN, HARALD 1945: *Der Messias und das Gottesvolk: Studien zur Protolukanischen Theologie* (ASNU 12), Uppsala: Seminarium Neotestamenticum Upsaliense 1945
– 1947: „Die Früchte der Umkehr: Die ethische Verkündigung Johannes des Täufers nach Lk 3,10–14", *ST 1* (1947) 54–68
– 1949: *Studien zum dritten Kapitel des Lukasevangeliums* (UUÅ 2), Uppsala: Lundequist 1949
– 1982: „Emendationsvorschläge zum griechischen Text des Neuen Testaments I–II", *NovT 24* (1982) 160–189
SALDARINI, ANTHONY J. 1994: *Matthew's Christian-Jewish Community*, Chicago: University of Chicago Press 1994

– 2001: „Reading Matthew without Anti-Semitism“, in: *The Gospel of Matthew in Current Study. Studies in Memory of William G. Thompson*, hg. v. Aune, Dwight E. Grand Rapids: Eerdmans 2001, 166–184

Sand, Alexander 1986: *Das Evangelium nach Matthäus* (RNT 1), Regensburg: Pustet 1986

Sanders, Ed Parish / Davies, Margaret 1989: *Studying the Synoptic Gospels*, London: SCM Press 1989

Sanders, Ed Parish 1973: „The Overlaps of Mark and Q and the Synoptic Problem“, *NTS 19* (1973) 454

– 1985: *Jesus and Judaism*, Philadelphia: Fortress Press 1985

Sandmel, Samuel 1962: „Parallelomania“, *JBL 81* (1962) 1–13

– 1965: *We Jews and Jesus*, Oxford: Oxford University Press 1965

Schade, Ludwig 1908: „Hieronymus und das hebräische Matthäusoriginal“, *BZ 6* (1908) 346–363

Schäfer, Peter 1975: *Rivalität zwischen Engeln und Menschen* (SJ 8), Berlin/New York: Walter de Gruyter 1975

Schechter, Solomon 1903: „Higher Criticism – Higher Antisemitism“, nachgedruckt in: Schechter, Solomon, *Seminary Adresses and Other Papers*, Cincinnati: Ark Publishing 1915

Schenke, Ludger 1972: *Studien zur Passionsgeschichte des Markus: Tradition und Redaktion in Markus 14,1–42* (FzB 4), Stuttgart: Verlag Katholisches Bibelwerk 1972

– 1974: *Der gekreuzigte Christus: Versuch einer literarkritischen und traditionsgeschichtlichen Bestimmung der vormarkinischen Passionsgeschichte* (SBS 69), Stuttgart: Verlag Katholisches Bibelwerk 1974

Schjerve, Rosita 2004: „Codeswitching (CS) in funktionell rückläufigen Minderheitensprachen: theoretische und methodische Überlegungen“, in: *Codeswitching* (Sociolinguistica 18), hg. v. Ammon, Ulrich / Mattheier, Klaus J. / Nelde, Peter H. Tübingen: Niemeyer 2004, 13–29

Schlatter, Adolf von 1931: *Das Evangelium des Lukas aus seinen Quellen erklärt*, Stuttgart: Calwer Verlag 1931 (Nachdruck 3. Auflage 1975)

– 1948: *Der Evangelist Matthäus: Seine Sprache, sein Ziel, seine Selbständigkeit. Ein Kommentar zum ersten Evangelium*, Stuttgart: Calwer Verlag 1948

Schmid, Josef 1930: *Matthäus und Lukas: Eine Untersuchung des Verhältnisses ihrer Evangelien*, Freiburg: Herder 1930

– 1968: „Markus und der aramäische Matthäus“, in: *Evangelienforschung: Ausgewählte Aufsätze deutscher Exegeten*, hg. v. Bauer, Johannes B. Graz: Styria 1968, 75–118

Schmithals, Walter 1979: *Das Evangelium nach Markus. Band 1: Kapitel 1–9,1 Band 2: Kapitel 9,2–16,18* (ÖTK 2.1–2), Gütersloh: Gütersloher Verlagshaus Gerd Mohn 1979

Schneemelcher, Wilhelm 1987: *Neutestamentliche Apokryphen in deutscher Übersetzung. Band 1: Evangelien*, Tübingen: J.C.B. Mohr (P. Siebeck), 5. Auflage der von Edgar Hennecke begründeten Sammlung 1987

Schnelle, Udo 2002: *Einleitung in das Neue Testament*, Göttingen: Vandenhoeck & Ruprecht (4. neubearbeitete Auflage) 2002

Schniedewind, William M. 2006: „Aramaic, the Death of Written Hebrew, and Language Shift in the Persian Period“, in: *Margins of Writing, Origins of Cultures*, hg. v. Sanders, Seth L. Chicago: Oriental Institute of the University of Chicago 2006, 137–147

Schniewind, Julius 1949: *Das Evangelium nach Markus* (NTD 1), Göttingen: Vandenhoeck & Ruprecht (5. Auflage) 1949

– 1950: *Das Evangelium nach Matthäus* (NTD 2), Göttingen: Vandenhoeck & Ruprecht (5. Auflage) 1950

Schottroff, Luise 2005: *Die Gleichnisse Jesu*, Gütersloh: Gütersloher Verlagshaus 2005

Schramm, Tim 1971: *Der Markus-Stoff bei Lukas: eine literarkritische und redaktionsgeschichtliche Untersuchung* (SNTS Monograph Series 14), Cambridge: Cambridge University Press 1971

Schröter, Jens 2001: „The Son of Man as Representative of God's Kingsdom: On the Interpretation of Jesus in Mark and Q", in: *Jesus, Mark and Q* (JSNT.S 214), hg. v. Labahn, Michael / Schmidt, Andreas. Sheffield: Sheffield Academic Press 2001, 34–68

Schürmann, Heinz 1953: *Der Paschamahlbericht: Lk 22,(7–14.)15–18. I. Teil einer quellenkritischen Untersuchung des lukanischen Abendmahlsberichtes* (NTA 19,5), Münster: Aschendorff 1953

– 1970: „Der Dienst des Petrus und Johannes: Lk 22,8", nachgedruckt in: Schürmann, Heinz / Aufderbeck, Hugo, *Ursprung und Gestalt : Erörterungen und Besinnungen zum Neuen Testament* (KBANT 8), Düsseldorf: Patmos, 274–276

– 1982: *Das Lukasevangelium. Erster Teil: Kommentar zu Kap. 1,1 – 9,50* (HThK III.1–2), Freiburg: Herder (2., durchgesehene Auflage) 1982

– 1992: „QLk 11,14–36 Kompositionsgeschichtlich befragt", in: *The Four Gospels 1992. Festschrift Frans Neirynck. Vol I* (BETL 100A), hg. v. Tuckett, Christopher Mark / Van Belle, Gilbert / Verheyden, Joseph / Van Segbroeck, Frans. Leuven: University Press 1992, 563–566

– 1993: *Das Lukasevangelium. Zweiter Teil. Erste Folge: Kommentar zu Kapitel 9,51 – 11,54* (HThK III.2.1), Freiburg / Basel / Wien: Herder 1993

Schwartz, Seth 1995: „Language, Power and Identity in Ancient Palestine", *PaP 148* (1995) 3–47

Schwarz, Günther 1985: *‚Und Jesus sprach'. Untersuchungen zur aramäischen Urgestalt der Worte Jesu* (BWANT 118), Stuttgart: Kohlhammer 1985

– 1986: *Jesus ‚der Menschensohn': Aramaistische Untersuchungen zu den synoptischen Menschensohnworten Jesu* (BWANT 119), Stuttgart: Kohlhammer 1986

– 1988: *Jesus und Judas: Aramaistische Untersuchungen zur Jesus-Judas-Überlieferung der Evangelien und der Apostelgeschichte* (BWANT 123), Stuttgart: Kohlhammer 1988

– 1990: *Fehler in der Bibel? Wie sie zu erkennen und wie sie zu korrigieren sind* (Die Wahrheit erkennen, Heft 1), München: Ukkam-Verlag 1990

– 1990: *Wenn die Worte nicht stimmen: Dreißig entstellte Evangelientexte wiederhergestellt* (Die Wahrheit erkennen, Heft 2), München: Ukkam-Verlag 1990

– 1991: *Die Bergpredigt – eine Fälschung? Die Worte der Berglehre im Originalton Jesu*, München: Ukkam-Verlag 1991

– 1993: *Das Jesus-Evangelium*, München: Ukkam-Verlag 1993

– 2003: *Worte des Rabbi Jeschu: eine Wiederherstellung* (Bibliothek der Unruhe und des Bewahrens 6), Graz: Styria 2003

Schwegler, Albert 1846: *Das nachapostolische Zeitalter in den Hauptmomenten seiner Entwicklung*, Tübingen: Fues 1846

Schweizer, Eduard 1950: „Eine hebraisierende Sonderquelle des Lukas?", *ZT 6* (1950) 161–185

– 1967: *Das Evangelium nach Markus* (NTD 1), Göttingen: Vandenhoeck & Ruprecht (11. Auflage) 1967

– 1973: *Das Evangelium nach Matthäus* (NTD 2), Göttingen: Vandenhoeck & Ruprecht (13. Auflage) 1973

– 1993: *Das Evangelium nach Lukas* (NTD 3), Göttingen: Vandenhoeck & Ruprecht (20. Auflage) 1993

SCORALICK, RUTH 2000: *Das Drama der Barmherzigkeit Gottes* (SBS 183), Stuttgart: Verlag Katholisches Bibelwerk 2000
– 2002: *Gottes Güte und Gottes Zorn: die Gottesprädikationen in Ex 34,6f und ihre intertextuellen Beziehungen zum Zwölfprophetenbuch* (Herders Biblische Studien 33), Freiburg: Herder 2002
SCOTT, BERNARD BRANDON 1989: *Hear then the Parable. A Commentary on the Parables of Jesus*, Minneapolis: Fortress Press 1989
– 2000: „New Options in An Old Quest", in: *The Historical Jesus through Jewish and Catholic Eyes*, hg. v. Greenspoon, Leonard J. / Hamm, Dennis / LeBeau, Bryan. Harrisburg: Trinity Press International 2000, 1–49
SEGAL, MOSES HIRSCH 1908–09: „Mishnaic Hebrew and its Relation to Biblical Hebrew and Aramaic", *JQR 20* (1908–09) 647–737
– 1927: *A Grammar of Mishnaic Hebrew*, Oxford: Clarendon Press 1927 (Lithographischer Nachdruck 1958)
SEGERT, STANISLAV 2002: „The Languages of the Historical Jesus", *Communio Viatorum 44* (2002) 161–173
SEITZ, OSCAR 1963: „Praeparatio Evangelica in the Markan Prologue", *JBL 82* (1963) 201–206
SELLEW, PHILIPP 1988: „Beelzebul in Mark 3: Dialogue, Story or Sayings Cluster?", *4* (1988) 93–108
SEVENSTER, JAN NICOLAAS 1968: *‚Do you know Greek?': How much Greek could the first Jewish Christian have known?* (NovT.S, Leiden: Brill 1968
SEYBOLD, KLAUS 1997: Artikel „Psalmen/Psalmenbuch: I. Altes Testament", in: *TRE* 27, 1997, 610–624
SHIROCK, ROBERT 1992: „Whose Exorcists Are They? The Referents of οἱ υἱοὶ ὑμῶν at Matthew 12.27 / Luke 11.19", *JSNT 46* (1992) 41–51
SHULER, PHILIP L. 1987: „The Genre of the Gospels and the Two Gospel Hypothesis", in: *Jesus, the Gospels, and the Church. Essays in Honor of William R. Farmer*, hg. v. Sanders, Ed Parish. Macon: Mercer University Press 1987, 69–88
SILBERMAN, LOU H. 1982: „Wellhausen and Judaism", *Semeia 25* (1982) 75–82
SIM, DAVID CAMPBELL 1998: *The Gospel of Matthew and Christian Judaism. The History and Social Setting of the Matthean Community*, Edinburgh: T&T Clark 1998
SIMON, RICHARD 1689: *Histoire Critique du Texte du Nouveau Testament*, Rotterdam: Reinier Leers 1689
SIMONETTI, MANLIO 2001: *Matthew 1–13* (Ancient Christian Commentary on Scripture, New Testament, Vol. 1a), Downers Grove: Intervarsity Press 2001
SKARSAUNE, OSKAR / HVALVIK, REIDAR 2007: *Jewish Believers in Jesus: The Early Centuries*, Peabody: Hendrickson 2007
SKARSAUNE, OSKAR 2002: *In the Shadow of the Temple: Jewish Influences on Early Christianity*, Downers Grove: Intervarsity Press 2002
SMEND, RUDOLF 1906: *Die Weisheit des Jesus Sirach: hebräisch und deutsch*, Berlin: Reimer 1906
– 1982: „Wellhausen und das Judentum", *ZThK 79* (1982) 249–282
SMIGA, GEORGE M. 1992: *Pain and Polemic: Anti-Judaism in the Gospels*, New York: Paulist Press 1992
SMITH, MORTON 1958: „Aramaic Studies and the Study of the New Testament", *JBR 26* (1958) 304–313
SMITH, SCOBIE P. 2000: „The Question of Diglossia in Ancient Hebrew", in: *Diglossia and other Topics in New Testament Linguistics* (JSNT.S 193), hg. v. Porter, Stanley E. Sheffield: Sheffield Academic Press 2000, 37–52

SNODGRASS, KLYNE R. 1980: "Streams of Tradition Emerging from Isaiah 40:1-5 and their Adaptation in the New Testament", *Journal for the Study of the New Testament 8* (1980) 24-45

– 2008: *Stories with Intent: A Comprehensive Guide to the Parables of Jesus*, Grand Rapids: Eerdmans 2008

SNYMAN, ANDREAS H. 1977: „Analysis of Mt 3:1–4:22", *Neot 11* (1977) 19–31

SÖDING, THOMAS 2003: „‚Wenn ich mit dem Finger Gottes die Dämonen austreibe.' (Lk 11,20). Die Exorzismen im Rahmen der Basileia-Verkündigung Jesu", in: *Die Dämonen. Die Dämonologie der israelitisch-jüdischen und frühchristlichen Literatur im Kontext ihrer Umwelt*, hg. v. Lange, Armin / Lichtenberger, Hermann / Römheld, K.F. Diethard. Tübingen: J.C.B. Mohr (P. Siebeck) 2003, 517–549

SONTHEIMER, WALTHER 1932: Artikel „Tageszeiten", in: *Paulys Real-Encyclopädie der classischen Altertumswissenschaften* (Zweite Reihe Band IV), 1932, 2011–2023

SPARKS, HEDLEY F. DAVIS 1943: „The Semitisms of St. Lukes Gospel", *JTS 44* (1943) 129–138

– 1952: „Some Observations of the Semitic Background on the New Testament", *Bulletin of the Studiorum Novi Testamenti Societas 52* (1952) 33–42

SPIECKERMANN, HERMANN 1990: „‚Barmherzig und gnädig ist der Herr.'", *ZAW 102* (1990) 1–18

SPITTA, FRIEDRICH 1904: „Beiträge zur Erklärung der Synoptiker", *ZNW 5* (1904) 303–326

SPOLSKY, BERNARD 1985: „Jewish Multilingualism in the First Century: An Essay in Historical Sociolinguistics", in: *Readings in the Sociology of Languages*, hg. v. Fishman, Jehoshua. Leiden 1985, 35–50

STEFANIK, JOZEF 2006: „Intentional Bilingualism Revisited", in: *Gelebte Mehrsprachigkeit*, hg. v. Cichon, Peter. Wien: Praesens Verlag 2006, 28–46

STEIN, ROBERT 1992: „The Matthew-Luke Agreements Against Mark: Insight from John", *CBQ 54* (1992) 482–502

STEMBERGER, GÜNTER 2003: „Samael und Uzza: Zur Rolle der Dämonen im späten Midrasch", in: *Die Dämonen. Die Dämonologie der israelitisch-jüdischen und frühchristlichen Literatur im Kontext ihrer Umwelt*, hg. v. Lange, Armin / Lichtenberger, Hermann / Römheld, K.F. Diethard. Tübingen: J.C.B. Mohr (P. Siebeck) 2003, 636–661

– 2010: „Dating Rabbinic Traditions", in: *The New Testament and Rabbinic Literature (Supplements to the Journal for the Study of Jusaism 136)*, hg.v. Bieringer, Reimund / Garcia Martinez, Florentino / Pollefeyt, Didier / Tomson, Peter J. Leiden/Boston: Brill 2010, 379–397.

STENDAHL, KRISTER 1954: *The School of St. Matthew and its Use of the Old Testament* (ASNU 20), Lund: Gleerup 1954

– 1962: „Sin, Guilt and Forgiveness in the New Testament", nachgedruckt in: Stendahl, Krister, *Meanings: The Bible as Document and as Guide*, Minneapolis: Fortress Press 1984, 127–136

STÖKL BEN EZRA, DANIEL 2003: *The Impact of Yom Kippur on Early Christianity: The Day of Atonement from Second Temple Judaism to the Fifth Century* (WUNT 163), Tübingen: J.C.B. Mohr (P. Siebeck) 2003

STOLDT, HANS-HERBERT 1977: *Geschichte und Kritik der Markushypothese*, Göttingen: Vandenhoeck & Ruprecht 1977

STORR, GOTTLOB CHRISTIAN 1786: *Über den Zweck der Evangelischen Geschichte und der Briefe Johannis*, Tübingen: Jacob Friedrich Heerbrandt 1786

STRECKER, GEORG 1962: *Der Weg der Gerechtigkeit. Untersuchung zur Theologie des Matthäus*, Göttingen: Vandenhoeck & Ruprecht (3. Auflage) 1962

STREETER, BURNETT HILLMAN 1911: „St. Mark's Knowledge and Use of Q", in: *Studies in the Synoptic Problem*, hg. v. Sanday, William. Oxford: Clarendon Press 1911, 165–183

1924: *The Four Gospels: A Study of Origins*, London: MacMillan 1924

STROTHMANN, WERNER 1971: *Die Anfänge der syrischen Studien in Europa* (GOF 1), Wiesbaden: Harrassowitz 1971

STUCKENBRUCK, LOREN T. 1991: „An Approach to the New Testament Through Aramaic Sources: The Recent Methodological Debate", *JSP 8* (1991) 3–29

– 2000: „‚Angels' and ‚Giants' of Genesis 6,1–4 in Second and Third Century BCE Jewish Interpretation: Reflections on the Posture of Early Apocalyptic Traditions", *Dead Sea Discoveries 7* (2000) 354–377

STUHLMACHER, PETER 2005: *Biblische Theologie des Neuen Testaments. Band 1: Grundlegung. Von Jesus zu Paulus*, Göttingen: Vandenhoeck & Ruprecht (3. Auflage) 2005

SUHL, ALFRED 1965: *Die Funktion der alttestamentlichen Zitate und Anspielungen im Markusevangelium*, Gütersloh: Gütersloher Verlagshaus Gerd Mohn 1965

SUKENIK, ELEAZAR 1942: „A Stamp of a Jewish Wine-Merchant from the Vicinity of Jerusalem", *Qedem 1* (1942) 20–23

SUNG, CHONG-HYON 1993: *Vergebung der Sünden: Jesu Praxis der Sündenvergebung nach den Synoptikern und ihre Voraussetzungen im Alten Testament und frühen Judentum* (WUNT 2. Reihe Band 57), Tübingen: J.C.B. Mohr (P. Siebeck) 1993

TAL, ABRAHAM 2001: „Is there a Raison d'Être for an Aramaic Targum in a Hebrew-Speaking society?", *Revue d'Etudes Juives 160* (2001) 357–378

TAYLOR, VINCENT / EVANS, OWEN E. 1972: *The Passion Narrative of St. Luke: a Critical and Historical Investigation* (SNTS Monograph Series 19), Cambridge: University Press 1972

TAYLOR, VINCENT 1952: *The Gospel According to St. Mark: The Greek Text with Introduction, Notes, and Indexes*, London: Macmillan 1952

TESCH, GERD 1978: *Linguale Interferenz: Theoretische, Terminologische und Methodische Grundfragen zu ihrer Erforschung* (TBL 105), Tübingen: Narr 1978

THEISSEN, GERD / MERZ, ANNETTE 2001: *Der historische Jesus: ein Lehrbuch*, Göttingen: Vandenhoeck & Ruprecht (3. Auflage) 2001

THEISSEN, GERD / WINTER, DAGMAR 1997: *Die Kriterienfrage in der Jesusforschung: vom Differenzkriterium zum Plausibilitätskriterium*, Freiburg: Universitäts-Verlag 1997

THEISSEN, GERD 1992: *Lokalkolorit und Zeitgeschichte in den Evangelien: Ein Beitrag zur Geschichte der synoptischen Tradition*, Göttingen: Vandenhoeck & Ruprecht (2. Auflage) 1992

THIEDE, CARSTEN PETER / LASS, EGON H.E. 2005: „Moza: Final Report", *Hadashot Arkheologiyot 117* (2005), http://www.hadashot-esi.org.il, zitiert am 15.8.2010

THOMA, CLEMENS / LAUER, SIMON 1986: *Die Gleichnisse der Rabbinen. Erster Teil: Pesiqta deRav Kahana (PesK)* (JudChr 10), Bern: Peter Lang 1986

THOMPSON, WILLIAM G. 1970: *Matthew's Advice to a Divided Community: Mt. 17,22–18,35* (AnBibl 42), Rom: Biblical Institute 1970

THYEN, HARTWIG 1964: „βάπτισμα μετανοίας εἰς ἄφεσιν ἁμαρτιῶν", in: *Zeit und Geschichte: Dankesgabe an Rudolf Bultmann zum 80. Geburtstag, im Auftrag der Alten Marburger und in Zusammenarbeit mit Hartwig Thyen*, hg. v. Dinkler, Erich / Thyen, Hartwig. Tübingen: J.C.B. Mohr (P. Siebeck) 1964, 97–125

– 1971: „Johannes 13 und die ‚Kirchliche Redaktion' des vierten Evangeliums", in: *Tradition und Glaube: Das frühe Christentum in seiner Umwelt. Festgabe für Karl Georg Kuhn zum 65. Geburtstag*, hg. v. Jeremias, Gert / Stegemann, Hartmut. Göttingen: Vandenhoeck & Ruprecht 1971, 343–356

TILLY, MICHAEL 1995: *Johannes der Täufer und die Biographie des Propheten. Die synoptische Täuferüberlieferung und das jüdische Prophetenbild zur Zeit des Täufers* (BWANT 137), Stuttgart: Kohlhammer 1995

TORREY, CHARLES CUTLER 1912: „The Translations Made from the Original Aramaic Gospels", in: *Studies in the History of Religions Presented to Crawford Howell Toy*, hg. v. Lyon, David Gordon / Moore, George Foot. New York: MacMillan 1912, 269–317

– 1916: *The Composition and Date of Acts* (HThS I), Cambridge: Harvard University Press 1916

– 1919: „Fact and Fancy in the Theories Concerning Acts", *AJT 23* (1919) 61–86;189–212

– 1923: „The Aramaic Origin of the Gospel of John", *HTR 16* (1923) 305–344

– 1933: *The Four Gospels: A New Translation*, New York: Harper 1933

– 1936: *Our Translated Gospels: Some of the Evidence*, New York: Harper 1936

– 1941: *Documents of the Primitive Church*, New York: Harper 1941

– 1942: „The Aramaic of the Gospels", *JBL 61* (1942) 71–85

– 1952/53: „The Aramaic Period of the Nascent Christian Church", *ZNW 44* (1952/53) 205–223

– 1952: „In the Fourth Gospel the Last Supper Was the Paschal Meal", *JQR N.S. 42* (1952) 237–250

TOV, EMANUEL 1973: „Transliterations of Hebrew Words in the Greek Versions of the Old Testament: A Further Characteristic of the Kaige-Th. Revision?", *Textus 8* (1973) 78–92

– 1979: „Loan-words, Homophony and Transliterations in the Septuagint", *Bib 60* (1979) 216–236

TROCMÉ, ÉTIENNE 2000: *L'Évangile selon Saint Marc* (CNT 2), Paris: Labor et Fides 2000

TUCKETT, CHRISTOPHER MARK 1993: „Mark and Q", in: *The Synoptic Gospels: Source Criticism and the New Literary Criticism* (BETL 110), hg. v. Focant, Camille. Leuven: Leuven University Press 1993, 149–175

– 1996: *Q and the History of Early Christianity*, Edinburgh: T&T Clark 1996

TURNER, DAVID L. 2008: *Matthew* (Baker Exegetical Commentary of the New Testament 1), Grand Rapids: Baker Academic 2008

TYSON, JOSEPH B. 1999: „Anti-Judaism in the Critical Study of the Gospels", in: *Anti-Judaism and the Gospel*, hg. v. Farmer, William Reuben. Harrisburg: Trinity Press International 1999, 216–251

URBACH, EPHRAIM E. 1987: *The Sages: Their Concepts and Beliefs (2 Bände)*, Jerusalem: Magnes 1987

VAAGE, LEIF E. 1995: „More Than a Prophet, and Demon-Possessed: Q and the ‚Historical' John", in: *Conflict and Invention: Literary, Rhetorical, and Social Studies on the Sayings Gospel Q*, hg. v. Kloppenborg Verbin, John S. Valley Forge: Trinity Press International 1995, 181–202

VAGANAY, LÉON 1952: *Le problème synoptique: une hypothèse de travail* (BT.B III.1), Tournai: Desclee & Cie 1952

VAHRENHORST, MARTIN 2002: *‚Ihr sollt überhaupt nicht schwören': Matthäus im halachischen Diskurs* (WMANT 95), Neukirchen-Vluyn: Neukirchener Verlag 2002

VAN CANGH, JEAN-MARIE / TOUMPSIN, ALPHONSE 2005: *L'evangile de Marc: Un original hebreu?* (Langues et Cultures anciennes 4), Brüssel: Éditions Safran 2005

VAN CANGH, JEAN-MARIE 1982: „‚Par l'Esprit de Dieu – Par le Doigt de Dieu': Mt 12,28 par. Lc 11,20", in: *Logia: Les Paroles de Jesus – The Sayings of Jesus* (BETL 59), hg. v. Delobhel, Joel. Leuven: Leuven University Press 1982, 337–342

Van der Horst, Pieter Willem 1998: „‚The Finger of God‘: Miscellaneous Notes on Luke 11:20 and Its Umwelt“, nachgedruckt in: Van der Horst, Pieter Willem, *Hellenism – Judaism – Christianity: Essays on Their Interaction* (Contributions to Biblical Exegesis and Theology 8), Leuven/Paris: Peeters, 171–183

VanderKam, James C. 2000: „The Angel of the Presence in the Book of Jubilees“, *Dead Sea Discoveries 7* (2000) 378–393

– 2003: „The Demons in the Book of Jubilees“, in: *Die Dämonen. Die Dämonologie der israelitisch-jüdischen und frühchristlichen Literatur im Kontext ihrer Umwelt*, hg. v. Lange, Armin / Lichtenberger, Hermann / Römheld, K.F. Diethard. Tübingen: J.C.B. Mohr (P. Siebeck) 2003, 339–364

Vermès, Géza 1967: „The use of בר (א)נש(א) in Jewish Aramaic“, in: Black, Matthew, *An Aramaic Approach to the Gospels and Acts*. Oxford: Clarendon Press (3. Auflage) 1967, 310–328

– 1973: *Jesus the Jew: a Historian's Reading of the Gospels*, London: Collins 1973

– 1982: „Jewish Literature and New Testament Exegesis: Reflections on Methodology“, *JJS 33* (1982) 361–376

– 1983: *Jesus and the World of Judaism*, London: SCM Press 1983

– 1993: *Jesus der Jude: Ein Historiker liest die Evangelien*, Neukirchen-Vluyn: Neukirchener Verlag 1993

– 1993: *The Religion of Jesus the Jew*, Minneapolis: Fortress Press 1993

– 2003: *Jesus in His Jewish Context*, Minneapolis: Fortress Press 2003

– 2003: *The Authentic Gospel of Jesus*, London: Allen Lane 2003

Vielhauer, Philipp 1955: „Zum synoptischen Problem. Ein Bericht über die Theorien Leon Vaganays“, *ThLZ 80* (1955) 647–652

– 1975: *Geschichte der urchristlichen Literatur*, Berlin/New York: Walter de Gruyter 1975

Vitto, Fanny 2007: „A Jewish Mausoleum of the Roman Period at Qiryat Shemu'el, Tiberias“, *Atiqot (E.S.) 58* (2007) 7–29

Vögtle, Anton 1994: *Die ‚Gretchenfrage‘ des Menschensohnproblems* (QD 152), Freiburg: Herder 1994

Voelz, James W. 1984: „The Language of the New Testament“, in: *Aufstieg und Niedergang der römischen Welt. Band II: Prinzipat 25.2*, hg. v. Haase, Wolfgang / Temporini, Hildegard. Berlin: Walter de Gruyter 1984, 893–977

Vogels, Heinrich Josef 1925: *Grundriss der Einleitung in das Neue Testament*, Münster: Aschendorff 1925

Vorst, Johannes 1658: „Philologia Sacra, qua quicquid Hebraismorum in toto Novo Testamento reperitur, id pene omne recensetur, in certas classes digeritur, et ipsarum linguarum Orientalium collatione illustratur“, nachgedruckt in: Vorst, Johannes, *De Hebraismis Novi Testamenti Commentarius*, Amsterdam: Weyerstraet 1665

– 1665: „Johannis Vorstii Philologiae Sacrae, qua quicquid Hebraismorum in toto Novo Testamento reperitur, id pene omne recensetur, in certas classes digeritur, et ipsarum linguarum Orientalium collatione illustratur, pars altera major“, in: *De Hebraismis Novi Testamenti Commentarius*, hg. v. Vorst, Johannes. Amsterdam: Weyerstraet 1665

Wagner, Siegfried 1978: *Franz Delitzsch: Leben und Werk* (Beiträge zur Evangelischen Theologie. Theologische Abhandlungen 80), München: Christian Kaiser 1978

Walker, Norman 1960: „The Reckoning of Hours in the Fourth Gospel“, *NovT 4* (1960) 69–73

Wall, Robert W. 1987: „‚The Finger of God‘ Deuteronomy 9.10 and Luke 11.20“, *NTS 33* (1987) 144–150

WALTER, NIKOLAUS 1992: „Mk 1,1–8 und die ‚Agreements' von Mt 3 und Lk 3: Stand die Predigt Johannes des Täufers in Q?", in: *The Four Gospels 1992. Festschrift Frans Neirynck. Vol I* (BETL 100A), hg. v. Tuckett, Christopher Mark / Van Belle, Gilbert / Verheyden, Joseph / Van Segbroeck, Frans. Leuven: Leuven University Press 1992, 457–478

WATT, JONATHAN 2000: „The Current Landscape of Diglossia Studies: The Diglossic Continuum in First Century Palestine", in: *Diglossia and Other Topics in New Testament Linguistics* (JSNT.S 193), hg. v. Porter, Stanley E. Sheffield: Sheffield Academic Press 2000, 18–36

WEBER, BEAT 1992: „Schulden erstatten – Schulden erlassen: Zum matthäischen Gebrauch einiger juristischer und monetärer Begriffe", *ZNW 83* (1992) 253–256

– 1993: „Alltagswelt und Gottesreich: Überlegungen zum Verstehenshintergrund des Gleichnisses vom ‚Schalksknecht' (Matthäus 18,23–34)", *BZ N.F. 37* (1993) 161–182

WEINFELD, MOSHE 1979: *Getting at the Roots of Wellhausen's Understanding of the Law of Israel: On the 100th Anniversary of the Prolegomena*, Jerusalem: Hebrew University 1979

WEINREICH, URIEL 1976: *Sprachen in Kontakt: Ergebnisse und Probleme der Zweisprachigkeitsforschung*, München: C.H.Beck 1976

WEISGERBER, LEO 1966: „Vorteile und Gefahren der Zweisprachigkeit", *Wirkendes Wort 2* (1966) 73–89

WEISS, BERNHARD 1897: *Lehrbuch der Einleitung in das Neue Testament*, Berlin: Wilhelm Hertz (3. Auflage) 1897

WEISSE, CHRISTIAN HERMANN 1838: *Die evangelische Geschichte, kritisch und philosophisch bearbeitet. Erster Band*, Leipzig: Breitkopf und Härtel 1838

WEISSENBORN, THOMAS 2004: *Apostel, Lehrer und Propheten. Eine Einführung in das Neue Testament (3 Bände)*, Marburg: Verlag der Francke Buchhandlung 2004

WELLHAUSEN, JULIUS 1904: *Das Evangelium Lucae, übersetzt und erklärt*, Berlin: Reimer 1904

– 1904: *Das Evangelium Marci, übersetzt und erklärt*, Berlin: Reimer 1904

– 1904: *Das Evangelium Matthaei, übersetzt und erklärt*, Berlin: Reimer 1904

– 1905: *Einleitung in die drei ersten Evangelien*, Berlin: Georg Reimer 1905

– 1905: *Prolegomena zur Geschichte Israels*, Berlin: Reimer (6. Auflage) 1905

– 1911: *Einleitung in die drei ersten Evangelien*, Berlin: Georg Reimer (2. Ausgabe) 1911

WENHAM, JOHN WILLIAM 1991: *Redating Matthew, Mark and Luke: a Fresh Assault on the Synoptic Problem*, London: Hodder & Stoughton 1991

WIDMANNSTADT, JOHANN ALBERT 1555: *Liber Sacrosancti Evangelii de Jesu Christo Domino et Deo nostro characteribus et lingua Syra, Jesu Christo vernacula, Divino ipsius ore consecrata et Joh. Evangelista Hebraica dicta, scriptoria prelo diligenter expressa*, Wien: Cymbermann 1555

WIEFEL, WOLFGANG 1987: *Das Evangelium nach Lukas* (ThHKNT 3), Leipzig: Evangelische Verlagsanstalt 1987

– 1998: *Das Evangelium nach Matthäus* (ThHKNT 1), Leipzig: Evangelische Verlagsanstalt 1998

WIESE, CHRISTIAN 1999: *Wissenschaft des Judentums und protestantische Theologie im wilhelminischen Deutschland: ein Schrei ins Leere?*, Tübingen: J.C.B. Mohr (P. Siebeck) 1999

WIKENHAUSER, ALFRED 1953: *Einleitung in das Neue Testament*, Freiburg: Herder 1953

WILCOX, MAX 1965: *The Semitisms of Acts*, Oxford: Clarendon Press 1965

– 1984: „Semitisms in the New Testament“, in: *Aufstieg und Niedergang der römischen Welt. Band II: Prinzipat 25.2*, hg. v. Haase, Wolfgang / Temporini, Hildegard. Berlin: Walter de Gruyter 1984, 978–1029

– 2002: „Semitisms in Luke-Acts in the Light of the Tobit Mss of Qumran and the Babatha Archive (P. Yadin)“, in: *San Luca Evangelista testimone della fede che unisce*, hg. v. Leonardi, Giovanni. Padova: Istituto per la Storia Ecclesiastica Padovana 2002, 555–565

Wilke, Christian Gottlob 1838: *Der Urevangelist oder exegetisch-kritische Untersuchung über das Verwandtschaftsverhältnis der drei ersten Evangelien*, Dresden/Leipzig: Gerhard Fleischer 1838

Williams, David T. 2003: „Why the Finger?“, *ExpTim 115* (2003) 45–48

Wink, Walter 1968: *John the Baptist in the Gospel Tradition* (SNTS Monograph Series 7), Cambridge: Cambridge University Press 1968

Winkler, Gabriele 1994: „Die Licht-Erscheinung bei der Taufe Jesu und der Ursprung des Epiphaniefestes: Eine Untersuchung griechischer, syrischer armenischer und lateinische Quellen“, *Oriens Christianus 78* (1994) 177–223

Wise, Michael O. 1992: „Languages of Palestine“, in: *Dictionary of Jesus and the Gospels*, hg. v. Green, Joel B. / McKnight, Scot. Downers Grove: Intervarsity Press 1992, 434–444

Witherington, Ben 2001: *The Gospel of Mark: a Socio-rhetorical Commentary*, Grand Rapids: Eerdmans 2001

Wohlenberg, Gustav 1910: *Das Evangelium nach Markus* (KNT 2), Leipzig: Deichert 1910

Wolff, Dieter 2006: *Mehrsprachige Individuen – vielsprachige Gesellschaften* (Forum angewandte Linguistik 47), Frankfurt: Lang 2006

Wrege, Hans-Theo 1991: *Das Sondergut des Matthäus-Evangeliums* (ZWKB Sonderbd.), Zürich: Theologischer Verlag 1991

Wright, Benjamin G. III 1997: „Jewish Ritual Baths – Interpreting the Digs and the Texts: Some Issues in the Social History of Second Temple Judaism“, in: *The Archaeology of Israel: Constructing the Past, Interpreting the Present* (JSOT.S 237), hg. v. Silberman, Neil Asher / Small, David. Sheffield: Sheffield Academic Press 1997, 190–214

Wright, Nicholas Thomas 1992–2003: *Christian Origins and the Question of God Vol. 1: The New Testament and the People of God. Vol. 2: Jesus and the Victory of God. Vol. 3: The Resurrection of the Son of God*, Minneapolis: Fortress Press 1992, 1996 und 2003

Yardenna, Alexandre 2008: „Karm er-Ras (Areas H,J)“, *Hadashot Arkheologiyot 120* (2008) http://www.hadashot-esi.org.il, zitiert am 15.8.2011

Yoder, James 1959: „Semitisms in the Codex Bezae“, *JBL 78* (1959) 317–321

Young, Brad 1989: *Jesus and his Jewish Parables: Rediscovering the Roots of Jesus' Teaching* (Theological Inquiries), New York: Paulist Press 1989

– 1995: *Jesus the Jewish Theologian*, Peabody: Hendrickson 1995

– 1998: *The Parables: Jewish Tradition and Christian Interpretation*, Peabody: Hendrickson 1998

Zahn, Theodor 1898: „Die Dormitio Sanctae Virginis und das Haus des Johannes Markus“, *NKZ 10* (1898) 377–429

– 1905: *Das Evangelium des Matthäus* (KNT 1), Leipzig: Deichert (2. Auflage) 1905

– 1906: *Einleitung in das Neue Testament* (SThL 1), Leipzig: Deichert (3., vielfach berichtigte und vervollständigte Auflage in zwei Bänden) 1906

– 1913: *Das Evangelium des Lukas* (KNT 3), Leipzig: Deichert 1913

– 1921: *Das Evangelium des Johannes* (KNT 4), Leipzig: Deichert (5. und 6., vielfach verbesserte Auflage) 1921

ZEITLIN, SOLOMON 1974: „Spurious Interpretations of Rabbinic Sources in the Studies of the Pharisees and Pharisaism", *JQR N.S. 65* (1974) 122–135

ZIEGLER, IGNAZ 1903: *Die Königsgleichnisse des Midrasch beleuchtet durch die römische Kaiserzeit*, Breslau: Schlesische Verlags-Anstalt v. S. Schottlaender 1903

ZIMMERMANN, FRANK 1979: *The Aramaic Origin of the Four Gospels*, New York: Ktav 1979

ZIMMERMANN, RUBEN 2007: *Kompendium der Gleichnisse Jesu*, Gütersloh: Gütersloher Verlagshaus 2007

– 2008: „Gleichnisse als Medien der Jesuserinnerung", in: *Hermeneutik der Gleichnisse Jesu: Methodische Neuansätze zum Verstehen urchristlicher Parabeltexte* (WUNT 231), hg.v. Zimmermann, Ruben / Kern, Gabi. Tübingen: J.C.B. Mohr (P. Siebeck) 2008, 87–121

ZIMMERMANN, RUBEN / KERN, GABI 2008: *Hermeneutik der Gleichnisse Jesu: Methodische Neuansätze zum Verstehen urchristlicher Parabeltexte* (WUNT 231), Tübingen: J.C.B. Mohr (P. Siebeck) 2008

ZISSU, BOAZ 2001: „Horbat Lavnin", *Hadashot Arkheologiyot – ESI 113* (2001) 104 (hebräisch) und 154 (englische Zusammenfassung)

– 2004: „The Cave of ‚Yudan Shaul' at Horbat Kishor, Southern Judaean Shephela", *Atiqot 46* (2004) 27–35 (hebräisch) und 129* (englische Zusammenfassung)

– 2005: „A Burial Cave with a Greek Inscription and Graffiti at Khirbat el-`Ein, Judean Shephelah", *Atiqot (E.S.) 50* (2005) 27–36

ZISSU, BOAZ / GOREN, YUVAL 2011: „The Ossuary of ‚Miriam Daughter of Yeshua Son of Caiaphas, Priests [of] Ma'aziah from Beth 'Imri'", *IEJ 61* (2011) 74–95

5. Zitierte Webseiten

Zusätzlich zu den im Literaturverzeichnis unter dem Namen der jeweiligen Autoren und Herausgeber angeführten elektronischen Publikationen und Artikel werden folgende Webseiten zitiert (jeweils zuletzt zitiert am 15.8.2011):

„COMPREHENSIVE ARAMAIC LEXICON": http://cal1.cn.huc.edu/

„HISTORICAL DICTIONARY OF THE HEBREW LANGUAGE": http://hebrew-treasures.huji.ac.il/

„INSCRIPTIONS OF ISRAEL/PALESTINE": http://library.brown.edu/cds/projects/iip/search

„JERUSALEM PERSPECTIVE ONLINE": http://www.jerusalemperspective.com

Stellenregister

1. Bibel

1.1. Altes Testament (einschließlich ‚Apokryphen')

Leviticus

Numeri

2. Targum

3. Frühjüdische Literatur

3.1. Philo von Alexandrien

3.3 Jüdische Schriften aus hellenistisch-römischer Zeit

4. Epigraphische Zeugnisse

4.1. Allgemeine Corpora

Corpus Inscriptionum Judaicarum (CIJ)

4.3. Textbücher und Quellensammlungen

4.4. Weitere Inschriften

5. Rabbinisches Schrifftum

5.1. Mischna

5.3. Talmud Bavli

5.4. Talmud Yerushalmi

5.5. Außerkanonische Traktate

6. Griechische und römische Schriftsteller

7. Antikes Christentum

7.1. Außerkanonische Evangelien

7.2. Frühchristliche Autoren

Autorenregister (in Auswahl)

Griechisches Wortregister

Hebräisches und aramäisches Wortregister

Sach- und Namensregister

Wissenschaftliche Untersuchungen zum Neuen Testament

Alphabetische Übersicht der ersten und zweiten Reihe

Ådna, Jostein: Jesu Stellung zum Tempel. 2000. *Bd. II/119.*
Ådna, Jostein (Hrsg.): The Formation of the Early Church. 2005. *Bd. 183.*
– und *Hans Kvalbein* (Hrsg.): The Mission of the Early Church to Jews and Gentiles. 2000. *Bd. 127.*
Ahearne-Kroll, Stephen P., Paul A. Holloway und *James A. Kelhoffer* (Hrsg.): Women and Gender in Ancient Religions. 2010. *Bd. 263*
Aland, Barbara: Was ist Gnosis? 2009. *Bd. 239.*
Alexeev, Anatoly A., Christos Karakolis und *Ulrich Luz* (Hrsg.): Einheit der Kirche im Neuen Testament. Dritte europäische orthodox-westliche Exegetenkonferenz in Sankt Petersburg, 24.–31. August 2005. 2008. *Band 218.*
Alkier, Stefan: Wunder und Wirklichkeit in den Briefen des Apostels Paulus. 2001. *Bd. 134.*
Allen, David M.: Deuteronomy and Exhortation in Hebrews. 2008. *Bd. II/238.*
Anderson, Charles A.: Philo of Alexandria's Views of the Physical World. 2011. *Vol. II/309.*
Anderson, Paul N.: The Christology of the Fourth Gospel. 1996. *Bd. II/78.*
Appold, Mark L.: The Oneness Motif in the Fourth Gospel. 1976. *Bd. II/1.*
Arnold, Clinton E.: The Colossian Syncretism. 1995. *Bd. II/77.*
Ascough, Richard S.: Paul's Macedonian Associations. 2003. *Bd. II/161.*
Asiedu-Peprah, Martin: Johannine Sabbath Conflicts As Juridical Controversy. 2001. *Bd. II/132.*
Attridge, Harold W.: Essays on John and Hebrews. 2010. *Bd. 264.*
– siehe *Zangenberg, Jürgen.*
Aune, David E.: Apocalypticism, Prophecy and Magic in Early Christianity. 2006. *Bd. 199.*
Avemarie, Friedrich: Die Tauferzählungen der Apostelgeschichte. 2002. *Bd. 139.*
Avemarie, Friedrich und *Hermann Lichtenberger* (Hrsg.): Auferstehung – Ressurection. 2001. *Bd. 135.*
– Bund und Tora. 1996. *Bd. 92.*
Baarlink, Heinrich: Verkündigtes Heil. 2004. *Bd. 168.*
Bachmann, Michael: Sünder oder Übertreter. 1992. *Bd. 59.*
Bachmann, Michael (Hrsg.): Lutherische und Neue Paulusperspektive. 2005. *Bd. 182.*
Back, Frances: Verwandlung durch Offenbarung bei Paulus. 2002. *Bd. II/153.*
Backhaus, Knut: Der sprechende Gott. 2009. *Bd. 240.*
Baker, William R.: Personal Speech-Ethics in the Epistle of James. 1995. *Bd. II/68.*
Bakke, Odd Magne: 'Concord and Peace'. 2001. *Bd. II/143.*
Balch, David L.: Roman Domestic Art and Early House Churches. 2008. *Bd. 228.*
Baldwin, Matthew C.: Whose *Acts of Peter*? 2005. *Bd. II/196.*
Balla, Peter: Challenges to New Testament Theology. 1997. *Bd. II/95.*
– The Child-Parent Relationship in the New Testament and its Environment. 2003. *Bd. 155.*
Baltes, Guido: Hebräisches Evangelium und synoptische Überlieferung. 2011. *Bd. II/312.*
Bammel, Ernst: Judaica. Bd. I 1986. *Bd. 37.*
– Bd. II 1997. *Bd. 91.*
Barclay, John M.G.: Pauline Churches and Diaspora Jews. 2011. *Bd. 275.*
Barreto, Eric D.: Ethnic Negotiations. 2010. *Bd. II/294.*
Barrier, Jeremy W. : The Acts of Paul and Thecla. 2009. *Bd. II/270.*
Barton, Stephen C.: siehe *Stuckenbruck, Loren T.*
Bash, Anthony: Ambassadors for Christ. 1997. *Bd. II/92.*
Bauckham, Richard: The Jewish World around the New Testament. Collected Essays Volume I. 2008. *Bd. 233.*
Bauernfeind, Otto: Kommentar und Studien zur Apostelgeschichte. 1980. *Bd. 22.*
Baum, Armin Daniel: Pseudepigraphie und literarische Fälschung im frühen Christentum. 2001. *Bd. II/138.*
Bayer, Hans Friedrich: Jesus' Predictions of Vindication and Resurrection. 1986. *Bd. II/20.*
Becker, Eve-Marie: Das Markus-Evangelium im Rahmen antiker Historiographie. 2006. *Bd. 194.*
Becker, Eve-Marie und *Peter Pilhofer* (Hrsg.): Biographie und Persönlichkeit des Paulus. 2005. *Bd. 187.*
– and *Anders Runesson* (Hrsg.): Mark and Matthew I. 2011. *Bd. 271.*

Becker, Michael: Wunder und Wundertäter im frührabbinischen Judentum. 2002. *Bd. II/144.*
Becker, Michael und *Markus Öhler* (Hrsg.): Apokalyptik als Herausforderung neutestamentlicher Theologie. 2006. *Bd. II/214.*
Bell, Richard H.: Deliver Us from Evil. 2007. *Bd. 216.*
– The Irrevocable Call of God. 2005. *Bd. 184.*
– No One Seeks for God. 1998. *Bd. 106.*
– Provoked to Jealousy. 1994. *Bd. II/63.*
Bennema, Cornelis: The Power of Saving Wisdom. 2002. *Bd. II/148.*
Bergman, Jan: siehe *Kieffer, René*
Bergmeier, Roland: Das Gesetz im Römerbrief und andere Studien zum Neuen Testament. 2000. *Bd. 121.*
Bernett, Monika: Der Kaiserkult in Judäa unter den Herodiern und Römern. 2007. *Bd. 203.*
Betz, Otto: Jesus, der Messias Israels. 1987. *Bd. 42.*
– Jesus, der Herr der Kirche. 1990. *Bd. 52.*
Beyschlag, Karlmann: Simon Magus und die christliche Gnosis. 1974. *Bd. 16.*
Bieringer, Reimund: siehe *Koester, Craig.*
Bittner, Wolfgang J.: Jesu Zeichen im Johannesevangelium. 1987. *Bd. II/26.*
Bjerkelund, Carl J.: Tauta Egeneto. 1987. *Bd. 40.*
Blackburn, Barry Lee: Theios Aner and the Markan Miracle Traditions. 1991. *Bd. II/40.*
Blanton IV, Thomas R.: Constructing a New Covenant. 2007. *Bd. II/233.*
Bock, Darrell L.: Blasphemy and Exaltation in Judaism and the Final Examination of Jesus. 1998. *Bd. II/106.*
Bockmuehl, Markus: The Remembered Peter. 2010. *Vol. 262.*
– Revelation and Mystery in Ancient Judaism and Pauline Christianity. 1990. *Bd. II/36.*
Bøe, Sverre: Cross-Bearing in Luke. 2010. *Bd. II/278.*
– Gog and Magog. 2001. *Bd. II/135.*
Böhlig, Alexander: Gnosis und Synkretismus. Teil 1 1989. *Bd. 47* – Teil 2 1989. *Bd. 48.*
Böhm, Martina: Samarien und die Samaritai bei Lukas. 1999. *Bd. II/111.*
Börstinghaus, Jens: Sturmfahrt und Schiffbruch. 2010. *Bd. II/274.*
Böttrich, Christfried: Weltweisheit – Menschheitsethik – Urkult. 1992. *Bd. II/50.*
– / *Herzer, Jens* (Hrsg.): Josephus und das Neue Testament. 2007. *Bd. 209.*
Bolyki, János: Jesu Tischgemeinschaften. 1997. *Bd. II/96.*
Bosman, Philip: Conscience in Philo and Paul. 2003. *Bd. II/166.*
Bovon, François: New Testament and Christian Apocrypha. 2009. *Bd. 237.*
– Studies in Early Christianity. 2003. *Bd. 161.*
Brändl, Martin: Der Agon bei Paulus. 2006. *Bd. II/222.*
Braun, Heike: Geschichte des Gottesvolkes und christliche Identität. 2010. *Bd. II/279.*
Breytenbach, Cilliers: siehe *Frey, Jörg.*
Broadhead, Edwin K.: Jewish Ways of Following Jesus Redrawing the Religious Map of Antiquity. 2010. *Bd. 266.*
Brocke, Christoph vom: Thessaloniki – Stadt des Kassander und Gemeinde des Paulus. 2001. *Bd. II/125.*
Brunson, Andrew: Psalm 118 in the Gospel of John. 2003. *Bd. II/158.*
Büchli, Jörg: Der Poimandres – ein paganisiertes Evangelium. 1987. *Bd. II/27.*
Bühner, Jan A.: Der Gesandte und sein Weg im 4. Evangelium. 1977. *Bd. II/2.*
Burchard, Christoph: Untersuchungen zu Joseph und Aseneth. 1965. *Bd. 8.*
– Studien zur Theologie, Sprache und Umwelt des Neuen Testaments. Hrsg. von D. Sänger. 1998. *Bd. 107.*
Burnett, Richard: Karl Barth's Theological Exegesis. 2001. *Bd. II/145.*
Byron, John: Slavery Metaphors in Early Judaism and Pauline Christianity. 2003. *Bd. II/162.*
Byrskog, Samuel: Story as History – History as Story. 2000. *Bd. 123.*
Cancik, Hubert (Hrsg.): Markus-Philologie. 1984. *Bd. 33.*
Capes, David B.: Old Testament Yaweh Texts in Paul's Christology. 1992. *Bd. II/47.*
Caragounis, Chrys C.: The Development of Greek and the New Testament. 2004. *Bd. 167.*
– The Son of Man. 1986. *Bd. 38.*
– siehe *Fridrichsen, Anton.*
Carleton Paget, James: The Epistle of Barnabas. 1994. *Bd. II/64.*
– Jews, Christians and Jewish Christians in Antiquity. 2010. *Bd. 251.*
Carson, D.A., Peter T. O'Brien und *Mark Seifrid* (Hrsg.): Justification and Variegated Nomism.
Bd. 1: The Complexities of Second Temple Judaism. 2001. *Bd. II/140.*
Bd. 2: The Paradoxes of Paul. 2004. *Bd. II/181.*
Chae, Young Sam: Jesus as the Eschatological Davidic Shepherd. 2006. *Bd. II/216.*
Chapman, David W.: Ancient Jewish and Christian Perceptions of Crucifixion. 2008. *Bd. II/244.*
Chester, Andrew: Messiah and Exaltation. 2007. *Bd. 207.*
Chibici-Revneanu, Nicole: Die Herrlichkeit des Verherrlichten. 2007. *Bd. II/231.*
Ciampa, Roy E.: The Presence and Function of Scripture in Galatians 1 and 2. 1998. *Bd. II/102.*
Classen, Carl Joachim: Rhetorical Criticism of the New Testament. 2000. *Bd. 128.*

Colpe, Carsten: Griechen – Byzantiner – Semiten – Muslime. 2008. *Bd. 221.*
– Iranier – Aramäer – Hebräer – Hellenen. 2003. *Bd. 154.*
Cook, John G.: Roman Attitudes Towards the Christians. 2010. *Band 261.*
Coote, Robert B. (Hrsg.): siehe *Weissenrieder, Annette.*
Coppins, Wayne: The Interpretation of Freedom in the Letters of Paul. 2009. *Bd. II/261.*
Crump, David: Jesus the Intercessor. 1992. *Bd. II/49.*
Dahl, Nils Alstrup: Studies in Ephesians. 2000. *Bd. 131.*
Daise, Michael A.: Feasts in John. 2007. *Bd. II/229.*
Deines, Roland: Die Gerechtigkeit der Tora im Reich des Messias. 2004. *Bd. 177.*
– Jüdische Steingefäße und pharisäische Frömmigkeit. 1993. *Bd. II/52.*
– Die Pharisäer. 1997. *Bd. 101.*
Deines, Roland, Jens Herzer und *Karl-Wilhelm Niebuhr* (Hrsg.): Neues Testament und hellenistisch-jüdische Alltagskultur. III. Internationales Symposium zum Corpus Judaeo-Hellenisticum Novi Testamenti. 21.–24. Mai 2009 in Leipzig. 2011. *Bd. 274.*
– und *Karl-Wilhelm Niebuhr* (Hrsg.): Philo und das Neue Testament. 2004. *Bd. 172.*
Dennis, John A.: Jesus' Death and the Gathering of True Israel. 2006. *Bd. 217.*
Dettwiler, Andreas und *Jean Zumstein* (Hrsg.): Kreuzestheologie im Neuen Testament. 2002. *Bd. 151.*
Dickson, John P.: Mission-Commitment in Ancient Judaism and in the Pauline Communities. 2003. *Bd. II/159.*
Dietzfelbinger, Christian: Der Abschied des Kommenden. 1997. *Bd. 95.*
Dimitrov, Ivan Z., James D.G. Dunn, Ulrich Luz und *Karl-Wilhelm Niebuhr* (Hrsg.): Das Alte Testament als christliche Bibel in orthodoxer und westlicher Sicht. 2004. *Bd. 174.*
Dobbeler, Axel von: Glaube als Teilhabe. 1987. *Bd. II/22.*
Docherty, Susan E.: The Use of the Old Testament in Hebrews. 2009. *Bd. II/260.*
Dochhorn, Jan: Schriftgelehrte Prophetie. 2010. *Bd. 268.*
Downs, David J.: The Offering of the Gentiles. 2008. *Bd. II/248.*
Dryden, J. de Waal: Theology and Ethics in 1 Peter. 2006. *Bd. II/209.*
Dübbers, Michael: Christologie und Existenz im Kolosserbrief. 2005. *Bd. II/191.*
Dunn, James D.G.: The New Perspective on Paul. 2005. *Bd. 185.*
Dunn , James D.G. (Hrsg.): Jews and Christians. 1992. *Bd. 66.*
– Paul and the Mosaic Law. 1996. *Bd. 89.*
– siehe *Dimitrov, Ivan Z.*
Dunn, James D.G., Hans Klein, Ulrich Luz und *Vasile Mihoc* (Hrsg.): Auslegung der Bibel in orthodoxer und westlicher Perspektive. 2000. *Bd. 130.*
Ebel, Eva: Die Attraktivität früher christlicher Gemeinden. 2004. *Bd. II/178.*
Ebertz, Michael N.: Das Charisma des Gekreuzigten. 1987. *Bd. 45.*
Eckstein, Hans-Joachim: Der Begriff Syneidesis bei Paulus. 1983. *Bd. II/10.*
– Verheißung und Gesetz. 1996. *Bd. 86.*
–, *Christoph Landmesser* and *Hermann Lichtenberger* (Ed.): Eschatologie – Eschatology. The Sixth Durham-Tübingen Research Symposium. 2011. *Bd. 272.*
Ego, Beate: Im Himmel wie auf Erden. 1989. *Bd. II/34.*
Ego, Beate, Armin Lange und *Peter Pilhofer* (Hrsg.): Gemeinde ohne Tempel – Community without Temple. 1999. *Bd. 118.*
– und *Helmut Merkel* (Hrsg.): Religiöses Lernen in der biblischen, frühjüdischen und frühchristlichen Überlieferung. 2005. *Bd. 180.*
Eisele, Wilfried: Welcher Thomas? 2010. *Bd. 259.*
Eisen, Ute E.: siehe *Paulsen, Henning.*
Elledge, C.D.: Life after Death in Early Judaism. 2006. *Bd. II/208.*
Ellis, E. Earle: Prophecy and Hermeneutic in Early Christianity. 1978. *Bd. 18.*
– The Old Testament in Early Christianity. 1991. *Bd. 54.*
Elmer, Ian J.: Paul, Jerusalem and the Judaisers. 2009. *Bd. II/258.*
Endo, Masanobu: Creation and Christology. 2002. *Bd. 149.*
Ennulat, Andreas: Die 'Minor Agreements'. 1994. *Bd. II/62.*
Ensor, Peter W.: Jesus and His 'Works'. 1996. *Bd. II/85.*
Eskola, Timo: Messiah and the Throne. 2001. *Bd. II/142.*
– Theodicy and Predestination in Pauline Soteriology. 1998. *Bd. II/100.*
Farelly, Nicolas: The Disciples in the Fourth Gospel. 2010. *Bd. II/290.*
Fatehi, Mehrdad: The Spirit's Relation to the Risen Lord in Paul. 2000. *Bd. II/128.*
Feldmeier, Reinhard: Die Krisis des Gottessohnes. 1987. *Bd. II/21.*
– Die Christen als Fremde. 1992. *Bd. 64.*
Feldmeier, Reinhard und *Ulrich Heckel* (Hrsg.): Die Heiden. 1994. *Bd. 70.*
Felsch, Dorit: Die Feste im Johannesevangelium. 2011. *Bd. II/308.*
Finnern, Sönke: Narratologie und biblische Exegese. 2010. *Bd. II/285.*
Fletcher-Louis, Crispin H.T.: Luke-Acts: Angels, Christology and Soteriology. 1997. *Bd. II/94.*

Förster, Niclas: Marcus Magus. 1999. *Bd. 114.*
Forbes, Christopher Brian: Prophecy and Inspired Speech in Early Christianity and its Hellenistic Environment. 1995. *Bd. II/75.*
Fornberg, Tord: siehe *Fridrichsen, Anton.*
Fossum, Jarl E.: The Name of God and the Angel of the Lord. 1985. *Bd. 36.*
Foster, Paul: Community, Law and Mission in Matthew's Gospel. *Bd. II/177.*
Fotopoulos, John: Food Offered to Idols in Roman Corinth. 2003. *Bd. II/151.*
Frank, Nicole: Der Kolosserbrief im Kontext des paulinischen Erbes. 2009. *Bd. II/271.*
Frenschkowski, Marco: Offenbarung und Epiphanie. Bd. 1 1995. *Bd. II/79* – Bd. 2 1997. *Bd. II/80.*
Frey, Jörg: Eugen Drewermann und die biblische Exegese. 1995. *Bd. II/71.*
– Die johanneische Eschatologie. Bd. I. 1997. *Bd. 96.* – Bd. II. 1998. *Bd. 110.*
– Bd. III. 2000. *Bd. 117.*
Frey, Jörg und *Cilliers Breytenbach* (Hrsg.): Aufgabe und Durchführung einer Theologie des Neuen Testaments. 2007. *Bd. 205.*
– *Jens Herzer, Martina Janßen* und *Clare K. Rothschild* (Hrsg.): Pseudepigraphie und Verfasserfiktion in frühchristlichen Briefen. 2009. *Bd. 246.*
– *Stefan Krauter* und *Hermann Lichtenberger* (Hrsg.): Heil und Geschichte. 2009. *Bd. 248.*
– und *Udo Schnelle* (Hrsg.): Kontexte des Johannesevangeliums. 2004. *Bd. 175.*
– und *Jens Schröter* (Hrsg.): Deutungen des Todes Jesu im Neuen Testament. 2005. *Bd. 181.*
– Jesus in apokryphen Evangelienüberlieferungen. 2010. *Bd. 254.*
–, *Jan G. van der Watt,* und *Ruben Zimmermann* (Hrsg.): Imagery in the Gospel of John. 2006. *Bd. 200.*
Freyne, Sean: Galilee and Gospel. 2000. *Bd. 125.*
Fridrichsen, Anton: Exegetical Writings. Hrsg. von C.C. Caragounis und T. Fornberg. 1994. *Bd. 76.*
Gadenz, Pablo T.: Called from the Jews and from the Gentiles. 2009. *Bd. II/267.*
Gäbel, Georg: Die Kulttheologie des Hebräerbriefes. 2006. *Bd. II/212.*
Gäckle, Volker: Die Starken und die Schwachen in Korinth und in Rom. 2005. *Bd. 200.*
Garlington, Don B.: 'The Obedience of Faith'. 1991. *Bd. II/38.*
– Faith, Obedience, and Perseverance. 1994. *Bd. 79.*
Garnet, Paul: Salvation and Atonement in the Qumran Scrolls. 1977. *Bd. II/3.*
Gemünden, Petra von (Hrsg.): siehe *Weissenrieder, Annette.*
Gese, Michael: Das Vermächtnis des Apostels. 1997. *Bd. II/99.*
Gheorghita, Radu: The Role of the Septuagint in Hebrews. 2003. *Bd. II/160.*
Gordley, Matthew E.: The Colossian Hymn in Context. 2007. *Bd. II/228.*
– Teaching through Song in Antiquity. 2011. *Bd. II/302.*
Gräbe, Petrus J.: The Power of God in Paul's Letters. 2000, [2]2008. *Bd. II/123.*
Gräßer, Erich: Der Alte Bund im Neuen. 1985. *Bd. 35.*
– Forschungen zur Apostelgeschichte. 2001. *Bd. 137.*
Gruppe, Christian (Hrsg.): Le Repas de Dieu – Das Mahl Gottes. 2004. *Bd. 169.*
Gray, Timothy C.: The Temple in the Gospel of Mark. 2008. *Bd. II/242.*
Green, Joel B.: The Death of Jesus. 1988. *Bd. II/33.*
Gregg, Brian Han: The Historical Jesus and the Final Judgment Sayings in Q. 2005. *Bd. II/207.*
Gregory, Andrew: The Reception of Luke and Acts in the Period before Irenaeus. 2003. *Bd. II/169.*
Grindheim, Sigurd: The Crux of Election. 2005. *Bd. II/202.*
Gundry, Robert H.: The Old is Better. 2005. *Bd. 178.*
Gundry Volf, Judith M.: Paul and Perseverance. 1990. *Bd. II/37.*
Häußer, Detlef: Christusbekenntnis und Jesusüberlieferung bei Paulus. 2006. *Bd. 210.*
Hafemann, Scott J.: Suffering and the Spirit. 1986. *Bd. II/19.*
– Paul, Moses, and the History of Israel. 1995. *Bd. 81.*
Hahn, Ferdinand: Studien zum Neuen Testament.
Bd. I: Grundsatzfragen, Jesusforschung, Evangelien. 2006. *Bd. 191.*
Bd. II: Bekenntnisbildung und Theologie in urchristlicher Zeit. 2006. *Bd. 192.*
Hahn, Johannes (Hrsg.): Zerstörungen des Jerusalemer Tempels. 2002. *Bd. 147.*
Hamid-Khani, Saeed: Relevation and Concealment of Christ. 2000. *Bd. II/120.*
Hannah, Darrel D.: Michael and Christ. 1999. *Bd. II/109.*
Hardin, Justin K.: Galatians and the Imperial Cult? 2007. *Bd. II /237.*
Harrison, James R.: Paul and the Imperial Authorities at Thessolanica and Rome. 2011. *Bd. 273.*
– Paul's Language of Grace in Its Graeco-Roman Context. 2003. *Bd. II/172.*
Hartman, Lars: Text-Centered New Testament Studies. Hrsg. von D. Hellholm. 1997. *Bd. 102.*
Hartog, Paul: Polycarp and the New Testament. 2001. *Bd. II/134.*

Hasselbrook, David S.: Studies in New Testament Lexicography. 2011. *Bd. II/303.*
Hays, Christopher M.: Luke's Wealth Ethics. 2010. *Bd. 275.*
Heckel, Theo K.: Der Innere Mensch. 1993. *Bd. II/53.*
– Vom Evangelium des Markus zum viergestaltigen Evangelium. 1999. *Bd. 120.*
Heckel, Ulrich: Kraft in Schwachheit. 1993. *Bd. II/56.*
– Der Segen im Neuen Testament. 2002. *Bd. 150.*
– siehe *Feldmeier, Reinhard.*
– siehe *Hengel, Martin.*
Heemstra, Marius The Fiscus Judaicus and the Parting of the Ways. 2010. *Bd. II/277.*
Heiligenthal, Roman: Werke als Zeichen. 1983. *Bd. II/9.*
Heininger, Bernhard: Die Inkulturation des Christentums. 2010. *Bd. 255.*
Heliso, Desta: Pistis and the Righteous One. 2007. *Bd. II/235.*
Hellholm, D.: siehe *Hartman, Lars.*
Hemer, Colin J.: The Book of Acts in the Setting of Hellenistic History. 1989. *Bd. 49.*
Henderson, Timothy P.: The Gospel of Peter and Early Christian Apologetics. 2011. *Bd. II/301.*
Hengel, Martin: Jesus und die Evangelien. Kleine Schriften V. 2007. *Bd. 211.*
– Die johanneische Frage. 1993. *Bd. 67.*
– Judaica et Hellenistica. Kleine Schriften I. 1996. *Bd. 90.*
– Judaica, Hellenistica et Christiana. Kleine Schriften II. 1999. *Bd. 109.*
– Judentum und Hellenismus. 1969, ³1988. *Bd. 10.*
– Paulus und Jakobus. Kleine Schriften III. 2002. *Bd. 141.*
– Studien zur Christologie. Kleine Schriften IV. 2006. *Bd. 201.*
– Studien zum Urchristentum. Kleine Schriften VI. 2008. *Bd. 234.*
– Theologische, historische und biographische Skizzen. Kleine Schriften VII. 2010. *Band 253.*
– und *Anna Maria Schwemer:* Paulus zwischen Damaskus und Antiochien. 1998. *Bd. 108.*
– Der messianische Anspruch Jesu und die Anfänge der Christologie. 2001. *Bd. 138.*
– Die vier Evangelien und das eine Evangelium von Jesus Christus. 2008. *Bd. 224.*
Hengel, Martin und *Ulrich Heckel* (Hrsg.): Paulus und das antike Judentum. 1991. *Bd. 58.*
– und *Hermut Löhr* (Hrsg.): Schriftauslegung im antiken Judentum und im Urchristentum. 1994. *Bd. 73.*
– und *Anna Maria Schwemer* (Hrsg.): Königsherrschaft Gottes und himmlischer Kult. 1991. *Bd. 55.*
– Die Septuaginta. 1994. *Bd. 72.*
–, *Siegfried Mittmann* und *Anna Maria Schwemer* (Hrsg.): La Cité de Dieu / Die Stadt Gottes. 2000. *Bd. 129.*
Hentschel, Anni: Diakonia im Neuen Testament. 2007. *Bd. 226.*
Hernández Jr., Juan: Scribal Habits and Theological Influence in the Apocalypse. 2006. *Bd. II/218.*
Herrenbrück, Fritz: Jesus und die Zöllner. 1990. *Bd. II/41.*
Herzer, Jens: Paulus oder Petrus? 1998. *Bd. 103.*
– siehe *Böttrich, Christfried.*
– siehe *Deines, Roland.*
– siehe *Frey, Jörg.*
Hill, Charles E.: From the Lost Teaching of Polycarp. 2005. *Bd. 186.*
Hoegen-Rohls, Christina: Der nachösterliche Johannes. 1996. *Bd. II/84.*
Hoffmann, Matthias Reinhard: The Destroyer and the Lamb. 2005. *Bd. II/203.*
Hofius, Otfried: Katapausis. 1970. *Bd. 11.*
– Der Vorhang vor dem Thron Gottes. 1972. *Bd. 14.*
– Der Christushymnus Philipper 2,6–11. 1976, ²1991. *Bd. 17.*
– Paulusstudien. 1989, ²1994. *Bd. 51.*
– Neutestamentliche Studien. 2000. *Bd. 132.*
– Paulusstudien II. 2002. *Bd. 143.*
– Exegetische Studien. 2008. *Bd. 223.*
– und *Hans-Christian Kammler:* Johannesstudien. 1996. *Bd. 88.*
Holloway, Paul A.: Coping with Prejudice. 2009. *Bd. 244.*
– siehe *Ahearne-Kroll, Stephen P.*
Holmberg, Bengt (Hrsg.): Exploring Early Christian Identity. 2008. *Bd. 226.*
– und *Mikael Winninge* (Hrsg.): Identity Formation in the New Testament. 2008. *Bd. 227.*
Holtz, Traugott: Geschichte und Theologie des Urchristentums. 1991. *Bd. 57.*
Hommel, Hildebrecht: Sebasmata.
Bd. 1 1983. *Bd. 31.*
Bd. 2 1984. *Bd. 32.*
Horbury, William: Herodian Judaism and New Testament Study. 2006. *Bd. 193.*
Horn, Friedrich Wilhelm und *Ruben Zimmermann* (Hrsg): Jenseits von Indikativ und Imperativ. Bd. 1. 2009. *Bd. 238.*
Horst, Pieter W. van der: Jews and Christians in Their Graeco-Roman Context. 2006. *Bd. 196.*
Hultgård, Anders und *Stig Norin* (Hrsg): Le Jour de Dieu / Der Tag Gottes. 2009. *Bd. 245.*
Hume, Douglas A.: The Early Christian Community. 2011. *Vol. II/298.*
Jackson, Ryan: New Creation in Paul's Letters. 2010. *Bd. II/272.*

Hvalvik, Reidar: The Struggle for Scripture and Covenant. 1996. *Bd. II/82.*
Janßen Martina: siehe *Frey, Jörg.*
Jauhiainen, Marko: The Use of Zechariah in Revelation. 2005. *Bd. II/199.*
Jensen, Morten H.: Herod Antipas in Galilee. 2006. [2]2010. *Bd. II/215.*
Johns, Loren L.: The Lamb Christology of the Apocalypse of John. 2003. *Bd. II/167.*
Jossa, Giorgio: Jews or Christians? 2006. *Bd. 202.*
Joubert, Stephan: Paul as Benefactor. 2000. *Bd. II/124.*
Judge, E. A.: The First Christians in the Roman World. 2008. *Bd. 229.*
– Jerusalem and Athens. 2010. *Bd. 265.*
Jungbauer, Harry: „Ehre Vater und Mutter". 2002. *Bd. II/146.*
Kähler, Christoph: Jesu Gleichnisse als Poesie und Therapie. 1995. *Bd. 78.*
Kamlah, Ehrhard: Die Form der katalogischen Paränese im Neuen Testament. 1964. *Bd. 7.*
Kammler, Hans-Christian: Christologie und Eschatologie. 2000. *Bd. 126.*
– Kreuz und Weisheit. 2003. *Bd. 159.*
– siehe *Hofius, Otfried.*
Karakolis, Christos: siehe *Alexeev, Anatoly A.*
Karrer, Martin und *Wolfgang Kraus* (Hrsg.): Die Septuaginta – Texte, Kontexte, Lebenswelten. 2008. *Band 219.*
– siehe *Kraus, Wolfgang.*
Kelhoffer, James A.: The Diet of John the Baptist. 2005. *Bd. 176.*
– Miracle and Mission. 2000. *Bd. II/112.*
– Persecution, Persuasion and Power. 2010. *Bd. 270.*
– siehe *Ahearne-Kroll, Stephen P.*
Kelley, Nicole: Knowledge and Religious Authority in the Pseudo-Clementines. 2006. *Bd. II/213.*
Kennedy, Joel: The Recapitulation of Israel. 2008. *Bd. II/257.*
Kensky, Meira Z.: Trying Man, Trying God. 2010. *Bd. II/289.*
Kieffer, René und *Jan Bergman* (Hrsg.): La Main de Dieu / Die Hand Gottes. 1997. *Bd. 94.*
Kierspel, Lars: The Jews and the World in the Fourth Gospel. 2006. *Bd. 220.*
Kim, Seyoon: The Origin of Paul's Gospel. 1981, [2]1984. *Bd. II/4.*
– Paul and the New Perspective. 2002. *Bd. 140.*
– "The 'Son of Man'" as the Son of God. 1983. *Bd. 30.*
Klauck, Hans-Josef: Religion und Gesellschaft im frühen Christentum. 2003. *Bd. 152.*
Klein, Hans, Vasile Mihoc und *Karl-Wilhelm Niebuhr* (Hrsg.): Das Gebet im Neuen Testament. Vierte, europäische orthodox-westliche Exegetenkonferenz in Sambata de Sus, 4. – 8. August 2007. 2009. *Bd. 249.*
– siehe *Dunn, James D.G.*
Kleinknecht, Karl Th.: Der leidende Gerechtfertigte. 1984, [2]1988. *Bd. II/13.*
Klinghardt, Matthias: Gesetz und Volk Gottes. 1988. *Bd. II/32.*
Kloppenborg, John S.: The Tenants in the Vineyard. 2006, student edition 2010. *Bd. 195.*
Koch, Michael: Drachenkampf und Sonnenfrau. 2004. *Bd. II/184.*
Koch, Stefan: Rechtliche Regelung von Konflikten im frühen Christentum. 2004. *Bd. II/174.*
Köhler, Wolf-Dietrich: Rezeption des Matthäusevangeliums in der Zeit vor Irenäus. 1987. *Bd. II/24.*
Köhn, Andreas: Der Neutestamentler Ernst Lohmeyer. 2004. *Bd. II/180.*
Koester, Craig und *Reimund Bieringer* (Hrsg.): The Resurrection of Jesus in the Gospel of John. 2008. *Bd. 222.*
Konradt, Matthias: Israel, Kirche und die Völker im Matthäusevangelium. 2007. *Bd. 215.*
Kooten, George H. van: Cosmic Christology in Paul and the Pauline School. 2003. *Bd. II/171.*
– Paul's Anthropology in Context. 2008. *Bd. 232.*
Korn, Manfred: Die Geschichte Jesu in veränderter Zeit. 1993. *Bd. II/51.*
Koskenniemi, Erkki: Apollonios von Tyana in der neutestamentlichen Exegese. 1994. *Bd. II/61.*
– The Old Testament Miracle-Workers in Early Judaism. 2005. *Bd. II/206.*
Kraus, Thomas J.: Sprache, Stil und historischer Ort des zweiten Petrusbriefes. 2001. *Bd. II/136.*
Kraus, Wolfgang: Das Volk Gottes. 1996. *Bd. 85.*
– siehe *Karrer, Martin.*
– siehe *Walter, Nikolaus.*
– und *Martin Karrer* (Hrsg.): Die Septuaginta – Texte, Theologien, Einflüsse. 2010. *Bd. 252.*
– und *Karl-Wilhelm Niebuhr* (Hrsg.): Frühjudentum und Neues Testament im Horizont Biblischer Theologie. 2003. *Bd. 162.*
Krauter, Stefan: Studien zu Röm 13,1–7. 2009. *Bd. 243.*
– siehe *Frey, Jörg.*
Kreplin, Matthias: Das Selbstverständnis Jesu. 2001. *Bd. II/141.*
Kuhn, Karl G.: Achtzehngebet und Vaterunser und der Reim. 1950. *Bd. 1.*
Kvalbein, Hans: siehe *Ådna, Jostein.*
Kwon, Yon-Gyong: Eschatology in Galatians. 2004. *Bd. II/183.*
Laansma, Jon: I Will Give You Rest. 1997. *Bd. II/98.*

Labahn, Michael: Offenbarung in Zeichen und Wort. 2000. *Bd. II/117.*
Lambers-Petry, Doris: siehe *Tomson, Peter J.*
Lange, Armin: siehe *Ego, Beate.*
Lampe, Peter: Die stadtrömischen Christen in den ersten beiden Jahrhunderten. 1987, [2]1989. *Bd. II/18.*
Landmesser, Christof: Wahrheit als Grundbegriff neutestamentlicher Wissenschaft. 1999. *Bd. 113.*
– Jüngerberufung und Zuwendung zu Gott. 2000. *Bd. 133.*
– siehe *Eckstein, Hans-Joachim.*
Lau, Andrew: Manifest in Flesh. 1996. *Bd. II/86.*
Lawrence, Louise: An Ethnography of the Gospel of Matthew. 2003. *Bd. II/165.*
Lee, Aquila H.I.: From Messiah to Preexistent Son. 2005. *Bd. II/192.*
Lee, Pilchan: The New Jerusalem in the Book of Relevation. 2000. *Bd. II/129.*
Lee, Sang M.: The Cosmic Drama of Salvation. 2010. *Bd. II/276.*
Lee, Simon S.: Jesus' Transfiguration and the Believers' Transformation. 2009. *Bd. II/265.*
Lichtenberger, Hermann: Das Ich Adams und das Ich der Menschheit. 2004. *Bd. 164.*
– siehe *Avemarie, Friedrich.*
– siehe *Eckstein, Hans-Joachim.*
– siehe *Frey, Jörg.*
Lierman, John: The New Testament Moses. 2004. *Bd. II/173.*
– (Hrsg.): Challenging Perspectives on the Gospel of John. 2006. *Bd. II/219.*
Lieu, Samuel N.C.: Manichaeism in the Later Roman Empire and Medieval China. [2]1992. *Bd. 63.*
Lincicum, David: Paul and the Early Jewish Encounter with Deuteronomy. 2010. *Bd. II/284.*
Lindemann, Andreas: Die Evangelien und die Apostelgeschichte. 2009. *Bd. 241.*
Lindgård, Fredrik: Paul's Line of Thought in 2 Corinthians 4:16-5:10. 2004. *Bd. II/189.*
Livesey, Nina E.: Circumcision as a Malleable Symbol. 2010. *Bd. II/295.*
Loader, William R.G.: Jesus' Attitude Towards the Law. 1997. *Bd. II/97.*
Löhr, Gebhard: Verherrlichung Gottes durch Philosophie. 1997. *Bd. 97.*
Löhr, Hermut: Studien zum frühchristlichen und frühjüdischen Gebet. 2003. *Bd. 160.*
– siehe *Hengel, Martin.*
Löhr, Winrich Alfried: Basilides und seine Schule. 1995. *Bd. 83.*
Lorenzen, Stefanie: Das paulinische Eikon-Konzept. 2008. *Bd. II/250.*
Luomanen, Petri: Entering the Kingdom of Heaven. 1998. *Bd. II/101.*
Luz, Ulrich: siehe *Alexeev, Anatoly A.*
– siehe *Dunn, James D.G.*
Mackay, Ian D.: John's Raltionship with Mark. 2004. *Bd. II/182.*
Mackie, Scott D.: Eschatology and Exhortation in the Epistle to the Hebrews. 2006. *Bd. II/223.*
Magda, Ksenija: Paul's Territoriality and Mission Strategy. 2009. *Bd. II/266.*
Maier, Gerhard: Mensch und freier Wille. 1971. *Bd. 12.*
– Die Johannesoffenbarung und die Kirche. 1981. *Bd. 25.*
Markschies, Christoph: Valentinus Gnosticus? 1992. *Bd. 65.*
Marshall, Jonathan: Jesus, Patrons, and Benefactors. 2009. *Bd. II/259.*
Marshall, Peter: Enmity in Corinth: Social Conventions in Paul's Relations with the Corinthians. 1987. *Bd. II/23.*
Martin, Dale B.: siehe *Zangenberg, Jürgen.*
Maston, Jason: Divine and Human Agency in Second Temple Judaism and Paul. 2010. *Bd. II/297.*
Mayer, Annemarie: Sprache der Einheit im Epheserbrief und in der Ökumene. 2002. *Bd. II/150.*
Mayordomo, Moisés: Argumentiert Paulus logisch? 2005. *Bd. 188.*
McDonough, Sean M.: YHWH at Patmos: Rev. 1:4 in its Hellenistic and Early Jewish Setting. 1999. *Bd. II/107.*
McDowell, Markus: Prayers of Jewish Women. 2006. *Bd. II/211.*
McGlynn, Moyna: Divine Judgement and Divine Benevolence in the Book of Wisdom. 2001. *Bd. II/139.*
Meade, David G.: Pseudonymity and Canon. 1986. *Bd. 39.*
Meadors, Edward P.: Jesus the Messianic Herald of Salvation. 1995. *Bd. II/72.*
Meißner, Stefan: Die Heimholung des Ketzers. 1996. *Bd. II/87.*
Mell, Ulrich: Die „anderen" Winzer. 1994. *Bd. 77.*
– siehe *Sänger, Dieter.*
Mengel, Berthold: Studien zum Philipperbrief. 1982. *Bd. II/8.*
Merkel, Helmut: Die Widersprüche zwischen den Evangelien. 1971. *Bd. 13.*
– siehe *Ego, Beate.*
Merklein, Helmut: Studien zu Jesus und Paulus. Bd. 1 1987. *Bd. 43.* – Bd. 2 1998. *Bd. 105.*
Merkt, Andreas: siehe *Nicklas, Tobias*
Metzdorf, Christina: Die Tempelaktion Jesu. 2003. *Bd. II/168.*
Metzler, Karin: Der griechische Begriff des Verzeihens. 1991. *Bd. II/44.*
Metzner, Rainer: Die Rezeption des Matthäusevangeliums im 1. Petrusbrief. 1995. *Bd. II/74.*
– Das Verständnis der Sünde im Johannesevangelium. 2000. *Bd. 122.*

Mihoc, Vasile: siehe *Dunn, James D.G.*
– siehe *Klein, Hans.*
Mineshige, Kiyoshi: Besitzverzicht und Almosen bei Lukas. 2003. *Bd. II/163.*
Mittmann, Siegfried: siehe *Hengel, Martin.*
Mittmann-Richert, Ulrike: Magnifikat und Benediktus. *1996. Bd. II/90.*
– Der Sühnetod des Gottesknechts. 2008. *Bd. 220.*
Miura, Yuzuru: David in Luke-Acts. 2007. *Bd. II/232.*
Moll, Sebastian: The Arch-Heretic Marcion. 2010. *Bd. 250.*
Morales, Rodrigo J.: The Spirit and the Restorat. 2010. *Bd. 282.*
Mournet, Terence C.: Oral Tradition and Literary Dependency. 2005. *Bd. II/195.*
Mußner, Franz: Jesus von Nazareth im Umfeld Israels und der Urkirche. Hrsg. von M. Theobald. 1998. *Bd. 111.*
Mutschler, Bernhard: Das Corpus Johanneum bei Irenäus von Lyon. 2005. *Bd. 189.*
– Glaube in den Pastoralbriefen. 2010. *Bd. 256.*
Myers, Susan E.: Spirit Epicleses in the Acts of Thomas. 2010. *Bd. 281.*
Nguyen, V. Henry T.: Christian Identity in Corinth. 2008. *Bd. II/243.*
Nicklas, Tobias, Andreas Merkt und *Joseph Verheyden* (Hrsg.): Gelitten – Gestorben – Auferstanden. 2010. *Bd. II/273.*
– siehe *Verheyden, Joseph*
Niebuhr, Karl-Wilhelm: Gesetz und Paränese. 1987. *Bd. II/28.*
– Heidenapostel aus Israel. 1992. *Bd. 62.*
– siehe *Deines, Roland*
– siehe *Dimitrov, Ivan Z.*
– siehe *Klein, Hans.*
– siehe *Kraus, Wolfgang.*
Nielsen, Anders E.: "Until it is Fullfilled". 2000. *Bd. II/126.*
Nielsen, Jesper Tang: Die kognitive Dimension des Kreuzes. 2009. *Bd. II/263.*
Nissen, Andreas: Gott und der Nächste im antiken Judentum. 1974. *Bd. 15.*
Noack, Christian: Gottesbewußtsein. 2000. *Bd. II/116.*
Noormann, Rolf: Irenäus als Paulusinterpret. 1994. *Bd. II/66.*
Novakovic, Lidija: Messiah, the Healer of the Sick. 2003. *Bd. II/170.*
Obermann, Andreas: Die christologische Erfüllung der Schrift im Johannesevangelium. 1996. *Bd. II/83.*
Öhler, Markus: Barnabas. 2003. *Bd. 156.*
– siehe *Becker, Michael.*
Okure, Teresa: The Johannine Approach to Mission. 1988. *Bd. II/31.*
Onuki, Takashi: Heil und Erlösung. 2004. *Bd. 165.*
Oropeza, B. J.: Paul and Apostasy. 2000. *Bd. II/115.*
Ostmeyer, Karl-Heinrich: Kommunikation mit Gott und Christus. 2006. *Bd. 197.*
– Taufe und Typos. 2000. *Bd. II/118.*
Pao, David W.: Acts and the Isaianic New Exodus. 2000. *Bd. II/130.*
Park, Eung Chun: The Mission Discourse in Matthew's Interpretation. 1995. *Bd. II/81.*
Park, Joseph S.: Conceptions of Afterlife in Jewish Insriptions. 2000. *Bd. II/121.*
Parsenios, George L.: Rhetoric and Drama in the Johannine Lawsuit Motif. 2010. *Bd. 258.*
Pate, C. Marvin: The Reverse of the Curse. 2000. *Bd. II/114.*
Paulsen, Henning: Studien zur Literatur und Geschichte des frühen Christentums. Hrsg. von Ute E. Eisen. 1997. *Bd. 99.*
Pearce, Sarah J.K.: The Land of the Body. 2007. *Bd. 208.*
Peres, Imre: Griechische Grabinschriften und neutestamentliche Eschatologie. 2003. *Bd. 157.*
Perry, Peter S.: The Rhetoric of Digressions. 2009. *Bd. II/268.*
Philip, Finny: The Origins of Pauline Pneumatology. 2005. *Bd. II/194.*
Philonenko, Marc (Hrsg.): Le Trône de Dieu. 1993. *Bd. 69.*
Pierce, Chad T.: Spirits and the Proclamation of Christ. 2011. *Bd. II/305.*
Pilhofer, Peter: Presbyteron Kreitton. 1990. *Bd. II/39.*
– Philippi. Bd. 1 1995. *Bd. 87.* – Bd. 2 ²2009. *Bd. 119.*
– Die frühen Christen und ihre Welt. 2002. *Bd. 145.*
– siehe *Becker, Eve-Marie.*
– siehe *Ego, Beate.*
Pitre, Brant: Jesus, the Tribulation, and the End of the Exile. 2005. *Bd. II/204.*
Plümacher, Eckhard: Geschichte und Geschichten. 2004. *Bd. 170.*
Pöhlmann, Wolfgang: Der Verlorene Sohn und das Haus. 1993. *Bd. 68.*
Poirier, John C.: The Tongues of Angels. 2010. *Bd. II/287.*
Pokorný, Petr und *Josef B. Souček:* Bibelauslegung als Theologie. 1997. *Bd. 100.*
Pokorný, Petr und *Jan Roskovec* (Hrsg.): Philosophical Hermeneutics and Biblical Exegesis. 2002. *Bd. 153.*
Popkes, Enno Edzard: Das Menschenbild des Thomasevangeliums. 2007. *Band 206.*
– Die Theologie der Liebe Gottes in den johanneischen Schriften. 2005. *Bd. II/197.*
Porter, Stanley E.: The Paul of Acts. 1999. *Bd. 115.*
Prieur, Alexander: Die Verkündigung der Gottesherrschaft. 1996. *Bd. II/89.*

Probst, Hermann: Paulus und der Brief. 1991. *Bd. II/45.*
Puig i Tàrrech, Armand: Jesus: An Uncommon Journey. 2010. *Vol. II/288.*
Rabens, Volker: The Holy Spirit and Ethics in Paul. 2010. *Bd. II/283.*
Räisänen, Heikki: Paul and the Law. 1983, [2]1987. *Bd. 29.*
Rehkopf, Friedrich: Die lukanische Sonderquelle. 1959. *Bd. 5.*
Rein, Matthias: Die Heilung des Blindgeborenen (Joh 9). 1995. *Bd. II/73.*
Reinmuth, Eckart: Pseudo-Philo und Lukas. 1994. *Bd. 74.*
Reiser, Marius: Bibelkritik und Auslegung der Heiligen Schrift. 2007. *Bd. 217.*
– Syntax und Stil des Markusevangeliums. 1984. *Bd. II/11.*
Reynolds, Benjamin E.: The Apocalyptic Son of Man in the Gospel of John. 2008. *Bd. II/249.*
Rhodes, James N.: The Epistle of Barnabas and the Deuteronomic Tradition. 2004. *Bd. II/188.*
Richards, E. Randolph: The Secretary in the Letters of Paul. 1991. *Bd. II/42.*
Riesner, Rainer: Jesus als Lehrer. 1981, [3]1988. *Bd. II/7.*
– Die Frühzeit des Apostels Paulus. 1994. *Bd. 71.*
Rissi, Mathias: Die Theologie des Hebräerbriefs. 1987. *Bd. 41.*
Röcker, Fritz W.: Belial und Katechon. 2009. *Bd. II/262.*
Röhser, Günter: Metaphorik und Personifikation der Sünde. 1987. *Bd. II/25.*
Rose, Christian: Theologie als Erzählung im Markusevangelium. 2007. *Bd. II/236.*
– Die Wolke der Zeugen. 1994. *Bd. II/60.*
Roskovec, Jan: siehe *Pokorný, Petr.*
Rothschild, Clare K.: Baptist Traditions and Q. 2005. *Bd. 190.*
– Hebrews as Pseudepigraphon. 2009. *Band 235.*
– Luke Acts and the Rhetoric of History. 2004. *Bd. II/175.*
– siehe *Frey, Jörg.*
Rudolph, David J.: A Jew to the Jews. 2011. *Bd. II/304.*
Rüegger, Hans-Ulrich: Verstehen, was Markus erzählt. 2002. *Bd. II/155.*
Rüger, Hans Peter: Die Weisheitsschrift aus der Kairoer Geniza. 1991. *Bd. 53.*
Ruf, Martin G.: Die heiligen Propheten, eure Apostel und ich. 2011. *Bd. II/300.*
Runesson, Anders: siehe *Becker, Eve-Marie.*
Sänger, Dieter: Antikes Judentum und die Mysterien. 1980. *Bd. II/5.*
– Die Verkündigung des Gekreuzigten und Israel. 1994. *Bd. 75.*
– siehe *Burchard, Christoph.*
– und *Ulrich Mell* (Hrsg.): Paulus und Johannes. 2006. *Bd. 198.*
Salier, Willis Hedley: The Rhetorical Impact of the Se-meia in the Gospel of John. 2004. *Bd. II/186.*
Salzmann, Jörg Christian: Lehren und Ermahnen. 1994. *Bd. II/59.*
Samuelsson, Gunnar: Crucifixion in Antiquity. 2011. *Bd. II/310.*
Sandnes, Karl Olav: Paul – One of the Prophets? 1991. *Bd. II/43.*
Sato, Migaku: Q und Prophetie. 1988. *Bd. II/29.*
Schäfer, Ruth: Paulus bis zum Apostelkonzil. 2004. *Bd. II/179.*
Schaper, Joachim: Eschatology in the Greek Psalter. 1995. *Bd. II/76.*
Schimanowski, Gottfried: Die himmlische Liturgie in der Apokalypse des Johannes. 2002. *Bd. II/154.*
– Weisheit und Messias. 1985. *Bd. II/17.*
Schlichting, Günter: Ein jüdisches Leben Jesu. 1982. *Bd. 24.*
Schließer, Benjamin: Abraham's Faith in Romans 4. 2007. *Band II/224.*
Schnabel, Eckhard J.: Law and Wisdom from Ben Sira to Paul. 1985. *Bd. II/16.*
Schnelle, Udo: siehe *Frey, Jörg.*
Schröter, Jens: Von Jesus zum Neuen Testament. 2007. *Band 204.*
– siehe *Frey, Jörg.*
Schutter, William L.: Hermeneutic and Composition in I Peter. 1989. *Bd. II/30.*
Schwartz, Daniel R.: Studies in the Jewish Background of Christianity. 1992. *Bd. 60.*
Schwemer, Anna Maria: siehe *Hengel, Martin*
Schwindt, Rainer: Das Weltbild des Epheserbriefes. 2002. *Bd. 148.*
Scott, Ian W.: Implicit Epistemology in the Letters of Paul. 2005. *Bd. II/205.*
Scott, James M.: Adoption as Sons of God. 1992. *Bd. II/48.*
– Paul and the Nations. 1995. *Bd. 84.*
Shi, Wenhua: Paul's Message of the Cross as Body Language. 2008. *Bd. II/254.*
Shum, Shiu-Lun: Paul's Use of Isaiah in Romans. 2002. *Bd. II/156.*
Siegert, Folker: Drei hellenistisch-jüdische Predigten. Teil I 1980. *Bd. 20* – Teil II 1992. *Bd. 61.*
– Nag-Hammadi-Register. 1982. *Bd. 26.*
– Argumentation bei Paulus. 1985. *Bd. 34.*
– Philon von Alexandrien. 1988. *Bd. 46.*
Siggelkow-Berner, Birke: Die jüdischen Feste im Bellum Judaicum des Flavius Josephus. 2011. *Bd. II/306.*
Simon, Marcel: Le christianisme antique et son contexte religieux I/II. 1981. *Bd. 23.*
Smit, Peter-Ben: Fellowship and Food in the Kingdom. 2008. *Bd. II/234.*
Snodgrass, Klyne: The Parable of the Wicked Tenants. 1983. *Bd. 27.*

Söding, Thomas: Das Wort vom Kreuz. 1997. *Bd. 93.*
– siehe *Thüsing, Wilhelm.*
Sommer, Urs: Die Passionsgeschichte des Markusevangeliums. 1993. *Bd. II/58.*
Sorensen, Eric: Possession and Exorcism in the New Testament and Early Christianity. 2002. *Band II/157.*
Souček, Josef B.: siehe *Pokorný, Petr.*
Southall, David J.: Rediscovering Righteousness in Romans. 2008. *Bd. 240.*
Spangenberg, Volker: Herrlichkeit des Neuen Bundes. 1993. *Bd. II/55.*
Spanje, T.E. van: Inconsistency in Paul? 1999. *Bd. II/110.*
Speyer, Wolfgang: Frühes Christentum im antiken Strahlungsfeld. Bd. I: 1989. *Bd. 50.*
– Bd. II: 1999. *Bd. 116.*
– Bd. III: 2007. *Bd. 213.*
Spittler, Janet E.: Animals in the Apocryphal Acts of the Apostles. 2008. *Bd. II/247.*
Sprinkle, Preston: Law and Life. 2008. *Bd. II/241.*
Stadelmann, Helge: Ben Sira als Schriftgelehrter. 1980. *Bd. II/6.*
Stein, Hans Joachim: Frühchristliche Mahlfeiern. 2008. *Bd. II/255.*
Stenschke, Christoph W.: Luke's Portrait of Gentiles Prior to Their Coming to Faith. *Bd. II/108.*
Stephens, Mark B.: Annihilation or Renewal? 2011. *Bd. II/307.*
Sterck-Degueldre, Jean-Pierre: Eine Frau namens Lydia. 2004. *Bd. II/176.*
Stettler, Christian: Der Kolosserhymnus. 2000. *Bd. II/131.*
– Das letzte Gericht. 2011. *Bd. II/299.*
Stettler, Hanna: Die Christologie der Pastoralbriefe. 1998. *Bd. II/105.*
Stökl Ben Ezra, Daniel: The Impact of Yom Kippur on Early Christianity. 2003. *Bd. 163.*
Strobel, August: Die Stunde der Wahrheit. 1980. *Bd. 21.*
Stroumsa, Guy G.: Barbarian Philosophy. 1999. *Bd. 112.*
Stuckenbruck, Loren T.: Angel Veneration and Christology. 1995. *Bd. II/70.*
–, *Stephen C. Barton* und *Benjamin G. Wold* (Hrsg.): Memory in the Bible and Antiquity. 2007. *Vol. 212.*
Stuhlmacher, Peter (Hrsg.): Das Evangelium und die Evangelien. 1983. *Bd. 28.*
– Biblische Theologie und Evangelium. 2002. *Bd. 146.*
Sung, Chong-Hyon: Vergebung der Sünden. 1993. *Bd. II/57.*
Svendsen, Stefan N.: Allegory Transformed. 2009. *Bd. II/269*
Tajra, Harry W.: The Trial of St. Paul. 1989. *Bd. II/35.*
– The Martyrdom of St.Paul. 1994. *Bd. II/67.*
Tellbe, Mikael: Christ-Believers in Ephesus. 2009. *Bd. 242.*
Theißen, Gerd: Studien zur Soziologie des Urchristentums. 1979, [3]1989. *Bd. 19.*
Theobald, Michael: Studien zum Corpus Iohanneum. 2010. *Band 267.*
– Studien zum Römerbrief. 2001. *Bd. 136.*
– siehe *Mußner, Franz.*
Thornton, Claus-Jürgen: Der Zeuge des Zeugen. 1991. *Bd. 56.*
Thüsing, Wilhelm: Studien zur neutestamentlichen Theologie. Hrsg. von Thomas Söding. 1995. *Bd. 82.*
Thurén, Lauri: Derhethorizing Paul. 2000. *Bd. 124.*
Thyen, Hartwig: Studien zum Corpus Iohanneum. 2007. *Bd. 214.*
Tibbs, Clint: Religious Experience of the Pneuma. 2007. *Bd. II/230.*
Toit, David S. du: Theios Anthropos. 1997. *Bd. II/91.*
Tomson, Peter J. und *Doris Lambers-Petry* (Hrsg.): The Image of the Judaeo-Christians in Ancient Jewish and Christian Literature. 2003. *Bd. 158.*
Tolmie, D. Francois: Persuading the Galatians. 2005. *Bd. II/190.*
Toney, Carl N.: Paul's Inclusive Ethic. 2008. *Bd. II/252.*
Trebilco, Paul: The Early Christians in Ephesus from Paul to Ignatius. 2004. *Bd. 166.*
Treloar, Geoffrey R.: Lightfoot the Historian. 1998. *Bd. II/103.*
Troftgruben, Troy M.: A Conclusion Unhindered. 2010. Bd. II/280.
Tso, Marcus K.M.: Ethics in the Qumran Community. 2010. *Bd. II/292.*
Tsuji, Manabu: Glaube zwischen Vollkommenheit und Verweltlichung. 1997. *Bd. II/93*
Twelftree, Graham H.: Jesus the Exorcist. 1993. *Bd. II/54.*
Ulrichs, Karl Friedrich: Christusglaube. 2007. *Bd. II/227.*
Urban, Christina: Das Menschenbild nach dem Johannesevangelium. 2001. *Bd. II/137.*
Vahrenhorst, Martin: Kultische Sprache in den Paulusbriefen. 2008. *Bd. 230.*
Vegge, Ivar: 2 Corinthians – a Letter about Reconciliation. 2008. *Bd. II/239.*
Verheyden, Joseph, Korinna Zamfir und *Tobias Nicklas* (Ed.): Prophets and Prophecy in Jewish and Early Christian Literature. 2010. *Bd. II/286.*
– siehe *Nicklas, Tobias*
Visotzky, Burton L.: Fathers of the World. 1995. *Bd. 80.*
Vollenweider, Samuel: Horizonte neutestamentlicher Christologie. 2002. *Bd. 144.*
Vos, Johan S.: Die Kunst der Argumentation bei Paulus. 2002. *Bd. 149.*

Waaler, Erik: The *Shema* and The First Commandment in First Corinthians. 2008. *Bd. II/253.*
Wagener, Ulrike: Die Ordnung des „Hauses Gottes". 1994. *Bd. II/65.*
Wagner, J. Ross: siehe *Wilk, Florian.*
Wahlen, Clinton: Jesus and the Impurity of Spirits in the Synoptic Gospels. 2004. *Bd. II/185.*
Walker, Donald D.: Paul's Offer of Leniency (2 Cor 10:1). 2002. *Bd. II/152.*
Walter, Nikolaus: Praeparatio Evangelica. Hrsg. von Wolfgang Kraus und Florian Wilk. 1997. *Bd. 98.*
Wander, Bernd: Gottesfürchtige und Sympathisanten. 1998. *Bd. 104.*
Wardle, Timothy: The Jerusalem Temple and Early Christian Identity. 2010. *Bd. II/291.*
Wasserman, Emma: The Death of the Soul in Romans 7. 2008. *Bd. 256.*
Waters, Guy: The End of Deuteronomy in the Epistles of Paul. 2006. *Bd. 221.*
Watt, Jan G. van der: siehe *Frey, Jörg.*
– siehe *Zimmermann, Ruben.*
Watts, Rikki: Isaiah's New Exodus and Mark. 1997. *Bd. II/88.*
Wedderburn, Alexander J.M.: Baptism and Resurrection. 1987. *Bd. 44.*
– Jesus and the Historians. 2010. *Bd. 269.*
Wegner, Uwe: Der Hauptmann von Kafarnaum. 1985. *Bd. II/14.*
Weiß, Hans-Friedrich: Frühes Christentum und Gnosis. 2008. *Bd. 225.*
Weissenrieder, Annette: Images of Illness in the Gospel of Luke. 2003. *Bd. II/164.*
– und *Robert B. Coote* (Hrsg.): The Interface of Orality and Writing. 2010. *Bd. 260.*
–, *Friederike Wendt* und *Petra von Gemünden* (Hrsg.): Picturing the New Testament. 2005. *Bd. II/193.*
Welck, Christian: Erzählte ‚Zeichen'. 1994. *Bd. II/69.*
Wendt, Friederike (Hrsg.): siehe *Weissenrieder, Annette.*
Wiarda, Timothy: Peter in the Gospels. 2000. *Bd. II/127.*
Wifstrand, Albert: Epochs and Styles. 2005. *Bd. 179.*
Wilk, Florian und *J. Ross Wagner* (Ed.): Between Gospel and Election. 2010. *Bd. 257.*
– siehe *Walter, Nikolaus.*
Williams, Catrin H.: I am He. 2000. *Bd. II/113.*
Winninge, Mikael: siehe *Holmberg, Bengt.*
Wilson, Todd A.: The Curse of the Law and the Crisis in Galatia. 2007. *Bd. II/225.*
Wilson, Walter T.: Love without Pretense. 1991. *Bd. II/46.*
Winn, Adam: The Purpose of Mark's Gospel. 2008. *Bd. II/245.*
Wischmeyer, Oda: Von Ben Sira zu Paulus. 2004. *Bd. 173.*
Wisdom, Jeffrey: Blessing for the Nations and the Curse of the Law. 2001. *Bd. II/133.*
Witmer, Stephen E.: Divine Instruction in Early Christianity. 2008. *Bd. II/246.*
Wold, Benjamin G.: Women, Men, and Angels. 2005. *Bd. II/2001.*
– siehe *Stuckenbruck, Loren T.*
Wolter, Michael: Theologie und Ethos im frühen Christentum. 2009. *Band 236.*
Wright, Archie T.: The Origin of Evil Spirits. 2005. *Bd. II/198.*
Wucherpfennig, Ansgar: Heracleon Philologus. 2002. *Bd. 142.*
Yates, John W.: The Spirit and Creation in Paul. 2008. *Vol. II/251.*
Yeung, Maureen: Faith in Jesus and Paul. 2002. *Bd. II/147.*
Young, Stephen E.: Jesus Tradition in the Apostolic Fathers. 2011. *Bd. II/311.*
Zamfir, Corinna: siehe *Verheyden, Joseph*
Zangenberg, Jürgen, Harold W. Attridge und *Dale B. Martin* (Hrsg.): Religion, Ethnicity and Identity in Ancient Galilee. 2007. *Bd. 210.*
Zimmermann, Alfred E.: Die urchristlichen Lehrer. 1984, ²1988. *Bd. II/12.*
Zimmermann, Johannes: Messianische Texte aus Qumran. 1998. *Bd. II/104.*
Zimmermann, Ruben: Christologie der Bilder im Johannesevangelium. 2004. *Bd. 171.*
– Geschlechtermetaphorik und Gottesverhältnis. 2001. *Bd. II/122.*
– (Hrsg.): Hermeneutik der Gleichnisse Jesu. 2008. *Bd. 231.*
– und *Jan G. van der Watt* (Hrsg.): Moral Language in the New Testament. Vol. II. 2010. *Bd. II/296.*
– siehe *Frey, Jörg.*
– siehe *Horn, Friedrich Wilhelm.*
Zugmann, Michael: „Hellenisten" in der Apostelgeschichte. 2009. *Bd. II/264.*
Zumstein, Jean: siehe *Dettwiler, Andreas*
Zwiep, Arie W.: Christ, the Spirit and the Community of God. 2010. *Bd. II/293.*
– Judas and the Choice of Matthias. 2004. *Bd. II/187.*